I0839586

INVENTAIRE

DES

SCEAUX DE LA FLANDRE

INVENTAIRE

DES

SCEAUX DE LA FLANDRE

RECUEILLIS DANS LES DÉPÔTS D'ARCHIVES

MUSÉES ET COLLECTIONS PARTICULIÈRES DU DÉPARTEMENT DU NORD

OUVRAGE ACCOMPAGNÉ DE TRENTE PLANCHES PHOTO-GLYPTIQUES

PAR

G. DEMAY

ARCHIVISTE AUX ARCHIVES NATIONALES

TOME PREMIER

PARIS

IMPRIMÉ PAR AUTORISATION DU GOUVERNEMENT

À L'IMPRIMERIE NATIONALE

M DCCC LXXIII

PRÉFACE.

Cet ouvrage, dont l'objet est la description des sceaux de la Flandre, ne fait pas seulement connaître des types flamands, il donne encore tous les sceaux de personnages, états et communautés ayant eu des relations avec les Pays-Bas, et qui sont à ce titre conservés dans les archives des différentes villes de cette province. Je n'ai pas jugé toutefois nécessaire de reproduire les types qui ont déjà fait le sujet de publications particulières ou qui figurent dans la *Collection des sceaux des Archives de l'Empire*, de M. Douët d'Arcq.

J'ose espérer que ce livre aura quelque intérêt pour les amis de l'archéologie et de l'histoire; mais, avant d'exposer les motifs qui m'autorisent à penser ainsi, je dois préalablement informer le lecteur des circonstances qui en ont amené la composition.

Attaché aux Archives nationales depuis vingt années, j'ai été plus spécialement préposé à la conservation de la collection sigillographique. M. le Mis de Laborde, chez lequel un goût éclairé pour notre histoire nationale s'alliait à un vif sentiment de l'art, eut, quand il était directeur général de cette administration, l'heureuse idée de faire recueillir dans toutes les parties de la France les types qui manquaient à notre collection. Il s'agissait, non-seulement de la rendre aussi complète que possible, mais encore de réunir les matériaux d'une publication qui ferait suite aux publications qu'avaient déjà entreprises, grâce à son initiative, les Archives nationales. Je fus alors chargé d'explorer les dépôts et les collections de nos départements. Déjà je m'étais acquitté de cette mission pour les anciennes provinces de l'Île-de-France, de la Picardie, de l'Artois, de la Flandre et de la Normandie, quand des circonstances indépendantes de ma volonté m'empêchèrent de poursuivre mon œuvre. Je ne voulus pas cependant que le public fût privé des documents intéressants par moi réunis. Les sceaux que j'avais étudiés formaient un ensemble défini, car ils représentaient l'histoire sigillographique de plusieurs de nos provinces les plus importantes; il me parut donc utile de publier séparément les résultats de mes investigations, et de consacrer d'abord à la Flandre un ouvrage spécial. C'est cet ouvrage que je soumets ici au jugement du lecteur.

L'œuvre a au moins le mérite d'être, pour son objet particulier, aussi complète que le permet l'état actuel de la science sigillographique; car, lors de mon exploration, je n'ai négligé aucun des dépôts qui pouvaient me promettre des types nouveaux ou des renseignements de quelque prix. C'est ainsi que j'ai successivement étudié :

Les archives du département du Nord;

Les archives communales et hospitalières de Lille, de Douai, de Valenciennes;

Les musées de ces mêmes villes;

Les collections particulières de M. Gentil, à Lille; de MM. Preux, Le Boucq de Ternas, Dr Faucheux, Hazard, Legrand, Druon, à Douai; de M. Dancoisne, à Hénin-Liétard; de M. de Chauvenet, à Saint-Quentin; de MM. Ratel, Dr Lejeal, à Valenciennes.

Grâce à la bienveillance de M. Preux, mon répertoire s'est en outre enrichi d'un contingent tiré des musées d'Abbeville et de Cassel, des collections de MM. Perache, à Abbeville; Delattre, à Cambrai; Titeloure, à Gournay; Devergne, à Hesdin; Hidé, à Laon; Colson, à Noyon.

Maintenant que le lecteur connaît les sources auxquelles a été puisé mon travail, je passe à l'examen du sujet même.

Les sceaux n'intéressent pas seulement la science héraldique, la diplomatique et l'art; ils nous fournissent les enseignements les plus variés, et j'ai pu me convaincre, en étudiant les dépôts de la Flandre, notamment les archives du Nord, de l'importance qu'a pour l'histoire générale de cette province, de ses institutions et de ses mœurs, la connaissance détaillée des sceaux qui lui appartiennent. Je n'entreprendrai pas de rappeler ici tous les faits historiques auxquels ces monuments se rattachent, qu'ils authentiquent et illustrent pour ainsi dire. Tantôt les sceaux viennent confirmer en les complétant les faits que nous savions déjà, tantôt ils jettent sur ceux qui demeuraient obscurs une vive clarté, et nous font, en quelque sorte, toucher du doigt les événements dont ils ont été les témoins.

Parcourez la longue série des châtelains, des gouverneurs, des capitaines de villes maritimes qui scellent les publications de trêves marchandes entre la Flandre et l'Angleterre, et vous aurez le secret de la puissance de ces communes que la politique anglaise, en assurant l'incessante activité de leur commerce, rendait si fortes et d'une indépendance si ombrageuse. Alors les énormes amendes imposées à leur désobéissance ne seront plus pour vous un sujet d'étonnement; vous comprendrez comment Bruges, rebelle et vaincue, pouvait payer à Louis Iᵉʳ 60,000 royaux d'or.

L'importance qu'ont ces gens du commun dans les villes marchandes devient palpable quand vous comptez les soixante-huit sceaux appendus à l'acte de soumission des habitants de Grammont qui avaient, en 1380, suivi le parti des Gantois. Le sceau collectif de la commune n'avait pas été jugé une garantie suffisante, et la marque de ces communiers inspirait plus de confiance. Une autre fois, en 1407, ce sont les cinquante-quatre métiers de Bruges qui scellent une offre au comte de Flandre du septième des revenus de la ville.

Certaines pièces munies de sceaux mettent également en relief le rôle important que jouaient les corps de métier. Après la bataille de Cassel, où Philippe de Valois ramenait la Flandre au pouvoir de Louis de Nevers, cinq cents personnes des métiers de Bruges sont envoyées à Lille en otage au roi de France.

Ailleurs ce sont les caractères et les vicissitudes des franchises communales qui se dessinent dans les sceaux et dans les actes qui y sont joints. En 1382, Ostende, Ghistelles, Monikereede, la Mue, Damme, Oostburg, Oudenburg sont forcées de remettre leurs priviléges à la discrétion du comte. Une charte de 1308, scellée par cinq chevaliers gantois, nous permet d'apprécier la valeur d'une de ces immunités communales : « Si un « bourgeois de Gand prend un fief tenu du comte de Flandre, il doit jurer qu'il ne se prévaudra pas de ses « droits de franchise comme bourgeois de Gand. » C'est également en vertu de priviléges communaux que les échevins de la même ville annulent, en 1433, dans une sentence rendue par les échevins du Franc de Lille, les articles ordonnant la confiscation, attendu que le condamné était bourgeois de Gand.

Disons à ce propos qu'il ne nous a pas été possible, en poursuivant l'examen de leurs priviléges, de remonter jusqu'à la loi première de ces communes du Nord, dont les plus anciens diplômes ne contiennent que des confirmations. Mais on peut suivre avec leurs actes et leurs sceaux dans leurs fonctions multiples ces jurés de la paix, ces échevins, ces keuriers exerçant la justice, ratifiant les traités, validant les actes, eswardant les marchandises, construisant leur beffroi, inspectant les rivières, administrant les hôpitaux, opposant sans cesse au pouvoir ecclésiastique le pouvoir envahissant de la commune. Supprimés à Cambrai en 1226 par une ordonnance de Henri VII scellée d'une bulle d'or, et condamnés à détruire la cloche qui les appelait au conseil, on les retrouve quelques années après plus forts et préparés à de nouvelles luttes.

Les sceaux nous montrent les seigneurs dans toute la majesté de leur rang et l'éclat de leur appareil guerrier. Ils nous apportent sur le costume et l'armement du moyen âge les plus précieux renseignements. L'artiste qui exécutait le sceau, après s'être attaché à la reproduction exacte des ornements et du costume, s'essaye ensuite peu à peu à rendre la physionomie des personnages, et l'on peut croire qu'il a fini souvent par y réussir, en sorte que tel sceau pourrait bien être le portrait du souverain ou du seigneur lui-même. C'est ainsi qu'en contemplant la sombre figure de Charles le Téméraire on retrouve bien là le guerrier farouche dont les loups disputeront le cadavre aux marais glacés de Nancy.

La cire ne met pas seulement sous nos regards l'image de ces hauts et magnifiques seigneurs, de ces vaillants gentilshommes; elle nous fait, de concert avec les chartes qu'elle authentique, pénétrer dans la vie et les actes de chacun d'eux. Nous avons vu tout à l'heure les monuments sigillographiques de la Flandre déposer de la puissance redoutable et de l'esprit inquiet des communes et des corporations. D'autres fois, ce sont les révoltes des seigneurs contre les suzerains auxquelles ils nous font assister. Ainsi une pièce scellée nous apprend qu'en 1289 les seigneurs de Zélande, poussés à bout par le dur gouvernement de Florent V, déclarèrent qu'ils étaient prêts à faire hommage à Gui de Dampierre. Deux chartes des plus curieuses, l'une scellée de cent soixante et douze sceaux placés au bas du document sur onze rangées horizontales, l'autre munie de cent dix sceaux, contiennent la reconnaissance du duc de Bourgogne comme héritier et gouverneur du comté de Hainaut. Par ces deux actes, les prélats, gens d'église, nobles et bonnes villes de cette province déclaraient, en 1427, la comtesse Jacque de Bavière déchue si elle ne renonçait pas à la main du frère du roi d'Angleterre, le duc de Glocester, pour lequel elle avait abandonné son deuxième mari.

Il est des personnages dont le sceau et les chartes qui en forment comme le commentaire pourraient servir à reconstruire toute la biographie. Telle est cette Yolande, comtesse de Bar et dame de Cassel, sur les gestes de laquelle les archives du Nord nous ont conservé tant d'intéressants témoignages. S'agit-il de la tutelle de ses enfants et des embarras qu'on lui suscite à ce sujet, elle présente au comte de Flandre la caution d'une foule de seigneurs. Elle sait obtenir des absolutions pour avoir fabriqué de la fausse monnaie, et des pardons pour le meurtre d'un chanoine de Verdun. Par un acte de 1378, Yolande donne à l'industrie une heureuse impulsion en établissant la draperie dans la ville et dans le métier de Cassel.

Les monuments que j'ai réunis, et qu'on ne saurait séparer des chartes dont ils forment une partie intégrante, nous donnent la physionomie générale de l'histoire de la Flandre, histoire toute remplie de luttes intérieures et de guerres avec les voisins. Les traités, les alliances, les trêves se succèdent sans vertu durable. On s'agrandit entre deux batailles, on se marie après une défaite. Les sceaux des échevins de Louvain, ceux des seigneurs de Walincourt, de Créqui, de Rosoy, de Mortagne, de la comtesse de Chiny, de l'évêque de Liége, nous font assister aux querelles de succession de la comtesse Marguerite, si cruellement injuste pour les enfants de son premier lit, les d'Avesnes, qu'elle ne rougit pas de qualifier de bâtards. La paix conclue en 1316 avec Philippe le Long est ratifiée par des mandataires de toutes les communes flamandes. Ce sont encore les sceaux des villes de Flandre, de Hainaut et de Hollande, qui sont appelés à confirmer le traité passé entre le comte de Flandre et le comte de Hainaut, lorsqu'en 1322 l'intervention royale vint mettre fin aux dissensions de ces souverains rivaux. La trêve de trois ans avec Bayonne et Biarritz fait connaître les sceaux de ces villes : deux types également remarquables par leur sujet et leur physionomie tout anglaise. Le grand nombre d'actes scellés relatifs à la paix d'Arras, et où l'on voit les grands dignitaires, les prélats, la noblesse, les bonnes villes de France, l'Université de Paris et les états provinciaux en jurer le maintien, atteste le prix qu'on attachait à ce traité, qui fut le triomphe de la politique de Louis XI. Les cent sceaux disposés sur quatre rangées horizontales qui accompagnent chacune des six expéditions du traité de Louis de Nevers avec le duc de Brabant, témoignent de l'importance de la transaction qu'ils confirment. Louis de Nevers, bien qu'il eût légitimement acquis de l'évêque de Liége la seigneurie de Malines, s'était vu obligé de recourir à la force des armes pour entrer en possession de ce nouveau domaine; telle avait été l'origine de la convention par laquelle il se lia au duc de Brabant.

Je signalerai, en passant, une autre charte scellée qui emprunte un intérêt particulier à la forme narrative qu'on y a adoptée. Cette charte, portant les sceaux du châtelain de Rupelmonde, de ses hommes de fief et des échevins de la ville, montre comment, cinq ans plus tôt, en 1331, le comte de Flandre avait établi ses droits sur l'Escaut, entre Malines et Rupelmonde, ne laissant au duc de Brabant, pour toute seigneurie, que l'espace mesuré par une cognée de fer du poids de dix-sept livres, lancée, d'une seule main, d'Anvers dans la rivière. Le châtelain agit tout autrement; c'est lui qui parle : « Je me drechai tous drois en le neif flotant en le dite rivière, « et pris une cuignée de fer laquelle je gietai à une main dusques desous les murs de la ditte ville d'Anwers à « seke terre, en souvenance que le duc de Brabant ne doit avoir aucun autre droit. »

Mentionnerai-je encore les sceaux de seize hommes de fief, des plus considérables, appendus à l'acte de cession du comté de Namur? Jean III, incapable d'administrer cette seigneurie, que Guillaume II, son prédécesseur, avait ruinée par ses prodigalités, dut la céder à Philippe le Bon; le duc de Bourgogne, tout en poursuivant ses projets de vengeance contre la France et ses efforts pour la livrer à l'Angleterre, ne laissait pas échapper l'occasion d'étendre ses domaines. Une autre pièce, que je ne veux point ici passer sous silence, et à laquelle les sceaux des comtes et des évêques écossais dont elle est revêtue donnent un intérêt particulier, est l'assignation du douaire de Marie de Gueldre, qu'Arnoul d'Egmont, après la défaite que lui avait fait subir le duc de Juliers, mariait à Jacques II, roi d'Écosse.

Les pièces auxquelles se rattachent les sceaux que j'ai décrits dans cet ouvrage peuvent aussi fournir des détails piquants sur la politique de l'Angleterre dans ses rapports avec la Flandre. J'ai dit plus haut comment, en alimentant leur industrie, elle favorisait les révoltes des corporations ouvrières; d'autres actes nous montrent les souverains anglais venant en aide aux comtes de Flandre, et confiant à ces princes leur numéraire ou les objets les plus précieux. En 1297, Édouard Ier prête à Gui de Dampierre ses joyaux et sa vaisselle d'or et d'argent. Plus tard, Maximilien enverra son héraut Toison d'Or mettre en gage « la riche fleur de « lys galice. » Une autre fois le même Maximilien emprunte 160,000 livres à des marchands d'alun; emprunts qui n'avaient au reste alors rien d'insolite. Au moment de l'élection à l'Empire, on portera chez les Lombards jusques aux couronnes; il faut que le cupide archevêque de Mayence scelle la quittance qui livre sa voix à Charles-Quint, le plus offrant compétiteur. En 1313, le chapitre de Liége tenait dans sa trésorerie les joyaux et les pierreries du comte de Flandre, comme gage de 20,000 livres dont il restait débiteur. Les fiefs de bourse commençaient à devenir onéreux. Des bourgeois d'Arras : Simon Petit, Jean Soumillon, les frères Crespin, étaient les banquiers ordinaires de cette cour, souvent besoigneuse. La comtesse Mahaut, empruntant 800 livres de Simon Petit, l'appelle son bon ami. Dans les moments difficiles, on avait bien recours aussi à des impôts spéciaux, à la maltôte. Le comte Fernand, en 1229, osait même l'étendre jusqu'au clergé; mais de terribles menaces d'excommunication forçaient bientôt le comte à révoquer son ordonnance.

Les actes scellés qui se rapportent aux prélats, aux seigneurs ecclésiastiques sont aussi riches en données historiques que ceux où la noblesse, les marchands nous apparaissent avec leurs passions, leurs intérêts et leurs prétentions. Grâce aux chartes dont les sceaux m'ont passé sous les yeux, j'ai pu presque compléter la série des abbés d'Honnecourt, interrompue dans le *Gallia Christiana* pour un laps de trois siècles. Des faits particuliers consignés çà et là pourront servir à tracer un tableau plus exact de la vie et des mœurs du clergé. Ce corps, puissant partout au moyen âge, était surtout puissant en Flandre, et ne transigeait pas plus quand il s'agissait de ses privilèges, de ses droits d'asile ou de juridiction, que lorsque ses dîmes, ses rentes, ses revenus paroissiaux étaient mis en question. L'abbaye de Saint-Aubert fait saisir, en 1231, le char et les chevaux de l'abbaye de Lessines à cause d'une rente qui n'était pas acquittée. En 1239, Waghon, grand bailli de Hainaut, s'amende en plein chapitre pour un arsin exercé violemment dans la juridiction de l'abbaye de Saint-Aubert. A la suite d'un débat survenu entre Robert de Marcq et la collégiale de Saint-Géry au sujet d'une exécution de justice, Robert de Marcq est condamné à figurer comme une sorte de pénitent dans une procession. Ses complices subiront la même peine; ils paraîtront sans chaperon, si comme lui ils sont chevaliers; s'ils ne sont qu'écuyers, ils marcheront pieds nus. Un conflit de juridiction survenu entre Jean Prolle, chevalier, et l'abbiette de Lille, nous apprend qu'on pouvait opérer le rétablissement d'un prisonnier par signe. En 1413, la dame de Padilles fait assassiner Jean Pochon, chanoine de Cambrai; son château fort d'Écaillon est abattu juridiquement. Les débats du chapitre de Cambrai touchant la franchise du collier, ses appels en cour de Rome, les sentences du concile de Bâle, forment un immense monument de procédure. Ses luttes avec l'échevinage, luttes où il n'avait pas toujours le dessus, ont duré des siècles. En 1277, le chapitre était contraint de se réfugier à Valenciennes, ensuite à Solesmes; en 1594, on le retrouve fugitif à Mons.

Cependant, dès 1485, les chapitres, colléges, abbayes de Cambrai et de Cambrésis, s'étaient associés pour la défense de leurs immunités. La perception du droit de gave les avait même liés depuis bien plus longtemps. Ce droit de gave consistait en un abonnement obligatoire à la protection du comte de Flandre. Déjà réglementé dans son exercice et son mode de perception par Baudouin de Constantinople, cet abonnement est reproduit dans sa teneur à diverses époques, entre autres en 1213, sous le sceau de Jean, abbé du Saint-Sépulcre.

En regard de ce droit de protection qu'il fallait acquitter, on pourrait citer de nombreux priviléges. Une charte portant le sceau d'Agnès, abbesse de Marquette, va nous en donner un exemple concernant les droits de vinage. C'est une requête pour qu'on laisse venir gratuitement jusqu'à son abbaye « un tableau taillée de plu-« sieurs ymaiges commandé à Gand. »

A côté des faveurs accordées au clergé et que ces chartes nous font connaître, citons des abus que d'autres documents révèlent. En 1498, la cour de Rome envoie des commissaires à l'abbaye de Cysoing, où les mœurs sont tellement relâchées qu'il y a lieu de prendre des mesures énergiques; et, en effet, trois ans après, ceux de ses religieux qui refusent la réforme sont excommuniés.

Après ces débats, presque tous d'intérêt matériel, ces luttes, ces répressions sévères, on ne lira pas sans émotion la touchante réponse de Bouchu, abbé de Clairvaux, à l'abbé de Vaucelles, qui voulait introduire des changements dans la forme des professions : « Car ce n'est pas ce qu'on promet, mais ce que l'on garde, qui « fait les religieux. »

Ces archives ecclésiastiques, qui renferment les plus anciens diplômes scellés du dépôt, diplômes de Charles le Chauve, de Lothaire, d'Othon de Germanie, qui fournissent des exemples des vieilles donations sur l'autel « per ramum et wazonem, » ou bien « per virgam et cespitem, » qui enseignent les formes d'affranchissement des serfs au XIIᵉ siècle, etc. sont bien faites par leur ensemble pour donner une haute idée de la puissance temporelle du clergé flamand. On en sera bien plus frappé si l'on parcourt la longue série des sceaux des baillis qui en administrent les riches possessions, Enguerrand de Monstrelet est du nombre, si l'on étudie la liste plus longue encore des hommes de fief, censiers, hommes cotiers, jugeurs, échevins, témoins, tenants de toute sorte qui assistent aux sentences sur tous les divers mouvements d'une tenure.

J'ai parlé des bourgeois, des marchands, de la noblesse et du clergé. Il y a encore une certaine classe d'hommes, agents ou dépositaires de l'autorité, dont les sceaux et les actes qu'ils authentiquent peuvent servir à mieux définir le caractère et comprendre le rôle. Tel est le cas pour les hommes de fief. Sous ce titre, le seul qu'ils prissent dans les actes, les savants sauront découvrir des seigneurs, des bourgeois, des gens de métier, des clercs; ils y rencontreront même des rois. Parmi les terres comprises dans la châtellenie de Lille se trouvait un royaume appelé royaume des Estimaux, gouverné par de petits rois, un peu parents à la vérité des rois d'Yvetot, mais enfin des rois. Vingt rasières de froment, quinze gelines trois quarts, un coq et 9 sols 9 deniers de rente composaient leur liste civile. Exerçant la justice vicomtière, tenant des plaids trois fois l'an, assistés de leurs échevins, qui devaient être tous chevaliers, ils jouissaient de la prérogative, quand ils étaient mandés pour aller en l'ost, de coucher dans la chambre ou sous la tente du châtelain de Lille, ce châtelain fût-il le roi de France. La représentation des haches, des navettes, des forces à tondre les draps, des mar-

teaux, des ciseaux, des buires, indique suffisamment la présence des gens de métier parmi les hommes de fief.
Le rapprochement et la comparaison de ces emblèmes ont permis de réunir les membres d'une même famille
lilloise, les Ravary, potiers de terre. Les ruches y feront reconnaître une famille d'historiens dont la réputation
a franchi les limites de leur pays, les Le Boucq de Valenciennes.

Un groupe intéressant sous un tout autre rapport, celui des maîtres monnayeurs du duc de Bourgogne,
comte de Flandre, à Bruges, à Gand, à Malines, à Faulquemont, tiendra aussi sa place dans cette collection.
Les actes scellés qui les concernent, tout en donnant les notions les plus détaillées sur leur cautionnement,
fixé à 10,000 livres, nous apprennent qu'ils étaient tenus de fournir à la Chambre des comptes deux lin-
gots d'or, dont l'un était envoyé à Paris pour y être essayé; ils nous apprennent encore que le duc était respon-
sable de ses monnayeurs. Jean Gobelet, maître de la monnaie de Faulquemont, n'ayant pu rembourser à des
bourgeois d'Aix-la-Chapelle 2,300 florins qu'ils lui avaient délivrés pour le fait de sa monnaie, fut emprisonné
à Lille, tandis que le duc se vit obligé de restituer la somme.

Les coutumes locales, les mœurs judiciaires et privées trouvent aussi dans l'étude de la sigillographie fla-
mande quelques renseignements à glaner. Loin d'être acceptées avec soumission, les exécutions judiciaires au
moyen âge étaient plutôt regardées comme un acte de violence dont les représailles pouvaient être redoutables.
Un prisonnier, surtout s'il était puissant, n'était rendu à la liberté qu'après de solennels serments de paix. On
lui faisait jurer de renoncer à tout dommage, à toute vengeance. Des chartes scellées de Jean de Beaumanoir,
de Florent Berthout de Malines, de Rifflard, bâtard de Flandre, en témoigneront.

Nos ancêtres, dont la justice criminelle, dans ses formes comme dans son exécution, nous paraît aujourd'hui
si inhumaine, ont reconnu parfois des principes qui feraient honneur à notre civilisation. L'année 1519 voit résoudre, dans le sens le plus large, une question encore indécise de nos jours, celle de la prison préventive.
Deux auditeurs de Lille scellent la mise en liberté provisoire et sous caution de deux prisonniers, la motivant
sur la longueur présumée de leur détention avant le jugement.

Je passe sous silence d'autres faits dignes d'être signalés et que nos monuments sigillographiques ou les
pièces auxquelles ils sont appendus nous livrent pour ainsi dire accidentellement. Des professeurs en décrets
de Paris sont appelés pour interpréter des chartes; Ancelin Blandeluy, pourvu d'un canonicat par le pape, est
refusé par le chapitre de Saint-Amé à cause de sa naissance illégitime; Clément VII enjoint au roi d'Angleterre
Henri VIII de quitter Anne de Boleyn pour reprendre sa femme Catherine d'Aragon; l'abbaye de Boulogne
s'engage, en 1383, à ne jamais se dessaisir d'un « solempnel drap d'or ouvré de brodure de plusieurs ymages »
donné par le comte de Flandre; le roi René se trouve incapable de payer sa rançon, fixée par le duc Philippe
à la somme énorme de 400,000 écus d'or; des seigneurs scellent la promesse de ramener en bon état et « sans
« amaigrir » les chevaux que les rentiers étaient tenus de leur fournir pour aller en l'ost; pièces en main, le
lecteur pourra assister avec les fils de Gilles de Caullery, déjà chevaliers, à la prise d'habit de leur père; il
pourra suivre au château de Flimaing le prévôt de Maubeuge opérant une saisie de coins et outils à battre
monnaie; relever des exemples de rappels de bannis, de paix après des meurtres; voir le grand bailli de Hainaut réglementant le mode d'élection des échevins, les gens des comptes procédant à un nouvel inventaire des
tapisseries de Charles-Quint, etc. etc. Où s'arrêterait-on avec les ressources de ce riche dépôt?

J'en ai assez dit pour faire comprendre l'utilité et l'intérêt que les sceaux en général ont pour l'histoire, que
ceux de l'ancienne Flandre en particulier offrent pour ses annales. Quant à ce qui est de la matière intrinsèque
et du caractère des sceaux eux-mêmes, ce sujet a été traité avec tant d'étendue dans divers ouvrages spéciaux
que je n'ai point à y revenir. Je me bornerai à consigner ici quelques indications relatives aux types de la Flandre.
Elles me fourniront l'occasion de remarques utiles à ajouter à ce qu'ont dit les auteurs de la confection des sceaux.

Entre les bulles qui se sont trouvées attachées aux chartes que j'ai examinées, quatre bulles d'or doivent, à
raison de leur matière, être spécialement signalées : deux appartiennent à des diplômes de Frédéric II; leur

module est plus grand que celui des bulles du même empereur conservées aux Archives nationales; la troisième est de Henri, fils de ce souverain, elle scelle l'acte d'abolition de la commune de Cambrai; la quatrième est de Charles de Bohême. Au nombre des bulles de plomb, qui émanent presque toutes des papes, on trouvera celles des doges Antoine Venerio et Jean Posaro.

La forme des sceaux de la Flandre peut servir à éclairer la question de savoir si les sceaux affectaient, selon les pays et les fonctions de ceux qui en faisaient usage, une forme particulière. Les types des échevins de Louvain se distinguent par une disposition qui leur est commune. Ils ont tous leur écu inscrit dans un cercle épais et saillant qui le sépare de la légende. Les auditeurs de Lille écrivent chacun à leur contre-sceau le nom de leur ville. Signalons comme une variété des plus rares la forme du sceau équestre de Baudouin, comte de Mons; le type est rectangulaire et en cuvette.

Si nous passons aux sujets figurés sur les sceaux de la Flandre, nous aurons à relever quelques types intéressants et peu communs. Le sceau de Conon de Béthune, 1202, représente un chevalier à genoux, faisant hommage à sa dame; dans le champ on lit le mot MERCI, exemple, insolite à cette date, de l'emploi de la langue vulgaire dans les inscriptions des sceaux. Un motif analogue est gravé sur les contre-sceaux des seigneurs de Saint-Aubert.

J'appellerai surtout l'attention sur une catégorie de sceaux d'abbés dont le numéro d'ordre de succession est indiqué par la légende. Cette intéressante particularité, qui permet de contrôler et quelquefois de rectifier les listes données par le *Gallia Christiana*, se rencontre dans les types des abbés de Cambron, de Clairvaux, de Dunes, de Loos, de Vaucelles, et des abbesses de Marquette, appartenant tous à l'ordre de Cîteaux. Je mentionnerai, à un tout autre point de vue, le sceau de Frédéric IV, empereur d'Allemagne en 1647. La légende porte à la fin les cinq voyelles mystérieuses dont parlent les Bénédictins, *a, e, i, o, u*, cinq lettres qui ont donné lieu à tant de conjectures, et que Lambecius a traduites le premier par «Austriæ est imperare orbi universo.»

Aux xiv° et xv° siècles, on a fréquemment adopté pour supports des femmes ou des hommes d'armes dont le corps se termine en poisson. Faut-il voir dans cette représentation un reflet de l'ancienne légende familière aux pays de côtes, légende qui plaçait au fond des mers une population à peu près semblable à la nôtre? Ou bien tient-elle simplement à un goût d'arrangement artistique s'harmonisant avec la forme du sceau? Ces deux causes y ont probablement contribué. D'autres fois ce sont des Flamandes qui supportent l'écu; elles montrent encore ce riche costume bourgeois dont le luxe excita la jalousie d'une reine de France.

Le sceau plaqué avec contre-sceau de Robert le Frison, qui s'intitule consul de Flandre, appuiera de son témoignage les assertions d'Erasme de Gattola et de Mabillon concernant les contre-sceaux des sceaux plaqués. L'acte qui le porte est daté de 1076.

Les sceaux ne sont pas toujours seuls sur la même attache, quelques-uns sont accompagnés de signets appelés sous-sceaux. Tel est le cas, par exemple, pour les types des officiaux de Cambrai, de Tournay; ces personnages placent leur signet au-dessous du sceau de l'officialité et le fixent à la même queue de parchemin. C'est par exception qu'on rencontre des types accompagnés de deux sous-sceaux. On en trouvera des exemples dans plusieurs actes des guillemins de Walincourt. Le sceau du provincial de l'ordre, celui du prieur et celui des guillemins sont échelonnés à la suite l'un de l'autre sur un unique ruban de soie verte.

La gravure des sceaux a suivi les diverses phases de l'art du moyen âge; leur ornementation s'est calquée sur le mode d'architecture en vigueur, et, lorsqu'au xv° siècle s'est manifesté un retour à l'archaïsme, les échevinages se sont empressés de revenir au type primitif de la commune. C'est ce que confirmeront plusieurs sceaux de villes, et entre autres ceux de Lille et de Douai.

Certains personnages ont fait encastrer des pierres gravées dans les matrices de leurs sceaux. Ces intailles, d'un travail délicat, apporteront de nouveaux éléments d'étude aux archéologues qu'intéressent la glyptique ancienne et celle du moyen âge.

Après ces considérations sur le sujet que j'ai entrepris de traiter, j'aurais pu relever d'autres particularités que présentent les sceaux de la Flandre, mais cela m'eût entraîné à mentionner une foule de détails trop particuliers pour être relatés dans une préface, chaque sceau formant pour ainsi dire un sujet spécial et se rattachant aux sceaux qui le précèdent et à ceux qui le suivent. Je me bornerai donc à indiquer, en terminant, la méthode que j'ai adoptée pour la reproduction des légendes dont les types sont accompagnés. Je m'étais d'abord imposé comme règle de ramener à la forme moderne les noms de lieux et de personnes qui se lisent sur les sceaux. Je n'ai pas tardé à me voir contraint de me départir de cette règle; car des noms historiques transmis et consacrés par nos chroniqueurs, ceux de certaines familles existantes encore, ne se pliaient pas à cette loi. Les Mauny ne pouvaient pas devenir des Masny, et il y a encore des Tenremonde, bien que la ville s'appelle Termonde. Il s'est présenté aussi des cas où le texte de l'acte ne s'accorde pas avec l'inscription gravée sur le sceau. Lorsque l'une des deux versions complète l'autre, point de difficulté; mais s'agit-il de deux variantes d'un même nom, le choix est plus délicat. La table alphabétique placée à la fin du deuxième volume remédiera par des renvois aux irrégularités, aux tâtonnements par lesquels j'ai dû passer; elle servira également d'errata. Un tableau systématique précède la table alphabétique et la complète.

J'ai conservé les dates employées dans les actes. Outre que leur transformation en style grégorien n'a pas une grande importance au point de vue des types, j'aurais craint de ne pouvoir les ramener à un même comput, car les styles dont on a fait usage en Flandre n'ont pas été, ce semble, tous exactement déterminés.

Pour résoudre les points douteux, les problèmes embarrassants que toute œuvre d'érudition présente dans le cours de son exécution, l'auteur a recherché et suivi les conseils des savants spéciaux les plus autorisés. C'est ainsi que, dans plusieurs questions relatives à Douai, à la Flandre maritime et à la Belgique, les connaissances de M. Preux, de M. de Coussemaker et de M. Pinchart lui ont été du plus grand secours. En citant ces noms, justement estimés, et l'on pourrait en ajouter beaucoup d'autres, l'auteur entend seulement fournir une garantie. Il cherche un appui et non pas un abri.

Par une faveur toute particulière accordée à l'auteur, l'Imprimerie nationale a été chargée de l'impression de ce livre. Ceux-là seuls qui sont initiés aux difficultés de la typographie sauront apprécier avec quelle intelligence pratique elles ont été ici résolues, grâce surtout aux soins empressés que M. le Chef du service des travaux a apportés à l'exécution matérielle de cet ouvrage.

Qu'il me soit aussi permis de remercier M. Alfred Maury, directeur général des Archives nationales, du bienveillant concours qu'il m'a prêté.

INVENTAIRE

DES

SCEAUX DE LA FLANDRE.

SCEAUX LAÏQUES.

PREMIÈRE SÉRIE. — SCEAUX DES SOUVERAINS.

SOUVERAINS DE FRANCE.

1

LOTHAIRE,
Fils de Louis IV. — 976.

Sceau rond, d'environ 80 mill. — Arch. du Nord; abbaye de Marchiennes.

Type très-fruste et incomplet, où l'on distingue seulement un personnage de face, couronné, à cheveux courts, le manteau attaché sur l'épaule droite. — Légende détruite.

Lothaire, à la prière d'Emma, sa femme, rend à l'abbaye de Marchiennes *villam nomine Aines.* — « Actum Doacense castello, regnante domino Lothario, anno 22 feliciter amen. » — Au dos de ce diplôme, l'acte d'acceptation par Judith, abbesse de Marchiennes.

2

ISABEAU DE BAVIÈRE,
Femme de Charles VI. — 1418.

Sceau après son enlèvement par le duc de Bourgogne ou couvent de Marmoutier.

Sceau rond de 80 mill. — Arch. du Nord; chapitre Saint-Pierre de Lille.

La Reine debout, couronnée, vêtue d'une robe et d'une sorte de surcot ouvert; elle porte une collerette relevée, et soutient, de ses mains gantées, deux écus : à dextre. celui de France; à sénestre, l'écu de France parti de Bavière.

. . . . **actonum : pro** . . . . .

(. . . . . . *arionum pro* . . . . .)

Contre-sceau : Écu en losange, semé de France, dans une rose. — Sans légende.

« Ysabel. . . . . royne de France, ayant, pour l'occupacion de Monseigneur, le gouvernement et administracion du royaume par ottroy irrévocable ». . . . . mande à un sergent royal d'ajourner les prévôt et echevins de Lille devant le bailli d'Amiens, à la requête du chapitre de Saint-Pierre de Lille. — 7 juin 1418.

3

MARIE D'ANJOU,
Femme de Charles VII. — 1438.

Sceau rond, de 62 mill. — Arch. du Nord; Chambre des comptes.

Dans un quadrilobe renfermant les figures emblématiques des quatre évangélistes avec des oiseaux aux encoignures : l'écu de France parti d'Anjou-Sicile et Jérusalem.

s : marie : par : la : grace : de : dieu : royne : de : france :

(Seel Marie, par la grace de Dieu royne de France.)

Ratification du traité de mariage entre sa fille Catherine de France et Charles, comte de Charolais. — Tours, 13 octobre 1438.

4

CATHERINE DE MÉDICIS,
Veuve de Henri II. — 1584.

Sceau rond, de 10 centim. — Arch. du Nord; Chambre des comptes.

Sous un dais d'architecture gothique, soutenu par deux colonnes à clochetons, la Reine debout, en costume de veuve portant la guimpe et le voile sous une couronne fermée, tenant un sceptre fleuronné de la main droite, la main gauche ramenée devant la poitrine, l'index levé. A dextre, l'écu de France couronné, entouré du collier des ordres; à sénestre, de France parti de Médicis, écartelé de la Tour, Auvergne et Boulogne, couronné et entouré d'une cordelière.

CATHERINE PAR LA G DE DIEV ROYNE
DE FRANCE MERE DV ROY

Contre-sceau : Écu couronné, aux mêmes armes que les deux écus de la face. — Sans légende.

Ratification du serment prêté en son nom, comme protectrice du Cambrésis, par le seigneur de Balagny, son gouverneur et lieutenant général. — Paris, novembre 1584. Signé Catherine.

5 LOUIS XIV.

1670.

Sceau pour le conseil de Tournay.

Sceau rond, de 10 centim. — Lille; hôpital Comtesse.

L'écu de France couronné, supporté par deux anges à draperies flottantes.

LOVIS • XIIII • ROY • DE • FR • ET • DE • NAV • POVR • SERVIR • AV • CON^{fil} • SOVVERAIN • DE • TOVRNAY — 1668.

CONTRE-SCEAU : Même représentation sous un dais. — Sans légende.

Autorisation à l'hôpital Comtesse pour aliéner des biens situés à Gand, Bruges, l'Écluse, etc. — 13 octobre 1670.

SOUVERAINS D'ANGLETERRE.

6 PHILIPPE DE HAINAUT,

Femme d'Édouard III. — 1370.

Sceau rond, de 38 mill. — Communiqué par M. Rotel, à Valenciennes.

Dans un encadrement gothique, en triangle, l'écu d'Angleterre écartelé de Hainaut.

✠ SECRET...... MVM : PHILIPPE : DE : HAN.....E : ANGLIE

(Secretum sigillum Philippe de Hanonia, regine Anglie.)

Sceau détaché.

7 JEAN,

Duc de Bedford, régent de France. — 1423.

Sceau rond, de 84 mill. — Arch. du Nord; Chambre des comptes.

Écu de France écartelé d'Angleterre, au lambel de cinq pendants chargés de fleurs de lys sur le tout, timbré d'un heaume cimé d'un léopard couronné et accolé d'un lambel à cinq pendants chargés lés uns d'hermines, les autres de fleurs de lys, supporté à dextre par une aigle, à sénestre par un chien, accosté de deux plumes à banderoles portant la devise : pour.....

✠ sigillū : iohis : filu z fris : regū : ducis : bedfordie : coitis : de richmund z de kendal ac : coustabularu : . . glie

(Sigillum Johannis, filii et fratris regum, ducis Bedfordie, comitis de Richmund et de Kendal, ac constabularii Anglie.)

Traité d'alliance entre le duc de Bedford, les ducs de Bourgogne et de Bretagne. — Amiens, 17 avril 1423.

8 RICHARD,

Duc d'York, lieutenant général et gouverneur de France et de Normandie. — 1443.

Sceau rond, de 83 mill. — Arch. du Nord; Chambre des comptes.

Écu de France écartelé d'Angleterre, au lambel de trois pendants sur le tout, timbré d'un heaume cimé d'un léopard couronné accolé d'un lambel, supporté à dextre par une aigle, à sénestre par un lion, accosté de deux plumes surmontées chacune d'un étrier.

..... ducis ...... francie ac ducatus nor ...

(Sigillum Ricardi ducis..... Francie ac ducatus Normannie.)

CONTRE-SCEAU : Un léopard couché. — Sans légende.

Trèves entre la Flandre et l'Angleterre. — Rouen, 31 mai 1443.

9 HENRI VII,

1507.

Sceau rond, de 115 mill. — Arch. du Nord; Chambre des comptes.

Dans une niche principale d'architecture gothique, le Roi assis, couronné d'une couronne fermée, revêtu d'une tunique, d'une pèlerine d'hermines et d'un manteau attaché devant la poitrine, le sceptre à la main droite, et dans la gauche un monde surmonté d'une longue croix. A dextre et à sénestre, dans une niche latérale, l'écu de France écartelé d'Angleterre au-dessus d'un léopard accroupi; dans deux autres niches plus petites et plus éloignées, deux hommes d'armes. Dans le bas de l'architecture, des roses.

: henricus : dei grā : rex : anglie : z : francie : z : dominus : hibernie :

(Henricus, Dei gracia rex Anglie et Francie et dominus Hibernie.)

CONTRE-SCEAU : Type équestre sur un champ treillissé de fleurs de lys et semé de roses. Le Roi à cheval, coiffé d'un casque couronné timbré d'un léopard; le pourpoint à manches fendues, le bouclier et la housse aux armes; le cheval muni d'un chanfrein cimé de trois plumes d'autruche.

✠ henricus : dei : gracia : rex : anglie : et : francie : et : dominus : hibernie :

(Henricus, Dei gracia rex Anglie et Francie et dominus Hibernie.)

Ligue entre le roi d'Angleterre et l'empereur Maximilien. — Westminster, 20 mars 1507.

10 HENRI VIII.

1544.

Sceau rond, de 13 centim. — Arch. du Nord; Chambre des comptes.

Le Roi à cheval, armé de toutes pièces; casque couronné, à longues plumes qui retombent, cimé d'un léopard; pourpoint à jupe courte; bouclier aux armes de France, écartelé d'Angleterre. Sur l'armure d'épaule et de cuisse du cheval, une rose; le chanfrein orné de

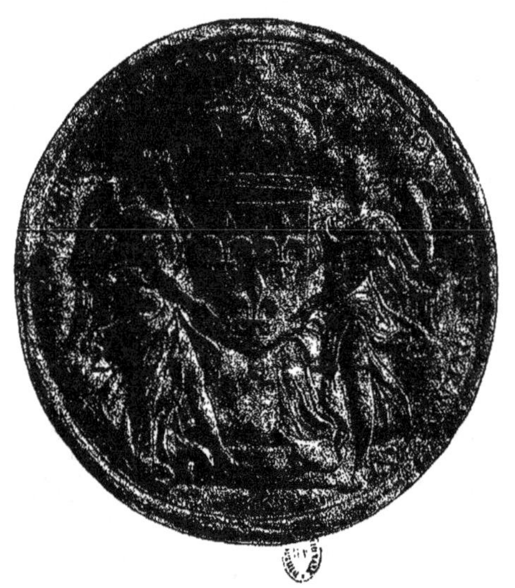

N. 5. Louis XIV. — Sceau pour le conseil de Tournay.

plumes; sous le cheval, un lévrier courant sur un terrain fleuri. Dans le champ, à gauche, une rose.

(Henricus) OCTAVS : DEI • GRATIA • ANGLIE • FRANCIE • ET • HIBERNIE • REX • FIDEI • DE-FESOR • ET • IN • TERĀ • ECCLESIE • ANGLI-CANE • ET • HIBERICE • SVP(remum caput) •

Mandement à son amiral, gens de mer, gouverneurs, etc. pour qu'on accueille avec amitié l'amiral et l'armée de l'Empereur devenu son allié. — Westminster, 5 juin 1544.

SOUVERAINS D'ÉCOSSE.

11 ALEXANDRE III.
1287

Sceau rond, de 10 centim. — Arch. du Nord; Chambre des comptes.

Le Roi assis sur un trône d'architecture à colonnettes surmontées chacune d'une fleur de lys, couronné, vêtu d'une tunique retenue par une ceinture et d'un manteau attaché sur le devant de la poitrine par un cordon où sont passés les doigts de la main gauche, tandis que la droite porte le sceptre; le champ semé de feuilles de trèfle.

✱ ALEXANDER ⫶ DEO.....REX ⫶ SCO...RVM

(Alexander, Deo rectore rex Scottorum.)

Contre-sceau : Sur un champ semé de feuilles de trèfle, le Roi à cheval, portant un casque carré cimé en éventail, brandissant son épée; le haubert recouvert de la cotte d'armes; le bouclier et la housse, aux armes d'Écosse, qui sont : le lion au trécheur fleuronné.

✱ ALEX...ER ⫶ DEO.....EX ⫶ SCOTTORVM

(Alexander, Deo rectore rex Scottorum.)

Lettres à Gui, comte de Flandre, pour le payement du premier terme d'une somme convenue entre eux. — 20 février 1283?

12 JACQUES II.
1449.

Sceau rond, de 11 centim. — Arch. du Nord; Chambre des comptes.

Dans une niche principale d'architecture gothique à clochetons, le Roi assis, portant une couronne à trois fleurons, les cheveux tombant sur les épaules; un sceptre fleurdelisé à la main droite, la gauche passée dans l'attache du manteau; à ses pieds, deux léopards et deux annelets. Dans deux petites niches latérales, l'écu d'Écosse soutenu par un squelette; le dessus de ces niches bretessé et défendu par un homme d'armes. Dans le champ, en haut, deux annelets et une étoile.

IACOBVS DEI GRACIA REX SCOTORVM

(Jacobus, Dei gracia rex Scotorum.)

Contre-sceal : Sur un champ semé de rinceaux à fleurs de quatre pétales, le Roi à cheval, galopant à droite, casque en tête cimé d'un lion? Le pourpoint, le bouclier et la housse aux armes d'Écosse augmentées, dans le bas, de deux annelets; de chaque côté du cou du cheval, deux annelets.

IACOBVS : DEI : GRACIA REX SCOTORVM

(Jacobus, Dei gracia rex Scotorum.)

Assignation du douaire de Marie de Gueldre, sa femme. — Strevelyn, 25 juin 1449.

SOUVERAINS D'ALLEMAGNE.

13 LOTHAIRE,
Roi de Lorraine. — 860.

Sceau ovale, de 40 mill. — Arch. du Nord; évêché et chapitre de Cambrai.

Intaille représentant un buste à tête laurée, de profil à droite.

✱ XPE ADIVVA.....VM REG

(Christe adjuva Lotharium regem.)

Lothaire donne à l'abbaye de Saint-Denis un manse dépendant du fisc de Valenciennes. — «Data 7 Kalendas februarii, anno Christo propitio regni domini Hlotharii gloriosi regis 5, indictione 8. Actum Valentianas, palatio regio, in Dei nomine feliciter amen.»

14 OTHON Ier,
Roi de Germanie. — 947.

Sceau rond, de 60 mill. — Arch. du Nord; évêché et chapitre de Cambrai.

Le Roi à mi-corps, tourné de profil à droite, la tête ceinte d'un diadème, vêtu d'une tunique de mailles recouverte d'un manteau attaché sur l'épaule droite. Il tient sa lance dans la main droite, et de l'autre il porte un bouclier à ombo.

✱ OTTO DI GRA REX

(Otto, Dei gratia rex.)

Othon donne au chapitre de Cambrai l'abbaye de Saint-Géry avec toutes ses possessions. — «Data 2 Kalendas maii, anno Dominice incarnationis 947, indictione 6, regnante pio rege Ottone 13. Datum Aquisgrani palacii in Domino feliciter amen.»

15 OTHON III,
Empereur d'Allemagne. — 996.

Sceau rond, de 70 mill. — Arch. du Nord; évêché et chapitre de Cambrai.

L'Empereur à mi-corps, se présentant de face, couronné, tenant son sceptre de la main droite, et dans la gauche un monde; le manteau attaché sur l'épaule droite.

OTTO DI GRATIA REX

(Otto, Dei gratia rex.)

Ruothardus, évêque de Cambrai, reçoit d'Othon la forêt qui s'étend «de monte Savelon usque in illum locum ubi duo Elpre cadunt in Sam...

«bram. — Data 9 Kalendas maii, anno Dominicæ incarnationis 995,
«indictione 8, anno autem tertii Ottonis regnantis 12. Actum est
«Aquisgrani palatii feliciter amen.»

16　　　HENRI II,

Le Saint et le Boiteux, roi de Germanie. — 1008.

Sceau rond, de 70 mill. — Arch. du Nord; évêché et chapitre de Cambrai.

Le Roi assis sur un trône à grosses pommettes, de face, couronné, le manteau attaché sur l'épaule droite, tenant à la main droite une croix à double traverse, de la gauche soutenant un monde.

✱ HEINRICHVS DI GRAT . . . EX

(Heinrichus, Dei gratia rex.)

Confirmation des priviléges de la ville de Cambrai. — «Data x Kalendas junii, anno Domini incarnati mii, indictione 1, anno vero domini Henrici regnantis 1. Actum Ganderesheim.»

17　　　LOTHAIRE II,

Roi des Romains. — 1130.

Sceau rond, de 84 mill. — Arch. du Nord; évêché et chapitre de Cambrai.

Le Roi assis sur un trône, la tête ceinte d'une couronne munie de chaque côté d'un pendant à quatre perles, le manteau attaché sur l'épaule droite, tenant un sceptre fleuronné; un monde surmonté d'une croix dans la main gauche.

. . . . . . VS · DEI · GRATIA · ROMANOR · IMPR ·
A . . . . .

(Lotharius, Dei gratia Romanorum imperator Augustus.)

Sentence qui enlève à un nommé Gautier l'office de prévôt dont il s'était emparé malgré l'évêque de Cambrai. — Aix-la-Chapelle, 28 décembre 1130.

18　　　CONRAD III,

Empereur d'Allemagne. — 1139.

Sceau rond, de 82 mill. — Arch. du Nord; abbaye de Vaucelles.

L'Empereur assis sur un trône en forme de chaière à dossier fretté surmonté de pommettes; couronne fermée à deux pendants terminés chacun par trois perles, manteau à orfroi, tunique à manches courtes ornée aussi d'orfroi; le sceptre dans la main droite, un globe crucifère dans la gauche.

✱ CVNRADVS · DI · GR͞A · ROMANOR͞V . . .

(Conradus, Dei gratia Romanorum rex.)

Confirmation des dons octroyés à l'abbaye de Vaucelles par Hugues d'Oisy, châtelain de Cambrai, son fondateur. — Liége, 1139.

19　　　FRÉDÉRIC Iᵉʳ,

Empereur d'Allemagne. — Vers 1162.

Sceau rond, de 85 mill. — Arch. du Nord; évêché et chapitre de Cambrai.

L'Empereur assis sur une chaière à dossier cintré sou-
tenu par deux colonnettes pommetées; couronne fermée à deux pendants, manteau bordé d'orfroi attaché sur l'épaule droite, tunique à manches courtes retenue par une large ceinture et ornée d'orfroi; sceptre, globe surmonté d'une croix.

✱ FREDERIC9 · DEI · G͞R · ROMANOꝝ ꞉
IMPERATOR · AVG͞S

(Fredericus, Dei gratia Romanorum imperator Augustus.)

Priviléges accordés à la ville de Cambrai. — Gelnhausen, 20 juin.

20　　　OTHON IV,

Roi des Romains. — 1208.

Sceau rond, de 83 mill. — Arch. du Nord; évêché et chapitre de Cambrai.

Le Roi assis sur un trône à siége demi-circulaire et à dossier; couronne fermée; le sceptre dans la main droite, dans la gauche un monde; le manteau attaché sur le devant de la poitrine.

✱ OTTO . . . . . RA ROMANOꝝ REX ET SEMP
AVGVST9

(Otto, Dei gratia Romanorum rex et semper Augustus.)

Sentence de bannissement contre des citoyens de Cambrai excommuniés par leur évêque et rebelles à l'excommunication. — Augsbourg,
5 janvier 1208.

21　　　FRÉDÉRIC II,

Roi des Romains. — 1215.

Bulle d'or ronde, de 62 mill. — Arch. du Nord; évêché et chapitre
de Cambrai.

Le Roi assis sur un trône en forme de chaière à colonnes pommetées et fleuronnées; couronne plate, fermée, ornée de perles; le manteau bordé de perles, atta-
ché devant la poitrine, laissant voir la large ceinture de la tunique. Sceptre fleuronné, à hampe feuillée; globe ceint d'une rangée de perles et surmonté d'une croix.

✱ ꞉ FREDERICVS DEI GR͞A ROMANOꝝ REX
2 SEMP AVGVSTVS ꞉ dans le champ . ET REX
SICILIE

(Fredericus, Dei gratia Romanorum rex et semper Augustus
et rex Siciliæ.)

Revers : Monument emblématique de la ville de Rome, soutenu par deux tourelles, à coupole surmontée d'une croix; dans le champ, des quartefeuilles en sautoir, des roses et des annelets. Sur la porte du monument, AVREA ROMA (Aurea Roma).

✱ ROMA · CAPVT · MVNDI · REGIT · ORBIS ·
FRENA · ROTVNDI

(Roma caput mundi regit orbis frena rotundi.)

Confirmation de la loi de Cambrai. — Haguenau, 26 septembre
1215.

22   **FRÉDÉRIC II,**

Roi des Romains. — 1219.

Bulle d'or ronde, de 62 mill. — Arch. du Nord; évêché et chapitre
de Cambrai.

Le Roi, assis sur un trône analogue au précédent,
porte une couronne à trois fleurons, ornée de deux pendants qui se terminent en fleurs de lys. Le manteau bordé
de perles est attaché devant la poitrine; la main droite
tient un sceptre feuillé, terminé par une croix; la main
gauche soutient un monde surmonté aussi d'une croix.

✢ : FRIDERIC9 DĪ · GRÃ · ROMANOR⁊ · REX ·
SEM⨍ · AVGVSTVS · ⁊ · REX SICILIE.

(Fridericus, Dei gratia Romanorum rex semper Augustus et rex Siciliæ.)

Revers : Monument emblématique de la ville de Rome,
avec l'inscription AVREA ROOA (Aurea Roma).

✢ : ROMA · CAPVT · O⁊VNDI · REGIT · ⸬ · ORBIS ·
FRENA · ROTVNDI ⸬

(Roma caput mundi regit orbis frena rotundi.)

Investiture de Godefroi, évêque élu de Cambrai. — Nuremberg,
29 octobre 1219.

---

23   **HENRI VII,**

Roi des Romains. — 1216.

Bulle d'or ronde, de 45 mill. — Arch. du Nord; évêché et chapitre
de Cambrai.

Le Roi assis sur une chaière à colonnes et à pieds
pommetés; la couronne semblable à la seconde de Frédéric II, son père; manteau, tunique à larges manches
ornées d'orfroi; sceptre à fleuron surmonté d'une croix,
comme le monde qu'il porte dans sa main gauche. Champ
fretté.

✢ hEINRIC' · DĪ · GRÃ · ROMANO⁊ · REX ·
ET · SEN⨍. AVGVST'

(Heinricus, Dei gratia Romanorum rex et semper Augustus.)

Revers : Monument emblématique de la ville de Rome
avec les mots AVREA ROMA (Aurea Roma).

✢ ROMA CAPVD O⁊VNDI REGIT ORBIS
FRENA ROTVNDI

(Roma caput mundi regit orbis frena rotundi.)

Sentence d'abolition de la commune de Cambrai, confirmative des
priviléges de l'évêque contre les habitants... «Adjudicavimus quod
«campana sive campane et campanille quod berfrois dicitur et commu-
«nia quam Pacem nominant destruantur omnino, nulla jurisdictione
«civibus reservata.« — Wurtzbourg, novembre 1226.

---

24   **CONRAD IV,**

Roi des Romains. — 1237.

Sceau rond, de 72 mill. — Arch. du Nord; évêché et chapitre de Cambrai.

Type de majesté. Couronne à trois fleurons; manteau
attaché sur la poitrine; trône en forme de banc, à mar-
chepied; sceptre fleuronné, monde crucifère.

✢ ...RAD9 DIVI · ..G9TI · IMⱣRIS · FRI....
.ILI9 DI · GRÃ · ROMA .....ECT; et dans le champ,
derrière le Roi, ⁊ · HERE .....IORLM

(Conradus, divi Augusti imperatoris Friderici filius, Dei gratia Romanorum
in regem electus et heres regni Jerosolimitani.)

Investiture de Guillaume I⁽ᵉʳ⁾, évêque de Cambrai. — Rotembourg,
18 mars 1237.

---

25   **ADOLPHE DE NASSAU,**

Roi des Romains. — 1297.

Sceau rond, de 95 mill. — Arch. du Nord; Chambre des comptes.

Type de majesté. Couronne à trois fleurons; manteau
attaché sur l'épaule droite; trône en forme de banc, surmonté de colonnettes; sceptre, globe. — Légende détruite, commençant par ✢ ADO.....

Assignation de 1,000ᵗᵗ dues par Adolphe de Nassau à Jean de Bourgogne. — Cologne, 3 juin 1297.

---

26   **MARGUERITE,**

Femme de Louis de Bavière, impératrice des Romains, comtesse de Hainaut. — 1356.

Sceau rond, de 48 mill. — Arch. du Nord; Chambre des comptes.

Une aigle portant en cœur un écu en losange aux
quatre lions de Hainaut.

✢ S' MARGARETA : DĪ : GRÃ : ROANOR : IRA-
ⱤICIS : SEMⱣ : AVGVSTE — .....ISSE...E :
hOLLANDIE : ZELANDIE : ET : DOMINE :
FRIZIE

(Sigillum Margarete, Dei gratia Romanorum imperatricis semper Augustæ.
— Comitissæ Hanoniæ, Hollandiæ, Zelandiæ et dominæ Frizie.)

Règlement de comptes avec la ville de Valenciennes. — Ath, 22 octobre 1356.

---

27   **MARGUERITE,**

Impératrice des Romains. — 1347.

Sceau secret, rond, de 34 mill. — Arch. du Nord; évêché et chapitre
de Cambrai.

Une aigle.

✢ SECRETVM MARGARETE DEI GRA'
ROMANORVM IMⱣATRICIS

(Secretum Margarete, Dei gratia Romanorum imperatricis.)

Fondation de l'obit du comte de Hainaut, son frère, scellée du
sayel des secret. — Mai 1347.

---

28   **CHARLES IV DE BOHÈME,**

Empereur d'Allemagne. — 1377.

Bulle d'or ronde, de 60 mill. — Arch. du Nord; évêché et chapitre
de Cambrai.

L'Empereur assis sur un trône en forme de banc et

garni d'un coussin, coiffé d'une mitre dans une couronne fermée. Manteau attaché sur la poitrine par un fermail en losange. Sous le manteau, et par-dessus la tunique, une longue bande passe autour des épaules, se croise en sautoir devant la poitrine, s'engage dans la ceinture et vient se faire porter sur les bras. Sceptre fleuronné, globe crucifère. A dextre, un écu à l'aigle; à sénestre, un autre écu au lion couronné à queue fourchée passée en sautoir.

✱ KAROLVS · QVARTVS · DIVINA · FAVENTE · CLEMENCIA · ROMNOR · IMPERATOR · SEMP · AVGVSTVS; et dans le champ · ET · BOEMIE · REX ·

(Karolus quartus, divina favente clemencia, Romanorum imperator semper Augustus et Boemie rex.)

REVERS : La ville de Rome, avec ces mots sur la porte : AVREA ROMA.

✱ ROMA · CAPVT · MVNDI · REGIT · ORBIS · FRENA · ROTVNDI

(Roma caput mundi regit orbis frena rotundi.)

Confirmation des priviléges et des droits de juridiction du chapitre de Cambrai. — «Sub bulla aurea, typario nostre majestatis impressa «testimonio... » — Cambrai, 23 décembre 1377.

---

29   SIGISMOND,

Empereur d'Allemagne. — 1433.

Sceau rond, de 128 mill. — Arch. du Nord; abbaye de Saint-Aubert.

L'Empereur assis sur un trône formé de deux aigles éployées, portant une couronne en forme de mitre terminée par une croix. Son manteau bordé d'un fretté est attaché sur la poitrine par une agrafe en losange; une longue bande brodée de petites croix pattées se croise en sautoir devant le buste et vient reposer sur les aigles du trône ses extrémités frangées; sceptre, monde. A côté de la tête de l'Empereur et à droite, une croix dont les branches pattées se terminent en quatre pointes. Dans le champ, cinq écussons : le 1, en commençant par la dextre, porte une aigle éployée, nimbée; le 2, un lion contourné; le 3, un fascé de dix pièces au lion brochant; le 4, un fascé de huit pièces; le 5 est détruit.

.........ORVM · IMPERATOR · SEMPER · AVGVSTVS · hVNGARIE · BOhEMIE · DA.... ....LICIE · LODOMERIE · COMNIE · BVLGARIE✛ · REX · ET · LVCEMBVRGENSIS · hERES ·

(Sigismundus, Romanorum imperator semper Augustus, Hungarie, Bohemie, Dalmacie,... Gallicie, Lodomerie, Comanie, Bulgarieque rex et Lucemburgensis heres.)

CONTRE-SCEAU : Une aigle éployée, nimbée.

✱ SIGISMVNDVS · DEI · GRACIA · ROMANO- RVM · IMPER.........PER. — AVGVSVS · AC · hVGARIE · BOhEMIA · DALMACIE · CROACIE · 2 REX.

(Sigismundus, Dei gracia Romanorum imperator semper Augustus ac Hungarie, Bohemie, Dalmacie, Croacie, etc. rex.)

Ratification d'un legs en faveur des religieux de Saint-Aubert. — 4 juillet 1433.

---

30   FRÉDÉRIC IV,

Empereur d'Allemagne. — 1467.

Sceau rond, de 68 mill. — Arch. du Nord; évêché et chapitre de Cambrai.

Une aigle éployée, nimbée. — Légende concentrique interrompue par cinq écus : au 1, à dextre, une fasce; au 2, trois lions passant l'un sur l'autre, parti d'une fasce; au 3, un lion; le 4 et le 5 sont détruits.

S. FRIDER.......IR ✳RO.... IMPERATORIS SEMPER · AV ....TIRIE ✳ DVCIS ✳: EC · A · E · I · O · V ·

(Sigillum Frederici, Dei gracia Romanorum imperatoris semper Augusti... Stirie ducis, etc. a. e. i. o. u.)

CONTRE-SCEAU : Trois écus surmontés d'une couronne : celui de l'Empire, de Hongrie et de..... — Sans légende.

Rémission pour Étienne de Barale, bourgeois de Cambrai, condamné au bannissement. — Neustadt, 2 juin 1467.

---

31   MAXIMILIEN Iᵉʳ,

Roi des Romains. — 1488.

Sceau rond, de 30 mill. — Arch. du Nord; Chambre des comptes.

Écu écartelé, portant, au 1, une aigle parti d'une fasce; au 2, Bourgogne moderne parti de Bourgogne ancien tiercé de Bourgogne comté; au 3, Styrie parti d'Autriche tiercé de Souabe; au 4, Bourgogne ancien parti de Bourgogne comté, tiercé de Bourgogne moderne; et, sur le tout, un lion parti d'une aigle.

S maximiliaui : Romaor : Regis : archid : a...

(Sigillum Maximiliani, Romanorum regis, archiducis Austrie.)

Don de 1,800ᴸ octroyé à Pierre Ximenes de Castille pour ses bons services. — Anvers, 1ᵉʳ septembre 1488.

---

32   MAXIMILIEN Iᵉʳ,

Empereur d'Allemagne. — 1508.

Sceau rond, de 72 mill. — Arch. du Nord; Chambre des comptes.

Écu à l'aigle, surmonté de la couronne impériale, supporté par deux griffons tenant deux briquets d'où pend la toison d'or, entouré de quatre écussons aux armes d'Autriche, de Styrie, Carniole et Bourgogne ancien.

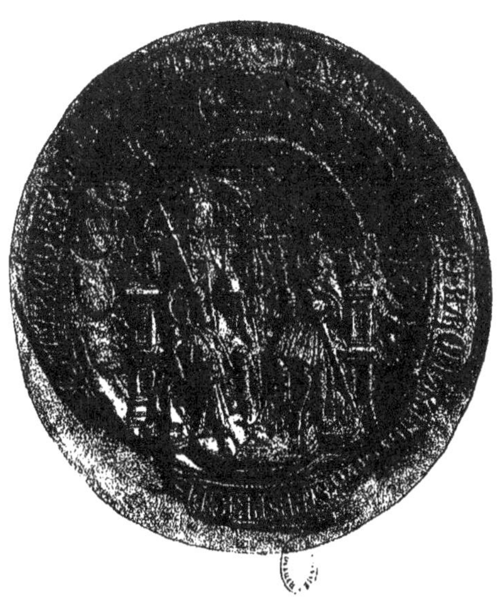

N° 34 — Maximilien Ier et Charles, son petit-fils.

S MAXIMILIANI DEI GRA ROY REGIS SEM.... ....
..CHIDVCIS XVSTRIE DVCIS BVRG BRABAN STIRIE
CARINTHIE RARNIOLE LVXEMB ET — GHELRIE CO-
MITIS FLXNDRIE TIROLIS....ONIE HOLLAN. LANT-
GRAVI ALSACIE SACRI IMPERII MARCHIOĪS DOMINIĐ
FRIZIE

(Sigillum Maximiliani, Dei gracia Romanorum regis semper..... archiducis Austrie, ducis Burgundie, Brabantie, Stirie, Carinthie, Karniole,
Luxemburgie et Ghelrie, comitis Flandrie, Tirolis, Hainonie, Hollandie,
lantgravi Alsacie, Sacri Imperii marchionis, dominique Frisie.)

Mandement à son roi d'armes, Toison-d'or, pour qu'il transporte en
Angleterre le joyau nommé *la riche fleur de lys Galice*, engagé au roi
d'Angleterre pour 50,000 couronnes d'or. — 1508.

---

33   **MAXIMILIEN Iᵉʳ**
ET SON PETIT-FILS CHARLES.
1508.
Sceau rond, de 82 mill. — Arch. du Nord; Chambre des comptes.

L'écu d'Autriche écartelé de Bourgogne ancien, couronné et entouré de la toison d'or, accompagné de
sept écussons, aux armes de l'Empire, Hongrie, Styrie,
Alsace, Castille, Léon et Grenade, séparés par des briquets.

SIGILLV . MXXIᴹ · XC ..ROLI · REGV · ARCHIDVCV ·
XVSTRIE · DVCV · BVRGVNᴱ · BRABXNᴱ · STIRI ..MI-
TV · FLXNDRIE ·

(Sigillum Maximiliani ac Karoli regum, archiducum Austrie, ducum
Burgundie, Brabantie, Stirie, comitum Flandrie.)

Ordre de payer à Georges Hacqueney, commis à tenir les comptes
des dépenses de l'Empereur, la somme de 19,352ᴴ. — Malines, 8 mars
1508.

---

34   **MAXIMILIEN Iᵉʳ**
ET SON PETIT-FILS CHARLES.
1513.
Sceau rond, de 105 mill. — Arch. communales de Lille.

Sur un trône double, d'architecture de la Renaissance,
l'Empereur et son fils, assis, couronnés : l'Empereur, revêtu du manteau impérial, tient son épée et porte un
monde surmonté d'une croix; son fils, en manteau et
en pourpoint, tient un sceptre de la main droite, la
gauche embrassant la poignée de son épée restée dans le
fourreau. Au-dessus de leur tête, la toison d'or, et, de
chaque côté du trône, deux bâtons noueux en sautoir
surmontés d'un M. Dans le champ sont rangés en
cercle onze écussons : Autriche, Hongrie, Castille écartelé de Léon, Dalmatie, Croatie, Bourgogne ancien,
Autriche, Brabant, Limbourg, Luxembourg, Gueldre.

S · MAX · IMPᴿATORIS · ELECTI · ET · RAROLI · ARCHIDV-
CV · XVSTRIE · PRICIPIS ..... DVCV · BVRG · BRA-
BAN · Z · COMITV · FLAN · Z ·

(Sigillum Maximiliani, imperatoris electi, et Karoli, archiducum Austrie,
principis Hispaniarum, ducum Burgundie, Brabantie, et comitum Flandrie, etc.)

Contre-sceau : Écu aux armes de l'Empire et de ses
divers États, couronné, entouré du collier de la toison d'or.

CONTRA S MAX IMPERATORIS Z RAROLI ARCHIDVC
AVST

(Contra sigillum Maximiliani, imperatoris, et Karoli, archiducis Austrie.

Ordonnance concernant l'envoi et le minck du poisson de mer en la
ville de Lille. — Bruxelles, 4 février 1513.

---

35   **CHARLES-QUINT.**
1536.
Sceau rond, de 87 mill. — Arch. du Nord; Chambre des comptes.

Écu à l'aigle éployée, portant en cœur un écusson effacé aux armes des États de l'Empire, couronné, entouré
du collier de la toison d'or.

CESAR ⦂ CAROLVS ⦂ V ⦂ SEMPER ⦂ AVGVSTVS ⦂
REX ⦂ CATHOLICVS

L'Empereur remet au seigneur d'Hollain, gentilhomme de son hôtel
et écoutète de Bruges, les droits auxquels il était tenu à cause de sa
légitimation. — Bruxelles, 10 décembre 1536.

---

36   **MARIE-THÉRÈSE.**
1751.
Sceau pour le Brabant.
Sceau rond, de 112 mill. — Arch. du Nord; abbaye du Saint-Sépulcre.

Type très-fruste. L'Impératrice à cheval, galopant à
gauche; des écussons rangés en cercle dans le champ.
Sous le cheval, une ville, Bruxelles?

.....THERES...REG.....BOH ARCH.....

Contre-sceau : Écu fruste couronné, semblable à celui
du numéro suivant. — Légende effacée.

Nomination de dom Hubert Salé à la prévôté de la Chapelle à
Bruxelles. — Bruxelles, 23 janvier 1751.

---

37   **MARIE-THÉRÈSE,**
1769.
Grand sceau rond, de 126 mill. — Arch. du Nord; Chambre des comptes.

L'Impératrice en robe ajustée ornée de pierreries et à
manches courtes, revêtue du manteau impérial, tenant
de la main droite son sceptre et de l'autre un monde crucifère, assise sur un trône à degrés surmonté d'un baldaquin dont les draperies sont relevées par deux anges.
Au-dessus du dossier, deux renommées tenant une couronne de laurier; à gauche, la Justice; à droite, la Paix.
A côté de chaque colonne, des écussons aux armes des
États; à gauche des degrés, un écusson aux armes de
l'Empire, et, à leur droite, un autre écusson aux armes
de Hongrie.

MARIA • THERESIA • D • G • ROM • IMPE-
RATRIX • VIDVA • REG • HVNG • BOH • & •
ARCH • A • DVX • BVRG • BRAB • & • COM •
FLAND •

CONTRE-SCEAU : L'aigle de l'Empire éployée, nimbée,
couronnée, portant en cœur un écusson coupé de deux
traits : au 1, un écartelé de Castille, Léon, Aragon et
Sicile, Hongrie moderne parti de Hongrie ancien, Bohème, un lion couronné écartelé d'un autre lion couronné, Autriche parti de Carinthie, Tyrol; au 2, une
fasce accompagnée, en chef, d'une aigle naissante entre le
soleil et la lune, et, en pointe, de deux rangées de rocs,
parti d'un lion couronné?..... Carniole, Goricie; au
3, Lorraine, Médicis, Barrois. Sur le tout : Autriche
parti de Bourgogne ancien. — Même légende qu'à la
face.

Amortissement de terres situées à Costerlé en Brabant. — Vienne,
10 juillet 1769.

SOUVERAINS D'ESPAGNE ET DES PAYS-BAS.

38   PHILIPPE IV.
1630.
Sceau rond, de 112 mill. — Arch. du Nord; abbaye de Flines.

Le Roi revêtu de son armure, en manteau, couronné,
le cou dans une fraise godronnée, portant le collier de
la toison d'or sur une pèlerine d'hermines, tenant l'épée
et le sceptre, assis sur un trône à baldaquin. Dans le
champ, des écussons couronnés, aux armes d'Espagne,
de Sicile, d'Autriche, de Bourgogne et de Flandre, entourés de la toison d'or et placés au-dessus de deux bâtons noueux passés en sautoir dans un briquet.

PHILIPPVS : IIII • D : G : REX : HISPAN : VTR :
SICIL : Z : ARCHID : AVSTR : DVX : BVRG :
BRA : COMES : FLANDRIÆ : Z •

CONTRE-SCEAU : Écu couronné, entouré du collier de
la toison d'or, écartelé : au 1, Castille écartelé de Léon;
au 2, Aragon parti de Sicile entés de Grenade et, sur les
deux, de Portugal; au 3, Autriche soutenu de Bourgogne
ancien; au 4, Bourgogne moderne soutenu de Brabant,
et, sur le 3 et le 4, un lion parti d'une aigle. — Même
légende qu'à la face.

Le roi d'Espagne engage à l'abbesse de Flines, pour la somme de
6,800 florins, le village de Flines avec toute justice et seigneurie. —
Bruxelles, 18 mars 1630.

39   PHILIPPE IV,
1647.
Sceau rond, de 115 mill. — Arch. du Nord; abbaye de Marquette.

Type semblable au précédent. Seulement l'armure du
Roi a la jupe d'acier qu'on appelle bracone, et porte, au
lieu de la fraise, le gorgerin et la bavière; les draperies
du trône sont ici soutenues par deux anges. — Même légende que le numéro 38.

CONTRE-SCEAU : Avec des proportions un peu différentes,
même disposition et mêmes armes qu'en 1630.

Le Roi mande aux religieuses de Marquette qu'elles aient à procéder
à l'élection d'une abbesse et à nommer Léonore Triest de Ridderslio-
ven. — Bruxelles, 10 novembre 1647.

40   CHARLES II.
1676.
Sceau pour le Brabant.
Sceau rond, de 10 centim. — Arch. du Nord; abbaye du Saint-Sépulcre.

Type équestre, aux trois quarts effacé. Le Roi armé de
toutes pièces, coiffé d'un casque cimé de plumes, recouvert d'un ample manteau aux armes. Dans le champ,
cinq écussons couronnés.

S • CAROLI • II • D • G • REG • HISPA.........Z
ARCHID • AVST • DVC • BVRG • PRO•DVC • LO-
THA • BRAB • LIMB • MAR • S • IMP.

CONTRE-SCEAU : Écu supporté par deux lions. Mêmes
armes que pour Philippe IV. — Même légende qu'à la
face.

Lettres patentes accordant aux religieux du Saint-Sépulcre la jouis-
sance des revenus de la prévôté de la Chapelle à Bruxelles. — Bruxelles,
8 mai 1676.

SOUVERAINS DE NAVARRE.

41   BLANCHE,
Reine de Navarre. — 1439.
Sceau rond, d'environ 115 mill. — Arch. du Nord; Chambre des comptes.

Fragment de sceau qui représentait deux personnages
assis vis-à-vis l'un de l'autre. On y voit encore, à droite,
la Reine couronnée, vêtue d'une robe à manches très-
amples et retenue par une large ceinture, portant la collerette droite, tenant le sceptre et un monde. Dans le
fond, les armes de Navarre coupées de France à la bande
componée?, parties d'un écartelé en sautoir d'Aragon,
Castille et Léon.

.....tt...regina......

CONTRE-SCEAU : Dans une niche principale d'architecture gothique, un ange debout, soutenant un écu aux
armes décrites à la face; dans deux niches latérales, deux
lévriers supportent l'écu au-dessous duquel sont deux
lions adossés, accroupis. Dans le champ, des croisettes.
— Légende détruite.

Ratification du traité de mariage entre son fils Charles et Agnès,
fille du duc de Clèves. — Tafalla, 17 décembre 1439.

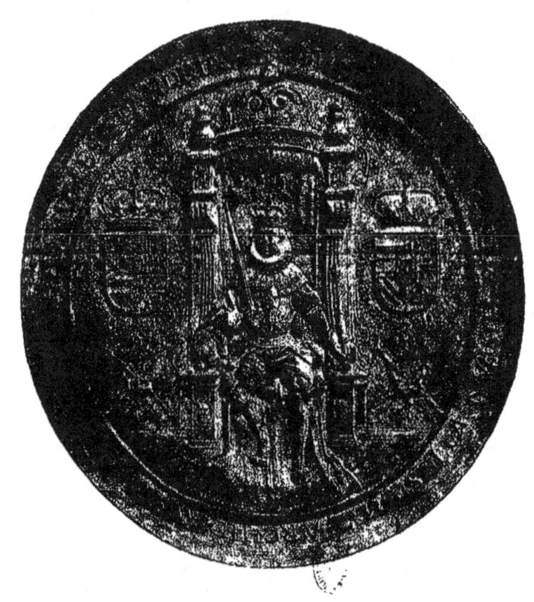

N° 18. Philippe IV

SOUVERAINS DE PORTUGAL.

42 DENIS,

Infant de Portugal. — 1390.

Sceau rond, de 62 mill. — Arch. du Nord; Chambre des comptes.

Dans le champ, les armes de Portugal : cinq écussons en croix, chargés chacun de cinq besants rangés en sautoir, séparés par quatre rameaux. — Légende détruite.

CONTRE-SCEAU : Sur un fond de hachures, un buste de profil à droite.

✳ SEGIT ..... CAPUD ... ARAGORVM

(..... ... capud... Aragonum.)

Denis, prisonnier du duc de Bourgogne, traite de sa rançon avec le grand bailli de Flandre. — Bruges, 23 mai 1390.

43 JEAN Ier, DIT LE GRAND,

Roi de Portugal. — 1419.

Bulle de plomb ronde, de 43 mill. — Arch. du Nord; Chambre des comptes.

Dans le champ, les armes de Portugal : cinq écussons formant une croix terminée par des fleurons, chaque écusson portant cinq besants rangés en sautoir, à la bordure chargée de sept châteaux.

✳ S : DOMINI IOHANNIS REGIS PORTVGALIE ALGARBII

(Sigillum domini Johannis, regis Portugaliæ Algarbii.)

CONTRE-SCEAU : Même disposition qu'à la face et même légende.

Traité du mariage de Philippe le Bon, duc de Bourgogne, avec Isabelle, fille du roi de Portugal. — Lisbonne, 23 juillet 1419.

SOUVERAINS DE VÉNÉTIE.

44 ANTOINE VENERIO,

Doge de Venise. — Vers 1393.

Bulle de plomb ronde, de 44 mill. — Arch. du Nord; Chambre des comptes.

Dans le champ, la légende sur cinq lignes :

ANTHONI' — VENERIO · — DEI · GRA · DVX · — VENETIAV — ET · C

(Anthonius Venerio, Dei gratia dux Venetiarum et comes.)

REVERS : Le Doge debout, recevant l'étendard des mains de saint Marc, debout aussi, devant un trône garni d'un coussin. — Légende détruite.

Lettre au duc de Bourgogne au sujet d'une rixe, sur les galères vénitiennes, entre des Flamands et des sujets du Doge. — Sans date.

45 JEAN PESARO,

Doge de Venise. — 1658.

Bulle de plomb ronde, de 32 mill. — Arch. du Nord; Chambre des comptes.

Dans le champ, la légende sur cinq lignes, entre deux roses accompagnées de six étoiles :

IOHANNES — PISAVRO — DEI · GRA · DVX — VENETIAR — ET · C

(Johannes Pisauro, Dei gratia dux Venetiarum et comes.)

REVERS : Le Doge de profil et debout, recevant l'étendard des mains de saint Marc.

S · M · VENET — PISAVRO DVX

(Sanctus Marcus Venetus. — Pisauro dux.)

Acte d'une écriture illisible.

SOUVERAINS DE SICILE.

46 RÉNÉ,

Roi de Jérusalem et de Sicile, duc d'Anjou, de Bar, de Lorraine, comte de Provence, etc. — 1436.

Sceau rond, de 115 mill. — Arch. du Nord; Chambre des comptes.

Le Roi couronné, revêtu d'un manteau bordé d'orfroi et attaché sur la poitrine, tenant son sceptre et un monde surmonté d'une croix, assis sur un trône à têtes de lion: à ses pieds, deux biches? couchées; derrière le Roi, une draperie semée de France; à sa dextre, sur un champ semé de France, l'écu couronné de Hongrie ancien; à sénestre, un autre écu couronné, coupé d'un trait, portant, en chef, Hongrie, Naples-Sicile, Jérusalem, et. en pointe, Anjou, Bar et Lorraine.

. . RATVS · DEI · GR ..... · REX · ... · BARRI · Z LOTHORINGIE ·

(Renatus, Dei gratia ..... rex... Barri et Lothoringie.)

PREMIER CONTRE-SCEAU : Sur un champ semé de fleurs de lys, le Roi à cheval, coiffé d'un casque couronné, armé de toutes pièces, la targe et la housse aux armes de la face.

..... PROVINCIE Z FO ..... ERII · CENOMANIE Z ... PEDIMONTIS · DOM.

(..... Provincie et Furcalquerii, Cenomanie et.. Pedimontis comes?)

SECOND CONTRE-SCEAU : Sur un champ fretté semé de fleurs de lys, le même écu, Hongrie, Naples-Sicile, Jérusalem, Anjou, Bar et Lorraine, couronné et supporté par deux aigles couronnées aussi.

✳ s'renati dei g ..... sicilie ..... andeg barri et lothor ducis comitis provincie zc ·

(Sigillum Renati, Dei gratia Jerusalem et Sicilie regis, Andegavensis, Barri et Lothoringie ducis, comitis Provincie, etc.)

Le roi René s'oblige à payer au duc de Bourgogne, pour sa rançon, la somme de 400,000 écus d'or. — Lille, 4 février 1436.

SOUVERAINS D'ORIENT.

47   BAUDOUIN II,

Empereur de Constantinople. — 1263.

Sceau rond, de 40 mill. — Arch. du Nord; Chambre des comptes.

L'Empereur assis sur un trône en forme de banc garni d'un coussin, tenant le sceptre de la main droite, et de la gauche un monde surmonté d'une croix, la tête ceinte d'une couronne fermée à deux pendants terminés chacun par trois perles, revêtu d'un manteau fermé, fendu sur les côtés.

BALDV.....MANIE SÕÆ AVĒTVS?

(Balduinus, Dei gratia imperator Romaniæ semper Augustus.)

L'empereur Baudouin et Philippe, son fils, vendent au comte de Flandre le château de Samson et ses appartenances. — Paris, 8 juin 1263.

48   PHILIPPE,

Fils de l'empereur Baudouin. — 1263.

Sceau rond, de 45 mill. — Arch. du Nord; Chambre des comptes.

Écu à la croix cantonnée de quatre besants chargés chacun d'une croix et accompagnée en pointe de deux croisettes? Deux légendes concentriques, l'extérieure en latin, l'intérieure en grec :

✱ Ꞩ PᎻILĨPI · FIL .....IMPΘRA.....ᎻΘRΘDIS · IℲII?

(Sigillum Philippi filii....... Imperatoris... heredis imperii.)

✱ CΦP'. ΦIL.......ΠOPΦVP.....

(Σφραγὶς Φιλίππου..... Πορφυρογεννήτου.....)

Voyez le n° 47.

IIᵉ SÉRIE. — SCEAUX DES GRANDS DIGNITAIRES.

GRANDS DIGNITAIRES DE FRANCE.

49   GILLON LE BRUN,

Connétable de France. — 1260.

Sceau rond, de 58 mill. — Arch. du Nord; évêché et chapitre de Cambrai.

Écu bandé de six pièces à la bordure denchée, au franc canton d'hermines.

'✱ Ꞩ. GILONIꝶ : LΘ BRVꞂ .....AꞂCΘ :

(Sigillum Gilonis le Brun..... de France.)

Contre-sceau : Aux armes de la face.

✱ CONΘSTABLΘ · DΘ FRAꞂCΘ :

(Conestable de France.)

Conditions d'une paix entre le chapitre de Cambrai et l'échevinage. — 29 juin 1260.

50   ROBERT DE FIENNES,

Connétable de France. — 1368.

Sceau rond, de 76 mill. — Arch. du Nord; abbiette de Lille.

Type équestre. Le casque cimé d'une tête de cerf, l'épée attachée à l'armure par une chaîne, le bouclier et la housse portant un lion.

✱ SIGILLVM : ROBΘRTI : DOMIꞂI · DΘ : FIΘꞂIS

(Sigillum Roberti, domini de Fienis.)

Contre-sceau : Dans un quadrilobe, un écu au lion.

SIGIL R..ΘRTI DOMIꞂI DΘ FIΘ...

(Sigillum Roberti, domini de Fienis.)

Donation aux frères prêcheurs d'un héritage situé en la Basse-Rue à Lille, pour y fonder leur église. — Huqueliers, 21 septembre 1368.

51   ARTHUR,

Fils du duc de Bretagne, comte de Richemond, seigneur de Parthenay, connétable de France. — 1435.

Sceau rond, de 48 mill. — Arch. du Nord; Chambre des comptes.

Écu d'hermines, au lambel de trois pendants chargés chacun de trois lions, penché, timbré d'un heaume, supporté par deux sangliers couronnés.

.....aꞂꞂia coꞂꞂ.......

(... Britanniæ connestabularii.....)

Récépissé des lettres du duc de Bourgogne relatives au traité d'Arras. Le duc promet de restituer au roi de France les villes, forteresses et terres sur et en deçà la rivière de Somme, moyennant 400,000 écus de rachat... — Arras, 1ᵉʳ octobre 1435.

52   RAOUL FLAMAND,

Sire de Chauny, maréchal de France. — 1287.

Sceau rond, de 68 mill. — Arch. du Nord; Chambre des comptes.

Type équestre fruste; le bouclier et la housse portant

dix losanges, au lambel de cinq pendants. — Légende fruste.

Quittance au comte de Flandre. — 25 juillet 1287.

53 RAOUL FLAMAND,

Maréchal de France. — 1297.

Sceau rond, de 48 mill. — Arch. du Nord; Chambre des comptes.

Écu portant dix losanges, 4, 3, 2 et 1, au lambel de cinq pendants.

✳ S' RAOVL · FLAMENC · SIGNEVR · DE GAVRI ·

(Seel Raoul Flamenc, seigneur de Cauni.)

CONTRE-SCEAU : Mêmes armes qu'à la face.

✳ SECRETV · R · DCI · FLAMENT

(Secretum Radulfi dicti Flament.)

Le sire de Cauni déclare qu'étant homme lige du roi de France, il ne peut servir le comte de Flandre contre son souverain; il rend donc au comte le fief qu'il tenait de lui. — 11 juin 1297.

54 ROBERT BERTRAND DE BRIQUEBEC,

Maréchal de France. — 1305.

Sceau rond, de 24 mill. — Arch. du Nord; Chambre des comptes.

Écu au lion couronné, soutenu par un personnage en buste coiffé d'un heaume, tenant une épée de la main droite, l'épaule gauche défendue par une épaulière aux armes.

..... MILIT · MA ......

(..... militie, mareschalli Francie.)

Bertrand de Briquebec et Mahieu de Trie assistent, comme lieutenants du Roi, à l'assemblée convoquée à Saint-Omer par le comte de Flandre pour remettre ses États en bonne paix et tranquillité. — Saint-Omer, 22 mars 1305.

55 MAHIEU DE TRIE,

Sire de Vaumain, maréchal de France. — 1305.

Sceau rond, de 27 mill. — Arch. du Nord; Chambre des comptes.

Dans un quadrilobe, un écu à la bande.

✳ S' MAHI DE TRIE MARESCHAL D' FRANCE

(Seel Mahiet de Trie, mareschal de France.)

Voyez le n° 54.

56 PIERRE DE BRABANT, DIT CLIGNET,

Sire de Rones, conseiller et chambellan du Roi, amiral de France. — 1406.

Sceau rond, de 37 mill. — Arch. du Nord; Chambre des comptes.

Écu burelé, à la bande chargée de trois coquilles bro-

chant, penché, timbré d'un heaume cimé d'un vol, supporté par deux dames, sur un champ de vair chargé de jumelles?

S · P : de brebã : dit cliguet : amiral de : fr..cc ·

(Seel Pierre de Brebant, dit Clignet, amiral de France.)

L'amiral s'oblige à laisser ouverte au comte de Hainaut la ville et forteresse de Chimay, qui lui était échue par son mariage avec Marie de Namur. — Au Quesnoy, 27 octobre 1406.

57 HUGUES DE CHÂTILLON,

Sire de Dampierre et de Rollencourt, maître des arbalétriers de France. — 1385.

Sceau rond, de 30 mill. — Arch. du Nord; Chambre des comptes.

Écu à trois pals de vair sous un chef chargé de deux lions passants affrontés, accosté de deux rocs et surmonté d'une arbalète.

S · DE ..... SCE :

(Seel de l'office .....)

CONTRE-SCEAU : Un roc d'échiquier.

S. DE LORISCE

(Secret de l'office.)

Mandement pour la solde de trente-neuf arbalétriers et de leur connétable établis à Courtrai pour la garde de la ville. — 1er novembre 1385.

58 CHARLES,

Duc de Bourbonnais et d'Auvergne, comte de Clermont, pair et chambre... de France. — 1435.

Sceau rond, de 48 mill. — Arch. du Nord; Chambre des comptes.

L'écu de Bourbon timbré d'un heaume cimé d'une touffe, supporté par deux dames, dans une enceinte plantée de fleurs.

sigillum : secretum : karoli : ducis .....

(Sigillum secretum Karoli ducis .....)

Voyez le n° 51.

59 JEAN,

Vicomte de Melun, seigneur de Montreuil-Bellay, chambellan de France. — 1[...].

Sceau rond, de 76 mill. — Arch. du Nord; chapitre Saint-Amé de Douai.

Type équestre; le bouclier et la housse aux armes; sept besants sous un chef.

✳ S' IOHIS VIC......OMIR.... OLIO... NI FRACIE

(Sigillum Johannis, vicecomitis de Meleduno, domini de Monsterolio cambellani Francie.)

CONTRE-SCEAU : Écu à la croix florencée.

✳ CTRA S'. VICECOMIT DE MELEDVRO CABELLANI FRACIE

(Contrasigillum vicecomitis de Meleduno, cambellani Francie.)

Accord avec Saint-Amé pour le droit de construction et d'exploitation de moulins à brai. — 18 mars 1338.

60 JEAN,

Vicomte de Melun, chambellan de France. — 1340.

Sceau rond, de 28 mill. — Arch. du Nord; évêché et chapitre de Cambrai.

Écu à sept besants sous un chef, penché, timbré d'un heaume cimé d'une tête de bœuf, supporté par deux hommes; dans un encadrement gothique en losange :

S' I VICOTE DE MELEV CHABELA DE FRACE

(Seel Jehan, vicomte de Meleun, chambelan de France.)

Quittance d'un coffre armorié qu'il avait mis en garde dans le trésor de l'église de Cambrai. — Devant Thun-l'Évêque, 24 juin 1340.

61 ISABEAU,

Dame d'Antoing, prévôte héritière de Douai, femme de Jean, vicomte de Melun. — 1338.

Sceau ogival, de 80 mill. — Arch. du Nord; chapitre de Saint-Amé de Douai.

Type fruste. Dame debout dans une niche gothique; à dextre, l'écu de Melun; à sénestre, celui d'Antoing : un lion.

✠ S'. YSAB... AME · DAN.....

(Seel Ysab... dame d'Antoing.....)

Voyez le n° 59.

62 FRANÇOIS D'ORLÉANS,

Comte de Dunois, de Longueville et de Tancarville, grand chambellan de France. — 1504.

Sceau rond, de 70 mill. — Arch. du Nord; Chambre des comptes.

Écu de France au bâton brochant, brisé d'un lambel, penché, timbré d'un heaume cimé, supporté par deux aigles.

Seel : Francois : conte : de : dunois : longueville : et : taucarville

(Seel François, conte de Dunois, Longueville et Tancarville.)

CONTRE-SCEAU : Écu aux mêmes armes.

contre · seel · Francois · conte de dunois

(Contre Seel François, conte de Dunois.)

Promesses à l'Archiduc, si le roi de France vient à mourir sans hoirs mâles, de lui rendre les duchés de Bourgogne, comtés d'Auxonne, etc. — Blois, 20 septembre 1504. Signé FRANÇOYS.

63 GUILLAUME,

Seigneur de Raoumères et de la Thieuloye, élu pour les aides d'Artois, chambellan du Roi. — 1415.

Sceau rond, de 26 mill. — Arch. du Nord; Chambre des comptes.

Écu vairé, écartelé d'un fretté, penché, timbré d'un heaume, supporté par deux aigles.

.. guillaume .. bounjer ?

(Seel Guillaume de Bounjer.)

Quittance de pension. — 6 septembre 1415.

64 PHILIPPE DE HABARCQ,

Chevalier, chambellan du Roi. — 1482.

Sceau rond, de 34 mill. — Arch. du Nord; Chambre des comptes.

Écu fascé de huit pièces, penché, timbré d'un heaume cimé d'une tête de griffon et supporté par deux griffons.

s : philippe : de habarc

(Seel Philippe de Habarc.)

Promesse de maintenir la paix d'Arras et le traité de mariage entre le Dauphin et Marguerite d'Autriche. — Sans date.

65 JACQUES DE LUXEMBOURG,

Seigneur de Richebourg, de Ruminghem, etc. chambellan du Roi. — 1482.

Sceau rond, de 50 mill. — Arch. du Nord; Chambre des comptes.

Écu au lion couronné à queue fourchée passée en sautoir, brisé d'un lambel, penché, timbré d'un heaume cimé d'un griffon, supporté par deux griffons.

s · jaques de lucembourg

(Seel Jaques de Lucembourg.)

CONTRE-SCEAU : Écu aux armes de la face. — Sans légende.

Ratification du traité d'Arras. — 28 janvier 1482.

66 HUGUES DE MONTMORENCY,

Seigneur de Bours, chambellan du Roi. — 1482.

Sceau rond, de 43 mill. — Arch. du Nord; Chambre des comptes.

Écu à la croix cantonnée de seize alérions, penché, timbré d'un heaume cimé d'une tête de chien, supporté par deux dames.

hues de mout.......urs

(Hues de Montmorency..... de Bours.)

Ratification du traité d'Arras. — 28 janvier 1482.

GRANDS DIGNITAIRES D'ANGLETERRE.

67 CUTHBERT TUNSTALL,

Vice-chancelier et garde des rôles d'Angleterre. — 1520.

Signet ovale, de 17 mill. — Arch. du Nord; Chambre des comptes.

Écu portant trois peignes. — Sans légende.

Traité pour une entrevue, en Angleterre, de Henri VIII avec Charles-Quint. — Londres, 11 avril 1520.

68 THOMAS,

Comte de Surrey, trésorier d'Angleterre. — 1507.

Signet rectangulaire, de 10 mill. — Arch. du Nord; Chambre des comptes.

Un lion passant. — Sans légende.

Traité de mariage entre Charles, archiduc d'Autriche, et Marie, fille de Henri VIII, roi d'Angleterre. — Calais, 21 décembre 1507.

GRANDS DIGNITAIRES D'ALLEMAGNE.

69 CONON DE BÉTHUNE,

Protonotaire du roi des Romains. — 1511.

Sceau rond, de 60 mill. — Arch. du Nord; Chambre des comptes.

Écu portant cinq cotices, au franc canton.

.....GTVNIA

(..... de Betunia.)

Don d'un boisseau de froment sur ses revenus de Haucourt. — Décembre 1512.

70 JEAN,

Seigneur de Lannoy, de Ramez, de Sebourg, etc. chambellan du roi des Romains, chevalier. — 1486.

Sceau rond, de 41 mill. — Arch. du Nord; couvent de Lannoy.

Écu à trois lions couronnés, penché, timbré d'un heaume cimé d'une tête de chien, supporté par deux griffons.

s · iehan seignr . . . . .

(Seel Jehan, seigneur.....)

Contre-sceau : Un heaume cimé d'une tête de chien.

signet iehā seignr de lānoy

(Signet, Jehan, seigneur de Lannoy.)

Acquisition d'une maison et jardin situés à Hem. — 1er février 1486.

71 ÉVRARD DE LA MARCK,

Comte de Rochefort, sire d'Agimont, chambellan de l'Empereur. — 1511.

Sceau rond, de 45 mill. — Arch. du Nord; Chambre des comptes.

Écu à la fasce échiquetée, écartelé d'une aigle, penché, timbré d'un heaume cimé d'une tête de sanglier et ceint d'une couronne échiquetée, supporté par deux lions.

s : everart : de : la marcb : conte : de : rocbe-
fort : et : de : montagbn : singueur : dagi-
nont : baut : douien : de : binant :·

(Seel Everart de La Marck, conte de Rochefort et de Montagho, singueur d'Agimont, haut douien de Dinant.)

Prestation de serment à cause de sa nomination au poste de conseiller et chambellan de l'Empereur. — 4 mai 1531.

72 JACQUES DE RÉCOURT,

Baron de Licques, châtelain de Lens et bailli de Béthune, chambellan de l'Empereur. — 1536.

Sceau rond, du 46 mill. — Arch. du Nord; Chambre des comptes.

Écu plain, écartelé de trois bandes à la bordure, timbré d'un heaume cimé d'un cygne et d'un bélier affrontés et issants.

S : IACQVES : BARO : DE : LICQVES : ET : CHASTELAIN :
DE : LENS

(Seel Jacques, baron de Licques et chastelain de Lens.)

Jacques de Récourt reçoit le déshéritement du seigneur d'Apremont pour les terres de Rombies, Bois d'Amblize, Malmaison, etc. en garantie de l'hommage dû à Charles-Quint pour la seigneurie de Lumes. — Lumes, 25 décembre 1536.

GRAND DIGNITAIRE D'ESPAGNE.

73 CHARLES DE CROY,

Prince de Chimay, gouverneur de l'infante Éléonore d'Autriche. — 1516.

Sceau rond, de 62 mill. — Arch. du Nord; Chambre des comptes.

Écu portant trois fasces, écartelé de trois doloires, et, sur le tout, un écusson losangé écartelé d'un lion, timbré d'un heaume couronné et cimé d'une tête de lévrier accolé, supporté par deux lions.

. . . . . incipis simacensis ·

(..... principis Simacensis.)

Contre-sceau : Écu de Chimay : une épée en bande.

s principis simacensis ?

(Secretum principis Simacensis.)

Quittance de 600ll, don du roi Catholique. — 6 avril 1516.

GRAND DIGNITAIRE DE SAVOIE.

74 HUGUES DE LA PALU,

Comte de Varax, chevalier, maréchal de Savoie. — 1501.

Sceau rond, de 39 mill. — Arch. du Nord; Chambre des comptes.

Écu à la croix chargée de cinq hermines, penché, timbré d'un heaume à lambrequins cimé d'une tête d'hermine. — Légende confuse.

Contre-sceau : Écu à la croix chargée de cinq hermines. — Sans légende.

Traité de mariage entre Philibert, duc de Savoie, et Marguerite d'Autriche, fille de Maximilien. — 26 septembre 1501.

IIIe SÉRIE. — SCEAUX DES GRANDS FEUDATAIRES,
AVOUÉS ET VIDAMES, CORPS POLITIQUES.

GRANDS FEUDATAIRES.

ANGUS.

75 **GEORGES,**
Comte d'Angus. — 1449.

Sceau rond, de 60 mill. — Arch. du Nord; Chambre des comptes.

Écu écartelé, — au 1 un lion, au 2 un cœur sous un chef fruste, au 3 une fasce échiquetée à la bande chargée de trois fermaux, au 4 un lion au bâton brochant, — timbré d'un heaume cimé de plumes, dans une enceinte palissadée enfermant une forêt où l'on voit à dextre un cerf, à sénestre une femme assise.

s georgi comitis angusie dni de lenalis d. . . . . ortforest

(Sigillum Georgi, comitis Augusie, domini de Lenalis. . . . . Ortforest.)

Assignation du douaire de Marie de Gueldre par Jacques II, roi d'Écosse, son mari. — Édimbourg, 20 janvier 1449.

ARTOIS.

76 **BLANCHE DE BRETAGNE,**
Comtesse d'Artois, femme de Philippe, fils aîné du comte d'Artois. — 1310.

Sceau ogival, de 85 mill. — Arch. du Nord; Chambre des comptes.

Dans une niche gothique, une dame debout, en robe et en manteau vairé, coiffée d'un voile, tenant une fleur de lys à la main droite, la gauche passée dans l'attache de son manteau. A dextre, l'écu d'Artois; à sénestre, un échiqueté au franc canton d'hermines.

S · BLANCHE · DE · BRITNI · VXO · PHI . . . . MOGE . . . . . EBAT

(Sigillum Blanche de Britannia, uxoris Philippi primogeniti comitis Atrebatensis.)

CONTRE-SCEAU : Écu d'Artois parti de Dreux. — Sans légende.

Quittance de 5,000^{ll} à cause de la succession du comté d'Artois. — 28 janvier 1310.

77 **ROBERT D'ARTOIS,**
Fils de Blanche de Bretagne. — 1310.

Sceau rond, de 35 mill. — Arch. du Nord; Chambre des comptes.

L'écu d'Artois dans un trilobe.

✠ S : R : . . RTOIS : SIRE : DE : COCH : DE : DAPFROT : E DE : MEV

(Scel Robert d'Artois, sire de Conches, de Dampfront et de Meun.)

CONTRE-SCEAU : Dans une rose entourée de rinceaux, la lettre R. — Sans légende.

Voyez le n° 76.

78 **MARGUERITE DE HAINAUT,**
Veuve de Robert, comte d'Artois. — 1316.

Sceau ogival, de 85 mill. — Arch. du Nord; chartreux de Valenciennes.

Sur un champ fretté semé de croisettes, une dame debout, en robe et en manteau, tenant à la main droite une branche partie d'un château et d'une fleur de lys, la main gauche à l'attache de son manteau. A dextre, l'écu d'Artois; à sénestre, un écu au lion couronné.

. . . AR . . . . LA . . . . . OMITISSA : ATTREBATE . . .

(Sigillum Mar . . . . . de Hau . . . . . comitisse attrebatensis.)

CONTRE-SCEAU : Sur un champ fretté semé de croisettes, l'écu d'Artois parti d'un lion couronné. — Sans légende.

Don de terres situées à Sepmeries, à Mareschos, à Curgies, etc. — Juin 1316.

AUTRICHE.

79 **MAXIMILIEN ET MARIE,**
Archiducs d'Autriche. — 1477.

Sceau rond, de 64 mill. — Arch. communales de Douai.

Deux écus accolés, portant chacun les armes d'Autriche, partis de Bourgogne, soutenus par un lion assis, coiffé d'un heaume couronné, ayant à son cou le collier de la toison d'or.

. . . . . Marie ducum An . . . burgondie brab . . . Comitum flandr tiroli . . . .

(. . . . . Marie, ducum Austrie, Burgondie, Brabancie, comitum Flandrie, Tirolis, etc.)

Confirmation des remises accordées à la ville de Douai. — Bruges, 13 octobre 1477.

80 **MAXIMILIEN ET MARIE,**
Archiducs d'Autriche. — 1480.

Sceau rond, de 60 mill. — Arch. du Nord; Chambre des comptes.

Type semblable au précédent, avec cette différence que

le lion est assis à sénestre et que la couronne du heaume est radiée.

.... austrie burg..... comit .... flandrie tirolis z

(..... Austrie, Burgundie..... comitum Flandrie, Tirolis, etc.)

Les Archiducs transportent à la dame d'Humbercourt la terre et seigneurie d'Éperlecques avec le bois de Beaulo. — Namur, 18 septembre 1480.

81 MAXIMILIEN ET MARIE,

Archiducs d'Autriche. — 1481.

Sceau rond, de 112 mill. — Arch. du Nord; Chambre des comptes.

Maximilien et Marie à côté l'un de l'autre, montés sur des chevaux houssés et bridés comme pour un tournoi. L'Archiduc, armé de toutes pièces, brandit son épée; l'Archiduchesse, coiffée d'une couronne et d'un voile flottant par derrière, porte un faucon sur son poing ganté. Au-dessus de leur tête, deux écus aux armes d'Autriche, partis de Bourgogne.

...... aratol · limb..... tyrolis · arthel · burgun......... holland' zeell' · namurci ? zutph..... facri impe · mar.....linar...

(..... Carniole, Limburgi,.... Tyrolis, Arthesii, Burgundie,.... Hollandie, Zeelandie, Namurci, Zutphanie,.... Sacri Imperii marchionum..... Salinorum.....)

CONTRE-SCEAU: Deux écus accolés, aux armes d'Autriche, partis de Bourgogne, surmontés d'une couronne.

contra · sigillum

(Contra sigillum.)

Prolongation de la trève qui avait été conclue avec le roi de France, aux champs, sous l'arbre Notre-Dame d'Esquerchin-lez-Douai, 1480. — Bois-le-Duc, 22 mai 1481.

82 MAXIMILIEN ET SON FILS PHILIPPE,

Archiducs d'Autriche. — 1486.

Sceau rond, de 11 centim. — Arch. du Nord; chapitre de Lille.

Maximilien revêtu de son armure et d'un manteau, portant une couronne fermée surmontée d'une croix, donnant la main gauche à son fils et tenant de la droite une épée, assis sur un trône exhaussé par deux degrés, sous un dais à pavillon dont les draperies sont écartées par deux anges. Au bas, l'écu à demi effacé des Archiducs.

s maximiliani · · · philippi · dei · grafia · auftrie · archiduca · burgudie · lofharigie · brabacie · ftirie · · · · · carniole · liburg' luceburg zhel · duca · flandrie · tirol · arthefii · burg · palafia · hanoie · hollad · zelad' · namuci · zutphau ·

comitu · facri · imper · · marchionu · frifie · faliaru · z machlie · duor ·

(Sigillum Maximiliani et Philippi, Dei gratia Austrie archiducum, Burgundie, Lotharingie, Brabancie, Stirie..... Carniole, Limburgie, Lucemburgie, Gheldrie ducum, Flandrie, Tirolis, Arthesii, Burgundie palatinorum, Hannonie, Hollandie, Zelandie, Namurci, Zutphanie comitum, Sacri Imperii marchionum, Frisie, Salinarum et Mechlinie dominorum.)

Amortissement d'une dîme, à Metteren, applicable à la fondation de Philippe Siron, chapelain. — Bruges, août 1486. — Maximilien était roi des Romains depuis le 16 février, mais il emploie ici le sceau des Archiducs.

83 PHILIPPE LE BEAU,

Archiduc d'Autriche. — 1483.

Sceau rond, de 105 mill. — Arch. communales de Lille.

L'Archiduc à cheval, coiffé d'un armet couronné dont la visière est relevée, revêtu d'une armure complète, brandit son épée; sa cuirasse est à tassettes, la selle d'armes garnie de fortes arçonnières. Philippe porte sur l'épaule gauche un bouclier écartelé d'Autriche, Bourgogne moderne, Bourgogne ancien et Brabant, et, sur le tout, de Flandre. Dans le champ, à droite, trois écussons attachés ensemble, aux armes de Flandre, de Hainaut et de Brabant, sont accompagnés de trois briquets; sous le cheval, un terrain fleuri.

sigillum · philippi · de · auftria · dei · gracia · burgundie · lotharigie · braban......rgie · lucemburgie · ducis · flandrie · hannonie · holl...ie · zelladie · namurci · comitis · sacri imperii · marchionis · frifie · et · mechlinie · domini ·

(Sigillum Philippi de Austria, Dei gracia Burgundie, Lotharingie, Brabancie, Limburgie, Lucemburgie ducis, Flandrie, Hannonie, Hollandie, Zellandie, Namurci comitis, Sacri Imperii marchionis, Frisie et Mechlinie domini.)

CONTRE-SCEAU: Un écu écartelé d'Autriche, Bourgogne moderne, Bourgogne ancien, et, sur le tout, de Flandre, timbré d'un heaume de face couronné, entouré du collier de la toison d'or.

contra sigillum

(Contra sigillum.)

Autorisation aux échevins de Lille pour la prolongation et la prorogation de la franche foire. — Gand, 23 octobre 1483.

84 PHILIPPE LE BEAU,

Archiduc d'Autriche. — 1501.

Sceau rond, de 10 centim. — Arch. du Nord; évêché et chapitre de Cambrai.

L'Archiduc à cheval, coiffé d'un casque couronné et

cimé d'une touffe de plumes de paon, armé de toutes
pièces. Son bouclier est écartelé d'Autriche, Bourgogne
moderne, Bourgogne ancien et Brabant, et, sur le tout,
de Flandre. Le cheval, armé d'un chanfrein et d'une barde
de crinière, porte sur une riche housse deux P réunis par
une cordelière. Dans le champ, l'écusson couronné d'Autriche ancien. Sous le cheval, un lévrier courant sur un
terrain fleuri.

S · PHI · DEI · GRĀ · ARCHIDVCIS · AVSTRIE · DVCIS ·
bVRGVOIE · LOTH · bRAb · STIRIE · CARINTIE · CA-
RIOLE · LIMb · LVXEb · Z · GELD · COMITIS · HAbSbGEN ·
FLAD · TIROLIS · ARTESI · bVRG · PALATINI · HANOIE ·
ALSACIE · bGOIE · HOLL · ZELL · FERETIS · RIbGI ·
NAMCI · Z · ZVTPH · DNI · FRIZIE · PORTVSNAONIS ·
SALIA' · MECHLIE

(Sigillum Philippi, Dei gratia archiducis Austrie, ducis Burgundie, Lotharingie, Brabantie, Stirie, Carintie, Carniole, Limburgie, Lucemburgie
et Geldrie comitie, Habsburgensis, Flandrie, Tirolis, Artesi, Burgundie
palatini, Hannonie, Alsacie, Burgovie, Hollandie, Zellandie, Feretis, Ki-
burgi, Namurci et Zutphanie, domini Frisie, Portusnaonis, Salinarum,
Mechlinie.)

Le clergé de Hainaut acquiert, moyennant la somme de 50,000ll,
le droit de ne plus contribuer aux aides et tailles du pays. — Novembre
1501.

---

85   MARGUERITE,

Archiduchesse d'Autriche. — 1510.

Sceau rond, de 65 mill. — Arch. du Nord; Chambre des comptes.

Écu en losange aux armes de Savoie, parti des Archiducs, et sur le tout la comté de Bourgogne, couronné,
accompagné de deux nœuds de cordelière et de deux
croix surmontées chacune de deux briquets de la toison
d'or.

S ⸭ MARGARETE ⸭ MAX ⸭ CESARIS ⸭ FILIE ⸭ ARCHI-
DVCISSE ⸭ AVSTRIE ⸭ DVCISSE ⸭ ET ⸭ COMITISSE ⸭
BVRG ⸭

(Sigillum Margarete, Maximiliani Cesaris filie, archiducisse Austrie,
ducisse et comitisse Burgundie.)

CONTRE-SCEAU : Écu de Savoie parti de l'Archiduché.

S · ILLVST · DNE · MGARETE · DE · AVST · DVCISSA ·
SAB ·

(Sigillum illustris domine Margarete de Austria, ducisse Sabaudie.)

Fondation du couvent des Augustins de Brou. — Bruxelles, 30 janvier 1510.

---

86   MARGUERITE,

Archiduchesse d'Autriche. — 1514.

Sceau rond, de 45 mill. — Arch. du Nord; Chambre des comptes.

Écu de Savoie parti de l'Archiduché.

S D... XVST......NOIE ET DVCISSE SABAVDIE

(Sigillum domino Margarote, Austrie archiducisse, comitisse Burgundie
et ducisse Sabaudie.)

Quittance de 10,000ll au receveur général de l'Empereur. —
15 octobre 1514.

---

87   CHARLES,

Archiduc d'Autriche, prince d'Espagne, etc. — 1514.

Sceau rond, de 116 mill. — Arch. communales de Lille.

L'Archiduc à cheval, armé de toutes pièces, coiffé d'un
casque couronné et cimé d'une touffe de plumes de paon,
brandit son épée. Le cheval, muni d'un chanfrein à
plumes, la bride garnie de larges rênes de tournoi,
porte une housse brodée, semée de briquets de la toison
d'or; il galope sur un terrain planté et fleuri. Au-dessus de la tête de l'Archiduc se trouve un écu écartelé,
portant, au 1 et 4, contrécartelé de Castille, Léon, Aragon et Sicile; au 2 et 3, Autriche écartelé de Bourgogne
moderne, Bourgogne ancien et Brabant, et, sur le tout
des 2 et 3, de Flandre parti de Tyrol. Cet écu couronné
est accompagné d'un cordon de dix-neuf écussons qui
sont en suivant de droite à gauche : Autriche ancien,
Autriche moderne, Styrie, Carinthie, Carniole, Limbourg, Luxembourg, Gueldre, Flandre, Artois, comté
de Bourgogne, Hainaut, Hollande, Zélande, Namur,
Alsace, Marquisat du Saint-Empire, Salins, Malines.

S ⸗ CAROLI · DEI · GRĀ · HISPANIARV · PRICIPIS ·
ARCHID · AV......AD · ZC'

(Sigillum Caroli, Dei gratia Hispaniarum principis, archiducis Austrie,
ducis Burgundie, comitis Flandrie, etc.)

Ordonnance relative à l'envoi et au minck du poisson de mer à Lille.
— 26 février 1514.

---

88   ISABELLE-CLAIRE-EUGÉNIE,

Archiduchesse d'Autriche. — 1598.

Sceau rond, de 106 mill. — Arch. du Nord; hôpital Sainte-Élizabeth
de Valenciennes.

L'Infante couronnée, portant des boucles d'oreilles
qui s'appuient sur la collerette, vêtue d'une robe ajustée
couverte de broderies avec plusieurs étages de crevés aux
manches, drapée dans son manteau et tenant le sceptre
de la main droite, assise sur un trône à dossier sculpté,
sous un dais semé d'I couronnés, les pieds sur un coussin. À dextre, un écu en losange portant un plain, parti
d'Espagne; à sénestre, deux bâtons noueux passés en
sautoir dans un briquet, entourés de flammes.

...BELLA ⁞ D ⁞ G ⁞ HISPAN ⁞ INFANS ⁞ ARCHID ⁞
.......FLANDR...

CONTRE-SCEAU : Écu en losange, surmonté d'une couronne, portant un plain, parti d'Espagne (Castille-Léon, Aragon-Sicile, entés de Grenade, et, sur eux, le Portugal; — Autriche, les deux Bourgognes, Brabant, et, sur eux, un lion parti d'une aigle).

ISABELLA........ .FANS : ARCHID : AVSTR : DVC : BVRG : BRAB : 2ᵉ COM : FLANDR : 2ᵉ

Confirmation de l'élection et nomination de Georges Ferrin aux fonctions de recteur et gouverneur de l'hôpital Sainte-Élizabeth, dit le béguinage de Valenciennes. — Bruxelles, 29 octobre 1598.

89   ALBERT ET ISABELLE,

Archiducs d'Autriche. — 1600.

Sceau pour le Brabant.

Sceau rond, de 118 mill. — Arch. du Nord; abbaye de Cantimpré.

Les deux Archiducs à cheval, marchant côte à côte : Albert, armé de toutes pièces, est revêtu d'un manteau à pèlerine d'hermines sur laquelle repose le collier de la toison d'or; de la main droite il tient son épée, et de la gauche la bride de son cheval. Isabelle, en robe longue et en manteau, porte également une pèlerine d'hermines; elle tient de la main gauche un sceptre fleuronné. Dans le fond, on distingue une ville, Bruxelles? Dans le champ, en haut, quatre écussons couronnés : Autriche, Brabant, Limbourg et Gueldre; sous le cheval, l'écusson couronné du marquisat du Saint-Empire.

S · ALBER · ET · ELISAB · HISP · INF · D · G · ARCHID · AUST · DVC · BVRG · PRO · DVCAT · LOTH · BRAB · LIMB · MAR · S · IMP ·

(Sigillum Alberti et Elisabeth, Hispaniæ infantis, Dei gratia archiducum Austriæ, ducum Burgundiæ, pro ducalibus Lotharingiæ, Brabanciæ, Limburgiæ, marchionatusque Sacri Imperii.)

Sentence confirmative des droits du chapitre de Cambrai sur les dimes d'Ophain. — 13 juillet 1602.

BADE.

90   CHRISTOPHE,

Marquis de Bade, gouverneur des duché de Luxembourg et comté de Chiny. — 1595.

Sceau rond, de 35 mill. — Arch. du Nord; Chambre des comptes.

Écu à la bande, écartelé d'un échiqueté de quatre traits.

s criſtofori de ..... marchionis baden et comitis i spanh...?

(Sigillum Cristofori, Dei gratia marchionis Badensis et comitis in Sponheim?)

Quittance au receveur général de l'Archiduc. — 26 décembre 1595.

BAR.

91   JEAN DE BAR,

Seigneur de Puisaye, chevalier, oncle d'Édouard Iᵉʳ, comte de Bar. — 1311.

Sceau rond, de 70 mill. — Arch. du Nord; Chambre des comptes.

Type équestre : haubert, cotte d'armes; bouclier au lion à la bande componée, épée retenue par une chaîne; le cheval houssé aux armes du bouclier.

.....RIE MIL...

Contre-sceau : Dans le champ, un écartelé : au 1 et 4, semé de croisettes à deux bars adossés à la bordure engrêlée; au 2 et 3, trois pals de vair sous un chef chargé de quatre merlettes?

⚜ S᾽ SECRETI · DR͞I · IOH͞IS · DE BARRO

(Sigillum secreti domini Johannis de Barro.)

Compromis avec le comte de Flandre au sujet de treize années d'arrérages de rente. — Pontoise, 10 juin 1311.

92   YOLANDE DE FLANDRE,

Comtesse de Bar, dame de Cassel. — 1360.

Sceau rond, de 34 mill. — Arch. du Nord; Chambre des comptes.

Dans une rose gothique à compartiments ornés de figures d'animaux, un écu en losange portant de Navarre au lambel, coupé de France à la bande componée, parti de Flandre à la bordure engrêlée.

... .DE B.. ET DAME DE CASS..

(..... de Bar et dame de Cassel.)

Compromis avec Robert de Namur. — Namur, 17 mars 1360.

93   YOLANDE DE FLANDRE,

Comtesse de Bar, dame de Cassel. — 1376.

Sceau rond, de 39 mill. — Arch. du Nord; Chambre des comptes.

Dans une rosace ornée de têtes d'ange, un écu en bannière portant de Navarre au lambel, coupé de France à la bande componée, parti de Flandre à la bordure engrêlée.

⚜ S YOLENT DE FLANDRES CONTESSE DE BAR DAME.....

(Seel Yolent de Flandres, contesse de Bar, dame de Cassel.)

Compromis avec le chapitre Saint-Pierre de Cassel au sujet des biens d'un chanoine. — 4 mars 1376.

94   JEANNE DE NAVARRE,

Belle-sœur de Yolande de Flandre, dame de Cassel. — 1364.

Sceau rond, de 29 mill. — Arch. du Nord; Chambre des comptes.

Trois écus portant de Navarre écartelé d'Évreux, dans un trilobe contenant à son centre la lettre I. — Sans légende.

Exécution du testament de Philippe de Navarre, mari de la dame de Cassel. — 23 août 1364.

95   **ROBERT,**

Duc de Bar, marquis du Pont, seigneur de Cassel. — 1395.

Sceau rond, de 38 mill. — Arch. du Nord ; Chambre des comptes.

L'écu de Bar penché, timbré d'un heaume couronné cimé d'une touffe entre deux bars, supporté à dextre par un lion, à sénestre par un cerf. — Légende détruite.

Ordre de payer les dépens des commissaires chargés de faire le dénombrement des biens que Robert tient du duc de Bourgogne, en Flandre. — 30 janvier 1395.

---

96   **ÉDOUARD III,**

Duc de Bar, marquis du Pont, seigneur de Cassel. — 1411.

Sceau rond, de 43 mill. — Arch. du Nord ; Chambre des comptes.

L'écu de Bar sous un heaume cimé d'une touffe entre deux bars, penché, supporté à dextre par un lévrier, à sénestre par un lion.

EDOVART DVC .. BAR MARQS DV PO.. . DE CA....

(... Edouart, duc de Bar, marquis du Pont, seigneur de Cassel.)

Mandement aux gens de ses comptes concernant la recette de la taille moyenne de la forêt de Nieppe. — Nieppe, 23 janvier 1411.

BENTHEM.

---

97   **BAUDOUIN,**

Comte de Benthem. — 1296.

Sceau rond, de 72 mill. — Arch. du Nord ; Chambre des comptes.

Type équestre incomplet ; le bouclier aux armes du contre-sceau.

.....DWINI COMISI. .....

(Sigillum Balduini, comitis.....)

Contre-sceau : Écu portant six besants ou six tourteaux placés 3, 2 et 1.

..AVIS SECRE..

(Clavis secreti.)

Le comte de Benthem jure l'accord entre Jeanne, comtesse de Flandre, et Florent, comte de Hollande, au sujet de la Zélande. — 18 juin 1296.

BLOIS.

---

98   **GUI DE CHÂTILLON,**

Comte de Blois et sire d'Avesnes. — 1327.

Sceau rond, de 75 mill. — Arch. du Nord ; chapitre de Saint-Géry.

Type équestre : haubert, cotte d'armes ; le bouclier, l'épaulière et la housse portant trois pals de vair sous un chef ; l'épée retenue par une chaîne.

S' GVIDONIS · DE · CASTELLIONE ...ITIS · BLESENSIS · ET · DOMINI · DE · AVESNIS

(Sigillum Guidonis de Castellione, comitis Blesensis et domini de Avesnis.)

Ratification des actes d'Étienne de Solleuoy, son bailli. — Juin 1327.

BOURGOGNE.

---

99   **PHILIPPE LE HARDI,**

Duc de Bourgogne. — 1385.

Sceau rond, de 36 mill. — Arch. du Nord ; Chambre des comptes.

Un lion assis, mantelé aux armes de Bourgogne, coiffé d'un casque cimé d'une fleur de lys double, entouré des écus de Flandre, d'Artois, de la comté de Bourgogne et de Rethel.

S' SECRETŪ · P · FILII · REG̃ · Z · PARIS · FRÃ-CIE · DVCIS · BURGŌDIE · COĨTIS · FLÃDRIE · ARTESII · Z · BVRGŌDIE · PHLATINI · DÑI · DE · SALINIS · COĨTIS · REGITESTEÑ · Z · DÑI · DE · MALINIS

(Sigillum secretum Philippi, filii regis et paris Francie, ducis Burgondie, comitis Flandrie, Artesii et Burgondie palatini, domini de Salinis, comitis Regitestensis et domini de Malinis.)

Promesse de faire ratifier par ses enfants le traité de mariage de son fils Jean avec Marguerite, fille d'Aubert de Bavière, frère du comte de Hainaut. — Cambrai, 11 avril 1385.

---

100   **PHILIPPE LE HARDI,**

Duc de Bourgogne. — 1390.

Sceau rond, de 103 mill. — Lille, hôpital Comtesse.

Type équestre : pourpoint armorié de Bourgogne ancien et moderne ; le bouclier, le troussequin et la housse également aux armes. Le cheval est défendu par une housse de dessous toute en mailles. Dans le champ treillissé et armorié, les écus de Flandre, d'Artois, de la comté de Bourgogne et de Rethel.

S' : PHI : FILII : REGIS : FRANCIE : DVC̃ : BVR-GŌDIE : CŌĨT' : FLÃDRIE : ARTESII : Z : BVR-GŌDIE : PALATINI : DÑI : D' : SALINIS : CŌĨT' : REGITESTEÑ : Z : DÑI : MASCLĨE

(Sigillum Philippi, filii regis Francie, ducis Burgondie, comitis Flandrie, Artesii et Burgondie palatini, domini de Salinis, comitis Regitestensis et domini Masclinis.)

Amortissement de biens à Premesque, à Verlinghem et à Lille. — Arras, octobre 1390.

---

101   **MARGUERITE DE MALE,**

Femme de Philippe le Hardi. — 1385.

Sceau rond, de 30 mill. — Arch. du Nord ; Chambre des comptes.

Dans un quadrilobe décoré aux angles d'aigles et de lions, un écu en losange parti de Bourgogne et de Flandre.

S · MARGUERITE · DE · FLANDRES · DUCHESSE · DE · BOURGOINGNE

(Seel Marguerite de Flandres, duchesse de Bourgoingne.)

Voyez le n° 99.

---

102   JEAN SANS PEUR,

Duc de Bourgogne. — 1405.

Sceau rond, de 94 mill. — Arch. du Nord; Chambre des comptes.

Type équestre : pourpoint à longues manches flottantes, bacinet cimé d'une fleur de lys, écu aux armes de Bourgogne. Le cheval, houssé de mailles et armé d'un chanfrein, porte sur la cuisse et sur l'épaule des draperies armoriées ; terrain fleuri.

sigillum · Iohannis · ducis · Burgundie · comitis · niuernensis · z · baron · Donzyaci

(Sigillum Johannis, ducis Burgundie, comitis Nivernensis et baronis Donzyaci.)

Contre-sceau : Un lion assis, casqué, portant l'écu de Bourgogne.

côt s' · Iohis · duc' · burgûdie · xc'

(Contra sigillum Johannis, ducis Burgundie, etc.)

Pouvoirs donnés à des députés pour conclure, avec l'Angleterre, une trêve marchande d'un an. — Paris, 8 octobre 1405.

---

103   JEAN SANS PEUR,

Duc de Bourgogne. — 1411.

Grand sceau rond, de 105 mill. — Arch. du Nord; Chambre des comptes.

Le Duc, coiffé du bacinet, en pourpoint armorié à manches et jupe flottantes, tenant l'écu de Bourgogne, sur un cheval garni d'un chanfrein, houssé de mailles et recouvert d'une seconde housse aux armes. Dans le champ, les écus d'Artois et de la Comté.

s · Iohis · ducis · burgûdie · comitis · flandrie · artbesii · z · burgudie · palatinus · dûs · de · machlinia

(Sigillum Johannis, ducis Burgundie, comitis Flandrie, Arthesii et Burgundie palatinus, dominus de Machlinia.)

Contre-sceau : Un lion assis, casqué, portant sur l'épaule l'écu de Bourgogne et soutenant les écus d'Artois et de Flandre. — Sans légende.

Le Duc réunit en un seul fief tous les moulins à vent de Caprycke. — Gand, septembre 1411.

---

104 LA DUCHESSE DE BOURGOGNE.

Probablement Marguerite de Male, veuve de Philippe le Hardi. — 1405.

Signet rond, de 18 mill. — Arch. du Nord; Chambre des comptes.

Pierre gravée représentant une tête de femme, de profil à droite, couronnée? — Sans légende.

Ordre aux gens de ses comptes à Lille de vérifier les comptes du receveur de Tournehem. — Arras, 19 janvier 1405.

---

105   PHILIPPE LE BON,

Duc de Bourgogne. — 1420.

Grand sceau rond, de 105 mill. — Arch. du Nord; chapitre de Lille.

Type équestre, semblable à celui de Jean sans Peur.

s · philippi · ducis · burgundie · comitis · flandrie : artbesii · et · burgondie · palatini · dûi · de · salinis · et · de · machlinia

(Sigillum Philippi, ducis Burgundie, comitis Flandrie, Arthesii et Burgundie palatini, domini de Salinis et de Machlinia.)

Amortissement de rentes pour la fondation d'une chapelle. — Au siège devant Melun, octobre 1420.

---

106   PHILIPPE LE BON,

Duc de Bourgogne. — 1448.

Sceau pour le Brabant.

Sceau rond, de 10 cent. — Arch. du Nord; chartes flamandes.

Même type équestre. Le cheval n'a plus qu'une simple housse armoriée ; le bouclier porte de Bourgogne moderne et ancien parti de Brabant et de Limbourg, et, sur le tout, de Flandre. Dans le champ semé de briquets de la toison d'or, on rencontre à dextre les écus d'Artois, de la Comté et de Flandre.

· · · · · pi · Dei · gracia · Burgundie · Lotharingie : Brabancie · · · · · is · Flandrie · Artbesii · Burgundie · palatini · baûonie · holla · · · · · zellandie · z · Namurci · comitis · sacri · imperii · marchionis · et · dûi · frisie · de · Salinis · z · machlinia · ordinatû · in · brabancia

(Sigillum Philippi, Dei gracia Burgundie, Lotharingie, Brabancie et Lumburgi ducis, Flandrie, Arthesii, Burgundie palatini, Hannonie, Hollandie, Zellandie et Namurci comitis, Sacri Imperii marchionis, et domini Frisie de Salinis et Machlinia, ordinatum in Brabancia.)

Contre-sceau : L'écu de Bourgogne parti de Brabant, et, sur le tout, de Flandre, timbré d'un heaume et entouré des écus de Flandre, d'Artois et de la Comté accompagnés de deux briquets et de deux bâtons en sautoir.

brabant

(Brabant.)

Amortissement et exemption d'hommage accordés à Jean van den Ede, secrétaire et conservateur des registres aux fiefs de Brabant, pour les biens qu'il tient du Duc, à Berchem-lez-Anvers. — Lille, 10 mai 1448.

107   CHARLES LE TÉMÉRAIRE,

Duc de Bourgogne. — 1468.

Grand sceau rond, de 115 mill. — Arch. du Nord; Saint-Pierre de Lille.

Type équestre, semblable aux précédents. Le Duc coiffé de l'armet, vêtu d'un pourpoint à manches ajustées; son épée est munie d'une garde, la tige de l'éperon est très-longue. Un plumail orne le chanfrein du cheval, qui porte des rênes de tournoi par-dessus les guides ordinaires. Terrain planté et fleuri; des animaux s'y combattent.

s · karoli · dei · gracia · burgundie · lotharingie · brabancie · limburgie · et · lucemburgie · ducis · flandrie · arthesii · burgundie · palatini · hannonie · hollandie · zelandie · et · namurci · comitis · sacri · imperii · marchionis · dni · frisie · de · salinis · et · de · mechlinia

(Sigillum Karoli, Dei gracia Burgundie, Lotharingie, Brabancie, Limburgie et Lucemburgie ducis, Flandrie, Arthesii, Burgundie palatini, Hannonie, Hollandie, Zeelandie et Namurci comitis, Sacri Imperii marchionis, domini Frisie, de Salinis et de Mechlinia.)

Contre-sceau : Un lion assis, casqué, portant sur l'épaule l'écu de Bourgogne parti de Brabant et de Limbourg, et, sur le tout, de Flandre, accompagné des écus de Flandre, d'Artois et de la Comté.

contra sigillum

(Contre sigillum.)

Le Duc, en recevant le droit de gave, réglemente sa perception et jure de protéger les églises du Cambrésis. — 17 octobre 1468.

---

108   MARGUERITE D'YORK,

Femme de Charles le Téméraire. — 1476.

Sceau rond, de 56 mill. — Arch. du Nord; Chambre des comptes.

Écu en losange, aux armes de Bourgogne, Brabant, Limbourg et Flandre, parti d'York, accompagné quatre fois dans le champ des lettres C M nouées par une cordelière.

sigillum · margarete · ducisse · burgundie · et · brabancie · comitisse · flandrie · artesii ·

(Sigillum Margarete, ducisse Burgundie et Brabancie, comitisse Flandrie, Artesii.)

La Duchesse renonce à la succession de son mari et ne réserve que son douaire. — Gand, 3 février 1476.

---

109   MARIE,

Fille de Charles le Téméraire. — 1477.

Sceau avant son mariage avec Maximilien.

Sceau rond, de 110 mill. — Arch. communales de Douai.

La Duchesse vêtue d'une robe à longues manches flottantes et fendues jusqu'à l'épaule, un oiseau sur le poing, montée sur une haquenée couverte d'une housse écartelée de Bourgogne moderne et de Bourgogne ancien parti de Brabant, au lion de Flandre sur le tout. Au-dessus de sa tête, trois écus aux armes d'Artois, de la Comté et de Flandre; sous le cheval, un chien court sur un terrain fleuri; dans le champ, près de sa croupe, une moucheture d'hermine, signature du graveur Corneille de Bont.

s marie dei gra burgundie lotharingie brabancie limburgie lucemburgie et ghelrie ducisse flandrie arthesii burgundie palatine hanonie hollande zellandie namurci et zutphanie comitisse sacri imperii marchioi domine frisie salinarum ac machlinie ·:· 1476 ·:·

(Sigillum Marie, Dei gratia Burgundie, Lotharingie, Brabancie, Limburgie, Lucemburgie et Ghelrie ducisse, Flandrie, Arthesii, Burgundie palatine, Hanonie, Hollande, Zellandie, Namurci, et Zutphanie comitisse, Sacri Imperii marchionisse, domine Frisie, Salinarum ac Machlinie. 1476.)

Contre-sceau : Un ange soutenant un écu écartelé de Bourgogne moderne et de Bourgogne ancien parti de Brabant, au lion de Flandre sur le tout, accompagné de trois écussons aux armes d'Artois, de la Comté et de Flandre.

contra sigillum

(Contra sigillum.)

Exemption d'aides, de subsides et tailles accordée aux bourgeois et aux hôpitaux de Douai. — Bruges, avril 1477.

---

110   ANTOINE,

Bâtard de Bourgogne, comte de La Roche et de Sainte-Menehould, seigneur de Crèvecœur. — 1493.

Sceau rond, de 47 mill. — Arch. du Nord; abbaye du Saint-Sépulcre.

L'écu de Bourgogne parti de Brabant et de Limbourg, au lion de Flandre sur le tout, brisé d'une barre, penché, timbré d'un heaume cimé d'une fleur de lys, soutenu par deux griffons.

s anthoine . . . . . gougne conte . . . . . meinebonlt

(Seel Anthoine, bastart de Bourgogne, conte . . . . . Sainte-Meinebonlt.)

Contre-sceau : Un objet inconnu.

nul ne sy frote

(Nul ne s'y frote.)

Amortissement de rente à Rumilly. — Paris, 9 juillet 1493.

BOURGOGNE (COMTÉ DE).

---

111   MARGUERITE,

Comtesse de Bourgogne, dame d'Oisy. — 1194.

Sceau ogival, d'environ 92 mill. — Arch. du Nord; abbaye de Vaucelles.

Dame debout, à longues tresses pendantes, vêtue d'une robe ajustée, un oiseau sur le poing.

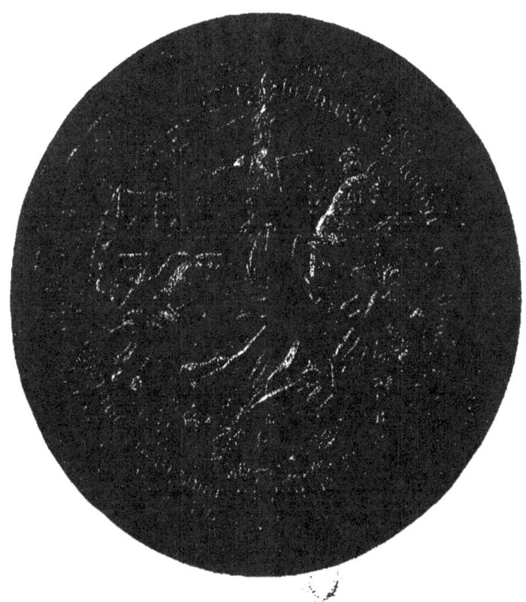

N° 197. Charles le Téméraire.

...ILLVM : MA.....E : C....

(Sigillum Margarete, comitisse.....)

La Comtesse confirme le don d'une terre située à Vincy. — 1194.

---

112   **GAUTIER,**

Comte de Bourgogne, seigneur d'Avesnes. — 1199.

Sceau rond, de 70 mill. — Arch. du Nord; abbaye de Vaucelles.

Type équestre : heaume carré, épée damasquinée, bouclier portant trois bandes.

SIGILLVM : WALTER.....SNIS

(Sigillum Walteri de Avesnis.)

Contre-sceau : Écu bandé de six pièces.

✳ S : WALTERI DE AVESNIS

(Secretum Walteri de Avesnis.)

Priviléges octroyés à l'abbaye de Vaucelles. — 1199.

BRAINE.

113   **ROBERT DE SARREBRUCK,**

Comte de Braine, seigneur de Commercy, Ponterey, Havrincourt. — 1488.

Sceau rond, de 70 mill. — Arch. du Nord; évêché et chapitre de Cambrai.

Type équestre de tournoi : pourpoint armorié, casque grillé, larges rênes, le bouclier et la housse aux armes du contre-sceau.

.....BER.. ....HAVRAINOOVRT .. PONTARCI

(Seel de Robert .... Havraincourt et Pontarci.)

Contre-sceau : Écu semé de croix recroisetées au pied fiché, au lion couronné. — Sans légende.

Amortissement du fief d'Hérard mouvant de Vélu. — 4 février 1488.

BRETAGNE.

114   **JEAN DE BRETAGNE,**

Comte de Montfort, fils de Yolande, duchesse de Bretagne. — 1346.

Sceau rond, de 70 mill. — Arch. du Nord; Chambre des comptes.

Dans une rose ornée de feuillages et de lions, un écu échiqueté, à la bordure de lions, au franc quartier d'hermines sur le tout.

.....MONTF

Contre-sceau : Les mêmes armes dans un quadrilobe contenant quatre lions.

S' IEHAN FVIS DE DVC DE BRETAIGNE

(Seel Jehan, fuis de duc de Bretaigne.)

Choix d'un dépositaire pour la somme destinée à l'assiette du douaire de Jeanne de Bretagne. — 11 janvier 1396.

115   **JEAN,**

Duc de Bretagne, comte de Montfort et de Richemond — 1419.

Sceau rond, de 98 mill. — Arch. du Nord; Chambre des comptes.

Type équestre. Le Duc, vêtu d'un pourpoint à manches pendantes, est coiffé d'un heaume cimé d'un lion assis entre deux cornes. Le bouclier, la housse du cheval et le champ sont mouchetés d'hermines.

s · iohānis · ducis · .....annie · comitis · montffort' .. richemondie

(Sigillum Johannis, ducis Britannie, comitis Montisfortis et Richemondie.)

Traité d'alliance avec Philippe le Bon, duc de Bourgogne. — Au château de Jugon, 19 octobre 1419.

116   **JEAN,**

Duc de Bretagne. — 1423.

Sceau rond, de 70 mill. — Arch. du Nord; Chambre des comptes.

Type de majesté. Sous un pavillon tendu d'hermines, le Duc assis sur un siége en forme de pliant, tenant son épée de la main droite, supportant de la gauche l'écu de Bretagne, les pieds appuyés sur un lion couché. De chaque côté du pavillon, une hermine au naturel avec une banderole où se lit a ma vie (à ma vie).

s · iehan · duc · de · bretaigne · comte · de · montffort · et · de · richemont

(Seel Johan, duc de Bretagne, comte de Montfort et de Richemont.)

Traité d'alliance entre le duc de Bedford et les ducs de Bourgogne et de Bretagne. — Amiens, 17 avril 1423.

CATZENELLENBOGEN.

117   **ÉVRARD,**

Comte de Catzenellenbogen. — 1299.

Sceau rond, de 65 mill. — Arch. du Nord; Chambre des comptes.

Écu au lion, bordé de grènetis dans le champ et accompagné de rinceaux.

✳ ..... GBIRHARDI QOMITIS DG RATZIN......GG

(Sigillum Ebirhardi, comitis de Katzin.....gr.)

Hommage pour un fief de bourse. — 26 février 1299.

CHIMAY.

118   **CHARLES DE CROY,**

Prince de Chimay, vicomte de Limoges. — 1495.

Sceau rond, de 68 mill. — Arch. du Nord; Chambre des comptes.

Écu portant trois fasces, écartelé de trois doloires, et sur le tout un losangé écartelé d'un lion; timbré d'un heaume couronné et cimé d'une tête de lévrier, supporté par deux léopards tenant chacun une bannière : celle de dextre porte une épée en bande; celle de sénestre, trois pals de vair sous un chef.

s..... croy · prinche · de · chimay ·...· limoge · seigr · de · la · bove

(Seel Charles de Croy, prinche de Chimay, vicomte de Limoge, seigneur de la Bove.)

Quittance. — 8 août 1495.

### 119	ALEXANDRE DE CROY,
D'ARENBERG,
Prince du Saint-Empire. — 1621.

Sceau rond, de 10 cent. — Arch. du Nord; Chambre des comptes.

Écu écartelé, portant au 1 et 4 trois fasces, au 2 et 3 contre-écartelé de trois fleurs de lys et d'un plain à l'écusson d'hermines sur le tout; et, sur le tout, un écusson chargé de trois roses. Cet écu est couronné et posé dans un cartouche.

ALEXANDRE .....PRIN · DV · S · EM.....TE · DE · BEAVMV.....SCO.. DE · R..NDREN ET PAIR · DAV...ARON DE..... HALLEWIN Z

Contre-sceau : Écu semblable à celui de la face.

S · DES FRANCHES ET SOVVERAINNES TERRES DE FVMAI ET DE REVIN.

Nomination d'un receveur pour ses bois d'Avesnes. — Bruxelles, 16 mars 1621.

CHINY.

### 120	JEANNE,
Comtesse de Chiny et de Looz. — 1234.

Sceau ogival, de 70 mill. — Arch. du Nord; Chambre des comptes.

Dame debout, en robe et en manteau, un oiseau sur le poing.

✱ S. IOHANE : COISSE : DE CHIN : 7 DE LOS

(Sigillum Johanne, comitisse de Chiniaco et de Los.)

Promesse de maintenir l'accord entre les enfants de Bouchard d'Avesnes et ceux de Guillaume de Dampierre au sujet de la succession de leur mère Marguerite, comtesse de Flandre. — 1234.

CLÈVES.

### 121	THIERRI LOEF,
Comte d'Overpont, troisième fils de Thierri V, comte de Clèves. — 1256.

Sceau rond, de 73 mill. — Arch. du Nord; Chambre des comptes.

Type équestre, fruste.

✱ S' THEO.......IVNIORIS FILII

(Sigillum Theoderici..... junioris filii.)

Contre-sceau : Écu plain, au lambel de cinq pendants.

✱ S. DOHI LVVF DE CLIEVE

(Secretum domini Louf de Clieve.)

Promesse d'observer le traité conclu entre Florent de Hollande et la comtesse de Flandre au sujet des tonlieux à percevoir sur les marchands flamands en Hollande et en Zélande. — Bruxelles, 14 octobre 1456.

### 122	THIERRI LOEF,
Seigneur de Tuseborg, frère de Thierri VII, comte de Clèves. — 1290.

Sceau rond, de 74 mill. — Arch. du Nord; Chambre des comptes.

Type équestre : haubert, cotte d'armes, casque ovoïde cimé en éventail; le bouclier et la housse aux armes du contre-sceau.

S' THEODERICI : DCI : LVF : FRIS : COMIT' : CLIVEN : DOMINI : DE : HILKERADE

(Sigillum Theoderici, dicti Luf, fratris comitis Clivensis, domini du Hilkerade.)

Contre-sceau : Écu portant un écusson en cœur, au lambel de cinq pendants sur le tout.

✱ CONTRA · SIGILL' · TR · DCI · LVF · DE CLIVE

(Contra sigillum Theoderici, dicti Luf de Clive.)

Promesse de tenir l'accord par lequel Renaud, comte de Gueldre, abandonne, pendant cinq ans, les revenus de ses États au comte de Flandre, son beau-père. — Février 1290.

### 123	ADOLPHE DE CLÈVES
ET DE LA MARCK,
Seigneur de Ravestein, fils d'Adolphe II, comte de Clèves. — 1453.

Sceau rond, de 53 mill. — Arch. du Nord; Chambre des comptes.

Écu écartelé, — portant, au 1 et 4, un tourteau à rais fleuronnés; au 2 et 3, une fasce échiquetée, et sur le tout un écusson écartelé d'une fleur de lys et d'un bandé, avec un écusson sur le tout du tout, — penché, timbré d'un heaume représentant la tête de bœuf de Clèves ancien et surmonté d'une couronne à cercle échiqueté, supporté par un lion.

......et d marba du ...estein harpeii et ude

(..... et de Marka, domini de Ravestein, Harpeii et Ude.)

Confirmation de son traité de mariage avec Béatrix de Portugal. — Lille, 6 mai 1453.

### 124	ADOLPHE DE CLÈVES
ET DE LA MARCK.
1453.

Sceau rond, de 55 mill. — Arch. du Nord; Chambre des comptes.

Représentation semblable à celle du numéro précédent.

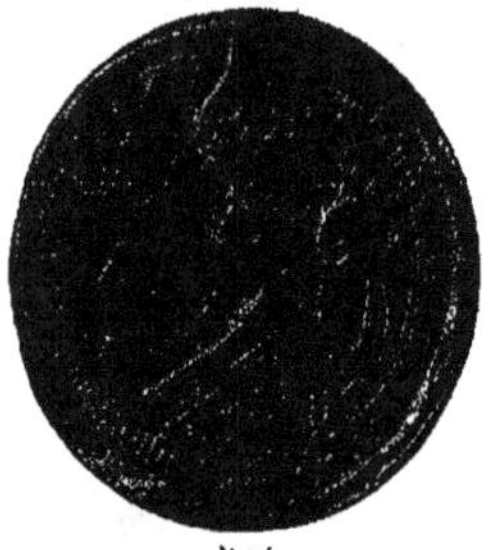

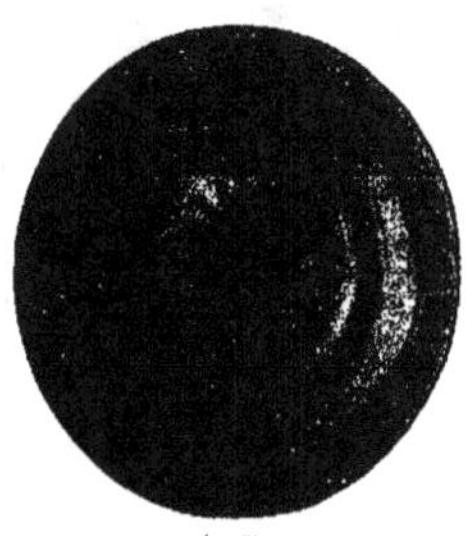

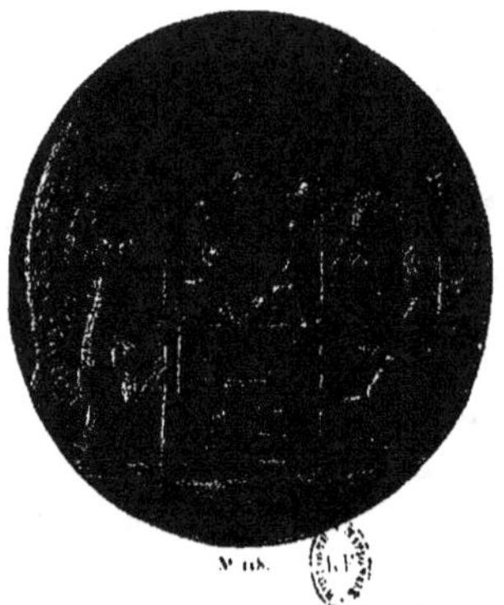

N° 118. Charles de Croy, prince de Chimay. — N° 124. Adolphe de Clèves.
N° 134. Robert le Frison, comte de Flandre (contre-sceau).

s dñi adolphi de cliuis et de marca dñi de raueſtein harpen et ude

(Sigillum domini Adolphi de Clivis et de Marka, domini de Ravestein, Harpeii et Ude.)

Promesse de payer à Maximilien, roi des Romains, la somme de 20,000 couronnes pour la cession du gouvernement de la Flandre. — 2 mai 1483.

125   JEAN II,
Duc de Clèves, comte de La Marck. — 1504.

Sceau rond, de 60 mill. — Arch. du Nord; Chambre des comptes.

A dextre, un écu portant un écusson en abîme et sur le tout le tourteau à rais fleuronnés, timbré d'un heaume couronné représentant une tête de bœuf bouclée, qui est Clèves ancien. A sénestre, un autre écu à la fasce échiquetée, timbré d'un heaume couronné et cimé d'un vol.

sigillũ iohãnis ducis . . . . eulis et comitis de marka

(Sigillum Johannis, ducis Clivensis et comitis de Marka.)

Quittance au receveur général des finances de l'Archiduc. — 24 mai 1504.

126   PHILIPPE DE CLÈVES,
Seigneur de Ravestein. — 1511.

Sceau rond, de 70 mill. — Arch. du Nord; Chambre des comptes.

Écu écartelé, — portant, au 1 et 4, un écusson en cœur, au tourteau à rais fleuronnés sur le tout; au 2 et 3, une fasce échiquetée; sur le tout, Bourgogne moderne écartelé de Bourgogne ancien, et, sur le tout du tout, un lion, — timbré d'un heaume couronné représentant une tête de bœuf bouclée qui est Clèves ancien.

✠ SIGILLVM · DÑI · PHILIPPI · . . . . EVIS · DÑI · RAVESTAINI · 1503

Quittance de pension. — 14 janvier 1511.

DOUGLAS.

127   GUILLAUME,
Comte de Douglas. — 1449.

Sceau rond, de 66 mill. — Arch. du Nord; Chambre des comptes.

Écu écartelé, — portant, au 1, un cœur sous un chef chargé de trois étoiles; au 2, un lion; au 3, un fretté; au 4, trois étoiles, — penché, timbré d'un heaume cimé d'une montagne, supporté par deux hommes sauvages, accompagné de deux bannières, celle de dextre portant trois étoiles au trécheur écartelées de six pals aiguisés, celle de sénestre portant trois fasces écartelées de trois . . . . . ; dans le champ, 18 répété.

s willi coit de duglas e de auedale dñi galvidie e de laudedre . . ?

(Sigillum Willelmi, comitis de Douglas et de Avendale, domini Galvidie et de Lawedre . . . . .)

Assignation du douaire de Marie de Gueldre par Jacques II, roi d'Écosse, son mari. — 22 janvier 1449.

DREUX.

128   JEAN,
Comte de Dreux et de Braine, sire de Saint-Valery. — 1287.

Sceau rond, de 64 mill. — Arch. du Nord; Chambre des comptes.

L'écu de Dreux : un échiqueté à la bordure, supporté par deux lions à queue fourchée.

✠ S'. IO . . . . . DROCIS : DÑI SC . . . . . BRANE :
(Sigillum Johannis de Drocis, domini Saneti Walerici et Brane.)

Quittance de fief de bourse. — Février 1287.

EGMONT.

129   PHILIPPE,
Comte d'Egmont, prince de Gavre, baron de Fiennes. — 1588.

Sceau rond, de 82 mill. — Arch. du Nord; abbaye de Saint-Aubert.

Écu écartelé, — portant, au 1 et 4, un chevronné parti de deux fasces bretessées contre-bretessées; au 2 et 3, un lion contourné parti d'un lion; sur le tout, un écusson au lion écartelé d'un soleil? — timbré d'un heaume de face couronné et cimé, supporté par deux lions, entouré du collier de la toison d'or. — Légende détruite.

Dénombrement d'un fief sis à Cantaing et tenu de l'abbaye de Saint-Aubert. — 19 février 1588.

130   LAMORAL,
Comte d'Egmont et de Fiennes, baron de Bailleul, la Hamaide, etc. — 1589.

Sceau rond, de 80 mill. — Arch. du Nord; abbaye de Saint-Aubert.

Écu écartelé, — portant, au 1 et 4, trois chevrons partis de trois fasces bretessées contre-bretessées; au 2, un lion contourné parti d'un lion; au 3, un lion écartelé d'un soleil?; sur le tout, un fuselé en bande écartelé d'un lion, et, sur le tout du tout, un losangé en bande. — couronné, supporté par deux griffons, embrassé par deux palmes en sautoir sur un champ d'hermines. — Légende détruite.

Aveu du fief de Cantaing. — 15 avril 1589.

131   LAMORAL,
Comte d'Egmont, prince de Gavre et de Steenhuysen, seigneur de Cantaing, Marcoing, etc. — 1595.

Sceau rond, de 82 mill. — Arch. du Nord; abbaye de Cantimpré.

Écu écartelé, — portant, au 1 et 4, un chevronné

parti de deux fasces bretessées contre-bretessées; au 2 et 3, un lion contourné parti d'un lion; sur le tout, un lion écartelé d'un soleil? — timbré d'un heaume de face couronné et cimé, supporté par deux griffons, embrassé par deux palmes en sautoir sur un champ d'hermines.

SEEL · DE · LAMORAL · COMTE · DEGMO.....
DE · GAVRE · ET · DE · STEENHVSEN ·

Lettres de récépissé du dénombrement de six fiefs situés à Marcoing. — 8 juillet 1595.

FAUQUEMBERGUE.

132 JEAN DE VERTAIN,

Comte de Fauquembergue, sire de Pitgam et de Pomillereux. — 1429.
Sceau rond, de 30 mill. — Arch. du Nord; évêché et chapitre de Cambrai.

Écu à la croix brisée d'un lambel de trois pendants, écartelé d'une fasce, penché, timbré d'un heaume cimé, supporté par deux léopards, accompagné de deux branches.

Ieh..... vertain

(Jehan..... Vertain.)

Acquisition de deux fiefs situés à Ophain. — 9 mars 1429.

133 ENGILBERT DE VERTAIN,

Sire de Beaurieux, frère de Jean de Vertain, comte de Fauquembergue. — 1430.
Sceau rond, de 24 mill. — Arch. du Nord; évêché et chapitre de Cambrai.

Écu à la croix brisée d'un lambel de trois pendants, écartelé d'une fasce, à l'écusson portant deux pals sur le tout, penché, timbré d'un heaume cimé.

englebert de vertain

(Englebert de Vertain.)

Voyez le numéro 132.

FLANDRE.

134 ROBERT Ier, DIT LE FRISON,

Comte de Flandre. — 1076.
Sceau rond, légèrement en cuvette, de 65 mill. — Arch. du Nord; chapitre de Saint-Amé de Douai.

Type équestre endommagé; large épée à gorge, bouclier vu en dedans.

RODBERTVS FLANDRENSIVO) COMES

(Rodbertus, Flandrentium comes.)

Contre-sceau : Tête de profil à droite, les cheveux frisés, ayant à la bouche une branche à trois tiges terminées chacune par une perle. — Sans légende.

Robertus Flandrensium consul confirme les priviléges de Saint-Amé. — 1076..... anno pape Gregorii IV. regnante rege Philippo, tempore Manasso, Remensis archiepiscopi.

135 ROBERT II, DIT DE JÉRUSALEM,

Comte de Flandre, avec son père, Robert le Frison. — 1109.
Sceau rond, en cuvette, de 68 mill. — Arch. du Nord; chapitre de Saint-Amé de Douai.

Type équestre; empreinte effacée.

SIG'ILLV RODBERTI COMITIS IVNIORIS

(Sigillum Rodberti, comitis junioris.)

Bail à rente du moulin de Brébières. — 1109.

136 THIERRI D'ALSACE,

Comte de Flandre. — Vers 1160.
Sceau rond, d'environ 68 mill. — Arch. du Nord; abbaye de Cysoing.

Type équestre : tunique de mailles, casque conique à nasal, bouclier à ombo, large et forte épée; sous le cheval, une plante d'ornement. — Légende détruite.

Don de terre octroyé aux religieux de Cysoing. — Sans date.

137 PHILIPPE D'ALSACE,

Comte de Flandre, avec son père, Thierri d'Alsace. — Vers 1167.
Sceau rond, de 82 mill. — Arch. du Nord; abbaye d'Anchin.

Type équestre, fruste : bouclier à ombo, cheval allant au pas.

.....PPVS COMES FLA....

(Philippus, comes Flandrie.)

L'abbaye d'Anchin reçoit en don la dime de Buniastra. — Sans date.

138 PHILIPPE D'ALSACE,

Comte de Flandre. — 1170.
Sceau rond, de 88 mill. — Arch. du Nord; abbaye de Vaucelles.

Type équestre. Le Comte, vêtu d'une tunique de mailles, coiffé d'un casque à timbre arrondi et muni d'un nasal, brandit une épée à gorge damasquinée; son bouclier porte un lion; sous le cheval, une plante d'ornement avec des oiseaux perchés.

✶ SIGILLVM · PHILIPPI · COMITIS · FLANDRIE ·

(Sigillum Philippi, comitis Flandrie.)

Contre-sceau : Écu au lion; dans le champ, des rinceaux.

✶ ET · VIROMANDIE ·

(Et Viromandie.)

Le Comte confirme la donation du bois de Martinval faite aux religieux de Vaucelles par Robert, avoué de Villers. — 1170.

139 PHILIPPE D'ALSACE,

Comte de Flandre. — Vers 1181.
Sceau rond, de 88 mill. — Arch. du Nord; abbaye de Cysoing.

Type équestre, semblable au précédent, excepté pour

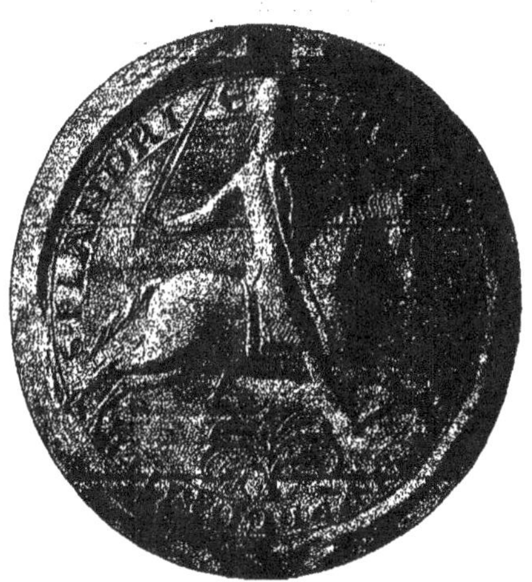

Nº 138.

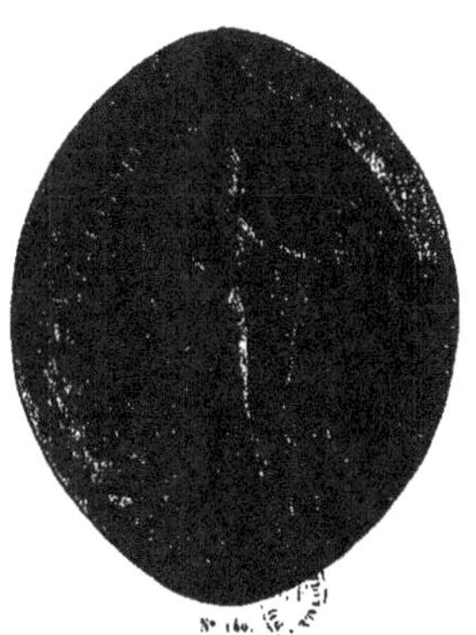

Nº 140.

Nº 138. Philippe d'Alsace, comte de Flandre.   Nº 140. Elisabeth, première femme de Philippe d'Alsace.

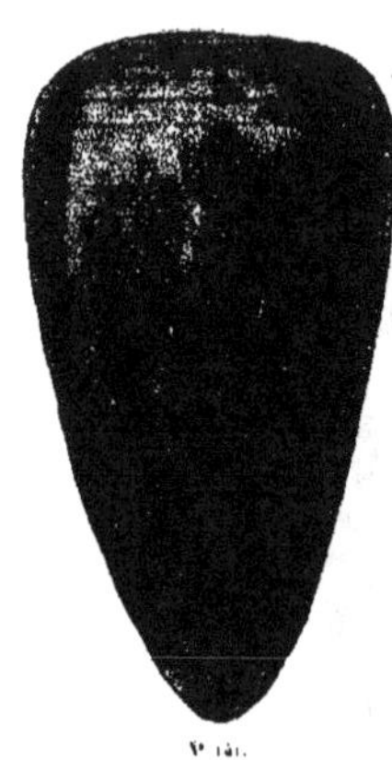

Nᵒ 141.

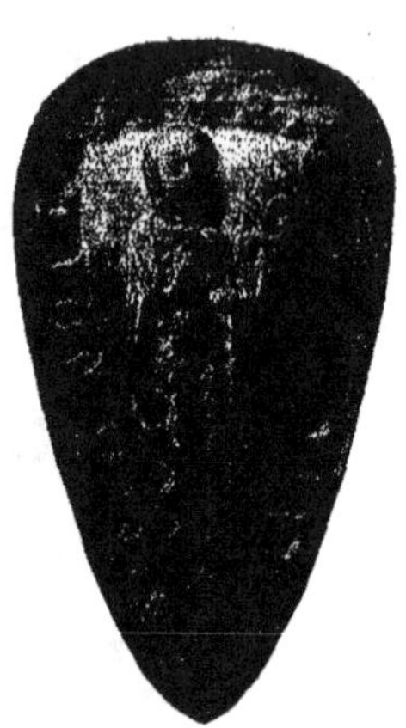

Nᵒ 142.

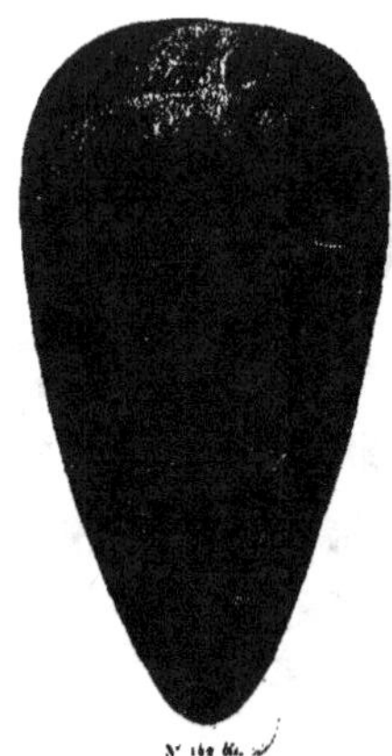

Nᵒ 142 bis.

Nᵒˢ 141 et 142. Mathilde, deuxième femme de Philippe d'Alsace.

le casque, dont le timbre est plat, et qui porte sur son pourtour le lion de Flandre.

✠ SIGILLVM : PHILIPPI : COMITIS : FLANDRIE ✠

(Sigillum Philippi, comitis Flandrie.)

CONTRE-SCEAU : Même représentation qu'à la face. Le Comte tient, au lieu d'une épée, la bannière au lion.

✠ ET : VIROMANDIE ✠

(Et Viromandie.)

Amortissement de la dîme de Chéreng. — Sans date.

---

140   ÉLISABETH,

Femme de Philippe d'Alsace. — 1170.

Sceau ogival, de 60 mill. — Arch. du Nord; abbaye de Vaucelles.

Dame debout, vêtue d'une robe à jupe étoffée et d'un garde-corps?, les manches de la robe tombant jusqu'à terre, paraissant coiffée d'un mortier, un oiseau de vol sur le poing. Dans le champ, à dextre, une tige fleuronnée.

✠ ELIZABETH · COMITISSA · FLANDRIE

(Elizabeth, comitissa Flandrie.)

La Comtesse confirme la donation du bois de Martinval. — 1170.

---

141   MATHILDE,

Deuxième femme de Philippe d'Alsace. — 1189.

Sceau en écu, de 84 mill. — Arch. du Nord; Chambre des comptes.

Écu portant une dame debout de trois quarts à droite, coiffée en tresses, tenant un fleuron à la main droite. — Légende détruite.

CONTRE-SCEAU : Écu fruste aux cinq écussons de Portugal rangés en croix. — Légende détruite.

Appendu à une ordonnance concernant la perception du droit de gave. — 1189.

---

142   MATHILDE,

Deuxième femme de Philippe d'Alsace. — Vers 1197.

Sceau en écu, de 88 mill. — Arch. du Nord; abbaye de Loos.

Écu portant une dame debout de trois quarts à gauche, en robe et en manteau, la tête couverte d'un voile, tenant une fleur à la main gauche.

✠ SI..L..M : RE....E : MATHIL.IS :

(Sigillum regine Mathildis.)

CONTRE-SCEAU : Écu aux cinq écussons de Portugal rangés en croix.

✠ C..ITISSE ..AND...

(Comitisse Flandrie.)

Confirmation de biens à Avesnes. — Sans date.

---

143   MARIE,

Comtesse de Flandre et de Hainaut, femme de Baudouin de Constantinople. — 1202.

Sceau ogival, de 70 mill. — Arch. du Nord; évêché et chapitre de Cambrai.

Dame debout, en robe ajustée à longues manches pendantes, coiffée en cheveux, tenant un fleuron de la main droite, un oiseau de vol sur le poing.

✠ SIGILLVM · M.....

Charte de commune pour Solesmes : «et quia dominus comes Balduinus iter Iherosolimitanum arripuerat, sigillo uxoris sue Marie, illustris comitisse, feci roborari.» — Mai 1202.

---

144   GUILLAUME,

Oncle de Baudouin IX, comte de Flandre. — 1204.

Sceau rond, de 55 mill. — Arch. du Nord; abbaye de Saint-Aubert.

Écu semé de France, parti d'un bandé de six pièces.

✠ S· WILLELMI AVONOVLI COÏS FLAD ? HAIÑ

(Sigillum Willelmi avonculi, comitis Flandrie et Hainonie.)

Ratification de l'engagement de la dîme de Hérinnes au profit d'Engilbert d'Enghien. — Février 1204.

---

145   JEANNE,

Fille de Baudouin IX, comtesse de Flandre et de Hainaut. — 1221.

Sceau rond, de 76 mill. — Arch. du Nord; Chambre des comptes.

Jeanne à cheval, en robe et en manteau, coiffée en cheveux, un faucon sur le poing.

✠ : IOHANNE : COMITISSE : FLANDRIE : ET HAINOIE

(Sigillum Johanne, comitisse Flandrie et Hainoie.)

CONTRE-SCEAU : Écu au lion.

✠ SECRETVM · MEVM · MICHI

(Secretum meum michi.)

La Comtesse confirme à l'abbaye de Clairmarais un don de rentes en la paroisse de Rubrouck. — 1221.

---

146   MAHAUT DE BÉTHUNE,

DAME DE TERMONDE.

Première femme de Gui de Dampierre, comte de Flandre. — 12..

Sceau ogival, de 74 mill. — Arch. du Nord; Chambre des comptes.

Dame debout, en robe et en manteau vairé, tenant de la main droite un fleuron, la gauche passée dans l'attache du manteau, accostée de deux écus au lion brisé d'un bâton en bande.

✠ S· MATHILD' · ATTBATR · ADVOCATISSE · BETHVR · 7 · TERREMOND' · DÑE

(Sigillum Mathildis, Attrebatensis advocatisse, Bethune et Terremonde domine.)

CONTRE-SCEAU : Écu portant une fasce.

❊ SECRETVM · MEVM · MICHI

(Secretum meum michi.)

La Comtesse emprunte 800ll à son bon ami Simon le Petit, bourgeois d'Arras. — 8 décembre 1254.

147 JEAN DE DAMPIERRE,

Frère de Gui, comte de Flandre. 1257.

Sceau rond, de 76 mill. Arch. du Nord; Chambre des comptes.

Type équestre; haubert, cotte d'armes, casque carré; le bouclier et la housse du cheval portant un lion au lambel.

❊ SIGILLVM : IOHANNIS : DÑI : DE ::
DOMPETRA : MILITIS :

(Sigillum Johannis, domini de Dompetra, militis.)

CONTRE-SCEAU : Écu portant un lion brisé d'un lambel à cinq pendants.

❊ SECRETV IOHIS D.....MILITIS

(Secretum Johannis de..... militis.)

Promesse d'exécuter les dispositions testamentaires de sa mère, Marguerite de Constantinople. — Novembre 1257.

148 BÉATRIX,

Fille de Henri II, duc de Brabant, veuve de Guillaume, fils aîné du deuxième lit de Marguerite de Constantinople. 1251.

Sceau ogival, de 80 mill. — Arch. du Nord; Chambre des comptes.

Dame debout, en robe et en manteau, coiffée d'un voile, tenant un fleuron à la main droite, la gauche passée dans l'attache du manteau, accostée de deux fleurs de lys fleuronnées.

.IGILL ....IS COMITISSE FLANDRENSIS

(Sigillum Beatricis, comitisse Flandrensis.)

CONTRE-SCEAU : Écu au lion.

FILIE DVLCIS BRABANTIE

(Filie Dulcis Brabantie.)

Assignation de son douaire. — Décembre 1251.

149 ROBERT,

Comte de Nevers, sire de Béthune et de Termonde, fils aîné de Gui, comte de Flandre. — 1275.

Sceau rond, de 83 mill. — Arch. du Nord; évêché et chapitre de Cambrai.

Type équestre; cotte d'armes, le bouclier et la housse aux armes du contre-sceau.

S' ROBERTI PRIMOGENI.. COMITIS FLANDRIE
COMITIS NIVERNEÑ

(Sigillum Roberti, primogeniti comitis Flandrie, comitis Nivernensis.)

CONTRE-SCEAU : Écu portant un lion brisé d'un lambel à cinq pendants

❊ SECRETV ROBTI COMITIS NIVERÑ

(Secretum Roberti, comitis Nivernensis.)

Ratification d'un échange de rentes entre le comte de Flandre, son père, et Michel d'Auchy. — 26 juin 1275.

150 LOUIS,

Comte de Rethel, fils aîné de Robert, comte de Nevers. 1295.

Sceau rond, de 65 mill. — Arch. du Nord; Chambre des comptes.

Type équestre de chasse; Louis en costume civil, tête nue, les mains gantées, porte un faucon sur le poing gauche; son chien l'accompagne.

❊ S' · LVDOVICI · PRIMOGENITI · COMITIS ·
NIVERNEÑ · COMIT... · REGITHESTEÑ

(Sigillum Ludovici, primogeniti comitis Nivernensis, comitis Regithestensis.)

CONTRE-SCEAU : Écu portant trois bandes à la bordure engrêlée, parti d'un lion au lambel.

❊ SECRETV · LVDOVICI · COÏTIS ·
REGITHESTEÑ

(Secretum Ludovici, comitis Regithestensis.)

Traité d'alliance avec Gui, comte de Flandre, et Jean de Namur, son fils. — Wynendael, 26 mai 1292.

151 BAUDOUIN D'AVESNES,

Sire de Beaumont, fils de Marguerite de Constantinople, frère de Jean, comte de Hainaut. — 1287.

Sceau rond, de 81 mill. — Arch. du Nord; Chambre des comptes

Type équestre; haubert, cotte d'armes, casque ovoïde cimé; le bouclier, l'épaulière et la housse aux armes : un bandé de six pièces.

❊ S' · BALDVINI · DE · AVESNIS · DOMINI · DE ·
BELLOMONTE

(Sigillum Balduini de Avesnis, domini de Bellomonte.)

CONTRE-SCEAU : Pierre gravée représentant un personnage assis, de profil à droite.

❊ CLAVIS SIGILLI

(Clavis sigilli.)

Traité du mariage de Béatrix, fille de Gui, comte de Flandre, avec Hugues de Châtillon. — Janvier 1287.

152 FÉLICITÉ,

Veuve de Baudouin d'Avesnes. — 1289

Sceau ogival, de 80 mill. — Arch. du Nord; Chambre des comptes.

Dame debout, en robe et en manteau vairé, coiffée d'un chapel recouvert d'un voile, tenant une fleur à la main droite, l'index de la gauche passé dans l'attache du manteau. À dextre, un écu portant un bandé de six pièces; à sénestre, un autre écu à trois fasces de vair, brisé d'un bâton en bande.

* S' FELICITATIS · VXORI · · DÑI · BALDVINI · DE · AVESNIS ·

(Sigillum Felicitatis, uxoris domini Balduini de Avesnis.)

CONTRE-SCEAU : Écu portant trois fasces de vair, brisé d'un bâton en bande, parti d'un bandé de six pièces.

* SECRETVM : MEVM

(Secretum meum.)

Quittance de rente viagère servie par le comte de Flandre à cause de la terre de Dunkerque et de la Wastine. — 10 janvier 1289.

---

153   BAUDOUIN DE DAMPIERRE,

Fils de Gui, comte de Flandre (premier lit.) — 1290.

Sceau rond, de 64 mill. — Arch. du Nord; Chambre des comptes.

Type équestre; le bouclier et la housse portant un lion à la bordure engrêlée.

S' BALDVINI : ...II : COMITIS : FLAND..

(Sigillum Balduini, filii comitis Flandrie.)

CONTRE-SCEAU : Écu aux armes de la face.

* SECRETV · MEVM · MIChI

(Secretum meum michi.)

Quittance de pension. — 22 juillet 1290.

---

154   JEAN DE DAMPIERRE,

Fils de Gui, comte de Flandre (second lit.) — 1292.

Sceau rond, de 78 mill. — Arch. du Nord; Chambre des comptes.

Type équestre de chasse; personnage à cheval, la tête nue, en costume civil, ganté, un oiseau de vol sur le poing.

..IOhAÑIS : FILII : .....TI..AND......

(Sigillum Johannis, filii Guidonis, comitis Flandrie.....)

Traité d'alliance avec les comtes de Flandre, de Rethel et de Luxembourg. — Wynendael, 26 mai 1292.

---

155   JEAN DE NAMUR,

Fils de Gui, comte de Flandre. — 1298.

Sceau rond, de 57 mill. — Arch. du Nord; Chambre des comptes.

Type équestre de chasse, semblable au précédent.

* S' IOhAÑIS : FILII : 6VID : C.....FLAND : Z : MARCh : NAMVRCEÑ

(Sigillum Johannis, filii Guidonis, comitis Flandrie et marchionis Namurcensis.)

CONTRE-SCEAU : Dans une rose ornée de chimères, un écu au lion. — Sans légende.

Restitution de la Zélande au comte de Hollande par Gui de Dampierre, comte de Flandre. — 26 février 1298.

---

156   GUI DE FLANDRE,

Sire de Richebourg, comte de Zélande, fils de Gui, comte de Flandre (2e lit.) — 1298.

Sceau rond, de 60 mill. — Arch. du Nord; Chambre des comptes.

Type équestre de chasse.

.....6VIDONIS :·: FILII :·: COMITIS :·: FLANDR..

(Sigillum Guidonis, filii comitis Flandrie.)

Voyez le numéro 155.

---

157   GUI DE FLANDRE,

Sire de Richebourg, etc. — 1307.

Contre-sceau rond, de 30 mill. — Arch. du Nord; Chambre des comptes.

Type équestre; le bouclier et la housse portant un lion brisé d'un bâton engrêlé en bande.

SECRETV : 6VIDONIS DE.....

(Secretum Guidonis de.....)

Quittance à valoir sur les 40,000ll que son frère Jean et lui doivent recevoir du comte de Flandre. — Male, 31 mars 1307.

---

158   GUI DE FLANDRE,

Sire de Richebourg et d'Erquinghem-sur-la-Lys. — 1311.

Sceau rond, de 55 mill. — Arch. du Nord; Chambre des comptes.

Dans une rosace, un écu au lion brisé d'une bande engrêlée.

........ONIS : DE : FLANDRIA : DÑI : DE : RIREBORCh : Z : DE : ERRIG..

(Sigillum Guidonis de Flandria, domini de Rikeborch et de Erkinghem.)

CONTRE-SCEAU : Mêmes armes qu'à la face.

.....IDONIS DE FLÃDR' DÑI D' RIREB .

(Secretum Guidonis de Flandria, domini de Rikeborch...)

Lettres de garantie à ses oncles qui s'étaient engagés pour lui à cause du douaire de sa femme Béatrix. — 1er octobre 1311.

---

159   GUI DE FLANDRE,

Sire de Richebourg et d'Erquinghem-sur-la-Lys. — 1332.

Sceau rond, de 75 mill. — Arch. du Nord; Chambre des comptes.

Type équestre; haubert, cotte d'armes flottante, l'épée retenue par une chaîne; le bouclier, l'épaulière, le troussequin et la housse aux armes : un lion brisé d'une bande engrêlée.

.. .UIDONIS : D.....BORC : ET : DE : ER...

(Sigillum Guidonis, domini de Rikebore et de Erkinghem.)

Conditions auxquelles le comte de Flandre lui donne la maison de Beaupré lès Bruges avec ses terres et le moulin. — Compiègne, 23 juin 1332.

160   **GUI DE FLANDRE,**

Sire de Richebourg et d'Erquinghem-sur-la-Lys. — 1345.

Sceau rond, de 75 mill. — Arch. du Nord; abbaye de Loos.

Type équestre, semblable au précédent, sauf le lion de Flandre qui est brisé par un bâton uni et non engrêlé.

S'. GUI..... : DE : FLAND : DN. .....OYE

(Sigillum Guidonis de Flandria, domini..... oye.)

Contre-sceau : Écu aux armes de la face, penché, timbré d'un heaume couronné et cimé d'un lion assis.

SECRTV GUIDONIS ..... DNI D' ERKI.....

(Secretum Guidonis de Flandria, domini de Erkinghem.)

Son testament. Il ordonne que son cœur soit porté à l'abbaye de Loos, à laquelle il lègue une rente de 30ll sur la ville d'Erquinghem.— Avril 1345.

161   **HENRI DE FLANDRE,**

Comte de Lodi, fils de Gui, comte de Flandre (second lit.) — 1315.

Sceau rond, de 63 mill. — Arch. du Nord; Chambre des comptes.

Type équestre sur champ fretté semé de croisettes; le bouclier et la housse semés de croisettes à deux bars adossés. — Légende détruite.

Contre-sceau : Dans une rosace, un écu au lion brisé d'une bande.

✸ S' SECRETI HENRICI FIL COMIT' FLANDR MILIT'

(Sigillum secreti Henrici, filii comitis Flandrie, militis.)

Promesse de servir son frère Robert III, comte de Flandre, dans sa guerre contre le roi de France et le comte de Hainaut. — Male, 7 mars 1315.

162   **HENRI DE FLANDRE,**

Comte de Lodi. — 1327.

Sceau rond, de 75 mill. — Arch. du Nord; Chambre des comptes.

Type équestre; cotte d'armes flottante, le bouclier, l'épaulière, le troussequin et la housse aux armes du contre-sceau. — Légende détruite.

Contre-sceau : Dans un trilobe, un écu au lion couronné, à la bande brochant sur le tout.

✸ SIGILLVM · SECRETVM · MEI

(Sigillum secretum mei.)

Henri de Flandre prend Louis de Nevers pour arbitre dans ses débats de succession avec son frère, le comte de Namur. — 8 juin 1327.

163   **HENRI DE FLANDRE,**

Comte de Lodi. — 1333.

Sceau rond, de 32 mill. — Arch. du Nord; Chambre des comptes.

Type équestre; le bouclier, l'épaulière et la housse portant un lion couronné, à la bande brochant.

SIG' HENRICI .. FLANDRIA COMITIS LAVDEN'

(Sigillum Henrici de Flandria, comitis Laudensis.)

Lettres au pape Jean pour qu'il veuille bien confirmer la vente de la ville de Malines faite au comte de Flandre par l'évêque de Liège. — 4 décembre 1333.

164   **HENRI DE FLANDRE,**

Seigneur de Ninove. — 1339.

Sceau rond, de 30 mill. — Arch. du Nord; Chambre des comptes.

Dans un quadrilobe, un écu au lion couronné, à la bande brochant sur le tout.

✸ S' : HENRICUS : DE : FLANDRIA : DNS ...

(Sigillum Henricus de Flandria, dominus de.....)

Appendu à un traité d'alliance entre Louis Ier, comte de Flandre, et Jean III, duc de Brabant. — 3 décembre 1339.

165   **MARGUERITE DE FLANDRE,**

Veuve d'Alexandre, fils du roi d'Écosse, fille de Gui, comte de Flandre (second lit.). — 1285.

Sceau ovale, de 27 mill. — Arch. du Nord; Chambre des comptes.

Pierre gravée représentant un abraxas avec l'inscription grecque de droite à gauche ΟΑΣΑΡΒΑ.

✸ : SIGILLVM : SECRETI :

(Sigillum secreti.)

Quittance au roi d'Écosse de 1,500 marcs sterling qui lui étaient dus pour sa dot. — 18 septembre 1285.

166   **JEAN,**

Sire de Dampierre et de la terre de Saint-Dizier, neveu de Gui, comte de Flandre. — 1287.

Sceau rond, de 72 mill. — Arch. du Nord; Chambre des comptes.

Type équestre; haubert, cotte d'armes, casque ovoïde cimé : le bouclier et la housse aux armes du contre-sceau.

S'. IOHAN..S : DOMINI .. ...PE.RA

(Sigillum Johannis, domini de Dampetra.)

Contre-sceau : Écu au lion brisé d'un lambel à cinq pendants.

✸ SECRETV · MEVM · MICHI

(Secretum meum michi.)

Quittance de 4,500ll montant de la terre de Bailleul acquise par son oncle le comte de Flandre. — 4 mai 1287.

167   **ROBERT DE BÉTHUNE,**

Comte de Flandre. — 1310.

Sceau rond, de 85 mill. — Arch. du Nord; Chambre des comptes.

Type équestre; haubert, cotte d'armes, casque ovoïde à volet et cimé d'une chimère; épée retenue par une chaîne;

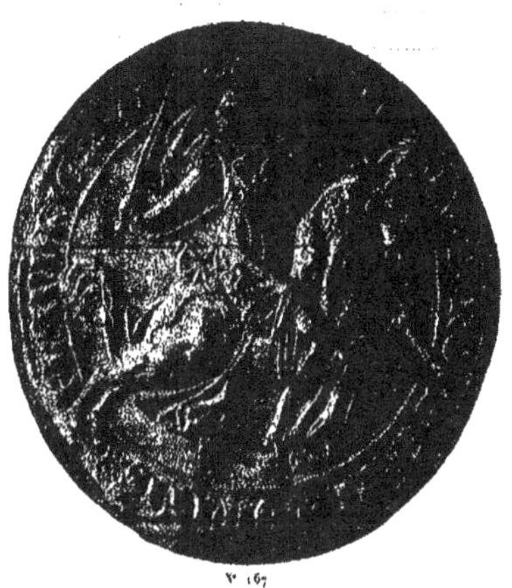

N° 167

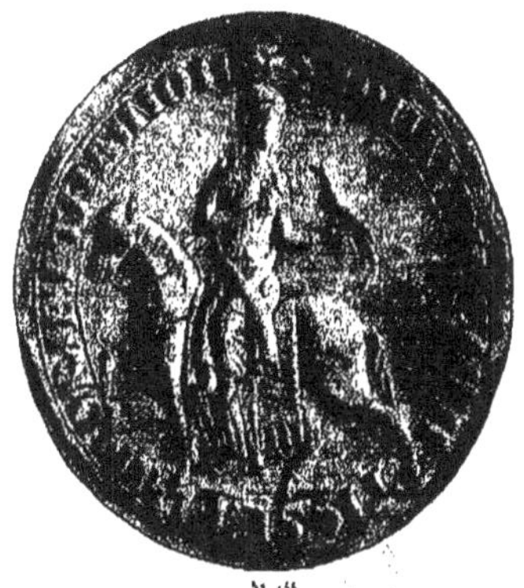

N° 145

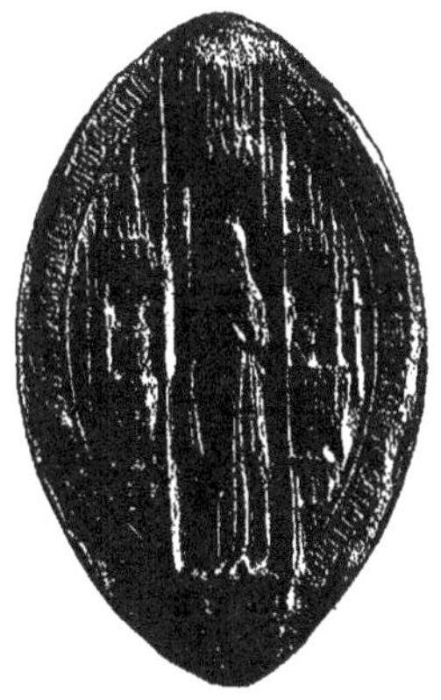

N° 181.

N° 145. Jeanne, comtesse de Flandre. — N° 167. Robert de Béthune, comte de Flandre.
N° 181. Marguerite de France, comtesse de Flandre.

la bouclier, l'épaulière, le troussequin et la housse portant le lion de Flandre.

SIGILLVM ROBERTI COMITIS FLANDRIE

(Sigillum Roberti, comitis Flandrie.)

CONTRE-SCEAU : Dans un trilobe, un écu au lion.

✠ CONT' SIGILLV : ROBERTI : COMITIS : FLANDRIE :

(Contrasigillum Roberti, comitis Flandrie.)

Le comte de Flandre et le comte de Hainaut remettent à des arbitres le règlement de leurs différends. — 16 août 1310.

168   ROBERT DE BÉTHUNE,

Comte de Flandre. — 1318.

Sceau rond, de 41 mill. — Arch. du Nord; Chambre des comptes.

Type équestre, semblable au précédent.

SE.....TI : COITIS : FLANDR..

(Secretum Roberti, comitis Flandr.....)

Dépens du comte de Flandre en l'hôtel de Jean le Tonelars, à Gand. — 21 août 1318.

169   LOUIS,

Comte de Nevers et de Rethel, fils aîné de Robert III, comte de Flandre. — 1319.

Sceau rond, de 30 mill. — Arch. du Nord; Chambre des comptes.

Dans un cordon de roses contenant chacune un lion, un écu au lion brisé d'un lambel.

..LVDOVICI : PI'OGE'ITI · COIT' · FLANDR · NIVNER · Z · REGITHEST' .....

(Sigillum Ludovici, primogeniti comitis Flandrie, Nivernensis et Reglithensis comitis.)

Nomination de commissaires pour une enquête sur les prisées des terres qui doivent être données à son frère Robert de Cassel. — Courtrai, 19 octobre 1319.

170   ROBERT DE CASSEL,

Deuxième fils de Robert III, comte de Flandre. — 1317.

Sceau rond, de 74 mill. — Arch. du Nord; Chambre des comptes.

Type équestre, analogue à celui de son père; le bouclier, l'épaulière, le troussequin et la housse portant un lion à la bordure engrêlée.

SIGILLVM : ROBERTI : FILII : COMI... : FLANDRIE ·

(Sigillum Roberti, filii comitis Flandrie.)

CONTRE-SCEAU : Dans une rose, un écu portant un lion à la bordure engrêlée.

✠ CONTRA · S' · ROBERTI · FILII · COMITIS · FLANDRIE ·

(Contra sigillum Roberti, filii comitis Flandrie.)

Acceptation des conditions que son père lui impose en lui cédant les terres d'Alost, de Grammont et des Quatre-Métiers. — Courtrai 12 décembre 1317.

171   ROBERT DE CASSEL,

Deuxième fils de Robert III, comte de Flandre. 1319.

Sceau rond, de 30 mill. — Arch. du Nord; Chambre des comptes.

Type équestre, aux armes.

SECRETVM ROBERTI FILII COIT' FLAND

(Secretum Roberti, filii comitis Flandrie.)

Nomination de commissaires pour enquérir sur les prisées des terres qui doivent lui être données. — Courtrai, 19 octobre 1319.

172   ROBERT DE CASSEL,

Baron d'Alluyes et de Montmirail au Perche. — 1324.

Sceau rond, de 71 mill. — Arch. du Nord; Chambre des comptes.

Type équestre, aux armes.

S' : ROB'TI : DE : FLAND : DNI : DE : CAS-LETO : BARON......... IRABE : IN : PTICO : MILIT

(Sigillum Roberti de Flandria, domini de Casleto, baronis..... Montemirabili in Pertico, militis.)

CONTRE-SCEAU : Dans une rose décorée de chimères, un écu au lion, à la bordure engrêlée.

✠ 9T : SIGILLVM · ROBERTI · DE · FLANDRIA · MILITIS

(Contra sigillum Roberti de Flandria, militis.)

Nomination d'un sur-arbitre pour la prisée de la châtellenie de Bruges. — Paris, 13 juillet 1324.

173   ROBERT DE CASSEL,

Deuxième fils de Robert III, comte de Flandre. — 1325.

Sceau rond, de 30 mill. — Arch. du Nord; Chambre des comptes.

Type équestre, aux armes.

SECRET · ROB'TI · DE · FLAND · DNI · DE · CASLETO · MIL

(Secretum Roberti de Flandria, domini de Casleto militis.)

Rappel de bannis. — Bruges, 26 juillet 1325.

174   JEANNE DE BRETAGNE,

Femme de Robert de Cassel. 1337

Sceau rond, de 23 mill. — Arch. du Nord; Chambre des comptes.

Pierre gravée, barbare, à deux personnages, dans une rose gothique où des lions alternent avec des écus échiquetés. — Sans légende.

Quittance à son receveur du bois de Nieppe. — Choisy-sur-Seine 7 avril 1337.

175   MAHAUT,

Fille de Robert III, comte de Flandre. — 1314.

Sceau rond, de 27 mill. — Arch. du Nord; Chambre des comptes.

Un écu au lion, dans un trilobe, au milieu d'une rose où quatre écus bandés de six pièces à la bordure sont séparés par des feuilles de chêne. — Sans légende.

Ordre au receveur de Flandre de payer les dépens de ses chevaux à Male. — 10 août 1314.

---

176   LOUIS DE NEVERS,

Comte de Flandre. — 1323.

Signet rond, de 14 mill. — Arch. du Nord; Chambre des comptes.

Dans une rose à quatre lobes, une chimère surmontée d'une étoile. — Sans légende.

Le Comte lève l'opposition qu'il avait mise à l'assignement fait à Robert de Cassel par Robert III. — Le vendredi devant l'Épiphanie 1323.

---

177   LOUIS DE NEVERS,

Comte de Flandre. — 1327.

Sceau rond, de 30 mill. — Arch. du Nord; Chambre des comptes.

Type équestre, au lion.

S' LVDOVICI · COMITIS · FⱠ....IE · ET · NIVERNENSIS

(Sigillum Ludovici, comitis Flandrie et Nivernensis.)

Lettre à Robert de Cassel, son oncle, pour lui réclamer la cession de Bergues, Nieuport et Douze. — Gand, 29 juillet 1327.

---

178   LOUIS DE NEVERS,

Comte de Flandre. — 1333.

Sceau rond, de 90 mill. — Arch. du Nord; Chambre des comptes.

Type équestre, au lion; casque ovoïde, cimé d'un lion assis entre deux cornes, muni d'un volet également aux armes.

S' LVDOVICI · CO... FLANDRIE · NIVERREN' · ET · REGISTESTEN' ·

(Sigillum Ludovici, comitis Flandrie, Nivernensis et Registestensis.)

Réduction de l'amende de 100,000ᴸ infligée à la ville de Bruges à cause de sa rébellion. — Gand, 27 janvier 1333.

---

179   LOUIS DE NEVERS,

Comte de Flandre. — 1333.

Sceau rond, de 44 mill. — Arch. du Nord; Chambre des comptes.

Type équestre, au lion.

SECRET' LVDOVICI COIT' FLAND NIVERN' ET REGISTEST'

(Secretum Ludovici, comitis Flandrie, Nivernensis et Registestensis.)

Traité d'alliance contre Jean, duc de Lothier et de Brabant. — Au Quesnoy, 30 novembre 1333.

180   LOUIS DE NEVERS,

Comte de Flandre. — 1345.

Signet rond, de 18 mill. — Arch. du Nord; Chambre des comptes.

Écu au lion, timbré d'un heaume cimé d'un vol et muni d'un volet moucheté d'hermines. — Légende fruste.

Nomination de commissaires pour traiter du mariage de son fils, Louis de Flandre, avec Marguerite, fille du duc de Brabant. — Paris, 27 novembre 1345.

---

181   MARGUERITE DE FRANCE,

Veuve de Louis de Nevers, comte de Flandre. — 1366.

Sceau ogival, de 84 mill. — Arch. du Nord; évêché et chapitre de Cambrai.

Dans une niche gothique surmontée de clochetons, la comtesse debout, en robe et en manteau, coiffée d'un voile; dans deux niches latérales, deux anges soutenant deux écus : celui de dextre portant de Flandre parti de France, celui de sénestre, d'Artois parti de la Comté?

..MARGVERITE FILLE DE ROY DE FRANCE CŌTESSE DE FLⱠDRES ..... ET DE BOVRGOIGNE PALATINE ET DAME DE SALINS

(Seel Marguerite, fille de roy de France, comtesse de Flandres, d'Artois et de Bourgoigne, palatine et dame de Salins.)

La comtesse de Flandre vend la ville de Ruyaulcourt à Pierre Andrieu, évêque de Cambrai. — Paris, 13 juillet 1366.

---

182   LOUIS DE MALE,

Comte de Flandre. — 1356.

Sceau secret, rond, de 24 mill. — Arch. du Nord; Chambre des comptes.

Un lion assis, casqué, mantelé de Flandre, accosté de deux hommes sauvages soutenant chacun un écu : celui de dextre aux armes de la Comté, celui de sénestre portant de Rethel.

S'. LVDOVICI · COMITIS · FLⱠDRIE

(Secretum Ludovici, comitis Flandrie.)

Pouvoirs donnés à des commissaires pour traiter d'une alliance avec l'évêque de Liège et le comte de Namur. — Devant Meerbeke, 13 août 1356, sous notre seel secret.

---

183   LOUIS DE MALE,

Comte de Flandre. — 1380.

Sceau rond, de 47 mill. — Arch. du Nord; Chambre des comptes.

Type équestre, au lion, sur un champ orné d'un cordon de rinceaux et chargé de quelques étoiles et d'autres signes frustes.

S' AD : CAVSAS : LVDOVICI : COITIS : FLANDRIE : NIVERREN : ET : REGISTETEN

(Sigillum ad causas Ludovici, comitis Flandrie, Nivernensis et Registetensis.)

Ordre de payement. — Bruges, 4 janvier 1380.

184   LOUIS DE MALE,

Comte de Flandre, duc de Brabant, comte d'Artois et de Bourgogne, etc. — 1383

Sceau rond, de 54 mill. — Arch. du Nord; Saint-Pierre de Lille.

Un lion assis, coiffé d'un casque couronné cimé d'une tête de lion entre deux vols, mantelé de Flandre, accompagné de quatre écussons : deux pour le comté de Bourgogne, un pour l'Artois, l'autre pour le Rethelois, sur un champ fretté semé de mufles de lion.

**S : LUDOUICI : COITIS : FLANDR : DUCIS · B...
....SIGN : BURGUDIE : RINERN : 3 : REGIS-
TATEN**

(Sigillum Ludovici, comitis Flandrie, ducis Brabancie, comitis Artesiensis, Burgundie, Nivernensis et Registatensis.)

Amortissement d'une terre à Erquinghem-le-Sec. — Lille, 17 août 1383.

GUELDRE.

185   GÉRARD IV,

Comte de Gueldre. — 1227.

Sceau rond, de 80 mill. — Arch. du Nord; Chambre des comptes.

Type équestre; le bouclier portant trois quintefeuilles.

**GERARDV. DEI GRACIA GEL...SIS
ET SVTFANIE COME.**

(Gerardus, Dei gracia Gelrensis et Sutfanie comes.)

Contre-sceau : Même type équestre, contourné; le Comte tenant la bannière au lieu de l'épée.

**✠ SECRETVO COMITIS GERARDVS
DE GELRE**

(Secretum comitis Gerardus de Gelre.)

Don de rente sur la ville d'Arnhem octroyé à Arnoul d'Audenarde. — 10 mars 1227.

186   MARGUERITE DE FLANDRE,

Femme de Renaud Ier, comte de Gueldre. 1290.

Sceau ogival, de 75 mill. — Arch. du Nord; Chambre des comptes.

Dame debout, en robe et en manteau vairé, coiffée d'un voile, tenant à la main droite une fleur de lys, la gauche passée dans l'attache du manteau; à dextre, un écu billeté au lion; à sénestre, un écu au lion; champ festonné.

**✠ S'. MARGHARETE : FILIE : COMITIS :
FLANDRIE : COMITISSE : GHELRES'**

(Sigillum Margharete, filie comitis Flandrie, comitisse Ghelrensis.)

Contre-sceau : Écu billeté au lion.

**✠ SECRETV : MARGHARETE : COMITISSE :
GHELREN**

(Secretum Margharete, comitisse Ghelrensis.)

Renaud Ier abandonne, pendant cinq ans, au comte de Flandre, les revenus des comtés de Gueldre, Zutphen et Hasel. — Février 1290.

187   HENRI DE GUELDRE,

Frère de Renaud Ier, comte de Gueldre. — 1286.

Sceau rond, de 57 mill. — Arch. du Nord; Chambre des comptes.

Écu billeté au lion, à la bande brochant sur le tout, suspendu à un crochet dans le champ où courent deux branches chargées chacune de trois roses.

**✠ S'. HENRICI : MILITIS : FRIS : COMITIS :
GELRENSIS :**

(Sigillum Henrici, militis, fratris comitis Gelrensis.)

Assignation du douaire de Marguerite, femme de Renaud Ier, comte de Gueldre. — 18 novembre 1286.

188   HENRI DE GUELDRE,

Fils de Charles. — 1286.

Sceau rond, de 49 mill. — Arch. du Nord; Chambre des comptes.

Écu fretté sous un chef chargé de trois merlettes.

✠ S' ..NRICI : MILITIS · DE · GELREN :

(Sigillum Henrici, militis de Gelren.)

Voyez le numéro 187.

189   MARIE DE GUELDRE,

Dame du Tranloel. — 1281.

Sceau ogival, de 43 mill. — Arch. du Nord; Chambre des comptes.

Dame debout, en robe flottante, coiffée d'un voile, tenant une fleur de lys à la main droite, accostée de deux fleurs de lys.

**S' : MARIE : DE : GELLE : DNE : DES :
TRALEAVS :**

(Sigillum Marie de Gelle, domine des Tranlevus.)

Contre-sceau : Écu billeté au lion.

✠ SECRETV M...E DE GELLE

(Secretum Marie de Gelle.)

Quittance de 1,000 livres dues par le comte de Flandre. — 3 octobre 1281.

190   RENAUD II,

Comte de Gueldre. — 1333

Sceau rond, de 36 mill. — Arch. du Nord; Chambre des comptes.

Dans un encadrement à quatre lobes, un écu billeté au lion, soutenu par un homme sauvage et supporté par deux sirènes.

**✠ S : REYNALDI : COMITIS : GELRENSIS : ET :
ZUTPHANIEN**

(Sigillum Reynaldi, comitis Gelrensis et Zutphaniensis.)

Traité d'alliance contre Jean, duc de Lothier et de Brabant. Au Quesnoy, 30 novembre 1333.

191 RENAUD II,

Comte de Gueldre. — 1333.

Grand sceau rond, de 92 mill. — Arch. du Nord; Chambre des comptes.

Type équestre; haubert, cotte d'armes flottante, forte épée à gorge retenue par une chaîne, casque cimé aux armes: le bouclier, l'épaulière, le troussequin et la housse semés de billettes au lion; champ festonné.

✠ SIGILLVM : RAYNALDI : COMITIS : GHELRENSIS

(Sigillum Reynaldi, comitis Ghelrensis.)

CONTRE-SCEAU : Même type plus petit.

✠ ET : ZVTPHANIENSIS :

(Et Zutphaniensis.)

Promesse au comte de Flandre, à qui il avait vendu l'avouerie de Malines, de lui en délivrer tous les titres. — 15 décembre 1333.

192 MARGUERITE DE GUELDRE,

Fille aînée de Renaud II, comte de Gueldre. — 1333.

Sceau ogival, de 66 mill. — Arch. du Nord; Chambre des comptes.

Dame debout, en robe flottante et en manteau vairé, sur un piédouche, soutenant de la main droite un écu billeté au lion, et de la gauche un écu à trois pals; champ fretté.

✠ S. MARGARETE · PRIMOGENITE · COMITIS · GHELREN · ES · SVTPHANIE

(Sigillum Margarete, primogenite comitis Ghelrensis et Zutphaniensis.)

Voyez le numéro 191.

193 ARNOUL D'EGMONT,

Duc de Gueldre. — 1448.

Sceau rond, de 51 mill. — Arch. du Nord; Chambre des comptes.

Deux écus rangés symétriquement sur un champ orné de rinceaux: celui de dextre portant un lion contourné, timbré d'un heaume couronné et cimé en éventail; celui de sénestre portant un lion timbré d'un heaume cimé d'une tête de chien.

..arnoldi · du.....rie z iuliacensis z comitis zutphaniensis

Sigillum Arnoldi, ducis Ghelrie et Juliacensis et comitis Zutphaniensis.)

Le duc de Gueldre soumet au jugement du duc de Bourgogne son différend avec la ville de Nimègue. — Heslin, 27 juin 1448.

HAINAUT.

194 BAUDOUIN II, DIT DE JÉRUSALEM,

Comte de Hainaut. — 1089.

Sceau rond, de 75 mill. — Arch. du Nord; abbaye de Marchiennes.

Type équestre barbare: le Comte vêtu d'une tunique à manches étroites, la tête nue, armé d'une épée courte à quillons droits.

SIGILLVM BALDVINI COMITIS D. MONTIS

(Sigillum Balduini, comitis de Montis.)

Baudouin confirme le don d'un alleu, alodium Vesinum, octroyé à l'abbaye de Marchiennes par Thierri, chevalier. — 1089.

195 BAUDOUIN III,

Comte de Hainaut. — 1107.

Sceau rectangulaire, en cuvette, de 60 mill. — Arch. du Nord; abbaye de Saint-Jean de Valenciennes.)

Type équestre effacé. — Légende fruste.

Donation du tonlieu de Valenciennes faite à l'abbaye de Saint-Jean par Emmina, dite la Comtesse, et confirmée par Baudouin III. — 1107.

196 BAUDOUIN,

Fils de Baudouin le Bâtisseur (plus tard Baudouin V). — 1169.

Sceau rond, de 60 mill. — Arch. du Nord; abbaye de Cysoing.

Type équestre; casque à timbre arrondi, muni d'un nasal, bouclier portant un ombo. — Légende fruste.

Ratification du traité qui donne à son père la garde de la forêt de Saint-Calixte, appartenant à l'abbaye de Cysoing. — Valenciennes, 1169.

197 BAUDOUIN LE COURAGEUX,

Comte de Hainaut. — 1182.

Sceau rond, de 65 mill. — Arch. du Nord; abbaye de Saint-Aubert.

Type équestre.

✠ SIGILLVM · BALDVINI · COMITIS · HAINOENSIS

(Sigillum Balduini, comitis Hainoensis.)

Le Comte confirme à l'abbaye de Saint-Aubert le don de la dîme d'Iwuy par Gautier de Honnecourt. — Hulcui, 1182.

198 BAUDOUIN LE COURAGEUX,

Comte de Hainaut et marquis de Namur. — 1195.

Grand sceau rond, de 88 mill. — Arch. du Nord; abbaye d'Anchin.

Type équestre; le Comte tout couvert de mailles, coiffé d'un casque défendant incomplétement le visage, armé d'une lance munie d'un gonfanon à longs pendants: le bouclier et le troussequin sont chevronnés de six pièces.

✠ BALDVINVS · MARCHIO · NAMVCENSIS · COMES · HAINOENSIS

(Balduinus, marchio Namucensis, comes Hainoensis.)

CONTRE-SCEAU : Écu chevronné de six pièces.

✠ CLAVIS · SIGILLI

(Clavis sigilli.)

Reconnaissance des droits de l'abbaye d'Anchin sur l'avouerie de Vred, par Rénier, avoué de Marchiennes. — 1195.

199   JEAN D'AVESNES,

Hoir et damoiseau du comté de Hainaut. — 1275.

Contre-sceau rond, de 37 mill. — Arch. du Nord; abbaye de Sin.

Écu au lion.

✠ CLAVIS SIGILLI

(Clavis sigilli.)

Confirmation d'une acquisition de terre à Wasnes. — 5 avril 1275.

---

200   PHILIPPE DE LUXEMBOURG,

Femme de Jean d'Avesnes, comte de Hainaut. — 1301.

Sceau ogival, de 85 mill. — Arch. du Nord; abbaye de Cysoing.

Dame debout, en robe flottante et en manteau vairé, coiffée d'un voile, dans une niche gothique, accostée de deux écus: celui de dextre portant un lion, celui de sénestre un burelé au lion.

✠ SIGILLVM · PHILIPPE : COMITISSE · HAYNONIE

(Sigillum Philippe, comitisse Haynonie.)

La Comtesse s'engage à tenir compte à l'abbaye de Cysoing d'une rente que cette abbaye devra payer à cause de la forfaiture de Jean d'Audenarde. — 25 juin 1301.

---

201   JEAN DE HAINAUT,

Fils aîné de Jean d'Avesnes, comte de Hainaut. — 1301.

Sceau rond, de 28 mill. — Arch. du Nord; Chambre des comptes.

Écu en losange portant un lion et accompagné de quatre aiglettes.

.SIGILLVM : IOHANNIS : DE : HAN....

(Sigillum Johannis de Hanonia.)

Le comte de Hainaut acquiert la terre et seigneurie d'Englefontaine. — Valenciennes, 22 juillet 1301.

---

202   GUILLAUME LE BON,

Comte de Hainaut, de Hollande, de Zélande, etc. — 1316.

Sceau rond, de 88 mill. — Arch. du Nord; évêché et chapitre de Cambrai.

Type équestre; haubert, cotte d'armes, épée à pommeau tréflé, retenue par une chaîne; le bouclier, l'épaulière, le troussequin, la housse et l'écusson du poitrail portant les quatre lions de Hainaut; champ festonné.

S'. GVILMI : COMITIS : HANO... HO.... .LANDI ... DÑI : FRIZIE

(Sigillum Guillelmi, comitis Hanonia, Hollandie, Zelandie, ac domini Frizie.)

Soumission du Comte à la sentence du pape qui, levant l'interdit sur ses villes, le condamne à fonder deux chapellenies, etc. — 1er février 1316.

---

203   GUILLAUME LE BON,

Comte de Hainaut, de Hollande, de Zélande, etc. — 1311.

Sceau rond, de 88 mill. — Arch. du Nord; Chambre des comptes.

Type équestre; variété du précédent, où l'on distingue mieux le casque ovoïde cimé d'une aiglette.

S'. GVILMI : DEI : GRA : COMITIS : HAYNÑ : HOLM : ZELANDIE : AC : DÑI : FRIZIE :

(Sigillum Guillelmi, Dei gracia comitis Haynnonie, Hollandie, Zelandie, ac domini Frizie.)

Accord avec le comte de Flandre au sujet de la Zélande. — Paris, 18 mars 1311.

---

204   GUILLAUME LE BON,

Comte de Hainaut, de Hollande, de Zélande, etc. — 1333.

Sceau rond, de 37 mill. — Arch. du Nord; Chambre des comptes.

Une aigle portant en cœur l'écu de Hainaut.

S'. GVILMI : COÏS : HAYNÑ : HOLM : ZELANDIE : AC : DÑI : FRIZIE

(Sigillum Guillelmi, comitis Haynnonie, Hollandie, Zelandie, ac domini Frizie.)

Le Comte demande au pape Jean de confirmer la vente de la ville de Malines faite au comte de Flandre par l'évêque de Liège. — 4 décembre 1333.

---

205   JEANNE DE VALOIS,

Femme de Guillaume le Bon, comte de Hainaut. — 1310.

Sceau ogival, de 80 mill. — Arch. du Nord; hôpital Sainte-Élizabeth de Valenciennes.

Dans une niche gothique couronnée de clochetons, la Comtesse debout, en robe flottante et en manteau vairé, coiffée d'un voile, tenant une fleur à la main droite, la gauche passée dans l'attache du manteau, accostée de deux écus: celui de Hainaut et celui de Valois.

S'. IEHENE : D.....DE...E : ZELH : Z : DAME : DE : FRIZE

(Seel Jehene de Valois, contesse de Haynau, de Hollande et de Zellande, et dame de Frize?)

Contre-sceau : L'écu de Hainaut parti de Valois.

✠ : S : IEHANNE : DE : VALOIS : CONTESSE : DE : HAYÑ : ET : DE : HOLM ·

(Secret Jehanne de Valois, contesse de Haynau et de Hollande.)

Vidimus de la donation d'une maison. — Au Quesnoy, 31 mars 1340.

---

206   JEAN DE HAINAUT,

Seigneur de Beaumont, frère de Guillaume le Bon, comte de Hainaut. — 1333.

Sceau rond, de 38 mill. — Arch. du Nord; Chambre des comptes.

Type équestre, aux armes de Hainaut.

S' : IOH NNIS : DE : HANONIA : DÑI : DE : BELLOMONTE

(Sigillum Johannis de Hanonia, domini de Bellomonte.)

Caution fournie au comte de Gueldre à cause de l'acquisition de l'avouerie de Malines, par Louis I⁰ʳ, comte de Flandre. — Valenciennes, 6 décembre 1333.

207 GUILLAUME DE BAVIÈRE,

Comte de Hainaut. — 1411.

Sceau rond, de 57 mill. — Arch. du Nord; Chambre des comptes.

Dans une enceinte fleurie de marguerites et fermée d'une palissade, un lion assis, soutenant l'écu de Bavière écartelé de Hainaut.

sigil · wilh : duc : bavar : com : hain . . . .
z · du · fril

(Sigillum Wilhelmi, ducis Bavariæ, comitis Hainonie et Hollandiæ, et domini Frisiæ.)

CONTRE-SCEAU : Dans un quadrilobe, l'écu de Bavière écartelé de Hainaut, timbré d'un heaume couronné, cimé d'une touffe.

s : wilhelmi : ducis : bavar : com : hain : z : holl

(Sigillum Wilhelmi, ducis Bavariæ, comitis Hainonie et Hollandiæ.)

Le Comte donne à sa femme Marguerite de Bourgogne les villes de Teylingen, Noordwyk et Beverwyk. — Au Quesnoy, 6 décembre 1411.

208 GUILLAUME DE BAVIÈRE.

Comte de Hainaut. — 1412.

Sceau rond, de 10 centim. — Arch. du Nord; Chambre des comptes.

Type équestre; le Comte habillé d'un pourpoint à manches tailladées, coiffé d'un bacinet couronné; le bouclier et la housse aux armes de Bavière et de Hainaut; la selle haute, l'éperon à longue tige. Le cheval couvert de mailles sous la housse armoriée, sa tête munie d'un chanfrein.

. . wilh : dei : gra . . . . . . fmi : reni : ducis :
ba . . . . . . hain . . .

(Sigillum Wilhelmi, Dei gratia..... palatini Reni, ducis Bavariæ, comitis Hainonie.....)

Assignation du douaire de Marguerite de Bourgogne, sa femme. — Au Quesnoy, 14 décembre 1412.

209 GUILLAUME DE BAVIÈRE.

Comte de Hainaut. — 1412.

Sceau rond, de 87 mill. — Arch. du Nord; Chambre des comptes.

Type équestre; pourpoint à longues manches qui flottent, bacinet couronné et cimé d'une touffe. Le cheval entièrement couvert de mailles, la tête armée d'un chanfrein, portant sur la cuisse et sur l'épaule des draperies aux armes du bouclier : Bavière écartelé de Hainaut.

s : wilh : de . . . . hanoie : hol . . . . .

(Sigillum Wilhelmi de Bavaria,..... comitis Hainonie, Hollandie.....)

Le Comte donne en viager à Marguerite de Bourgogne, sa femme, les villes du Quesnoy, Binche, Ath, etc. — Au Quesnoy, 26 décembre 1412.

210 GUILLAUME DE BAVIÈRE,

Comte de Hainaut. — 1416.

Sceau rond, de 48 mill. — Arch. du Nord; Chambre des comptes.

Dans une enceinte palissadée, un lion soutenant l'écu de Bavière écartelé de Hainaut.

sigil : wilh : duc : bavar : com . . . . .

(Sigillum Wilhelmi, ducis Bavariæ, comitis Hanonie.....)

Le Comte donne en viager à Marguerite de Bourgogne, sa femme, la ville et les terres de Schoonhoven. — 15 août 1416.

211 MARGUERITE DE BOURGOGNE,

Veuve de Guillaume de Bavière, comtesse de Hainaut. — 1432.

Sceau rond, de 36 mill. — Arch. du Nord; Chambre des comptes.

Un écu écartelé de Bavière, Bourgogne moderne, Hainaut et Bourgogne ancien, entouré de branches et de feuillages.

s · margarete · de · burgondia · ducisse · bavar ·
com · hain z hol . . .

(Sigillum Margarete de Burgondia, ducisse Bavariæ, comitisse Hainonie et Hollandiæ.)

Quittance à son receveur. — Au Quesnoy, 30 juin 1434.

212 MARGUERITE DE BOURGOGNE.

Veuve de Guillaume de Bavière, comtesse de Hainaut. — 1434.

Sceau rond, de 55 mill. — Arch. du Nord; Chambre des comptes.

Un écu écartelé de Bavière, Bourgogne moderne, Hainaut et Bourgogne ancien, suspendu à un arbre et accompagné de trois marguerites.

. . . . . ete · de · burgōdia . . . . . arie coitisse
hanoie hol . . . . .

(Sigillum Margarete de Burgondia, ducisse Bavariæ, comitisse Hannonie, Hollandie.....)

Quittance à son neveu le duc de Bourgogne à cause d'une rente assignée sur des recettes et tonlieux en Hollande, Zélande, etc. — Binche, 8 juin 1434.

213 JACQUE DE BAVIÈRE,

Fille de Guillaume de Bavière, comte de Hainaut. — 1415.

Sceau rond, de 52 mill. — Arch. du Nord; Chambre des comptes.

Dans un champ orné de rameaux et festonné, un écu portant trois fleurs de lys à la bordure engrêlée, parti de Bavière coupé de Hainaut.

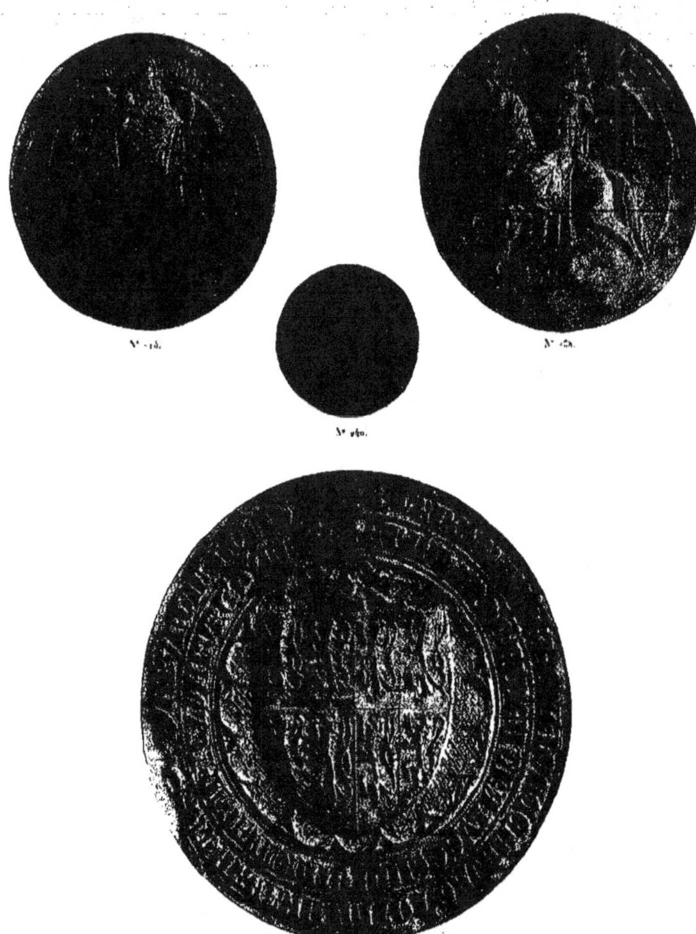

N° 214. Jacque de Bavière, comtesse de Hainaut. — N° 238. Alix, duchesse de Lothier et de Brabant
N° 240. Jean I, duc de Lothier et de Brabant. — N° 243. Wenceslas de Bohême, et Jeanne, sa femme.

✠ sigillũ · iacobe · ꝛ · bavaria · duciſſe.....
ꝫ · comitiſſe · pontiui

(Sigillum Jacobe de Bavaria, ducissa..... et comitissa Pontivii.)

Ratification de la donation des villes du Quesnoy, Ath, Binche, etc. faite à sa mère Marguerite de Bourgogne par Guillaume IV, son père. — La Haye, 4 août 1415.

214   JACQUE DE BAVIÈRE,

Comtesse de Hainaut. — 1433.

Sceau rond, de 80 mill. — Arch. du Nord; Chambre des comptes.

Dans une enceinte palissadée, l'écu de Bavière écartelé de Hainaut, supporté par deux lions, placé devant la Vierge debout avec l'enfant Jésus.

s · iacob · ꝕtoginne · in · beyen · gravine · van · ꝑeneg · van · ꝕollant · van · ꝫeelt · vã · pontꝰ · eñ · vron · vã · vrieſl ·

(Segel Jacob, hertoginne in Beyeren, gravinne van Henegouwe, van Hollant, van Zeelant, van Ponthieu, ende vrouwe van Vrieslant.)

La Comtesse transporte au duc de Bourgogne le Hainaut, la Hollande, la Zélande et la Frise. — 12 avril 1433.

215   JACQUE DE BAVIÈRE.

Comtesse de Hainaut. — 1433.

Sceau rond, de 62 mill. — Arch. du Nord; Chambre des comptes.

Dans une enceinte palissadée, l'écu de Bavière écartelé de Hainaut, supporté par deux lions.

s · .....be · duciſſe · in · bav.....llañ · co... ...... · ac · pontꝰ · dũc · ꝫuptbãut · et · ꝛ · vorne ·

(Sigillum Jacobe, ducisse in Bavaria, Hollandie comitisse..... ac Pontivii, domine Zuytbevelant et de Vorne.)

La Comtesse transporte au duc de Bourgogne les seigneuries de Niewburg, Oudorp, Saint-Pancrace, Coedyck, Graft, etc. — 20 octobre 1433.

HOLLANDE

216   FLORENT,

Régent de Hollande pour son frère Guillaume, roi des Romains. — 1248.

Sceau rond, de 72 mill. — Arch. du Nord: Chambre des comptes.

Type équestre de chasse; Florent en costume civil, tête nue, un oiseau de vol sur le poing; sous le cheval, un chien.

..IGILLVO FLORENTII DE ꝴOLLANDIA

(Sigillum Florentii de Hollandia.)

Reconnaissance de 7,000ᵐ dues à Marguerite, comtesse de Flandre, pour les arrérages de la terre de Zélande, etc. — 9 août 1248.

247   FLORENT,

Tuteur de Florent V, son neveu. — 1256.

Sceau rond, de 71 mill. — Arch. du Nord; Chambre des comptes.

Type équestre; haubert, cotte d'armes armoriée, heaume carré et cimé; le bouclier et la housse portant un lion.

S'. FLORͤTII · DE · ꝴOLLͣDIA · GͫANI · DͭI · W: ROͫ · REͲ · ILLVSTS

(Sigillum Florentii de Hollandia, germani domini Willelmi, Romanorum regis illustris.)

CONTRE-SCEAU : Écu au lion.

✠ FLORENTIVS · DE · ꝴOLLANDIA

(Florentius de Hollandia.)

Traité de paix avec Marguerite, comtesse de Flandre: Florent ꝑ reconnaît son vassal pour une partie de la Zélande. — Bruxelles, 21 octobre 1256.

218   FLORENT V,

Comte de Hollande. — 1290.

Sceau rond, de 86 mill. — Arch. du Nord; Chambre des comptes.

Type équestre au lion.

S'. FLORENCII : COMITIS : ꝴOLLANDIE

(Sigillum Florencii, comitis Hollandie.)

CONTRE-SCEAU : Une aigle portant un écu au lion.

SECRETV̄ · FLORͦCII : COMITIS · ꝴOLLͣDIE :

(Secretum Florencii, comitis Hollandie.)

Sentence au sujet de l'hommage de la Zélande, et des seigneurs qui avaient pris le parti du comte de Flandre. — Biervliet, 12 juin 1290.

219   JEAN Iᵉʳ,

Comte de Hollande. — 1298.

Sceau rond, de 84 mill. — Arch. du Nord; Chambre des comptes.

Type équestre au lion, semblable au précédent.

S'. IOꝴANNIS : COMIT.. .OLLANDIE :

(Sigillum Johannis, comitis Hollandie.)

CONTRE-SCEAU : Une aigle portant l'écu au lion.

SECRETVM : IOꝴANNIS : COMITIS : ꝴOLLANDIE :

(Secretum Johannis, comitis Hollandie.)

Jean Iᵉʳ déclare que, s'il vient à mourir sans hoirs, les hommages de la Zélande retourneront au comte de Flandre. — Biervliet, 28 mars 1298.

HUNTLE

220   ALEXANDRE,

Comte de Huntle. — 1419.

Sceau rond, de 47 mill. — Arch. du Nord: Chambre des comptes.

Un écu illisible, penché, timbré d'un heaume de

profil rimé d'une tête de cerf, supporté par deux lévriers.

ꙅ : dꞥi ! alexâdri : comiꞇꞅ : de ; hautle : dꞥi : de : gorbon

(Sigillum domini Alexandri, comitis de Huntle, domini de Gordon.)

Assignation du douaire de Marie de Gueldre par son mari Jacques II, roi d'Écosse. — Édimbourg, 22 janvier 1449.

JOIGNY.

221   ISABEAU DE MELLO,

Dame de Montpensier, comtesse de Joigny. — 1287.

Sceau ogival, de 63 mill. — Arch. du Nord; Chambre des comptes.

Dame debout, en robe et en manteau vairé, gantée, un oiseau de vol sur le poing; à dextre, un écu à deux fasces accompagnées de merlettes en orle; à sénestre, un écu billeté au lion.

✠ S : ISABELL : D' : M'LOTO : TVTTIS : IOhE . FILI. ..... DꞐI · MOTP. PAꞒII

(Sigillum Isabellis de Melloto, tuttricis Johanne, filie..... domini Montis Pacerii.)

Contre-sceau : Écu portant deux fasces accompagnées de merlettes en orle.

✠ ꞬOTRA · SIGILL · DꞐE · MOTP · PAꞒII VDVE

(Contra sigillum domino Montis Pacerii, vidue.)

Quittance de rente due par le comte de Flandre à la comtesse de Joigny, veuve du connétable Humbert de Beaujou. — Paris, 30 juin 1287.

222   ISABEAU DE MELLO,

Comtesse de Joigny. — 1288.

Sceau ogival, de 75 mill. — Arch. du Nord; Chambre des comptes.

Dame debout, en robe et en manteau vairé, coiffée d'un voile, tenant une fleur de lys à la main droite, la gauche passée dans l'attache du manteau; à dextre, un écu semé de billettes au lion; à sénestre, un écu portant deux fasces accompagnées de merlettes en orle.

..YSABELLIS : COMITISSE : ......MOTIS ...ꞞII

(Sigillum Ysabellis, comitisse..... Montis Pacerii.)

Contre-sceau : Un écu portant deux fasces accompagnées de merlettes en orle.

✠ S : ISABIAV : DAME : DE : S : MORISE

(Seel Isabiau, dame de Saint-Morise.)

Quittance au comte de Flandre. — 12 août 1288.

JULIERS.

223   GUILLAUME IV,

Comte de Juliers. — 1263.

Sceau rond, de 70 mill. — Arch. du Nord; Chambre des comptes.

Type équestre, fruste.

S'. WILEI · COMITIS · IVLIAG ..... NEMORIS

(Sigillum Willelmi, comitis Juliacensis..... nemoris.)

Contre-sceau : Écu portant un lion à queue fourchée.

✠ WILL : COMES : IVLIAꞬEꞐ

(Wilhelmus, comes Juliacensis.)

Hommage au comte de Flandre. — 31 août 1263.

224   GÉRARD VI,

Comte de Juliers. — 1307.

Sceau rond, de 80 mill. — Arch. du Nord; Chambre des comptes.

Type équestre au lion; haubert, cotte d'armes, casque ovoïde cimé et muni d'un grand volet, épée retenue par une chaîne.

✠ S'. : ꞬE ...... LIA ...... MORIS

(Sigillum Gerardi, comitis Juliacensis..... nemoris.)

Quittance à valoir sur 3,000ᴸ que lui doit Robert, comte de Flandre. — Cologne, 8 février 1307.

225   GUILLAUME V,

Comte de Juliers. — 1333.

Sceau rond, de 28 mill. — Arch. du Nord; Chambre des comptes.

Dans un cadre gothique en losange, un casque ovoïde à volet, cimé d'un lion issant.

S' · DꞐI · WILRI · ꞬOMIꞆ · IVLIAꞬEꞐ

(Sigillum domini Wilhelmi, comitis Juliacensis.)

Traité d'alliance contre Jean, duc de Lothier et de Brabant. — Au Quesnoy, 30 novembre 1333.

LOOZ.

226   ARNOUL V,

Comte de Looz. — 1256.

Sceau rond, de 72 mill. — Arch. du Nord; Chambre des comptes.

Type équestre; cotte d'armes, heaume carré, le bouclier fascé de huit pièces.

✠ : S. ARꞐVLPꞁI ..... IS ꞬE .. S E ... ꞬꞁIꞬꞐEIO

(Sigillum Arnulphi, comitis de...s et de Chigneio.)

Contre-sceau : Écu semé de croisettes à deux bars adossés.

☩ SIGILLVM · SGCRGTI

(Sigillum secreti.)

Arnoul V et son fils se portent pleiges pour Jean et Baudouin d'Avesnes au sujet d'un accord relatif à l'abbaye de Lobbes. — Bruxelles, 10 octobre 1256.

---

227   JEAN DE LOOZ,

Fils d'Arnoul V, comte de Looz. — 1256.

Sceau rond, de 47 mill. — Arch. du Nord; Chambre des comptes.

Écu burelé de dix pièces.

☩ S' IOhÃNIS DG LO..

(Sigillum Johannis de Lo....)

Voyez le n° 226.

---

228   JEAN,

Comte de Looz. — 1273.

Sceau rond, de 80 mill. — Arch. du Nord; Chambre des comptes.

Type équestre, incomplet; le bouclier et la housse portant un fascé ou un burelé. — Légende détruite.

Contre-sceau : Écu burelé de dix pièces.

☩ SIGILLVM : SGCRGTVM

(Sigillum secretum.)

Vidimus d'un acte de 1270, par lequel Jean Ier, duc de Lothier, demande la mise en liberté d'un bourgeois de Louvain, nommé Adam, prisonnier de Geoffroi de Lewis, de Guilbert de Here, etc. — 7 octobre 1273.

---

229   ARNOUL VI,

Comte de Looz. — 1293.

Sceau rond, de 62 mill. — Arch. du Nord; Chambre des comptes.

Écu burelé de dix pièces.

☩ S' ARNOLDI : COMITIS : LOSSGNOIS

(Sigillum Arnoldi, comitis Lossencis.)

Premier contre-sceau : Écu burelé de dix pièces surmonté d'un écusson à deux bars adossés.

SVBS' · AR · COMITIS · LOSSGN · SGCRGT

(Subsigillum Arnoldi, comitis Lossencis secretum.)

Accord au sujet des dommages que lui avaient fait éprouver les gens de Lille et de Bruges. — Décembre 1293.

Deuxième contre-sceau : Écu burelé de dix pièces.

☩ SIGILLVM : SGCRGTVM ·

(Sigillum secretum.)

Appendu à une quittance au comte de Flandre pour le solde de la terre de Selayn. — 10 septembre 1281.

---

230   THIERRI DE HEINSBERG,

Comte de Looz et de Chiny. — 1332.

Sceau rond, de 40 mill. — Arch. du Nord; Chambre des comptes.

Dans un trilobe, un écu écartelé portant, au 1 et 4, un burelé de dix pièces parti d'un semé de croisettes à deux bars adossés; au 2 et 3, un lion couronné à queue fourchée passée en sautoir.

☩ S' : T.......RI : DÑI : DG : hRSB'G : GT : DG : BLNR'

(Sigillum Theoderici..... Chini, domini de Heinsberg et de Blankembourg.)

Quittance donnée à Jean, roi de Bohème et comte de Luxembourg, pour des terres qu'il lui a vendues. — Hassel, 27 avril 1338.

LORRAINE.

---

231   ISABEAU DE RUMIGNI,

Duchesse de Lorraine et marquise-comtesse de Porcien. — 1313.

Sceau ogival, de 90 mill. — Arch. du Nord; Chambre des comptes.

Dans une niche gothique surmontée d'une tour crénelée, une dame debout, en robe flottante et en manteau vairé, tenant un rameau fleuri à la main droite; à dextre, l'écu de Lorraine; à sénestre, celui de Rumigny.

S'. ISAB.....DAMG : DG : RVMGGRI :

(Seel Isab..... dame de Rumegni.)

Traité du mariage de son fils, Mahieu de Lorraine avec Malaut, fille de Robert, comte de Flandre. — Gand, 7 mars 1313.

---

232   JEAN II,

Duc de Lorraine, fils de René d'Anjou. — 1468.

Sceau rond, de 10 centim. — Arch. du Nord; Chambre des comptes.

Le Duc à cheval, en costume d'apparat ou de tournoi; le bouclier et la housse aux armes du contre-sceau; champ semé de France. — Légende détruite.

Contre-sceau : Écu aux armes de Hongrie, Naples, Jérusalem, Anjou, Bar et Lorraine.

contra sigillũ iohãis ducis calabr̃ z lotharigie

(Contra sigillum Johannis, ducis Calabre et Lotharingie.)

Promesse de maintenir la paix conclue à Péronne entre Louis XI et Charles le Téméraire. — Amboise, 2 mars 1468.

---

233   ANTOINE LE BON,

Duc de Lorraine et de Bar, fils de René II. — 1518.

Sceau rond, de 98 mill. — Arch. du Nord; Chambre des comptes.

Le Duc à cheval, armé de toutes pièces; le bouclier et l'armure du cheval écartelés de Hongrie, Naples, Jérusalem, Aragon, Anjou, Bar, et, sur le tout, de Lorraine. Dans le champ, des croix de Lorraine.

......HONII D.....XBR' LOTHOR' ET BXR' • D.......
...MON MXRQ' BVIE.....

(Sigillum Anthonii, Dei gratia Calabrie, Lotheringie et Barri ducis,
Pontis Montionis marquionis, Provincie.....)

CONTRE-SCEAU : Un ange soutenant un écu aux armes de la face.

Quittance à l'archiduc Charles de 25,000 florins d'or, montant du rachat des villes de Virton, Dompvillers et Chauvancy. — Lunéville, 20 février 1518.

LOTHIER ET BRABANT.

234   HENRI LE GUERROYEUR,

Duc de Lothier et de Brabant. — 1200.

Sceau rond, de 82 mill. — Arch. du Nord; abbaye de Vaucelles.

Type équestre; casque carré à nasal, bannière munie de quatre longues banderoles, bouclier au lion.

✶ SIGILLVM HENRICI DVCIS LOTHARINGIE

(Sigillum Henrici, ducis Lotharingie.)

Dons et priviléges octroyés à l'abbaye de Vaucelles. — 22 janvier 1200.

235   HENRI LE GUERROYEUR,

Duc de Lothier et de Brabant. — 1216.

Sceau rond, de 80 mill. — Arch. du Nord; évêché et chapitre de Cambrai.

Type équestre, fruste; bannière, bouclier au lion. — Légende détruite.

Le Duc confirme au chapitre de Cambrai l'acquisition des dîmes de Braine-l'Alleud. — Bruxelles, 5 octobre 1216.

236   HENRI,

Fils aîné de Henri le Guerroyeur (plus tard Henri le Magnanime.) — 1210.

Sceau rond, de 67 mill. — Arch. du Nord; évêché et chapitre de Cambrai.

Type équestre de chasse; Henri en tunique flottante, la tête nue, un faucon sur le poing, la bride dans la main droite; sous le cheval, un chien.

✶ Ꜧ..RICVS : MAIOR.....RICI : DVCIS : LOTꝃ

(Henricus, major filius Henrici, ducis Lotharingie.)

Transaction entre les fils de Gérard de Huldenberg et le chapitre de Cambrai au sujet du personat de Hal; le duc de Lothier et son fils en garantissent l'exécution. — 14 septembre 1210.

237   HENRI III,

Duc de Lothier et de Brabant. 1260.

Sceau rond, de 68 mill. — Arch. du Nord; Chambre des comptes.

Type équestre de chasse, analogue au précédent. Sous le cheval, deux chiens.

S'. ꜦENRI' · DVCIS · LO.....ET · BRAB.....

(Sigillum Henrici, ducis Lotharingie et Brabantie.)

Promesse de se déclarer contre le roi des Romains ou la comtesse de Flandre, si le Roi ou la Comtesse n'exécutent pas le traité conclu entre eux au sujet de la Zélande. — Bruxelles, 20 mai 1250.

238   ALIX OU ADELAÏDE,

Veuve de Henri III, duc de Lothier et de Brabant. — 1260.

Sceau rond, de 71 mill. — Arch. du Nord; évêché et chapitre de Cambrai.

Dame à cheval, en cotte et en surcot sans manches et à chaperon, coiffée d'un mortier attaché sous le menton, gantée, un oiseau sur le poing, assise sur une selle à tapis brodé découpé à son bord inférieur. Sous le cheval, un chien; dans le champ, un oiseau qui s'envole.

..ALAYDIS.....RIN..GI:.....BANTI.

(Sigillum Alaydis, ducisse Lotheringie et Brabantie.)

CONTRE-SCEAU : Écu au lion.

✶ SIGILLVM : SECRETI :

(Sigillum secreti.)

La Duchesse confirme la restitution des dîmes de Herent faite au chapitre de Cambrai par son mari défunt. — Louvain, 11 mars 1260.

239   JEAN Iᵉʳ,

Duc de Lothier et de Brabant. — 1274.

Sceau rond, de 70 mill. — Arch. du Nord; Chambre des comptes.

Type équestre de chasse; le Duc en tunique, tête nue, un oiseau sur le poing; sous le cheval, un chien; dans le champ, à dextre, un oiseau qui s'envole; à sénestre, le lion de Brabant.

✶ : SIGIL.....NIS...ꜧARINGIE : ET : BRABANCIE :

(Sigillum Johannis, ducis Lotheringie et Brabancie.)

Lettres à Marguerite, comtesse de Flandre, pour qu'elle paye au roi de France les 20,000ᴸ qu'elle devait au duc de Lothier. — 14 septembre 1274.

240   JEAN Iᵉʳ,

Duc de Lothier et de Brabant. — 1283.

Sceau rond, de 29 mill. — Arch. du Nord; Chambre des comptes.

Pierre gravée : buste de femme de profil à droite.

✶ SECRETVM : DVCIS

(Secretum ducis.)

Acceptation des fonctions d'arbitre dans un procès entre Gui, comte de Flandre, et Jean, comte de Hainaut. — Juillet 1283.

241   GODEFROI DE BRABANT,

Sire d'Arschot et de Vierson, frère de Jean Iᵉʳ, duc de Lothier. — 1290.

Sceau rond, de 82 mill. — Arch. du Nord; Chambre des comptes.

Type équestre; haubert, cotte d'armes flottante, casque ovoïde cimé, épée damasquinée; le bouclier, l'épaulière.

le trousséquin et la housse portant un lion brisé d'un lambel à quatre pendants.

✠ S' GODEFRINDI : DE : BRABANCIA : DOMINI : DE : ..SC..ET ...IERSON.

(Sigillum Godefrindi de Brabancia, domini de Arscot et de Viereon.)

CONTRE-SCEAU : Un lion au lambel de quatre pendants.

✠ CONTRA : SIGILLVM : SECRETI : MEI

(Contra sigillum secreti mei.)

Le duc de Lothier donne son frère Godefroi pour caution d'une somme dont le comte de Flandre s'était chargé envers les Crespin d'Arras. — 13 juin 1292.

---

242   JEAN II,

Duc de Lothier, de Brabant et de Limbourg. — 1296.

Sceau rond, de 69 mill. — Arch. du Nord; Chambre des comptes.

Type équestre de chasse; le Duc, tête nue, un faucon sur le poing; sous le cheval, un chien; à dextre, dans le champ qui est fretté, un oiseau qui s'envole; à sénestre, le lion de Brabant.

✠ S.....RINGIE.....Z LIMBVRG

(Sigillum Johannis, ducis Lotharingie, Brabancie et Limburgie.)

Quittance au comte de Flandre, son père. — 16 juillet 1296.

---

243   WENCESLAS DE BOHÊME,

ET JEANNE DE BRABANT, SA FEMME,

Ducs de Lothier, de Brabant, de Limbourg et de Luxembourg. — 1357.

Sceau rond, de 97 mill. — Arch. du Nord; Chambre des comptes.

Dans une rosace et sur un champ fretté un écu parti, portant, au 1, un lion couronné à la queue nouée fourchée et passée en sautoir, écartelé d'un burelé au lion; au 2, un lion écartelé d'un lion à la queue fourchée et passée en sautoir.

✠ : S'. WENCESLAY : DEI : GRA : LVCCEM-BVRG' : LOThR : BRABANCIE : .. LVMBVR-GIE : DVCIS ✠ ET : IOHANNE : EIDEM : GRA : LVCCEMB : LOThR : BRABAÑ : AC : LYM-BVRG : DVCISSE :

(Sigillum Wenceslay, Dei gratia Lucemburgie, Lotharingie, Brabancie et Lymburgie ducis, et Johanne, eidem gratia Lucemburgie, Lotharingie, Brabancie ac Lymburgie ducisse.)

CONTRE-SCEAU : Une dame debout, sous un petit dais, soutenant deux écus aux armes de la face; champ fretté.

✠ S'. WENCESLAY : ET : IOHANNE : SACRI : IMPERII : MARCHIOÑ

(Sigillum Wenceslay et Johanne, Sacri Imperii marchionum.)

Wenceslas et sa femme transportent au comte de Flandre la ville d'Anvers pour être tenue du duché de Brabant. — Malines, 18 mars 1357.

---

244   JEANNE DE BRABANT,

Femme de Wenceslas Ier, duc de Lothier, de Brabant et de Luxembourg. — 137..

Sceau rond, de 46 mill. — Arch. du Nord; évêché et chapitre de Cambrai.

Au centre d'une rose gothique ornée de couronnes et de lions, un écu écartelé de Bohême-Luxembourg.

✠ S' IEHANE : LVCGMBVRG : LOThR : BRABAÑ : GT LYMB'GIE : DVCISSE :

(Sigillum Jehane, Lucemburgie, Lotharingie, Brabancie et Lymburgie ducisse.)

Confirmation d'une acquisition de dîme au profit du chapitre de Cambrai. — Bruxelles, 2 septembre 1372.

---

245   PHILIPPE Iᵉʳ,

Duc de Lothier, de Brabant et de Limbourg. — 1428.

Sceau rond, de 97 mill. — Arch. du Nord; évêché et chapitre de Cambrai.

Type équestre d'apparat; le Duc vêtu, par-dessus le haubert, d'un pourpoint à manches fendues et flottantes, les membres bardés de fer, coiffé d'un bacinet, portant un bouclier écartelé de Bourgogne moderne, Brabant et Limbourg; la housse du cheval, aux mêmes armes. Sur le terrain, un archer poursuit un renard, un faucon déchire un oiseau.

s : philipi : dei : grā : lothar : brabaū : z : lymburg : ducis : sacri impu : .....oū : ac : dr : sineyo : z : sci : pauli : comitis

(Sigillum Philippi, Dei gratia Lotharingie, Brabancie, et Lymburgie ducis, Sacri Imperii marchionis ac de Sineyo et Sancti Pauli comitis.)

CONTRE-SCEAU : Écu aux armes de la face, timbré d'un heaume cimé; sur une banderole ... **bon voloir?**

phi dei grā lothar brab z lymb̄ ducis sci impu marchio dr syno z sci paul̄ co

(Philippi, Dei gratia Lotharingie, Brabancie et Lymburgie ducis, Sacri Imperii marchionis, de Syneio et Sancti Pauli comitis.)

Lettres de commission pour recevoir le serment de féauté du chapitre de Cambrai. — Vilvorde, 21 juin 1428.

LUXEMBOURG.

---

246   BÉATRIX D'AVESNES,

Comtesse de la Roche, veuve de Henri IV, comte de Luxembourg. — 13...

Sceau ogival, de 72 mill. — Arch. du Nord; Chambre des comptes.

Dame debout, en robe et en manteau vairé, coiffée d'une toque à mentonnière, un oiseau sur le poing, sous une arcade gothique; à dextre, l'écu de Luxembourg; à sénestre, celui d'Avesnes.

S' BEATRICIS : COMITISSE RVPENSIS

(Sigillum Beatricis, comitisse Rupensis.)

Contre-sceau : Écu de Luxembourg parti d'Avesnes : burelé au lion, parti d'un bandé de six pièces.

✱ SIGILLV SECRETI MEI

(Sigillum secreti mei.)

Récépissé des joyaux que lui a prêtés sa sœur Isabelle, comtesse de Flandre. — 30 janvier 1390.

---

247   BÉATRIX D'AVESNES,

Comtesse de la Roche, veuve de Henri IV, comte de Luxembourg. — 1315.

Sceau ogival, de 72 mill. — Arch. du Nord ; Chambre des comptes.

Dame debout, dans une niche gothique, tenant une fleur à la main droite, les pieds sur un lion couché ; à dextre. l'écu de Luxembourg ; à sénestre, l'écu d'Avesnes.

✱ S'. BEATRICIS : COMITISSE : RVPENSIS :

(Sigillum Beatricis, comitisse Rupensis.)

Échange par lequel le comte de Hainaut assigne à la Comtesse une rente sur le vinage de Valenciennes et en obtient l'usage de prés à Erneuville. — Valenciennes, 22 novembre 1315.

---

248   HENRI V,

Comte de Luxembourg. — 1390.

Sceau rond, de 55 mill. — Arch. du Nord ; Chambre des comptes.

Type équestre de chasse. Dans le champ, à dextre, l'écu de Luxembourg ; à sénestre, celui d'Avesnes.

✱ : S'. HENRICI : COMITIS : LVCEN..REIS

(Sigillum Henrici, comitis Lucemburgis.)

Henri V se porte caution de Béatrix d'Avesnes, sa mère, pour les joyaux que lui prête le comtesse de Flandre. — Janvier 1390.

---

249   JEAN,

Roi de Bohême, comte de Luxembourg. — 1334.

Sceau rond, de 27 mill. — Arch. du Nord ; Chambre des comptes.

Écu au lion couronné à queue fourchée, écartelé d'un lion, penché, timbré d'un heaume cimé d'un vol.

SECRET IOR REG BOEM ET COM LVC'

(Secretum Johannis, regis Boemie et comitis Lucemburgie.)

Quittance à valoir sur plus forte somme due par le comte de Flandre. — 16 octobre 1334.

---

250   ÉLISABETH DE GORLITZ,

Duchesse de Luxembourg et de Bavière, comtesse de Chiny. — 1444.

Sceau rond, de 60 mill. — Arch. du Nord ; Chambre des comptes.

Écu de Bavière écartelé de Luxembourg, parti d'un écartelé d'un lion à queue fourchée, d'une aigle, d'un bœuf et de..... avec un écusson au lion sur le tout. supporté par deux anges. Dans le champ, h. v.

s elizabeth de gorlitz coitilſe palatïe ʒre.. ...
bavaiâ z d' luccebg coitilſe d' ciïo

(Sigillum Elizabeth de Gorlitz, comitisse palatine Reni, ducisse in Bavaria et de Luccemburgo, comitisse de Cineio.)

Contre-sceau : Écu aux armes de la face accompagné des lettres h. v. — Sans légende.

Quittance de 8,000 florins, pension que lui sert annuellement le duc de Bourgogne. — 1ᵉʳ mars 1444.

LA MARCK.

---

251   ÉVRARD,

Comte de La Marck. — 1390.

Sceau rond, de 71 mill. — Arch. du Nord ; Chambre des comptes.

Type équestre, fruste, aux armes du contre-sceau.

✱ SIGILLVM .. RHARDI.....MARRA

(Sigillum Everhardi, comitis de Marka.)

Contre-sceau : Écu portant une fasce échiquetée, au lion couronné issant.

✱ SIGNV EVERHARDI COMITIS D MARRA

(Signum Everhardi, comitis de Marka.)

Assignation d'une dette. — 15 novembre 1390.

---

252   CONRAD,

Seigneur de Hoerlen, fils d'Évrard, comte de La Marck. — 1344.

Sceau rond, de 38 mill. — Arch. du Nord ; Chambre des comptes.

Dans un ornement quadrilobé, un écu portant une fasce échiquetée, au lion issant.

✱ SIGILLVM · DOMINI · CONRADI · DE · MARRE

(Sigillum domini Conradi de Merke.)

Hommage au comte de Hainaut pour la terre de Adene. — 3 juin 1344.

---

253   ENGILBERT II,

Comte de La Marck. — 1309.

Sceau rond, de 71 mill. — Arch. du Nord ; Chambre des comptes.

Type équestre ; haubert, cotte d'armes armoriée, casque ovoïde cimé d'une fasce échiquetée chargée de cinq petits écussons rangés en éventail ; le bouclier, l'épaulière et la housse à la fasce échiquetée.

SIGILLVM : ..GELBERTI : CO...E : MARRA :

(Sigillum Engelberti, comitis de Marka.)

Contre-sceau : Écu portant une fasce échiquetée, au lion issant.

✸ CONTRA S' : ENGELBERTI : COMITIS : DE : MARKA

(Contrasigillum Engelberti, comitis de Marka.)

Hommage au comte de Flandre pour la ville de Corlare. — Cologne, 14 décembre 1309.

---

254 ENGILBERT DE LA MARCK,

Seigneur de Lorreval. — 1417.

Sceau rond, de 34 mill. — Arch. du Nord; Chambre des comptes.

Écu à la fasce échiquetée, brisé d'une bordure, penché, timbré d'un heaume couronné et cimé d'une tête de chèvre? Dans le champ, des rinceaux.

..DNI .NGG..... DE MARKA MIL

(Sigillum domini Engelberti de Marka, militis.)

Hommage à la comtesse de Hainaut pour les seigneuries de Rochefort et d'Agimont. — 6 juillet 1417.

MEAUX.

---

255 ISABELLE DE GHISTELLES,

Vicomtesse de Meaux. — 1418.

Sceau rond, de 28 mill. — Arch. du Nord; abbiette de Lille.

Écu en bannière portant une fasce écartelée d'un fuscé de vair et de..... de six pièces, parti d'un chevron écartelé d'une croix engrêlée, soutenu par trois anges et accompagné d'un petit chien en pointe, dans une rosace à quatre feuilles. — Sans légende.

La dame de Ghistelles s'engage à rembourser, en dix ans, des arrérages de rente sur le tonlieu de Bruges. — 31 mai 1418.

MONS. (BERG.)

---

256 ADOLPHE,

Comte de Mons. — 1369.

Sceau rond, de 73 mill. — Arch. du Nord; Chambre des comptes.

Écu portant un lion couronné à queue fourchée, brisé d'un lambel à quatre pendants, sur champ treillissé semé de fleurs de lys.

✸ SIG..... ADOLFF.....TE

(Sigillum Adolfi, comitis de Monte.)

Contre-sceau : Même représentation qu'à la face.

✸ SECRETVM COMITIS DE MONTE

(Secretum comitis de Monte.)

Lettres de garantie données par Waleran de Fauquemont au comte de Luxembourg pour l'engagement des seigneuries de Marville et d'Arency. — 23 mai 1369.

MURRAY.

---

257 ARCHIBALD,

Comte de Murray. — 1449.

Sceau rond, de 36 mill. — Arch. du Nord; Chambre des comptes.

Écu portant trois étoiles dans un double trécheur, écartelé d'un cœur entouré d'hermines sous un chef chargé de trois étoiles, penché, timbré d'un heaume cimé d'une tour carrée d'où sort une tête de paon?, supporté par deux hommes sauvages.

s. archibaldi de dunglas coif moravie

(Sigillum Archibaldi de Douglas, comitis Moravie.)

Assignation du douaire de Marie de Gueldre par son mari Jacques II, roi d'Écosse. — Édimbourg, 22 janvier 1449.

NAMUR.

---

258 HENRI,

Seigneur de Sebourg, oncle de Philippe Ier, marquis de Namur. — 1310.

Sceau rond, de 58 mill. — Arch. du Nord; évêché et chapitre de Cambrai.

Type équestre, fruste.

✸ S' HENRICI PA.RVI.....

(Sigillum Henrici patrui.....)

Règlement d'un différend touchant les offrandes de Saint-Druon de Sebourg. — Avril 1310.

---

259 HENRI,

Comte de Vianden, marquis de Namur par sa femme Marguerite de Courtenai. — 1232.

Sceau rond, de 71 mill. — Arch. du Nord; Chambre des comptes.

Type équestre: le bouclier chargé d'un écusson en abime.

.....CI ┆ COMITIS · VIENNENSIS

(Sigillum Henrici, comitis Viennensis.)

Contre-sceau : Écu portant un écusson en abime.

✸ SECRETVM MEVM MICHI

(Secretum meum michi.)

Accord avec Fernand, comte de Flandre, au sujet du comté de Namur. — Cambrai, 1er novembre 1232.

---

260 MARGUERITE DE COURTENAI,

Femme de Henri, comte de Vianden, marquise de Namur. — 1232.

Sceau ogival, de 70 mill. — Arch. du Nord; Chambre des comptes.

Dame debout, de trois quarts à droite, en robe et en manteau, coiffée d'un mortier, un oiseau sur le poing, et à ses pieds un chien.

S'. MARGARETE CO....SSE VIENNENSIS

(Sigillum Margarete, comitisse Viennensis.)

CONTRE-SCEAU : Écu portant les trois tourteaux de Courtenai.

* CLAVIS SIGILLI

(Clavis sigilli.)

Voyez le n° 259.

261　BAUDOUIN DE COURTENAI,

Comte de Namur, empereur de Constantinople, mineur. — 1236.

Sceau rond, de 38 mill. — Arch. du Nord; abbaye de Marquette.

Écu au lion.

* S'. BALDVINI : FILII .....ATORIS : COSTĀ :

(Sigillum Balduini, filii imperatoris Constantinopolitani.)

Confirmation du don du gave de Harlebeke. — Mars 1236.

262　MARIE D'ARTOIS,

Femme de Jean 1er, comte de Namur. — 1331.

Sceau ogival, de 80 mill. — Arch. du Nord; Chambre des comptes.

Dame debout, en robe flottante et en manteau, coiffée d'un voile, tenant une branche fleurie à la main gauche; à dextre, un écu au lion couronné, brisé d'une bande, qui est Namur; à sénestre, l'écu d'Artois.

.....ARIE : DE : ATTREBATO : COĪTISSE : NAM.....

(Sigillum Marie de Attrebato, comitisse Namurcensis.)

CONTRE-SCEAU : Dans une rose à six feuilles, l'écu de Namur parti d'Artois.

* 9Ī : S' : MARIE : DE : ATTREBATO : COĪTISSE : NAMCEN

(Contra sigillum Marie de Attrebato, comitisse Namurcensis.)

Accord avec Louis, comte de Flandre, son neveu, au sujet de son douaire. — Paris, 24 octobre 1331.

263　LOUIS DE NAMUR,

Sire de Peteghem et de Bailleul (en Flandre), 7e fils de Jean 1er, comte de Namur. 1366.

Sceau rond, de 31 mill. — Arch. du Nord; Chambre des comptes.

Dans une rose à quatre feuilles, l'écu de Namur, penché, timbré d'un heaume, supporté par deux lions, accompagné de deux étoiles.

s · ludovici · de · namurco

(Sigillum Ludovici de Namurco.)

Appendu à l'hommage du manoir de Lille fait au comte de Flandre par Frank van Hale. — Bruges, 5 août 1366.

264　LOUIS DE NAMUR.

Sire de Peteghem et de Bailleul (en Flandre), 7e fils de Jean 1er, comte de Namur. 1378.

Sceau rond, de 33 mill. — Arch. du Nord; Chambre des comptes.

L'écu précédent soutenu par un homme et une femme sauvages, dans un encadrement gothique.

S : LUDOVICI : DE : NAMURCO

(Sigillum Ludovici de Namurco.)

Acceptation du comte de Flandre pour juge de son différend avec Pierre de Craon. — Lille, 20 janvier 1378.

265　GUILLAUME Ier,

Comte de Namur. — 1356.

Sceau rond, de 28 mill. — Arch. du Nord; Chambre des comptes.

Dans une rose, l'écu de Namur.

* ..OVI.......IS NAMVRCEN

(Sigillum Guillelmi, comitis Namurcensis.)

Récépissé de joyaux engagés par le comte de Flandre. — Namur, 16 août 1356.

266　JEANNE DE HAINAUT,

Femme de Guillaume 1er, comte de Namur. — 1347.

Sceau ogival, de 65 mill. — Arch. du Nord; Chambre des comptes.

Dans une niche gothique, surmontée de clochetons, une dame debout, relevant de la main gauche le pan de son manteau; dans deux niches latérales, deux anges soutenant deux écus : celui de dextre aux armes de Châtillon; celui de sénestre portant de Hainaut au lambel; au-dessous, deux têtes d'homme sauvage.

...CHANE : DE : BEAUMŌT : CONTESSE : DE : .....

(Scel Jehane de Beaumont, comtesse de Blois et de Namur?)

La comtesse remet à son père Jean de Hainaut, le comté de Soissons qu'elle avait eu lors de son mariage avec Louis, comte de Blois. — 13 février 1347.

267　GUILLAUME,

Fils aîné de Guillaume 1er, comte de Namur. — 1378.

Sceau rond, de 33 mill. — Arch. du Nord; Chambre des comptes.

L'écu de Namur, penché, timbré d'un heaume cimé d'un vol, sur champ fretté, dans un encadrement gothique, oblong, débordant un cercle festonné.

s · guillē d ... es · fil · au · côte · d · nam · chlr

(Scel Guillaume de Flandres, fils au comte de Namur, chevalier.)

Acceptation du comte de Flandre pour juge du différend entre Louis de Namur et Pierre de Craon. — Lille, 20 janvier 1378.

268   **JEAN III,**

Comte de Namur, seigneur de Béthune. — 1420.

Sceau rond, de 48 mill. — Arch. du Nord; Chambre des comptes.

Sur un champ parti de trèfles et d'étoiles, un écu au lion couronné, penché, timbré d'un heaume cimé d'un vol, supporté par deux lions.

s · io · a · flādria · coif' · nam'cen' · dūi · bethie

(Sigillum Johannis a Flandria, comitis Namurcensis, domini Bethunie.)

Jean III vend au duc de Bourgogne le comté de Namur, la prévôté de Poilvache, les villes de Béthune, Bailleul, Peteghem, et le pays des Quatre-Métiers. — Namur, 14 décembre 1420.

NASSAU.

269   **HENRI,**

Comte de Nassau et de Vianden, seigneur de Breda, etc. — 1514.

Sceau rond, de 51 mill. — Arch. du Nord; Chambre des comptes.

Écu portant un semé de besants au lion, écartelé d'une fasce, timbré d'un heaume cimé et accompagné de lambrequins.

S : HENRICI : COMITIS : DE : NASSOV : Z : VIANDEN

(Sigillum Henrici, comitis de Nassou et Vianden.)

Quittance au receveur général de l'Empereur. — 4 octobre 1514.

ORANGE.

270   **LOUIS DE CHÂLON,**

Prince d'Orange. — 1447.

Bull · de plomb, ronde, de 38 mill. — Communiquée par le docteur Lejeal, à Valenciennes.

Type équestre, aux armes : un huchet.

✱ BVLLA : DRI : L : PRINCIPIS · AVRAICE :

(Bulla domini Ludovici, principis Auraice.)

Au REVERS : Un huchet.

✱ BVLLA : CVRIE : AVRAICE :·: :·:

(Bulla curie Auraice.)

Échange d'un pré contre un cheval «cum omnibus vitiis apparentibus et non apparentibus.» — 17 décembre 1447.

271   **PHILIPPE GUILLAUME,**

Prince d'Orange, comte de Nassau. — 1613.

Sceau rond, de 10 centim. — Arch. du Nord; couvent de Lannoy.

Écu écartelé — portant, au 1, un billeté au lion; au 2, un lion couronné; au 3, une fasce; au 4, deux lions passant l'un sur l'autre; sur le tout, un écu écartelé d'une bande et d'un huchet; et sur le tout du tout, un écusson à points équipollés, — couronné et entouré du collier de la toison d'or.

.....IPPI.........RDZ · BARO · IN · BREDA · DIES...

Assignation de rente sur ses biens dans la châtellenie de Lille. — Bruxelles, 4 mai 1613.

ORCHADE.

272   **GUILLAUME,**

Comte d'Orchade. — 1449.

Sceau rond, de 45 mill. — Arch. du Nord; Chambre des comptes.

Écu écartelé portant, au 1 et 4, un bateau au trécheur fleuronné; au 2 et 3, une croix engrêlée.

✱ s · vilelmi · de · ..... comitis · orbadie ?

(Sigillum Vilelmi de ...... comitis Orkadie?)

Assignation du douaire de Marie de Gueldre par son mari Jacques II, roi d'Écosse. — Édimbourg, 22 janvier 1449.

ORLÉANS.

273   **LOUIS,**

Duc d'Orléans, de Milan et de Valois, comte de Blois, de Paris, etc. — 1482.

Sceau rond, de 52 mill. — Arch. du Nord; Chambre des comptes.

Écu d'Orléans écartelé de Milan.

SIGILLVM : LVDOVICI DVCI........ MEDIOLANI ET VALESIE

(Sigillum Ludovici, ducis Aurelianensis, Mediolani et Valesie.)

Traité d'Arras. — 17 décembre 1482.

RHIN.

274   **LOUIS,**

Duc de Bavière, comte palatin du Rhin. — 1457.

Sceau rond, de 60 mill. — Arch. du Nord; Chambre des comptes.

L'écu de Bavière écartelé d'un lion couronné, timbré d'un heaume cimé d'une chouette à ailes losangées et accompagné de lambrequins; dans le champ qui est étoilé, les lettres ♄· l·

s · ludovici · comitis · palati · reni · infioris · ac · fuperioris · bavarie · ducis

(Sigillum Ludovici, comitis palatini Reni inferioris ac superioris, Bavarie ducis.)

Traité d'alliance avec Philippe, duc de Bourgogne. — 24 août 1457.

275   OTHON-HENRI

ET SON FRÈRE PHILIPPE,

Comtes palatins du Rhin, ducs de Bavière. — 1531.

Sceau rond, de 64 mill. — Arch. du Nord; Chambre des comptes.

Écu au lion couronné, écartelé du losangé en bande de Bavière, timbré de deux heaumes : celui de dextre cimé d'un lion assis entre deux proboscides; celui de sénestre cimé d'un lion dans un vol. Dans le champ, en haut, la date 1522.

✳ OTTHENRICH · VND · PHILIPS · GEBRVDERE · PFALTZGRAFEN · BEY · REIN · HERTZOGEN · IN · NIDERN · VND · OBERN · BAIRN · ETC.

Vidimus de l'engagement de Freystedt par Ferdinand, roi des Romains. — 20 décembre 1531.

PEMBROKE.

276   GUILLAUME MARÉCHAL,

Comte de Pembroke. — Vers 1116.

Sceau rond, de 27 mill. — Arch. du Nord; Chambre des comptes.

Type équestre; bouclier au lion naissant?

SIGILL · WILLI · MARESCALLI · COMITIS · PENBROCHIE

(Sigillum Willelmi Marescalli, comitis Penbrochie.)

Accord avec Daniel de Béthune, avoué d'Arras, au sujet des biens d'Alix de Béthune, sa femme. — Sans date.

277   JEAN DE HASTINGHS,

Comte de Pembroke. — 1372.

Sceau rond, de 48 mill. — Arch. du Nord; Chambre des comptes.

Écu portant un dextrochère, écartelé d'un burelé de dix pièces à l'orle de merlettes, timbré d'un heaume, supporté par deux léopards, dans un quadrilobe.

: sigill . . . . . nis : de : h . . . . . : penbrochie

(Sigillum Johannis de H . . . . . comitis Penbrochie.)

Hommage au comte de Hainaut pour les fiefs de Wasnes, Roucourt, Briastre, etc. — Mai 1372.

278   ANNE DE MASNY,

Femme de Jean de Hastings, comte de Pembroke. — 1372.

Sceau rond, de 32 mill. — Arch. du Nord; Chambre des comptes.

Écu aux armes de son mari, accompagné de deux autres écus : celui de dextre portant trois lions passant l'un sur l'autre, au lambel; celui de sénestre portant trois chevrons; le tout dans un encadrement gothique.

s . anne coitisse penbroc z dñe . . . . .

(Sigillum Anne, comitisse Penbrochie et domine . . . . .)

Voyez le n° 277.

PENTHIÈVRE.

279   JEAN DE BRETAGNE,

Comte de Penthièvre, vicomte de Limoges, sire d'Avesnes, etc. — 1398.

Sceau rond, de 50 mill. — Arch. du Nord; Chambre des comptes.

Écu d'hermines à la bordure, timbré d'un heaume couronné et cimé d'une tête d'aigle mouchetée d'hermines, supporté par un lion et par un griffon. Dans le champ, des fleurs et des feuillages. — Sans légende.

Rapport de la ville et terre d'Avesnes. — Landrecies, 9 avril 1398.

280   OLIVIER DE BRETAGNE,

Comte de Penthièvre, vicomte de Limoges. — 1428.

Sceau rond, de 52 mill. — Arch. du Nord; Chambre des comptes.

Écu d'hermines à la bordure, timbré et cimé comme le précédent, avec les mêmes supports. Dans le champ, deux équerres.

S : OLR · DE BRETAIGNE . . NTE . E PENTHEVRE VICONTE DE LIMOGES

(Seel Olivier de Bretaigne, conte de Penthèvre, vicomte de Limoges.)

Traité de la cession du Hainaut au profit de Philippe le Bon par la comtesse Jacque de Bavière. — Mons, 15 septembre 1428.

PONTHIEU.

281   GUILLAUME TALEVAZ,

Comte de Ponthieu. — 1195.

Contre-sceau rond, de 44 mill. — Arch. du Nord; abbaye d'Anchin.

Personnage nimbé, à mi-corps.

. . . . . O DILIGENTES ET . . . ✳ SILVESTRES

(. . . . . o diligentes et . . . . . silvestres.)

Le comte de Ponthieu confirme aux religieux de Saint-Sulpice de Doullens les donations faites par ses prédécesseurs et par lui. — Mai, 1195.

282   RAOUL DE NESLE,

Fils de Jean de Nesle, comte de Ponthieu. — 1293.

Sceau rond, de 34 mill. — Arch. du Nord; Chambre des comptes.

Écu burelé, à la bande de fusées brochant, penché, timbré d'un heaume à volet.

✳ S'. RADVLPHI · DE · NIGELLA

(Sigillum Radulphi de Nigella.)

Accord au sujet des dommages que des gens de Lille et de Bruges avaient fait éprouver à Raoul de Nesle. — Décembre 1293.

RENTY.

283 GUILLAUME DE CROY,

Marquis de Renty, vicomte de Bourbourg, seigneur de Chièvres. — 1557.

Sceau rond, de 60 mill. — Arch. du Nord; Chambre des comptes.

Écu à trois fasces, écartelé de trois doloires, portant sur le tout un écusson contrécartelé de trois fleurs de lys et d'un plain, et sur le tout du tout un écusson de croisettes fichées, timbré d'un heaume cimé, supporté par deux chèvres et accompagné de lambrequins.

✻ S · GVILLERMI · DE · CROY · EQVITIS · AVRATI · DÑI · DE · CHIERVES · VICECŌ · DE · BOVRBVRG · ETC.

Contre-sceau : Écu aux armes de la face.

✻ CONTRA · S · GVILLERMI · DE · CROY · DÑI · DE · CHIERVES

Réunion de la ville d'Avesnes au comté de Hainaut. — Bruxelles, 4 mai 1557.

LE ROEULX.

284 ADRIEN DE CROY,

Comte du Roeulx, seigneur de Beaurloy, lieutenant-gouverneur et capitaine général des pays de Flandre et d'Artois. — 1545.

Sceau rond, de 55 mill. — Arch. du Nord; Chambre des comptes.

Écu portant trois fasces, écartelé de trois doloires, à l'écusson sur le tout écartelé au 1 et 4 d'une bande, au 2 de trois fleurs de lys, au 3 d'une fasce, timbré d'un heaume cimé, entouré du collier de la toison d'or.

✻ S ✻ ADRIEN ✻ DE ✻ CROY ✻ CONTE ✻ DV ✻ ROEVLX ✻

Réunion de Landrecies au comté de Hainaut. — Anvers, 1er décembre 1545.

SAINT-POL.

285 ENGUERRAND,

Comte de Saint-Pol. — Avant 1150.

Sceau rond, en cuvette, de 61 mill. — Arch. du Nord; abbaye de Loos.

Type équestre; le Comte, tête nue, portant un long bouclier à ombo. Dans le champ, des gerbes.

✻ SIGILLV · INGERRAMI · COMITIS · SCI · PAVLI ·

(Sigillum Ingerrami, comitis Sancti Pauli.)

Confirmation d'un don. — Sans date.

286 ANSELME,

Frère et successeur d'Enguerrand, comte de Saint-Pol. — Avant 1150.

Sceau rond, en cuvette, de 68 mill. — Arch. du Nord; abbaye de Marchiennes.

Type équestre; casque conique à nasal.

SIGILLV. ANSEL..

(Sigillum Anselmi.....)

Le comte de Saint-Pol donne aux religieux de Marchiennes le fief dit le gave de Boiry. — Sans date.

287 ANSELME,

Comte de Saint-Pol. — 1164.

Sceau rond, de 63 mill. — Arch. du Nord; abbaye de Loos.

Type équestre, fruste. — Légende illisible.

Contre-sceau : Une aigle.

CONTRA . SIGILLVM ·

(Contra sigillum.)

Confirmation d'une acquisition de terre à Herlin. — 1164.

288 HUGUES,

Comte de Saint-Pol. — 1176.

Sceau rond, de 65 mill. — Arch. du Nord; abbaye de Loos.

Type équestre civil; le Comte, tête nue, en tunique flottante, un oiseau de vol sur le poing.

✻ SIGILLVꝊ · COMITIS · HVGONIS · DE · SCO · PAVLO

(Sigillum comitis Hugonis de Sancto Paulo.)

Confirmation de l'acquisition d'un terrage à Valluou. — 1176.

289 MAHAUT DE BRABANT,

Comtesse de Saint-Pol, femme de Gui de Châtillon et veuve de Robert, comte d'Artois. — 1277.

Sceau ogival, de 85 mill. — Arch. du Nord; abbaye de Marchiennes.

Dame debout, en robe et en manteau, accostée de deux lions.

..... ATILDIS : COMITISSE : ATTREBATE .

(Sigillum Matildis, comitisse Attrebatensis.)

Contre-sceau : L'écu d'Artois. — Sans légende.

Ratification de l'acquisition de la dîme d'Auchy. — Novembre 1277.

290 BÉATRIX DE SAINT-POL,

Dame de Neale, de Crèvecœur et de Termonde. — 1329.

Sceau ogival, de 85 mill. — Arch. du Nord; Chambre des comptes.

Dame debout, en robe et en manteau, coiffée d'un voile, tenant une fleur à la main droite, dans une niche gothique, accompagnée de deux écus : celui de dextre portant un lion à la bande brochant; celui de sénestre portant trois pals de vair sous un chef chargé d'un lambel. — Légende détruite.

Contre-sceau : Écu parti aux armes de la face.

* 9TS' · BEATRICIS · DE · SÕO · PAVLO ·

(Contra sigillum Beatricis de Sancta Paula.)

Bannissement d'Adam le Lang, pour injures au bailli du comte de Flandre à Alost. — Paris, 26 avril 1349.

291 ISABEAU DE SAINT-POL,

Dame de Coucy, fille de Gui IV, comte de Saint-Pol. — 1367.

Sceau ogival, de 72 mill. — Arch. du Nord; évêché et chapitre de Cambrai.

Dans une niche gothique, une dame debout, en robe et en manteau, coiffée d'une guimpe, tenant une fleur à la main gauche, les pieds sur un chien. A dextre, l'écu de Coucy; à sénestre, celui de Châtillon, au lambel.

* SEL : VZABEL : DE : SAINT... DAME : DE : DOVAI : 2 : DOIZI

(Sel Yzabel de Saint-Pol, dame de Couci et d'Oisi.)

CONTRE-SCEAU : Dans une rosace, un écu en losange parti aux armes de la face.

* SEGILLVM SEGRETI MEI

(Sigillum secreti mei.)

Acquisition de la terre de Ruyaulcourt par l'évêque de Cambrai. — 14 août 1367.

SALM.

292 HENRI,

Comte de Salm — 1301.

Sceau rond, de 62 mill. — Arch. du Nord; Chambre des comptes.

Type équestre sur champ treillissé et semé de feuilles de lierre? Le bouclier et la housse portant deux saumons adossés.

* SIGILLVM : hENRICI : COMIT.. .. SALMIS :

(Sigillum Henrici, comitis de Salmis.)

CONTRE-SCEAU : Écu à deux saumons adossés.

* S' hENRICI COMITIS

(Secretum Henrici, comitis.)

Adhésionment de Jean d'Audenarde pour la terre de Feignies. — Valenciennes, 3 avril 1301.

293 MARGUERITE DE BLAMONT,

Dame de Salm, belle-sœur de Jean, comte de Salm. — 1369.

Sceau rond, de 31 mill. — Arch. du Nord; Chambre des comptes.

Écu semé de croisettes fichées à deux bars adossés brisés d'un lambel, parti de deux saumons adossés.

.. ..RGARITE DE BLAM..T IONE DE SAME

(Seel Margarite de Blamont, jonne de Same.)

Marguerite de Blamont transporte à son beau-frère, Jean, comte de Salm, 4,344... dues par le comte de Flandre. — 13 juin 1369.

SARREWERDEN.

294 JEAN,

Comte de Sarrewerden. — 1297.

Sceau rond, de 47 mill. — Arch. du Nord; Chambre des comptes.

Écu portant une aigle éployée.

S' IOhÃRIS · COMITIS · DE · SARWERDE

(Sigillum Johannis, comitis de Sarwerde.)

Promesse faite au comte de Flandre par Colart d'Annerey de le servir contre le roi de France et le comte de Hainaut. — 17 juin 1297.

SAXE.

295 JEAN LE VIEUX,

Duc de Saxe. — 1314.

Sceau rond, de 82 mill. — Arch. du Nord; Chambre des comptes.

Type équestre; le Duc, coiffé d'un heaume cimé d'un chapeau à larges bords, tenant une riche bannière, portant sur l'épaule son bouclier fascé de huit pièces au crancelin sur le tout. La housse du cheval, brodée de fleurs, est ornée d'une bordure de perles.

.....SAXONIE.....WESTFALIE

(..... Saxonie..... Westfalie.)

Renonciation du roi des Romains aux droits qu'il pouvait prétendre sur la Hollande, la Zélande, etc. — 21 octobre 1314.

296 GUILLAUME,

Duc de Saxe, landgrave de Thuringe. — 1467.

Sceau rond, de 105 mill. — Arch. du Nord; Chambre des comptes.

Le Duc, à cheval, armé de toutes pièces, l'épaule gardée par une rose, le heaume couronné et cimé de proboscides, portant un bouclier fascé de huit pièces au crancelin brochant, tenant une bannière au lion; derrière lui, un personnage à genoux soutient un écusson au lion; sous le cheval, un écusson à deux pals et un écusson à l'aigle; devant le poitrail, un autre écusson au lion. Dans le champ, sur une banderole : anno domini cccc°lvii · (Anno Domini 1457.)

s Wilhelmi dei grã ducis saxonie latgraup thuringie marchi misne orientalis et landsperg comitis in orlamunde

(Sigillum Wilhelmi, Dei gratia ducis Saxonie, Lantgravy Thuringe, marchionis Misne orientalis et Landsperg, comitis in Orlamunde.)

CONTRE-SCEAU : Écu écartelé, portant, au 1 et 4, un lion;

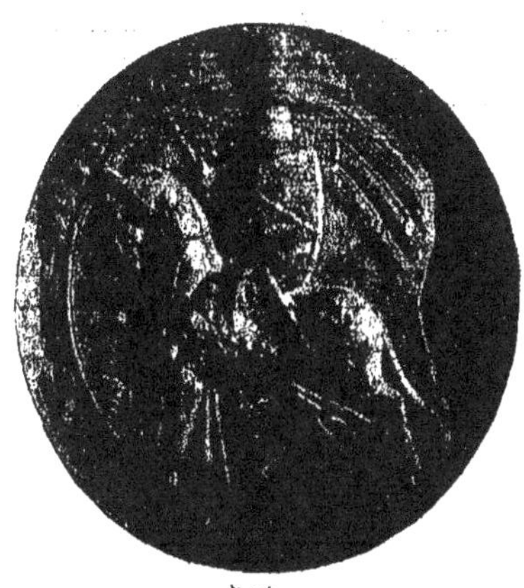

N° 295.

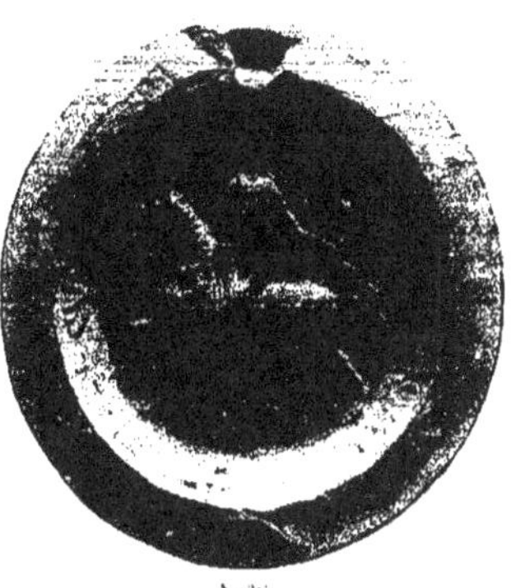

N° 296.

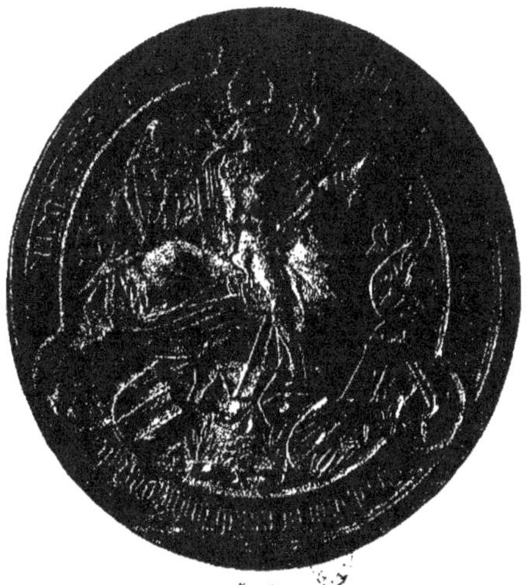

N° 303.

N° 295. Jean de Saxe, duc de Saxe.   N° 296. Guillaume, duc de Saxe.

N° 303. — Adèle, comtesse de Soissons.

au 2, un fascé de dix pièces, au crancelin brochant; au 3, deux pals. — Sans légende apparente.

Le duc de Saxe et sa femme transportent au duc de Bourgogne les droits que le roi de France avait sur le Luxembourg et les comtés de Chiny et de la Roche. — 6 octobre 1469.

---

297 **ANNA,**

Femme de Guillaume, duc de Saxe, fille d'Albert, roi des Romains. — 1469.

Sceau rond, de 50 mill. — Arch. du Nord; Chambre des comptes.

Au centre d'un quadrilobe, l'écu de Saxe (fascé au crancelin) entouré de quatre écussons : le premier fascé de huit pièces; le deuxième portant une fasce; le troisième au lion; le quatrième au lion couronné à la queue fourchée et passée en sautoir.

. . . . ēgīē · ḫūgaīe · boḫē · austē · ducīſſe · luccēbgē · ſaxoīe · lātḡuīſſe · turīgīe ·

(. . . . . regine Hungarie, Bohemie, Austrie, ducisse Luccemburgie, Saxonie, langraviisse Turingie.)

Voyez le numéro 296.

---

298 **ALBERT,**

Duc de Saxe. — 1498.

Sceau rond, de 45 mill. — Arch. du Nord; Chambre des comptes.

Au centre d'un trilobe, l'écu de Saxe entouré de trois écussons : le premier portant un lion à queue fourchée passée en sautoir; le deuxième au lion; le troisième à l'aigle.

s · albertı ducī · . saxonıe · lantgraꝟſı · turıngıe · marcḫıonıs · mıſnenſıs

(Sigillum Alberti, ducis Saxonie, langravii Turingie, marchionis Misnensis.)

Quittance à l'archiduc d'Autriche. — 21 mars 1498.

---

299 **GEORGES,**

Duc de Saxe. — 1515.

Sceau rond, de 72 mill. — Arch. du Nord; Chambre des comptes.

Au centre d'un sautoir fleuronné et orné de rinceaux, l'écu de Saxe, et à chaque canton du sautoir, un écusson : le premier, celui du chef, portant un lion; le deuxième, celui de la pointe, portant deux pals; le troisième, à dextre, portant une aigle; le quatrième, à senestre, portant un lion.

s · georgıı · ducıs · ſaxonıe · lantgraꝟı · ſḫurıngıe · et · marcḫıonıs · mıſne · año · domī · 1 · 5 · 1 · 5 ·

(Sigillum Georgii, ducis Saxonie, langravi Thuringie et marchionis Misne, anno Domini 1515.)

Quittance à valoir sur le montant de l'acquisition du pays de Frise par l'Archiduc. — 14 octobre 1515.

SOISSONS.

300 **CONON,**

Comte de Soissons. — 1178-1180.

Sceau rond, de 78 mill. — Arch. du Nord; abbaye de Vaucelles.

Type équestre; casque à timbre arrondi et à nasal, le bouclier au lion passant.

SIGILLÆ CONONIS COMITIS SVESSIONIS DNI PETRE PONTIS ? NIGELLE

(Sigillum Cononis, comitis Suessionis, domini Petre pontis et Nigelle.)

CONTRE-SCEAU : Écu fruste.

✠ **SECRET.....SVESSIONENSIS**

(Secretum comitis Suessionensis.)

Confirmation d'un droit de pâture à Ostel. — Sans date.

---

301 **AGATHE,**

Dame de Pierrepont, femme de Conon, comte de Soissons. — 1178.

Sceau ogival, de 70 mill. — Arch. du Nord; abbaye de Vaucelles.

Dame debout, en robe à longues manches pendantes et en manteau, les cheveux tressés, tenant un fleuron à la main droite.

✠ **SIGILLVM DOMINE PETRIPONTIS**

(Sigillum domine Petripontis.)

Droit de passage accordé à l'abbaye de Vaucelles. — 1178.

---

302 **RAOUL DE NESLE,**

Comte de Soissons. — 1186.

Sceau rond, de 75 mill. — Arch. du Nord; abbaye de Vaucelles.

Type équestre; le casque arrondi à nasal, le bouclier portant un lion passant, à la bordure.

✠ **SIGILLVM R.DVLFI COMITIS SVESSIONĒSIS**

(Sigillum Radulfi, comitis Suessionensis.)

CONTRE-SCEAU : Écu au lion passant, à la bordure.

.....**COMITIS SVESSIONĒSIS**

(Secretum comitis Suessionensis.)

Droit de passage accordé à l'abbaye de Vaucelles. — 1186.

---

303 **ADÈLE,**

Femme de Raoul de Nesle, comte de Soissons. — 1186.

Sceau rond, en cuvette, de 58 mill. — Arch. du Nord; abbaye de Vaucelles.

Dame à cheval, vêtue d'un ample manteau attaché sur l'épaule et d'une robe à longues manches flottantes, coiffée en tresses retombant jusqu'à mi-jambe, un oiseau sur le poing.

✠ SIGILLVꝏ · ADELAIDIS · COꝏITISSE · SVESSIONIS

(Sigillum Adelaidis, comitisse Suessionis.)

Voyez le n° 302.

---

304   JEAN DE NESLE,

Comte de Soissons. — 1269.

Sceau rond, de 80 mill. — Arch. du Nord; abbaye de Vaucelles.

Type équestre; le bouclier portant un lion passant, à la bordure; la housse frettée et semée de lions passants.

✠ S'. IOᖟIS : COMITIS : SVESSIOÑ : CARNOTEÑ : DÑI : AMBAISIE

(Sigillum Johannis, comitis Suessionensis, Carnotensis, domini Ambaisie.)

Contre-sceau : futaille représentant un personnage à cheval.

✠ SECRETVM · OꝛEVM · SIᖟ · ILLI

(Secretum meum sit illi.)

Confirmation des priviléges octroyés par son père aux religieux de Vaucelles. — Mars 1269.

---

305   RAOUL DE SOISSONS,

Frère de Jean de Nesle, comte de Soissons. — 1270.

Sceau rond, de 62 mill. — Arch. du Nord; Chambre des comptes.

Type équestre; le cavalier frappant de son épée devant lui; le bouclier et la housse portant une bande, au lambel de quatre pendants.

✠ SIGILᖚ RAꝶ FILII COᛘ RAꝶ SVESS'

(Sigillum Radulphi, filii comitis Radulphi Suessionensis.)

Contre-sceau : Écu aux armes de la face, entre deux étoiles.

✠ SECRETOM SIGILLI

(Secretum sigilli.)

La comtesse de La Table, sa femme, renonce à son droit de douaire sur le bois de Sec-Aulnoi. — Juin 1270.

---

306   LA COMTESSE DE LA TABLE,

Femme de Raoul de Soissons, dame de Cœuvres. — 1270.

Sceau ogival, de 65 mill. — Arch. du Nord; Chambre des comptes.

La comtesse debout, vêtue d'un surcot sans manches et d'un manteau, coiffée d'un mortier à mentonnière, gantée, un faucon sur le poing.

✠ S' COMITI .. DOMINE : DE : COVR...

(Sigillum comitisse, domine de Covr...)

Contre-sceau : Écu fretté, semé de lions passants.

✠ S. SECRETVM .. VM

(Sigillum secretum meum.)

Voyez le n° 305.

---

307   HUGUES DE NESLE,

Comte de Soissons, seigneur de Chimay. — 1299.

Sceau rond, de 90 mill. — Arch. du Nord; Chambre des comptes.

Écu au lion passant, à la bordure, dans un trilobe.

✠ : SIGILLI : ͪVG : SVESION'. COͫTIS :

(Sigilli Hugonis, Suessionensis comitis.)

Baudouin, sire de Beaumont, donne sa terre de Beaumont à Jean, fils aîné du comte de Hainaut. — Valenciennes, 5 juillet 1299.

---

308   ENGUERRAND DE COUCY,

Comte de Soissons et de Bedford. — 1369.

Sceau rond, de 40 mill. — Arch. du Nord; évêché et chapitre de Cambrai.

Personnage debout, revêtu d'un pourpoint, les bras et les jambes bardés de fer, tenant une lance à pennon de la main droite et de la gauche un bouclier en palette écartelé de Coucy et d'une fasce. En travers du champ, **senper?** (senper).

. . . . . . aguerranni filii duc . . . . . . ie domini de Gouciaco et ✠ comitis . . . . . et bedefordis

(Sigillum Enguerranni, filii ducisse Austrie?, domini de Couciaco et comitii Suessionensis et Bedefordis.)

Ratification de l'acquisition d'une maison à Sailly-en-Cambrésis. — 14 novembre 1369.

SPONHEIM.

309   SIMON,

Comte de Sponheim. — 1307.

Sceau rond, de 67 mill. — Arch. du Nord; Chambre des comptes.

Type équestre; le bouclier et la housse échiquetés. — Légende détruite.

Contre-sceau : Écu échiqueté.

✠ S' SIMONIS · COMITIS · DE · SPANHEͫ :

(Sigillum Simonis, comitis de Spanheim.)

Quittance à Robert, comte de Flandre, et à Jean, comte de Namur. — 10 décembre 1307.

STOLBERG.

310   LOUIS,

Comte de Stolberg, Kœnigstein, Rochefort, etc. — 1555.

Sceau rond, de 31 mill. — Arch. du Nord; Chambre des comptes.

Écu coupé de un, parti de deux, — portant, au 1.

un cerf; au 2, un lion; au 3, une aigle; au 4, deux bars affrontés; au 5, une fasce accompagnée d'un chevronné en chef; au 6, une fasce échiquetée coupée d'un burelé, — timbré de trois heaumes cimés, accompagnés de lambrequins et placés au-dessus des armoiries propres à Stolberg, Kœnigstein et Rochefort.

LVD... STOLB · COMES · RVPEFORT · ET · IN · EPST · MINT ·

Pouvoirs pour toucher le prix de la seigneurie d'Agimont, qu'il a vendue à l'Empereur. — Stolberg, 24 décembre 1555.

TOURAINE.

311 JEAN,

Quatrième fils de Charles VI, duc de Touraine. — 1412.

Sceau rond, de 90 mill. — Arch. du Nord; Chambre des comptes.

Type équestre; le Duc vêtu d'un pourpoint à manches tailladées, coiffé du bacinet; le bouclier et la housse portant de France, à la bordure engrêlée; sous la housse armoriée, le cheval est couvert d'une armure de mailles.

sigillum : ....cia : ducis : turonie : et : comitis : pontivii

(Sigillum Johannis de Francia, ducis Turonie et comitis Pontivii.)

Contre-sceau : Écu aux armes de la face.

signetum · iohannis · d · francia ·

(Signetum Johannis de Francia.)

Assignation du douaire de sa belle-mère, Marguerite de Bourgogne. — Au Quesnoy, 4 décembre 1412.

VENDÔMOIS.

312 FRANÇOIS DE BOURBON,

Comte de Vendômois, de Saint-Pol, vicomte de Meaux, châtelain de Lille. — 1493.

Sceau rond, de 62 mill. — Arch. du Nord; abbaye de Saint-Aubert.

Écu aux armes de Bourbon, timbré d'un heaume cimé d'une touffe de plumes, supporté par deux lions.

s d francoys d.....

(Seel de Françoys de Bourbon.....)

Pleins pouvoirs donnés à ses conseillers à Arras, pour juger un procès entre les manans de Bertry et l'abbaye de Saint-Aubert. — Au château de Ham, 24 mars 1493.

VIANEN.

313 GODEFROI,

Comte de Vianen. — 1284.

Sceau rond, de 70 mill. — Arch. du Nord; Chambre des comptes.

Type équestre; le bouclier, l'épaulière et la housse aux armes du contre-sceau.

S' GODE.....

(Sigillum Godefridi.....)

Contre-sceau : Écu à la fasce.

✚ CLAVIS : S' · DONNI : GODEFRIDI.....

(Clavis sigilli donni Godefridi......)

Promesse au comte de Flandre, qui l'avait fait arrêter à Lille, de ne rien lui réclamer au sujet de son arrestation. — 3 novembre 1284.

314 MARIE,

Comtesse de Vianen, dame de Grimberghe et de Perwes. — 1283.

Sceau ogival, de 84 mill. — Arch. du Nord; Chambre des comptes.

Dame debout, en robe et en manteau vairé, coiffée d'un voile, les pieds sur un chien couché, tenant à chaque main un écu : celui de dextre portant une fasce, au sautoir brochant; celui de sénestre, une fasce seule.

... MARIE : COMITISSE : VIANEÑ : DÑE : DE : GRĪBERḠ · I · DE · PERV..

(Sigillum Marie, comitisse Vianensis, domine de Grimbergis et de Perv...)

Contre-sceau : Écu portant une fasce, au sautoir brochant sur le tout.

✚ S' SEORETI MARIE

(Sigillum secreti Marie.)

Promesse de payer au comte de Flandre 1,600ᵗᵗ qui lui étaient dues par Jean, duc de Lothier et de Brabant. — 3 octobre 1283.

315 MARIE,

Comtesse de Vianen, dame de Grimberghe et de Perwes. — 1287.

Sceau ogival, de 80 mill. — Arch. du Nord; Chambre des comptes.

Dame debout, en robe et en manteau vairé, coiffée d'un voile, tenant une fleur à la main gauche. A dextre, un écu portant une fasce; à sénestre, un écu aux armes du contre-sceau.

✚ S' MARIE DOMINE DE GR..BERGIS ET DE PIRWEIS

(Sigillum Marie, domine de Grimbergis et de Pirweis.)

Contre-sceau : Écu portant une fasce, au sautoir brochant.

✚ MARIE SEORETVM

(Marie secretum.)

Promesse de maintenir l'accord qui doit être conclu entre Gui, comte de Flandre, et Jean d'Avesnes, comte de Hainaut, au sujet des Quatre-Métiers, d'Alost, de Grammont, etc. — Février 1287.

VIENNOIS.

316 JEAN,

Fils aîné du roi Charles VI, dauphin de Viennois, duc de Berry, comte de Ponthieu. 1416.

Sceau rond, d'environ 90 mill. — Arch. du Nord; Chambre des comptes.

Le Duc à cheval, vêtu d'un pourpoint à manches découpées, coiffé d'un bacinet, au bouclier portant de France écartelé de Dauphiné. La housse, brodée des mêmes armoiries, recouvre une seconde housse de mailles. — Légende détruite.

CONTRE-SCEAU : Écu de France écartelé de Dauphiné.

✳ côtra · ś · iobis · regis · fräcor' · poeiti

(Contra sigillum Johannis, regis Francorum primogeniti.)

Obligation de 60,000 francs envers son beau-père, Guillaume de Bavière, comte de Hainaut. — Compiègne, 15 mars 1416.

---

317   JACQUE DE BAVIÈRE,

Comtesse de Hainaut, etc, femme de Jean, dauphin de Viennois. — 1417.

Sceau rond, de 62 mill. — Arch. du Nord; Chambre des comptes.

Dans une enceinte palissadée d'où sortent deux rameaux fleuris, l'écu de France écartelé de Bavière, Dauphiné et Hainaut.

. . . e · ducilſe · bavar' · dalphie · vieŭ · coitilſe · hanoie · hollie · zeellie · z · dŭe · frilie

(Sigillum Jacobæ, ducissæ Bavariæ, delphinæ Viennensis, comitissæ Hanoniæ, Hollandiæ, Zeellandiæ, et dominæ Frisiæ.)

Donation en viager des villes de Flobecq et de Lessines au profit de sa mère, Marguerite de Bourgogne. — Au Quesnoy, 6 octobre 1417.

---

318   JACQUE DE BAVIÈRE,

Comtesse de Hainaut, etc, femme de Jean, dauphin de Viennois. — 1417.

Sceau rond, de 40 mill. — Arch. du Nord; Chambre des comptes.

Dans une rose, l'écu de France écartelé de Bavière, Dauphiné et Hainaut.

s · iaque ducilſe bavaŕ dalphie vien . . . . .

(Sigillum Jaque, ducissæ Bavariæ, delphine Viennensis, comitissæ Hauonie et Hollandie.)

Lettres de non-préjudice au sujet de 6,000ᴹ qu'elle a reçues seule et dont sa mère a donné quittance avec elle. — Au Quesnoy, 6 octobre 1417.

---

319   CHARLES,

Fils du roi Louis XI, dauphin de Viennois. — 1482.

Sceau rond, de 95 mill. — Arch. du Nord; Chambre des comptes.

Sur un champ fleurdelysé, Charles à cheval, bardé de toutes pièces, vêtu d'un pourpoint armorié comme le bouclier et la housse : de France, écartelé de Dauphiné.

·: SIGILLVM : KAROLI : PRIMOGENITI : REGIS : FRANCORVM : DELPHINI : VIENNENSIS :·

(Sigillum Karoli, primogeniti regis Francorum, delphini Viennensis.)

CONTRE-SCEAU : Écu de France, écartelé de Dauphiné. — Sans légende.

Ratification du traité d'Arras. — Amboise, 26 janvier 1482.

AVOUÉS ET VIDAMES.

320   JACQUELINE DE BÉTHUNE,

Dame de Picquigny, femme de Raoul d'Ailly, vidamesse d'Amiens. — 1422.

Sceau rond, de 35 mill. — Arch. du Nord; Chambre des comptes.

Dans un encadrement quadrilobé, un écu en bannière portant le chef échiqueté d'Ailly, parti d'un écartelé d'une fascé et du fascé des Coucy, à l'écusson sur le tout, soutenu par quatre anges.

. . . . aqueline · ꝓ · bethune · vidamelſe · d . . .

(Seel Jaqueline de Béthune, vidamesse d . . . . . .)

Partage des biens d'Isabelle de Ghistelles, sa mère. — 26 février 1422.

---

321   YOLANDE,

Bâtarde de Bourgogne, femme de Jean de Picquigny, vidamesse d'Amiens. — 1470.

Sceau rond, de 31 mill. — Arch. du Nord; Chambre des comptes.

Écu en losange portant le chef échiqueté d'Ailly, parti des quartiers de Bourgogne, à l'écusson sur le tout.

s · yolent de bourġue vidamesse damiens dame ꝛ piquiġi

(Seel Yolent de Bourgoingne, vidamesse d'Amiens, dame de Piquigni.)

Quittance de pension. — 3 novembre 1470.

---

322   ULRIC,

Avoué de Billy, chevalier. — 1268.

Sceau en écu, de 44 mill. — Arch. du Nord; Chambre des comptes.

Écu d'hermines au croissant.

✳ S' . . . . . GI · ADVOCATI · D' · BILLEIO :

(Sigillum Ulrici, advocati de Billeio.)

Waleran, sire de Montjoie et de Faulquemont, jure la loi qu'il a donnée aux bourgeois de Marville. — 7 février 1268.

---

323   GILLES DE CHIN,

Avoué de Busigny. — 1499.

Sceau rond, de 24 mill. — Arch. du Nord; collégiale de Saint-Géry.

Écu fascé de vair et de... de six pièces.

✳ S' GILLE · DE · CHIN · ESCVIER

(Seel Gille de Chin, escuier.)

Estimation de l'avouerie de Busigny. — 31 mai 1499.

---

324   GILLES DE CHIN,

Avoué de Busigny. — 1499.

Sceau hexagone, de 18 mill. — Arch. du Nord; collégiale de Saint-Géry.

Écu fascé de vair et de... de six pièces.

❋ SEEL GILLE DE CIN

(Seel Gille de Cin.)

Traité pour la cession de l'avouerie de Busigny. — 23 août 1299.

---

325 GÉRARD,

Vidame de Laonnois. — 1190.

Sceau rond, de 54 mill. — Arch. du Nord; abbaye de Vaucelles.

Type équestre; casque à timbre plat et à nasal, épée ornée d'une damasquine, éperon conique.

SIGILL GER..DI VICE DÑI LAVDVÑSIS

(Sigillum Gerardi, vicedomini Laudunensis.)

Droit de passage accordé aux religieux de Vaucelles. — 1190.

---

326 GÉRARD,

Vidame de Laonnois. — 1192.

Sceau rond, de 63 mill. — Arch. du Nord; abbaye d'Anchin.

Type équestre, fruste.

SIGILL · GERARDI · VICEDÑI LAVDVÑSIS

(Sigillum Gerardi, vicedomini Laudunensis.)

Autorisation donnée à l'abbaye d'Anchin pour acquérir des biens tenus du vidame. — 1192.

---

327 GOBERT DE CLACY,

Vidame de Laonnois. — 1215.

Sceau rond, de 70 mill. — Arch. du Nord; abbaye de Vaucelles.

Type équestre; le bouclier portant un pal échiqueté sous un chef.

SIGILL : GOBTI : VICEDÑI : LAVDVNENS'

(Sigillum Goberti, vicedomini Laudunensis.)

Droit de passage accordé aux religieux de Vaucelles. — Août 1215.

---

328 GAUTIER BERTHOUT,

Avoué de Malines. — 1241.

Sceau rond, de 70 mill. — Arch. du Nord; Chambre des comptes.

Type équestre; le bouclier chargé de trois pals.

❋ SIGILLVM.....BERTOVT

(Sigillum ..... Bertout.)

Contre-sceau : Écu à trois pals.

❋ W BERTOVT

(W. Bertout.)

Hommage à Robert, évêque de Liége. — 11 avril 1241.

---

329 GAUTIER BERTHOUT.

Avoué de Malines. — 1262.

Sceau rond, d'environ 72 mill. — Arch. du Nord; évêché et chapitre de Cambrai.

Type équestre, incomplet; le bouclier et la housse portant trois pals. — Légende détruite.

Cautions fournies à l'évêque de Cambrai pour la restitution des dîmes de la forêt de Wavre. — 30 mars 1252.

---

330 NICOLAS D'AUBERCHICOURT,

Avoué en Ostrevant des seigneuries de l'abbaye de Marchiennes. — 1226.

Sceau rond, de 58 mill. — Arch. du Nord; abbaye d'Anchin.

Écu au pal accosté de six macles.

❋ S'. NICHOLAI · ADVOCATI : MILITIS · DOBCICT

(Sigillum Nicholai, advocati, militis d'Obrecicort.)

Délimitation des terrages d'Auberchicourt. — Mai 1226.

---

331 SARA DE BARALLE,

Demoiselle de Courrières, avouée de Rumaucourt pour Saint-Amé de Douai. 1380.

Sceau rond, de 25 mill. — Arch. du Nord; chapitre de Saint-Amé.

Écu portant une bande de fusées au lambel, parti d'un fretté au franc canton chargé de.....

... SARA...ISELE.....

(Soel Sara, demisele.....?)

Pouvoirs pour remplir, à sa place, envers le chapitre, les devoirs de ladite avouerie. — 17 octobre 1380.

---

332 THIERRI,

Avoué de Ruremonde. — 1286.

Sceau rond, de 60 mill. — Arch. du Nord; Chambre des comptes.

Écu portant une fleur de lys.

❋ S'. THEODERICI : ADVOCATI : DE : RVREMVNDE :

(Sigillum Theoderici, advocati de Ruremonde.)

Promesse de maintenir le traité de mariage du comte de Gueldre avec Marguerite de Flandre. — Mai 1286.

---

333 THIERRI.

Avoué de Ruremonde. — 1290.

Sceau rond, de 25 mill. — Arch. du Nord; Chambre des comptes.

Écu portant une fleur de lys.

❋ S' · TH · ADVOCATI · DE · RVREMVND'

(Sigillum Theoderici, advocati de Ruremonde.)

Promesse de tenir l'accord par lequel le comte de Gueldre abandonne, pendant cinq ans, à Gui, comte de Flandre, son beau-père, les revenus des comtés de Gueldre, de Zutphen, etc. — Février 1290.

---

334 GAUTIER DE BOUSIES,

Avoué de Solesme. — 1201.

Sceau rond, de 60 mill. — Arch. du Nord; évêché et chapitre de Cambrai.

Écu portant une croix.

✱ SIGILLVM WALTE.. DE : BVSI.S

(Sigillum Walteri de Busies.)

Loi de commune pour Solesmes. — Mai 1202.

---

335   NICOLAS,

Avoué de Thuin, seigneur de Marchienne-au-Pont et de Bianvels. — 1305.

Sceau rond, de 43 mill. — Arch. du Nord; Chambre des comptes.

Écu au lion couronné. — Légende détruite.

L'avoué de Thuin abandonne la terre de Ryu en Cambrésis au profit de Philippe, comtesse de Hainaut. — Maubeuge, 3 octobre 1305.

---

336   ANSEL D'AIGREMONT,

Avoué de Tournay, sire de Wez, chevalier. — 1260.

Sceau rond, de 62 mill. — Arch. du Nord; abbaye de Loos.

Écu à la fasce d'hermines.

✱ SIGILLVM · AN...MI · DE · AGROMONTE · MILITIS

(Sigillum Anselmi de Agromonte, militis.)

Contre-sceau : Écu à la fasce d'hermines.

✱ SECRETVM · MEVM · MICHI

(Secretum meum michi.)

L'avoué vend à l'abbaye de Loos des biens situés à Wez. — 21 janvier 1260.

---

337   RÉNIER D'AIGREMONT,

Avoué de Tournay. — 1277.

Sceau rond, de 58 mill. — Arch. du Nord; abbaye de Loos.

Type équestre; le bouclier et la housse portant une fasce d'hermines.

S'. RENERI · LE · BORGNE · DE · AGREMO · AVOCATI · DE · TORNACO

(Sigillum Reneri le Borgne de Agremont, avocati de Tornaco.)

Contre-sceau : Écu aux armes de la face.

✱ SECRETVM · RENERI ✱

(Secretum Reneri.)

Reconnaissance d'une rente due au chapitre de Tournay sur les biens vendus à l'abbaye de Loos par Ansel d'Aigremont, son père. — Juillet 1277.

---

338   L'AVOUÉ D'YPRES,

xviᵉ siècle.

Sceau rond, de 47 mill. — Communiqué par M. Böhm à Ypres.

Écu au lion, timbré de la croix à double traverse, accompagné, en bas, d'une chimère, dans un encadrement quadrilobé.

fig : advocati · ypren[f]is · p...h : [ ] .....

(Sigillum advocati Yprensis.....)

Sceau détaché.

CORPS POLITIQUES.

---

339   COMTÉ DE FLANDRE
(LES QUATRE MEMBRES DU).

1543.

Sceau rond, de 84 mill. — Communiqué par M. Böhm à Ypres.

L'écu de Flandre timbré d'un heaume cimé, entouré de quatre écussons : Gand, Bruges, Ypres, le Franc de Bruges.

SIGILLVM ✱ QVATVOR ✱ MEMBRORVM ✱ COMITATVS FLANDRIE ✱ 1543

Contre-sceau : Les quatre écussons de la face, accompagnés de quatre briquets de la toison d'or; au milieu, deux bâtons noueux en sautoir.

CONTRA·SIGILLVM·QVATVOR·MEMBRORVM· FLANDRIE · 1543

Sceau détaché.

---

340   LES ÉTATS DU HAINAUT.

1601.

Sceau du clergé.

Sceau rond, de 54 mill. — Arch. du Nord; Chambre des comptes.

Écu au lion, timbré d'une mitre accompagnée d'une crosse et d'un tau, entouré d'un cordon de quatorze écussons qui sont, en suivant le sens de la légende : les abbayes de Hasnon, Liessies, Crespin, Cambron, Vicogne; les chapitres de Soignies, de Saint-Pierre de Leuze; les abbayes du Val des Écoliers à Mons, Saint-Feuillan du Rœulx, Bonne-Espérance, Saint-Denis en Broqueroye, Maroilles, Hautmont, Saint-Ghislain.

SIGILLV CLER...HANNONI. 1578

Le clergé de Hainaut s'affranchit du droit de lautrie moyennant une rente de 200ᵗᵗ. — 23 novembre 1601.

1653.

Sceau de la noblesse.

Sceau rond, de 54 mill. — Arch. du Nord; minimes de Lille.

Écu au lion armé d'une épée, timbré d'un heaume cimé d'un bras armé, entouré d'un cordon de quatorze écussons qui sont : Chimay, Beaumont, Chièvres, Baudour, Lens, le Rœulx, Silly, Barbençon, la Longueville, Rebaix, Walincourt, Avesnes, Petit-Quévy, Lalluing.

SIGILLVM · NOB....M · HANNONIÆ · 1578 ·

Émission de rentes destinées à parfaire la somme de 27,000 florins nécessaires pour la levée d'hommes et de chevaux ordonnée par Sa Majesté. — 18 novembre 1653.

1555.

Sceau des villes.

Sceau rond, de 54 mill. — Arch. du Nord; minimes de Lille.

Écu au lion, devant un château flanqué de tours qui est Mons, entouré de quinze écussons qui sont : Valenciennes, Enghien, Maubeuge, Binche, Landrecies, Beaumont, Avesnes, Hal, Lessines, Bouchain, Chimay, Braine-le-Comte, Bavay, le Quesnoy, Ath.

...ILLVM • CI..TATV • HANNONIÆ • 1578 •

Voyez le sceau de la noblesse.

IVe SÉRIE. — DIGNITAIRES DES GRANDS FEUDATAIRES.

DIGNITAIRES DE L'ARCHIDUCHÉ D'AUTRICHE.

341 JACQUES DE LUXEMBOURG,

Sire de Fiennes, maréchal de l'armée de l'archiduc Maximilien. — 1478.

Sceau rond, de 49 mill. — Arch. du Nord; Chambre des comptes.

Écu au lion à queue fourchée passée en sautoir, écartelé d'un soleil, penché, timbré d'un heaume cimé d'un griffon, supporté par deux griffons, celui de dextre tenant une bannière au lion.

sigillum · iacob · · de · luxembourgo

(Sigillum Jacobi de Luxembourgo.)

Quittance de pension. — 13 juillet 1478.

342 CLAUDE,

Seigneur de Toulonjeon et de la Bastie, baron de Sencey, conseiller et chambellan de l'archiduc Philippe le Beau. — 1496.

Sceau rond, de 48 mill. — Arch. du Nord; Chambre des comptes.

Écu portant trois jumelles, écartelé de trois fasces ondées, penché, timbré d'un heaume cimé et accompagné de lambrequins.

s de glaude..... thoulôtön de la baſtie barô de ſenecey

(Seel de Glaude, sire de Thoulonjeon, de la Bastie, baron de Sencey.)

Quittance de pension. — 22 juillet 1496.

343 GUILLAUME DE CROY,

Seigneur de Chièvres, chambellan de l'archiduc Philippe le Beau. — 1502.

Sceau rond, de 60 mill. — Arch. du Nord; Chambre des comptes.

Écu écartelé, portant, au 1 et 4, trois fasces écartelées de trois doloires; au 2 et 3, un lion couronné à queue fourchée passée en sautoir; sur le tout, un écusson à la bande chargée écartelé d'un semé de croisettes à deux bars adossés.

s Guillaume de croy seigneur de ch.....

(Seel Guillaume de Croy, seigneur de Chièvres.)

Quittance de pension. — 4 février 1502.

344 PHILIBERT,

Seigneur de Veyre, chambellan de l'archiduc Philippe le Beau. — 1503.

Sceau rond, de 37 mill. — Arch. du Nord; Chambre des comptes.

Écu à la bande accompagnée de six coquilles, timbré d'un heaume cimé d'une tête de lion.

S · PHILIBERT · DE · VEYRE · DIT · LA · MOVCHE

L'Archiduc transporte à son chambellan, avec faculté de rachat, les terres, ville, château, bailliage de Mont-Saint-Vincent et de Parisy au comté de Charolais. — Braine-le-Comte, 23 janvier 1503.

345 ANTOINE,

Comte de Fauquembergue, etc. chambellan de l'archiduc Charles. — 1515.

Sceau rond, de 67 mill. — Arch. du Nord; Chambre des comptes.

Type équestre; le cavalier armé de toutes pièces, portant un bouclier à la bande, écartelé d'une fasce.

..ANTHOINE CONTE DE FAVQVEMBERGHE BARON DE LIGNE ..IGNEVR ......LLVE MOV.....

Contre-sceau : Écu à la bande, écartelé d'une fasce, entouré d'une cordelière.

ANTHONIE.......

Quittance de pension. — 10 janvier 1515.

DIGNITAIRES DE BOURGOGNE.

346 JEAN,

Sire de Choiseul, connétable de Bourgogne. — 1490.

Sceau rond, de 68 mill. — Arch. du Nord; Chambre des comptes.

Type équestre; casque carré, bouclier aux armes du contre-sceau.

✻ S. IOHANNIS DOMINI CASIOLI

(Sigillum Johannis, domini Casioli.)

CONTRE-SCEAU : Écu à la croix cantonnée de billettes.

S SECRETVO MEVO

(Sigillum secretum meum.)

Quittance. — 29 janvier 1292.

347 GUILLAUME DE VERGY,

Maréchal de Bourgogne, capitaine général des frontières de Gueldre et de Zutphen. 1504.

Sceau rond, de 40 mill. — Arch. du Nord; Chambre des comptes.

Écu portant trois quintefeuilles, penché, timbré d'un heaume cimé d'une tête de griffon, soutenu par deux griffons.

S Guillaume de vergi

(Seel Guillaume de Vergi.)

Quittance. — 31 décembre 1504.

348 BAUDOUIN D'YPRES,

Chevalier, chambellan du duc de Bourgogne. — 1385.

Sceau rond, de 25 mill. — Arch. du Nord; Chambre des comptes.

Dans un encadrement en losange, un écu écartelé, portant, au 1 et 4, un sautoir au lambel; au 2 et 3, une croix de vair.

S'. BA...WIN DO.TRGR?

(Seel Baldewin . . . . .)

Quittance de 100 francs d'or destinés à l'achat d'un cheval. — 10 septembre 1385.

349 JEAN DE NIELLES,

Chevalier, conseiller et chambellan du duc de Bourgogne. — 1408.

Sceau rond, de 33 mill. — Arch. du Nord; chapitre de Lille.

Écu billeté au lion à la bordure engrêlée, penché, timbré d'un heaume cimé d'une tête de chien, supporté par deux chiens, accompagné de deux rameaux.

S · iehan · de · nieles . . . . .

(Seel Jehan de Nieles. . . . .)

Quittance à valoir sur le prix d'une maison à Lille. — 1408.

350 JEAN DE BARBENÇON,

Seigneur de Jeumont, conseiller et chambellan du duc de Bourgogne. — 1411.

Sceau rond, de 28 mill. — Arch. du Nord; Chambre des comptes.

Écu portant trois lions, brisé d'une étoile en abîme.

IEHAN DE IVEMONT

(Jehan de Jucmont.)

Le duc de Bourgogne donne à Jean de Barbençon le gave du Cambrésis en remboursement de sommes dues à son père, Jean de Jeumont. — 19 juin 1411.

351 JEAN,

Seigneur de Comines, conseiller et chambellan du duc de Bourgogne. — 1423.

Sceau rond, de 30 mill. — Arch. du Nord; Chambre des comptes.

Écu au chevron accompagné de trois coquilles, penché, timbré d'un heaume, supporté par une dame.

S : iehan . . . . . .

(Seel Jehan . . . . .)

Rappel de bannis de la ville de Bergues. — 11 août 1423.

352 HUGUES DE LANNOY,

Seigneur de Santes, de Wahagnies et de Beaumont, chambellan du duc de Bourgogne. — 1423.

Sceau rond, de 31 mill. — Arch. du Nord; Chambre des comptes.

Écu portant trois lions couronnés à la bordure engrêlée, penché, timbré d'un heaume cimé d'une licorne et accosté de deux fermaux?

S · hue · de · lannoy · chevalier

(Seel Hue de Lannoy, chevalier.)

Attestation de solde de gens d'armes et de trait. — 31 mars 1423.

353 MARGUERITE DE BÉCOURT,

Femme de Hugues de Lannoy. — 1443.

Sceau rond, de 30 mill. — Arch. du Nord; chapitre de Lille.

Écu en losange, portant trois lions couronnés à la bordure engrêlée, parti de fusées en bande écartelées de trois doloires. — Légende détruite.

Hugues de Lannoy et sa femme contractent l'obligation d'entretenir une chapelle qu'ils ont fondée. — 6 mars 1443.

354 PHILIPPE,

Seigneur de Saveuse, de Bailleulmont, conseiller et chambellan du duc de Bourgogne. — 1433.

Sceau rond, de 40 mill. — Arch. du Nord; Chambre des comptes.

Écu à la bande accompagnée de six billettes, timbré d'un heaume cimé d'une tête de héron, supporté par une dame à sénestre.

seel phi . . . .

Quittance de rente sur la recette d'Artois. — 8 janvier 1433.

355 PHILIPPE DE MONTMORENCY,

Seigneur de Croisilles, conseiller et chambellan du duc de Bourgogne. — 1438.

Sceau rond, de 35 mill. — Arch. du Nord; Chambre des comptes.

Écu à la croix cantonnée de seize alérions, penché, timbré d'un heaume cimé, supporté par une dame à dextre.

S philippe de montmorency

(Seel Philippe de Montmorency.)

Ce chambellan atteste que le receveur d'Arras l'a tenu quitte, par l'octroi du Duc, de la moitié des droits seigneuriaux de la terre de Wencourt. — 10 juin 1438.

356   HUGUES,

Seigneur de Hamet, de Bondues, chambellan du duc de Bourgogne. — 1451.

Sceau rond, de 41 mill. — Arch. du Nord; Chambre des comptes.

Écu portant un écusson en abîme au lambel de trois pendants sur le tout, penché, timbré d'un heaume cimé d'une tête de bœuf, supporté par un lion et par un homme sauvage.

s : hugue : feigueur : de : hame

(Seel Hugue, seigneur de Hame.)

Quittance de rente sur le domaine d'Amiens. — 24 juillet 1451.

357   ANTOINE,

Seigneur de Croy, comte de Porcien, premier chambellan du duc de Bourgogne, et son lieutenant-gouverneur du duché de Luxembourg et comté de Chiny. — 1453.

Sceau rond, de 60 mill. — Arch. du Nord; Chambre des comptes.

Écu portant trois fasces, écartelé de trois doloires, penché, timbré d'un heaume cimé d'une tête de lévrier, supporté par deux lions.

seel Authome seigueur de crop coute de porcieu

(Seel Antholus, seigneur de Croy, comte de Porcien.)

Le seigneur de Croy s'oblige à rendre au duc de Bourgogne la ville d'Éperlecques et le bois de Beaulo, lorsque le Duc lui remboursera 10,636 francs avancés pour ses guerres. — 1er août 1453.

358   PHILIPPE,

Bâtard de Brabant, conseiller et chambellan du duc de Bourgogne. — 1464.

Sceau rond, de 28 mill. — Arch. du Nord; Chambre des comptes.

Écu au franc canton chargé d'un lion?, penché, timbré d'un heaume cimé et accompagné de lambrequins.

s · phle · b · de · brabât · s' · de · crubecq

(Seel Philippe, bastart de Brabant, sire de Crubecq.)

Philippe reçoit du duc de Bourgogne la ville de Cruyloke en échange des 600ll qui lui avaient été assignées lors de son mariage. — 9 décembre 1464.

359   JEAN,

Seigneur de Halluin, vicomte de Roulers, sire de Westhof, chambellan du duc de Bourgogne. — 1469.

Sceau rond, de 38 mill. — Arch. du Nord; chapitre de Lille.

Écu portant trois lions couronnés, penché, timbré d'un heaume cimé d'un lion, soutenu par deux dames.

s iehan feig . . . . . halewi de la . . .

(Seel Johan, seigneur de Halewin, de Lan . . . . .)

Amortissement d'une dîme à Neuve-Église. — 29 août 1469.

360   NICOLAS ROLIN,

Chancelier du duc de Bourgogne. — 1446.

Sceau rond, de 85 mill. — Hôtel-Dieu de Valenciennes.

Écu portant trois clefs, penché, timbré d'un heaume cimé d'une tête d'ange?, supporté par deux aigles.

nicolas Rolin

(Nicolas Rolin.)

Amortissement de terres à Marly. — Bruxelles, 15 juillet 1446.

361   GUILLAUME,

Bâtard de Barière, écuyer, échanson du duc de Bourgogne. — 1454.

Sceau rond, de 81 mill. — Arch. du Nord; Chambre des comptes.

Écu portant quatre lions au filet en bande brochant, supporté par un lion et par un homme sauvage.

s · willem · bastaert · van · beyeren

(Segel Willem, bastaert van Beyeren.)

Quittance de rente. — 4 mars 1454.

DIGNITAIRES DE BRABANT.

362   JEAN BONT,

Docteur en droit, chancelier de Brabant. — 1498.

Sceau rond, de 24 mill. — Arch. du Nord; évêché et chapitre de Cambrai.

Écu portant un plain sous un chef chargé à dextre d'un fer de moulin, penché, soutenu par un ange.

s · iohannis · bont ·

(Sigillum Johannis Bont.)

Jean Bont reçoit, au nom du duc de Brabant, le serment de féauté du chapitre de Cambrai. — 29 juin 1498.

363   GÉRARD DE ROTSELAER.

Chevalier, sénéchal de Brabant. — 1293.

Sceau rond, de 62 mill. — Arch. du Nord; Chambre des comptes.

Type équestre; haubert, cotte d'armes flottante; le bouclier et la housse aux armes du contre-sceau.

SIGILLVM . . . . . RD . . . . . DE ROChELAER

(Sigillum . . . . . Gerardi . . . . . de Rochelaer.)

Contre-sceau : Écu portant trois fleurs de lys au pied nourri.

✠ SECRET GERARDI DE ROChELAER

(Secretum Gerardi de Rochelaer.)

Quittance de fief de bourse. — 16 janvier 1293.

364   HENRI DE LE LECKE,

Seigneur de Herswyk, sénéchal de Brabant. — 1404.

Sceau rond, de 26 mill. — Arch. du Nord; évêché et chapitre de Cambrai.

Un heaume couronné et cimé d'un vol.

S · secretum · meum ·

(Sigillum secretum meum.)

Ratification de l'achat du bois de *Berquit*. — Bruxelles, 14 août 1404.

---

365   GUILLAUME,

Seigneur de Wesemael, maréchal de Brabant. — 1339.

Sceau rond, de 58 mill. — Arch. du Nord; Chambre des comptes.

Type équestre; le bouclier, l'épaulière, le troussequin et la housse portant trois fleurs de lys au pied nourri; l'épée retenue par une chaîne.

S · WIL... DE WESE... BRAB....

(Sigillum Willelmi, domini de Wesemale, marescalci de Brabantia.)

Traité d'alliance entre Jean III, duc de Lothier et de Brabant, et Louis, comte de Flandre. — 3 décembre 1339.

---

366   JEAN,

Seigneur de Wesemael, maréchal héréditaire de Brabant. — 1456.

Sceau rond, de 50 mill. — Arch. du Nord; chartes flamandes.

Type de chevalier debout, armé de pied en cap, tenant son épée de la main droite, la gauche posée sur son bouclier qui porte trois fleurs de lys au pied nourri. A dextre, un lion assis soutenant un casque cimé d'un lion.

..Iohis dni d Wesem..... d mechli.......?

(Sigillum Johannis, domini de Wesemael..... de Mechlinia....)

Quittance. — 3 janvier 1456.

---

367   JEAN,

Seigneur de Rotselaer, drossard de Brabant. — 1339.

Sceau rond, de 26 mill. — Arch. du Nord; Chambre des comptes.

Dans une rose, un écu portant trois fleurs de lys au pied nourri.

...OhANIS DO.....TSELAER

(Sigillum Johannis, domini de Rotselaer.)

Voyez le n° 365.

DIGNITAIRES DE FLANDRE.

---

368   LE REWARD DE FLANDRE.

1339.

Sceau rond, de 39 mill. — Arch. du Nord; Chambre des comptes.

Un lion assis, dans un encadrement ovale.

S : FLANDRIE : REVWARDI : PER : COMMVNEM : PATRIAM : ORDINATI ·

(Sigillum Flandrie reuwardi, per communem patriam ordinati.)

Voyez le n° 365.

---

369   GÉRARD D'ALSACE,

Prévôt de Saint-Donatien de Bruges, chancelier de Flandre. — 1205.

Sceau ogival, de 82 mill. — Arch. du Nord; abbaye d'Anchin.

Personnage debout, de profil à gauche, recevant un livre des mains d'un jeune clerc.

✳ S· GERARDI BRVG'..... ANDRIE CANCELLARII

(Sigillum Gerardi, Brugensis prepositi, Flandrie cancellarii.)

Contre-sceau : Un lion.

✳ SECRETVM MEVM MICHI

(Secretum meum michi.)

Traité au sujet d'une dîme restituée à l'abbaye de Corbie. — Ypres, 31 juillet 1205.

---

370   FRANCON DE MALDEGHEM,

Prévôt de Saint-Donatien de Bruges, chancelier de Flandre. — 1234.

Sceau ogival, de 72 mill. — Arch. du Nord; chapitre de Lille.

Le chancelier, assis de trois quarts sur un banc soutenu par deux lions?, écrit dans un livre posé sur un pupitre à colonnettes.

✳ S· FRANCONIS BRVGENSIS PREP..... FLANDRIE CANCELLARII

(Sigillum Franconis, Brugensis prepositi, Flandrie cancellarii.)

Contre-sceau : Écu au lion.

✳ SECRETV̄ · F · CANCELLARII · COMITIS

(Secretum Franconis, cancellarii comitis.)

Acquisition de la dîme de Bosbeck. — Mai 1234.

---

371   JEAN DE FLANDRE,

Prévôt de Saint-Donatien de Bruges et de Saint-Pierre de Lille, chancelier de Flandre. 1275.

Sceau ogival, de 75 mill. — Arch. du Nord; chapitre de Lille.

Dans une niche gothique appuyée d'un côté sur une colonnette, de l'autre sur le cordon du grenetis, le chancelier debout, en manteau, tenant un livre de la main gauche et recevant de la droite un acte scellé que lui présente un petit clerc à genoux. Dans le champ, en haut, un lion.

✳ S' IOhIS : FIL. COMITIS : FLANDRIE : PPOSITI..... NCELLARII : FLANDRIE

(Sigillum Johannis, filii comitis Flandrie, prepositi Brugensis, cancellarii Flandrie.)

Contre-sceau : Un lion.

✠ SECRETVO : SIGILLI :

(Secretum sigilli.)

Le chapitre de Lille décide que les sommes destinées à des fondations d'obit seront déposées à la trésorerie et ne pourront être employées à un autre usage. — 17 août 1275.

---

372   JEAN DE CULANT,

Prévôt de Saint-Donatien de Bruges, chancelier de Flandre. — 1287.

Sceau ogival, de 62 mill. — Arch. du Nord; Chambre des comptes.

Type semblable au précédent; le lion de Flandre rampant au haut du champ, qui est semé d'étoiles.

..IOꝪIS · DE · CVLĒTO · ꝐPOSIT... FLĀDRIE : CĀCELLA...

(Sigillum Johannis de Culento, præpositi Brugensis, Flandrie cancellarii.)

Contre-sceau : Dans une rose, un lion brisé d'une bande, sur champ étoilé.

✠ CONTRA · Sʹ · IOꝪIS · DE · CVLENTO

(Contra sigillum Johannis de Culento.)

Gui, comte de Flandre, appelle en cour de Rome de la sentence de l'Empereur qui adjuge à Jean d'Avesnes, comte de Hainaut, Waes, Alost, les Quatre-Métiers, Grammont, etc. — Male, 10 mai 1287.

---

373   BAUDOUIN DE NIEPPE,

Prévôt de Saint-Donatien de Bruges, chancelier de Flandre. — 1399.

Sceau ogival, de 75 mill. — Arch. du Nord; Chambre des comptes.

Dans une niche gothique principale surmontée de clochetons, un personnage debout, mitré, crossé, tenant un livre; dans une niche inférieure, un priant; dans deux niches latérales, deux anges ayant au-dessous d'eux deux écus : celui de sénestre, le seul qui subsiste, porte d'hermines à un écusson en cœur. A droite et à gauche, sur le faîte d'un mur en escalier, un ange.

.....ꝺ : niepa : prepofiti : saucti :......... ..ncellariι : flan...

(Sigillum Balduini de Niepa, præpositi Sancti Donatiani Brugensis, cancellarii Flandrie.)

Ordonnance du duc de Bourgogne défendant l'usure dans la juridiction de Saint-Donatien. — Lille, 14 août 1399.

---

374   RAOUL LE MAIRE,

Prévôt de Saint-Donatien de Bruges, chancelier de Flandre. — 1416.

Sceau ogival, de 65 mill. — Arch. du Nord; collégiale de Saint-Géry.

Dans une niche gothique richement couronnée, un personnage mitré, crossé, bénissant; à sa dextre, un moine à genoux; dans le champ, un arbre; au-dessous, un écu au lion brisé d'un bâton en bande.

...abul... ꝑpofi.....brugenſis canfellaru fla.....

(Sigillum Radulphi, præpositi Sancti Donatiani Brugensis, cancellarii Flandrie.)

Sentence qui condamne Mᵉ Paul Béyé, scelleur de l'évêque de Cambrai, à restituer à la collégiale de Saint-Géry les biens dont il s'était emparé. — 4 juillet 1416.

---

375   HELLIN DE WAVRIN,

Sénéchal de Flandre. — 1177.

Sceau rond, en cuvette, de 60 mill. — Arch. du Nord; abbaye de Vaucelles.

Une aigle empiétant un dragon.

✠ SIGILLVꝰ ɧ ....ERINO

(Sigillum Hellini de Wavrino.)

Exemption de droits de vinage accordée à l'abbaye de Vaucelles. — 1177.

---

376   ROBERT DE WAVRIN,

Seigneur de Lillers, sénéchal de Flandre. — 1193.

Sceau rond, de 58 mill. — Arch. du Nord; chapitre de Lille.

Écu portant une aigle.

✠ Sʹ · ROBTI · DE · WAVRĪG · FLAD'E · SENESCALDI · LILERIEÑ · DÑI

(Sigillum Roberti de Wavring, Flandrie senescaldi, Lileriensis domini.)

Contre-sceau : Aux armes de la face.

✠ Sʹ · ROBERTI · DE · WAVRĪG

(Secretum Roberti de Wavring.)

Affranchissement de deux serfs. — 1193.

---

377   ROBERT DE WAVRIN,

Sire de Dramoutre, sénéchal de Flandre. — 1279.

Sceau rond, de 63 mill. — Arch. du Nord; chapitre de Lille.

Type équestre; le bouclier et la housse aux armes du contre-sceau.

✠ Sʹ · ROBERTI · DE · W.....NESCALLI · FLANDREÑ

(Sigillum Roberti de W... senescalli Flandrensis.)

Contre-sceau : Écu portant un écusson en cœur, au lambel de trois pendants sur le tout.

✠ SIGILL.. SECRET..

(Sigillum secretum.)

Confirmation de l'acquisition d'un fief à Wattignies. — Novembre 1279.

---

378   MAALIN DE BEAUSART,

Connétable de Flandre. — 1309.

Sceau rond, de 24 mill. — Arch. du Nord; Chambre des comptes.

Écu portant un écusson en cœur, à la bande de losanges sur le tout.

✠ S' MAILIR OEIVALIER 9ESTABLE
DE FLAD

(Scel Mailin coivalier, couestable de Flandre.)

Caution fournie au comte de Flandre pour 100ll prêtées à la dame de Heveren. — Ypres, 5 septembre 1309.

379   **CHARLES DE MELUN,**

Prince d'Épinoy, connétable de Flandre. — 1569.

Sceau rond, de 75 mill. — Arch. du Nord; abbaye de Vicogne.

L'écu de Melun (sept besants sous un chef) timbré d'un heaume couronné cimé d'une tête de bœuf et accompagné de lambrequins, supporté par deux griffons.

CHARLES DE M.....

Contre-scel : L'écu de Melun couronné, entouré de rinceaux. — Sans légende.

Le Connétable donne à Claude Ponchaux, son receveur, un flégard situé à Fives. — 7 décembre 1569.

380   **ISABEAU,**

Veuve de Jean, seigneur de Ghistelles, chambellan de Flandre. — 1317.

Sceau ogival, de 67 mill. — Arch. du Nord; Chambre des comptes.

Dame debout, de trois quarts à gauche, en robe flottante et en manteau, tenant une fleur à la main droite, la gauche passée dans l'attache du manteau, accostée de deux écus supportés chacun par un oiseau : celui de dextre portant un chevron d'hermines; celui de sénestre, un échiqueté. Champ fretté.

.....A : ROBLE : hOM.....STELLE :
ChÄB'L.....

(..... à noble homme..... de Ghistelle, chambellan de Flandre.)

Lettres de non-préjudice au comte de Flandre, qui avait autorisé Isabeau à se faire remplacer dans son service, à la mort de son mari. — 21 mai 1317.

381   **EUSTACHE,**

Chambrier de Flandre. — 1231.

Sceau rond, de 68 mill. — Arch. du Nord; Chambre des comptes.

Type équestre, fruste; le bouclier aux armes du contre-scel.

S. IVſTAO..... MIBVS.....RGh"O?

(Sigillum Justac.....)

Contre-scel : Écu portant une croix de vair. — Sans légende.

Baudouin, comte de Guines, cède à Fernoul, comte de Flandre, ses droits sur la terre et comté d'Alost. — Ypres, 4 septembre 1231.

382   **SOHIER DE BAILLEUL,**

Maréchal de Flandre. — 1188.

Sceau rond, de 30 mill. — Arch. du Nord; Chambre des comptes.

Écu au sautoir de vair.

✠ S' · SOhIER · DE · BAILLEVL · ChR̃

(Scel Sohier de Bailleul, chevalier.)

Contre-scel : Une aigle?

✠ SECRETVM · MEVM · MIChI

(Secretum meum michi.)

Assignation du douaire de demoiselle Pentecôte, fille du seigneur de Durbuy, par Guillaume de Mortagne, son futur mari. — Janvier 1288.

383   **GOSSUIN,**

Seigneur de Viehte, maréchal de Flandre. — 1333.

Sceau rond, de 30 mill. — Arch. du Nord; abbaye de Loos.

Écu fretté, dans une rose gothique ornée d'oiseaux.

✠ S' 60 ....SIGRGV... LE V..... Oh...

(Scel Gossuin, seigneur de la Viehte, chevalier.)

Accord pour des terres à Noyelles. — 12 juin 1333.

DIGNITAIRES DE HAINAUT.

384   **GÉRARD DE HAINAUT,**

Seigneur de Longueville, sénéchal de Hainaut. — 1235.

Sceau rond, de 64 mill. — Arch. du Nord; abbaye de Saint-Aubert.

Écu semé de billettes au lion.

✠ S. GERARDI · DE · HAINNAV · DÑI ·
DE · LONGAVILLA

(Sigillum Gerardi de Hainnau, domini de Longavilla.)

Gérard abandonne les droits qu'il croyait avoir sur le donjon de Saint-Aubert. — 1235.

385   **JACQUEMON,**

Sire de Werchin, sénéchal de Hainaut. — 1323.

Sceau rond, de 70 mill. — Arch. du Nord; abbaye de Fline.

Type équestre; la cotte d'armes, le bouclier et la housse billetés au lion.

....OR : D......hIH : SG....VƩ : DE :
hAINAV.

(Scel Jaquemon de Werchin, sénéchal de Hainau.)

Assignation de rente sur la terre de Fontenoy. — Mai 1323.

386   **JEANNE DE WALINCOURT,**

Dame de Cysoing, femme de Jean de Werchin, sénéchal de Hainaut. — 1356.

Sceau rond, de 25 mill. — Arch. du Nord; chapitre de Lille.

Dans un trèfle, un écu portant un billeté au lion, parti d'un lion.

.. ChA.....IRGOVRƩ : DAME : DE :.....

(Scel Jehanne de Walincourt, dame de Cysoing?)

Ratification d'un don de terres situées à Cysoing. — 15 janvier 1356.

387 JEANNE DE WERCHIN,

Baronnesse de Flandre, dame de Cysoing, sénéchale de Hainaut. — 1442.

Sceau rond, de 40 mill. — Arch. du Nord; abbaye de Cysoing.

Dans un cadre formé par l'entre-croisement de deux cordelières, un écu rond, supporté par deux hommes sauvages, parti, au 1, de sept besants sous un chef écartelés d'un lion; au 2, d'un semé de billettes au lion; dans le champ et dans les entrelas des cordelières, les lettres 𝔶𝔶 huit fois répétées.

. . . . . aie · dame · de · werchin · senescha . . . . haynau ·

(Seel Jehanne, dame de Werchin, séneschale de Haynau.)

Accord pour la justice de Cysoing. — 11 octobre 1442.

---

388 YOLANDE DE WERCHIN,

Princesse douairière d'Épinoy, sénéchale de Hainaut. — 1572.

Sceau rond, de 64 mill. — Arch. du Nord; sœurs grises de Lille.

Écu en losange, couronné, portant sept besants sous un chef, parti d'un billeté au lion, soutenu par deux anges.

·✠· YOLENTE · DE · WERCHIN · PRINCESSE · DES . . . . . DOVAGIERE

Contre-sceau : Écu couronné, aux mêmes armes.

Confirmation des dons octroyés aux sœurs grises par Isabeau de Roubaix. — Au château de Roubaix, 3 novembre 1572.

---

389 THIERRI DE WALINCOURT,

Sire d'As, maréchal de Hainaut. — 1339.

Sceau rond, de 34 mill. — Arch. du Nord; Chambre des comptes.

Dans un quadrilobe et sur champ fretté, une aigle au lambel de quatre pendants.

✳ S' TIER . . . . RÆV

(Seel Tier . . . . . Hainau.)

Traité d'alliance entre Jean III, duc de Lothier et de Brabant, et Louis, comte de Flandre. — 3 décembre 1339.

DIGNITAIRE DU COMTÉ DE NAMUR.

---

390 JEAN DE GESVES,

Chambellan du comte de Namur. — 1421.

Sceau rond, de 25 mill. — Arch. du Nord; Chambre des comptes.

Écu semé de croisettes, à la croix chargée d'une étoile en cœur, au lambel de trois pendants sur le tout.

S'. IOHANS · DE · GHIVE

(Seel Johans de Gaive.)

Le comte de Namur abandonne au duc de Bourgogne le comté de Namur et la prévôté de Poilvache. — 8 juin 1421.

DIGNITAIRE DE ZÉLANDE.

---

391 OTHON,

Chancelier de Zélande. — 1226.

Sceau rond, de 55 mill. — Arch. du Nord; Chambre des comptes.

Écu à la fasce de six fusées.

✳ SIGILLVM OTTONIS . . PORTVLIE . .

(Sigillum Ottonis . . . . .)

Promesse de maintenir le traité conclu entre Jeanne, comtesse de Flandre, et Florent, comte de Hollande, au sujet de la Zélande. — 18 juin 1226.

Vᵉ SÉRIE. — SEIGNEURS.

---

392 AA (GÉRARD, SIRE D').

1287.

Sceau rond, de 33 mill. — Arch. du Nord; Chambre des comptes.

Écu portant un sautoir.

✳ S'. GERARDI · DE · A · DÑI · DE · . . . . . LA

(Sigillum Gerardi de A, domini de . . . . . la.)

Promesse de maintenir l'accord qui doit être conclu entre le comte de Flandre et le comte de Hainaut, au sujet des Quatre-Métiers, Alost, Grammont, etc. — Février 1287.

---

393 ABBEVILLE (GÉRARD D').

Sire de Houbrech, chevalier. — 1293.

Sceau rond, de 21 mill. — Arch. du Nord; abbaye d'Anchin.

Dans une rose à quatre feuilles, un écu chargé de trois écussons.

✳ S' GVERART : DE : ABBEVILE

(Seel Guérart de Abbevile.)

L'abbaye d'Anchin acquiert de Gérard d'Abbeville un fief situé à Roffles. — Septembre 1293.

394 ABBEVILLE

(YOLANDE, FEMME DE GÉRARD D').

1293.

Sceau ogival, de 73 mill. — Arch. du Nord; abbaye d'Anchin.

Dame debout, en robe et en manteau, un oiseau sur le poing. A dextre, un écu chargé de trois écussons; à sénestre, un écu plain sous un chef.

✳ SIGILLVM.....E : .. BOVBERC.

(Sigillum..... e de Bouberch.)

Voyez le n° 393.

---

395 ABLAIN (JEAN D'),

Chevalier. — 1263.

Sceau rond, de 46 mill. — Arch. du Nord; abbaye des Prés.

Écu portant un écusson en cœur, au lambel de cinq pendants sur le tout.

✳ S' IEhAN CAPOR.....LAIN CEVALIER

(Seel Jehan Coper..... Ablain, cevalier.)

Abandon de ses droits sur un tiers de dîme réclamé par l'abbaye des Prés. — Mars 1263.

---

396 ADEGHEM (SOHIER, SIRE D').

1348.

Sceau rond, de 27 mill. — Arch. du Nord; Chambre des comptes.

Écu gironné d'un semé de croisettes et de... de dix pièces, penché, timbré d'un heaume de face cimé.

SOHIER : SIGNEVR.....

(Sohier, signeur.....)

Confirmation des franchises de la ville de Bourbourg par Lonis, comte de Flandre. — Bruges, 30 septembre 1348.

---

397 AIGREMONT (ANSEL D').

1227.

Sceau rond, de 55 mill. — Arch. du Nord; chapitre de Lille.

Écu au lion passant couronné.

✳ SIG.....MI : D.....COVNT

(Sigillum Anselmi de Aigremont.)

Le chapitre de Lille rachète l'héritage tenu par Ansel d'Aigremont à Arleux. — Octobre 1227.

---

398 AIGREMONT (ANSEL D').

1242.

Sceau rond de 65 mill. — Arch. du Nord; abbaye de Vaucelles.

Écu au lion.

✳ SIGILLVM : ANSELMI : DE : ACROMONTE

(Sigillum Anselmi de Acromonte.)

Contre-sceau : Écu au lion. — Sans légende.

Amortissement de terres à Beauvois. — Août 1242.

---

399 AIGREMONT

(SARA, FEMME D'ANSEL D').

1242.

Sceau ogival, de 65 mill. — Arch. du Nord; abbaye de Vaucelles.

Dame debout, en robe et en manteau vairé; coiffure carrée à mentonnière.

✳ SIGILVM : SARAIN : DE : NAVE

(Sigillum Sarain de Nave.)

Voyez le n° 398.

---

400 AIGREMONT (ANSEL D'),

Chevalier. — 1278.

Sceau rond, de 48 mill. — Arch. du Nord; abbaye de Flines.

Écu à la fasce d'hermines accompagnée d'un lion passant au canton dextre.

✳ S' MONSIGNEUR ANSEL O.......
DEGREMONT :

(Seel monsigneur Ansel, chevalier d'Égremont.)

Garantie fournie à l'abbaye de Flines pour une terre acquise d'une demoiselle mineure. — Février 1278.

---

401 AIGREMONT (ANSEL D'),

Dit le Borgne, écuyer. — 1330.

Sceau rond, de 20 mill. — Arch. du Nord; abblette de Lille.

Écu à la fasce d'hermines accompagnée d'un lion passant au canton dextre.

ANSIEL · DEGREMOT

(Ansiel d'Égremont.)

Arrentement de terre, par échange, à Ennevelin. — 14 juin 1330.

---

402 AIGREMONT (GÉRARD, SEIGNEUR D').

1246.

Sceau rond, de 57 mill. — Arch. du Nord; abbaye des Prés.

Écu au lion passant couronné.

✳ S · GERAR.. DOMINI · DE · ACRIMO...

(Sigillum Gerardi, domini de Aerimonte.)

Ratification d'un achat de terres à Brunmortier en la paroisse d'Annœulin. — Novembre 1246.

---

403 AIGREMONT (GILLES, SEIGNEUR D').

1219.

Sceau rond, de 55 mill. — Arch. du Nord, abbaye d'Anchin.

Écu au lion passant.

✠ SIGILLVM · EGIDII · DAIGREMONT

(Sigillum Egidii d'Aigremont.)

Ratification de l'achat de la dîme de Templeuve. — Mai 1212.

___

404 AIGREMONT (GILLES, SIRE D'),

Chevalier. — 1327.

Sceau rond, de 22 mill. — Arch. du Nord; abbaye des Prés.

Écu à la fasce d'hermines.

S' GILLES ..IGREMONT

(Seel Gilles d'Aigremont.)

L'abbaye des Prés est confirmée dans la possession d'une terre à Cachompré. — 18 février 1327.

___

405 AIGREMONT (GILLES D').

1330.

Sceau rond, de 19 mill. — Arch. du Nord; abbiette de Lille.

Écu à la fasce d'hermines accompagnée d'une étoile au canton dextre.

S GILLION ..OREMONT

(Seel Gillion d'Égremont.)

Arrentement de terre, par échange, à Ennevelin. — 14 juin 1330.

___

406 AIGREMONT (GILLES D'),

Dit Autreulles. — 1364.

Sceau rond, de 24 mill. — Arch. du Nord; abbaye des Prés.

Écu à la fasce d'hermines accompagnée en chef d'une étoile, au filet en bande brochant.

✠ S' GILLES · DEGREMONT

(Seel Gilles d'Égremont.)

Reconnaissance des droits de l'abbaye des Prés sur la justice de Cachompré. — 13 juillet 1364.

___

407 AIGREMONT (JEAN, SIRE D'),

Écuyer. — 1364.

Sceau rond, de 23 mill. — Arch. du Nord; abbaye des Prés.

Dans un encadrement en losange, un écu à la fasce d'hermines.

✠ S' IEHAN · DEGREMONT

(Seel Jehan d'Égremont.)

Voyez le n° 406.

___

408 AIGREMONT (JEAN D'),

Dit Autreulles. — 1364.

Sceau rond, de 20 mill. — Arch. du Nord; abbaye des Prés.

Écu à la fasce d'hermines, brisé d'un filet en bande.

___

✠ S' IEHAN · DAIGREMONG

(Seel Jehan d'Aigremont.)

Voyez le n° 406.

___

409 AILLY (FRANÇOIS D'),

De Sains, écuyer. — 1515.

Sceau rond, de 30 mill. — Arch. du Nord; collégiale de Saint-Géry.

Écu écartelé, — portant, au 1 et 4, un écusson? sous un chef échiqueté; au 2 et 3, une bande de vair, et, sur le tout, un lambel de trois pendants, — penché, timbré d'un heaume cimé et accompagné de lambrequins.

.......allg · dit · de · fains

(..... Ally, dit de Sains.)

Dénombrement d'un fief situé près la porte de Cantimpré à Cambrai. — 2 octobre 1515.

___

410 AILLY (HUGUES D'),

Sire de Raimbeaucourt. — 1296.

Sceau rond, de 44 mill. — Arch. communales de Douai.

Écu portant un plain sous un chef échiqueté.

✠ : SIGILLVM : hVON · D...I :

(Sigillum Huon d'Ailli.)

Contre-sceau : Écu au chef échiqueté.

✠ S' hVON · DASLI

(Seel Huon d'Ailli.)

Ratification d'une vente de terres, prés et fossés tenus du sire de Raimbeaucourt. — Avril 1296.

___

411 AIX (GEOFFROI, SIRE D'),

Chevalier. — 1280.

Sceau rond, de 72 mill. — Arch. du Nord; Chambre des comptes.

Type équestre; heaume cimé en aigrette; le bouclier et la housse portant un burelé de dix pièces.

S'. DOMI.I IO...DE AIX ·

(Sigillum domini Joffridi de Aix.)

Contre-sceau : Écu burelé de dix pièces.

✠ SIGILLVM : SECRETI

(Sigillum secreti.)

Henri, comte de Luxembourg, reprend en fief de Gui, comte de Flandre, le château et la ville de Poilvache, etc. — 11 mars 1280.

___

412 AIX (RENNEKIN D'),

Seigneur de le Nefle. — 1463.

Sceau rond, de 25 mill. — Arch. du Nord; Chambre des comptes.

Écu à la croix engrêlée cantonnée d'une aigle en chef et à dextre, soutenu par un ange.

s renebi ī̄ aqui . .

(Seel Renekin de Aquluis?)

Engagement de la terre de Vireux-Wallerand par Louis de la Marck. — 23 juillet 1463.

---

113   ALLERANT (MELLIN),

Seigneur de la Horarderie et d'Aix-en-Perrèle. — 1513.

Sceau rond, de 26 mill. — Arch. du Nord; abbaye de Flines.

Écu au lion.

s mellin allerant

(Seel Mellin Allerant.)

Acquisition d'un fief. — 8 janvier 1513.

---

114   ALLOUAGNE (SOHIER D'),

Chevalier. — 1230.

Sceau rond, de 52 mill. — Arch. du Nord; Chambre des comptes.

Écu à la fasce bretessée.

. . . . . ALOVAGN.

(Sigillum Sygeri de Alouagne?)

Lettres de garantie à l'avoué d'Arras et à d'autres seigneurs qui lui serviaient de caution envers Jean d'Allouagne, son père. — Mars 1230.

---

115   ALOE (JEAN),

Écuyer. — 1317.

Sceau rond, de 22 mill. — Arch. du Nord; évêché et chapitre de Cambrai.

Écu portant trois lions.

✳ S' IEhANS ALOV...

(Seel Jehans Alov....)

Acquisition d'un dîmage à Saint-Vaast-en-Bovaisis. — 21 décembre 1317.

---

116 ANICHE (ROBERT, SEIGNEUR D').

1219.

Sceau rond, de 80 mill. — Arch. du Nord; abbaye de Marchiennes.

Type équestre; le bouclier aux armes du contre-sceau.

✳ S · ROBERTI · FRATR.....SIS

(Sigillum Roberti, fratris.....)

Contre-sceau : Écu au lion, brisé d'un lambel de six pendants.

✳ SECRETVOꝛ · MEVOꝛ · MIChI

(Secretum meum michi.)

Jean le Miroi abandonne à l'abbaye de Marchiennes ses droits sur une terre et sur une rente. — Aniche, novembre 1219.

---

117   ANNEQUIN (GODEFROI D').

Chevalier. — 1346.

Sceau rond, de 23 mill. — Arch. du Nord; Chambre des comptes.

Écu à la bande engrêlée, écartelé d'un plain, penché,

timbré d'un heaume cimé d'une tête de lévrier accolé d'un collier d'où pend une chaîne.

S' GODEF' DE HREKIN

(Seel Godefroi de Anekin.)

Le sire d'Annequin entre au service du comte de Flandre, moyennant une rente viagère annuelle de 150 livrées de terre. — Pont-Sainte-Maxence, 20 octobre 1346.

---

118   ANNEREY (COLARD D').

1282.

Sceau rond, de 45 mill. — Arch. du Nord; Chambre des comptes.

Écu portant un lion, à la bordure échiquetée.

✳ S' COLARDI · DAI · DE · ANEREI :

(Sigillum Colardi, domini de Anerei.)

Thierri de Hayange rapporte au comte de Luxembourg la moitié des bois et des mines de fer du ban de Hayange. — Thionville, 24 octobre 1282.

---

419   ANNEUX (JÉROME D'),

Écuyer. — 1548.

Sceau rond, de 30 mill. — Arch. du Nord; évêché et chapitre de Cambrai.

Écu portant trois croissants, timbré d'un heaume cimé d'un chien, supporté par deux anges.

S : IEROSAE : E.....OꝛNNEV

(Seel Jérosme, escuier d'Anneu.)

Donation par Gobert de Cauroir. — Cambrai, 5 avril 1548.

---

420   ANNEUX (PHILIPPE D'),

Écuyer. — 1528.

Sceau rond, de 30 mill. — Arch. du Nord; évêché et chapitre de Cambrai.

Écu à trois croissants, timbré et supporté comme le précédent.

S PHILIPPE OꝛNNEV

(Seel Philippe d'Anneu.)

Acquisition de fief à Béthencourt. — Cambrai, 10 janvier 1528.

---

421   ANTOING (GAUTIER D'),

Chevalier. — 1281.

Sceau rond, de 41 mill. — Arch. du Nord; chapitre de Sainte-Croix.

Écu semé de fleurs de lys, au lion.

✳ S' WALTERI · DE · AVNTONIO · MILITIS ·

(Sigillum Walteri de Auntonio, militis.)

Restitution de la chapellenie d'Estrées. — 6 novembre 1281.

---

422   ANTOING (HENRI D').

1391.

Sceau rond, de 35 mill. — Arch. du Nord; Chambre des comptes.

Écu au lion, penché, timbré d'un heaume cimé de deux

cornes ou de deux proboscides, supporté par deux griffons, accompagné de deux roses.

. . . . . RRI · DHN . . . . . ESQVE . .

(Seel Henri d'Antoing. . . . . esquers.)

Paix entre Wautier, sire de Morbecque, et Gilles Walins au sujet
d'un meurtre. — 9 avril 1391.

---

423   ANTOING (HUGUES, SEIGNEUR D')

Et d'Espinois. — 1249.

Sceau rond, de 66 mill. — Arch. du Nord; chapitre Saint-Amé de Douai.

Type équestre, incomplet; le bouclier au lion.

. . G'ILLVM HV . . . . .

(Sigillum Hugonis . . . . .)

CONTRE-SCEAU : Écu fruste.

❉ : SECRETVM · MEVM · MICI ·

(Secretum meum mici.)

Le seigneur d'Antoing approuve la cession des droits de Saint-Amé
sur le moulin de Brasères au profit de sa mère, Ida, prévôte de Douai.
— Mai 1249.

---

424   ANTOING

(PHILIPPE, FEMME DE HUGUES D').

1239.

Sceau ogival, de 68 mill. — Arch. du Nord; abbaye de Vaucelles.

Dame debout, en robe et en manteau vairé, coiffée
d'un mortier à mentonnière, tenant à la main droite un
écu chargé d'un écusson en cœur au lambel de cinq pendants sur le tout.

❉ S'. PHELIPE : DE : HAINES : DAME : DANTOIG

(Seel Phelipe de Haines, dame d'Antoing.)

CONTRE-SCEAU : Écu au lion.

❉ SECRETV̄ · MEI

(Secretum mei.)

Exemption de droits de vinage accordée aux religieux de Vaucelles.
— Avril 1239.

---

425   ANTOING (JEAN D'),

Seigneur de Briffœl, de Bury et de Werny. — 1427.

Sceau rond, de 41 mill. — Arch. du Nord; Chambre des comptes.

Un lion assis, coiffé d'un casque cimé d'une tête de
cheval, portant sur l'épaule un écu au lion. A dextre,
une banderole où est écrit : **pour l** ; à sénestre, une rose.

seel · iehan · dantoing · seigneur · de · briffuel · et · de · bury ·

(Seel Jehan d'Antoing, seigneur de Briffuel et de Bury.)

Le clergé, la noblesse et les villes du Hainaut reconnaissent le duc
de Bourgogne pour hériter de ce comté, et lui en donnant le gouvernement jusqu'à ce que la comtesse Jacque de Bavière ait fait casser par
l'Église son mariage avec le duc de Glocester. — Mons, 22 juin 1427.

---

426   APREMONT (GOBERT, SIRE D'),

Chevalier. — 1313.

Sceau rond, de 76 mill. — Arch. du Nord; Chambre des comptes.

Type équestre; la cotte d'armes, le cimier, le bouclier,
l'épaulière, le troussequin et la housse portant une croix.

❉ SIGILLVM · GOBERTI · DE · ASPERO · MONTE · MILITIS

(Sigillum Goberti de Aspero Monte, militis.)

Gobert d'Apremont consent à n'élever aucune réclamation au sujet
d'un traité que le père du comte de Flandre n'avait pas exécuté. —
13 octobre 1393.

---

427   APREMONT (GOBERT D').

1427.

Sceau rond, de 33 mill. — Arch. du Nord; Chambre des comptes.

Écu à la croix, penché, timbré d'un heaume cimé d'une
tête d'aigle, supporté par un homme sauvage et par un
lion.

seel · ghobiert · dafpremont

(Seel Ghobiert d'Aspremont.)

Voyez le n° 425.

---

428   APREMONT (JEAN D'),

Seigneur de Buzancy et de Lumes, chevalier. — 1537.

Sceau rond, de 45 mill. — Arch. du Nord; Chambre des comptes.

Écu à la croix, timbré d'un heaume cimé d'une tête
d'aigle couronnée, supporté par deux hommes sauvages.

SEEL · IEHAN · DAPREMONT

(Seel Jehan d'Apremont.)

Hommage à l'Empereur pour la seigneurie de Lumes.   27 mars
1537.

---

429   ARBRE (OTHON D'),

Chevalier. — 1334.

Sceau rond, de 54 mill. — Arch. du Nord; Chambre des comptes.

Écu portant un échiquier, au lambel de quatre pendants.

❉ : S'. OSTHON : LARBRE : CHEVAU

(Seel Osthon l'Arbre, chevalier.)

Sentence au sujet d'un fief à Roussoit. — Mons, 1er juillet 1334.

---

430   ARKEL (JEAN D'),

Seigneur de Hagelstein, fils d'Othon d'Arkel. — 1358.

Sceau rond, de 22 mill. — Arch. du Nord; Chambre des comptes.

Écu à deux fasces bretessées contre-bretessées, au lambel de trois pendants, supporté par un ange, dans un quadrilobe orné de deux oiseaux et de deux cerfs couchés. — Légende détruite.

Promesse de ne pas user de représailles envers le prévôt de Marville et les gens du Luxembourg, qui avaient pris le fils de son châtelain de Pierrepont. — 15 avril 1388.

---

431 ARKEL (OTHON, SEIGNEUR D').

1388.

Sceau rond, de 22 mill. — Arch. du Nord; Chambre des comptes.

Un lion assis, coiffé d'un casque cimé d'un vol chargé de deux fasces bretessées contre-bretessées.

sigillum.....?

Voyez le n° 430.

---

432 ARLEUX (JACQUES D'),

Écuyer. — 1323.

Sceau rond, de 20 mill. — Arch. communales de Douai.

Dans un encadrement gothique en triangle, un écu portant trois aiglettes.

S' IAQVES DALLEVS ESQR

(Seel Jaques d'Alleus, escuier.)

Paix au sujet d'un assassinat commis sur un bourgeois de Douai. Le meurtrier doit faire cinq processions; aller au royaume de Chypre, où il servira un an à l'hôpital; passer, à son retour, à Saint-Gilles en Provence... « faute de quoi il sera atteint de paix brisiée. » — 2 juillet 1323.

---

433 ARNEMUIDEN (GILLES D'),

Seigneur d'Ingles, écuyer. — 1421.

Sceau rond, de 27 mill. — Arch. du Nord; Chambre des comptes.

Écu au chef chargé de trois aiglettes, penché, timbré d'un heaume cimé d'une tête de chèvre et accompagné de lambrequins.

S · gillis · van · armuden

(Segel Gillis van Armuden.)

Acquisition du comté de Namur par Philippe le Bon. — Valenciennes, 23 avril 1421.

---

434 ASSCHE (JEAN, SEIGNEUR D').

1391.

Sceau rond, de 26 mill. — Arch. du Nord; Chambre des comptes.

Dans une rosace à six feuilles, un écu portant une fasce, au sautoir brochant sur le tout.

.... IOhANN...ASChA

(Sigillum Johannis de Ascha.)

Quittance du prix d'une maison, à Paris, vendue à la dame de Cassel. — 11 août 1392.

---

435 ASSEBROUCK (BAUDOUIN, SIRE D'),

Chevalier. — 1309.

Sceau rond, de 28 mill. — Arch. du Nord; Chambre des comptes.

Écu à la bande chargée de trois alérions, sur un champ orné et en cuvette.

✱ S' · BALDEWINI · DE · ARSEBROVC · MILITIS

(Sigillum Baldewini de Arsebrouc, militis.)

Vidimus d'une lettre de Philippe le Bel au comte de Flandre; le roi se plaint de l'emprisonnement du seigneur de Ghistelles, qui avait tenu son parti contre le Comte. — 7 décembre 1309.

---

436 AUBENCHEUL (JACQUES, SIRE D'),

Chevalier. — 1245.

Sceau rond, de 70 mill. — Arch. du Nord; évêché et chapitre de Cambrai.

Écu portant une hamaide.

✱ S' · IACOBI · DE · AVBE.ÇhVEL

(Sigillum Jacobi de Aubencheul.)

Déclaration d'hommage dû au chapitre de Cambrai pour une terre à Sains. — Décembre 1245.

---

437 AUBERCHICOURT (BAUDOUIN D'),

Chevalier. — 1227.

Sceau rond, de 65 mill. — Arch. du Nord; abbaye d'Anchin.

Écu portant un chef d'hermines, à la bordure engrêlée.

✱ SIGILL : BALDEVINI : DE : OBREChICORS

(Sigillum Baldevini de Obrechicort.)

Baudouin d'Auberchicourt accorde aux religieux d'Anchin le passage pour se rendre au bois de Haulmont. — Février 1227.

---

438 AUBERCHICOURT, LE JEUNE

(BAUDOUIN D'),

Chevalier. — 1239.

Sceau rond, de 65 mill. — Arch. du Nord; abbaye de Marchiennes.

Écu portant un chef d'hermines, à la bordure.

✱ S' · BALDEVINI · DE · AV.RE.ICOVRT

(Sigillum Baldevini de Aubrecicourt.)

Restitution d'une dîme. — 7 juillet 1239.

---

439 AUBERCHICOURT (BAUDOUIN D'),

Chevalier. — 1252.

Sceau rond, de 30 mill. — Arch. du Nord; abbaye d'Anchin.

Écu portant un chef d'hermines, à la bordure.

✱ S' · BALDEVINI · DE · AVBRECICORT

(Sigillum Baldevini de Aubrecicort.)

L'abbaye d'Anchin est mise en possession du terrage de Briastre. — Décembre 1252.

440 AUBERCHICOURT (BAUDOUIN D').

1257.

Sceau rond, de 50 mill. — Arch. du Nord; abbaye de Marchiennes.

Écu portant un chef d'hermines, à la bordure.

...ALDVINI · DAVBRECHICOVRT

(Sigillum Bolduini d'Aubrechicourt.)

Godefroi de Louvain vend à l'abbaye de Marchiennes la ville du Fe-
nuin. — Valenciennes, 4 août 1257.

441 AUBERCHICOURT (BAUDOUIN D'),

Sire de Bernissart, chevalier. — 1297.

Sceau rond, de 24 mill. — Arch. du Nord; abbaye de Denain.

Écu portant un chef d'hermines, à la bordure engrêlée. — Légende fruste.

Le comte de Hainaut donne à l'abbaye de Denain toutes les eaux,
pêcheries et justices tenues par Arnoul d'Enghien, en la rivière d'Escaut et de Seys. — 4 mai 1297.

442 AUBERCHICOURT

(JEANNE, FEMME DE BAUDOUIN D').

Chevalier. — 1298.

Sceau ogival, de 38 mill. — Arch. du Nord; abbaye de Marquette.

Dame debout, en robe flottante à manches larges s'ar-
rêtant au coude, soutenant de chaque main un écu à la
fasce accompagnée de deux merlettes au lambel de trois
pendants, sur champ fretté.

.....DEMISIELE · DOVBREVC...

(..... demisièle d'Oubreucheeourt.)

Concession au sujet du chemin qui va de Pont-à-Marcq au pont de
Marquette. — Avril 1298.

443 AUBERCHICOURT (BAUDOUIN D'),

Sire d'Estaimbourg, chevalier. — 1352.

Sceau rond, de 24 mill. — Arch. du Nord; abbiette de Lille.

Dans une rose à quatre feuilles, un écu portant un
chef d'hermines, à la bordure engrêlée.

.....VIR · DAVBECICOVRE · CH...

(Seel Baudevin d'Aubercicourt, chevalier.)

Fondation de l'anniversaire de Marie de Mortagne, sa femme. —
Juin 1352.

444 AUBERCHICOURT (BAUDOUIN D'),

Sire d'Estaimbourg, chevalier. — 1384.

Sceau rond, de 30 mill. — Arch. du Nord; Chambre des comptes.

Écu portant un chef d'hermines, à la bordure engrêlée, penché, timbré d'un heaume cimé d'un vol, sur
champ festonné.

S' · BAVDVI · DOBECICÕT · SIRE DESTAIBÕG ·
CHR

(Seel Bauduin d'Obericort, sire d'Estaimbourg, chevalier.)

Acquisition de terres situées à Marquette. — 19 janvier 1384.

445 AUBERCHICOURT (GAUTIER D'),

Sire d'Estaimbourg, chevalier. — 1298.

Sceau rond, de 48 mill. — Arch. du Nord; abbaye d'Auchin.

Écu portant un chef d'hermines, à la bordure.

✳ S · WALTOLDI · DOBRECHICOVRT

(Sigillum Waltoldi d'Obrechicourt.)

Acquisition par l'abbaye d'Anchin de diverses terres situées *apud
Mariscum*, Lespincèle, etc. — Août 1298.

446 AUBERS (ADÈLE, DAME D').

1217.

Sceau ogival, de 48 mill. — Arch. du Nord; Chambre des comptes.

Dame debout, en robe et en manteau, les cheveux
tressés.

..GILLVM ¦ ADELVIC DOBERCS

(Sigillum Adelvic d'Oberes.)

La dame d'Aubers constitue Robert de Béthune garant des conventions faites entre elle et des bourgeois de Lens. — Novembre 1217.

447 AUBIGNY-AU-BAC (BAUDOUIN D'),

Chevalier. — 1186.

Sceau rond, de 70 mill. — Arch. du Nord; collégiale de Saint-Géry.

Écu à la croix engrêlée, brisé d'un lambel de cinq
pendants.

✳ S' BA....... DE ....G'NI

(Sigillum Balduini..... de Aubigni?)

Engagement pris par Baudouin d'Aubigny de faire ratifier, par son
héritier, un accord passé avec la collégiale de Saint-Géry. — Mai 1186.

448 AUBIGNY-AU-BAC (JEAN D').

Chevalier. — 1236.

Sceau rond, de 56 mill. — Arch. du Nord; abbaye d'Anchin.

Écu portant trois chevrons ou un chevronné.

✳ S' · IOHA.....BEIGNI · IR · OSTREVAHS?

(Sigillum Johannis .....beigni in Ostrevant.)

Jean d'Aubigny devient homme lige de l'abbaye d'Anchin pour une
terre, un manse et un hôte à Monchecourt. — Mars 1236.

449 AUBIGNY-AU-BAC (JEAN D'),

Fils du précédent. — 1252.

Sceau rond, de 55 mill. — Arch. du Nord; abbaye d'Anchin.

Écu chevronné, au lambel de cinq pendants.

✱ S'. I.....E : AVBEGNI

(Sigillum Johannis de Aubegni.)

Hommage à l'abbaye d'Anchin pour une terre, un manse et un hôte à Monchecourt. — Avril 1252.

---

450   AUBRY (MARIE D'),

1323.

Sceau rond, de 22 mill. — Arch. du Nord; abbaye de Flines.

Tête de femme, de face, portant une coiffure de veuve, la guimpe.

S' MARIE : M : DAVBR.

(Soel Marie M. d'Aubri.)

Sentence au sujet d'un héritage à Nomain. — Juillet 1323.

---

451   AUBY (ALEAUME D'),

Chevalier. — 1241.

Sceau rond, de 40 mill. — Arch. du Nord; abbaye des Prés.

Écu portant un écusson en cœur, à la bande brochant sur le tout.

✱ S ALELMI DE AVBI

(Sigillum Alelmi de Aubi.)

CONTRE-SCEAU : Écu aux armes de la face.

✱ CVSTOS SIGΈ

(Custos sigilli.)

Abandon de rente sur une terre à Dorignies. — Septembre 1242.

---

452   AUBY (ÉVRARD D'),

Écuyer. — 1338.

Sceau rond, de 27 mill. — Arch. du Nord; chapitre de Saint-Amé.

Écu à la fasce accompagnée d'un lion passant au canton dextre du chef.

.....RART DAV.....

(..... Évrart d'Aubi.....)

Engagement pris par Évrard d'Auby de payer au chapitre de Saint-Amé une rente et ses arrérages. — 15 mars 1338.

---

453   AUBY (GÉRARD D'),

Chevalier. — 1264.

Sceau rond, de 42 mill. — Arch. du Nord; abbaye d'Anchin.

Écu portant une croix, au lambel de cinq pendants sur le tout.

✱ S' .....ARDI · MILITIS · DAVBI

(Sigillum ..... Gerardi, militis d'Aubi.)

Garantie fournie à sa mère Isabel pour une rente que lui devait Hugues du Maisnil. — Juillet 1264.

---

454   AUBY (MARIE D'),

Dame de Belleforière. — 1292.

Sceau ogival, de 82 mill. — Arch. du Nord; Chambre des comptes.

Dame debout, de trois quarts à droite, en robe et en manteau vairé, tenant une fleur de lys de la main gauche.

✱ SIGILLVM : MAR.....DE : AVBI

(Sigillum Marie..... de Aubi.)

Adam de Lagny-le-Sec acquiert de la dame d'Auby une terre située à Flers. — Avril 1292.

---

455   AUBY (PIERRE D'),

Chevalier. — 1232.

Sceau rond, de 48 mill. — Arch. du Nord; abbaye des Prés.

Écu portant un chef d'hermines, à la bande brochant sur le tout.

✱ SIGILLVM : PETR. .. AVBI

(Sigillum Petri de Aubi.)

Confirmation d'une acquisition de terre à Marquette. — Mai 1232.

---

456   AUCHEL? (WARIN D'),

1242.

Sceau rond, de 65 mill. — Arch. du Nord; Chambre des comptes.

Écu portant trois fasces chargées de petits sautoirs, à la bordure endentée.

✱ SIGILLVM · WARINI · DE · A.CHEOLO

(Sigillum Warini de A.cheolo.)

Sentence arbitrale au sujet du fossé qui sépare les bois appartenant aux religieux de Cysoing de la propriété d'Arnoul de Landas. — 1249.

---

457   AUCHY (MICHEL D'),

Chevalier. — 1277.

Sceau rond, de 45 mill. — Arch. du Nord; abbaye de Marchiennes.

Écu portant une croix, au lambel de cinq pendants sur le tout.

✱ S'. MONSEIGNE.....EL : DAVCI : LE : FIL : CHEVALIER

(Soel monseigneur Michel d'Auci, le fil, chevalier.)

Approbation de la vente de la dîme d'Auchy faite par Michel d'Auchy, son père, à l'abbaye de Marchiennes. — Novembre 1277.

---

458   AUCHY (MICHEL D'),

1291.

Sceau rond, de 30 mill. — Arch. du Nord; Chambre des comptes.

Écu portant une croix, au lambel sur le tout.

✱ S. MICHAEL · DAVCI · MIΈ

(Sigillum Michaelis d'Auci, militis.)

Mahaut, châtelaine de Bruxelles, et ses deux filles quittent le fief du Breucq tenu du comte de Flandre. — Décembre 1291.

459   AUCHY

(MARGUERITE, FEMME DE MICHEL D').

1288.

Sceau ogival, de 67 mill. — Arch. du Nord; Chambre des comptes.

Dame debout, en robe et en manteau vairé, coiffée d'une toque à mentonnière, tenant un livre des deux mains.

✳ S · MARGARETE · D...DAVCHI

(Sigillum Margarete, domine d'Auchi.)

Testament de son mari. — 6 novembre 1288.

---

460   AUDENARDE (ARNOUL D'),

Chevalier. — 1294.

Sceau rond, de 74 mill. — Arch. du Nord; évêché et chapitre de Cambrai.

Type équestre; le bouclier, le trous+equin et la housse portant trois fasces ou un fascé de six pièces au lambel.

✳ S'. AR..LPHI : ....DENAR.. MILITIS :

(Sigillum Arnulphi de Audenarde, militis.)

CONTRE-SCEAU : Même représentation qu'à la face.

✳ S' ARNVLPHI · D' · AVDENARDE

(Secretum Arnulphi de Audenarde.)

Confirmation d'un accord relatif aux droitures d'Ogy et d'Isières. — 30 mars 1294.

---

461   AUDENARDE (ISABEAU, DAME D').

1303.

Sceau ogival, de 68 mill. — Arch. du Nord; Chambre des comptes.

Dame debout, en robe et en manteau vairé, gantée, un faucon sur le poing, accostée de deux écus : celui de dextre fascé de six pièces au lambel; celui de sénestre portant une croix chargée....

...ABELLIS · DE · AVDENARDE · DN.....

(Sigillum Isabellis de Audenarde .....)

CONTRE-SCEAU : Écu à la croix, parti d'un fascé de six pièces au lambel.

✳ .....BELLIS · DNE · D' BVMES

(Secretum Isabellis, domine de Bumes.)

Hommage à l'abbaye de Corbie pour l'avouerie de Caster. — Audenarde, 14 avril 1303.

---

462   AUDENARDE ET DE ROSOY

(JEAN, SIRE D').

1283.

Sceau rond, de 76 mill. — Arch. du Nord; Chambre des comptes.

Type équestre; haubert, cotte d'armes, heaume carré, épée à gorge; le bouclier, le troussequin et la housse

fascés de six pièces; dans le champ, trois quintefeuilles.

✳ S · IOHIS : DŌI : DÑI : DE : AVDENARDE : S : DÑI : D' ROSETO

(Sigillum Johannis, dicti domini de Audenardo et domini de Roseto.)

CONTRE-SCEAU : Écu portant trois quintefeuilles.

✳ CLAVIS : SIGILLI

(Clavis sigilli.)

Hommage au comte de Flandre pour le château de Flobecq, et promesse de le lui livrer en cas de guerre. — Septembre 1283.

---

463   AUDENCOURT (ADAM D'),

Seigneur de Bentourel. — 1219.

Sceau rond, de 45 mill. — Arch. du Nord; abbaye de Vaucelles.

Écu portant un échiqueté sous un chef au lion issant.

✳ SIG.... NS DAVDENCOV..

(Sigillum Adans d'Audencourt.)

Ratification d'un don de terre près de l'Escaut. — Février 1219.

---

464   AUDENCOURT (ROBERT D'),

Chevalier. — 1266.

Sceau rond, de 46 mill. — Arch. du Nord; abbaye de Saint-Aubert.

Écu portant un lion, au lambel de quatre pendants.

✳ S'. ROBTI : MILIT : DAVDENCOVRT

(Sigillum Roberti, militis d'Audencourt.)

L'abbaye de Saint-Aubert acquiert de Gérard de Landas la dîme d'Esnes. — Avril 1266.

---

465 AUDENFORT, L'AÎNÉ (DAVID D'),

Écuyer. — 1510.

Sceau rond, de 35 mill. — Arch. du Nord; Chambre des comptes.

Écu écartelé, — au 1 et 4, de trois étoiles; au 2, de deux épées en sautoir; au 3, de deux fasces, — penché, timbré d'un heaume cimé d'une tête humaine, supporté par deux lions.

seel · david · daudenfort

(Seel David d'Audenfort.)

L'archiduc Charles acquiert une rente sur la mairie et amanschip de Brulle en la ville de Saint-Omer. — 4 novembre 1510.

---

466   AUDREGNIES (PERSAN D'),

Chevalier. — 1415.

Sceau rond, de 32 mill. — Arch. du Nord; abbaye de Cysoing.

Écu portant cinq cotices, penché, timbré d'un heaume cimé, supporté par deux chiens.

..... **ſigūr baudgnts**

(..... Signeur d'Andregnis.)

Accord avec l'abbaye de Cysoing au sujet de droits communs sur une rivière. — 16 janvier 1415.

---

467 AULNOY (HELLIN D'),

Chevalier. — 1233.

Sceau rond, de 44 mill. — Arch. du Nord; abbaye de Sin.

Un Agnus Dei.

✠ **SIGILLVM · ḣELLINI · DG · ALNETO**

(Sigillum Hellini de Alneto.)

Contre-sceau : Une aigle.

✠ **SIGNVM · SECRETI**

(Signum secreti.)

Hellin d'Aulnoy consent à ce que Nicolas le Noir, son beau-frère, vende à l'abbaye de Sin un fief situé à Anzin. — Juillet 1233.

---

468 AULNOY (JEAN D'),

1238.

Sceau rond, de 55 mill. — Arch. du Nord; abbaye des Prés.

Écu portant trois tierces sous un chef.

✠ **S' · IOḣIS · DÑI · DAVHOI · IVꝛ · VALGÑ**

(Sigillum Johannis, domini d'Aunoi juxta Valencenas.)

Confirmation d'une acquisition de terre à Hasencourt. — Décembre 1238.

---

469 AURE (GILLES D'),

1282.

Sceau en écu, de 38 mill. — Arch. du Nord; Chambre des comptes.

Écu portant une croix ancrée.

✠ **S' · GGIDII · DOMINI · D.....R**

(Sigillum Egidii domini d.....)

Egidius de Orre confirme le rapport de la moitié des bois et des mines de fer de Hayange, fait au comte de Luxembourg par Raoul de Sterpenich. — Thionville, 24 octobre 1282.

---

470 AUTRÊCHES (ANDRIEU, SIRE D'),

Chevalier. — 1302.

Sceau rond, de 20 mill. — Hôpital de la Trinité à Lille.

Écu portant trois pals de vair sous un chef au lambel de cinq pendants.

...NDRG · DA..REĊHG · Cḣ...

(Seel André d'Autrêche, chevalier.)

André d'Autrêches et Gaucher, son frère, reconnaissent devoir à Haude le Cangeur, de Lille, la somme de 100ll. — 18 juin 1302.

471 AUTRÊCHES (GAUCHER D'),

Chevalier. — 1302.

Sceau rond, de 20 mill. — Hôpital de la Trinité à Lille.

Dans un encadrement en losange, un écu portant trois pals sous un chef au lion issant.

S.....AVTRGCḣGS CḣGR

(Seel Gaucher d'Autrêches, chevalier.)

Voyez le n° 470.

---

472 AVELIN (GÉRARD, SIRE D'),

Écuyer. — 1301.

Sceau rond, de 38 mill. — Arch. du Nord; abbaye des Prés.

Écu portant un échiqueté sous un chef.

✠ **S' · GGRART · DG · AVGLIN**

(Seel Gérart de Avelin.)

Abandon de droits sur une terre située à Cachompré. — Février 1301.

---

473 AVESNES (JACQUES D'),

1166-1174.

Sceau rond, en cuvette, de 60 mill. — Arch. du Nord; abbaye d'Anchin.

Type équestre, fruste.

✠ **SIGILLVM.....NIS ✠**

(Sigillum Jacobi de Avesnis.)

Association avec l'abbaye d'Anchin pour les deux moulins de Noaзin. — Sans date.

---

474 AVESNES (JACQUES D'),

1186.

Sceau rond, de 70 mill. — Arch. du Nord; abbaye d'Anchin.

Type équestre, incomplet; le bouclier fruste.

....LLVM IACOBI DG AV.....

(Sigillum Jacobi de Avesnis.)

Godefroi, seigneur de Guise, abandonne à l'abbaye d'Anchin ses droits sur Hauteville et les dépendances. — 1186.

---

475 AVION (JEAN D'),

1250.

Sceau rond, de 55 mill. — Arch. du Nord; abbaye d'Anchin.

Écu portant trois tourteaux ou trois besants.

✠ **S' · IGḣAN.....IONS :**

(Seel Jehans d'Avions.)

Contre-sceau : Écu aux armes de la face.

✠ **IGḣANS DAVIONS**

(Jehans d'Avions.)

Association avec l'abbaye d'Anchin; acte de partage. — Août 1250.

476 AXEL (GAUTIER D'),

Chevalier. — 1315.

Sceau rond, de 21 mill. — Arch. du Nord ; Chambre des comptes.

Écu au chevron chargé de trois losanges?

S' WALTERI DE AXELLA MILIT

(Sigillum Walteri de Axella, militis.)

Gautier d'Axel se constitue garant d'Hugues de Gavre envers le comte de Flandre. — Gand, 16 avril 1315.

477 AXEL (JEAN D'),

Chevalier. — 1336.

Sceau rond, de 28 mill. — Arch. du Nord ; Chambre des comptes.

Écu portant un chevron, au lambel de trois pendants sur le tout, dans un trilobe orné.

SIGILLVM .OHЯN.....ILITIS

(Sigillum Johannis de Axella, militis.)

Traité entre Louis, comte de Flandre, et Jean III, duc de Lothier et de Brabant, au sujet de la seigneurie de Malines et de l'Escaut. — Termonde, 31 mars 1336.

478 AXEL (JEAN, SIRE D'),

Chevalier. — 1357.

Sceau rond, de 27 mill. — Arch. du Nord ; Chambre des comptes.

Écu portant un chevron, dans un trilobe.

..IOHIS DЯI DE ЯXЄLЯ MILITI.

(Sigillum Johannis, domini de Axella, militis.)

Nomination à une chapellenie vacante dans l'église d'Axel. — 24 avril 1357.

479 AXEL (PHILIPPE, SEIGNEUR D'),

Chevalier. — 1336.

Sceau rond, de 28 mill. — Arch. du Nord ; Chambre des comptes.

Écu portant un chevron, dans un trilobe orné.

S' SЄCRЄTV . PHI . DЯI . DE . ACKESSIELE . MILITIS

(Sigillum secretum Philippi, domini de Ackessiele, militis.)

Voyez le n° 477.

480 BAILLEUL (AGNÈS DE).

1213.

Sceau ogival, de 70 mill. — Arch. du Nord ; abbaye de Cysoing.

Dame debout, en robe et en manteau vairé, gantée, un oiseau sur le poing.

SIGILLVꟿ . AЯ...TIS . DE . B..LEVL

(Sigillum Agnetis de Bailluel.)

CONTRE-SCEAU : Une fleur de lys fleuronnée.

SECRETVM . ꟿEV . MICHI

(Secretum meum michi.)

Échange d'un alleu, à Templeuve, pour un autre alleu, à Monchaux. — 1213.

481 BAILLEUL (GUILLAUME, SIRE DE),

Chevalier. — 1293.

Sceau rond, de 50 mill. — Arch. du Nord ; Chambre des comptes.

Écu portant une fasce.

S'. WLLAVMЄ : DЄ : BAILLЄL . SIRЄ . DЄ : ROVNSO . T

(Soel Vullaume de Baillel, sire de Rounsoit.)

CONTRE-SCEAU : Écu à la fasce.

S' WILLI . DЄ . BALVЄL . DЯQ . DЄ . CARЄOI

(Sigillum Willelmi de Baluel, dominique de Carenci.)

Promesse de rembourser 4,000tt dont le comte de Flandre s'était chargé, pour lui, envers des bourgeois d'Arras. — Juin 1293.

482 BAILLEUL (HECTOR DE),

Seigneur d'Eecke et du Steenvorde. — 1566.

Sceau rond, de 47 mill. — Arch. communales de Bourbourg.

Écu au sautoir de vair, timbré d'un heaume cimé de deux têtes de chien, supporté par deux griffons.

: S : H...OR : VAN : BEL..... : VAN : EEKE : STEENVOORDE : ETC

Dénombrement d'un fief tenu du Wythof de Bourbourg. — 12 septembre 1566.

483 BAILLEUL (JACQUES DE),

Chevalier. — 1244.

Sceau rond, de 62 mill. — Arch. du Nord ; Chambre des comptes.

Type équestre ; le bouclier portant une fasce.

SIGILLVM IACOBI DE CONDATO

(Sigillum Jacobi de Condato.)

CONTRE-SCEAU : Écu à la fasce.

CLAVIS SIGILLI

(Clavis sigilli.)

Sentence qui adjuge à Thomas, comte de Flandre, les terres de Crèvecœur et d'Arleux forfaites sur Mahieu de Montmirail. — Septembre 1244.

484 BAILLEUL (JEAN DE),

Écuyer. — 1339.

Sceau rond, de 23 mill. — Arch. du Nord ; Chambre des comptes.

Dans une rose gothique à quatre feuilles, un écu portant un sautoir de vair. — Légende détruite.

Traité d'alliance entre Jean III, duc de Lothier et de Brabant, et Louis, comte de Flandre. — 3 décembre 1339.

---

485   BAILLEUL (NICOLAS, SIRE DE),

Chevalier. — 1338.

Sceau rond, de 31 mill. — Arch. du Nord; abbaye d'Anchin.

Écu fretté.

✱ S' : NICHOLES : DE : BAILLEVL

(Seel Nicholes de Bailleul.)

Nicolas de Bailleul autorise ses hommes à porter la dîme de l'abbaye d'Anchin dans la ville de Bailleul. — Avril 1338.

---

486   BAILLEUL (ROBERT DE),

Chevalier. — 1252.

Sceau rond, de 63 mill. — Arch. du Nord; abbaye de Marchiennes.

Écu portant un écusson en abîme, au franc canton brochant, au lambel de cinq pendants sur le tout.

✱ S' ROBER.VS : DE.....LIER :

(Seel Robertus de ..... chevalier†)

Accord pour la justice au terroir du Bias près Lorgies. — 4 août 1252.

---

487   BAILLEUL (ROBERT DE),

Chevalier. — 1262.

Sceau rond, de 37 mill. — Arch. du Nord; abbaye de Marchiennes.

Écu portant trois tierces, sous un chef au lambel de cinq pendants.

✱ S' ROBERT DE BAILLEVL CHEVALIER

(Seel Robert de Bailleul, chevalier.)

Robert de Bailleul, du consentement de Robert, son fils aîné, vend à l'abbaye de Marchiennes le fief du Bies près Lorgies. — Décembre 1262.

---

488   BAILLEUL (ROBERT DE),

Fils du précédent. — 1262.

Sceau rond, de 41 mill. — Arch. du Nord; abbaye de Marchiennes.

Écu portant un écusson en abîme, au franc canton brochant, au lambel de cinq pendants sur le tout.

✱ S' ROBIERT : FIL : ROBIERT : DE : BAILOEVL

(Seel Robiert, fil Robiert de Bailoeul.)

Voyez le n° 487.

---

489   BAILLEUL (ROBERT DE),

Fils de Robert. — 1275.

Sceau rond, de 48 mill. — Arch. du Nord; abbaye de Marchiennes.

Écu portant trois tierces, au lambel de cinq pendants.

✱ S. ROBERT DE BAILLEVL

(Seel Robert de Bailleul.)

Acquisition par l'abbaye de Marchiennes du fief du Bies près Lorgies. — Mai 1275.

---

490   BAILLEUL (SOHIER DE),

Chevalier. — 1265.

Sceau rond, de 42 mill. — Arch. du Nord; abbaye de Marchiennes.

Écu au sautoir de vair.

✱ S'. SOHIER : DE : BAILLEVL : CHEVALIER

(Seel Sohier de Bailleul, chevalier.)

Approbation de la sentence de l'écolâtre de Lille au sujet d'une dîme à Reninghe. — Août 1265.

---

491   BAILLEUL (SOHIER DE),

Chevalier. — 1336.

Sceau rond, de 24 mill. — Arch. du Nord; Chambre des comptes.

Dans un encadrement en étoile, un écu portant un sautoir de vair, à la bordure engrêlée.

✱ S' SEGERI DE BAILIOLO MILITIS

(Sigillum Sogeri de Balliolo, militis.)

Traité d'alliance entre Jean III, duc de Lothier et de Brabant, Louis, comte de Flandre, et Guillaume, comte de Hainaut. — Termonde, 1er avril 1336.

---

492   BAILLEULVAL

(GUILLAUME, SEIGNEUR DE).

1339.

Sceau rond, de 49 mill. — Arch. du Nord; abbaye d'Anchin.

Écu portant une fasce, au sautoir brochant sur le tout.

✱ S'. WILLP : DNP : DE : BAILLVEL : ELVAL

(Sigillum Willelmi, domini de Bailluel et val.)

Ratification d'une acquisition de dîme. — Décembre 1339.

---

493   BAILLEUL (FLEURY DE),

Seigneur d'Everbeck, Lesdain, etc. — 1586.

Sceau rond, de 48 mill. — Arch. du Nord; abbaye de Saint-Aubert.

Écu écartelé, — au 1 et 4, d'une bande; au 2 et 3, de trois rocs écartelés d'un lion, — timbré d'un heaume cimé d'une tête de licorne, supporté par deux griffons.

...I · DE BAILLO.....E · DE · QVEPEN · ETC · .....DE · LESDAING

Dénombrement d'un fief situé à Lesdain. — 6 juin 1586.

494   BANTOUZEL (RAOUL DE),

Fils de Simon de Gonnelieu. — 1263.

Sceau rond, de 3o mill. — Arch. du Nord; abbaye de Vaucelles.

Écu à la croix engrêlée.

✠ S' RADVLPHI .. BANTOVZIEL

(Sigillum Radulphi de Bantouziel.)

Raoul de Bantouzel vend à l'abbaye de Vaucelles une terre tenue du seigneur d'Honnecourt. — Novembre 1263.

---

495   BARALLE (WAGON, SEIGNEUR DE),

Chevalier. — 1241.

Sceau rond, de 6o mill. — Arch. du Nord; abbaye d'Anchin.

Écu fretté, au lambel de cinq pendants.

...AGONIS : DE : WA...RT : DÑI : DE : BA...

(Sigillum Wagonis de Wa...rt, domini de Baralle.)

Autorisation d'avoir un four à Baralle, accordée à l'abbaye d'Anchin. — Novembre 1241.

---

496   BARASTRE

(PHILIPPE, SEIGNEUR DE).

1444.

Sceau rond, de 3a mill. — Arch. du Nord; abbaye de Saint-Aubert.

Écu à la fasce accompagnée de trois coquilles en chef, penché, timbré d'un heaume cimé d'une tête humaine, supporté par deux lions.

s phellippe de baraſtre

(Seel Phellippe de Barastre.)

Sentence arbitrale au sujet d'un four que les religieux de Saint-Aubert avaient fait construire à Barastre, et que le seigneur avait fait abattre. — Barastre, 7 juin 1444.

---

497 BARASTRE (ROBERT, SEIGNEUR DE).

1270.

Sceau rond, de 3o mill. — Arch. du Nord; abbaye de Saint-Aubert.

Écu à la fasce accompagnée de trois coquilles en chef.

✠ SEEL · ROBERT · SIGNEVR · DE · BARASTRE

(Seel Robert, signeur de Barastre.)

Fondation d'une chapelle à Barastre. — Décembre 1270.

---

498 BARASTRE (ROBERT, SIRE DE),

Chevalier. — 1282.

Sceau rond, de 3a mill. — Arch. du Nord; abbaye de Saint-Aubert.

Écu à la fasce accompagnée de trois coquilles en chef.

✠ S' ROBERT · CHEVALIER... DE BARASTRE

(Seel Robert, chevalier, sire? de Barastre.)

Donation d'un manoir situé à Barastre. — Septembre 1282.

499   BARASTRE

(ALIX, FEMME DE ROBERT DE).

1282.

Sceau ogival, de 41 mill. — Arch. du Nord; abbaye de Saint-Aubert.

Dame debout, en robe et en manteau vairé, coiffée d'un voile, tenant une fleur de la main droite.

✠ S' ALIS DAME DE BARASTRE

(Seel Alis, dame de Barastre.)

Voyez le n° 498.

---

500   BARBENÇON (ARNOUL DE),

Sire de Solre et de Haussy, chevalier. — 1246.

Sceau rond, de 28 mill. — Arch. du Nord; chapitre de Saint-Géry de Valenciennes.

Écu portant trois lions couronnés, penché, timbré d'un heaume couronné et cimé, supporté par deux lions.

✠ s arnoul de barbenco...de ſorre cŏlr

(Seel Arnoul de Barbençon, sire de Solre, chevalier.)

Amortissement de terres situées à Haussy. — 13 juillet 124?.

---

501   BARBENÇON (GILLES DE),

1232.

Sceau rond, de 6o mill. — Arch. du Nord; Chambre des comptes.

Type équestre; le bouclier fruste portant un seul lion?

SIGILLVM · EGIDII : DE : BARBENCON

(Sigillum Egidii de Barbençon.)

Garanties fournies à Robert de Béthune qui lui avait servi de caution pour la dot de sa fille. — 11 septembre 1232.

---

502   BARBENÇON (GUI DE),

DIT L'ARDENNOIS DE DONSTIENNES

1428.

Sceau rond, de 28 mill. — Arch. du Nord; Chambre des comptes.

Écu portant trois lions couronnés, à la bordure, penché, timbré d'un heaume cimé et accompagné de lambrequins.

s · guy · de · barbenchon · dit · lardenois · ſig · de · donſtievene ·

(Seel Guy de Barbenchon dit l'Ardenois, signeur de Donstievene.)

Traité de la cession du Hainaut. La comtesse Jacque de Bavière reconnaît Philippe le Bon pour héritier et gouverneur du Hainaut et lui en remet toutes les forteresses. — Mons, 15 septembre 1428.

---

503   BARBENÇON (HENRI DE),

Sire de Solre et de Haussy. — 1353.

Sceau rond, de 3o mill. — Arch. du Nord; Chambre des comptes.

Écu à trois lions couronnés, brisé d'un annelet en

abîme, penché, timbré d'un heaume couronné et cimé,
sur champ festonné.

SIGILLVM · hENRIChE · DE · SORRE

(Sigillum Henriche de Sorra.)

Quittance des revenus du bois de Raismes. — 27 juillet 1353.

504   BARBENÇON (HUGUES DE),

Seigneur de Sotre et de Hautny, chevalier. — 1334.

Sceau rond, de 23 mill. — Arch. du Nord; abbaye de Saint-Jean
de Valenciennes.

Écu portant trois lions couronnés, au bâton en bande
brochant, penché, timbré d'un casque ovoïde.

S' hVGONIS DE BARBECHON

(Sigillum Hugonis de Barbenchon.)

Gérard Sausset d'Esnes, bailli de Hainaut, acquiert de la demoiselle de Bonducs un fief à Noyelles près Haspres. — Valenciennes,
14 mars 1334.

505   BARBENÇON (JEAN DE),

Chevalier. — 1267.

Sceau rond, de 60 mill. — Arch. du Nord; abbaye de Marchiennes.

Type équestre; le bouclier et la housse aux armes du
contre-sceau.

.....IS : DE : BARBENChON : MILITIS

(Sigillum Johannis de Barbenchon, militis.)

Contre-sceau : Écu portant trois lions couronnés.

✠ SECRETV · I · D' · BARBENChON · MILITIS

(Secretum Johannis de Barbenchon, militis.)

Hugues de Maulde, bailli de Hainaut, reconnaît n'avoir aucun droit
sur l'hommage de Raimbeaucourt. — Mons, mars 1267.

506   BARBENÇON (JEAN DE),

Chevalier. — 1313.

Sceau rond, de 53 mill. — Arch. du Nord; évêché et chapitre de Cambrai.

Type équestre sur champ festonné; le bouclier, l'é-
paulière et la housse portant trois lions couronnés, au
lambel.

✠ SIG....M......A....OR · MILIT̄

(Sigillum Johannis de Barbenchon, militis.)

Paix entre l'évêque et l'échevinage de Cambrai. — 7 septembre
1313.

507   BARBENÇON (JEAN DE),

DE DONSTIENNES,

Chevalier. — 1328.

Sceau rond, de 30 mill. — Arch. du Nord; Chambre des comptes.

Écu portant trois lions couronnés, à la bordure engrêlée, penché, timbré d'un heaume cimé, supporté par
deux griffons.

**S · iehan · de barbechon · dit · donstiene · chlr ·
   f · de · veli**

(Seel Jehan de Barbenchon dit Donstiene, chevalier, sire de Véli.)

Voyez le n° 502.

508   BARBENÇON (JEAN DE),

Seigneur de Donstiennes, écuyer. — 1449.

Sceau rond, de 30 mill. — Arch. du Nord; évêché et chapitre
de Cambrai.

Écu portant trois lions couronnés, à la bordure engrêlée, timbré d'un heaume accompagné de lambrequins.

.......barbencon.....

(..... Barbençon.....)

Vente d'un fief sur la taille de Willers-Pol. — Valenciennes,
11 avril 1449.

509   BARBENÇON (NICOLAS DE).

1202.

Sceau ogival, en cuvette, de 60 mill. — Arch. du Nord; évêché et chapitre
de Cambrai.

Un lion contourné, sur un arbre à sénestre.

✖ SIGILLVM · NIChOLAI · DE · BARbENZON

(Sigillum Nicholai de Barbenzon.)

Donation de la dîme de Gouy-sur-Sambre. — Mars 1202.

510   BARE A PRÉSENT BAHR

(FRÉDÉRIC DE REDE, SEIGNEUR DE).

1290.

Sceau rond, de 28 mill. — Arch. du Nord; Chambre des comptes.

Écu portant une bande, au lambel sur le tout.

..FRIDERICI DE REDE...

(Sigillum Friderici de Rede, domini de Bare.)

Promesse de tenir l'accord par lequel Renaud, comte de Gueldre,
abandonne, pendant cinq ans, au comte de Flandre, son beau-père,
les revenus des comtés de Gueldre et de Zutphen. — Février 1290.

511   BARISEL (JEAN), DE MARQUION.

1286.

Sceau rond, de 26 mill. — Arch. du Nord; abbaye de Vaucelles.

Écu portant trois aiglettes.

.....AN · BARIZIEL

(Seel Jehan Bariziel.)

Amortissement d'une terre à Sains. — Août 1286.

512 BASOCHES (ROBERT, SEIGNEUR DE),

Chevalier. — 1241.

Sceau rond, de 70 mill. — Arch. du Nord ; abbaye d'Anchin.

Type équestre ; le bouclier aux armes du contre-sceau.

✸ S' ROBERTI · DÑI · DE : BA..CHIIS

(Sigillum Roberti, domini de Basochiis.)

Contre-sceau : Écu à trois pals de vair, sous un chef chargé d'une fleur de lys issant.

✸ SECRETVM · ROBERTI

(Secretum Roberti.)

Robert de Basoches vend à l'abbaye d'Anchin les bois de Categnies et d'Épinoix. — Juillet 1241.

---

513   BASTOGNE (HENRI DE).

1361.

Sceau rond, de 24 mill. — Arch. du Nord ; Chambre des comptes.

Écu cotice de dix pièces.

S' HENRI · DE · BASTONGNE

(Seel Henri de Bastongne.)

Wenceslas de Bohême, duc de Luxembourg, donne à Jeanne, sa femme, les châteaux et villes d'Yvoy, de Virton et de La Ferté. — 13 janvier 1361.

---

514   BATENBURG (GÉRARD DE),

1286.

Sceau rond, de 60 mill. — Arch. du Nord ; Chambre des comptes.

Écu au sautoir cantonné de quatre forces.

✸ S · DÑI · GERARDI · DE · BATENBVRG

(Sigillum domini Gerardi de Batenburg.)

Assignation du douaire de Marguerite de Flandre par Renaud, comte de Gueldre, son mari. — 28 novembre 1286.

---

515   BATENBURG (THIERRI DE),

1290.

Sceau rond, de 30 mill. — Arch. du Nord ; Chambre des comptes.

Dans un encadrement gothique en losange, un écu au sautoir cantonné de quatre forces.

✸ S' TODRIC DÑS DE BATENBORG

(Sigillum Todric, dominus de Batenborc.)

Voyez le n° 510.

---

516   BAUTERSEM (HENRI DE),

Chevalier. — 1339.

Sceau rond, de 20 mill. — Arch. du Nord ; Chambre des comptes.

Écu portant trois macles sous un chef chargé de trois

pals, penché, timbré d'un heaume cimé d'un lion assis entre deux globes, sur champ étoilé.

✸ S' · HENRICI · D...., SEO · MILIT

(Sigillum Henrici de Bautersem, militis.)

Voyez le n° 484.

---

517   BAUTERSEM (HENRI DE),

Seigneur de Berg-op-Zoom, chevalier. — 1383.

Sceau rond, de 20 mill. — Arch. du Nord ; Chambre des comptes.

Un heaume cimé d'une tête d'âne? — Légende détruite ; elle devait porter : *Sigillum secreti.*

Henri de Bautersem déclare entrer en la foi et hommage du comte de Flandre. — Bruxelles, 20 mars 1383.

---

518   BAUTERSEM (HENRI DE),

Seigneur de Berg-op-Zoom. — 1404.

Sceau rond, de 16 mill. — Arch. du Nord ; évêché et chapitre de Cambrai.

Sur un champ festonné : un heaume cimé d'une tête de...?

✸ SIGILLVM SECRETVM

(Sigillum secretum.)

Serment de fidélité juré par le chapitre de Cambrai à la duchesse de Luxembourg à l'occasion de l'acquisition du bois de *Berquit.* — Bruxelles, 20 août 1404.

---

519   BAVAY (MARGUERITE, DAME DE).

1317.

Sceau rond, de 22 mill. — Arch. du Nord ; évêché et chapitre de Cambrai.

Écu portant un bandé chargé de coquilles et de... de six pièces, parti d'un lion.

✸ S' · ME · DAME · MARGHERITE · DE · BAVAI

(Seel me dame Margherite de Bavai.)

Amortissement d'un dimage à Saint-Vaast en Bavaysis. — 11 décembre 1317.

---

520 BEAUDEGNIES (GILLES, SIRE DE),

1266.

Sceau rond, de 43 mill. — Arch. du Nord ; abbaye de Vicogne.

Écu au croissant accompagné de six billettes en orle.

✸ S. GILLION · DE · BIAVDIGNIES

(Seel Gillion de Biaudignies.)

Ratification d'un don de terres à Beaudegnies. — Mai 1266.

---

521   BEAUDEGNIES (GILLES DE),

Chevalier. — 1317.

Sceau rond, de 24 mill. — Arch. du Nord ; hôpital Sainte-Élisabeth de Valenciennes.

Écu billeté au croissant.

✠ S' GIL... SEGNEVR DE BIAVDEGNIES

(Seel Gillon, segueur de Biaudegnies.)

Guillaume de Saint-Saulve, bourgeois de Valenciennes, est mis en possession d'une terre à Sebourg. — 17 décembre 1317.

---

322   BEAUDEGNIES (HARDRET DE),

Seigneur de Warrechain-sur-Fanx et de Marquette, chevalier. — 1334.

Sceau rond, de 36 mill. — Arch. du Nord; abbaye de Saint-Jean de Valenciennes.

Dans une rose gothique à six feuilles, un écu billeté au croissant.

...ILE DIT h....GNIES SIRE D' W..... MHOT?

(Seel Gile dit Hardret de Biaudegnies, sire de Warrechin sur Fant et de Marquette.)

Acquisition d'un fief à Noyelles près Haspres par Gérard Sausset d'Esnes, bailli de Hainaut. — Valenciennes, 14 mars 1334.

---

523   BEAUDEGNIES (MARIE DE),

Dame de Jenlain. — 1306.

Sceau ogival, de 39 mill. — Arch. du Nord; abbaye de Saint-Jean de Valenciennes.

Dans une niche gothique, dame debout, en robe et en manteau, coiffée d'un voile, gantée, un oiseau sur le poing. A dextre, un écu portant une hamaide au lambel; à sénestre, un écu billeté au croissant.

S'. MARIE · DAME · DE · GENLAIN

(Seel Marie, dame de Genlain.)

Fondations pieuses pour le repos de son âme et de celle de son mari défunt, Thierri de la Hamaide. — Août 1306.

---

524   BEAUFFREMEZ (JEAN-BAPTISTE DE),

Baron d'Esnes. — 1682.

Sceau rond, de 49 mill. — Arch. du Nord; hôpitaux de Cambrai.

Écu portant un écusson en abîme accompagné de trois merlettes en chef, couronné, embrassé par deux palmes en sautoir. — Légende effacée.

Rapport de fief au profit des chartreux de Cambrai. — 16 septembre 1682.

---

525   BEAUFFREMONT (LIÉBALT SIRE DE).

1493.

Sceau rond, de 50 mill. — Arch. du Nord; Chambre des comptes.

Écu vairé.

..BEFFREMORTIS · MILITIS

(..... Beffremontis, militis.)

CONTRE-SCEAU : Écu vairé, parti de trois quinte-feuilles.

✠ SECRETVM · L · DÑI · DE · BEFFREMONT

(Secretum L. domini de Beffremont.)

Quittance de pension. — Juillet 1293.

---

526   BEAUFORT (ALEAUME DE),

Chevalier. — 1190.

Sceau rond, de 60 mill. — Arch. du Nord; abbaye d'Anchin.

Écu burelé, au franc canton chargé d'une croix posée dans un orle de merlettes?

✠ SIG'ILLE : ALELMI : DE : BIAVF

(Sigillum Alelmi de Biaufort.)

Donation à Saint-Sulpice de Doullens d'une rente sur la maison de Canteleu. — Mars 1200.

---

527   BEAUJEU (IMBERT DE),

Sire de Montferrant. — 1286.

Sceau rond, de 28 mill. — Arch. du Nord; Chambre des comptes.

Écu billeté au lion, brisé d'un lambel de quatre pendants, sur champ festonné.

✠ S'. INBERT : DE : BIAVGIEV : SIRE : DE : MŌFERRANT

(Seel Inbert de Biaugieu, sire de Montferrant.)

Quittance de fief de bourse. — 9 juin 1286.

---

528   BEAUJEU (SIBILLE, DAME DE).

1236.

Sceau rond, de 72 mill. — Arch. du Nord; Chambre des comptes.

Dame à cheval, en robe et en long manteau flottant, gantée, un oiseau sur le poing.

✠ SIGILLVM : SIBILLE : BE....OCI

(Sigillum Sibille Belli Joci.)

CONTRE-SCEAU : Écu au lion. — Légende fruste.

Sibille renonce à tous les droits qu'elle pouvait avoir en Flandre et en Hainaut moyennant une rente sur le tonlieu de Lille. — Janvier 1236.

---

529   BEAUMANOIR (JEAN, SIRE DE),

Chevalier. — 1369.

Sceau rond, de 26 mill. — Arch. du Nord; Chambre des comptes.

Écu portant dix billettes placées 4, 3, 2 et 1.

S'. IEHAN · SIRE · DE · BIAVMANER · CR

(Seel Jehan, sire de Biaumaner, chevalier.)

Jean de Saint-Pol, remis en liberté par le comte de Flandre, déclare renoncer à tous dommages et à toute vengeance. — Paris, 2 avril 1369.

530 BEAUMEZ (RENAUD HUSTIN DE).

1319.

Sceau rond, de 22 mill. — Arch. du Nord; abbaye des Prés.

Écu portant une croix engrêlée, brisé d'une étoile au canton dextre.

✶ S' RERAVT · AVSTIR

(Seel Renaut Hustin.)

Bail à rente d'un terrage à la Bucquière. — 12 août 1319.

531 BEAUMONT (FLORENT DE),

Chevalier. — 1336.

Sceau rond, de 32 mill. — Arch. du Nord; Chambre des comptes.

Une aigle éployée portant en cœur un écusson à deux bars brisés d'un lambel.

S'. FLORERS : DE : BIAVMONS : CHEVA....

(Seel Florent de Biaumont, chevalier.)

Contre-sceau : Écu pentagone portant deux bars, au lambel.

✶ S' SECRETI · MEI

(Sigillum secreti mei.)

Assignation du douaire de la fille de Jean de Hainaut, sire de Beaumont. — Au Quesnoy, 6 novembre 1336.

532 BEAUMONT (JEAN, LE BÂTARD DE),

Sire de Rieux et de Vieux Condé, chevalier. — 1358.

Sceau rond, de 27 mill. — Arch. du Nord; évêché et chapitre de Cambrai.

Dans un encadrement en losange, un écu au franc canton chargé des quatre lions de Hainaut.

S' IEHAR LE..... DE ....MO'

(Seel Jehan, le bastart de Biaumont?)

Amortissement de terres à Rieux. — 5 août 1358.

533 BEAUMONT (RENIER DE),

1226.

Sceau rond, de 44 mill. — Arch. du Nord; abbaye de Saint-Aubert.

Écu chevronné de six pièces, au franc canton sénestre.

✶ S. REHIER DE BOVEMOVHT

(Seel Renier de Bouemount.)

Reconnaissance des droits de l'abbaye de Saint-Aubert sur la ville de ce nom. — Avril 1226.

534   BEAUMONT

(YOLANDE, FEMME DE RENIER DE)

1226.

Sceau ogival, de 61 mill. — Arch. du Nord; abbaye de Saint-Aubert.

Dame debout, de profil à droite, en robe et en manteau, un oiseau sur le poing.

✶ SIGILLVM : IOLENT ✶ DOMIRE : DE : BOVMVHT

(Sigillum Iolent, domine de Boumunt.)

Voyez le n° 533.

535 BEAUMONT (RENIER DE).

1227.

Sceau rond, de 70 mill. — Arch. du Nord; évêché et chapitre de Cambrai.

Type équestre; casque du temps de Philippe-Auguste : le bouclier chevronné, au franc canton.

✶ S.G...VOR · REN.....

(Sigillum Reneri.....)

Contre-sceau : Écu chevronné, au franc canton.

✶ S....TVOR : MEVOR

(Secretum meum.)

Acquisition du terrage de Viesly. — 15 juillet 1227.

536 BEAUSART (GUILLAUME DE),

Chevalier. — 1301.

Sceau rond, de 24 mill. — Arch. du Nord; Chambre des comptes.

Écu portant trois cœurs.

✶ S' GVILE · DE · BIAVSART · CKR

(Seel Guillaume de Biausart, chevalier.)

Jean d'Avesnes, comte de Hainaut, acquiert la terre et seigneurie d'Englefontaine. — Valenciennes, 20 juillet 1301.

537 BEAUSART (HELLIN DE),

Sire de Louverval, chevalier. — 1268

Sceau rond, de 43 mill. — Arch. du Nord; évêché et chapitre de Cambrai.

Écu portant un écusson en abîme, à la bande brochant sur le tout.

✶ S'. HELE : MIL : DÑI : DE : BIAVSART

(Sigillum Hellini, militis, domini de Biausart.)

Cession de droits sur des terres acquises par un chanoine de Cambrai. — Février 1268.

538 BEAUVOIS (ADAM DE),

Chevalier. 1212.

Sceau rond, de 61 mill. — Arch. du Nord; abbaye de Cantimpré.

Écu portant un lion, à la bande brochant sur le tout.

✶ S. ADE · DE · BELLO · V.S. .ILITIS

(Sigillum Ade de Bello Vico, militis.)

Ratification d'une acquisition de biens à Beauvois. — Février 1212.

539   BEAUVOIS (BAUDOUIN DE),

1309.

Sceau rond, de 5x mill. — Arch. du Nord; abbaye d'Anchin.

Écu portant un lion contourné et couronné, à la bordure festonnée.

    .....LVM · B.....BIAVVOIR

(Sigillum Balduini de Biauvoir.)

Accord au sujet du bois de Manaincourt. — 1309.

---

540   BEAUVOIS (BAUDOUIN DE),

1118.

Sceau rond, de 66 mill. — Arch. du Nord; abbaye de Vaucelles.

Écu portant un lion, à la bordure ondée ou festonnée.

✱ S'. BALDOVINI · DE · BELVOIR ·

(Sigillum Baldovini de Belvoir.)

Exemption de droits de vinage accordée à l'abbaye de Vaucelles. — Octobre 1118.

---

541   BEAUVOIS (BAUDOUIN DE),

Sire d'Avelu. — 1293.

Sceau rond, de 42 mill. — Arch. du Nord; abbaye du Câteau.

Écu portant un lion, au lambel de quatre pendants.

✱ S' MES... BAVDVIN DE BIAVVOIR

(Seel mesire Bauduin de Biauvoir.)

Coutume d'Avelu-le-Petit. — Septembre 1293.

---

542   BEAUVOIS (JEANNE, DAME DE),

1180.

Sceau ogival, de 66 mill. — Arch. du Nord; abbaye de Saint-Aubert.

Dame debout, en robe et en manteau vairé, coiffée d'un mortier à mentonnière, tenant un sceptre fleuronné de la main droite, sur un piédouche.

.. IEHĒRE · DAME : DE : BEAVOIR : ET : DE ....

(Seel Jehenne, dame de Beavoir et de .....)

Contre-sceau : Écu portant un lion, à la bordure ondée ou festonnée.

✱ SEGRES · DE · SAIEIEL

(Seers de Saieiel.)

Confirmation du don d'un manoir à Baisstre. — Septembre 1182.

---

543   BEAUVOIS (MATHIEU DE),

Chevalier. — 1260.

Sceau rond, de 75 mill. — Arch. du Nord; guillemins de Walincourt.

Type équestre; casque carré, cimé de trois bannières; le bouclier et la housse portant un lion, à la bordure ondée.

✱ S' MA.hEI : MILITIS : DO...I : DE : B...OIR

(Sigillum Mathei, militis, domini de B...oir.)

Contre-sceau : Écu aux armes de la face.

✱ S' SEGRETVM

(Sigillum secretum.)

Exécution du testament d'Adèle de Beauvois. — Septembre 1260.

---

544   BEEK (SYBERT, SEIGNEUR DE),

1290.

Sceau rond, de 33 mill. — Arch. du Nord; Chambre des comptes.

Écu portant un sautoir.

✱ S' SIFRIDI DE ONDERGREM :

(Sigillum Sifridi de Ouderekem?)

Voyez le n° 510.

---

545   BELLEFONTAINE (JACQUEMART DE),

Écuyer. — 1366.

Sceau rond, de 20 mill. — Arch. du Nord; Chambre des comptes.

Écu portant quatre fasces, au franc canton chargé d'un arbre.

✱ S : IACOMII : D : BELLONT'

(Sigillum Jacomii de Bellofonte?)

Wenceslas de Bohême, duc de Luxembourg, donne en viager à Jeanne, sa femme, le comté de Chini. — Montmédy, 4 août 1366.

---

546   BELLEFORIÈRE (BOUSSARDE DE),

Fille de Boussard de Bourghelles, dame d'Auby. — 1268.

Sceau ogival, de 07 mill. — Hôpital général de Douai.

Dame debout, en robe et en manteau vairé, coiffée d'un mortier, les cheveux logés dans une résille, tenant un livre de la main droite et relevant de la même main le pan de son manteau.

.IGILLOM : LE BOVSA.DE : DAME : DAVBI

(Sigillum le Bousarde, dame d'Aubi.)

Transport de rente. — Août 1268.

---

547   BELLEFORIÈRE (JEAN DE),

DIT BROIFORT,

Écuyer. — 1374.

Sceau rond, de 19 mill. — Arch. du Nord; abbaye de Flines.

Écu portant sept fleurs de lys, 3, 3 et 1, brisé d'une étoile en chef.

...OIG.OR D BELEFORIG..

(Seel Broiefor de Beleforière.)

Donation d'une terre située à Belleforière. — 27 janvier 1374.

548 BELLEFORIÈRE, DIT BROIEFORT

(AGNÈS DE HUMAUCOURT, FEMME DE JEAN DE).

1374.

Sceau ogival, de 25 mill. — Arch. du Nord; abbaye de Flines.

Dame debout, fortement cambrée, soutenant de la main gauche un écu à deux fasces.

.....DE RVMAVCOVRT

(..... de Rumaucourt.)

Voyez le n° 547.

549 BELLEFORIÈRE (JEANNE DE).

XI° siècle.

Sceau rond, de 21 mill. — Collection de M. Preux à Douai.

Écu portant trois fleurs de lys, accolé à sénestre d'un écu portant un croissant.

✶ S' IEHANE DE BIELEFORIERE ·

(Seel Jehane de Bieleforière.)

Matrice originale.

550 BERCHEM (COSTIN DE),

Chevalier. — 1379.

Sceau rond, de 23 mill. — Arch. du Nord; Chambre des comptes.

Dans un encadrement triangulaire, un écu portant trois pals, celui du milieu chargé en cœur d'un besant ou d'un tourteau.

S' .....NI : DE : BERCHEM

(Sigillum Costini de Berchem.)

Quittance de gages pour services rendus au comte de Flandre dans la guerre contre les rebelles. — 11 décembre 1379.

551 BERCHEM (COSTIN DE),

Écuyer. — 1379.

Sceau rond, de 25 mill. — Arch. du Nord; Chambre des comptes.

Écu portant trois pals, timbré d'un heaume cimé de deux longues oreilles, dans un encadrement gothique.

..... tini · d' · b...

(..... Costini de B.....)

Voyez le n° précédent.

552 BERG-OP-ZOOM (CORNEILLE DE).

1507.

Sceau rond, de 38 mill. — Arch. du Nord; Chambre des comptes.

Écu portant trois mâcles sous un chef palé au franc canton chargé d'un lion, au lambel de trois pendants sur le tout, penché, timbré d'un heaume cimé et accom-pagné de lambrequins. Dans le champ, deux objets en forme de besicles.

Sigillū · Corne... De · Berg.....zoma

(Sigillum Cornelii de Berg..... op Zoma?)

Traité entre l'Archiduc et le comte de Hornes au sujet de la forteresse de Woert. — 1507.

553 BERKIN (JEAN DE),

Seigneur de Nortberkin et de Bakelroot. — 1398.

Sceau rond, de 20 mill. — Arch. du Nord; Chambre des comptes.

Écu plain, à la bordure, penché, timbré d'un heaume cimé d'un oiseau.

... an van berkin

(Segel Jan van Berkin.)

Dénombrement d'un fief situé à Bierne. — 6 juillet 1398.

554 BERLAER (LOUIS DE),

Seigneur de Helmont, chevalier. — 1339.

Sceau rond, de 23 mill. — Arch. du Nord; Chambre des comptes.

Écu portant trois pals.

.....OVICI · DE · BERER · DÑI · DE : hELM...

(Sigillum Ludovici de Berlaer, domini de Helmont.)

Voyez le n° 484.

555 BERLAIMONT

(CHARLES, BARON DE).

1567.

Sceau rond, de 62 mill. — Arch. du Nord; Chambre des comptes.

Écu fascé de vair et de (gueules) de six pièces, timbré d'un heaume couronné et cimé d'un lion tenant un étendard aux mêmes armes, entouré du collier de la toison d'or, supporté par deux griffons tenant chacun une ban-nière : celle à dextre fascée comme l'écu; celle à sénestre portant des lions?

CHARLES · BARON · DE · BERLAYMONT · S" · DE · PERVES ·

Réunion de la ville d'Avesnes au comté de Hainaut. — 1 mai 1557.

556 BERLAIMONT (GILLES, SIRE DE),

Chevalier. 1418.

Sceau rond, de 56 mill. — Arch. du Nord; abbaye d'Anchin.

Écu fascé de vair et de (gueules) de six pièces.

✶ SIGILLVM · EG... DE BERLOMONTE

(Sigillum Egidii de Berlomonte.)

Contre-sceau : Écu aux armes de la face.

CLAVIS · SIGILLI
(Clavis sigilli.)

Quittance du prix d'un terrage rendu à l'abbaye d'Anchin. — 18 juin 1348.

557 BERLAIMONT
(JOYE, FEMME DE GILLES DE).
1348.

Sceau ogival, de 71 mill. — Arch. du Nord; abbaye d'Auchin.

Dame debout, en robe et en manteau, tenant un gant dans sa main droite, la gauche à l'attache du manteau.

IOIE · DÑE · DE · BIERLA.....
(Sigillum Joie, domine de Bierla.....),

Assiette de son douaire. — Juin 1348.

558 BERLAIMONT (GILLES DE),
1365.

Sceau rond, de 70 mill. — Arch. du Nord; abbaye de Loos.

Type équestre; le bouclier et la housse portant un palé, à la fasce brochant sur le tout. — Légende détruite.

CONTRE-SCEAU : Écu fascé de vair et de (gueules) de six pièces.

✻ SIGILE · SECRETI · ET · AMORIS
(Sigillum secreti et amoris.)

Confirmation d'un don fait au prieuré d'Aimeries par Allardekin de Berlaimont. — Septembre 1365.

559 BERLAIMONT (GILLES, SIRE DE),
Chevalier. — 1383.

Contre-sceau rond, de 24 mill. — Arch. du Nord; Chambre des comptes.

Écu fascé de vair et de (gueules) de six pièces.

✻ CLAVIS LI
(Clavis sigilli.)

Échange avec le comte de Flandre de certains droits d'usage. — Août 1383.

560 BERLAIMONT (GILLES, SIRE DE),
Chevalier. — 1385.

Sceau rond, de 63 mill. — Arch. du Nord; Chambre des comptes.

Écu fascé de vair et de (gueules) de six pièces.

✻ SIGILLVM · EGID.. .OMINI · DE · BERLANOMONTE
(Sigillum Egidii, domini de Berlanemonte.)

Quittance de fief de bourse. — 2 juillet 1385.

561 BERLAIMONT (GILLES DE),
Seigneur de Pérowès. — 1407.

Sceau rond, de 36 mill. — Arch. du Nord; Chambre des comptes.

Écu fascé de vair et de (gueules) de six pièces, penché, timbré d'un heaume couronné et cimé, supporté par une dame.

s · gilles · ligneur · de · berlemont · et · de · pirewes
(Seel Gilles, sgneur de Berlemont et de Pierewès.)

Voyez le n° 425.

562 BERLETTE (GILLES DE).
1213.

Sceau rond, de 55 mill. — Arch. du Nord; Chambre des comptes.

Une aigle.

✻ SIGILLVM GILONIS BERLETA
(Sigillum Gilonis Berleta.)

Confirmation d'une vente de terres situées près du chemin qui va d'Isier à Quiéry. — Aubigny, 1213.

563 BERLOZ (PINCHART DE),
Sire de Tongrenelle et de Fresin. — 1362.

Sceau rond, de 23 mill. — Arch. du Nord; Chambre des comptes.

Dans un encadrement trilobé, un écu portant deux fasces, penché, timbré d'un heaume.

... PINCART SIRE DE FRISI.
(Seel Pincart, sire du Frisin.)

Jean de Looz, sire d'Agimont, quitte à des Lombards de Namur, en payement de tout ce qu'il leur doit, le fief d'*Engheées* et le vinage de Givet. — 9 janvier 1362.

564 BERMERAIN (ROBERT DE),
Écuyer. — 1305.

Sceau rond, de 32 mill. — Arch. du Nord; abbaye du Câteau.

Écu portant trois chevrons. — Légende illisible.

Accord pour les droitures de Marets. — 5 mai 1305.

565 BERNAGE (ARNOUL),
De Malines. — 1339.

Sceau rond, de 26 mill. — Arch. du Nord; Chambre des comptes.

Écu fascé de six pièces dont trois frettées ou chargées de petits sautoirs, accompagné de trois dragons.

..ERNOVD BERNAGE DE MACHLINES
(Seel Ernoud Barnage de Maechlines.)

Voyez le n° 484.

566 BERNESSET (HUGUES DE),

Chevalier. — 1187.

Sceau rond, de 38 mill. — Hôpital Comtesse à Lille.

Écu billeté, au chevron.

✱ S' HVGONIS DE BERNE..E MILITIS

(Sigillum Hugonis de Berne..e, militis.)

Réduction de droits sur un fief tenu par l'hôpital Comtesse, dans les Quatre-Métiers à Popelbonne. — Juillet 1287.

567 BERNESSET

(GILLES, FILS DE HUGUES DE).

1287.

Sceau rond, de 28 mill. — Hôpital Comtesse à Lille.

Écu billeté, au chevron.

...ILIS.....HVG' SONE CODEL...ENR?

(Segel Gillis..... Hug sous codel..enk.)

Voyez le n° 566.

568 BERPERCHE (WÉRI, SIRE DE),

Justicier des nobles de Luxembourg. — 1354.

Sceau rond, de 32 mill. — Arch. du Nord; Chambre des comptes.

Écu portant une croix recercelée, penché, timbré d'un heaume cimé de deux cornes, sur champ fretté.

S' · DÑI · WIRICI · DE · BERPERCH

(Sigillum domini Wirici de Berperch.)

Wenceslas de Bohème, duc de Luxembourg, assigne à sa femme Jeanne de Brabant le comté de la Roche et la terre de Durbuy. — 11 novembre 1354.

569 BERTANGLE (JEAN DE),

1443.

Sceau rond, de 26 mill. — Arch. du Nord; chapitre de Lille.

Écu portant un écusson fretté en abîme, à l'orle de cinq châteaux, penché, timbré d'un heaume cimé d'une tête de lion, supporté par deux lions.

s ïau ḏ . . .taugle

(Seel Jan de Bertangle.)

Quittance. — 3 avril 1443.

570 BERTAUCOURT (JEAN DE),

Chevalier. — 1477.

Sceau rond, de 36 mill. — Arch. du Nord; abbaye du Saint-Sépulcre.

Écu semé de croisettes, à deux bars adossés, penché, timbré d'un heaume cimé d'une tête de sanglier, supporté par deux sangliers.

sigillu.....ḏ barfance...

(Sigillum Johannis de Bertaucourt.)

Confirmation d'un amortissement de terres à Mesnières, par Jeanne d'Inchy, sa femme. — 1" juillet 1477.

571 BERTH (GODEFROI),

Chevalier. — 1286.

Sceau rond, de 32 mill. — Arch. du Nord; Chambre des comptes.

Écu portant deux épieux? en sautoir cantonnés de quatre cœurs.

✱ S' GODEFRIDI · MILITIS

(Sigillum Godefridi, militis.)

Les hommes de Renaud, comte de Gueldre, s'obligent à garder le traité conclu au sujet de son futur mariage avec Marguerite de Flandre. — Mai 1286.

572 BERTHOUT (FLORENT),

De Malines, chevalier. — 1293.

Sceau rond, de 33 mill. — Arch. du Nord; évêché et chapitre de Cambrai.

Écu portant trois pals au franc canton chargé d'un lion, dans un trilobe.

.....OREN..I · BERTO...

(Sigillum Florentii Bertoldi.)

Sentence arbitrale au sujet du personat de Gheel. — Août 1293.

573 BERTHOUT (FLORENT),

Sire de Berlaer. — 1308.

Sceau rond, de 27 mill. — Arch. du Nord; Chambre des comptes.

Dans une rosace à six feuilles, un écu portant trois pals au franc canton chargé d'un lion, cimé d'un heaume.

La légende **FLO REN TIV** (Florentius) en trois parties, séparées chacune par une tête de femme, est inscrite dans l'intérieur de la rosace.

Garantie fournie au comte de Flandre pour qu'il donne mainlevée de la saisie de la terre de Beveren. — Cologne, 18 janvier 1308.

574 BERTHOUT (FLORENT),

Seigneur de Malines, chevalier. — 1316.

Sceau rond, de 68 mill. — Arch. du Nord; Chambre des comptes.

Type équestre: haubert, cotte d'armes, casque ovoïde cimé d'un dragon, épée retenue par une chaîne; le bouclier et la housse portant trois pals.

SIGILL™ ⫶ FLOREN........MINI ⫶ DE ⫶ MACHLINIA

(Sigillum Florentii Berthout, domini de Machlinia.)

CONTRE-SCEAU : Écu portant trois pals, dans une rose gothique à six feuilles.

✱ S' · FLORENCII ⫶ BERTHAVT ⫶ DÑI ⫶ DE ⫶ MACHLINIA ·

(Secretum Florentii Berthout, domini de Machlinia.)

Promesse au comte de Flandre dont il avait été prisonnier, à Ruppelmonde, de ne lui porter aucun dommage. — 18 décembre 1316.

---

575   BERTHOUT (GAUTIER),

Fils aîné du seigneur de Malines. — 1280.

Sceau rond, de 72 mill. — Arch. du Nord; Chambre des comptes.

Type équestre; le bouclier et la housse portant trois pals au franc canton chargé d'un lion.

✱ S. WALTERI · BERTOLDI · PRIMOGENITI · DÑI · MACHLINEÑ

(Sigillum Walteri Bertoldi, primogeniti domini Machlinensis.)

Contre-sceau : Écu aux armes de la face.

✱ 9TS. WALTI · B'TOLDI · PRIMOGENITI · MACHLIÑ

(Contra sigillum Walteri Bertoldi, primogeniti Machlinensis.)

Record d'une assignation de 3,000 livrées de terre au profit d'Arnoul d'Audenarde. — 18 mars 1280.

---

576   BERTHOUT

(ALIX DE GUINES, FEMME DE GAUTIER).

Fils aîné du seigneur de Malines. — 1283.

Sceau ogival, de 65 mill. — Arch. du Nord; Chambre des comptes.

Dame debout, en robe et manteau vairé, coiffée d'un voile, gantée, un oiseau sur le poing. A dextre, l'écu vairé de Guines; à sénestre, les trois pals au franc canton chargé d'un lion des Berthout.

✱ S. AELIDIS · DE · GVINES · VXORIS · WALTERI · ..THAVDI · IVVENIS

(Sigillum Aelidis de Guines, uxoris Walteri Berthaudi juvenis.)

Contre-sceau : Écu parti, aux armes des écus de la face.

✱ SECRETVM · AELIDIS · DE · GVINES

(Secretum Aelidis de Guines.)

Voyez le nº 314.

---

577   BERTHOUT (GILLES),

De Malines. — 1308.

Sceau rond, de 42 mill. — Arch. du Nord; Chambre des comptes.

Type équestre de chasse, dans une rose gothique à six feuilles.

✱ S. EGIDII · DÑI · BERTHAVS · DE · MACHLINIA

(Sigillum Egidii dicti Berthaut de Machlinia.)

Accord avec l'évêque de Liège et la ville de Malines au sujet de leurs droits respectifs sur la seigneurie de Malines. — 1er décembre 1308.

---

578   BERTHOUT (HENRI),

Seigneur de Duffel et de Gheel, chevalier. — 1339.

Sceau rond, de 29 mill. — Arch. du Nord; Chambre des comptes.

Écu portant trois pals au franc canton chargé de cinq billettes en sautoir, dans une rose gothique à six feuilles.

S. HNRI : DÑI : DE : DVFLE .. DE : G...E

(Sigillum Henri, domini de Dufle et de Ghele.)

Voyez le nº 484.

---

579   BERTHOUT (LOUIS),

Seigneur de Gramines. — 1194.

Sceau rond, de 66 mill. — Arch. du Nord; évêché et chapitre de Cambrai.

Type équestre incomplet; le bouclier portant trois pals. — Légende détruite.

Contre-sceau : Écu portant trois pals.

✱ : LVDOVICVS.....S :

(Ludovicus Berthaut.)

Accord pour les dîmes de la forêt de Wavre ou Waverwald. — 25 mars 1264.

---

580   BÉTHUNE (CONON DE),

Frère de Guillaume, avoué d'Arras. — 1202.

Sceau rond, de 74 mill. — Arch. du Nord; collégiale de Saint-Géry.

Un personnage à genoux fait hommage à sa dame; au-dessus de sa tête, le mot MERCI (Merci).

✱ SIGILLVM CONNONIS DE ...VNIA

(Sigillum Connonis de Betunia.)

Acceptation d'une assignation de rente à Bruay. — Mars 1202.

---

581   BÉTHUNE (GUILLAUME DE),

Sire de Locres et de Hébuterne, chevalier. — 1279.

Sceau rond, de 53 mill. — Arch. du Nord; Chambre des comptes.

Écu portant une fasce accompagnée en chef d'un lion passant au canton dextre.

✱ S' WILLAVMES · DE · LOORES · CEVALIER

(Seel Willaumes de Locres, cevalier.)

Contre-sceau : Écu aux armes de la face.

✱ S' · WILLAVMES · DE · LOORES · OKI

(Secret Willaumes de Locres, chevalier.)

Garantie fournie au comte de Flandre pour une rente servie à Mahaut, châtelaine de Lille. — Septembre 1279.

---

582   BEUKEMARE (IWAIN DE),

Chevalier. — 1295.

Sceau rond, de 23 mill. — Arch. du Nord; Chambre des comptes.

Écu au chevron chargé de cinq coquilles.

✠ S' · YWANI · DE · BOREMARE · MILITIS

(Sigillum Ywani de Bokemore, militis.)

Jean de Namur, fils de Gui, comte de Flandre, est mis en possession de Ninove et d'Herlinkhove. — 27 janvier 1295.

---

583   BEVEREN (HENRI DE),

Sire de Dixmude. — 1384.

Sceau rond, de 26 mill. — Arch. du Nord; Chambre des comptes.

Personnage debout, en costume de guerre, vêtu d'un pourpoint, coiffé d'un casque couronné, tenant de la main droite une lance, de la gauche un bouclier fascé de huit pièces au sautoir brochant et au franc canton sur le tout. Dans le champ, des cygnes rangés en orle.

S' hENRY DE BEVRE SEIGN DE DICQUEMUE & DAVRE

(Seel Henry de Bevre, seigneur de Dicquemue et d'Avre.)

Riffard, bâtard de Flandre, déclare renoncer à toute réclamation au sujet de son emprisonnement par Louis de Male. — Lille, 16 avril 1384.

---

584   BIGARD (GUILLAUME DE).

1415.

Sceau rond, de 27 mill. — Arch. du Nord; chartes flamandes.

Écu au chef échiqueté, penché, timbré d'un heaume cimé de deux têtes de coq, supporté par un homme sauvage et par un griffon.

. . . . . m de bygaerde

(Segel Willem de Bygaerde.)

Donation de rente sur des héritages à Cobbeghem. — 1415.

---

585   BLAISY (GEOFFROI DE),

Seigneur de Mauvilly. — 1354.

Sceau rond, de 23 mill. — Arch. du Nord; Chambre des comptes.

Écu à la fasce accompagnée de six coquilles, surmonté d'une tête d'homme, supporté par deux lions, dans un trilobe.

GAVFRIDI DE BLASEYO MILIT'

(Gaufridi de Blaseyo, militis.)

Contre-sceau : Une fasce à la coquille sur le tout. — Sans légende.

Traité de mariage entre Philippe de Rouvre, duc de Bourgogne, et Marguerite, fille de Louis de Male, comte de Flandre. — Au bois de Vincennes, 6 août 1354.

---

586 BLANKENHEIM (GÉRARD, SIRE DE),

Chevalier. — 1289.

Sceau rond, de 52 mill. — Arch. du Nord; Chambre des comptes.

Type équestre; le bouclier et la housse portant un lion au lambel.

S' GIRA. . . . . MINI · DE · . . . . . EN

(Sigillum Girardi, domini de Blankehen.)

Quittance au receveur du comte de Flandre à Namur. — 29 janvier 1289.

---

587   · BLOIS (LOUIS DE),

Sire de Trélon. — 1476.

Sceau rond, de 38 mill. — Arch. du Nord; Chambre des comptes.

Écu portant deux fasces bretessées contre-bretessées, au franc canton de Châtillon, penché, timbré d'un heaume couronné et cimé d'une tête de cygne, supporté par un ange à sénestre.

Seel · lois · de · blois · s' · de · . . . . .

(Seel Loïs de Bluis, sire de Trélon.)

Transport de rente. — 31 mars 1476.

---

588   BLONDEL (ANTOINE),

Écuyer. — 1546.

Sceau rond, de 30 mill. — Arch. du Nord; guillemins de Walincourt.

Écu portant un sautoir dont la traverse sénestre a ses extrémités passées dans un fretté, penché, timbré d'un heaume cimé d'un oiseau.

s anthoine blondel

(Seel Anthoine Blondel.)

Sentence dans un débat entre les guillemins de Walincourt et le mayeur d'Esnes au sujet de terres situées à Brysneul. — 7 juillet 1546.

---

589   BOETELIN (ROGER),

Chevalier. — 1365.

Sceau rond, de 26 mill. — Arch. du Nord; Chambre des comptes.

Écu au chevron chargé de trois aiglettes et accompagné de trois merlettes, penché, timbré d'un heaume cimé d'une tête d'homme, supporté par deux personnages à chapeau pointu garni de plumes, dans un encadrement gothique.

SIGILLVM · ROGERI . . . . ELIN · MILITIS

(Sigillum Rogeri Boetelin, militis.)

Louis de Namur assigne pour douaire à sa femme Isabelle, comtesse de Rouci, les terres de Bailleul et de Peteghem. — Male, 17 mai 1365.

---

590   BOFFLES (PIERRE DE),

XVe siècle.

Sceau rond, de 39 mill. — Musée de Douai.

Écu portant un diapré sous un chef échiqueté, écartelé de deux bandes, penché, timbré d'un heaume cimé, supporté par deux lions.

s : pierre · de · bofflef

(Seel Pierre de Boffles.)

Matrice originale.

591　　BOIS (ANTOINE DU),

Seigneur de Fletre. — 1510.

Sceau rond, de 36 mill. — Arch. du Nord; Chambre des comptes.

Écu à la croix échiquetée cantonnée en chef et à dextre d'un lion, penché, timbré d'un heaume couronné et cimé, supporté par un lion et par un griffon.

s anthone · du · boys · s' · de · fleter.

(Seel Anthone du Boys, seigneur de Fleters.)

Accord entre l'abbé de Saint-Winoc et la ville de Bergues au sujet de la juridiction et des fortifications. — 17 avril 1510.

592　　BOIS (ARNOUL DU),

Seigneur d'Ohain, chevalier. — 1375.

Sceau rond, de 24 mill. — Arch. du Nord; évêché et chapitre de Cambrai.

Écu à la fasce chargée de trois étoiles, accompagnée de trois merlettes en chef, dans un trilobe.

S I ERNOVL DOV BOS

(Seel J. Ernoul dou Bos.)

Acquisition d'un fief tenu du seigneur d'Ohain. — 14 août 1375.

593　　BOIS (ARNOUL DU),

Seigneur d'Ohain, écuyer. — 1433.

Sceau rond, de 28 mill. — Arch. du Nord; évêché et chapitre de Cambrai.

Écu à la fasce chargée de trois étoiles, accompagnée de trois merlettes en chef, penché, timbré d'un heaume cimé, supporté par deux dames.

s ernoul dou bos

(Seel Ernoul dou Bos.)

Quittance. — 7 août 1433.

594　　BOLLAND (HENRI DE),

Sire de Roly et de Dave, chevalier. — 1421.

Sceau rond, de 32 mill. — Arch. du Nord; Chambre des comptes.

Écu semé de croisettes fichées, à la croix brochant sur le tout, penché, timbré d'un heaume cimé, supporté par deux oiseaux.

s henrei de bol. . . .t sire de rolei

(Seel Henrei de Bollant, sire de Rolei.)

Jean III, comte de Namur, cède à Philippe le Bon le comté de Namur et la prévôté de Poilvache. — 8 juin 1421.

595　　BONDUES

(ISABEAU, DEMOISELLE DE).

1309.

Sceau ogival, de 47 mill. — Arch. du Nord; abbaye de Marquette.

Dame debout, en robe flottante et sans manches, un faucon sur le poing, accompagnée à sénestre d'un écu au franc canton.

S' : ISABIAVS . . . . . 8 : DE : BORD . . .

(Seel Isabiaus, demisiele de Bondues.)

Compromis au sujet d'un héritage situé à Marcq. — 11 juin 1309.

596　　BONDUES (JACQUEMON DE),

Chevalier. — 1247.

Sceau rond, de 48 mill. — Arch. du Nord; abbaye de Marquette.

Écu au franc canton.

✳ S'. . . .S DE BONDVES CEVA. .ERS

(Seel Jakemes de Bondues, cevaliers.)

Jacquemon de Bondues vend à l'abbaye de Marquette une rente sur un ténement en la paroisse de Marcq. — Août 1247.

597　　BONDUES (JEAN DE),

Chevalier. — 1294.

Sceau rond, de 30 mill. — Arch. du Nord; abbaye de Loos.

Écu au franc canton.

✳ S' IEHAN SIRE DE BONDVE

(Seel Jehan, sire de Bondue.)

Sentence au profit de l'abbaye de Loos, établissant que les templiers n'ont aucun droit sur le vivier d'Esquermes. — 29 juin 1294.

598　　BORCH (DANIEL DE LE),

Chevalier. — 1293.

Sceau rond, de 29 mill. — Arch. du Nord; Chambre des comptes.

Écu portant trois aiglettes.

✳ S ....EL DE LE MOTE CHR

(Seel Daniel de le Mote, chevalier.)

Acquisition de la mairie de Bracle par le comte de Flandre. — 15 avril 1293.

599　　BORCULO (HENRI, SIRE DE),

1286.

Sceau rond, de 64 mill. — Arch. du Nord; Chambre des comptes.

Écu portant trois tourteaux ou trois besants.

✳ S DOMINI.....CLO

(Sigillum domini Henrici de Borclo.)

Voyez le n° 571.

600 **BORGNE (BAUDOUIN LE),**

Chevalier. — 1276.

Sceau rond, de 41 mill. — Arch. du Nord; chapitre de Lille.

Écu portant un échiqueté sous un chef.

✠ S' • B..DVIN • LE • BORG'N.....R

(Seel Bauduin le Borgne, chevalier.)

Baudouin le Borgne accusé d'injures et de violences envers le chapitre de Lille promet de se soumettre à la sentence de ses juges, sous peine de 500ʰ. — 8 novembre 1276.

---

601 **BORGNE**

(MAROTE DE BEAUFFREMEZ, VEUVE DE BAUDOUIN LE).

1286.

Sceau en écu, de 22 mill. — Hôpital Comtesse à Lille.

Une fleur de lys sur laquelle sont perchés deux oiseaux.

✠ S' IEhANE DE BAVFREMES

(Seel Iehane de Baufremès.)

Voyez le n° suivant.

---

602 **BORGNE**

(JEAN D'ESPAIN, FILS DE MAROTE DE BEAUFFREMEZ ET DE BAUDOUIN LE)

1286.

Sceau rond, de 24 mill. — Hôpital Comtesse à Lille.

Écu portant un échiqueté sous un chef chargé d'un lambel de quatre pendants.

✠ : S' : IEhAN DESPAING

(Seel Johan d'Espaing.)

Quittance du prix d'une terre chargée du douaire de Marote de Beauffremez. — Février 1286.

---

603 **BORRE (JEAN, SIRE DE LE),**

1369.

Sceau rond, de 23 mill. — Arch. du Nord; Chambre des comptes.

Écu portant un écusson en abîme.

✠ S IEhAN SIRE DEL BORRE

(Seel Jehan, sire del Borre.)

La dame de Cassel remet à Jean de le Borre le corps de Guillebert, son fils, enseveli hors de lieu saint, en la cour du château de Nieppe. — 20 décembre 1369.

---

604 **BORSSELE (FLORENT DE),**

Chevalier. — 1357.

Sceau rond, de 26 mill. — Arch. du Nord; Chambre des comptes.

Écu à la fasce accompagnée de trois étoiles en chef, penché, timbré d'un heaume cimé d'une tête de bœuf, supporté par deux personnages à chapeau conique garni d'une plume, dans un encadrement gothique.

S FLORENS VAN BORSELEN RIDDER

(Segel Florens van Borselen, ridder.)

Guillaume, comte de Hainaut, s'engage à conclure la paix entre la Flandre et le Brabant. — 15 mai 1357.

---

605 **BORSSELE (HENRI DE),**

Chevalier. — 1379.

Sceau rond, de 28 mill. — Arch. du Nord; Chambre des comptes.

Écu portant une fasce, au lambel, penché, timbré d'un heaume couronné et cimé d'une tête de bœuf.

S'. hEINRICI : DE : BARSALIA : MILITIS

(Sigillum Heinrici de Barsalia, militis.)

Quittance pour services rendus au comte de Flandre dans la guerre contre ses villes rebelles. — 2 décembre 1379.

---

606 **BORSSELE (JEAN DE),**

Chevalier. — 1298.

Sceau rond, de 43 mill. — Arch. du Nord; Chambre des comptes.

Écu à la fasce accompagnée de trois étoiles en chef, au bâton en bande brochant, sur champ festonné.

✠ SIGILLVM : IOhANNIS : DE : BARSALIA : MILITIS :

(Sigillum Johannis de Barsalia, militis.)

Jean, comte de Hollande, déclare que, s'il vient à mourir sans hoirs, les hommages de la Zélande retourneront au comte de Flandre. — Biervliet, 28 mars 1298.

---

607 **BORSSELE (NICOLAS DE),**

1256.

Sceau rond, de 60 mill. — Arch. du Nord; Chambre des comptes.

Type équestre; le bouclier et la housse portant une fasce.

...ILLVM : NIChOLAI : DOMINI : DE ....

(Sigillum Nicholai, domini de.....)

Nicolas de Borssele jure la paix conclue entre Marguerite, comtesse de Flandre, et Florent, régent de Hollande. — Bruxelles, 15 octobre 1256.

---

608 **BORSSELE (PHILIPPE DE),**

Seigneur de Cortkene. — 1412.

Sceau rond, de 26 mill. — Arch. du Nord; Chambre des comptes.

Écu portant une fasce, au lambel, penché, timbré d'un heaume cimé, supporté par deux lions.

s' philips • vā • borſſelen?

(Segel Philips van Borselen.)

Guillaume, comte de Hainaut, assigne le douaire de Marguerite de Bourgogne, sa femme. — Au Quesnoy, 24 décembre 1412.

609   BORSSELE (RASSE DE),

1289.

Sceau en écu, de 36 mill. — Arch. du Nord; Chambre des comptes.

Écu à la fasce accompagnée de trois étoiles en chef, au lambel de cinq pendants.

✻ .....SONIS DE BERSAL..

(Sigillum Rassonis de Bersalia.)

Rasse de Borssele et d'autres seigneurs, voulant se soustraire au gouvernement de Florent, comte de Hollande, déclarent qu'ils sont prêts à faire hommage au comte de Flandre pour la Zélande. — Mars 1289.

610   BORSSELE (RASSE DE),

Chevalier. — 1298.

Sceau rond, de 43 mill. — Arch. du Nord; Chambre des comptes.

Écu à la fasce accompagnée de trois étoiles en chef, au lambel de quatre pendants, sur champ festonné.

✻ SIGILLVM · RASONIS · DE · BARSALIA · MILITIS

(Sigillum Rasonis de Barsalia, militis.)

Voyez le n° 606.

611   BORSSELE (WULFARD DE),

1290.

Sceau rond, de 70 mill. — Arch. du Nord; Chambre des comptes.

Type équestre; haubert, cotte d'armes, casque ovoïde cimé; le bouclier, l'épaulière et la housse portant une fasce accompagnée de trois étoiles en chef.

ISTVD : SIGILVM : EST : WLFARDI : DE : BARSALIA : MILITIS :

(Istad sigilum est Vulfardi de Barsalia, militis.)

Contre-sceau : Écu aux armes de la face.

✻ : SECRET : WLFARDI : DE : BARSALIA : MILIT :

(Secretum Vulfardi de Barsalia, militis.)

Promesse de maintenir l'accord conclu avec le comte de Hollande au sujet de droits en Zélande. — 30 mai 1290.

612   BORST (HUGUES DE),

Chevalier. — 1316.

Sceau rond, de 22 mill. — Arch. du Nord; Chambre des comptes.

Écu portant un échiqueté, au lambel.

✻ S' ..GON.S · DE · BORSTE · MILIT

(Sigillum Hugonis de Borste, militis.)

Traité de paix entre la France et la Flandre. — 1er septembre 1316.

613   BOS (GÉRARD DU),

Écuyer. — 1451.

Sceau rond, de 27 mill. — Arch. du Nord; chapitre de Lille.

Écu au lion, penché, timbré d'un heaume cimé d'une roue.

.... grart · du · bos

(Seel Grard du Bos.)

Fondation d'obit. — 2 octobre 1451.

614   BOS (HELLIN, SIRE DU)

Et d'Oppy, chevalier. — 1311.

Sceau rond, de 27 mill. — Arch. du Nord; abbaye des Prés.

Écu portant cinq fusées en bande, au lambel.

✻ S' HELLIN · DV · BOS · CHER

(Seel Hellin du Bos, chevalier.)

Confirmation de biens au terroir d'Oppy. — Juillet 1311.

615   BOS (JACQUES, SIRE DU)

Et d'Oppy, chevalier. — 1284.

Sceau rond, de 34 mill. — Arch. du Nord; abbaye des Prés.

Écu portant sept fusées en bande, au lambel de cinq pendants.

✻ S' IAKES DV BOS CHEVALIER

(Seel Jakes du Bos, chevalier.)

Amortissement de terres et de rentes à Oppy. — Décembre 1284.

616   BOS (JEAN L'ESTEWE? DIT DU),

1347.

Sceau rond, de 29 mill. — Arch. du Nord; Chambre des comptes.

Écu portant trois coquilles, au lambel, penché, timbré d'un heaume couronné et cimé.

s urban lestewe dit dou bos

(Seel Jehan Lestewe dit dou Bos.)

Voyez le n° 425.

617   BOSKET (GÉRARD),

Écuyer. — 1275.

Sceau rond, de 44 mill. — Arch. du Nord; abbaye de Marchiennes

Écu billeté, à la bande brochant.

✻ S' GERART BOSKET ESCVIER

(Seel Gérart Bosket, escuier.)

Ratification d'un échange de vignes «apud Karren juxta Minciacum super Autonam», à Charrey? — Septembre 1275.

618   BOSSCHE (WILLEM VAN DEN),

Chevalier. — 1889.

Sceau rond, de 27 mill. — Arch. du Nord; Chambre des comptes.

Écu portant trois huchets, au lambel, dans une rosace à six feuilles.

✠ S'. WILL..MI : DE : BVSCHO : MILITIS

(Sigillum Wilhelmi de Buscho, militis.)

Voyez le n° 484.

---

619   BOTLAND (PETER VAN),

1436.

Sceau rond, de 29 mill. — Arch. du Nord; chartes flamandes.

Écu portant un émanché de cinq pièces mouvant du flanc dextre, penché, timbré d'un heaume cimé d'une tête de bœuf et accompagné de lambrequins.

...r van bot lant

(Segel Peter van Botlant.)

Transport de rente à Loenhout. — 20 janvier 1436.

---

620   BOUBAIS (LOUIS DE),

Écuyer. — 1498.

Sceau rond, de 27 mill. — Arch. du Nord; collégiale de Saint-Géry.

Écu à la fasce accompagnée de merlettes en chef, penché, timbré d'un heaume cimé d'une tête de chien, supporté à dextre par un homme sauvage.

s · lois · de · bonbais

(Seel Lois de Boubais.)

Bail à cens de prés et de bois situés à Bouchain. — 20 janvier 1498.

---

621   BOUCHOUT (DANIEL DE),

Chevalier. — 1339.

Sceau rond, de 26 mill. — Arch. du Nord; Chambre des comptes.

Écu portant une croix, penché, timbré d'un heaume ovoïde moucheté d'hermines, sur champ fretté.

S' DANELI DE BOVCHOVT MILITIS

(Sigillum Daneli de Bouchout, militis.)

Voyez le n° 484.

---

622   BOUCLY (MARGUERITE DE),

Veuve de Baudouin Papelart, chevalier. — 1346.

Sceau ogival, de 40 mill. — Arch. du Nord; collégiale de Saint-Géry.

Écu plain, au chef chargé d'un annelet à dextre.

✠ S' MARGERITE DE B...LI

(Seel Margerite de Boueli.)

Contre-sceau : Écu aux armes de la face.

✠ S' MARGERITE DE BOVCLI

(Secret Margerite de Boueli.)

Fondation d'une vicairie perpétuelle. — 18 août 1346.

---

623   BOUDRENGHIEN (HUBERT DE),

Seigneur de Préseau, écuyer. — 1563.

Sceau rond, de 30 mill. — Arch. du Nord; évêché et chapitre de Cambrai.

Écu à la croix cantonnée de quatre roses, penché, timbré d'un heaume cimé, supporté par deux griffons.

S. HVBERT · DE · BAVDRENGHIEN ·

Bail à cens de terres situées à Quarouble. — 17 novembre 1563.

---

624   BOULOGNE (GOBERT DE),

Seigneur de Marigny. — 1457.

Sceau rond, de 27 mill. — Arch. du Nord; Chambre des comptes.

Écu portant deux lions passant l'un sur l'autre, timbré d'un heaume cimé d'un lion.

gobt · de · bologne · chã · de · sefua

(Gobert de Bologne, chantre ou chanoine de S.....?)

Cession de droits sur des biens à Vireux-Walleraud. — 8 août 1457.

---

625   BOURBOURG (PHILIPPE DE),

Sire de Verlinghem. — 1278.

Sceau rond, de 22 mill. — Arch. du Nord; abbaye de Marchiennes.

Écu portant trois roses.

✠ S' PHILIPPI .. BOVRBOVRG

(Sigillum Philippi de Bourbourc.)

Acquisition du quart du vivier de Marchiennes. — Juillet 1278.

---

626   BOURGHELLES (ALARD DE),

Seigneur de Hau. — 1226.

Sceau rond, de 61 mill. — Arch. du Nord; abbaye de Loos.

Type équestre fruste.

✠ SIGILLVM ALARDI DE BOVRGHELLA

(Sigillum Alardi de Bourghella.)

Contre-sceau : Écu illisible.

✠ SECRETVM MEVM. ..

(Secretum meum.....)

Transport de douaire sur un fief tenu du seigneur de Hau. — Tresin, 17 janvier 1226.

---

627   BOURGOGNE (PHILIPPE DE),

Seigneur de Beveren. — 1483.

Sceau rond, de 49 mill. — Arch. du Nord; Chambre des comptes.

Écu de Bourgogne, écartelé d'un fascé de huit pièces

chargé de trois annelets en chef, timbré d'un heaume
cimé d'une chouette, accompagné de lambrequins, dans
un cartouche.

**sigillum · phili.... · de · burgundia · dui · de ·
.. vres ·**

(Sigillum Philippi de Burgundia, domini de Bevres.)

Promesse de payer à Maximilien, roi des Romains, la somme de
40,000 couronnes montant de la cession du gouvernement de la
Flandre. — 3 mai 1483.

---

628   BOURGUIGNON (GILLES LE),

Écuyer. — 1508.

Sceau rond, de 27 mill. — Arch. du Nord; Chambre des comptes.

Écu portant une croix ancrée, écartelé d'un fascé à la
bordure engrêlée, penché, timbré d'un heaume cimé
d'un dragon.

gilles · le · bourguignô

(Gilles le Bourguignon.)

L'Archiduc acquiert de Jean Bournel, son chambellan, un fief dans
la châtellenie de Saint-Omer. — 24 avril 1508.

---

629   BOURNEL (GUICHARD),

Seigneur de Namps-au-Mont. — 1446.

Sceau rond, de 33 mill. — Arch. du Nord; Chambre des comptes.

Écu à l'orle de merlettes, portant un écusson en abîme
au lambel, penché, timbré d'un heaume cimé d'un oiseau, supporté par deux renards?

s guichart bournel

(Seel Guichart Bournel.)

Quittance de rente sur les grands forages de Saint-Omer. — 12 octobre 1446.

---

630   BOUSIES (EUSTACHE DE),

Sire de Vertain, chevalier. — 1372.

Sceau rond, de 30 mill. — Arch. du Nord; chapitre de Lille.

Écu portant une croix, au lambel, penché, timbré
d'un heaume couronné et cimé, dans un encadrement
gothique et sur champ fretté.

**S'. WIT.SSE DE BOVSI..... SIRE DE
VERTAIN.....**

(Seel Witasse de Bousies ..... sire de Vertain . . . . .)

Eustache de Bousies et ses frères reconnaissent devoir à Jean de
Saint-Venant la somme de 2,000 florins. — Mons, 7 avril 1372.

---

631   BOUSIES (GAUTIER DE),

1181.

Sceau rond, en cuvette, de 44 mill. — Arch. du Nord; abbaye de Vaucelles.

Type équestre.

✠ SIGILLVM VVALTERO dE BOVSIES

(Sigillum Waltero de Bousies.)

Droit de passage accordé aux religieux de Vaucelles. — 1181.

---

632   BOUSIES (GAUTIER DE).

1214.

Sceau rond, de 60 mill. — Arch. du Nord; abbaye du Câteau.

Écu portant une croix.

✠ SIGILLVM : WALTERI : .. BVSIES

(Sigillum Walteri de Busies.)

Accord au sujet des hôtes de Fontaine. — Mai 1214.

---

633   BOUSIES (GAUTIER, SEIGNEUR DE),

1217.

Sceau rond, de 70 mill. — Arch. du Nord; abbaye de Vaucelles.

Type équestre incomplet; le bouclier portant une
croix.

....LLVM · WA.....NI · DE · B.....

(Sigillum Walteri, domini de Bousies.)

CONTRE-SCEAU : Écu à la croix.

✠ CLAVIS · SIGILLI

(Clavis sigilli.)

Droit de passage accordé à l'abbaye de Vaucelles. — 1217.

---

634   BOUSIES (GAUTIER, SEIGNEUR DE),

Chevalier. — 1246.

Sceau rond, de 50 mill. — Arch. du Nord; abbaye du Câteau.

Écu portant une croix, au lambel de cinq pendants.

✠ S · W....RI · D....S

(Sigillum Walteri de Bousies.)

Ratification de la vente de la dîme de Saint-Python faite à l'abbaye
du Câteau par Gautier de Briastre. — Solesmes, juin 1246.

---

635 BOUSIES (GAUTIER, SEIGNEUR DE),

Chevalier. — 1295.

Sceau rond, de 67 mill. — Arch. du Nord; Chambre des comptes.

Type équestre; haubert, cotte d'armes, casque ovoïde
cimé, épée retenue par une chaîne; le bouclier, l'épaulière, le troussequin, la housse et le poitrail portant une
croix.

**✠ S'. WALTERI · DOMINI · DE · BOV.IES ·
MILITIS**

(Sigillum Walteri, domini de Bousies, militis.)

CONTRE-SCEAU : Écu à la croix, dans un trilobe.

✠ CONT · SIGILL · WALTERI · DE · BOVZIES ·

(Contra sigillum Walteri de Bousies.)

Record d'un procès au sujet de pâturages à Noyelle. — Mai 1295.

636 BOUSIES (GAUTIER, SEIGNEUR DE).
1339.
Sceau rond, de 29 mill. — Arch. du Nord; Chambre des comptes.

Type équestre semblable au précédent, et aux mêmes armes : une croix.

✱ SG..... W..... DE BOVZIE .

(Secretum Walteri de Bousies.)

Guillaume, comte de Hainaut, acquiert de Ferri de Hordain des hommages à Hornaing, Haveluy et Auzin. — Valenciennes, 4 décembre 1339.

637 BOUSIES (GAUTIER DE),
Fils aîné de Louis, sire de Bousies. — 1364.
Sceau rond, de 24 mill. — Arch. du Nord; évêché et chapitre de Cambrai.

Écu à la croix, dans un trilobe.

S' WATIER : DE .....IES

(Seel Watier de Bousies.)

Voyez le n° 639.

638 BOUSIES (GAUTIER, SEIGNEUR DE),
Chevalier. — 1369.
Sceau rond, de 30 mill. — Arch. du Nord; évêché et chapitre de Cambrai.

Écu portant une croix, penché, timbré d'un heaume cimé, supporté par deux dames, sur champ orné de rinceaux.

.. W..... DE B...IES

(Seel Wautier de Bousies.)

Quittance après accord au sujet d'un fief situé à Solesmes. — Au Câteau, 9 juin 1369.

639 BOUSIES (LOUIS, SIRE DE).
1364.
Sceau rond, de 29 mill. — Arch. du Nord; évêché et chapitre de Cambrai.

Écu à la croix, penché, timbré d'un heaume cimé d'un faucon, dans un encadrement gothique.

SAIGL · LOIS · SIRES · DE · BOVZIES

(Saiel Loïs, sires de Bouzies.)

Amortissement d'un fief à Solesmes. — Bousies, 4 juin 1364.

640 BOUSIES (PIERRE DE),
Seigneur de Vertain. — 1418.
Sceau rond, de 33 mill. — Arch. du Nord; Chambre des comptes.

Écu portant une croix, au lambel, penché, timbré d'un heaume cimé, supporté par une sirène.

s · piere · de · boufie · fieur · de · vertain

(Seel Piere de Bousie, sieur de Vertain.)

Voyez le n° 502.

641 BOUSSOIS (JEAN SAUSSET, SIRE DE),
Chevalier. — 1296.
Sceau rond, de 42 mill. — Arch. du Nord; abbaye de Denain.

Écu portant une croix recercelée, accompagné de trois dragons dans le champ.

✱ .. IOh.....AVSAIT · MLISIS · DÑI · DE · BOVSOIS

(Sigillum Johannis Sausait, militis, domini de Boussoit.)

Le comte de Hainaut donne à l'abbaye de Denain tout ce qu'il possède à Haulchin. — Mons, juin 1296.

642 BOUSSOIS (JEAN SAUSSET, SIRE DE),
Chevalier. — 1307.
Sceau rond, de 25 mill. — Arch. du Nord; Chambre des comptes.

Buste casqué tenant une épée, portant un écu à la croix recercelée, muni d'une épaulière aux armes.

SGGRGT : IGhAN : SAVSGT : SIGÑ : DE : BOVSOIT

(Secret Johan Sausset, signeur de Boussoit.)

Hommage au comte de Hainaut pour les villes et terres d'Escaudœuvres, Trith, Maing, Flobecq, Lessines, Mirwart, etc. — Au Quesnoy, 18 décembre 1307.

643 BOUSSUT (JEAN, SIRE DE),
Chevalier. — 1334.
Sceau rond, de 67 mill. — Arch. du Nord; Chambre des comptes.

Type équestre; haubert, cotte d'armes armoriée, casque cimé, épée retenue par une chaîne; le bouclier, la cotte et la housse portant une bande, au lambel de cinq pendants; le champ orné de fleurs.

S' : IOhIS : DE : hE....... DE : BOVSSVT : MILITIS

(Sigillum Johannis de He..... de Boussut, militis.)

Waleran de Luxembourg prend en fief du comte de Hainaut les châteaux et terres de Bouchain, Renout-Folie et Quesnoy. — Valenciennes, 6 février 1334.

644 BOUTEVILLAIN (LYDORAS),
1418.
Sceau rond, de 30 mill. — Arch. du Nord; Chambre des comptes.

Écu portant un fermail sous un chef, écartelé d'un croissant, penché, timbré d'un heaume couronné et cimé, supporté par une dame.

s lidoras boutevilain

(Seel Lidoras Boutevilain)

Voyez le n° 502.

645   BOUTHIER (JEAN),

Sire de Cantin, chevalier. — 1290.

Sceau rond, de 49 mill. — Arch. du Nord ; abbaye de Flines.

Écu plain, au chef d'hermines, chargé d'un lambel.

❋ S' IOHANS CEVAL..... SIRES DE CANTIN

(Seel Jehans cevalers et sires de Cantin.)

Jean Bouthier vend à l'abbaye de Flines une portion du fief de Cantin. — 16 août 1290.

———

646   BOUTHIER (JEAN),

Sire de Cantin, chevalier. — 1296.

Sceau rond, de 41 mill. — Arch. du Nord ; abbaye de Flines.

Écu plain, au chef d'hermines, chargé d'un lambel.

❋ S' IEHAN CHR SIGNEVR DE CANTI

(Seel Jehan, chevalier, signeur de Cantin.)

Confirmation de l'acquisition d'un manoir à Cantin. — Mai 1296.

———

647   BOUTTOURT (JEAN),

Chevalier du roi d'Angleterre. — 1297.

Sceau rond, de 22 mill. — Arch. du Nord ; Chambre des comptes.

Cinq écus rangés en étoile, portant chacun une croix de fusées.

. IOHH..IS BOVTTOVRT

(Sigillum Johannis Bouttourt.)

État des joyaux et de la vaisselle d'or et d'argent prêtés au comte de Flandre, par Édouard, roi d'Angleterre. — Gand, 25 septembre 1297.

648 BOXTEL (GUILLAUME, SEIGNEUR DE),

Chevalier. — 1339.

Sceau rond, de 28 mill. — Arch. du Nord ; Chambre des comptes.

Écu portant deux fasces accompagnées de merlettes en orle, dans une rose à six feuilles.

❋ S' WIL...MI : DÑI · DE : BOECSTEL · MILITIS

(Sigillum Willelmi, domini de Boecstel, militis.)

Voyez le n° 484.

———

649   BRANTIN (JEAN),

Écuyer. — 1386.

Sceau rond, de 23 mill. — Arch. du Nord ; Chambre des comptes.

Écu portant une croix ancrée vidée, au lambel, dans un trilobe.

S' IAN BRANTIN

(Seel Jan Brantin.)

Le comte de Flandre acquiert de Guillaume le Boutillier une rente sur les reninghes de Flandre. — Bruges, 28 octobre 1386.

650   BREDA (SOPHIE DE),

Fille de J. de Malines. — 1290.

Sceau rond, de 29 mill. — Arch. du Nord ; évéché et chapitre de Cambrai.

Écu portant trois pals, parti de trois sautoirs, soutenu par un lion.

❋ S' · SOPh.. FILIE · DÑI · I · DE · MACHLÏA

(Sigillum Sophie, filie domini J. de Machlinia.)

Sentence arbitrale au sujet du personnat de Gheel. — Août 1290.

———

651 BREDERODE (THIERRI, SEIGNEUR DE).

1298.

Sceau rond, de 35 mill. — Arch. du Nord ; Chambre des comptes.

Intaille représentant deux bustes de profil, un homme et une femme se faisant vis-à-vis.

❋ S' SECRETVM · DOM · DE · BREDERODE

(Sigillum secretum domini de Brederode.)

Voyez le n° 606.

———

652   BREDERODE

(WALERAN, SEIGNEUR DE).

1419.

Sceau rond, de 30 mill. — Arch. du Nord ; Chambre des comptes.

Personnage debout, en costume civil, tenant de la main droite un écu au lion écartelé d'un lion à queue fourchée passé en sautoir, et de la main gauche un heaume couronné et cimé, sur champ fretté.

S Walranen bee.... Brederode

(Segel Walranen, heer van Brederode.)

Voyez le n° 608.

———

653   BRIMEUX (LOUIS, SIRE DE).

1407.

Sceau rond, de 34 mill. — Arch. du Nord ; Chambre des comptes.

Écu portant trois aiglettes, penché, timbré d'un heaume cimé d'une aigle, supporté par deux aigles. — Légende détruite.

Publication, à Ardres, de trèves marchandes entre la France et l'Angleterre. — Ardres, 4 mai 1407.

654   BRISETESTE (ROGER),

Seigneur de Roebem. — 1336.

Sceau rond, de 22 mill. — Arch. du Nord ; Chambre des comptes.

Écu fretté sous un chef au lion issant, dans une rosace à quatre feuilles.

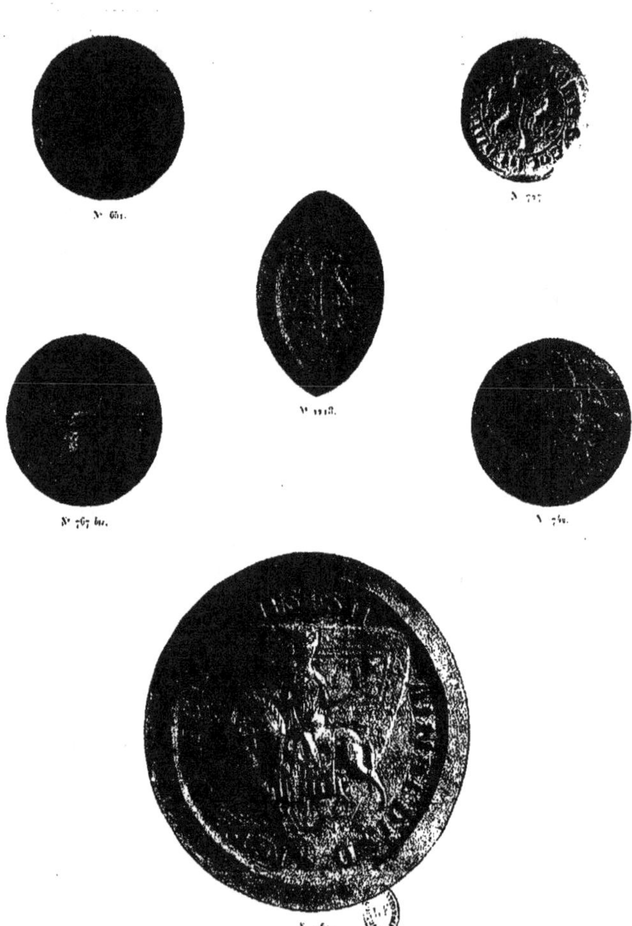

N° 651. THIERRI, seigneur de Brederode. — N° 727. JEAN DE LOOS. — N° 710. RAIMOND DE CHOCQUES.
N° 767 bis. OTHON, seigneur de Cuyk. — N° 961. MAHSSENDE, dame de Gommegnies. — N° 1113. ISABELLE, femme d'Arnoul de Lesdain.

✶ S' · ROGERI · BRIZETEESTE · MILITIS · DÑI ·
DE · BVXHEM

(Sigillum Rogeri Brizeteeste, militis, domini de Buxhem.)

Voyez le n° 491.

---

655 BRONCKHORST (GUILLAUME, SIRE DE),

Chevalier. — 1486.

Sceau rond, de 62 mill. — Arch. du Nord; Chambre des comptes.

Écu au lion, brisé d'un lambel de quatre pendants.

✶ S. WILLELMI · MILITIS · DE ·
BRVNCHORST

(Sigillum Willelmi, militis de Bronchorst.)

Voyez le n° 571.

---

656 BROUCKERQUE (BAUDOUIN DE),

Chevalier, procureur de la châtellenie de Bergues. — 1316.

Sceau rond, de 20 mill. — Arch. du Nord; Chambre des comptes.

Écu à la fasce chargée de trois roses.

✶ S' · BAVDVIN · DE · BROVKERKE · CHER

(Seel Bauduin de Broukerke, chevalier.)

Traité de paix entre la France et la Flandre. — 1ᵉʳ septembre 1316.

---

657 BRUCHUSEN (GUILLAUME DE),

Chevalier. — 1486.

Sceau rond, de 55 mill. — Arch. du Nord; Chambre des comptes.

Écu plain au chef d'hermines.

✶ S'. WILLEMI : DE : BRVCHVS : MILLITIS ·

(Sigillum Willemi de Bruchus, militis.)

Voyez le n° 571.

---

658 BRUGDAM (GILLES DE),

1489.

Sceau rond, de 23 mill. — Arch. du Nord; Chambre des comptes.

Écu portant une fasce chargée d'un vivré?

✶ S'. EGIDII · DE · BRVDGAME

(Sigillum Egidii de Brudgame.)

Voyez le n° 609.

---

659 BRUGES (GHELDOLPHE DE),

Seigneur de la Gruuthuse, chevalier. — 1365.

Sceau rond, de 26 mill. — Arch. du Nord; Chambre des comptes.

Écu portant une croix chargée en cœur d'un écusson au sautoir, penché, timbré d'un heaume cimé d'une tête de bélier, dans un encadrement gothique.

.. GHILDO.....

(Sigillum Ghildolfi.....)

Assignation du douaire d'Isabelle, comtesse de Roucy, femme de Louis de Namur. — Mele, 17 mai 1366.

---

660 BRUGES (JEAN DE),

Seigneur de la Gruuthuse, de Grimberghe et de Pollaer. — 1336.

Sceau rond, de 30 mill. — Arch. du Nord; Chambre des comptes

Écu portant une croix, écartelé d'un sautoir, dans une rose gothique.

... IOHIS · DE · GRVVTHVSE · DÑI · DE ·
...B'CHÈ · ET · DE · POLLAER · MILITIS

(Sigillum Johannis de Gruuthuse, domini de Grimberghen et de Pollaer, militis.)

Voyez le n° 477.

---

661 BRUGES (JEAN DE),

Seigneur de la Gruuthuse et de Grimberghe. — 1384.

Sceau rond, de 38 mill. — Arch. du Nord; Chambre des comptes.

Homme d'armes debout, tenant sa bannière de la main droite et son bouclier de la gauche; le pourpoint, la bannière et le bouclier portant un sautoir écartelé d'une croix; champ festonné.

s : iohannes : de : aa : domin ..... anthuse

(Sigillum Johannes de Aa, dominus de Grimberghen et de Gruuthuse.)

Cautionnement d'Alderic Interminel, maître de la monnaie du duc de Bourgogne à Malines. — Malines, 23 novembre 1384.

---

662 BRUGES (LOUIS DE),

Seigneur de la Gruuthuse, comte de Winchester, prince de Steenhuysen. — 1483.

Sceau rond, de 62 mill. — Arch. du Nord; Chambre des comptes.

Sur un champ semé d'arabesques, un homme d'armes au pourpoint écartelé d'une croix et d'un sautoir, tenant sa bannière de la main droite et supportant de la gauche un écu aux mêmes armes timbré d'un heaume cimé.

s : ludovici ..... is : comitis : Wintonie : d ...
z : principis ..... et et

(Sigillum Ludovici..... comitis Wintonie ..... et principis ..... etc.)

Voyez le n° 627.

---

663 BRUILLE (GAUCHER DE),

Seigneur de Villers-Outréau, chevalier. — 1286.

Sceau rond, de 49 mill. — Arch. du Nord; abbaye de Vaucelles.

Écu à la bordure, portant un plain sous un chef d'hermines au chevron brochant.

✠ SIGILLVM : WAGERI : DE : BRVILE

(Sigillum Wageri de Bruile.)

L'abbaye de Vaucelles acquiert de Gaucher du Bruile le bois de Vencrolles. — 22 avril 1226.

664 BRUILE (GAUCHER, SEIGNEUR DE).

1229.

Sceau rond, de 50 mill. — Arch. du Nord; abbaye d'Auchin.

Écu à la bordure, portant un chef d'hermines au chevron brochant.

✠ SIGILLVM · WALGERI · DE · BRVILE

(Sigillum Walceri de Bruile.)

Acquisition de terres à *Esclevaing*. — Avril 1229.

665 BRUNEMONT (GARNIER, SIRE DE).

1276.

Sceau rond, de 40 mill. — Arch. du Nord; abbaye d'Auchin.

Écu fretté.

✠ S' GARNERI .. BR. HAINCRONT

(Sigillum Garneri de Brunainmont.)

Déclaration de rente due à l'abbaye de Saint-Vaast. — 22 juin 1276.

666 BRUNSBERG (GERLAC, SEIGNEUR DE),

Chevalier. 1289.

Sceau rond, de 61 mill. — Arch. du Nord; Chambre des comptes.

Type équestre; bouclier portant deux ou trois fasces, casque cimé.

✠ SIGILLVM · GERLACI · DE · BRVBERG

(Sigillum Gerlaci de Bruberg.)

Gerlac de Brunsberg devient homme lige du comte de Flandre. — Francfort, 14 février 1289.

667 BRY (GILLES DE),

Chevalier. 1297.

Sceau rond, de 35 mill. — Arch. du Nord; Chambre des comptes.

Écu barré de six pièces, au lambel.

✠ : S. GILLE : DE BRI · C..VALIER

(Seel Gille de Bri, chevalier.)

Isabelle, veuve de Florent de Hainaut, fait hommage au comte de Blois pour la terre d'Étrœungt. — Au siège devant Lille, 31 août 1297.

668 BUFFELS (HENRI),

Chevalier, seigneur de Thulen. 1298.

Sceau rond, de 42 mill. — Arch. du Nord, Chambre des comptes

Écu à la croix fleurdelysée, dans un trilobe.

.. ✠ HENRICI · DCI · BVFFELS · MILITIS · DNI · DE · TOELNE

(Sigillum Henrici dicti Buffels, militis, domini de Toelne.)

Voyez le n° 606.

669 BUFFERI (RAOUL),

De Villers-Guislain, chevalier. — 1235.

Sceau rond, de 51 mill. — Arch. du Nord; abbaye de Vaucelles.

Écu losangé, au franc canton.

✠ SIGIL..M : RADVLFI : BVFERIS

(Sigillum Radulfi Buferis.)

Abandon de droits sur une terre à Villers-Guislain. — Juillet 1235.

670 BUFFERI (SIMON),

De Villers-Guislain, chevalier. — 1251.

Sceau rond, de 46 mill. — Arch. du Nord; abbaye de Vaucelles.

Écu losangé, au franc canton de vair.

✠ S· SIMONIS BVFHERI

(Sigillum Simonis Bapheri.)

Droit de passage accordé à l'abbaye de Vaucelles. — Juillet 1251

671 BUISSY (GUILLAUME DE),

Écuyer, bourgeois de Cambrai. — 1533.

Sceau rond, de 34 mill. — Arch. du Nord; collégiale de Saint-Géry.

Écu au chevron de vair, écartelé d'un plain à l'écusson en abîme, timbré d'un heaume cimé, supporté par un griffon et un homme sauvage.

s : guilla..... ; buissy :

(Seel Guillaume de Buissy.)

Dénombrement d'un fief situé près la porte de Cantimpré à Cambrai. — 9 janvier 1533.

672 BUREN (OTHON DE),

1281.

Sceau rond, de 43 mill. — Arch. du Nord; Chambre des comptes.

Écu à la fasce bretessée contrebretessée.

✠ S· OTTHONIS · MILITIS · DE · BVREN

(Sigillum Otthonis, militis de Buren.)

Othon de Buren, Guillaume Doys et Pierre de Thulen se portent caution pour Renaud, comte de Gueldre, envers un lombard de Bois-le-Duc. — 18 janvier 1281.

673 CALCKEN (SOHIER DE),

Chevalier. — 1362.

Sceau rond, de 24 mill. — Arch. du Nord; Chambre des comptes.

Écu portant une fasce échiquetée, à l'écusson au lion en chef et à dextre, dans une rosace.

S' SOHIER DE CALKINE

(Seel Sohier de Calkine.)

Sohier de Calcken fait hommage à la dame de Cassel pour une rente sur la ville de Nogent-le-Rotrou. — 16 juillet 1382.

---

674 CAMPS (ERMENTRUDE, DAME DES),

Femme de Renaut des Camps. — 1241.

Sceau ogival, de 62 mill. — Arch. du Nord; abbaye des Prés.

Dame debout, en robe et en manteau.

✱ S' ER....E·DE·CAMPIS

(Sigillum Ermentrudis, domine de Campis.)

Don d'une prairie située au pont de Verneusel près Coutiches. — Août 1241.

---

675 CAMPS (GILLES DES),

Seigneur du fief de Compoigne à Deulémont. — 1387.

Sceau rond, de 19 mill. — Arch. du Nord; abbiette de Lille.

Dans un encadrement gothique, un écu portant un arbre accosté de deux roses.

GILLES DES CHAMPS

(Gilles des Camps.)

Acquisition de terre à Deulémont. — 21 décembre 1387.

---

676 CAMPS (GILLES DES).

1427.

Sceau rond, de 33 mill. — Arch. du Nord; Chambre des comptes.

Écu portant trois fusées aboutées en bande, au lambel, penché, timbré d'um heaume couronné.

S' gille des camps

(Seel Gille des Camps.)

Voyez le n° 425.

---

677 CAMPS OU DE CANS?

(ISABEAU, FEMME D'ALARD DES).

1243.

Sceau ogival, de 64 mill. — Arch. du Nord; abbaye des Prés.

Dame debout, en robe et en manteau vairé, coiffée d'une toque à mentonnière.

✱ S·IZABIAVS·DE·RANS·FEMME·ALAR·CHIEV

(Seel Izabiaus de Kans, femme Alar, chievalier.)

Acquisition de terre à la Caignerie. — Janvier 1243.

---

678 CANGE (JEAN DE),

Chevalier. — 1285.

Sceau en écu, de 35 mill. — Arch. du Nord; abbaye de Vaucelles.

Écu billeté au lion, parti d'une hamaide.

✱ S' IEh.. DV CAV.........ERS : DE : CAVHBRAI

(Seel Johan du Cauage ..... de Caambrai.)

L'abbaye de Vaucelles acquiert de Guillaume de Flandre divers biens mouvant de Crévecœur. — Octobre 1285.

---

679 CANTAING (JACQUES, SIRE DE),

De Marcoing et de Masnières, chevalier. — 1389.

Sceau rond, de 27 mill. — Arch. du Nord; abbaye du Saint-Sépulcre.

Écu billeté au lion, penché, timbré d'un heaume cimé d'une tête de héron, sur champ festonné.

S' IHQVE SIRE DE CHEAI.....

(Seel Jaque, sire de Cantain.....)

Don au curé de Rumilly d'une rente à Crévecœur. — Janvier 1389.

---

680 CANTAING (JEAN DE),

Chevalier. — 1266.

Sceau rond, de 61 mill. — Arch. du Nord; abbaye de Saint-Aubert.

Écu portant trois lions.

✱ S·IEh..·SEIGN......NTAING

(Seel Jehan, seigneur de Cantaing.)

L'abbaye de Saint-Aubert acquiert de Gérard de Laudas la dîme d'Esnes. — Avril 1266.

---

681 CANTAING (THOMAS, SIRE DE),

De Marcoing et de Masnières. — 1293.

Sceau rond, de 49 mill. — Arch. du Nord; abbaye de Cantimpré.

Écu à la croix denchée, au franc canton de vair.

✱ S·TVMAS·SIRES·DE·KANTAING

(Seel Tumas, sires de Kantaing.)

Amortissement de terre à Masnières. — 31 mai 1293.

---

682 CANTAING

(MARIE, FEMME DE THOMAS DE)

1264.

Sceau ogival, de 50 mill. — Arch. du Nord; abbaye de Vaucelles.

Dame debout. — Légende fruste.

L'abbaye de Vaucelles acquiert le lieu nommé Maurcator jusqu'au bois del Gaiant. — Janvier 1264.

---

683 CARNIÈRES (JEAN, SIRE DE).

1427.

Sceau rond, de 27 mill. — Arch. du Nord; Chambre des comptes.

Écu portant un sautoir, penché, timbré d'un heaume cimé, dans un encadrement gothique.

s : ıeɧan : sıre : ɧe : carnıeres

(Seel Jehan, sire de Cornières.)

Voyez le n° 425.

———

684   CARNIÈRES (JEAN DE).

1457.

Sceau rond, de 27 mill. — Arch. du Nord; Chambre des comptes.

Écu portant un sautoir chargé d'une brisure en cœur, penché, timbré d'un heaume cimé d'une aigrette entre deux ramures de cerf.

s : ıeɧan : ɧe : carnıeres

(Seel Jehan de Carnières.)

Voyez le n° 425.

———

685   CARVIN (HUGUES DE),

Écuyer. — 1451.

Sceau rond, de 25 mill. — Arch. du Nord; chapitre de Lille.

Écu portant trois râteaux au franc canton chargé d'un lion, écartelé d'une croix denchée, penché, timbré d'un heaume cimé, supporté par deux lions.

. . . . . ɧe carvın

(Seel Hugues de Carvin.)

Acquisition par le chapitre de Lille d'une terre près Deulémont. — 12 octobre 1451.

———

686   CARVIN (HUGUES DE),

Seigneur de Beaumanoir, chevalier. — 1462.

Sceau rond, de 28 mill. — Arch. du Nord; abbaye de Loos.

Écu portant trois râteaux au franc canton, écartelé d'une croix denchée, penché, timbré d'un heaume cimé de deux têtes de chien.

seel · ɧue · ɧe · carvın

(Seel Hue de Carvin.)

Confirmation de rente sur un pré à Noyelles. — 1er mai 1462.

———

687   CASTEL (COLARD DU).

1399.

Sceau rond, de 27 mill. — Arch. du Nord; Chambre des comptes.

Écu au chevron accompagné de trois coquilles, dans un trilobe.

✶ S' : COLART : DO CASTIEL

(Seel Colart du Castiel.)

Baudouin, sire de Beaumont, donne à Jean de Hainaut la terre de Beaumont. — Valenciennes, 5 juillet 1399.

688   CASTELLER (JEAN DU).

1408.

Sceau rond, de 26 mill. — Arch. du Nord; Chambre des comptes.

Écu portant une croix denchée, au franc canton d'hermines, penché, timbré d'un heaume cimé d'un sauvage.

seel · ıeɧan · ɧon · cɧaſteler

(Seel Johan dou Chasteler.)

Voyez le n° 502.

———

689   CASTELLER (THIERRI DU),

Chevalier. — 1305.

Sceau rond, de 27 mill. — Arch. du Nord; chartreux de Valenciennes.

Écu portant une croix denchée, au franc canton d'hermines, dans une rose à six feuilles.

✶ : S' : THIERI : DOV : CASTELER : CHEVALIER :

(Seel Thieri dou Casteler, chevalier.)

Acquisition d'un fief situé vers la maison de Beaulieu. — Mons, 22 février 1305.

———

690   CÂTEAU (WERRIC DU),

Seigneur de Moulay, chevalier. — 1225.

Sceau rond, de 53 mill. — Arch. du Nord; évêché et chapitre de Cambrai.

Écu échiqueté, au lambel de six pendants.

✶ S. DOMINI VVER... DE CASTELLO

(Sigillum domini Werrici de Castello.)

Abandon de droits sur la prévôté du Câteau. — Juillet 1225.

———

691   CAUCHIE (JEAN DE LA),

Chevalier. — 1301.

Sceau rond, de 36 mill. — Arch. du Nord; abbaye de Loos.

Écu fretté, au franc canton.

✶ S : IEHANS : DE : LE : CAUCHIE : CHİR

(Seel Jehans de le Cauchie, chevalier.)

Droits de l'abbaye de Loos sur un héritage à Chocques. — 4 avril 1301.

———

692   CAUDERON (MANESSIER),

Seigneur de Soulty et de Longuevue. — 1233.

Sceau rond, de 54 mill. — Arch. du Nord; abbaye de Saint-Aubert.

Type équestre; le bouclier portant trois jumelles.

✶ SIGILLV...NASSERI CAVDERON

(Sigillum Manesseri Cauderon.)

CONTRE-SCEAU : Écu à trois jumelles.

✸ SECRETVM

(Secretum.)

Acquisition de terre à Élimont. — 18 novembre 1233.

---

693 CAUDRY (ADAM, SEIGNEUR DE),

Chevalier. — 1239.

Sceau rond, de 50 mill. — Arch. du Nord; abbaye d'Anchin.

Écu billeté, au lion couronné.

✸ SIGILLOM ADAHS SIRES DE RI

(Sigillom Adans, sires de Ri.)

Adam de Caudry met l'abbaye d'Anchin en possession d'une terre située à Tronquoy. — Février 1239.

---

694 CAUDRY (ADAM, SEIGNEUR DE),

Chevalier. — 1283.

Sceau rond, de 46 mill. — Arch. du Nord; abbaye de Vaucelles.

Écu billeté, au lion.

✸ ...AM · DE CAVDRI

(Seel Adam de Caudri.)

Transaction au sujet d'une terre à Goudrincourt. — Février 1283.

---

695   CAUDRY (MATHIEU DE).

1272.

Sceau rond, de 50 mill. — Arch. du Nord; abbaye de Denain.

Écu billeté, au lion contourné.

✸ S · MAHIV · DE · CAVDE..

(Seel Mahiu de Cauderi.)

Sentence arbitrale au sujet de l'usage du four de Denain. — 17 mai 1272.

---

696   CAULLERY (LOUIS DE),

Écuyer. — 1269.

Sceau rond, de 57 mill. — Arch. du Nord; abbaye de Cantimpré.

Écu portant trois écussons au lion accompagnés d'une quartefeuille en abîme.

✸ SIGI.LV.......AVLERI

(Sigillum ..... de Caulerei.)

Ratification d'une acquisition de terre à Caullery. — Avril 1269.

---

697   CAYEUX (GUILLAUME DE),

Seigneur de Carency, chevalier. — 1226.

Sceau rond, de 50 mill. — Arch. du Nord; Chambre des comptes.

Écu à la croix recercelée.

✸ SIGILEM · GVILLEVMES · DE · CAVES

(Sigillum Guilleumes de Caues.)

Contre-sceau : Écu aux armes de la face.

✸ S' GVILLEMES · DE · CAVS

(Seel Guilleumes de Caus.)

Le seigneur de Cayeux donne l'avoué d'Arras pour garant de la vente des bois de Mons et de Saussois. — 16 mars 1226.

---

698   CAYEUX (GUILLAUME DE),

Sire de Willencourt, chevalier. — 1288.

Sceau rond, de 74 mill. — Arch. du Nord; Chambre des comptes.

Type équestre; le bouclier et la housse portant une croix ancrée ou recercelée.

✸ S WILEI · DE · CAIACO · DOM..I · DE · B........IS

(Sigillum Willelmi de Caiaco, domini de Bauilleincourt, militis?)

Contre-sceau : Écu aux armes de la face.

✸ S' · WILEI · DRI · DE · CAIACO ·

(Secretum Willelmi, domini de Caiaco.)

Quittance de fief de bourse. — « Le jour de le Saint-Pierre ke chevaliers viellent, » 29 juin 1288.

---

699 CAYEUX (GUILLAUME, SIRE DE)

Et de Willencourt. — 1290.

Sceau rond, de 61 mill. — Arch. du Nord; Chambre des comptes.

Type équestre; le bouclier et la housse portant une croix ancrée ou recercelée.

S' . GVILEI · DRI · DE · C..EV · MILITIS

(Sigillum Guillelmi, domini de Caien, militis.)

Contre-sceau : Écu aux armes de la face.

✸ 9T · S' · GVILE · DE · CAIEV · MILITIS

(Contra sigillum Guillelmi de Caieu, militis.)

Quittance de fief de bourse. — 19 juin 1290.

---

700   CESSOYE (THOMAS DE LA),

Écuyer. — 1413.

Sceau rond, de 23 mill. — Arch. du Nord; abbaye de Marquette.

Écu portant un écusson en abîme accompagné d'un lion passant en chef, penché, timbré d'un heaume cimé d'une tête de cheval.

Thomas de le cessoie

(Thomas de le Cessoie.)

Dédommagement pour un retrait de fief. — 10 décembre 1413.

---

701   CHANLE (JEAN DE),

Seigneur de Veux, chevalier. — 1248.

Sceau rond, de 66 mill. — Arch. du Nord; abbaye d'Anchin.

Type équestre incomplet; le bouclier et la housse portant trois lions couronnés, au bâton brochant.

✤ S'. IOhANNIS : DG : ChANL.....

(Sigillum Johannis de Chanle.....)

Contre-sceau : Écu aux armes de la face.

✤ S' IOhANNIS · DG · ChANLG

(Secretum Johannis de Chanle.)

Don de la dîme de Wancourt; sa ratification. — Mai 1248.

702　　CHARNY (GEOFFROI DE),

Sire de Savoye. — 1354.

Sceau rond, de 20 mill. — Arch. du Nord; Chambre des comptes.

Intaille; tête de profil à droite.

S' GEFFROI.....

(Seel Geffroi de Charny.)

Traité du mariage de Philippe de Rouvre avec Marguerite de Flandre. — Au bois de Vincennes, 6 août 1354.

703　　CHARTRES (ROBERT DE).

1364.

Sceau rond, de 27 mill. — Arch. du Nord; Chambre des comptes.

Écu portant deux fasces, à la bordure, penché, timbré d'un heaume cimé, supporté par deux lions, sur champ semé de fleurs.

S' ROBERT DG ...TRES

(Seel Robert de Chartres.)

Accord avec la dame de Cassel au sujet du testament de Philippe de Navarre, son mari. — Neauphle, 23 août 1364.

704　　CHÂTEAUVILLAIN (JEAN, SIRE DE).

1187.

Sceau rond, de 72 mill. — Arch. du Nord; Chambre des comptes.

Type équestre; le bouclier et la housse billetés, au lion.

SIGILL : IOhANNIS : DOMINI : ..STR....LANI

(Sigillum Johannis, domini Castrivillani.)

Contre-sceau : Écu billeté, au lion, dans un encadrement gothique. — Sans légende.

Quittance au comte de Flandre, dont la fille, Marie de Juliers, avait épousé Simon, fils aîné de Jean de Châteauvillain. — 15 décembre 1284.

705　　CHÂTEAUVILLAIN

(ALIX, FILLE DE JEAN, SIRE DE).

1281.

Sceau ogival, de 47 mill. — Arch. du Nord; Chambre des comptes.

Dame debout, en robe flottante, coiffée d'un voile, tenant une fleur de lys à la main droite.

..AGLIDIS : FILIG : DOMINI : CASTRIVILLANI

(Sigillum Aglidis, fille domini Castrivillani.)

Confirmation de conventions de famille au sujet du mariage de Simon de Châteauvillain avec Marie de Juliers. — 23 décembre 1281.

706　　CHÂTEAUVILLAIN (SIMON DE),

Chevalier, fils aîné de Jean de Châteauvillain. — 1284.

Sceau rond, de 28 mill. — Arch. du Nord; Chambre des comptes.

Écu billeté au lion, parti d'un bandé de six pièces.

✤ S' SIMON · DG · ChATAVVILAN

(Seel Simon de Chataurilan.)

Quittance de la dot de Marie de Juliers, sa femme. — Avril 1284.

707　　CHÂTILLON (GAUCHER DE),

Seigneur de la Fère. — 1378.

Sceau rond, de 34 mill. — Arch. du Nord; Chambre des comptes.

Personnage debout, armé de toutes pièces, tenant son épée de la main droite, et de la gauche son bouclier qui porte de Châtillon écartelé d'une bande chargée de trois étoiles, dans un encadrement ovale supporté par deux lions.

.....GR · DG · ChASTILLO.....Z DV...

(Seel Gaucher de Chastillon, ... et du .....)

Pierre de Craon soumet au jugement du comte de Flandre son débat avec Louis de Namur. — Lille, 20 janvier 1378.

708　　CHIN (GILLES, SEIGNEUR DE)

Et de Busigny. — 1213.

Sceau rond, de 60 mill. — Arch. du Nord; abbaye du Catenu.

Écu portant trois barres à la bordure, parti d'un fascé de vair et de... de six pièces. — Légende détruite.

Ratification d'une acquisition de dîme à Hérinnes. — Avril 1213.

709　　CHIN (GILLES, SIRE DE)

Et de Geruigny. — 1255.

Sceau rond, de 56 mill. — Arch. du Nord; abbaye de Loos.

Écu fascé de vair et de... de six pièces.

... DOMI.. .IDII : DG : CHIN : MI.....

(Sigillum domini Egidii de Chin, militis.)

Confirmation de l'acquisition d'un bois. — Janvier 1255.

710　　CHIN (GILLES DE),

Sire de Busigny. — 1301.

Sceau hexagone, de 37 mill. — Arch. du Nord; collégiale de Saint-Géry.

Écu fascé de vair et de... de six pièces, accompagné de trois roses dans le champ.

✠ SEEL · GILLE · DE · CIN · SIRES
DE BVZERIES

(Seel Gille de Cin, sires de Buzeries.)

CONTRE-SCEAU : Écu aux armes de la face.

✠ SEEL · GILLE · DE · CIN

(Seel Gille de Cin.)

Traité au sujet de droits de passage sur les terres de Saint-Géry et sur les siennes. — Cambrai, 7 mai 1321.

---

711 CHIN

(MARIE DE SAINT-VENANT, FEMME DE GILLES DE).

1321.

Sceau rond, de 24 mill. — Arch. du Nord; collégiale de Saint-Géry.

Trois écus portant un écusson au lambel qui est Saint-Venant, alternant avec trois écus au fascé de Chin, dans une rose gothique à six feuilles.

S' MARIE DAME DE CHIN

(Seel Marie, dame de Chin.)

Voyez le n° 710.

---

712 CHIN (GILLES, SEIGNEUR DE).

1406.

Sceau rond, de 31 mill. — Arch. du Nord; Chambre des comptes.

Écu fascé de vair et de... de six pièces, penché, timbré d'un heaume cimé d'une tête de cygne, supporté par deux griffons.

S' GILLE SIRE.....

(Seel Gille, sire.....)

Pierre de Brabant, amiral de France, s'oblige à laisser ouverte au comte de Hainaut la ville et forteresse de Chimay. — Au Quesnoy, 17 octobre 1406.

---

713 CHOCQUES (ALICE, DAME DE),

Fille de Baudouin de Béthune, comte d'Aumale. 1215.

Sceau ogival, de 45 mill. — Arch. du Nord; Chambre des comptes.

Dame debout, en robe et en manteau, un oiseau sur le poing.

✠ SIGILL ALI..E FILI....ALBEMA.

(Sigillum Alicie, fille comitis de Albemarla.)

Accord avec Daniel, avoué d'Arras, au sujet du travers de Witzk. — Locon, août 1215.

---

714 CLARQUES (GUILLAUME DE),

Chevalier. 1228.

Sceau rond, de 47 mill. — Arch. du Nord; abbaye de Vaucelles.

Écu portant trois quintefeuilles.

✠ SEL · GVILELMI · DE · CLARCHES :

(Sigillum Guilelmi de Clarebes.)

Exemption de droits de vinage, pour le travers de Saint-Omer, accordée aux religieux de Vaucelles. — 15 août 1248.

---

715 CLÉMENCI (ALEXANDRE DE),

Écuyer. — 1361.

Sceau rond, de 20 mill. — Arch. du Nord; Chambre des comptes.

Écu portant une bande, au lambel, dans un encadrement en losange.

S' ALLI......DE CLEMANCY

(Seel Allixandre de Clémancy.)

Voyez le numéro 513.

---

716 CLÉRY (CHARLES DE),

Chevalier. — 1516.

Sceau rond, de 37 mill. — Arch. du Nord; guillemins de Walincourt.

Écu à la fasce, écartelé de trois tourteaux à la bordure, penché, timbré d'un heaume cimé, supporté par deux lions.

seel charle de clery

(Seel Charle de Cléry.)

Confirmation d'une fondation pour les pauvres d'Esnes et de Cauroir. — Septembre 1516.

---

717 CONDÉ (NICOLAS DE).

Sire de Morialmé, chevalier. — 1278.

Sceau rond, de 72 mill. — Arch. du Nord; Chambre des comptes.

Type équestre; cotte d'armes flottante, casque carré cimé; le bouclier et la housse aux armes du contre-sceau.

S' ┆ NICHOLAI ┆ DE ┆ CONDETO ┆ DNI
DE ┆ MORIAVMES ┆

(Sigillum Nicholai de Condeto, domini de Moriaumes.)

CONTRE-SCEAU : Écu vairé en bande, parti d'un vairé en barre, au chevronné de quatre pièces sur le tout.

✠ SECRET · NICHOLAI · DE · CONDETO · DNI ·
DE · MORIAVMES

(Secretum Nicholai de Condeto, domini de Moriaumes.)

Promesse de rembourser au comte de Flandre 600ll payés par Nicolas de Condé à des argentiers d'Arras. — Mars 1278.

---

718 CONDÉ

(CATHERINE, DAME DE CARENCY,
FEMME DE NICOLAS DE).

1282.

Sceau ogival, de 78 mill. — Arch. du Nord; Chambre des comptes.

Dame debout, en robe et en manteau de vair, coiffée

d'une toque à mentonnière, tenant une fleur de lys à la main droite, accostée de deux écus aux armes de son mari.

*** : S' RATERINE : DE : CA...CHI : DRE : DE · MORIAVMES :**

(Sigillum Katerine de Carenchi, domine de Morlaumes.)

Contre-sceau : Écu aux armes de son mari.

*** SECRETV RATERINE D' CARECHI**

(Secretum Katerine de Carenchi.)

Garantie fournie au comte de Flandre pour une rente due à Nicolas Crespin et Jean Somillon, argentiers d'Arras. — Août 1282.

---

719   CORBAIS (JEAN DE),

Écuyer. — 1380.

Sceau rond, de 20 mill. — Arch. du Nord; évêché et chapitre de Cambrai.

Écu portant un écusson en abîme, à la bande componée brochant, brisé d'une coquille en chef à sénestre.

S' · IOHIS · DE · CORBAIS

(Sigillum Johannis de Corbais.)

Reconnaissance des droits du chapitre de Cambrai sur la terre et seigneurie de Limal. — 22 février 1380.

---

720   CORBAIS (OBERT DE),

Chevalier. — 1380.

Sceau rond, de 23 mill. — Arch. du Nord; évêché et chapitre de Cambrai.

Écu portant un écusson en abîme, à la bande brochant sur le tout, dans un trilobe.

..OBBREIT : DE · CORBAIS

(Seel Obbreit de Corbais.)

Voyez le n° 719.

---

721   CORDES (JEAN DE),

Dit de la Chapelle, écuyer. — 1522.

Sceau rond, de 29 mill. — Arch. du Nord; abbaye d'Anchin.

Écu portant deux lions adossés, à la bordure denchée, penché, timbré d'un heaume cimé.

s · ieĦ · ɖe · corbes · ɖit · ɖe · le · capelle

(Seel Johan de Cordes dit de la Capelle.)

Délimitation et bornage des seigneuries de Lalbing et de Pecquencourt. — 18 juillet 1522.

---

722   CORIOULLE (JEAN DE),

Écuyer. — 1441.

Sceau rond, de 21 mill. — Arch. du Nord; Chambre des comptes.

Écu billeté à trois quintefeuilles, au franc canton chargé de trois losanges accompagnées d'une billette en cœur.

....HANS DE CORIOVL

(Seel Jehans de Corioul.)

Les hommes féodaux de la prévôté de Poilvache reconnaissent le duc de Bourgogne pour héritier de cette seigneurie. — Namur, 8 juin 1441.

---

723   COSSET (JEAN),

Chevalier. — 1313.

Signet rond, de 17 mill. — Arch. du Nord; abbaye de Flines.

Écu échiqueté de vair et de..., accompagné de trois fleurs de lys. — Sans légende.

Acquisition d'un fief situé dans les paroisses de la Capelle et d'Avelin. — 1er mars 1313.

---

724   COTTREL (PIERRE),

Seigneur de la Motte d'Espoin à Wambrechies, écuyer. — 1496.

Sceau rond, de 33 mill. — Arch. du Nord; abbaye de Marquette.

Écu semé de fleurs? timbré d'un heaume cimé d'un chien assis, supporté par deux lions.

S · PIERRE · COTTREL · ESCVIER · ...PAIN

Accord pour un chemin. — 10 avril 1495.

---

725   COUCY (ENGUERRAND, SIRE DE),

d'Oisy et de Montmirail. — 1357.

Signet rond, de 18 mill. — Arch. du Nord; Saint-Lazare de Cambrai.

Écu fascé de vair et de... de six pièces, dans une rose gothique.

S' ĒIORRĀS DE ..VCY

(Seel Enjorrans de Coucy.)

Mandement pour la distribution des aumônes ordonnées par ses prédécesseurs en faveur des pauvres d'Oisy et d'Havrincour. — 28 septembre 1357.

---

726 '   COUCY

(MARIE, DAME DE LA FÈRE, VEUVE D'ENGUERRAND DE). 1248.

Sceau rond, de 62 mill. — Arch. du Nord; abbaye de Vaucelles.

Dame à cheval, en robe et en manteau, coiffée d'une petite toque.

*** .....DOMINE .. FARA**

(..... domine de Fara.)

Contre-sceau : Écu au fascé de Coucy.

SIGILLVO SECRETI

(Sigillum secreti.)

Confirmation d'un droit de passage accordé par son fils Raoul de Coucy. — Septembre 1248.

727   COUCY (JEAN DE),

Seigneur du Hamel. — xıvᵉ siècle.

Sceau rond, de 3o mill. — Collection de M. Preux à Douai.

Un chien poursuivant un lièvre, sur champ planté de fleurs.

✳ S. IOHIS : D : COCHI : DÑI : DV HAMEL

(Sigillum Johannis de Cochi, domini du Hamel.)

Matrice originale.

----

728   COUCY (RAOUL, SIRE DE),

1190.

Sceau rond, de 7o mill. — Arch. du Nord; abbaye de Vaucelles.

Type équestre; le bouclier au fascé de Coucy.

✳ SIGILLVM RADVLFI DE COCIACO

(Sigillum Radulfi de Cociaco.)

Contre-sceau : Écu aux armes.

✳ CONFIRMA HOC DEVS

(Confirma hoc Deus.)

Droit de passage accordé aux religieux de Vaucelles. — 1190.

----

729   COUCY (RAOUL DE),

Sire d'Havrincoeur et d'Aulnoy, chevalier. — 1369.

Sceau rond, de 28 mill. — Arch. du Nord; évêché et chapitre de Cambrai.

Écu de Coucy, écartelé de trois pals de vair sous un chef chargé de deux lions passant affrontés, penché, timbré d'un heaume cimé, accosté de deux têtes de femme.

S' RAOVL D.....HVRHINCOVRT E DHVNOY

(Seel Raoul de ..... Avrincourt et d'Aunoy.)

Jean de Tournay, chanoine de Cambrai, acquiert de Raoul de Coucy une maison à Sailly près Cambrai. — 22 octobre 1369.

----

730   COULEMEIR? (MARENDEAL DE),

Écuyer. — 1306.

Sceau rond, de 2o mill. — Arch. du Nord; Chambre des comptes.

Écu à l'aigle accompagnée au canton dextre, penché, timbré d'un heaume cimé, sur champ fretté.

✳ S' MAR' D' COVLEM̃

(Seel Mar..... de Coulem....)

Voyez le n° 545.

----

731   COULEMEIR? (RAIMOND DE),

Écuyer. — 1306.

Sceau rond, de 25 mill. — Arch. du Nord; Chambre des comptes.

Écu à l'aigle, penché, timbré d'un heaume cimé, sur champ semé d'étoiles.

✳ RAIMON DE COVLEMERE

(Raimon de Coulemère.)

Voyez le n° 545.

----

732   COURCELLES (BAUDOUIN DE),

1293.

Sceau rond, de 36 mill. — Arch. du Nord; abbaye des Prés.

Écu portant une hamaide, au lambel.

✳ S' BAVDVIN DE COVRChIELLES

(Seel Bauduin de Courchielles.)

Confirmation de l'acquisition, par l'abbaye des Prés, de plusieurs pièces de terre situées à Marquette. — 1293.

----

733   COURCOL (Mᵉ PIERRE),

Licencié en lois, écuyer, seigneur d'Ayette, etc. — 1554.

Sceau rond, de 39 mill. — Arch. du Nord; abbaye de Marchiennes.

Écu émanché de trois pièces mouvant du flanc dextre, parti d'un burelé coupé d'un plain, penché, timbré d'un heaume cimé d'un coq, supporté par deux griffons.

COVRCOL · BONE · TESTE

Contre-sceau : Écu aux armes de la face. — Sans légende.

Aveu de fiefs situés à Boiry-Saint-Martin. — 18 juillet 1554.

----

734   COURTOIS (JEAN LE),

De Roisel. — 1445.

Sceau rond, de 4o mill. — Arch. du Nord; abbaye de Vaucelles.

Écu portant quatre fasces sous un chef.

✳ S'. IOHIS · LE CORTOIS DE ROISEST

(Sigillum Johannis le Cortois de Roisest.)

Vente de biens situés à Épehy et à Pezières. — Mars 1445.

----

735   COURTRAI (SOHIER DE),

Le jeune, chevalier. — 1331.

Sceau rond, de 26 mill. — Arch. du Nord; Chambre des comptes.

Type équestre; le bouclier et la housse chevronnés de huit pièces.

S'. SOHIER · DE · COVRTRAI · CHR

(Seel Sohier de Courtrai, chevalier.)

Tutelle des enfants de la dame de Cassel; Sohier de Courtrai se porte caution pour cette dame envers le comte de Flandre. — 19 octobre 1331.

----

736   CRAINHEM (LÉON DE),

Chevalier. — 1336.

Sceau rond, de 23 mill. — Arch. du Nord; Chambre des comptes.

Écu à la croix chargée de cinq coquilles et cantonnée d'un oiseau à dextre en chef, dans un trilobe.

✶ SIGILVM : LEORI : DE : CRAVENEM :
MILITIS

(Sigilum Leoni de Crayenem, militis.)

Voyez le n° 477.

---

737   CRAON (JEAN DE).

1378.

Sceau rond, de 24 mill. — Arch. du Nord; Chambre des comptes.

Écu losangé, à la bande, penché, timbré d'un heaume cimé d'une tête d'ours bouclé, sur champ fretté.

. G SEEL : IGHAN : DE : CRAON

(Le seel Jehan de Craon.)

Pierre de Craon soumet au jugement du comte de Flandre son débat avec Louis de Namur. — Lille, 20 janvier 1378.

---

738   CRAON (PIERRE DE),

Seigneur de Brunstel et de Rosoy. — 1378.

Sceau rond, de 20 mill. — Arch. du Nord; Chambre des comptes.

Écu losangé, au bâton en bande brochant, brisé d'une étoile en chef, penché, timbré d'un heaume cimé d'une tête de loup, supporté par deux lions.

S' PIERRE · DE · CRAON

(Seel Pierre de Craon.)

Voyez le n° 737.

---

739   CRAON (PIERRE DE),

Seigneur de Brunstel et de Rosoy, chevalier. — 1381.

Sceau rond, de 30 mill. — Arch. du Nord; Chambre des comptes.

Écu losangé, au bâton en bande chargé d'un besant? en chef brochant, penché, timbré d'un heaume cimé d'une tête de femme, supporté par deux lions, sur champ fretté.

S' PIERRE · DE · CRAON

(Seel Pierre de Craon.)

Lettres de garantie aux seigneurs de Grunthuse, d'Halluin, etc... qui lui servaient de caution pour un emprunt. — 28 décembre 1381.

---

740   CRÉCY (SIMON DE),

Sire de Morouval, chevalier de la dame de Cassel. — 1345.

Sceau rond, de 22 mill. — Arch. du Nord; Chambre des comptes.

Écu à la bande, dans un encadrement en losange.

S' SIMON DE CRECI.....

(Seel Simon de Créci, ...)

Quittance de pension. — 16 juillet 1335.

---

741   CRÉCY (SIMON DE),

Sire de Morouval, chevalier de la dame de Cassel. — 1336.

Signet rond, de 16 mill. — Arch. du Nord; Chambre des comptes.

Écu à la bande, timbré de la lettre S' (Simon.) — Sans légende.

Quittance de pension. — 10 mars 1336.

---

742   CRÉQUI (BAUDOUIN DE),

Sire de Sains et de Wamin, chevalier. — 1345.

Sceau rond, de 36 mill. — Arch. du Nord; Chambre des comptes.

Écu portant un créquier, à la bande brochant, dans un élégant cadre gothique.

**S' BAVDVIN DE CREHI CHER
SIRE DE SAINS**

(Seel Bauduin de Créki, chevalier, sire de Sains.)

Déclaration des reliefs du fief de Couppenoles. — 22 décembre 1345.

---

743   CRÉQUI (PHILIPPE DE),

1234.

Sceau rond, de 68 mill. — Arch. du Nord; Chambre des comptes.

Type équestre; le bouclier portant un créquier.

✶ SIG'ILLVM PHILIPI D.....

(Sigillum Philipi de .....)

CONTRE-SCEAU : Écu au créquier.

✶ SIG'ILLVM PHILIPI D.....

(Sigillum Philipi de.....)

Promesse de maintenir l'accord conclu entre les enfants de Bouchard d'Avesnes et ceux de Guillaume de Dampierre, au sujet de la succession de leur mère Marguerite, comtesse de Flandre. — 1234.

---

744   CRETON (ANTOINE),

Écuyer. — 1514.

Sceau rond, de 30 mill. — Arch. du Nord; abbaye du Saint-Sépulcre.

Écu portant trois lions, penché, timbré d'un heaume cimé, supporté par deux lévriers.

anthonne creton

(Anthonne Creton.)

Aveu de quatre fiefs situés près Cambrai. — 11 juillet 1514.

---

745   CRETON (MATHIEU),

Chevalier. — 1239.

Sceau rond, de 53 mill. — Arch. du Nord; abbaye de Saint-Aubert.

Écu à la croix denchée, au lambel de treize pendants.

✶ SIG'ILLVM · MATHEI · CRETON

(Sigillum Mathei Creton.)

Amortissement de terre à Avesnes-le-Sec. — Juillet 1239.

746   CRÉVECOEUR

(ADA, FEMME DE JEAN MERCADET DE).

1268.

Sceau ogival, de 63 mill. — Arch. du Nord; abbaye de Vaucelles.

Dame debout, en robe et en manteau, coiffée d'une toque à mentonnière, un oiseau sur le poing, sur un piédouche.

S' ADE · VXOR · I · M'RADE · DE · CRIEVECVER

(Sigillum Ade, uxoris Johannis Merkade de Crievecuer.)

Jean de Crévecœur et sa femme vendent une terre à l'abbaye de Vaucelles. — Septembre 1268.

---

747   CRÉVECOEUR (ROBERT DE),

Dit l'Enfant, écuyer. — 1264.

Sceau rond, de 40 mill. — Arch. du Nord; abbaye d'Anchin.

Écu portant une hamaide.

✠ S'. ROBIERT : L...ART .. CRIEVECVER

(Seel Robiert l'Enfant de Crievecuer.)

Ratification de la vente de la dîme de la Capelle en Hainaut. — 25 mai 1264.

---

748   CRIKENBEKE OU KRIEKENBEEK

AUJOURD'HUI KIRSCHENBACH (HENRI DE),

Chevalier. — 1286.

Sceau rond, de 32 mill. — Arch. du Nord; Chambre des comptes.

Une fleur de lys.

✠ S · hENRICI · DE · CRIKENBEKE

(Sigillum Henrici de Crikenbeke.)

Voyez le n° 571.

---

749   CROISILLES (ALARD DE),

Seigneur d'Esnes, chevalier. — 1266.

Sceau rond, de 49 mill. — Arch. du Nord; abbaye de Saint-Aubert.

Écu portant dix losanges posées 3, 3, 3 et 1.

✠ S' ALARDI DE CROISILLES DÑI DE AISNE

(Sigillum Alardi de Croisilles, domini de Aisne.)

L'abbaye de Saint-Aubert acquiert de Gérard de Landas la dîme d'Esnes. — Avril 1266.

---

750   CROISILLES (JEAN, SIRE DE).

1284.

Sceau rond, de 47 mill. — Arch. du Nord; Chambre des comptes.

Écu portant dix losanges posées 3, 3, 3 et 1.

✠ S'. IOhANNIS : DOCICeLLI : DÑ. ... CROISILLES

(Sigillum Johannis, domicelli, domini de Croisilles.)

Quittance du fief de bourse. — Mars 1284.

---

751   CROIX (CHARLES DE),

Écuyer — 1508.

Sceau rond, de 31 mill. — Arch. du Nord; Chambre des comptes.

Écu portant une croix ancrée, écartelé de trois fleurs de lys, penché, timbré d'un heaume cimé d'une tête de cygne, supporté par deux lions.

S' carles de croix

(Seel Corles de Croix.)

L'Archiduc acquiert de Jean Bournel, son chambellan, un fief dans la châtellenie de Saint-Omer. — 24 avril 1508.

---

752   CROIX (JEAN DE),

Chevalier. — 1307.

Sceau rond, de 23 mill. — Arch. du Nord; abbaye de Marquette.

Écu à la croix, sur champ semé de croisettes, dans une rose à quatre feuilles.

.....SIGNEVR DE CROIS CHR

(Seel Jehan, seigneur de Crois, chevalier.)

Retrait de fief. — 3 novembre 1307.

---

753   CROIX (JEAN DE),

Seigneur de Wasquehal, écuyer. — 1530.

Sceau rond, de 30 mill. — Arch. du Nord; abbaye de Marquette.

Écu à la croix, penché, timbré d'un heaume cimé, supporté par deux lions.

s jan de croix dit de dr...

(Seel Jan de Croix, dit de Dr.....)

Dénombrement d'un fief situé à Roubaix et à Hem. — 12 avril 1530.

---

754   CROIX (JEANNE DE LA),

Dame de Mairieux et de Mouvaux. — 1643.

Sceau rond, de 40 mill. — Arch. du Nord; Chambre des comptes.

Écu en losange portant un lion au lambel, parti d'une croix latine recroisetée le pied dans une couronne?, entouré d'arabesques.

SEEL · DAME · IENNE · DE · LACROIX · DAME · .....MOVVAVLX &

Dénombrement du fief de la Cessoye à Attiches. — 11 janvier 1643.

755   CROY (GUILLAUME DE),

Seigneur de Chièvres, d'Arschot, de Bierbeek. — 1507.

Sceau rond, de 74 mill. — Arch. du Nord; Chambre des comptes.

Écu portant trois fasces, écartelé de trois doloires, à l'écusson sur le tout chargé d'un lion couronné à queue fourchée, écartelé, au 2, d'une bande chargée de trois alérions, au 3, d'un semé de croisettes à deux bars adossés, timbré d'un heaume cimé d'un lévrier, supporté par deux lions tenant chacun une bannière : la dextre à trois lions, la sénestre à trois fleurs de lys au pied coupé.

..... : darscot : de bierbecq . de .....

(..... d'Arscot, de Bierbecq, de.....)

Promesse de tenir le traité par lequel le comte de Hornes s'engage à laisser sa forteresse de Weert ouverte à l'Archiduc, moyennant une pension de 2,000ᵈ. — 1507.

---

756   CROY (MICHEL DE),

Seigneur de Sempy. — 1507.

Sceau rond, de 57 mill. — Arch. du Nord; Chambre des comptes.

Écu portant trois fasces, écartelé de trois doloires, à l'écusson sur le tout chargé d'un losangé écartelé de?, brisé d'une bordure, cimé d'un lévrier, supporté par deux lions.

s · michiel · de · croy · seigr · de · sempi · ..... nffine · et · de · marpent

(Seel Michiel de Croy, seigneur de Sempi, d'Escaussine et de Marpent.)

Voyez le n° 755.

---

737 CRUPET (GILLES, SEIGNEUR DE),

Chevalier. — 1421.

Sceau rond, de 28 mill. — Arch. du Nord; Chambre des comptes.

Écu portant deux lions passant, dans une rose à quatre feuilles.

S' GILLE DE CRIPEY CHEVALIER

(Seel Gille de Cripey, chevalier.)

Voyez le n° 722.

---

738   CUINCY (BAUDOUIN, SEIGNEUR DE),

1225.

Sceau rond, de 35 mill. — Arch. du Nord; abbaye d'Anchin.

Écu plain, au lambel de cinq pendants.

✠ SIGILLVM : BAVDOVIN : DE : QVNCI

(Sigillum Baudouin de Qunci.)

Transport de rente, à Esquerchin. — 19 novembre 1225.

---

759   CUINGHIEN (ARNOUL DE),

Seigneur de Berles, chevalier. — 1504.

Sceau rond, de 35 mill. — Arch. du Nord; Chambre des comptes.

Écu chevronné de huit pièces, au lambel, penché, timbré d'un heaume couronné et cimé, supporté par deux lions.

s · arnoul · de quinghien cher signer de berlle et de la bouvee?

(Seel Arnoul de Quinghien, chevalier, seigneur de Berlle et de la Bouvée.)

Dénombrement d'un fief situé à Radinghem. — 4 janvier 1504.

---

760   CUINGHIEN (GÉRARD DE),

Seigneur de Hem. — 1447.

Sceau rond, de 25 mill. — Arch. du Nord; Chambre des comptes.

Écu chevronné, à la bordure denchée, penché, timbré d'un heaume cimé, supporté par deux lions.

s gra.. de quinghien sire.....

(Seel Grard de Quinghien, sire de.....)

Dénombrement du fief du Bos le Mour à Hem. — 6 décembre 1447.

---

761   CUINGHIEN (MARC DE),

Seigneur de Hallennes. — 1526.

Sceau rond, de 30 mill. — Arch. du Nord; chapitre de Lille.

Écu chevronné de huit pièces, penché, timbré d'un heaume cimé, supporté par deux lions.

.. marc de .....ghien

(Seel Marc de Cuinghien.)

Son testament. — Lille, 17 mai 1526.

---

762   CUINGHIEN (ROLAND DE).

1417.

Sceau rond, de 22 mill. — Arch. du Nord; Chambre des comptes.

Écu chevronné de huit pièces, brisé d'une coquille en chef, penché, timbré d'un heaume cimé d'une tête d'homme, supporté par deux lions.

seel rolant de quinghien

(Seel Rolant de Quinghien.)

Philippe de Bourgogne, comte de Charolois, est mis en possession d'une rente sur les terres et seigneuries de Wervicq. — 17 mars 1417.

---

763   CULEMBOURG

(HUBERT, SEIGNEUR DE)

Et de Leeke. — 1418.

Sceau rond, de 44 mill. — Arch. du Nord; Chambre des comptes.

Écu portant trois anilles, écartelé d'un lion couronné à queue fourchée passée en sautoir.

sigillum : huberti : dūi : de kuléborch : de lecka
et de vee . . e :

(Sigillum Huberti, domini de Kulenborch, de Lecka et de Vee. .e.)

Arrangement entre la comtesse Jacque de Bavière et sa mère au sujet de la succession de Guillaume IV, comte de Hainaut. — La Haye, 17 janvier 1418.

764   CUVILLERS (ARNOUL DE), *

Écuyer. — 1405.

Sceau rond, de 25 mill. — Arch. du Nord; abbaye de Marchiennes.

Écu à la bande, penché, timbré d'un heaume cimé d'une tête d'homme, dans un quadrilobe.

S . . rnoul de cuvillers

(Seel Ernoul de Cuvillers.)

Acquisition par Marie d'Éclaibes, châtelaine de Beaumont, de terres tenues du seigneur de Badeguies. — 15 octobre 1425.

765   CUYK (HENRI DE),

Chevalier. — 1296.

Sceau rond, de 66 mill. — Arch. du Nord; Chambre des comptes.

Type équestre; haubert, cotte d'armes, casque ovoïde à grand volet; le bouclier et la housse portant deux fasces, à l'orle de merlettes, au lambel de quatre pendants.

✠ S' : hēRICI : MILITIS : PMOGēITI : DOMINI : DE : RVICh :

(Sigillum Henrici, militis, primogeniti domini de Kuieh.)

CONTRE-SCEAU : Écu aux armes de la face.

✠ CONTRA : SIGILLVM

(Contra sigillum.)

Promesse de servir le comte de Flandre contre le roi de France et le comte de Hainaut. — 30 mars 1296.

766   CUYK (JEAN DE),

Seigneur de Hoogstraeten. — 1336.

Sceau rond, de 33 mill. — Arch. du Nord; Chambre des comptes.

Écu portant deux fasces, à l'orle de merlettes, au franc canton chargé d'une croix denchée, penché, timbré d'un heaume cimé d'un vol.

✠ S' IAN : ..... .DERE : hIERE : ИAN : hOGSTRATEN

(Segel Jan .....dere, hiere van Hoestraten.)

Voyez le n° 477.

767   CUYK (OTHON, SEIGNEUR DE),

Chevalier. — 1336.

Sceau rond, de 67 mill. — Arch. du Nord; Chambre des comptes.

Type équestre; l'épaulière, le bouclier, le troussequin et la housse portant deux fasces, à l'orle de merlettes.

✠ : SIG ..... NIS : DOMINI : DE : KUIC

(Sigillum Ottonis, domini de Kuic.)

CONTRE-SCEAU : Un heaume de face, timbré d'une merlette entre deux cornes, sur champ fretté.

✠ ; SECRETI : MEI

(Sigillum secreti mei.)

Voyez le n° 477.

768   CYSOING (ARNOUL, SEIGNEUR DE),

Chevalier. — 1261.

Sceau rond, de 62 mill. — Arch. du Nord; abbaye de Marchiennes.

Type équestre; le bouclier et la housse bandés de six pièces.

✠ S : ARNVLPhI · DOMINI · DE · CISONIO :

(Sigillum Arnulphi, domini de Cisonio.)

CONTRE-SCEAU : Écu aux armes de la face.

✠ CLAVIS SECRETI

(Clavis secreti.)

Arnoul de Cysoing vend à l'abbaye de Marchiennes la ville de Tilloy. — Juillet 1251.

769   CYSOING

(ARNOUL, FILS AÎNÉ D'HELLIN DE).

1281.

Sceau rond, de 23 mill. — Arch. du Nord; abbaye de Cysoing.

Écu portant un bandé de six pièces sous un chef chargé de trois lions issants.

✠ S' ARNV.....E ChISOING

(Sigillum Arnulphi de Chisoing.)

L'abbaye de Cysoing acquiert d'Arnoul de Cysoing des rentes et des justices à Louvil. — Novembre 1281.

770   CYSOING (ARNOUL, SIRE DE),

Chevalier, baron de Flandre. — 1286.

Sceau rond, de 62 mill. — Arch. du Nord; abbaye de Cysoing.

Type équestre; épée à quillons recourbés; le bouclier, l'épaulière et la housse bandés de six pièces.

S'. ARNVLP.....I · DE ....NIO · MILITIS · ...ONIS · FLANDRIE

(Sigillum Arnulphi, domini de Cisonio, militis, baronis Flandriae.)

CONTRE-SCEAU : Écu aux armes, dans un trilobe.

✠ SECRETVM · ARHEI · DE · CISOÑ

(Secretum Arnulphi de Cisonio.)

Accord avec le chapitre de Lille au sujet d'engagements contractés par Hellin de Cysoing, son père. — 11 juillet 1286.

771   CYSOING (HELLIN, SEIGNEUR DE).

1262.

Sceau rond, de 49 mill. — Arch. du Nord; abbaye de Cysoing.

Écu bandé de six pièces,

✠ S' HELLIN SIRE DE CHISOING

(Seel Hellin, sire de Chisoing.)

Sentence du bailli de Lille concernant les droits prétendus par le seigneur de Cysoing au cheval que chaque nouvel abbé de Cysoing montait en se rendant à son abbaye. — 18 novembre 1262.

772   CYSOING (HELLIN, SIRE DE),

Baron de Flandre, — 1280.

Sceau rond, de 68 mill. — Arch. du Nord; Chambre des comptes.

Type équestre; le bouclier, l'épaulière, le troussequin et la housse bandés de six pièces.

✠ S' HELLINNI · DOMINI · DE · CISONIO · MILITIS · ET · BARONIS · FLAND'

(Sigillum Hellinni, domini de Cisonio, militis et baronis Flandrie.)

Contre-sceau : Écu aux armes, dans une légende disposée en feston.

✠ SECRETVM · HELLINI · DÑI · DE · CISONIO ·

(Secretum Hellini, domini de Cisonio.)

Voyez le n° 575.

773   CYSOING (HELLIN DE),

Baron de Flandre. — 1298.

Sceau rond, de 42 mill. — Arch. du Nord; abbaye de Cysoing.

Écu bandé de six pièces.

... HELLIN DE CHISOIN. ....ALI.....

(Seel Hellin de Chisoing, chevalier.....)

Quittance de sommes remboursées par l'abbé de Cysoing. — 15 février 1298.

774   CYSOING (JEAN DE),

Le jeune, damoisel. — 1218.

Sceau rond, de 68 mill. — Arch. du Nord; abbaye de Cysoing.

Type équestre; le bouclier portant un bandé de six pièces brisé d'étoiles. — Légende détruite.

Contre-sceau : Écu aux armes de la face.

✠ S' : IOHANNIS : CISONIENSIS

(Sigillum Johannis Cisoniensis.)

Gilles de Molnes, chevalier, acquiert un manse et quatre hôtes tenus de Jean de Cysoing. — Juin 1218.

775   CYSOING (JEAN DE),

Sire de Templemars, chevalier. - - 1281.

Sceau rond, de 40 mill. — Arch. du Nord; abbaye de Flines.

Écu bandé de six pièces, au lambel de cinq pendants, accompagné, dans le champ, de la lune et d'une étoile.

✠ S' IOHIS : DE : CHISOING : MILI.IS :

(Sigillum Johannis de Chisoing, militis.)

Donation d'une dîme à Templemars. — Février 1284.

776   CYSOING (MATHIEU DE),

Chevalier. — 1218.

Sceau rond, de 60 mill. — Arch. du Nord; abbaye de Cysoing.

Type équestre; cotte d'armes, épée munie d'un pommeau trilobé; le bouclier bandé de six pièces.

✠ SIG'ILL.....ANN.....NNEO

(Sigillum ...... ann ..... de Cisenneo?)

Contre-sceau : Écu aux armes.

✠ SECRETVM MEVM MICHI

(Secretum meum michi.)

Voyez le n° 774.

777   DAVE (GÉRARD DE),

Chevalier. — 1280.

Sceau rond, de 46 mill. — Arch. du Nord; Chambre des comptes.

Écu à la bande coticée, au lambel de cinq pendants.

✠ S'. GERART · DE · DAVLES · CHEVALIER

(Seel Gérart de Davles, chevalier.)

Voyez le n° 411.

778   DAVE (WARNIER, SIRE DE),

Chevalier. — 1285.

Sceau rond, de 55 mill. — Arch. du Nord; Chambre des comptes.

Type équestre; le bouclier, le troussequin et la housse portant une bande, au lambel de cinq pendants.

S : WARNERI : DÑI : DE : D..EL.. MILITIS

(Sigillum Warneri, domini de Daveles, militis.)

Contre-sceau : Écu aux armes de la face.

✠ S WARNERI · DE DAVELES

(Secretum Warneri de Daveles.)

Renaud, comte de Gueldre, donne à Marguerite de Flandre, sa future femme, la ville de Ruremonde. — Anhée près Namur, 1er juillet 1286.

779   DAVE (WARNIER DE).

1401.

Sceau rond, de 25 mill. — Arch. du Nord; Chambre des comptes.

Écu portant une bande, au lambel, penché, timbré d'un heaume couronné et cimé.

s Warnier de Dawle

(Seel Warnier de Dawle.)

Voyez le n° 594.

---

780   DEHÉRIES (JEAN DE),

Seigneur de Bertry, chevalier. — 1469.

Sceau rond, de 40 mill. — Arch. du Nord; abbaye de Saint-Aubert.

Écu au sautoir.

✱ S' IHANS SIRES DE LEHELRIES :

(Seel Jhans, sires de Lehelries.)

Ratification d'une acquisition de biens à Bertry. — 16 janvier 1469.

---

781 DEHÉRIES (RAOUL, SEIGNEUR DE).

Chevalier. — 1461.

Sceau rond, de 50 mill. — Arch. du Nord; abbaye d'Anchin.

Écu au sautoir.

✱ S. RADVLFI LESPIEE MILITIS

(Sigillum Radulfi l'Espee, militis.)

Radulphus de Leheries dictus li Espee ratifie l'acquisition d'un bois par les religieux d'Anchin. — Juillet 1461.

---

782   DENAIN (BROGNART DE).

1449.

Sceau rond, de 03 mill. — Arch. du Nord; abbaye de Vicogne.

Écu portant une croix denchée, au lambel de six pendants.

✱ S · BROGNART · DE · DENAING

(Seel Brognart de Denaing.)

Donation d'une terre à Bermerain. — Juin 1449.

---

783 DENAIN (GILLES BRONCHE DE).

1447.

Sceau rond, de 41 mill. — Arch. du Nord; abbaye de Saint-Aubert.

Écu billeté, au croissant.

✱ SIGILE · EGIDII · DE · DENENG

(Sigillum Egidii de Deneng.)

Donation d'un hommage à Avesnes-le-Sec. — 24 octobre 1427.

---

784 DERVAL (BONABE, SEIGNEUR DE),

Chevalier. — 1283.

Sceau rond, de 26 mill. — Arch. du Nord; Chambre des comptes.

Écu portant deux fasces.

✱ S'. BONABII · DE · DERVAL

(Sigillum Bonabii de Derval.)

Quittance de rente. — Paris, 17 juillet 1283.

---

785   DESCOUVIER (JACQUES),

Chevalier. — 1366.

Sceau rond, de 26 mill. — Arch. du Nord; Chambre des comptes.

Écu au lion, parti d'un fretté, penché, timbré d'un heaume cimé d'un vol, sur champ fretté.

✱ S'. IAIKEMIN DESCOVVIER

(Seel Jaikemin Descouvier.)

Voyez le n° 545.

---

786   DESCOUVIER (JEAN),

Chevalier. — 1366.

Sceau rond, de 11 mill. — Arch. du Nord; Chambre des comptes.

Écu au lion, parti d'un plain.

✱ IEHAN DE COVVEILGS

(Jehan de Couveilgs.)

Voyez le n° 545.

---

787   DESTAILLEURS (CATHERINE),

Veuve d'Antoine de Berlette, écuyer. — 1501.

Sceau rond, de 26 mill. — Arch. du Nord; Chambre des comptes.

Écu au chevron accompagné de trois merlettes.

s caterine destailleurs

(Seel Caterine Destailleurs.)

Dénombrement d'un fief tenu de la cour de Phalempin. — 15 octobre 1504.

---

788 DIEPENBEEK (LOUIS, SEIGNEUR DE),

Chevalier. 1336.

Sceau rond, de 29 mill. — Arch. du Nord; Chambre des comptes.

Écu portant sept losanges, 3, 3 et 1, au lambel, dans un encadrement gothique des plus élégants.

✱ S' LODVICI DÑI DE DIEPENBEEK

(Sigillum Loduici, domini de Diepenbeek.)

Voyez le n° 491.

---

789   DIEST (THOMAS DE),

Seigneur de Zeelhem, chevalier. — 1339.

Sceau rond, de 31 mill. — Arch. du Nord; Chambre des comptes.

Écu portant deux fasces, au lambel, dans un encadrement gothique.

...HOME · DE · DYST · DÑI · DE · SELE

(Sigillum Thome de Dyst, domini de Selem.)

Voyez le n° 484.

790   DIESTRE? (ISABEAU, DAME DE),

1310.

Sceau rond, de 60 mill. — Arch. du Nord; abbaye de Château-l'Abbaye.

Type équestre incomplet; dame gantée, portant un faucon; le tapis de selle découpé en longs pendants. — Légende détruite.

Fondation de chapellenies par Marie, dame de Mortagne, châtelaine de Tournay, sa nièce. — 10 ou 19 août 1310.

---

791   DORENG (GÉRARD DE),

Chevalier. — 1229.

Sceau rond, de 63 mill. — Arch. du Nord; abbaye de Vaucelles.

Écu au lion couronné.

✶ S. GERARDI · MILITIS · DE · DORENG

(Sigillum Gerardi, militis de Dorene.)

Confirmation des dons octroyés à l'abbaye de Vaucelles par Mathilde, dame de Bantouzel, tante de Gérard. — Octobre 1229.

---

792   DOUAI (JEAN DE),

Chevalier. — 1218.

Sceau rond, de 56 mill. — Arch. du Nord; chapitre de Saint-Amé.

Écu au chef d'hermines, brisé d'un lambel de huit pendants. — Légende détruite.

Testament de Jean de Douai; fondation d'une chapellenie en l'église de Saint-Amé; dons à diverses églises, etc. — Décembre 1218.

---

793   DOUAI (PIERRE DE),

Chevalier. — 1205.

Sceau rond, de 55 mill. — Arch. du Nord; chapitre de Saint-Amé.

Écu au chef d'hermines et au lambel.

✶ SIGILL PETRI DE ..ACO

(Sigillum Petri de Duaco.)

Contre-sceau : Une rose. — Légende fruste.

Fondation d'une chapellenie. — 1205.

---

794   DOUAI (PIERRE DE),

Chevalier. — 1215.

Sceau rond, de 56 mill. — Arch. du Nord; abbaye d'Anchin.

Écu au chef d'hermines.

SIGILL : PETRI : DE : DUA..

(Sigillum Petri de Duaco.)

Traité au sujet de pâturages et de marais situés à Rieulay. — 1215.

---

795   DOUAI (WAUTIER DE),

Sire de Wasquehal, chevalier. — 1284.

Sceau rond, de 29 mill. — Arch. du Nord; abbaye de Marchiennes.

Écu au chef d'hermines chargé à dextre d'un écusson à la croix engrêlée.

✶ S' WAUTIER DE DOWAI CHEVAL

(Seel Woutier de Douvai, chevalier.)

Renonciation, en faveur de l'abbaye de Marchiennes, à des droits sur un héritage situé autour du Bier. — Mars 1284.

---

796   DOUAI

(JEANNE DE WASQUEHAL, FEMME DE WAUTIER DE).

1284.

Sceau ogival, de 66 mill. — Arch. du Nord; abbaye de Marchiennes.

Dame debout, un oiseau sur le poing, accompagnée de deux écus chargés d'une croix.

✶ S' IEHANAIN DE....ELE DE VVA.CH..AL

(Seel Jehanain, demisiele de Wasch..al.)

Voyez le n° 795.

---

797   DOUCHY

(PONTHUS L'HONORÉ, SEIGNEUR DE).

Écuyer. — 1554.

Sceau rond, de 37 mill. — Arch. du Nord; évêché et chapitre de Cambrai.

Écu burelé, à deux bars adossés, timbré d'un heaume cimé d'un vol.

S PONTHVS S' DE DOVLCHI

Dénombrement d'un fief situé à Villers-Pol. — 20 octobre 1554.

---

798   DOUCHY (THIERRI DE),

Sire de Gorghecon, chevalier. — 1254.

Sceau rond, de 43 mill. — Arch. du Nord; abbaye des Prés.

Écu portant trois tierces sous un chef, à la bande brochant sur le tout.

✶ S' TERRICI · DOMINI · DE GO...CHOVN

(Sigillum Terrici, domini de Go...choun.)

Ratification d'une vente de terres, à Fressin, faite à l'abbaye des Prés par Gilles le Cerf de Douai. — Avril 1254.

---

799   DOUR (NICOLAS, SEIGNEUR DE),

1209.

Sceau rond, de 49 mill. — Arch. du Nord; abbaye de Vaucelles.

Écu d'hermines.

✶ SIG.....COLAI DE DORS

(Sigillum Nicolai de Dors.)

Contre-sceau : Une fleur de lys. — Sans légende.

Le seigneur de Dour confirme à l'abbaye de Vaucelles le don d'un bois par Adam de Walincourt. — 1209.

800 DOUVE (DANIEL DE LE),

Chevalier. — 1307.

Sceau rond, de 28 mill. — Arch. du Nord; Chambre des comptes.

Écu chevronné de huit pièces, dans une rose.

✠ S' : DARIELIS : DÑI : DE : DOVVIA : METIS :

(Sigillum Danielis, domini de Douvia, militis.)

Traité de paix entre la France et la Flandre. — Courtrai, 18 juillet 1307.

---

801 DOUVE (GEORGES DE LE),

1383.

Sceau rond, de 26 mill. — Arch. du Nord; Chambre des comptes.

Écu chevronné de huit pièces, penché, timbré d'un heaume couronné et cimé d'une tête d'aigle, supporté par deux aigles.

S : iorus · van der dovie

(Segel Joris van der Dovie.)

Quittance de gages pour services de guerre à Audenarde. — 4 avril 1383.

---

802 DOYS (GUILLAUME),

Chevalier. — 1281.

Sceau rond, de 30 mill. — Arch. du Nord; Chambre des comptes.

L'empreinte d'une pierre fine, d'un cabochon, surmontée d'un écusson portant une croix.

S. WILHELMI DOVS

(Sigillum Wilhelmi Dous.)

Voyez le n° 672.

---

803 DOYS (THIERRI),

Chevalier. — 1190.

Sceau un écu, de 34 mill. — Arch. du Nord; Chambre des comptes.

L'empreinte d'une pierre fine accompagnée, en pointe, d'un écusson portant une croix.

✠ THEODRICI · DOVS . D' · BILAND' · MILITIS

(Theodrici Dous de Biland.., militis.)

Voyez le n° 510.

---

804 DRINCKAM (JEAN, SIRE DE),

Chevalier. — 1370.

Sceau rond, de 24 mill. — Arch. du Nord; Chambre des comptes.

Écu échiqueté, à la bordure, penché, timbré d'un heaume cimé, dans un encadrement gothique.

S. IEHAN · SIRE · DE · DRINCAMS

(Seel Jehan, sire de Drincams.)

Emprunt contracté par la dame de Cassel et par les villes de Dunkerque et de Gravelines. — 20 avril 1370.

805 DUFFEL (HENRI DE),

Le jeune, chevalier. — 1392.

Sceau rond, de 28 mill. — Arch. du Nord; évêché et chapitre de Cambrai.

Écu portant trois pals, au franc canton d'hermines chargé d'un écusson à trois lions en abîme.

.....E · DVFLE · CHEV.....

(Seel Henri de Duffe, chevalier.)

Sentence arbitrale au sujet du personat de Gheel. — Août 1392.

---

806 DUFFEL (JEAN DE),

Seigneur de Thielen. — 1391.

Sceau rond, de 23 mill. — Arch. du Nord; Chambre des comptes.

Écu portant trois pals, au franc canton d'hermines, penché, timbré d'un heaume cimé d'un vol chargé d'un canton d'hermines, sur champ orné de fleurs.

S' : iohannis : de : duffle

(Sigillum Johannis de Duffle.)

Acceptation de trois riviers offerts en don par son neveu, le seigneur de Duffel et de Berlaer. — 15 octobre 1391.

---

807 DUVENVOORDE (GUILLAUME DE),

Seigneur d'Oosterhout. — 1336.

Sceau rond, de 30 mill. — Arch. du Nord; Chambre des comptes.

Écu portant trois croissants, au filet en bande brochant, penché, timbré d'un heaume cimé, supporté par deux griffons, dans un encadrement en losange.

S'. WILELMI : DE : DVVERVOERDE : MILIT'

(Sigillum Wilelmi de Duvenvoorde, militis.)

Voyez le n° 477.

---

808 ÉCAILLON (ARNOUL BROIART D'),

1230.

Sceau rond, de 51 mill. — Arch. du Nord; abbaye d'Anchin.

Écu à la croix denchée.

✠ S : ARNVLFI BROIART · DESCAILLON

(Sigillum Arnulfi Broiart d'Escaillon.)

Acquisition du *Karrouerre* de la dîme de Marquette. — Janvier 1230.

---

809 ÉCAILLON (GÉRARD D'),

1211.

Sceau rond, de 54 mill. — Arch. du Nord; abbaye de Saint-Aubert.

Écu portant une croix denchée, au lambel de neuf pendants.

✠ SIGILLVM · GERARDI DESCALLON

(Sigillum Gerardi d'Escallon.)

Donation de la dîme d'Iwuy. — 1211.

810   ÉCAILLON (GÉRARD D'),

Chevalier. — 1294.

Sceau rond, de 46 mill. — Arch. du Nord; abbaye d'Anchin.

Écu à la croix denchée.

✠ S' CƟERARꝹ DESCALLON CƟEꝞALIER

(Seel Chérart d'Escallon, chevalier.)

Guillaume de la Motte, écuyer, acquiert de l'abbaye d'Anchin les dîmes de Wasnes et de Marcq. — 24 mai 1294.

———

811   ÉCAILLON (GÉRARD, SIRE D')

Et de Bruille, chevalier. — 1312.

Sceau rond, de 28 mill. — Arch. du Nord; abbaye d'Anchin.

Écu à la croix denchée.

✠ S' GERARDI D....LLON

(Sigillum Gerardi d'Escaillon.)

Hommage à l'abbaye d'Anchin pour un fief situé entre le moulin d'Écaillon et Auberchicourt. — Mars 1312.

———

812   ÉCAUSSINNES (GÉRARD D'),

Chevalier. — 1397.

Sceau rond, de 27 mill. — Arch. du Nord; collégiale de Saint-Géry.

Écu portant trois lions accompagnés d'un besant? en abîme, penché, timbré d'un heaume cimé d'une tête d'homme coiffée d'un chaperon, dans un encadrement gothique. — Légende détruite.

Sentence maintenant la collégiale de Saint-Géry dans ses droits de terrage à Hordain. — 7 janvier 1397.

———

813   ÉCAUSSINNES (GÉRARD D'),

1417.

Sceau rond, de 30 mill. — Arch. du Nord; Chambre des comptes.

Écu aux armes du n° précédent, sur champ festonné.

s Gerart deſcauſſignes ſeigneur ꝺe taſſugniers

(Seel Gérart d'Escaussignes, seigneur de Tassugniers.)

Voyez le n° 425.

———

814   ÉCLAIBES (GÉRARD, BÂTARD D'),

Écuyer. — 1399.

Sceau rond, de 22 mill. — Arch. du Nord; Chambre des comptes.

Écu plain, au franc canton chargé de trois lions.

✠ G · BASTAR · DESCLERBES

(Grard, bastar d'Esclerbes.)

Aveu d'un fief situé à Boussières en Cambrésis fourni à l'abbaye de Saint-Denis en France. — 4 mai 1399.

———

815   ÉCLAIBES (GILLES, SEIGNEUR D'),

1408.

Sceau rond, de 33 mill. — Arch. du Nord; Chambre des comptes.

Écu portant trois lions couronnés, penché, timbré d'un heaume cimé de deux serres, supporté par deux hérons.

s · gille · ſigneur deſclebes

(Seel Gille, signeur d'Esclèbes.)

Voyez le n° 502.

———

816   ÉCLUSE (ROBERT FOUQUERET DE L'),

Écuyer. — 1337.

Sceau rond, de 17 mill. — Arch. du Nord; abbaye des Prés.

Écu portant un fretté à listes denchées, au franc canton chargé d'un lion passant.

S' ROB' FOVKERE DE L'ESCLVSE

(Seel Robert Foukere de l'Escluse.)

Reconnaissance des droits de l'abbaye des Prés à Ossimont. — Août 1337.

———

817   EGGLOY (WALTER),

Chevalier. — 1415.

Sceau rond, d'environ 26 mill. — Arch. du Nord; chartes flamandes.

Écu portant trois fleurs de lys, au franc canton chargé de trois tours accompagnées d'un maillet en chef, penché, timbré d'un heaume, supporté par un griffon et un lion. — Légende détruite.

Donation de rente sur des héritages à Cobbeghem. — 1415.

———

818   EGMONT (JEAN, SEIGNEUR D'),

Chevalier. — 1357.

Sceau rond, de 32 mill. — Arch. du Nord; Chambre des comptes.

Écu chevronné, dans un trilobe, sur champ orné d'arabesques.

S' IOꝎANNIS : .....I : DE : EGMVND

(Sigillum Johannis, domini de Egmund.)

Voyez le n° 604.

———

819   ELSLOO (OTHON, SEIGNEUR D'),

Chevalier. — 1368.

Sceau rond, de 23 mill. — Arch. du Nord; Chambre des comptes.

Écu portant trois chevrons, dans un quadrilobe.

S' ..TONIS · DNI · DE · EL...O

(Sigillum Ottonis, domini de Elsloo.)

Hommage au comte de Flandre pour une rente à Reveren. — 25 mai 1368.

820 ENGHIEN (ARNOUL D'),

Sire de Blaton et d'Escaudœuvres. — 1303.

Sceau rond, de 19 mill. — Arch. du Nord; évêché et chapitre de Cambrai.

Écu gironné de dix pièces cinq girons chargés chacun de deux croisettes, au lambel de quatre pendants.

.. IERNOVL DAINGIE.

(Seel Iernoul d'Aingien.)

Droit de présentation à la chapelle d'Escaudœuvres. — Mai 1303.

821 ENGHIEN

(MARIE, FEMME D'ARNOUL D').

1303.

Sceau rond, de 26 mill. — Arch. du Nord; évêché et chapitre de Cambrai.

Écu échiqueté, parti d'un gironné de dix pièces au lambel cinq girons chargés chacun de trois croisettes.

.....ARIE .....DAME D.....

(Seel Marie ..... dame d.....)

Voyez le n° 820.

822 ENGHIEN (ARNOUL D'),

Sire de Blaton, chevalier. — 1314.

Sceau rond, de 44 mill. — Arch. du Nord; Chambre des comptes.

Écu gironné de dix pièces cinq girons chargés chacun de trois croisettes, au lambel de quatre pendants, sur champ de feuillages.

❀ S' IERNOVL DAINGIEN CHEVALIERS SIRE DE BLATON

(Seel Iernoul d'Aingien, chevaliers, sire de Blaton.)

Contre-sceau : Même type que le n° 820.

Arnoul d'Enghien déclare que, s'il vient à mourir sans hoirs, la seigneurie du chemin qui va de Naves à Cambrai retournera au comte de Hainaut. — 23 septembre 1314.

823 ENGHIEN (ENGILBERT D'),

1304.

Sceau rond, de 58 mill. — Arch. du Nord; abbaye de Saint-Aubert.

Type équestre; le bouclier portant un gironné chargé d'un écusson en abîme; cotte d'armes armoriée.

SIGILLVM INGELBER.. DE..HIN

(Sigillum Ingelberti d'Enghin.)

Engagement de la dîme de Hérinnes. — Février 1304.

824 ENGHIEN (ENGILBERT D'),

1317.

Sceau rond, de 68 mill. — Arch. du Nord; abbaye de Saint-Aubert.

Type équestre; le bouclier aux armes du contre-sceau.

SIGILLVM · ENGELBERTI · DE · DENGHEN

(Sigillum Engelberti de Denghen.)

Contre-sceau : Écu gironné de huit pièces, à l'écusson en abîme.

❀ SECRETVM · MEVM · MICHI

(Secretum meum michi.)

Soumission des gens de Hérinnes qui avaient refusé la dîme des laines. — Juin 1317.

825 ENGHIEN (ENGILBERT D'),

1334.

Sceau rond, de 66 mill. — Arch. du Nord; abbaye de Saint-Aubert.

Type équestre; le bouclier aux armes du contre-sceau.

SIGILLE : ENGELBERTI : DE : AIENGEN

(Sigillum Engelberti de Aiengen.)

Contre-sceau : Écu gironné de huit pièces, à l'écusson en abîme.

❀ SECRETVM : ENGELBERTI

(Secretum Engelberti.)

Amortissement d'une dîme à Morbecque. — Février 1334.

826 ENGHIEN (ENGILBERT D'),

Sire de Rameru. — 1417.

Sceau rond, de 40 mill. — Arch. du Nord; Chambre des comptes.

Écu gironné de dix pièces cinq girons chargés chacun de trois croix recroisetées, penché, timbré d'un heaume, supporté par deux lions tenant chacun une bannière : celle de dextre, échiquetée; celle de sénestre, billetée au lion.

s · englebert · denghien · seignur · de · rameru · de le folie z de thubise

(Seel Englebert d'Enghien, seigneur de Rameru, de le Folie et de Thubise.)

Voyez le n° 425.

827 ENGHIEN

(MARIE D'ANTOING, FEMME D'ENGILBERT D').

1435.

Sceau rond, de 31 mill. — Arch. du Nord; chapitre de Lille.

Écu au gironné d'Enghien, parti du lion d'Antoing, soutenu par un ange.

s · marie : danthoing : dame : de : machant :

(Seel Marie d'Anthoing, dame de Machaut.)

Fondation d'une chapelle au château d'Estaires. — 22 janvier 1435.

828   ENGHIEN (SOHIER D').

Sire de Sotteghem, fils d'Engilbert. — 1218.

Sceau rond, de 75 mill. — Arch. du Nord; abbaye du Saint-Aubert.

Type équestre; le bouclier gironné de dix pièces.

✠ SIGILLVM · SIGERI · DE · ANGIEN ·

(Sigillum Sigeri de Angien.)

Restitution de la dîme de Hérinnes. — 1218.

829   ENGHIEN (SOHIER D').

1219.

Sceau rond, de 65 mill. — Arch. du Nord; abbaye de Saint-Aubert.

Type équestre; le bouclier gironné de dix pièces.

SIGILLVM : SIGERI : DE : AIENGEN ·

(Sigillum Sigeri de Aiengen.)

Contre-sceau : Écu aux armes de la face.

✠ SECRETVM : SIGERI · TEGO

(Secretum Sigeri tego.)

Donation du parcours de la rivière de Marke compris entre le moulin appartenant au chapitre de Sainte-Waudru de Mons et celui de Hossemuel. — Septembre 1219.

830   ENGHIEN (SOHIER D'),

Sire de Sotteghem, fils d'Engilbert. — 1224.

Sceau rond, de 70 mill. — Arch. du Nord; abbaye de Saint-Aubert.

Écu gironné de dix pièces cinq girons chargés chacun d'un semé de croisettes,

✠ SIGILE ·: SIGERI ·: DE :· AENGEN

(Sigillum Sigeri de Aengen.)

Assignation de rente sur un pré à Hérinnes. — Août 1224.

831   ENGHIEN

(YOLANDE DE FLANDRE, DAME D').

1311.

Sceau rond, de 26 mill. — Arch. du Nord; Chambre des comptes.

Écu d'Enghien, parti de Flandre.

✠ S' .. DGNT DAME DE AIN6BI..

(Seel Yolent, dame de Ainghien.)

Récépissé du traité de son mariage. — Février 1311.

832   ÉPEHI (PIERRE D'),

Chevalier. — 1230.

Sceau rond, de 58 mill. — Arch. du Nord; abbaye de Vaucelles.

Écu losangé, au lambel de quatre pendants.

...ĦI · PETRI · MILITIS · D.....

(Sigillum domini Petri, militis d'Espebi.)

Transport de rente sur la grange de Peizière. — 1230.

833   ÉPINE (GUILLAUME DE L').

1247.

Sceau rond, de 26 mill. — Arch. du Nord; Chambre des comptes.

Écu billeté à la bande de cinq losanges, penché, timbré d'un heaume cimé, supporté par une dame à dextre.

s Wuillaume d lespine

(Seel Willaume de l'Espine.)

Voyez le n° 425.

834   ERPE (GOSSUIN, SIRE D').

Chevalier. — 1287.

Sceau rond, de 44 mill. — Arch. du Nord; Chambre des comptes.

Écu portant un lion couronné, à la bordure engrêlée, sur champ festonné.

✠ S' · GOSSVINI : MILITIS : DOMINI : DE : ERPE :

(Sigillum Gossuini, militis, domini de Erpe.)

Gui, comte de Flandre, acquiert de Jean, sire de Dampierre, la ville de Bailleul avec toutes ses appartenances. — 11 avril 1287.

835   ERRE (JEAN, SEIGNEUR D').

1281.

Sceau rond, de 39 mill. — Arch. du Nord; Chambre des comptes.

Écu portant trois pals, à la fasce d'hermines brochant.

✠ S' IEHAN · SEIGNEVR · DERE · CHEVALIER

(Seel Jehan, seigneur d'Ere, chevalier.)

Jean d'Erre se porte caution pour Jean Sartiau, bourgeois de Tournay, qui réclamait une dette au comte de Flandre. — Mars 1281.

836   ERRE (MATHIEU, SEIGNEUR D').

Chevalier. — 1211.

Sceau ogival, en cuvette, de 55 mill. — Arch. du Nord; chapitre de Saint-Amé.

Écu portant trois pals, à la fasce brochant.

✠ SIGILLVO? MATEI DE ERE

(Sigillum Matei de Ere.)

Acquisition d'une dîme à Fressain. — Marcq, juin 1221.

837   ERRE (MATHIEU D'),

Seigneur de Marcq-en-Ostrevent, chevalier. — 1230.

Sceau rond, de 44 mill. — Arch. du Nord; chapitre de Saint-Amé.

Écu portant trois pals, à la fasce brochant, au franc canton d'hermines sur le tout.

✠ SIGILLVM : OAThEI : DERE

(Sigillum Mathei d'Ere.)

Acquisition de la dîme de Fressain. — Marcq, février 1230.

838 ERRE (MATHIEU D'),

Le jeune, chevalier. — 1432.

Sceau rond, de 58 mill. — Arch. du Nord; abbaye de Sin.

Écu aux armes du précédent.

✠ S' : M.....: IVVGNIS : DGRG

(Sigillum Mathei Juvenis d'Ere.)

Acquisition de terre à Marcq-en-Ostrevant. — Janvier 1432.

839 ESCATIÈRE (GILLES DE L'),

1447.

Sceau rond, de 31 mill. — Arch. du Nord; Chambre des comptes.

Écu portant trois coquilles, écartelé d'un billeté au lion, penché, timbré d'un heaume cimé d'oreilles mouchetées d'hermines, supporté par un lion à dextre.

s · giles · de · lescatiere

(Seel Giles de l'Escatière.)

Voyez le n° 425.

840 ESCAUFFOUR (ALEXANDRE, SIRE D'),

Chevalier. — 1266.

Sceau rond, de 60 mill. — Arch. du Nord; abbaye de Saint-Aubert.

Écu chevronné de six pièces, au lambel de quatre pendants.

✠ S' ALIS..NDR.....G THVM OHR

(Seel Alissandre, sire de Thun, chevalier.)

Alexandre d'Escauffour confirme aux hommes de Thun le bail d'une pâture. — 15 octobre 1266.

841 ESCAUFFOUR (GILLES MORANT D'),

Écuyer. — 1414.

Sceau rond, de 22 mill. — Arch. du Nord; Chambre des comptes.

Écu chevronné de six pièces, brisé d'une étoile au canton sénestre, accompagné de trois roses dans le champ, dans un trilobe.

GILLES DESCAHFOVR

(Gilles d'Escafour.)

Bail à cens des dîmes et des rentes de Rombies. — 9 février 1414.

842 ESCAUFFOUR (JEAN, SIRE D')

Et de Theu-Saint-Martin, chevalier. — 1419.

Sceau rond, de 27 mill. — Arch. du Nord; évêché et chapitre de Cambrai.

Écu chevronné de six pièces, penché, timbré d'un heaume cimé d'un buste de femme.

s : iehan : descauffous

(Seel Jehan d'Escauffous.)

Fondation d'une messe et confirmation d'une rente octroyée par Alexandre d'Escauffour, son père, aux grands vicaires de Cambrai. — Cambrai, 7 mai 1419.

843 ESCAUFFOUR (RAOUL D'),

Chevalier. — 1236.

Sceau rond, de 67 mill. — Arch. du Nord; abbaye de Vaucelles.

Écu chevronné de six pièces, au pal brochant.

✠ S· RHDV.....CAVFOVRS

(Sigillum Radulphi, domini d'Escaufours.)

Cession de droits sur la dîme de Banteux. — 10 juillet 1236.

844 ESCOBECQUES (JEAN, SEIGNEUR D'),

1449.

Sceau rond, de 31 mill. — Hôpital Saint-Julien à Lille.

Écu portant trois feuilles de lierre, penché, timbré d'un heaume cimé, supporté par deux griffons.

.....cobiebe...erome

(..... Escobieke .....erome.)

Amortissement d'une terre située hors la porte des Malades à Thumesnil. — 23 décembre 1449.

845 ESNES (AMÉ, SEIGNEUR D')

Et de Couroir. — 1461.

Sceau rond, de 30 mill. — Arch. du Nord; collégiale de Saint-Géry.

Écu portant dix losanges rangées 3, 3, 3 et 1, penché, timbré d'un heaume cimé d'une tête d'ours emmuselé?

s : ame : feigneur : desne :

(Seel Amé, seigneur d'Esne.)

Amortissement de la seigneurie de Roquier. — 11 novembre 1461.

846 ESNES (GÉRARD, BÂTARD D'),

1462.

Sceau rond, de 27 mill. — Arch. du Nord; collégiale de Saint-Géry.

Écu portant dix losanges rangées 3, 3, 3 et 1, au filet mis en barre brochant, penché, timbré d'un heaume cimé, dans un quadrilobe.

.eel Gerart.....

(Seel Gérart, ...)

Acquisition de bois situés près Bouchain. — 4 février 1462.

847 ESNES (JEAN D'),

Chevalier, pair de Cambrésis. - 1331.

Sceau rond, de 36 mill. — Arch. du Nord; abbaye de Saint-Aubert.

Écu portant dix losanges rangées 3, 3, 3 et 1.

✠ S' I.... DAINE CHEVALIER

(Seel Jehan d'Aine, chevalier.)

Confirmation de la coutume donnée à la ville de Cuvillers par Baudart de Hénin. — Mars 1331.

---

848   ESNES (JEAN D'),

Chevalier. — 1331.

Sceau rond, de 22 mill. — Arch. du Nord; évêché et chapitre de Cambrai.

L'écu d'Esnes dans une rose gothique.

✠ SE.....DA.... CHEVALIER

(Seel Jehan d'Aine, chevalier.)

Acquisition d'une terre à Cuvillers. — 23 décembre 1331.

---

849   ESNES (JEAN D'),

Le Borgne, chevalier. — 1384.

Sceau rond, de 24 mill. — Arch. du Nord; Chambre des comptes.

L'écu d'Esnes, penché, timbré d'un heaume cimé, dans un encadrement gothique.

S' · BORGNES · DAINE D ....

(Seel Borgnes d'Aine .....)

Procuration au sujet de son procès pour la terre de Wargnies. — Mons, 18 octobre 1384.

---

850   ESNES (JEAN D'),

Le Borgne, sire de Beauvois. — 1448.

Sceau rond, de 28 mill. — Arch. du Nord; évêché et chapitre de Cambrai.

Écu portant les dix losanges d'Esnes, à la bordure, penché, timbré d'un heaume cimé.

S' IEHAN DAINE DIT BORGNE

(Seel Jehan d'Aine dit Borgne.)

Sentence qui adjuge au chapitre de Cambrai une rente sur une terre à Paillencourt. — Cambrai, 3 janvier 1448.

---

851   ESNES (JEAN D'),

Le Baudrain, seigneur de Béthencourt, de Beauvois, chevalier. — 1460.

Sceau rond, de 32 mill. — Arch. du Nord; abbaye de Saint-Aubert.

Écu d'Esnes, à la bordure, penché, timbré d'un heaume cimé.

iehan · besne · dit · baudrain

(Jehan d'Esne dit Baudrain.)

Amortissement d'un fief tenu de Beauvois. — 28 mai 1460.

---

852   ESNES

(BARBE DU BOS DITE DE HOVES, FEMME DE JEAN LE BAUDRAIN D').

1460.

Sceau rond, de 31 mill. — Arch. du Nord; abbaye de Saint-Aubert.

L'écu d'Esnes, à la bordure, parti de trois coquilles, soutenu par un ange.

s · barbe · du · bos · dite · de · hoves

(Seel Barbe du Bos dite de Hoves.)

Voyez le n° 851.

---

853   ESNES (JEAN D'),

Le Baudrain. — 1517.

Sceau rond, de 28 mill. — Arch. du Nord; abbaye de Saint-Aubert.

L'écu d'Esnes, au franc canton sénestre chargé d'un écusson en abîme accompagné de billettes en orle, penché, timbré d'un heaume cimé.

seel iehan besne dit baudrain

(Seel Jehan d'Esne dit Baudrain.)

Bail à cens des dîmes d'Iwuy. — 6 mai 1517.

---

854   ESNES (JEAN D'),

Dit Sauset, écuyer. — 1318.

Sceau rond, de 33 mill. — Arch. du Nord; évêché et chapitre de Cambrai.

L'écu d'Esnes, à la bordure.

✠ .....TI · SAVSE.....SNE

(Sigillum Johannis dicti Sauset d'Esnet?)

Confirmation d'un échange de dîmages à Bavay. — 9 mai 1318.

---

855   ESNES (JEAN D'),

Dit Sauset, écuyer. — 1451.

Sceau rond, de 26 mill. — Arch. du Nord; collégiale de Saint-Géry.

Écu d'Esnes, penché, timbré d'un heaume cimé.

s iehan besne dit sauset

(Seel Jehan d'Esne dit Sauset.)

Voyez le n° 845.

---

856   ESNES (MARIE D'),

Dame de Cauroir. — 1305.

Sceau ogival, de 53 mill. — Arch. du Nord; guillemins de Walincourt.

Dame debout, en robe et en manteau, gantée, un faucon sur le poing, un leurre dans la main droite, accostée à dextre d'un écu émanché de cinq pointes mouvant du flanc dextre, à sénestre d'un écu écartelé. — Légende détruite.

Amortissement de terre à Esnes. — «En la salle à Aine, en la loge eu je séois devant le keminée.» Décembre 1305.

---

857   ESNES (PIERRE D'),

Écuyer. — 1387.

Sceau rond, de 26 mill. — Arch. du Nord; évêché et chapitre de Cambrai.

Écu d'Esnes, à la bordure engrêlée, penché, timbré d'un heaume cimé, dans un encadrement gothique.

.....DAIRE...

(..... d'Aire .....)

Déclaration de rente due au chapitre de Cambrai. — 14 juin 1387.

---

858 ESPAGNE (ALPHONSE D'),

Seigneur de Lunel. — 1306.

Signet rond, de 15 mill. — Arch. du Nord; Chambre des comptes.

Pierre gravée : une tête humaine à cornes et à oreilles de bœuf, de face.

.....HISPANIA

(..... Hispania.)

Les commissaires du roi de France aux frontières de Flandre mandent au comte Louis de Nevers d'assembler à Arques douze députés des villes de Cassel, Furnes, Bergues, Poperinghe et Bourbourg. — Saint-Omer, 18 février 1325.

---

859 ESPINOIS (JEANNE D'),

Femme de Gilles d'Écaussines. — 1368.

Sceau rond, de 20 mill. — Arch. du Nord; abbaye de Saint-Aubert.

Écu portant trois lions au lambel, parti d'une aigle, dans un ornement hexagone.

S · IEHANNE · DAME · DE ROIN

(Seel Jehanne, dame de Roin?)

L'abbaye de Saint-Aubert acquiert de Robert de Beaucamp un fief sis à Quéant. — 8 janvier 1368.

---

860 ESTOURMEL (GILLES D').

Chevalier. — 1242.

Sceau rond, de 42 mill. — Arch. du Nord; abbaye de Vaucelles.

Écu portant un lion, à la bande brochant.

S · EGIDII · MILITIS.....

(Sigillum Egidii, militis.....)

Acquisition de terres situées à la Folie, dans le terroir d'une ville appelée autrefois Leaugies, près Béthencourt. — Février 1242.

---

861 ESTOURMEL

(GILLES CRETON, DIT RAMBAULT, SEIGNEUR D').

1476.

Sceau rond, de 36 mill. — Arch. du Nord; évêché et chapitre de Cambrai.

Écu à la croix denchée, penché, timbré d'un heaume cimé, supporté par deux lévriers, sur champ de feuillages.

s gill......

(Seel Gille.....)

Amortissement d'un fief. — Cambrai, 25 juillet 1476.

---

862 ESTOURMEL (JEAN D'),

Chevalier. — 1301.

Sceau rond, de 38 mill. — Arch. du Nord; abbaye de Vaucelles.

Écu à la croix denchée, au franc canton chargé de trois lions.

✱ S' · IEHAN · DE · ROVMEL · CHEVALIER

(Seel Jehan d'Estroumel, chevalier.)

Ratification d'un échange. — 9 mars 1301.

---

863 ESTOURMEL

(WAUTIER CRETON, SEIGNEUR D').

Chevalier. — 1293.

Sceau rond, de 61 mill. — Arch. du Nord; abbaye de Vaucelles.

Écu à la croix denchée.

✱ S. WATIER .....EGNEVR DESTROVMEIL

(Seel Watier Creton, seigneur d'Estroumeil.)

Transport de rente sur l'abbaye d'Honnecourt. — Mai 1293.

---

864 EVERINGHE (DOEDIN VAN),

1290.

Sceau rond, de 20 mill. — Arch. du Nord; Chambre des comptes.

Écu fascé de six pièces.

✱ S' DOVDIN VA heveriĥhe

(Segel Doudin van Heveringhe.)

Voyez le n° 611.

---

865 FAGNOLLES (HUGUES, SIRE DE),

Chevalier. — 1316.

Sceau rond, de 43 mill. — Arch. du Nord; Chambre des comptes.

Écu portant un double trécheur fleurdelisé, au sautoir brochant.

✱ S' MONSIGNE .. hVON : DE : FAGNEVELES : CHEVA

(Seel monseigneur Huguon de Fagnoueles, chevalier.)

Accord entre Jean de Hainaut et Jeanne de Dargies, veuve de Hugues, comte de Soissons. — 24 janvier 1316.

---

866 FAGNOLLES (ROBERT, SEIGNEUR DE),

Chevalier. — 1305.

Sceau rond, de 60 mill. — Arch. du Nord; Chambre des comptes.

Écu aux armes du n° précédent.

✱ S' · ROBTI · DNI · DE · FAIGNEVLE... WYEGE :

(Sigillum Roberti, domini de Faignuele... Wiege?)

Voyez le n° 335.

867   FANSON (HUBIN DE),

Chevalier. — 1390.

Sceau rond, de 23 mill. — Arch. du Nord; Chambre des comptes.

Écu burelé, à trois dextrochères, penché, timbré d'un heaume cimé d'une tête d'homme, sur champ fretté.

S' hVBIN · DE · FANSON · ChER

(Seel Hubin de Fanson, chevalier.)

Continuation d'une paix entre Gui de Blois et les amis de Jean d'Agimont, au sujet du meurtre de ce dernier. — 19 décembre 1390.

---

868   FAUCILLE (JEAN DE LA).

1378.

Sceau rond, de 27 mill. — Arch. du Nord; Chambre des comptes.

Écu portant trois faucilles, penché, timbré d'un heaume cimé de deux têtes de cygne, supporté par deux anges, dans un encadrement gothique.

Sigillum · iohannis · de · fal...

(Sigillum Johannis de Falcilla?)

Pierre de Craon, qui avait provoqué Louis de Namur en champ clos, se soumet au jugement du comte de Flandre. — Lille, 20 janvier 1378.

---

869   FAULQUEMONT (RENAUD, SIRE DE)

Et de Montjoie. — 1308.

Sceau rond, de 78 mill. — Arch. du Nord; Chambre des comptes.

Type équestre; le bouclier, l'épaulière et la housse portant un lion couronné à queue fourchée passée en sautoir, sur champ fretté et festonné.

SIGIL.....ALDI : DOMINI : DE : MONIOYE :...

(Sigillum Renaldi, domini de Monjoye.....)

Contre-sceau: Écu aux armes de la face, accompagné de deux dragons.

✱ CONT S' RENALDI · DNI · DE · MONIOYE · ET · DE · VALLENBO

(Contra sigillum Renaldi, domini de Monjoye et de Vallenborgh.)

Voyez le n° 573.

---

870   FAULQUEMONT (RENAUD DE),

Seigneur de Boro et de Sittard. — 1383.

Sceau rond, de 35 mill. — Arch. du Nord; Chambre des comptes.

Écu au lion couronné à queue fourchée passée en sautoir, dans un trilobe.

✱ S' REN.....DE B..RR E D' ZITAR.

(Seel Renaut..... de Bourne et de Zitart?)

Renaud de Faulquemont devient homme lige du comte de Flandre. — Bruxelles, 28 mars 1383.

---

871   FAULQUEMONT

(JUTTE, VEUVE DE WALERAN DE).

Dame de Montjoie et de Marville. — 1465.

Sceau rond, de 62 mill. — Arch. du Nord; Chambre des comptes.

Dame à cheval, coiffée d'une toque à mentonnière, en chaperon, gantée, un faucon sur le poing, accompagnée d'un chien; devant elle, un oiseau s'envolant.

✱ S. IVT.G : DOM.....MVNZ.IG

(Sigillum Jutee, domine de Munsole.)

Jutte cède à Henri, comte de Luxembourg, son oncle, la moitié du château et de la terre de Marville. — 15 mars 1465.

---

872 FÉCHAIN (GÉRARD LE BORGNE DE).

Écuyer. — 1372.

Sceau rond, de 23 mill. — Arch. du Nord; Chambre des comptes.

Écu à la bande chargée de trois étoiles ou de trois coquilles.

S LE BORGNE DE FECHIN

(Seel le Borgne de Féchin.)

Aveu du fief de Beaudegnies. — 20 octobre 1372.

---

873   FENESTRANGES

(ULRIC, SEIGNEUR DE).

1361.

Sceau rond, de 32 mill. — Arch. du Nord; Chambre des comptes.

Écu à la fasce, penché, timbré d'un heaume cimé d'une tête de chien, sur champ fretté.

✱ SIGILLVM VLR..... VINSTINGEN

(Sigillum Ulrici..... Vinstringen.)

Voyez le n° 513.

---

874   FERRAND (JEAN).

Chevalier. — 1336.

Sceau rond, de 21 mill. — Arch. du Nord; Chambre des comptes.

Écu à la bande, dans un encadrement gothique.

S IAN FERRANT RVDDERE

(Segel Jan Ferrant, ruddere.)

Voyez le n° 491.

---

875   FERTÉ (JACQUEMIN DE LA).

1366.

Sceau rond, de 19 mill. — Arch. du Nord; Chambre des comptes.

Écu à la croix chargée de trois coquilles, cantonnée de quatre aiglettes.

✱ IACOMIN.....TEI

(Jacomin de la Fertei.)

Voyez le n° 545.

876 FLAMENGRIE (GÉRARD DE LA),

Sire d'Ertaibes. — 1285.

Sceau rond, de 52 mill. — Arch. du Nord; Chambre des comptes.

Écu portant trois lions.

✸ S' GERA... DE LE : FLAMĒGERIE : MILITIS : DĪI : DE : ECLERBES

(Sigillum Gerardi de le Flamengerie, militis, domini de Eclerbes.)

Quittance de pension. — 1285.

877 FLAMERMONT (JEAN, SEIGNEUR DE),

Écuyer. — 1293.

Sceau rond, de 38 mill. — Arch. du Nord; abbaye d'Anchin.

Écu plain sous un chef échiqueté, au lambel de cinq pendants.

✸ . GĿ.....EVR DE FLAMERMONT

(Seel Jehan, seigneur de Flamermont.)

Acquisition d'hommages à Bonnières. — Septembre 1293.

878 FLAMERMONT (ROBERT DE),

Chevalier. — 1285.

Sceau rond, de 44 mill. — Arch. du Nord; abbaye d'Anchin.

Écu aux armes du n° précédent.

.....S DE FLAMERMO..

(Seel Robert de Flamermont.)

Contre-sceau : Écu aux armes de la face.

✸ S' ROB DE FLAMĒMO..

(Seel Robert de Flamermont.)

Vidimus d'une charte de Robert II, comte d'Artois, confirmant à l'abbaye d'Anchin l'acquisition de cinquante journaux de terre. — Mai 1285.

879 FLANDRE (RIFFLARD, BÂTARD DE),

Chevalier. — 1384.

Sceau rond, de 25 mill. — Arch. du Nord; Chambre des comptes.

Écu portant une bande, au franc canton chargé d'un lion, penché, timbré d'un heaume cimé d'une tête d'aigle, supporté par deux aigles.

sigel riflard.....

(Sigel Rifflard.....)

Voyez le n° 583.

880 FLANDRE

(JEANNE DE LONNY, FEMME DE RIFFLARD, BÂTARD DE).

1384.

Sceau rond, de 25 mill. — Arch. du Nord; Chambre des comptes.

Écu aux armes de Rifflard, parti d'un moucheté d'hermines chargé de trois pals. — Légende détruite.

Voyez le n° 583.

881 FLANDRE

(RAOUL, FILS DE RIFFLARD, BÂTARD DE).

1384.

Sceau rond, de 20 mill. — Arch. du Nord; Chambre des comptes.

Écu aux armes de son père, timbré et supporté de même.

s · raulin · de · flandres ·

(Seel Raulin de Flandres.)

Voyez le n° 583.

882 FLÉMALLE (COLARD DE),

Chevalier. — 1286.

Sceau rond, de 30 mill. — Arch. du Nord; Chambre des comptes.

Écu portant un sautoir.

✸ S.....COLAR DE FLEMALE

(Secret? Colar de Flémale.)

Voyez le n° 778.

883 FLENEKE? (GILBERT DE),

Chevalier. — 1287.

Sceau rond, de 74 mill. — Arch. du Nord; Chambre des comptes.

Type équestre; le bouclier portant une bande accompagnée de six roses?

SIGILLVM : GILEBERTI : DE FLE : NEORA

(Sigillum Gileberti de Fleneeka.)

Contre-sceau : Écu aux armes de la face.

✸ SECRETVM : MEVM : MICHI

(Secretum meum michi.)

Lettres de garantie à Robert, avoué d'Arras, qui s'était engagé pour lui envers le Borgne de Warnéton. — Février 1287.

884 FLORENCE (PONÇARD DE),

Chevalier. — 1280.

Sceau rond, de 35 mill. — Arch. du Nord; Chambre des comptes.

Écu portant quatre pals diaprés.

S · PONCARDI · DE · PVLICIS · DE · FLORENTIA

(Sigillum Poncardi de Pulicis, de Florentia.)

Quittance de pension. — 4 janvier 1280.

885 FLOYON (JACQUEMON DE),

Seigneur d'Auserœul. — 1417.

Sceau rond, de 28 mill. — Arch. du Nord; Chambre des comptes.

Écu fascé de vair et de... de six pièces, dans un encadrement en losange.

⚜ sl : ꝛabem : de · floꝛon ·

(Seel Jakemou de Floion.)

Le sire d'Audregnies se deshérite en faveur de Marguerite de Bourgogne, comtesse de Hainaut, des villes et terres d'Ath, Binche, Quesnoy, Morlanwelz, etc. — 14 juin 1417.

---

886   FLOYON (JEAN, SIRE DE).

1428.

Sceau rond, de 29 mill. — Arch. du Nord; Chambre des comptes.

Écu fascé de vair et de... de six pièces.

s · ꝛebau · fire · de · floꝛon

(Seel Jehan, sire de Floion.)

Voyez le n° 502.

---

887   FONSOMME (JEAN DE),

Chevalier. — 1228.

Sceau rond, de 65 mill. — Arch. du Nord; Saint-Lazare de Cambrai.

Écu au lion, brisé d'un lambel de cinq pendants.

⚜ S' IOhANNI..........MINI DE LE MALEMAIZON

(Sigillum Johannis de Fonsoumes, domini de le Malemaizon.)

Acquisition d'un bois situé près Behain. — 19 février 1228.

---

888   FONTAINE (JEAN DE LA),

Chevalier. — 1294.

Sceau rond, de 31 mill. — Arch. du Nord; abbaye de Loos.

Écu bandé de six pièces, à la bordure engrêlée, au franc canton chargé d'une étoile sur le tout.

⚜ · S' IEhAN · DEL · FONTAINE · ChR

(Seel Jehan del Fontaine, chevalier.)

Voyez le n° 597.

---

889   FONTAINES (BARNAGE DE),

Chevalier. — 1286.

Sceau rond, de 40 mill. — Arch. du Nord; Chambre des comptes.

Écu au lion passant.

.....ASTBADI DCI BAREG MILITIS

(Sigillum Astbadﬁ dicti Bareg, militis.)

Voyez le n° 778.

---

890   FONTAINES (JEAN DE),

Dit Boullet, écuyer. — 1406.

Sceau rond, de 21 mill. — Arch. du Nord; Chambre des comptes.

Écu fascé de six pièces, au franc canton chargé d'un lion.

IEHAN DE FONTENE

(Jehan de Fontene.)

Obligation de Baudin de Favières, receveur d'Aire, au sujet des terres qu'il tient du château d'Aire. — 14 février 1406.

---

891   FONTAINES-LEZ-CHÉRIZY

(USILE, DAME DE).

1268.

Sceau ogival, de 63 mill. — Arch. du Nord; abbaye de Vaucelles.

Dame debout, en robe et en manteau, coiffée d'un voile, tenant un livre à la main droite, accostée de deux écus à la bande denchée.

S' VSILE DﬁE DE FONTAHIS

(Sigillum Usile, domine de Fontanis.)

Acquisition de terre à Anneux. — Novembre 1268.

---

892 FONTAINES-LE-GOBERT (GILLES DE),

Écuyer. — 1290.

Sceau rond, de 41 mill. — Arch. du Nord; évêché et chapitre de Cambrai.

Écu portant un lion, à la bordure engrêlée.

⚜ .....DE FONTAINES LE GOBIERT

(Seel Gille de Fontaines le Gobiert.)

Amortissement de terre à Fontaines-le-Gobert. — Février 1290.

---

893   FORDES (GUILLAUME DE),

Chevalier. — 1333.

Sceau rond, de 21 mill. — Arch. du Nord; Chambre des comptes.

Écu portant trois lions, au franc canton chargé d'une molette.

⚜ S' WII....I : DE : FORDES : MILITIS

(Sigillum Willelmi de Fordes, militis.)

Le sire de Busigny reprend en un seul fief du comte de Hainaut le bois de Berlaimont, un fief au Fayt et la seigneurie de Busigny. — Au Quesnoy, 12 juin 1333.

---

894   FOREST (GÉRARD, SIRE DE).

1231.

Sceau rond, de 37 mill. — Arch. du Nord; abbaye d'Anchin.

Écu au lion passant.

⚜ SIGILL · GERARDI · DOV · FORERST

(Sigillum Gerardi dou Forerst.)

Sentence au sujet du gave d'Auberchicourt et des hôtes de Saint-Calixte. — Août 1231.

---

895 FOREST (LOUIS SARRASIN DE).

1379.

Sceau rond, de 22 mill. — Arch. du Nord; évêché et chapitre de Cambrai.

Écu portant trois croissants, au lambel.

※ S' LOIS · DE FORE..

(Seel Lois de Forest.)

Record concernant un fief à Solesmes. — 5 mars 1379.

896 FOREST (LOUIS DE),

Écuyer. — 1487.

Sceau rond, de 24 mill. — Arch. du Nord; chapitre de Sainte-Croix.

Écu portant trois croissants, au lambel, penché, timbré d'un heaume, supporté par une aigle à sénestre.

s lois de foreſt

(Seel Lois de Forest.)

Aveu d'un fief situé à Villers-en-Cauchies. — 28 novembre 1437.

897 FOREST (THIERRI, SEIGNEUR DE).

1416.

Sceau rond, de 26 mill. — Arch. du Nord; abbaye de Château-l'Abbaye.

Écu portant une croix, soutenu par un homme sauvage et supporté par deux lions, dans un trilobe.

※ le · seel · thierry · de forieſt ·

(Le seel Thierry de Foriest.)

Sentence de la cour de Mortagne au sujet d'une rente sur le pré des Corailles. — 17 février 1416.

898 FORVYE (ANTOINE DE),

Écuyer. — 1562.

Sceau rond, de 38 mill. — Arch. du Nord; guillemins de Walincourt.

Écu portant dix losanges, 3, 3, 3 et 1, timbré d'un heaume couronné, supporté par deux lévriers.

S · ANTH.....FORVYE

Vente d'un fief tenu de la seigneurie de Layens. — Sorel, 26 octobre 1562.

899 FOSSE (BÉATRIX DE LE),

Mère de Louis de Savouses. — 1506.

Sceau rond, de 27 mill. — Arch. du Nord; Chambre des comptes.

Écu à la bande accompagnée de six billettes? au filet mis en barre sur le tout, parti de trois huchets.

seel..... de · le · foſſe

(Seel..... de le Fosse.)

Aveu de deux fiefs tenus de la Feuillie de Cambrai. — 5 novembre 1506.

900 FOSSE (SIMON DE LE),

Seigneur d'Ayette. — 1512.

Sceau rond, de 25 mill. — Arch. du Nord; collégiale de Saint-Géry.

Écu portant trois huchets accompagnés d'une étoile en chef, à la bordure denchée, penché, timbré d'un heaume cimé.

ſimon de le foſſe

(Simon de le Fosse.)

Aveu d'un fief tenu de la seigneurie de la Buze. — 14 mai 1512.

901 FOSSEUX (ISABEAU DE).

XVe siècle.

Sceau rond, de 31 mill. — Communiqué par M. de Chanvenet à Saint-Quentin.

Écu parti, au 1, d'un lion; au 2, de trois jumelles écartelées de trois chevrons.

s : ysabeau : de : foſſeux

(Seel Ysabeau de Fosseux.)

Matrice originale.

902 FOSSEUX (JEAN DE),

Écuyer. — 1303.

Sceau rond, de 26 mill. — Arch. du Nord; Chambre des comptes.

Écu portant trois jumelles.

SEEL · IEHAN · DE · FOSSEVS

(Seel Jehan de Fosseus.)

Jean de Fosseux donne à Guillaume Ier, comte de Hainaut, les château, ville et terre d'Escaulœuvres. — Mons, 18 mars 1303.

903 FOURNEL (BAUDOUIN),

Écuyer. — 1305.

Sceau rond, de 28 mill. — Arch. du Nord; abbaye du Câteau.

Écu à la croix denchée, au lambel de quatre pendants.

※ ..BAVDVIN FOVRNIEL

(Seel Bauduin Fourniel.)

Accord pour les droitures de Maretz. — 5 mai 1305.

904 FOURNEL (JEAN),

Du Câteau-Cambrésis, chevalier. — 1276.

Sceau rond, de 30 mill. — Arch. du Nord; évêché et chapitre de Cambrai.

Écu à la croix denchée.

※ SIGILL : IOHANNIS : FORNE.

(Sigillum Johannis Fornel.)

Transport de rente sur les moulins de l'évêque de Cambrai au Câteau. — Avril 1276.

905 FRASNES (JEAN DE),

Chevalier. — 1365.

Sceau rond, de 45 mill. — Arch. du Nord; abbaye de Vicogne.

Écu losangé, au lambel de quatre pendants

✱ S· IOhANNIS : MILITIS · DE · FRANG

(Sigillum Johannis, militis de Franc.)

Sentence au sujet d'un four à Féchain. — Septembre 1265.

906		FRASNES (JEAN DE).

1408.

Sceau rond, de 25 mill. — Arch. du Nord; Chambre des comptes.

Écu portant trois marteaux, penché, timbré d'un heaume cimé, supporté par une sirène.

s iehan de frasne

(Seel Jehan de Frasne.)

Voyez le n° 502.

907		FRASNES (THIERRI DE).

1407.

Sceau rond, de 22 mill. — Arch. du Nord; Chambre des comptes.

Écu portant trois marteaux, au lambel.

s thiery · de · frafne

(Seel Thiéry de Frasne.)

Voyez le n° 425.

908		FRÉAUVILLE (ROBERT DE),

Sire de la Motte à Lambersart. — 1354.

Sceau rond, de 20 mill. — Arch. du Nord; chapitre de Lille.

Écu au lion, penché, timbré d'un heaume.

.. ROBT' DE : FREAUVIL ..

(Seel Robert de Fréauville.)

Accord pour le droit de présentation à la chapelle de la Motte. — Lille, 14 janvier 1354.

909		FRÉTIN (JEAN, SIRE DE),

Chevalier. — 1309.

Sceau rond, de 18 mill. — Arch. du Nord; abbiette de Lille.

Écu bandé de six pièces.

...GhAN DE FERTIN ChLR

(Seel Johan de Fertin, chevalier.)

Acquisition de terres tenues de Cysoing. — 18 juillet 1309.

910		FRÉTIN (URSON DE),

Chevalier. — 1233.

Sceau rond, de 53 mill. — Arch. du Nord; abbaye de Loos.

Écu bandé de six pièces dont trois chargées chacune d'une quintefeuille.

.....URSSONIS DE FER...

(Sigillum Urssonis de Fertin.)

Assignation de rente. — Juin 1233.

911		FRÉVILLERS (MICHEL DE).

1442.

Sceau rond, de 30 mill. — Arch. du Nord; abbiette de Lille.

Écu portant trois croissants, écartelé d'un bandé de six pièces, penché, timbré d'un heaume cimé, supporté par deux lions.

s · mikiel · de · . . . .

(Seel Mikiel de Fréviller.)

Amortissement d'une terre à Deulémont. — 22 février 1442.

912		FRÉVILLERS

(MARIE FOUBERT, FEMME DE MICHEL DE).

1442.

Sceau rond, de 25 mill. — Arch. du Nord; abbiette de Lille.

Écu portant trois poissons en pal accompagnés d'une étoile en chef.

✱ MARI. DE... .ES

(Marie de ....)

Voyez le n° 911.

---

913 GAESBEKE (JACQUES, SEIGNEUR DE),

D'Abcoude, Putte, etc. — 1412.

Sceau rond, de 48 mill. — Arch. du Nord; Chambre des comptes.

Type de chevalier debout, en costume d'apparat, tenant de la main droite un rouleau dont le développement reçoit la légende, la main gauche appuyée sur un heaume couronné et cimé qui timbre un écu écartelé au 1 de trois anilles, au 2 d'un lion, au 3 d'un fascé de six pièces dont trois chargées chacune de petits sautoirs, au 4 de trois sautoirs, et supporté par un chien couché.

. . . . .ere · van · gaefbeke · van apeoude · van · putte · ende · van · ftryen

(..... here van Gaesbeke, van Apcoude, van Putte ende van Stryen.)

Voyez le n° 608.

914		GAESBEKE (MARIE DE),

Femme de Godefroi de Louvain, seigneur de Leeuw-Saint-Pierre. — 1243.

Sceau ogival, de 75 mill. — Arch. du Nord; abbaye de Marchiennes.

Dame debout, de trois quarts à gauche, en robe flottante et en manteau, tenant un fleuron à la main droite.

S' MARIE · DOMINE · DE · LIEVVES

(Sigillum Marie, domine de Lieuves.)

Acquisition de la ville de Fenain. — Décembre 1243.

915		GAMECHINES? (GILLES DE),

Chevalier. — 1266.

Sceau rond, de 51 mill. — Arch. du Nord; chapitre de Lille.

Écu portant un orle de merlettes, au franc canton.

✶ S' EGIDII : DE : GAMECHINES : MILITIS

(Sigillum Egidii de Gamechines, militis.)

Donation d'une rente. — Août 1260.

---

916   **GAMECHINES?**

(ISABELLE, FEMME DE GILLES DE).

1267.

Sceau ogival, de 76 mill. — Arch. du Nord; chapitre de Lille.

Dame debout, en robe et en manteau, un faucon sur le poing.

S' · IZABELLE : VXOR · EGI.....MECH...TIS

(Sigillum Izabelle, uxoris Egidii de Gamechines, militis.)

Gilles de Gamechines et sa femme vendent au chapitre de Lille une dîme à Quesnoy-sur-Deule. — Octobre 1267.

---

917   **GAND (GAUTIER DE),**

Chevalier. — 1274.

Sceau rond, de 57 mill. — Arch. communales de Lille.

Écu portant un chevron.

✶ S' DMI.......AVO

(Sigillum domini ..... de Gandavo.)

Marguerite, fille de Gautier de Gand, vend au chapitre de Lille la dîme de Ghech. — Mai 1274.

---

918   **GAND (GAUTIER DE),**

Dit Wauterman, chevalier. — 1336.

Sceau rond, de 18 mill. — Arch. du Nord; Chambre des comptes.

Écu au chevron.

✶ S' WALTERI · DE · GANDAVO · MILIT'

(Sigillum Walteri de Gandavo, militis.)

Voyez le n° 477.

---

919 GAND (ODE, FEMME DE SOHIER DE),

1237.

Sceau rond, de 55 mill. — Arch. du Nord; abbaye de Vaucelles.

Dame à cheval, un faucon sur le poing.

✶ S' ODE : ..... E : D...G : POLLAR

(Sigillum Ode ..... de Pollar.)

Don de la terre de Copwijk, dans l'île de Zaamslag, en Zélande. — Août 1237.

---

920   **GAUCHY (ROBERT, SIRE DE),**

Chevalier. — 1317.

Sceau rond, de 18 mill. — Arch. du Nord; abbaye d'Anchin.

Écu fretté, au lambel.

✶ S' ROBERS DE G.....CH

(Bulle Robert de Gauchy, chevalier.)

Sentence adjugeant à l'abbaye d'Anchin la justice et seigneurie du moulin de Noyel. — 16 octobre 1317.

---

921   **GAVRE (ARNOUL DE),**

Seigneur d'Escornaix. — 1336.

Sceau rond, de 23 mill. — Arch. du Nord; Chambre des comptes.

Écu portant un double trécheur fleuronné, au chevron brochant, dans une rose gothique.

✶ S' ERNOVL DESCOR...

(Seel Ernoul d'Escornaix.)

Voyez le n° 477.

---

922   **GAVRE (ARNOUL DE),**

Sire de Lens, de Ressegem et de Liedekerke, chevalier. — 1361.

Sceau rond, de 24 mill. — Arch. du Nord; évêché et chapitre de Cambrai.

Écu portant un lion couronné, à la bordure engrêlée, dans un trilobe.

✶ S' ERNOVLS · DE · GAVRE · SIRES....

(Seel Ernouls de Gavre, sires.....)

Pouvoirs donnés à des procureurs spéciaux chargés de soutenir un procès avec le chapitre de Cambrai. — 4 février 1362.

---

923   **GAVRE (CORNEILLE DE),**

Seigneur de Lens et de Herchies. — 1408.

Sceau rond, de 40 mill. — Arch. du Nord; Chambre des comptes.

Écu portant un lion couronné, à la bordure denchée, penché, timbré d'un heaume cimé d'une tête de lion, supporté à dextre par un griffon.

S' · cornelis · de · gaure · seigneur · de · lens · et · de · herthies

(Seel Cornelis de Gavre, seigneur de Lens et de Herthies.)

Voyez le n° 502.

---

924   **GAVRE (GÉRARD DE),**

Seigneur d'Escornaix et de Mourcourt-sur-Somme. — 1443.

Sceau rond, de 28 mill. — Arch. du Nord; Chambre des comptes.

Écu portant un double trécheur fleuronné au chevron brochant, écartelé d'un chevron chargé de trois coquilles et accompagné d'un écusson en chef à dextre, penché, timbré d'un heaume cimé, supporté par deux lions. — Légende fruste.

Reconnaissance des droits appartenant à la terre de Lormiers à Wervicq. — 31 juillet 1443.

925

GAVRE
(MARGUERITE DE STERNHUISEN,
FEMME DE GÉRARD DE).
1414.

Sceau rond, de 27 mill. — Arch. du Nord; Chambre des comptes.

Écu aux armes de son mari, parti d'un lion à la bordure componée, soutenu par une aigle.

marguerite van. . . . . . . vã bercheen . . .

(Marguerite van . . . . . van Bercheen . . .)

Voyez le n° 924.

———

926

GAVRE (JEAN DE),
Seigneur d'Escornaix. — 1287.

Sceau rond, de 73 mill. — Arch. du Nord; Chambre des comptes.

Type équestre; le bouclier et la housse aux armes du contre-sceau.

SIGILLVM : IOҺIS : DE : GAVRE : DÑI : DESCOVRNAI

(Sigillum Johannis de Gavre, domini d'Escournai.)

Contre-sceau : Écu portant un double trécheur fleuronné, au chevron brochant.

✳ SECRETVM · IOҺIS · DE · GAVRE

(Secretum Johannis de Gavre.)

Voyez le n° 392.

———

927

GAVRE (JEAN DE),
Seigneur d'Escornaix. — 1307.

Sceau rond, de 26 mill. — Arch. du Nord; Chambre des comptes.

Écu portant le double trécheur fleuronné, au chevron brochant.

S · SECRETV̄ · IOҺIS · DÑI · DESCORR..O

(Sigillum secretum Johannis, domini d'Escournio.)

Promesse de garder la paix conclue entre la France et la Flandre. — Courtrai, 18 juillet 1307.

———

928

GAVRE (JEAN DE),
Seigneur d'Ayshove. — 1339.

Sceau rond, de 27 mill. — Arch. du Nord; Chambre des comptes.

Écu portant un lion couronné, à la bordure engrêlée, dans une rose gothique.

S · IOҺANNIS : DE : GAVE . . . . . ShOVE

(Sigillum Johannis de Gavere, domini de Ayshove.)

Voyez le n° 484.

929

GAVRE (RASSE DE).
1195.

Sceau rond, de 64 mill. — Arch. du Nord; abbaye de Saint-Aubert.

Type équestre; casque carré à nasal, épée damasquinée; le bouclier à ombo portant un double trécheur fleuronné.

✳ SIGILLVM : R....NIS : DE : GAVERE :

(Sigillum Rassonis de Gavere.)

Confirmation de droits sur le cens de l'autel de Gavre. — 1195.

———

930

GAVRE
(CLARICE, FEMME DE RASSE DE).
1202.

Sceau rond, de 65 mill. — Arch. du Nord; chapitre de Sainte-Croix.

Type incomplet de dame à cheval. — Légende détruite.

Confirmation de la dîme de l'église de Laethem. — 1202.

———

931

GAVRE (RASSE DE),
Sire de Liedekerke. — 1287.

Sceau rond, de 65 mill. — Arch. du Nord; Chambre des comptes.

Type équestre; le bouclier et la housse portant trois lions.

✳ S. RASONIS : DE : GAVRE : DÑI : DE : LIEDEKERKE :

(Sigillum Rasonis de Gavre, domini de Liedekerke.)

Contre-sceau : Écu portant trois lions.

✳ SECRET̄ : RASOÑ DÑI D' LIEDEKERKE

(Secretum Rasonis, domini de Liedekerke.)

Voyez le n° 392.

———

932

GAVRE (RASSE DE),
Chevalier. — 1292.

Sceau rond, de 26 mill. — Arch. du Nord; Chambre des comptes.

Écu portant trois lions couronnés.

✳ SECRETV̄ : RASONIS : DE : GAVRA ·

(Secretum Rasonis de Gavra.)

Promesse de rembourser à deux marchands florentins 200ᵗ Esterlins reçues en prêt. — 10 février 1292.

———

933

GAVRE (RASSE MULART DE),
Sire d'Exaerde. — 1303.

Sceau rond, de 40 mill. — Arch. du Nord; Chambre des comptes.

Écu portant trois lions, au lambel.

✳ S. RASONIS : ꟿILISIS : DÑI : ꟿVLARE :

(Sigillum Rasonis, militis, dicti Mulart.)

Vidimus d'un accord au sujet des digues qui protègent l'abbaye de Dunes à Hossenesse, dans le métier de Huist. — Vers le 1" novembre 1303.

934   GAVRE (RASSE DE),

Sire de Hérinnes. — 1336.

Sceau rond, de 47 mill. — Arch. du Nord; Chambre des comptes.

Écu portant un lion couronné, à la bordure engrêlée, dans une rose gothique.

.....GAVRE S' DE HERINNE.....DENOI.....?

(Seel Rasson de Gavre, sire de Hérinnes.....?)

Voyez le n° 477.

935   GÉNART (RENAUD),

De Plaisance, chevalier du comte de Flandre. — 1315.

Sceau rond, de 22 mill. — Arch. du Nord; Chambre des comptes.

Écu à la bande, sur champ semé d'étoiles, dans un encadrement en losange.

S' .AYN.LDI ZENARDI

(Sigillum Raynaldi Zenardi.)

Quittance générale à Robert, comte de Flandre, au nom de la compagnie des Rustiens de Plaisance. — Male, 15 janvier 1315.

936 GENEPE (HENRI, SEIGNEUR DE).

1290.

Sceau rond, de 60 mill. — Arch. du Nord; Chambre des comptes.

Écu au sautoir cantonné de quatre forces, sur champ semé de croisettes.

SIGILL · HENRICI · DE · GENEPE

(Sigillum Henrici de Genepe.)

Contre-sceau : Écu aux armes de la face.

S' HEN · DNI · D · GENEPE

(Secretum Henrici, domini de Genepe.)

Voyez le n° 510.

937   GESVES (DANIEL DE),

Sire de Goesnes, chevalier. — 1311.

Sceau rond, de 22 mill. — Arch. du Nord; Chambre des comptes.

Écu portant une croix cantonnée de douze croisettes recroisetées au pied fiché, au lambel, dans un trilobe.

S' DANEAU .. GEEVE

(Seel Daneau de Gevre.)

Voyez le n° 594.

938   GESVES (HENRI DE),

Sire de Goesnes. — 1348.

Sceau rond, de 29 mill. — Arch. du Nord; Chambre des comptes.

Écu portant une croix cantonnée de vingt croisettes recroisetées au pied fiché, au lambel, penché, timbré d'un heaume cimé d'une tête d'homme à barbe coiffée d'un chapel.

s heuri de gesues

(Seel Henri de Gesves.)

Le comte de Namur accepte la sentence du duc de Bourgogne concernant les forteresse, terre et seigneurie de Fauls. — Namur, 19 décembre 1428.

939   GHISTELLES (GAUTIER DE),

Chevalier. — 1255.

Sceau rond, de 58 mill. — Arch. du Nord; abbaye de Vaucelles.

Type équestre.

* : S' WALTERI : MILITIS : DE GHISTELLA :

(Sigillum Walteri, militis de Ghistella.)

Contre-sceau : Écu au chevron d'hermines qui est Ghistelles.

* ONTRA : S' OREDENDVM

(Contra sigillum credendum.)

Acquisition de terres à Westcappelle et à Knocke. — Novembre 1453.

940   GHISTELLES (GÉRARD DE),

Seigneur de le Wastine, chevalier. — 1336.

Sceau rond, de 35 mill. — Arch. du Nord; Chambre des comptes.

Écu au chevron d'hermines accompagné de trois tourteaux? chargés d'une croix patée, dans un ornement gothique.

S' GHERART DE GHISTELE DNI DE LE WASTINE MILIT'?

(Sigillum Gherart de Ghistele, domini de le Wastine, militis.)

Voyez le n° 477.

941   GHISTELLES (JEAN DE),

Sire de Voormezeele, chevalier. — 1255.

Sceau rond, de 75 mill. — Arch. du Nord; abbaye de Vaucelles.

Type équestre, aux armes; heaume cimé.

S' IOHIS · DE · GHISTELL......

(Sigillum Johannis de Ghistella....)

Contre-sceau : Écu au chevron d'hermines.

* OOHTRAS' OREDEHDVM

(Contrasigillum credendum.)

Confirmation d'une acquisition de terres à West appellée à Knocke. — Novembre 1453.

942   GHISTELLES

(ISABELLE DE VOORMEZEELE, FEMME DE JEAN DE).

1366.

Sceau ogival, de 80 mill. — Arch. du Nord; abbaye de Vaucelles.

Dame debout, en robe ornée d'un fermail et en manteau, soutenant l'écu échiqueté de Voormezeele.

.....DO.... DE : FORMESE..

(..... domine de Formesele.)

Voyez le n° 941.

---

943   GHISTELLES

(ISABELLE, FEMME DU SEIGNEUR DE),

Dame de Marckeghem et d'Ailly. — 1330.

Sceau ogival, de 65 mill. — Arch. du Nord; Chambre des comptes.

Dame debout, en robe et en manteau, coiffée d'un voile, tenant à la main droite une fleur chargée d'un oiseau; dans le champ qui est fretté, à dextre, un oiseau portant à son bec l'écu de Ghistelles; à sénestre, un autre oiseau portant un écu échiqueté.

...SABEL · FAME · A NOBLE · HOME MÖSEGNEVR · D' GHISTELL.....

(Seel Isabel, fame à noble home monsegneur de Ghistelle.....)

Louis, comte de Flandre, acquiert d'Isabelle de Ghistelles et de Robert d'Ailly, son mari, la ville d'Oudenburg et le chambellage de Flandre. — 10 septembre 1330.

---

944   GHISTELLES (JEAN DE),

Chevalier. — 1336.

Sceau rond, de 58 mill. — Arch. du Nord; Chambre des comptes.

Type équestre, aux armes.

SIGILLV' : IOHANNIS : DÑI : DE : GHISTELLA : MILITIS

(Sigillum Johannis, domini de Ghistella, militis.)

Contre-sceau : Écu au chevron d'hermines, penché, timbré d'un heaume cimé.

CONT' · S' · IOHIS · DÑI · DE · GHISTELLA · M̃

(Contra sigillum Johannis, domini de Ghistella, militis.)

Voyez le n° 477.

---

945   GHISTELLES (JEAN DE),

Le fils. — 1336.

Sceau rond, de 21 mill. — Arch. du Nord; Chambre des comptes.

Écu de Ghistelles, au lambel de cinq pendants, dans un encadrement en losange.

S' · IEHAN · DE · GHISTELE ·

(Seel Jehan de Ghistele.)

Voyez le n° 477.

---

946   GHISTELLES (JEAN DE),

Banneret. — 1371.

Sceau rond, de 33 mill. — Arch. du Nord; Chambre des comptes.

L'écu de Ghistelles, penché, timbré d'un heaume cimé d'une tête de bélier, dans un ornement gothique.

.....LVM · IOHIS · DÑI · DE · GHISTELLA

(Sigillum Johannis, domini de Ghistella.)

Traité entre la Flandre et l'Angleterre au sujet de commerçants arrêtés dans ces deux pays. — 20 mars 1371.

---

947 GHISTELLES (ROGER, SEIGNEUR DE),

Chevalier. — 1292.

Contre-sceau rond, de 27 mill. — Arch. du Nord; Chambre des comptes.

Écu de Ghistelles, au lambel de trois pendants componés.

❋ ·.· SECRETVM ·:· SIGILLI ·:·

(Secretum sigilli.)

Voyez le n° 932.

---

948   GHISTELLES (SOHIER DE),

Chevalier. — 1255.

Sceau rond, de 48 mill. — Arch. du Nord; abbaye de Vaucelles.

Écu de Ghistelles.

❋ SIGILLVM · DHI · SIGERI · DE · GHISTELE

(Sigillum domini Sigeri de Ghistele.)

Voyez le n° 939.

---

949   GHISTELLES (WULFARD DE),

Chevalier. — 1333.

Sceau rond, de 25 mill. — Arch. du Nord; Chambre des comptes.

Écu de Ghistelles, écartelé d'un burelé au lion couronné.

S' · OVLFART · DE · G....ELLE · CHEVALIER

(Seel Oulfart de Ghistelle, chevalier.)

Hommage du comte de Flandre au comte de Hainaut pour la ville et terre de Blaton. — Au Quesnoy, 17 novembre 1333.

---

950   GHISTELLES (WULFARD DE),

L'oncle. — 1336.

Sceau rond, de 27 mill. — Arch. du Nord; Chambre des comptes.

Écu de Ghistelles, à la bordure componée, penché, timbré d'un heaume de face, dans un encadrement en losange.

S' WOLFARDI DE GHISTELLA

(Sigillum Wolfardi de Ghistelle.)

Voyez le n° 491.

951 GHISTELLES (WULFARD DE),

Chevalier. — 1361.

Sceau rond, de 25 mill. — Arch. du Nord; chartreux de Valenciennes.

Écu de Ghistelles, écartelé d'un burelé au lion couronné, dans une rose gothique.

✠ SIGILLVM : W.....DI : DE : GISTELA

(Sigillum Wulfardi de Gistela.)

Don d'une rente sur les bois de Ruismes. — Mons, 9 septembre 1361.

952 GLENY (MARC DE).

1484.

Sceau rond, de 30 mill. — Arch. du Nord; chapitre de Saint-Amé.

Écu portant dix losanges, 3, 3, 3 et 1, écartelé d'un semé de trèfles, penché et timbré d'un heaume cimé.

.....rc · de · glen

(Seel Marc de Glen.)

Ratification d'un don de terre tenue de la seigneurie de Douzyes. — 7 octobre 1484.

953 GLENNE (ROBERT DE).

1498.

Sceau rond, de 28 mill. — Arch. du Nord; Chambre des comptes.

Écu au lion, penché, timbré d'un heaume cimé.

s robert de gleune

(Seel Robert de Glenne.)

Voyez le n° 504.

954 GLIMES (JEAN DE),

Chevalier. — 1377.

Sceau rond, de 26 mill. — Arch. du Nord; évêché et chapitre de Cambrai.

Écu portant un lion, au filet en bande brochant, à l'écusson en abîme sur le tout, dans un trilobe.

✠ S' I · IOhA.....LIMS

(Sigillum J. Johannis de Glims)

Acquisition d'un fief situé à Limal. — 1er avril 1377.

955 GŒULZIN (ENGUERRAND DE),

Dit l'Oncle, chevalier. — 1240.

Sceau rond, de 42 mill. — Arch. du Nord; abbaye d'Anchin.

Écu portant une hamaide, au lambel de cinq pendants.

.....GERAII DE GE.....

(Seel Enguerran de Geulesin.)

Vente de la dîme de Cantin. — Août 1240.

956 GŒULZIN (WAUTIER DE),

Chevalier. — 1241.

Sceau rond, de 49 mill. — Arch. du Nord; abbaye de Sin.

Écu d'hermines?

✠ ...ALTER......GVLGSIN

(Sigillum Walteri de Geulesin.)

Confirmation de la vente d'une terre située entre Dechy et Gœulzin, faite à l'abbaye de Sin par les enfants de Wautier de Gœulzin. — Février 1241.

957 GOGNIES (ANTOINETTE DE),

Dame de Vendégies-au-Bois, veuve de Louis de Beaufort. — 1616.

Sceau ovale, de 42 mill. — Arch. du Nord; évêché et chapitre de Cambrai.

Écu portant trois jumelles, parti d'une croix ancrée.

ANTOINETTE DE GONG....

Transport de rente. — Au château de Vendégies, 19 avril 1616.

958 GOGNIES (GAUTIER DE).

1497.

Sceau rond, de 29 mill. — Arch. du Nord; Chambre des comptes.

Écu portant une croix ancrée chargée d'un écusson en abîme, penché, timbré d'un heaume cimé, dans un quadrilobe.

s : mouf : de : goegnies

(Seel monseigneur de Goegnies.)

Voyez le n° 425.

959 GOGNIES (GILLES DE).

1497.

Sceau rond, de 26 mill. — Arch. du Nord; Chambre des comptes.

Écu à la croix ancrée, penché, timbré d'un heaume cimé d'une tête de gazelle, sur champ festonné.

Le · feel · gille · de · gognies

(Le seel Gille de Gognies.)

Voyez le n° 425.

960 GOMMEGNIES (GOBERT DE).

1135.

Sceau rond, de 61 mill. — Arch. du Nord; abbaye d'Anchin.

Écu portant deux léopards couronnés passant l'un sur l'autre.

✠ SIGILLVM · DOMINI · GOBERTI · DE ORRAIS

(Sigillum domini Goberti de Orrais.)

CONTRE-SCEAU : Écu portant un double trécheur fleuronné, au franc canton.

✶ CLAVIS SIGILLI

(Clavis sigilli.)

Engagement de la dîme de Gommegnies. — Août 1335.

---

961   GOMMEGNIES

(MAINSENDE, FEMME DE GOBERT DE).

1335.

Sceau rond, de 67 mill. — Arch. du Nord; abbaye d'Anchin.

Dame à cheval, un faucon sur le poing, passant devant un écu chargé d'un double trécheur fleuronné au franc canton.

✶ S. MAINSEDIS DNE DE GOMEGNIES

(Sigillum Mainsedis, domine de Gomegnies.)

CONTRE-SCEAU : Le même que celui de son mari.

Voyez le n° 960.

---

962 GOMMEGNIES (KUENINGEN, DAME DE)

Et de Bavrages. — 1410.

Sceau rond, de 25 mill. — Arch. du Nord; Chambre des comptes.

Écu à la fasce accompagnée d'un vivré en chef, parti d'une croix, dans un trilobe.

**✶ S' KV.....ID · DAME DE GO..EGNI..
S DE B...REGS**

(Seel Ku.....id, dame de Gommegnies et de Bavrege.)

Quittance de rente sur les monnaies de Hainaut. — Au château du Quesnoy, 24 août 1410.

---

963   GOMMER (AGNÈS),

Veuve de Gilles Ghiselin, seigneur de Bousbecque. — 1534.

Sceau rond, de 25 mill. — Arch. communales de Lille.

Écu portant une fasce de losanges, parti d'un billeté à la fasce brochant, soutenu par un ange.

S ANGNES GOMER

(Seel Agnès Gomer.)

Lettres de garantie au Magistrat de Lille, qui lui avait accordé de ne payer aucun droit pour sa consommation de vin et de cervoise. — 19 juin 1534.

---

964 GONNELIEU (BARTHÉLEMY DE),

Chevalier. — 1243.

Sceau rond, de 14 mill. — Arch. du Nord; évêché et chapitre de Cambrai.

Écu portant une croix denchée, au lambel de cinq pendants.

✶ S' BERTREMIE.....

(Seel Bertremieu.....)

Donation de deux parts de dîme à Beaumez. — Mars 1243.

---

965   GONNELIEU (BURIDAN DE),

Écuyer. — 1306.

Sceau rond, de 21 mill. — Arch. du Nord; abbaye de Saint-Aubert.

Écu portant une croix denchée, au lambel.

S' BVRIDAN DE CO.....

(Seel Buridan de Co.....)

Compromis au sujet de la dîme du Bosquet de Gonnelieu à Beaumez. — Janvier 1306.

---

966   GONNELIEU (GAUTIER DE),

Chevalier. — 1333.

Sceau rond, de 43 mill. — Arch. du Nord; abbaye de Cantimpré.

Écu à l'orle.

✶ .....VVALT... .S GOGNELV

(Sigillum Walteri de Gognelu.)

Ratification d'une acquisition de terre à la Vacquerie. — Mars 1333.

---

967   GONTROEUL (JEAN DE),

Chevalier. — 1383.

Sceau rond, de 20 mill. — Arch. du Nord; abbaye de Saint-Aubert.

Écu portant trois bandes, au franc canton chargé d'un croissant, penché, timbré d'un heaume cimé, sur champ fretté.

IEH DOV GOVSRVEL

(Jehan dou Gonntruel.)

Rachat de rente à Avesnes-le-Sec. — 31 janvier 1383.

---

968   GOSSENCOURT

(GOSSUIN, SEIGNEUR DE).

Chevalier. — 1339.

Sceau rond, de 25 mill. — Arch. du Nord; Chambre des comptes.

Écu au sautoir, sur champ orné de feuilles de lierre.

.....DHI · D' GOGTSEHOVE · ....

(..... domini de Goetsenhove. ...)

Voyez le n° 484.

---

969   GOURNAY (HUGUES DE).

1176.

Sceau rond, de 69 mill. — Arch. du Nord; abbaye d'Anchin.

Type équestre; casque conique à nasal.

✶ SIGILLVM HVGONIS DE GVRNEHO

(Sigillum Hugonis de Gurneho.)

Don à l'abbaye d'Anchin du courtil qu'elle a fait élever dans le fief de Hugues de Gournay à Noeinnt. — 1176.

970   GOUY (SIMON DE),

Écuyer. — 1314.

Sceau rond, de 22 mill. — Arch. du Nord; abbaye des Prés.

Écu à la fasce chargée de trois coquilles et accompagnée de trois merlettes en chef, dans un quadrilobe.

S' SIMON DE GOIY

(Seel Simon de Goiy.)

Confirmation des biens de l'abbaye des Prés à Oppy. — Juin 1316.

971   GRAND-PRÉ (GÉRARD DE),

Sire de Houffalize, chevalier. — 1296.

Sceau rond, de 87 mill. — Arch. du Nord; Chambre des comptes.

Écu burelé au franc canton, au lion couronné brochant sur le tout.

S GERARDI DE .... RATO DÑI DE ḥVFAꝈ MIꝈ

(Sigillum Gerardi de Grandi Prato, domini de Hufalize, militis.)

Gérard de Grand-Pré s'oblige, moyennant la somme de 800ll, à servir le comte de Flandre contre le roi de France et le comte de Hainaut. — 16 mars 1296.

972   GRAND-PRÉ (GÉRARD DE),

Sire de Houffalize. — 1303.

Sceau rond, de 52 mill. — Arch. du Nord; Chambre des comptes.

Type équestre; le bouclier, l'épaulière et la housse portant un burelé au franc canton, au lion couronné brochant sur le tout.

S' : GERARDI : DE : GR.....EIꝨ : MILꝃ : DÑI : DE : ROCḥI : EꝨ : DE : ADENARDE

(Sigillum Gerardi de Grand Preit, militis, domini de Roebi et de Adenarde.)

CONTRE-SCEAU : Écu aux armes de la face, dans un trilobe.

S' · GERARDI · DÑI · DḥOVFAꝈIXE

(Secretum Gerardi, domini d'Houfalize.)

Voyez le n° 461.

973   GRASCAPH (HENRI DE),

Chevalier. — 1344.

Sceau en écu, de 26 mill. — Arch. du Nord; Chambre des comptes.

Un lion couronné à queue fourchée passée en sautoir, au lambel.

S' · HENRICI · DE · GRASCAF · MILITIS

(Sigillum Henrici de Grascaf, militis.)

Estimation du fief d'Adene dans le comté de La Marck. — 3 juin 1344.

974   GRIFFON (JEAN LE),

Chevalier. — 1322.

Sceau rond, de 26 mill. — Arch. du Nord; évêché et chapitre de Cambrai.

Écu portant une roue.

S' IEḥAN LE GRIFON CꞪLR

(Seel Jehan le Grifon, chevalier.)

Le chapitre de Cambrai acquiert du sire de Roisin un dimage à Saint-Vaast en Bavaysis. — 2 juillet 1322.

975   GRISOELLE-MAIRIEUX

(COLARD DE LA).

1408.

Sceau rond, de 26 mill. — Arch. du Nord; Chambre des comptes.

Écu portant un plain sous un chef chargé d'une coquille au canton dextre, penché, timbré d'un heaume cimé d'une tête d'homme.

s : colart : de : glifeelle

(Seel Colart de Glisoelle.)

Voyez le n° 502.

976   GRISOELLE-MAIRIEUX

(GUILLAUME DE LA).

1408.

Sceau rond, de 26 mill. — Arch. du Nord; Chambre des comptes.

Écu portant un plain sous un chef, penché, timbré d'un heaume cimé d'une tête d'homme, accompagné d'une fleur dans le champ.

s · villame · de · le · glifeule ·

(Seel Willame de le Gliseule.)

Voyez le n° 502.

977   GRISOELLE-MAIRIEUX

(JEAN BLIAUT DE LA).

1408.

Sceau rond, de 26 mill. — Arch. du Nord; Chambre des comptes.

Écu portant un plain sous un chef, au lambel, penché, timbré d'un heaume cimé d'une tête d'homme.

s · iehan · dit · bliaut · de · leglifeule

(Seel Jehan dit Bliaut de le Gliseule.)

Voyez le n° 502.

978   GRONSELT (JOSSE DE),

Chevalier. — 1368.

Sceau rond, de 22 mill. — Arch. du Nord; Chambre des comptes.

Écu portant trois besants ou trois tourteaux accompagnés d'une étoile en abîme, dans un encadrement hexa-gone.

S' IOE DE VAERT VA GROENSELT

(Segel Joe de Voert van Groensolt.)

Hommage au comte de Flandre. — 16 mai 1368.

---

979   GRUTERE (JEAN DE),

1300.

Sceau rond, de 18 mill. — Arch. du Nord; Chambre des comptes.

Écu portant trois jumelles, à la bordure engrêlée.

S' IOHIS DEL GRVTRE

(Sigillum Johannis del Grutre.)

Aveu d'un fief situé à Roteloer. — 2 novembre 1300.

---

980   GUEUDECOURT (JEAN DE),

1307.

Sceau rond, de 25 mill. — Arch. du Nord; abbaye de Sin.

Écu losangé, à la bande chargée d'une étoile brochant.

✳ S' IEHAN DE GEVDECOVRT

(Seel Jehan de Geudecourt.)

Don à l'abbaye de Sin de terres tenues de Masny. — 15 mai 1307.

---

981   GUINES (ALIX DE),

Dame de Tourcoing, veuve du seigneur de Malines. — 1293.

Sceau ogival, de 75 mill. — Arch. du Nord; chapitre de Lille.

Dame debout, en robe flottante et en manteau vairé, coiffée d'un voile, gantée, un oiseau sur le poing. Dans le champ, à dextre, l'écu vairé de Guines; à sénestre, l'écu aux trois pals de Malines.

..AELIDIS : D.....IN : DNE : DE : TOR.....

(Sigillum Aelidis d..... domine de Torcoing.)

Pouvoirs pour mettre le chapitre de Lille en possession de la dîme de Bethscote. — 8 septembre 1293.

---

982   GUINES (ROBERT DE),

Chevalier. — Vers 1144.

Sceau rond, de 44 mill. — Arch. du Nord; Chambre des comptes.

Type équestre; le bouclier portant le vairé de Guines.

✳ S'. DOMINI · ROBERTI · DE GHINES

(Sigillum domini Roberti de Ghines.)

Contre-sceau : Écu vairé.

✳ S'. ROBERTI : DE : GHINES :

(Secretum Roberti de Ghines.)

Robert de Guines donne à Sara, fille de l'avoué d'Arras, des terres à Bastleuden et à Tehamstede. — Sans date.

---

983   GUISE (ADÈLE, DAME DE),

Et de Lesquielles-Saint-Germain. — 1190.

Sceau ogival en cuvette, de 72 mill. — Arch. du Nord; abbaye de Vaucelles.

Dame debout, drapée dans son manteau, coiffée en cheveux.

✳ SIGILLVM : DOMIN. : ADELVIE : DE.....IS

(Sigillum domine Adeluie de.....)

Ratification d'un don de pâturage à Wassigny. — 1190.

---

984   GUISE (ADÈLE, DAME DE),

1202.

Sceau ogival, de 65 mill. — Arch. du Nord; abbaye d'Auchin.

Dame debout, en ... e et en manteau, coiffée en cheveux, un oiseau sur le poing.

✳ SIGILL ADELVIE DOMINE GVIZIE

(Sigillum Adeluie, domine Guizie.)

Confirmation de l'acquisition d'un terrage à Noyelles. — 1202.

---

985   GUYGOVEN (RASSE DE),

Seigneur de Gooshem, écuyer. — 1431.

Sceau rond, de 30 mill. — Arch. du Nord; Chambre des comptes.

Écu à la fasce, penché, timbré d'un heaume cimé d'une tête d'homme, dans un encadrement oblong.

s · roes · van · ..uûg.....

(Segel Roes van .....?)

Traité de poix entre Jean de Heinsberg, évêque de Liège, et Philippe le Bon. — 15 décembre 1431.

---

986   HABARCQ (COLARD PAYEN DE),

1448.

Sceau rond, de 33 mill. — Arch. du Nord; Chambre des comptes.

Écu fascé de huit pièces, penché, timbré d'un heaume cimé.

s colart de babarc

(Seel Colart de Habarc.)

Robert de Miraumont est mis en possession de terres à Hermaville. — 2 avril 1448.

---

987   HABARCQ (JEANNE DE),

Veuve d'Antoine de Bourbon. — 1502.

Sceau rond, de 32 mill. — Arch. du Nord; chapitre de Saint-Amé.

Écu de France au lambel et à la bande chargée de trois lionceaux, parti d'un fascé de huit pièces au lambel, soutenu par un ange.

seel iehenne de habart

(Seel Jehenne de Habart.)

Dénombrement de fief à Écaillou. — 6 mars 1502.

988 HAINAUT (FLORENT DE).

1283.

Sceau rond, de 22 mill. — Arch. du Nord; Chambre des comptes.

Personnage debout, revêtu du haubert et de la cotte d'armes, tenant sa lance de la main droite, et de la gauche un écu au lion parti d'une aigle.

.. FLORENCII · DE · HAINONIA

(Sigillum Florencii de Hainonia.)

Acceptation des fonctions d'arbitre dans un procès entre Jean d'Avesnes, comte de Hainaut, et Gui, comte de Flandre. — Juillet 1283.

989 HAINAUT (FLORENT DE).

1286.

Sceau rond, de 80 mill. — Arch. du Nord; Chambre des comptes.

Type équestre; le bouclier, l'épaulière, le troussequin et la housse portant un lion à la bande brochant; le heaume cimé d'une aigle, ainsi que la tête du cheval.

✱ : SIGILLVM : FLORENTII : DE : HAYNONIA

(Sigillum Florentii de Haynonia.)

Contre-sceau : Écu aux armes de la face, timbré d'une aigle.

SIGILLVM : SECRETI

(Sigillum secreti.)

Voyez le n° 778.

990 HAINAUT (GÉRARD DE).

1232.

Sceau rond, de 60 mill. — Arch. du Nord; collégiale de Saint-Géry.

Écu billeté? au lion. — Légende fruste.

Acquisition d'une dîme par Gilles de Berlaimont, scellée du sceau de Gérard de Hainaut. — 28 mars 1232.

991 HAINAUT (LOUIS, BÂTARD DE).

Seigneur d'Escaudœuvres, chevalier. — 1513.

Sceau rond, de 23 mill. — Arch. du Nord; abbaye de Saint-Aubert.

Écu de Hainaut au filet en bande brochant, penché, timbré d'un heaume cimé d'un lion assis, supporté par deux lévriers.

. . . bastart . . . . . ?

Droits du chapitre de Sainte-Croix à une montée de poisson ouverte sur l'Escaut et conduisant à sa maison de Beaufort. — Au château d'Escaudœuvres, 20 juillet 1513.

992 HAINAUT (SIMON, BÂTARD DE).

Sire de Brielle, chevalier. — 1338.

Sceau rond, de 30 mill. — Arch. du Nord; Chambre des comptes.

Écu de Hainaut coupé en pointe d'une plaine chargée de trois merlettes, dans un trilobe.

. . . HAYNNAV : CHER

(. . . . . de Haynnau, chevalier.)

Lettres de non-préjudice fournies par la ville de Valenciennes au comte de Hainaut, qui lui avait rendu les biens d'un de ses bourgeois condamné pour homicide. — Valenciennes, 27 novembre 1338.

993 HAKENDALE (JEAN DE).

Chevalier. — 1280.

Sceau rond, de 29 mill. — Arch. du Nord; Chambre des comptes.

Écu portant trois besants ou trois tourteaux.

✱ S' IOHĀIS DE HAKENDALE MILITIS

(Sigillum Johannis de Hakendale, militis.)

Voyez le n° 514.

994 HALE (FRANÇON DE).

Chevalier. — 1366.

Sceau rond, de 34 mill. — Arch. du Nord; Chambre des comptes.

Écu au lion couronné, penché, timbré d'un heaume cimé d'une tête de lion, sur champ d'arabesques, dans un encadrement gothique.

. . Franconis : de : Mirabella : Domini : de : Root . . oec

(Sigillum Franconis de Mirabella, domini de Root . . oec.)

Hommage au comte de Flandre pour le manoir de Lille. — Bruges, 5 août 1366.

995 HALLENNES (GILLES, SIRE DE)

Et d'Erquinghem, chevalier. — 1369.

Sceau rond, de 24 mill. — Hôpital Comtesse à Lille.

Écu semé de croisettes recroisetées au pied fiché, à deux bars? adossés, penché, timbré d'un heaume cimé, sur champ fretté.

GILES DALANES

(Giles d'Alanes.)

Quittance pour une terre située à Prémesque, vendue à l'hôpital Comtesse. — 8 août 1369.

996 HALLUIN (HUGUES DE).

Chevalier. — 1287.

Sceau rond, de 23 mill. — Arch. du Nord; Chambre des comptes.

Écu portant trois lions.

✱ S' HVE · DE · HOVALEVIN · CHEVALIER

(Seel Hue de Houalevin, chevalier.)

Voyez le n° 834.

997   HALLUIN (JEAN DE),

Seigneur de Sainghin-en-Mélantois. — 1444.

Sceau rond, de 22 mill. — Arch. du Nord; abbiette de Lille.

Écu portant trois lions accompagnés d'un croissant en abime, penché, timbré d'un heaume, supporté par deux griffons.

s ıehan ıe hall . . .

(Seel Jehan de Halluin.)

Amortissement d'une terre tenue de Sainghin. — 27 janvier 1444.

---

998   HALLUIN (OLIVIER DE),

Chevalier. — 1291.

Sceau en écu, de 27 mill. — Arch. du Nord; Chambre des comptes.

Écu portant trois lions couronnés au bâton brochant.

✳ S' OLIVERI · DE · hAL . . WINE

(Sigillum Oliveri de Hallewine.)

Voyez le n° 458.

---

999   HAM (EUDES, SEIGNEUR DE).

1179.

Sceau rond en cuvette, de 55 mill. — Arch. du Nord; abbaye de Vaucelles.

Type équestre; casque conique à nasal, bouclier à ombo portant trois croissants.

✳ · SIG'ILE · ꝺOMINI · OꝺONIS · ꝺE · HAꝂ

(Sigillum domini Odonis de Ham.)

Droit de passage accordé à l'abbaye de Vaucelles. — 1179.

1000   HAM (SOHIER DE),

Chevalier. — 1307.

Sceau rond, de 23 mill. — Arch. du Nord; Chambre des comptes.

Écu à la fasce chargée de trois coquilles et accompagnée d'une merlette au canton dextre.

. . SEGERI · DE · hAM · MILITIS

(Sigillum Segeri de Ham, militis.)

Voyez le n° 927.

1001   HAMAIDE

(ARNOUL, SEIGNEUR DE LA)

1289.

Sceau rond, de 52 mill. — Arch. du Nord; Chambre des comptes.

Écu portant une hamaide, au lambel.

. . ARNVLPhI · MILITIS · DOMINI · DE · hAMAIDIA

(Sigillum Arnulphi, militis, domini de Hamaidia.)

Nicolas de Rumigny rapporte au comte de Hainaut le fief qu'il tenait à Chièvres. — 7 décembre 1289.

1002   HAMAIDE (ARNOUL DE LA),

Seigneur de Condé et de Rebaix. — 1447.

Sceau rond, de 35 mill. — Arch. du Nord; Chambre des comptes.

Écu à la hamaide, penché, timbré d'un heaume couronné et cimé de deux buires, supporté par deux lions.

s : ernoul · ꝺe · le · hamaıꝺe · ſıgneur · ꝺe · rebaıs :

(Seel Ernoul de le Hamaide, signeur de Rebais.)

Voyez le n° 885.

1003   HAMAIDE (JACQUES DE LA),

Seigneur de Rebaix et de Fresnes. — 1439.

Sceau rond, de 40 mill. — Hôtel-Dieu de Valenciennes.

Écu à la hamaide porté par une dame debout, en robe à larges manches, coiffée d'un chaperon, soutenant de la main gauche un heaume couronné cimé de deux buires.

ıaqne : . . le : . . . . .

(Jaque de le Hamaide.)

Amortissement d'un pré au terroir de Fresnes. — 21 avril 1439.

1004 HAMAIDE (JEAN, SEIGNEUR DE LA).

1412.

Sceau rond, de 35 mill. — Arch. du Nord; Chambre des comptes.

Écu à la hamaide, penché, timbré d'un heaume couronné cimé de deux buires, supporté par deux lions et par deux anges.

s · ıehan · ſıgn · ꝺe · le · hamaıꝺe

(Seel Jehan, signeur de le Hamaide.)

Contre-sceau : Heaume couronné, cimé de deux buires.

ıeh . . . . . ꝺe le hamaıꝺe

(Jehan, signeur de le Hamaide.)

Voyez le n° 209.

1005 HAMELINCOURT (HUGUES DE).

1194.

Sceau rond, de 55 mill. — Arch. du Nord; abbaye de Vaucelles.

Écu au frétté semé de fleurs de lys, parti de quatre bandes alésées.

✳ SIGI . . . . . GONIS DE hAMELENCVRT

(Sigillum Hugonis de Hamelencurt.)

Jean de Villers confirme à l'abbaye de Vaucelles les dons de ses prédécesseurs. — 2 septembre 1194.

1006 HAMELINCOURT (H. DE),
Seigneur de Noyelles. — 1418.
Sceau rond, de 60 mill. — Arch. du Nord; abbaye d'Anchin.

Écu aux armes du n° précédent.

✠ SIGIL.....ENCVRT

(Sigillum H..... de Hameleneurt.)

Acquisition de la dîme d'Inchy. — Octobre 1216.

1007 HANGEST (AUBERT DE),
Sire de Genlis. — 1296.
Sceau rond, de 63 mill. — Arch. du Nord; Chambre des comptes.

Type équestre; le bouclier et la housse portant une croix chargée de cinq coquilles.

...LBƏ.....ҺAN.....DƏ.....

(Sigillum Alberti de Hangest.....)

CONTRE-SCEAU : Écu aux armes de la face.

✠ SƏCꞀƏ · AVBƏRT · DƏ · ҺĀGƏST

(Seeré Aubert de Hangest.)

Vidimus de quatre lettres de Philippe le Bel par lesquelles il nomme Aubert du Hangest à l'office de gouverneur de la ville et forteresse de Gand. — Gand, 1er juillet 1296.

1008 HANGEST (ROGUE, SEIGNEUR DE),
Chevalier. — 1333.
Sceau rond, de 54 mill. — Arch. du Nord; Chambre des comptes.

Type équestre; l'épée retenue par une chaîne, le bouclier, l'épaulière et la housse portant une croix; dans un encadrement gothique à six lobes ornés de feuillages.

SƏƏL · ROGVƏ · S...ƏVR .. ҺAꞂGƏST.....

(Seel Rogue, seigneur de Hangest.....)

CONTRE-SCEAU : Écu à la croix, dans un trilobe.

B' ROGVƏ DƏ ҺAꞂGƏST

(Bulle Rogue de Hangest.)

Hommage au comte de Flandre. — Male, 8 novembre 1333.

1009 HANNUT (GILLES DE),
Chevalier. — 1398.
Sceau rond, de 25 mill. — Arch. du Nord; évêché et chapitre de Cambrai.

Écu portant trois lions.

✠ SƏƏL GILLƏ · DƏ · ҺAꞂVT · CҺƏVALIƏR

(Seel Gille de Hanut, chevalier.)

Hommage de Rasse de la Rivière à la duchesse de Luxembourg pour le bois de Berquit. — Bruxelles, 13 septembre 1398.

1010 HARCHIES (GÉRARD DE),
Seigneur de Belliguies, chevalier. — 1476.
Sceau rond, de 36 mill. — Arch. du Nord; Chambre des comptes.

Écu portant cinq bandes ou franc canton chargé d'un croissant, écartelé d'un échiqueté, penché, timbré d'un heaume cimé, supporté par deux hommes sauvages à cheval sur deux lions.

s · grart ꝺe ha.....ꝺe belguies

(Seel Grart de Harchies, sire de Belgnies.)

Transport de rente. — 31 mars 1476.

1011 HARCHIES (LOUIS-JOSEPH DE),
De Ville, comte de Hallennes, seigneur de Millomes, d'Erquinghen-le-Sec. — 169.
Sceau rond, de 42 mill. — Arch. du Nord; chapitre de Lille.

Écu portant cinq bandes, surmonté d'une couronne, dans un cartouche.

✠ MESSIRE · LOVYS · DE · HARCHIES · DE · VILLE · COMTE · DHALLENNES · S · DE · MILLOMES &

Dénombrement d'un fief situé à Fiers et à Annappes. — Lille, 4 juin 1690.

1012 HARCOURT
(JEANNE D'ENGHIEN, VEUVE DE JACQUES DE WERCHIN, FEMME DE JACQUES D'A
1385.
Sceau rond, de 35 mill. — Arch. du Nord; Chambre des comptes.

Écu portant un écartelé de deux fasces et de trois bandes, parti d'un gironné de dix pièces, dans un trilobe.

...rebanne......

(Seel Jehanne.....)

Engagement concernant les enfants de son premier mariage. — 9 mai 1385.

1013 HARDECOURT (PHILIPPE DE),
Écuyer. — 1263.
Sceau rond, de 42 mill. — Arch. du Nord; abbaye de Saint-Aubert.

Écu burelé, au lambel de cinq pendants.

✠ S'. PҺILIPPI : DƏ · Һ.RDƏCOVRT

(Sigillum Philippi de Hardecourt.)

Amortissement de terre à Rieux. — 7 mai 1263.

1014 HARDECOURT (PHILIPPE DE),
Sire de Flos, chevalier. — 1283.
Sceau rond, de 54 mill. — Arch. du Nord; chapitre de Sainte-Croix.

Écu burelé, au lambel.

✠ : S' : PHILIP.....G : D.....LITIS

(Sigillum Philippi de Hardecourt, militis.)

Acquisition du ménage de Grategaube. — 18 décembre 1263.

1015   HARDECOURT

(MARIE, FEMME DE PHILIPPE DE).

1283.

Sceau ogival, de 62 mill. — Arch. du Nord; chapitre de Sainte-Croix.

Dame debout, en robe et en surcot, coiffée d'un voile, soutenant de la main droite un écu burelé au lambel de cinq pendants.

...MARIE :.....: BRVLLETIE

(Sigillum Marie..... Brulletie.)

Voyez le n° 1014.

1016   HARDEWST (P. BRU DE),

Seigneur de le Laeghe, de Valle, écuyer. -- XIIIᵉ siècle.

Sceau ovale, de 38 mill. — Communiqué par M. de Coussemaker à Lille.

Écu portant deux bras en sautoir, coupé d'un bras armé d'une épée, timbré d'un heaume cimé d'un bras armé.

P · BRV · DE · HARDEWST · ESC · S · DE · LA · LAEGE · DE · WALLE ·

Matrice originale.

1017   HAREN (ADAM DE),

Chevalier. — 1269.

Sceau rond, de 39 mill. — Arch. du Nord; Chambre des comptes.

Écu fascé de huit pièces.

✠ S' ADE MILITIS DE ..REN

(Sigillum Ade, militis de Haren.)

Waleran de Faulquemont engage à son oncle Henri, comte de Luxembourg, les fiefs de Marville et de Renchy. — 15 mai 1269.

1018   HARGIVAL (PIERRE DE).

1230.

Sceau rond, de 42 mill. — Arch. du Nord; abbaye de Vaucelles.

Écu losangé, au franc canton d'hermines.

✠ S. PETRI · DE · HARGIVAL

(Sigillum Petri de Hargival.)

Donation d'une terre. — Avril 1230.

1019   HARLEBEKE (GAUTIER DE),

Seigneur de Wacken, chevalier. -- 1336.

Sceau rond, de 24 mill. -- Arch. du Nord; Chambre des comptes.

Type équestre; le bouclier portant un chevron, à la bordure denchée.

S WRVT D HARLEBERE S DE WACKIN
CK

(Scel Wautier de Harlebeke, seigneur de Wackine, chevalier.)

Voyez le n° 477.

1020   HARLEM (GUILLAUME DE),

Écuyer. — 1298.

Sceau rond, de 46 mill. -- Arch. du Nord; Chambre des comptes.

Écu portant une croix, à l'orle de douze merlettes.

✠ S' · WILLELMI · DE · HARLEM

(Sigillum Willelmi de Harlem.)

Voyez le n° 606.

1021   HARNES (JEAN, SEIGNEUR DE),

Chevalier. — 1287.

Sceau rond, de 60 mill. — Arch. du Nord; Chambre des comptes.

Type équestre; le bouclier et la housse portant un lion à queue fourchée.

S' ..RIS ... DE HARNES MILITIS

(Sigillum Johannis, domini de Harnes, militis.)

Contre-sceau : Écu au lion à queue fourchée.

✠ SIGILLVM · SECRETI

(Sigillum secreti.)

Lettres du comte de Flandre appelant de la sentence de l'Empereur, qui adjuge au comte de Hainaut les Quatre-Métiers, Alost, Grammont, le pays de Waes, etc. — Wynendael, 25 mai 1287.

1022   HARNES

(MARIE, DAME DE MORTAGNE, FEMME DE JEAN DE)

1287.

Sceau ogival, de 72 mill. — Arch. communales de Lille.

Dame debout, en robe et en manteau vairé, coiffée d'un chapeau et d'un voile, tenant un fleuron à la main droite. À dextre, un écu à la croix; à sénestre, un écu portant un lion au lambel.

S'. MARIE · DNE · MORTANIE · CA.....NE · TORNACE..

(Sigillum Marie, domine Mortanie, castellane Tornacensis.)

Contre-sceau : Écu portant une croix.

✠ 9TRA S' MARIE DNE MORTANIE

(Contra sigillum Marie, domine Mortanie.)

Exemption du péage pour les bourgeois de Lille passant à Vaudin. — Avril 1287.

1023   HARVENGT (IVAIN DE),

Chevalier. — 1167.

Sceau rond, de 62 mill. — Arch. du Nord; abbaye de Marchiennes.

Écu portant une bande, au lambel de cinq pendants.

✻ S' YWANI · DE · HARVAING · MILIBIS

(Sigillum Ywani de Harvaing, militis.)

Voyez le n° 505.

1024   HASE (JEAN DIE),

1443.

Sceau rond, de 24 mill. — Arch. du Nord; chartes flamandes.

Écu portant trois rocs d'échiquier accompagnés d'un cœur en abîme, dans un trilobe.

s . . . . haes va . . . . .

(Segel Haes van . . . . .)

Partage de la dîme de Craeyensteyns à Langerak. — 14 août 1443.

1025   HASSELT (GUILLAUME VAN DER).

1444.

Sceau rond, de 20 mill. — Arch. du Nord; Chambre des comptes.

Écu fascé de six pièces dont trois frettées, penché, timbré d'un heaume cimé d'une tête d'homme, dans un encadrement oblong accosté de deux lions assis.

S' Willem van der hasselt

(Segel Willem van der Hasselt.)

Voyez le n° 994.

1026   HAUCOURT (JEAN DE),

Seigneur de Leulain, chevalier. — 1428.

Sceau rond, de 33 mill. — Arch. du Nord; Chambre des comptes.

Homme d'armes à mi-corps, sur une plate-forme crénelée, vêtu d'un pourpoint, coiffé d'un bonnet orné de deux plumes, portant de la main droite un heaume couronné cimé de deux têtes de cygne, la main gauche à la poignée de son épée, et sur l'épaule un bouclier billeté au lion à queue fourchée passée en sautoir.

s · iehan · de · houbourt · signeur · de · leddain

(Seel Jehan de Houkourt, signeur de Leddain.)

Voyez le n° 502.

1027   HAUCOURT (RENAUD DE),

Chevalier. 1315.

Sceau rond, de 45 mill. — Arch. du Nord; abbaye du Câteau.

Écu billeté au lion sur champ fretté.

. . . . . HEVR : DE : hOV . . . . .

(. . . . . seigneur de Houcourt.)

Accord pour le droit de vinage de Beauvois. — 29 mai 1315.

1028   HAUSSY (GILBERT DE),

Écuyer. — 1295.

Sceau rond, de 28 mill. — Arch. du Nord; Chambre des comptes.

Écu chargé d'un écusson au lion.

✻ S' . . . GBIGRT · DE · hAVSI

(Seel Gilebiert de Hausi.)

Le comte de Hainaut donne en fief à Gilbert de Haussy les terres que ce seigneur tenait déjà à ceux à Haussy. — Mons, 14 mars 1295.

1029   HAUSSY (GILLES DE),

Écuyer. — 1383.

Sceau rond, de 22 mill. — Arch. du Nord; abbaye de Saint-Aubert.

Écu au lion, dans un trilobe.

S' GILLES DE hAVSI

(Seel Gilles de Hausi.)

Rachat de fief à Avesnes-le-Sec. — 31 janvier 1383.

1030   HAUSSY (HUGUES DE),

Le jeune, chevalier. — 1219.

Sceau rond, de 55 mill. — Arch. du Nord; abbaye d'Anchin.

Type équestre.

S' . . . . . O . . . . VVG . . DE AVSI

(Sigillum Hugonis juvenis de Ausi.)

Contre-sceau : Représentation fruste. — Sans légende.

Hugues de Haussy confirme à l'abbaye de Corcamp le don de la dîme de Piérinnes et d'un manse. — Mai 1219.

1031   HAUTEVILLE (AMAURI DE),

Chevalier. — 1219.

Sceau rond, de 50 mill. — Arch. du Nord; abbaye d'Anchin.

Écu portant un écusson en cœur.

SIGILLVM . . . VRICI DE . . . . .

(Sigillum Amaurici de . . . . .)

Passage gratuit accordé à l'abbaye d'Anchin pour ses vins. — 1219.

· 1032   HAUWEEL (ENGUERRAND),

Chevalier. — 1336.

Sceau rond, de 20 mill. — Arch. du Nord; Chambre des comptes.

Écu portant une fasce de cinq fusées, celle du milieu chargée d'un besant?

✻ S' · hENGhERAN · hAVWGGL · ChRL

(Seel Hengheran Hauweel, chevalier.)

Voyez le n° 491.

1033   HAUWEL (LAURENT),

Fils d'Andrieu Hauwel d'Arras, sergent d'armes du Roi. — 1368.

Sceau rond, de 21 mill. — Arch. du Nord; Chambre des comptes.

Écu semé de fleurs de lys, penché, timbré d'un heaume cimé de deux pieds fourchus, dans un cordon de feuillages.

S · LEURER · CH · HAUUEL

(Seel Leuren Ch. Hauvel.)

Quittance de rente sur le gave de Cambrésis. — 12 mars 1368.

1034   HAVERSKERQUE (ALIX, DAME DE)

Et de Beauval. — 1331.

Sceau ogival, de 50 mill. — Arch. du Nord; Chambre des comptes.

Dame debout, en robe flottante, coiffée d'un voile et d'une guimpe, un oiseau sur le poing, sur champ fretté. A dextre, un écu à la fasce accompagnée d'un vivré en chef; à sénestre, un écu portant une fasce.

........HAVESKER....... IAVVAL : DE : DOVAI.....

(..... Haveskerque ..... de Biauval de Douai.....)

Tutelle des enfants de la dame de Cassel. — 15 octobre 1331.

1035   HAVERSKERQUE (BAUDOUIN DE),

Chevalier. — 1232.

Sceau rond, de 26 mill. — Arch. du Nord; abbaye des Prés.

Un cerf courant.

✳ S' B' MILITIS DE HAVESKERRA

(Sigillum Balduini, militis de Haveskerka.)

Acquisition de rentes à Cachoimpré. — Octobre 1232.

1036   HAVERSKERQUE (GUISELIN DE),

Chevalier. — 1229.

Sceau rond, de 64 mill. — Arch. du Nord; abbaye de Marquette.

Écu portant une fasce, au lambel de cinq pendants.

✳ S' GISEL... .E .AVESKERQV

(Sigillum Giselini de Haveskerque.)

Don d'une terre à Steenbecque. — Lille, 18 octobre 1229.

1037   HAVERSKERQUE

(JACQUEMON HUSTIN DE).

1371.

Sceau rond, de 16 mill. — Arch. du Nord; Chambre des comptes.

Écu à la fasce chargée d'une rose, penché, timbré d'un heaume cimé, sur champ d'arabesques, dans un encadrement gothique.

.. HVSTIN · DE · HAVEKER...

(Seel Hustin de Haveskerque.)

Hobert, sire de Montigny, reconnaît tenir du comte de Flandre son château de Montigny, et promet de lui en ouvrir les portes quand il en sera requis. — 2 mai 1371.

1038   HAVERSKERQUE (JEAN DE),

Seigneur de Watten. — 1331.

Sceau rond, de 26 mill. — Arch. du Nord; Chambre des comptes.

Une aigle éployée portant en cœur un écu chargé d'une fasce au lambel de cinq pendants.

✳ S' IEHANS : DE : WATENES

(Seel Jehans de Watenes.)

Voyez le n° 1034.

1039   HAVERSKERQUE

(MARIE, FEMME DE JEAN DE).

1268.

Sceau ogival, de 43 mill. — Arch. du Nord; abbaye de Vaucelles.

Dame debout, de trois quarts à droite sur un piédouche, en robe flottante, coiffée d'un voile, gantée, un oiseau sur le poing. A dextre, un écu à la fasce; à sénestre, un écu à la bande denchée.

..MARIE DOMICELLE DE FONTHNI.

(Sigillum Marie, domicelle de Fontanis.)

Confirmation d'un achat de terre à Annœux. — Octobre 1268.

1040   HAVERSKERQUE (PHILIPPE DE),

Chevalier. — 1331.

Sceau rond, de 23 mill. — Arch. du Nord; Chambre des comptes.

Écu portant une fasce, au lambel de trois pendants componés, dans un encadrement en étoile.

✳ S' PHELIPPE · DE · HAVESSQRQVE · CHLR

(Seel Phelippe de Havessquerque, chevalier.)

Voyez le n° 1034.

1041   HAVRÉ (JEAN DE),

Chevalier. — 1456.

Sceau rond, de 38 mill. — Arch. du Nord; abbaye de Saint-Aubert.

Écu portant le gironné d'Enghien, à la bordure engrêlée, penché, timbré d'un heaume cimé de cornes.

seel iehan de hav...blr

(Seel Jehan de Havr.. chevalier.)

Sentence de la cour de Mons, adjugeant à l'abbaye de Saint-Aubert les dîmes des pâturages de Hérinnes. — Mons, 5 juillet 1456.

1042 HAYE (ÉVRARD, SEIGNEUR DE LA),

Chevalier. — 1427.

Sceau rond, de 35 mill. — Arch. du Nord; Chambre des comptes.

Écu vairé portant trois pals, au franc canton portant une fasce chargée de trois roses et accompagnée de trois merlettes en chef, penché, timbré d'un heaume cimé d'une tête d'homme, supporté par une dame.

s evrars signeur de le haie et...g chl

(Seel Évrars, signeur de le Haie et ..... chevalier.)

Voyez le n° 425.

1043 HAYE (HUGUES DE LA),

Chevalier. — 1301.

Sceau rond, de 29 mill. — Arch. du Nord; abbaye de Marquette.

Écu portant un plain sous un chef chargé de deux écussons chargés chacun d'un écusson en abîme. — Légende détruite.

Sentence confirmative des droits de l'abbaye de Marquette sur la rivière de la Deule. — Juin 1301.

1044 HAYE (JEAN DE LA),

Chevalier. — 1258.

Sceau rond, de 50 mill. — Hôpital Comtesse à Lille.

Écu portant un écusson en abîme accompagné de deux molettes ou de deux étoiles, accosté, dans le champ, de deux fleurs de lys.

❀ S' · IOhAИИIS · DE hAIA · MILITIS

(Sigillum Johannis de Haia, militis.)

Confirmation d'une acquisition de terre à Wambrechies. — 13 septembre 1258.

1045 HAYE (JEAN DE LA),

Chevalier. — 1288.

Sceau rond, de 32 mill. — Hôpital Comtesse à Lille.

Écu portant un plain sous un chef chargé de deux écussons chargés chacun d'un écusson en abîme.

❀ S' IEhAN DE LE hAIE ChEVALIER

(Seel Jehan de le Haie, chevalier.)

Abandon de droits sur une terre acquise par l'hôpital Comtesse. — Mai 1288.

1046 HAYE (JEAN DE LA),

Chevalier. — 1296.

Sceau rond, de 32 mill. — Arch. du Nord; chapitre de Lille.

Écu aux armes du numéro précédent.

❀ S' IEhAN DE LE hAIE .....LIER

(Seel Jehan de le Haie, chevalier.)

Enquête ordonnée par le comte de Flandre au sujet d'un fief que sa mère avait retenu vingt-quatre ans, faute de devoirs rendus. 17 octobre 1296.

1047 HAYE (PIERRE DE LA),

Chevalier. — 1316.

Sceau rond, de 24 mill. — Arch. du Nord; abbaye du Cateau.

Écu portant un écusson en abîme, dans une rose.

❀ S' PIERON DE LE h.....GVALIER

(Seel Pieron de le Haie, chevalier.)

Voyez le n° 1027.

1048 HAYNECOURT (JEAN DE),

Le Borgne. — 1481.

Sceau rond, de 28 mill. — Arch. du Nord; évêché et chapitre de Cambrai.

Écu portant trois aiglettes, penché, timbré d'un heaume cimé d'un paon rouant, supporté par un homme et une femme sauvages.

s : iehan : de : hainecourt

(Seel Jehan de Hainecourt.)

Sentence contre un valet de la justice du marché à Cambrai qui avait violé le droit d'asile. — 15 octobre 1481.

1049 HAYNECOURT (JEAN DE),

Le jeune, dit Borgnet, écuyer. — 1493.

Sceau rond, de 30 mill. — Arch. du Nord; collégiale de Saint-Géry.

Écu portant trois aiglettes, au lambel, penché, timbré, cimé et supporté comme le précédent.

s · iehan de · hainecourt

(Seel Jehan de Hainecourt.)

Dénombrement d'un fief situé à Roquier. — 19 février 1493.

1050 HAYNENCOURT? (GILLES, SIRE DE),

Chevalier. — 1258.

Sceau rond, de 62 mill. — Arch. du Nord; abbaye d'Anchin.

Type équestre; le bouclier portant trois jumelles.

...EGIDII : MILITIS : DŇI : DEN...

(Sigillum Egidii, militis, domini d'En.....)

Le sire d'Auniaucourt approuve le don de la dîme de Saulchy. Septembre 1258.

1051 HAZEBROUCK (THIERRI DE),

1369.

Sceau rond, de 22 mill. — Arch. du Nord; Chambre des comptes.

Écu portant une fasce de fusées, au lambel de cinq pendants, penché, timbré d'un lièvre assis, dans un quadrilobe.

S' TIERI DE HASEBROUC

(Seel Tiéri de Hazbroue.)

Voyez le n° 6o3.

1052   HEEMSTEDE

(FLORENT, SEIGNEUR DE).

-1612.

Sceau rond, de 3a mill. — Arch. du Nord; Chambre des comptes.

Écu au lion, penché, timbré d'un heaume couronné cimé d'une tête de cygne, supporté par deux hommes sauvages.

s : flor : heer : van : haimste..

(Segel Floris, heere van Haimstede.)

Voyez le n° 6o8.

1053   HEEMSTEDE (FLORENT DE).

1418.

Sceau rond, de 3o mill. — Arch. du Nord; Chambre des comptes.

Écu portant un lion accompagné d'un écusson chargé de trois pals au canton dextre, penché, timbré d'un heaume cimé d'une tête de cygne, dans un quadrilobe.

s · flois · vä · häft · eñ · va · tumg..

(Segel Floris van Hemstede ende van Tumg..?)

Voyez le n° 763.

1054   HEILLY (GAUTIER DE),

Le jeune, seigneur de Honnecourt. — 1213.

Sceau rond, de 58 mill. — Arch. du Nord; abbaye de Vaucelles.

Type équestre; le bouclier portant un sautoir.

✠ SIGILLVM : WALTERI : OE : HELLI : DÑI : DE : HVNECORT

(Sigillum Walteri de Helli, domini de Hunecort.)

Ratification de la donation d'un bois. — Novembre 1213.

1055   HEILLY (MATHIEU DE),

Seigneur de Rumilly. — 1231.

Sceau rond, de 63 mill. — Arch. du Nord; abbaye de Vaucelles.

Type équestre; le bouclier fruste.

✠ S. MAT.....E.....O

(Sigillum Mathei.....)

Contre-sceau : Écu à la bande de losanges.

✠ CONSILIVM MEVM

(Consilium meum.)

Ratification de l'acquisition de la terre de Saint-Souplet. — Juin 1231.

1056   HEINSBERG (THIERRI, SEIGNEUR DE).

1269.

Sceau rond, de 71 mill. — Arch. du Nord; Chambre des comptes.

Type équestre; le bouclier portant un lion à queue fourchée.

SIGELVM · THEODERICI · DOMINI · DE HENSBERCH

(Sigillum Theoderici, domini de Hensberch.)

Contre-sceau : Écu aux armes de la face.

✠ SIGILL · THEOD' · DÑI · DE · HE'BER

(Sigillum Theoderici, domini de Hensberch.)

Lettres de garantie fournies par Henri, comte de Luxembourg, au sujet des terres de Marville et d'Arency qu'il a reçues en gage de Waleran de Fauquemont. — 13 mai 1269.

1057   HELLEBECQ (ADAM DE),

Chevalier. — 1336.

Sceau rond, de 26 mill. — Arch. du Nord; Chambre des comptes.

Écu à la bande chargée d'un lionceau et de deux hermines, penché, timbré d'un heaume cimé d'une tête de chèvre, sur champ fretté.

S' : ADE : DE : HELBEKE : MILITIS

(Sigillum Ade de Helbeke, militis.)

Voyez le n° 477.

1058   HELLESMES (GILLES DE),

Chevalier. — 1278.

Sceau rond, de 54 mill. — Arch. du Nord; abbaye de Saint-Aubert.

Écu à la bande.

✠ .....II DE HELEMES ..LITIS

(Sigillum Egidii de Helemes, militis.)

Acquisition d'un fief situé à Wasnes. — 5 janvier 1278.

1059   HEMELVEERDEGEM (OLIVIER DE).

1287.

Sceau rond, de 31 mill. — Arch. du Nord; Chambre des comptes.

Écu portant un lion, à la bande denchée brochant.

✠ S' OLIVERI · DE · EIMMEVERDIGHEM

(Sigillum Oliveri de Eimmeverdighem.)

Voyez le n° 392.

1060   HEMSRODE (JOSSE DE).

Écuyer. — 1336.

Sceau rond, de 21 mill. — Arch. du Nord; Chambre des comptes.

Écu portant un chevron chargé de trois annelets, à la bordure engrêlée, dans un trilobe.

S' IOCS VAN HEMSRODE

(Segel Joes van Hemsrode.)

Voyez le nº 477.

1061 HÉNIN (ADRIEN DE).

XVIᵉ siècle.

Sceau rond, de 82 mill. — Collection de M. Gentil à Lille.

Écu à la croix engrêlée, timbré d'un heaume cimé d'un griffon, supporté par deux griffons.

S • DE • ADRIAN • DE • HANIN •

Matrice originale.

1062 HÉNIN (BAUDART DE).

1382.

Sceau rond, de 29 mill. — Arch. du Nord; évêché et chapitre de Cambrai.

Écu portant une bande, au lambel de cinq pendants sur le tout.

✻ S' BAVDART DE HANIN SIRES DE CV̄

(Seel Baudart de Henin, sires de Cuvillers.)

Acquisition d'une terre à Cuvillers. — 27 décembre 1382.

1063 HÉNIN
(ALIX DE SAINT-AUBIN, FEMME DE BAUDART DE).

1382.

Sceau rond, de 28 mill. — Arch. du Nord; évêché et chapitre de Cambrai.

Écu portant un plain sous un chef, parti d'un lion à la bande brochant.

✻ S' DEMISIELE • ALIS • DE SAINT AVBIN

(Seel demisiéle Alis de Saint-Aubin.)

Voyez le nº 1062.

1064 HÉNIN (BAUDOUIN DE),

Sire de Sebourg, chevalier. — 1268.

Sceau rond, de 51 mill. — Arch. du Nord; Chambre des comptes.

Écu portant une bande, au lambel de cinq pendants sur le tout.

✻ S' BALDVINI : DE : HENNIN : ..LITIS

(Sigillum Balduini de Hennin, militis.)

Baudouin de Hénin rapporte les fiefs qu'il possédait au pays de Hainaut en garantie d'une somme prêtée par la comtesse de Flandre à Nicolas, évêque de Cambrai. — 5 janvier 1268.

1065 HÉNIN (BAUDOUIN DE).

1427.

Sceau rond, de 33 mill. — Arch. du Nord; Chambre des comptes.

Écu portant une bande, au lambel sur le tout, penché, timbré d'un heaume cimé.

s : bauduin : de : boussut

(Seel Bauduin de Boussut.)

Voyez le nº 425.

1066 HÉNIN (CHARLES DE).

1649.

Sceau rond, de 68 mill. — Arch. du Nord; abbaye de Saint-Aubert.

Écu à la croix engrêlée accompagnée d'une étoile au canton dextre, timbré d'un heaume cimé d'une hure de sanglier.

SEEL CHARLES DE HAININ

Aveu d'un fief situé à Saint-Hylaire. — 1ᵉʳ septembre 1649.

1067 HÉNIN (CLAUDE DE),

Seigneur de Warlaing, écuyer. — 1658.

Sceau rond, de 66 mill. — Arch. du Nord; abbaye de Saint-Aubert.

Écu à la croix engrêlée, timbré d'un heaume cimé d'une hure de sanglier.

S. CLAVDE • DE • HAYNIN • ESC • S' • DE • WARLAING •

L'abbé de Saint-Aubert donne le nom de Hamelrieu à un fief sans désignation situé à Rieux. — 10 avril 1658.

1068 HÉNIN (JEAN DE),

Seigneur de Boussu et de Gammerages. — 1427.

Sceau rond, de 48 mill. — Arch. du Nord; Chambre des comptes.

Écu à la bande, penché, timbré d'un heaume cimé d'une boule entre deux cornes, supporté par deux griffons.

seel • iehan de • henin • signeur • de • boussut • et • de • ghamerage

(Seel Jehan de Hénin, signeur de Boussut et de Ghamerage.)

Voyez le nº 425.

1069 HÉNIN (JEAN, SEIGNEUR DE)

Et de Louvignies. — 1476.

Sceau rond, de 31 mill. — Arch. du Nord; Chambre des comptes.

Écu à la croix engrêlée, penché, timbré d'un heaume couronné cimé de deux pieds fourchus, supporté par deux griffons.

seel iehan signeur de haynin

(Seel Jehan, signeur de Haynin.)

Acquisition de rente viagère par Jean de le Same, bourgeois de Mons. — 31 mars 1476.

1070   HÉNIN (L. DE).

xve siècle.

Sceau rond, de 38 mill. — Collection de M. Gontil à Lille.

Même représentation qu'au n° 1061.

S • D' • L • D' • HAYNIN .

Matrice originale.

1071   HÉNIN (PIERRE DE),

Chevalier. — 1408.

Sceau rond, de 28 mill. — Arch. du Nord; Chambre des comptes.

Écu à la croix engrêlée, penché, timbré d'un heaume couronné et cimé de deux pieds fourchus, supporté par deux griffons.

✠ seel • piere • de • hainnin • chlr

(Seel Piere de Hainnin, chevalier.)

Voyez le n° 502.

1072   HÉNIN (THÉRI DE),

Seigneur de Blaugies. — 1427.

Sceau rond, de 30 mill. — Arch. du Nord; Chambre des comptes.

Écu portant une bande, au lambel sur le tout, penché, timbré d'un heaume cimé d'une boule entre deux cornes.

s • theri • de • henin • signeur • de • blaugies

(Seel Théri de Hénin, signeur de Blaugies.)

Voyez le n° 425.

1073   HÉNIN (WAUTIER DE),

Seigneur de Boussu et de Gommerogne, chevalier. — 1417.

Sceau rond, de 33 mill. — Arch. du Nord; Chambre des comptes.

Écu à la bande chargée d'un alérion en chef, penché, timbré d'un heaume cimé d'une boule entre deux cornes, supporté par deux lions.

s v.....Cegueur de boussu chevalier

(Seel Wattier, segneur de Boussut, chevalier.)

Voyez le n° 885.

1074   HERLIN (EUSTACHE DE),

Chevalier. — 1242.

Sceau rond, de 56 mill. — Arch. du Nord; Chambre des comptes.

Écu d'hermines, au croissant.

.......CO EVS.....I DE.....

(Sigillum Eustachii de Berlin.....)

Lettres de garantie fournies à Daniel de Béthune, avoué d'Arras, qui lui servait de caution envers des argentiers de cette ville. — Juin 1242.

1075   HERTAIN (ANDRÉ DE),

1667.

Sceau rond, de 32 mill. — Arch. du Nord; évêché et chapitre de Cambrai.

Écu à la bande chargée de trois coquilles, timbré d'un heaume cimé, supporté par deux hommes sauvages.

.....D • HERTINS

Acte de saisine d'un fief situé à Montigny. — 3 octobre 1667.

1076   HERTAIN (JACQUEMART DE).

1373.

Sceau rond, de 22 mill. — Arch. du Nord; abbaye d'Anchin.

Écu à la bande chargée de trois coquilles, accompagnée d'une étoile en chef et d'un croissant en pointe, dans un trilobe.

...ARGMART DG HIGR....

(Seel Jakemart de Hiertain.)

Sentence contre les échevins de Cambrai au sujet de la justice de Neuville-Saint-Rémy. — 23 mars 1373.

1077   HERTAIN (JEAN DE).

1480.

Sceau rond, de 35 mill. — Arch. du Nord; Chambre des comptes.

Écu à la bande chargée de trois coquilles, penché, timbré d'un heaume cimé d'une tête d'aigle tenant une proie, supporté par deux hommes sauvages.

s • iehan • de • hertaing

(Seel Jehan de Hertaing.)

L'abbaye du Saint-Sépulcre rachète une rente tenue de l'évêque de Cambrai. — Cambrai, 13 octobre 1480.

1078   HERTAIN (PHILIPPE DE),

Écuyer. — 1485.

Sceau rond, de 33 mill. — Arch. du Nord; évêché et chapitre de Cambrai.

Écu à la bande chargée de trois coquilles et accompagnée d'une rose en chef, penché, timbré d'un heaume cimé d'une tête d'aigle tenant une proie.

s • philippes • de • hertaing

(Seel Philippes de Hertaing.)

Record d'une sentence reconnaissant au chapitre de Cambrai le droit de prélever une rente sur une terre saisie. — Cambrai, 17 juin 1485.

1079   HERVILLY (GÉRARD D'),

Sire de Guyencourt. — 1160.

Sceau rond, de 56 mill. — Arch. du Nord; abbaye de Vaucelles.

Écu fretté, au lambel.

* S : DOMINI : GERARTDI : DE : TENPLVES

(Sigillum domini Gerardi de Tenplues.)

Abandon de droits sur les biens de l'abbaye de Vaucelles à Guyencourt. — Août 1260.

1080   **HERVILLY**

(GUILLAUME, SEIGNEUR D').

1218.

Sceau rond, de 48 mill. — Arch. du Nord; abbaye de Vaucelles.

Écu portant un fretté semé de fleurs de lys, au franc
canton chargé en orle.

* S : VVLLIERMI : DE ḢARVELIG

(Sigillum Vuillermi de Harvelig.)

Ratification d'un don de terre à Hervilly. — Avril 1218.

1081   **HERZELE (JEAN DE).**

1389.

Sceau rond, de 23 mill. — Arch. du Nord; Chambre des comptes.

Écu portant un chevron accompagné d'une merlette
au canton dextre, timbré d'un coq, accosté de deux chiens,
dans un quadrilobe.

* ..GILL.. IOḢANN...E ḢARSELA

(Sigillum Johannis de Hersela.)

Voyez le n° 484.

1082   **HEUDINCOURT**

(MARGUERITE, DAME DE).

1256.

Sceau rond, de 68 mill. — Arch. du Nord; abbaye de Vaucelles.

Dame debout, en robe et en manteau vairé, coiffée
d'un chapeau très-bas fixé par une mentonnière, tenant
une fleur de lys à la main.

* S. ꞂARG....E VVXORIS.....

(Sigillum Margarete, uxoris.....)

Confirmation d'une restitution de dîmes faite à l'abbaye de Vaucelles
par des hommes de Heudincourt. — Janvier 1256.

1083   **HEUGOT (BAUDOUIN),**

De Cambrai. — 1259.

Sceau rond, de 47 mill. — Arch. du Nord; abbaye d'Anchin.

Écu d'hermines, au lion couronné.

* : S' : BAD.IN : ḢEVGOT :

(Seel Baduin Heugot.)

Contre-sceau : Un paon.

* S' : SECRET

(Seel secret.)

Hommage à l'abbaye d'Anchin pour des terres situées à l'Épinette
près Morenchy. — Mars 1259.

1084   **HEUGOT (JEAN),**

Chevalier. — 1293.

Sceau rond, de 40 mill. — Arch. du Nord; abbaye de Saint-Aubert.

Écu portant un lion couronné, à l'épée en bande brochant.

.. .GḢAN · ḢEVGO... ..

(Seel Jehan Heugot.....)

Buridan de Walincourt abandonne à l'abbaye de Saint-Aubert les
droits qu'il avait sur les gens de Selvigny. — 8 décembre 1293.

1085   **HEULE (ALARD DE),**

Chevalier. — 1244.

Sceau rond, de 60 mill. — Hôpital Comtesse à Lille.

Type équestre.

...LLVꞂ : ALARDI : DE : HVELA

(Sigillum Alardi de Huela.)

Contre-sceau : Écu palé, coupé d'un plain.

* SIGILLVꞂ : ALARDI : DE HVELA

(Sigillum Alardi de Huela.)

Quittance des droits qui lui revenaient pour avoir visité à cheval, selon l'usage du pays, cinquante bonniers de wastinnes situés à Schel-
develd. — 26 octobre 1244.

1086   **HEUSDEN (JEAN, SIRE DE).**

1298.

Sceau rond, de 67 mill. — Arch. du Nord; Chambre des comptes.

Type équestre; le heaume cimé d'une roue, le bouclier, le troussequin et la housse portant aussi une roue.

.....ḢANNI... ..

(Sigillum Johannis......)

Contre-sceau : Écu portant une roue.

* S' SECRETI : DOMĪ · IOḢIS · DE ḢESDA

(Sigillum secreti domini Johannis de Hesdam.)

Garantie fournie au comte de Flandre pour 600ll prêtées à l'évêque
d'Utrecht. — 6 août 1298.

1087   **HEZECQUES**

(ARNOUL, SEIGNEUR DE).

1252.

Sceau rond, de 48 mill. — Arch. du Nord; abbaye de Loos.

Écu fascé de six pièces, au chevron brochant.

* S' · ARMVLPḢI : DÑI · DE ḢEZEꞂE

(Sigillum Arnulphi, domini de Hezeke.)

Ratification d'une acquisition de terres à Herlin. — Août 1252.

1088 HINGETTES (JEAN DE),

Seigneur des Aubeaux, d'Aubers, de Lomme. — 1418.

Sceau rond, de 26 mill. — Arch. du Nord; abbaye de Marquette.

Écu portant un chevron chargé en pointe d'un écusson, au lambel sur le tout, penché, timbré d'un heaume couronné cimé de deux têtes de coq affrontées, supporté par deux lions.

S IEHAN D HIGETTES ...GNEVR
DES AVBEAVS

(Seel Jehan de Hingettes, seigneur des Aubeaux.)

Amortissement de terres sises en la seigneurie des Quesnes tenue de Lomme. — 8 décembre 1418.

1089 HINGETTES

(AGNÈS DE BEAUFFREMEZ, FEMME DE JEAN DE).

1418.

Sceau rond, de 24 mill. — Arch. du Nord; abbaye de Marquette.

Écu aux armes de son mari, écartelé d'un écusson en abîme accompagné de trois merlettes en chef, sur champ festonné.

.....s de baufremes dame des aubiaux

(Seel Agnès de Baufremès, dame des Aubiaux.)

Voyez le n° 1088.

1090 HINGETTES

(WALERAN, FILS DE JEAN DE).

1418.

Sceau rond, de 29 mill. — Arch. du Nord; abbaye de Marquette.

Écu portant un chevron à la pointe chargée d'un lion, au lambel sur le tout, accompagné d'une étoile en pointe.

.....allerant.......

(Seel Wallerant.....)

Voyez le n° 1088.

1091 HOEMEN (ARNOUL DE),

Le jeune. — 1379.

Sceau rond, de 28 mill. — Arch. du Nord; Chambre des comptes.

Écu échiqueté, au franc canton d'hermines, dans un trilobe.

S' ARNOLDI.....

(Sigillum Arnoldi.....)

Hommage au comte de Flandre pour un fief de bourse. — Malines, 19 décembre 1379.

1092 HOLLANDE (LOUIS, BÂTARD DE),

Chevalier. — 1467.

Sceau rond, de 30 mill. — Arch. du Nord; Chambre des comptes.

Écu portant quatre lions, au filet en bande brochant, timbré d'un heaume cimé d'un lion assis.

s lodewic : baftart : van : hollant : ridder

(Segel Lodewie, bastart van Hollant, ridder.)

Voyez le n° 425.

1093 HOMBOURG (GÉRARD DE),

Chevalier. — 1315.

Sceau en écu, de 36 mill. — Arch. du Nord; Chambre des comptes.

Écu chevronné de six pièces.

* S' · SIGNOR · GERART · DE · WARNEK ·
GER

(Seel signor Gérart de Warnek, chevalier.)

Paix entre Ponce de Volmerange et le comte de Luxembourg dont les gens avaient incendié la maison de Volmerange. — 25 mars 1315.

1094 HONDSCHOOTE (MARIE DE),

Veuve de Robert d'Héboterne. — 1258.

Sceau ogival, de 38 mill. — Arch. du Nord; abbaye de Flines.

Dans une niche gothique, la Vierge debout, portant l'enfant Jésus, ayant à ses pieds à sénestre une dame à genoux, et à dextre une fleur de lys tigée.

...IE DE HVNDESCOTE

(.. Marie de Hundescote.)

Fondation d'une chapellenie. — 28 octobre 1258.

1095 HONNECHIES (GAUTIER DE),

Seigneur de Vendégies-sur-Écaillon, chevalier. — 1258.

Sceau rond, de 46 mill. — Arch. du Nord; abbaye d'Anchin.

Écu portant un écusson en abîme accompagné de six coquilles en orle, au lambel de quatre pendants.

* S' VVAVTIE.... HECHIES

(Seel Wautier ..... de Honnechies.)

Mathieu de Sobrechies donne aux religieux d'Anchin la dîme de Vendégies-sur-Écaillon. — Avril 1258.

1096 HONNECHIES (GÉRARD DE),

Chevalier. — 1257.

Sceau rond, de 58 mill. — Arch. du Nord; abbaye d'Anchin.

Écu portant un écusson en abîme accompagné de six coquilles en orle, au lambel de quatre pendants.

* S' GERA.....HONNECHIES

(Sigillum Gerardi de Honnechies.)

Hommage pour un mex situé à Vendégies. — Décembre 1257.

1097 HONNECOURT (GAUTIER D').

1154.

Sceau rond, de 48 mill. — Arch. du Nord; abbaye de Vaucelles.

Type équestre; casque à timbre arrondi et à nasal, épée ornée d'une damasquine, bouclier sans armoiries.

✶ SIGILL · WALTERI : DE · HVNECVRT

(Sigillum Walteri de Hunecurt.)

Don d'un terrage sis à Peizière. — Mai 1184.

1098   HONNECOURT

(GAUTIER, SEIGNEUR D').

1230.

Sceau rond, de 64 mill. — Arch. du Nord; abbaye de Vaucelles.

Type équestre; bouclier losangé.

S' WALTERI DOMINI DE ḢONECORT

(Sigillum Walteri, domini de Honecort.)

CONTRE-SCEAU : Écu losangé.

✶ S' WALTERI DOMINI DE ḢONECORT

(Secretum Walteri, domini de Honecort.)

Ratification d'une acquisition de rente. — 1230.

1099   HONNECOURT (LUCIE, DAME D').

1207.

Sceau ogival, de 50 mill. — Arch. du Nord; abbaye de Saint-Aubert.

Dame debout, en robe et en manteau, coiffée en tresses, portant à la main gauche un écu illisible.

✶ SIGILL LVCIE DNE DE ḢONECORT

(Sigillum Lucie, domine de Honecort.)

Amortissement d'une dîme à Vincy. — 1207.

1100   HORNAING (BÉATRIX, DAME DE).

1270.

Sceau ogival, de 64 mill. — Arch. du Nord; abbaye de Marchiennes.

Dame debout, en robe et en manteau, tenant une fleur.

✶ S' BIETRIS DOMIN. .. RAIMBAVOOVRT

(Sigillum Bietris, domine de Raimbaucourt.)

Lettres de non-préjudice à l'abbaye de Marchiennes qui avait autorisé la sortie de ses bois par le vivier d'Éluréchies près Wandiguies. — Juin 1270.

1101   HORNES (GÉRARD, SEIGNEUR DE)

Et d'Altena, chevalier. — 1306

Sceau rond, de 60 mill. — Arch. du Nord; Chambre des comptes.

Type équestre; le bouclier, l'épaulière et la housse portant trois huchets.

S' GE. . . . . . . NI : DE : ḢORNE : ET :
. . . . . . AHA : . . . . . IS

(Sigillum Gerardi, domini de Horne et de Altena, militis.)

CONTRE-SCEAU : Écu à deux bars adossés.

✶ S' GERARDI DOMINI DE ḢORNE ET
DE ALTENA MILITIS

(Secretum Gerardi, domini de Horne et de Altena, militis.)

Gérard de Hornes donne la terre d'Okeghem à Robert van Gore, son neveu. — Le jour de l'an 1306.

1102   HORNES (GUILLAUME DE),

Chevalier. · 1293.

Sceau rond, de 37 mill. — Arch. du Nord; Chambre des comptes.

Écu portant trois huchets, au lambel.

✶ S' WILLERMI · DE · ḢORNE · MILITIS

(Sigillum Willermi de Horne, militis.)

Gerine d'Isenburg, au nom du comte de Flandre, fait hommage à l'Empereur pour les fiefs que son maître tient de l'Empire. — Hagenberghe, 13 juin 1293.

1103   HORNES

(GUILLAUME, SEIGNEUR DE).

Chevalier. · 1297.

Sceau rond, de 60 mill. — Arch. du Nord; Chambre des comptes.

Type équestre; le bouclier et la housse aux armes, trois huchets.

S'. WILLELMI : DNI : DE : ḢOR. . MILITIS :

(Sigillum Willelmi, domini de Horne, militis.)

CONTRE-SCEAU : Écu aux trois huchets.

✶ SECRETV · WILLI · DNI · DE · ḢORNE ✶

(Secretum Willelmi, domini de Horne.)

Quittance de gages. — 17 août 1297.

1104   HORNES

(GUILLAUME, SEIGNEUR DE)

Et d'Altena. — 1331.

Sceau rond, de 65 mill. — Arch. du Nord; Chambre des comptes.

Type équestre; heaume cimé d'un lion assis entre deux cornes, épée retenue par une chaîne, le bouclier et la housse portant trois huchets; sous le cheval, un terrain planté de fleurs qui rampent sur le champ.

S'. . . . . DE : ḢORNE : ET : . . . . . MI . . TIS :

(Sigillum Willelmi, domini de Horne et de Altena, militis.)

Le comte de Hainaut acquiert de Guillaume de Hornes le bois de Roger-Carrière. — 15 décembre 1331.

1105   HORNES

(GUILLAUME, SEIGNEUR DE)

Et d'Altena. 1339.

Sceau rond, de 31 mill. — Arch. du Nord; Chambre des comptes.

Écu portant trois huchets, dans un trilobe.

..WILLEL.. DÑI · DE · ..... ET · DE · ALTENA · MILIT..

(Sigillum Willelmi, domini de Horne et de Altena, militis.)

Voyez le n° 484.

1106   HORNES (JEAN DE),

Seigneur de Perwez et de Duffel. — 1436.

Sceau rond, de 31 mill. — Arch. du Nord; chartes flamandes.

Écu de Hornes, au lambel, penché, timbré d'un heaume cimé.

Segel : ian : van : hoern : here : va : par...

(Segel Jan van Hoern, here van Par...)

Jean de Hornes donne à Henri de Cuyk un fief situé à Wavre-Sainte-Catherine. — 16 octobre 1436.

1107   HORNES (MAXIMILIEN DE),

Seigneur de Gaesbeke. 1590.

Sceau rond, de 62 mill. — Arch. du Nord; Chambre des comptes.

Écu écartelé, portant au 1 et 4 trois huchets, au 2 un lion, au 3 d'hermines à la bande chargée de trois coquilles, timbré d'un heaume cimé, supporté par deux lions.

S · MAXIMILIANI · D. .ORNIS · DÑI · DE · GAESBERE · DE · HEZE · LEENDE · GHELDROP · ET · DE · MO. .OET · VICECOMIŤ · — DE · BERGIS · SCÏ · WINOCI · COMITIS · DE · HOVTRERRE · COVOXWI · Z · DE · BICHOVOR · DÑI · CXSIŠ...

Sigillum Maximiliani de Hornis, domini de Gaesbeke, de Heze, Leende, Gheldrop et de Mon....., vicecomitis de Bergis Sancti Winoci, comitis de Houtkerke, Coudewi et de Bichovor, domini Casib...?)

Accord entre la ville de Bergues et l'abbé de Saint-Winoc pour la juridiction dans le clos de l'abbaye et les réparations des fortifications. — 17 avril 1590.

1108   HOUDAIN (JEAN DE).

1399.

Sceau rond, de 43 mill. — Arch. du Nord; Chambre des comptes.

Quatre aiglettes en carré dans le champ.

*..... S' IEHAN DE HOVDENG...

(Je suis seel Jehan de Houdeng.....)

Voyez le n° 687.

1109   HOUDAIN (NICOLAS DE),

Chevalier. — 1399.

Sceau rond, de 31 mill. — Arch. du Nord; Chambre des comptes.

Écu portant une aigle à queue fleurdelysée, à la bande denchée brochant, dans une rose à six feuilles.

---

* S'. NICHOLAI : DE : HOVDAING : MILITIS :

(Sigillum Nicholai de Houdaing, militis.)

Contre-sceau : Écu aux armes de la face.

* S' NICOLES DE HOVDAIN CEVALIER

(Seel Nicoles de Houdain, cevalier.)

Voyez le n° 687.

1110   HOUFFALIZE (HENRI DE),

Seigneur de Hauteville. — 1231.

Sceau rond, de 70 mill. — Arch. du Nord; abbaye de Vaucelles.

Type équestre; le bouclier portant une croix cantonnée de quatre croisettes.

* SIGILLVM · HENRICI · D. .EFALISE

(Sigillum Henrici de Hofalise.)

Contre-sceau : Écu aux armes de la face.

* CLAVIS · SIGILLI

(Clavis sigilli.)

Droit de passage accordé à l'abbaye de Vaucelles. — 1231.

1111   HOUFFALIZE

(ÉLISABETH DE HAUTEVILLE, FEMME DE HENRI DE).

1231.

Sceau ogival, de 70 mill. — Arch. du Nord; abbaye de Vaucelles.

Dame debout, en robe et en manteau, coiffée en cheveux, un oiseau de vol sur le poing.

* S'. IZABELLIS : D...NE : DE : ALTAVILLA

(Sigillum Izabellis, domine de Altavilla.)

Voyez le n° 1110.

1112   HOUFFALIZE (HENRI, SIRE DE).

1256.

Sceau rond, de 64 mill. — Arch. du Nord; Chambre des comptes.

Type équestre; le bouclier portant une croix cantonnée de quatre croisettes.

* SIGILLVM : HENRICI : DOMINI : DE : HVFFALISIA

(Sigillum Henrici, domini de Huffalisia.)

Contre-sceau : Écu aux armes de la face.

* CLAVIS · SIGILLI

(Clavis sigilli.)

Caution fournie à Marguerite, comtesse de Flandre, pour un accord relatif à l'abbaye de Lobbes. — Bruxelles, 10 octobre 1256

1113 HOUGAERDENLAND (LAMBERT, SEIGNEUR DE),

Chevalier. — 1274.

Sceau rond, de 64 mill. — Arch. communales de Lille.

Écu portant deux épées en sautoir, la pointe en bas.

✳ S' MESIRE .....RT : DE : HOVGARDENLAND'.

(Seel mesire Lambert de Hougardenlande.)

Voyez le n° 917.

1114 HOLTKERQUE (JEAN DE),

1359.

Sceau rond, de 24 mill. — Arch. du Nord; Chambre des comptes.

Écu à la croix chargée de cinq coquilles, écartelé de trois huchets enguichés, dans un trilobe.

S' : IOHANNIS : DE : WT : KERKE

(Sigillum Johannis de l'Utkerke.)

Voyez le n° 484.

1115 HOVE (GOSSUIN VAN DEN),

Chevalier. — 1334.

Sceau rond, de 28 mill. — Arch. du Nord; Chambre des comptes.

Écu billeté, à la bande de cinq losanges brochant, sur champ festonné.

.....IN : DE LE : HOVE : CHEVALIE.

(Seel Gossuin de le Hove, chevalier.)

Voyez le n° 629.

1116 HOVE (GUILLAUME VAN DEN),

1408.

Sceau rond, de 26 mill. — Arch. du Nord; Chambre des comptes.

Écu billeté, à la bande de cinq losanges brochant, penché, timbré d'un heaume cimé de pattes de lion, supporté par une dame à dextre.

S' Willaume : de : le : hove

(Seel Willaume de le Hove.)

Voyez le n° 502.

1117 HOVE (HENRI VAN DEN),

Écuyer. — 1359.

Sceau rond, de 23 mill. — Arch. du Nord; Chambre des comptes.

Écu échiqueté, au franc canton chargé d'une aigle, dans un encadrement gothique.

✳ S' · HEINRIC · VAN · DEN · HOVE

(Segel Heinric van den Hove.)

Voyez le n° 435.

1118 HUGEMONT (JEAN TRISTRAN DE),

1408.

Sceau rond, de 23 mill. — Arch. du Nord; Chambre des comptes.

Écu burelé de douze pièces, penché, timbré d'un heaume cimé, supporté par une dame à dextre.

s iehan dit triftran de hugemont

(Seel Jehan dit Tristran de Hugemont.)

Voyez le n° 502.

1119 HULDENBERG (JEAN DE),

Dit le Familleux, sire du Bois-Seigneur-Isaac. 1434.

Sceau rond, de 29 mill. — Arch. du Nord; évêché et chapitre de Cambrai.

Écu plain sous un chef bretessé et chargé de trois maillets, penché, timbré d'un heaume couronné et cimé d'une tête de lévrier accolé, supporté par deux aigles. Dans le champ, un T et un ..?

s · iehan · le · familleus · sire · du · bos

(Seel Jehan le Familleus, sire du Bos.)

Quittance pour deux fiefs vendus au chapitre de Cambrai. — 30 juin 1434.

1120 HUN (BEAUDOUIN DE),

Chevalier. — 1471.

Sceau rond, de 26 mill. — Arch. du Nord; Chambre des comptes.

Écu portant un émanché de trois pointes mouvant du chef, timbré d'un heaume cimé.

s : baldnin : de : hun :

(Seel Balduin de Hun.)

Louis de la Marck transporte à Évrard, son fils, les fiefs de Hargnies-Horsine et Mesnil-Saint-Blaise, tenus de la prévôté de Poilvache. — 30 janvier 1471.

1121 HUN (JOSSE DE),

Seigneur de Beauregard, écuyer. 1502

Sceau rond, de 27 mill. — Arch. du Nord; Chambre des comptes.

Écu portant un émanché de trois pointes mouvant du chef, penché, timbré d'un heaume cimé.

seel · Jos · de · hun ·

(Seel Jos de Hun.)

Jean de Modomont prend à rente du comte de Namur la justice et la seigneurie de Brimaigne. — Namur, 7 août 1502.

1122 ISSELSTEIN OU YSSELSTEIN (ARNOUL D'),

Chevalier. — 1357.

Sceau rond, de 34 mill. — Arch. du Nord; Chambre des comptes.

Écu portant une fasce, au sautoir échiqueté brochant sur le tout, dans un trilobe.

.. **ARROLDI DÑI D.... ESTEINE MILITIS**

(Sigillum Arnoldi, domini de Yssolsteine, militis.)

Voyez le n° 604.

1123 INCHY (GILLES, SEIGNEUR D').

1228.

Sceau rond, de 61 mill. — Arch. du Nord; abbaye d'Anchin.

Écu fascé d'échiqueté et de vair de six pièces.

✤ **SIGILL · EGIDII · DÑI · DE INCHIACO**

(Sigillum Egidii, domini de Inchiaco.)

Donation d'une dîme et d'un bois à Inchy. — Octobre 1228.

1124 INCHY (RAOUL D').

1180.

Sceau rond, de 60 mill. — Arch. du Nord; abbaye de Vaucelles.

Type équestre de chasse; Raoul, tête nue, la chlamyde attachée sur l'épaule gauche, l'épée au côté, ganté, un oiseau sur le poing.

✤ **SIGILL.. ADVLFI DE HINCIO**

(Sigillum Radulfi de Hincio.)

Droit de passage accordé aux religieux de Vaucelles. — 1180.

1125 INCHY (RAOUL D').

1199.

Sceau rond, de 60 mill. — Arch. du Nord; abbaye d'Anchin.

Écu fascé d'échiqueté et de vair de six pièces.

✤ **: SIGILLVM : RADVLFI : D.....CO :**

(Sigillum Radulfi de Inciaco.)

Garantie donnée à l'abbaye d'Anchin pour la possession d'une terre sise au Grand-Fossé. — 1199.

1126 INCHY (RAOUL D').

1247.

Sceau rond, de 60 mill. — Arch. du Nord; abbaye d'Anchin.

Écu fascé d'échiqueté et de vair de six pièces.

✤ **S. RA.....DO..... DE .....I**

(Sigillum Radulfi, domini de Inci?)

Échange d'une rente sur la grange d'Inchy. — Janvier 1247.

1127 INGELMUNSTER (BAUDOUIN D'),

Chevalier. 1229.

Sceau rond, de 66 mill. — Arch. du Nord; abbaye de Saint-Aubert.

Type équestre; le bouclier portant trois pals.

✤ **SIGILLVM BALDVWINI DE TENREMVNDE**

(Sigillum Balduwini de Tenremunde.)

Contre-sceau : Écu portant trois pals, au lambel de quatre pendants.

✤ **SECRETV BALDVWINI DE .....DE**

(Secretum Balduwini de Tenremunde.)

Acquisition de la dîme d'Hérenthout. — Octobre 1229.

1128 ISEMBURG (GERLAC D'),

Seigneur d'Ahrenfels. — 1287.

Sceau rond, de 53 mill. — Arch. du Nord; Chambre des comptes.

Type équestre; heaume carré cimé d'une aigle, le bouclier et la housse portant aussi une aigle.

S : GERLACI : DISEMBVRCH : DÑI : ...ENVELS :

(Sigillum Gerlaci d'Isemburch, domini d'Arenvels.)

Contre-sceau : Écu à l'aigle.

✤ **9TS · G · DISEBVRCH · DÑI · DARENVELS**

(Contrasigillum Gerlaci d'Isemburch, domini d'Arenvels.)

Quittance de fief de bourse. — Cologne, 26 mai 1287.

1129 ITTRE (ÉTIENNE D').

1447.

Sceau rond, de 26 mill. — Arch. du Nord; Chambre des comptes.

Écu au lion couronné, penché, timbré d'un heaume couronné et cimé d'un lion couronné issant, supporté par deux griffons.

s : estevene : dittre

(Seel Estievene d'Ittre.)

Voyez le n° 425.

1130 ITTRE (OTHON D').

1447.

Sceau rond, de 28 mill. — Arch. du Nord; Chambre des comptes.

Écu au lion couronné, penché, timbré d'un heaume cimé d'un lion couronné issant, supporté par une dame à dextre.

s · oste · dittre

(Seel Oste d'Ittre.)

Voyez le n° 425.

1131 IWUY (BÉATRIX, DAME D').

1439.

Sceau rond, de 41 mill. — Arch. du Nord; abbaye de Saint-Aubert.

Une fleur de lys fleuronnée.

✤ **S' · BEATRICIS · DÑE · DE · YWIR ·**

(Sigillum Beatricis, dominæ de Ywir.)

Fondation d'une chapellenie dans l'église d'Ywuy. — Février 1439.

1132 — IWUY (GÉRARD D'),
Chevalier. — 1273.
Sceau rond, de 44 mill. — Arch. du Nord; abbaye de Saint-Aubert.

Écu portant une croix denchée, au lambel de cinq pendants.

✸ S' · GIRART : DYWYR : CHEVALIER :

(Seel Girart d'Ywyr, chevalier.)

Contre-sceau : Écu aux armes de la face.

✸ S' GIRART · DYWYR · CHEVALIER

(Secret Girart d'Ywyr, chevalier.)

Acquisition d'un hommage à Avesnes-le-Sec. — 14 juin 1273.

1133 — IWUY (ISABEAU, DAME D'),
Mère de Mahieu d'Iwuy. — 1296.
Sceau en losange, de 30 mill. — Arch. du Nord; abbaye de Saint-Aubert.

Écu portant la croix denchée, au lambel, timbré d'un oiseau.

✸ S' · IZABIAVS · DAME . DIWIR ·

(Seel Izabiaus, dame d'Iwir.)

Amortissement d'une dîme à Iwuy. — 25 novembre 1296.

1134 — IWUY (MAHIEU D'),
Écuyer. — 1306.
Sceau rond, de 22 mill. — Arch. du Nord; évêché et chapitre de Cambrai.

Écu portant une croix denchée, à la bande brochant, dans un trilobe.

✸ SEE . AHIEV · DEWIR

(Seel Mahieu d'Ewir.)

Amortissement de terre à Iwuy. — 28 mars 1306.

1135 — IWUY
(MARGUERITE, FEMME DE BAUDOUIN, SIRE D').
1301.
Sceau rond, de 18 mill. — Arch. du Nord; collégiale de Sainte-Croix.

Écu écartelé plain, le premier quartier chargé d'un écusson burelé, parti d'une croix denchée au lambel, dans un trilobe.

✸ S .... CHGRIT .....

(Seel Marguerite .....)

Quittance d'une somme que le chapitre de Cambrai avait reçue en dépôt. — 27 octobre 1301.

1136 — JAUCHE (GÉRARD, SEIGNEUR DE)
Et de Gommegnies, chevalier. — 1345.
Sceau rond, de 73 mill. — Arch. du Nord; abbaye d'Anchin.

Type équestre; le bouclier portant une fasce.

✸ SIGILLVM GERARDI DE IAVCHA

(Sigillum Gerardi de Jauchea.)

Contre-sceau : Écu à la fasce.

✸ CLAVIS · SIGILLI

(Clavis sigilli.)

Don de la dîme de Gommegnies. — Juillet 1345.

1137 — JAUCHE (GÉRARD, SEIGNEUR DE)
Et de Baudour. — 1322.
Sceau rond, de 25 mill. — Arch. du Nord; Chambre des comptes.

Écu à la fasce, écartelé de deux lions passant l'un sur l'autre, penché, timbré d'un heaume cimé d'un petit animal entre deux vases, sur champ fretté.

S .... GERHART · SIGN · DE · IAVCHE

(Signet Gérart, signeur de Jauche.)

Le comte de Hainaut acquiert d'Eustache du Rœulx les villes du Rœulx, de Morlanwelz et de Monstreux. — En la salle le Comte de Valenciennes, 25 juin 1322.

1138 — JAUCHE (GUILLAUME DE,
Sire de Gommegnies, chevalier. — 1275.
Sceau rond, de 62 mill. — Arch. du Nord; abbaye du Saint-Sépulcre.

Écu à la fasce accompagnée d'un vivré en chef.

✸ S' WILLAME DE IAVCH.....SIRE DE GOMEGNIES

(Seel Willame de Jauche ..... sire de Gomeguies.)

Accord pour la justice de Villereau. — 22 octobre 1275.

1139 — JAUCHE (GUILLAUME DE,
Sire de Gommegnies, chevalier. — 1338.
Sceau rond, de 22 mill. — Arch. du Nord; abbaye du Saint-Sépulcre.

Écu à la fasce accompagnée d'un vivré en chef.

✸ S' · WILM · SIGN · DE · GOVMIGNIES

(Seel Willaume, signeur de Goumignies.)

Accord pour la justice de Villereau. — 4 mai 1338.

1140 — JAUCHE (RÉNIER DE,
XIIe siècle.
Sceau rond, de 58 mill. — Arch. du Nord; abbaye d'Anchin.

Type équestre; casque conique à nasal, épée large à gorge d'évidement.

✸ SIGILLV. REINERI DE IAZ'

(Sigillum Reineri de Jacea.)

Approbation d'un échange entre le prieur d'Aymeries et Dreux de Gaverel. — Sans date.

1141　JAUCHE (RÉNIER DE),

Seigneur de Gommegnies. — 1480.

Sceau rond, de 67 mill. — Arch. du Nord; évêché et chapitre de Cambrai.

Type équestre; le bouclier et le troussequin portant une fasce au lambel.

✠ SIGI....... GAVCE

(Sigillum ..... de Gauce.)

Confirmation de l'acquisition d'une dîme à Preux. — 17 mars 1480.

1142　JENLAIN (WAUTIER, SIRE DE),

Chevalier. — 1343.

Sceau rond, de 46 mill. — Arch. du Nord; abbaye de Fontenelles.

Écu billeté au lion.

✠ S' ....RI : DE : IENLAING

(Sigillum Walteri de Jenlaing.)

Ratification d'une acquisition de terres. — 31 janvier 1343.

1143　JOINVILLE (JEAN DE),

Chevalier. — 1299.

Sceau rond, de 31 mill. — Arch. du Nord; Chambre des comptes.

Type équestre; le bouclier, l'épaulière et la housse aux armes, dans un trilobe.

S' IOhIS DE IOIVILLA MILITIS

(Sigillum Johannis de Joinvilla, militis.)

CONTRE-SCEAU : Écu portant trois broies sous un chef au lion issant.

✠ SECRETVM : MEVM

(Secretum meum.)

Voyez le n° 687.

1144　JULIERS (GÉRARD DE),

Seigneur de Kaster. — 1490.

Sceau rond, de 27 mill. — Arch. du Nord; Chambre des comptes.

Écu au lion.

✠ S'. GERARDI · DE · IVLIACO

(Sigillum Gerardi de Juliaco.)

Voyez le n° 510.

1145　JULIERS (GÉRARD DE),

Seigneur de Kaster. — 1495.

Sceau rond, de 54 mill. — Arch. du Nord; Chambre des comptes.

Type équestre; le bouclier portant un lion.

S' GERARDI · DE · IVLIACO · DOMIRI · D' · CASTRE

(Sigillum Gerardi de Juliaco, domini de Castre.)

Hommage au comte de Flandre pour une rente au comté de Namur. — 23 août 1495.

1146　JUPLEUX (GUILLAUME DE),

Écuyer. 1411.

Sceau rond, de 21 mill. — Arch. du Nord; Chambre des comptes.

Écu portant trois losanges, la première chargée d'un annelet?

✠ S' WILHME · DE · IVPLEV

(Seel Wilome de Juplau.)

Voyez le n° 722.

1147　JUPLEUX (JEAN BUREQUIN DE),

Seigneur de Gerves, écuyer. — 1411.

Sceau rond, de 20 mill. — Arch. du Nord; Chambre des comptes.

Écu portant trois losanges, la première chargée d'un écusson à la croix cantonnée de quatre aiglettes, penché, timbré d'un heaume cimé d'un buste de femme, supporté par un homme sauvage.

S · burbin · de · boneffe · fir · de · ieve

(Seel Burkin de Boneffe, sir de Jeve.)

Voyez le n° 722.

1148　KATS (NICOLAS DE),

Chevalier. — 1298.

Sceau rond, de 48 mill. — Arch. du Nord; Chambre des comptes.

Écu portant un chien, dans un quadrilobe.

✠ S' NIChO..I · DE · ChACS · MILITIS ·

(Sigillum Nicholai de Chacs, militis.)

Voyez le n° 606.

1149　KEPPELE (THIERRI, SEIGNEUR DE),

1290.

Sceau rond, de 57 mill. — Arch. du Nord; Chambre des comptes.

Écu portant trois coquilles.

✠ SIGILLVM · ThEODERICI · DE · RAEPPELE

(Sigillum Theoderici de Kaeppele.)

Voyez le n° 510.

1150　KERKHOVE (ARNOUL VAN DER),

1340.

Sceau rond, de 18 mill. — Arch. du Nord; Chambre des comptes.

Écu à la bande chargée de trois quintefeuilles.

S A . RhOVT VЛ DE' K'COVE

(Segel Aernout van der Kercove.)

Dénombrement d'un fief situé à Windeke. — 1er février 1340.

1151 KERREKE (GÉRARD DE),

Chevalier. — 1286.

Sceau en écu, de 55 mill. — Arch. du Nord; Chambre des comptes.

Écu fascé de six pièces.

✠ S' · GIRARDI : DE : CARICHI :

(Sigillum Girardi de Carichi.)

Voyez le n° 571.

1152 KERREKE (GÉRARD DE),

Chevalier. — 1290.

Sceau rond, de 26 mill. — Arch. du Nord; Chambre des comptes.

Écu fascé de six pièces, à la bordure, timbré d'un G.

✠ S' · GERARDI · MILITIS · DE · KERKE

(Sigillum Gerardi, militis de Kerke.)

Voyez le n° 510.

1153 KLINKBERG (ALBERT DE),

Chevalier. — 1299.

Sceau rond, de 41 mill. — Arch. du Nord; Chambre des comptes.

Écu portant un fretté semé d'annelets, sous un chef.

... ALBERTI · MILITIS · DE · CLI....BG..

(Sigillum Alberti, militis de Clingueberg.)

Hommage au comte de Flandre pour un fief de bourse de ... — 26 février 1299.

1154 KRUININGEN (GODEFROI DE).

1256.

Sceau rond, de 63 mill. — Arch. du Nord; Chambre des comptes.

Type équestre fruste; le bouclier et la housse portant d'hermines? à la fasce, au sautoir brochant sur le tout.

.......D.....ORVM.....

Contre-sceau : Écu bandé de six pièces.

...ILLV̄ SECRET..

(Sigillum secretum.)

Voyez le n° 607.

1155 KRUININGEN (HUGUES DE),

Chevalier. 1290.

Sceau rond, de 54 mill. — Arch. du Nord; Chambre des comptes.

Type équestre; le bouclier et la housse portant trois pals.

S' HVGONIS : MI...S : DŘI : DE : ORV .

(Sigillum Hugonis, militis. domini de Cru.....)

Voyez le n° 611.

1156 KRUININGEN (JEAN DE).

1289.

Sceau rond, de 27 mill. — Arch. du Nord; Chambre des comptes.

Écu portant trois pals.

✠ S' IEHAN DE CRVNHINGHE

(Seel Jehan de Crunhinghe.)

Voyez le n° 609.

1157 KRUININGEN (JEAN DE),

Chevalier. — 1298.

Sceau rond, de 38 mill. — Arch. du Nord; Chambre des comptes.

Écu portant trois pals, au franc canton chargé d'une molette, dans une rose gothique.

S' IOKIS · DE · CRVNINGHEN · MILIT .

(Sigillum Johannis de Cruninghen, militis.)

Voyez le n° 606.

1158 KRUININGEN (RASSE DE),

Banneret. — 1357.

Sceau rond, de 30 mill. — Arch. du Nord; Chambre des comptes.

Écu portant trois pals, penché, timbré d'un heaume cimé, dans une étoile, sur champ orné d'oiseaux. — Légende confuse; on distingue seulement S' RASON...

Voyez le n° 604.

1159 KYSELEY (JEAN),

Chevalier du roi d'Angleterre. — 1488.

Signet rond, de 11 mill. — Arch. du Nord; Chambre des comptes.

Une tête de cheval, armée d'un chanfrein cimé et d'une barde de crinière; bride à rênes de tournoi. — Sans légende.

Traité de commerce entre la Flandre et l'Angleterre. — Malines, 19 février 1488.

1160 LABROYE (JEAN DE),

Écuyer. 1506.

Sceau rond, de 24 mill. — Arch. du Nord; Chambre des comptes.

Écu portant une croix chargée de cinq coquilles, au lambel, penché, timbré d'un heaume cimé d'une tête de licorne.

s iehan de labroie

(Seel Jehan de Labroie.)

Aveu d'un fief tenu de la cour de Pholempin. — 16 février 1506.

1161 LALLAING (ANNE DE),

Veuve de Nicolas de Launoy, chevalier. 15..

Sceau rond, de 34 mill. — Arch. du Nord; prieuré de Beaurepaire

Écu en losange à trois lions passant, parti de

dix losanges posées 3, 3, 3 et 1, soutenu par un ange.

S ANNE DE LALAING DAMME D. MAINGOVAL

(Seel Anne de Lalaing, damme de Maingoval.)

Accord au sujet de la seigneurie de Rieulay confirmé par le pape Paul III. — Valenciennes, 17 avril 1553.

1162   LALLAING (BAUDOUIN DE),

1369.

Sceau rond, de 26 mill. — Arch. du Nord; Chambre des comptes.

Écu portant dix losanges posées 3, 3, 3 et 1, au lambel, penché, timbré d'un heaume cimé, sur champ d'arabesques.

SEEL BAUDUÏ DE LALA...

(Seel Bauduin de Lalaing.)

Acquisition d'un fief situé à Saméon et tenu de l'abbaye de Saint-Amand. — 24 avril 1369.

1163   LALLAING (CHARLES, BARON DE)

Et d'Escornaix. — 1521.

Sceau rond, de 56 mill. — Arch. du Nord; abbaye d'Anchin.

Écu portant dix losanges, 3, 3, 3 et 1, timbré d'un heaume cimé d'une tête d'aigle, supporté par deux griffons.

seel · charles · barron · de · lallaing · et · de · scornaix

(Seel Charles, barron de Lallaing et d'Escornaix.)

Appointement au sujet de cinq ponts de pierre situés à Lallaing. — 14 juin 1521.

1164   LALLAING (GUILLAUME DE),

Chevalier. — 1427.

Sceau rond, de 37 mill. — Arch. du Nord; Chambre des comptes.

Écu aux dix losanges de Lallaing, écartelé d'un plain sous un chef chargé de trois bandes, penché, timbré d'un heaume couronné cimé de deux têtes d'aigle, supporté par deux lions.

s · vuillame · de · lalaing · figneur · dou . . . ars · chlrs

(Seel Willame de Lalaing, signeur dou Viers?, chevaliers.)

Voyez le n° 425.

1165   LALLAING (GUILLAUME DE),

Sire de Bugnicourt. — 1408.

Sceau rond, de 28 mill. — Arch. du Nord; Chambre des comptes.

Écu portant les dix losanges de Lallaing, au lambel,

penché, timbré d'un heaume couronné cimé d'une tête d'aigle, supporté par deux aigles.

villame de lalaing signû de bugnicourt

(Villame de Lalaing, signeur de Bugnicourt.)

Voyez le n° 502.

1166   LALLAING (NICOLAS, SIRE DE),

Chevalier. — 1269.

Sceau rond, de 59 mill. — Arch. du Nord; abbaye de Marchiennes.

Écu aux dix losanges de Lallaing.

✠ S'. NICHOLA. .ILITIS : DOMINI : DE LALAING

(Sigillum Nicholai, militis, domini de Lalaing.)

Confirmation de droits de passage accordés à l'abbaye de Marchiennes par Nicolas de Lallaing, son oncle. — Mars 1269.

1167   LALLAING (NICOLAS, SIRE DE),

Chevalier. — 1346.

Sceau rond, de 26 mill. — Arch. du Nord; évêché et chapitre de Cambrai.

Écu aux dix losanges de Lallaing, penché, timbré d'un heaume couronné cimé de deux tonneaux.

S' COLAR : SIRES : DE : LALAÑG : CHEVALIER

(Seel Colar, sires de Lalaing, chevalier.)

Robert de Coucy, chantre de Cambrai, acquiert du sire de Lallaing plusieurs terres à Quièvrechain. — 1346.

1168   LALLAING (NICOLAS DE),

Sire de Bugnicourt, chevalier. — 1380.

Sceau rond, de 30 mill. — Arch. du Nord; chapitre de Saint-Amé.

Écu aux dix losanges de Lallaing, penché, timbré d'un heaume couronné cimé d'une tête d'aigle, dans un encadrement festonné.

s · nychole : figneur · de · lallaing · chlr ·

(Seel Nychole, signeur de Lallaing, chevalier.)

Amortissement de terres à Fressain. — 8 mars 1380.

1169   LALLAING (OTHON DE),

Chevalier. — 1428.

Sceau rond, de 35 mill. — Arch. du Nord; Chambre des comptes.

Écu aux dix losanges de Lallaing, penché, timbré d'un heaume couronné cimé d'une tête d'aigle, supporté par deux aigles, dans un quadrilobe.

s · otte · figneur · de · lalaing · chevalier

(Seel Otte, signeur de Lalaing, chevalier.)

Voyez le n° 502.

1170 LALLAING (SIMON DE),

Chevalier. — 1242.

Sceau rond, de 46 mill. — Arch. du Nord; abbaye d'Anchin.

Écu aux dix losanges de Lallaing.

✶ SIGILLVM · SIMOVN · DE · LALAIG

(Sigillum Simonn de Lalaing.)

Traité concernant le moulin de Lallaing, etc. — Août 1242.

1171 LALLAING (SIMON DE),

Chevalier. — 1268.

Sceau rond, de 48 mill. — Arch. du Nord; hôpital Sainte-Élizabeth de Valenciennes.

Écu portant les dix losanges de Lallaing, au lambel de quatre pendants.

S' : SIMON : DE : . . . .

(Seel Simon de Lallaing, chevalier.)

Ratification de la donation d'une terre à Saultain. — Août 1268.

1172 LALLAING (SIMON DE),

Chevalier. — 1309.

Sceau rond, de 41 mill. — Arch. du Nord; collégiale de Saint-Géry.

Écu aux dix losanges de Lallaing.

. . .SI. .N : CHEVALIER : DE LALAIN.

(Seel Simon, chevalier de Lalaing.)

Sentence dans un débat entre Robert de Marcq-en-Ostrevant et la collégiale de Saint-Géry au sujet de la justice et seigneurie de marais situés à Hem-Lenglet. Le seigneur Robert est condamné au rétablissement de l'homme qu'il avait saisi, et obligé de faire une procession avec les deux amis qui l'avaient aidé; ils seront sans chaperon, comme lui, s'ils sont chevaliers; s'ils ne sont qu'écuyers, ils marcheront pieds nus. — 1er octobre 1309.

1173 LALLAING (SIMON DE),

1347.

Sceau rond, de 28 mill. — Arch. du Nord; abbaye de Vaucelles.

Écu portant les dix losanges de Lallaing, au lambel, dans un trilobe.

. . .MON · DE · LALAIN.

(Seel Simon de Lalaing.)

Sentence au sujet d'un exploit de justice que le seigneur de Caudry avait fait exercer sur les terres de l'abbaye de Vaucelles. — Avril 1347.

1174 LALLAING (SIMON DE),

1418.

Sceau rond, de 30 mill. — Arch. du Nord; Chambre des comptes.

Écu aux dix losanges de Lallaing, la première chargée

d'un lionceau, penché, timbré d'un heaume couronné cimé d'une tête d'aigle.

s · ſmou : ᚼ · lallaiᵹ

(Seel Simon de Lallaing.)

Voyez le n° 502.

1175 LAMBRES (PIERRE, SEIGNEUR DE),

1219.

Sceau rond, de 49 mill. — Arch. du Nord; abbaye des Prés.

Écu portant une hamaide accompagnée de huit coquilles en orle.

✶ SIGILLVM · PETRI · DE · LAMBRES

(Sigillum Petri de Lambres.)

Donation aux templiers d'une terre située à la Croix à la Torde. — 28 décembre 1219.

1176 LANDAS (ALARD DE),

Chevalier. — 1261.

Sceau rond, de 71 mill. — Arch. du Nord; abbaye de Marchiennes.

Écu portant un émanché de six pointes mouvant du flanc dextre, au lambel de six pendants.

✶ SIGILLVM ALARD. .E LANDASTO

(Sigillum Alardi de Landasto.)

CONTRE-SCEAU : Écu portant un émanché de cinq pointes mouvant du flanc dextre, au lambel de quatre pendants.

✶ S' SECRETI ALARDI D' LĀDASTO

(Sigillum secreti Alardi de Landasto.)

Acquisition de l'avouerie de Marchiennes. — Juin 1261.

1177 LANDAS (ARNOUL DE),

Sire d'Esnes. — 1193.

Sceau rond, de 62 mill. — Arch. du Nord; abbaye de Saint-Aubert.

Type équestre; casque à timbre arrondi, à nasal; bouclier plain, à la bordure.

✶ SIGILLVM : ERNVLFI : DE : LANDAST

(Sigillum Ernulfi de Landast.)

Coutume pour les habitants d'Esnes. — 1193.

1178 LANDAS (ARNOUL DE),

Sire d'Esnes. · 1233

Sceau rond, de 65 mill. — Arch. du Nord; abbaye d'Anchin.

Type équestre; le bouclier plain, à la bordure.

SIGILLVM ARNVLPHI D. LANDAST

(Sigillum Arnulphi de Landast.)

Contre-sceau : Écu plain, à la bordure.

✠ CLAVIS · SIGILLI

(Clavis sigilli.)

Acquisition d'une terre située près Tronchoy. — Juin 1233.

1179   LANDAS (GÉRARD DE),

Sire d'Esnes, chevalier. — 1260.

Sceau rond, de 58 mill. — Arch. du Nord; guillemins de Walincourt.

Type équestre; le bouclier plain, à la bordure.

......DE LA.......DÑI DE A.NES

(Sigillum Gerardi de Landast, militis, domini de Aynes?)

Contre-sceau : Écu plain, à la bordure.

✠ CLAVIS · SIGILLI

(Clavis sigilli.)

Exécution du testament d'Adèle de Beauvois, sa femme. — Septembre 1260.

1180   LANDAS

(MARGUERITE, FEMME DE GÉRARD DE),

Dame d'Esnes et de Cauroir. — 1280.

Sceau ogival, de 55 mill. — Arch. du Nord; guillemins de Walincourt.

Dame debout, en robe et en manteau, coiffée d'un voile. A dextre, un écu fruste; à sénestre, un écu chargé d'un écusson (probablement un plain, à la bordure).

✠ SAIAVS : MARG...SE : DAME : DAYNNE

(Saious Marguerite, dame d'Aynne.)

Contre-sceau : Écu plain, à la bordure.

✠ SIGILLV · SECRETI

(Sigillum secreti.)

Amortissement. — Août 1280.

1181   LANDAS (GILLES, SIRE DE),

Et de Bousignies, chevalier. — 1272.

Sceau rond, de 40 mill. — Arch. du Nord; abbaye de Marchiennes.

Écu portant un émanché de cinq pointes mouvant du flanc sénestre accompagné d'un besant? au canton dextre.

✠ S· MONSINGV GILLE DE LANDAST CHR

(Seel monsieur Gille de Landast, chevalier.)

Don d'une partie du bois de Flesquières. — Janvier 1272.

1182   LANDAS (GILLES DE),

Dit Grignart, écuyer. — 1441.

Sceau rond, de 28 mill. — Arch. du Nord; abbaye de Cysoing.

Écu portant un émanché de cinq pointes mouvant du

flanc dextre, au lambel, penché, timbré d'un heaume couronné et cimé, supporté par deux lions.

SEEL GI...........

(Seel Gilles.....)

Translation des reliques de Saint-Évrard, fondateur de l'abbaye de Cysoing. — 12 novembre 1441.

1183   LANDAS

(JEAN DE MORTAGNE, SIRE DE)

Et de Bousignies. — 1336.

Sceau rond, de 37 mill. — Arch. du Nord; abbaye de Flines.

Écu portant un émanché de cinq pointes mouvant du flanc sénestre, dans une rosace à huit feuilles.

.....N DE MO....GNE CH.. SIRE DE LAN..

(Seel Jehan de Mortaigne, chevalier, sire de Landas.)

Appointement au sujet de justices à Coutiches et à Flines. — 28 mars 1336.

1184   LANDAS (JEAN DE),

Chevalier, fils aîné de Jean de Mortagne, sire de Landas. — 1336.

Sceau rond, de 44 mill. — Arch. du Nord; abbaye de Flines.

Écu portant un émanché de quatre pointes mouvant du flanc sénestre, au lambel, penché, timbré d'un heaume.

...IEHAN · DE · LAND..

(Seel Jehan de Landas.)

Voyez le n° 1183.

1185   LANDAS (JEAN DE),

Chevalier, fils aîné de Jean de Mortagne, sire de Landas. — 1348.

Sceau rond, de 48 mill. — Arch. du Nord; abbaye de Flines.

Type équestre; l'épée retenue par une chaîne, le bouclier et la housse portant un écartelé d'une croix et d'un émanché de quatre pointes; sur champ festonné.

LE : ...L : ....N : DE : LA...AS : CHEVAL :

(Le Seel Jehan de Landas, chevalier.)

Contre-sceau : Écu aux armes de la face, penché, timbré d'un heaume cimé, sur champ fretté.

LE SEEL IEHAN DE LANDAS CHER

(Le Seel Jehan de Landas, chevalier.)

Accord au sujet de justices à Flines, à Coutiches et à Nomain. — 1er octobre 1348.

1186   LANDAS (PIERRE LE BORGNE DE),

Sire de Warlaing, chevalier. — 1349.

Sceau rond, de 26 mill. — Arch. du Nord; abbaye de Marchiennes.

Écu portant un émanché de cinq pointes mouvant du

flanc dextre, penché, timbré d'un heaume couronné et cimé, supporté par deux lions, sur champ d'arabesques.

S · P · DE · LÃDAS .....R · S · D · WARLAING

(Seel Pierre de Landas, chevalier, sire de Warlaing.)

Rachat d'un moulin à vent. — 15 juin 1349.

1187 LANDAS (PIERRE DE),

Sire de Warlaing, chevalier. — 1349.

Sceau rond, de 30 mill. — Arch. du Nord; abbaye de Marchiennes.

Écu à l'émanché de cinq pointes mouvant du flanc dextre, penché, timbré d'un heaume cimé, supporté par un personnage couché, dans une arcade posée sur deux niches d'où il est soutenu par deux dames. — Légende détruite.

Sentence au sujet de la justice en la ville de Marchiennes. — Date effacée.

1188 LANDAS (WALERAN DE),

Écuyer. — 1515.

Sceau rond, de 29 mill. — Arch. du Nord; abbaye de Cysoing.

Écu portant un émanché, écartelé d'un lion passant, penché, timbré d'un heaume cimé, supporté par deux lions:

Walleran : de landas

(Walleran de Landas.)

Translation des reliques de saint Évrard, fondateur de l'abbaye de Cysoing. — 16 décembre 1515.

1189 LANGHE (OLIVIER DE).

1366.

Sceau rond, de 19 mill. — Arch. du Nord; Chambre des comptes.

Écu portant un sautoir chargé de cinq étoiles ou cinq quintefeuilles, à la bordure.

* S' OLIVIER DE LANGHE

(Seel Olivier de Langhe.)

Voyez le n° 994.

1190 LANGLÉE (BAUDOUIN DE),

Écuyer. — 1411.

Sceau rond, de 22 mill. — Hôpital Comtesse à Lille.

Écu portant un échiqueté sous un chef, écartelé d'un sautoir, à l'écusson sur le tout, penché, timbré d'un heaume cimé, supporté par deux lions.

* SEEL BAVDIN DE LANGLEE

(Seel Baudin de Langlée.)

Acquisition d'une maison rue de Houdain à Lille. — 30 mai 1411.

1191 LANGLÉE (GÉRARD DE),

Écuyer. — 1504.

Sceau rond, de 32 mill. — Arch. du Nord; Chambre des comptes.

Écu portant un sautoir cantonné en chef d'un écusson chargé d'un autre écusson en abîme, timbré d'un heaume cimé, supporté par deux lions.

S grard de langlee

(Seel Grard de Langlée.)

Dénombrement d'un fief situé à Loos. — 10 décembre 1504.

1192 LANNOY (JEAN, SEIGNEUR DE).

1458.

Sceau rond, de 45 mill. — Arch. du Nord; abbaye de Cysoing.

Écu portant trois lions couronnés, penché, timbré d'un heaume cimé d'une tête de chien, supporté par deux griffons.

Seel · Jehan · segnœr · de · lannoy · et · de · Rume

(Seel Jehan, segneur de Lannoy et de Rume.)

CONTRE-SCEAU : Heaume cimé d'une tête de chien.

Signet Jehan segnœr de lannoy

(Signet Jehan, segneur de Lannoy.)

Érection d'une chapelle dans le château de Lannoy. — 15 novembre 1458.

1193 LANNOY (JEAN DE),

Seigneur de Zoutelande et de Coudekerque, chevalier. — 1509.

Sceau rond, de 41 mill. — Arch. du Nord; guillemins de Walincourt.

Écu portant trois lions couronnés, timbré d'un heaume cimé d'une tête de licorne.

S : IAN : DE : LANOY : S : DE : ZOVTELÃDE : DE : ROVDRERER : DE : OHE

(Seel Jan de Lanoy, seigneur de Zoutelande, de Koudreker, de Ohe.)

Accord au sujet de biens situés à Brimeul. — 21 février 1509.

1194 LANNOY (JEAN DE),

Seigneur de Molembaix et de Zoutelande, etc., chevalier. 1545.

Sceau rond, de 58 mill. — Arch. du Nord; guillemins de Walincourt.

Écu écartelé, portant au 1 et 4 les trois lions de Lannoy, au 2 et 3 un bras armé d'une épée écartelé d'un lion, et sur le tout un écusson écartelé aux armes de Bourgogne chargé lui-même d'un écusson, timbré d'un heaume couronné, entouré du collier de la toison d'or.

.....DE · LANOY · S · DE · MOLEMBA.....

CONTRE-SCEAU : Écu aux armes de la face. — Sans légende.

Amortissement d'un fief situé à Brimeul. — Mont-Plaisir près le Câteau, 23 mai 1558.

1195   LARE OU LAER (GILLES DE),

Chevalier. — 1292.

Sceau rond, de 29 mill. — Arch. du Nord; évêché et chapitre de Cambrai.

Écu portant un lion couronné, au lambel de cinq pendants, accompagné de deux fleurs de lys? dans le champ.

✠ S' EGIDII · MILITIS · DE · G...E

(Sigillum Egidii, militis de Ghele.)

Sentence arbitrale au sujet du péronnel de Gh*el. — Août 1292.

1196   LA ROCHE (JEAN DE),

Chevalier. — 1354.

Sceau rond, de 27 mill. — Arch. du Nord; Chambre des comptes.

Écu à la croix ancrée, penché, timbré d'un heaume cimé de deux bras tenant chacun une aigrette, sur champ bordé d'un cordon de roses.

S' IOHIS DE LA ROCHA MILITIS

(Sigillum Johannis de la Roche, militis.)

Voyez le n° 568.

1197   LA ROCHE (JEAN DE),

Chevalier. — 1361.

Sceau rond, de 22 mill. — Arch. du Nord; Chambre des comptes.

Écu à la croix ancrée chargée d'un écusson en cœur.

✠ S' · IOHIS · DE · RVPE · MILITIS

(Sigillum Johannis de Rupe, militis.)

Voyez le n° 513.

1198   LAVAL (GUI DE),

Sire de Pacy, chevalier. — 1331.

Sceau rond, de 60 mill. — Arch. du Nord; Chambre des comptes.

Type équestre; le bouclier, l'épaulière, le troussequin et la housse portant une croix chargée de cinq coquilles cantonnée de seize alérions; le casque du chevalier et la tête du cheval cimés d'une aiglette entre deux têtes de paon, l'épée retenue par une chaîne.

SEEL · ... .. LAVAL · SIRE · DE · ....
CHEVALIER

(Seel Gui de Laval, sire de Paci, chevalier.)

CONTRE-SCEAU : Écu aux armes.

✠ 9TRE · S' · GVI · DE · LAVAL ·
SIRE · DE · PACI · CHR

(Contre seel Gui de Laval, sire de Paci, chevalier.)

Tutelle des enfants de la dame de Cassel. — 28 septembre 1331.

1199   LECK (HENRI, SEIGNEUR DE LA),

Chevalier. — 1298.

Sceau rond, de 62 mill. — Arch. du Nord; Chambre des comptes.

Type équestre; casque ovoïde paré de trous à air en échiqueté, le bouclier et la housse portant un lion couronné à queue fourchée passée en sautoir.

.....RICI · DÑI · DE · LECRA · MILITIS

(Sigillum Henrici, domini de Lecka, militis.)

CONTRE-SCEAU : Écu aux armes de la face.

✠ SECRET ⁊ CLAVIS SIGILLI DÑI DE LECRA

(Secretum et clavis sigilli domini de Lecka.)

Voyez le n° 606.

1200   LEEU (JEAN DEN),

Chevalier. — 1415.

Sceau rond, de 26 mill. — Arch. du Nord; chartes flamandes.

Écu au lion couronné, penché, timbré d'un heaume cimé d'une tête d'homme à longue barbe et à longs cheveux, dans un quadrilobe.

S' : IOHIS : LEONIS : MILITIS :·

(Sigillum Johannis Leonis, militis.)

Don de rente sur des héritages à Cobbeghem. — 1415.

1201   LEEUWERGHEM (GILBERT, SIRE DE),

1339.

Sceau rond, de 25 mill. — Arch. du Nord; Chambre des comptes.

Écu billeté, au lion, dans un trilobe.

✠ S' GILLEBERTI DOMINI : DE : LEVREGHEM

(Sigillum Gilleberti, domini de Levreghem.)

Voyez le n° 484.

1202   LEEUWERGHEM (ROBERT, SIRE DE),

Chevalier. — 1298.

Sceau rond, de 38 mill. — Arch. du Nord; Chambre des comptes.

Écu billeté, au lion, accompagné de feuillages serpentant dans le champ.

✠ S' : .....E : LEVVERGHE . ..LIT..

(Sigillum Roberti de Leuverghem, militis.)

Quittance de 72ll prêtées à Robert, comte de Nevers. — 1298.

1203   LEEUWERGHEM (ROBERT, SIRE DE),

1308.

Sceau rond, de 22 mill. — Arch. du Nord; Chambre des comptes

Écu billeté, au lion.

✷ S' · DÑI · ROBERTI · D. LEEVERGEHEM

(Sigillum domini Roberti de Leevergehem.)

Hues le Jovene, bourgeois de Gand, recevant un fief tenu du comte de Flandre, jure qu'il ne se prévaudra jamais de ses droits de bourgeoisie. — Gand, 4 août 1308.

1204 LEMBEKE (MICHEL DE),

Chevalier. — 1285.

Sceau rond, de 32 mill. — Arch. du Nord; Chambre des comptes.

Écu à la fasce accompagnée d'un lambel de cinq pendants.

✷ S' · MICHAELIS : DE : LEMBEKE MILITIS

(Sigillum Michaelis de Lembeke, militis.)

Michel de Lembeke et sa femme renoncent à tout ce dont Béatrix de Courtrai, veuve du comte de Flandre, était tenue envers eux. — 18 octobre 1285.

1205 LEMBEKE

(MARIE D'AVERDOING, FEMME DE MICHEL DE).

1285.

Sceau ogival, de 40 mill. — Arch. du Nord; Chambre des comptes.

Écu au lion, timbré d'un fleuron.

S' MAROIE DAVRE.....

(Seel Maroie d'Avredoing.)

Voyez le n° 1204.

1206 LENS (BAUDOUIN DE).

Sire de Brébières et de Longwez, chevalier. — 1266.

Sceau rond, de 52 mill. — Arch. du Nord; abbaye de Loos.

Écu portant un écartelé plain, à la bande brochant.

✷ S' BALDVINI MILITIS DOMINI DE BREBERIA

(Sigillum Balduini, militis, domini de Breberia.)

L'abbaye de Loos acquiert de Robert de Howlin un bois près le moulin de Rogersart. — Juin 1266.

1207 LENS

(ALIX, FEMME DE BAUDOUIN DE).

1266.

Sceau ogival, de 63 mill. — Arch. du Nord; abbaye de Loos.

Dame debout, en robe et en manteau, coiffée d'un voile, tenant un fleuron à la main droite.

✷ : S'. AELIS · DAME · DE · LŌVES :

(Seel Aelis, dame de Louves.)

Voyez le n° 1206.

1208 LENS (EUSTACHE DE).

Chevalier. — 1223.

Sceau rond, de 56 mill. — Arch. du Nord; Chambre des comptes.

Type équestre; le bouclier portant un écartelé plain, au lambel de huit pendants.

SIGIL... EVS..... DE LENS

(Sigillum Eustachii de Lens.)

CONTRE-SCEAU : Écu aux armes de la face.

✷ SIGILL EVSTACHII DE LENS

(Sigillum Eustachii de Lens.)

Lettres de garantie à Daniel de Béthune, avoué d'Arras, qui lui servait de caution auprès des argentiers de cette ville. — Janvier 1223.

1209 LENS

(EUSTACHE, SEIGNEUR DE).

1167.

Sceau rond, de 60 mill. — Arch. du Nord; évêché et chapitre de Cambrai.

Écu à trois lions couronnés.

✷ S' .....CH · DÑ . E · LENS

(Sigillum Eustacii, domini de Lens.)

Accord entre le chapitre de Cambrai et «Eustachius, dominus de «Lens in Brabantia,» au sujet d'une justice à Jurbise. — 21 août 1267.

1210 LENS (YOLANDE DE).

Dame de Barbençon et de Lillers. — 1387.

Sceau rond, de 30 mill. — Arch. du Nord; évêché et chapitre de Cambrai.

Écu portant trois lions, parti d'un écartelé d'un lion et de trois lions, soutenu par un ange, supporté par deux lévriers, dans un quadrilobe. — Légende détruite.

Présentation à la chapelle de Sainte-Marie en son château de la Buissière-sur-Sambre. — 10 septembre 1387.

1211 LESDAIN (ARNOUL DE).

Chevalier. — 1234.

Sceau rond, de 52 mill. — Arch. du Nord; abbaye de Saint-Aubert.

Écu portant un lion, à la bande brochant.

✷ S · AR..... MILITIS · DE · LESDAINC

(Sigillum Arnulfi, militis de Lesdaine.)

Accord pour la justice à Lesdain. — Juin 1234.

1212 LESDAIN (ARNOUL DE).

Écuyer. — 1286.

Sceau rond, de 40 mill. — Arch. du Nord; abbaye de Vaucelles.

Écu fascé de six pièces, à la bande brochant.

✷ S' E...VL DE LEDAING

(Seel Ernoul de Ledaing.)

Contre-sceau : Écu billeté, au lion contourné.

✳ S : ERNOVL DE LESDEN

(Secret Ernoul de Lesden.)

Vente d'un bois. — 10 avril 1286.

1213   LESDAIN

(ISABELLE, FEMME D'ARNOUL DE).

1286.

Sceau ogival, de 38 mill. — Arch. du Nord; abbaye de Vaucelles.

Une tige fleurie, supportant deux oiseaux symétriques, engoulée à ses deux bouts par une tête de lion.

✳ S' ISABIEL FEME ERNOVL DE LESDAING

(Seel Isabiel, feme Ernoul de Lesdaing.)

Voyez le n° 1212.

1214   LESTANDARD (GUILLAUME),

Chevalier de la dame de Cassel. — 1336.

Sceau rond, de 23 mill. — Arch. du Nord; Chambre des comptes.

Écu portant un lion à queue fourchée.

S'. GVILM LESTANDART.....

(Seel Guillaume Lestandart ......)

Quittance de pension. — 4 avril 1336.

1215   LEVAL (GUI DE),

Écuyer. — 1445.

Sceau rond, de 25 mill. — Arch. du Nord; abbaye de Marquette.

Écu portant une croix, au vivré brochant en chef, penché, timbré d'un heaume cimé, supporté par deux lions.

.....de · le · v.....

(Seel Gui de le Val.....)

Amortissement de terre à Verlinghem. — 2 décembre 1445.

1216   LEVAL

(ISABELLE DE HOCRON, FEMME DE GUI DE).

1445.

Sceau rond, de 26 mill. — Arch. du Nord; abbaye de Marquette.

Écu aux armes de son mari, parti d'un écusson en abime accompagné de trois fermaux en chef. — Légende détruite.

Voyez le n° 1215.

1217   LEVAL (MAHIEU DE),

Chevalier. — 1301.

Sceau rond, de 32 mill. — Arch. du Nord; Chambre des comptes.

Écu à la bande chargée de quatre châteaux? à deux tours.

✳ S' MONSIGNVER MAHIV DE LEVAL CGVAL

(Seel monsigneur Mahiu de Leval, cevalier.)

Adhéritement de Jean d'Audenarde pour la terre de Feignies. — Valenciennes, 3 avril 1301.

1218   LEWARDE (GUILLAUME DE),

Chevalier. — 1300.

Sceau rond, de 17 mill. — Arch. du Nord; Chambre des comptes.

Écu à la croix chargée de cinq coquilles.

✳ S' WILM. DE LE WARDE

(Seel Willaume de le Warde.)

Le comte de Flandre acquiert de Jean de Dampierre, son cousin, 400 livrées sur les revenus des terres et bois de Nieppe. — A la motte à Nieppe, 20 juillet 1322.

1219   LICHTERVELDE (ROGER DE),

Chevalier. — 1336.

Sceau rond, de 25 mill. — Arch. du Nord; Chambre des comptes.

Écu au chef d'hermines, penché, timbré d'un heaume cimé, dans un trilobe.

S' ROGERI · DE · LICHTERVELDE · MILITIS ·

(Sigillum Rogeri de Lichtervelde, militis.)

Voyez le n° 477.

1220   LICHTERVELDE (VICTOR DE).

1392.

Sceau rond, de 26 mill. — Arch. du Nord; Chambre des comptes.

Écu portant un annelet en abime sous un chef d'hermines, penché, timbré d'un heaume cimé, supporté par deux dames, dans un quadrilobe.

vi.... de ·.....elde

(Victor de Lichtervelde.)

Bail d'un héritage en la paroisse de Roulers. — 6 juin 1392.

1221   LIEDEKERKE (HENRI DE),

Seigneur d'Incby, chevalier. — 1333.

Sceau rond, de 28 mill. — Arch. du Nord; Chambre des comptes.

Écu portant trois lions au filet en bande brochant, dans une rose gothique.

✳ S' HENRI : DE : LIEDEKERKE : SIGN : DYNCHIES

(Seel Henri de Liedekerke, signeur d'Ynchies.)

Hommage du comte de Flandre au comte de Hainaut pour la ville et terre de Blaton. — Au Quesnoy, 17 novembre 1333.

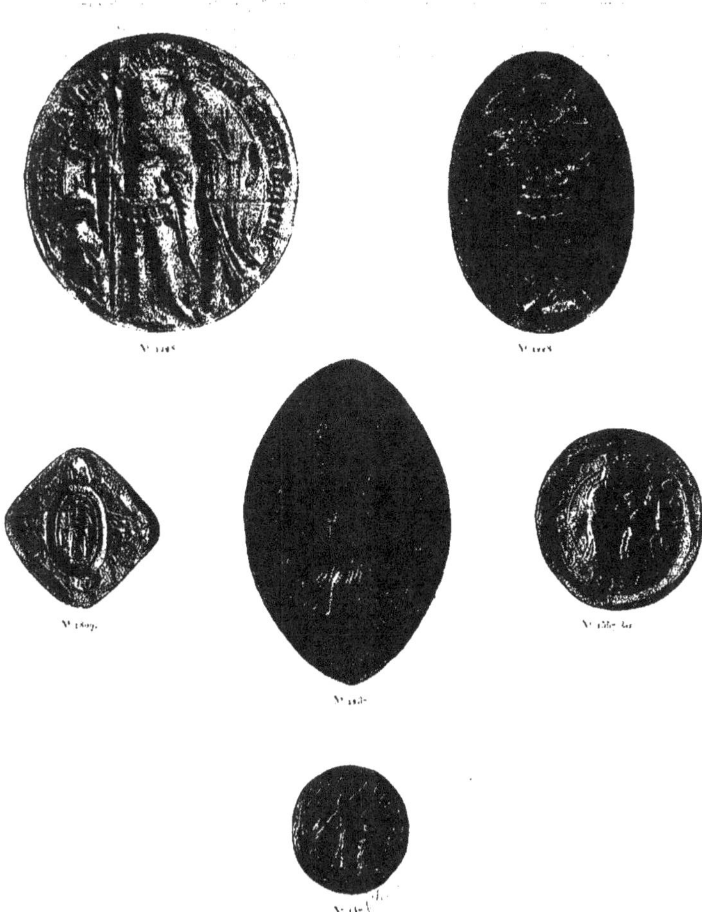

N° 1518. JEAN DE LIGNE. — N° 1528. BAUDOUIN DE LOBBES. — N° 1570. NICOLAS DE PLETEN.

N° 1557 bis. GÉRARD DE SAINT-AUBERT. — N° 1569. MARIE, dame de Werchin.

1222 **LIEDEKERKE**

(RASSE, FILS AÎNÉ DU SIRE DE).

1287.

Sceau rond, de 46 mill. — Arch. du Nord; Chambre des comptes.

Écu portant trois lions, au bâton brochant.

S'. RA..... FILII : DÑI : DE : LIDEKERKE PRIMOG..... :

(Sigillum Rassonis, filii domini de Lidekerke primogeniti.)

Voyez le n° 392.

1223 **LIES (JEAN DE),**

Fils d'Ansel. — 1243.

Sceau rond, de 52 mill. — Arch. du Nord; abbaye des Prés.

Écu au lion passant.

✻ SEIGL : IOhAN · DE LIES

(Seiel Johan de Lies.)

Ratification d'une acquisition de fief à Raimbeaucourt. — Novembre 1243.

1224 **LIES (JEAN DE).**

1278.

Sceau rond, de 53 mill. — Arch. du Nord; abbaye de Flines.

Écu à la fasce d'hermines, accompagnée de trois fermaux en chef.

✻ S. DOMINI : IOhANNIS : DE LIES

(Sigillum domini Johannis de Lies.)

Voyez le n° 400.

1225 **LIGNE (ANNE DE),**

Dame de Volandre. — 1582.

Sceau rond, de 40 mill. — Arch. du Nord; Chambre des comptes.

Écu en losange portant un chevron accompagné de trois merlettes, parti d'un écartelé d'une bande et de trois lions, sur champ d'arabesques.

✻ S · ANNE · DE · LIGNE · D[ame] DE VOLAN[dre] [douai]GIERRE · DE · GRAF

Reconnaissance de rente due à Antoine van Gracht sur la terre de Volandre. — Mons, 25 avril 1582.

1226 **LIGNE (FASTRET DE).**

Chevalier. — 1317.

Contre-sceau rond, de 25 mill. — Arch. du Nord; Chambre des comptes.

Buste casqué, armé d'une épée, portant un bouclier et une épaulière à la bande.

✻ 9 : S'. FAS..G · DE · LING.. ChEVAB

(Contre seel Fastre de Lingne, chevalier.)

Accord au sujet de la foire de Lessines. — Mons, 19 septembre 1317.

1227 **LIGNE (GAUTIER DE).**

1244.

Sceau rond, de 68 mill. — Arch. du Nord; Chambre des comptes.

Type équestre; bouclier à la bande.

SIGILLVM WALTERI DE LINGHE

(Sigillum Walteri de Lingne.)

CONTRE-SCEAU : Écu à la bande.

✻ CLAVIS SIGILLI

(Clavis sigilli.)

Voyez le n° 483.

1228 **LIGNE (JEAN DE).**

Sire de Beloeil et de Montreul-sur-Haine. — 1437.

Sceau rond, de 60 mill. — Arch. du Nord; évêché et chapitre de Cambrai.

Type chevaleresque; Jean de Ligne debout, tête nue, vêtu d'un pourpoint à larges manches pendantes et à bords taillés en dents de scie, armé de cuissots, genouillières, grèves et solerets articulés garnis d'éperons, portant sur l'épaule un bouclier à la bande, ganté, tenant de la main droite sa lance, de la gauche embrassant la poignée de son épée suspendue à la ceinture de chevalerie garnie d'un poignard au côté droit. A dextre, au pied d'un arbre, un bacinet cimé; à sénestre, un cheval à mi-corps scellé, bridé, houssé aux armes. Au-dessus de la tête du personnage la devise : **faire le boy** (faire le day.)

saiel · iehan · figueur · de · ligue · et · de · bailluel ·

(Saiel Jehan, signeur de Ligne et de Bailluel.)

Amortissement de terres près Leuze. — Au château de Beloeil. 31 mai 1437.

1229 **LIGNE (MICHEL DE).**

1457.

Sceau rond, de 27 mill. — Arch. du Nord; Chambre des comptes.

Écu à la bande.

Seel mik.. de ligue

(Seel Mikiel de Ligne.)

Voyez le n° 483.

1230 **LIGNE (MICHEL DE).**

1468.

Sceau rond, de 34 mill. — Arch. du Nord; Chambre des comptes.

Écu portant une bande, au lambel, penché, timbré d'un heaume cimé aux armes, dans un encadrement à quatre lobes, sur champ de fleurs.

s · . . . . . de · lingne · signr · de · thumaide

(Seel Mikiel de Lingne, signeur de Thumaide.)

Voyez le n° 502.

1231 LIGNY (ROBERT, SIRE DE),

Chevalier. — 1285.

Sceau rond, de 40 mill. — Arch. du Nord; abbaye des Prés.

Écu portant un écusson en abîme, au sautoir brochant sur le tout.

✱ S'. ROBERT · DE · LAING. . . . IER

(Seel Robert de Leingni, chevalier.)

Vente de terres en la paroisse de Beaucamp. — 1er avril 1285.

1232 LILLE (HUGUES DE),

Seigneur de Fresnes et de Gœulzin. — 1427.

Sceau rond, de 30 mill. — Arch. du Nord; Chambre des comptes.

Écu portant un plain sous un chef, penché, timbré d'un heaume cimé d'une tête de cygne, sur champ de fleurs.

s : hue : de : lille : signeur · de . frasne

(Seel Hue de Lille, signeur de Frasne.)

Voyez le n° 425.

1233 LILLE (JACQUES DE),

Seigneur de Fresnes et de Gœulzin, chevalier. — 1467.

Sceau rond, de 38 mill. — Arch. du Nord; collégiale de Sainte-Croix.

Écu portant un plain sous un chef, penché, timbré d'un heaume cimé d'une tête de cygne.

s · iaque · de · lille · chlr · seignr · de · frasne

(Seel Jaque de Lille, chevalier, seigneur de Frasne.)

Autorisation à sa sœur Mahaut pour prendre 200 écus d'or sur sa maison et terre d'Érard. — 29 avril 1467.

1234 LILLE (MAHAUT DE),

Femme de Liounel de Wandonne. — 1438.

Sceau rond, de 32 mill. — Arch. du Nord; abbaye de Saint-Aubert.

Écu portant trois doloires, parti d'un écartelé d'un plain sous un chef et de trois maillets, soutenu par un ange.

. . . . . haut · de · li . . .

(Seel Mahaut de Lille.)

Cession de droits sur un fief situé à Neuvilly. — 8 décembre 1438.

1235 LIRE (JEAN, SEIGNEUR DE).

1467.

Sceau rond, de 30 mill. — Arch. du Nord; Chambre des comptes.

Écu portant dix losanges, 3, 3, 3 et 1, penché, timbré d'un heaume cimé d'une tête de chien ou de lion.

seel · de · iehan : seigneur · de · lire

(Seel de Jehan, seigneur de Lire.)

Voyez le n° 425.

1236 LIXHE? OU LEKE? (THIERRI DE).

1248.

Sceau rond, de 60 mill. — Arch. du Nord; Chambre des comptes.

Une aigle éployée portant en cœur un écusson fruste.

✱ SIGILL : THEO. . . ICI : DE : LISA

(Sigillum Theoderici de Lisa.)

Theodericus de Lexa se constitue caution de Florent de Hollande, frère du roi des Romains, envers Marguerite, comtesse de Flandre, pour la somme de 7,200lt. — Bruges, 11 août 1248.

1237 LOBBES (BAUDOUIN DE).

1231.

Sceau ogival, de 60 mill. — Arch. du Nord; abbaye de Saint-Aubert.

Personnage debout de profil à droite, coiffé d'un bonnet, en tunique courte et légère, marchant appuyé sur un bâton, tenant une coupe à la main droite.

✱ S. BALDVINI · SENESCALCI

(Sigillum Balduini Senescalci.)

Contre-sceau : Une fleur de lys fleuronnée.

✱ CLAVIS SIGILLI

(Clavis sigilli.)

Sentence validant la saisie du char et des chevaux de l'abbaye de Liessies opérée par l'abbaye de Saint-Aubert à cause d'une rente non acquittée. — 27 décembre 1231.

1238 LOHÉAC (GUILLAUME, SIRE DE).

Chevalier. — 1285.

Sceau rond, de 22 mill. — Arch. du Nord; Chambre des comptes.

Écu vairé.

✱ S'. GVILEI · DE · LOHEAC · MIL

(Sigillum Guillelmi de Loheac, militis.)

Quittance de fief de bourse. — 19 juin 1285.

1239 LOO (JEAN DE).

Sire de Voormezeele. — 1383.

Sceau rond, de 20 mill. — Arch. du Nord; chapitre de Lille.

Écu échiqueté, soutenu par une dame, supporté par deux lions, dans un trilobe.

✠ SEEL · IEHAN · DE · LO

(Seel Jehan de Lo.)

Autorisation pour faire au chapitre de Lille le werp d'une terre acquise à Erquinghem-le-Sec. — 10 avril 1363.

1240   LOOZ (JACQUEMON DE),

Dit d'Agimont, seigneur de Château-Tiéri-sur-Meuse, chevalier. — 1364.

Sceau rond, de 28 mill. — Arch. du Nord; Chambre des comptes.

Écu burelé, au lambel, penché, timbré d'un heaume cimé, sur champ fretté.

S' IACOB · E LOS MILITIS

(Sigillum Jacobi de Los, militis.)

Voyez le n° 508.

1241   LOQUERON (GILLES DU),

Chevalier. — 1265.

Sceau rond, de 45 mill. — Arch. du Nord; abbaye de Château-l'Abbaye.

Écu portant une croix.

✠ S · EGI... DEL · LOKERV · MILITIS ·

(Sigillum Egidii del Lokeron, militis.)

Don de rente par Arnoul de Mortagne, châtelain de Tournay. — Septembre 1265.

1242   LOQUERON (GILLES DU),

1416.

Sceau rond, de 28 mill. — Arch. du Nord; abbaye de Château-l'Abbaye.

Écu à la croix, penché, timbré d'un heaume cimé de deux pieds fourchés, supporté par deux anges.

S' · egidu .. loker ..

(Sigillum Egidii de Lokeron.)

Sentence confirmative d'une rente sur le pré des Corailles. — 17 février 1416.

1243   LORRAINE (HUGUES DE),

Sire de Beveren et de Martiguy. — 1335.

Sceau rond, de 83 mill. — Arch. du Nord; Chambre des comptes.

Type équestre; le bouclier et la housse portant la bande aux trois alérions.

LE SEEL hVE....RR..NE SEGNEVR DE BEVRES ET DE MARTIGNI

(Le Seel Hue de Lorrayne, segneur de Bevres et de Martigni.)

Contre-sceau : Type équestre semblable à celui de la face.

S' hVE D' LORRAYNE SEGNIEVR DE BEVRES ET DE MARTIGNI

(Secret Hue de Lorrayne, segnieur de Bevres et de Martigni.)

Récépissé des lettres de garantie du comte de Flandre applicables au traité concernant le château et la terre de Beveren. — 6 septembre 1335.

1244   LORRAINE (MAHIEU DE),

Sire de Beveren et de Florennes. — 1343.

Sceau rond, de 70 mill. — Arch. du Nord; Chambre des comptes.

Type équestre; l'épaulière, le bouclier et la housse portant la bande aux trois alérions, à la bordure engrêlée; sur champ fretté. — Légende détruite.

Contre-sceau : Écu aux armes de la face, dans un quadrilobe.

✠ S'. MAHIEV · DE · LORRAINNE

(Seel Mahieu de Lorrainne.)

Confirmation du traité de mariage entre Robert, comte de Flandre, et Jeanne de Bretagne. — 27 janvier 1343.

1245   LORRAINE

(MAHAUT DE FLANDRE, FEMME DE MAHIEU DE),

Dame de Beveren. — 1343.

Sceau ogival, de 76 mill. — Arch. du Nord; Chambre des comptes.

Dame debout, sur un piédouche, en robe et en manteau, un faucon sur le poing, sur champ fretté. A dextre, un écu aux armes de son mari; à sénestre, un écu au lion. — Légende détruite.

Contre-sceau : Écu parti aux armes de la face, dans un quadrilobe.

✠ .....M :: MACHTILDIS :: DE :: FLANDRIA ::

(Sigillum Machtildis de Flandria.)

Voyez le n° 1244.

1246   LOUVERVAL (PHILIPPE DE),

Écuyer. — 1649.

Sceau rond, de 33 mill. — Arch. du Nord; collégiale de Saint-Géry.

Écu à la bande de cinq fusées, penché, timbré d'un heaume couronné.

S · P.....E · DE · LOVVERVAL.

Aveu d'un fief situé au Roquier. — 25 janvier 1649.

1247   LOUVIGNIES (HENRI, SIRE DE),

Écuyer. — 1301.

Sceau rond, de 23 mill. — Arch. du Nord; Chambre des comptes.

Écu billeté, au lion.

S' · hARRI · DE · LOVI...IES

(Seel Hanri de Lovignies.)

Le curé de Saint-Germain, de Mons, assigne au comte de Hainaut une rente sur le moulin de Rougnies, et en obtient que les habitants de Genly viennent moudre à ce moulin. — Mons, 19 juin 1301.

1248 LUCEAU (GILLES DE).

1269.

Sceau rond, de 38 mill. — Arch. du Nord; abbaye de Marquette.

Écu fascé de six pièces dont trois chargées de croisettes.

⚜ S · EGIDII · DE · LICHAV ·

(Sigillum Egidii de Liebau.)

L'abbaye de Marquette acquiert en la paroisse de Marcq des biens tenus de Jean de Roubaix. — Mai 1269.

1249 LUXEMBOURG (CAULUS DE),

Bâtard de Ligny, seigneur de Forest, chevalier. — 1382.

Sceau rond, de 29 mill. — Arch. du Nord; évêché et chapitre de Cambrai.

Écu au lion à queue fourchée passée en sautoir, écartelé d'un écusson en abime accompagné de huit merlettes en orle, penché, timbré d'un heaume cimé d'une touffe, supporté par deux hommes sauvages, dans un encadrement à lobes.

caulus ꝑ lucembourch

(Caulus de Lucembourch.)

Bail à rente d'une maison située à Saint-Vaast. — 11 juin 1382.

1250 LUXEMBOURG (GÉRARD DE),

Seigneur de Durbuy. — 1289.

Sceau rond, de 65 mill. — Arch. du Nord; Chambre des comptes.

Type équestre; le bouclier et la housse portant un burelé, au lion brochant, brisé d'un lambel de cinq pendants.

S' GERAR.. DE LVCELEB · DÑI · DE · DVRBVIT

(Sigillum Gerardi de Luceleb..., domini de Durbuit.)

CONTRE-SCEAU : Écu aux armes de la face.

⚜ SECRETVM · GERARDIS

(Secretum Gerardis.)

Promesse de remboursement au comte de Flandre qui s'était chargé de 100ll de rente envers Marguerite, fille de Gérard de Luxembourg, à l'occasion de son mariage avec Jean de Ghistelles. — 12 juin 1289.

1251 LUXEMBOURG

(MAHAUT, FEMME DE GÉRARD DE).

Dame de Durbuy. — 1289.

Sceau ogival, de 86 mill. — Arch. du Nord; Chambre des comptes.

Dame debout, en robe et en manteau, coiffée d'un voile, un oiseau de vol sur le poing, dans une niche gothique. A dextre, l'écu de son mari; à sénestre, un écu au lion.

⚜ S' MATHILDIS · DOMINE · DE · DVRBVY

(Sigillum Mathildis, domine de Durbuy.)

CONTRE-SCEAU : Écu burelé, au lion couronné brochant, brisé d'un lambel.

⚜ S' SECRETI · MEI

(Sigillum secreti mei.)

Voyez le n° 1250.

1252 LUXEMBOURG (JACQUES DE),

Seigneur de Fiennes. — 1466.

Sceau rond, de 48 mill. — Arch. du Nord; abbaye du Saint-Sépulcre.

Écu portant un lion à queue fourchée passée en sautoir, écartelé d'un soleil, penché, timbré d'un heaume à tortil cimé d'un dragon, supporté par deux griffons, celui de dextre tenant une bannière au lion.

Sigillum · iacobi · de · luxembourch

(Sigillum Jacobi de Luxembourch.)

Amortissement de biens à Morbecque. — Lille, 29 novembre 1466.

1253 LUXEMBOURG

(MARGUERITE, DEMOISELLE DE).

1293.

Sceau ogival, de 54 mill. — Arch. du Nord; Chambre des comptes.

Dame debout, en robe et en manteau vairé, coiffée d'un voile, un oiseau sur le poing.

...MARGRETE · DOMICELLA · DE · LVSSELEB..?

(Sigillum Margrete, domicelle de Lusseleb...)

CONTRE-SCEAU : Écu burelé au lion, accompagné dans le champ de deux bars adossés sur un semé de croisettes au pied fiché.

⚜ S' MARGHARETE · DOMICELLA · DE · LVCEBOG

(Secretum Margharete, domicelle de Lucembourg.)

Quittance à valoir sur 2,000 petits tournois dus par le comte de Luxembourg, son neveu. — 4 juillet 1293.

1254 LUXEMBOURG (PIERRE DE),

Seigneur d'Enghien, de Beauvoir, de Brienne, comte de Conversan. — 1407.

Sceau rond, de 45 mill. — Arch. du Nord; abbaye de Saint-Aubert.

Écu portant le gironné d'Enghien, au franc canton chargé d'un lion à queue fourchée, penché, timbré d'un heaume cimé, supporté par deux aigles.

..........INGIE · DÑI · BRANE · ET · CVPS · COMITIS

(..... Ingien, domini Brane et Capervani comitis)

Pierre de Luxembourg reconnaît n'avoir aucun droit de mettre ses chevaux à séjour dans la maison de l'abbaye de Saint-Aubert à Hérinnes. — Mons, 4 novembre 1409.

1255 LUXEMBOURG (PIERRE DE),

Seigneur d'Enghien, de Beaurevoir, comte de Couversan et de Brienne. — 1418.

Sceau rond, de 50 mill. — Arch. du Nord; Chambre des comptes.

Écu au lion couronné à queue fourchée passée en sautoir, penché, timbré d'un heaume cimé d'un dragon, supporté par deux griffons : celui de dextre, mantelé d'Enghien, tient une bannière billetée au lion; celui de sénestre, mantelé au lion, porte la bannière d'Enghien.

. . . . . tri · de · luxemburgo · comitis · cuperlaui · et · breune · dñi · de . . . . .

(Sigillum Petri de Luxemburgo, comitis Cuperrani et Brenne, domini de . . . . .)

Voyez le n° 502.

1256 LUXEMBOURG (WALERAN DE),

Seigneur de Ligny. — 1286.

Sceau rond, de 74 mill. — Arch. du Nord; Chambre des comptes.

Type équestre; le bouclier et la housse portant un burelé sous un chef, au lion brochant sur le tout.

S' WA..RAN.. .E · L.........MINI · DE.......

(Sigillum Waleranni de Luxemburgo, domini de . . . . .)

Contre-sceau : Écu aux armes de la face.

✠ SIG'ILLVM · SECRETI · MEI

(Sigillum secreti mei.)

Ordre à son bailli de Donze pour qu'il délivre pendant cinq ans au comte de Flandre les revenus de ce bailliage. — 21 août 1286.

1257 LUXEMBOURG (WALERAN DE),

Seigneur de Ligny et de Beaurevoir. — 1304.

Sceau rond, de 47 mill. — Arch. du Nord; abbaye de Saint-Aubert.

Type équestre de chasse, fruste, sur champ festonné.

✠ . . . . DAMOIS.. SIGNEVR · DE · LIRI

(. . . . . damoisel, seigneur de Lini.)

Contre-sceau : Écu fruste, dans un trilobe.

✠ CONTRE · S' · WALLERANT · DE · LIRI

(Contre seel Wallerant de Lini.)

Garantie fournie à l'abbaye de Saint-Aubert pour la possession d'une terre à Ohain. — Novembre 1304.

1258 LUXEMBOURG (WALERAN DE),

Seigneur de Ligny. — 1348.

Sceau rond, de 78 mill. — Arch. du Nord; évêché et chapitre de Cambrai.

Type équestre; épée à pommeau trilobé retenue par une chaîne, casque carré cimé d'un dragon; le bouclier, l'épaulière, le troussequin, le poitrail et la housse portant un burelé au lion couronné brisé d'un lambel; la tête du cheval cimée d'une aigle. — Légende détruite.

Contre-sceau : Une aigle chargée en cœur d'un écusson aux armes de la face.

✠ SECRET : WALLERAN : DE : LVSENBOVRC

(Secret Walleran de Luxembourg.)

Obligation au sujet d'une maison reçue en viager du chapitre de Cambrai. — 12 décembre 1348.

1259 LUXEMBOURG (WALERAN DE).

Seigneur de Ligny. — 1354.

Sceau rond, de 76 mill. — Arch. du Nord; évêché et chapitre de Cambrai.

Type équestre analogue au précédent; le bouclier et la housse portant un lion couronné à queue fourchée passée en sautoir; le champ bordé d'un cordon de roses.

S : WALLERANNI : DE : LVXE.....D.....TIS

(Sigillum Walleranni de Luxem.....)

Contre-sceau : Écu aux armes de la face, penché, timbré d'un heaume cimé d'un dragon, dans un encadrement gothique.

✠ SIGILLVM SECRETI MEI

(Sigillum secreti mei.)

Sentence arbitrale dans un débat entre Pierre, évêque de Cambrai, et l'échevinage de cette ville. — 8 octobre 1354.

1260 MÂCON (GUILLAUME DE).

Chevalier. — 1385.

Sceau rond, de 28 mill. — Arch. du Nord; Chambre des comptes.

Écu portant une fasce chargée de trois fleurs de lys, accompagné dans le champ de trois branches fleuries.

✠ S' GVILLI DE MA...CONE.....S

(Sigillum Guillelmi de Ma...cone, militis.)

Quittance de pension. — Janvier 1385.

1261 MACQUIGNY (COLART DE).

Écuyer. — 1375.

Sceau rond, de 40 mill. — Arch. du Nord; abbaye d'Anchin.

Écu portant une masse d'armes?

...ICOLAS .E MARIG.

(Seel Nicolas de Makigni.)

Acquisition d'une terre à Trémont. — Septembre 1375.

1262   MAELSTEDE (JEAN DE),

Chevalier. — 1290.

Sceau rond, de 62 mill. — Arch. du Nord; Chambre des comptes.

Type équestre; le bouclier et la housse portant d'hermines, au sautoir, à la fasce brochant sur le tout.

SIGILLVM : IOẞANNIS : MILITIS : DOMINI .... ELSTEDE :

(Sigillum Johannis, militis, domini de Maelstede.)

Voyez le n° 611.

1263   MAELSTEDE (SIMON DE),

Chevalier. — 1339.

Sceau rond, de 14 mill. — Arch. du Nord; Chambre des comptes.

Écu d'hermines, au sautoir chargé en cœur d'un écusson portant un chef, penché, timbré d'un heaume cimé d'une tête de bœuf, sur champ fretté.

ẞ SYMOIS DE MASTEDE MILIT

(Sigillum Symonis de Mastede, militis.)

Voyez le n° 484.

1264   MAILLY (BAUDOUIN DE),

Chevalier. — 1277.

Sceau rond, de 51 mill. — Arch. du Nord; Chambre des comptes.

Écu portant trois maillets.

✱ Sᵉ BALDOVINI DE M.....GO MILITIS DÑI DE LOVENEV...

(Sigillum Baldovini de Malliaco, militis, domini de Lovene. .)

Lettres de caution pour 1,200ᵉ prêtées à Gui de Châtillon par Béatrix, veuve de Guillaume, comte de Flandre. — 1277.

1265   MAISNIL (PIERRE DU),

1197.

Sceau rond, de 69 mill. — Arch. du Nord; abbaye de Loos.

Écu plain, au franc canton.

✱ SIGILLVM · PETRI · DEL · MEINIL

(Sigillum Petri del Meinil.)

Sentence arbitrale au sujet des hommes de Fourmestraux réclamés comme serfs par Urson de Frétin. — 1197.

1266   MAISNIL (TASSART DU),

Dit Carbonnier, écuyer. — 1407.

Sceau rond, de 21 mill. — Arch. du Nord; Chambre des comptes.

Écu portant six feuilles d'arbre posées 3, 2 et 1.

✱ Sᵉ · TASSART · DV · MAINIL

(Scel Tassart du Mainil.)

Publication, à Térouane, de toises marchandes entre la Flandre et l'Angleterre. — 8 mai 1407.

1267   MALDEGHEM (PHILIPPE DE),

Chevalier. — 1298.

Sceau rond, de 50 mill. — Arch. du Nord; Chambre des comptes.

Écu à la croix accompagnée de douze merlettes en orle, dans un encadrement gothique.

.....LIPPI : DOMINI : DE : MALDEHG...

(..... Philippi, domini de Maldeghem.)

Contre-sceau : Écu aux armes de la face.

✱ Sᵉ · DÑI · PẞILIPPI · DÑI · DE · MALDEGẞEM

(Secretum domini Philippi, domini de Maldeghem.)

Reconnaissance des droits du comte de Flandre sur les fiefs occupés par Nicolas de Kats, chevalier. — Peteghem, 6 avril 1298.

1268   MALDEGHEM (PHILIPPE DE),

Chevalier. — 1308.

Sceau rond, de 25 mill. — Arch. du Nord; Chambre des comptes.

Écu à la croix accompagnée de douze merlettes en orle, au lambel de cinq pendants, dans un encadrement gothique.

✱ Sᵉ PẞI....I · DE · MALDENGẞEM · MILITIS

(Sigillum Philippi de Maldenghem, militis.)

Voyez le n° 1203.

1269   MALDEGHEM (PHILIPPE DE),

1336.

Sceau rond, de 22 mill. — Arch. du Nord; Chambre des comptes.

Écu à la croix accompagnée de douze merlettes en orle, sur champ festonné.

✱ Sᵉ DÑI PẞILI... DÑI D. .ALDENGẞE.

(Sigillum domini Philippi, domini de Maldenghem.)

Voyez le n° 477.

1270   MALEBEKE (GAUTIER DE),

1333.

Sceau rond, de 18 mill. — Arch. du Nord; Chambre des comptes.

Un Agnus accompagné de deux fleurs de lys.

Sᵉ WAVTER VÃ DẼ MALEBEK

(Segel Wauter van den Malebek.)

Quittance à la dame de Cassel. — 6 janvier 1333.

1271   MAMETZ (PIERRE, SIRE DE)

Et du Dam-lez-Watten. — 1374.

Sceau rond, de 28 mill. — Arch. du Nord; Chambre des comptes.

Écu portant trois chevrons échiquetés. — Il ne reste plus de la légende que . .MMES (Mammès.)

Aveu du fief du Dam appelé Seninghem. — 24 août 1374.

1272   MANVILLE? (JEAN DE).

1426.

Sceau rond, de 25 mill. — Arch. du Nord; chapitre de Saint-Amé.

Écu à la bande chargée . . . . . accompagnée de six billettes, dans une étoile.

. . . han · de · mauuille

(Seel Jehan de Manville.)

Acquisition de terre à Saudemont par M° Guillaume Turpin, chanoine de Saint-Amé. — 3 juin 1426.

1273   MARAIS? (JEAN, SIRE DU),

Écuyer. — 1391.

Sceau rond, de 25 mill. — Arch. du Nord; Chambre des comptes.

Écu portant un sautoir, à la bordure engrêlée, dans un encadrement en losange.

S' · IEhANS · DOV · MARES

(Seel Jehans dou Mares.)

Attestation du noble lignage de Jean de Quartes. — 18 mai 1391.

1274   MARBAIS (GÉRARD DE).

Sire du Breucq, chevalier. — 1441.

Sceau rond, de 70 mill. — Lille; hôpital Saint-Sauveur.

Type équestre; le bouclier portant une fasce accompagnée de trois merlettes en chef.

SIGILLVM G.RADI DE MARBAIS

(Sigillum Geradi de Marbais.)

Contre-sceau : Écu effacé, aux armes.

✠ SECRETVM MEVM

(Secretum meum.)

Ratification de l'acquisition d'une terre. — Mars 1441.

1275   MARBAIS (GÉRARD DE).

Sire du Breucq. — 1278.

Sceau rond, de 65 mill. — Lille; hôpital Saint-Sauveur.

Type équestre; le bouclier et la housse portant une fasce accompagnée de trois merlettes en chef.

✠ S. GERA ....MINI : DE : MARB... ET DE
B...C

(Sigillum Gerardi, domini de Marbais et de Bruec.)

Contre-sceau : Écu aux armes de la face.

✠ SIGILLVM · SECRETI

(Sigillum secreti.)

L'hôpital Saint-Sauveur est confirmé dans la possession d'une terre tenue du Breucq. — Juillet 1278.

1276   MARBAIS (GÉRARD DE).

Sire du Breucq. — 1391.

Sceau rond, de 50 mill. — Arch. du Nord; Chambre des comptes.

Écu à la fasce accompagnée de trois merlettes en chef.

✠ S' GERART SIR.. DE MARB.....
DV BRVCC

(Seel Gérart, sires de Marbais et du Bruec.)

Assignations de 3oo livrées de terre vendues par Gérard de Marbais à Baude le Borgne, bourgeois de Lille. — Novembre 1391.

1277   MARBAIS (HENRI DE).

Sire du Breucq, chevalier. — 1485.

Sceau rond, de 67 mill. — Arch. communales de Lille.

Écu à la fasce accompagnée de trois merlettes en chef.

S' hENRICI 'DNI DE MARBAIS ET 'DE BRVC.

(Sigillum Henrici, domini de Marbais et de Bruec.)

Henri de Marbais vend à la ville de Lille ses droits sur la mare et la pêcherie de Fives et sur le ruisseau de la Phalecque. — Mai 1485.

1278   MARBAIS (JEAN DE).

Écuyer. — 1421.

Sceau rond, de 27 mill. — Arch. du Nord; Chambre des comptes.

Écu à la fasce accompagnée de trois merlettes en chef, penché, timbré d'un heaume cimé, supporté par une dame à dextre.

s iehās fire ꝺ marbais

(Seel Jehans, sire de Marbais.)

Voyez le n° 722.

1279   MARBAIS (WAUTIER CÉSAIRE DE).

Chevalier. — 1392.

Sceau rond, de 40 mill. — Arch. du Nord; Chambre des comptes.

Écu à la fasce chargée de trois coquilles, accompagnée de trois merlettes en chef.

✠ S' WATIER CHISAIRE CHEVALIER

(Seel Watier Chisaire, chevalier.)

Quittance de ce qui lui avait été assigné sur la terre du Breucq par Gérard de Marbais, châtelain de Bruxelles. — 26 août 1392.

1280   MARCINELLE (SIMON DE),

Écuyer. — 1299.

Sceau rond, de 21 mill. — Arch. du Nord; chapitre de Lille.

Écu au sautoir chargé de cinq roses ou cinq étoiles.

S' SIMOII LE FLAMEC

(Seel Simon le Flamenc.)

Acquisition de la dîme de Sequedin. — Juillet 1299.

1281 MARCOING (JEAN, SEIGNEUR DE).

Vers 1216.

Sceau rond, de 45 mill. — Arch. du Nord; abbaye du Saint-Sépulcre.

Écu fretté.

✳ S' : IOHIS : VIELLART : DE MARCOING

(Sigillum Johannis Viellart de Marcoing.)

Le seigneur de Marcoing garantit à l'abbaye du Saint-Sépulcre la légitime possession de la terre de Baionfosset. — Sans date.

1282 MARCOING (JEAN KANAST DE).

1263.

Sceau rond, de 49 mill. — Arch. du Nord; collégiale de Saint-Géry.

Écu fretté, au franc canton de vair.

✳ S' I…NNIS RANAST DE MARROVN

(Sigillum Johannis Kanast de Markoun.)

Ratification d'une vente de terres situées à la Tourelle d'Oisy, à Loigneul, à la Tourelle de Paillencourt, etc. — Septembre 1263.

1283 MARCQ (MATHIEU, SIRE DE),

Chevalier. — 1279.

Sceau rond, de 47 mill. — Arch. du Nord; abbaye de Marchiennes.

Écu à la fasce accompagnée de quatre pals en chef et de trois en pointe, au franc canton d'hermines; ou peut-être a-t-on voulu figurer un palé coupé d'un contrepalé?

✳ S' MATHEI · MILITIS · DNI · DE MARRE

(Sigillum Mathei, militis, domini de Marke.)

About de fief à Fenain. — Janvier 1279.

1284 MARCQ (MICHEL DE),

Chevalier. — 1261.

Sceau rond, de 60 mill. — Arch. du Nord; abbaye des Prés.

Écu portant une croix, au lambel de cinq pendants.

✳ SIGILLVM MICHAELIS ..... MILITIS

(Sigillum Michaelis de Marke, militis.)

Ratification d'une acquisition de terre à Marcq. — Juillet 1261.

1285 MARCQ (RENAUD DE),

Chevalier. — 1280.

Sceau rond, de 45 mill. — Arch. du Nord; abbaye de Cysoing.

Écu portant une croix, au lambel de cinq pendants componés.

✳ S · REHAVT · DE · MARRE · CHR ?

(Seel Renaut de Marke, chevalier.)

Rachat d'une haie tenant au bois de Quesnoy. — Janvier 1280.

1286 MARCQ (RENAUD DE),

Écuyer. — 1319.

Sceau rond, de 20 mill. — Arch. du Nord; abbaye du Saint-Sépulcre.

Écu à la croix chargée de cinq ....

✳ S' RENAVT DE MARRE

(Seel Renaut de Marke.)

Renaut de Marcq déclare n'avoir aucun droit de relief sur une terre appartenant à l'abbaye du Saint-Sépulcre au dimage de la Bassée. — 11 mars 1319.

1287 MARETZ

(MARGUERITE, DEMOISELLE DE).

1349.

Sceau ogival, de 44 mill. — Arch. du Nord; évêché et chapitre de Cambrai.

Dame debout, en robe flottante, coiffée d'un voile, accostée de deux écus portant un lion à la bordure.

✳ S' MARGERITE DE MAREG

(Seel Margerite de Marec.)

CONTRE-SCEAU : Un lion. — Sans légende.

Ratification d'une acquisition de fief. — Maretz, 7 juillet 1349.

1288 MARGNY (JEAN DE),

Chevalier. — 1366.

Sceau rond, de 11 mill. — Arch. du Nord; Chambre des comptes.

Écu au sautoir cantonné de quatre merlettes.

✳ S' · IEHAN · DE · MARGNY

(Seel Johan de Margny.)

Voyez le n° 545.

1289 MARQUETTE-EN-OSTREVANT

(JEAN DE).

1287.

Sceau rond, de 33 mill. — Arch. du Nord; abbaye des Prés.

Cinq quintefeuilles rangées en croix.

✳ S' IEHAN DE MARKETE

(Seel Johan de Markete.)

Confirmation d'une acquisition de terre à Wasnes. — Janvier 1287.

1290 MARTIN (PIERRE LE),

Seigneur de Wasnes, écuyer. — 1587.

Sceau rond, de 30 mill. — Arch. du Nord; abbaye du Câteau.

Écu portant trois lacs d'amour, timbré d'un heaume cimé.

S · PIERRE · LE · MARTIN

Lettres de relief pour un fief tenu de Mortagne. — 3 juillet 1587.

1291 MARTINSART (EUSTACHE DE),

Sire de Quéant. — 1214.

Sceau rond, de 48 mill. — Arch. du Nord; abbaye de Saint-Aubert.

Écu au dextrochère tenant une fleur de lys et accompagné de sept merlettes en orle.

✳ SIGILLVM : GVSTACI : DE : MARTINSART

(Sigillum Eustaci de Martinsart.)

Contre-sceau : Une coquille.

✳ S' VSTACII

(Secretum Ustacii.)

Ratification du consentement donné par Eustache, son père, à la vente de la dîme de Quéant. — 1214.

1292   MASNIÈRES (ADAM DE).

1290.

Sceau rond, de 67 mill. — Arch. du Nord; évêché et chapitre de Cambrai.

Écu portant six lions passant affrontés deux par deux.

✳ SIGI.... ADE DE .....ERES

(Sigillum Ade de M....eres.)

Ratification d'une acquisition de dîme à Abancourt. — 18 juin 1290.

1293 MASSEMEN (GÉRARD, SIRE DE).

1308.

Sceau rond, de 24 mill. — Arch. du Nord; Chambre des comptes.

Écu au lion chargé d'une fleur de lys à l'épaule.

✳ S' GR DE RASEGHE SIRE DE MAMIHES

(Seel Ghérard de Raseghem, sire de Mamiues.)

Voyez le n° 1203.

1294 MASSEMEN (GÉRARD, SIRE DE).

1389.

Sceau rond, de 27 mill. — Arch. du Nord; Chambre des comptes.

Écu au lion chargé d'une fleur de lys à l'épaule? dans un encadrement hexagone.

S' GH..... S..... MASSEMINE

(Seel Ghérard, sire de Massemine.)

Voyez le n° 484.

1295 MASSEMEN (ROBERT, SIRE DE)

Et de Leeuwerghem. — 1408.

Sceau rond, de 33 mill. — Arch. du Nord; Chambre des comptes.

Écu au lion chargé à l'épaule, penché, timbré d'un heaume cimé d'un poisson, supporté par deux dames.

s · robreecht · van · massemine ·

(Segel Robrecht van Massemine.)

Jacque de Bavière, dauphine de Viennois, cède à sa mère, comtesse de Hainaut, les terres de Flobecq et de Lessines. — 29 octobre 1428.

1296   MASTAING (JACQUEMON, SIRE DE.

1286.

Sceau rond, de 32 mill. — Arch. du Nord; abbaye de Sin.

Écu au lion, brisé d'un filet en bande.

✳ S' IAREMON : DE MASTAIN

(Seel Jakemon de Mastain.)

Adhéritement d'une terre à Wasnes. — Décembre 1286.

1297   MASTAING (THIERRI, SIRE DE).

Chevalier. — 1260.

Sceau rond, de 47 mill. — Arch. du Nord; abbaye de Sin.

Écu au lion, au filet en bande brochant.

✳ S' TIER . ḶEVALIER · SEGNEVR · DE · MASTAING

(Seel Tiéri, chevalier, segneur de Mastaing.)

Ratification d'une acquisition de terre à Wasnes. — Novembre 1260.

1298   MATHELAR (GÉRARD DE).

Chevalier. — 1373.

Sceau rond, de 25 mill. — Arch. du Nord; Chambre des comptes.

Écu à la fasce de vair.

...GIRARDO · DE · MATLOR

(... Girardo de Matlor.)

Gérard de Mathelar, qui avait tenu un parti contraire au comte de Flandre, rentre en grâce auprès de lui et lui fait hommage de main et de bouche. — 15 juin 1373.

1299   MAUBEUGE (GILLES DE.

1407.

Sceau rond, de 27 mill. — Arch. du Nord; Chambre des comptes

Écu vairé, penché, timbré d'un heaume couronné cimé d'une tête de griffon, supporté par deux griffons.

s · gilles de maubuege

(Seel Gilles de Maubuege.)

Voyez le n° 425.

1300   MAUBEUGE (JEAN DE.

Banneret de Hainaut. — 1405.

Sceau rond, de 26 mill. — Arch. du Nord; Chambre des comptes

Écu vairé, penché, timbré d'un heaume couronné cimé d'une tête de griffon, dans un encadrement à six lobes.

s · icban · k · maubuige

(Seel Jehan de Maubuige.)

Dépens des chiens du comte du Hainaut au séjour de Braine-le-Comte. — 18 juin 1405.

1301 MAUNY (HENRI DE),

Chevalier. — 1231.

Sceau rond, de 46 mill. — Arch. du Nord; abbaye d'Anchin.

Écu chevronné de six pièces.

✱ SIGILL · ҺENRI · DE · MAVNI

(Sigillum Henri de Mouni.)

Voyez le n° 894.

1302 MAUNY (HENRI DE),

Chevalier. — 1296.

Sceau rond, de 46 mill. — Arch. du Nord; abbaye d'Anchin.

Écu portant une hamaide, au lambel.

✱ S' DÑI · ҺENRICI · DE · MONI · MILITIS

(Sigillum domini Henrici de Moni, militis.)

Compromis au sujet de la justice et des hôtes de l'abbaye d'Anchin à Esclevain. — 29 juillet 1296.

1303 MAUNY (JEAN LE BORGNE DE),

Seigneur de Jenlain. — 1305.

Sceau rond, de 36 mill. — Arch. du Nord; évêché et chapitre de Cambrai.

Écu chevronné de six pièces.

✱ S' IEҺAN : ᒪE : BORGNE : S....EVR : DE : MAN.....

(Seel Jehan le Borgne, seigneur de Man.....)

Contre-sceau : Écu effacé.

✱ S' ᒪE BORNE DE MAVNI

(Seel le Borne de Mauni.)

Fondation d'une chapellenie à Jenlain. — 18 octobre 1305.

1304 MAUNY

(JEANNE, FEMME DE JEAN LE BORGNE DE)

Dame de Jenlain. — 1305.

Sceau rond, de 37 mill. — Arch. du Nord; évêché et chapitre de Cambrai.

Écu billeté au lion, parti d'un chevronné de six pièces.

.....ҺENNE : DAM. .E GENLA..

(Seel Jehenne, dame de Genlain.)

Voyez le n° 1303.

1305 MAUNY (JEAN LE BORGNE DE),

Chevalier. — 1311.

Sceau rond, de 30 mill. — Arch. du Nord; abbaye d'Anchin.

Écu chevronné de six pièces.

... IEҺAN · ᒪE · BORGNE · SIGNEVR · DE · MAVNI.....

(Seel Jehan le Borgne, signeur de Mauni...)

Reconnaissance des droits de l'abbaye d'Anchin sur la maison et les hôtes d'Esclevain. — Février 1311.

1306 MAUNY (THIERRI DE),

Chevalier. — 1336.

Sceau rond, de 33 mill. — Arch. du Nord; abbaye de Saint-Jean de Valenciennes.

Écu chevronné de six pièces, dans un trilobe.

S' : TIERI : SIGNEVR : DE : MANNIT : CҺEVAᒪIER

(Seel Tiéri, signeur de Meanit, chevalier.)

Jean Bernier, prévôt de Valenciennes, acquiert de Saussel d'Esnes un fief à Noyelles près Haspres. — 16 juin 1336.

1307 MAUNY (WAUTIER DE),

Seigneur de Jenlain. — 1362.

Sceau rond, de 30 mill. — Arch. du Nord; abbaye de Fontenelles.

Écu chevronné de six pièces, penché, timbré d'un heaume armorié de pals chargés de coquilles et cimé d'une touffe, dans une rose gothique.

SIGIᒪ.......ERI · DE · MAVNY

(Sigillum Walteri de Mauny.)

Confirmation de rente. — 6 mai 1362.

1308 MAURAGE (GÉRARD DE),

Seigneur d'Erviessart? — 1427.

Sceau rond, de 30 mill. — Arch. du Nord; Chambre des comptes.

Écu échiqueté, penché, timbré d'un heaume cimé d'une tête de roi, supporté par deux lions.

s · gerat k morayge

(Seel Gérat de Morayge.)

Voyez le n° 425.

1309 MAUVOISIN (JEAN),

Sire de Luchin, écuyer. — 1391.

Sceau rond, de 23 mill. — Arch. du Nord; Chambre des comptes.

Écu portant deux fasces au lambel, écartelé de deux lions passant l'un sur l'autre, penché, timbré d'un heaume cimé d'un lion assis, sur champ festonné.

✳ S IЄhAR MAVVOISIR

(Scel Johan Mauvoisin.)

Attestation du lignage noble de Jean de Quartes. — 9 juin 1391.

1310 MAXÉVILLE (SIMON DE),

Seigneur de Parroy. — 1324.

Sceau rond, de 44 mill. — Arch. du Nord; Chambre des comptes.

Type équestre; le bouclier et la housse portant un lion, la poignée de l'épée tréflée.

...YMONIS DO......OYE MILITIS

(Sigillum Symonis, domini de Paroye, militis.)

Simon de Maxéville reconnaît tenir du comte de Luxembourg sa maison forte de Maxéville devant Nancy. — 9 décembre 1324.

1311 MEISSENBOURG

(WAUTIER, SEIGNEUR DE).

1354.

Sceau rond, de 27 mill. — Arch. du Nord; Chambre des comptes.

Écu plain sous un chef chargé de trois merlettes, sur champ d'arabesques.

✳ S DÑI · WALTERI · DE · MEISSENBVRG

(Sigillum domini Walteri de Meissenbure.)

Voyez le n° 568.

1312 MELIN (WAUTIER, SEIGNEUR DE),

Chevalier. — 1339.

Sceau rond, de 27 mill. — Arch. du Nord; Chambre des comptes.

Écu vairé chargé de trois pals, au lambel, penché, timbré d'un heaume cimé, dans une rose à cinq feuilles.

.. WATIER.....ChЄV..IЄR

(Scel Watier ..... chevalier.)

Voyez le n° 484.

1313 MELLE (JEAN DE),

Écuyer. — 1474.

Sceau rond, de 27 mill. — Arch. du Nord; évêché et chapitre de Cambrai.

Écu portant trois aigles éployées accompagnées d'une étoile en abîme, penché, timbré d'un heaume cimé, supporté par un griffon à sénestre.

S · ian · van · melle

(Segel Jan van Melle.)

Amortissement de biens dans la seigneurie de Wieneieu. — Gand, 7 mars 1474.

1314 MELUN (JEAN DE),

Seigneur d'Antoing. — 1447.

Sceau rond, de 38 mill. — Arch. du Nord; Chambre des comptes.

L'écu de Melun, sept besants sous un chef, penché, timbré d'un heaume cimé d'une tête de bœuf, supporté par deux griffons.

✳ S · rehan · de · meleun · signeur · dantoing

(Scel Jehan de Meleun, signeur d'Antoing.)

Voyez le n° 425.

1315 MENIN (JEAN DE),

Chevalier. — 1308.

Sceau rond, de 30 mill. — Arch. du Nord; Chambre des comptes.

Écu à l'aigle éployée, dans un encadrement gothique.

✳ S IOHIS · DE · MENIN · MILITIS

(Sigillum Johannis de Menin, militis.)

Voyez le n° 1203.

1316 MERLAERE (JEAN DE),

Chevalier. — 1368.

Sceau rond, de 22 mill. — Arch. du Nord; Chambre des comptes.

Écu fascé de six pièces, au lambel, dans un encadrement en losange.

S · IAN VAN MARE.....?

(Segel Jan van Marl.....)

Hommage au comte de Flandre pour une rente sur le tonlieu d'Anvers. — 28 mai 1368.

1317 MERSCH (PIERRE VAN DER),

1310.

Sceau rond, de 21 mill. — Arch. du Nord; Chambre des comptes.

Écu à la bande chargée de trois coquilles, accompagnée de six roses, trois en chef et trois en pointe, dans un trilobe.

S · PIЄT' VÃ DER MERSCh

(Segel Pieters van der Mersch.)

Aveu d'un fief situé à Gentbrugge. — 28 octobre 1320.

1318 MERWEDE (DANIEL DE),

Chevalier. — 1357.

Sceau rond, de 21 mill. — Arch. du Nord; Chambre des comptes.

Écu semé de besants ou de tourteaux, à la fasce brochant, dans une rosace.

S' DAHIEL VAN DER ...WEDE

(Segel Daniel van der Merwede.)

Voyez le n° 604.

1319   MERXEM (GÉRARD DE).

Seigneur de Berg-op-Zoom, chevalier. — 1355.

Sceau rond, de 27 mill. — Arch. du Nord; Chambre des comptes.

Écu à trois fleurs de lys, penché, timbré d'un heaume cimé d'un poisson, supporté par deux dames, dans un encadrement festonné.

S' GHERRART · VA...SEMELE · HERE · VAN · B'GHEN

(Segel Gherrart van Wesemale, here van Berghen.)

Gérard cède au comte de Flandre les villes de Berg-op-Zoom et de Steenbergen. — 30 décembre 1355.

1320   METTENEYE (JEAN),

Chevalier. — 1390.

Sceau rond, de 24 mill. — Arch. du Nord; Chambre des comptes.

Écu au chevron chargé d'un annelet en pointe et accompagné de trois châteaux.

s ian · meffenge ians . . .

(Segel Jan Mettenye, Jans sohne?)

Voyez le n° 42.

1321   MEULAN (AMAURI DE).

Sire de Cantaing et de Marcoing. — 1331.

Sceau rond, de 22 mill. — Arch. du Nord; évêché et chapitre de Cambrai.

Écu au lion à queue fourchée, dans un ornement gothique en étoile.

S' AMAVRI D' MEVLLANT ESCV..

(Seel Amauri de Meullant, escuier.)

Échange de biens avec le curé de Cantaing. — 13 mai 1331.

1322   MEULAN

(MARIE, FEMME D'AMAURI DE),

Dame de Cantaing. — 1309.

Sceau ogival, de 50 mill. — Arch. du Nord; abbaye de Cantimpré.

Dame debout, en robe et en manteau, coiffée d'un voile, tenant un livre à la main gauche. Dans le champ à dextre, trois points; à sénestre, un écu portant trois lions.

✳ S' MARIE · FILLE · .....GNEVR · DE · CÄTAINE

(Seel Marie, fille au seigneur de Cantaing.)

Amortissement. — 5 février 1309.

1323   MEURSCHE

(FRÉDÉRIC, SEIGNEUR DE),

1386.

Sceau rond, de 55 mill. — Arch. du Nord; Chambre des comptes.

Écu portant une fasce, au lambel de cinq pendants.

✳ SIGILLVM : FRIDERICI : DOMENI : DE : MORSE

(Sigillum Friderici, domeni de Morse.)

Voyez le n° 514.

1324   MEURSCHE (THIERRI, SEIGNEUR DE).

1390.

Sceau rond, de 51 mill. — Arch. du Nord; Chambre des comptes.

Type équestre; le bouclier peu lisible portant un chevron?

✳ SIGILL · THEODERICI · DNI · D' · MVRSE

(Sigillum Theoderici, domini de Muurse.)

Voyez le n° 510.

1325   MEZ (JEAN DE).

Écuyer. — 1331.

Sceau rond, de 21 mill. — Arch. du Nord; Chambre des comptes.

Écu portant deux fasces, dans un quadrilobe orné des figures emblématiques des quatre évangélistes. — Légende coupée par des roses.

..IO · HAN · NIS · DNI · DE · M · E..

(Sigillum Johannis, domini de Mees.)

Récépissé d'un arrêt en faveur de la dame de Cassel contre le comte de Flandre. — 15 novembre 1331.

1326   MEZ (JEAN DU),

Dit Fissiel, chevalier. — 1385.

Sceau rond, de 20 mill. — Arch. du Nord; Chambre des comptes.

Écu portant un franc canton, au lambel sur le tout.

✳ S' IEHAN · DV · MES · CHEVALIER

(Seel Jehan du Mes, chevalier.)

Voyez le n° 444.

1327   MEZ (JEAN DU).

Chevalier. — 1404.

Sceau rond, de 24 mill. — Arch. du Nord; chapitre de Lille.

Écu au franc canton, écartelé d'une croix, penché, timbré d'un heaume cimé d'une tête de chameau, supporté par deux lions. — Légende détruite.

Adhéritement d'un fief situé à Marcq-en-Barœul. — 1404.

1328   MEZ (JEAN DU).

Seigneur d'Anstaing. — 1419.

Sceau rond, de 28 mill. — Arch. du Nord; chapitre de Lille.

Écu aux armes du numéro précédent, timbré, cimé et supporté de même.

.. et · iehan · dou me ·

(Seel Jehan dou Mes.)

Acquisition d'une portion de dîme à Monchaux. — 8 juin 1429.

1329 MILBEKE (THIERRI DE),

1361.

Sceau rond, de 26 mill. — Arch. du Nord; Chambre des comptes.

Écu fascé de six pièces, brisé d'une merlette au canton dextre, dans un quadrilobe.

✠ SIGILLVM · DIETRICI · DE · MILBEKE

(Sigillum Dietrici de Milbeke.)

Voyez le n° 513.

1330 MIRABEL (SIMON DE),

Seigneur de Perwez. - 1336.

Sceau rond, de 31 mill. — Arch. du Nord; Chambre des comptes.

Écu au lion couronné, penché, timbré d'un heaume couronné et cimé d'une tête de lion couronné.

S. SYMONIS : DE : MIRABELLO : MILIT' · DNI : DE : PIERWEIS

(Sigillum Symonis de Mirabello, militis. domini de Pierwois.)

Voyez le n° 477.

1331 MIRWART (SIMON, SEIGNEUR DE),

1190.

Sceau rond, de 60 mill. — Arch. du Nord; Chambre des comptes.

Écu portant trois chevrons denchés, éclatés, sous un chef burelé.

✠ SIGI. ...VAVE

(Sigillum Simonis, domini de Mirvout.)

Hommage au comte de Luxembourg pour le fief de Bonevet. — Mars 1190.

1332 MISTRAL (ÉTIENNE),

d'Aniche, chevalier. — 1236.

Sceau rond, de 48 mill. — Arch. du Nord; abbaye d'Anchin.

Écu portant une hamaide.

✠ S' STE.....IC

(Sigillum Stephani Mistral de Anic.)

Étienne Mistral et Pierre, son frère, donnent à l'abbaye d'Anchin leur terre de Nomain et la reprennent en fief. — Mars 1236.

1333 MOERE (GOSSUIN VAN DER),

1336.

Sceau rond, de 27 mill. — Arch. du Nord; Chambre des comptes.

Écu plain sous un chef chargé d'un écusson à dextre, dans un encadrement en losange.

S' GHOSIN VAN MOERE

(Segel Ghosin van Moere.)

Voyez le n° 491.

1334 MOLEMBAIX (CATHERINE DE),

Dame de Beaumont, veuve de Guilbert de Lannoy. - 1409.

Sceau rond, de 27 mill. — Arch. du Nord; abblette de Lille.

Écu portant trois lions couronnés à la bordure engrêlée, parti d'un fascé de dix pièces, dans un encadrement à cinq lobes.

..... mbais · dame · de · biaum ...

(Seel ..... de Molembais, dame de Biaumont.)

Quittance d'arrérages de la dîme de Croix. — 22 juillet 1409.

1335 MOMALLE (GUILLAUME DE),

Chevalier. — 1471.

Sceau rond, de 29 mill. — Arch. du Nord; Chambre des comptes.

Écu d'hermines portant deux fasces, la première chargée d'une croisette à dextre, penché, timbré d'un heaume cimé d'une tête de chèvre.

s · willelmi · de · mom .....

(Sigillum Willelmi de Momalle.....)

Voyez le n° 1120.

1336 MOMALLE (THIERRI, SEIGNEUR DE),

Chevalier. 1431.

Sceau rond, de 28 mill. — Arch. du Nord; Chambre des comptes.

Écu d'hermines portant deux fasces, penché, timbré d'un heaume cimé.

S' THEODE.....

(Sigillum Theoderici.....)

Voyez le n° 985.

1337 MONCHAUX (GUI, SEIGNEUR DE),

Et de Beaudegnies, chevalier. — 1409.

Sceau rond, de 30 mill. — Arch. du Nord; abbaye des Prés.

Écu à l'aigle, penché, timbré d'un heaume cimé, dans un quadrilobe.

.. guis sires de monchiau

(Seel Guis, sires de Monchiau.)

Gui de Monchaux acquiert tous les biens possédés par l'abbaye des Prés en la ville et au terroir d'Iwuy. — 9 juin 1409.

11.

1338 MONCHAUX (JEAN, SEIGNEUR DE),

Chevalier. — 1334.

Sceau rond, de 24 mill. — Arch. du Nord; abbaye de Saint-Jean de Valenciennes.

Écu à l'aigle chargée en cœur d'un écusson portant un croissant accompagné de quatre billettes, trois en chef et une en pointe, penché, timbré d'un heaume cimé.

.....DE MONCHIAV.....

(Seel Jehan de Monchiau, chevalier.)

Voyez le n° 504.

1339 MONCHECOURT (JEAN DE),

1307.

Sceau rond, de 25 mill. — Arch. du Nord; collégiale de Saint-Géry.

Écu chevronné de six pièces.

✶ S' IEHAN DE MAVChIROVRT

(Seel Jehan de Mauchikourt.)

Prolongation demandée par les arbitres dans un procès entre Robert de Monchecourt, frère de Jean, et la collégiale de Saint-Géry, au sujet de marais à Hem-Lenglet. — 6 novembre 1307.

1340 MONCHECOURT (PIERRE NUBIEN DE),

Chevalier. — 1253.

Sceau rond, de 55 mill. — Arch. du Nord; abbaye d'Anchin.

Écu chevronné de six pièces.

✶ S'. PIERON · NVBIEN · ChER.....ChICOVRG

(Seel Pieron Nubien, chevalier de Mauchicourg.)

Hommage à l'abbaye d'Anchin pour des terres à Monchecourt et à Ermenchicourt. — Août 1253.

1341 MONCHECOURT

(PIERRE DE MARCQ, SIRE DE).

1309.

Sceau rond, de 21 mill. — Arch. du Nord; collégiale de Saint-Géry.

Écu chevronné de six pièces, brisé d'une étoile en chef.

✶ S'. PIERET : DE : MARKE

(Seel Pieret de Marke.)

Autre demande de prolongation dans le procès mentionné au n° 1339.

1342 MONCHECOURT (ROBERT DE),

Chevalier. — 1307.

Sceau rond, de 35 mill. — Arch. du Nord; collégiale de Saint-Géry.

Écu chevronné de six pièces.

✶ ...ROBERT : DE : MAVChICOVRT :

(Seel Robert de Mauchicourt.)

Contre-sceau : Écu chevronné de six pièces.

✶ MESIRE ... MAVCICOVRT

(Mesire Robert de Maucicourt.)

Voyez le n° 1339.

1343 MONCHECOURT (ROBERT DE),

Chevalier. — 1331.

Sceau rond, de 26 mill. — Arch. du Nord; Chambre des comptes.

Écu chevronné de six pièces, dans une rosace à quatre feuilles.

✶ S' : ROBIERT : SIGN : DE : MAVCICOVRT : CHR

(Seel Robiert, signeur de Maucicourt, chevalier.)

Voyez le n° 643.

1344 MONCHY (ALIX DE),

Dame de Pont-Rohard. — 1331.

Sceau ogival, de 62 mill. — Arch. du Nord; Chambre des comptes.

Dame debout, en robe, coiffée d'un voile et d'une guimpe, portant sur sa poitrine un écu à trois maillets, tenant de la main droite un écu à trois pals sous un chef chargé de trois coquilles, et de la main gauche un écu au plain sous un chef chargé à dextre d'un écusson fascé et bordé; champ treillissé semé de croisettes.

.....DE · CONChI · DACOE · D..H...LE : ET · DE · PONT · RO....

(Seel Alis de Monchi, dame de ..... et de Pont Rohard.)

Contre-sceau : Écu portant trois pals sous un chef chargé de trois coquilles, parti de trois maillets, dans une étoile.

✶ SIGILL · SECRETI · MEI

(Sigillum secreti mei.)

Tutelle des enfants de la dame de Cassel. — 1332.

1345 MONTAY (MATHIEU, SEIGNEUR DE),

Chevalier. — 1267.

Sceau rond, de 46 mill. — Arch. du Nord; collégiale de Saint-Géry.

Écu échiqueté, au lambel de six pendants.

✶ S. MAhIV : DE : MONTAI

(Seel Mahiu de Montai.)

Ratification de la vente de la dîme de Cattenières et du terrage de Thun-l'Évêque, etc. faite à la collégiale de Saint-Géry par Jean de Segoucourt, damoisel de Lambres. — Novembre 1267.

1346 MONT-BERNANCHON (MAILIN DU),

Écuyer. — 1407.

Sceau rond, de 28 mill. — Arch. du Nord; Chambre des comptes.

Écu portant une fasce accompagnée d'une croisette en

chef et à dextre, penché, timbré d'un heaume cimé d'un lion assis, dans un encadrement oblong.

S · MAILIN DV · MONT

(Seel Mailin du Mont.)

Bail à rente de la pêcherie de Béthune. — 1er mai 1407.

1347 MONTBERTAUT (PIERRE DE),

Écuyer. — 1552.

Sceau rond, de 32 mill. — Arch. du Nord; Chambre des comptes.

Écu à l'aigle éployée, penché, timbré d'un heaume cimé d'une aigle, supporté par deux lions.

s ꝑre de mobertault

(Seel Piere de Moberiault.)

Sentence de bannissement contre Guillaume de Montigny, coupable d'homicide. — 26 juillet 1552.

1348 MONTIGNIES-SAINT-CHRISTOPHE

(JEAN, SEIGNEUR DE).

1312.

Sceau rond, de 26 mill. — Arch. du Nord; Chambre des comptes.

Écu portant cinq fasces.

❊ : SECR..OM : M.I : SIG.LLI

(Secretum mei sigilli.)

Adhéritement d'Eustache, sire du Rœulx, pour la terre de Morlanwelz. — 1er mai 1312.

1349 MONTIGNY (BAUDOUIN DE),

Sire d'Aibes, chevalier. — 1299.

Sceau rond, de 43 mill. — Arch. du Nord; Chambre des comptes.

Écu burelé, au franc canton.

❊ S' BAVDVIN DE MONTINI CHEVALIER SIRES DAIBES

(Seel Bauduin de Montini, chevalier, sires d'Aibes.)

Voyez le n° 687.

1350 MONTIGNY (ÉTIENNE DE),

Chevalier. — 1469.

Sceau rond, de 27 mill. — Arch. du Nord; abbaye d'Anchin.

Écu burelé, penché, timbré d'un heaume cimé de deux cornes.

s eſtien. de mõtigni s de p...

(Seel Estiene de Montigni, sire de P.....)

Sentence contre Catherine Le Couvreur, qui refusait de payer le quint denier sur les biens dont elle héritait de son mari. — Mons, 4 décembre 1469.

1351 MONTIGNY (GUI, SIRE DE).

Chevalier. — 1271.

Sceau rond, de 45 mill. — Arch. communales de Douai.

Écu au lion.

❊ S' · GVIDONIS · MILITIS · DÑI · DE · MONTEGNI

(Sigillum Guidonis, militis, domini de Montegni.)

La ville de Douai acquiert de Gui de Montigny ses droits de tonlieu et de vinage sur la Scarpe. — Septembre 1271.

1352 MONTIGNY

(LUCIE, FEMME DE GUI DE).

1266.

Sceau ogival, de 60 mill. — Arch. du Nord; abbaye de Marchiennes.

Dame debout de trois quarts à gauche, en robe et en manteau, coiffée d'une toque à mentonnière, tenant une fleur de lys à la main.

❊ S' MEDAME LVCE DA.. DE MONTIGNI

(Seel medame Luce, dame de Montigni.)

Exemption de droits de vinage à Escurpiel accordée à l'abbaye de Marchiennes. — Avril 1266.

1353 MONTIGNY (GUI DE).

Écuyer. — 1355.

Sceau rond, de 23 mill. — Arch. du Nord; Chambre des comptes.

Écu portant trois besants ou trois tourteaux, au bâton brochant, penché, timbré d'un heaume cimé d'une touffe.

.....DE QEVTIÑGI

(Seel Guiot de Meutignei.)

Copie donnée par *Guyon de Meutigney* d'une lettre de Henri de Bar lui donnant commission de pourvoir à la sûreté des habitants du Bassigny. — 19 octobre 1355.

1354 MONTIGNY (JACQUES DE).

Écuyer. — 1501.

Sceau rond, de 28 mill. — Arch. du Nord; abbaye d'Anchin.

Écu burelé, timbré d'un heaume cimé de deux cornes.

.....aques de mõtig......

(Seel Jaques de Montigni.....)

Acquisition d'un fief tenu du Petit-Quesnoy. — A la Tour des Rames, 6 août 1501.

1355 MONTIGNY (JEAN DE).

1371.

Sceau rond, de 90 mill. — Arch. du Nord; Chambre des comptes.

Écu au lion.

S' IEHA . . . MONTEIGVI

(Seel Jehan de Monteigui.)

Voyez le n° 1037.

1356   MONTIGNY (ROBERT DE).

1210.

Sceau rond, de 56 mill. — Arch. du Nord; abbaye de Marchiennes.

Écu losangé, parti de quatre coquilles rangées en pal.

✳ S' ROBERTI DE MONTEGNI

(Sigillum Roberti de Montegui.)

Robert de Montigny donne à l'abbaye de Marchiennes la dîme des sarts de Hornaing. — Septembre 1210.

1357   MONTIGNY

(ROBERT, FILS AÎNÉ DE GUI DE).

1271.

Sceau rond, de 44 mill. — Arch. communales de Douai.

Écu au lion, brisé d'un lambel de cinq pendants.

✳ S' ROBT DE MOTEGNI · SEGN DE TARDECHIE

(Seel Robert de Montegui, segneur de Tardechien?)

Voyez le n° 1351.

1358   MONTIGNY (ROBERT DE),

Chevalier. — 1371.

Sceau rond, de 28 mill. — Arch. du Nord; Chambre des comptes.

Écu au lion, dans un trilobe.

S · . . . IES · DE · MONTEGNI

(Seel Robiert de Montegui.)

Voyez le n° 1037.

1359   MONTROEUL (JEANNE DE).

Sœur de Mahaut de Werchin. — 1268.

Sceau en losange, de 30 mill. — Arch. du Nord; abbaye d'Anchin.

Écu portant une bande, au lambel de cinq pendants sur le tout.

✳ S. DOMICELLE IOHE DE MOSTERUEL

(Sigillum domicelle Jobanne de Mosteruel.)

Jeanne de Montroeul et sa sœur déclarent que leurs héritiers n'auront aucun droit sur un tonneau de vin donné par l'abbaye d'Anchin en accroissement de leur manoir de Vendégies. — 6 mars 1268.

1360   MOORSLEDE (GAUTIER DE).

Chevalier. — 1297.

Sceau rond, de 24 mill. — Arch. du Nord; Chambre des comptes.

Écu portant deux bandes, au lambel sur le tout.

✳ S' ĐMI WALTERI DE MORSELEDE

(Sigillum domini Walteri de Morselede.)

Quittance au comte de Flandre au sujet de la cense de la cour d'Enghien. — 19 août 1297.

1361   MOORSLEDE (HENRI DE).

1294.

Sceau ogival, de 45 mill. — Arch. du Nord; chapitre de Lille.

Écu à deux bandes.

✳ SIGILLVM · ĐENRICI · DE · MORSELEIDE

(Sigillum Henrici de Morseleide.)

Acquisition de la dîme de Bosbeke. — Juillet 1294.

1362   MORCAMP (JACQUES DE),

Écuyer. — 1310.

Sceau rond, de 29 mill. — Arch. du Nord; Chambre des comptes.

Écu portant trois oiseaux, penché, timbré d'un heaume cimé d'un oiseau.

seel · iaques · de · morcamp

(Seel Jaques de Morcamp.)

Voyez le n° 465.

1363   MORCHIES (HUGUES RIFFLARD DE),

Sire de Vélu, chevalier. — 1314.

Sceau rond, de 35 mill. — Arch. du Nord; abbaye des Prés.

Écu portant une croix denchée, au lambel.

✳ S' · ĐVON · RIFLARĐ · DE · MORCHIES

(Seel Huon Riflart de Morchies.)

Confirmation de biens au terroir de Bertincourt. — Juillet 1314.

1364   MORCHIES

(ISABEAU, FEMME DE HUGUES DE),

Dame de Vélu. — 1314.

Sceau ogival, de 43 mill. — Arch. du Nord; abbaye des Prés.

Dame debout, en robe flottante, coiffée d'un voile, tenant dans ses mains un écureuil. A dextre, un écu au chef d'hermines; à sénestre, un écu à la croix denchée.

✳ S' · ISABEL · DAME · DE · WELV

(Seel Isabel, dame de Wélu.)

Voyez le n° 1363.

1365   MORE (GÉRARD LE).

Chevalier. — 1305.

Sceau rond, de 28 mill. — Arch. du Nord; Chambre des comptes.

Type équestre; le bouclier, l'épaulière et la housse portant six coquilles, 3, 2 et 1.

B' GHERARDI MOOR MILITIS

(Sigillum Gherardi Moor, militis.)

Interprétation de certains articles du traité de paix conclu entre Philippe le Bel et Robert, comte de Flandre. — Juin 1305.

1366   MORE (GÉRARD LE).

Chevalier. — 1330.

Sceau rond, de 27 mill. — Arch. du Nord; Chambre des comptes.

Écu à la croix ancrée, dans un encadrement gothique.

.. GRART LE · MOR · CHEVALIER

(Seel Grart le Mor, chevalier.)

Gérard le More et Adèle, sa femme, rentrent en grâce auprès du comte de Flandre et lui donnent un manoir à Ardembourg avec un droit sur le tonlieu de cette ville. — Bruges, 9 février 1330.

1367   MORE

(ADÈLE, FEMME DE GÉRARD LE).

1330.

Sceau rond, de 20 mill. — Arch. du Nord; Chambre des comptes.

Dame debout, soutenant de la main droite un écu à la croix ancrée et de la gauche un écu bandé de six pièces.

*** .....E · FRAVWE · HEDEL · SMOERS**

(..... frauwe hedel Smoers.)

Voyez le n° 1366.

1368   MORFONTAINE (THOMAS DE).

Chevalier du Roi. — 1317.

Sceau rond, de 22 mill. — Arch. du Nord; Chambre des comptes.

Écu à trois pals de vair sous un chef chargé d'un vivré, dans un encadrement quadrilobé contenant les figures emblématiques des quatre évangélistes.

.....S · D' MA.FONTAINE · CHLR

(Seel Thomas de Morfontaine, chevalier.)

Prolongation des trèves entre la France et la Flandre. — Bruges, 1er avril 1317.

1369   MORTAGNE

(BAUDOUIN, SEIGNEUR DE).

1191.

Sceau rond, de 66 mill. — Arch. du Nord. abbaye de Château-l'Abbaye.

Type équestre; casque à timbre plat et à nasal, épée ornée d'une damasquine, le bouclier portant un dextrochère.

S.....DORIS TORNACENSIS

(Sigillum Balduini Radonis Tornacensis.)

CONTRE-SCEAU : Écu au dextrochère.

*** SECRETV MEVM MICHI**

(Secretum meum michi.)

Ratification de l'acquisition de la dîme de Mortagne. — 1191.

1370   MORTAGNE

(HELWIDE, VEUVE DE ROGER DE).

1276.

Sceau ogival, de 57 mill. — Arch. du Nord; Chambre des comptes.

Dame debout, en robe et en manteau vairé, tenant un livre des deux mains.

*** S' | HELVIS | DA.E | DE | SENEFE**

(Seel Helvit, dame de Senefe.)

Helwide renonce à la succession de son mari et ne réserve que son douaire. — 7 janvier 1276.

1371   MORTAGNE (JEAN DE).

Sire d'Espierres, chevalier. — 1288.

Sceau rond, de 40 mill. — Arch. du Nord; Chambre des comptes.

Écu à la croix.

*** S'. IEHAN · DE · MORTAINE · CHEVALIER · SIRE · DESPIERE**

(Seel Jehan de Mortaine, chevalier, sire d'Espière.)

Voyez le n° 382.

1372   MORTEMER

(HERSEND, FEMME DE GEOFFROI DE).

1275.

Sceau ogival, de 55 mill. — Arch. du Nord: Chambre des comptes.

Une aigle.

*** S' MADANME HERCENT DE MOTEMER**

(Seel madame Hercent de Mortemer.)

Geoffroi de Mortemer et sa femme vendent au comte de Soissons la terre de Buzancy. — 2 mai 1275.

1373   MOTTE (GUILLAUME PESTEL DE LA).

Écuyer. — 1194.

Sceau rond, de 29 mill. — Arch. du Nord; abbaye d'Anchin.

Trois quintefeuilles, au lambel.

*** S'. GVILLIAVME | DE LA MOTE**

(Seel Guillaume de le Mote.)

Guillaume de la Motte acquiert de l'abbaye d'Anchin les dîmes de Wasnes et de Marcq, et devient son homme lige pour le manoir d'Escolvent. — 24 mai 1194.

1374   MOTTE (GUILLAUME PESTEL DE LA).

Chevalier. — 1305

Sceau rond, de 22 mill. — Arch. du Nord; abbaye d'Anchin.

Écu chevronné de six pièces, au lambel.

S' PESTEL · DE : LE · MOTE · CHER

(Seel Pestel de le Mote, chevalier.)

Acquisition de terre à Monchecourt. — Juillet 1305.

1375   MOTTE (HENRI DE LA),

Chevalier. · · 1294.

Sceau rond, de 48 mill. — Arch. du Nord; abbaye d'Anchin.

Écu chevronné de six pièces, au lambel de cinq pendants.

✠ S' HENRI DE LE MOTE

(Seel Henri de le Mote.)

Voyez le n° 1373.

1376   MOTTE (HENRI DE LA),

Chevalier. — 1305.

Sceau rond, de 22 mill. — Arch. du Nord; abbaye d'Anchin.

Écu chevronné de six pièces, au lambel.

✠ S' HANRIS DE LE MOISE

(Seel Hanris de le Moite.)

Voyez le n° 1374.

1377   MOTTE (JEAN DE LA),

Chevalier. — 1254.

Sceau rond, de 60 mill. — Arch. du Nord; abbaye d'Anchin.

Écu chevronné de six pièces, au lambel de cinq pendants.

✠ SIGILLVM · IOHAN · DE · LE · MOTE

(Sigillum Johan de le Mote.)

Hommage à l'abbaye d'Anchin pour des terres à Monchecourt. — Septembre 1254.

1378   MOTTE (JEAN DE LA),

Seigneur d'Anstaing. — 1404.

Sceau rond, de 23 mill. — Arch. du Nord; abbiette de Lille.

Écu portant un plain sous un chef chargé d'une merlette à dextre, penché, timbré d'un heaume cimé d'une tête de lion, supporté par deux hommes sauvages.

s · iehan de le mote danstain.

(Seel Johan de le Mote d'Anstaing.)

Accord au sujet d'une sous-rente à Quesnoy. — 11 mars 1404.

1379   MOTTE (JEAN DE LA),

Chevalier. — 1401.

Sceau rond, de 34 mill. — Arch. du Nord; Chambre des comptes.

Écu plain sous un chef portant le gironné d'Enghien, penché, timbré d'un heaume cimé d'une tête de vieillard, supporté par une dame à dextre.

seel · iehan · de · le · motte · chevalier

(Seel Johan de le Motte, chevalier.)

Voyez le n° 433.

1380   MOTTE (OTHON DE LA).

1408.

Sceau rond, de 26 mill. — Arch. du Nord; Chambre des comptes.

Écu au lion, penché, timbré d'un heaume cimé d'une tête de femme.

s · ofte · de · frefencourt?

(Seel Oste de Frésencourt.)

Voyez le n° 502.

1381   MOY (GOULART, SIRE DE).

1317.

Sceau rond, de 15 mill. — Arch. du Nord; abbaye d'Anchin.

Écu fretté.

✠ S' GOVLART S' DE MOY CHR

(Seel Goulart, sire de Moy, chevalier.)

Voyez le n° 920.

1382   MULART (JEAN).

1417.

Sceau rond, de 27 mill. — Arch. du Nord; Chambre des comptes.

Écu à la bordure portant un écusson en abîme chargé d'un lion, penché, timbré d'un heaume cimé d'un vol, supporté par deux lions.

s iehan mulart

(Seel Jehan Mulart.)

Voyez le n° 425.

1383   NAALDWYK (GUILLAUME VAN),

Écuyer. — 1357.

Sceau rond, de 20 mill. — Arch. du Nord; Chambre des comptes.

Écu au lion, dans une rosace à cinq feuilles.

✠ S'. WILLAM · VAN · NAELWYC

(Segel Willem van Naelwyc.)

Voyez le n° 604.

1384   NAALDWYK (HUGUES VAN).

1356.

Sceau rond, de 57 mill. — Arch. du Nord; Chambre des comptes.

Écu au lion.

✠ SIGILLVM · HVSONIS DE NAL...OT

(Sigillum Husonis de Naldviet.)

Voyez le n° 607.

1385   NAAST (GODEFROI DE),

Sire de Biévène, chevalier. — 1315.

Sceau rond, de 47 mill. — Arch. du Nord; Chambre des comptes.

Type équestre; le bouclier et la housse portant trois lions, au franc canton chargé d'un écusson gironné de dix pièces; sur champ fretté semé de fleurs de lys.

.....VALIER : S.....RNE

(..... chevalier, signeur de Biéverne.)

Contre-sceau : Écu aux armes de la face, sur champ fretté.

✠ S GODEF.....TE · CHEVALIER · SIGNEVR · DE · BIEVERNE

(Seel Godefroy de Naste, chevalier, signeur de Biéverne.)

Godefroi de Naast mande au comte de Flandre qu'il renonce à son hommage et qu'il entre contre lui dans le parti du roi de France et du comte de Hainaut. — Alb, 9 juillet 1315.

1386 NAAST (GODEFROI, SIRE DE),

Chevalier. — 1311.

Sceau rond, de 26 mill. — Arch. du Nord; Chambre des comptes.

Homme d'armes en buste, casqué d'un heaume cimé d'une tête de femme? tenant son épée de la main droite et de la gauche un bouclier portant, comme l'épaulière, trois lions à la bordure engrêlée.

S' GODEFROY · SIRE · D' · NASTE · CHR

(Seel Godefroy, sire de Naste, chevalier.)

Voyez le n° 1137.

1387   NAIVELOT (COLARD),

Écuyer. — 1364.

Sceau rond, de 22 mill. — Arch. du Nord; Chambre des comptes.

Écu portant une fasce, au lambel de cinq pendants, au franc canton sénestre.

✠.....E NAIVELOT

(..... Naivelot)

Voyez le n° 545.

1388 NAMUR (AIMERI, BÂTARD DE),

Chevalier. — 1390.

Sceau rond, de 30 mill. — Arch. du Nord; Chambre des comptes.

Écu diapré, au franc canton chargé d'un lion.

.....MERI BASTARS DE NAMVR

(..... Aimeri, bastard de Namur.)

Voyez le n° 867.

1389 NAMUR (ROBERT, BÂTARD DE),

1411.

Sceau rond, de 22 mill. — Arch. du Nord; Chambre des comptes.

Écu semé de trèfles, au franc canton chargé d'un lion, dans un encadrement trilobé.

s · robert · le · baſtar · de · namur

(Seel Robert, le bastor de Namur.)

Voyez le n° 594.

1390 NAMUR (ROBERT, BÂTARD DE),

Seigneur de Boussut et de Tuviers, chevalier. — 1436.

Sceau rond, de 27 mill. — Arch. du Nord; Chambre des comptes.

Écu semé de trèfles, au franc canton chargé d'un lion, penché, timbré d'un heaume semé de trèfles et cimé d'une tête d'homme.

s : robt : baſtar : de : namur :

(Seel Robert, bastar de Namur.)

Quittances de gages pour ses services dans la guerre de Liége. — 10 janvier 1436.

1391   NANTEUIL (ALIX DE),

Veuve de Gaucher, seigneur de Nanteuil. — 1227.

Sceau ogival, de 60 mill. — Arch. du Nord; Chambre des comptes.

Dame debout tenant un livre, accostée des lettres A et ẅ.

✠ SIGILLVM · AELIDIS · DÑE · DE · NÃTOLIO

(Sigillum Aelidis, domino de Nantolio.)

Contre-sceau : Écu à trois pals de vair sous un chef chargé d'un lion passant à dextre.

✠ SECRETVM · AELIDIS

(Secretum Aelidis.)

Lettres d'obligation envers son frère Robert, avoué d'Arras. — Février 1227.

1392 NEUVE-ÉGLISE (THOMAS DE),

Chevalier. — 1237.

Sceau rond, de 45 mill. — Arch. du Nord; abbaye d'Anchin.

Écu portant trois losanges.

✠ SIGILL THOME NOVI MONASTERI

(Sigillum Thome Novi Monasteri.)

Restitution à l'abbaye de Corbie. — Mai 1237.

1393   NEUVE-RUE (JEAN DE LA),

Chevalier. — 1404.

Sceau rond, de 26 mill. — Arch. du Nord; évêché et chapitre de Cambrai.

Écu au lion, penché, timbré d'un heaume couronné cimé d'un lion, dans un encadrement oblong.

s · tehan · delle · noeve · rubbe · ch...

(Seel Jehan delle Noeve Ruwe, chevalier.)

Voyez le n° 364.

1394 NEUVILLE (JEAN DE).

Écuyer. — 1386.

Sceau rond, de 18 mill. — Arch. du Nord; abbiette de Lille.

Écu fretté, au franc canton chargé d'une étoile.

✳ .....AN · DE · NEVWILLE

(Seel Jehan de Neuwille.)

Acquisition de terre à Fromelles. — 14 juin 1386.

1395 NEUVIREUIL (BAUDOUIN DE).

1238.

Sceau rond, de 60 mill. — Arch. du Nord; chapitre de Saint-Amé.

Écu portant dix losanges, 3, 3, 3 et 1, au lambel de cinq pendants.

✳ S : BALDVIMI : DE : NV .... LE

(Sigillum Balduini de Nuvirelle.)

Abandon de tous ses droits sur la terre de Ribécourt en faveur de l'abbaye de Vaucelles. — Février 1238.

1396 NEVELE (ÉVRARD RADOUL, SIRE DE).

Chevalier. — 1275.

Sceau rond, de 85 mill. — Arch. du Nord; Chambre des comptes.

Type équestre, sur champ festonné; le bouclier et la housse portant une croix.

✳ S' · EVERARDI · RADOVL · MILITIS · DOM... DE · NIVELLA ::

(Sigillum Everardi Radoul, militis, domini de Nivella.)

Contre-sceau: Écu à la croix, sur champ festonné.

✳ SECRETVM · MEVM

(Secretum meum.)

Lettres d'obligation envers son frère Roger de Mortagne. — Février 1275.

1397 NEVELE (GUILLAUME DE).

Chevalier. — 1254.

Sceau rond, de 50 mill. — Arch. du Nord; abbaye de Marquette.

Écu plain sous un chef chargé d'une merlette à dextre.

✳ SIGILL · WILELMI DE NEVELLA

(Sigillum Wilelmi de Nevella.)

Guillaume de Nevele donne tous ses biens en viager à l'abbaye de Marquette. — 1254.

1398 NEVELE (GUILLAUME DE),

Chevalier. — 1307.

Sceau rond, de 27 mill. — Arch. du Nord; Chambre des comptes.

Écu portant une croix, au lambel de quatre pendants.

✳ .....VM WILMI DE NIVELLA MILITIS

(Sigillum Willelmi de Nivella, militis.)

Voyez le n° 800.

1399 NEVELE (GUILLAUME DE).

Seigneur d'Uytbergen. — 1336.

Sceau rond, de 26 mill. — Arch. du Nord; Chambre des comptes.

Écu à la croix, dans un encadrement trilobé.

S' WILLELMI DE NIVELLA MILIT'

(Sigillum Willelmi de Nivella, militis.)

Voyez le n° 477.

1400 NOEUX (GUI DE).

Écuyer. — 1294.

Sceau rond, de 25 mill. — Arch. du Nord; abbaye d'Auchin.

Écu portant une fasce au petit sautoir brochant, accompagnée d'un vivré en chef.

✳ S' VVIOT DE NEVS

(Seel Wiot de Neus.)

Amortissement du fief de Boffles. — Juillet 1294.

1401 NOGARET (GUILLAUME DE).

Chevalier du Roi. — 1311.

Sceau rond, de 22 mill. — Arch. du Nord; Chambre des comptes.

Écu portant un arbre, un noyer, dans un encadrement en losange.

✳ S' G. DE · NOGARETO · MILITIS

(Sigillum G. de Nogareto, militis.)

Contre-sceau : Dans un trilobe, les lettres initiales G : R.

Guillaume de Nogaret porte à Gérard de Ferlin des lettres du roi de France remettant Cassel au comte de Flandre; il en reçoit des lettres du comte de Flandre délivrant au roi Lille, Douai, Béthune, etc. — Estrépigny, 1er août 1312.

1402 NOGENT-L'ARTAUD (GUILLAUME DE),

Chevalier. — 1289.

Sceau rond, de 70 mill. — Arch. du Nord; Chambre des comptes.

Type équestre; le bouclier et la housse portant une fasce, au lambel de cinq pendants sur le tout.

✳ S'. GVILLI · DE · ACIACO : M.......I · DE · NOGENTO · ARTAVDI

(Sigillum Guillelmi de Aciaco, militis, domini de Nogento Artaudi.)

Contre-sceau : Écu aux armes de la face.

✶ 9TRA · S°. GVILEMI · MILITIS :

(Contra sigillum Guillelmi, militis.)

Le comte de Flandre s'oblige à exécuter la sentence rendue dans un débat entre Guillaume de Nogent-l'Artaud et Jean et Robert de Mortagne. — 13 avril 1289.

1403   NOIR (CHRÉTIEN LE),

Chevalier. — 1307.

Sceau rond, de 23 mill. — Arch. du Nord; Chambre des comptes.

Écu à la croix, dans une rosace à six feuilles.

✶ S' KRISTIEN · LE · NOIR · CHEVALIERS

(Seel Kristien le Noir, chevaliers.)

Voyez le n° 800.

1404   NOYELLES (GAUTIER DE).

1200.

Sceau rond, de 50 mill. — Arch. du Nord; abbaye d'Anchin.

Écu portant trois jumelles.

✶ SIGILLVM : WALTERI : NIGELLE

(Sigillum Walteri Nigelle.)

Abandon de droits sur la justice de Bellavesnes. — Février 1200.

1405   NOYERS (MILE, SIRE DE).

Chevalier. — 1325.

Signet ovale, de 23 mill. — Arch. du Nord; Chambre des comptes.

Pierre gravée représentant un personnage debout de profil à droite.

✶ S' MILE SIRE DE NOIIERS

(Seel Mile, sire de Noiiers.)

Milon de Noyers déclare avoir assisté en qualité de lieutenant du roi de France à l'assemblée tenue à Arques pour la pacification de la Flandre. — Saint-Omer, 12 mars 1325.

1406 NYENBEKE (THIERRI, SEIGNEUR DE).

1290.

Sceau rond, de 58 mill. — Arch. du Nord; Chambre des comptes.

Écu billeté au lion, brisé d'un bâton en bande.

✶ S · DÑI · TH · MILITIS · DE · NIENBEKE

(Sigillum domini Thiderici, militis de Nienbeke.)

Contre-sceau : Écu aux armes de la face.

✶ SECRET' THIDER'

(Secretum Thiderici.)

Voyez le n° 510.

1407 OFFEMONT (ANSOULD, SIRE D').

Chevalier. — 1289.

Sceau rond, de 60 mill. — Arch. du Nord; Chambre des comptes.

Écu semé de croix recroisetées au pied fiché, au lion.

...ANSOVDI : DE OFFEMONT : MILITIS

(Sigillum Ansoudi de Offemont, militis.)

Quittance de fief de bourse. — 25 mai 1289.

1408   OIGNIES (JEAN, SIRE D').

Chevalier. — 1405.

Sceau rond, de 21 mill. — Arch. du Nord; Chambre des comptes.

Écu portant deux fasces, à la bordure.

✶ S' IOHANS DOGNI

(Seel Johans d'Ogni.)

Jean de Rochefort et d'Agimont rachète une rente sur son moulin de Givet. — Givet, 24 février 1405.

1409   OISY (LANDRI D').

Écuyer. — 1270.

Sceau rond, de 53 mill. — Arch. du Nord; abbaye de Vaucelles.

Écu portant une croix denchée, au lambel de cinq pendants.

✶ S' LANDRI · FILII · DÑI · WARNERI · DE · OISI · MILITIS

(Sigillum Landri, filii domini Warneri de Oisi, militis.)

Don d'un terrage à Peizière. — Août 1270.

1410   OISY

(JEANNE D'ÉPÉHI, FEMME DE LANDRI D').

1270.

Sceau rond, de 30 mill. — Arch. du Nord; abbaye de Vaucelles.

Une fleur de lys fleuronnée.

✶ S' DEM..ELE IEHANE DESPEI

(Seel demisele Jehane d'Espei.)

Voyez le n° 1409.

1411 ORDINGHEN (ARNOUL D').

Seigneur de Huldenbergh, chevalier. — 1431.

Sceau rond, de 26 mill. — Arch. du Nord; Chambre des comptes.

Écu portant neuf fleurs de lys posées 4, 3 et 2, penché, timbré d'un heaume cimé, supporté par deux biches.

. . . . . ñ ordighe mil . . .

(. . . . . de Ordinghen, militis.)

Voyez le n° 985.

1412　ORGEO (JEAN D').

Chevalier. — 1866.

Sceau rond, de 26 mill. — Arch. du Nord; Chambre des comptes.

Écu portant une aigle chargée en cœur d'un écusson, à la bordure engrêlée, penché, timbré d'un heaume couronné cimé d'une tête d'aigle, sur champ fretté.

S' IEHANS DORIOY

(Seel Jehans d'Orjoy.)

Voyez le n° 545.

1413　OSSE (HERMAN VAN).

1336.

Sceau rond, de 22 mill. — Arch. du Nord; Chambre des comptes.

Écu portant trois rencontres de bœuf.

. . hERMAN · VAN · OSSE

(Segel Herman van Osse.)

Voyez le n° 477.

1414　OSSIMONT (JACQUES D').

Écuyer. — 1308.

Sceau rond, de 43 mill. — Arch. du Nord; abbaye des Prés.

Écu billeté? à la croix recercelée.

❋ S' GARES ...SIMONT :

(Seel Gakes d'Ossimont.)

Réduction de droits de relief pour toutes les terres tenues de lui à Ossimont-lez-Bertincourt. — Mars 1308.

1415　OSTEL (JEAN, SEIGNEUR D').

1340.

Sceau rond, de 72 mill. — Arch. du Nord; abbaye de Vaucelles.

Type équestre incomplet; bouclier au lion?

❋ SIGILL.....STELLO

(Sigillum Johannis, domini de Ostella.)

Contre-sceau : Un lion passant.

❋ SECRETVM · MEVM · MT

(Secretum meum michi.)

Ratification d'une acquisition de rente à Vauceletes. — Juin 1340.

1416 OSTEL (NICOLAS, SEIGNEUR D').

1195.

Sceau rond, de 73 mill. — Arch. du Nord; abbaye de Vaucelles.

Type équestre; casque conique à nasal, épée à large gorge, bouclier sans armoiries.

❋ SIGILLVM NICHOLAI DE CVRLANDVN

(Sigillum Nicholai de Curlandun.)

Donation de divers biens. — Sans date.

1417 OURTHON (HUGUES, SIRE D').

Chevalier. — 1257.

Sceau rond, de 63 mill. — Arch. du Nord; abbaye d'Anchin.

Écu portant un chevron, au lambel de cinq pendants.

❋ .....DV MAISNIL : MILITIS

(..... du Maisnil, militis.)

Le sire d'Ourthon reconnaît n'avoir aucun droit sur les hôtes de l'abbaye d'Anchin à Ourthon. — Juin 1257.

1418　PADILLES (JEANNE DE),

Dame d'Écaillon et de Brullie. — 1413.

Sceau rond, de 31 mill. — Arch. du Nord; évêché et chapitre de Cambrai.

Écu écartelé d'un lion et d'un émanché en flanc, parti de trois poêles (patellæ), soutenu par un ange, supporté par deux lions, dans un trilobe.

...IEHANE G..SIE DE PADILLES

(Seel Jehane Garsie de Padilles.)

Promesse, au sujet de la démolition juridique du château d'Écaillon, d'empêcher toutes voies de fait ou représailles contre le chapitre de Cambrai. — Valenciennes, 5 juin 1413.

1419　PAILLENCOURT (MANESSIER DE),

1293.

Sceau rond, de 28 mill. — Arch. du Nord; abbaye de Saint-Aubert.

Écu à la hamaide.

....DE PALLEN.....

(. ... de Paillencourt.)

Abandon de droits sur les gens de Selvigny. — 8 décembre 1293.

1420　PEDE (LÉON VAN).

1390.

Sceau rond, de 22 mill. — Arch. du Nord; Chambre des comptes.

Écu à la bande chargée de trois maillets et accompagnée d'une fleur de lys en chef, dans un hexagone.

S · LOENIS · VAN · PEDE ·

(Segel Loenis van Pede.)

Bail d'un manoir situé à Dielbeke. — 12 avril 1390.

1421　PEISSANT (JACQUES DE).

1545.

Sceau rond, de 32 mill. — Arch. du Nord; Chambre des comptes.

Écu à la fasce chargée d'une étoile à dextre et accompagnée de dix macles en chef et de six en pointe, penché, timbré d'un heaume couronné cimé d'une tête de chien, supporté par deux lions.

𝕾𝖊𝖊𝖑 𝕵𝖆𝖈𝖖𝖚𝖊𝖘 𝖉𝖊 𝖕𝖊𝖎𝖘𝖘𝖆𝖓𝖙

(Seel Jacques de Peissant.)

Réunion de Landrecies au Hainaut. — Anvers, 1ᵉʳ décembre 1645.

1422 PEISSANT (JEAN DE).

1530.

Sceau rond, de 30 mill. — Arch. du Nord; abbaye de Marchiennes.

Écu aux armes du n° précédent.

𝖘𝖊𝖊𝖑 · 𝖎𝖊𝖍𝖆𝖓 · 𝖉𝖊 · 𝖕𝖊𝖎𝖘𝖘𝖆𝖓𝖙

(Seel Jehan de Peissant.)

Sentence de la cour de Mons au sujet de la justice de Prisches et de Bantigny. — Mons, 3 octobre 1530.

1423 PÉRONNE (JEAN DE).

1212.

Sceau rond, de 45 mill. — Arch. du Nord; abbaye de Saint-Aubert.

Écu portant une large feuille festonnée.

✠ SIGILLVM · IOdANNIS · DE · PERONA

(Sigillum Johannis de Perona.)

Compromis entre l'abbaye de Saint-Aubert et la veuve du mayeur d'Avesnes-le-Sec au sujet de son douaire. — 1212.

1424 PERSIN (JEAN),

Chevalier. — 1256.

Sceau rond, de 50 mill. — Arch. du Nord; Chambre des comptes.

Écu fascé de six pièces dont trois chargées de petits sautoirs, au franc canton d'hermines.

.. IOhANNIS : PERS.....IT..

(Sigillum Johannis Persin, militis.)

Voyez le n° 607.

1425 PERWEZ (ADA, DAME DE)

Et de Brock? — 1284.

Sceau ogival, de 55 mill. — Arch. du Nord; Chambre des comptes.

Dame debout, en robe fermée par un joyel et en manteau vairé, coiffée d'une toque à mentonnière, un oiseau sur le poing. A dextre, un écu à la fasce; à sénestre, un écu à la fasce accompagnée de trois merlettes en chef.

✠ : S'. ADE : DOMINE : DE : PERVEIS : ET : DE : BRVEC :

(Sigillum Ade, domine de Perveis et de Bruce.)

Contre-sceau : L'écu sénestre de la face.

✠ CLAVIS · SIGILLI

(Clavis sigilli.)

Quittance au sujet du fief de la halle à Namur. — Février 1284.

1426 PERWEZ (BAUDOUIN, SIRE DE).

Chevalier. — 1285.

Sceau rond, de 53 mill. — Arch. du Nord; collégiale de Sainte-Croix.

Écu échiqueté.

✠ S' .AVDVI. .. PIEREVVES

(Seel Baudoin de Pierewes.)

Contre-sceau : Écu échiqueté.

✠ SIGILLVM · SECRETI

(Sigillum secreti.)

Ratification de la vente d'un fief situé à Rocourt faite par Colart, fils aîné de Baudouin de Perwez, à Henri de Condé, clerc du comte de Flandre. — Mai 1285.

1427 PERWEZ

(ISABEAU DU ROEULX, FEMME DE BAUDOUIN DE).

1285.

Sceau ogival, de 60 mill. — Arch. du Nord; collégiale de Sainte-Croix.

Dame debout, une fleur à la main. A dextre, un écu portant trois lions; à sénestre, un écu échiqueté.

✠ S' YZABIAVS · DOV ROES · .AME · DE PIREWEIS

(Seel Yzabiaus dou Roes, dame de Pireweis.)

Voyez le n° 1426.

1428 PERWEZ (GODEFROI DE).

Seigneur de Grimberghe. — 1256.

Sceau rond, de 70 mill. — Arch. du Nord; Chambre des comptes.

Type équestre; le bouclier et la housse portant une fasce.

: S' : GODEFRIDI : DÑI : DE : PERVEZ : ET : DE : GRI...RGIS :

(Sigillum Godefridi, domini de Pervez et de Grimbergis.)

Contre-sceau : Écu à la fasce.

✠ hEC : EST : CLAVIS : SIGILLI

(Hec est clavis sigilli.)

Voyez le n° 121.

1429 PETITPAS (JACQUES).

Seigneur de la Ponténerie. — 1615.

Sceau rond, de 38 mill. — Arch. du Nord; abbaye du Saint-Sépulcre.

Écu portant trois fruits, trois pommes? écartelé d'une tour, timbré d'un heaume cimé d'un griffon issant. — Légende fruste, datée de 1576.

Aveu d'un fief situé dans la banlieue de Cambrai. — 10 avril 1615.

1430   PETITPAS (JEAN).

Seigneur de Dureteste près Anzappes. — 1496.

Sceau rond, de 27 mill. — Arch. du Nord; Chambre des comptes.

Écu portant trois fasces accompagnées de deux molettes en chef, penché, timbré d'un heaume cimé d'un lion issant.

S : Jehan : petitpas

(Seel Jehan Petitpas.)

Quittance de relief. — 4 mai 1496.

1431   PETIT QUESNOY (DREUX DE).

1499.

Sceau rond, de 25 mill. — Arch. du Nord; Chambre des comptes.

Écu portant trois coquilles.

✱ S' DRIVET DV PETIT QVESÑOI

(Seel Drivet du Petit Quesnoi.)

Voyez le n° 687.

1432 PIERFONTAINES (GILLES DE),

Sire de Beuvrages. — 1303.

Sceau rond, de 30 mill. — Arch. du Nord; hôpital Sainte-Élizabeth de Valenciennes.

Écu billeté au lion, brisé d'une bande, dans une rosace à six feuilles.

✱ SAIEL : GILLIO. .E : PIERFONTAINNE

(Saiel Gillion de Pierfontaine.)

Confirmation d'un don de pâturages. — «Le jour que li ans se renouvelle par un diemenche le 1er jenvier 1303.»

1433 PIERFONTAINES (GUILLAUME DE),

Écuyer. — 1496.

Sceau rond, de 28 mill. — Arch. du Nord; abbaye de Denain.

Écu billeté au lion, brisé d'une bande componée.

✱ S' WILLAV.. : D.....RTAINE

(Seel Willaume de Pierfontaine.)

Voyez le n° 641.

1434   PIERREMONT (JEAN DE),

Seigneur de Clary, chevalier. — 1367.

Sceau rond, de 50 mill. — Arch. du Nord; collégiale de Saint-Géry.

Écu portant un lion, au lambel de cinq pendants.

.IEhAN DE PERRE....

(Seel Jehan de Perremont.)

Voyez le n° 1345.

1435   PITTINGEN (ARNOUL DE).

1361.

Sceau rond, de 25 mill. — Arch. du Nord; Chambre des comptes.

Écu à la croix ancrée, penché, timbré d'un heaume cimé.

✱ S' · DÑI · ARNOLDI · DE · PITING

(Sigillum domini Arnoldi de Piting.)

Voyez le n° 513.

1436   POEL (PHILIPPE DE),

Chevalier. — 1260.

Sceau rond, de 56 mill. — Arch. du Nord; abbaye de Vaucelles.

Un lion portant un écu à la croix chargée de cinq coquilles accompagnée de douze merlettes en orle.

...DNY : PhILIPI : MILITIS : DE : POELE

(Sigillum domini Philipi, militis de Poele.)

Contre-sceau : Un heaume des croisades.

✱ S' PhILIPPI DE POELE

(Secretum Philippi de Poele.)

Vente de terres dans le polder de Covele. — 8 janvier 1260.

1437   POEL (PHILIPPE DE),

Chevalier. — 1309.

Sceau rond, de 19 mill. — Arch. du Nord; Chambre des comptes.

Écu à la croix chargée de cinq coquilles, accompagnée de douze merlettes en orle.

✱ S' PhILIPPI DE POELE MILIT'

(Sigillum Philippi de Poele, militis.)

Voyez le n° 435.

1438 POELVOORDE (GAUTIER DE).

Chevalier. — 1336.

Sceau rond, de 20 mill. — Arch. du Nord; Chambre des comptes.

Écu au chevron accompagné de trois merlettes, dans un encadrement à quatre lobes.

✱ S' WAT' DE POELVORDE ChEVALIER

(Seel Watier de Poelvorde, chevalier.)

Voyez le n° 491.

1439   POITIERS (CHARLES DE),

Sire de Saint-Valier et de Vadans. — 1378.

Sceau rond, de 26 mill. — Arch. du Nord; Chambre des comptes.

Écu portant six besants sous un chef chargé d'une couronne à dextre, penché, timbré d'un heaume cimé d'une tête de vieillard, supporté par deux lions.

⋆ S⋆ KAROLI DE PITAVIA DÑI DE SÃO UALERIO

(Sigillum Karoli de Pitavia, domini de Sancto Valerio.)

Voyez le n° 868.

1440   POIX (PIERRE DE),

Sire de Douchy, écuyer. — 1517.

Sceau rond, de 38 mill. — Arch. du Nord; évêché et chapitre de Cambrai.

Écu fretté semé de fleurs de lys, portant un Agnus en abîme, penché, timbré d'un heaume cimé d'un écureuil, supporté par une licorne à sénestre.

s . . . . . pois feigür de douchi

(Seel Pierre de Pois, seigneur de Douchi.)

Aveu d'un fief situé à Villers-Pol. — 9 septembre 1517.

1441   POLANEN (PHILIPPE DE),

Chevalier. — 1367.

Sceau rond, de 28 mill. — Arch. du Nord; Chambre des comptes.

Écu portant trois croissants, penché, timbré d'un heaume cimé d'une tête d'homme barbu coiffé d'un chapel, dans un encadrement en losange.

⋆ S⋆ FLIPS · VÃ · POLANEN · RIDDER

(Segel Flips van Polanen, ridder.)

Voyez le n° 604.

1442   PONTÉNERIE (JEAN DE LA),

Chevalier. — 1349.

Sceau rond, de 57 mill. — Arch. du Nord; abbaye de Marquette.

Écu bandé de six pièces, au franc canton d'hermines.

⋆ S⋆ IEhAN · DE · LE PONTENRIE · ChVALIER

(Seel Jehan de le Pontenrie, chevalier.)

Vente d'une terre sise en la paroisse de Roubaix. — Décembre 1349.

1443   PONT-ROHARD (NOEL DE),

Écuyer. — 1508.

Sceau rond, de 32 mill. — Arch. du Nord; chapitre de Lille.

Écu d'hermines, à la bande chargée de trois alérions, penché, timbré d'un heaume cimé, supporté par deux hommes sauvages.

s : noe . . . . . uart

(Seel Noel de Pontrewart.)

Aveu d'un fief situé à Bouchain. — 14 décembre 1508.

1444 PORTSALLISY (BONVALET DE).

De Metz, chevalier. — 1317.

Sceau rond, de 58 mill. — Arch. du Nord; Chambre des comptes.

Écu portant une tour.

⋆ S. DÑI BONIVALLETI DE PORTASALIE

(Sigillum domini Bonivalleti de Portasalie.)

Hommage à la comtesse de Luxembourg. — 18 décembre 1317.

1445 POTELLE (GILLES. SEIGNEUR DE).

1408.

Sceau rond, de 29 mill. — Arch. du Nord; Chambre des comptes.

Écu à la croix, penché, timbré d'un heaume cimé, supporté par deux lions, dans un quadrilobe.

s . gilles de . . . . . feigneur de potielle

(Seel Gilles de . . . . . seigneur de Potielle.)

Voyez le n° 502.

1446 POTELLE (GUILLAUME DE).

1319.

Sceau rond, de 24 mill. — Arch. du Nord; abbaye du Saint-Sepulcre.

Écu billeté, au croissant.

⋆ S⋆ GVILE DE POTELES

(Seel Guillaume de Poteles.)

Record de l'achat de la mairie de Saint-Hilaire. — 30 novembre 1319.

1447 POTTES (GÉRARD. SIRE DE).

Chevalier. — 1297.

Sceau rond, de 35 mill. — Arch. du Nord; abbaye de Cysoing.

Écu fascé de dix pièces, à la bande brochant.

⋆ S⋆ GERART · SIGNEVR · DE · POTES · ChR

(Seel Gérart, signeur de Potes, chevalier.)

Accord pour la coupe des bois de Rieulay. — Juin 1297.

1448   POTTES

(ALEXANDRE. DAME DE RIEULAY. FEMME DE GÉRARD DE).

1297.

Sceau ogival, de 40 mill.   Collection de M. Preux à Douai.

Dame debout, en robe et en manteau vairé, tenant un château sur sa main droite.

⋆ SEIEL ALIXANDRE DE RY . LAI

(Saiel Alixandre de Ryulai.)

Sceau original détaché.

1449 POTTES (GÉRARD, SIRE DE).

Chevalier. — 1333.

Sceau rond, de 24 mill. — Arch. du Nord; Chambre des comptes.

Écu aux armes, penché, timbré d'un heaume cimé d'une aigrette entre deux têtes de chèvre.

S'. GERART : SIGÑ : DE : POTES : ChÊR

(Seel Gérart, signeur de Potes, chevalier.)

Voyez le n° 949.

1450 POTTES (JEAN DE).

1371.

Sceau rond, de 24 mill. — Arch. du Nord; Chambre des comptes.

Écu aux armes, dans une rosace en étoile.

✱ S' IChAN DE POTES

(Seel Johan de Potes.)

Le comte de Flandre donne à Gossuin du Quesnoy la terre de Tourcoing, à la condition acceptée par ce seigneur de la délivrer à Jean d'Audenarde lorsqu'il aura atteint sa majorité. — 16 septembre 1371.

1451 POUCQUES (OLIVIER, SEIGNEUR DE).

Chevalier. — 1336.

Sceau rond, de 26 mill. — Arch. du Nord; Chambre des comptes.

Écu au lion passant, dans une rose gothique.

✱ S' OLIVIER : SWINEVR : DE : POVKE : ChEVALIER

(Seel Olivier, swineur de Pouke, chevalier.)

Voyez le n° 477.

1452 POULAIN DE WAROUX (LIBERT).

Chevalier. — 1286.

Sceau rond, de 36 mill. — Arch. du Nord; Chambre des comptes.

Écu au lion.

✱ S' LIBERTI DCI POLLEN DE ..RVEX ...

(Sigillum Liberti dicti Pollen de Waruax, militis.)

Voyez le n° 778.

1453 PRAET (BAUDOUIN DE).

Chevalier. — 1366.

Sceau rond, de 24 mill. — Arch. du Nord; Chambre des comptes.

Écu au sautoir, dans un trilobe.

S' BALDVINI DCI DE PRAT MILITIS

(Sigillum Balduini dicti de Prat, militis.)

Voyez le n° 994.

1454 PRÉE (RASSE DE LA).

1427.

Sceau rond, de 21 mill. — Arch. du Nord; Chambre des comptes.

Écu portant deux lions adossés, au lambel, dans un trilobe.

S' RASE DE LA PREE

(Seel Rasse de le Prée.)

Voyez le n° 885.

1455 PRÉS (BAUDOUIN DES).

Chevalier. — 1235.

Sceau rond, de 64 mill. — Arch. du Nord; Chambre des comptes.

Type équestre; le bouclier portant un sautoir.

SIGILLVM BAL........

(Sigillum Balduini .....)

CONTRE-SCEAU : Écu au sautoir.

✱ SECRETVM · MEVM · MIChI

(Secretum meum michi.)

Droits de justice de la comtesse de Flandre et de Baudouin des Prés à Somerghem. — Courtrai, février 1235.

1456 PRÉS (GILLES DES).

1427.

Sceau rond, de 26 mill. — Arch. du Nord; Chambre des comptes.

Écu portant un plain sous un chef chargé de trois bandes au lambel, penché, timbré d'un heaume cimé de deux tonneaux, supporté par deux lévriers.

s · gilles · des · pres ·

(Seel Gilles des Prés.)

Voyez le n° 425.

1457 PRÉS (JEAN DES).

1427.

Sceau rond, de 27 mill. — Arch. du Nord; Chambre des comptes.

Écu aux armes et au lambel du précédent, timbré comme lui, supporté par deux lions.

seel · iehan · des · pres

(Seel Johan des Prés.)

Voyez le n° 425.

1458 PRÉS (PHILIPPE DES).

Écuyer. — 1515.

Sceau rond, de 32 mill. — Arch. du Nord; évêché et chapitre de Cambrai.

Écu aux armes du précédent, la première bande brisée d'une rose?, timbré et supporté comme lui.

s PHLE DES PRES SEIG DE LE COVRBE

(Seel Philipe des Prés, seigneur de le Conche.)

Fondation de deux messes par Jacques de Croy, évêque de Cambrai. — Bruxelles, 9 décembre 1515.

1459   PRÉS (THIERRI DES),

1408.

Sceau rond, de 24 mill. — Arch. du Nord; Chambre des comptes.

Écu portant un plain sous un chef bandé de six pièces, dont trois chargées d'étoiles, dans un trilobe.

s thir . . . des pres

(Seel Thierri des Prés.)

Voyez le n° 502.

1460 PRÉSEAU (ADAM DE LA MOTTE DE),

Écuyer. — 1349.

Sceau rond, de 22 mill. — Arch. du Nord; évêché et chapitre de Cambrai.

Écu d'hermines au croissant surmonté d'une étoile.

✳ S' ADAM DE PRESIEL

(Seel Adam du Présiel.)

Voyez le n° 1287.

1461   PRÉSEAU (OLIVIER DE),

Écuyer. — 1372.

Sceau rond, de 44 mill. — Arch. du Nord; hôpital Sainte-Élizabeth de Valenciennes.

Écu vairé au croissant.

✳ S. O.....DE PRESEL

(Seel Olivier de Présel.)

Ratification féodale d'un don de terre. — 23 octobre 1372, « dessous « les arbres de lès le moustier à Présiel. »

1462   PRÉVÔT (ANTOINE LE),

Seigneur du fief de Ronchain, écuyer. — 1484.

Sceau rond, de 28 mill. — Hôpital Saint-Sauveur à Lille.

Écu portant deux bandes, écartelé de trois tours, penché, timbré d'un heaume cimé d'une tête de griffon, supporté par un griffon à dextre.

s anthoine le prevst

(Seel Anthoine le Prévost.)

Acquisition d'une terre tenue de Ronchain. — 11 mars 1484.

1463   PRÉVÔT (JACQUEMON LE),

Seigneur de Cappinghem.   1356.

Sceau rond, de 26 mill. — Hôpital des Grimaretz à Lille.

Écu au lion, penché, timbré d'un heaume cimé.

sur champ d'arabesques, dans un encadrement en lossange.

S' LE SIRGEVR DE CAMPINGHEHEM

(Seel le singeur de Campinghehem.)

Don d'une terre au dimage de Santes par Marie de Pont-Rohard. — Au moutier Saint-Étienne à Lille, 11 janvier 1356.

1464   PROISY (CLÉRAMBAUT DE),

1408.

Sceau rond, de 28 mill. — Arch. du Nord; Chambre des comptes.

Écu portant trois lions, à la bordure, penché, timbré d'un heaume cimé, supporté par un griffon et un lion.

s clarembault de proi . .

(Seel Clarembault de Proisy.)

Voyez le n° 502.

1465   PROOST (GUILLAUME),

Seigneur de Thynes et de Fauls, chevalier. — 1371.

Sceau rond, de 37 mill. — Arch. du Nord; Chambre des comptes.

Écu portant cinq fusées rangées en fasce, écartelé d'un fascé de dix pièces, penché, timbré d'un heaume cimé d'une tête de bélier, supporté par deux cerfs.

s : dni . wilh . . . . . rus

(Sigillum domini Wilhelmi . . . . .)

Voyez le n° 722.

1466 PROUVY (GÉRARD, SIRE DE),

Chevalier. — 1285.

Sceau rond, de 48 mill. — Arch. du Nord; collégiale de Sainte-Croix.

Écu au double trécheur fleuronné, à la fasce frettée brochant.

✳ S' · MONSINGNEVR · GERARS · DE · PROWI · CHEVALIER

(Seel monsingneur Gérart de Prowi, chevalier.)

CONTRE-SCEAU : Écu aux armes de la face.

✳ S' SECRETVM · MEVM

(Sigillum secretum meum.)

Amortissement de dîme à Vendégies-sur-Écaillon. — Prouvy, sous l'arbre, 4 octobre 1285.

1467 PROUVY (PHILIPPE, SIRE DE),

1301.

Sceau rond, de 50 mill. — Arch. du Nord; Chambre des comptes.

Écu aux armes du précédent.

✠ S' PHELIPPRE SIRE DE PROVVI

(Seel Phelippre, sire de Prouvi.)

Voyez le n° 536.

1468 PRUDHOMME (JEAN).

Écuyer. — 1315.

Sceau rond, de 26 mill. — Arch. du Nord; abbaye de Cysoing.

Écu portant un chevron accompagné de trois fleurs de lys et d'un croissant en abîme, au lambel de cinq pendants, penché, timbré d'un heaume cimé, supporté par un griffon à dextre. — Légende fruste.

Voyez le n° 1188.

1469 PUTTEN (ALIX, DAME DE).

De Praet et de Stryen. — 1357.

Sceau rond, de 33 mill. — Arch. du Nord; Chambre des comptes.

Dans un encadrement gothique à compartiments, trois écus : le premier portant un sautoir, le second fascé de six pièces, le troisième portant trois sautoirs.

...ALEIT · VROU · VAN · P.....EN · STRYEN · EN · VM PRAET

(Segel Aleit, vrou van Putte en Stryen en van Praet.)

Voyez le n° 604.

1470 PUTTEN (NICOLAS DE).

Écuyer. — 1298.

Sceau rond, de 26 mill. — Arch. du Nord; Chambre des comptes.

Représentation d'un puits à bascule.

NICOLAI DE PITTEO

(Nicolai de Pitteo.)

Voyez le n° 606.

1471 PYLYSER (JEAN).

Chevalier. — 1336.

Sceau rond, de 22 mill. — Arch. du Nord; Chambre des comptes.

Écu au lion, brisé d'une bande, penché, timbré d'un heaume cimé d'une tête d'âne, sur champ orné de fleurs.

S'. IOHIS · PILISER · MILITIS

(Sigillum Johannis Piliser, militis.)

Voyez le n° 477.

1472 QUAROUBLE (GUILLAUME DE).

1344.

Sceau rond, de 30 mill. — Arch. du Nord; Chambre des comptes.

Écu au sautoir chargé de cinq molettes, brisé d'un

point en chef et à dextre, cantonné de quatre mâcles, penché, timbré d'un heaume cimé.

.. Willaume · De · couronble

(Seel Willaume de Couronble.)

Voyez le n° 502.

1473 QUELLERIE (ÉTIENNE DE LE).

Écuyer. — 1587.

Sceau rond, de 40 mill. — Arch. du Nord; abbaye de Saint-Aubert.

Écu au chevron chargé d'une rose en pointe et accompagné de trois étoiles, écartelé d'une bande chargée de trois besants? timbré d'un heaume cimé, supporté par deux griffons.

S · ESTIENNE · DE · QVELLERIE

Contre-sceau : Écu aux armes de la face, timbré de même. — Sans légende.

Aveu d'un fief sis à Saint-Aubert. — 1er août 1587.

1474 QUESNOY (WAUTIER DU).

Chevalier. — 1265.

Sceau rond, de 61 mill. — Arch. du Nord; abbaye de Château-l'Abbaye.

Écu échiqueté, au lambel de cinq pendants.

✠ S' WAT... DOV QEINO.....AVS

(Seel Watier dou Qeinol .....?)

Don de rente par Arnoul de Mortagne, châtelain de Tournay. — Septembre 1265.

1475 QUESNOY-SUR-DEULE

(SARA, DAME DE).

1249.

Sceau ogival, de 40 mill. — Arch. du Nord; chapitre de Lille.

Une branche d'ornement portant deux oiseaux symétriques.

✠ S' SARRE DOMINE DE CANETO

(Sigillum Sarre, domine de Caneto.)

Acquisition de dîme à Lomme. — Août 1249.

1476 QUÉVY (GAUTIER DE).

1222.

Sceau rond, de 72 mill. — Arch. du Nord; abbaye de Marchiennes.

Une aigle s'envolant, tenant un oiseau dans ses serres.

✠ SIG.....EVI

(Sigillum ..... de Kévi.)

Contre-sceau : Écu fruste.

❦ CLAVIS SIGILLI

(Clavis sigilli.)

Don de rente sur une terre à Battignies. — 1442.

1477   QUIÉRY (GÉRARD DE).

1450.

Sceau rond, de 27 mill. — Arch. du Nord; abbaye des Prés.

Écu plain sous un chef chargé de trois merlettes.

❦ S'. GERART : DE : KIÉRI :

(Seel Gérart de Kiéri.)

Confirmation d'une rente octroyée à l'abbaye des Prés par son père Robert de Quiéry. — Mai 1450.

1478   QUIÉVRAIN (ANTOINE DE).

Écuyer. — 1516.

Sceau rond, de 40 mill. — Arch. du Nord; abbaye d'Anchin.

Écu plain sous un chef chargé de trois bandes, penché, timbré d'un heaume cimé de deux tonneaux, supporté par deux lions.

S ANTHOE • DE • KIEVRAIN • S • DE • BESSAI

(Seel Anthoine de Kiévrain, sire de Bessai.)

Sentence de la cour de Mons contre des censiers refusant la dîme et contre le mayeur et les échevins de Berlaimont appelés en garantie. — 18 novembre 1516.

1479   QUIÉVRAIN (GAUTIER DE).

1203.

Sceau rond, de 66 mill. — Arch. du Nord; évêché et chapitre de Cambrai.

Type équestre; épée à arête médiane, le bouclier portant un plain sous un chef bandé de six pièces.

SIGILLV • GALTERI • DE • KIEVRAIG

(Sigillum Galteri de Kievraig.)

Contre-sceau : Écu aux armes de la face.

❦ CLAVIS • SIGILLI

(Clavis sigilli.)

Gautier confirme au chapitre de Cambrai la cession des dîmes de Montreuil et de Quiévrain. — Février 1203.

1480   QUIÉVRAIN (MARIE DE).

Femme de Renaud de Bar. — 1282.

Sceau ogival, de 82 mill. — Arch. du Nord; Chambre des comptes.

Dame debout, en robe et en manteau vairé, coiffée d'un voile posé sur son chapel, tenant une fleur de lys à la main, sur champ portant de Bar au lambel.

.....RAING.....DÑI • RENAVDI • DE • BAR..

(Sigillum Marie de Kievraing, uxoris domini Renaudi de Barro.)

Contre-sceau : Écu de Bar, au lambel.

❦ SIGILLVM • SECRETI • MEI

(Sigillum secreti mei.)

Lettres au comte de Flandre pour réclamer deux ans d'arrérages. — 20 juin 1282.

1481   QUIÉVRAIN (NICOLAS, SIRE DE).

Chevalier. — 1269.

Sceau rond, de 78 mill. — Arch. du Nord; hôpital Sainte-Élizabeth de Valenciennes.

Type équestre; bouclier portant un plain sous un chef chargé de trois bandes.

❦ SIGIL.....DE R...RENG

(Sigillum ..... de Kievreng.)

Don d'une terre tenue de Saultain. — 1er avril 1269.

1482   RAILLENCOURT (JACQUES DE).

Chevalier. — 1460.

Sceau rond, de 40 mill. — Arch. du Nord; abbaye de Cantimpré.

Écu à la croix denchée.

❦ S' I.....ILLE..OVRT CHEVALIERS

(Seel Jaques de Raillencourt, chevaliers.)

Ratification d'une acquisition de terre. — Février 1460.

1483   RAINEVAL (JEAN DE).

Le fils, chevalier. — 1326.

Sceau rond, de 37 mill. — Arch. du Nord; chapitre de Lille.

Écu à la croix chargée de cinq coquilles, accompagnée d'une étoile en chef et au canton dextre, sur champ festonné.

...IEHAN DE RAINNEVAL LE FIL Ch...

(Seel Jehan de Rainneval le fil, chevalier.)

Fondation d'une chapellenie à Lambersart. — 13 mai 1326.

1484   RAINEVAL (PÉRONELLE DE).

Dame de Méroucourt, de la Motte de Lambersart et de Mouveaux. — 1344.

Sceau ogival, de 44 mill. — Arch. du Nord; abbaye de Marquette.

Dame debout, dans une niche, accostée à dextre d'un écu à la croix chargée de cinq coquilles, à sénestre d'un écu portant une fasce.

.....VR...RENEV...ME DE ...

(Seel Péronne de Reneval, dame de .....)

Réduction des obligations dues pour une terre à Wambrechies. — Août 1344.

1485 RANSART (THOMAS, SEIGNEUR DE).

Chevalier. — 1230.

Sceau rond, de 50 mill. — Arch. du Nord; abbaye de Sin.

Écu fretté.

✶ SIGILLVM TOME DE RANSART

(Sigillum Tome de Ransart.)

Ratification féodale d'une acquisition de fief, — Juillet 1233.

1486 RANZIÈRES (GEOFFROI DE),

Chevalier. — 1291.

Sceau rond, de 23 mill. — Arch. du Nord; Chambre des comptes.

Écu portant trois sextefeuilles, dans une rosace ornée de dragons.

✶ S'. IOFFROI · DE · RANSIERES · CER

(Seel Joffroi de Ransières, chevalier.)

Voyez le n° 458.

1487 RASOIR (JEAN),

Seigneur de Beuvrages. — 1463.

Sceau rond, de 30 mill. — Arch. du Nord; chartreux de Valenciennes.

Écu portant trois flèches en bande au lambel, écartelé d'un bandé de six pièces, penché, timbré d'un heaume cimé d'une sirène.

jehan rasour S' de buvreges

(Jehan Rasoir, seigneur de Buvrèges.)

Acquisition de terres à Avesnes. — 11 mars 1463.

1488 RASSENGHIEN (GÉRARD, SIRE DE)

Et de Lens. — 1339.

Sceau rond, de 29 mill. — Arch. du Nord; Chambre des comptes.

Écu au lion couronné, écartelé de trois lions, dans un quadrilobe.

✶ S' .G.....ES · DE · RASS.....DE ..N.

(Seel Gérart, sires de Rasseghem et de Lens.)

Voyez le n° 484.

1489 REMERSWALE (BAUDOUIN DE),

Chevalier. 1357.

Sceau rond, de 30 mill. — Arch. du Nord; Chambre des comptes.

Écu portant deux épées en sautoir, la pointe en bas, dans un encadrement en losange.

.BOUDEIN VAN REME.SWALE RUDDERE

(Segel Boudein van Remerswale, ruddere.)

Voyez le n° 604.

1490 RENANSART (GAUTIER DE),

Chevalier. — 1243.

Sceau rond, de 47 mill. — Arch. du Nord; abbaye de Vaucelles.

Écu échiqueté, à la bande brochant.

✶ S' WAL...I DE ERNAVSART

(Sigillum Walteri de Ernausart.)

Consentement au don d'une rente à Poizière. — Décembre 1243.

1491 RENANSART (GAUTIER DE).

Le jeune, chevalier. — 1267.

Sceau rond, de 55 mill. — Arch. du Nord; abbaye de Vaucelles.

Écu échiqueté, à la bande chargée de trois coquilles brochant.

✶ S' MOHSINGVR WAVTIER DERNAVSART LE IOVENE

(Seel monsineur Wautier d'Ernausart le jovene.)

Vente de cinq muids de blé sur la grange de Poizière. — Décembre 1267.

1492 RENANSART

(ALIX, FEMME DE GAUTIER DE).

Le jeune. — 1267.

Sceau ogival, de 58 mill. — Arch. du Nord; abbaye de Vaucelles.

Dame debout, en robe et en manteau, coiffée d'une toque à mentonnière, les cheveux relevés de chaque côté.

✶ S' ALIS DAME DERNAVSART

(Seel Alis, dame d'Ernausart.)

Voyez le n° 1491.

1493 RENESCURE (TARTARIN DE).

Écuyer. — 1332.

Sceau rond, de 28 mill. — Arch. du Nord; Chambre des comptes.

Écu portant une fasce, à la bordure engrêlée.

✶ S' HVITACE .E RENESCVR.

(Seel Huitace de Renescure.)

Tutelle des enfants de la dame de Cassel. — 1332.

1494 RENINGHE (JEAN, SIRE DE).

Chevalier. — 1309.

Sceau rond, de 19 mill. — Arch. du Nord; Chambre des comptes.

Écu à la bande chargée de trois lionceaux, accompagnée de dix billettes?

.....HAN DE RENENGE

(Seel Johan de Renenge.)

Voyez le n° 378.

1495 REUMONT (GILLES, SEIGNEUR DE).

1441.

Sceau rond, de 66 mill. — Arch. du Nord; évêché et chapitre de Cambrai.

Type équestre; le bouclier portant un échiqueté.

✻ SIGILL : E.....INT · OBERT

(Sigillum Egidii de Saint Obert?)

Confirmation d'une acquisition de dîme à Caudry. — Mars 1441.

1496 RIVIÈRE (CHARLES DE LA).

Chevalier. — 1339.

Sceau rond, de 27 mill. — Arch. du Nord; Chambre des comptes.

Écu à trois fleurs de lys, penché, timbré d'un heaume cimé d'un buste d'homme barbu ayant les bras relevés, sur champ fretté.

.RHR.....OT DÑI DE RI.IRR

(Sigillum Karoli .....ot, domini de Rivira.)

Voyez le n° 484.

1497 RIVIÈRE (CHARLES DE LA).

Seigneur de Fleurs et de Hermalle, écuyer. — 1431.

Sceau rond, de 27 mill. — Arch. du Nord; Chambre des comptes.

Écu à trois fleurs de lys au pied coupé, dans une rosace à six feuilles.

✻ s karle van der riegere.....thorem?

(Segel Karle van der Riryere.....)

Voyez le n° 985.

1498 RIVIÈRE (RASSE DE LA).

Sire de Neer-Linter et de Piètrebais. — 1407.

Sceau rond, de 30 mill. — Arch. du Nord; évêché et chapitre de Cambrai.

Écu détruit, timbré comme celui du n° 1496.

.....de lintris infiori

(..... de Lintris Inferiori?)

Acquisition d'un bois près le bois de Bierquit. — Grez, 3 novembre 1407.

1499 ROCHEFORT (AGNÈS DE).

Fille de Jean, seigneur de Rochefort et d'Agimont. — 1417.

Sceau rond, de 26 mill. — Arch. du Nord; Chambre des comptes.

Écu à l'aigle.

agnes · de · rochefort

(Agnès de Rochefort.)

Voyez le n° 254.

1500 ROCHEFORT (MARGUERITE DE).

Fille de Jean, seigneur de Rochefort et d'Agimont. — 1417.

Sceau rond, de 27 mill. — Arch. du Nord; Chambre des comptes.

Écu portant une aigle, au lambel.

..rguerite · de · rochefort

(Marguerite de Rochefort.)

Voyez le n° 254.

1501 RODE (GÉRARD DE).

Sire de Melle, chevalier. — 1284.

Sceau rond, de 66 mill. — Arch. du Nord; Chambre des comptes.

Type équestre; le bouclier et la housse portant un lion.

✻ S' GERARDI ..MINI DE RODEN

(Sigillum Gerardi, domini de Roden.)

Contre-sceau : Écu au lion.

✻ SECRETVM MEVM MICHI

(Secretum meum michi.)

Ses dispositions testamentaires avant de partir pour la croisade. — 23 août 1284.

1502 RODE (GÉRARD DE).

Sire de Melle. — 1287.

Sceau rond, de 38 mill. — Arch. du Nord; Chambre des comptes.

Écu au lion.

✻ S' GERARD DE RODE SIRE DE MELLE ·:·

(Seel Gérard de Rode, sire de Melle.)

Voyez le n° 392.

1503 RODE (GUILLAUME DE).

Chevalier. — 1287.

Sceau rond, de 43 mill. — Arch. du Nord; Chambre des comptes.

Écu au lion, à la bande de losanges brochant.

✻ S' · DÑI · WILI · MILITIS · DÕI · DE · RODEN

(Sigillum domini Willelmi, militis, dicti de Roden.)

Voyez le n° 392.

1504 RODE (JEAN DE).

1300.

Sceau rond, de 23 mill. — Arch. du Nord; Chambre des comptes.

Écu au lion, brisé d'une bande, dans une étoile.

S · IEHANS .E R.DES

(Seel Jehans de Rodes.)

Trèves entre Jean de Rode et Robert de Boomberch. — Février 1300.

1505   RODE (JEAN DE).

Seigneur d'Ingelmunster, écuyer. — 1336.

Sceau rond, de 21 mill. — Arch. du Nord; Chambre des comptes.

Écu au lion, brisé d'une bande, dans un trilobe.

✠ S'. IEHAN · DERGLEMOVSTIER

(Seel Jehan d'Englemoustier.)

Voyez le n° 477.

1506   RODE

(CATHERINE DE MALDEGHEM, FEMME DE JEAN DE).

Dame d'Ingelmunster. — 1390.

Sceau ogival, de 66 mill. — Arch. du Nord; Chambre des comptes.

Dame debout, en robe et en manteau, coiffée d'un voile; un oiseau sur le poing. A dextre, l'écu de son mari; à sénestre, celui de Maldeghem : n°° 1267, 1268, 1269.

...ATER... DAME DE INGGILMVSSTER

(Seel Katerine, dame de Inggilmusster.)

Lettres de garantie à Gui, comte de Flandre, qui avait scellé la charte de son douaire. — 18 septembre 1390.

1507   RODE (RAOUL, SEIGNEUR DE).

1226.

Sceau rond, de 57 mill. — Arch. du Nord; Chambre des comptes.

Type équestre; le bouclier portant un écusson en abîme accompagné de trois merlettes en chef.

SIGILLE : RADVLFI : DE : RODES

(Sigillum Radulfi de Rodes.)

CONTRE-SCEAU : Écu aux armes de la face avec la même légende.

Raoul de Rode donne Robert de Béthune pour garant d'une convention qu'il passe avec Hildegarde, sa mère. — Mars 1226.

1508   RODEMACHEREN

(GÉRARD, SEIGNEUR DE).

1466.

Sceau rond, de 44 mill. — Arch. du Nord; Chambre des comptes.

Écu fascé de six pièces, penché, supporté à dextre par un lion assis et casqué d'un heaume cimé aux armes.

Sigillû : gerardi : domini d : rodemachra

(Sigillum Gerardi, domini de Rodemachra.)

Renonciation à une rente sur la recette de Thionville. — 14 juin 1466.

1509   RODEMACHEREN

(GÉRARD, SEIGNEUR DE).

1483.

Sceau rond, de 50 mill. — Arch. du Nord; Chambre des comptes.

Écu aux armes du précédent et supporté comme lui.

Sigillû ge..... de rodemachra

(Sigillum Gerardi de Rodemachra.)

Appendu à un acte en allemand. — 1er mars 1483.

1510   RODEMACHEREN

(GILLES, SEIGNEUR DE).

1382.

Sceau rond, de 40 mill. — Arch. du Nord; Chambre des comptes.

Écu fascé de six pièces.

✠ S'..... OMINI · DE · RODE. AOḢ.. N ·

(Sigillum Egidii, domini de Rodemachren?)

Voyez le n° 418.

1511   RODEMACHEREN

(JEAN, SEIGNEUR DE).

1354.

Sceau rond, de 23 mill. — Arch. du Nord; Chambre des comptes.

Écu fascé de six pièces.

✠ SIGI...M · DEDRETI · NOSTRI

(Sigillum coereti nostri.)

Voyez le n° 568.

1512   ROEULX (HUGUES, SEIGNEUR DE).

Chevalier. — 1233.

Sceau rond, de 61 mill. — Arch. du Nord; abbaye de Marchiennes.

Écu portant une roue.

✠ SIGILLVM · HVGONIS · DE · RVED

(Sigillum Hugonis de Rued.)

Acquisition de terre à Abscon. — 6 juillet 1233.

1513   ROEULX (HUGUES, SEIGNEUR DE).

1267.

Sceau rond, de 50 mill. — Arch. du Nord; abbaye de Sin.

Écu portant une roue.

✠ SEIAV..... DE RVET

(Sceau ..... de Ruet.)

Fondation d'une chapellenie. — Décembre 1267.

1514   ROEULX

(NICOLAS RESTEAU, SEIGNEUR DE).

1535.

Sceau rond, de 38 mill. — Arch. du Nord; abbaye de Maroilles.

Écu au râteau, écartelé de trois roues, timbré d'un heaume cimé d'un lévrier assis.

8 • ..... 8 • RESTEAV • .....EVR • DE • ROET

(Seel Nicolas Resteau, seigneur de Roet.)

Sentence de la cour de Mons contre Jean Doelin qui refusait la menue dîme des poires et des pommes. — Mons, 27 septembre 1535.

1515   ROEULX (EUSTACHE DU).

1446.

Sceau rond, de 70 mill. — Arch. du Nord; Chambre des comptes.

Type équestre; le bouclier portant trois lions.

SIG..L.M • EVS...HII • DEL • RVES

(Sigillum Eustachii del Rues.)

CONTRE-SCEAU : Écu à trois lions.

CLAVIS • SIGILLI

(Clavis sigilli.)

Voyez le n° 483.

1516   ROEULX

(EUSTACHE, SEIGNEUR DU).

Chevalier. — 1470.

Sceau rond, de 75 mill. — Arch. du Nord; évêché et chapitre de Cambrai.

Type équestre; le bouclier et la housse aux trois lions.

.....TAS.....I • DOM....G • R...

(Sigillum Wistasii ..... domini de R...?)

CONTRE-SCEAU : Écu à trois lions.

✳ CLAVIS : SIGILLI : GVSTAGII

(Clavis sigilli Eustacii.)

Le sire du Rœulx déclare qu'il ne pourra disposer de la chapellenie que le chapitre de Cambrai lui a octroyée à l'hôpital de Bermerain. — 18 juin 1470.

1517   ROEULX

(EUSTACHE, SEIGNEUR DU).

1336.

Sceau rond, de 53 mill. — Arch. du Nord; Chambre des comptes.

Type équestre; le bouclier, l'épaulière et la housse aux armes : trois lions.

S' : WISTASSE .....R : DOV : ....

(Seel Wistasse, seigneur dou Rues.)

Voyez le n° 531.

1518   ROEULX (FASTRET DU).

1317.

Sceau rond, de 36 mill. — Arch. du Nord; Chambre des comptes.

Écu portant trois lions, au franc canton chargé d'une bande au lambel.

✳ : S' : FASTRET : DOV : RVES :

(Seel Fastret dou Rues.)

Voyez le n° 1348.

1519   ROEULX (FASTRET DU).

Seigneur de Montreuil, chevalier. — 1345.

Sceau rond, de 29 mill. — Arch. du Nord; Chambre des comptes.

Écu portant trois lions, au lambel, penché, timbré d'un heaume cimé d'un vol, sur champ fretté.

✳ S' : FASTRET : DOV : RVES : SIGR.......TERVEL

(Seel Fastret dou Rues, seigneur de Monstrueil.)

Fastret du Rœulx vend au comte de Hainaut les villes, châteaux et seigneuries de Trith et de Maing. — Mons, 21 décembre 1345.

1520   ROEULX

(GILLES RIGAUD, SEIGNEUR DU).

Chevalier. — 1372.

Sceau rond, de 50 mill. — Arch. du Nord; abbaye de Vicogne.

Écu à trois lions couronnés.

✳ : S' • EGIDII • DE • RODIO • MILITIS :

(Sigillum Egidii de Rodio, militis.)

Acquisition de la moitié de la dîme de Vertain et de Romeries. — 16 janvier 1372.

1521   ROEULX

(GILLES RIGAUD, SEIGNEUR DU).

Chevalier. — 1393.

Sceau rond, de 78 mill. — Arch. du Nord; Chambre des comptes.

Type équestre; le bouclier, l'épaulière, les cimiers, le troussequin et la housse aux armes.

S' : EG........ODIO

(Sigillum Egidii ..... de Rodio.)

CONTRE-SCEAU : Écu à trois lions.

✳ CONTRA • SIGILLI • DOMINI • DE • RODIO

(Contra sigilli domini de Rodio.)

Quittance de fief de bourse. — 3 avril 1393.

1522   ROEULX (THIERRI DU).

Chevalier. — 1485.

Sceau rond, de 42 mill. — Arch. du Nord; collégiale de Sainte-Croix.

Écu portant trois lions, au lambel de quatre pendants.

✳ S' TERRICI DE RODIO MILITIS

(Sigillum Terrici de Rodio militis.)

Voyez le n° 1496.

1523   ROEVER (THIERRI LE).

Chevalier. — 1404.

Sceau rond, de 25 mill. — Arch. du Nord; évêché et chapitre de Cambrai.

Écu portant trois anilles, penché, timbré d'un heaume couronné cimé, dans un encadrement gothique.

✶ S' THEODE.....VER MILITIS

(Sigillum Theoderici le Roever, militis.)

Voyez le n° 364.

1524   ROGIMÉS (THIMER DE).

Chevalier. — 1224.

Sceau rond, de 43 mill. — Arch. du Nord; évêché et chapitre de Cambrai.

Écu au sautoir vivré.

SIGILL · THIMERI · DE · ROGEME.

(Sigillum Thimeri de Rogemes.)

Renonciation à des droits sur une dîme à Ohain. — 29 avril 1224.

1525   ROISEL (GILLES DE).

Dit Lesot, chevalier. — 1227.

Sceau rond, de 37 mill. — Arch. du Nord; abbaye de Vaucelles.

Écu fascé de dix pièces, au sautoir brochant.

✶ S. EGIDII MILITIS DE ROISEST

(Sigillum Egidii, militis de Roisest.)

Échange de terres à Épéhy. — Janvier 1227.

1526   ROISIN (BAUDRI DE).

Seigneur de Sepmeries, chevalier. — 1254.

Sceau rond, de 63 mill. — Arch. du Nord; évêché et chapitre de Cambrai.

Type équestre; le bouclier bandé de six pièces.

S' BALDRICI DE ROISIN D... DE SEMERIES

(Sigillum Baldrici de Roisin, domini de Semeries.)

Contre-sceau : Écu bandé de six pièces.

✶ CLAVIS SIGILLI

(Clavis sigilli.)

Amortissement. — 17 janvier 1254.

1527   ROISIN

(ÉVA, FEMME DE BAUDRI DE).

1258.

Sceau rond, de 50 mill. — Arch. du Nord; évêché et chapitre de Cambrai.

Écu bandé de six pièces.

S · EVA · DOMINE · DE · ROI...

(Sigillum Eva, domine de Roisin.)

Confirmation du sixième de la dîme de Rettrechies. — 29 novembre 1258.

1528 ROISIN (BAUDRI, SEIGNEUR DE).

Chevalier. — 1296.

Sceau rond, de 64 mill. — Arch. du Nord; abbaye du Saint-Sépulcre.

Écu bandé de six pièces.

✶ : S'. BAUDRI CH...LIER SIGNEUR
DE ROISIN

(Seel Baudri, chevalier, seigneur de Roisin.)

Record d'une sentence de la cour de Mons au sujet de la justice de Saint-Hylaire. — 1296.

1529   ROISIN (BAUDRI DE).

Écuyer. — 1317.

Sceau rond, de 23 mill. — Arch. du Nord; évêché et chapitre de Cambrai.

Écu bandé de six pièces, au lambel, dans un quadrilobe.

✶ S' : BAVDRI : DE : ROISIN : ESCVIER

(Seel Baudri de Roisin, escuier.)

Voyez le n° 415.

1530 ROISIN (BAUDRI, SEIGNEUR DE).

Chevalier. — 1322.

Sceau rond, de 54 mill. — Arch. du Nord; évêché et chapitre de Cambrai.

Écu bandé de six pièces, timbré de deux lions assis, accosté de deux dragons mantelés aux armes, dans un trilobe.

✶ : S' : BALDRICI : DOMINI :.. ROYSIN : MILLITIS :

(Sigillum Baldrici, domini de Roysin, millitis.)

Contre-sceau : Écu aux armes, dans un trilobe comme à la face et avec la même légende.

Voyez le n° 974.

1531   ROISIN (BAUDRI, SEIGNEUR DE).

Chevalier. — 1327.

Sceau rond, de 32 mill. — Arch. du Nord; Chambre des comptes.

Écu bandé de six pièces, penché, timbré d'un heaume cimé d'un singe assis, dans un quadrilobe.

seel · baudri · seigneur · de · roisin

(Seel Baudri, seigneur de Roisin.)

Voyez le n° 425.

1532   ROISIN (GILLES DE).

Seigneur de la Fosse, chevalier. — 1315.

Sceau rond, de 26 mill. — Arch. du Nord; chartreux de Valenciennes.

Écu bandé de six pièces dont trois chargées de coquilles, au lambel, dans un trilobe.

✴ SEEL GILLE DE ROIZIN CHEVALIER

(Seel Gille de Roizin, chevalier.)

Confirmation d'un don de terres par le comte de Hainaut. — Valenciennes, 4 juin 1315.

1533   ROISIN (GUI DE),

Chevalier. — 1296.

Sceau rond, de 45 mill. — Arch. du Nord; abbaye du Saint-Sépulcre.

Écu bandé de six pièces dont trois chargées de coquilles, au franc canton.

✴ SALAVS ⁙ WION ⁙ DE ⁙ ROISIN ⁙ CEVALIER

(Selus Wion de Roisin, cevalier.)

Voyez le n° 1528.

1534   ROISIN (GUI DE),

Écuyer. — 1309.

Sceau rond, de 80 mill. — Arch. du Nord; abbaye du Saint-Sépulcre.

Écu bandé de six pièces dont trois chargées de coquilles, au franc canton chargé d'une étoile.

✴ S'. WIART ⁙ DE ⁙ ROIZIN

(Seel Wiart de Roizin.)

Acquisition de la dîme de Rumilly. — 6 mai 1309.

1535   ROISIN (GUILLAUME DE),

Chevalier. — 1270.

Sceau rond, de 46 mill. — Arch. du Nord; abbaye d'Anchin.

Écu bandé de six pièces dont trois chargées de coquilles.

✴ S' ⋅ WILL ⋅ DE ⋅ ROISIN ⋅ CHEVALIER ⋅

(Seel Willeame de Roisin, chevalier.)

L'abbaye d'Anchin acquiert de Jean, prévôt de Vendégies, tout ce qu'il possède à Sommaing. — Mai 1270.

1536   ROLLEPOT (MATHIEU DE),

Chevalier. — 1238.

Sceau rond, de 53 mill. — Arch. du Nord; abbaye d'Anchin.

Écu portant trois pots.

✴ SIGILLVM MATHEI D. .OLEPOT

(Sigillum Mathei de Rolepot.)

Abandon de droits sur les bois de Sanseval, de Mopt-Acari et de Croisettes. — Octobre 1238.

1537   ROLLIN (GEORGES),

Seigneur d'Aymeries, chevalier. — 1557.

Sceau rond, de 50 mill. — Arch. du Nord; Chambre des comptes.

Écu portant trois clefs, écartelé de trois fleurs de lys à la bande chargée de trois lionceaux, timbré d'un heaume cimé d'un ange, supporté par deux griffons.

S ⋅ george ⋅ Rolin ⋅ cHlr ⋅ G ⋅ daymeries

(Seel George Rolin, chevalier, seigneur d'Aymeries.)

Voyez le n° 283.

1538   RONSOY (GÉRARD. SEIGNEUR DE),

1190.

Sceau rond, de 61 mill. — Arch. du Nord; abbaye de Vaucelles.

Écu burelé.

✴ SIG'ILLVM ⁙ G'ERARDI ⁙ DE ⁙ RVNSSEI

(Sigillum Gerardi de Runssei.)

Confirmation de dîmes et d'un droit de passage octroyés à l'abbaye de Vaucelles par Jean de Willers-Guislain. — Janvier 1190.

1539   RONSOY (JEAN L'ÉCRIVAIN DE),

1147.

Sceau rond, de 46 mill. — Arch. du Nord; abbaye de Vaucelles.

Une fleur de lys fleuronnée.

✴ S IOHIS ⋅ SCPTORIS ⋅ DE ⋅ ROINSSOI

(Sigillum Johannis Scriptoris de Roinssoi.)

Transport de rente sur la grange de Peizière. — Décembre 1147.

1540   ROSIMBOS (PIERRE DE),

Chevalier. — 1539.

Sceau rond, de 37 mill. — Arch. du Nord; abbaye du Câteau.

Écu bandé de six pièces, penché, timbré d'un heaume cimé d'un personnage à mi-corps.

S ⋅ piere ⋅ s ⋅ de . . . . .

(Seel Piere, sire de Rosimbos.)

Aveu de sa terre et seigneurie de Fournes. — 19 décembre 1539.

1541   ROTSELAER (JEAN, SIRE DE),

1404.

Sceau rond, de 31 mill. — Arch. du Nord; crééche et chapitre de Cambrai.

Écu portant trois fleurs de lys au pied coupé, penché, timbré d'un heaume cimé d'un vol aux armes, supporté par deux oiseaux.

IAN HERE VAN RO. . .LAER

(Jan, here van Rotselaer.)

Voyez le n° 518.

1542 ROZOY (AGNÈS, DAME DE)

Et d'Agimont. — 1434.

Sceau ogival, de 54 mill. — Arch. du Nord; Chambre des comptes.

Dame debout, tenant une fleur de lys à la main, sur champ fretté.

S' AGNETIS · DNE · DE · AGIMONT

(Sigillum Agnetis, domine de Agimont.)

Voyez le n° 120.

1543 RUBEMPRÉ (CHARLES DE).

Chevalier. — 1502.

Sceau rond, de 45 mill. — Arch. du Nord; évêché et chapitre du Cambrai.

Écu burelé de douze pièces, penché, timbré d'un heaume cimé, supporté par deux lions.

S charle de reubempre signeur de.....

(Seel Charle de Reubempré, signeur de ....)

Aveu d'un fief sis à Orsinval. — 14 juin 1502.

1544   RUMES (ALARD DE).

Sire d'Esclopes?, chevalier. — 1255.

Sceau rond, de 5a mill. — Arch. du Nord; abbaye d'Anchin.

Écu à la fasce accompagnée d'un lion passant au canton dextre. — Légende inscrite de gauche à droite.

SIGILLVM · ALARDI · DE · RVME

(Sigillum Alardi de Rume.)

Hommage à l'abbaye d'Anchin. — Novembre 1255.

1545   RUMES

(BAUDOUIN LE CARON, SIRE DE).

Chevalier. — 1231.

Sceau rond, de 66 mill. — Arch. du Nord; abbaye de Loos.

Type équestre; le bouclier portant une fasce.

SIGILLVM · BALDVINI · KAR.. DE · RVME

(Sigillum Balduini Karon de Rume.)

Contre-sceau : Écu à la fasce.

SECRETVM ....

(Secretum .....)

Ratification d'un don de pâturages et d'un droit de passage. — 30 avril 1231.

1546 RUMES (HUGUES D'AILLY?, SIRE DE)

Rt de Hornaing, chevalier. — 1355.

Sceau rond, de 3a mill. — Arch. du Nord; abbaye de Marchiennes.

Écu à la fasce, penché, timbré d'un heaume cimé.

AVON · SEI..EVR · DE · RVME

(Huon, seigneur de Rume.)

Renonciation à ses prétentions sur un marais près Hornaing. — 1er septembre 1355.

1547   RUMES (JEAN DE).

Chevalier. — 1355.

Sceau rond, de 48 mill. — Arch. du Nord; abbaye d'Anchin.

Écu portant une fasce, au lambel? de cinq pendants.

SIGILLVM.....DO...ELLI · DE · RVMA

(Sigillum Johannis, domicelli de Ruma.)

Confirmation d'une vente de terre. — Octobre 1355.

1548   RUMES (ROGER DE).

Chevalier. — 1384.

Sceau rond, de 6a mill. — Arch. du Nord; abbaye de Flines.

Type équestre aux armes; le cavalier brandissant son épée au-dessus de sa tête.

S' : ROGIER : DE : RV.....

(Seel Rogier de Rume .....)

Contre-sceau : Écu à la fasce accompagnée d'un lion passant au canton dextre.

S' ROGIER 'DE RVME CHEVALIER

(Secret Rogier de Rume, chevalier.)

Don de la dîme de Tressin. — 9 novembre 1384.

1549   RUMIGNY (NICOLAS DE).

1434.

Sceau rond, de 44 mill. — Arch. du Nord; Chambre des comptes.

Écu au sautoir cantonné de fleurs de lys, à la bordure chargée de...

S NICHOLAI DE RVMIGNIACO

(Sigillum Nicholai de Rumigniaco.)

Voyez le n° 120.

1550   RUSPELLI? (GÉRARD DE).

1435.

Sceau rond, de 43 mill. — Arch. du Nord; abbaye de Marquette.

Écu portant un orle en abîme, sous un chef chargé de trois pals.

S : GERAS : DE : BAINONT

(Seel Géras de Bainant.)

Ratification féodale d'une vente de terre à Gorghemes, près Roubaix, faite à l'abbaye de Marquette par Hellin de Sainghin. — Novembre 1435.

1551 SAINGHIN (HELLIN, SEIGNEUR DE).

1288.

Sceau rond, de 64 mill. — Arch. du Nord; abbaye de Marquette.

Écu portant un franc canton, au lambel de cinq pendants sur le tout.

✶ SIGILLVM ꜧELLINI DE MENELIACO

(Sigillum Hellini de Meneliaco.)

Voyez le n° 1550.

1552 SAINGHIN (PIERRE DE).

Chevalier. — 1294.

Sceau rond, de 27 mill. — Arch. du Nord; abbaye de Loos.

Écu aux armes du précédent.

✶ S' PIERON DE S.....N CHLR

(Seel Pieron de Sainghin, chevalier.)

Voyez le n° 597.

1553 SAINT-ALBIN (GOSSUIN DE).

1219.

Sceau rond, de 48 mill. — Arch. du Nord; abbaye des Prés.

Écu plain sous un chef.

✶ SIGILLVM GOSVINI DE SĈO ALBINO

(Sigillum Gosuini de Sancto Albino.)

CONTRE-SCEAU : Une aigle. — Sans légende.

Voyez le n° 1175.

1554 SAINT-AMAND (ANTOINE DE).

Seigneur de Vélu et de Suins, écuyer. — 1488.

Sceau rond, de 28 mill. — Arch. du Nord; collégiale de Saint-Géry.

Écu portant trois croissants, à la bordure engrêlée, penché, timbré d'un heaume cimé d'une tête de chèvre.

...thoine de s.... amand

(Seel Anthoine de Saint Amand.)

Lettres de récépissé de l'aveu de deux fiefs tenus de Suins. — 14 janvier 1488.

1555 SAINT-AUBERT (GÉRARD DE).

1185.

Sceau rond, de 65 mill. — Arch. du Nord; abbaye de Saint-Aubert.

Type équestre; casque à timbre plat et à nasal, épée damasquinée, bouclier à ombo, éperon conique.

✶ SIGILLVM : GERARDI : SANTI : OBERTI

(Sigillum Gerardi Santi Oberti.)

Don du terrage de Bertry. — 1185.

1556 SAINT-AUBERT (GÉRARD DE).

1194.

Sceau rond, de 70 mill. — Arch. du Nord; abbaye de Vaucelles.

Type équestre semblable au précédent; le bouclier portant un chevronné, à la bordure.

✶ SIGILLVM : GERARDI : SĈI : OBERTI

(Sigillum Gerardi Sancti Oberti.)

CONTRE-SCEAU : Représentation d'un hommage : un chevalier à genoux devant une dame et lui tenant les mains; à droite, son cheval; à gauche, son écu.

✶ SECRETVM · MEVM · MICHI · ET · TIBI

(Secretum meum michi et tibi.)

Voyez le n° 1005.

1557 SAINT-AUBERT (GÉRARD DE).

1199.

Sceau rond, de 70 mill. — Arch. du Nord; abbaye de Saint-Aubert.

Type équestre; le bouclier chevronné à la bordure.

✶ SIGILLVM GERARDI SĈI OBERTI

(Sigillum Gerardi Sancti Oberti.)

CONTRE-SCEAU : Représentation d'un hommage comme au précédent.

✶ SECRETVM · MEVM · MICI

(Secretum meum mici.)

Don d'une terre située à Bertry. — 1199.

1558 SAINT-AUBERT

(MÉLISSENDE, FEMME DE GÉRARD DE).

1185.

Sceau ogival, de 64 mill. — Arch. du Nord; abbaye de Saint-Aubert.

Dame debout, en robe étroite à longues manches pendantes, coiffée en tresses, tenant un fleuron.

✶ SIGILLVM : MILESSENDIS : SANTI : OBERTI

(Sigillum Milessendis Santi Oberti.)

Voyez le n° 1555.

1559 SAINT-AUBERT (GILLES DE).

1174.

Sceau rond, en cuvette, de 58 mill. — Arch. du Nord; abbaye de Saint-Aubert.

Type équestre; casque conique à nasal, le bouclier vu en dedans.

✶ SIGILLV̄ EGIDII DE SĈO AVBERTO

(Sigillum Egidii de Sancto Auberto.)

Fondation de l'anniversaire de Gérard de Saint-Aubert, son père. — 1174.

1560   SAINT-OMER (JEAN DE).

Sire de Morbecque. — 1359.

Sceau rond, de 30 mill. — Arch. du Nord; Chambre des comptes.

Écu semé de croix recroisetées au pied fiché, à la fasce brochant, penché, timbré d'un heaume couronné et cimé d'une tête de cheval, sur champ fretté, dans un quadrilobe.

S' IЄHAN .... SIRЄ .....ЄCK

(Seel Jehan ..... sire de Morbeck.)

Emprunt à la Banne de Cassel pour sa rançon. — 28 février 1359.

1561   SAINT-PIERRE (SEWARD DE).

Chevalier. — 1241.

Sceau rond, de 12 mill. — Arch. du Nord; abbaye de Saint-Jean de Valenciennes.

Écu portant une fasce frettée, au lambel de cinq pendants.

✳ S. SЄWARDI .... S. PЄTRO

(Sigillum Sewardi, ... de Sancto Petro.)

Donation de biens. — Septembre 1241.

1562   SAINT-PITHON (JEAN DE).

Dit Picobache, écuyer. — 1399.

Sceau rond, de 28 mill. — Arch. du Nord; Chambre des comptes.

Écu portant trois clefs.

✳ I......PICOЬ....

(Jehan ..... Picobache.)

Aveu d'un fief à Solesmes. — 10 mai 1399.

1563   SAINT-POL (JEAN DE).

Chevalier. — 1371.

Sceau rond, de 21 mill. — Arch. du Nord; Chambre des comptes.

Écu portant un émanché de quatre pointes mouvant du chef, penché, timbré d'un heaume cimé d'une tête de vieillard, supporté par deux hommes sauvages.

S · IЄHAN · DЄ · SAINT · POVL

(Seel Johan de Saint Poul.)

Jean de Saint-Pol jure de tenir les promesses qu'il a données en sortant de la prison de Bruges, où il avait été détenu à la requête de Sohier de Gand. — 11 avril 1371.

1564   SAINT-VENANT (DREUX DE).

Chevalier. — 1332.

Sceau rond, de 30 mill. — Arch. du Nord; Chambre des comptes.

Écu portant un écusson en abîme, au lambel de cinq pendants sur le tout.

✳ S' · DRIЄV · DЄ · S' · VЄNAVRЄ

(Seel Drieu de Saint Venant.)

Voyez le n° 1493.

1565   SAINT-VENANT (MAHIEU DE).

Sire d'Armentières, chevalier. — 1330.

Sceau rond, de 23 mill. — Arch. du Nord; abbaye de Loos.

Écu portant un écusson en abîme, au lambel sur le tout, dans un quadrilobe.

✳ S' · MAЬVI · DЄ · SAINT · VRAIN · CHR

(Seel Mahul de Saint Vrain, chevalier.)

Reconnaissance des conditions auxquelles l'abbaye de Loos tient un pré à Armentières. — 26 avril 1330.

1566   SANCEVILLET (GÉRARD DE).

1417.

Sceau rond, de 26 mill. — Arch. du Nord; Chambre des comptes.

Écu à la bordure engrêlée, au franc canton gironné de dix pièces, supporté par un lion assis casqué.

s · grart · de · fanceville

(Seel Grart de Sanceville.)

Voyez le n° 425.

1567   SARS (ARNOUL BUCIGANT DE).

1417.

Sceau rond, de 30 mill. — Arch. du Nord; Chambre des comptes.

Écu à la bande chargée de trois lionceaux, penché, timbré d'un heaume cimé de deux serres, supporté par deux lions.

S · ernoul · dit · bucigat · de · fars

(Seel Ernoul dit Bucigant de Sars.)

Voyez le n° 425.

1568   SARS (GÉRARD BRUIANT DE).

1417.

Sceau rond, de 28 mill. — Arch. du Nord; Chambre des comptes.

Écu à la bande chargée de trois lionceaux, brisé d'un annelet en chef, penché, timbré de deux serres.

S gerart · dit · bruiant · de · fars

(Seel Gérart dit Bruiant de Sars.)

Voyez le n° 425.

1569   SARS (GUILLAUME DE).

1417.

Sceau rond, de 37 mill. — Arch. du Nord; Chambre des comptes.

Écu aux armes, penché, timbré et cimé comme les précédents, soutenu par une aigle.

Sigil · Willelmi · domini · de · Cars

(Sigillum Willelmi, domini de Sars.)

Voyez le n° 425.

1570   SARS (GUILLAUME DE).

Seigneur d'Audregnies et d'Angre, chevalier. — 1433.

Sceau rond, de 28 mill. — Arch. du Nord; évêché et chapitre
de Cambrai.

Écu aux armes, brisé d'un lion en chef, penché, timbré et cimé comme les précédents, accompagné de deux
roses dans un encadrement à six lobes.

S Willaume de Cars

(Seel Willaume de Sars.)

Transport de rente sur la taille de Villers-Pol. — Valenciennes,
7 mai 1433.

1571   SARS (HUGUES DE).

Sire de Finevaux ? — 1427.

Sceau rond, de 29 mill. — Arch. du Nord; Chambre des comptes.

Écu aux armes, brisé d'un lion en chef, penché, timbré et cimé comme les précédents, supporté par un lion
et une dame.

S hou de Cars sire dou finevaul ?

(Seel Hon de Sars, sire dou Finevaul.)

Voyez le n° 425.

1572   SARS (JACQUES DE).

Sire de Maing, chevalier. — 1423.

Sceau rond, de 32 mill. — Arch. du Nord; Chambre des comptes.

Un lion appuyé contre un arbre, portant sur l'épaule
l'écu de Sars; à dextre, le heaume cimé de serres.

S · Jakeme de Cars sire dou maine

(Seel Jakeme de Sars, sire dou Maine.)

Bail à cens de la terre de Foignies. — 29 juillet 1423.

1573   SARS (JEAN BRUIANT DE).

1427.

Sceau rond, de 31 mill. — Arch. du Nord; Chambre des comptes.

Écu de Sars, brisé d'un écusson portant trois lions,
penché, timbré et cimé comme les précédents.

Jehan dit bruiant de Cars

(Jehan dit Bruiant de Sars.)

Voyez le n° 425.

1574   SART (GILLES, SIRE DU).

Du Fayt et de Senegnies. — 1360.

Sceau rond, de 20 mill. — Hôpital Saint-Julien à Lille.

Écu à trois lions contournés, penché, timbré d'un
heaume cimé.

✠ S' GILLES......RT

(Seel Gilles, sires dou Sart.)

Vente de terre à Ronchin. — 19 mars 1360.

1575   SART (JACQUEMON DU).

Chevalier. — 1336.

Sceau rond, de 26 mill. — Arch. du Nord; abbaye de Saint-Jean
de Valenciennes.

Écu portant trois lions, au lambel, penché, timbré
d'un heaume cimé, sur champ fretté.

S' IAREMON DOU SART

(Seel Jakemon dou Sart.)

Voyez le n° 1306.

1576   SART (JACQUES DU).

Chevalier. — 1346.

Sceau rond, de 26 mill. — Arch. du Nord; Chambre des comptes.

Écu portant trois lions, au lambel, penché, timbré
d'un heaume cimé de deux houseaux, sur champ festonné.

S' IACOBI · DOV · SART · MILITIS

(Sigillum Jacobi dou Sart, militis.)

Quittance de ce qui lui était dû par le comte de Hainaut, donnée en
échange de l'afforage de Maubeuge. — 8 octobre 1346.

1577   SASSEGNIES (GÉRARD DE).

1285.

Sceau rond, de 35 mill. — Arch. du Nord; abbaye de Vaucelles.

Écu portant une fasce, au lambel de cinq pendants.

✠ S' GRART DE SAS..NEGNIES

(Seel Grart de Sassengnies.)

Droit de pâturage et de passage à Vlecq accordé à l'abbaye de Vaucelles jusqu'à parfait acquittement d'une dette. — Août 1285.

1578   SAUCHY (JACQUEMON DE).

Écuyer. — 1377.

Sceau rond, de 55 mill. — Arch. du Nord; abbaye de Vaucelles.

Écu échiqueté.

S' IACOBI · DE · SAVC.

(Sigillum Jacobi de Sauci.)

Confirmation de biens acquis dans son domaine. — Juillet 1377.

1579 SAUCHY (MARIE DE).

Femme de Roger de Soubrin. — 1247.

Sceau rond, de 46 mill. — Arch. du Nord; abbaye d'Anchin.

Dame debout, en robe et en manteau vairé, coiffée d'un chapel, tenant un livre.

✱ S' MAROIG : DG : SAVOI : DAMG : DG : SOHBRIH

(Seel Maroie de Sauci, dame de Sonbrin.)

Fondation de chapellenie. — Mars 1247.

1580 SAULZOIR (GAUTIER DE).

Chevalier. — 1250.

Sceau rond, de 46 mill. — Arch. du Nord; abbaye de Saint-Aubert.

Écu au croissant accompagné de onze billettes, cinq en chef et six en pointe, au lambel de cinq pendants.

✱ S' WALTG.. ...LITIS DG SAVZOI

(Sigillum Walteri, militis de Sauzoi.)

Accord pour des biens situés à Saint-Aubert. — 3 mai 1250.

1581 SCAEG (LOUIS).

Chevalier. — 1417.

Sceau rond, de 24 mill. — Arch. du Nord; Chambre des comptes.

Écu échiqueté, penché, timbré d'un heaume cimé d'une hure, supporté par deux griffons

✱ loevis fcaec

(Loevis Scaec.)

Adhéritement de Philippe, comte de Charolais, pour 1,000ᴵᴵ de rente sur les terres de Warvicq. — 17 mars 1417.

1582 SCENKE (LUDOLPHE).

1490.

Sceau rond, de 38 mill. — Arch. du Nord; Chambre des comptes.

Écu billeté, au lion contourné, brisé d'un bâton en bande rebolé.

✱ S'. LVDOLFI · MIHOR' · DG · VROPOЪIH

(Sigillum Ludolfi, minoris de l'ropchin?)

Voyez le nº 510.

1583 SCHAEDBROECK (GÉRARD DE).

Écuyer. — 1379.

Sceau rond, de 25 mill. — Arch. du Nord; évêché et chapitre de Cambrai.

Écu à trois maillets penchés, dans un hexagone.

✱ S' GGRHGRDI DG SЪAG..BROGDЪ

(Sigillum Gerardi de Scaedebroech.)

Voyez le nº 244.

1584 SCHENDELBEKE

(ADA, FEMME DE GOSSUÍN DE).

1279.

Sceau rond, de 46 mill. — Arch. du Nord; collégiale de Sainte-Croix.

Dame debout.

S' : DOMICGLL......

(Sigillum domicelle.....)

Vente de la dîme de Schendelbeke. — Novembre 1279.

1585 SCHENDELBEKE (GILLES DE).

Chevalier. — 1287.

Sceau rond, de 53 mill. — Arch. du Nord; Chambre des comptes.

Écu billeté, au lion.

✱ S' GGIDII DG SЪGHDGLBGRG MILITIS

(Sigillum Egidii de Scendelbeke, militis.)

Contre-sceau : Écu billeté, au lion.

✱ S' SGЪRGTI

(Sigillum secreti.)

Voyez le nº 392.

1586 SCHIERVELD (GAUTIER DE).

Chevalier. — 1336.

Sceau rond, de 22 mill. — Arch. du Nord; Chambre des comptes.

Écu d'hermines, à la fasce de fusées, dans un encadrement gothique.

✱ S' WH..... DG SЪIGRVGLDG MILITIS

(Sigillum Walteri de Schiervelde, militis.)

Voyez le nº 491.

1587 SCHOUDE (HUGUES DE).

1256.

Sceau rond, de 52 mill. — Arch. du Nord; Chambre des comptes.

Une aigle portant en cœur un écu chargé de quatorze besants ou quatorze tourteaux posés 4, 4, 3, 2 et 1.

.. ЪVGONIS : DH......

(Sigillum Hugonis, domini.....)

Voyez le nº 607.

1588 SCHOUTHEETE (FLORENT DE).

Seigneur d'Erpe et d'Rerdeghem. — 1514.

Sceau rond, de 49 mill. — Arch. du Nord; Chambre des comptes.

Écu portant trois rocs accompagnés d'un écusson au lion en abîme, à la bordure engrêlée, timbré d'un heaume cimé d'une tête d'homme, supporté par deux lions.

S : FLORENTII : DE : SCOVTHETE :

(Segal Florentii de Scouthete.)

Avou d'un fief situé à Wervick et à Reninghe. — 12 juin 1514.

1589   SCROP (HENRI LE).

Chevalier. — 1371.

Sceau rond, de 28 mill. — Arch. du Nord; Chambre des comptes.

Écu portant une bande, au lambel, penché, timbré d'un heaume cimé de deux bras, adextré d'un gantelet tenant un pennon aux armes, dans une rosace.

SIGILLVM · HENRICI · LE · SCROP

(Sigillum Henrici le Scrop.)

Voyez le n° 946.

1590   SEBOURG (JACQUES, SEIGNEUR DE).

1428.

Sceau rond, de 28 mill. — Arch. du Nord; Chambre des comptes.

Écu à la bande, écartelé d'un burelé au lion couronné, penché, timbré d'un heaume cimé d'une tête de lion couronné, supporté par deux lions.

s · iaque · de · fôtaines · seigneur · de · febourcq

(Seel Jaque de Fontaines, seigneur de Sebourcq.)

Voyez le n° 502.

1591   SEC (JEAN LE).

Dit Tristran. — 1383.

Sceau rond, de 22 mill. — Arch. du Nord; chapitre de Lille.

Écu portant deux écussons chargés d'un écusson en abîme, à la bordure engrêlée, au franc canton, dans un encadrement en losange. — Légende détruite.

Amortissement de terre à Erquinghem-le-Sec. — 14 avril 1383.

1592   SEC (ROBERT LE).

Dit Desramel, frère de Jean. — 1383.

Sceau rond, de 20 mill. — Arch. du Nord; chapitre de Lille.

Écu portant deux écussons à l'écusson en abîme, au franc canton chargé d'une merlette, penché, timbré d'un heaume cimé de deux chiens, supporté par deux chiens.

S' ROBERT LE SEC DIT DESRAME

(Seel Robert le Sec dit Desrame.)

Voyez le n° 1591.

1593   SEGONCOURT (JEAN DE).

Damoisel de Lambres. — 1267.

Sceau rond, de 47 mill. — Arch. du Nord; collégiale de Saint-Géry.

Écu chevronné de six pièces.

S' IEHAN DE SEGONCOVRT

(Seel Jehan de Segoncourt.)

Voyez le n° 1345.

1594   SENZEILLES (BAUDOUIN DE).

1427.

Sceau rond, de 26 mill. — Arch. du Nord; Chambre des comptes.

Écu vairé en bande, parti d'un vairé en barre, au chevron sur le tout, penché, timbré d'un heaume cimé, supporté par deux aigles.

s bauduin de sainzelle

(Seel Bauduin de Sainzelle.)

Voyez le n° 425.

1595   SENZEILLES (JEAN DE).

1427.

Sceau rond, de 28 mill. — Arch. du Nord; Chambre des comptes.

Écu aux armes, penché, timbré d'un heaume cimé, supporté par deux lions.

S · iehan · de · sainzelle

(Seel Jehan de Sainzelle.)

Voyez le n° 425.

1596   SENZEILLES (JEAN DE).

1428.

Sceau rond, de 36 mill. — Arch. du Nord; Chambre des comptes.

Écu aux armes, penché, timbré d'un heaume cimé, supporté par une dame à dextre.

S iehan fegueur de seiell' z de chefnes

(Seel Jehan, segneur de Seurelle et de Chesnes.)

Voyez le n° 502.

1597   SENZEILLES (OTHON DE).

1428.

Sceau rond, de 30 mill. — Arch. du Nord; Chambre des comptes

Écu aux armes, la pointe du chevron chargée d'un huchet, penché, timbré d'un heaume cimé d'une hure, supporté par deux griffons.

s ostef de fainzelle fegueur de iamale

(Seel Ostes de Sainzelle, segneur de Jamale.)

Voyez le n° 502.

1598   SENZEILLES (WAUTIER DE).

Écuyer. — 1373.

Sceau rond, de 24 mill. — Arch. du Nord; Chambre des comptes

Écu aux armes, le chevron chargé de trois merlettes, dans un encadrement hexagone.

...atier : de : semelle

(Seel Watier de Senzelle.)

Compromis au sujet des justices d'Aginmont et de *Gossegnies*. — 26 novembre 1373.

1599 SEPMERIES (BAUDRI, SIRE DE).

1419.

Sceau rond, de 65 mill. — Arch. du Nord; abbaye de Fontenelles.

Type équestre fruste; le bouclier bandé de six pièces dont trois chargées de coquilles.

✠ S BA.....OMINI .. ...ERIES

(Sigillum Balderici, domini de Semeries.)

CONTRE-SCEAU : Écu aux armes de la face.

✠ CLAVIS · SIGILLI

(Clavis sigilli.)

Don d'un terrage au Quesnoy. — 1419.

1600 SEPMERIES (JEAN, SIRE DE),

Chevalier. — 1261.

Sceau rond, de 48 mill. — Arch. du Nord; abbaye de Fontenelles.

Écu bandé de six pièces dont trois chargées de coquilles, au lambel de cinq pendants.

✠ S. ODES...S IEHAN DE NOIZI..

(Seel mesires Jehan de Noizi..)

Confirmation de dons. — Mars 1261.

1601 SEPMERIES (JEAN, SIRE DE),

Chevalier. — 1300.

Sceau rond, de 37 mill. — Arch. du Nord; abbaye de Saint-Jean de Valenciennes.

Écu portant les dix losanges de Lallaing, au lambel de quatre pendants.

✠ S IEHAN DE LA...... OER SIRE DE SIMERIE

(Seel Jehan de Lallaing, chevalier, sire de Simerie.)

Accord au sujet de terres à Sepmeries. — 1300.

1602 SEPMERIES (JEANNE, DAME DE).

Mère de Jean de Sepmeries. — 1300.

Sceau ogival, de 60 mill. — Arch. du Nord; abbaye de Saint-Jean de Valenciennes.

Écu bandé de six pièces dont trois chargées de coquilles. Il ne reste plus de la légende que ...EHA.....

Voyez le n° 1601.

1603 SEPMERIES (PERCEVAL, SIRE DE),

Chevalier. — 1363.

Sceau rond, de 25 mill. — Arch. du Nord; Chambre des comptes.

Écu portant de Lallaing, au lambel de quatre pendants besantés ou componés, dans un trilobe.

✠ S' · PIERCHEVAL · DE · LALHING · SION · DE · SEMERIES

(Seel Piercheval de Lallaing, signeur de Semeries.)

Voyez le n° 902.

1604 SERAING (THIERRI, SIRE DE).

Chevalier. — 1377.

Sceau rond, de 27 mill. — Arch. du Nord; évêché et chapitre de Cambrai.

Écu portant six fleurs de lys, brisé d'un franc canton à la bordure et au sautoir brochant, dans un trilobe.

THIRI SIRE DE SERIN ET DE WIESSE

(Thiri, sire de Serin et de Wiesse.)

Voyez le n° 954.

1605 SIN (HENRI DE),

Chevalier. — 1306.

Sceau rond, de 18 mill. — Arch. du Nord; abbaye d'Anchin.

Écu aux armes de Sin : un chevronné de six pièces, au franc canton d'hermines.

.. HENRI .. SIN

(Seel Henri de Sin.)

Voyez le n° 1374.

1606 SIN (JEAN PATOUL DE),

Chevalier. — 1281.

Sceau rond, de 47 mill. — Arch. du Nord; abbaye de Marchiennes.

Écu de Sin.

✠ S' IEHAN DE SIN CHEVALIER

(Seel Jehan de Sin, chevalier.)

Acquisition de fief à Fenain. — Septembre 1281.

1607 SIN (JEAN PATOUL DE).

Écuyer. — 1303.

Sceau rond, de 18 mill. — Arch. du Nord; abbaye de Flines.

Écu de Sin, au lambel de cinq pendants.

✠ S' PATOUL DE SIN

(Seel Patoul de Sin.)

Voyez le n° 450.

1608   SIN (ROBERT DE).

Écuyer. — 1294.

Sceau rond, de 24 mill. — Arch. du Nord; abbaye d'Anchin.

Écu portant trois roses.

...OBERT DE SYN

(Seel Robert de Syn.)

Voyez le n° 1373.

1609   SIVRY (GÉRARD DE).

1407.

Sceau rond, de 27 mill. — Arch. du Nord; Chambre des comptes.

Écu fascé de dix pièces, penché, timbré d'un heaume cimé d'un poisson.

S. gerart · de · sivri · dui · de · buat

(Sigillum Gerart de Sivri, domini de Bust.)

Voyez le n° 425.

1610   SOISSONS (THIÉBAUT DE).

Seigneur de Moreul. — 1407.

Sceau rond, de 40 mill. — Arch. du Nord; Chambre des comptes.

Écu semé de France, au lion naissant, supporté par un homme d'armes assis sur un lévrier couché.

tiebaut · de · soiffons · seigneur · de · moreul

(Tiébaut de Soissons, seigneur de Moreul.)

Voyez le n° 425.

1611   SOLESMES (PIERRE LUPPART DE).

Écuyer. — 1412.

Sceau rond, de 28 mill. — Arch. du Nord; évêché et chapitre de Cambrai.

Écu portant trois croissants, écartelé de cinq cotices, penché, timbré d'un heaume cimé d'un croissant, sur champ festonné.

sariel Pierre dis lups de folemes

(Saliel Pierre dis Lupars de Solèmes.)

Le chapitre de Cambrai accorde aux habitants de Marets le droit d'avoir des fours dans leurs maisons. — Marets, 23 mai 1412.

1612   SOMBREFFE (GODEFROI DE),

Chevalier. — 1368.

Sceau rond, de 23 mill. — Arch. du Nord; évêché et chapitre de Cambrai.

Écu à la fasce chargée d'une quintefeuille et accompagnée de trois merlettes en chef, penché, timbré d'un heaume cimé, sur champ festonné.

S' · GODEFROIT · DE · SOMBREFE

(Seel Godefroit de Sombrefe.)

Amortissement d'un fief au terroir d'Aussimon près Liége. — 9 juin 1368.

1613   SOMMAING (JEAN, SIRE DE).

1263.

Sceau rond, de 48 mill. — Arch. du Nord; abbaye d'Anchin.

Écu fascé de huit pièces, au sautoir brochant.

✠ S' : IEḫAN : DE : SVMMAIN :

(Seel Jehan de Summain.)

Échange de terrages. — Juin 1263.

1614   SOMMAING (LANCELOT, SIRE DE),

1390.

Sceau rond, de 22 mill. — Arch. du Nord; abbaye d'Anchin.

Écu portant un lion, à la bordure engrêlée, dans un encadrement en étoile.

..... DE SOVMAING

(Seel Lancelot, sire de Sommaing.)

La duchesse de Luxembourg renonce à ses droits sur la justice du prieuré d'Aymeries. — «En le basse court du chastiel de Aymeriez.» 3 mars 1390.

1615   SOMMAING (MAHIEU, SIRE DE).

1408.

Sceau rond, de 26 mill. — Arch. du Nord; Chambre des comptes.

Écu portant un lion, à la bordure, penché, timbré d'un heaume cimé d'une buire.

seel : mahieu : de : Sommaing

(Seel Mahieu de Sommaing.)

Voyez le n° 502.

1616   SOREL (AUBERT, SEIGNEUR DE),

Chevalier. — 1448.

Sceau rond, de 28 mill. — Arch. du Nord; évêché et chapitre de Cambrai.

Écu portant deux lions passant l'un sur l'autre, penché, timbré d'un heaume cimé, supporté par deux lions. — Légende détruite.

Voyez le n° 850.

1617   SOTTEGHEM (GÉRARD DE),

Chevalier. — 1187.

Sceau rond, de 74 mill. — Arch. du Nord; Chambre des comptes.

Type équestre; le bouclier et la housse portant le gironné d'Enghien.

✱ S' GERART : CHIV . . ER : . IRE : DE : . SOT . . NGIEM

(Seel Gérart, chivaler, sire de Sottinghem.)

Contre-sceau : Écu au gironné d'Enghien.

✱ CONTRE · S' · GERART · CHLR · SIRE · DE · SOTIG . . .

(Contre seel Gérart, chivaler, sire de Sottinghem.)

Voyez le n° 392.

1618 SOTTEGHEM (GÉRARD DE).

Chevalier. — 1307.

Sceau rond, de 30 mill. — Arch. du Nord; Chambre des comptes.

Écu au gironné d'Enghien, dans une rosace à six feuilles.

. . . . ETV · GERALDI · DNI · DE · SOTTE . . . M · MILITIS

(Secretum Geraldi, domini de Sottenghiem, militis.)

Voyez le n° 800.

1619 SOUBURG (JEAN DE).

1369.

Sceau rond, de 30 mill. — Arch. du Nord; Chambre des comptes.

Écu à la croix chargée de cinq coquilles.

✱ S'. IOHANNIS : DE : SVBBORGH :

(Sigillum Johannis de Subborgh.)

Voyez le n° 609.

1620 SPAUBEEK (GODEFROI DE).

1286.

Sceau rond, de 32 mill. — Arch. du Nord; Chambre des comptes.

Écu échiqueté, au franc canton chargé d'une étoile.

✱ S'. GODEFRIDI · DE · SPAVDEBEKE

(Sigillum Godefridi de Spaudebeke.)

Voyez le n° 514.

1621 SPINOLA (PHILIPPE).

Comte de Bruay. — XVIIe siècle.

Sceau ovale, de 31 mill. — Musée de Valenciennes.

Écu à la fasce échiquetée accompagnée d'une épine en chef, timbré d'une couronne, dans un cartouche.

PHILIP · SPINOLA · GRAFF · V · BRVAY ·

Surmoulage.

1622 SPONTIN (GUILLAUME L'ARDENOIS, SEIGNEUR DE).

Chevalier. — 1421.

Sceau rond, de 32 mill. — Arch. du Nord; Chambre des comptes.

Écu à la bande chargée de trois coquilles, penché, timbré d'un heaume couronné et cimé de deux couteaux dans un encadrement oblong.

s will . . . . ard . . . . s de spontin

(Seel Willeume l'Ardenois de Spontin.)

Voyez le n° 722.

1623 SPONTIN (ROBERT DE).

Seigneur de Wavre, chevalier, fils de Guilleume. — 1421.

Sceau rond, de 28 mill. — Arch. du Nord; Chambre des comptes.

Écu aux armes du précédent, penché, timbré, couronné et cimé comme lui.

S · robert · de · spontin · seigneur · de · wavre

(Seel Robert de Spontin, seigneur de Wavre.)

Voyez le n° 723.

1624 STAEL (GUILLAUME).

Chevalier. — 1379.

Sceau rond, de 27 mill. — Arch. du Nord; Chambre des comptes.

Écu à l'orle de besants ou de tourteaux.

✱ S' WILHELMI STAIL D' HELSTEIN

(Sigillum Wilhelmi Steil de Helstein.)

Hommage au comte de Flandre pour un fief de bourse. — Malines, 7 décembre 1379.

1625 STANDART (RICARD).

1336.

Sceau rond, de 24 mill. — Arch. du Nord; Chambre des comptes.

Écu portant six roses, à la bordure engrêlée, dans un trilobe.

S' RIQVARDI STANDAERDS M . . .

(Sigillum Riquardi Standaerds, militis?)

Voyez le n° 477.

1626 STAVELE (GUILLAUME DE).

Chevalier. — 1378.

Sceau rond, de 26 mill. — Arch. du Nord; Chambre des comptes.

Écu d'hermines, à la bande de losanges, penché, timbré d'un heaume cimé de deux têtes d'homme, dans un encadrement gothique.

WILLE' · BAR · STAELE · RED

(Willem van Stavle, redder.)

Voyez le n° 868.

1627   STAVELE (JEAN DE).

Sire de Havenskerque, d'Estaires, etc. écuyer. — 1518.

Sceau rond, de 40 mill. — Arch. du Nord; chapitre de Lille.

Écu d'hermines à la bande, au lambel sur le tout, penché, timbré d'un heaume couronné cimé d'une tête d'homme, supporté par deux lions tenant chacun une bannière : celle de dextre portant une fasce; celle de sénestre, une croix cantonnée de douze merlottes.

IEHXN : E STXVLES : S : E : HXVESQVERQVE

(Jehan de Starles, sire de Havesquerque.)

Le chapitre de Lille est exempté de la maltôte établie à Yenghien. — 3 décembre 1518.

1628   STEENHOUT (GUILLAUME DE).

Chevalier. — 1428.

Sceau rond, de 26 mill. — Arch. du Nord; Chambre des comptes.

Écu à l'orle de huit étoiles, portant en cœur un écusson au lion, penché, timbré d'un heaume cimé, supporté par deux griffons.

. . . . . Steenhout · mili'

(. . . . . Steenhout, militis.)

Voyez le n° 502.

1629   STEENHUYSEN (GÉRARD DE).

Seigneur de Zwevegbem, chevalier. — 1336.

Sceau rond, de 24 mill. — Arch. du Nord; Chambre des comptes.

Écu bandé de six pièces, à la bordure componée, dans un trilobe.

✽ S'. GHERARDI : DE : . . . . . SEN : MIHT :

(Sigillum Gherardi de Steenhusen, militis.)

Voyez le n° 477.

1630   STEENHUYSEN (GUILLAUME DE).

Chevalier. — 1308.

Sceau rond, de 30 mill. — Arch. du Nord; Chambre des comptes.

Écu bandé de six pièces à l'ombre d'un lion, à la bordure componée, dans une rose gothique.

✽ S'. WILLAVME SIGNEVR DE STEENHVSE E BAVELECHIEN

(Seel Willaume, signeur de Steenhuse et Bavelechien.)

Voyez le n° 1203.

1631   STEENKERQUE (JEAN VILLAIN DE).

Chevalier. — 1334.

Sceau rond, de 24 mill. — Arch. du Nord; Chambre des comptes.

Écu à trois lions, penché, timbré d'un heaume cimé, sur champ fretté.

S'. IEHAN : VILLAIN : DE : STAI . . ERCHE : CHR

(Seel Jehan Villain de Steinkerche, chevalier.)

Reprise du fief de Pierfontaines. — Mons, 18 novembre 1334.

1632   STEIN (ARNOUL, SIRE DE).

Le jeune. — 1468.

Sceau rond, de 55 mill. — Arch. du Nord; Chambre des comptes.

Écu losangé.

✽ S' ARNOLDI DE STEINE IVNIORIS

(Sigillum Arnoldi de Steine junioris.)

Waleran de Foulquemont jure la coutume qu'il a donnée aux bourgeois de Marville. — 9 février 1468.

1633   STERPENICH (RAOUL DE).

Chevalier. — 1282.

Sceau rond, de 48 mill. — Arch. du Nord; Chambre des comptes.

Écu portant une croix recercelée, au lambel de cinq pendants.

✽ S' · RODVLPHI · MILITIS · DE · STIRPENICH

(Sigillum Rodulphi, militis de Stirpenich.)

Voyez le n° 418.

1634   STRATEN (GUILLAUME VAN DER).

Chevalier. — 1339.

Sceau rond, de 23 mill. — Arch. du Nord; Chambre des comptes.

Écu à trois épées en bande, la pointe en bas, dans une rosace à six feuilles. — Il ne reste plus de la légende que **MILITIS** (militis).

Voyez le n° 484.

1635   STRYEN (GÉRARD DE).

Sire de Zevenbergen. — 1418.

Sceau rond, de 30 mill. — Arch. du Nord; Chambre des comptes.

Écu portant trois sautoirs, penché, supporté par un griffon assis, coiffé d'un heaume couronné et cimé.

S' · gerardi · d' · ftrie · d'i · d' · zeuenbǧhen

(Sigillum Gerardi de Strien, domini de Zevenberghen.)

Voyez le n° 608.

**1636	STRYEN (GUILLAUME DE).**

1056.

Sceau rond, de 50 mill. — Arch. du Nord; Chambre des comptes.

Écu portant trois sautoirs.

✠ SIGILL · WILL · DOMINI · DE · STRIN.

(Sigillum Willelmi, domini de Striua.)

Voyez le n° 607.

**1637	SUCRE (JACQUES DE).**

Seigneur de Belhing, écuyer. — 1519.

Sceau rond, de 27 mill. — Arch. du Nord; abbaye d'Anchin.

Écu portant une fasce à la bordure engrêlée, écartelé d'une croix ancrée, timbré d'un heaume cimé d'une tête d'homme.

s · iacque de · fucre

(Seel Jacque de Sucre.)

Appointement au sujet des fiefs de la Maletôte et de la Héronnière et du droit de franc moulage au moulin de Lalluing. — Anchin, 21 juin 1519.

**1638	SURHON (BOULIT, SEIGNEUR DE).**

x111° siècle.

Sceau rond, de 26 mill. — Musée de Valenciennes.

Écu au chevron accompagné de trois fleurs.

S BOVLIT S' DE SVRHON

Surmoulage.

**1639	TAILLEFER (GUILLAUME).**

De Rupelmonde, écuyer. — 1380.

Sceau rond, de 21 mill. — Arch. du Nord; évêché et chapitre de Cambrai.

Écu portant un écusson en abîme, à la bande brochant, dans un quadrilobe.

.. WILLS... THLLEFER

(Seel Willaume Tallefer.)

Voyez le n° 719.

**1640	TANNAY (GHISELIN DE).**

Écuyer. — 1333.

Sceau rond, de 21 mill. — Arch. du Nord; Chambre des comptes.

Écu portant deux bandes, au lambel.

S' GHISE... DE TANNAI

(Seel Ghiselin de Tannai.)

Désistement d'une opposition à des remboursements exigés par la dame de Cassel. — 2 décembre 1333.

**1641	TASSIGNY? (JACQUEMIN DE),**

écuyer. — 1361.

Sceau rond, de 21 mill. — Arch. du Nord; Chambre des comptes.

Écu à l'aigle, parti d'un plain.

✠ S' · IACOMIN · D' · TASIGNEY

(Seel Jacomin de Tasiguey.)

Voyez le n° 513.

**1642	TAVELMES (SOYER DE),**

Seigneur de Fresnekes. — 1233.

Sceau rond, de 45 mill. — Arch. du Nord; abbaye de Vaucelles.

Écu portant cinq cotices, à la bordure.

✠ S. SIGERI · DE · TAVEAVMES

(Sigillum Sigeri de Taveaumes.)

Ratification féodale d'une acquisition de terres situées entre Tavelmes et Caudry. — Bruyères, novembre 1233.

**1643	TENREMONDE (JACQUES DE).**

Écuyer. — 1561.

Sceau rond, de 33 mill. — Arch. du Nord; Chambre des comptes.

Écu papeloné, penché, timbré d'un heaume cimé, supporté par un homme et une femme sauvages.

S · IAQVE · DE · TENREMONDE

Aveu du fief de Mérignies et de Labroye. — 31 mai 1561.

**1644	TERCENCOURT (JOIE, DAME DE).**

Sœur de Baudouin de Wallncourt. — 1235.

Sceau ogival, de 65 mill. — Arch. du Nord; abbaye de Saint-Aubert.

Dame debout, en robe à large ceinture et en manteau, tenant un fleuron à la main droite, et de la gauche une palme.

.. GILLV.....NE : DE : DOR...

(Sigillum ..... domine de Dor...)

Contre-sceau : Un lion.

SECRE... .EVM

(Secretum meum.)

Partage et délimitation des bois de Valgodefroy, Gérardfont, etc. — Octobre 1235.

**1645	TÉTEGHEM (VENANT DE).**

Chevalier. — 1296.

Sceau rond, de 21 mill. — Arch. du Nord; Chambre des comptes.

Écu échiqueté, à la bande brochant.

✠ S' VENANT DE TETINGHEM

(Seel Venant de Totinghem.)

Sentence de la cour de Bergues en faveur de Wautier de Bourbourg contre le seigneur de Fiennes, au sujet du manoir du Bombecq. — 11 janvier 1296.

1646 TEYLINGHEM (GUILLAUME DE).

1446.

Sceau rond, de 60 mill. — Arch. du Nord; Chambre des comptes.

Type équestre fruste.

✣ .....ILhELMI .....GE

(Sigillum Wilhelmi de Theilinge.)

Voyez le n° 97.

1647 TEYLINGHEM (THIERRI DE).

1256.

Sceau rond, de 64 mill. — Arch. du Nord; Chambre des comptes.

Type équestre; le bouclier portant un lion au lambel.

✣ S' Th.....I : M.....hAn

(Sigillum Theoderici ..... de Teilinghen.)

Voyez le n° 607.

1648 THIANT (THIERRI, SEIGNEUR DE).

1267.

Sceau rond, de 46 mill. — Arch. du Nord; abbaye de Marchiennes.

Écu portant trois tierces sous un chef, à la bande brochant sur le tout.

✣ S' TERRICI .....COhOM

(Sigillum Terrici .....)

Voyez le n° 440.

1649 THONNELLE (COLARD DE).

Écuyer. — 1306.

Sceau rond, de 22 mill. — Arch. du Nord; Chambre des comptes.

Écu à la croix, penché, timbré d'un heaume cimé de deux cornes.

S • C • DE • TORCILE

(Seel Colart de Toucile.)

Voyez le n° 545.

1650 THONIS (ROGER).

Écuyer. — 1336.

Sceau rond, de 22 mill. — Arch. du Nord; Chambre des comptes.

Écu échiqueté, au franc canton, dans une étoile.

S' • ROGIER • TONIS

(Seel Rogier Tonis.)

Voyez le n° 477.

1651 THOUROTTE (JEAN DE),

Sire d'Honnecourt, écuyer. — 1281.

Sceau rond, de 46 mill. — Arch. du Nord; abbaye de Vaucelles.

Écu au lion.

✣ S' IEhAN DE ThOROTE SEIGN' DE hORNECOVRE

(Seel Jehan de Thorote, seigneur de Honnecourt.)

Confirmation d'amortissements. — Octobre 1484.

1652 THULEY (PIERRE DE).

Chevalier. — 1281.

Sceau rond, de 44 mill. — Arch. du Nord, Chambre des comptes.

Écu à trois pals de vair, sous un chef au lambel de cinq pendants.

✣ S' .....G • TVLA • MI.....

(Sigillum Petri de Tula, militis.)

Voyez le n° 672.

1653 TOBBIN (JEAN).

Seigneur de Reingherwliete, chevalier. — 1309.

Sceau rond, de 22 mill. — Arch. du Nord; Chambre des comptes.

Écu à la croix denchée cantonnée en chef et à dextre d'un écusson, dans un trilobe.

✣ S' IORIS DE REINGhERWLIETE MILIT'

(Sigillum Johannis de Reingherwliete, militis.)

Voyez le n° 435.

1654 TOBBIN (JEAN).

Seigneur de Reingherwliete, chevalier. — 1336.

Sceau rond, de 29 mill. — Arch. du Nord; Chambre des comptes.

Type équestre; le bouclier et l'épaulière portant une croix denchée.

S'. IOh..RIS .. REINGhERS : WLIET : MIL...

(Sigillum Johannis de Reinghers Vliet, militis.)

Voyez le n° 477.

1655 TOURMIGNIES

(GILLES, SEIGNEUR DE).

Chevalier. — 1387.

Sceau rond, de 26 mill. — Arch. du Nord; abbiette de Lille.

Écu à la fasce d'hermines chargée d'un écusson au lion, penché, timbré d'un heaume couronné cimé de deux têtes de chèvre, supporté par deux lions, accosté de deux quintefeuilles.

✠ GILLES . . . . . CHLR

(Seel Gilles . . . . . chevalier.)

Acquisition de terres à Frétin. — 7 août 1387.

1656   TOURNAY (HELMICH DE).

1418.

Sceau rond, de 30 mill. — Arch. du Nord; Chambre des comptes.

Écu à la fasce, penché, timbré d'un heaume cimé d'un chien assis, sur champ d'étoiles, dans un quadrilobe.

Sigillum helm . . . . .

(Sigillum Helm . . . .)

Voyez le n° 763.

1657   TOURNELLE (MAHIEU DE LA).

XIV° siècle.

Sceau rond, de 29 mill. — Communiqué par M. Ratel à Valenciennes.

Écu portant trois tournelles, au lambel.

✠ S' MONSEIGNEVR MAHI DE LA TOVRNELE

(Seel monseigneur Mahi de la Tournele.)

Matrice originale.

1658   TOURSEL (GILLES),

De Heudincourt, chevalier. — 1229.

Sceau rond, de 45 mill. — Arch. du Nord; abbaye de Vaucelles.

Écu portant une fasce en fuseau frettée, accompagnée en chef d'un lambel à douze pendants et en pointe d'une fleur de lys.

✠ SIGILLVM · EGIDII · TOR . . . . .

(Sigillum Egidii Tor . . . . .)

Contre-sceau : Une fleur de lys fleuronnée.

✠ . . . . LOVIS TOVRSEL

(Secretum Gilonis Tourrel.)

Don d'une rente sur le terrage d'*Airuval*. — 1229.

1659   TOURSEL (GILLES),

De Heudincourt, chevalier. — 1235.

Sceau rond, de 51 mill. — Arch. du Nord; abbaye du Saint-Sepulcre.

Écu d'hermines, au lion couronné.

✠ . . GILONIS · TOVRSEL · MILITI . . . . . GORT

(Sigillum Gilonis Toursel, militis de Heudincourt.)

Contre-sceau : Une fleur de lys fleuronnée.

✠ S. GILONIS TOVRSEL

(Secretum Gilonis Tourrel.)

Ratification d'une acquisition de fief à Cattenières. — 20 mai 1235.

1660   TRAZEGNIES (ANSEL, SEIGNEUR DE)

Et de Silly. — 1417.

Sceau rond, de 37 mill. — Arch. du Nord; Chambre des comptes.

Écu bandé de six pièces à l'ombre d'un lion et à la bordure engrêlée, penché, timbré d'un heaume cimé de deux têtes d'homme, supporté par une dame à dextre, accompagné à sénestre d'une marguerite, sur champ semé de . . . . . ?

✠ seel ausiel signeur de trasegnies et de silli

(Seel Ausiel, signeur de Trasegnies et de Silli.)

Voyez le n° 885.

1661   TRAZEGNIES

(GILLES, SEIGNEUR DE).

1195.

Sceau rond, en cuvette, de 66 mill. — Arch. du Nord; abbaye d'Aulchin.

Un lion portant un écu cotice, à la bordure denchée.

✠ . . . . TRASENIES

(. . . . . Trasenies.)

Donation d'une terre à la Charnoye. — 1195.

1662   TRAZEGNIES (OTHON DE),

Sire d'Escarmaia. — 1279.

Sceau rond, de 38 mill. — Arch. du Nord; évêché et chapitre de Cambrai.

Écu portant trois bandes, à la bordure engrêlée, au franc canton chargé de trois lions.

✠ S' MONSEGNEVR OSTON DE OS . N CHR

(Seel monseigneur Oston de Os . . n, chevalier.)

Confirmation d'une acquisition de terre. — Février 1279.

1663   TRAZEGNIES (OTHON DE),

Sire de Hercquegnies, chevalier. — 1284.

Sceau rond, de 63 mill. — Arch. du Nord; Chambre des comptes.

Type équestre; le bouclier et la housse portant un bandé de six pièces à la bordure engrêlée.

✠ S'. HOS . . . . . ASEGNIIS : MILITIS

(Sigillum Hostonis de Trasegniis, militis.)

Mandement au receveur de la terre de Namur au sujet de 10ⁱⁱ qui lui étaient dues pour son fief, « et ko ne mi conviegne plus renvoier, car je i aroie damage. » — 30 janvier 1284.

1664   TREIGNES (PIERRELOT DE).

1390.

Sceau rond, de 25 mill. — Arch. du Nord; Chambre des comptes.

Écu portant un fretté sous un chef chargé d'une fleur

de lys istante, penché, timbré d'un heaume cimé, supporté par deux lions.

.....GRLO DE T.....

(Seul Pierlo de T....)

Voyez le n° 867.

1665 TRÉMOUILLE (JEANNE DE LA).

Dame de Crévecœur. —1458.

Sceau rond, de 32 mill. — Arch. du Nord; Chambre des comptes.

Écu chevronné de six pièces, parti d'un chevron accompagné de trois aiglettes, soutenu par un ange.

s · iehanne · de · latremouille · dame · de · crevecuer

(Seel Jehanne de la Tremouille, dame de Crevecuer.)

Quittance de droits d'acquêt. — 31 mai 1458. —Signé Jenine de la Tremoille.

1666 TRIPSÉE (EUSTACHE DE).

156.

Sceau rond, de 22 mill. — Arch. du Nord; Chambre des comptes.

Écu portant deux étriers accompagnés d'une quintefeuille au canton dextre, penché, timbré d'un heaume cimé, sur champ festonné.

...THSAR : DE : TRIPSCHIE..

(Seel Stasor de Tripschie...)

Voyez le n° 563.

1667 TRITH (ADAM DE).

1411.

Sceau rond, de 50 mill. — Arch. du Nord; chapitre de Saint-Amé.

Écu au croissant.

✠ SIGILLVM · DOMINI · AD... TRIT

(Sigillum domini Ade de Trit.)

Acquisition de la dîme de Wavrechain — Mai 1411.

1668 TRITH (GILLES DE).

1419.

Sceau rond, de 56 mill. — Arch. du Nord; abbaye de Cysoing.

Écu au croissant.

✠ SIGILLVM EGIDII DE TRIT

(Sigillum Egidii de Trit.)

Don d'une terre située à Bouvines. — Mai 1419.

1669 TRUWANT (GUILLAUME).

Écuyer. — 1371.

Sceau rond, de 23 mill. — Arch. du Nord; évêché et chapitre de Cambrai.

Écu à l'émanché de trois pointes mouvant du chef, dans une étoile.

✠ SIGILLVM WILLMI TRUWANT

(Sigillum Willelmi Truwant.)

Voyez le n° 244.

1670 TUDIKEM? (PHILIPPE DE).

Écuyer. — 1371.

Sceau rond, de 24 mill. — Arch. du Nord; évêché et chapitre de Cambrai.

Écu portant trois pals sous un chef chargé d'un écusson à l'émanché de trois pointes mouvant du chef. — Il ne reste plus de la légende que .hILIP... (Philippe).

Voyez le n° 244.

1671 TUPIGNY (GAUTIER. SEIGNEUR DE).

Chevalier. — 1256.

Sceau rond, de 63 mill. — Arch. du Nord; abbaye du Câteau.

Écu portant un écusson en cœur accompagné de neuf coquilles en orle.

...WALTERI DE TVP.....

(Sigillum Walteri de Tupigni, militis.)

Quittance. — 9 juin 1256.

1672 URSEL (FRANÇOIS. COMTE D').

Seigneur de Mil et de Seneghem. — XVIIe siècle.

Sceau rond, de 39 mill. — Musée de Lille.

Deux écus accolés timbrés d'une couronne : celui de dextre portant un plain sous un chef chargé de trois merlettes; celui de sénestre à trois huchets, écartelé d'un écusson à l'escarboucle fleuronnée sur le tout.

S · FRANCOIS · COM · DURSEL · S · DE · MIL · ET · SENEGHEM

Surmoulage.

1673 VACQUERIE (JEAN DE LE).

1375.

Sceau rond, de 23 mill. — Hôpital Saint-Julien à Lille.

Écu échiqueté sous un chef chargé d'une merlette à dextre, penché, timbré d'un heaume cimé, sur champ fretté.

✠ S' IEHAN .. LE VARERIE

(Seel Jehan de le Vakerie.)

Acquisition de terre à la Madeleine près Lille. — 1er novembre 1375.

1674 VALENCIENNES (JEAN DE),

Chevalier. — 1305.

Sceau rond, de 27 mill. — Arch. du Nord; Chambre des comptes.

Écu billeté, au lion.

✠ S' IOHIS DE VALĒCIENES

(Sigillum Johannis de Valencienes.)

Voyez le n° 335.

1675 VALENCIENNES (JEAN DE),

Chevalier. — 1311.

Sceau rond, de 30 mill. — Arch. du Nord; Chambre des comptes.

Type équestre; le bouclier et la housse billetés, au lion.

S' IORIS D' VALĒCRĒS MILIT..

(Sigillum Johannis de Valencihienes, militis.)

Voyez le n° 1348.

1676 VALLÉE (SOHIER DE LA),

1427.

Sceau rond, de 26 mill. — Arch. du Nord; Chambre des comptes.

Écu fascé de six pièces, la troisième pièce chargée d'un coq, penché, timbré d'un heaume cimé d'un coq entre deux cornes, supporté par une dame à dextre.

seel sohier de le vallee

(Seel Sohier de le Vallée.)

Voyez le n° 425.

1677 VARENT (ARNOUL VAN DER),

1300.

Sceau rond, de 19 mill. — Arch. du Nord; Chambre des comptes.

Un arbre.

S' ARNOVT VĀ D' VARENT

(Segel Arnout van der Varent.)

Aveu d'un fief sis à Windeke. — 1er février 1300.

1678 VARNEWYCK (IVAIN, SEIGNEUR DE),

Chevalier. — 1386.

Sceau rond, de 26 mill. — Arch. du Nord; Chambre des comptes.

Écu portant trois lions, dans un trilobe.

✠ S' IWEIN · VAN · VARNEWIC · RIDĒRE

(Segel Iwein van Varnewic, riddere.)

Voyez le n° 491.

1679 VELEKIN (BOUCHARD),

Écuyer. — 1331.

Sceau rond, de 22 mill. — Arch. du Nord; Chambre des comptes.

Écu vairé, au franc canton portant une fasce chargée de trois..... accompagnée d'une aigle issant en chef, dans un trilobe.

.....ART VELEKIN S.....

(Seel Bouchart Velekin, ...)

Voyez le n° 1493.

1680 VÉLU (GOMBAUT DE),

Écuyer. — 1378.

Sceau rond, de 20 mill. — Arch. du Nord; Chambre des comptes.

Écu portant cinq aiglettes, 2, 2 et 1, accompagnées d'une merlette en chef.

.....BAUT · DE · VELU · ESCUIER

(Seel Gombaut de Vélu, escuier.)

Gombaut de Vélu soumet au jugement du comte de Flandre son différend avec Pierre de Craon. — 21 janvier 1378.

1681 VÉLU (JEAN DE),

Chevalier. — 1281.

Sceau rond, de 46 mill. — Arch. du Nord; abbaye des Prés.

Écu à la croix denchée.

✠ S'....S : DE : WIELV : .....S

(Sigillum Johannis de Wiela, militis.)

Jean de Vélu donne à l'abbaye des Prés une terre et un terrage à Bertincourt; les revenus en seront affectés aux besoins de sa fille, religieuse de cette abbaye. — Octobre 1281.

1682 VENDÉGIES (JEAN DE),

1448.

Sceau rond, de 26 mill. — Arch. du Nord; Chambre des comptes.

Écu portant une roue accompagnée d'une étoile au canton dextre, penché, timbré d'un heaume cimé d'une roue, supporté par une dame à dextre.

s iehan de vendegies

(Seel Jehan de Vendégies.)

Voyez le n° 502.

1683 VENDÉGIES (NICOLAS DE),

Chevalier. — 1270.

Sceau rond, de 55 mill. — Arch. du Nord; abbaye d'Anchin.

Écu portant un écusson en abîme accompagné de huit coquilles en orle.

✳ S' NICHOLAI MILITIS D...... IGS

(Sigillum Nicholai, militis de Vendegies.)

Voyez le n° 1535.

1684 VERDIÈRE (BAUDOUIN),

Seigneur de la Warewane, écuyer. — 1538.

Sceau rond, de 40 mill. — Arch. communales de Lille.

Écu portant trois merlettes, écartelé de trois lions passant l'un sur l'autre, timbré d'un heaume cimé d'un buste de femme, supporté par un lion et un griffon.

S : BAVDVIN : VERDIERE : S : DE : WARWANE

(Seel Bauduin Verdière, seigneur de Warwane.)

Autorisation donnée à la ville de Lille de pratiquer une conduite d'eau dans le jardin de Baudouin Verdière. — 28 février 1538.

1685 VERDIÈRE (GUILLAUME),

Seigneur de Péronne. — 1525.

Sceau rond, de 32 mill. — Arch. communales de Lille.

Écu aux armes du précédent, penché, timbré de même.

s · guillame · verdiere

(Seel Guillame Verdière.)

Lettres de non-préjudice à la ville de Lille au sujet d'une exemption de droits accordée à la mère de Guillaume. — 16 septembre 1525.

1686 VERLINGHEM (JEAN, SIRE DE),

1244.

Sceau rond, de 58 mill. — Arch. du Nord; abbaye de Marquette.

Type équestre; le bouclier portant un écusson en abime, au lambel de cinq pendants sur le tout.

S' IOHANNIS DE VERLENGHEHEM

(Sigillum Johannis de Verlenghehem.)

Contre-sceau : Écu aux armes de la face.

✳ SECRETVM

(Secretum.)

Ratification d'une acquisition de terre à Wambrechies. — Mai 1244.

1687 VERQUIGNEUL (MAHIEU DE),

Écuyer. — 1331.

Sceau rond, de 22 mill. — Arch. du Nord; abbaye d'Anchin.

Écu d'hermines portant un croissant, au lambel de trois pendants chargés chacun de trois besants?

✳ S' QAHIEV DE WERKIGNVEL

(Seel Mahieu de Werkignuel.)

Renonciation à ses droits sur des marais à Verquigneul et à Nœux. — 21 décembre 1331.

1688 VERTAIN (EUSTACHE, SIRE DE).

Chevalier. — 1337.

Sceau rond, de 26 mill. — Arch. du Nord; chapitre de Saint-Amé.

Écu à la croix et au lambel de cinq pendants, penché, timbré d'un heaume cimé.

✳ S' VITASSE S' DE VIERTAIN ChL

(Seel Vitasse, sire de Viertain, chevalier.)

Fondation d'une vicairie. — 31 août 1337.

1689 VERTAIN (FIERABRAS DE).

Chevalier. — 1406.

Sceau rond, de 36 mill. — Arch. du Nord; Chambre des comptes.

Écu à la croix et au lambel sur le tout, penché, timbré d'un heaume cimé, supporté par deux lions, dans un quadrilobe. — Légende détruite.

Voyez le n° 56.

1690 VERTAIN (GILBERT DE).

1407.

Sceau rond, de 26 mill. — Arch. du Nord; Chambre des comptes.

Écu portant une croix au lambel, écartelé d'une fasce, à l'écusson chargé sur le tout, penché, timbré d'un heaume cimé d'une tête de cygne.

s guilebert de vertain

(Seel Guilebert de Vertain.)

Voyez le n° 425.

1691 VERTAIN (JEAN DESRAMET DE).

1446.

Sceau rond, de 28 mill. — Arch. du Nord; Chambre des comptes.

Écu portant une croix cantonnée en chef et à dextre d'un lambel, penché, timbré d'un heaume cimé, sur champ festonné.

s · ieh · dit · desram . . de · v . . . . . n

(Seel Jehan, dit Desramet de Vertain.)

Sentence de la cour de Mons au sujet d'une dîme. — 28 août 1446.

1692 VERTBOIS (GÉRARD DU).

Chevalier. — 1488.

Sceau rond, de 25 mill. — Hôpital Comtesse à Lille.

Écu à la bande de fusées, au lambel de cinq pendants.

✳ S' GERART DV VERBOS ChEVAL

(Seel Gérart du Verbos, chevalier.)

Voyez le n° 1045.

1693 VIANEN (GÉRARD DE).

1266.

Sceau rond, de 71 mill. — Arch. du Nord; Chambre des comptes.

Type équestre; le bouclier et la housse billetés, au lion.

✠ SIGILLVM : GERARDI : DE : VIANE

(Sigillum Gerardi de Viane.)

Contre-sceau : Écu billeté, au lion.

✠ SIGILL : GERARDI : DE : VIANE

(Sigillum Gerardi de Viane.)

Voyez le n° 483.

1694 VICHTE (GOSSUIN DE LE).

1312.

Sceau rond, de 19 mill. — Arch. du Nord; Chambre des comptes.

Écu fretté.

✠ S' GOSSVIN DE LE VIXSTE

(Seel Gossuin de le Vixste.)

Mahaut de Marbais cède à Gérard, son frère, ses droits sur la terre du Breucq. — Janvier 1312.

1695 VICHTE

(PIÉRONNE LE BORGNE, VEUVE DE GOSSUIN DE LE).

1361.

Sceau ogival, de 35 mill. — Arch. du Nord; abbaye de Marquette.

Dame debout, en robe et en manteau, coiffée d'un voile et d'une guimpe, accostée de deux écus frettés.

S' PIRONNE · LE · BOR... DAME · DE · LE · VICHTE

(Seel Pironne le Borgne, dame de le Vichte.)

Fondation d'obit. — 1er mai 1361.

1696 VICOGNE (JEAN, SEIGNEUR DE).

1336.

Sceau rond, de 22 mill. — Arch. du Nord; Chambre des comptes.

Écu au sautoir chargé de cinq besants? cantonné en chef d'un lion brisé d'une bande engrêlée.

✠ S' IOHIS DOMINI ....SCONIA

(Sigillum Johannis, domini de Visconia.)

Procès entre le procureur du Roi et la dame de Cassel au sujet de Zuydcoote. — 14 octobre 1336.

1697 VIESLY (GAUTIER DE).

1310.

Sceau rond, de 45 mill. — Arch. du Nord; abbaye de Saint-Aubert.

Type équestre du xiv siècle.

✠ S GVALTERI · DE · VIERLIS ·

(Sigillum Gualteri de Vierlis.)

Sentence au sujet de la haute justice d'Avesnes-le-Sec. — 1310.

1698 VIESLY (ROGER DE).

Chevalier. — 1268.

Sceau rond, de 48 mill. — Arch. du Nord; évêché et chapitre de Cambrai.

Écu à la bordure frettée, à la bande frettée sur le tout.

✠ S' ROGI.......ESLIS....

(Seel Rogiers de Viesli, chevalier?)

Vente de terre à Viesly, «saure le haute justice de sauc et de bu-«rine.» — 23 juin 1268.

1699 VIÉVILLE (PIERRE DE LA).

Dit Flamand, écuyer. — 1378.

Sceau rond, de 24 mill. — Arch. du Nord; Chambre des comptes.

Écu fascé de huit pièces, à trois annelets brochant sur la première et la deuxième fasce, une coquille brochant sur la troisième et la quatrième.

S · PIE.... LE VIES.....

(Seel Pierre de le Viesville.)

Aveu d'un fief à Gravelines. — 28 décembre 1378.

1700 VIGNACOURT (ALIX DE).

xiv siècle.

Sceau rond, de 23 mill. — Collection de M. de Chauvenet à Saint-Quentin.

Écu portant trois fleurs de lys.

✠ S' · AELIS · DE · WINGNACORT

(Seel Aelis de Wingnacort.)

Matrice originale.

1701 VILAIN (GÉRARD).

Chevalier. — 1336.

Sceau rond, de 22 mill. — Arch. du Nord; Chambre des comptes.

Écu portant un plain sous un chef, écartelé d'un chevron chargé d'une étoile à sa pointe.

✠ S' · GERARDI · DCI · VYLAIN · MILITIS

(Sigillum Gerardi dicti Vylain, militis.)

Voyez le n° 477.

1702 VILLARET (GUILLAUME DU).

Chevalier. — 1383.

Sceau rond, de 19 mill. — Arch. du Nord; cartons Bigant.

Écu portant un émanché de trois pièces mouvant de la pointe accompagné de trois merlettes en chef.

S' GVILL.... DV VILLERET

(Scel Guillaume du Villaret.)

Quittance de gages pour une chevauchée au pays de Flandre. — 30 novembre 1343.

1703 VILLE (ALARD, SEIGNEUR DE).

1303.

Sceau rond, de 37 mill. — Arch. du Nord; Saint-Jean de Valenciennes.

Écu portant cinq cotices, timbré d'une croisette.

✠ S' ALRARDI DOMINI DE WILLA

(Sigillum Alrardi, domini de Willa.)

Ratification d'un don. — Septembre 1303.

1704 VILLE (GÉRARD, SEIGNEUR DE).

1340.

Sceau rond, de 23 mill. — Arch. du Nord; Chambre des comptes.

Écu portant six cotices, au franc canton fascé.

✠ S' : GERART : DE : WILLE :

(Scel Gérard de Wille.)

Voyez le n° 1137.

1705 VILLE (GÉRARD, SEIGNEUR DE)

Et de Malagne. — 1347.

Sceau rond, de 33 mill. — Arch. du Nord; Chambre des comptes.

Écu fascé de vair et de.... de six pièces, penché, timbré d'un heaume cimé d'un lion assis tenant un pennon aux armes, supporté par un homme et une femme sauvages.

s · Grart signeur de ville z de mataigue

(Scel Grart, signeur de Ville et de Mataigue.)

Voyez le n° 425.

1706 VILLE (JACQUES DE).

Sire de Ruette. — 1448.

Sceau rond, de 60 mill. — Arch. du Nord; Chambre des comptes.

Écu portant cinq cotices, penché, timbré d'un heaume cimé de deux serres, supporté par deux chiens.

s iacques de uille sire de ruett

(Scel Jacques de Ville, sire de Ruett.)

Voyez le n° 502.

1707 VILLE (JEAN DE),

Chevalier. — 1483.

Sceau rond, de 64 mill. — Arch. du Nord; Chambre des comptes.

Écu à la fasce accompagnée d'une étoile au canton dextre.

✠ S' : IOHANNIS : DE : VILLA : MILITIS

(Sigillum Johannis de Villa, militis.)

CONTRE-SCEAU : Écu aux armes de la face.

✠ S' IOHIS · DE · VILLE · MILITIS

(Secretum Johannis de Ville, militis.)

Quittance de fief de bourse. — Août 1483.

1708 VILLE (JEAN DE).

Seigneur de Quéry-le-Petit. — 1428.

Sceau rond, de 27 mill. — Arch. du Nord; Chambre des comptes.

Écu portant cinq cotices, penché, timbré d'un heaume cimé de deux bras, supporté par deux griffons.

...rchan de ville seigneur dou p.....evy

(Scel Jehan de Ville, seigneur dou Petit Kévy.)

Voyez le n° 502.

1709 VILLE (WANQUETIN DE).

Sire d'Audregnies. — 1447.

Sceau rond, de 36 mill. — Arch. du Nord; Chambre des comptes.

Écu portant cinq cotices, penché, timbré d'un heaume cimé de deux serres, supporté par deux chiens, sur champ de rinceaux.

.....quetin de ville sire dandregnies...

(Scel Wanquetin de Ville, sire d'Audregnies.....)

Voyez le n° 425.

1710 VILLERMONT? (LOUIS DE).

Écuyer. — 1366.

Sceau rond, de 28 mill. — Arch. du Nord; Chambre des comptes.

Écu à trois pals de vair accompagnés d'une coquille placée entre le second et le troisième pal, coupé d'un plain, penché, timbré d'un heaume cimé d'une tête de chien.

S' LOWY D' VILLERMONT

(Scel Lowy de Villermont.)

Voyez le n° 546.

1711 VILLERS (GILLES DE).

Sire de Lambres, chevalier. — 1331.

Sceau rond, de 37 mill. — Arch. communales de Douai.

Écu portant dix losanges, 3, 3, 3 et 1, accompagné de trois dragons dans le champ.

✠ SEEL · GILLES · DE · VILERS · CHAR

(Scel Gilles de Vilers, chevalier.)

Acquisition de biens, à Lambres, au profit des hôpitaux de Douai. — Juillet 1331.

1712 VILLERS (GILLES DE).

Écuyer, fils du précédent. — 1331.

Sceau rond, de 25 mill. — Arch. communales de Douai.

Écu portant dix losanges, 3, 3, 3 et 1, la première brisée d'un lion ?, accompagné de trois dragons dans le champ.

S' GILLES DE VILERS ESQVIER

(Seel Gilles de Vilers, escuier.)

Voyez le n° 1711.

1713 VILLERS (HENRI DE),

Chevalier. — 1286.

Sceau rond, de 55 mill. — Arch. du Nord ; Chambre des comptes.

Écu billeté à la bande,

S' HENRICE MILTIS DE VILER

(Sigillum Henrice, militis de Viler.)

Voyez le n° 514.

1714 VILLERS-AU-FLOS (JEAN, SIRE DE).

1267.

Sceau rond, de 15 mill. — Arch. du Nord ; abbaye des Prés.

Écu portant dix losanges, 3, 3, 3 et 1.

S' IOHAN DE VILERS

(Seel Johan de Vilers.)

Vente de terre. — Janvier 1267.

1715 VILLERS-CAMPEAU (ALEAUME DE),

Chevalier. — 1292.

Sceau rond, de 45 mill. — Arch. du Nord ; abbaye de Sin.

Écu à l'orle de billettes, portant un écusson en abîme.

S' DNI ALEAMI DE VILEIRS MILITIS

(Sigillum domini Aleami de Vileirs, militis.)

Ratification d'une acquisition de terre à Wasnes. — 6 janvier 1292.

1716 VILLERS-CAMPEAU (HELLIN DE),

Chevalier. — 1292.

Sceau rond, de 22 mill. — Arch. du Nord ; abbaye de Sin.

Écu aux armes du précédent, au bâton en bande sur le tout.

S' HEL... DE VILLERS CHER

(Seel Hellin de Villers, chevalier.)

Voyez le n° précédent.

1717 VILLERS-GUISLAIN (JEAN DE).

1211.

Sceau rond, de 41 mill. — Arch. du Nord ; abbaye de Vaucelles.

Écu au lion, brisé d'un lambel de neuf pendants.

S. IOHANNIS DE VILEIRS

(Sigillum Johannis de Vileirs.)

Ratification féodale d'un achat de terres. — 1211.

1718 VILLERS-GUISLAIN (JEAN DE).

Sire d'Honnecourt. — 1198.

Sceau rond, de 61 mill. — Arch. du Nord ; abbaye de Vaucelles.

Type équestre ; casque cylindrique à timbre plat et à nasal, bouclier losangé.

SIGILLVM IOHANNIS DE VILERS

(Sigillum Johannis de Vilers.)

Confirmation d'un don. — Novembre 1198.

1719 VILLERS-GUISLAIN (JEAN DE),

Sire d'Honnecourt. — 1216.

Sceau rond, de 68 mill. — Arch. du Nord ; abbaye de Vaucelles.

Type équestre ; le bouclier portant un lion.

S. IHIS DE VILERS MILITIS

(Sigillum Johannis de Vilers, militis.)

Contre-sceau : Écu au lion contourné.

SECRETVM IOHIS

(Secretum Johannis.)

Ratification de l'achat du bois de Vénerolles. — 22 avril 1216.

1720 VILLERS-GUISLAIN (JEAN DE),

1267.

Sceau rond, de 46 mill. — Arch. du Nord ; abbaye de Vaucelles.

Écu au lion, accosté de deux étoiles dans le champ.

S' IOHANNIS.....S

(Sigillum Johannis .....)

Amortissement de terres à Peixière. — Décembre 1267.

1721 VILLERS-OUTRÉAU (GUI DE).

1190.

Sceau rond, de 60 mill. — Arch. du Nord ; abbaye de Vaucelles.

Type équestre ; casque à timbre plat, à défense incomplète du visage ; le bouclier portant une bordure de vair.

SIGILLVM WIDONIS DE VILERS OLTREEVE

(Sigillum Widonis de Vilers Oltreeve.)

Donation d'un bois près Tilleroi. — 1190.

1722 VILLERS-OUTRÉAU (GUI, SIRE DE).

Chevalier. — 1347.

Sceau rond, de 60 mill. — Arch. du Nord; abbaye de Vaucelles.

Écu portant une croix engrêlée, au lambel de cinq pendants.

✳ S' GVIDONIS : DÑI : DE : VILLARI VLTRA AQVAM

(Sigillum Guidonis, domini de Villari Ultra Aquam.)

Ratification d'une acquisition de terres à Anneux. — 15 août 1347.

1723 VILLERS-OUTRÉAU (GUI, SIRE DE).

Chevalier. — 1375.

Sceau rond, de 60 mill. — Arch. du Nord; abbaye de Vaucelles.

Écu au lion contourné.

✳ S' GVINELSIS MILITIS DE VILARI VLTRA AVÃ

(Sigillum Guinelsis, militis de Vilari Ultra Aquam.)

Donation d'une terre sise près le bois du Gaisant. — 24 mars 1375.

1724   VILLERS-OUTRÉAU

(RADEGONDE, FEMME DE GUI, SIRE DE).

1375.

Sceau ogival, de 60 mill. — Arch. du Nord; abbaye de Vaucelles.

Dame debout, en robe et en manteau, coiffée d'un voile.

...RADE . VNDI .

(Sigillum Radegundis.)

Voyez le n° 1723.

1725 VILLERS-OUTRÉAU (JEAN, SIRE DE).

Écuyer. — 1380.

Sceau rond, de 60 mill. — Arch. du Nord; abbaye de Vaucelles.

Écu au lion.

✳ S' I.....DE VILERS

(Sigillum Johannis de Vilers.)

Ratification d'un achat de terre. « A Vilers desous le kesne ou grant vries. » — Octobre 1380.

1726   VILLERS-OUTRÉAU

(JEAN SARRASIN, SIRE DE).

Fils de Jean de Villers-Outréau. — 1311.

Sceau rond, de 26 mill. — Arch. du Nord; abbaye de Vaucelles.

Écu au santoir.

✳ S' · IEHAN · SARRASIN · DE · VILER

(Seel Jehan Sarrasin de Viler.)

Abandon de droits sur une terre. — Mars 1311.

1727 VILLERS-POL (PIERRE DE).

Chevalier. — 1295.

Sceau rond, de 35 mill. — Arch. du Nord; abbaye d'Anchin.

Écu à la bande chargée de trois fleurs de lys.

✳ S'. PI.....DE · VILLERS · CHEVALIER

(Seel Pierre de Villers, chevalier.)

Amortissement d'une maison. — Juillet 1295.

1728 VILLERS-POL (POLIART, SIRE DE).

Chevalier. — 1352.

Sceau rond, de 21 mill. — Arch. du Nord; évêché et chapitre de Cambrai.

Écu vairé, dans un encadrement en triangle.

S' · POLIART · DE · VILERS

(Seel Poliart de Vilers.)

Poliart vend au chapitre de Cambrai la terre de Villers-Pol dont il reste seigneur vinger. — 4 mai 1352.

1729   VIRTON (ALEXANDRE DE).

Chevalier. — 1366.

Sceau rond, de 24 mill. — Arch. du Nord; Chambre des comptes.

Écu à la bande chargée en chef, penché, timbré d'un heaume cimé d'un moine tenant un chapelet.

S' ALLEXANDRE DE W'TON MLI

(Sigillum Allexandre de Werton, militis.)

Voyez le n° 545.

1730   VIRTON (GUI DE).

Chevalier. — 1366.

Sceau rond, de 25 mill. — Arch. du Nord; Chambre des comptes.

Écu à la bande chargée en chef d'un écusson au lion, penché, timbré d'un heaume cimé d'un moine tenant un chapelet.

✳ S' GVIOS CHEVALIER

(Seel Guiot, chevalier.)

Voyez le n° 545.

1731   VLODORP (RÉNIER DE).

Chevalier. — 1390.

Sceau en écu, de 42 mill. — Arch. du Nord; Chambre des comptes.

Écu fascé de six pièces, au bâton en bande brochant.

✳ S' · RENARDI · MILITIS · DE VLODORP

(Sigillum Renardi, militis de Vlodorp.)

Voyez le n° 510.

1732 VOLMERANGE (POINCIGNON DE).

Écuyer. — 1306.

Sceau rond, de 20 mill. — Arch. du Nord; Chambre des comptes.

Écu vairé, à la bande componée.

✶ S' POÏCIGNŌ · D · WORMERĀG

(Seel Poincignon de Wormerange.)

Hommage au comte de Luxembourg pour les biens d'Élange près Thionville. — 12 avril 1306.

1733 VOLMERANGE (PONCE DE).

Chevalier. — 1315.

Sceau en écu, de 21 mill. — Arch. du Nord; Chambre des comptes.

Écu vairé, à la bande componée.

✶ S · PONCI · D ..... RA'G · MILIT'

(Sigillum Ponci de Vormerange, militis.)

Voyez le n° 1093.

1734 VOORMEZEELE (GAUTIER DE).

Chevalier. — 1218.

Sceau rond, de 66 mill. — Arch. du Nord; abbaye de Marquette.

Type équestre; bouclier échiqueté, épée ornée d'une damasquine.

SIGILLVO ..... MENSELE

(Sigillum .... de Formezele.)

Contre-sceau : Écu échiqueté. — Sans légende.

Don de rente sur ses revenus d'Armentières. — Mule. 11 janvier 1278.

1735 VOORMEZEELE (HENRI DE).

1137.

Sceau rond, de 40 mill. — Arch. du Nord; abbaye d'Anchin.

Écu échiqueté.

✶ : S : hEMRI : DE FORMEZELES

(Seel Henri de Formezeles.)

Restitution à l'abbaye de Corbie. — Mai 1137.

1736 VOORNE (GÉRARD, SIRE DE).

Écuyer. — 1298.

Sceau rond, de 30 mill. — Arch. du Nord; Chambre des comptes.

Écu au léopard lionné, dans une rosace à six feuilles.

✶ SEEL : GERART : SIRE : DE : VORNE :

(Seel Gérart, sire de Vorne.)

Voyez le n° 606.

1737 VOORNE (MATHILDE, DAME DE).

1357.

Sceau rond, de 30 mill. — Arch. du Nord; Chambre des comptes.

Écu au lion couronné à queue fourchée passée en sautoir, parti d'un léopard lionné, dans une rose gothique.

........ILDIS : DŇE : DE : VALRENBORCh : DE : VORNE : AC : BVRChGRAVIE : ZEL .....

(Sigillum Matildis, domine de Valkenborch, de Vorne ac burchgravie Zelandie.)

Voyez le n° 604.

1738 VOS (GAUTIER),

Chevalier. — 1309.

Sceau rond, de 21 mill. — Arch. du Nord; Chambre des comptes.

Écu au renard rampant.

✶ S'. WALTERI · DCI · VOS · MILITIS

(Sigillum Walteri dicti Vos, militis.)

Voyez le n° 435.

1739 VRIES (GUILLAUME).

D'Oosthem. — 1489.

Sceau rond, de 26 mill. — Arch. du Nord; Chambre des comptes.

Un faucon liant une perdrix.

✶ S' WILLELMI DICTI VRISE DOSTEIN

(Sigillum Willelmi dicti Vrise d'Ostein.)

Voyez le n° 609.

1740 VRIES (GUILLAUME DIE).

Seigneur d'Oosthem, chevalier. — 1357.

Sceau rond, de 27 mill. — Arch. du Nord; Chambre des comptes.

Écu portant d'hermines sous un chef, penché, timbré d'un heaume cimé, dans un quadrilobe.

S' WILLĒ DIE VRIESE hER DE O..SERE RVDDE

(Segel Willem die Vriese, here de Oustene, ruidere.)

Voyez le n° 604.

1741 WALCOURT (HENRI DE).

Sire de Forcehines. — 1339.

Sceau rond, de 27 mill. — Arch. du Nord; Chambre des comptes.

Écu portant une aigle, au lambel, penché, timbré d'un heaume cimé d'une aigle issant, sur champ fretté.

S' hER' D' WALCORT ET D' FAE' .....

(Seel Henri de Walcort et de Favor ....)

Voyez le n° 484.

1742   WALCOURT (THIERRI DE).

1234.

Sceau rond, de 56 mill. — Arch. du Nord, Chambre des comptes.

Écu portant une aigle, au lambel de cinq pendants.

✠ S· THERRICI DE WALECHORT

(Sigillum Therrici de Walechort.)

Voyez le n° 190.

1743   WALHAIN (HENRI DE).

Chevalier. - 1339.

Sceau rond, de 22 mill. — Arch. du Nord; Chambre des comptes.

Écu portant un écusson en abîme, à la bande brochant, penché, timbré d'un heaume cimé d'une tête d'homme coiffée d'un bonnet.

S⁰. hENRICI · D · WAL...INS

(Sigillum Henrici de Walehains.)

Voyez le n° 484.

1744   WALHAIN (LANCELOT DE).

Chevalier. — 1377.

Sceau rond, de 29 mill. — Arch. du Nord; évêché et chapitre de Cambrai.

Écu portant un écusson en abîme, à la bande componée, penché, timbré d'un heaume cimé d'une tête d'homme coiffée d'un bonnet, dans un encadrement oblong.

..... Walhū · chelr

(......... de Walhain, chevalier.)

Voyez le n° 954.

1745   WALINCOURT (ADAM DE).

1177.

Sceau rond, en cuvette, de 54 mill. — Arch. du Nord; abbaye d'Anchin.

Type équestre; casque conique à nasal, bouclier à ombo.

✠ SIG'ILLVM · ADE · DE · WALLENCVRT

(Sigillum Ade de Wallencurt.)

Accord au sujet des possessions du Poureau. — 1177.

1746   WALINCOURT (ADAM DE).

1177.

Sceau rond, de 66 mill. — Arch. du Nord; abbaye de Vaucelles.

Type équestre; casque à timbre arrondi et à nasal, épée ornée d'une damasquine, bouclier sans armoiries.

✠ SIG'ILLVM : ADE : DE : VVALLENCVRT

(Sigillum Ade de Wallencurt.)

Droit de passage accordé à l'abbaye de Vaucelles — 1177.

1747   WALINCOURT (ADAM DE).

1207.

Sceau rond, de 72 mill. — Arch. du Nord; abbaye de Cantimpré.

Type équestre fruste.

✠ SIG'ILLVM : AD. .. WALLENCORTE

(Sigillum Ade de Wallencurte.)

Contre-sceau : Écu au lion.

✠ SECRETVM : ADE

(Secretum Ade.)

Amortissement d'un fief sis à Dehéries. — 1207.

1748   WALINCOURT (ADAM DE).

1214.

Sceau rond, de 72 mill. — Arch. du Nord; abbaye de Saint-Aubert.

Type équestre; le bouclier au lion.

..G'ILLVM : ..... WALLENCORT

(Sigillum Ade de Wallencurt.)

Contre-sceau : Écu au lion.

✠ SECRETVM · ADE

(Secretum Ade.)

Confirmation d'obligations contractées par son aïeul au sujet de la forêt de Seulecques. — 24 mars 1214.

1749   WALINCOURT (BAUDOUIN DE.

1189.

Sceau rond, de 70 mill. — Arch. du Nord; abbaye de Saint-Aubert.

Type équestre; casque conique à nasal, sommé d'un bouton. — Légende détruite.

Don d'un terrage situé à Saint-Vaast; sa ratification. — 1189.

1750   WALINCOURT

(BAUDOUIN BURIDAN, SIRE DE.

1219.

Sceau rond, de 62 mill. — Arch. du Nord; abbaye de Saint-Aubert.

Type équestre.

✠ SIG'ILL BAVDEVINI BRIDENT

(Sigillum Baudevini Bridant.)

Contre-sceau : Écu au lion contourné.

✠ SECRETVM · BALDEVINI ✠

(Secretum Baldevini.)

Ratification d'une acquisition de terre à Selvigny. — Décembre 1219.

1751　WALINCOURT

(BAUDOUIN BURIDAN, SIRE DE).

1233.

Sceau rond, de 64 mill. — Arch. du Nord; abbaye de Saint-Aubert.

Type équestre; bouclier au lion, épée à gorge damasquinée.

✱ S'. B.....NI · DOMINI · DE WALLENCVRT

(Sigillum Baldevini, domini de Wallencurt.)

Contre-sceau : Écu au lion.

✱ SECRETVM · BVRIDAN ·

(Secretum Buridan.)

Fondation d'une chapellenie à Gouy. — Janvier 1233.

1752　WALINCOURT

(BAUDOUIN BURIDAN DE).

1296.

Sceau rond, de 43 mill. — Arch. du Nord; abbaye de Cantimpré.

Écu au lion portant sur l'épaule un écusson à la croix chargée de cinq coquilles.

✱ S' B....IN : BVRIDAN DE WA.....OVRT

(Seel Bauduin Buridan de Wa.....ourt.)

Confirmation d'un accord entre son père Jean de Walincourt et l'abbaye de Cantimpré. — Octobre 1296.

1753　WALINCOURT (JEAN, SIRE DE),

Chevalier. — 1250.

Sceau rond, de 70 mill. — Arch. du Nord; abbaye du Câteau.

Type équestre; le bouclier et la housse portant un lion.

...NNIS MILITIS DOMINI DE WAVLAINGOR.

(Sigillum Johannis, militis, domini de Waulaincort.)

Contre-sceau : Écu au lion.

✱ SECRETVM MEVM

(Secretum meum.)

Ratification d'une acquisition de terres à Haulaincourt. — Walincourt, avril 1250.

1754　WALINCOURT (JEAN, SIRE DE).

1272.

Sceau rond, de 53 mill. — Arch. du Nord; abbaye de Saint-Aubert.

Écu au lion.

✱ S' IEHAN SIRES DE WALEINCOVRT

(Seel Jehan, sires de Waleincourt.)

Acquisition de l'hommage de Dehéries. — Mars 1272.

1755　WALINCOURT (JEAN, SIRE DE).

Chevalier. — 1290.

Sceau rond, de 63 mill. — Arch. du Nord; évêché et chapitre de Cambrai.

Type équestre; le bouclier et la housse portant un lion.

.....ORIS : DNI : DE : WAV.......RT : MIL....

(Sigillum Johannis, domini de Waullaincourt, militis.)

Contre-sceau : Écu au lion.

✱ S' SECRET DE WAVLLAINGOVRT

(Seel secret de Waullaincourt.)

Voyez le n° 892.

1756　WALINCOURT (JEAN, SIRE DE).

Écuyer. — 1293.

Sceau rond, de 48 mill. — Arch. du Nord; abbaye de Saint-Aubert.

Écu au lion, au lambel de cinq pendants.

✱ .....AVLAINCORT ESCVIER

(Seel Jehan de Waulaincort, escuier.)

Voyez le n° 1419.

1757　WALINCOURT (JEAN, SIRE DE),

Chevalier. — 1306.

Sceau rond, de 55 mill. — Arch. du Nord; abbaye de Saint-Aubert.

Type équestre; le bouclier, l'épaulière et la housse portant un lion.

S' IEHAN : SEGNEVR : DE : WAVL.....OVRT : CHEVAE

(Seel Jehan, segneur de Waullaincourt, chevalier.)

Contre-sceau : Le même que celui du n° 1755.

Donation à Jean Hennière, en récompense de ses services, d'un fief avec droit de chasse et de justice, « et porra cachier, hayer, tondre à «toutes manières de bestes et oisiaus.» — 1 décembre 1306.

1758　WALINCOURT (JEAN, SIRE DE).

1338.

Sceau rond, de 30 mill. — Arch. du Nord; Chambre des comptes.

Écu au lion, penché, timbré d'un heaume cimé d'une tête d'homme, accompagné de trois tiges de trèfle, dans une rose gothique.

BVRLETE : IEHAN : SIGNEVR : DE : WAVLAINCOVR

(Burlete Jehan, signeur de Waulaincourt.)

Restitution de chevaux saisis par Jean de Walincourt hors de sa juridiction. — Valenciennes, 5 septembre 1338.

1759 WALINCOURT

(MARGUÉRITE, FEMME DE JEAN, SIRE DE).

1285.

Sceau ogival, de 60 mill. — Arch. du Nord; abbaye de Cantimpré.

Dame debout, de profil à droite, coiffée d'un voile, un oiseau sur le poing, accompagnée d'un soleil et d'une étoile.

✠ S' MARG.....DE VVAVLLAINCOVRT

(Seel Marguerite ....de Wautlaincourt.)

Vente de terres sises à Dehéries. — 1er avril 1285.

1760 WALINCOURT

(BÉATRIX DE CYSOING, FEMME DE JEAN, SIRE DE).

1315.

Sceau ogival, de 60 mill. — Arch. du Nord; collégiale de Saint-Géry.

Dame debout, de trois quarts à droite, tenant un livre ouvert. A dextre, un écu bandé de six pièces; à sénestre, un écu au lion. Champ fretté.

✠ S' : BETRIS : DE : CHISON : DAHE : DE : WAVLLAINCOVRT

(Seel Bétris de Chison, dame de Wautlaincourt.)

Accord au sujet des chemins de Wambaix. — 8 décembre 1315.

1761 WALINCOURT (JOIE, DAME DE).

1238.

Sceau ogival, de 64 mill. — Arch. du Nord; collégiale de Sainte-Croix.

Dame debout, en robe et en manteau vairé, tenant un fleuron.

.....DOMINE DE WALLAINCVRT

(Sigillum Joie, domine de Wallaincurt.)

Contre-sceau : Un lion.

SECRETVM MEVM

(Secretum meum.)

Confirmation de privilèges. — Walincourt, mars 1238.

1762 WALLERS (MARGUERITE DE).

1221.

Sceau ogival, de 51 mill. — Arch. du Nord; abbaye de Marchiennes.

Dame debout, en robe et en manteau, coiffée d'une toque, tenant un fleuron.

✠ SIGILL MARGARETE DE WALLERS

(Sigillum Margarete de Wallers.)

Confirmation d'un droit de passage accordé par Thierri de Wallers, son mari. — Juillet 1221.

1763 WALLON-CAPPEL (HENRI DE),

Chevalier. — 1309.

Sceau rond, de 21 mill. — Arch. du Nord; Chambre des comptes.

Écu portant deux fasces, dans un trilobe.

...NRI · DE · W..ON · CAPEL....

(Seel Henri de Walon Capel.....)

Voyez le n° 603.

1764 WALLON-CAPPEL (JEAN DE).

Écuyer. — 1370.

Sceau rond, de 22 mill. — Arch. du Nord; Chambre des comptes.

Écu portant deux fasces accompagnées d'une étoile au canton dextre.

S' IEHAN DE WALON CAPELE

(Seel Jehan de Walon Capele.)

Voyez le n° 804.

1765 WAMBRECHIES (BERNARD DE),

Chevalier. — 1219.

Sceau rond, de 50 mill. — Arch. du Nord; abbaye de Loos.

Écu portant dix losanges, 3, 3, 3 et 1.

✠ S' BERNARDI MILITIS DE VVENEBRECHIES

(Sigillum Bernardi, militis de Wenebrechies.)

Donation d'une part de dîme à Hasnon. — 1219.

1766 WANCOURT (GUI DE).

1212.

Sceau rond, de 50 mill. — Arch. du Nord; abbaye de Saint-Aubert.

Écu fretté.

✠ SIGILLVM · GVIDONIS · DINCI

(Sigillum Guidonis d'Inci.)

Échange de la dîme de Wancourt. — Mars 1212.

1767 WANCOURT (JEAN DE).

Vers 1200.

Sceau rond, de 62 mill. — Arch. du Nord; abbaye d'Anchin.

Type équestre; casque cylindrique à timbre plat et à nasal, épée damasquinée, éperon conique, bouclier fretté.

SIGILL .....NIS DE WAEGCVRT

(Sigillum Johannis de Waegcurt.)

Confirmation d'un traité au sujet de terres à Héninel. — Sans date.

1768 WANCOURT (JEAN DE).

Chevalier. 1195.

Sceau rond, de 60 mill. — Arch. du Nord; abbaye de Saint-Aubert.

Type équestre; le bouclier et la housse frettés.

✳ S'. IChA....hER

(Seel Jehan .... chevalier.)

CONTRE-SCEAU : Écu fretté.

✳ B' IChAN .....GR

(Bulle Jehan .... chevalier.)

Obligation au sujet d'un manage acquis de l'abbaye de Saint-Aubert.
— 24 mai 1493.

1769   WANCOURT (JEAN DE),

Sire de Noyelles-sur-l'Escaut, chevalier. — 1359.

Sceau rond, de 26 mill. — Arch. du Nord; collégiale de Saint-Géry.

Écu fretté, brisé d'une coquille en chef. — Il ne reste
plus de la légende que ....N • DG • W....... (Jehan
de Wancourt).

Accord au sujet du carton de Noyelles. — 26 août 1359.

1770   WANNEHAIN (GÉRARD DE),

Écuyer. — 1441.

Sceau rond, de 25 mill. — Arch. du Nord; abbaye de Cysoing.

Écu portant trois bandes, brisé d'une moucheture
d'hermine, au franc canton d'hermines, penché, timbré
d'un heaume cimé de deux hures, supporté par deux
lions.

S grard ꝺ Wanehaing

(Seel Grard de Wanehaing.)

Voyez le n° 1182.

1771   WANNEHAIN (JEAN DE),

Écuyer. — 1441.

Sceau rond, de 25 mill. — Arch. du Nord; abbaye de Cysoing.

Écu bandé de six pièces, au franc canton d'hermines,
penché, timbré d'un heaume cimé, supporté par deux
lions.

See. ...an ꝺ Wanehaing

(Seel Jehan de Wanehaing.)

Voyez le n° 1182.

1772   WANQUETIN (PAUL DE),

Écuyer. — 1464.

Sceau rond, de 26 mill. — Arch. du Nord; collégiale de Saint-Géry.

Écu au lion, penché, timbré d'un heaume cimé, supporté par deux lions.

s • pol • ꝺe • Wanquetin

(Seel Pol de Wanquetin.)

Donation du fief de la Buze tenu de l'écolâtre de Saint-Géry. —
Cambrai, 26 septembre 1464.

1773   WAREWANE (JEAN DE LA).

1291.

Sceau rond, de 22 mill. — Arch. du Nord; Chambre des comptes.

Écu à la bande denchée.

✳ S' IChAN D...WAREWANG

(Seel Johan de le Warewane.)

Conditions auxquelles Baudouin le Borgne doit garder avec lui sa
fille et son gendre. — Novembre 1291.

1774   WAREWANE (JEAN DE LA).

Chevalier. — 1296.

Sceau rond, de 35 mill. — Arch. du Nord; abbaye de Marquette.

Écu à la bande denchée.

S' IChAN • DG • LG .....WA..

(Seel Johan de le Warewane.)

Acquisition d'héritage à Marcq. — Janvier 1296.

1775   WAREWANE (JEAN DE LA).

1312.

Sceau rond, de 18 mill. — Arch. du Nord; Chambre des comptes.

Écu à la bande denchée.

✳ S' IChAN • DG • LG • WARGWANG

(Seel Johan de le Warewane.)

Voyez le n° 1694.

1776   WAREWANE (ROBERT DE LA).

Chevalier. — 1256.

Sceau rond, de 50 mill. — Hôpital Saint-Sauveur à Lille.

Écu portant deux roses, au franc canton plain, au lambel de cinq pendants sur le tout.

✳ S. ROBGRTI • OILITIS • DGL WARWANG

(Sigillum Roberti, militis del Warewane.)

L'hôpital Saint-Sauveur est mis en possession d'une terre tenue de
la Warewane. — Septembre 1256.

1777   WARGNIES (GUI DE),

Chevalier. — 1285.

Sceau rond, de 28 mill. — Arch. du Nord; Chambre des comptes.

Écu bandé de six pièces.

✳ S' : GVIDONIS • DG • WARGGNI : MILITIS

(Sigillum Guidonis de Waregni, militis.)

Hommage au comte de Hainaut pour une terre à Douchy. —
30 mars 1285.

1778 WARGNIES (GUILLAUME DE).

Chevalier. — 1363.

Sceau rond, de 28 mill. — Arch. du Nord; Chambre des comptes.

Écu bandé de six pièces, penché, timbré d'un heaume cimé de deux tonneaux.

S'. OVILM · SIGNEVR · DG · WARGNI · Ch...

(Seel Guillaume, signeur de Wargni, chevalier.)

Sentence de la cour de Mons dans un débat entre Wenceslas, duc du Luxembourg, et Michel, sire de Ligne, au sujet de la monnaie à employer pour servir une rente due au sire de Ligne. — 19 février 1363.

1779 WARGNIES (GUILLAUME DE).

XIII° siècle.

Sceau rond, de 18 mill. — Musée Bonezech à Valenciennes.

Écu bandé de six pièces, brisé d'un lion au canton dextre.

S' · WILL · DG · WARGNI

(Sigillum Willelmi de Wargni.)

Matrice originale.

1780   WARGNIES-LE-GRAND

(MARIE, DAME DE).

1419.

Sceau rond, de 28 mill. — Arch. du Nord; évêché et chapitre de Cambrai.

Écu portant quatre lions posés 2 et 2 à la bande brochant, parti de trois bandes, supporté par une sirène.

s marie dame de Waregny

(Seel Marie, dame de Waregny.)

Amortissement de terres à Rœulx. — 25 avril 1419.

1781 WASNES (ALEXANDRE PITON DE).

Écuyer. — 1274.

Sceau rond, de 26 mill. — Arch. du Nord; collégiale de Saint-Géry.

Écu à trois molettes ou trois étoiles.

S' · ALGXANDRG · DG · WANGS :

(Seel Alexandre de Wasnes.)

Cession de la pêcherie de Hem-Lenglet. — Novembre 1274.

1782   WASNES (BAUDOUIN DE).

Fils de Gilles de Wasnes. — 1359.

Sceau rond, de 45 mill. — Arch. du Nord; abbaye de Sin.

Écu chevronné de six pièces, au lambel.

S' BA....N · DG · VVA...S

(Seel Bauduin de Wasnes.)

Acquisition de fief. — Mars 1359.

1783   WASNES (GILLES DE),

Chevalier. — 1346.

Sceau rond, de 50 mill. — Arch. du Nord; abbaye de Sin.

Écu à trois chevrons.

SIGISLVM EGIDII DG WANGS

(Sigislum Egidii de Wasnes.)

Acquisition de terres à Wasnes. — Mai 1346.

1784   WASQUEHAL (JEAN DE).

Chevalier. — 1349.

Sceau rond, de 54 mill. — Arch. du Nord; abbaye de Marquette.

Écu à la croix.

S' · IGhAN · DG · WASCAL · ChGVALIGR

(Seel Johan de Wascal, chevalier.)

Voyez le n° 1449.

1785   WASTEPASTE (JACQUES).

Écuyer. — 1431.

Sceau rond, de 26 mill. — Arch. du Nord; abbiette de Lille.

Écu à la fasce accompagnée de trois merlettes en chef et de trois trèfles en pointe, penché, timbré d'un heaume cimé, supporté par deux lions.

...ROVG WHSTG PHS..

(Seel Jaque Waste Paste.)

Amortissement d'un fief à Avelin. — 27 février 1431.

1786   WASTEPASTE

(MARIE D'AIGREMONT, FEMME DE JACQUES).

1431.

Sceau rond, de 22 mill. — Arch. du Nord; abbiette de Lille.

Écu à la fasce chargée de... dans un trilobe.

s · marie · degre · ou.

(Seel Marie d'Égremont.)

Voyez le n° 1785.

1787 WASTINE (BAUDOUIN DE LA).

Chevalier. — 1255.

Sceau rond, de 40 mill. — Arch. du Nord; chapitre de Lille.

Écu à la bande accompagnée de six quintefeuilles en orle.

S' BALDVINI : DG WASTINA · MILITIS

(Sigillum Balduini de Wastina, militis.)

Fondation de chapellenie. — Février 1255.

27.

1788   WASTINE (JEAN DE LA),

Chevalier. — 1331.

Sceau rond, de 26 mill. — Arch. du Nord; Chambre des comptes.

Écu au chevron accompagné de trois coquilles.

✠ S' IEhAN DE LE WASTINE ChEVALIER

(Seel Jehan de le Wastine, chevalier.)

Quittance à valoir sur 300ʰ dues par la dame de Cassel. — Paris, 9 mars 1331.

1789   WASTINE

(PHILIPPE, SEIGNEUR DE LA),

Chevalier. — 1242.

Sceau rond, de 67 mill. — Hôpital Comtesse à Lille.

Type équestre; le bouclier portant une croix recercelée.

✠ SIGILLVM · PhILIPPI · DE · VVASTINA

(Sigillum Philippi de Wastina.)

Contre-sceau : Écu à la croix recercelée.

✠ SECRETVM MEVM

(Secretum meum.)

Acquisition de 317 bonniers de wastines à Lovinsele, payables par une rente sur le toulieu de Bruges. — Mars 1242.

1790   WASTINE

(ADÈLE, FILLE DE PHILIPPE, SEIGNEUR DE LA),

1243.

Sceau ogival, de 56 mill. — Hôpital Comtesse à Lille.

Dame debout, tenant un livre des deux mains.

S' ADELISE FILIE DÑI PhILIPPI DE WA.....

(Sigillum Adelise, filie domini Philippi de Wastina.)

Ratification du marché conclu par son père au numéro précédent. — Février 1243.

1791 WASTINES (ALARD, SIRE DES),

Chevalier. — 1281.

Sceau rond, de 40 mill. — Arch. du Nord; abbaye des Prés.

Écu à la bordure.

✠ S' ALAR.....ALIER .....WASTINES?

(Seel Alart, chevalier, sire des Wastines.)

Renonciation à un hommage. — 10 janvier 1281.

1792 WASTINES (ALARD HEUGOT DES),

Écuyer. — 1353.

Sceau rond, de 21 mill. — Arch. du Nord; évêché et chapitre de Cambrai.

Écu au lion couronné, brisé d'une épée en bande la pointe en bas.

✠ SEEL ALART hEVGOT

(Seel Alart Heugot.)

Sentence confirmant le chapitre de Cambrai dans la possession d'un fief à Marets. — 8 septembre 1353.

1793   WASTINES (JEAN DES),

Sire d'Estrées, écuyer. — 1316.

Sceau rond, de 22 mill. — Arch. du Nord; chapitre de Lille.

Écu à la bordure.

✠ S' IEhAN · DES · WASTINES

(Seel Jehan des Wastines.)

Jean Gommer, bourgeois de Lille, est mis en possession d'un fief situé à Monchaux. — Octobre 1316.

1794 WATERVLIET (BAUDOUIN DE),

Chevalier. — 1247.

Sceau rond, de 50 mill. — Hôpital Comtesse à Lille.

Écu au sautoir.

✠ SIGILLVM BALDVINI DE WATERVLIET

(Sigillum Balduini de Watervliet.)

Aveu d'une terre au métier d'Ysendyke. — Juin 1247.

1795 WATERVLIET (GUILLAUME DE),

Chevalier. — 1287.

Sceau rond, de 56 mill. — Arch. du Nord; Chambre des comptes.

Écu au sautoir chargé de cinq fermaux.

✠ S' WILELMI · DE WATERVLIET · M...TIS ·

(Sigillum Wilelmi de Watervliet, militis.)

Voyez le n° 834.

1796 WATERVLIET (THIERRI DE),

Chevalier. — 1369.

Sceau rond, de 25 mill. — Hôpital Comtesse à Lille.

Écu au sautoir, penché, timbré d'un heaume couronné et cimé, dans un encadrement gothique.

S' DIED.....VÃ WATERVLIET RVDER.

(Segel Diederic van Watervliet, ruddere.)

Transport de rente sur des terres à Ysendyke. — 2 avril 1369.

1797 WATIGNIES (GILLES LOUPPART DE),

Écuyer. — 1376.

Sceau rond, de 21 mill. — Arch. du Nord; Chambre des comptes.

Écu portant un vol accompagné d'une coquille en cœur.

..gilles lo...... de Wñatigni..

(Seel Gilles Louppart de Watignies.)

Saisie de tous les coins et outils servant à battre monnaie au château de Fliment. — 27 octobre 1376.

1798   WATRELET (PIERRE DE).

1556.

Sceau rond, de 27 mill. — Arch. du Nord; Chambre des comptes.

Écu au lambel, portant un écusson en abîme chargé de deux fasces.

✠ si · p...er · Watrelet

(Sigel Pieter Watrelet.)

Dénombrement du fief de la Houtte. — 18 janvier 1555.

1799   WATTEN (JEAN, SIRE DE).

1313.

Sceau rond, de 24 mill. — Arch. du Nord; Chambre des comptes.

Une aigle éployée portant en cœur un écu à la fasce et au lambel de cinq pendants.

✠ S' IEHANS : DE : WATENES

(Seel Jehans de Watenes.)

Voyez le n° 902.

1800   WATTRIPONT (JEAN DE).

1427.

Sceau rond, de 27 mill. — Arch. du Nord; Chambre des comptes.

Écu portant deux lions adossés, penché, timbré d'un heaume cimé d'une tête de cheval, dans un quadrilobe.

S' Jehan de .....

(Seel Johan de ....)

Voyez le n° 425.

1801 WATTRIPONT (PHILIPPE DE).

1427.

Sceau rond, de 26 mill. — Arch. du Nord; Chambre des comptes.

Écu aux armes du précédent, timbré et cimé de même, dans un quadrilobe.

s philippe de Waudripont

(Seel Philippe de Waudripont.)

Voyez le n° 425.

1802   WAVRIN (HELLIN DE).

L'oncle, seigneur de Hendecourt. — 1222.

Sceau rond, de 68 mill. — Arch. du Nord; abbaye des Prés.

Type équestre; le bouclier portant un écusson en abîme.

S : HELLINI DE ...RIN AVNOVLI

(Sigillum Hellini de Wavrin, avunculi.)

Contre-sceau : Écu à l'écusson en abîme.

✠ CLAVIS · SIGILLI

(Clavis sigilli.)

Confirmation de l'acquisition d'un fief à Saint-Albin. — 6 mars 1222.

1803   WAVRIN (ROBERT DE),

Sire de Saint-Venant, chevalier. — 1293.

Sceau rond, de 70 mill. — Arch. du Nord; Chambre des comptes.

Type équestre; le bouclier, l'épaulière, le troussequin et la housse portant un écusson en abîme au lambel de cinq pendants sur le tout.

.....DE : W..RINO : DCI : BRVNELLI : MEITIS : DNI : D' : SCO : VENATIO

(Sigillum Roberti de Wavrino dicti Brunelli, militis, domini de Sancto Venantio.)

Contre-sceau : Écu aux armes de la face.

✠ SIGILLVM : SECRETI : MEI

(Sigillum secreti mei.)

Reconnaissance de 600ll dues à des argentiers d'Arras, et dont Gui, comte de Flandre, s'était chargé. — Juin 1293.

1804   WAVRIN (ROBERT DE),

Sire de Saint-Venant, chevalier. — 1331.

Sceau rond, de 45 mill. — Arch. du Nord; Chambre des comptes.

Type équestre; le bouclier, l'épaulière et la housse portant un écusson au lambel.

S : ROBERT DE : WAURIN.......T : CHR

(Seel Robert de Wavrin, sire de Saint-Venant, chevalier.)

Voyez le n° 1493.

1805   WAZIERS (HELLIN DE).

Sire de Hendecourt. — 1272.

Sceau rond, de 54 mill. — Arch. du Nord; abbaye de Vaucelles.

Écu portant un écusson en abîme, à la bande brochant.

✠ S' : HELLINS DE VVASIERS

(Seel Hellins de Wasiers.)

Confirmation d'une acquisition de rentes à Poizière. — Mai 1272.

1806   WAZIERS (ROBERT DE).

Sire de Comines. 1301.

Sceau rond, de 23 mill. — Arch. du Nord; abbaye de Marquette.

Écu aux armes du précédent, dans un quadrilobe.

✠ SIGILLVM · SECRETI · MEI

(Sigillum secreti mei.)

Voyez le n° 1043.

1807 WERCHIN (GÉRARD, SIRE DE).

1270.

Sceau rond, de 70 mill. — Arch. du Nord; abbaye d'Anchin.

Type équestre; le bouclier et la housse billetés, au lion. — Il ne reste plus de la légende que SIGILL · GE . . . .

Contre-sceau : Écu billeté, au lion.

✠ S' DÑI GERARDI .. ḦENAVT

(Sigillum domini Gerardi de Henaut.)

Voyez le n° 1535.

1808 WERCHIN (JACQUES DE).

Sire de Walincourt et de Cysoing. — 1373.

Sceau rond, de 36 mill. — Arch. du Nord; Chambre des comptes.

Écu billeté, au lion, soutenu par un ange, supporté par deux lions, dans un quadrilobe.

. . . iaque · de · . . . . . amcourt · de . . . . .

(Seel Jaque de . . . . sire de Walalncourt, de . . . .)

Hommage au comte de Hainaut pour le donjon de Walincourt. — Au Quesnoy, 19 juin 1373.

1809 WERCHIN (MAHAUT, DAME DE).

1268.

Sceau en losange, de 34 mill. — Arch. du Nord; abbaye d'Anchin.

Intaille réprésentant un personnage debout devant un autel, accompagné de quatre écussons en croix : deux au lion et les deux autres détruits. — Légende se lisant extérieurement et de droite à gauche.

✠ S' SECRETVM

(Sigillum secretum.)

Voyez le n° 1359.

1810 WESEMAEL (ARNOUL DE),

Sire de Berg-op-Zoom. — 1309.

Sceau rond, de 27 mill. — Arch. du Nord; Chambre des comptes.

Écu portant trois fleurs de lys au pied coupé.

. . . RNOLDI DE WESEMAE.

(Sigillum Arnoldi de Wesemael.)

Lettres de créance pour Arnoul d'Elbeeck, chargé d'informer le comte de Flandre des torts faits au sire de Lidlekerke par les gens de Grammont. — 9 juillet 1309.

1811 WESEMAEL (GÉRARD DE),

Seigneur de Meriem, chevalier. — 1336.

Sceau rond, de 26 mill. — Arch. du Nord; Chambre des comptes.

Écu portant trois fleurs de lys au pied coupé, brisé d'un lambel.

✠ S' GER D' WESEMAL QIE DÑS D' MAR...

(Sigillum Gerardus de Wesemal, miles, dominus de Mer . . . . .)

Voyez le n° 477.

1812 WESEMAEL (JEAN DE),

Chevalier. — 1383.

Sceau rond, de 28 mill. — Arch. du Nord; Chambre des comptes.

Écu à trois fleurs de lys au pied coupé, dans un encadrement en losange.

✠ S' IOHAÑIS · DÑI · DE WESENMALE

(Sigillum Johannis, domini de Wesenmale.)

Hommage au comte de Flandre. — Bruxelles, 10 mars 1383.

1813 WESTERNE (NICOLAS DE LE).

1312.

Sceau rond, de 18 mill. — Arch. du Nord; Chambre des comptes.

Un cerf.

✠ S' CLAY DE LE VESTRENE

(Seel Clay de le Vestrene.)

Voyez le n° 1218.

1814 WEZ (ARNOUL DU).

Chevalier. — 1386.

Sceau rond, de 22 mill. — Arch. du Nord; Chambre des comptes.

Écu à la fasce accompagnée de trois merlettes en chef et de trois besants ou trois tourteaux en pointe.

✠ S · ERNOVL . . . . CHLR

(Seel Ernoul . . . . . , chevalier.)

Sentence qui condamne Arnoul du Wez à la restitution d'une terre tenue de Saint-Pierre-Brouck. — 31 janvier 1386.

1815 WEZ (ARNOUL, SEIGNEUR DU).

Chevalier. — 1403.

Sceau rond, de 26 mill. — Arch. du Nord; Chambre des comptes.

Écu vairé? au franc canton, penché, timbré d'un heaume cimé d'une tête de lévrier accolé.

ARNOVL DV WEIS

(Arnoul du Weis.)

Quittance de rente. — 12 janvier 1403.

1816 **WICKÉRADE**

(OTHON, SEIGNEUR DE).

1290.

Sceau rond, de 62 mill. — Arch. du Nord; Chambre des comptes.

Écu à l'aigle éployée.

✠ SIGILLVM : OTTONIS : DE : VVICRENRODE ·

(Sigillum Ottonis de Wickenrode.)

Voyez le n° 510.

————

1817 WIÉGE (GUILLAUME, SEIGNEUR DE),

Chevalier. — 1227.

Sceau rond, de 62 mill. — Arch. du Nord; abbaye de Vaucelles.

Écu au lion contourné.

...... MI · DÑI · DE · WIEGE

(Sigillum Willelmi, domini de Wiege.)

Ratification d'un achat de terre à Onnaing. — Novembre 1227.

1818 WILLERVAL (JEAN DE).

Chevalier. — 1365.

Sceau rond, de 33 mill. — Arch. du Nord; abbaye du Saint-Sépulcre.

Type équestre; le bouclier vairé, le cheval houssé de mailles portant sur l'épaule et sur la cuisse une draperie vairée; dans le champ, un bouquet de trois roses.

✠ S' IEHAN : DE : WILLIERVAL : CHR

(Seel Jehan de Willierval, chevalier.)

Accord pour la dîme de Violaines. — 22 janvier 1365.

————

1819 WILRE (ALEXANDRE DE).

Le vieux. — 1269.

Sceau rond, de 60 mill. — Arch. du Nord; Chambre des comptes.

Écu au sautoir.

✠ SIGILLVM : ALEXANDRI : DE : VVILRA

(Sigillum Alexandri de Wilra.)

Voyez le n° 1017.

1820 WILRE (ALEXANDRE DE).

Le jeune. — 1269.

Sceau rond, de 43 mill. — Arch. du Nord; Chambre des comptes.

Écu à la bande accompagnée de . . . . .

✠ S' ALEXANDRI DE VILRE

(Sigillum Alexandri de Wilre.)

Voyez le n° 1017.

1821 WINGLE (JEAN DE).

Écuyer. — 1531.

Sceau rond, de 32 mill. — Arch. du Nord; évêché et chapitre de Cambrai.

Écu portant un écusson en abîme, à la bande engrêlée brochant, penché, timbré d'un heaume cimé d'une tête de bœuf, supporté par deux hommes sauvages.

Seel Jehan de Wingles

(Seel Jehan de Wingles.)

Aveu d'un fief situé à Carnières. — 1531.

1822 **WINNEZEELE**

(MARIE FAMMANS, DAME DE).

1398.

Sceau rond, de 28 mill. — Arch. du Nord; Chambre des comptes.

Écu parti, portant, au 1, trois losanges au franc canton fascé, parti d'une croix, coupé de trois... au lambel; au 2, un écusson en abîme accompagné de trois coquilles en chef. — Il ne reste de la légende que MARIE . . .

Aveu d'un fief situé à Quaedypre. — 19 juin 1398.

————

1823 **WINTI (RASSE DE).**

Sire d'Oosterzeele et de Naste?, chevalier. — 1292.

Sceau rond, de 50 mill. — Arch. du Nord; Chambre des comptes.

Écu portant deux lions, au franc canton.

✠ SAIIEL : RASES .. WINTI : CEVALIERS :

(Saiiel Rases de Winti, cevaliers.)

Quittance de fief de bourse. — 29 septembre 1292.

————

1824 WISQUES (ENGUERRAND DE).

Sire de Bailleulval. — 1362.

Sceau rond, de 26 mill. — Arch. du Nord; abbaye des Prés.

Écu à la fasce accompagnée d'une étoile au canton dextre, et d'un écusson fretté au franc canton et au lambel sur le tout au canton sénestre, dans un trilobe.

.... CHERM · DE · W.QVET..

(Seel Engheran de Wiquetes.)

Droits de relief pour une terre à Oppy. — 1er août 1362.

————

1825 WISSEKERKE (JEAN MULART DE).

1289.

Sceau en écu, de 30 mill. — Arch. du Nord; Chambre des comptes.

Écu à la fasce accompagnée de trois étoiles en chef, à la bande brochant sur le tout.

✠ : S' IOHIS : MVLART : DE : WISSEKERKE

(Sigillum Johannis Mulart de Wissekerke.)

Voyez le n° 609.

1826 WISSOCQ (MARTIN DE),

Écuyer. — 1508.

Sceau rond, de 32 mill. — Arch. du Nord; Chambre des comptes.

Écu à la fasce accompagnée de trois losanges, deux en chef et une en pointe, à la bordure denchée, penché, timbré d'un heaume cimé d'une tête d'homme couronnée.

S · martin · de vvissoc

(Seel Martin de Wissoc.)

Voyez le n° 628.

1827 WOLUWE (LÉON DE),

Chevalier. — 1339.

Sceau rond, de 24 mill. — Arch. du Nord; Chambre des comptes.

Écu à trois maillets penchés, sur champ festonné.

.. LGORII : D : WOLVG : MILLIGIS : DGI : D : GASG..

(Sigillum Leonii de Wolue, millitis, dicti de Castro.)

Voyez le n° 484.

1828 WYNEGHEM (JEAN DE),

Chevalier. — 1339.

Sceau rond, de 26 mill. — Arch. du Nord; Chambre des comptes.

Écu au chevron accompagné de trois merlettes, penché, timbré d'un heaume cimé d'une tête de dragon, sur champ de fleurs.

❀ S' · IOHIS · D' · VIRGG.... LITI'

(Sigillum Johannis de Vincghem, militis.)

Voyez le n° 484.

1829 YPRES (JEAN D'),

Seigneur de Reninghe, chevalier. — 1238.

Sceau rond, de 50 mill. — Arch. du Nord; abbaye de Marchiennes.

Écu portant deux losanges, au franc canton.

❀ S' : IOHAÑIS : OIILIGIS : DG : IPRA

(Sigillum Johannis, militis de Ipra.)

Restitution de la dîme de Reninghe. — Avril 1238.

1830 YPRES

(MATHILDE, FEMME DE JEAN D'),

Dame de Reninghe. — 1238.

Sceau ogival, de 65 mill. — Arch. du Nord; abbaye de Marchiennes.

Dame debout, en robe et en manteau, la ceinture ornée d'un fermail, tenant un fleuron.

S' MATHILDIS DÑA DG RIHGHGGS

(Sigillum Mathildis, domina de Rincnges.)

Voyez le n° 1829.

1831 YPRES (PHILIPPE D'),

Sire de Quienville, chevalier. — 1275.

Sceau rond, de 44 mill. — Arch. du Nord; Chambre des comptes.

Écu à la fasce bretessée contrebretessée, qui est Quienville.

❀ SI....VM : PHILIPPI : DG ı I...

(Sigillum Philippi de Ipra.)

Sentence arbitrale. — Février 1275.

1832 YVES (JEAN D'),

Seigneur du Petit-Quesnoy-lez-Bavay, chevalier. — 1542.

Sceau rond, de 28 mill. — Arch. du Nord; collège d'Anchin.

Écu vairé portant trois pals, au franc canton chargé d'une hamaide, penché, timbré d'un heaume cimé.

seel : rehan : dive

(Seel Jehan .... d'Ivo.)

Lettres de relief données à Jacques Baudouin, maître ès arts. — 16 mai 1542.

1833 ZAMSLACHT (ROBERT DE),

Chevalier. — 1316.

Sceau rond, de 30 mill. — Arch. du Nord; Chambre des comptes.

Écu à la croix accompagnée de douze merlettes en orle, au lambel de cinq pendants, sur champ festonné.

❀ SIGILL.. ROBGRTI DG SHMGSLHOHTG MIHT

(Sigillum Roberti de Someslachte, militis.)

Traité de paix entre la France et la Flandre. — 1er septembre 1316.

1834 ZEVENDER (FRÉDÉRIC DE),

1443.

Sceau rond, de 28 mill. — Arch. du Nord; chartes flamandes.

Écu portant deux fasces bretessées contrebretessées, au lambel, penché, timbré d'un heaume cimé.

.. nrederic vander sevender

(Segel Vrederic vander Sevender.)

Partage de la dîme de Craeyensteins à Langerak. — 14 août 1443.

1835 ZOMBERGHE (LOUIS DE),

Écuyer. — 1658.

Sceau rond, de 36 mill. — Arch. du Nord; évêché et chapitre de Cambrai.

Écu écartelé au 1 et au 4 d'une aigle issant, coupé

d'un sautoir; au 2 et au 3 d'une croix chargée d'un croissant en chef, timbré d'un heaume cimé.

S · L · DE · ZOMBERGHE · ESCVYER

Acquisition de terres à Quarouble. — 28 mai 1658.

1836   ZOUTELANDE (HENRI DE).

Chevalier. — 1298.

Sceau rond, de 31 mill. — Arch. du Nord; Chambre des comptes.

Écu à la croix cantonnée de douze besants ou douze tourteaux.

✠ S' · hENRIOI · DE · ZOVTEhLANDE · MILITIS

(Sigillum Henrici de Zoutenlande, militis.)

Voyez le n° 606.

1837   ZULEN (THIERRI DE).

Seigneur de Zevender. — 1404.

Sceau rond, de 23 mill. — Arch. du Nord; chartes flamandes.

Écu portant trois doubles fusils, au lambel, soutenu par un ange, accompagné de deux fleurs.

s · dirc · van · zulen

(Segel Dirc van Zulen.)

Donation du fief appelé le Gheer. — 18 janvier 1404.

1838   ZURPELLE? (HENRI DE).

Chevalier. — 1291.

Sceau rond, de 26 mill. — Arch. du Nord; évêché et chapitre de Cambrai.

Écu portant trois demi-pals mouvant du chef, chargés chacun de trois coquilles.

✠ S' hRI · DE · ZORPELE · MILITIS

(Sigillum Henrici de Zorpele, militis.)

Voyez le n° 572.

VIᵉ SÉRIE. — HOMMES DE FIEF.

Cette série comprend les tenants des seigneuries laïques ou religieuses. Les hommes de fief, juges rentiers, cotiers ou alleutiers, pairs, témoins, échevins d'échevinage, de cour ou de prévôté, ont tous été groupés et classés par ordre alphabétique de localités. Les hommes d'Artois, de Brabant et de Flandre qu'aucune désignation ne rattache à une seigneurie particulière figurent en tête de la liste.

FRANCS HOMMES DU COMTE D'ARTOIS.

1839   AVION (JEAN HURTAUT D').

Homme du comte d'Artois. — 1339.

Sceau rond, de 23 mill. — Arch. du Nord; abbaye de Marchiennes.

Écu au lion, à la bordure engrêlée.

S' IEhAN DAVIONS DIT hVRTAVT

(Seel Johan d'Avions dit Hurtaut.)

Échange de terres à Auchy. — 3 septembre 1339.

1840   CUINCY (JACQUES DE).

Homme du comte d'Artois. — 1339.

Sceau rond, de 20 mill. — Arch. du Nord; abbaye de Marchiennes.

Écu portant trois coqs, à la bordure denchée.

S IAKEMES DE QVINChI

(Seel Jakemes de Quinchi.)

Voyez le n° 1839.

1841   MOTTE (GAUTIER DE LA).

Homme du comte d'Artois. — 1339.

Sceau rond, de 21 mill. — Arch. du Nord; abbaye de Marchiennes.

Écu écartelé portant au 1 un lion passant, et au 2, 3 et 4 un besant ou un tourteau.

✠ S' WAV.IER DE LE MOTE

(Seel Wautier de le Mote.)

Voyez le n° 1839.

1842   PLOUKET (FRANÇOIS).

Homme du comte d'Artois. 1339

Sceau rond, de 20 mill. — Arch. du Nord; abbaye de Marchiennes.

Écu fascé de six pièces, à la bordure.

S' FRANChOIS PLOVKET

(Seel Franchois Plouket.)

Voyez le n° 1839.

HOMMES DE FIEF DE BRABANT.

———

1843   BRANT (GUILLAUME).

Homme de fief de Brabant. — 1448.

Sceau rond, de 3o mill. — Arch. du Nord; évêché et chapitre de Cambrai.

Écu au lion brisé d'une bande, écartelé d'un semé de fleurs de lys, penché, timbré d'un heaume cimé d'un personnage à mi-corps tenant une bannière, supporté par un griffon.

s · willermi · de · ayta · · · · ber · · · · ·

(Sigillum Willermi de Ayta dicti Ber..... ?)

Don d'un fief sis à Berchem-lez-Anvers. — 26 février 1448.

———

1844   CLOPPERE (NICOLAS DE).

Homme de fief de Brabant. — 1445.

Sceau rond, de 23 mill. — Arch. du Nord; chartes flamandes.

Écu échiqueté, écartelé de trois merlettes accompagnées d'une étoile en abîme, soutenu par un ange, dans un quadrilobe.

s · nicholay · de · cloppere

(Segel Nicholay de Cloppere.)

Acquisition de biens à Berchem-lez-Anvers par Jean van Ede, gardien des livres aux fiefs de Brabant. — 24 juin 1445.

———

1845   GOUY (NICOLAS).

Homme de fief de Brabant. — 1445.

Sceau rond, de 22 mill. — Arch. du Nord; chartes flamandes.

Écu fascé de six pièces, au franc canton chargé de..., dans un trilobe.

sigillum claes goey

(Sigillum Claes Goey.)

Voyez le n° 1844.

———

1846   HERISEM (JEAN VAN).

Homme de fief de Brabant. — 1445.

Sceau rond, de 24 mill. — Arch. du Nord; chartes flamandes.

Écu à la fasce accompagnée d'un lion naissant, dans un trilobe.

s · ian van heris · ·

(Segel Jan van Herisem.)

Voyez le n° 1844.

1847   LOVENE (GILLES VAN).

Homme de fief de Brabant. — 1445.

Sceau rond, de 24 mill. — Arch. du Nord; chartes flamandes.

Écu portant deux huchets, au franc canton chargé de trois fleurs de lys, soutenu par un homme sauvage, dans un quadrilobe.

· · · · · lovene

(· · · · · Lovene.)

Voyez le n° 1844.

———

1848   NIVELLE (JACQUES DE).

Homme de fief de Brabant. — 1448.

Sceau rond, de 25 mill. — Arch. du Nord; évêché et chapitre de Cambrai.

Écu portant trois têtes d'ours?, supporté par un homme sauvage.

s · iaquemes · de · nivelle

(Seel Jaquemes de Nivelle.)

Voyez le n° 1843.

———

1849   SAINT-GÉRY (HENRI DE).

Homme de fief de Brabant. — 1448.

Sceau rond, de 28 mill. — Arch. du Nord; évêché et chapitre de Cambrai.

Écu au lion, écartelé de trois cœurs, à l'écusson au lion sur le tout, penché, timbré d'un heaume cimé d'une tête d'aigle.

s heurie van seute goe · · ·

(Segel Henrie van Seute Goerix.)

Voyez le n° 1843.

———

1850   WEIS (JEAN),

Dit van Coene, homme de fief de Brabant. — 1444.

Sceau rond, de 23 mill. — Arch. du Nord; chartes flamandes.

Écu portant deux haches en sautoir, dans un trilobe.

sigillū iohan wweis

(Sigillum Johan Weis.)

Acquisition de la cense de la Wastine à Berchem-lez-Anvers par Jean van Ede, gardien des livres aux fiefs de Brabant. — 20 novembre 1444.

———

1851   WINKEL (GILLES VAN DEN).

Homme de fief de Brabant. — 1444.

Sceau rond, de 22 mill. — Arch. du Nord; chartes flamandes.

Écu portant deux cornes, écartelé d'un émanché mouvant du flanc dextre, penché, timbré d'un heaume cimé de deux cornes.

gielius van de winkel

(Gieliis van den Winkel.)

Voyez le n° 1850.

HOMMES DU COMTE DE FLANDRE.

1852   BONIN (NICOLAS),

Homme du comte de Flandre. — 1365.

Sceau rond, de 21 mill. — Arch. du Nord; Chambre des comptes.

Écu au sautoir engrêlé cantonné de quatre gerbes, dans un trilobe.

✠ NICHOLE BONIN DE :...APRE

(Seel Nichole Bonin de .....)

Voyez le n° 589.

1853   BRUGES (LOTIN DE),

Homme du comte de Flandre. — 1288.

Sceau rond, de 26 mill. — Arch. du Nord; Chambre des comptes.

Écu portant trois coquilles.

✠ SIGILLVM LOTINI DE BRVGIS

(Sigillum Lotini de Brugis.)

Voyez le n° 382.

1854   ÉLOUGES (ÉTIENNE D'),

Homme du comte de Flandre. — 1467.

Sceau rond, de 24 mill. — Arch. du Nord; Chambre des comptes.

Écu portant deux poissons, soutenu par un ange.

s este.... de eloges

(Seel Estevene de Eloges.)

Nouveaux priviléges accordés à la ville de Bavay, les anciens ayant été détruits dans l'incendie de 1434. — 10 avril 1467.

1855   GHERE (PIERRE VAN DEN),

Homme du comte de Flandre. — 1393.

Sceau rond, de 22 mill. — Arch. du Nord; Chambre des comptes.

Écu portant trois coquilles accompagnées d'une serre, soutenu par un ange, supporté par deux lions, dans un quadrilobe.

✠ ....er · van · den · ghere

(Segel Peter van den Ghere.)

Échange par lequel le duc de Bourgogne cède à la dame de Cassel les reliefs des fiefs des châtellenies de Cassel, de Bourbourg et du Bois de Nieppe. — Cassel, 28 juillet 1393.

1856   KILLEMIN (JEAN),

Homme du comte de Flandre. — 1393.

Sceau rond, de 21 mill. — Arch. du Nord; Chambre des comptes.

Écu portant un rat?, parti d'un créquier.

S' IOHS KILLIEMIN

(Sigillum Johannis Killiemin.)

Voyez le n° 1855.

1857   LAMBROEK (GILLES DE).

Homme du comte de Flandre. — 1295.

Sceau rond, de 23 mill. — Arch. du Nord; Chambre des comptes.

Écu portant une quintefeuille.

✠ S' : EGIDII : DE : LAMBROC

(Sigillum Egidii de Lambroc.)

Voyez le n° 582.

1858   MARBAIS (JEAN DE),

L'aîné, homme du comte de Flandre. — 1467.

Sceau rond, de 24 mill. — Arch. du Nord; Chambre des comptes.

Écu portant trois tonneaux, supporté par une dame.

s iehan de marbais

(Seel Jehan de Marbais.)

Voyez le n° 1854.

1859   MOORSEL (JEAN DE).

Homme du comte de Flandre. — 1295.

Sceau rond, de 20 mill. — Arch. du Nord; Chambre des comptes.

Écu portant une bande, à la bordure denchée.

✠ S' : IOHIS : DE : MOERZELE

(Sigillum Johannis de Moerzele.)

Voyez le n° 582.

1860   MULLEM (JEAN DE).

Homme du comte de Flandre. — 1295.

Sceau hexagone, de 17 mill. — Arch. du Nord; Chambre des comptes.

Écu au chevron accompagné de trois merlettes.

✠ S' IOHIS DE MVLLEM

(Sigillum Johannis de Mullem.)

Voyez le n° 582.

1861   PANETIER (DANIEL LE).

Homme du comte de Flandre. — 1288.

Sceau rond, de 23 mill. — Arch. du Nord; Chambre des comptes.

Écu chevronné de huit pièces, au lambel componé?

✠ S' DANIEL · LE · PANETIER ·

(Seel Daniel le Panetier.)

Voyez le n° 382.

1862   PIERRE (PIERRE DE LA).

Homme du comte de Flandre. — 1295.

Sceau rond, de 23 mill. — Arch. du Nord; Chambre des comptes.

Écu portant une aigle.

✠ S' : PETRI : DE : LAPIDE :

(Sigillum Petri de Lapide.)

Voyez le n° 582.

1863   QUIEN (HENRI LE).

Homme du comte de Flandre. — 1295.

Sceau rond, de 21 mill. — Arch. du Nord; Chambre des comptes.

Un chien.

✠ S' hEN.... CANIS

(Sigillum Henrici Canis.)

Voyez le n° 582.

1864   REVELLART (OTHON).

Homme du comte de Flandre. — 1467.

Sceau rond, de 26 mill. — Arch. du Nord; Chambre des comptes.

Écu portant un vase à boire, dans un trilobe.

s · ostelart . . vellart

(Seel Ostelart Revellart.)

Voyez le n° 1854.

1865   SOUBEKE (JEAN DE).

Homme du comte de Flandre. — 1295.

Sceau rond, de 18 mill. — Arch. du Nord; Chambre des comptes.

Écu rond, au chevron accompagné d'une quintefeuille en pointe.

✠ S' IAN VAN SOVBEKE

(Segel Jan van Soubeke.)

Voyez le n° 582.

HOMME DE LA SEIGNEURIE D'AGIMONT.

1866   NOEL (JEAN),

Dit Gondar. — 1536.

Sceau rond, de 30 mill. — Arch. du Nord; Chambre des comptes.

Écu portant une tenaille accostée de deux coquilles, timbré d'un heaume cimé d'une coquille.

S · IEHAN · NOIE

(Seel Jehan Noie.)

Aveu d'un fief tenu d'Agimont. — 29 avril 1536.

HOMMES DES SEIGNEURS D'AIGREMONT.

1867   BOS (JACQUES DU),

Dit Hurtaut, homme de Jean d'Aigremont. — 1305.

Sceau rond, de 20 mill. — Arch. du Nord; abbaye des Prés.

Écu portant trois étoiles.

S' IAR · DOV · BOS · CO̅ · DIST · hVRTHVT

(Seel Jak dou Bos con dist Hurtaut.)

Voyez le n° 408.

1868   BOURLIVET (SIMON),

Homme de Jean d'Aigremont. — 1364.

Sceau rond, de 23 mill. — Arch. du Nord; abbaye des Prés.

Écu portant trois écussons chargés chacun de trois..., dans un triangle.

✠ SYMON BOVRLIVET

(Symon Bourlivet.)

Voyez le n° 406.

1869   CORMORAN (ROGER),

Homme de Jean d'Aigremont. — 1364.

Sceau rond, de 18 mill. — Arch. du Nord; abbaye des Prés.

Écu portant une fasce accompagnée d'une rose au canton sénestre, à la bande brochant.

S' ROGER CORMORANS

(Seel Roger Cormorans.)

Voyez le n° 406.

1870   RUPILLY (ALARD DE),

Homme de Gilles d'Aigremont. — 1330.

Sceau rond, de 18 mill. — Arch. du Nord; abbaye de Lille.

Écu portant trois loups passant l'un sur l'autre, dans une rose.

S' ALART DE RVPILL

(Seel Alart de Rupilli.)

Voyez le n° 401.

HOMME DU CHÂTEAU D'AIRE.

1871   BROUDE (PIERRE),

Le jeune. — 1426.

Sceau rond, de 21 mill. — Arch. du Nord; Chambre des comptes.

Écu monogrammatique.

PIERRE BROVDE

(Pierre Broude.)

Obligation de Baudouin de Favières, receveur d'Aire. — 11 février 1426.

HOMMES D'AIX-EN-PÉVÈLE.

1872   **BLEUZET (JEAN),**

Homme du quint d'Aix-en-Pévèle. — 1514.

Sceau rond, de 23 mill. — Arch. du Nord; abbaye de Flines.

Écu portant un couteau.

ş · ıeɧau · bluſeꬵ

(Seel Jehan Blieset.)

Acquisition d'un héritage. — 15 janvier 1514.

1873   **CASTIEL (JEAN DU),**

Homme du quint d'Aix-en-Pévèle. — 1514.

Sceau rond, de 28 mill. — Arch. du Nord; abbaye de Flines.

Une porte soutenue par deux tours.

seel ıan bu cɧaꬵıel

(Seel Jan du Chatiel.)

Voyez le n° 1872.

1874   **CLETON (JACQUES),**

Homme d'Aix-en-Pévèle. — 1513.

Sceau rond, de 24 mill. — Arch. du Nord; abbaye de Flines.

Écu portant un coutre de charrue.

ş · ıaqumarꬵ · queꬵꬵ . .

(Seel Jaqumart Quetton?)

Acquisition de fief. — 8 janvier 1513.

1875   **PROUVET (TOUSSAINT),**

Homme d'Aix-en-Pévèle. — 1513.

Sceau rond, de 23 mill. — Arch. du Nord; abbaye de Flines.

Une fourche.

seel . ousaın pr . . . . ꬵ

(Seel Toussin Prouvet.)

Voyez le n° 1874.

JUGES RENTIERS DU FIEF DE PHILIPPE VRETET
À ALLENNES.

1876   **BÉRENGER (JEAN),**

Juge rentier à Allennes. — 1388.

Sceau rond, de 20 mill. — Arch. du Nord; abbiette de Lille.

Écu portant une coquille.

ş · ıeɧan bıerrꬴgıer

(Seel Jehan Bierrangier.)

Bail à rente. — 18 juillet 1388.

1877   **GOBIN (MAHIEU),**

Juge rentier à Allennes. — 1384.

Sceau rond, de 18 mill. — Arch. du Nord; abbiette de Lille.

Écu au chevron accompagné de trois étoiles, dans un trilobe.

ş mɧɧıv ɧannoꬶe

(Seel Mahiu Hannoke.)

Retrait de fief. — 19 mars 1384.

1878   **MORDAQUE (COLARD),**

Juge rentier à Allennes. — 1388.

Sceau rond, de 23 mill. — Arch. du Nord; abbiette de Lille.

Écu portant une étoile.

✠ ꬶoꬽɧrꬴ · ꬽordɧrꬶ

(Colart Mordake.)

Voyez le n° 1876.

1879   **MORTREUL (JACQUES),**

Juge rentier à Allennes. — 1388.

Sceau rond, de 20 mill. — Arch. du Nord; abbiette de Lille.

Écu portant un ꬽ accompagné d'un râteau et d'une étoile.

ş' ıɧꬶꬴ.ɧrꬵ ꬽorꬵrꬴvꬽ

(Seel Jakemart Mortreul.)

Voyez le n° 1876.

1880   **POUSSIN (PIERRE),**

Juge rentier à Allennes. — 1388.

Sceau rond, de 19 mill. — Arch. du Nord; abbiette de Lille.

Un coq.

ş · pıꬶrꬶ · povꬶır ⁘

(Seel Pierre Pouein.)

Voyez le n° 1876.

1881   **RIVE (JEAN DE LA),**

Juge rentier à Allennes. — 1384.

Sceau rond, de 23 mill. — Arch. du Nord; abbiette de Lille.

Écu portant une étoile.

. . ıeɧan dꬶ . ꬶ rıvꬶ

(Seel Jehan de le Rive.)

Voyez le n° 1877.

1882   THIENNES (GUILLAUME DE).

Juge renier à Allennes. — 1388.

Sceau rond, de 20 mill. — Arch. du Nord; abbiette de Lille.

Écu à trois râteaux, dans un triangle.

S' WILLAUMES DE TIENE

(Seel Willaumes de Tiene.)

Voyez le n° 1876.

HOMMES D'ALOST.

1883   DANIEL (LAURENT),

Homme d'Alost. — 1428.

Sceau rond, de 23 mill. — Arch. du Nord; Chambre des comptes.

Écu au croissant accompagné de deux étoiles en pointe, penché, timbré d'un heaume cimé d'un croissant.

laurencq danielis

(Laurencq Danielis.)

Voyez le n° 1295.

1884   STEKERE (RASSE DE),

Homme d'Alost. — 1428.

Sceau rond, de 26 mill. — Arch. du Nord; Chambre des comptes.

Écu portant six croissants, écartelé d'un sautoir cantonné de quatre mouchetures d'hermine, penché, timbré d'un heaume cimé d'une tête de cheval.

s : rafe : de : Ctebere :

(Segel Rasse de Stekere.)

Voyez le n° 1295.

HOMMES DE L'ABBAYE D'ANCHIN.

1885   ABLAIN (JEAN D'),

Dit Lion, homme de l'abbaye d'Anchin à Dourges. — 1480.

Sceau rond, de 23 mill. — Arch. du Nord; abbaye d'Anchin.

Écu au dextrochère tenant une torche? et accompagné d'une étoile.

s · iehan da.....

(Seel Jehan d'A.....)

Don au chapitre de Saint-Amé d'une terre mouvant de la seigneurie de Dourges. — 18 mars 1480.

1886   BATTERIE (BARNABÉ DE LE),

Homme de l'abbaye d'Anchin. — 1440.

Sceau rond, de 25 mill. — Arch. du Nord; abbaye de Saint-Jean de Valenciennes.

Écu au chevron accompagné de deux maillets en chef et d'une étoile en pointe, dans un trilobe.

bernab.....baterie

(Barnabé de le Baterie.)

Vente d'un fief sis à Gœulzin. — 6 juin 1440.

1887   BERSÉE (AMAURI DE),

Homme de l'abbaye d'Anchin à la Capelle. — 1344.

Sceau rond, de 24 mill. — Arch. du Nord; abbaye de Flines.

Écu à la hamaide.

✠ S' H..VRRI DE BERSES

(Seel Amourri de Berses.)

Acquisition d'un fief à la Capelle-en-Pévèle. — 8 juin 1344.

1888   BEUDART (MELCHIOR),

Homme de l'abbaye d'Anchin à Emmerin. — 1437.

Sceau rond, de 21 mill. — Arch. du Nord; abbaye d'Anchin.

Écu portant un m accompagné de trois étoiles.

melsio beudart

(Melsio Beudart.)

Condamnation pour défaut de déclaration de relief. — 2 juin 1437.

1889   CAUDRELIER (ROBERT LE),

Homme de l'abbaye d'Anchin à Templeuve. — 1416.

Sceau rond, de 22 mill. — Arch. du Nord; abbaye de Saint-Jean de Valenciennes.

Écu portant un croissant.

✠ SEEL · ROBERT · LE CAVDRELE

(Seel Robert le Caudrele.)

Retrait de fief par proximité. — 8 décembre 1416.

1890   CORMORAN (JEAN),

Homme de l'abbaye d'Anchin à la Capelle. — 1461.

Sceau rond, de 24 mill. — Hôpitaux de Lille; Noble Famille.

Écu à la fasce, surmonté de deux cormorans tenant un poisson.

.....au cormorant

(Seel Johan Cormorant.)

Acquisition de terres à la Capelle-en-Pévèle. — 16 mai 1461.

1891   FRÉMIN (ANDRÉ).

Homme de l'abbaye d'Anchin à Bonnières. — 1331.

Sceau rond, de 22 mill. — Arch. du Nord; abbaye d'Anchin.

Écu portant quatre fasces, à la bordure denchée.

S' ANDRIEV · FREMÏ · DE · BONNIERES

(Seel Andrieu Fremin de Bonnières.)

Obligation pour les hôtes de Frévent de transporter à Bonnières un terrage appartenant à l'abbaye d'Anchin. — 19 avril 1331.

1892   PIÉTIN (JACQUES),

Homme de l'abbaye d'Anchin à Templeuve. — 1416.

Sceau rond, de 22 mill. — Arch. du Nord; abbaye de Saint-Jean de Valenciennes.

Écu portant une branche à trois tiges.

s · iakemart · pietin

(Seel Jakemart Piétin.)

Voyez le n° 1889.

1893   PRÉVÔT (JEAN LE).

Dit l'Anglais, homme de l'abbaye d'Anchin à Bonnières. — 1331.

Sceau rond, de 25 mill. — Arch. du Nord; abbaye d'Anchin.

Écu à deux bandes chargées d'un vivré, accompagnées d'une croisette en chef, sur champ festonné.

⁎ S' IEHAN LE PREVOST DE BÖNIER

(Seel Jehan le Prévost de Bonnières.)

Voyez le n° 1891.

1894   THEFFRIES (GILLES DE).

Homme de l'abbaye d'Anchin à Emmerin. — 1437.

Sceau rond, de 24 mill. — Arch. du Nord; abbaye d'Anchin.

Écu portant deux bandes au franc canton et au lambel sur le tout, dans un trilobe.

s · gilles · de · theffries

(Seel Gilles de Tieffries.)

Voyez le n° 1888.

1895   TRUBELIN (ROGER).

Homme de l'abbaye d'Anchin à Templeuve. — 1437.

Sceau rond, de 21 mill. — Hôpitaux de Lille; Noble Famille.

Écu au sautoir cantonné de quatre roses, sur champ festonné.

SEEL · R..... TRVBEL..

(Seel Rogier Trubelin.)

Acquisition de terres. — 4 mai 1437.

1896   VERTRIES (HENRI DE).

Homme de l'abbaye d'Anchin à Neuville-Saint-Rémy. — 1503.

Sceau rond, de 25 mill. — Arch. du Nord; abbaye d'Anchin.

Écu à la bande chargée d'un vivré et accompagnée de deux croissants, écartelé de trois bandes, penché, timbré d'un heaume.

herri · de · vertries

(Herri de Vertries.)

Aveu d'un fief tenu de Neuville-Saint-Rémy près Cambrai. — 3 juillet 1503.

1897   WAGHON (ROBERT LE).

Homme de l'abbaye d'Anchin à Douvges. — 1480.

Sceau rond, de 20 mill. — Arch. du Nord; abbaye d'Anchin.

Écu portant deux clous cramponnés? en sautoir, accostés de deux étoiles, accompagnés d'une couronne en chef et d'une fleur de lys en pointe.

s robert · le · waghon

(Seel Robert le Waghon.)

Voyez le n° 1885.

ÉCHEVINS ET JUGES RENTIERS À ANNAPPES.

1898   AGACHE (PIERRE).

Échevin de la cour d'Annappes. — 1481.

Sceau rond, de 20 mill. — Arch. hospitalières de Lille: maladrerie.

Une pie accompagnée d'une étoile.

⁎ seel · pirart · agache

(Seel Pirart Agache.)

Acquisition de terres à Ascq. — 10 décembre 1481.

1899   BAISIEUX? (GUILLAUME DE).

Juge du fief de la Moussonnerie à Annappes. — 1491.

Sceau rond, de 19 mill. — Arch. du Nord; chapitre de Lille.

Écu au croissant surmonté de deux étoiles.

s · willame de baseus

(Seel Willame de Baseus.)

Adhéritement de Jacques Muyssart, docteur en médecine. — 19 mars 1491.

1900   BAR (GUILLEBERT DU).

Juge du fief de la Moussonnerie à Annappes. — 1534.

Sceau rond, de 23 mill. — Arch. du Nord; Chambre des comptes.

Écu au croissant surmonté d'une comète?

s · guillebert du bar

(Seel Guillebert du Bar.)

Réincorporation d'une terre au fief de la Moussonnerie. — 23 novembre 1538.

1901 CARBON (JEAN).

Échevin de la cour d'Annappes. — 1399.

Sceau rond, de 19 mill. — Arch. du Nord; chapitre de Lille.

Une hache accostée de deux étoiles.

✶ IEHAN CARBON

(Jehan Carbon.)

Acquisition de terres à Flers. — 2 août 1399.

1902 CLERBAUT (PIERRE).

Échevin de la cour d'Annappes. — 1404.

Sceau rond, de 20 mill. — Arch. du Nord; abbiette de Lille.

Un arbre à trois branches.

✶ S' PIER... CLERBAVT

(Seel Piérart Clerbaut.)

Acquisition d'un bois à Ascq. — 2 août 1404.

1903 COURTRAI (JEAN DE).

Juge du fief de la Warewane à Annappes et à Flers. — 1330.

Sceau rond, de 21 mill. — Arch. du Nord; abbaye de Marquette.

Écu portant trois aigles, dans une rose.

✶ S' IEHAN · DE · COVRTRAI

(Seel Jehan de Courtrai.)

Acquisition de terres à Lesquin. — 20 août 1330.

1904 ÉCHOPPE (JEAN DE L').

Échevin de la cour d'Annappes. — 1399.

Sceau rond, de 21 mill. — Arch. du Nord; chapitre de Lille.

Une hure de sanglier.

SEEL · IEHAN · DE LESCOPPE

(Seel Jehan de l'Escoppe.)

Voyez le n° 1901.

1905 GRINBERT (JACQUES).

Échevin de la cour d'Annappes. — 1483.

Sceau rond, de 23 mill. — Arch. du Nord; chapitre de Lille.

Écu portant des ciseaux.

s · iaquemart · grinbert

(Seel Jaquemart Grinbert.)

Arrentement d'une terre à Ascq. — 5 novembre 1483.

1906 JOSEPH (ARNOUL),

Juge du fief de la Warewane à Annappes et à Flers. — 1434.

Sceau rond, de 24 mill. — Arch. du Nord; Chambre des comptes.

Écu au chevron accompagné de deux quintefeuilles en chef et d'un croissant versé en pointe.

s · ernoul · ioseph ·

(Seel Ernoul Joseph.)

Vente d'une terre. — 21 mai 1434.

1907 LIÉNART (JACQUES),

Échevin de la cour d'Annappes. — 1404.

Sceau rond, de 20 mill. — Arch. du Nord; abbiette de Lille.

La lettre L surmontée d'une couronne.

IAKEME LIENART

(Seel Jakeme Liénart.)

Record d'une acquisition. — 2 août 1404.

1908 LINSELLES (PIERRE DE).

Juge du fief de la Fontaine, à Annappes, à Ascq et à Croix. — 1361.

Sceau rond, de 18 mill. — Hôpitaux de Lille; le Béguinage.

Écu portant une fleur de lys.

PIERVN DE LINSELES

(Pierun de Linseles.)

Acquisition d'un pré et d'un bois. — 21 septembre 1361.

1909 MER (BARTHÉLEMY DE LA).

Juge du fief de la Moussonnerie à Annappes. — 1538.

Sceau rond, de 24 mill. — Arch. du Nord; Chambre des comptes.

Écu portant une ancre, soutenu par une sirène.

s · bettremieu · de · le · mer

(Seel Bettremieu de le Mer.)

Voyez le n° 1900.

1910 PUCH (JACQUES DU).

Échevin de la cour d'Annappes. — 1404.

Sceau rond, de 19 mill. — Arch. du Nord; abbiette de Lille.

Écu portant une coquille, dans un trilobe.

✶ S' IAKEMON DOV PVCH

(Seel Jakemon dou Puch.)

Voyez le n° 1902.

HOMMES DU CHÂTEAU D'ARLEUX.

1911   LANDRI (ROBERT).

Homme du château d'Arleux. — 1343.

Sceau rond, de 18 mill. — Arch. communales de Douai.

Écu portant trois aiglettes au bâton brochant, dans un trilobe.

S' · ROBIERT · DALEVS

(Seel Robiert d'Aleus.)

Paix au sujet d'un assassinat commis sur un bourgeois de Douai. — 4 juillet 1343.

1912   TORTEQUENNE (JACQUES DE).

Homme du château d'Arleux. — 1343.

Sceau rond, de 20 mill. — Arch. communales de Douai.

Écu à la croix denchée et accompagnée de six mouchetures d'hermine en chef, dans un trilobe.

✶ IAKEMES DE TORTEKENE

(Seel Jakemes de Tortekene.)

Voyez le n° 1911.

ÉCHEVINS ET JUGES RENTIERS A ARMENTIÈRES.

1913   AGNIEL (MARTIN L').

Juge du fief de la Gaignonnerie à Armentières et à Radinghem. 1419

Sceau rond, de 21 mill. — Arch. du Nord; abbaye de Marquette.

Écu portant un agneau.

✶ S' MARTIN LAGNIEL

(Seel Martin l'Agniel.)

Retrait de fief. — 24 mai 1429.

1914   BÉQUART (JEAN).

Juge du fief de la Gaignonnerie à Armentières et à Radinghem. 1429.

Sceau rond, de 20 mill. — Arch. du Nord; abbaye de Marquette.

Écu au brochet nageant et accompagné d'une étoile en chef.

✶ iehan bekart

(Johan Békart.)

Voyez le n° 1913.

1915   CAUCHES (JEAN AS).

Échevin de la seigneurie d'Armentières. 1408.

Sceau rond, de 20 mill. — Arch. du Nord; abbiette de Lille.

Écu portant une croix ancrée au bâton brochant, supporté par un homme sauvage, dans un trilobe.

S IEHAN AS CAVCHES

(Seel Jehan as Cauches.)

Bail à rente. 20 juillet 1408.

1916   DOMMESSENT (NICOLAS).

Juge de la seigneurie du Viel-Biez à Armentières. 1547.

Sceau rond, de 27 mill. — Arch. du Nord; Chambre des comptes.

Écu au lion assis et tenant une clef.

s · nicolas · domesent

(Seel Nicolas Domesent.)

Acquisition d'héritages. — 8 août 1547.

1917   FEUTRIER (ANTOINE).

Juge de la seigneurie du Viel-Biez à Armentières. — 1547.

Sceau rond, de 26 mill. — Arch. du Nord; Chambre des comptes.

Écu portant deux branches en sautoir.

s antoune . . utrier

(Seel Antoine Feutrier.)

Voyez le n° 1916.

1918   GARDIN (DANIEL DU).

Échevin de la seigneurie d'Armentières. 1608.

Sceau rond, de 21 mill. — Arch. du Nord; abbiette de Lille.

Écu portant une piété (un pélican avec ses petits) sous un chef au lion passant, dans un trilobe.

. . . . . NIEL DV GARDIN

(Seel Daniel du Gardin.)

Voyez le n° 1915.

1919   MALEBRANQUE (JEAN).

Juge du fief de Courtenbus à Armentières, Houplines et Premesque 1501

Sceau rond, de 16 mill. — Arch. du Nord; abbaye de Marquette.

Écu portant une branche en chef et une étoile en pointe.

s ian male brauque

(Seel Jan Malebranque.)

Vente d'une terre. 20 octobre 1501.

1920   NEF (GÉRARD DE LA).

Juge du fief de la Flamengerie à Armentières et à Radinghem. 1553.

Sceau rond, de 26 mill. — Arch. du Nord; abbaye de Marquette

Écu portant un écusson à la fasce en abîme accompagné de six quintefeuilles en orle, dans un trilobe.

s. grard de le nef

(Seel Grard de le Nef.)

Retrait de fief. — 13 avril 1459.

1921   PETILLON (LOUIS),

Juge de la seigneurie du Viel-Bien à Armentières. — 1547.

Sceau rond, de 25 mill. — Arch. du Nord; Chambre des comptes.

Écu portant une fleur de lys.

s · lois · petillon

(Seel Lois Petillon.)

Voyez le n° 1916.

1922   ROBIQUET (JACQUES),

Juge du fief de Courtembus à Armentières, Houplines et Premesque. — 1501.

Sceau rond, de 20 mill. — Arch. du Nord; abbaye de Marquette.

Écu portant une fleur de lys.

s : iaque : robiquet :

(Seel Jaque Robiquet.)

Voyez le n° 1919.

1923   SÉCLIN (JEAN DE),

Juge du fief de la Gaignonnerie à Armentières et à Radinghem. — 1459.

Sceau rond, de 21 mill. — Arch. du Nord; abbaye de Marquette.

Une navette garnie de fil.

IEHAN DE SEGLIN

(Jehan de Séclin.)

Voyez le n° 1913.

1924   TANCRET (JACQUES),

Juge du fief de la Gaignonnerie à Armentières et à Radinghem. — 1459.

Sceau rond, de 23 mill. — Arch. du Nord; abbaye de Marquette.

Écu portant un oiseau essorant.

✠ s · iakemart · tanheret

(Seel Jakemart Tankeret.)

Voyez le n° 1913.

ÉCHEVINS DE L'ABBAYE DE SAINT-VAAST D'ARRAS.

1925   AGACHE (JEAN).

Échevin de l'abbaye de Saint-Vaast à Mons-en-Pévèle. — 1481.

Sceau rond, de 22 mill. — Arch. du Nord; chapitre de Lille.

Écu portant une pie.

---

s : iehan : agache :

(Seel Johan Agache.)

Acquisition de terres. — 9 mars 1482.

1926   BARATTE (ANTOINE),

Échevin de l'abbaye de Saint-Vaast à Mons-en-Pévèle. — 1501.

Sceau rond, de 22 mill. — Arch. du Nord; chapitre de Lille.

Écu portant un rabot.

s : anthone : barate :

(Seel Anthone Barate.)

Fondation d'obit. — 3 février 1501.

1927   BAUDART (LAURENT),

Échevin de l'abbaye de Saint-Vaast à Mons-en-Pévèle. — 1503.

Sceau rond, de 20 mill. — Arch. du Nord; Chambre des comptes.

Écu portant une serpe.

s leure . . baudart

(Seel Leurens Baudart.)

Acquisition d'un fief. — 15 septembre 1503.

1928   BERS (JEAN DE),

Échevin de l'abbaye de Saint-Vaast à Mons-en-Pévèle. — 1485.

Sceau rond, de 22 mill. — Arch. du Nord; chapitre de Lille.

Écu portant un ours.

iehan : de : ber

(Jehan de Ber.)

Acquisition d'une terre. — 14 décembre 1485.

1929   BOQUELT (MICHEL),

Échevin de l'abbaye de Saint-Vaast à Mons-en-Pévèle. — 1491.

Sceau rond, de 25 mill. — Arch. du Nord; chapitre de Lille.

Un cœur.

s mikie boquelt

(Seel Mikie Boquelt.)

Acquisition de biens. — 6 mai 1491.

1930   DEURIEUL (JEAN DE),

Échevin de l'abbaye de Saint-Vaast à Mons-en-Pévèle. — 1482.

Sceau rond, de 25 mill. — Arch. du Nord; chapitre de Lille.

Une roue.

s · iehan de deurieul

(Seel Jehan de Deurieul.)

Acquisition d'un héritage. — 8 mai 1482.

1931   DRUMER (THOMAS DE),

Échevin de l'abbaye de Saint-Vaast à Mons-en-Pévèle. — 1503.

Sceau rond, de 26 mill. — Arch. du Nord; Chambre des comptes.

Écu portant une serpette.

s tumas de drumer

(Seel Tumas de Drumer.)

Voyez le n° 1927.

—————

1932   FISSIEL (MAHIEU),

Échevin de l'abbaye de Saint-Vaast à Mons-en-Pévèle. — 1501.

Sceau rond, de 22 mill. — Arch. du Nord; chapitre de Lille.

Écu à la fouine passant à sénestre accompagnée d'une étoile en chef.

s : mahieu : fissiel

(Seel Mahieu Fissiel.)

Voyez le n° 1926.

—————

1933   FONTAINES (JEAN DE),

Échevin de l'abbaye de Saint-Vaast à Mons-en-Pévèle. — 1498.

Sceau rond, de 21 mill. — Arch. du Nord; chapitre de Lille.

Écu portant une fourche.

s : iehan : de ffontaines

(Seel Jehan de Ffontaines.)

Cession de biens à Wasquehal. — 17 décembre 1498.

—————

1934   GARDIN (JEAN DE),

Échevin de l'abbaye de Saint-Vaast à Mons-en-Pévèle. — 1481.

Sceau rond, de 22 mill. — Arch. du Nord; chapitre de Lille.

Écu portant un arbre accosté de deux étoiles.

s iehan de gardin

(Seel Jehan de Gardin.)

Acquisition d'un quartier de terre. — 7 février 1481.

—————

1935   GARDIN (JEAN DU),

Échevin de l'abbaye de Saint-Vaast à Mons-en-Pévèle. — 1483.

Sceau rond, de 22 mill. — Arch. du Nord; chapitre de Lille.

Écu portant deux arbres.

iehan du gardin

(Johan du Gardin.)

Acquisition de terre. — 15 mai 1483.

—————

1936   GARDIN (PIERRE DU).

Échevin de l'abbaye de Saint-Vaast à Mons-en-Pévèle. — 1482.

Sceau rond, de 22 mill. — Arch. du Nord; chapitre de Lille.

Écu portant une plante à trois feuilles.

s : pierre : du : gardin :

(Seel Pierre du Gardin.)

Acquisition d'une terre. — 2 mars 1482.

—————

1937   HAINAUT (MARTIN DE).

Échevin de l'abbaye de Saint-Vaast à Mons-en-Pévèle. — 1483.

Sceau rond, de 21 mill. — Arch. du Nord; chapitre de Lille.

Écu portant une marguerite.

s : martin : de : hainau :

(Seel Martin de Hainau.)

Acquisition de terres et de prés à Wasquehal. — 17 janvier 1483.

—————

1938   HAUBERSART (VINCENT),

Échevin de l'abbaye de Saint-Vaast à Mons-en-Pévèle. — 1503.

Sceau rond, de 25 mill. — Arch. du Nord; Chambre des comptes.

Écu portant un trèfle.

S · vvincant · hobersart

(Seel Winçant Hobersart.)

Voyez le n° 1927.

—————

1939   LANGLE (PIERRE DE).

Échevin de l'abbaye de Saint-Vaast à Mons-en-Pévèle. — 1491.

Sceau rond, de 23 mill. — Arch. du Nord; chapitre de Lille.

Écu portant un cœur.

s . . . . art de l . . gle

(Seel Pierart de Langle.)

Cession de biens. — 6 mai 1491.

—————

1940   MAIRE (THOMAS LE),

Échevin de l'abbaye de Saint-Vaast à Mons-en-Pévèle. — 1498.

Sceau rond, de 25 mill. — Arch. du Nord; chapitre de Lille.

Écu portant un fer de charrue accompagné de deux étoiles.

s · thomas . . . . aire

(Seel Thomas le Maire.)

Voyez le n° 1933.

—————

1941   PANEQUIN (GUISLAIN),

Échevin de l'abbaye de Saint-Vaast à Mons-en-Pévèle. — 1484.

Sceau rond, de 24 mill. — Arch. du Nord; chapitre de Lille.

Une hache.

s · gilain · penne · quin

(Seel Gilain Pennequin.)

Acquisition de terres. — 21 octobre 1484.

1942   QUEN (JEAN DE),

Échevin de l'abbaye de Saint-Vaast à Mons-en-Pévèle. — 1481.

Sceau rond, de 21 mill. — Arch. du Nord; Chambre des comptes.

Écu portant une équerre.

s : iehan : de quen ·

(Seel Jehan de Quen.)

Acquisition de biens à Wasquehal. — 7 février 1481.

1943   QUEN (MARTIN DE),

Échevin de l'abbaye de Saint-Vaast à Mons-en-Pévèle. — 1498.

Sceau rond, de 20 mill. — Arch. du Nord; chapitre de Lille.

Écu portant deux branches en sautoir.

s · martin de quent

(Seel Martin de Quent.)

Voyez le n° 1933.

JUGES RENTIERS À ASCQ.

1944   BAUDESCOT (ARNOUL).

Juge d'un fief à Ascq et à Ennevelin. — 1387.

Sceau rond, de 20 mill. — Arch. du Nord; abbiette de Lille.

Un coq.

✸ S..... AVDESCOT

(Seel Ernoul Baudescot.)

Acquisition d'une terre. — 12 février 1387.

1945   BAUDESCOT (GILLES).

Juge d'un fief à Ascq. — 1360.

Sceau rond, de 21 mill. — Arch. du Nord; abbiette de Lille.

Sur une traverse, deux coqs affrontés séparés par un point.

✻ GILLES BAV...COS

(Seel Gilles Baudescos.)

Acquisition d'une aunaie. — 26 septembre 1360.

1946   BAUDESCOT (GILLES),

Juge d'un fief à Ascq et à Ennevelin. — 1387.

Sceau rond, de 22 mill. — Arch. du Nord; abbiette de Lille.

Sur une traverse, deux coqs affrontés séparés par une fleur de lys; au-dessous, une plante fleurie.

✻ · GILLES · BAVDESCOS ·

(Seel Gilles Baudescos.)

Voyez le n° 1944.

1947   BAUDESCOT (WAUTIER).

Juge d'un fief à Ascq. — 1360.

Sceau rond, de 20 mill. — Arch. du Nord; abbiette de Lille.

Écu au lion, brisé d'une bande, dans une étoile.

✸ S WATIER BAVDESCOS

(Seel Watier Baudescot.)

Voyez le n° 1945.

HOMMES DU CHÂTEAU D'AUBENCHEUL.

1948   FAVON (JEAN),

Homme du château d'Aubencheul.   1447.

Sceau rond, de 20 mill. — Arch. du Nord; Chambre des comptes.

Écu portant trois tisons enflammés, supporté par deux aigles.

s iehan favon

(Seel Jehan Favon.)

Acquisition d'un fief. — 11 avril 1447.

1949   MEULEQUINIER (JEAN).

Homme du château d'Aubencheul. — 1447.

Sceau rond, de 26 mill. — Arch. du Nord; Chambre des comptes.

Écu portant une couronne? accompagnée de deux quintefeuilles en chef, soutenu par un ange.

S · iehan · meulquinier

(Seel Jehan Meulquinier.)

Voyez le n° 1948.

HOMME DE FIEF D'AUBIGNY.

1950   HUON (JEAN).

1448.

Sceau rond, de 27 mill. — Arch. du Nord; Chambre des comptes.

Écu au croissant surmonté d'une étoile, penché, timbré d'un heaume.

S · iehan · huon

(Seel Jehan Huon.)

Robert de Miraumont est mis en possession de terres à Hermaville. — 2 avril 1448.

HOMMES D'AUBY.

1951   CHÉLERS (ENGLEBERT DE),

Juge de la terre d'Auby. — 1410.

Sceau rond, de 18 mill. — Arch. du Nord; abbaye des Prés.

Écu portant trois poissons accompagnés d'un croissant.

ANGLEBIN · DE · CHELEST

(Anglebin de Chelest.)

Acquisition de terres. — 8 décembre 1410.

1952   FAY (JEAN DE),

Dit Hustin, juge de la terre d'Auby. — 1410.

Sceau rond, de 23 mill. — Arch. du Nord; abbaye des Prés.

Écu au léopard couché sous un chef chargé de deux aiglettes, dans une étoile.

S' IEHAN DE FAY

(Seel Jehan de Fay.)

Voyez le n° 1951.

1953   FÈVRE (JACQUES LE),

Juge de la terre d'Auby. — 1410.

Sceau rond, de 21 mill. — Arch. du Nord; abbaye des Prés.

Écu au marteau tenu par une main, dans un trilobe.

S · IAKEMES · LE · FEVRE

(Seel Jakemes le Fèvre.)

Voyez le n° 1951.

1954   MARQUETTE (JEAN DE),

Juge de la terre d'Auby. — 1410.

Sceau rond, de 24 mill. — Arch. du Nord; abbaye des Prés.

Écu au lion contourné, dans un trilobe orné d'oiseaux.

S' IEHAN DE MARKETTE

(Seel Jehan de Markette.)

Voyez le n° 1951.

1955   PINÇON (JACQUES),

Homme cotier d'Auby. — 1532.

Sceau rond, de 24 mill. — Hospices de Valenciennes.

Écu portant un oiseau (un pinson) sur une branche.

s · iaque · pincon

(Seel Jaque Pinçon.)

Acquisition d'un pré par Melchior du Bois, brasseur à Douai. — 11 avril 1532.

1956   TURQUET (SIMON),

Homme cotier d'Auby. — 1490.

Sceau rond, de 24 mill. — Hôpital général de Douai; fondation des Wirtz.

Un homme d'armes sur une tour.

. . . fimon t . . . uet

(Seel Simon Turquet.)

Arrentement d'une terre au Forestel. — 14 novembre 1490.

HOMMES DE FIEF D'AUDEGHEM.

1957   BUNDELE (GILLES DE),

Homme d'Audeghem. — 1450.

Sceau rond, de 24 mill. — Arch. du Nord; chartes flamandes.

Représentation monogrammatique.

s · gillis · de · bundele

(Segel Gillis de Bundele.)

Acquisition de deux parts de la dîme d'Audeghem. — 28 avril 1450.

1958   HOVE (SIMON VAN DEN),

Homme d'Audeghem. — 1450.

Sceau rond, de 33 mill. — Arch. du Nord; chartes flamandes.

Écu à la fasce accompagnée de trois merlettes en chef, dans un trilobe.

[. . oen van den hove

(Simoen van den Hove.)

Voyez le n° 1957.

1959   METS (PIERRE DEN),

Homme d'Audeghem. — 1450.

Sceau rond, de 23 mill. — Arch. du Nord; chartes flamandes.

Écu portant un oiseau, dans un trilobe.

pieter den mets

(Pieter den Mets.)

Voyez le n° 1957.

HOMME DU COMTE DE FLANDRE À AUDENARDE.

1960   BRUNE (ENGILBERT),

1371.

Sceau rond, de 23 mill. — Arch. du Nord; Chambre des comptes.

Écu portant trois coqs, dans un losange.

S' ING...BGRGVS BRVRG

(Segel Inghelbertus Brune.)

Mandement du comte de Flandre au sujet de Haelmant de Cernin, un prisonnier. — 7 décembre 1372.

HOMME DE LA SEIGNEURIE DE BADEGNIES.

1961   PREUX (JEAN DE).

1405.

Sceau rond, de 23 mill. — Arch. du Nord; abbaye de Marchiennes.

Écu portant une hermine? au naturel en bande, soutenu par un ange, dans un encadrement oblong.

S · iehan · de · preux

(Seel Jehan de Preux.)

Voyez le n° 764.

HOMMES DE FIEF À BAISIEUX.

1962   FÈVRE (RENAUD LE).

Homme de fief à Baisieux. — 1526.

Sceau rond, de 26 mill. — Arch. du Nord; Chambre des comptes.

Écu portant un marteau.

..... le febvre

(Regnault le Febvre.)

Aveu d'un fief tenu de la seigneurie du Bus. — 16 mars 1526.

1963   POTIER (VALENTIN).

Homme de fief à Baisieux. — 1526.

Sceau rond, de 23 mill. — Arch. du Nord; Chambre des comptes.

Une roue.

seel · valentin · potier

(Seel Valentin Potier.)

Aveu d'un fief tenu de la seigneurie de Lille. — 16 mars 1526.

HOMMES DE FIEF DE BAPAUME.

1964   BORGNE (MARTIN LE).

Homme du château de Bapaume. — 1317.

Sceau rond, de 22 mill. — Arch. du Nord; collégiale de Saint-Géry.

Écu à la fasce chargée d'une rose et de deux merlettes et accompagnée d'un vivré en chef, dans un quadrilobe.

S' ....IR LG BORGRG

(Seel Martin le Borgne.)

Sentence confirmative de droits d'afforage à Vaulx. — Octobre 1317.

1965   BUIRETTE (JACQUES),

Homme du château de Bapaume. — 1317.

Sceau hexagone, de 19 mill. — Arch. du Nord; collégiale de Saint-Géry.

Une buire.

S' IAGOBI BVIRGTG GL...

(Sigillum Jacobi Buirete, clerici?.)

Voyez le n° 1964.

1966   FOURNIER (JEAN LE).

Homme de la cour de Bapaume. — 1469.

Sceau rond, de 23 mill. — Arch. du Nord; abbaye de Cantimpré.

Écu portant une arbalète accostée de deux fers de carreau, penché, timbré d'un heaume cimé d'une tête de dame.

S iehan le fornier

(Seel Jehan le Fornier.)

Sentence confirmative d'une rente à Hermy. — 6 mars 1469.

1967   WAUTIER (ANDRÉ),

Homme du château de Bapaume. — 1317.

Sceau rond, de 18 mill. — Arch. du Nord; collégiale de Saint-Géry.

Une fleur à trois pétales, dans un trilobe.

S' ANDRIGV WAVTIGR

(Seel Andrieu Wautier.)

Voyez le n° 1964.

HOMMES DE FIEF DE BERCHEM.

1968   BOULET (JEAN),

Homme de la cour de Berchem. — 1491.

Sceau rond, de 25 mill. — Arch. du Nord; chartes flamandes.

Écu fascé de six pièces, penché, timbré d'un heaume.

s ian boulet

(Segel Jan Boulet.)

Acquisition d'un fief à Nukerke. — 26 décembre 1491.

1969   GHEETSDALE (JACQUES VAN),

Homme de la cour de Berchem. 1491.

Sceau rond, de 21 mill. — Arch. du Nord; chartes flamandes.

Écu portant deux oiseaux accompagnés d'une quintefeuille au canton dextre et d'une étoile en abîme, dans un trilobe.

. . . . . cop vã gheetsdale

(Segel Jacop van Gheetsdale.)

Voyez le n° 1968.

JUGES RENTIERS DE LA PRÉVÔTÉ DE BERCLAU.

1970 BLOCQUEL (JEAN).

Le père, juge de la prévôté de Berclau à Lille. 1415.

Sceau rond, de 23 mill. — Arch. du Nord; abbiette de Lille.

Écu portant une roue, dans un trilobe.

seel jehan blokiel

(Seel Jehan Blokiel.)

Acquisition de rente. — 29 septembre 1415.

1971 CERVOISIER (JEAN LE),

Juge de la prévôté de Berclau à Ennevelin. — 1392.

Sceau rond, de 21 mill. — Arch. du Nord; chapitre de Lille.

Écu portant trois fers de moulin, supporté par un homme sauvage, dans un encadrement ovale.

S · IEHAN · LE · CERVOISIER

(Seel Jehan le Cervoisier.)

Acquisition au profit de la chapelle Saint-Pol. — 11 mars 1392.

1972 MAIRE (ANDRIEU LE).

Juge de la prévôté de Berclau à Ennevelin. — 1441.

Sceau rond, de 23 mill. — Arch. du Nord; chapitre de Lille.

Écu portant huit quintefeuilles, 3, 3 et 2, celles de la pointe séparées par un croissant, penché, timbré d'un heaume.

s andrieu le merre

(Seel Andrieu le Merre.)

Acquisition d'une terre. — 30 novembre 1441.

1973 MAIRE (COLARD LE),

Juge de la prévôté de Berclau à Ennevelin. 1386.

Sceau rond, de 17 mill. — Arch. du Nord; chapitre de Lille.

Écu à la bande denchée, accompagnée de deux quintefeuilles en chef et d'une en pointe.

S · COLART · LE · MAIREE

(Seel Colart le Maires.)

Donation d'une terre aux chapelains de Lille. — 21 janvier 1386.

1974 MAIRE (COLARD LE).

Père d'Andrieu le Maire, juge de la prévôté de Berclau à Ennevelin. 1441.

Sceau rond, de 26 mill. — Arch. du Nord; chapitre de Lille.

Écu portant cinq quintefeuilles, 2, 2 et 1, accompagnées d'une étoile au canton sénestre, dans un trilobe.

. . . . . LLART LE MERRE

(Seel Collart le Merre.)

Voyez le n° 1972.

1975 MAIRE (JEAN LE).

Juge de la prévôté de Berclau à Ennevelin. 1386.

Sceau rond, de 20 mill. — Arch. du Nord; chapitre de Lille.

Écu portant une branche en bande accompagnée de deux quintefeuilles en chef et d'une en pointe.

S · IEHAN · LE · MAIRE ·

(Seel Jehan le Maire.)

Voyez le n° 1973.

1976 RÉNIER (PHILIPPE).

Juge de la prévôté de Berclau à Lille. 1415.

Sceau rond, de 22 mill. — Arch. du Nord; abbiette de Lille.

Écu au chevron accompagné de trois tourteaux?, dans un trilobe.

S PHILIPPE RENIER

(Seel Philippe Renier.)

Voyez le n° 1970.

HOMMES DU PERRON DE BERGUES.

1977 BANKMEET (VEDAST).

Homme du perron de Bergues. — 1398.

Sceau rond, de 22 mill. — Arch. du Nord; Chambre des comptes.

Écu d'hermines à la barre brochant, au filet en croix sur le tout, dans un trilobe. — Légende fruste.

Aveu d'un fief à Hoymille. — 1er juillet 1398.

1978 BIL (NICOLAS DE).

Homme du perron de Bergues. 1398.

Sceau rond, de 23 mill. — Arch. du Nord; Chambre des comptes.

Écu à la fasce accompagnée de deux étoiles en chef et d'une en pointe.

. . CL . IS DE BIL

(Segel Clais de Bil.)

Aveu d'un fief à Quaedypre. — 30 juin 1398.

1979   BRIAERDE (GONTIER VAN DEN),

Homme du perron de Bergues. — 1398.

Sceau rond, de 23 mill. — Arch. du Nord; Chambre des comptes.

Écu à trois huchets, dans un trilobe. — Légende détruite.

Aveu. — 13 juillet 1398.

1980   BROUKE (BAUDOUIN VAN DEN),

Homme du perron de Bergues. — 1398.

Sceau rond, de 24 mill. — Arch. du Nord; Chambre des comptes.

Écu à la bordure denchée, dans un trilobe.

BOVDEN V.. EN BROVKE

(Bouden van den Brouke.)

Aveu de fiefs à Bierne, à Quaëdypre, etc. — 1ᵉʳ juillet 1398.

1981   BRUNE (JOURDAN DE).

Homme du perron de Bergues. — 1398.

Sceau rond, de 23 mill. — Arch. du Nord; Chambre des comptes.

Écu portant un oiseau, écartelé d'un échiqueté, dans un trilobe.

...RDAE... BRVNE

(Juerdaen de Brune.)

Aveu d'un fief à Quaëdypre. — 1ᵉʳ juillet 1398.

1982   BUSSCHE (RICHARD VAN DEN).

Homme du perron de Bergues. — 1398.

Sceau rond, de 42 mill. — Arch. du Nord; Chambre des comptes.

Écu au créquier, brisé d'une étoile au canton dextre, dans un trilobe. — Légende détruite.

Aveu d'un fief à Coudekerque. — 1ᵉʳ juillet 1398.

1983   CAPPLE (GILLES VAN).

Homme du perron de Bergues. — 1398.

Sceau rond, de 26 mill. — Arch. du Nord; Chambre des comptes.

Écu à la fasce crénelée?, dans un trilobe.

GIL... VAN C....E

(Gillis van Capple.)

Aveu d'un fief à Quaëdypre. — 30 juin 1398.

1984   CHEVALIER (LAURENT LE).

Homme du perron de Bergues. — 1396.

Sceau rond, de 20 mill. — Arch. du Nord; Chambre des comptes.

Écu portant trois étoiles.

✠ S' LOWERS DE RVDDERE

(Segel Lowers de Ruddere.)

Voyez le nº 1645.

1985   DAMMAN (JEAN).

Homme du perron de Bergues. — 1398.

Sceau rond, de 28 mill. — Arch. du Nord; Chambre des comptes.

Écu à la croix cantonnée de douze merlettes, dans un trilobe.

IAN DAM...

(Jan Damman.)

Aveu d'un fief à Bierne. — 29 juin 1398.

1986   DIESSELINC (REMBERT?).

Homme du perron de Bergues. — 1398.

Sceau rond, de 22 mill. — Arch. du Nord; Chambre des comptes.

Écu échiqueté, à la bordure denchée, dans un trilobe.

.ECHE. ...M DI....

(Seghel Raem Diesseline.)

Aveu d'un fief à Hoymille. — 1ᵉʳ juillet 1398.

1987   EECHOUTE (JEAN VAN DEN).

Homme du perron de Bergues. — 1398.

Sceau rond, de 24 mill. — Arch. du Nord; Chambre des comptes.

Écu portant six feuilles de chêne, dans un cordon de branches de chêne. — Légende détruite.

Aveu d'un fief à Bergues. — 12 juin 1398.

1988   ESSIN (JEAN).

Homme du perron de Bergues. — 1398.

Sceau rond, de 22 mill. — Arch. du Nord; Chambre des comptes.

Écu échiqueté, au franc canton, dans un trilobe.

SIGILLVM IAN ESSIIN

(Sigillum Jan Essiin.)

Aveu d'un fief à Coudekerque. — 16 juin 1398.

1989   GALLE (GASPARD).

Homme du perron de Bergues. — 1398.

Sceau rond, de 24 mill. — Arch. du Nord; Chambre des comptes.

Écu portant une fasce, au lambel, brisé d'une étoile en chef, échiqueté en pointe, dans un quadrilobe.

IHS......LE

(Jaspar Galle.)

Aveu d'un fief à Crochte. — 1ᵉʳ juillet 1398.

1990   GHIBBIN (PIERRE).

Homme du perron de Bergues. — 1398.

Sceau rond, de 20 mill. — Arch. du Nord; Chambre des comptes.

Écu échiqueté sous un chef chargé de trois étoiles.

... PIET ..... BIN

(Segel Pieter Ghibbin.)

Voyez le n° 1989.

1991   HAEP (PIERRE).

Homme du perron de Bergues.   1398.

Sceau rond, de 22 mill. — Arch. du Nord; Chambre des comptes.

Écu portant trois doloires, les deux en chef séparées par une tête d'aigle, dans un trilobe.

..... baep

(Segel Pieter Haep.)

Aveu d'un fief à Quaëdypre. — 3o juin 1398.

1992   HAGHE (JEAN VAN DER).

Homme du perron de Bergues.   1398.

Sceau rond, de 24 mill. — Arch. du Nord; Chambre des comptes.

Écu au lion issant d'une haie, dans un trilobe.

.AN ..... haghe

(Jan van der Hughe.)

Aveu d'un fief à Hoymille. — 1er juillet 1398.

1993   HOYMILLE (GUILLAUME VAN DER).

Homme du perron de Bergues. — 1398.

Sceau rond, de 23 mill. — Arch. du Nord; Chambre des comptes.

Écu échiqueté, coupé d'un plain, dans un hexagone.

... WILLEM .... mile

(Segel Willem van der Hoymille.)

Voyez le n° 1992.

1994   JEUNE (OLIVIER LE).

Homme du perron de Bergues.   1398.

Sceau rond, de 22 mill. — Arch. du Nord; Chambre des comptes.

Écu échiqueté, dans un trilobe.

OLIVIER LE .E .NE

(Olivier le Jeune.)

Aveu d'un fief à Steene. — 1er juillet 1398.

1995   LEENKNECHT (JEAN).

Homme du perron de Bergues.   1398.

Sceau rond, de 21 mill. — Arch. du Nord; Chambre des comptes.

Écu au chevron chargé de... et accompagné de trois coquilles, suspendu à un arbre.

s .... nbnecht

(Segel Jan Leenknecht.)

Aveu d'un fief à Coudekerque. — 12 juillet 1398.

1996   LOOT (FRANÇOIS).

Homme du perron de Bergues.   1398.

Sceau rond, de 21 mill. — Arch. du Nord; Chambre des comptes

Écu portant un huchet, dans un trilobe.

FRANCHOIS L...

(Franchois Loot.)

Aveu d'un fief à Quaëdypre. — 3o juin 1398.

1997   MARTEL (COLIN).

Homme du perron de Bergues.   1396.

Sceau rond, de 23 mill. — Arch. du Nord; Chambre des comptes.

Écu échiqueté, au franc canton portant un arbre.

✶ S' COLIN MARTEL

(Seel Colin Martel.)

Voyez le n° 1645.

1998   MUTS (OLIVIER DE).

Homme du perron de Bergues. — 1398.

Sceau rond, de 33 mill. — Arch. du Nord; Chambre des comptes.

Écu à la fasce accompagnée de trois coquilles, dans un quadrilobe.

S OLIVIER DE MVTS

(Segel Olivier de Muts.)

Aveu d'un fief à Killem. — 1er juillet 1398.

1999   PLATEL (GUILLEBERT).

Homme du perron de Bergues. — 1396.

Sceau rond, de 22 mill. — Arch. du Nord; Chambre des comptes.

Écu au lion, brisé d'un lambel à trois pendants besantés.

✶ S' GHILEBERT · PLATEL

(Seel Ghilebert Platel.)

Voyez le n° 1645.

2000   POELE (BALTHASAR VAN DEN).

Homme du perron de Bergues.   1398.

Sceau rond, de 24 mill. — Arch. du Nord; Chambre des comptes.

Écu d'hermines à la bande chargée de trois besants ou trois tourteaux, soutenu par un ange, dans un trilobe.

BALTAS ....

(Baltasar van den Poele.)

Aveu d'un fief à Quaëdypre. — 1er juillet 1398.

2001   PULS (JEAN),

Homme du perron de Bergues. — 1398.

Sceau rond, de 22 mill. — Arch. du Nord; Chambre des comptes.

Écu au chevron accompagné de trois lions contournés, dans un trilobe. — Légende détruite.

Aveu d'un fief à Dunkerque. — 1er juillet 1398.

2002   RAES (ENGUERRAN),

Homme du perron de Bergues. — 1398.

Sceau rond, de 22 mill. — Arch. du Nord; Chambre des comptes.

Écu portant une fasce bretessée, au franc canton chargé d'une étoile. — Légende détruite.

Aveu d'un fief à Quaédypre. — 1er juillet 1398.

2003   RAES (MICHEL),

Homme du perron de Bergues. — 1398.

Sceau rond, de 19 mill. — Arch. du Nord; Chambre des comptes.

Écu portant trois coquilles, dans un trilobe.

MICHIEL RAES

(Michiel Raes.)

Voyez le n° 2002.

2004   RAM (THIERRI DE),

Homme du perron de Bergues. — 1398.

Sceau rond, de 24 mill. — Arch. du Nord; Chambre des comptes.

Écu au bélier passant, dans un trilobe.

S · DEIDRIIC · DE · RAM

(Segel Deidriie de Ram.)

Aveu d'un fief à Ghyvelde. — 30 juin 1398.

2005   SOUTENAI (JEAN DE),

Homme du perron de Bergues. — 1396.

Sceau rond, de 19 mill. — Arch. du Nord; Chambre des comptes.

Écu portant trois losanges ou trois macles.

✿ S' IEH · DE · ZOVTENAY

(Seel Jehan de Zoutenay.)

Voyez le n° 1645.

2006   STENES (ROLAND DE),

Homme du perron de Bergues. — 1396.

Sceau rond, de 19 mill. — Arch. du Nord; Chambre des comptes.

Écu échiqueté, au franc canton.

S' ROLANT · DE · STENES

(Seel Rolant de Stenes.)

Voyez le n° 1645.

2007   TELDERE (MATHIEU DE),

Homme du perron de Bergues. — 1398.

Sceau rond, de 22 mill. — Arch. du Nord; Chambre des comptes.

Écu d'hermines? à la fasce, dans un trilobe. — Légende détruite.

Aveu d'un fief à Coudekerque. — 30 juin 1398.

2008   VOS (JEAN LE),

Homme du perron de Bergues. — 1396.

Sceau rond, de 22 mill. — Arch. du Nord; Chambre des comptes.

Un renard passant à sénestre, accompagné d'une étoile.

✿ S' IEHAN .. .OVS

(Seel Jehan li Vous?)

Voyez le n° 1645.

2009   WEIGHESCHEDE (JEAN VAN DER),

Homme du perron de Bergues. — 1398.

Sceau rond, de 22 mill. — Arch. du Nord; Chambre des comptes.

Écu échiqueté, au franc canton d'hermines, dans un trilobe. — Légende détruite.

Aveu du fief de l'ammanschap de Crochte. — 30 juin 1398.

2010   WOESTINE (PIERRE DE LE).

Homme du perron de Bergues. — 1423.

Sceau rond, de 26 mill. — Arch. du Nord; Chambre des comptes.

Écu à la bordure componée, à l'écusson en abîme, soutenu par une aigle.

. . pieter van der Woestine

(Segel Pieter van der Woestine.)

Rappel de bannis de la ville de Bergues. — 11 août 1423.

HOMME DE FIEF DE BIGAERDEN.

2011   BIGAERDEN (GILLES DE).

1423.

Sceau rond, de 22 mill. — Arch. du Nord; chartes flamandes.

Écu à la croix, brisé d'un franc canton au lambel?, au filet brochant sur le tout, supporté par un homme sauvage.

s gielluf rongman?

(Segel Gielille Rongman.)

Aveu d'un fief. — 3 décembre 1423.

HOMMES DE LA SEIGNEURIE DE BLATON.

2012   GOSSEAU (JEAN),

Homme de Blaton. — 1536.

Sceau rond, de 28 mill. — Arch. du Nord; Chambre des comptes.

Écu au sautoir chargé d'une quintefeuille en cœur et accompagné d'une autre en chef, parti d'un poisson, soutenu par un ange.

seel iehan ghoffean

(Seel Johan Ghosseau.)

Voyez le n° 72.

2013   ROBIN (ÉTIENNE),

Homme de Blaton. — 1536.

Sceau rond, de 28 mill. — Arch. du Nord; Chambre des comptes.

Écu à la tête de bœuf accompagnée de trois étoiles, soutenu par un homme d'armes qui finit en poisson.

s eftiene robin

(Seel Estiene Robin.)

Voyez le n° 72.

HOMME DE FIEF DE BLÉCOURT.

2014   BLOQUEL (MICHEL).

1549.

Sceau rond, de 33 mill. — Arch. du Nord; collégiale de Saint-Géry.

Écu au chevron accompagné de trois merlettes, à la bordure engrêlée, timbré d'un heaume cimé d'un chapeau.

SEEL MICHEL BLOQVIEL

(Seel Michel Bloquiel.)

Vente d'un fief sis à Saincourt. — 19 novembre 1549.

HOMMES DE FIEF DE BOIS-SEIGNEUR-ISAAC.

2015   BROGNART (GRIGORE),

Dit du Pot d'étain, homme de Bois-Seigneur-Isaac. — 1430.

Sceau rond, de 26 mill. — Arch. du Nord; évêché et chapitre de Cambrai.

Écu au dextrochère tenant un petit pot et accompagné d'une étoile.

... grigore · brong ....

(Seel Grigore Brognart.)

Vente d'un fief à Ophain. — 26 septembre 1430.

2016   COLRE (GAUTIER DE LE),

Homme de Bois-Seigneur-Isaac. — 1430.

Sceau rond, de 26 mill. — Arch. du Nord; évêché et chapitre de Cambrai.

Écu portant deux épées en sautoir la pointe en bas, dans un trilobe.

s ..... teri · de · fari

(Sigillum Walteri de Sari.)

Voyez le n° 2015.

2017   GERMIAU (HENRI),

Homme de Bois-Seigneur-Isaac. — 1430.

Sceau rond, de 26 mill. — Arch. du Nord; évêché et chapitre de Cambrai.

Écu au coutre de charrue accosté d'une étoile et d'une rose.

*** s' heurp germiau**

(Seel Henry Germiau.)

Voyez le n° 2015.

2018   TAINTENIER (RÉNIER LE).

Homme de Bois-Seigneur-Isaac. — 1430.

Sceau rond, de 23 mill. — Arch. du Nord; évêché et chapitre de Cambrai.

Écu portant trois tourteaux? accompagnés de trois étoiles. — Légende fruste.

Voyez le n° 2015.

HOMMES DE FIEF À BONDUES.

2019   BOINHANE (GUILLAUME).

Échevin d'une seigneurie à Bondues. — 1362.

Sceau rond, de 28 mill. — Arch. du Nord; Chambre des comptes.

Écu portant une hache.

s' WILLAVME BOINEHANNE PI.... 5

(Seel Willaume Boinehanne.....)

Acquisition de terres. — 2 février 1362.

2020   BONDUEL (HENRI).

Homme de la seigneurie du Bos à Bondues, Wambrechies et Linselles. — 1491.

Sceau rond, de 29 mill. — Arch. du Nord; abbaye de Marquette.

Écu portant une herse accostée de deux étoiles.

s heurp boinduiel

(Seel Henry Boinduiel.)

Acquisition des fiefs de la Hoult et de Grumarts. — 25 février 1494.

2021   SALLE (JEAN DE LA),

Échevin d'une seigneurie à Bouchue. — 1353.

Sceau rond, de 21 mill. — Arch. du Nord; abbaye de Marquette.

Une maison.

S' ICHAR · DE LE SALE · F · IAKE

(Seel Johan de le Sale, fils Jako.)

Acquisition de rente. — 11 juillet 1353.

HOMMES DE FIEF DE BOULARS.

2022   IDEGHEM (JEAN VAN),

Homme de Boulars. — 1440.

Sceau rond, de 24 mill. — Arch. du Nord; Chambre des comptes.

Écu à deux fasces, penché, timbré d'un heaume.

S · ian · van · yedegbem

(Segel Jan van Yedeghem.)

Bornage et délimitation des dîmes de Saint-André de Grammont et de l'abbaye du Saint-Sépulcre de Cambrai, entre Grammont et Flobecq. — 11 novembre 1440.

2023   NIEUWENDORP (GILLES VAN DEN),

Homme de Boulars. — 1440.

Sceau rond, de 20 mill. — Arch. du Nord; Chambre des comptes.

Écu au chevron engrêlé accompagné de trois glands de chêne, soutenu par un ange.

s · gillis · van · den · nubbendorpe

(Segel Gillis van den Nuwendorpe.)

Voyez le n° 2022.

2024   SCHUEREN (GÉRARD VAN DER),

Homme de Boulars. — 1440.

Sceau rond, de 21 mill. — Arch. du Nord; Chambre des comptes

Écu à trois chevrons accompagnés d'une étoile au canton dextre, soutenu par un ange.

s · gheraert · van · der · fch . . . . .

(Segel Gheraert van der Schueren.)

Voyez le n° 2022.

2025   VAEKE (JEAN DE),

Homme de Boulars. — 1440.

Sceau rond, de 23 mill. — Arch. du Nord; Chambre des comptes.

Écu monogrammatique, soutenu par un ange.

s · ian · de · .aeke ?

(Segel Jan de Vaeke.)

Voyez le n° 2022.

HOMMES DU GHISELHUIS DE BOURBOURG.

2026   BARTINE (NICOLAS VAN),

Homme du ghiselhuis de Bourbourg. — 1374.

Sceau rond, de 21 mill. — Arch. du Nord; Chambre des comptes.

Écu portant une croix ancrée, au franc canton vairé sous un chef?, dans un trilobe.

. . . . . AIS VAN BARS . . .

(Segel Clois van Bartine.)

Aveu d'un fief à Loon. — 20 août 1374.

2027   BIERN

(MARGUERITE, VEUVE DE LAURENT VAN),

Homme du ghiselhuis de Bourbourg. — 1374.

Sceau rond, de 21 mill. — Arch. du Nord; Chambre des comptes.

Écu à la bande accompagnée d'une étoile, parti d'une fasce de fusées au lambel de quatre pendants, dans un hexagone.

S M' OEDE SHIEMO E'S?

Aveu d'un fief à Saint-Georges. — 25 août 1374.

2028   BLINDE (GUILLAUME DE),

Homme du ghiselhuis de Bourbourg. — 1404.

Sceau rond, de 21 mill. — Arch. du Nord; Chambre des comptes.

Écu portant une plante fleurie, au franc canton losangé, dans un trilobe.

s · willem · de · blende

(Segel Willem de Blende.)

Acquisition d'un fief échu au duc de Bar par la mort d'un bâtard à Capellebrouck. — 27 mars 1404.

2029   BRUN (JEAN LE),

Homme du ghiselhuis de Bourbourg. — 1374.

Sceau rond, de 21 mill. — Arch. du Nord; Chambre des comptes.

Écu à la bande accompagnée d'une merlette en chef.

. . .OKIS .G BR. .

(Sigillum Johannis le Brun.)

Dénombrement d'un fief à Bourbourg. — 18 août 1374.

2030   DANIEL (JEAN),

Homme du ghiselhuis de Bourbourg. — 1374.

Sceau rond, de 18 mill. — Arch. du Nord; Chambre des comptes

Une fleur de lys fleuronnée.

.....AR D.NEL

(Segel Johan Danel.)

Avec d'un fief à Saint-Pierre-Brouck. — 22 août 1374.

2031   GARDIN (PHILIPPE DU),

Homme du ghiselhuis de Bourbourg. — 1374.

Sceau rond, de 20 mill. — Arch. du Nord; Chambre des comptes.

Écu à la bande de fusées.

...PHELIPPES DV G.....

(Seel Phelippes du Gardin.)

Avec d'un fief sur l'écluse de Loon et de Craywick. — 22 août 1374.

2032   HEERLEWIN (JEAN),

Homme du ghiselhuis de Bourbourg. — 1374.

Sceau rond, de 23 mill. — Arch. du Nord; Chambre des comptes.

Écu écartelé portant, au 1 un oiseau, au 2 et 3 une étoile, au 4 un petit quadrupède, dans un trilobe.

S · IEHAN · HERLEV...

(Segel Johan Herlewin.)

Avec d'un fief à Saint-Pierre-Brouck. — 20 août 1374.

2033   HOORLEWIIN (JEAN).

Homme du ghiselhuis de Bourbourg. — 1404.

Sceau rond, de 21 mill. — Arch. du Nord; Chambre des comptes.

Écu portant trois feuilles accompagnées d'une rose en chef, dans un trilobe.

IAN ......WIN

(Jan Hoorlewin.)

Voyez le n° 2028.

2034   MEENTERE (JEAN DE).

Homme du ghiselhuis de Bourbourg. — 1404.

Sceau rond, de 23 mill. — Arch. du Nord; Chambre des comptes.

Représentation monogrammatique, dans un losange.

IGH.. · DG · MEENTERE

(Jehan de Meentere.)

Voyez le n° 2028.

2035   SCOTELARE (CHRÉTIEN DE).

Homme du ghiselhuis de Bourbourg. — 1404.

Sceau rond, de 20 mill. — Arch. du Nord; Chambre des comptes.

Écu portant un oiseau accosté de deux étoiles.

..CRSTIAN ... RVTGLR..

(Chorstian de Skutelare?)

Voyez le n° 2028.

2036   SLOTELMAKERE (JACQUES DE).

Homme du ghiselhuis de Bourbourg. — 1404.

Sceau rond, de 22 mill. — Arch. du Nord; Chambre des comptes.

Écu fruste, dans un trilobe. — Légende confuse.

Voyez le n° 2028.

2037   SMIT (JEAN DE).

Homme du ghiselhuis de Bourbourg. — 1374.

Sceau rond, de 21 mill. — Arch. du Nord; Chambre des comptes.

Écu à l'aigle, dans un trilobe.

.....MIGS

(Segel Jan de Smiet?)

Avec d'un fief à Loon. — 28 août 1374.

2038   STARCHALS (ROBERT).

Homme du ghiselhuis de Bourbourg. — 1374.

Sceau rond, de 20 mill. — Arch. du Nord; Chambre des comptes.

Écu à la tête d'homme couchée, dans un trilobe.

ROBRGCH STR...?

(Robrech Starchals.)

Avec d'un fief à Loon. — 25 août 1374.

2039   VELDE (ROBERT VAN DEN).

Homme du ghiselhuis de Bourbourg. — 1374.

Sceau rond, de 22 mill. — Arch. du Nord; Chambre des comptes.

Écu portant deux chevrons, dans une rose.

...OBBR... VAN DEN VELDE

(Segel Robbrecht van den Velde.)

Avec d'un fief à Saint-Pierre-Brouck. — Août 1374.

2040   VERGELO (JEAN VAN).

Homme du ghiselhuis de Bourbourg. — 137.

Sceau rond, de 23 mill. — Arch. du Nord; Chambre des comptes.

Écu portant un franc canton, au sautoir cantonné en pointe et au flanc sénestre de deux losanges brochant, dans une rose.

.IGILLVM IAN VAN VERG.

(Sigillum Jan van Vergelo.)

Avec d'un fief à Saint-Pierre-Brouck. — 13 août 1374.

2041   VOSSCHERE (WILLEM DE).

Homme du ghiselhuis de Bourbourg. — 137.

Sceau rond, de 20 mill. — Arch. du Nord; Chambre des comptes.

Écu à l'Agnus Dei accompagné d'une coquille en chef, dans un trilobe.

S...HEI VOSCHERG ..ICI

(Sigillum Willelmi Voschere, clerici?)

Aveu d'une maison à Bourbourg. — 18 août 1374.

HOMMES DE L'ABBAYE DE BOURBOURG.

2042   GRAND (HENRI LE),

Homme de l'abbaye de Bourbourg, desservant le fief de la Croix-au-Bois. — 1429.
Sceau rond, de 22 mill. — Arch. du Nord; abbaye de Marquette.

Un renard emportant un oiseau.

✴ S' HENRI LE GRANT

(Seel Henri le Grant.)

Lettres de garantie au sujet d'une sous-rente à Frelinghien. — 20 avril 1429.

2043   GRANDIEL (GUILLAUME),

Homme de l'abbaye de Bourbourg, desservant le fief de la Croix-au-Bois. — 1426.
Sceau rond, de 23 mill. — Arch. du Nord; abbaye de Marquette.

Écu à trois lions accompagnés d'un point en abîme.

s · willaume · grandiel

(Seel Willeaume Grandiel.)

Retrait de fief. — 29 mars 1426.

2044   MARCHAND (JEAN),

Homme de l'abbaye de Bourbourg, desservant le fief de la Croix-au-Bois. — 1429.
Sceau rond, de 25 mill. — Arch. du Nord; abbaye de Marquette.

Écu portant un écusson en abîme, au lambel sur le tout, penché, timbré d'un heaume cimé d'une tête de bœuf, supporté par deux lions.

✴ S iehan marchant

(Seel Jehan Markant.)

Voyez le n° 2042.

HOMMES DE LA SEIGNEURIE DE BOUSIES.

2045   BUIRETTE (JEAN),

Homme de Bousies. — 1508.
Sceau rond, de 21 mill. — Arch. du Nord; évêché et chapitre de Cambrai.

Écu portant un marteau dans une buire accompagnée de feuillages.

seel iehan buirette

(Seel Jehan Buirette.)

Vente d'une terre sise à Demicourt. — 26 juillet 1508.

2046   CAUDEVILLE

(OTHON DESRAMET DE),

Homme de Bousies. — 1379.
Sceau rond, de 20 mill. — Arch. du Nord; évêché et chapitre de Cambrai.

Écu portant six coquilles accompagnées d'une étoile en abîme.

.....ART DE CAVDE.....

(Seel Ostelart de Caudeville.)

Record au sujet d'un fief à Solesmes. — Forest, 5 mars 1379.

2047   COMBLE (LAURENT DE),

Homme de Bousies. — 1508.
Sceau rond, de 25 mill. — Arch. du Nord; évêché et chapitre de Cambrai.

Écu portant trois étoiles, soutenu par un homme sauvage.

leuren de couble

(Leuren de Couble.)

Voyez le n° 2045.

2048   MARON (GÉRAUD),

Homme de Bousies. — 1358.
Sceau rond, de 20 mill. — Arch. du Nord; évêché et chapitre de Cambrai.

Écu portant une branche à trois feuilles.

✴ S' GRAVD MARON

(Seel Graud Maron.)

Ensaisinement. — 24 mars 1358.

2049   VENDÉGIES (JEAN DE),

Homme de Bousies. — 1379.
Sceau rond, de 21 mill. — Arch. du Nord; évêché et chapitre de Cambrai.

Écu à la croix ancrée accompagnée d'un oiseau au canton dextre.

.....AN DE VENDEGIES

(Seel Jehan de Vendégies.)

Voyez le n° 2046.

HOMME DE LA SEIGNEURIE DE BRAINE-L'ALLEUD.

2050   VAUX (NICOLAS DE),

1365.
Sceau rond, de 20 mill. — Arch. du Nord; évêché et chapitre de Cambrai.

Écu portant trois aiglettes au lambel accompagnées en abîme d'un écusson chargé d'une fleur de lys au pied coupé.

⊕ SIGILLVM NICOLAY DE VALLE

(Sigillum Nicolay de Valle.)

Acquisition d'un fief. — 25 mars 1365.

HOMMES DU COMTE DE FLANDRE À BRUGES.

2051   BERTEGHEM (BAUDOUIN VAN),

Homme de la cour de Bruges. — 1330.

Sceau rond, 18 mill. — Arch. du Nord; Chambre des comptes.

Une clef accostée de deux étoiles.

S' BOVDIN VÃ BERTEGHEM

(Segel Boudin van Berteghem.)

Le comte de Flandre acquiert d'Isabeau, dame d'Ailly, la ville d'Ou-denbourg et le chambellage de Flandre. — 10 septembre 1330.

2052   BURSE (ROBERT VAN DEN),

Homme de la cour de Bruges. — 1330.

Sceau ovale, de 22 mill. — Arch. du Nord; Chambre des comptes.

Écu à la bande chargée de trois hermines, penché, timbré d'un heaume cimé d'une touffe.

S' ROBERTI DE BORSH

(Sigillum Roberti de Borsa.)

Voyez le n° 2051.

2053   DUDZELE (PAUL VAN),

Homme de la cour de Bruges. — 1330.

Sceau rond, de 18 mill. — Arch. du Nord; Chambre des comptes.

Écu à la croix denchée, dans un quadrilobe.

⊕ S' · PAVLI · DE · DVDZELE

(Sigillum Pauli de Dudzele.)

Voyez le n° 2051.

2054   GAEPAERD?

(NICOLAS BONIN VAN DEN),

Homme de la cour de Bruges. — 1330.

Sceau rond, de 22 mill. — Arch. du Nord; Chambre des comptes.

Écu au sautoir denché cantonné de quatre gerbes, dans un quadrilobe.

S NICHOE BONIN F' IOHIS DE GA...

(Sigillum Nicholai Bonin, filii Johannis de Gap...)

Voyez le n° 2051.

2055   GUI (JEAN),

Homme de la cour de Bruges. — 1330.

Sceau rond, de 26 mill. — Arch. du Nord; Chambre des comptes.

Écu portant six roues à la bordure engrêlée, timbré d'un roi, supporté par deux personnages agenouillés, dans un quadrilobe.

S' IOHIS GVIDONIS ...GR

(Sigillum Johannis Guidonis...)

Voyez le n° 2051.

2056   HELDEBOLLE (JEAN),

Homme de la cour de Bruges. — 1390.

Sceau rond, de 22 mill. — Arch. du Nord; Chambre des comptes.

Écu à la bande chargée de trois fleurs de lys, soutenu par une aigle, supporté par deux lions.

s · iohannis · heldebolle

(Sigillum Johannis Heldebolle.)

Voyez le n° 42.

2057   LÉON (WAUTIER),

Homme de la cour de Bruges. — 1330.

Sceau rond, de 20 mill. — Arch. du Nord; Chambre des comptes.

Écu au lion.

⊕ S' WOVTER · LYOEN

(Segel Wouter Lyoen.)

Voyez le n° 2051.

2058   MACHET (OTHON),

Homme de la cour de Bruges. — 1330.

Sceau rond, de 20 mill. — Arch. du Nord; Chambre des comptes.

Écu portant un rencontre de bélier, à la bordure denchée.

⊕ S' OTTONINI · MACETTI

(Sigillum Ottonini Macetti.)

Voyez le n° 2051.

2059   MAEKARIS (JEAN),

Homme de la cour de Bruges. — 1420.

Sceau rond, de 20 mill. — Hôpital Comtesse à Lille.

Écu échiqueté au franc canton chargé d'une étoile, dans un trilobe.

S' IAN · MAERARIS

(Segel Jan Maekaris.)

Confirmation de possessions à Waescappelle. — 15 octobre 1420.

2060   MEETKERKE (HENRI DE),

Homme de la cour de Bruges. · 1330.

Sceau rond, de 20 mill. — Arch. du Nord; Chambre des comptes.

Écu portant deux épées en sautoir la pointe en bas.

✱ S' HENRI DE MEETKERKE

(Seel Henri de Meetkerke.)

Voyez le nº 2051.

2061 QUINKERE (PHILIPPE),

Homme de la cour de Bruges. — 1330.

Sceau rond, de 19 mill. — Arch. du Nord; Chambre des comptes.

Écu portant trois oiseaux à la bordure engrêlée, dans un quadrilobe.

S' PHILIPPI QVINKERE

(Sigillum Philippi Quinkere.)

Voyez le nº 2051.

2062 SEY (MICHEL).

Homme de la cour de Bruges. — 1420.

Sceau rond, de 22 mill. — Hôpital Comtesse à Lille.

Écu portant un loup? accompagné d'une étoile en pointe, dans un trilobe.

S MICHIEL SEY

(Segel Michiel Sey.)

Voyez le nº 2059.

2063 VARSSENAERE (IVAIN VAN).

Homme de la cour de Bruges. — 1330.

Sceau rond, de 21 mill. — Arch. du Nord; Chambre des comptes.

Écu portant trois épées en bande, dans un trilobe.

S' W.....NI DE VARSENARE

(Sigillum W..... de Vorsenare.)

Voyez le nº 2051.

2064 WALLE (BANGHELIN VAN DE).

Homme de la cour de Bruges. — 1330.

Sceau rond, de 23 mill. — Arch. du Nord; Chambre des comptes.

Écu à la bande chargée de trois coquilles à la bordure denchée, dans un quadrilobe.

.....GHELIN VAN DE WALLE

(Segel Banghelin van de Walle.)

Voyez le nº 2051.

2065 WOUTERS (CHRÉTIEN).

Homme de la cour de Bruges. — 1330.

Sceau rond, de 21 mill. — Arch. du Nord; Chambre des comptes.

Écu portant un sautoir cantonné de quatre quintefeuilles au lambel, dans un trilobe.

✱ S' CRISTIANI F WALTERI F IOH..

(Sigillum Cristiani, filii Walteri filii Johannis.)

Voyez le nº 2051.

HOMME DE L'ARCHIDUC D'AUTRICHE À CAMBRAI.

2066 TAHON (JEAN).

1504.

Sceau rond, de 21 mill. — Arch. du Nord; Chambre des comptes.

Trois taons.

S · iehan · tahon

(Seel Jehan Tahon.)

Aveu d'un fief à Graincourt tenu de la seigneurie de la Feuillie à Cambrai. — 8 juin 1504.

HOMMES DE L'ÉVÊCHÉ DE CAMBRAI.

2067 AMBRINES (JEAN D').

Homme de l'évêché de Cambrai. — 1480.

Sceau rond, de 27 mill. — Arch. du Nord; Chambre des comptes.

Écu portant les lettres gothiques i et d, accompagnées d'une branche en pointe.

s iehan danbrinne

(Seel Jehan d'Anbrinne.)

Voyez le nº 1077.

2068 ANNEUX (JEAN D'),

Homme de l'évêché de Cambrai. — 1446.

Sceau rond, de 30 mill. — Arch. du Nord; évêché et chapitre de Cambrai.

Écu à trois croissants, penché, timbré d'un heaume cimé d'un chien assis, supporté par deux anges.

S iehan danneus

(Seel Jehan d'Anneux.)

Record de la rente de la seigneurie de Cattenières. — «En la cité de «Cambrai, en l'hostel con dist le Teste d'or.» — 6 décembre 1446.

2069 AUBRI (JEAN).

Homme de l'évêché de Cambrai. — 1420.

Sceau rond, de 26 mill. — Arch. du Nord; évêché et chapitre de Cambrai.

Écu portant un g couronné, soutenu par une aigle.

iehan aubry

(Jehan Aubry.)

Saisine du fief de Raimbourlieu donnée au chapitre de Cambrai. — 16 juillet 1420.

2070 AUSSUT (GOBERT D').

Homme de l'évêché de Cambrai. — 1285.

Sceau rond, de 50 mill. — Arch. du Nord; abbaye de Vaucelles.

Écu losangé, à la fasce d'hermines.

✠ S' GOBERT · DAVSV

(Seel Gobert d'Auvu.)

Acquisition de seigneuries mouvant de Crévecœur. — Octobre 1285.

2071 BARBAISE (JEAN DE).

Homme de l'évêché de Cambrai. — 1445.

Sceau rond, de 26 mill. — Arch. du Nord; évêché et chapitre de Cambrai.

Écu à la croix chargée de cinq tourteaux?, soutenu par un ange.

s · iehan · de · barbaife

(Seel Jehan de Barbaise.)

Voyez le n° 2068.

2072 BARBAISE (JEAN DE).

Homme de l'évêché de Cambrai. - 1480.

Sceau rond, de 28 mill. — Arch. du Nord; Chambre des comptes.

Écu à la croix, écartelé d'un sautoir, penché et timbré d'un heaume.

s iehan de barba...

(Seel Jehan de Barbaise.)

Voyez le n° 1077.

2073 BEAUMONT (JEAN DE).

Homme de l'évêché de Cambrai. - 1485.

Sceau rond, de 24 mill. — Arch. du Nord; évêché et chapitre de Cambrai.

Écu au sautoir, soutenu par un griffon.

s · iehan · de · biaumont

(Seel Jehan de Biaumont.)

Voyez le n° 1078.

2074 BÈGUE (PIERRE LE).

Homme de l'évêché de Cambrai. — 1440.

Sceau rond, de 22 mill. — Arch. du Nord; collégiale de Saint-Géry.

Écu portant une rose, penché, timbré d'un heaume.

pierart le begue

(Piérart le Bègue.)

Confirmation du testament de Robert d'Esnes par Jean d'Esnes, son neveu. — Cambrai, 21 janvier 1440.

2075 BERTRAND (MAHIEU).

Homme de l'évêché de Cambrai. — 1446.

Sceau rond, de 20 mill. — Arch. du Nord; évêché et chapitre de Cambrai.

Écu au rencontre de bœuf, soutenu par un ange.

s mahiu bertran

(Seel Mahiu Bertran.)

Saisine donnée au chapitre de Cambrai. — Le Câteau, 9 août 1446.

2076 BINCHE (SOHIER DE).

Homme de l'évêché de Cambrai. — 1426.

Sceau octogone, de 18 mill. — Arch. du Nord; évêché et chapitre de Cambrai.

Écu au sautoir cantonné de douze billettes.

sohie · de · binc

(Sohié de Binc.)

Acquisition de la seigneurie de Cattenières. — Cambrai, 8 novembre 1426.

2077 BOULENGER (JEAN).

Homme de l'évêché de Cambrai. - 1490.

Sceau rond, de 23 mill. — Arch. du Nord; évêché et chapitre de Cambrai.

Écu portant une grenouille, penché, timbré d'un heaume cimé d'une tête de héron, supporté par deux aigles.

s iehan boulenghe

(Seel Jehan Boulenghe.)

Voyez le n° 2069.

2078 BOURCAUT (ARTUS DE).

Homme de l'évêché de Cambrai. — 1548.

Sceau rond, de 23 mill. — Arch. du Nord; évêché et chapitre de Cambrai.

Écu portant trois pals au franc canton sénestre chargé d'un croissant tourné et d'une étoile, soutenu par un ange.

S ARTVS DE BOV..AVLT

(Seel Artus de Bourcault.)

Acquisition de rente à Niergnies. — Cambrai, 5 mai 1548.

2079 BOURG (NICOLAS DU).

Homme de l'évêché de Cambrai. · 1426.

Sceau rond, de 20 mill. — Arch. du Nord; évêché et chapitre de Cambrai.

Écu portant une sorte de mantelé?

clais · de · borc

(Clais de Borc.)

Voyez le n° 2076.

2080   BRUYÈRE (JEAN),
Homme de l'évêché de Cambrai. — 1533.
Sceau rond, de 23 mill. — Arch. du Nord; collégiale de Saint-Géry.
Deux trèfles réunis par la même tige.

s · ıau · bruıere

(Seel Jan Bruiere.)
Fondation d'obit. — 16 septembre 1533.

2081   BUISSY (JEAN DE).
Homme de l'évêché de Cambrai. — 1446.
Sceau rond, de 24 mill. — Arch. du Nord; évêché et chapitre de Cambrai.
Écu au chevron besanté accompagné d'une étoile au canton dextre, soutenu par un ange.

tehan · de · builly

(Jehan de Buissy.)
Voyez le n° 2068.

2082   BUISSY (ROBERT DE),
Homme de l'évêché de Cambrai. — 1485.
Sceau rond, de 26 mill. — Arch. du Nord; évêché et chapitre de Cambrai.
Écu à l'écusson chargé d'une aigle éployée, écartelé d'un chevron besanté, timbré d'un heaume, supporté par un griffon et un homme sauvage.

robert de buly

(Robert de Busy.)
Voyez le n° 1078.

2083   BULLECOURT (DANIEL DE).
Homme de l'évêché de Cambrai. — 1468.
Sceau rond, de 23 mill. — Arch. du Nord; évêché et chapitre de Cambrai.
Écu à la fasce chargée d'un annelet et accompagnée de trois maillets, soutenu par un griffon.

s daneel de bullecourt

(Seel Daneel de Bullecourt.)
Voyez le n° 850.

2084   BUZELIN (NICOLAS).
Homme de l'évêché de Cambrai. — 1599.
Sceau rond, de 37 mill. — Arch. du Nord; évêché et chapitre de Cambrai.
Écu portant un coq, écartelé de trois fasces, timbré d'un heaume cimé d'un oiseau.

S NICOLXS BVZELIN

(Seel Nicolas Buzelin.)
Donation aux Jésuites de Cambrai d'un fief situé entre Rumilly et Masnières. — 2 avril 1599.

2085   CALARDIE (ROBERT).
Homme de l'évêché de Cambrai. — 1448.
Sceau rond, de 23 mill. — Arch. du Nord; évêché et chapitre de Cambrai.
Écu portant trois têtes de léopard, dans un trilobe.

seel · robert · calardie

(Seel Robert Calardie.)
Voyez le n° 850.

2086   CARLIER (JEAN LE),
Homme de l'évêché de Cambrai. — 1446.
Sceau rond, de 20 mill. — Arch. du Nord; évêché et chapitre de Cambrai.
Représentation monogrammatique.

tehan carlier

(Jehan Carlier.)
Voyez le n° 2068.

2087   CAUCHEQUIEN (GUILLAUME),
Homme de l'évêché de Cambrai. — 1423.
Sceau rond, de 22 mill. — Arch. du Nord; évêché et chapitre de Cambrai.
Écu portant un chien passant à gauche devant un arbre, dans une rose.

S WILLAME · CAVCHEQIEN

(Seel Willame Cauchekien.)
Le chapitre de Cambrai est mis en possession d'une rente sur les moulins du Câteau. — 8 juillet 1423.

2088   CAUDRELIER (GÉRARD LE),
Homme de l'évêché de Cambrai. — 1450.
Sceau rond, de 20 mill. — Arch. du Nord; évêché et chapitre de Cambrai.
Écu à la bande chargée de trois. . . . soutenu par un homme sauvage.

seel · grart · le · caudrelier

(Seel Grart le Caudrelier.)
Voyez le n° 2069.

2089   CLERC (ROBERT LE),
Homme de l'évêché de Cambrai. — 1446.
Sceau rond, de 25 mill. — Arch. du Nord; évêché et chapitre de Cambrai.
Écu au chevron accompagné de trois étoiles, soutenu par un ange.

s · robert · le · clerc

(Seel Robert le Clerc.)
Voyez le n° 2076.

2090   CRÉPY (ROBERT DE),

Homme de l'évêché de Cambrai. — 1426.

Sceau rond, de 21 mill. — Arch. du Nord; évêché et chapitre
de Cambrai.

Écu portant une étoile, dans un trilobe.

s · robert · de · cr . . . .

(Seel Robert de Crespy.)

Voyez le n° 2076.

2091   CROIX (JACQUES DE).

Homme de l'évêché de Cambrai. — 1423.

Sceau rond, de 22 mill. — Arch. du Nord; évêché et chapitre du Cambrai.

Écu portant une tête de bélier surmontée d'une croix
et accompagnée d'une coquille au canton sénestre.

S' IAQVEMART · DE · CROES

(Seel Jaquemart de Croes.)

Voyez le n° 2087.

2092   FANON (SIMON).

Homme de l'évêché de Cambrai. — 1426.

Sceau rond, de 10 mill. — Arch. du Nord; évêché et chapitre
de Cambrai.

Dans un trilobe, les lettres s · f · a · n (Simon Fanon). — Sans légende.

Voyez le n° 2076.

2093   FIÉVET (PIERRE).

Homme de l'évêché de Cambrai. — 1446.

Sceau rond, de 22 mill. — Arch. du Nord; évêché et chapitre
de Cambrai.

Écu portant une quintefeuille accompagnée de trois
étoiles, soutenu par un ange.

s · pierre · fievet

(Seel Pierre Fievet.)

Voyez le n° 2068.

2094   FLAVINNE (CONRAD DE).

Homme de l'évêché de Cambrai. — 1373.

Sceau rond, de 23 mill. — Arch. du Nord; abbaye d'Anchin.

Écu au loup ravissant, dans un losange.

CONRAIT · DE · FLAVINNE

(Conrait de Flavinne.)

Sentence contre les échevins de Cambrai au sujet de la justice de
Neuville-Saint-Rémy. — 13 mars 1373.

2095   FUSELIER (JACQUES LE).

Homme de l'évêché de Cambrai. — 1445.

Sceau rond, de 26 mill. — Arch. du Nord; évêché et chapitre de Cambrai.

Écu à la bande de fusées accompagnée de deux étoiles.
supporté par deux aigles.

s · iaqu . . e · fuselier

(Seel Jaque le Fuselier.)

Voyez le n° 2068.

2096   GRANDIN (THOMAS).

Homme de l'évêché de Cambrai. — 1446.

Sceau rond, de 24 mill. — Arch. du Nord; évêché et chapitre de Cambrai

Écu portant un ɞ accompagné de trois étoiles.

s · tumas · grandin

(Seel Tumas Grandin.)

Voyez le n° 2075.

2097   HAYE (JEAN DE LA).

Homme de l'évêché de Cambrai. — 1423.

Sceau rond, de 26 mill. — Arch. du Nord; évêché et chapitre de Cambrai.

Écu portant une étoile sous un chef échiqueté de deux
traits.

S ichan dele haie

(Seel Jehan de le Haie.)

Voyez le n° 2087.

2098   HENNOCQUE (JEAN).

Homme de l'évêché de Cambrai. — 1420.

Sceau rond, de 23 mill. — Arch. du Nord; évêché et chapitre de Cambrai.

Écu portant un oiseau becquetant une fleur, dans un
trilobe.

S' . . . an hennocre

(Seel Jehan Hennocqre.)

Voyez le n° 2069.

2099   LEU (JEAN LE).

Homme de l'évêché de Cambrai. — 1420.

Sceau rond, de 23 mill. — Arch. du Nord; évêché et chapitre de Cambrai.

Écu au loup ravissant accosté d'une étoile à sénestre.
dans un quadrilobe orné de quatre roses.

SEEL IEHAN LE LEV

(Seel Jehan le Leu.)

Voyez le n° 2069.

2100 LEU (PIERRE LE).

Homme de l'évêché de Cambrai. — 1490.

Sceau rond, de 26 mill. — Arch. du Nord; évêché et chapitre de Cambrai.

Écu au loup ravissant, supporté par deux béliers. — Il ne reste de la légende que **PIE**... (Pierre).

Voyez le n° 2069.

2101 LIÉGEOIS (JEAN),

Homme de l'évêché de Cambrai. — 1446.

Sceau rond, de 28 mill. — Arch. du Nord; évêché et chapitre de Cambrai.

Écu portant une navette accompagnée de trois étoiles.

s jhean ..... dit liego..

(Seel Jhean .... dit Liégeois.)

Voyez le n° 2075.

2102 LOGIER (AMÉ).

Homme de l'évêché de Cambrai. — 1453.

Sceau rond, de 20 mill. — Arch. du Nord; évêché et chapitre de Cambrai.

Écu portant une roue.

seel · amet · logier

(Seel Amet Logier.)

Voyez le n° 2087.

2103 MANESSIER (JACQUES).

Homme de l'évêché de Cambrai. — 1453.

Sceau rond, de 24 mill. — Arch. du Nord; évêché et chapitre de Cambrai.

Écu portant un p couronné et accosté de deux étoiles, soutenu par un ange.

iaemart mauessier

(Jaemart Manessier.)

Voyez le n° 2087.

2104 MARETZ (AUGUSTIN DE).

Homme de l'évêché de Cambrai. — 1533.

Sceau rond, de 27 mill. — Arch. du Nord; collégiale de Saint-Géry.

Écu portant un mortier garni de deux pilons, soutenu par un ange.

guftin de .ares

(Gustin de Mares.)

Voyez le n° 2080.

2105 MELIN (DANIEL DE).

Homme de l'évêché de Cambrai. — 1490.

Sceau rond, de 27 mill. — Arch. du Nord; collégiale de Saint-Géry.

Écu portant trois têtes d'hommes de profil accompagnées d'un croissant en abîme, penché, timbré d'un heaume.

s · daniel · de · m....

(Seel Daniel de Melin.)

Acquisition de deux fiefs à Cambrai. — 8 janvier 1490.

2106 MELIN (JEAN DE).

Homme de l'évêché de Cambrai. — 1446.

Sceau rond, de 26 mill. — Arch. du Nord; évêché et chapitre de Cambrai.

Écu portant trois têtes d'homme de face, accompagnées de trois forces, dans un trilobe.

s' iehan · de · melin

(Seel Jehan de Melin.)

Voyez le n° 2068.

2107 MELLE (JEAN),

Homme de l'évêché de Cambrai. — 1453.

Sceau rond, de 20 mill. — Arch. du Nord; évêché et chapitre de Cambrai.

Écu monogrammatique.

iehan mielles

(Jehan Mielles.)

Voyez le n° 2087.

2108 PANETIER (JEAN LE).

Homme de l'évêché de Cambrai. — 1446.

Sceau rond, de 31 mill. — Arch. du Nord; évêché et chapitre de Cambrai.

Écu à trois sextefeuilles accompagnées d'un croissant en abîme, penché, timbré d'un heaume.

s · iehan · le ....

(Seel Jehan le Panetier.)

Voyez le n° 2075.

2109 PONCHART (ROBERT).

Homme de l'évêché de Cambrai. — 1490.

Sceau rond, de 24 mill. — Arch. du Nord; collégiale de Saint-Géry.

Écu au chevron accompagné de trois étoiles, soutenu par un ange.

s · robert · poncart

(Seel Robert Poncart.)

Voyez le n° 2105.

2110 PRÉ (BERTRAND DU).

Homme de l'évêché de Cambrai. — 1446.

Sceau rond, de 26 mill. — Arch. du Nord; évêché et chapitre de Cambrai.

Écu portant un poisson en pal accompagné de trois coquilles, soutenu par une dame.

s · bertran · du · pre

(Seel Bertran du Pré.)

Voyez le n° 2068.

2111   PROVINS (JEAN DE).

Homme de l'évêché de Cambrai. — 1406.

Sceau rond, de 28 mill. — Arch. du Nord; évêché et chapitre de Cambrai.

Écu portant trois aiglettes accompagnées d'une coquille en abîme, au lambel, soutenu par un pèlerin.

s · iehan · de · prouuins

(Seel Jehan de Prouvins.)

Voyez le n° 2076.

2112   PUISIEUX (JEAN DE).

Homme de l'évêché de Cambrai. — 1446.

Sceau rond, de 80 mill. — Arch. du Nord; évêché et chapitre de Cambrai.

Écu échiqueté? ou maçonné au lambel, penché, timbré d'un heaume.

S · iehan · de · pousieu?

(Seel Jehan de Pousieu.)

Voyez le n° 2075.

2113   QUESNES (JEAN DES).

Homme de l'évêché de Cambrai. — 1557.

Sceau rond, de 28 mill. — Arch. du Nord; évêché et chapitre de Cambrai.

Écu en cartouche portant un chêne.

SEXL IEHXN DES QVENES

(Seel Johan des Quenes.)

Aveu d'un fief sis au Câteau. — 1er juin 1557.

2114   QUESTIER (JEAN LE).

Homme de l'évêché de Cambrai. — 1373.

Sceau rond, de 18 mill. — Arch. du Nord; abbaye d'Auchin.

Écu à la hache, dans un trilobe.

IEHXN .. ..ER

(Jehan le Questier.)

Voyez le n° 2094.

2115   REGNARD (JACQUES).

Homme de l'évêché de Cambrai. — 1547.

Sceau rond, de 27 mill. — Arch. du Nord; évêché et chapitre de Cambrai.

Écu en cartouche portant un renard assis, soutenu par une aigle.

B IXCQ VES REGNXRT

(Seel Jacques Regnart.)

Fondation de l'obit de Jean de Potelles, archevêque de Palerme. — Cambrai, 17 août 1547.

2116   ROGER (COLARD LE).

Homme de l'évêché de Cambrai. — 1433.

Sceau rond, de 22 mill. — Arch. du Nord; évêché et chapitre de Cambrai.

Écu portant un poisson?, soutenu par un homme sauvage.

S : COLXRT : LE : ROGIER

(Seel Colart le Rogier.)

Donation d'un fief à Paillencourt. — Cambrai, 19 novembre 1433.

2117   ROSEL (PIERRE).

Homme de l'évêché de Cambrai. — 1420.

Sceau rond, de 26 mill. — Arch. du Nord; évêché et chapitre de Cambrai.

Écu à trois chevrons, penché, timbré d'un heaume cimé d'une touffe, supporté par une aigle et une dame.

s · piere · rosiel

(Seel Piere Rosiel.)

Voyez le n° 2069.

2118   SAINT-MARTIN (ALARD DE).

Homme de l'évêché de Cambrai. — 1375.

Sceau rond, de 21 mill. — Arch. du Nord; Chambre des comptes.

Écu portant une croix ancrée à la bande chargée de trois coquilles brochant, dans un trilobe.

S · XLXRT · DE · S · MXRTIN

(Seel Alart de Saint Martin.)

Gérard sire d'Éclaibes donne à son fils aîné la ville de Viesly. — Cambrai, 8 août 1375.

2119   SAINT-QUENTIN (JACQUES DE).

Homme de l'évêché de Cambrai. — 1440.

Sceau rond, de 23 mill. — Arch. du Nord; collégiale de Saint-Géry.

Écu à la tête de léopard, dans un trilobe orné de trois roses.

S' IX.. DE · S · QVENSIN

(Seel Jake de Saint Quentin.)

Voyez le n° 2074.

2120   SAINT-VAAST (PIERRE DE).

Homme de l'évêché de Cambrai. — 1547.

Sceau rond, de 31 mill. — Arch. du Nord; évêché et chapitre de Cambrai.

Écu à l'aigle éployée, penché, timbré d'un heaume.

ꙅ · pierre · ꝺe · saint · vast

(Seel Pierre de Saint Vast.)

Voyez le n° 2115.

2121   SAULZOIR (BERTRAND DE).

Homme de l'évêché de Cambrai. — 1448.

Sceau rond, de 26 mill. — Arch. du Nord; évêché et chapitre de Cambrai.

Écu portant un marteau derrière un chevron chargé d'un croissant et de deux étoiles, soutenu par un homme sauvage.

ꙅ · bertran · ꝺe · Sauzoy

(Seel Bertran de Sauzoy.)

Voyez le n° 850.

2122   SELLIER (GILLES LE).

Homme de l'évêché de Cambrai. — 1446.

Sceau rond, de 23 mill. — Arch. du Nord; évêché et chapitre de Cambrai.

Écu portant un ange accompagné à sénestre d'un monogramme, soutenu par un homme sauvage.

ꙅ' · Gille · le · Sellier

(Seel Gille le Sellier.)

Voyez le n° 2068.

2123   SELLIER (ROBERT LE).

Homme de l'évêché de Cambrai. — 1446.

Sceau rond, de 24 mill. — Arch. du Nord; évêché et chapitre de Cambrai.

Représentation monogrammatique.

ꙅ · robert · le · Selliert

(Seel Robert le Selliert.)

Voyez le n° 2068.

2124   SOLAS (JACQUES).

Homme de l'évêché de Cambrai. — 1446.

Sceau rond, de 24 mill. — Arch. du Nord; évêché et chapitre de Cambrai.

Écu à la fasce chargée d'une étoile et accompagnée de trois soleils, dans un trilobe. — Légende fruste.

Voyez le n° 2075.

2125   SOLESMES (GILLES LUPPART DE).

Homme de l'évêché de Cambrai. — 1446.

Sceau rond, de 17 mill. — Arch. du Nord; évêché et chapitre de Cambrai.

Écu à trois croissants, parti de cinq cotices, penché, timbré d'un heaume cimé d'un croissant.

ꙅ · gille · ꝺit · luppart · ꝺe · Sollempnes

(Seel Gille dit Luppart de Sollempnes.)

Voyez le n° 850.

2126   SORIS (JEAN),

Homme de l'évêché de Cambrai. — 1446.

Sceau rond, de 24 mill. — Arch. du Nord; évêché et chapitre de Cambrai.

Écu semé d'étoiles à la bande componée brochant, devant un arbre.

ꙅ' · iehan · Sueris

(Seel Jehan Sueris.)

Voyez le n° 2075.

2127   TAQUET (JACQUES).

Homme de l'évêché de Cambrai. — 1446.

Sceau rond, de 22 mill. — Arch. du Nord; évêché et chapitre de Cambrai.

Écu portant une navette garnie de fil, soutenu par une aigle.

ꙅ iaquemart iaquet

(Seel Jaquemart Taquet.)

Voyez le n° 2075.

2128   TESSELT (MATHIEU DE),

Homme de l'évêché de Cambrai. — 1446.

Sceau rond, de 28 mill. — Arch. du Nord; évêché et chapitre de Cambrai.

Écu portant trois trèfles, soutenu par une dame.

ꙅ · mathieu · ꝺe · Tesselt

(Seel Mathieu de Tesselt.)

Voyez le n° 2068.

2129   THIANT (JEAN DE).

Homme de l'évêché de Cambrai. — 1440.

Sceau rond, de 23 mill. — Arch. du Nord; évêché et chapitre de Cambrai.

Écu billeté au lion couronné, penché, timbré d'un heaume cimé d'une tête de lion couronné.

ꙅ · iehan · ꝺe · thians

(Seel Jehan de Thians.)

Voyez le n° 2069.

2130   THIANT (RASSE DE),

Homme de l'évêché de Cambrai. — 1433.

Sceau rond, de 25 mill. — Arch. du Nord; évêché et chapitre de Cambrai.

Écu billeté au lion couronné et à la bordure, penché.

timbré d'un heaume couronné, supporté par deux griffons.

s · raffe · de · thians

(Seel Rasse de Thians.)

Voyez le n° 2116.

2131   TOURNAY (PHILIPPE DE),

Homme de l'évêché de Cambrai. — 1552.

Sceau rond, de 27 mill. — Arch. du Nord; évêché et chapitre de Cambrai.

Écu portant trois fleurs, écartelé de trois fasces, à une quintefeuille sur le tout, timbré d'un heaume, soutenu par une dame à dextre.

S : phs : de : tournay

(Seel Phelippes de Tournay.)

Aveu d'un fief à Reumont. — 2 mai 1552.

2132   VASSEUR (BAUDRAIN LE),

Homme de l'évêché de Cambrai. — 1446.

Sceau rond, de 30 mill. — Arch. du Nord; évêché et chapitre de Cambrai.

Écu à la bande, écartelé d'une aigle éployée, penché, timbré d'un heaume cimé d'une tête d'homme.

s · baudrain · le · vasseur

(Seel Baudrain le Vasseur.)

Voyez le n° 2068.

2133   WARNET (RENAUD),

Homme de l'évêché de Cambrai. — 1433.

Sceau rond, de 24 mill. — Arch. du Nord; évêché et chapitre de Cambrai.

Écu portant une sorte de barrage fleuronné, écartelé d'un sautoir, soutenu par un ange.

s renauf … net?

(Seel Renaut Warnet.)

Voyez le n° 2116.

2134   WINGLE (PIERRE DE),

Homme de l'évêché de Cambrai. — 1446.

Sceau rond, de 26 mill. — Arch. du Nord; évêché et chapitre de Cambrai.

Écu à l'écusson en abîme et à la bordure chargée de fleurs de lys, à la bande engrêlée brochant, penché, timbré d'un heaume, supporté par deux hommes sauvages.

s · piere · de · vvingles

(Seel Piere de Wingles.)

Voyez le n° 2068.

HOMMES DU CHAPITRE DE CAMBRAI.

HOMMES DU CHAPITRE DE CAMBRAI.

2135   ANCRE (BAUDOUIN D').

Homme du chapitre de Cambrai. — 1400.

Sceau rond, de 21 mill. — Arch. du Nord; évêché et chapitre de Cambrai.

Écu à la croix denchée.

✠ S' BAVDIN DANKERE

(Seel Baudin d'Ankere.)

Bail d'un manoir à Ogy. — 22 avril 1400.

2136   AUBRI (JEAN).

Homme du chapitre de Cambrai. — 1424.

Sceau rond, de 21 mill. — Arch. du Nord; évêché et chapitre de Cambrai.

Écu portant un y surmonté de trois étoiles.

iehan aubry

(Jehan Aubry.)

Record de l'achat de deux fiefs sis à Caullery. — Cambrai, 9 septembre 1424.

2137   BERMERAIN (PIERRE DE).

Homme du chapitre de Cambrai. — 1386.

Sceau rond, de 25 mill. — Arch. du Nord; évêché et chapitre de Cambrai.

Écu portant trois massacres de cerf, soutenu par un ange, supporté par une aigle et un loup?, dans un trilobe.

s · pierart · de · biermeraing

(Seel Pierart de Biermeraing.)

Sentence au sujet de fiefs à Maretz. — Mons, 16 novembre 1386.

2138   BERNARD (LOUIS).

Homme du chapitre de Cambrai. — 1375.

Sceau rond, de 25 mill. — Arch. du Nord; guillemins de Walincourt.

Écu monogrammatique.

SEEL LOYS BERNART

Amortissement d'une terre à Demicourt. — 9 juillet 1375.

2139   BEROU (NICAISE).

Homme du chapitre de Cambrai. — 1424.

Sceau rond, de 25 mill. — Arch. du Nord; évêché et chapitre de Cambrai.

Écu portant une hure?, dans un trilobe.

s · ntbaife · beron

(Seel Nikaise Borou.)

Acquisition d'un fief comprenant «le tourie, prison et chéperie» de la ville d'Anneux. — 16 février 1414.

2140   BERTRAND (JEAN),

Homme du chapitre de Cambrai. — 1388.

Sceau rond, de 22 mill. — Arch. du Nord; évéché et chapitre de Cambrai.

Écu à trois chapeaux, dans un hexagone.

s · rebau · biertran

(Seel Jehan Biertran.)

Sentence qui adjuge au chapitre de Cambrai la terre de Muretz. — Mons, 11 septembre 1388.

2141   BLEUSE (JEAN),

Homme du chapitre de Cambrai. — 1445.

Sceau rond, de 23 mill. — Arch. du Nord; évéché et chapitre du Cambrai.

Un oiseau à aigrette.

S · IEHAN · BLEVSE

(Seel Jehan Bleuse.)

Acquisition de la mairie de Boiry-Notre-Dame. — 30 juillet 1445.

2142   BLOND (ADAM LE),

Homme du chapitre de Cambrai. — 1481.

Sceau rond, de 26 mill. — Arch. du Nord; évéché et chapitre de Cambrai.

Écu au chevron accompagné de trois trèfles, soutenu par un ange.

seel · adam · le · blon

(Seel Adam le Blon.)

Sentence contre un valet de la justice du marché de Cambrai qui avait violé le droit d'asile. — 26 octobre 1481.

2143   BOINEVIE (JEAN),

Homme du chapitre de Cambrai. — 1388.

Sceau rond, de 26 mill. — Arch. du Nord; évéché et chapitre de Cambrai.

Écu portant trois fasces, à la bande chargée de trois coquilles brochant, dans un trilobe.

s · reb de le hove dit boinevie

(Seel Jehan de lo Hove dit Boinevie.)

Saisine d'un fief à Muretz. — Valenciennes, 8 août 1388.

2144   BOUCHER (JEAN),

Homme du chapitre de Cambrai. — 1543.

Sceau rond, de 26 mill. — Arch. du Nord; évéché et chapitre de Cambrai.

Écu au lion assis.

seel rehan bouchier

(Seel Jehan Bouchier.)

Acquisition de la mairie de Thumaide par Nicolas Vivien, marchand de sayes à Valenciennes. — 25 octobre 1543.

2145   BOUREL (ANDRÉ),

Homme du chapitre de Cambrai. — 1387.

Sceau rond, de 22 mill. — Arch. du Nord; évéché et chapitre de Cambrai.

Écu au marteau de maçon couronné et accosté de deux étoiles, dans un losange.

ARD..VS BOVRIEL

(Andrius Bouriel.)

Sentence établissant les droits des possesseurs du fief. — 9 mars 1387.

2146   BRIQUET (JACQUES),

Homme du chapitre de Cambrai. — 1525.

Sceau rond, de 30 mill. — Arch. du Nord; évéché et chapitre de Cambrai.

Écu portant un briquet, écartelé de trois oiseaux, soutenu par un ange.

S · IACQVES · BRICQVET

(Seel Jacques Bricquet.)

Don de trois fiefs situés à Fontaines et à Anneux par Pierre Briquet, chanoine de Cambrai. — 11 décembre 1525.

2147   BRIQUET (PAUL),

Homme du chapitre de Cambrai. — 1480.

Sceau rond, de 23 mill. — Arch. du Nord; évéché et chapitre de Cambrai.

Écu portant un briquet accosté de deux étoiles.

s paul bricquet

(Seel Paul Bricquet.)

Condamnation d'un sergent qui avait opéré une arrestation dans la seigneurie du chapitre de Cambrai. — 12 mai 1480.

2148   BRIQUET (PIERRE),

Homme du chapitre de Cambrai. — 1518.

Sceau rond, de 24 mill. — Arch. du Nord; évéché et chapitre de Cambrai.

Écu au briquet accosté de deux étoiles, soutenu par un ange.

s · pierre · bricquet

(Seel Pierre Bricquet.)

Acquisition d'un fief à Boiry-Notre-Dame. — Cambrai, 19 mai 1518.

2149   BRULOI (JEAN),

Homme du chapitre de Cambrai. — 1610.

Sceau rond, de 17 mill. — Arch. du Nord; évéché et chapitre de Cambrai.

Écu portant trois quintefeuilles, au lambel.

s · ieban . . . .

(Seel Jehan Brulois.)

Rachat d'un fief à Doignies. — Cambrai, 15 octobre 1410.

2150   BRUN (JEAN LE),

Homme du chapitre de Cambrai. — 1565.

Sceau rond, de 25 mill. — Arch. du Nord; évêché et chapitre
de Cambrai.

Écu portant une sorte de fer de moulin?

IEHAN LE BRVN

Acquisition d'un fief à Thumeide. — Valenciennes, 18 novembre
1555.

2151   BRUN (PIERRE LE),

Homme du chapitre de Cambrai. — 1470.

Sceau rond, de 23 mill. — Arch. du Nord; évêché et chapitre
de Cambrai.

Écu portant une rose, soutenu par un ange.

S pierre le brun

(Seel Pierre le Brun.)

Aveu d'un fief à Carnières. — 6 juin 1470.

2152   CAMBE (JEAN DE LE),

Homme du chapitre de Cambrai. — 1565.

Sceau rond, de 26 mill. — Arch. du Nord; évêché et chapitre
de Cambrai.

Écu portant trois trèfles sous un chef denché, soutenu
par un homme d'armes qui se termine en poisson.

s : ian : de : le : cambe :

(Seel Jan de le Cambe.)

Voyez le n° 2150.

2153   CANDAVÈNE (PIERRE),

Homme du chapitre de Cambrai. — 1454.

Sceau rond, de 24 mill. — Arch. du Nord; évêché et chapitre de Cambrai.

Écu portant une tête d'homme de face et coiffée d'un
chaperon, penché, timbré d'un heaume.

s · piere cadavaine

(Seel Piere Candavaine.)

Amendement d'un sergent qui avait voulu saisir un débiteur dans
la seigneurie du chapitre de Cambrai. — Bousies, 7 mars 1454.

2154   CARLIER (COLARD LE),

Homme du chapitre de Cambrai. — 1392.

Sceau rond, de 21 mill. — Arch. du Nord; évêché et chapitre de Cambrai.

Écu portant une roue, dans un trilobe.

s · colart · le · carlier

(Seel Colart le Carlier.)

Vente d'un fief à Ogy. — 17 février 1392.

2155   CASTIAU (HENRI DE),

Homme du chapitre de Cambrai. — 1388.

Sceau rond, de 24 mill. — Arch. du Nord; évêché et chapitre de Cambrai.

Écu au chevron accompagné de trois coquilles, dans
un trilobe.

s · henry de castians

(Seel Henry de Castians.)

Voyez le n° 2140.

2156   CAULLERY (MICHEL DE),

Homme du chapitre de Cambrai. — 1410.

Sceau rond, de 24 mill. — Arch. du Nord; évêché et chapitre de Cambrai.

Écu portant trois écussons au lion, dans un trilobe.

S · ...OR DE CAVLERI

(Seel ..... de Cauleri.)

Voyez le n° 2149.

2157   CAVECH (PAUL DU),

Homme du chapitre de Cambrai. — 1481.

Sceau rond, de 27 mill. — Arch. du Nord; évêché et chapitre
de Cambrai.

Écu chevronné de dix pièces, penché, timbré d'un
heaume cimé d'une tête de cheval.

s . . . . . cavech

(Seel Pol du Cavech.)

Voyez le n° 2142.

2158   CAVECH (THOMAS DU),

Homme du chapitre de Cambrai. — 1424.

Sceau rond, de 22 mill. — Arch. du Nord; évêché et chapitre de Cambrai.

Écu chevronné de dix pièces, soutenu par un dragon.

s · tumas · du · cavech

(Seel Tumas du Cavech.)

Voyez le n° 2136.

2159   CHARLET (JEAN),

Homme du chapitre de Cambrai. — 1511.

Sceau rond, de 27 mill. — Arch. du Nord; évêché et chapitre de Cambrai.

Écu portant un Agnus Dei accompagné d'une étoile
et d'une cloche.

. . . uehan charlet

(Seel Jehan Charlet.)

Acquisition d'un fief à relief de cheval et d'armes situé à Caudry. — Cambrai, 22 décembre 1511.

2160 CHARLET (JEAN),

Homme du chapitre de Cambrai. — 1518.

Sceau rond, de 28 mill. — Arch. du Nord; évêché et chapitre de Cambrai.

Écu portant un Agnus Dei accompagné de trois étoiles, soutenu par un ange.

S IAN CHARLET

(Seel Jan Charlet.)

Voyez le n° 2148.

2161 CLAIQUIN (GUILLAUME),

Homme du chapitre de Cambrai. — 1481.

Sceau rond, de 29 mill. — Arch. du Nord; évêché et chapitre de Cambrai.

Écu portant trois pélicans, penché, timbré d'un heaume cimé d'une touffe.

. . Willame · claiquin

(Seel Willame Claiquin.)

Voyez le n° 2142.

2162 COMTE (COLARD LE),

Homme du chapitre de Cambrai. — 1414.

Sceau rond, de 22 mill. — Arch. du Nord; évêché et chapitre de Cambrai.

Un lévrier courant à dextre.

S · colart · le · coute

(Seel Colart le Coute.)

Sentence qui déclare Jean Gallant « forfait de corps et d'avoir. » — Mars 1414.

2163 COURTRAI (MARIE DE),

Homme du chapitre de Cambrai. — 1351.

Sceau rond, de 23 mill. — Arch. du Nord; évêché et chapitre de Cambrai.

Écu portant trois oiseaux, dans un trilobe.

MARIE . . . . . DE COVRE'

(Marie . . . . de Courtrai.)

Acquisition de la justice de Maretz. — 22 novembre 1351.

2164 DAVID (JEAN),

L'aîné, homme du chapitre de Cambrai. — 1410.

Sceau rond, de 23 mill. — Arch. du Nord; évêché et chapitre de Cambrai.

Écu à la buire accostée de deux étoiles.

. . . au david

(Jehan David.)

Voyez le n° 2149.

2165 DOUBTET (JACQUES),

Homme du chapitre de Cambrai. — 1451.

Sceau rond, de 23 mill. — Arch. du Nord; évêché et chapitre de Cambrai.

Écu portant une piété (un pélican avec ses petits), soutenu par un ange.

s · laquart doubtet

(Seel Jaquart Doubtet.)

Bail de la grande cense de Maretz. — 24 juillet 1451.

2166 FARUWAUT (JACQUES),

Homme du chapitre de Cambrai. — 1414.

Sceau rond, de 26 mill. — Arch. du Nord; évêché et chapitre de Cambrai.

Écu au lion, dans un trilobe.

s' · laquemart · farouwaut

(Seel Jaquemart Faruwaut.)

Voyez le n° 2162.

2167 FARUWAUT (JEAN),

Homme du chapitre de Cambrai. — 1414.

Sceau rond, de 23 mill. — Arch. du Nord; évêché et chapitre de Cambrai.

Écu au lion, dans un trilobe.

S' IEHAN FARRAWAVE

(Seel Jehan Farruwaut.)

Voyez le n° 2162.

2168 FÈVRE (COLARD LE),

Homme du chapitre de Cambrai. — 1400.

Sceau rond, de 20 mill. — Arch. du Nord; évêché et chapitre de Cambrai.

Écu au marteau accosté de deux quintefeuilles.

s · cholart · le · fevre

(Seel Cholart le Fèvre.)

Voyez le n° 2135.

2169 FÈVRE (JACQUES LE),

Homme du chapitre de Cambrai. — 1414.

Sceau rond, de 26 mill. — Arch. du Nord; évêché et chapitre de Cambrai.

Écu portant un coq, dans un trilobe.

. . . . . mart . e f . . re

(Seel Jaquemart le Fèvre.)

Voyez le n° 2162.

2170   FOSSÉS (MARTIN DES),

Homme du chapitre de Cambrai. — 1657.

Sceau rond, de 30 mill. — Arch. du Nord; évêché et chapitre de Cambrai.

Écu ovale à la fasce accompagnée de deux étoiles en chef et d'un croissant en pointe.

SEL · DE · MARTIN · DE · FOSSE

Saisine d'un fief sis à Montigny. — 3 octobre 1657.

2171   FOURNIER (PIERRE LE),

Homme du chapitre de Cambrai. — 1353.

Sceau rond, de 18 mill. — Arch. du Nord; évêché et chapitre de Cambrai.

Une tête de femme, coiffée d'un voile.

PIERES · LI · FORNIERS

(Pieres li Forniers.)

Sentence confirmative des droits du chapitre de Cambrai sur un fief à Meretz. — 8 septembre 1353.

2172   FRANQUEVILLE (ANSEL DE),

Homme du chapitre de Cambrai. — 1611.

Sceau rond, de 28 mill. — Arch. du Nord; évêché et chapitre de Cambrai.

Écu portant une étoile au lambel, soutenu par une dame.

s · anſſeau · de · francqville

(Seel Ausseau de Francqville.)

Voyez le n° 2159.

2173   FRESNES (QUENTIN DE),

Homme du chapitre de Cambrai. — 1388.

Sceau rond, de 24 mill. — Arch. du Nord; évêché et chapitre de Cambrai.

Écu portant deux marteaux, au franc canton chargé de trois . . ., dans une rose.

s · cuintin · de · franne

(Seel Cuintin de Fresne.)

Voyez le n° 2140.

2174   GAILLARD (JEAN),

Homme du chapitre de Cambrai. — 1457.

Sceau rond, de 30 mill. — Arch. du Nord; évêché et chapitre de Cambrai.

Écu portant trois lions au lambel, penché, timbré d'un heaume cimé d'une tête d'homme, supporté par un lion.

Seel Jehan gaillart

(Seel Jehan Gaillart.)

Bail de maisons, prés et jardins à Raimbourlieu. — 22 juin 1457.

2175   GAILLARD (WAUTIER),

Homme du chapitre de Cambrai. — 1440.

Sceau rond, de 20 mill. — Arch. du Nord; évêché et chapitre de Cambrai.

Écu portant trois lions au lambel, penché, timbré d'un heaume cimé d'une tête de griffon.

WAUTIER GAILLART

(Watier Gaillart.)

Voyez le n° 2149.

2176   GARÇON (GUILLAUME),

Homme du chapitre de Cambrai. — 1353.

Sceau rond, de 20 mill. — Arch. du Nord; évêché et chapitre de Cambrai.

Un Agnus Dei.

. . . WILLAVME GARCHON

(Seel Willaume Garchon.)

Voyez le n° 2171.

2177   GHEUDE (GHEUDE),

Homme du chapitre de Cambrai. — 1483.

Sceau rond, de 24 mill. — Arch. du Nord; évêché et chapitre de Cambrai.

Écu au croissant.

S geude geude

(Seel Geude Geude.)

Acquisition d'un pâturage à Merbraine. — Braine-l'Alleud, 6 février 1483.

2178   GILLONET (PIERRE),

Homme du chapitre de Cambrai. — 1445.

Sceau rond, de 22 mill. — Arch. du Nord; évêché et chapitre de Cambrai.

Écu portant un soleil, soutenu par un homme sauvage.

S pierre gillonet

(Seel Pierre Gillonet.)

Record d'achat de la mairie d'Avesnes-lez-Aubert. — Cambrai, 6 octobre 1445.

2179   HAVERTIN (LUCAS),

Homme du chapitre de Cambrai. — 1543.

Sceau rond, de 24 mill. — Arch. du Nord; évêché et chapitre de Cambrai.

Écu portant deux estocs en sautoir.

seel lucas . . vertin

(Seel Lucas Havertin.)

Voyez le n° 2144.

2180 HAYE (JEAN DE LA),

Homme du chapitre de Cambrai. — 1543.

Sceau rond, de 28 mill. — Arch. du Nord; évêché et chapitre de Cambrai.

Écu au chevron accompagné en pointe d'un croissant tourné, timbré d'un lacs à glands retombant sur le champ, supporté par un griffon.

S · IAN · DE · LE · HAIE

(Seel Jan de le Haie.)

Voyez le n° 2144.

2181 HERLE (HENRI).

Homme du chapitre de Cambrai. — 1602.

Sceau rond, de 30 mill. — Arch. du Nord; évêché et chapitre de Cambrai.

Écu au chevron accompagné de trois fleurs.

SEEL · HENRI · HERLE

(Seel Henri Herle.)

Acquisition du droit de battage à Boiry-Notre-Dame. — 7 novembre 1604.

2182 HÉRUT (JEAN LE),

Dit du Parc, homme du chapitre de Cambrai. — 1388.

Sceau rond, de 24 mill. — Arch. du Nord; évêché et chapitre de Cambrai.

Écu portant trois étoiles au lambel, soutenu par un ange, dans une ogive.

s iehan le herut dit don parch

(Seel Jehan le Hérut dit don Parch.)

Voyez le n° 2140.

2183 HOLLANDAIS (ALRARD),

Homme du chapitre de Cambrai. — xiv° siècle.

Sceau rond, de 26 mill. — Arch. du Nord; évêché et chapitre de Cambrai.

Une gerbe accostée de deux bluets?

s : alrart : hollandois :

(Seel Alrart Hollandois.)

Aveu de deux fiefs à Fressies. — Sans date.

2184 HUSTIN (JACQUES).

Homme du chapitre de Cambrai. — 1602.

Sceau rond, de 27 mill. — Arch. du Nord; évêché et chapitre de Cambrai.

Écu au chevron chargé de trois roses et accompagné de trois gerbes, timbré d'un heaume cimé d'une tête de licorne.

S · IACQVES · HVSTIN

Voyez le n° 2181.

2185 JULIEN? (PIERRE),

Homme du chapitre de Cambrai. — 1483.

Sceau rond, de 23 mill. — Arch. du Nord, évêché et chapitre de Cambrai.

Écu portant une fourche et une houe posées en sautoir et cantonnées de quatre roses.

S . . . . re giliaen

(Seel Pierre Giliaen.)

Voyez le n° 2177.

2186 LAOUST (ADRIEN),

Homme du chapitre de Cambrai. — 1572.

Sceau rond, de 28 mill. — Arch. du Nord; guillemins de Walincourt.

Une femme sauvage soutenant de la main droite un écu fruste, et de la gauche une banderole sur laquelle on lit : **ADRIEN LAOVST** (Adrien Laoust.)

AOVST · SAN · FIN · A · TOVIOVRS · RAOVSTS

(Aoust san fin a toujours raousts.)

Voyez le n° 2138.

2187 LOPPÉ (MICHEL),

Homme du chapitre de Cambrai. — 1525.

Sceau rond, de 26 mill. — Arch. du Nord; évêché et chapitre de Cambrai.

Écu portant un soleil, soutenu par un ange.

michiel loppe

(Michiel Loppé.)

Voyez le n° 2146.

2188 LOUVERVAL (JEAN DE),

Homme du chapitre de Cambrai. — 1497.

Sceau rond, de 32 mill. — Arch. du Nord; évêché et chapitre de Cambrai.

Écu à la bande de cinq fusées et au lambel, penché, timbré d'un heaume cimé d'un sanglier.

Seel · iehan · x · louverval

(Seel Jehan de Louverval.)

Accord au sujet du chemin du moulin de Cautigneul. — 28 août 1497.

2189 MAIRESSE (SIMON),

Homme du chapitre de Cambrai. — 1505.

Sceau rond, de 30 mill. — Arch. du Nord; collégiale de Sainte-Croix.

Écu au sautoir, écartelé d'un chien?, au lambel sur le tout, penché, timbré d'un heaume.

Symon · mairesse

(Symon Mairesse.)

Aveu d'un fief à Boussières. — 12 juillet 1505.

2190   MAISNIL (JACQUES DU).

Homme du chapitre de Cambrai. — 1388.

Sceau rond, de 25 mill. — Arch. du Nord; évêché et chapitre de Cambrai.

Écu portant deux oiseaux contournés, accompagnés d'une étoile en pointe, dans un losange.

s · ꞁabemarꞇ · ꝺou · menꞁ

(Seel Jakemart dou Ménil.)

Saisine d'un fief sis à Marctz. — Valenciennes, 8 août 1388.

2191   MALET (CHRÉTIEN),

Homme du chapitre de Cambrai. — 1638.

Sceau rond, de 40 mill. — Arch. du Nord; évêché et chapitre de Cambrai.

Écu portant un massacre de cerf, timbré d'un heaume cimé d'une tête de cerf.

SEEL · DE · M · CRESTIEN · MALLET

Rapport de deux fiefs situés à Montigny. — Cambrai, 18 septembre 1638.

2192   MIES (LOTARD LE),

Homme du chapitre de Cambrai. — 1363.

Sceau rond, de 20 mill. — Arch. du Nord; évêché et chapitre de Cambrai.

Écu portant une piété (un pélican avec ses petits).

s · ꞁoꞇar · · ꞁi · mies

(Seel Lotars li Mies.)

Voyez le n° 2171.

2193   MOCHET (GUILLAUME).

Homme du chapitre de Cambrai. — 1508.

Sceau rond, de 25 mill. — Arch. du Nord; évêché et chapitre de Cambrai.

Écu au chevron accompagné de trois étoiles, soutenu par un ange.

seel ꞷillame mocheꞇ

(Seel Willame Mochet.)

Vente d'un fief sis à Villers-Pol. — 3 avril 1508.

2194   MOTTE (JEAN DE LA).

Homme du chapitre de Cambrai. — 1390.

Sceau rond, de 18 mill. — Arch. du Nord; évêché et chapitre de Cambrai.

Écu à la bande échiquetée de deux traits et accompagnée d'une rose en chef, dans un trilobe.

s · · · · · · ꝺe · le · moꞇe ·

(Seel Jehan de le Mote.)

Voyez le n° 2154.

2195   MOTTE (JEAN DE LA),

Homme du chapitre de Cambrai. — 1669.

Signet ovale, de 16 mill. — Arch. du Nord; évêché et chapitre de Cambrai.

Représentation monogrammatique. — Sans légende.

Voyez le n° 2181.

2196   MOULIN (BAUDOUIN DU).

Homme du chapitre de Cambrai. — 1400.

Sceau rond, de 23 mill. — Arch. du Nord; évêché et chapitre de Cambrai.

Écu au fer de moulin, dans un quadrilobe.

S · ꛃꜹꝺꝏꞁꞃ ꝺꝏꝟ mꝏꞟꞁꞃ

(Seel Bauduin dou Moulin.)

Voyez le n° 2135.

2197   MOURART (GOBERT),

Homme du chapitre de Cambrai. — 1363.

Sceau rond, de 20 mill. — Arch. du Nord; évêché et chapitre de Cambrai.

Une rose à dix pétales.

S · ꛃoꛒerꞇ · mꝏꞟrꜳrꞇ

(Seel Gobert Mourart.)

Voyez le n° 2171.

2198   PARENT (BERTRAND),

Homme du chapitre de Cambrai. — 1513.

Sceau rond, de 25 mill. — Arch. du Nord; évêché et chapitre de Cambrai.

Écu à la hache accompagnée de deux trèfles en chef et d'une étoile en pointe.

s berꞇram parenꞇ

(Seel Bertram Parent.)

Acquisition d'une rente à Caudry. — 15 juin 1513.

2199   PATIN (JEAN).

Homme du chapitre de Cambrai. — 1480.

Sceau rond, de 24 mill. — Arch. du Nord; évêché et chapitre de Cambrai.

Écu au patin accosté de deux étoiles, soutenu par un ange.

s · iꝛꝺan · paꞇin ·

(Seel Jehan Patin.)

Voyez le n° 2147.

2200   PIÉTIN (GÉRARD).

Homme du chapitre de Cambrai. — 1480.

Sceau rond, de 26 mill. — Arch. du Nord; évêché et chapitre de Cambrai.

Écu à la fasce accompagnée de deux serres en chef et d'une en pointe, penché, timbré d'un heaume.

seel · grard · pletin
(Seel Grard Plétin.)

Voyez le n° 2147.

2201 PILLETTE (JEAN),
Homme du chapitre de Cambrai. — 1410.
Sceau rond, de 20 mill. — Arch. du Nord; évêché et chapitre de Cambrai.

Écu au chien passant devant un arbre, soutenu par un dextrochère.

S · IOHANS · PIL.....
(Seel Johans Pillette.)

Voyez le n° 2149.

2202 POTIER (JACQUES),
Homme du chapitre de Cambrai. — 1543.
Sceau rond, de 22 mill. — Arch. du Nord; évêché et chapitre de Cambrai.

Écu portant une buire.

S IA... POTIER
(Seel Ja... Potier.)

Voyez le n° 2144.

2203 POURVOYEUR (JEAN LE),
Homme du chapitre de Cambrai. — 1481.
Sceau rond, de 20 mill. — Arch. du Nord; évêché et chapitre de Cambrai.

Écu à la fasce accompagnée de deux étoiles en chef et d'une en pointe.

S · iehan · le · pourveur
(Seel Johan le Pourveur.)

Voyez le n° 2142.

2204 PUCH (COLARD DU),
Homme du chapitre de Cambrai. — 1481.
Sceau rond, de 25 mill. — Arch. du Nord; évêché et chapitre de Cambrai.

Un puits et, au-dessus, un seau suspendu à une poulie; dans le champ, un écusson à deux jumelles.

colla.. du puch
(Collart du Puch.)

Voyez le n° 2143.

2205 PUCHE (JEAN),
Homme du chapitre de Cambrai. — 1388.
Sceau rond, de 23 mill. — Arch. du Nord; évêché et chapitre de Cambrai.

Écu au chevron chargé d'une étoile et accompagné de trois oiseaux, dans un hexagone.

seel iehan puche
(Seel Johan Puche.)

Voyez le n° 2140.

2206 PUIS (GILLES DU),
Homme du chapitre de Cambrai. — 1511.
Sceau rond, de 24 mill. — Arch. du Nord; évêché et chapitre de Cambrai.

Une doloire.

s gilles du puis?
(Seel Gilles du Puis.)

Voyez le n° 2169.

2207 QUESNOY (JACQUES DU),
Homme du chapitre de Cambrai. — 1409.
Sceau rond, de 25 mill. — Arch. du Nord; évêché et chapitre de Cambrai.

Écu portant un chêne, dans un trilobe.

s · iakemaert · du · kainoet
(Seel Jakemaert du Kainoet.)

Voyez le n° 2135.

2208 RAMILLIES (JEAN DE),
Homme du chapitre de Cambrai. — 1387.
Sceau ogival, du 32 mill. — Arch. du Nord; évêché et chapitre du Cambrai.

Saint Jean-Baptiste tenant l'Agnus Dei.

✠ SCS · IOHANNES · BAPTISTA
(Sanctus Johannes Baptista.)

Voyez le n° 2145.

2209 REBAIX (JEAN DE),
Homme du chapitre de Cambrai. — 1402.
Sceau rond, de 23 mill. — Arch. du Nord; évêché et chapitre de Cambrai.

Écu portant trois hures, dans un trilobe.

s' iehan de rebais
(Seel Johan de Rebaix.)

Sentence au sujet de dîmes et de terrages à Saint-Vaast et à Saint-Hylaire. — 11 mai 1402.

2210 ROCOURT (MÉDARD DE),
Homme du chapitre de Cambrai. — 1657.
Sceau rond, de 40 mill. — Arch. du Nord; évêché et chapitre de Cambrai.

Écu billeté à la bordure au franc canton chargé d'une

coquille, timbré d'un heaume cimé d'un cygne, supporté par deux femmes sauvages.

S · MEDARD · DE ROCOVRT

Voyez le n° 2170.

2211   ROSEL (ROBERT),

Homme du chapitre de Cambrai. — 1410.

Sceau rond, de 22 mill. — Arch. du Nord; abbaye de Saint-Aubert.

Écu à trois chevrons accompagnés d'une rose ou d'une roue au canton dextre.

✠ ROBER. ROSEL

(Robert Rosel.)

Acquisition d'un fief à Montigny. — 21 janvier 1413.

2212   SAINT-AUBERT (ALARD DE),

Homme du chapitre de Cambrai. — 1351.

Sceau rond, de 21 mill. — Arch. du Nord; évêché et chapitre de Cambrai.

Un bœuf passant à dextre.

S' ALART DE S' AVBERT

(Seel Alart de Saint Aubert.)

Voyez le n° 2163.

2213   SAINT-JULIEN (BAUDOUIN DE).

Homme du chapitre de Cambrai. — 1353.

Sceau rond, de 21 mill. — Arch. du Nord; évêché et chapitre de Cambrai.

Un monstre à tête humaine.

S' BAVDVIR D.....AIR

(Seel Bauduin de Saint Julain.)

Voyez le n° 2171.

2214   SAINT-QUENTIN (JEAN DE).

Homme du chapitre de Cambrai. — 1412.

Sceau rond, de 22 mill. — Arch. du Nord; abbaye de Saint-Aubert.

Écu à la tête de léopard, soutenu par un saint Jean-Baptiste, dans un ovale.

s · iehan · de · saint · quentin

(Seel Jehan de Saint Quentin.)

Voyez le n° 2211.

2215   SAINT-SOUPLET (JACQUES DE).

Homme du chapitre de Cambrai. — 1387.

Sceau rond, de 18 mill. — Arch. du Nord; évêché et chapitre de Cambrai.

Écu à la barre accompagnée de . . . , dans un trilobe.

CHES IAREMARS · DE · S' SOVPLE

(Ches Jakemart de Saint Souple.)

Voyez le n° 2145.

2216   SAVY (THOMAS DE),

Homme du chapitre de Cambrai. — 1513.

Sceau rond, de 22 mill. — Arch. du Nord; évêché et chapitre de Cambrai.

Écu vairé au chef chargé de . . . , soutenu par une aigle.

s thoma de sauvy

(Seel Thoma de Sauwy.)

Voyez le n° 2198.

2217   SORBRUECQ? (JEAN DE),

Homme du chapitre de Cambrai. — 1392.

Sceau rond, de 22 mill. — Arch. du Nord; évêché et chapitre de Cambrai.

Écu à trois étoiles accompagnées d'un oiseau en abîme.

s iehan de sorb.....

(Seel Jehan de Sorb......)

Voyez le n° 2154.

2218   TAYEBART (JEAN).

Homme du chapitre de Cambrai. — 1447.

Sceau rond, de 21 mill. — Arch. du Nord; évêché et chapitre de Cambrai.

La Vierge debout avec l'enfant Jésus; devant elle, sénestre, un personnage à genoux.

s iehan taybart

(Seel Jehan Taybart.)

Acquisition de la mairie d'Avesnes-lez-Aubert. — Cambrai, 27 septembre 1447.

2219   THUN (COLARD DE).

Homme du chapitre de Cambrai. — 1480.

Sceau rond, de 24 mill. — Arch. du Nord; évêché et chapitre de Cambrai.

Écu monogrammatique, soutenu par un ange.

S collart de tunc

(Seel Collart de Tune.)

Voyez le n° 2147.

2220   VARLUT (FÉLIX).

Homme du chapitre de Cambrai. — 1543.

Sceau rond, de 22 mill. — Arch. du Nord; évêché et chapitre de Cambrai.

Écu à l'aigle éployée.

seel · felix · varlut

(Seel Félix Varlut.)

Voyez le n° 2144.

2221 VEAU (GILLES LE).

Homme du chapitre de Cambrai. — 1388.

Sceau rond, de 20 mill. — Arch. du Nord; évêché et chapitre de Cambrai.

Écu au rencontre de bœuf surmonté d'un croissant chargé d'une étoile, soutenu par un ange, dans une ogive.

sigillum egidi vituli

(Sigillum Egidi Vituli.)

Voyez le n° 2140.

2222 VERNYTO (JEAN),

Homme du chapitre de Cambrai. — 1657.

Sceau rond, de 41 mill. — Arch. du Nord; évêché et chapitre de Cambrai.

Écu à la fasce accompagnée de trois étoiles en chef et de trois roses en pointe, timbré d'un heaume.

SEEL · IAN · VERNYTO

Voyez le n° 2170.

2223 VILLAIN (JACQUES),

Homme du chapitre de Cambrai. — 1481.

Sceau rond, de 23 mill. — Arch. du Nord; évêché et chapitre de Cambrai.

Une rose.

Seel · iaques · villain

(Seel Jaques Villain.)

Voyez le n° 2142.

2224 VILLAIN (JACQUES).

Homme du chapitre de Cambrai. — 1497.

Sceau rond, de 24 mill. — Arch. du Nord; évêché et chapitre de Cambrai.

Un arbre accosté de deux étoiles.

. . . aquemar · villain

(Seel Jaquemart Villain.)

Voyez le n° 2188.

2225 VILLERS (GÉRARD DE).

Homme du chapitre de Cambrai. 1445.

Sceau rond, de 25 mill. — Arch. du Nord; évêché et chapitre de Cambrai.

Écu portant un mortier, supporté par deux sauvages munis de pilons et broyant dans le mortier.

s gra.. r villers

(Seel Grart de Willers.)

Voyez le n° 2178.

2226 WANQUETIN (HUGUES DE),

Homme du chapitre de Cambrai. — 1387.

Sceau rond, de 23 mill. — Arch. du Nord; évêché et chapitre de Cambrai.

Écu au lion, dans un trilobe.

S' HVG · DE · WANKETIN

(Seel Hue de Wanketin.)

Voyez le n° 2145.

2227 WATINE (ADAM),

Homme du chapitre de Cambrai. — 1410.

Sceau rond, de 19 mill. — Arch. du Nord; évêché et chapitre de Cambrai.

Écu à la croix denchée chargée en cœur d'une étoile et au lambel, dans une rose.

HDHN WHTINE

(Adan Watine.)

Voyez le n° 2149.

2228 WATTELIER (JEAN),

Homme du chapitre de Cambrai. — 1608.

Sceau rond, de 26 mill. — Arch. du Nord; évêché et chapitre de Cambrai.

Écu au sautoir cantonné de quatre quintefeuilles, soutenu par un ange.

seel · iehan · wattelier

(Seel Jehan Wattelier.)

Voyez le n° 2193.

HOMMES DU PRÉVÔT DU CHAPITRE DE CAMBRAI.

2229 BOURCAUT (JEAN),

Homme du prévôt du chapitre de Cambrai à Saint-Hylaire. — 1617.

Sceau rond, de 35 mill. — Arch. du Nord; évêché et chapitre de Cambrai.

Écu portant trois pals au franc canton sénestre chargé d'un croissant tourné, penché, timbré d'un heaume cimé d'une tête de bélier.

SEEL · DE · IAN · DE · BOVSHAVT

Rapport de deux fiefs. — Cambrai, 4 juillet 1617.

2230 FORT (JEAN LE).

Homme du prévôt du chapitre de Cambrai à Saint-Hylaire. — 1617.

Sceau rond, de 36 mill. — Arch. du Nord; évêché et chapitre de Cambrai.

Écu monogrammatique.

SEEL · DE · IEHAN · LE · FORT

Voyez le n° 2229.

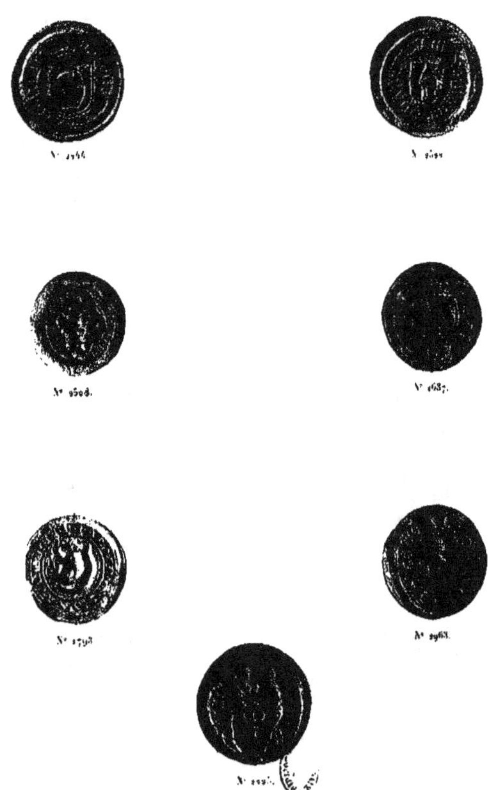

N° 2225. Garand de Villers. — N° 2245. Pierre Charinier. — N° 2508. Guillaume Lascot. — N° 2509. Guillaume Patin
N° 2637. Simon de Saint-Vaast. — N° 2793 Guillaume le Brun. — N° 2963 Raoul Vern

HOMMES DE LA COLLÉGIALE DE SAINT-GÉRY DE CAMBRAI.

2231   BARALLE (GABRIEL DE),

Homme de la collégiale de Saint-Géry. — 1627.

Sceau rond, de 29 mill. — Arch. du Nord; collégiale de Saint-Géry.

Écu portant les initiales G. B. entrelacées, soutenu par un ange.

s · ga . . . . . de · baralle

(Seel Gabriel de Baralle.)

Aveu d'un fief à Ramillies. — 24 avril 1627.

2232   BARBAISE (ROBERT DE),

Homme de la collégiale de Saint-Géry. — 1537.

Sceau rond, de 29 mill. — Arch. du Nord; collégiale de Saint-Géry.

Écu à la croix, écartelé d'un sautoir, penché, timbré d'un heaume.

. . . . . rt de b . . b . . se

(Seel Robert de Barbaise.)

Aveu d'un fief sis au Roquier. — 27 novembre 1537.

2233   BRISEUX (THOMAS),

Homme de la collégiale de Saint-Géry. — 1519.

Sceau rond, de 22 mill. — Arch. du Nord; collégiale de Saint-Géry.

Écu au marteau accosté de deux étoiles. — Légende détruite.

Aveu d'un fief sis entre Éwars et Cuvillers. — 21 novembre 1519.

2234   BUIRETTE (ANDRÉ),

Homme de la collégiale de Saint-Géry. — 1587.

Sceau rond, de 32 mill. — Arch. du Nord; collégiale de Saint-Géry.

Écu au chevron chargé d'une croisette à sa pointe et accompagné de trois étoiles, penché, timbré d'un heaume.

S · D · ANDRIEV · BVIRETTE

Aveu d'un fief à Fontaine-Notre-Dame. — 19 mai 1587.

2235   CAMBRAY (JEAN),

Homme de la collégiale de Saint-Géry. — 1484.

Sceau rond, de 25 mill. — Arch. du Nord; collégiale de Saint-Géry.

Une équerre accompagnée de feuillages.

jehan cambray

(Jehan Cambray.)

Aveu d'un fief à Busigny. — 24 juin 1484.

2236   CANTERAINE (PIERRE),

Homme de la collégiale de Saint-Géry. — 1524.

Sceau rond, de 26 mill. — Arch. du Nord; collégiale de Saint-Géry.

Écu au sautoir chargé d'une coquille en cœur et cantonné de quatre hermines, soutenu par un ange.

. . . . re canteraine

(Pierre Canteraine.)

Aveu d'un fief sis entre Éwars et Cuvillers. — 12 avril 1524.

2237   CARLIER (LOUIS LE),

Homme de la collégiale de Saint-Géry. — 1536.

Sceau rond, de 24 mill. — Arch. du Nord; collégiale de Saint-Géry.

Écu au lion contourné, parti d'une roue coupée d'une quintefeuille, au lambel sur le tout.

SIGILLVM LODWICI CARLIER 1534

Aveu d'un fief à Ramillies. — Avril 1536.

2238   CASTELLAIN (ANSEL),

Homme de la collégiale de Saint-Géry. — 1534.

Sceau rond, de 25 mill. — Arch. du Nord; collégiale de Saint-Géry.

Écu portant un hameçon sous un chef chargé de deux oiseaux affrontés, soutenu par un ange.

s · anſſe · caſtellain

(Seel Ansse Castellain.)

Aveu d'un fief à Ramillies. — 10 . . . . . 1534.

2239   CLERC (ADAM LE),

Homme de la collégiale de Saint-Géry. — 1430.

Sceau rond, de 18 mill. — Arch. du Nord; collégiale de Saint-Géry.

Écu portant un rasoir accompagné de trois étoiles.

adan · le · clerc

(Adan le Clerc.)

Record de la vente d'un fief à Fressies. — 7 février 1430.

2240   CLICART (GUILLAUME),

Homme de la collégiale de Saint-Géry. — 1356.

Sceau rond, de 23 mill. — Arch. du Nord; collégiale de Saint-Géry.

Écu à la croix engrêlée, au franc canton chargé d'un lion passant. — Légende détruite.

Acquisition de la mairie de Metz-en-Couture. — 4 février 1356.

2241   COQUIN (JEAN),

Homme de la collégiale de Saint-Géry. — 1444.

Sceau rond, de 24 mill. — Arch. du Nord; collégiale de Saint-Géry.

Écu portant un coq accompagné de deux étoiles en chef, dans un trilobe.

..el · tehan · qoqquin

(Seel Johan Qoqquin.)

Droits de la collégiale de Saint-Géry sur la mairie de Hem. — ... juillet 1644.

2242   CORDIER (JEAN),
Homme de la collégiale de Saint-Géry. — 1493.
Sceau rond, de 20 mill. — Arch. du Nord; collégiale de Saint-Géry.

Un arbre accosté de deux étoiles.

S · tehan · cor...r

(Seel Johan Cordier.)

Aveu d'un fief à Hem-Lenglet. — 4 janvier 1493.

2243   COSTES (JEAN DE),
Homme de la collégiale de Saint-Géry. — 1494.
Sceau rond, de 27 mill. — Arch. du Nord; collégiale de Saint-Géry.

Écu au cerf passant, penché, timbré d'un heaume.

seel · tehan .. ... e

(Seel Johan de Coste.)

Aveu d'un fief à Busigny. — 11 mai 1494.

2244   CRÉTINIER (PIERRE),
Homme de la collégiale de Saint-Géry. — 1535.
Sceau rond, de 24 mill. — Arch. du Nord; collégiale de Saint-Géry.

Écu portant un panier, à la bordure.

SEEL : PIERRE · CRETINIER

(Seel Pierre Cretinier.)

Aveu d'un fief au Roquier. — 31 août 1535.

2245   CREUX (JEAN DE),
Homme de la collégiale de Saint-Géry. — 1453.
Sceau rond, de 23 mill. — Arch. du Nord; collégiale de Saint-Géry.

Écu à la croix denchée, cantonnée de deux croisettes en chef, penché, timbré d'un heaume.

S · tehan · de · creux

(Seel Jehan de Creux.)

Aveu d'un fief à Fontaine-Notre-Dame. — 12 février 1453.

2246   DIEULOT (JEAN),
Homme de la collégiale de Saint-Géry. — 1515.
Sceau rond, de 19 mill. — Arch. du Nord; collégiale de Saint-Géry.

Écu portant deux estocs en sautoir accostés de deux étoiles, soutenu par un ange.

s · iau · dieulo

(Seel Jan Dieulo.)

Aveu d'un fief à Hem. — 22 décembre 1515.

2247   FÈVRE (AMAURI LE),
Homme de la collégiale de Saint-Géry. — 1599.
Sceau rond, de 25 mill. — Arch. du Nord; collégiale de Saint-Géry.

Une étoile à seize rais,

s · morry : le febvre ·

(Seel Morry le Febvre.)

Aveu d'un fief au Roquier. — 10 novembre 1599.

2248   FOSSE (FRANÇOIS DE LA),
Homme de la collégiale de Saint-Géry. — 1587.
Sceau rond, de 34 mill. — Arch. du Nord; collégiale de Saint-Géry.

Écu au chevron accompagné de trois trèfles, supporté par un lion.

SEEL · DE · FRANCHOIS · DE · LE · FOSSE

Aveu d'un fief à Ramillies. — 27 avril 1587.

2249   FOUCQUART (MAHIEU),
Homme de la collégiale de Saint-Géry. — 1435.
Sceau rond, de 24 mill. — Arch. du Nord; collégiale de Saint-Géry.

Écu portant trois épis en pal, penché, timbré d'un heaume cimé de deux épis, supporté par deux chiens.

seel mahieu foub...

(Seel Mahieu Foukart.)

Aveu d'un fief à Ramillies. — 9 novembre 1435.

2250   FOULON (EUSTACHE),
Homme de la collégiale de Saint-Géry. — 1611.
Sceau rond, de 37 mill. — Arch. du Nord; collégiale de Saint-Géry.

Écu au chevron accompagné de deux étoiles en chef et d'une rose en pointe, timbré d'un heaume cimé d'un griffon.

S · DE · EVSTACE · FOVLLON · 1603

Aveu d'un fief à Flesquières. — 25 février 1611.

2251   FOUR (GUILLAUME DU),
Homme de la collégiale de Saint-Géry. — 1506.
Sceau rond, de 24 mill. — Arch. du Nord; collégiale de Saint-Géry.

Écu au sautoir cantonné d'une étoile en chef et de trois oiseaux aux trois autres cantons.

S · guilame du four

(Seel Guilame du Four.)

Aveu d'un fief à Busigny. — 10 avril 1506.

2252   FRANCHOMME (JEAN LE),

Homme de la collégiale de Saint-Géry. — 1493.

Sceau rond, de 26 mill. — Arch. du Nord; collégiale de Saint-Géry.

Écu au chevron chargé de trois étoiles, penché, timbré d'un heaume.

s · ıehan · le · franchome

(Seel Jehan le Franchome.)

Aveu d'un fief à Fressies. — 2 décembre 1493.

2253   HENNE (MATHIEU),

Homme de la collégiale de Saint-Géry. — 1535.

Sceau rond, de 24 mill. — Arch. du Nord; collégiale de Saint-Géry.

Écu à la fasce accompagnée de deux croissants en chef et d'une rose en pointe, soutenu par un homme sauvage.

s mathıeu henne

(Seel Mathieu Henne.)

Aveu d'un fief à Hordain. — 15 juin 1535.

2254   HOLLANDAIS (JEAN).

Homme de la collégiale de Saint-Géry. — 1540.

Sceau rond, de 21 mill. — Arch. du Nord; collégiale de Saint-Géry.

Une étoile à seize rais.

s : ıan : hollandoıs :

(Seel Jan Hollandois.)

Aveu d'un fief à Hem-Lenglet. — 21 novembre 1540.

2255   HUISNE (AUBERT),

Homme de la collégiale de Saint-Géry. — 1463.

Sceau rond, de 18 mill. — Arch. du Nord; collégiale de Saint-Géry.

Écu à l'estoc en bande accompagné d'une étoile en chef.

s · obert · huyne

(Seel Obert Huyne.)

Aveu d'un fief à Cagnoncle. — 31 décembre 1463.

2256   HUSTIN (JEAN).

Homme de la collégiale de Saint-Géry. — 1540.

Sceau rond, de 30 mill. — Arch. du Nord; collégiale de Saint-Géry.

Écu écartelé portant au 1 un lion contourné, au 2 une aigle éployée, au 3 une croix ancrée chargée d'un annelet en cœur, au 4 l'initiale h; supporté par un homme sauvage.

s · IEHAN · HVSTIN

(Seel Jehan Hustin.)

Aveu d'un fief à Hem-Lenglet. — 27 septembre 1540

2257   HUSTIN (JEAN),

Homme de la collégiale de Saint-Géry. — 1524.

Sceau rond, de 28 mill. — Arch. du Nord; collégiale de Saint-Géry.

Écu au chevron chargé de cinq quintefeuilles et accompagné de trois autres, soutenu par un ange.

s : ıan : huſtın :

(Seel Jan Hustin.)

Aveu d'un fief au Roquier. — 6 novembre 1524.

2258   HUSTIN (ROBERT).

Homme de la collégiale de Saint-Géry. — 1631.

Sceau rond, de 34 mill. — Arch. du Nord; collégiale de Saint-Géry.

Écu au chevron chargé d'une rose à sa pointe et accompagné de deux gerbes en chef et d'un . . . en pointe, supporté par un homme sauvage.

SEEL · DE · ROBERT · HVSTIN

Aveu d'un fief à Cagnoncle. — 2 juin 1631.

2259   JARDET (PIERRE),

Homme de la collégiale de Saint-Géry. — 1440.

Sceau rond, de 18 mill. — Arch. du Nord; évêché et chapitre de Cambrai.

Une écrevisse.

pıerarı ıardeı

(Pierart Jardet.)

Aveu d'un fief à Fressies. — 7 juillet 1440.

2260   LANDAS (NICOLAS DE),

Homme de la collégiale de Saint-Géry. — 1518.

Sceau rond, de 23 mill. — Arch. du Nord; collégiale de Saint-Géry

Représentation monogrammatique.

. . . . . arı de landas

(Seel Colart de Landas.)

Restitution d'un criminel saisi par les gens du seigneur d'Havrincourt dans la seigneurie de la collégiale de Saint-Géry à Flesquières. — 9 août 1518.

2261   LATTRE (JEAN DE).

Homme de la collégiale de Saint-Géry. — 1485.

Sceau rond, de 24 mill. — Arch. du Nord; collégiale de Saint-Géry

Représentation barbare d'un prélat mitré, crossé et bénissant.

ıehan de lattre

(Jehan de Lattre.)

Aveu d'un fief à Hem-Lenglet. — 20 juin 1485

2262   MAILLE (ÉLOI),

Homme de la collégiale de Saint-Géry. — 1588.

Sceau rond, de 31 mill. — Arch. du Nord; collégiale de Saint-Géry.

Écu monogrammatique, timbré d'un heaume cimé d'un lion issant.

SEEL ELOY MAILLE

Aveu d'un fief au Roquier. — 15 février 1586.

2263   MAIRE (COLARD LE),

Homme de la collégiale de Saint-Géry. — 1457.

Sceau rond, de 24 mill. — Arch. du Nord; collégiale de Saint-Géry.

Écu portant trois têtes de roi, soutenu par un ange.

s · collart · le · maire

(Seel Collart le Maire.)

Aveu d'un fief à Flesquières. — 28 juillet 1457.

2264   MAIRESSE (FLORENT),

Homme de la collégiale de Saint-Géry. — 1620.

Sceau rond, de 35 mill. — Arch. du Nord; collégiale de Saint-Géry.

Écu portant trois feuilles de vigne?, supporté par un lion.

S · FLORENT · MAIRESSE

Aveu d'un fief à Hem-Lenglet. — 21 juillet 1620.

Nota. Florent Mairesse était en 1617 greffier de la collégiale de Saint-Géry.

2265   MAIRIEN (JACQUES),

Homme de la collégiale de Saint-Géry. — 1430.

Sceau rond, de 20 mill. — Arch. du Nord; collégiale de Saint-Géry.

Écu à trois chevrons accompagnés de trois fruits?, dans un trilobe.

iacobus · marieu

(Jacobus Marien.)

Voyez le n° 2239.

2266   MILLOT (FLORENT),

Homme de la collégiale de Saint-Géry. — 1519.

Sceau rond, de 32 mill. — Arch. du Nord; collégiale de Saint-Géry.

Écu portant une hache? accompagnée à sénestre d'une marguerite, soutenu par un personnage nimbé à attributs indistincts.

s. florrent......

(Seel Florrent Millot.)

Restitution d'un criminel soustrait à la juridiction de la collégiale de Saint-Géry par des soudoyers du château de Bohain. — 15 octobre 1519.

2267   MIQUIEL (NICAISE),

Homme de la collégiale de Saint-Géry. — 1458.

Sceau rond, de 20 mill. — Arch. du Nord; collégiale de Saint-Géry.

Une doloire chargée d'une coquille.

S · m....e : miquiel

(Seel Nicaise Miquiel.)

Aveu d'un fief à Fressies. — 10 juin 1458.

2268   MOREL (JEAN),

Homme de la collégiale de Saint-Géry. — 1464.

Sceau rond, de 18 mill. — Arch. du Nord; collégiale de Saint-Géry.

Écu portant une rose.

s iehan moriau

(Seel Jehan Moriau.)

Aveu d'un fief tenu du Roquier. — 28 février 1464.

2269   NOYERS (JEAN DE),

Homme de la collégiale de Saint-Géry. — 1430.

Sceau rond, de 25 mill. — Arch. du Nord; collégiale de Saint-Géry.

Écu à trois coquilles, penché, timbré d'un heaume cimé d'une tête de licorne, supporté par une dame.

s : iehau : de : nouers :

(Seel Jehan de Noiiers.)

Voyez le n° 2239.

2270   OBLIN (ÉLOI),

Homme de la collégiale de Saint-Géry. — 1587.

Sceau rond, de 25 mill. — Arch. du Nord; collégiale de Saint-Géry.

Écu portant trois fers de cheval accompagnés d'une pelle accostée de deux clous.

SEEL · ELOI · OBBLIN

Aveu d'un fief tenu du Roquier. — 2 mai 1587.

2271   PAS (JEAN DU),

Homme de la collégiale de Saint-Géry. — 1523.

Sceau rond, de 26 mill. — Arch. du Nord; collégiale de Saint-Géry.

Une gerbe surmontée d'une étoile, sur champ d'arabesques.

s : iau du : pas :

(Seel Jan du Pas.)

Aveu d'un fief à Hem-Lenglet. — 18 juillet 1523.

2272　　PIERRE (JEAN DE LA).

Homme de la collégiale de Saint-Géry. — 1587.

Sceau rond, de 30 mill. — Arch. du Nord; collégiale de Saint-Géry.

Écu à trois bandes, la deuxième chargée de trois coquilles.

SEEL • IEHAN • DE • LE • PIERRE

(Seel Jehan de le Pierre.)

Aveu d'un fief à Ramillies. — 22 décembre 1587.

2273　　PRÉAU (JACQUES).

Homme de la collégiale de Saint-Géry. — 1537.

Sceau rond, de 27 mill. — Arch. du Nord; collégiale de Saint-Géry.

Écu portant trois anneaux entrelacés et accompagnés de trois points, supporté par un homme sauvage.

S • IX...ES • PREAV •

(Seel Jacques Préau.)

Aveu d'un fief à Ramillies. — 1er février 1537.

2274　　ROSEL (GUI),

Homme de la collégiale de Saint-Géry. — 1407.

Sceau rond, de 20 mill. — Arch. du Nord; collégiale de Saint-Géry.

Écu à trois chevrons accompagnés de deux étoiles en chef.

GVI ROSEL

(Gui Rosel.)

Record de la vente d'un fief à Fressies. — 7 août 1407.

2275　　ROT (NICAISE DU).

Homme de la collégiale de Saint-Géry. — 1444.

Sceau rond, de 29 mill. — Arch. du Nord; collégiale de Saint-Géry.

Écu portant un fretté d'architecture gothique.

s • nicaise • du • rot

(Seel Nicaise du Rot.)

Voyez le n° 2241.

2276　　RUFIN (PIERRE).

Homme de la collégiale de Saint-Géry. — 1513.

Sceau rond, de 23 mill. — Arch. du Nord; collégiale de Saint-Géry.

Écu portant une sextefeuille.

S pierre rufin

(Seel Pierre Rufin.)

Aveu d'un fief au Roquier. — 28 mars 1513.

2277　　SAINT-HYLAIRE (GUÉRARD DE).

Homme de la collégiale de Saint-Géry. — 1494.

Sceau rond, de 28 mill. — Arch. du Nord; collégiale de Saint-Géry.

Écu à la croix ancrée, brisé d'une quintefeuille au canton dextre, penché, timbré d'un heaume cimé d'un buste de femme.

S ...rart de saintelai..

(Seel Guérart de Saintelaire.)

Aveu d'un fief situé à Fressies et à Hem. — 4 juillet 1494.

2278　　SAUCHBOIS (JEAN DU).

Homme de la collégiale de Saint-Géry. — 1518.

Sceau rond, de 27 mill. — Arch. du Nord; collégiale de Saint-Géry.

Écu à trois trèfles, penché, timbré d'un heaume cimé d'une tête de licorne.

S • iehan • du • saubois

(Seel Jehan du Saubois.)

Aveu d'un fief au Roquier. — 21 juin 1518.

2279　　SELLIER (JEAN LE).

Le jeune, homme de la collégiale de Saint-Géry. — 1465.

Sceau rond, de 22 mill. — Arch. du Nord; collégiale de Saint-Géry.

Écu portant une selle accompagnée de trois roses, supporté par un griffon.

s iehan le sellier le ione

(Seel Johan le Sellier le june.)

Aveu d'un fief à Flesquières. — 20 juillet 1465.

2280　　TULLIN (DENIS).

Dit le Grand, homme de la collégiale de Saint-Géry. — 1516.

Sceau rond, de 26 mill. — Arch. du Nord; collégiale de Saint-Géry.

Écu à trois trèfles, timbré d'un Agnus Dei.

S denis tullin d' le grat

(Seel Denis Tullin dit le Grant.)

Aveu de deux fiefs au Roquier. — 3 octobre 1516.

2281　　TUMEREL (GUILLAUME).

Homme de la collégiale de Saint-Géry. — 1511.

Sceau rond, de 30 mill. — Arch. du Nord; collégiale de Saint-Géry.

Un bourdon accosté de deux étoiles.

S • guillame • tumerel

(Seel Guillame Tumerel.)

Aveu d'un fief à Cagnoncle. — 7 juin 1511.

2282   WARNET (JEAN),

Homme de la collégiale de Saint-Géry. — 1430.

Sceau rond, de 23 mill. — Arch. du Nord; collégiale de Saint-Géry.

Écu portant la lettre M couronnée, écartelé d'un sautoir, soutenu par un ange.

S' IEHAN WARNET

(Seel Jehan Warnet.)

Voyez le n° 2239.

2283   WILLART (COLARD),

Homme de la collégiale de Saint-Géry. — 1484.

Sceau rond, de 21 mill. — Arch. du Nord; collégiale de Saint-Géry.

Un arbre.

s · colart · wilart

(Seel Colart Wilart.)

Aveu d'un fief à Busigny. — 26 juin 1484.

HOMMES DE L'ÉCOLÂTRE DE SAINT-GÉRY DE CAMBRAI.

2284   BALLICQUE (MELCHIOR),

Homme de l'écolâtre de Saint-Géry. — 1537.

Sceau rond, de 26 mill. — Arch. du Nord; collégiale de Saint-Géry.

Écu au chevron accompagné de deux quintefeuilles en chef et d'un croissant en pointe.

s · meclio · balicque

(Seel Meclio Balicque.)

Confirmation des droits de terrage de l'écolâtre de Saint-Géry à Fontaine-Notre-Dame. — 8 mai 1537.

2285   BEAUMONT (NICOLAS DE),

Homme de l'écolâtre de Saint-Géry. — 1438.

Sceau rond, de 26 mill. — Arch. du Nord; collégiale de Saint-Géry.

Écu au sautoir, supporté par un griffon.

s ..... de biaumont

(Seel ..... de Biaumont.)

Obligation d'Aimeri de Hémonlieu, drapier à Cambrai, pour une rente de six chapons. — 25 novembre 1438.

2286   BLOCQUEL (JEAN),

Homme de l'écolâtre de Saint-Géry. — 1485.

Sceau rond, de 25 mill. — Arch. du Nord; collégiale de Saint-Géry.

Écu au chevron accompagné de trois oiseaux, penché et timbré d'un heaume cimé d'un chapel.

s rebau bloquel

(Seel Jehan Bloquel.)

Aveu d'un fief sis près l'abbaye de Prémy. — 14 janvier 1486.

2287   BLOCQUEL (ROBERT),

Homme de l'écolâtre de Saint-Géry. — 1563.

Sceau rond, de 38 mill. — Arch. du Nord; collégiale de Saint-Géry.

Écu au chevron accompagné de trois oiseaux, timbré d'un heaume cimé d'un chapel.

SEEL · ROBERT · BLOQVIEL

Aveu d'un fief tenu de la seigneurie de la Buze. — 8 mars 1565.

2288   CATILLON (JÉRÔME DE),

Homme de l'écolâtre de Saint-Géry. — 1540.

Sceau rond, de 30 mill. — Arch. du Nord; collégiale de Saint-Géry.

Écu au chevron chargé de trois étoiles et accompagné de deux fleurs (deux campanules) en chef et d'un trèfle en pointe, soutenu par un homme sauvage.

S IEROAME CXTILLON

(Seel Jérôme Catillon.)

Aveu d'un fief dans la banlieue de Cambrai. — 17 novembre 1540.

2289   FOURNIER (BERTRAND LE),

Homme de l'écolâtre de Saint-Géry. — 1464.

Sceau rond, de 25 mill. — Arch. du Nord; collégiale de Saint-Géry.

Écu portant un écureuil, soutenu par un homme sauvage.

S' BERTRAN · E · FORNIER

(Seel Bertran le Fornier.)

Donation du fief de la Buze. — Cambrai, 26 septembre 1464.

2290   LALLOUX (JÉRÔME),

Homme de l'écolâtre de Saint-Géry. — 1537.

Sceau rond, de 30 mill. — Arch. du Nord; collégiale de Saint-Géry.

Écu portant un ours passant à dextre.

S · IEROAE · LXLOVX ·

(Seel Jérôme Laloux.)

Voyez le n° 2284.

2291   MARTIGNY (M' HENRI DE),

Homme de l'écolâtre de Saint-Géry. — 1464.

Sceau rond, de 23 mill. — Arch. du Nord; collégiale de Saint-Géry.

Un Agnus Dei.

s · maĝrı · ben . . . . de martegny

(Sigillum magistri Henrici de Martegny.)

Voyez le n° 2289.

2292   MENDALE (BERTRAND),

Homme de l'écolâtre de Saint-Géry. — 1464.

Sceau rond, de 20 mill. — Arch. du Nord; collégiale de Saint-Géry.

Un oiseau.

s · bertrant · maindale

(Seel Bertrant Maindale.)

Voyez le n° 2289.

2293   WANQUETIN (HUGUES DE),

Homme de l'écolâtre de Saint-Géry. — 1438.

Sceau rond, de 26 mill. — Arch. du Nord; collégiale de Saint-Géry.

Écu au lion, penché, timbré d'un heaume.

s · hue · de . . . quetin

(Seel Hue de Wanquetin.)

Voyez le n° 2285.

2294   WENDIN (ÉTIENNE),

Homme de l'écolâtre de Saint-Géry. — 1459.

Sceau rond, de 25 mill. — Arch. du Nord; collégiale de Saint-Géry.

Écu à la croix ancrée accompagnée de trois étoiles, penché et timbré d'un heaume.

. . . . ne wendin

(Seel Estevene Wendin?)

Aveu d'un fief à Fontaine-Notre-Dame. — 16 octobre 1459.

HOMMES DE LA COLLÉGIALE DE SAINTE-CROIX DE CAMBRAI.

2295   ANSART (JEAN),

Homme de la collégiale de Sainte-Croix. — 1501.

Sceau rond, de 26 mill. — Arch. du Nord; abbaye du Saint-Sépulcre.

Écu à trois anneaux entrelacés, soutenu par une dame.

S : jehan : anssart

(Seel Jehan Ansart.)

Aveu d'un fief à Boussières. — 8 février 1502.

2296   BRIQUET (PIERRE),

Homme de la collégiale de Sainte-Croix. — 1587.

Sceau rond, de 31 mill. — Arch. du Nord; collégiale de Sainte-Croix.

Écu portant trois briquets, soutenu par un ange.

s · p . . . . . bricquet

(Seel Pierre Bricquet.)

Aveu d'un fief à Noyelle. — 24 août 1587.

2297   BRUN (JACQUES LE),

Dit Carbonnier, homme de la collégiale de Sainte-Croix. — 1435.

Sceau rond, de 26 mill. — Arch. du Nord; collégiale de Sainte-Croix.

Écu portant une rose.

s · iaquemart le brun

(Seel Jaquemart le Brun.)

Don d'un fief à Villers-en-Cauchies. — 11 décembre 1436.

2298   BULLECOURT (PIERRE DE),

Homme de la collégiale de Sainte-Croix. — 1435.

Sceau rond, de 26 mill. — Arch. du Nord; évêché et chapitre de Cambrai.

Écu à la fasce accompagnée de trois marteaux, supporté par une dame.

s · pierre . . bullecourt

(Seel Pierre de Bullecourt.)

Acquisition d'un fief à Villers-en-Cauchies. — 1er août 1435.

2299   CASTELLAIN (NICOLAS),

Homme de la collégiale de Sainte-Croix. — 1545.

Sceau rond, de 26 mill. — Arch. du Nord; collégiale de Saint-Géry.

Un évêque crossé, mitré, accompagné d'une étoile à dextre.

seel . . . . las caste . . . . .

(Seel Nicolas Castellain.)

Acquisition d'un fief au terroir d'Érard. — 22 janvier 1545.

2300   MONTAY (ALARD DE),

Homme de la collégiale de Sainte-Croix. — 1511.

Sceau rond, de 23 mill. — Arch. du Nord; abbaye du Saint-Sépulcre.

Écu portant une herse accompagnée de deux croissants.

s · allard · de · montay

(Seel Allard de Montay.)

Acquisition d'un fief au terroir d'Érard. — 7 janvier 1511.

2301   PANETIER (LÉONARD LE),

Homme de la collégiale de Sainte-Croix. — 1511.

Sceau rond, de 27 mill. — Arch. du Nord; abbaye du Saint-Sépulcre.

Écu portant trois quintefeuilles accompagnées d'un

croissant en abîme, penché, timbré d'un heaume cimé d'un lévrier.

s lienart le panetier

(Seel Liénart le Panetier.)

Voyez le n° 2300.

HOMMES DE L'ABBAYE DE SAINT-AUBERT DE CAMBRAI.

2302 BAUDOUIN (JACQUES),

Homme de l'abbaye de Saint-Aubert. — 1444.

Sceau rond, de 23 mill. — Arch. du Nord; abbaye de Saint-Aubert.

Écu au sautoir engrêlé cantonné de deux étoiles en chef et en pointe et de deux croissants surmontés chacun d'une croix en flanc, soutenu par un ange.

s iaque bauduin

(Seel Jaque Bauduin.)

Voyez le n° 496.

2303 BEAUVARLET (LUC),

Homme de l'abbaye de Saint-Aubert. — 1589.

Sceau rond, de 28 mill. — Arch. du Nord; abbaye de Saint-Aubert.

Écu monogrammatique.

✠ SEEL · DE · LVC · BEAVVARLE

Vente d'un fief situé à Saint-Vaast en Cambrésis. — 27 juillet 1589.

2304 BONNAIRE (JEAN DE),

Homme de l'abbaye de Saint-Aubert. — 1402.

Sceau rond, de 21 mill. — Arch. du Nord; abbaye de Saint-Aubert.

Écu portant un soleil, dans un trilobe.

iehan . . . .unere

(Jehan de Bonnère.)

Sentence contre Robert de Hanières, qui avoit fourni indûment à d'autres seigneurs un aveu de la ville de Dehéries qu'il tenait de l'abbaye de Saint-Aubert. — 28 mai 1402.

2305 BOURCAUT (JEAN DE),

Homme de l'abbaye de Saint-Aubert. — 1625.

Sceau rond, de 34 mill. — Arch. du Nord; abbaye de Saint-Aubert.

Écu portant trois pals au franc canton sénestre chargé d'un croissant tourné, penché, timbré d'un heaume cimé d'une tête de bélier.

S · DE . IAN · DE · BOVCHAVT ·

Aveu d'un fief à Saint-Hylaire. — 3 février 1625.

2306 BOURCAUT (SIMON DE),

Homme de l'abbaye de Saint-Aubert. — 1650.

Sceau rond, de 33 mill. — Arch. du Nord; abbaye de Saint-Aubert.

Écu portant trois pals au franc canton sénestre chargé d'un croissant tourné.

LE · SEL · SIMON · DE · BOVRCHAVLT

Rapport d'un fief. — Cambrai, 20 février 1650.

2307 COQ (ROBERT LE),

Homme de l'abbaye de Saint-Aubert. — 1402.

Sceau rond, de 21 mill. — Arch. du Nord; abbaye de Saint-Aubert.

Écu portant un coq surmonté d'une étoile, dans un trilobe.

S' · ROBERT · LE · KOK ·

(Seel Robert le Kok.)

Voyez le n° 2304.

2308 COVÉE? (FRÉMIN LE),

Homme de l'abbaye de Saint-Aubert. — 1587.

Sceau rond, de 21 mill. — Arch. du Nord; abbaye de Saint-Aubert.

Un moulin à vent.

FERMIN LE COVEE

Aveu d'un fief à Saint-Vaast en Cambrésis. — 10 janvier 1587.

2309 GODRIE (JACQUES),

Homme de l'abbaye de Saint-Aubert. — 1402.

Sceau rond, de 20 mill. — Arch. du Nord; abbaye de Saint-Aubert.

Écu à trois chevrons accompagnés d'un oiseau au canton sénestre, dans un trilobe.

S' IAKEMART · GODRIE ·

(Seel Jakemart Godrie.)

Voyez le n° 2304.

2310 GUILLEBAUT (MAHIEU),

Homme de l'abbaye de Saint-Aubert. — 1383.

Sceau rond, de 19 mill. — Arch. du Nord; abbaye de Saint-Aubert

Écu portant une 𝔐 couronnée.

S · .AHIE. . . . . .EBAVT

(Seel Mahieu Guillebaut.)

Rachat d'une rente à Avesnes-le-Sec. — 31 janvier 1383.

2311 HEAUMES (NICOLAS DES).

Homme de l'abbaye de Saint-Aubert. — 1445.

Sceau rond, de 23 mill. — Arch. du Nord; abbaye de Saint-Aubert.

Écu portant trois heaumes, dans un trilobe.

S . . . . . . DE SAULSOIT

(Seel Coisot de Seulsoit.)

Record de l'arrentement d'un fief à Tilloy près Cambrai. — 2 juin 1445.

2312   JONART (GILLES),

Homme de l'abbaye de Saint-Aubert. — 1445.

Sceau rond, de 24 mill. — Arch. du Nord; abbaye de Saint-Aubert.

Écu portant trois coqs.

s · gile · ionart

(Seel Gile Jonart.)

Voyez le n° 2311.

2313   LAMIÈRE (CLAUDE DE),

Homme de l'abbaye de Saint-Aubert. — 1589.

Sceau rond, de 33 mill. — Arch. du Nord; abbaye de Saint-Aubert.

Écu au chevron accompagné de trois glands?, timbré d'un heaume cimé d'un coq issant.

SEEL · C. .VDE · DE · LAMIERE

Voyez le n° 2303.

2314   LOUDEL (SIMON),

Homme de l'abbaye de Saint-Aubert. — 1443.

Sceau rond, de 22 mill. — Arch. du Nord; abbaye de Saint-Aubert.

La lettre Ω.

S' · SIMON · LOVDEL

(Seel Simon Loudel.)

Arrentement d'un fief à Tilloy près Cambrai. — 29 juin 1443.

2315   MONTROEUL (GILLES DE),

Homme de l'abbaye de Saint-Aubert. — 1383.

Sceau rond, de 24 mill. — Arch. du Nord; abbaye de Saint-Aubert.

Écu vairé, écartelé d'une coquille, dans un quadrilobe.

.....ES DE MOVSTERVEL

(Seel Gilles de Mousteruel.)

Voyez le n° 2310.

2316   MONTROEUL (LOTARD DE),

Homme de l'abbaye de Saint-Aubert. — 1383.

Sceau rond, de 23 mill. — Arch. du Nord; abbaye de Saint-Aubert.

Écu vairé, écartelé d'une coquille, au lambel sur le tout, dans un quadrilobe.

.. lottart de mon . . . . . .

(Seel Luttart de Mousteruel.)

Voyez le n° 2310.

2317   MOULINS (JEAN DES),

Homme de l'abbaye de Saint-Aubert. — 1383.

Sceau rond, de 21 mill. — Arch. du Nord; abbaye de Saint-Aubert.

Un fer de moulin.

... IEhAN DES MOVLIN.

(Seel Jehan des Moulins.)

Voyez le n° 2310.

2318   OURMEAUX (ANSEL DES),

Homme de l'abbaye de Saint-Aubert. — 1587.

Sceau rond, de 28 mill. — Arch. du Nord; abbaye de Saint-Aubert.

Écu portant un arbre (un ormeau).

✶ S · D · ANSELOT · DES · OVRMEAVX

Aveu d'un fief sis à Saint-Aubert. — 4 août 1587.

2319   PENNOT (JACQUES),

Homme de l'abbaye de Saint-Aubert. — 1383.

Sceau rond, de 18 mill. — Arch. du Nord; abbaye de Saint-Aubert.

Écu au sautoir cantonné de quatre étoiles.

✶ S · IAhE ... S PENNOS

(Seel Jakemart Pennot.)

Voyez le n° 2310.

2320   SÉNESCAL (PIERRE LE),

Homme de l'abbaye de Saint-Aubert. — 1445.

Sceau rond, de 24 mill. — Arch. du Nord; abbaye de Saint-Aubert.

Écu au croissant accompagné de trois étoiles, penché, timbré d'un heaume cimé d'un croissant.

s · pierre · le senescal

(Seel Pierre le Sénescal.)

Voyez le n° 2311.

2321   WAUQUIER (ALEXANDRE LE),

Homme de l'abbaye de Saint-Aubert. — 1501.

Sceau rond, de 19 mill. — Arch. du Nord; abbaye de Saint-Aubert.

Écu portant un tonneau en fasce.

SANDRART · LE · WAVREIR

(Sandrart le Waukeir.)

Voyez le n° 2304.

HOMMES DE L'ABBAYE DU SAINT-SÉPULCRE DE CAMBRAI.

2322   APOTHICAIRE (ANDRÉ L'),

Homme de l'abbaye du Saint-Sépulcre. — 1308.

Sceau rond, de 18 mill. — Arch. du Nord; abbaye du Saint-Sépulcre.

La lettre A.

S' : ANDREE : LESMERE

(Sigillum Andree Lesmere.)

Acquisition de la mairie du Saint-Hylaire. — 3 mai 1318.

2323 ARRAS (SIMON D'),

Homme de l'abbaye du Saint-Sépulcre. — 1319.

Sceau rond, de 21 mill. — Arch. du Nord; abbaye du Saint-Sépulcre.

La tête de saint Jean-Baptiste dans un plat.

✳ .. SIMON · DE · ARAS

(Seel Simon de Aras.)

Record de l'achat de la mairie de Saint-Hylaire. — 30 novembre 1319.

2324 BALLICQUE (ANTOINE),

Homme de l'abbaye du Saint-Sépulcre. — 1540.

Sceau rond, de 28 mill. — Arch. du Nord; abbaye du Saint-Sépulcre.

Écu au mortier garni de deux pilons, supporté par un homme sauvage.

S ANTHONE bALICQVE

(Seel Anthone Ballicque.)

Aveu d'un fief à Quiévy. — 11 janvier 1540.

2325 BALLICQUE (LÉONARD),

Homme de l'abbaye du Saint-Sépulcre. — 1556.

Sceau rond, de 28 mill. — Arch. du Nord; abbaye du Saint-Sépulcre.

Écu au chevron accompagné de deux roses en chef et d'un croissant en pointe.

S LIENNAR bALLIC

(Seel Liennar Ballic.)

Dénombrement. — 13 juin 1556.

2326 BASOCHES (HUGUES DE),

Homme de l'abbaye du Saint-Sépulcre. — 1319.

Sceau rond, de 21 mill. — Arch. du Nord; abbaye du Saint-Sépulcre.

Écu billeté, au lion.

S h.. DE BAZ.ChES

(Seel Hue de Bazoches.)

Voyez le n° 2323.

2327 BIENPAYE (PHILIPPE),

Homme de l'abbaye du Saint-Sépulcre. — 1319.

Sceau rond, de 21 mill. — Arch. du Nord; abbaye du Saint-Sépulcre.

Des balances et une force.

S' PHILIPPE · BIENPAIE

(Seel Philippe Bienpaie.)

Voyez le n° 2323.

2328 BOUTEILLER (MARTIN),

Homme de l'abbaye du Saint-Sépulcre. — 1470.

Sceau rond, de 26 mill. — Arch. du Nord; abbaye du Saint-Sépulcre.

Écu portant trois flacons, supporté par un homme sauvage.

martin · bouteille

(Martin Bouteillé.)

Fondation d'un obit dans l'église de Crèvecœur. — Cambrai, 5 mars 1470.

2329 CABUS (GUILLAUME),

Homme de l'abbaye du Saint-Sépulcre. — 1318.

Sceau rond, de 16 mill. — Arch. du Nord; abbaye du Saint-Sépulcre.

Écu portant trois roses, au lambel.

✳ S' WILLAVMES · CABVS

(Seel Willaumes Cabus.)

Voyez le n° 2322.

2330 CASTELLAIN (GRÉGOIRE LE),

Homme de l'abbaye du Saint-Sépulcre. — 1457.

Sceau rond, de 22 mill. — Arch. du Nord; abbaye du Saint-Sépulcre.

Écu portant deux cruches accompagnées en pointe d'un objet en losange.

s grigore le castellain

(Seel Grigore le Castellain.)

Aveu d'un fief à Quiévy. — 26 septembre 1457.

2331 COLPIN (MARTIN),

Homme de l'abbaye du Saint-Sépulcre. — 1491.

Sceau rond, de 26 mill. — Arch. du Nord; abbaye du Saint-Sépulcre.

Écu à la bande, écartelé d'un losangé, au lambel sur le tout, penché, timbré d'un heaume couronné.

S martin colpin

(Seel Martin Colpin.)

Donation des dîmes de Masnières et de Rumilly par Jean d'Esnes dit le Baudrain. — Cambrai, 18 septembre 1491.

2332 COQUERIE (JEAN DE LE),

Homme de l'abbaye du Saint-Sépulcre. — 1470.

Sceau rond, de 28 mill. — Arch. du Nord; abbaye du Saint-Sépulcre.

Écu portant un coq, soutenu par un homme sauvage.

s tehan de le coquerie

(Seel Jehan de le Coquerie.)

Voyez le n° 2328.

2333 COULLON (JEAN),

Homme de l'abbaye du Saint-Sépulcre. — 1539.

Sceau rond, de 25 mill. — Arch. du Nord; collégiale de Saint-Géry.

Écu portant une colombe accompagnée d'une étoile et encadrée dans un G.

S jehan coullon

(Seel Jehan Coullon.)

Aveu d'un fief à Proville. — 24 novembre 1539.

2334 DORENLOT (CYPRIEN),

Homme de l'abbaye du Saint-Sépulcre. — 1564.

Sceau rond, de 33 mill. — Arch. du Nord; abbaye du Saint-Sépulcre.

Écu portant un pot à l'eau et au-dessus l'inscription DOR; supporté par un lévrier.

S CYPRIEN DORENLO

Aveu de deux fiefs à Saint-Hylaire. — 16 juillet 1564.

2335 GELICQ (LÉONARD),

Homme de l'abbaye du Saint-Sépulcre. — 1545.

Sceau rond, de 32 mill. — Arch. du Nord; abbaye du Saint-Sépulcre.

Écu au lion passant sous un chef chargé de trois étoiles, supporté par un lion.

S LEONARD GELICQ

(Seel Léonard Gelicq.)

Aveu d'un fief à Rumilly. — 5 juin 1545.

2336 MAHIEU (THIERRI),

Homme de l'abbaye du Saint-Sépulcre. — 1470.

Sceau rond, de 28 mill. — Arch. du Nord; abbaye du Saint-Sépulcre.

Écu portant deux roses en chef et un oiseau en pointe, supporté par une dame.

seel thieri mahieu

(Seel Thiéri Mahieu.)

Voyez le n° 2328.

2337 MAIRESSE (JEAN),

Homme de l'abbaye du Saint-Sépulcre. — 1502.

Sceau rond, de 30 mill. - Arch. du Nord; collégiale de Saint-Géry.

Écu à la croix, écartelé d'un gironné?, au lambel sur le tout, timbré d'un heaume.

S jehan mairesse

(Seel Jehan Mairesse.)

Aveu. — 11 juillet 1502.

2338 MAIRIEN (JEAN),

Homme de l'abbaye du Saint-Sépulcre. — 1491.

Sceau rond, de 23 mill. — Arch. du Nord; abbaye du Saint-Sépulcre.

Écu à trois chevrons accompagnés de deux étoiles en chef et d'une rose en pointe, supporté par un griffon.

s · jehan · marien

(Seel Jehan Marien.)

Voyez le n° 2331.

2339 MARCQ (ENGUERRAN DE),

Homme de l'abbaye du Saint-Sépulcre. — 1319.

Sceau rond, de 21 mill. — Arch. du Nord; abbaye du Saint-Sépulcre.

Écu à trois lions.

✸ S' : ENGVERAN : DE : MARKE

(Seel Engueran de Marke.)

Voyez le n° 2323.

2340 MARCQ (FRANCON DE),

Homme de l'abbaye du Saint-Sépulcre. — 1319.

Sceau rond, de 20 mill. — Arch. du Nord; abbaye du Saint-Sépulcre.

Une croix denchée, dans un quadrilobe.

✸ S' FRANCORIS · DE · MARKA

(Sigillum Francouis de Marka.)

Voyez le n° 2323.

2341 PASQUE (JEAN),

Homme de l'abbaye du Saint-Sépulcre. — 1494.

Sceau rond, de 26 mill. — Arch. du Nord; abbaye du Saint-Sépulcre.

Écu portant un p accosté de rameaux.

Seele jehan pasque

(Seele Johan Pasque.)

Aveu d'un fief à Saint-Hylaire. — 28 mars 1494.

2342 RESTEAU (FRANÇOIS),

De Valenciennes, homme de l'abbaye du Saint-Sépulcre. — 1545.

Sceau rond, de 28 mill. — Arch. du Nord; abbaye du Saint-Sépulcre.

Écu portant un râteau accosté de deux sautoirs, supporté par un lion.

FRANCHOIS RESTEAV

(Franchois Resteau.)

Aveu d'un fief à Cambrai et a Thun-l'Évêque. — 15 novembre 1545.

34.

2343   RESTEAU (JEAN),

Homme de l'abbaye du Saint-Sépulcre. — 1539.

Sceau rond, de 25 mill. — Arch. du Nord; abbaye du Saint-Sépulcre.

Écu portant un râteau accosté d'un sautoir et d'une fleur de lys, supporté par un lion.

seel : iehan : reſteau

(Seel Jehan Resteau.)

Aveu d'un fief à Proville. — 6 octobre 1539.

2344   RUE (VINCENT DE),

Homme de l'abbaye du Saint-Sépulcre. — 1491.

Sceau rond, de 26 mill. — Arch. du Nord; abbaye du Saint-Sépulcre.

Écu à la bande chargée de trois annelets, supporté par une dame.

Seel · vincent · de · rue

(Seel Vincent de Rue.)

Voyez le n° 2331.

2345   SAINT-VAAST (PIERRE DE),

Homme de l'abbaye du Saint-Sépulcre. — 1510.

Sceau rond, de 27 mill. — Arch. du Nord; abbaye du Saint-Sépulcre.

Écu portant un ours attaché.

S · pierre · de · sainct · vast

(Seel Pierre de Sainct Vast.)

Aveu d'un fief à Proville. — 18 décembre 1510.

2346   TABARIE (WAUTIER),

Homme de l'abbaye du Saint-Sépulcre. — 1319.

Sceau rond, de 19 mill. — Arch. du Nord; abbaye du Saint-Sépulcre.

Un lion accosté d'une fleur de lys à sénestre.

✱ S' WAVTIER · TABARIE

(Seel Wautier Tabarie.)

Voyez le n° 2323.

2347   TOUR (PIERRE DE LA),

Homme de l'abbaye du Saint-Sépulcre. — 1319.

Sceau rond, de 21 mill. — Arch. du Nord; abbaye du Saint-Sépulcre.

Écu à trois tours.

✱ S' PIERON · DE · LE · TOVR

(Seel Pieron de la Tour.)

Voyez le n° 2323.

JUGES COTIERS DU FIEF DE LA BOUSSARDRIE
À CAMPHIN-EN-PÉVÈLE.

2348   FIVES (JEAN DE),

Juge du fief de la Boussardrie. — 1416.

Sceau rond, de 21 mill. — Arch. du Nord; abbaye de Marquette.

Une gerbe avec deux oiseaux.

. . iehan . . fiue

(Seel Jehan de Five.)

Sentence au sujet d'une rente à Camphin-lez-Cysoing. — 21 février 1416.

2349   GILLET (JEAN),

Juge du fief de la Boussardrie. — 1416.

Sceau rond, de 22 mill. — Arch. du Nord; abbaye de Marquette.

Écu au marteau accosté de deux étoiles.

S iehan . . . let

(Seel Jehan Gillet.)

Voyez le n° 2348.

HOMME DE FIEF DE CANTAING.

2350   PUIS (JEAN DU).

1481.

Sceau rond, de 25 mill. — Arch. du Nord; évêché et chapitre de Cambrai.

Un puits avec la potence, la poulie, la corde et le seau.

. . el iehan du puis

(Seel Jehan du Puis.)

Vente d'un fief à Sancourt. — 1er avril 1481.

HOMMES DE LA COUR DE CASSEL.

2351   BOLLEKIN (JEAN),

Homme de la cour de Cassel. — 1380.

Sceau rond, de 23 mill. — Arch. du Nord; Chambre des comptes.

Écu portant trois huchets, au lambel de cinq pendants, dans un trilobe.

S . . . . R BOLLEKIN

(Seel Jehan Bollekin.)

Rachat de rente sur le merckgelt de Cassel. — 22 février 1380.

2352   BRIART (HENRI DU),

Homme de la cour de Cassel. — 1298.

Sceau rond, de 28 mill. — Arch. du Nord; Chambre des comptes.

Écu portant trois buchets, à la bande chargée de trois coquilles brochant.

S · ẞENRI · DOV · BRIART

(Seel Henri dou Briart.)

Transport de rente sur le tonlieu de Cassel. — 7 février 1298.

2353   EBBLINGHEM (SIMON D').

Homme de la cour de Cassel. — 1298.

Sceau rond, de 20 mill. — Arch. du Nord; Chambre des comptes.

Écu portant trois coqs.

⚜ S' SIM.. D. EBLEGẞEM

(Seel Simon de Ebleghem.)

Voyez le n° 2352.

2354   ISAAC (JEAN),

Homme de la cour de Cassel. — 1298.

Sceau rond, de 20 mill. — Arch. du Nord; Chambre des comptes.

Écu portant une fasce de trois fusées.

⚜ S' IEẞAN IZAT

(Seel Jehan Izat.)

Voyez le n° 2352.

2355   MASSIET (HENRI),

Homme de la cour de Cassel. — 1393.

Sceau rond, de 22 mill. — Arch. du Nord; Chambre des comptes.

Écu à la fasce bretessée et accompagnée d'une merlette en chef à sénestre, au franc canton chargé de deux fasces, dans un trilobe.

S' ẞENRIC · MẞISIES

(Segel Henric Maisies.)

Accord par lequel la dame de Cassel reçoit du comte de Flandre les reliefs des fiefs des châtellenies de Cassel, de Bourbourg et du bois de Nieppe. — Cassel, 28 juillet 1393.

2356   MASSIET (JEAN).

Homme de la cour de Cassel. — 1445.

Sceau rond, de 26 mill. — Arch. du Nord; chapitre de Lille.

Écu à la fasce bretessée, au franc canton sénestre chargé de deux fasces, penché, timbré d'un heaume cimé d'une tête de griffon.

S · IẞN · MASSIET

(Seel Jan Massiet.)

Fondation d'une double fête en l'honneur de saint Hippolyte, par Jean Chevrot, évêque de Tournay. — 17 juin 1445.

2357   MOINÉ (GAUTIER LE),

Homme de la cour de Cassel. — 1298.

Sceau rond, de 20 mill. — Arch. du Nord; Chambre des comptes.

Un moine en prières.

⚜ S' WẞVTIER LE ΜΟINNE

(Seel Woutier le Moinne.)

Voyez le n° 2352.

2358   MONDS (HENRI),

Homme de la cour de Cassel. — 1393.

Sceau rond, de 22 mill. — Arch. du Nord; Chambre des comptes.

Écu portant une aigle, au bâton brochant, dans un trilobe.

S · ẞEINRIC · MONẞS

(Segel Heinric Monts.)

Voyez le n° 2355.

2359   MONEY (NICAISE),

Homme de la cour de Cassel. — 1393.

Sceau rond, de 26 mill. — Arch. du Nord; Chambre des comptes.

Écu à la fasce de losanges accompagnée de six billettes, soutenu par un lion, dans un encadrement oblong.

S' · NIICẞSII · MONEY

(Sigillum Niicasii Money.)

Voyez le n° 2355.

2360   OXELAERE (NICOLAS D').

Homme de la cour de Cassel. — 1298.

Sceau rond, de 19 mill. — Arch. du Nord; Chambre des comptes.

Écu à trois quintefeuilles.

⚜ S : COLẞRT : DE : OXLẞRE

(Seel Colart de Oxlare.)

Voyez le n° 2352.

2361   PEENE (BAUDOUIN DE LA).

Homme de la cour de Cassel. — 1393.

Sceau rond, de 21 mill. — Arch. du Nord; Chambre des comptes.

Écu portant deux roues au-dessus d'une champagne denchée, dans un trilobe.

S · BẞVDIN .. ... PENE

(Seel Baudin de le Pene.)

Voyez le n° 2355.

2362   PRÉS (MICHEL DES).

Homme de la cour de Cassel. — 1298.

Sceau rond, de 20 mill. — Arch. du Nord; Chambre des comptes.

Écu portant un écusson en abîme, au franc canton fretté sur le tout.

✠ S' MIKIEL DES PREIS

(Seel Mikiel des Preis.)

Voyez le n° 2352.

2363   REIFS (JEAN),

Homme de la cour de Cassel. — 1393.

Sceau rond, de 23 mill. — Arch. du Nord; Chambre des comptes.

Écu portant les initiales I. R. surmontées d'une croix et accompagnées d'une fleur de lys, dans un trilobe.

S' IEHR. REIFS

(Seel Johan Reifs.)

Voyez le n° 2355.

2364   SELEURE (JACQUES),

Homme de la cour de Cassel. — 1391.

Sceau rond, de 19 mill. — Arch. du Nord; Chambre des comptes.

Écu à l'écusson en abîme chargé de trois étoiles, au lambel sur le tout, dans un trilobe.

S IRKEMRRT SELEVRE

(Seel Jakemart Seleure.)

Paix au sujet d'un meurtre. — 9 avril 1391.

2365   SCRIEN (ÉLOI),

Homme de la cour de Cassel. — 1391.

Sceau rond, de 21 mill. — Arch. du Nord; Chambre des comptes.

Écu portant trois huchets à la bordure engrêlée, dans un quadrilobe.

✠ S' LOY SVRYEN

(Seel Loy Suryen.)

Voyez le n° 2364.

2366   TOUR (JEAN DE LA),

Homme de la cour de Cassel. — 1398.

Sceau rond, de 17 mill. — Arch. du Nord; Chambre des comptes.

Écu à la porte de ville soutenue par deux tours.

✠ S · IEHAN · DE . . . OVR

(Seel Jehan de le Tour.)

Voyez le n° 2352.

2367   WALIN (GILLES),

Homme de la cour de Cassel. — 1380.

Sceau rond, de 23 mill. — Arch. du Nord; Chambre des comptes.

Écu à trois huchets accompagnés d'une étoile en abîme, dans une étoile.

S · GILLIS · WALINS

(Segel Gillis Wallns.)

Voyez le n° 2351.

2368   WALLON-CAPPEL (GILLES DE),

Homme de la cour de Cassel. — 1391.

Sceau rond, de 20 mill. — Arch. du Nord; Chambre des comptes.

Écu portant deux fasces, au filet en bande brochant.

S · GILLES · DE · WALON · CAPPELE

(Seel Gilles de Walon Cappele.)

Voyez le n° 2364.

HOMMES DE L'ABBAYE DE SAINT-ANDRÉ DU CÂTEAU.

2369   BELOT (BAUDOUIN),

Homme de l'abbaye du Câteau. — 1365.

Sceau rond, de 22 mill. — Arch. du Nord; abbaye du Câteau.

Une tête d'homme de profil, dans un quadrilobe.

S' BAVDOVIN BIELLOT

(Seel Baudouin Biellot.)

Acquisition de l'avouerie de Berny. — 22 janvier 1365.

2370   BOUSSIÈRES (ROBERT DE),

Homme de l'abbaye du Câteau. — 1403.

Sceau rond, de 20 mill. — Arch. du Nord; abbaye du Câteau.

Représentation monogrammatique.

ROBERT · DE · BOVSSIERGZ

(Robert de Boussierez.)

Acquisition de la mairie de Marets. — 18 février 1403.

2371   COURCELLES (JEAN DE),

Homme de l'abbaye du Câteau. — 1522.

Sceau rond, de 27 mill. — Arch. du Nord; guillemins de Walincourt.

Écu portant trois quintefeuilles accompagnées d'un écusson en abîme chargé d'un lion, soutenu par un ange.

s · iehan · de · courcelle

(Seel Johan de Courcelle.)

Aveu de deux fiefs à Vertain. — 4 décembre 1522.

2372   FRÉTIN (JUSTIN),

Homme de l'abbaye du Câteau. — 1561.

Sceau rond, de 30 mill. — Arch. du Nord; abbaye du Câteau.

Écu au cerf passant et accompagné d'un point.

SEEL IVSTIN FRETTIN

(Seel Justin Frettin.)

Dénombrement. — 3 .... 1561.

2373 LOGIER (JACQUES),

Homme de l'abbaye du Câteau. — 1403.

Sceau rond, de 19 mill. — Arch. du Nord; abbaye du Câteau.

Écu portant une roue accompagnée de deux étoiles en chef.

le seel rabemart logier

(Le seul Jakemart Logier.)

Voyez le n° 2370.

2374 VILLAIN (JEAN),

Homme de l'abbaye du Câteau. — 1403.

Sceau rond, de 18 mill. — Arch. du Nord; abbaye du Câteau.

Un marteau.

S' IGHAN VILAIN

(Seel Jehan Vilain.)

Voyez le n° 2370.

HOMMES DE LA SEIGNEURIE DE CAUROIR.

2375 BOULENGER (JÉRÔME).

Homme de la seigneurie de Cauroir. — 1461.

Sceau rond, de 26 mill. — Arch. du Nord; collégiale de Saint-Géry.

Écu à la barre chargée de trois losanges.

S iherome boul.....

(Seel Jhérome Boul.....)

Acquisition de la ville et seigneurie du Roquier. — Cambrai, 11 novembre 1461.

2376 COLPIN (SIMON),

Homme de la seigneurie de Cauroir. — 1461.

Sceau rond, de 24 mill. — Arch. du Nord; collégiale de Saint-Géry.

Écu à la croix accostée de deux cierges allumés, soutenu par un ange.

Symon colpin

(Symon Colpin.)

Voyez le n° 2375.

2377 FÈVRE (PIERRE LE),

Dit Raimond, homme de la seigneurie de Cauroir. — 1462.

Sceau rond, de 24 mill. — Arch. du Nord; collégiale de Saint-Géry.

Écu au marteau accosté de deux coquilles, dans un trilobe. — Légende fruste.

Acquisition de la ville et seigneurie du Roquier. 3 juin 1460.

2378 FOSSE (TOUSSAINT DE LA),

Homme de la seigneurie de Cauroir. — 1529.

Sceau rond, de 26 mill. — Arch. du Nord; guillemins de Walincourt.

Écu portant un trèfle accompagné de trois étoiles, soutenu par une aigle.

touffain dr le foffe

(Toussain de le Fosse.)

Acquisition d'un fief à Brimeul. — 28 février 1529.

2379 GAY (JEAN LE),

Homme de la seigneurie de Cauroir. — 1462.

Sceau rond, de 23 mill. — Arch. du Nord; collégiale de Saint-Géry.

Écu au chevron accompagné de deux épis ou de deux feuilles en chef et d'un oiseau en pointe, supporté par une dame.

.. iehan le gay

(Seel Jehan le Gay.)

Voyez le n° 2377.

2380 LOBRY (JEAN),

Homme de la seigneurie de Cauroir. — 1461.

Sceau rond, de 18 mill. — Arch. du Nord; collégiale de Saint-Géry.

Un oiseau.

✦ S' IGHAN LOBRI

(Seel Johan Lobri.)

Voyez le n° 2375.

2381 PETIT (JACQUES),

Homme de la seigneurie de Cauroir. — 1460.

Sceau rond, de 24 mill. — Arch. du Nord; collégiale de Saint-Géry.

Écu au chevron accompagné de trois trèfles?, soutenu par un ange.

iagnes petit

(Jacques Petit.)

Donation de la seigneurie du Roquier faite à Jean de Ricaumez par son oncle Robert de Ricaumez. — 13 septembre 1460.

2382 POLLAER (FÉLIX VAN),

Homme de la seigneurie de Cauroir. — 1541.

Sceau rond, de 23 mill. — Arch. du Nord; guillemins de Walincourt.

Écu au chevron accompagné de trois oiseaux, écartelé d'un loup ravissant, penché et timbré d'un heaume.

sel felix vau poular

(Sel Félix van Poular.)

Amortissement de deux fiefs tenus de Brimeul — 11 mars 1541.

HOMMES DE LA SEIGNEURIE DE CHANTEMERLE.

2383 BASSEMAIN (CHARLES),

Homme de Chantemerle. — 1491.

Sceau rond, de 28 mill. — Arch. du Nord; collégiale de Saint-Géry.

Écu au chevron coupé accompagné de deux quintefeuilles en chef et d'un croissant surmonté d'une étoile en pointe. — Il ne reste de la légende que ...*bałem*...
(Basemain).

Acquisition d'un fief mouvant de Chantemerle. — 3 mai 1491.

2384 BRILLET (JEAN),

Homme de Chantemerle. — 1491.

Sceau rond, de 26 mill. — Arch. du Nord; collégiale de Saint-Géry.

Écu à trois quintefeuilles, soutenu par un homme sauvage.

S iełan brillet

(Seel Jehan Brillet.)

Voyez le n° 2383.

2385 FENAIN (PIERRE DE),

Homme de Chantemerle. — 1490.

Sceau rond, de 26 mill. — Arch. du Nord; collégiale de Saint-Géry.

Écu à la bande chargée de trois quintefeuilles et accompagnée de deux étoiles.

S pierre .. fen...

(Seel Pierre de Fenain.)

Acquisition de fiefs mouvants de Chantemerle. — 3 octobre 1490.

2386 HENNEBELLE (GEORGES),

Homme de Chantemerle. — 1490.

Sceau rond, de 23 mill. — Arch. du Nord; collégiale de Saint-Géry.

Écu au chevron chargé de trois étoiles et accompagné de trois trèfles.

.....orge ḥennebelle

(Seel George Hennebelle.)

Voyez le n° 2385.

2387 HUSTIN (JACQUES).

Homme de Chantemerle. — 1647.

Sceau rond, de 31 mill. — Arch. du Nord; évêché et chapitre de Cambrai.

Écu au chevron surmonté d'un fleuron accompagné de deux quintefeuilles et d'une gerbe sous un chef chargé d'une étoile entre deux merlettes.

.....CQVES' HVSTIN

Amortissement. — Cambrai, 4 octobre 1647.

2388 RADOUL (JEAN),

Homme de Chantemerle. — 1450.

Sceau rond, de 29 mill. — Arch. du Nord; collégiale de Saint-Géry.

Un évêque mitré, crossé, bénissant, sous une arcade gothique.

iełan raudoul

(Jehan Raudoul.)

Acquisition d'un fief mouvant de Chantemerle. — 17 février 1450.

HOMME DE L'ABBAYE DE CHÂTEAU-L'ABBAYE.

2389 FLANDRE (JEAN DE).

1427.

Sceau rond, de 23 mill. — Arch. du Nord; abbaye de Château-l'Abbaye.

Écu au sautoir engrêlé cantonné en chef d'un écusson à trois pals sous un chef, penché, timbré d'un heaume cimé d'une tête de femme.

s iełan ra.. n dit de flandres

(Seel Jehan Ra... dit de Flandres.)

Aveu d'un fief situé à Château-l'Abbaye. — 11 février 1427.

HOMMES DE LA SEIGNEURIE DE COMINES.

2390 GURTRE (CHRÉTIEN DE),

Homme de Comines. — 1495.

Sceau rond, de 22 mill. — Arch. du Nord; abbaye de Marquette.

Une aigle portant en cœur un écusson chargé d'une croisette dans un carré.

s bełłiã de gurtre

(Segel Krestian de Gurtre.)

Vente de fiefs situés à Bondues. — 12 juin 1495.

2391 KENESOON (JOSSE),

Homme de Comines. — 1495.

Sceau rond, de 23 mill. — Arch. du Nord; abbaye de Marquette.

Écu au chevron chargé de trois sextefeuilles.

s ioos b...łoen

(Segel Joos Kenesoen.)

Voyez le n° 2390.

2392　LENDE (SALOMON VAN DER).

Homme de Comines. — 1495.

Sceau rond, de 25 mill. — Arch. du Nord; abbaye de Marquette.

Écu portant un arbre accosté de six hermines, penché et timbré d'un heaume.

s · falemoꝰ vã der lende

(Segel Salemone van der Lende.)

Voyez le n° 2390.

HOMMES DU CHÂTEAU DE COURTRAI.

———

2393　ADIN (VINCENT),

Homme du château de Courtrai. — 1417.

Sceau rond, de 22 mill. — Arch. du Nord; Chambre des comptes.

Écu à trois quintefeuilles accompagnées d'un trèfle en abîme, soutenu par un homme sauvage, supporté par deux lions, dans un trilobe.

s · vincant · adin

(Seel Vinçaut Adin.)

Philippe de Bourgogne, comte de Charolais, est mis en possession d'une rente sur les terres de Wervicq. — 17 mars 1417.

2394　CORTE (PIERRE DE).

Homme du château de Courtrai. — 1417.

Sceau rond, de 24 mill. — Arch. du Nord; Chambre des comptes.

Écu au sautoir flanqué de deux coquilles, dans un quadrilobe.

s pieter de corte

(Segel Pieter de Corte.)

Voyez le n° 2393.

2395　DALE (MICHEL VAN DEN).

Homme du château de Courtrai. — 1417.

Sceau rond, de 21 mill. — Arch. du Nord; Chambre des comptes.

Écu fretté, brisé d'une étoile en chef, dans un trilobe.

s · michhiel · van · den · dale

(Segel Michhiel van den Dale.)

Voyez le n° 2393.

2396　GRACHT (HECTOR VAN DER).

Homme du château de Courtrai. — 1417.

Sceau rond, de 26 mill. — Arch. du Nord; Chambre des comptes.

Écu au chevron accompagné de trois merlettes au bâ-ton en bande sur le tout, penché, timbré d'un heaume cimé aux armes, supporté par deux lions, dans un quadrilobe.

s · hector · van · der · gracht

(Segel Hector van der Gracht.)

Voyez le n° 2393.

HOMMES DE CRÉVECŒUR.

———

2397　BOUSIES (ESNIÈRES DE).

Homme de la cour de Crévecœur. — 1398.

Sceau rond, de 20 mill. — Arch. du Nord; abbaye de Saint-Aubert.

Écu au filet en bande et à la croix sur le tout, penché, timbré d'un heaume cimé d'une tête de cygne.

...NIER....BOVSIES

(Seel Esnières de Bousies?)

Accord au sujet de terres à Grand-Pont. — 3 juillet 1398.

2398　HORRE (MAHIEU),

Homme de la cour de Crévecœur. — 1398.

Sceau rond, de 20 mill. — Arch. du Nord; abbaye de Saint-Aubert.

Écu portant trois gants ou trois mains.

.. MAHIEV · HAVR.

(Seel Mahiou Hanre.)

Voyez le n° 2397.

2399　LOUVIGNIES (JEAN DE),

Homme de la cour de Crévecœur. — 1398.

Sceau rond, de 20 mill. — Arch. du Nord; abbaye de Saint-Aubert.

Écu au loup passant sur un lion issant, dans un trilobe.

s iehan d · . . . vigni

(Seel Jehan de Louvigni.)

Voyez le n° 2397.

2400　PATIN (JEAN).

Homme de la seigneurie de Crévecœur. — 1617.

Sceau rond, de 32 mill. — Arch. du Nord; évêché et chapitre de Cambrai.

Écu portant deux patins accompagnés d'une étoile en chef, soutenu par un ange.

S · IAN · PATIN

Rapport de deux fiefs. — Cambrai, 5 juillet 1617.

2401   RUMILLY (CHINOT DE).

Homme du château de Crévecœur. — 1389.

Sceau rond, de 21 mill. — Arch. du Nord; abbaye du Saint-Sépulcre.

Écu portant quatre tierces?, au bâton en bande.

CHINOT · DE · RVMILLI

(Chinot de Rumilli.)

Voyez le n° 679.

HOMMES DE LA COUR DE CYSOING.

2402   COURTRAI (PIERRE DE).

Homme de la cour de Cysoing. — 1309.

Sceau rond, de 19 mill. — Arch. du Nord; abbiette de Lille.

Écu à trois aigles éployées.

...PIERRE DE COVRTERAI

(Seel Pierre de Courterai.)

Acquisition de terres et de rentes. — 18 juillet 1309.

2403   CYSOING

(ARNOUL, FILS DE GUILLAUME, BÂTARD DE),

Homme de la cour de Cysoing. — 1309.

Sceau rond, de 28 mill. — Arch. du Nord; abbiette de Lille.

Écu portant une tête d'homme de face sous un chef bandé de six pièces. — Il ne reste de la légende que .SOIRG (Chisoing).

Voyez le n° 2402.

2404   ESCUTIER (GILLES L').

Homme de la cour de Cysoing. — 1369.

Sceau rond, de 23 mill. — Arch. du Nord; chapitre de Lille.

Écu à trois huchets accompagnés d'une merlette au canton dextre, dans une rose.

✴ SIGILLVM · GILLIS LGCVSTIER

(Sigillum Gillis l'Escutier.)

Acquisition d'une terre à Marquette. — 30 septembre 1369.

2405   ESCUTIER (MICHEL L').

Homme de la cour de Cysoing. — 1369.

Sceau rond, de 22 mill. — Arch. du Nord; chapitre de Lille.

Écu à trois huchets, soutenu par un homme sauvage, supporté par deux aigles.

...M..IGL LGSC.....

(Seel Mikiel l'Escutier.)

Voyez le n° 2404.

2406   JOIE (JEAN),

Le père, homme de la cour de Cysoing. — 1309.

Sceau rond, de 23 mill. — Arch. du Nord; abbiette de Lille.

Écu à la bande de fusées accompagnée d'une aiglette en chef.

...IGHAN IOIG D.....VIGL..

(Seel Johan Joie dit le Viel.. ?)

Voyez le n° 2402.

2407   JOIE (JEAN),

Le fils, homme de la cour de Cysoing. — 1309.

Sceau rond, de 20 mill. — Arch. du Nord; abbiette de Lille.

Écu à la bande de fusées accompagnée d'une aiglette éployée en chef.

✴ SAIIGL · IGHANS · IOIG

(Seiiel Jehans Joie.)

Voyez le n° 2402.

2408   TIÉRIC? (JACQUES DU),

Juge cotier de la baronnie de Cysoing. — 1367.

Sceau rond, de 22 mill. — Arch. du Nord; chapitre de Lille.

Écu au lion, écartelé d'une bande, dans un losange.

...ARGMON DOV ..GRIC

(Seel Jakemon dou Tieric.)

Saisine de cinq quartiers de terre. — 14 avril 1357.

2409   VILLERS (JEAN DE),

Juge cotier de la baronnie de Cysoing. — 1357.

Sceau rond, de 21 mill. — Arch. du Nord; chapitre de Lille.

Écu portant trois lions au double trécheur fleuronné, dans un trilobe.

✴ S' IGHAN · DE · VILGRS

(Seel Jehan de Vilers.)

Voyez le n° 2408.

2410   WATTIGNIES (GILLES DE).

Homme de la cour de Cysoing. — 1309.

Sceau rond, de 20 mill. — Arch. du Nord; abbiette de Lille.

Écu semé de trèfles au lion, dans une rose.

✴ S' GGIDII DG WATIGHIGS

(Sigillum Egidii de Watignies.)

Voyez le n° 2402.

JUGE DE L'ABBAYE DE CYSOING.

2411   CAMPHIN (COLARD DE).
1348.

Sceau rond, de 18 mill. — Arch. du Nord; chapitre de Lille.

Écu semé de croisettes, à trois huchets.

S COLART DE CANFAING

(Seel Colart de Canfaing.)

Bail de terres en la paroisse de Nomain. — 25 mars 1348.

ÉCHEVINS DU FIEF D'ASCQ À DEULÉMONT.

2412   CROIX (PIERRE DE LA).

Échevin du fief d'Ascq à Deulémont. — 1400.

Sceau rond, de 20 mill. — Arch. du Nord; abbiette de Lille.

Écu portant une croix.

...ERRE DE LE CROI.

(Seel Pierre de le Crois.)

Acquisition d'une terre à Deulémont. — 9 novembre 1400.

2413   PRÉS (JEAN DES).

Échevin du fief d'Ascq à Deulémont. — 1400.

Sceau rond, de 20 mill. — Arch. du Nord; abbiette de Lille.

Une étoile.

✶ S' IEHAN DES PRES

(Seel Jehan des Prés.)

Voyez le n° 2412.

2414   ROY (GUILLAUME LE).

Échevin du fief d'Ascq à Deulémont. — 1387.

Sceau rond, de 23 mill. — Arch. du Nord; abbiette de Lille.

Écu portant une couronne, dans un trilobe.

S' WILLAVME LE ROI

(Seel Willaume le Roi.)

Acquisition d'une terre. — 21 décembre 1387

2415   ROY (PIERRE LE).

Échevin du fief d'Ascq à Deulémont. — 1387.

Sceau rond, de 21 mill. — Arch. du Nord; abbiette de Lille.

Écu portant une couronne, dans un trilobe.

P...TRE LE ROI

(Piettre le Roi.)

Voyez le n° 2414.

2416   ROY (PIERRE LE).

Échevin du fief d'Ascq à Deulémont. — 1400.

Sceau rond, de 20 mill. — Arch. du Nord; abbiette de Lille.

Écu portant une couronne, dans une rose.

Seel pietre .. roy

(Seel Pierre le Roy.)

Voyez le n° 2412.

2417   TÉVELIN (JACQUES).

Échevin du fief d'Ascq à Deulémont. — 1387.

Sceau rond, de 21 mill. — Arch. du Nord; abbiette de Lille.

Écu portant un S couronné, dans un trilobe.

LE SEEL IAKEMON TEVELIN

(Le seel Jakemon Tévelin.)

Voyez le n° 2414.

2418   TÉVELIN (JEAN MAINFROID).

Échevin du fief d'Ascq à Deulémont. — 1387.

Sceau rond, de 23 mill. — Arch. du Nord; abbiette de Lille.

Une fleur de lys.

...EHAN TEVELIN

(Seel Jehan Tévelin.)

Voyez le n° 2414.

2419   TOULOUSE (HUGUES DE).

Échevin du fief d'Ascq à Deulémont. — 1387.

Sceau rond, de 19 mill. — Arch. du Nord; abbiette de Lille.

Écu portant une force.

✶ HVGVE DE TOVLOVSE

(Hugue de Toulouse.)

Voyez le n° 2414.

HOMMES DU CHÂTEAU DE DOUAI

2420   BERSÉE (GÉRARD DE).

Homme du château de Douai. — 1290.

Sceau en écu, de 30 mill. — Arch. du Nord; abbaye de Flines.

Écu à trois fasces.

✶ S' GER... DE BIERSEE

(Seel Gérart de Bersée.)

Acquisition d'une portion du fief de Cantin. — 16 août 1290

2421　BOINEBROQUE (RICARD),

Homme du château de Douai. — 1405.

Sceau rond, de 21 mill. — Arch. du Nord; évêché et chapitre de Cambrai.

Écu losangé brisé d'une étoile, penché, timbré d'un heaume cimé d'un chien?, supporté par deux aigles.

seel ricard boinebroque

(Seel Ricard Boinebroque.)

Extrait de la confession d'un boucher de Berlaimont condamné à mort pour le meurtre de Jean Pochon, chanoine de Cambrai. — 7 avril 1405.

2422　BOINEBROQUE (WAGON),

Homme du château de Douai. — 1344.

Sceau rond, de 22 mill. — Arch. communales de Douai.

Écu losangé au lambel, dans un trilobe.

S' WAGON BOINEBROKE

(Seel Wagon Boinebroke.)

Acquisition par la ville de Douai de diverses rentes au lieu dit au Pré, à Douai. — 1344.

2423　GRAULT (JEAN LE),

Dit Machuard, homme du château de Douai. — 1381.

Sceau rond, de 22 mill. — Arch. du Nord; abbaye du Saint-Sépulcre.

Écu portant trois massues, soutenu par un ange, dans un encadrement ovale.

S·IEh.. .E·GRAVLT·DIT·MAChVART

(Seel Jehan le Grault dit Machuart.)

Transport de rente sur un moulin à brai à Douai. — 4 octobre 1381.

2424　GRÉGOIRE (JEAN),

Homme du château de Douai. — 1405.

Sceau rond, de 25 mill. — Arch. du Nord; évêché et chapitre de Cambrai.

Écu portant un oiseau sous un chef chargé de trois coquilles, timbré d'un personnage tenant une croix, supporté par deux lions.

seel ieh.. gr.goire

(Seel Jehan Grégoire.)

Voyez le n° 2421.

2425　MARIKIELE (JEAN),

Homme du château de Douai. — 1344.

Sceau rond, de 23 mill. — Arch. communales de Douai.

Écu portant trois croissants, au bâton brochant.

✶ S....M · MARIKIELE

(Seel Jehan Marikiele.)

Voyez le n° 2422.

2426　PIQUETTE (WAUTIER),

Homme du château de Douai. — 1381.

Sceau rond, de 24 mill. — Arch. du Nord; abbaye du Saint-Sépulcre.

Écu fretté semé de roses ou de quintefeuilles, penché, timbré d'un heaume cimé d'un homme debout armé d'une lance dans les flammes, supporté par deux lions mantelés aux armes, sur champ festonné.

s Wati.. pikette

(Seel Watier Pikette.)

Voyez le n° 2423.

2427　WAUTIER (JACQUES),

Homme du château de Douai. — 1381.

Sceau rond, de 21 mill. — Arch. du Nord; abbaye du Saint-Sépulcre.

Écu portant trois roses sous un chef au lion issant, dans un quadrilobe.

S' IACOBI · WALTERI

(Sigillum Jacobi Walteri.)

Voyez le n° 2423.

HOMME DE LA PRÉVÔTÉ DE DOUAI À WAGNONVILLE.

2428　WALLIN (JEAN),

1551.

Sceau rond, de 28 mill. — Arch. du Nord; abbaye des Prés.

Une navette.

S · IAN · WALLIN

(Seel Jan Wallin.)

Arrentement des fossés de la Motte-Julien à Wagnonville. — 1551.

HOMME DU PRÉVÔT DU CHAPITRE DE SAINT-AMÉ DE DOUAI.

2429　FENART (JACQUES).

1311.

Sceau rond, de 28 mill. — Arch. du Nord; chapitre de Saint-Amé.

Écu au franc canton, au bâton sur le tout.

✶ SAIIEL IAKEMES FENARS

(Saiiel Jakemes Fenars.)

Amortissement du fief de Pumerinus. — 6 février 1311.

HOMME DE LA SEIGNEURIE D'EMMERIN.

2430　BEUDART (MARTIN).

1446.

Sceau rond, de 20 mill. — Arch. du Nord; abbaye d'Anchin.

Un cheval sellé et bridé, sur champ de feuillages.

ꙩ · martin · beudart

(Seel Martin Beudart.)

Rapport d'un fief, en garantie d'arrérages dus à l'abbaye d'Anchin. — 10 juillet 1446.

JUGES DE LA SEIGNEURIE DE L'ÉPINE-L'APOSTLE À ENNETIÈRE-EN-WEPPES.

2431   CASIER (JEAN),

Juge de la seigneurie de l'Épine-l'Apostle. — 1471.

Sceau rond, de 22 mill. — Arch. du Nord; abbaye de Marquette.

Écu au chevron accompagné de deux .... en chef et d'une étoile en pointe.

seel · iehan · casier

(Seel Jehan Casier.)

Acquisition d'une rente. — 24 février 1474.

2432   COQ (JEAN LE),

Juge de la seigneurie de l'Épine-l'Apostle. — 1489.

Sceau rond, de 20 mill. — Arch. du Nord; abbaye de Marquette.

Écu portant un coq.

ꙩ iehan le cocq

(Seel Jehan le Cocq.)

Retrait de fief. — 11 septembre 1489.

2433   FLORET (MICHEL),

Juge de la seigneurie de l'Épine-l'Apostle. — 1489.

Sceau rond, de 22 mill. — Arch. du Nord; abbaye de Marquette.

Écu portant une roue.

ꙩ : michiel : floret :

(Seel Michiel Floret.)

Voyez le n° 2432.

2434   HECQUIMÉE (TRISTRAN),

Juge de la seigneurie de l'Épine-l'Apostle. — 1474.

Sceau rond, de 21 mill. — Arch. du Nord; abbaye de Marquette.

Écu portant une quintefeuille.

✸ ꙩ triftran hiekimee

(Seel Tristran Hiekimée.)

Voyez le n° 2431.

JUGES RENTIERS EN LA PAROISSE D'ENNEVELIN.

2435   ANQUIGNIES (JACQUES D'),

Juge d'un fief au Maresquel. — 1402.

Sceau rond, de 22 mill. — Arch. du Nord; abbiette de Lille.

Une fleur de lys.

✸ IAKEMARꞂ DANKIGNIES

(Jakemart d'Ankignes.)

Acquisition d'un pré situé au Maresquel. — 8 février 1402.

2436   ANQUIGNIES (JEAN D'),

Fils de Jacques d'Anquignies, juge d'un fief au Maresquel. — 1402

Sceau rond, de 22 mill. — Arch. du Nord; abbiette de Lille

Une fleur de lys accostée de deux étoiles.

S · IEHAN · DANKIGNIES

(Seel Jehan d'Ankignies.)

Voyez le n° 2435.

2437   ANQUIGNIES (JEAN D'),

Fils de Jean d'Anquignies, juge d'un fief au Maresquel. — 1402.

Sceau rond, de 19 mill. — Arch. du Nord; abbiette de Lille

Un cheval passant.

✸ S' IEHAN · DANQVEGNIES

(Seel Jehan d'Anquegnies.)

Voyez le n° 2435.

2438   VERTAIN (JEAN, BÂTARD DE),

Homme de la seigneurie de Robert d'Autreulles à Ennevelin. — 1404.

Sceau rond, de 20 mill. — Arch. du Nord; Chambre des comptes.

Écu portant une croix au lambel?, au filet en bande sur le tout.

IEHAN .. ...ꞂAIN BAꞂAR

(Jehan de Vertain, bâtor.)

Acquisition de prés et de terres à Mérignies. — 8 février 1404.

ÉCHEVINS D'EREMBODEGHEM.

2439   BOYDENS (HENRI),

Échevin d'Erembodeghem. — 1465

Sceau rond, de 23 mill. — Arch. du Nord; chartes flamandes.

Écu portant un arbre accompagné d'une étoile à sénestre, dans un trilobe.

S · b..... boudens ?

(Segel H..... Boudens.)

Acquisition d'héritages. — 16 juillet 1405.

2440   STEENE (GILLES VAN DEN).

Échevin d'Erembodeghem. — 1466.

Sceau rond, de 18 mill. — Arch. du Nord; chartes flamandes.

Écu portant deux poissons adossés.

S · gillis · vandé · fteene

(Segel Gillis vanden Steene.)

Voyez le n° 2439.

HOMMES DE FIEF À ERQUINGHEM-LE-SEC.

2441   MALET (JEAN).

Homme de la terre de Jean le Sec à Erquinghem-le-Sec. — 1383.

Sceau rond, de 18 mill. — Arch. du Nord; chapitre de Lille.

Écu portant une M couronnée.

... IEHAN MALES

(Seel Jehan Males.)

Acquisition d'une terre à Erquinghem-le-Sec. — 14 avril 1383.

2442   PONT-ROHARD (ALARD DE).

Homme de la terre de Jean le Sec à Erquinghem-le-Sec. — 1383.

Sceau rond, de 24 mill. — Arch. du Nord; chapitre de Lille.

Écu d'hermines à la bande chargée de trois alérions, penché, timbré d'un heaume, supporté par une aigle et un lion.

..ALART DE PONRAW...

(Seel Alart de Ponrewart.)

Voyez le n° 2441.

2443   POSTELLERIE (PIERRE DE LA).

Homme de la terre de Jean le Sec à Erquinghem-le-Sec. — 1383.

Sceau rond, de 22 mill. — Arch. du Nord; chapitre de Lille.

Écu à la bande, dans une rose.

✠ S' PIERES · DE · LAPOSTELLERIE

(Seel Pieres de la Postelerie.)

Voyez le n° 2441.

2444   RAINGOT (GUILLAUME).

Dit Pirriel, homme de la terre de Jean le Sec à Erquinghem-le-Sec. — 1383.

Sceau rond, de 20 mill. — Arch. du Nord; chapitre de Lille.

Écu portant une porte flanquée de deux tours, dans un trilobe.

.....LAVME RAINGOT

(Seel Willaume Raingot.)

Voyez le n° 2441.

2445   THIEULAINE (JEAN).

Homme de la terre de Jean le Sec à Erquinghem-le-Sec. — 1383.

Sceau rond, de 23 mill. — Arch. du Nord; chapitre de Lille.

Écu burelé à la bande chargée de trois alérions, penché, timbré d'un heaume cimé d'une tête d'homme, supporté par deux griffons.

✻ S · IEHAN · TVLAINE ·

(Seel Jehan Tulaine.)

Voyez le n° 2441.

ÉCHEVINS DU FIEF DE CATTINGHEM À ERQUINGHEM-SUR-LA-LYS.

2446   BECQUE (MAHIEU DE LE).

Échevin du fief de Cattinghem. — 1437.

Sceau rond, de 23 mill. — Arch. du Nord; abbaye de Marquette.

Écu au marteau couronné, dans un trilobe.

S · mahieu · de · le · beke

(Seel Mahieu de le Beke.)

Sentence au sujet d'arrérages de rente. — 6 mars 1437.

2447   BIEZ (OLIVIER DU).

Échevin du fief de Cattinghem. — 1437.

Sceau rond, de 25 mill. — Arch. du Nord; abbaye de Marquette.

Écu au franc canton, au lambel de cinq pendants sur le tout, brisé d'une étoile en pointe, dans un trilobe.

S' OLLIVIER DV BIES

(Seel Ollivier du Bies.)

Voyez le n° 2446.

2448   CAPPON (JEAN).

Échevin du fief de Cattinghem. — 1437.

Sceau rond, de 18 mill. — Arch. du Nord; abbaye de Marquette.

Écu portant une buire.

S · IEHAN · CAPPON

(Seel Jehan Cappon.)

Voyez le n° 2446.

2449   MAHIEU (PIERRE).

Échevin du fief de Cattinghem. — 1437.

Sceau rond, de 20 mill. — Arch. du Nord; abbaye de Marquette.

Écu au P couronné.

✠ S' PIERE MAHIEV

(Seel Piere Mahieu.)

Voyez le n° 2446.

2450   MAYOLLE (MAHIEU),

Échevin du fief de Cattinghem. — 1437.

Sceau rond, de 20 mill. — Arch. du Nord; abbaye de Marquette.

Écu portant deux petits sautoirs en chef et une étoile en pointe, dans un trilobe.

s · mahieu · maiolle

(Seel Mahieu Maiolle.)

Voyez le n° 2446.

2451   MEZ (FRANÇOIS DU).

Échevin du fief de Cattinghem.— 1437.

Sceau rond, de 24 mill. — Arch. du Nord; abbaye de Marquette.

Écu au chevron accompagné de trois étoiles, penché, timbré d'un heaume cimé d'un oiseau.

s' francois du mes

(Seel François du Mes.)

Voyez le n° 2446.

HOMMES DE LA SEIGNEURIE DE WATENES
PRÈS ERQUINGHEM-SUR-LA-LYS.

2452   TANCRÉ (COLARD),

Homme de la seigneurie de Watenes. — 1507.

Sceau rond, de 25 mill. — Arch. du Nord; chapitre de Lille.

Écu portant une serpe.

S · collart · tauere

(Seel Collart Tancré.)

Dénombrement. — 15 mai 1507.

2453   WAULLE (PIERRE DE LE),

Homme de la seigneurie de Watenes. — 1526.

Sceau rond, de 13 mill. — Arch. du Nord; chapitre de Lille.

Une navette.

piere de voule ?

(Pierre de Voule.)

Dénombrement. — 4 octobre 1526.

HOMMES D'ESCAUDŒUVRES.

2454   MAURLSE (JEAN),

Homme d'Escaudœuvres. — 1430.

Sceau rond, de 17 mill. — Arch. du Nord; abbaye de Saint-Aubert.

Écu portant une molette ou une étoile.

S IEHAN MAVRVSE

(Seel Jehan Mauruse.)

Reconnaissance d'un droit de dîme dû à l'abbaye de Saint-Aubert sur une terre appartenant aux pauvres d'Escaudœuvres. — 1er octobre 1430.

2455   MEZ (JEAN DU),

Homme d'Escaudœuvres. — 1430.

Sceau rond, de 20 mill. — Arch. du Nord; abbaye de Saint-Aubert.

Écu portant trois roses.

S · IEHAN · DOV · MES

(Seel Jehan dou Mes.)

Voyez le n° 2454.

HOMMES DE LA SEIGNEURIE D'ESNES.

2456   BEAUMEZ (RENAUD DE),

Homme d'Esnes. — 1510.

Sceau rond, de 23 mill. — Arch. du Nord; guillemins de Walincourt.

Écu fretté.

s reuault de biaumes

(Seel Renault de Biaumes.)

Sentence maintenant les guillemins de Walincourt dans la possession de la terre dite la Barre d'Esnes. — 10 janvier 1510.

2457   MARCQ (JEAN DE),

Dit Baudrain, homme d'Esnes. — 1381.

Sceau rond, de 25 mill. — Arch. du Nord; abbaye de Saint-Aubert.

Écu à trois lions, penché, timbré d'un heaume cimé d'un chien, dans un quadrilobe.

s : iehan : de : marke :

(Seel Jehan de Marke.)

Acquisition d'une rente à Forenville. — Cambrai, 25 décembre 1381.

2458   TOUR (PIERRE DE LA),

Homme d'Esnes. — 1381.

Sceau rond, de 18 mill. — Arch. du Nord; abbaye de Saint-Aubert.

Écu à la tour accompagnée d'une étoile au canton dextre.

S' · PIERRE · DE · LE · TOVR

(Seel Pierre de le Tour.)

Voyez le n° 2457.

ÉCHEVINS DE LA PRÉVÔTÉ D'ESQUERMES.

2459   ASSIGNIES (ANTOINE D'),

Échevin de la prévôté d'Esquermes. — 1443.

Sceau rond, de 29 mill. — Hôpital Comtesse à Lille.

Écu fascé de .... et de vair de six pièces portant une brisure? au canton dextre, penché, timbré d'un heaume cimé d'un cheval?, supporté par deux lions.

s · antoine · daſſignies

(Seel Antoine d'Assignies.)

Acquisition d'un moulin situé hors la porte du Molinel à Lille. — 13 décembre 1443.

2460   BAPAUME (JEAN DE),

Échevin de la prévôté d'Esquermes. — 1361.

Sceau rond, de 20 mill. — Hôpital de Sainte-Marthe à Lille.

Écu semé de croisettes, portant trois croissants, au lambel, dans un trilobe.

✻ S IOHIS ..BAPAMES

(Sigillum Johannis de Bapames.)

Donation par Jean de Tourcoing, fondateur de l'hôpital de Sainte-Marthe. — 13 mars 1361.

2461   BLAQUERNE (JACQUES DE LE),

Échevin de la prévôté d'Esquermes, — 1392.

Sceau rond, de 21 mill. — Hôpital Comtesse à Lille.

Écu à trois buires, dans un quadrilobe.

s · iakemart · de · le · blakerne

(Seel Jakemart de le Blakerne.)

Acquisition d'une terre. — 10 décembre 1392.

2462   BOUNIN (M° VINCENT DE),

Échevin de la prévôté d'Esquermes. — 1480.

Sceau rond, de 28 mill. — Hôpital Comtesse à Lille.

Écu à la croix ancrée, soutenu par un ange.

s · vincent · de .....n

(Seel Vincent de Bounin.)

Acquisition de terres hors la porte des Malades à Lille. — 23 juin 1480.

2463   COUR (PIERRE DE LA),

Échevin de la prévôté d'Esquermes. — 1372.

Sceau rond, de 21 mill. — Hôpital des Grimaretz à Lille.

Écu à la bande, écartelé d'un plain?, dans une rose à six feuilles.

✻ S PIERON DE LE COVRE

(Seel Pieron de le Court.)

Record d'une donation. — 6 juin 1372.

2464   CROIX (GAUTIER DE),

Dit Durmes, échevin de la prévôté d'Esquermes, — 1428.

Sceau rond, de 25 mill. — Hôpital Comtesse à Lille.

Écu à la croix, brisé d'une coquille au canton dextre, penché, timbré d'un heaume cimé, supporté par deux lions.

watier de crois dit durmes

(Watier de Crois dit Durmes.)

Acquisition du huitième d'un moulin. — 23 juin 1428.

2465   ÈVE (MAHIEU),

Échevin de la prévôté d'Esquermes, — 1430.

Sceau rond, de 22 mill. — Hôpital Comtesse à Lille.

Écu à trois bandes, celle du milieu chargée de trois tourteaux ou trois besants, dans un trilobe.

✻ SEEL MAHIEV EVE

(Seel Mahieu Eve.)

Acquisition de terres hors la porte du Molinel à Lille. — 15 mars 1430.

2466   FRÉMAULT (JEAN),

Échevin de la prévôté d'Esquermes. — 1446.

Sceau rond, de 28 mill. — Hôpital Comtesse à Lille.

Écu portant trois fermaux à l'écusson en abîme chargé d'une fasce, penché, timbré d'un heaume cimé d'une tête de cerf, supporté par deux griffons.

seel iehan frumaut

(Seel Jehan Frumaut.)

Acquisition d'un moulin hors la porte du Molinel à Lille. — 15 mars 1446.

2467   HANGOUARD (JEAN),

Échevin de la prévôté d'Esquermes. — 1361.

Sceau rond, de 22 mill. — Hôpital de Sainte-Marthe à Lille.

Écu portant trois aiglettes, dans un encadrement gothique.

S · IEHAN · HANG..AR. · FIL · IEHAN

(Seel Jehan Hangouart, fil Jehan.)

Voyez le n° 2460.

2468   HANGOUARD (JEAN),

Échevin de la prévôté d'Esquermes. — 1396.

Sceau rond, de 26 mill. — Hôpital Comtesse à Lille.

Écu à l'aigle, penché, timbré d'un heaume cimé d'une aigle entre deux cornes, supporté par deux lions.

SEEL · IEHAN · HANGOVERT ·

(Seel Jehan Hangouart.)

Acquisition d'une rente. — 16 janvier 1396.

2469   HANIBAUT (JACQUES).

Échevin de la prévôté d'Esquermes. — 1377.

Sceau rond, de 19 mill. — Hôpital Comtesse à Lille.

Écu à l'étoile de six rais cantonnée de six petits chevrons?

✶ S · IAKEMARS · HANIBAVS

(Seel Jakemart Hanibaut.)

Acquisition de terres hors la porte du Molinel à Lille. — 27 janvier 1377.

2470   HANICART (PIERRE),

Échevin de la prévôté d'Esquermes. — 1377.

Sceau rond, de 19 mill. — Hôpital Comtesse à Lille.

Un cheval passant, devant un arbre.

PIERE ... HANICART

(Piere ... Hanicart.)

Voyez le n° 2469.

2471   HÉRENCQ (JEAN),

Échevin de la prévôté d'Esquermes. — 1499.

Sceau rond, de 22 mill. — Hôpital Comtesse à Lille.

Écu portant trois harengs en fasce, l'un sur l'autre.

Seel · iehan · herencq

(Seel Jehan Hérencq.)

Hommage des propriétés de l'hôpital Comtesse à Wazemmes. — 5 août 1499.

2472   HOVART (JEAN).

Le père, échevin de la prévôté d'Esquermes. — 1499.

Sceau rond, de 24 mill. — Hôpital Comtesse à Lille.

Écu au lion, soutenu par un griffon.

s · iehan · hovart

(Seel Jehan Hovart.)

Voyez le n° 2471.

2473   HUVESQ (ROLAND DE),

Échevin de la prévôté d'Esquermes. — 1446.

Sceau rond, de 21 mill. — Hôpital Comtesse à Lille.

Écu portant une tête d'homme à barbe de profil, soutenu par un homme sauvage, supporté par deux lions, dans un trilobe.

seel · rolant · de · huvesch

(Seel Rolant de Huvesch.)

Acquisition de la moitié d'un moulin à vent. — 17 moi 1446.

2474   MARLIÈRE (HUGUES),

Échevin de la prévôté d'Esquermes. — 1479.

Sceau rond, de 24 mill. — Arch. communales de Lille.

Écu portant un écartelé?, soutenu par un ange.

S · hues · marliere ·

(Seel Hues Marlière.)

Acquisition d'une terre gisant entre la porte des Malades et la porte Saint-Sauveur. — 19 novembre 1479.

2475   MARLIÈRE (JEAN),

Échevin de la prévôté d'Esquermes. — 1446.

Sceau rond, de 23 mill. — Hôpital Comtesse à Lille.

Écu portant un plain, écartelé d'un chien.

✶ Seel : iehan : marliere

(Seel Jehan Marlière.)

Voyez le n° 2466.

2476   MORILLE (GILLES),

Échevin de la prévôté d'Esquermes. — 1378.

Sceau rond, de 20 mill. — Hôpital des Grimarots à Lille.

Écu portant trois croissants au lambel, dans un trilobe.

S · GILLON · MORILLE

(Seel Gillon Morille.)

Voyez le n° 2463.

2477   MORTIER (JEAN DU),

Échevin de la prévôté d'Esquermes. — 1479.

Sceau rond, de 19 mill. — Arch. communales de Lille.

Écu portant un sanglier passant devant un arbre, penché, suspendu à une branche.

s · iehan · du · mortier

(Seel Jehan du Mortier.)

Voyez le n° 2474.

2478   PONCHEL (PHILIPPE DU),

Échevin de la prévôté d'Esquermes. — 1480.

Sceau rond, de 23 mill. — Hôpital Comtesse à Lille.

Écu à six étoiles, timbré d'une aigle.

s · philippes : du · ponciel

(Seel Philippes du Ponciel.)

Voyez le n° 2469.

2479 PREMESQUES (GUILLAUME DE),

Échevin de la prévôté d'Esquermes. — 1434.

Sceau rond, de 27 mill. — Hôpital Comtesse à Lille.

Écu à la croix, penché, timbré d'un heaume cimé, supporté par deux lions.

S · guillame · d · primesque

(Seel Guillame de Primesque.)

Acquisitions de terres hors la porte du Molinel à Lille. — 12 mai 1434.

2480 PRUDHOMME (ALARD LE),

Échevin de la prévôté d'Esquermes. — 1468.

Sceau rond, de 26 mill. — Arch. du Nord; abbaye de Loos.

Écu à l'aigle, brisé d'une étoile au canton dextre, penché, timbré d'un heaume cimé d'une aigle, supporté par deux lions.

S · alart · le · preudome

(Seel Alart le Preudome.)

Acquisition d'une terre à Sequedin. — 26 janvier 1468.

2481 RIQUEMER (JEAN),

Échevin de la prévôté d'Esquermes. — 1367.

Sceau rond, de 20 mill. — Béguinage de Lille.

Écu à la croix engrêlée cantonnée d'un écusson en chef et à dextre, dans un quadrilobe.

SEEL .. HAN R...EMER

(Seel Johan Riquemer.)

Acquisition d'une terre à Lomme. — 25 février 1367.

2482 RUFFAULT (VINCENT),

Échevin de la prévôté d'Esquermes. — 1469.

Sceau rond, de 24 mill. — Hôpital Comtesse à Lille.

Écu portant un coq à tête de chèvre, soutenu par une dame.

S · vincent · ruffault

(Seel Vincent Ruffault.)

Acquisition d'un héritage. — 13 janvier 1469.

2483 SÉNÉCHAL (MICHEL LE),

Échevin de la prévôté d'Esquermes. — 1499.

Sceau rond, de 20 mill. — Hôpital Comtesse à Lille.

Écu portant deux trèfles en chef et une étoile en pointe.

S · miquiel · le · seneseal :

(Seel Miquiel le Séneschal.)

Voyez le n° 2471.

2484 THOVART (JACQUES DE),

Échevin de la prévôté d'Esquermes. — 1434.

Sceau rond, de 26 mill. — Hôpital Comtesse à Lille.

Écu au buste de dame de face, penché, soutenu par un ange.

s iaque d tovart

(Seel Jaque de Tovart.)

Voyez le n° 2479.

2485 VACQUERIE (HENRI DE LE),

Échevin de la prévôté d'Esquermes. — 1391.

Sceau rond, de 26 mill. — Arch. du Nord; Chambre des comptes.

Écu échiqueté sous un chef chargé d'une étoile à dextre, penché, timbré d'un heaume cimé d'une tête de chèvre, dans un encadrement bilobé.

s · henri · de · le · va......

(Seel Henri de le Vaquerie.)

Bail d'un pré échu au duc de Bourgogne par la mort d'une bâtarde. — 24 avril 1391.

2486 VASSEUR (EUSTACHE LE),

Échevin de la prévôté d'Esquermes. — 1377.

Sceau rond, de 18 mill. — Hôpital Comtesse à Lille.

Écu portant une étoile, dans un trilobe.

TASSART LE VASSEVR

(Tassart le Vasseur.)

Voyez le n° 2469.

2487 YPRES (JACQUES D'),

Échevin de la prévôté d'Esquermes. — 1446.

Sceau rond, de 26 mill. — Hôpital Comtesse à Lille.

Écu à deux bandes, soutenu par un ange.

S · iaques · dippre

(Seel Jaques d'Ippre.)

Voyez le n° 2466.

HOMMES DE LA SEIGNEURIE D'ESTOURMEL.

2488 HARDIEL (JACQUES),

Homme d'Estourmel. — 1476.

Sceau rond, de 23 mill. — Arch. du Nord; évêché et chapitre de Cambrai.

Écu au chevron accompagné de la lettre h en pointe sous un chef chargé de trois trèfles.

S · iaquemart hardiel

(Seel Jaquemart Hardiel.)

Amortissement. — Cambrai, 25 juillet 1476.

2489   RADOUL (JEAN),

Homme d'Estourmel. — 1476.

Sceau rond, de 28 mill. — Arch. du Nord; évêché et chapitre
de Cambrai.

Écu portant un coq.

s ıeḥau radoul

(Seel Jehan Radoul.)

Voyez le n° 2488.

HOMMES DE LA SEIGNEURIE DE FAMILLEUREUX.

2490   PHILIPPE (JEAN),

Homme de Familleureux. — 1489.

Sceau rond, de 28 mill. — Arch. du Nord; évêché et chapitre
de Cambrai.

Écu portant deux roses en chef et une étoile en pointe.

Seel ıeḥau pḥilippre

(Seel Jehan Philippre.)

Ratification de l'achat de deux fiefs à Ophain. — 9 mars 1489.

2491   PRÉS (FRANÇOIS DES),

Homme de Familleureux. — 1489.

Sceau rond, de 28 mill. — Arch. du Nord; évêché et chapitre
de Cambrai.

Écu portant deux tourteaux?, à la bordure, au franc
canton chargé de trois maillets en chef et de trois petites
tours? en pointe, penché, timbré d'un heaume couronné
et cimé d'une tête de lévrier, supporté par une dame.

s · fräbc.· ḋrs · pres

(Seel Franke des Prés.)

Voyez le n° 2490.

2492   SART (EUSTACHE DU),

Homme de Familleureux. — 1489.

Sceau rond, de 30 mill. — Arch. du Nord; évêché et chapitre
de Cambrai.

Écu portant deux coqs au franc canton chargé de . . . . .
au filet en bande sur le tout, dans un trilobe.

s · stasart · ḋu · sart

(Seel Stasart du Sart.)

Voyez le n° 2490.

JUGES RENTIERS DU PRIEURÉ DE FIVES À FIVES.

2493   HÉRENCQ (JACQUES).

Juge rentier du prieuré de Fives. — 1367.

Sceau rond, de 19 mill. — Arch. du Nord; abbaye de Marquette.

Écu portant une sextefeuille.

✠ S IAKEMART ḢIEREN

(Seel Jakemart Hieren.)

Accord au sujet de rentes à Rouchin. — 26 septembre 1367.

2494   LORRAIN (JEAN),

Juge rentier du prieuré de Fives. — 1500.

Sceau rond, de 18 mill. — Arch. du Nord; abbaye de Marquette.

Une bêche accompagnée d'une feuille et accostée de
deux étoiles.

ıeḥau lourain

(Jehan Lourain.)

Lettres de garantie au sujet d'une sous-rente à Rouchin. — 19 septembre 1500.

2495   PHALECQUE (NICOLAS DE LA).

Juge rentier du prieuré de Fives. — 1367.

Sceau rond, de 18 mill. — Arch. du Nord; abbaye de Marquette.

Écu portant trois broies?. au lambel.

S' NICOLE DE LE FALESKE

(Seel Nicole de le Faleske.)

Voyez le n° 2493.

2496   PICAVET (LOUIS).

Juge rentier du prieuré de Fives. — 1500.

Sceau rond, de 21 mill. — Arch. du Nord; abbaye de Marquette.

Écu portant un oiseau accompagné d'une quintefeuille
au canton sénestre.

s : lois picquavet

(Seel Lois Picquavet.)

Voyez le n° 2494.

JUGES RENTIERS DE MARIE DE HEM À FLERS.

2497   CHOUTIÈRE (PIERRE DE LA).

Juge rentier à Flers. — 1381.

Sceau rond, de 18 mill. — Arch. du Nord; abbaye de Lille.

Un cygne.

...IERON DE LE COTIERE
(Seel Pieron de le Cotière.)
Acquisition d'un pré. — 15 novembre 1381.

2498 CHOUTIÈRE (ROBERT DE LA),
Juge rentier à Flers. — 1381.
Sceau rond, de 17 mill. — Arch. du Nord; abbiette de Lille.
Un oiseau.

S' ROBIERT DE LE CHOVTIERE
(Seel Robiert de le Choutière.)
Voyez le n° 2497.

2499 PLACE (JEAN DE LA),
Juge rentier à Flers. — 1381.
Sceau rond, de 19 mill. — Arch. du Nord; abbiette de Lille.
Écu portant une étoile.

...CHAN DE LE PLACE
(Seel Jehan de le Place.)
Voyez le n° 2497.

HOMMES DE L'ABBAYE DE FLINES.

2500 ARGENT (JEAN A L'),
Juge cotier de l'abbaye de Flines, tenant du fief de Lannoy. — Vers 1380.
Sceau rond, de 20 mill. — Arch. du Nord; abbaye de Flines.
Une hache.

S IEHA . . ARGENT
(Seel Jehan à l'Argent.)
Arrentement de terres tenues du fief de Lannoy à Templeuve-en-Pévèle. — Sans date.

2501 ASSONNEVILLE (GUILLAUME D'),
Juge cotier de l'abbaye de Flines à Nomain. — 1520.
Sceau rond, de 24 mill. — Arch. du Nord; abbaye de Flines.
Écu portant une étoile.

S · guillame dasoneville
(Seel Guillame d'Asoneville.)
Acquisition d'un héritage. — 17 décembre 1520.

2502 BORGNE (PIERRE LE),
Juge rentier de l'abbaye de Flines à la Madeleine. — 1366.
Sceau rond, de 24 mill. — Hôpital Comtesse à Lille.
Écu à trois aigles éployées, penché, timbré d'un heaume couronné.

S' PIERON · LE · BORGNE
(Seel Pieron le Borgne.)
Acquisition d'une rente. — 30 août 1366.

2503 BRILLON (JEAN DE),
Homme de l'abbaye de Flines à Landas. — 1386.
Sceau rond, de 20 mill. — Arch. du Nord; abbaye de Flines.
Un léopard assis.

S' IEHAN · DE · BRILLON
(Seel Jehan de Brillon.)
Retrait de fief par proximité. — 11 juin 1386.

2504 CALUMEL (LOUIS),
Homme de l'abbaye de Flines à Nomain. — 1508.
Sceau rond, de 21 mill. — Arch. du Nord; abbaye de Flines.
Une hache accostée de deux plantes.

s loys calumel
(Seel Loys Calumel.)
Arrentement d'un fief. — 11 septembre 1508.

2505 CAMP (GUILLAUME DU),
Juge rentier de l'abbaye de Flines à la Madeleine. — 1366.
Sceau rond, de 16 mill. — Hôpital Comtesse à Lille.
Une fleur de lys fleuronnée.

S' WILLHVME .. CHMP
(Seel Willaume du Camp.)
Acquisition d'une rente. — 7 novembre 1366.

2506 FISSIEL (JEAN),
Juge cotier de l'abbaye de Flines à Nomain. — 1390.
Sceau rond, de 25 mill. — Arch. du Nord; abbaye de Flines.
Écu portant une fouine.

s iehan fissiel
(Seel Jehan Fissiel.)
Voyez le n° 2501.

2507 FOUR (JEAN DU),
Juge cotier de l'abbaye de Flines, tenant du fief de Lannoy. — Vers 1386.
Sceau rond, de 21 mill. — Arch. du Nord; abbaye de Flines.
Une aigle.

SEEL · IEHAN · DOV · FOVR
(Seel Jehan dou Four.)
Voyez le n° 2500.

2508 LESCOT (GUILLAUME),
Juge rentier de l'abbaye de Flines à la Madeleine. — 1366.
Sceau rond, de 18 mill. — Hôpital Comtesse à Lille.
Une aiguière, dans un quadrilobe.

SEEL · WILLAMME · LESCOT
(Seel Willamme Lescot.)
Voyez le n° 2505.

2509 MERCIER (JEAN LE),
De Nomain, homme de l'abbaye de Flines à Landas. — 1386.
Sceau rond, de 18 mill. — Arch. du Nord; abbaye de Flines.
Un animal à tête humaine, assis.

S IEHAN LE MERCIER
(Seel Jehan le Mercier.)
Voyez le n° 2503.

2510 MINET (JACQUES),
Juge cotier de l'abbaye de Flines, tenant du fief de Lannoy. — Vers 1386.
Sceau rond, de 22 mill. — Arch. du Nord; abbaye de Flines.
Écu portant la tête du Christ nimbée de face, soutenu par un ange, supporté par deux lions, dans un trilobe.

S · IAKEMART · MINET
(Seel Jakemart Minet.)
Voyez le n° 2500.

2511 ORANGE (PIERRE D'),
Homme de l'abbaye de Flines à Nomain. — 1508.
Sceau rond, de 14 mill. — Arch. du Nord; abbaye de Flines.
Une branche chargée d'une orange.

.. PIERRE DORENGE
(Seel Pierre d'Orenge.)
Voyez le n° 2504.

2512 RAIMBAUT (JEAN),
Juge cotier de l'abbaye de Flines, tenant du fief de Lannoy. — Vers 1386.
Sceau rond, de 19 mill. — Arch. du Nord; abbaye de Flines.
Écu au croissant surmonté d'une étoile.

S IEHAN RAIMBAVT
(Seel Jehan Raimbaut.)
Voyez le n° 2500.

2513 ROY (JACQUES LE),
Homme de l'abbaye de Flines à Cappelle-en-Pévèle. — 1385.
Sceau rond, de 23 mill. — Arch. du Nord; abbaye de Flines.
Écu à la tête de roi, soutenu par un ange, dans un trilobe.

✠ SEEL IAKEMON LE ROY
(Seel Jakemou le Roy.)
Cession d'une ruelle. — 20 juin 1385.

2514 SIGIEY (AMAURI),
Juge cotier de l'abbaye de Flines, tenant du fief de Lannoy. — Vers 1386.
Sceau rond, de 20 mill. — Arch. du Nord; abbaye de Flines.
Écu portant la lettre M couronnée.

S · AIMOURRI · SIGIEY
(Seel Aimourri Sigiey.)
Voyez le n° 2500.

2515 VACQUERIE (JEAN DE LE),
Juge rentier de l'abbaye de Flines à Fives. — 1353.
Sceau rond, de 23 mill. — Arch. du Nord; abbaye de Flines.
Écu échiqueté sous un chef chargé d'une merlette à dextre, penché, timbré d'un heaume, sur champ fretté.

S ..... DE LE VAKERI.
(Seel Jehan de le Vakerie.)
Arrentement d'une terre. — 31 janvier 1353.

2516 VIENNE (BERTRAND DE),
Homme de l'abbaye de Flines à Nomain. — 1508.
Sceau rond, de 23 mill. — Arch. du Nord; abbaye de Flines.
Un tau accompagné de trois étoiles.

seel · bertrau · de · vienne
(Seel Bertran de Vienne.)
Voyez le n° 2504.

2517 VILLERS (GILLES DE),
Juge rentier de l'abbaye de Flines à Fives. — 1353.
Sceau rond, de 23 mill. — Arch. du Nord; abbaye de Flines.
Écu à trois lions couronnés, dans une étoile.

SEEL GILLE DE VILLERS
(Seel Gille de Villers.)
Voyez le n° 2515.

2518 VRETET (PHILIPPE),
Juge rentier de l'abbaye de Flines à Fives. — 1353.
Sceau rond, de 20 mill. — Arch. du Nord; abbaye de Flines.
Écu losangé sous un chef chargé de trois coquilles, penché, timbré d'un heaume cimé de deux têtes de...., sur champ fretté.

S · FELIPPON · VERTET
(Seel Felippon Vertet.)
Voyez le n° 2515.

2519   WARTEL (THOMAS),

Juge cotier de l'abbaye de Flines, tenant du fief de Lannoy. — Vers 1386.

Sceau rond, de 19 mill. — Arch. du Nord; abbaye de Flines.

Un bélier.

S · THVMAS · WARTIEL

(Seel Thumas Wartiel.)

Voyez le n° 2500.

HOMME DE FIEF DU FOREST ET DE HAIMBEAUCOURT.

2520   BELLEGAMBE (GEORGES),

1494.

Sceau rond, de 14 mill. — Arch. du Nord; abbaye d'Anchin.

Écu portant une jambe donnant un coup de pied à la lune (*belle*, en patois) sous un chef où est écrit **iorge** (Jorge). — Sans légende.

Acquisition d'un champ à Lyes. — 18 septembre 1494.

HOMMES DE LA COUR DE FOREST-SUR-ESCAUT.

2521   MOULIN (JEAN DU),

Homme de Forest-sur-Escaut. — 1495.

Sceau rond, de 20 mill. — Arch. du Nord; abbaye de Château-l'Abbaye.

Écu portant un fer de moulin en S accosté de deux roses.

seel · iehan · de · molin

(Seel Jehan de Molin.)

Lettres de record. — 12 juillet 1495.

2522   PATIN (GUILLAUME),

Homme de Forest-sur-Escaut. — 1495.

Sceau rond, de 21 mill. — Arch. du Nord; abbaye de Château-l'Abbaye.

Écu portant un patin accosté de quatre quintefeuilles.

seel · willame · patin

(Seel Willame Patin.)

Voyez le n° 2521.

2523   THIÉBEGOT (PIERRE),

Homme de Forest-sur-Escaut. — 1495.

Sceau rond, de 26 mill. — Arch. du Nord; abbaye de Château-l'Abbaye.

Écu portant trois pals à la fasce chargée de trois roses brochant, penché, timbré d'un heaume cimé d'une tête de griffon, supporté par deux griffons.

seel piere tiebegot

(Seel Piere Tiebegot.)

Voyez le n° 2521.

HOMMES DE LA SEIGNEURIE DE FOURNES.

2524   HINGETTES (JACQUES DE),

Homme de Fournes. — 1379.

Sceau rond, de 18 mill. — Arch. du Nord; abbaye de Lille.

Écu au chevron, au lambel sur le tout, dans un quadrilobe.

✠ S' IAREMON · DE · HINGHETES

(Seel Jakemon de Hinghetes.)

Bail d'une terre. — 13 septembre 1379.

2525   TOUCRY (PIERRE),

Homme de Fournes. — 1379.

Sceau rond, de 20 mill. — Arch. du Nord; abbaye de Lille.

Des ciseaux accompagnés d'une étoile.

✠ PIERRE .....

(Pierre .....)

Voyez le n° 2524.

ÉCHEVINS DE FRELINGHIEN.

2526   ASSONNEVILLE (OLIVIER D'),

Échevin de Frelinghien. — 1510.

Sceau rond, de 28 mill. — Arch. du Nord; chapitre de Lille.

Écu au chevron accompagné de trois étoiles sous un chef au lambel de cinq pendants, soutenu par un ange, supporté par deux lions, dans un trilobe.

ollivier affoneville

(Ollivier d'Assonneville.)

Acquisition d'une terre. — 19 mars 1510.

2527   BIÉQUET (CHRISTOPHE),

Échevin de Frelinghien. — 1499.

Sceau rond, de 23 mill. — Arch. du Nord; abbaye de Marquette.

Écu portant deux brochets en fasce l'un sur l'autre accompagnés d'une étoile en pointe, soutenu par un ange dans un quadrilobe.

bretofle biebet

(Kretofle Biéket.)

Lettres de garantie pour une sous-rente à Houplines. — 3 novembre 1499.

2528   BOUTRY (PHILIPPE),

Échevin de Frelinghien. — 1429.

Sceau rond, de 23 mill. — Arch. du Nord; abbaye de Marquette.

Écu portant un monogramme.

S phlipart boutri

(Seel Phlipart Boutri.)

Voyez le n° 2627.

2529   COURT (GÉRARD LE),

Échevin de Frelinghien. — 144.

Sceau rond, de 25 mill. — Hôpital Saint-Julien à Lille.

Écu à la bande accompagnée de six étoiles en orle, à la bordure engrêlée, dans un trilobe.

S : grart .. court

(Seel Grart le Court.)

Acquisition de terres. — 11 juin 1442.

2530   COURT (PIERRE LE),

Échevin de Frelinghien. — 1406.

Sceau rond, de 24 mill. — Arch. du Nord; abbaye de Loos.

Écu à la bande accompagnée de six étoiles en orle, à la bordure denchée, dans un trilobe.

S PIERRE LE COVRT

(Seel Pierre le Court.)

Retrait d'un fief à Houplines. — 24 février 1406.

2531   CRAC (PIERRE),

Échevin de Frelinghien. — 1431.

Sceau rond, de 19 mill. — Arch. du Nord; abbaye de Marquette.

Une hache accompagnée à dextre d'une branche.

S · pieters · crace

(Segel Pieters Crace.)

Sentence au sujet d'un chemin. — 6 novembre 1439.

2532   CRETON (GUILLAUME),

Échevin de Frelinghien. — 1350.

Sceau rond, de 18 mill. — Hôpital Comtesse à Lille.

Un bélier.

✻ S' WILLAVME GRETON

(Seel Willaume Greton.)

Acquisition d'une terre. — 12 mars 1350.

2533   CRETON (GUILLAUME),

Échevin de Frelinghien. — 1381.

Sceau rond, de 20 mill. — Hôpital Comtesse à Lille.

Écu portant un bélier à la bande brochant, dans un quadrilobe.

S' WILLAVME GRETON

(Seel Willaume Greton.)

Lettres de relief. — 13 mars 1381.

2534   DEULE (JEAN DE LA),

Échevin de Frelinghien. — 1510.

Sceau rond, de 26 mill. — Arch. du Nord; chapitre de Lille.

Écu illisible, soutenu par un personnage appuyé sur un bâton et accompagné d'un chien.

rehan de le deulle

(Jehan de le Deulle.)

Voyez le n° 2526.

2535   FOSSE (GUILLAUME DE LA),

Échevin de Frelinghien. — 1308.

Sceau rond, de 20 mill. — Arch. du Nord; abbiette de Lille.

Écu portant trois coquilles.

.. WILLEAVME DE LE FOSE

(Seel Willeaume de le Fose.)

Priviléges de l'abbiette de Lille au sujet d'une terre. — 9 mars 1308.

2536   FRESNOY (GUILBERT DU

Et de la Vigne, échevin de Frelinghien. — 1510.

Sceau rond, de 27 mill. — Arch. du Nord; chapitre de Lille.

Écu au sautoir, brisé d'un lambel, penché, timbré d'un heaume cimé, supporté par deux lions.

s · guilbert · du · frenoi

(Seel Guilbert du Frénoi.)

Voyez le n° 2526.

2537   GRAND (GUILLAUME LE),

Échevin de Frelinghien. — 1429.

Sceau rond, de 21 mill. — Arch. du Nord; abbaye de Marquette.

Une hache accompagnée de deux étoiles.

S' WILLAME LE GRANT ·

(Seel Willame le Grant.)

Voyez le n° 2527.

2538   HAKE (PIERRE),

Échevin de Frelinghien. — 1406.

Sceau rond, de 18 mill. — Arch. du Nord; abbaye de Loos.

Écu portant deux croissants en chef et une étoile en pointe.

S · PIETRE · HAKE

(Seel Pietre Hake.)

Voyez le n° 2530.

2539   HEUTTE (JEAN DE LA),

Échevin de Frelinghien. — 1350.

Sceau rond, de 19 mill. — Hôpital Comtesse à Lille.

Écu échiqueté sous un chef chargé de trois étoiles.

S' IEHAN DE LE HEVTE

(Seel Jehan de le Heute.)

Acquisition d'une terre. — 1350.

2540   HOVELAQUE (JACQUES).

Échevin de Frelinghien. — 1350.

Sceau rond, de 20 mill. — Hôpital Comtesse à Lille.

Écu à la fasce accompagnée d'une tête de lièvre? en chef.

IAKEMON HOVELACKE

(Jakemon Hovelacke.)

Voyez le n° 2539.

2541   JORE (JACQUES),

Échevin de Frelinghien. — 1405.

Sceau rond, de 20 mill. — Arch. du Nord; abbaye de Loos.

Écu portant une lance en barre accompagnée de trois étoiles, au franc canton chargé d'un lion passant, dans un trilobe.

S' IAKEMES IORES

(Seel Jakemes Jores.)

Voyez le n° 2530.

2542   LÀCHERIE (NICAISE DE LA),

Échevin de Frelinghien. — 1405.

Sceau rond, de 19 mill. — Arch. du Nord; abbaye de Loos.

Écu portant deux écussons plains, au franc canton chargé d'un besant ou d'un tourteau, à la bande denchée brochant sur le tout.

.. NIGHISES DE LE LACERIE

(Seel Nicaises de le Lacerie.)

Voyez le n° 2530.

2543   LATTRE (JACQUES DE).

Échevin de Frelinghien. — 1491.

Sceau rond, de 20 mill. — Arch. du Nord; chapitre de Lille.

Écu à la hache contournée.

S '· Jaques de Lattre

(Seel Jaques de Lattre.)

Acquisition d'un héritage. — 7 janvier 1491.

2544   LEU (PIERRE LE),

Échevin de Frelinghien. — 1363.

Sceau rond, de 20 mill. — Hôpital Saint-Julien à Lille.

Écu au loup passant devant un arbre, dans un trilobe.

S' PIERON LE LEV

(Seel Pieron le Leu.)

Sentence établissant qu'il ne doit pas exister de cours d'eau dans les grands fossés de l'hôpital Saint-Julien à Frelinghien. — Mai 1363.

2545   MARISSAL (JEAN),

Échevin de Frelinghien. — 1446.

Sceau rond, de 22 mill. — Arch. du Nord; abbaye de Marquette.

Écu à la bande componée? accompagnée d'un marteau en chef et de deux étoiles en pointe.

Seel Iehan Marisal

(Seel Jehan Marisal.)

Acquisition d'un pré. — 12 novembre 1446.

2546   MARKANT (JACQUES),

Échevin de Frelinghien. — 1363.

Sceau rond, de 22 mill. — Hôpital Saint-Julien à Lille.

Écu portant un écusson en abîme accompagné d'un oiseau en pointe, au lambel; dans un trilobe.

S' IAKEMON MARKANG

(Seel Jakemon Markant.)

Voyez le n° 2544.

2547   OURSINS (HENRI DES).

Échevin de Frelinghien. — 1363.

Sceau rond, de 18 mill. — Hôpital Saint-Julien à Lille.

Un ours contourné.

✳ S' HENRI DES OVRSINS

(Seel Henri des Oursins.)

Voyez le n° 2544.

2548   OURSINS (HENRI DES).

Échevin de Frelinghien. — 1341.

Sceau rond, de 21 mill. — Hôpital Comtesse à Lille.

Écu portant un ours emmuselé.

S' · HENRI · DES · OVRSINS

(Seel Henri des Oursins.)

Voyez le n° 2533.

2549 PONCHEL (ALARD DU),

Échevin de Frelinghien. — 1620.

Sceau rond, de 22 mill. — Arch. du Nord; chapitre de Lille.

Écu portant une étoile.

S · allart du ponciel

(Seel Allart du Ponciel.)

Acquisition de prés à Houplines. — 26 février 1510.

2550 PONT (JEAN DU).

Échevin de Frelinghien. — 1368.

Sceau rond, de 20 mill. — Hôpital Saint-Julien à Lille.

Écu à trois lions, dans un trilobe.

S' IEHAN DOV PONT

(Seel Jehan dou Pont.)

Voyez le n° 2544.

2551 PORTE (GILLES DE LA),

Échevin de Frelinghien. — 1363.

Sceau rond, de 21 mill. — Hôpital Saint-Julien à Lille.

Écu portant une sirène, dans un trilobe.

S GILES DE LE PORTE

(Seel Gilles de le Porte.)

Voyez le n° 2544.

2552 QUELLERIE (JEAN DE LE),

Échevin de Frelinghien. — 1368.

Sceau rond, de 21 mill. — Arch. du Nord; abbiette de Lille.

Écu à l'oiseau accompagné d'une étoile.

.....DE LE QEVLLERIE ?

(Seel Jehan de le Qeullerie.)

Voyez le n° 2535.

2553 RUMAUX (JEAN DES).

Échevin de Frelinghien. — 1360.

Sceau rond, de 20 mill. — Hôpital Comtesse à Lille.

Écu au sautoir cantonné de quatre étoiles.

S' IEHAN DES RVMAVS

(Seel Jehan des Rumaus.)

Voyez le n° 2532.

2554 THÉVELIN (JEAN).

Échevin de Frelinghien. — 1510.

Sceau rond, de 21 mill. — Arch. du Nord; chapitre de Lille.

Écu portant une doloire.

S · iehan · tevelin

(Seel Jehan Tévelin.)

Voyez le n° 2549.

2555 THÉVELIN (ROBERT),

Échevin de Frelinghien. — 1446.

Sceau rond, de 21 mill. — Arch. du Nord; abbaye de Marquette.

Une étoile.

S robiert ħevelin

(Seel Robiert Tiévelin.)

Voyez le n° 2545.

2556 VERQUIN (GADIFER DE).

Échevin de Frelinghien. — 1409.

Sceau rond, de 18 mill. — Arch. du Nord; abbaye de Marquette.

Écu échiqueté au lion naissant, dans un trilobe.

S GADIFER DE WERRIN

(Seel Gadifer de Werkin.)

Voyez le n° 2527.

2557 VOULLET (JEAN).

Échevin de Frelinghien. — 1460.

Sceau rond, de 20 mill. — Hôpital Saint-Julien à Lille.

Écu portant une roue accompagnée de trois annelets.

seel · iehan · voullet

(Seel Jehan Voullet.)

Voyez le n° 2529.

ÉCHEVINS DU FIEF DU VERTBOIS À FRELINGHIEN,
HOUPLINES ET DEULÉMONT.

2558 ALLOÉ (JACQUES).

Échevin du fief du Vertbois. — 1418.

Sceau rond, de 21 mill. — Arch. du Nord; abbaye de Marquette.

Écu semé de fleurons, portant une faucille, à la bordure.

✠ S' IAQVE.....LOEE

(Seel Jaquemart Alloée.)

Lettre de garantie pour une sous-rente. — 16 novembre 1418.

2559 ALLOÉ (JACQUES).

Échevin du fief du Vertbois. — 1431.

Sceau rond, de 19 mill. — Arch. du Nord; abbaye de Marquette.

Un oiseau accompagné d'une étoile.

iakemart · allœe
(Jakemart Allœe.)
Lettres de garantie pour une sous-rente. — 1er janvier 1431.

2560 BOUTRY (JEAN),
Échevin du fief du Vertbois. — 1409.
Sceau rond, de 20 mill. — Arch. du Nord; abbaye de Marquette.
Écu à la croix cantonnée en chef et à dextre d'une étoile.

S' · IEHAN · BOVTRI
(Seel Jehan Boutri.)
Sentence au sujet d'une sous-rente. — 24 janvier 1409.

2561 CRETONS (JACQUES DES),
Échevin du fief du Vertbois. — 1411.
Sceau rond, de 22 mill. — Arch. du Nord; abbaye de Marquette.
Écu d'hermines, à deux bandes.

* .. IAKEMART DES CRETONS
(Seel Jakemart des Cretons.)
Acquisition d'un héritage. — 24 février 1411.

2562 LONG (MAHIEU LE),
Échevin du fief du Vertbois. — 1431.
Sceau rond, de 19 mill. — Arch. du Nord; abbaye de Marquette.
La lettre M couronnée.

* mahieu le lonc
(Mahieu le Lonc.)
Voyez le n° 2559.

2563 LONG (PIERRE LE),
Échevin du fief du Vertbois. — 1409.
Sceau rond, de 18 mill. — Arch. du Nord; abbaye de Marquette.
La lettre p accompagnée de deux étoiles.

* pierart le lonch :
(Pierart le Lonch.)
Voyez le n° 2560.

2564 PLOUICH (GÉRARD DU),
Échevin du fief du Vertbois. — 1411.
Sceau rond, de 20 mill. — Arch. du Nord; abbaye de Marquette.
Écu portant une étoile, dans un quadrilobe.

S · G · DV · PLOICH
(Seel Gérart du Ploich.)
Voyez le n° 2561.

2565 POULLÉ (JACQUES),
Échevin du fief du Vertbois. — 1401.
Sceau rond, de 23 mill. — Arch. du Nord; abbaye de Marquette.
Écu portant une poule accompagnée d'une étoile, soutenu par un ange, supporté par deux lions, dans un trilobe.

seel iakemart poullee
(Seel Jakemart Poullée.)
Demande de retrait de fief. — 21 juin 1401.

2566 WAUCRENIÉ (JEAN),
Échevin du fief du Vertbois. — 1411.
Sceau rond, de 21 mill. — Arch. du Nord; abbaye de Marquette.
Les deux initiales V · I.

S' · IEHAN · VAVKERNIE
(Seel Jehan Vaukernié.)
Voyez le n° 2561.

JUGES RENTIERS DE LA SEIGNEURIE DE GAMANS.

2567 BAILLE (ROBERT LE),
Juge de la seigneurie de Gamans. — 1377.
Sceau rond, de 26 mill. — Arch. du Nord; abbiette de Lille.
Écu à la fasce vivrée accompagnée d'une merlette au canton dextre, dans un losange.

S' ROBIERT LE BAILLE
(Seel Robiert le Baille.)
Acquisition d'une terre. — 1er décembre 1377.

2568 LEVAL (JEAN DE),
Juge de la seigneurie de Gamans. — 1377.
Sceau rond, de 18 mill. — Arch. du Nord; abbiette de Lille.
Une aigle éployée.

S' IEHAN DE LEVAL
(Seel Jehan de Leval.)
Voyez le n° 2567.

2569 MAIRE (ALARD LE),
Juge de la seigneurie de Gamans. — 1377.
Sceau rond, de 18 mill. — Arch. du Nord; abbiette de Lille.
Écu portant quatre quintefeuilles accompagnées d'une merlette au canton dextre, au lambel.

S' ALART · LE · MAIR.
(Seel Alart le Maire.)
Acquisition d'une terre à Lesquin. — 24 septembre 1377.

2570 MARET (PIERRE),

Juge de la seigneurie de Camans. — 1377.

Sceau rond, de 20 mill. — Arch. du Nord; abbiette de Lille.

Une aigle éployée.

S .....E · MARES ·

(Seel Pierre Maret.)

Voyez le n° 2567.

2571 MILLEVOIE (PIERRE DE),

Juge de la seigneurie de Camans. — 1377.

Sceau rond, de 21 mill. — Arch. du Nord; abbiette de Lille.

Trois marteaux accompagnés de deux étoiles, dans un losange.

PIERE · DE · M...EVOIE

(Piere de Millevoie.)

Voyez le n° 2569.

2572 PONT (JEAN DU).

Juge de la seigneurie de Camans. — 1377.

Sceau rond, de 19 mill. — Arch. du Nord; abbiette de Lille.

Écu portant un pont d'une arche.

✶ S' IEHAN DOV PONS

(Seel Jehan dou Pont.)

Voyez le n° 2567.

2573 VERDIÈRE (JEAN).

Juge de la seigneurie de Camans. — 1377.

Sceau rond, de 19 mill. — Arch. du Nord; abbiette de Lille.

Écu portant une aigle.

IEHAN VERDIERES

(Jehan Verdières.)

Voyez le n° 2567.

JUGE COTIER DE L'ABBAYE DE SAINT-BAVON DE GAND.

2574 ACHIER (JEAN).

1377.

Sceau rond, de 17 mill. — Arch. du Nord; abbiette de Lille.

Écu à trois étoiles.

S' IEHAN · ACIER ·

(Seel Jehan Acier.)

Recon. de l'achat d'un fief à Avelin, au profit de Jeanne de Tournay, religieuse de l'abbiette de Lille. — 8 mars 1377.

HOMME DE L'ABBAYE DE SAINT-PIERRE DE GAND.

2575 BROUCKERKE (JEAN VAN).

1494.

Sceau rond, de 24 mill. — Arch. du Nord; abbaye de Marquette.

Écu portant un marteau et une roue accompagnés en chef d'une étoile et en pointe de .....

S ıau van brouc.....

(Segel Jau van Brouc.....)

Acquisition d'un fief à Beerst près Dixmude. — 4 décembre 1494.

JUGE COTIER DE LA MAIRIE DE GONDECOURT.

2576 PERS (FLORENT LE).

1497.

Sceau rond, de 21 mill. — Arch. du Nord; Chambre des comptes.

Écu portant un sautoir à la gerbe brochant, dans un quadrilobe.

floren le pers

(Floren le Pers.)

Acquisition d'une terre. — 18 avril 1497.

JUGES DE LA SEIGNEURIE DE GRUSON.

2577 BUSQUIEL (GILLES DU).

Juge de la seigneurie de Gruson. — 1480.

Sceau rond, de 27 mill. — Arch. du Nord; abbaye du Quesnoy.

Écu à trois bandes, écartelé d'hermines à la fasce vivrée, penché, timbré d'un heaume cimé de trois plumes, supporté par un lion et un griffon.

S · gilles : du · busquiel

(Seel Gilles du Busquiel.)

Acquisition du fief de Landas par Gilles de le Walle, huissier de salle de l'archiduchesse d'Autriche. — 17 octobre 1480.

2578 FAUCILLE (JEAN).

Juge de la seigneurie de Gruson. — 1480.

Sceau rond, de 24 mill. — Arch. du Nord; abbaye du Quesnoy.

Écu portant trois faucilles.

Seel ıehan faucille

(Seel Jehan Faucille.)

Voyez le n° 2577.

2579   FISSIEL (JEAN),

Juge de la seigneurie de Gruson. — 1480.

Sceau rond, de 31 mill. — Arch. du Nord; abbaye du Quesnoy.

Écu portant trois fouines, écartelé d'une fasce chargée de . . . . . et accompagnée de trois oiseaux, penché, timbré d'un heaume couronné.

s · iehan fichiel

(Seel Johan Fichiel.)

Voyez le n° 2577.

ÉCHEVINS D'HALLUIN.

2580   BOS (ROBERT DU),

Échevin d'Halluin. — 1457.

Sceau rond, de 24 mill. — Arch. du Nord; chapitre de Lille.

Écu à la bande chargée d'un trèfle et accompagnée de huit billettes, au franc canton chargé d'une étoile brochant, dans un trilobe.

. . . . . dou bos

(Seel Robert dou Bos.)

Bail à rente. — 31 janvier 1457.

2581   ÉCLUSE (GUILLAUME DE L'),

Échevin d'Halluin. — 1380.

Sceau rond, de 18 mill. — Arch. du Nord; abbaye de Marquette.

Écu au pal? accosté de quatre étoiles.

WILLHVME DE LESCLVSE

(Willaume de l'Escluse.)

Reconnaissance d'une rente. — 9 mai 1380.

2582   FOREST (ALARD DU),

Échevin d'Halluin. — 1457.

Sceau rond, de 25 mill. — Arch. du Nord; chapitre de Lille.

Écu à la bande chargée d'une étoile en chef et accompagnée de six roses en orle, penché, timbré d'un heaume cimé d'une touffe, supporté par deux hommes sauvages.

s · a . . . . du · forest

(Seel Alart du Forest.)

Voyez le n° 2580.

2583   KERKE (GUILLAUME DE LE).

Échevin d'Halluin. — 1380.

Sceau rond, de 20 mill. — Arch. du Nord; abbaye de Marquette.

Une église.

S WILLHVME DV MOVSTIER

(Seel Willaume du Moustier.)

Voyez le n° 2581.

2584   PATIN (WAUTIER),

Échevin d'Halluin. — 1403.

Sceau rond, de 21 mill. — Arch. du Nord; Chambre des comptes.

Écu à l'oiseau tenant dans son bec une coquille et posé sur un **W**, dans un trilobe.

S' WOVTER PATIN

(Segel Wouter Patin.)

Vidimus d'une ordonnance de 1397 par laquelle Philippe le Bon établit un second sceau pour les draps et demi-draps fabriqués à Halluin. — 14 mars 1403.

2585   STEEN (THOMAS),

Échevin d'Halluin. — 1403.

Sceau rond, de 17 mill. — Arch. du Nord; Chambre des comptes.

Écu portant la lettre **m** couronnée.

S' THVMHS STEEN

(Segel Thumas Steen.)

Voyez le n° 2584.

2586   VIANE (JOSSE),

Échevin d'Halluin. — 1587.

Sceau rond, de 29 mill. — Arch. du Nord; Chambre des comptes.

Une hache.

IOSSE VIANNE

Acquisition d'une maison. — 3 juin 1587.

JUGES RENTIERS DE L'ABBAYE DE HASNON.

2587   AUGHOT (PIERRE),

Juge de l'abbaye de Hasnon à Ferrières. — 1371.

Sceau rond, de 21 mill. — Hôpital des Grimarets à Lille.

Un arbre accosté de deux arbrisseaux.

S' PIERES . . . . .

(Seel Pieres . . . . .)

Acte de partage. — 7 mars 1371.

2588   BASSECOURT (JACQUES).

Juge de l'abbaye de Hasnon à Ferrières. — 1486

Sceau rond, de 25 mill. — Arch. du Nord; chapitre de Lille.

Un mouton.

s ıaquemarı baſecourt

(Seel Jacquemart Bassecourt.)

Acquisition de terres. — 10 juin 1486.

2589   BOS (JACQUES DU),

Juge de l'abbaye de Hasnon. — 1464.

Sceau rond, de 20 mill. — Arch. du Nord; abbaye de Hasnon.

Écu à la hache.

S ⁑ ıaquem.. .u · bos

(Seel Jacquemou du Bos.)

Aveu d'un fief à Leers. — 9 janvier 1464.

2590   BOSQUIEL (PIERRE DU),

Juge de l'abbaye de Hasnon à Ferrières. — 1380.

Sceau rond, de 19 mill. — Hôpital des Grimarets à Lille.

Écu portant un arbre surmonté d'un oiseau, au franc canton chargé d'une étoile.

S' PIERART DV BOSCHEV

(Seel Pierart du Boschou.)

Acquisition d'une terre. — 30 mars 1380.

2591   BOUCQ (GILLES LE),

Juge de l'abbaye de Hasnon à Ferrières. — 1409.

Sceau rond, de 24 mill. — Arch. du Nord; chapitre de Lille.

Écu au bouc passant à dextre, dans un trilobe.

s · gılle le boub

(Seel Gille le Bouk.)

Acquisition d'une terre. — 26 février 1409.

2592   BOUCQ (JEAN LE),

Juge de l'abbaye de Hasnon à Ferrières. — 1409.

Sceau rond, de 22 mill. — Arch. du Nord; chapitre de Lille.

Un bouc passant à sénestre.

✸ S' ICHAN LE BOVC

(Seel Johan le Bouc.)

Voyez le n° 2591.

2593   BOUCQ (JÉRÔME LE),

Juge de l'abbaye de Hasnon à Ferrières. — 1411.

Sceau rond, de 28 mill. — Arch. du Nord; chapitre de Lille.

Écu à la tête de bouc, dans un trilobe.

.....me · le · bo...

(Seel Jérôme le Boucq.)

Acquisition d'une terre. — 1411.

2594   CASTEL (JEAN DU),

Juge de l'abbaye de Hasnon à Ferrières. — 1389.

Sceau rond, de 21 mill. — Hôpital de Sainte-Marthe à Lille.

Écu portant un château, penché, timbré d'un heaume.

.....AN DV CA...EL

(Seel Johan du Castiel?)

Acquisition d'une terre. — 28 avril 1389.

2595   CASTEL (MAHIEU DU),

Juge de l'abbaye de Hasnon à Ferrières. — 1378.

Sceau rond, de 23 mill. — Arch. du Nord; chapitre de Lille.

Un château accompagné de trois fleurs de lys.

✸ S · MAHIV · DV · CASTEL

(Seel Mahiu du Castel.)

Acquisition de terres. — 17 mai 1378.

2596   COQUET (JEAN),

Juge de l'abbaye de Hasnon à Ferrières. — 1410

Sceau rond, de 27 mill. — Arch. du Nord; chapitre de Lille.

Écu portant un lévrier, au filet en bande brochant.

s · ıehan · cobet

(Seel Jehan Coket.)

Acquisition d'une terre. — 17 juillet 1410.

2597   COUR (PIERRE DE LA),

Juge de l'abbaye de Hasnon à Ferrières. — 1383.

Sceau rond, de 20 mill. — Arch. du Nord; chapitre de Lille.

Écu à la bande, écartelé de ....., dans une rose.

✸ S' PIERON DE LE COVRT

(Seel Pieron de le Court.)

Acquisition de terres. — 14 mai 1383.

2598   DESTAILLEURS (JACQUES),

Juge de l'abbaye de Hasnon à Ferrières. — 1389.

Sceau rond, de 23 mill. — Hôpital de Sainte-Marthe à Lille.

Écu au chevron accompagné de trois oiseaux, dans un quadrilobe.

✸ S' IAKEMON DESTAILLEVRS

(Seel Jakemon Destailleurs.)

Voyez le n° 2594.

2599   ÉPINOY (PIERRE D'),

Juge de l'abbaye de Hasnon à Ferrières. — 1378.

Sceau rond, de 19 mill. — Hôpital de Sainte-Marthe à Lille.

Écu à la bande accompagnée d'une étoile en chef, dans un trilobe.

.....OR DE DESPINOIT

(Seel Pieron du Despinoit.)

Acquisition de terres. — 5 novembre 1378.

2600   FERRIÈRES (PIERRE DE),

Juge de l'abbaye de Hasnon à Ferrières. — 1372.

Sceau rond, de 21 mill. — Hôpital de Sainte-Marthe à Lille.

Écu au sautoir cantonné de quatre croissants, dans un trilobe.

.....ERON • DE • FIERIERES

(Seel Pieron de Fierières.)

Don d'une terre par Marie du Bos, veuve de Jean de Tourcoing, fondateur de l'hôpital de Sainte-Marthe dit au Peuplier. — 10 mars 1378.

2601   FÈVRE (PIERRE LE),

Juge de l'abbaye de Hasnon à Ferrières. — 1372.

Sceau rond, de 18 mill. — Hôpital des Grimaretz à Lille.

Écu portant une rose.

S PIERON LE FEVRE

(Seel Pieron le Fèvre.)

Don de terres par Marie de Pont-Rohard. — 2 juillet 1372.

2602   FIVES (MAHIEU DE),

Juge de l'abbaye de Hasnon à Ferrières. — 1377.

Sceau rond, de 24 mill. — Béguinage de Lille.

Écu portant une étoile, dans un quadrilobe.

S' MAHIEV DE FIVE

(Seel Mahieu de Five.)

Sentence adjugeant au Béguinage de Lille une terre à Ferrières. — 7 novembre 1377.

2603   GHESQUIÈRE (GUILLAUME DE LE),

Juge de l'abbaye de Hasnon à Ferrières. — 1373.

Sceau rond, de 21 mill. — Hôpital de Sainte-Marthe à Lille.

Écu au franc canton chargé d'une étoile, dans un quadrilobe.

S' ..LLEM DE LE GIE....RE

(Seel ..llem de le Giesquière.)

Acquisition d'une terre. — 26 avril 1373.

2604   GOMMER (THOMAS),

Juge de l'abbaye de Hasnon à Ferrières. — 1360.

Sceau rond, de 21 mill. — Hôpital des Grimaretz à Lille.

Écu billeté à la fasce chargée de trois roses?, dans un triangle.

S' TVMAS GOVMMER

(Seel Tumas Goummer.)

Acquisition d'une terre. — 3 décembre 1360.

2605   GRANDIN (JEAN),

Juge de l'abbaye de Hasnon à Ferrières. — 1376.

Sceau rond, de 18 mill. — Arch. du Nord; chapitre de Lille.

Écu portant un G couronné, dans un trilobe.

S' IOHIS GRANDIN

(Sigillum Johannis Grandin.)

Acquisition d'une terre. — 4 septembre 1376.

2606   HAISE (JEAN DE LE),

Dit Gobet, juge de l'abbaye de Hasnon à Ferrières. — 1372.

Sceau rond, de 16 mill. — Hôpital des Grimaretz à Lille.

Un nœud de feuillage.

.....AN DE LE HAISE

(Seel Jehan de le Haise.)

Don de terres par Marie de Pont-Rohard. — 2 juillet 1372.

2607   HANOTEL (JEAN),

Juge de l'abbaye de Hasnon à Ferrières. — 1376.

Sceau rond, de 18 mill. — Arch. du Nord; chapitre de Lille.

Écu au petit sautoir fleuronné sur un pied fiché, soutenu par un homme sauvage, dans un ovale.

S • IEHAN • HANOTEL

(Seel Jehan Hanotel.)

Acquisition de terres. — 26 novembre 1376.

2608   LA BASSÉE (JACQUES DE),

Détailleur de draps, juge de l'abbaye de Hasnon à Ferrières. — 1375.

Sceau rond, de 20 mill. — Hôpital de Sainte-Marthe à Lille.

Écu portant trois oiseaux, dans une étoile.

S' IAKEMON DE LE BASSEE

(Seel Jakemon de le Bassée.)

Voyez le n° 2603.

2609   LIÉNART (JEAN),

Juge de l'abbaye de Hasnon à Ferrières. — 1360.

Sceau rond, de 19 mill. — Hôpital des Grimaretz à Lille.

Écu bandé de six pièces.

S : IEHAN : LIENART

(Seel Jehan Liénart.)

Voyez le n° 2604.

2610 MACHECLIER (PIERRE),

Juge de l'abbaye de Hasnon à Ferrières. — 1360.

Sceau rond, de 21 mill. — Hôpital des Grimarets à Lille.

Écu au sautoir.

✻ PIERON · MACHEC....

(Pieron Macheclier.)

Voyez le n° 2604.

2611 MAÎTRE (JEAN LE),

Homme de l'abbaye de Hasnon à Montigny. — 1432.

Sceau rond, de 23 mill. — Arch. du Nord; abbaye de Hasnon.

Écu portant deux pals, suspendu à un arbre.

s · iehan · le · maiſtre

(Seel Jehan le Maistre.)

Saisine d'un fief à Montigny donnée à Jean Béghin, mercier et bourgeois de Mons. — 14 décembre 1432.

2612 MARIÉ (GÉRARD),

Juge de l'abbaye de Hasnon à Ferrières. — 1409.

Sceau rond, de 23 mill. — Arch. du Nord; chapitre de Lille.

Écu au chevron accompagné de trois étoiles, dans un trilobe.

S' GRART MARIEE

(Seel Grart Mariée.)

Voyez le n° 2591.

2613 MONNOYER (JEAN LE),

Juge de l'abbaye de Hasnon à Ferrières. — 1378.

Sceau rond, de 23 mill. — Hôpital de Sainte-Marthe à Lille.

Écu semé de besants au lion, penché, timbré d'un heaume cimé d'une tête de héron, supporté par deux singes.

s ...au le monn....

(Seel Jehan le Monnoier.)

Voyez le n° 2599.

2614 MORIEL (ARNOUL),

Juge de l'abbaye de Hasnon à Ferrières. — 1410.

Sceau rond, de 20 mill. — Arch. du Nord; chapitre de Lille.

Écu portant un moulin à vent.

gevnoul moriel

(Yernoul Moriel.)

Voyez le n° 2596.

2615 NOISET (JEAN),

Juge de l'abbaye de Hasnon à Ferrières. — 1383.

Sceau rond, de 16 mill. — Arch. du Nord; chapitre de Lille.

Écu au chevron accompagné de deux merlettes en chef et d'un château en pointe, dans un trilobe.

S · IEHAN · NOISEC

(Seel Jehan Noiset.)

Voyez le n° 2697.

2616 PEISSANT (GUILLAUME DE),

Homme de l'abbaye de Hasnon à Montigny. — 1432.

Sceau rond, de 30 mill. — Arch. du Nord; abbaye de Hasnon

Écu à la bande échiquetée de deux traits, penché, timbré d'un heaume supporté par deux griffons. — Il ne reste de la légende que : s · Woilla... (Seel Willaume....)

Voyez le n° 2611.

2617 PETIT (JACQUES LE),

Juge de l'abbaye de Hasnon à Ferrières. — 1392.

Sceau rond, de 22 mill. — Arch. du Nord; chapitre de Lille.

Écu portant un P couronné.

✻ S · IAQVEMART LE PETIT

(Seel Jaquemart le Petit.)

Sentence confirmative d'une rente. — 23 mars 1392.

2618 PETIT (JEAN),

Juge de l'abbaye de Hasnon à Ferrières. — 1410.

Sceau rond, de 20 mill. — Arch. du Nord; chapitre de Lille.

Écu à la fleur de lys.

✻ S · IOHANNES · PECIC

(Sigillum Johannes Petit.)

Acquisition de terres. — 21 mai 1410.

2619 PETIT (JEAN),

Juge de l'abbaye de Hasnon à Ferrières. — 1410.

Sceau rond, de 20 mill. — Arch. du Nord; chapitre de Lille.

Écu à la fleur de lys, brisé d'une étoile au canton dextre.

GEL · IEHAN · PETIT

(Seel Jehan Petit.)

Voyez le n° 2596.

2620 PETIT (PIERRE LE),

Juge de l'abbaye de Hasnon à Ferrières. — 1409.

Sceau rond, de 20 mill. — Arch. du Nord, chapitre de Lille.

Un cheval accompagné d'une étoile.

SEEL · PIERART · LE · PETIT

(Seel Pierart le Petit.)

Voyez le n° 2591.

2621   PIRE (JACQUES DU),

Juge de l'abbaye de Hasnon à Ferrières. — 1380.

Sceau rond, de 21 mill. — Hôpital des Grimarets à Lille.

Écu portant une sextefeuille sous un chef au lion issant.

... IAKEMON .. V PIRE

(Seel Jakemon dou Pire.)

Voyez le n° 2590.

2622   PRÉVÔT (JACQUES),

Juge de l'abbaye de Hasnon à Ferrières. — 1611.

Sceau rond, de 26 mill. — Arch. du Nord; chapitre de Lille.

Écu portant un lion au lambel, penché, timbré d'un heaume cimé d'un lion, supporté par deux aigles.

..... VE PREVOST

(Seel Jaque Prévost.)

Voyez le n° 2593.

2623   PRÉVÔT (JEAN LE),

Juge de l'abbaye de Hasnon à Ferrières. — 1374.

Sceau rond, de 17 mill. — Arch. du Nord; chapitre de Lille.

Écu au lion.

✳ IEHAN LE PROVVOST

(Jehan le Prowost.)

Acquisition de terres. — 24 janvier 1374.

2624   PRÉVÔT (THOMAS LE),

Juge de l'abbaye de Hasnon à Ferrières. — 1374.

Sceau rond, de 22 mill. — Arch. du Nord; chapitre de Lille.

Écu au lion, penché, timbré d'un heaume cimé d'un lion, sur champ fretté. — Légende se lisant de gauche à droite.

S ...HS E PREVOS

(Seel Tomas le Prévos.)

Voyez le n° 2623.

2625   ROBOES (JACQUES),

Juge de l'abbaye de Hasnon à Ferrières. — 1377.

Sceau rond, de 18 mill. — Arch. du Nord; chapitre de Lille.

Un rencontre de bœuf.

IAKEMES RAVBVES

(Jakemes Raubues.)

Voyez le n° 2602.

2626   ROUSIEL (GILLES),

Juge de l'abbaye de Hasnon à Ferrières. — 1610.

Sceau rond, de 19 mill. — Arch. du Nord; chapitre de Lille.

Écu à la hache.

S · GILLOT · ROVSIEL

(Seel Gillot Rousiel.)

Voyez le n° 2618.

2627   ROUSIEL (GILLES),

Juge de l'abbaye de Hasnon à Ferrières. — 1611.

Sceau rond, de 21 mill. — Arch. du Nord; chapitre de Lille.

Écu portant un trèfle accompagné d'une étoile au canton dextre.

✳ S · GILLOS · ROVSIEL

(Seel Gillot Rousiel.)

Voyez le n° 2593.

2628   ROUSIEL (PIERRE),

Juge de l'abbaye de Hasnon à Ferrières. — 1610.

Sceau rond, de 22 mill. — Arch. du Nord; chapitre de Lille.

Une étoile.

✳ S' PIERES ROVSIEL

(Seel Pieres Rousiel.)

Voyez le n° 2618.

2629   SARTIEL (COLARD DU),

Juge de l'abbaye de Hasnon à Ferrières. — 1374.

Sceau rond, de 20 mill. — Arch. du Nord; chapitre de Lille.

Écu portant une étoile. — Légende fruste.

Voyez le n° 2623.

2630   SARTIEL (JEAN DU),

Juge de l'abbaye de Hasnon à Ferrières. — 1372.

Sceau rond, de 20 mill. — Arch. du Nord; chapitre de Lille.

Écu portant une étoile, parti d'une croix, au lambel de cinq pendants sur le tout, dans un trilobe.

S' IEHAN DOV SARTIEL

(Seel Jehan dou Sartiel.)

Don d'une terre. — 14 août 1372.

**2631	SOMMELLE (JEAN),**

Juge de l'abbaye de Hasnon à Ferrières. — 1445.

Sceau rond, de 24 mill. — Arch. du Nord; chapitre de Lille.

Écu portant une aigle, à la bordure chargée de semelles.

❊ seel ıehan fommelle

(Seel Jehan Sommelle.)

Acquisition de terres. — 16 février 1445.

**2632	TIÉRI (JEAN DU),**

Juge de l'abbaye de Hasnon à Ferrières. — 1367.

Sceau rond, de 20 mill. — Arch. du Nord; Béguinage de Lille.

La Vierge, avec l'enfant Jésus, debout.

S IEHAR DOV TIERI

(Seel Jehan dou Tiéri.)

Acquisition d'une terre. — 22 avril 1367.

**2633	TOUR (JEAN DE LA),**

Juge de l'abbaye de Hasnon à Ferrières. — 1374.

Sceau rond, de 20 mill. — Arch. du Nord; chapitre de Lille.

Écu losangé, penché, timbré d'un monogramme, dans un quadrilobe.

S · IEH.. DE · LE · TOVR

(Seel Jehan de le Tour.)

Voyez le n° 2623.

**2634	VRELIET (JACQUES DU),**

Juge de l'abbaye de Hasnon à Ferrières. — 1377.

Sceau rond, de 20 mill. — Arch. du Nord; chapitre de Lille.

Écu portant une tête d'homme de profil.

..... ıehmes DV VRELIEt

(Seel Jakemes du Vreliet.)

Mainlevée d'une terre. — 7 novembre 1377.

HOMMES DU CHÂTEAU D'HAVRINCOUR.

**2635	BULLOT (JEAN),**

Dit Fiennes le Hérout, homme du château d'Havrincour. — 1485.

Sceau rond, de 26 mill. — Arch. du Nord; abbaye de Vaucelles.

Écu au sautoir chargé d'un cœur en abîme et cantonné de quatre fleurs.

seel : ıehan : bulot

(Seel Jehan Bulot.)

Acquisition du fief d'Érard par la collégiale de Sainte-Croix. — 31 août 1485.

**2636	PUIS (COLARD DU),**

Homme du château d'Havrincour. — 1485.

Sceau rond, de 24 mill. — Arch. du Nord; abbaye de Vaucelles.

Un puits garni d'une poulie, d'une corde et d'un seau, surmonté d'un écusson portant deux jumelles.

..... du puch

(Seel Colart du Puch.)

Voyez le n° 2635.

**2637	SAINT-VAAST (SIMON DE),**

Homme du château d'Havrincour. — 1485.

Sceau rond, de 21 mill. — Arch. du Nord; abbaye de Vaucelles.

Écu portant un coq.

s fymon de lainvas

(Seel Symon de Sain Vas.)

Voyez le n° 2635.

**2638	VERIMEZ (CORNEILLE DE),**

Homme du château d'Havrincour. — 1485.

Sceau rond, de 23 mill. — Arch. du Nord; abbaye de Vaucelles.

Un Agnus Dei.

s coruille de verime

(Seel Coruille de Verime.)

Voyez le n° 2635.

JUGES RENTIERS À HELLESMES.

**2639	DESCARS (JACQUES),**

Juge rentier du seigneur d'Attelin à Hellesmes. — 1397.

Sceau rond, de 19 mill. — Hôpital de Sainte-Marthe à Lille.

Écu au croissant surmonté d'une coquille et accompagné d'une étoile au canton dextre.

❊ S' ıhhemes DESCHRS

(Seel Jakemes Descars.)

Acquisition d'une terre. — 25 juin 1397.

**2640	FONTAINES (MICHEL DES),**

Juge rentier du fief d'Hellesmes. — 1435.

Sceau rond, de 20 mill. — Arch. du Nord; abbaye de Lille.

Une étoile à cinq branches.

mıbıel des fontaınes

(Mikiel des Fontaines.)

Acquisition d'un héritage au climage d'Hellesmes. — 3 janvier 1435.

2641   FONTAINES (NOËL DES),

Frère du précédent, juge du fief d'Hellesmes. — 1435.

Sceau rond, de 22 mill. — Arch. du Nord; abbiette de Lille.

Écu chargé d'une étoile à six branches.

Seel noel des fontaine

(Seel Noel des Fontaine.)

Voyez le n° 2640.

2642   YZEUS (ARNOUL),

Mercier, juge rentier du seigneur d'Avelin à Hellesmes. — 1397.

Sceau rond, de 21 mill. — Hôpital de Sainte-Marthe à Lille.

Écu portant trois y accompagnés d'une coquille en cœur, soutenu par un homme sauvage, supporté par deux lions, dans un trilobe.

✶ SEEL · ERNOVL · YZEVS ·

(Seel Ernoul Yzeus.)

Voyez le n° 2639.

JUGES COTIERS DE LA SEIGNEURIE DE HEM.

2643   BOUVINES (JEAN DE),

Juge cotier de la seigneurie de Hem. — 1527.

Sceau rond, de 24 mill. — Arch. du Nord; chapitre de Lille.

Écu au croissant surmonté d'un point et accompagné de deux étoiles en chef.

S tehan de bouvines

(Seel Jehan de Bouvines.)

Fondation d'une messe. — 10 octobre 1527.

2644   TAVERNE (NOËL),

Juge cotier de la seigneurie de Hem. — 1573.

Sceau rond, de 26 mill. — Arch. du Nord; Chambre des comptes.

Représentation monogrammatique.

S · NOEL · TAVERNE

Acquisition d'un pré. — 27 juillet 1573.

HOMMES DU CHÂTEAU D'HESDIN.

2645   CAVEREL (ADAM),

Homme du château d'Hesdin. — 1461.

Sceau rond, de 24 mill. — Arch. du Nord; abbaye d'Anchin.

Écu à deux chevrons accompagnés de trois étoiles.

S adam caverel

(Seel Adam Caverel.)

Sentence maintenant l'abbaye d'Anchin en possession de la dîme de Fillièvres. — 23 novembre 1461.

2646   ROUGET (JEAN),

Homme du château d'Hesdin. — 1461.

Sceau rond, de 33 mill. — Arch. du Nord; abbaye de Saint-Jean de Valenciennes.

Écu à l'aigle éployée, écartelé d'une croix ancrée, penché, timbré d'un heaume cimé d'une tête de chèvre, supporté par deux griffons.

s · tehan · rouget

(Seel Jehan Rouget.)

Sentence confirmative de droits de terrage à Fillièvres. — 23 novembre 1461.

2647   SAINS (THOMAS DE),

Homme du château d'Hesdin. — 1372.

Sceau rond, de 24 mill. — Arch. du Nord; abbaye d'Anchin.

Écu au créquier, brisé d'un bâton en bande.

SEEL THVMAS DE SAINS

(Seel Thomas de Sains.)

Accord au sujet de la justice d'un fief à Bonnières. — 18 octobre 1372.

HOMMES DE FIEF DE L'ABBAYE D'HONNECOURT.

2648   LONG (JEAN LE),

Homme de l'abbaye d'Honnecourt. — 1389.

Sceau rond, de 20 mill. — Arch. du Nord; évêché et chapitre de Cambrai.

Écu portant les lettres H et M en chef et une croisette en pointe.

S' IEHAN LE LONG

(Seel Jehan le Long.)

Acquisition d'un fief à Montigny. — Cambrai, 28 mars 1389.

2649   PARIS (JEAN DE),

Homme de l'abbaye d'Honnecourt. — 1493.

Sceau rond, de 28 mill. — Arch. du Nord; collégiale de Saint-Géry.

Écu gironné de huit pièces au bâton brochant, penché, timbré d'un heaume cimé d'une tête de lévrier accolé, supporté par une aigle et un lion.

tehan de paris ?

(Jehan de Paris.)

Don aux guillemins de Walincourt d'un fief situé à Clary. — 29 janvier 1493.

HOMME DE LA SEIGNEURIE DE HORDAIN.

2650   SAUVE (THOMAS).

1351.

Sceau rond, de 19 mill. — Arch. du Nord; évéché et chapitre de Cambrai.

Écu au lion, brisé d'une bande.

✠ S TVMAS SAVVES

(Seel Tumas Sauves.)

Acquisition de droits sur des hôtes à Villers-Pol. — 3 septembre 1351.

ÉCHEVIN DE LA TERRE D'HOUPLINES.

2651   MONTAGNE (ÉTIENNE DE LA).

1349.

Sceau rond, de 19 mill. — Arch. du Nord; abbaye de Marquette.

Écu à la hache accompagnée d'une étoile.

S ES · DE LE MONTAGNE

(Seel Estevene de le Montagne.)

Acquisition d'une rente. — 9 mai 1349.

HOMMES DE FIEF DE LA GORGUE.

2652   FÈVRE (PIERRE LE),

Desservant le fief de Richard Maes à La Gorgue. — 1509.

Sceau rond, de 29 mill. — Arch. du Nord; Chambre des comptes.

Écu écartelé au 1 d'un trèfle, au 2 et 3 d'un marteau, au 4 d'une étoile, supporté par un lion.

s pierre le fevre

(Seel Pierre le Fevre.)

Bail d'un emplacement. — 13 septembre 1509.

2653   FLIE (JACQUES DE LE),

Homme du comte de Flandre à La Gorgue. — 1382.

Sceau rond, de 22 mill. — Arch. du Nord; Chambre des comptes.

La lettre F.

S IAKEME DE LE FLIE

(Seel Jakeme de le Flie.)

Cession d'une portion de fief à La Gorgue faite par Thomas de Beauffremez à Jean Perceval de Hocron, son neveu. — 19 avril 1382.

2654   FRAIE (JEAN LE).

Homme du comte de Flandre à La Gorgue. — 1409.

Sceau rond, de 22 mill. — Arch. du Nord; Chambre des comptes.

Écu portant trois fasces, au filet en bande brochant.

S IEHAN LE FRAIE

(Seel Jehan le Fraie.)

Dot de Marie de Hocron, fille de Sainte de Courtrai. — 27 novembre 1409.

2655   MARQUETTE (EUSTACHE DE).

Homme du comte de Flandre à La Gorgue. — 1382.

Sceau rond, de 20 mill. — Arch. du Nord; Chambre des comptes.

Un rencontre de bélier.

S TASART DE MARKETE

(Seel Tasart de Markete.)

Voyez le n° 2653.

2656   WATERLEET (PIERRE DE).

Homme du comte de Flandre à La Gorgue. — 1382.

Sceau rond, de 21 mill. — Arch. du Nord; Chambre des comptes.

Écu à la bordure denchée, portant un écusson en abîme brisé d'un lambel, à la bande sur le tout.

PIERES DE WATRELIET

(Pieres de Watreliet.)

Voyez le n° 2653.

HOMMES DE LA SEIGNEURIE DE LALLAING.

2657   CAMBELIN (JEAN).

Homme de Lallaing. — 1349.

Sceau rond, de 22 mill. — Arch. du Nord; abbaye d'Anchin.

Écu à la hache mise en fasce.

s Jan cambelin

(Seel Jan Cambelin.)

Acquisition de biens à Pecquencourt. — 31 mai 1349.

2658   MONTCORNET (NICOLAS DE).

Homme de Lallaing. — 1300.

Sceau rond, de 26 mill. — Arch. du Nord; abbaye d'Anchin.

Écu à la croix chargée de cinq quintefeuilles et accompagnée d'une rose? au canton dextre, supporté par une licorne.

nicolas du montcornu

(Nicolas du Montcornu.)

Délimitation des seigneuries de Lallaing et de Pecquencourt. — 28 juillet 1300.

2659 QUESNE (ROBERT DU),

Homme de Lalleing. — 1562.

Sceau rond, de 24 mill. — Arch. du Nord; abbaye d'Anchin.

Écu portant un chêne.

s rob... du queune

(Seel Robert du Quesne.)

Voyez le n° 2658.

JUGES RENTIERS DE LA PAIRIE DE LAMBERSART.

2660 BLANC (JEAN LE),

Dit de Neviers, juge de la pairie de Lambersart. — 1420.

Sceau rond, de 20 mill. — Hôpital Comtesse à Lille.

Écu au marteau accosté de deux étoiles.

SG.. IEH.. LE ..NDG

(Seel Johan le Blanc.)

Sentence au sujet d'une rente. — 4 juillet 1420.

2661 BLANCHARD (JEAN),

Juge rentier de la pairie de Lambersart. — 1420.

Sceau rond, de 18 mill. — Hôpital Comtesse à Lille.

Écu au lion.

* jehan blancart

(Jehan Blancart.)

Voyez le n° 2660.

2662 GRAIN (LOTARD LE),

Juge rentier de la pairie de Lambersart. — 1420.

Sceau rond, de 20 mill. — Hôpital Comtesse à Lille.

Écu à la gerbe accostée de deux étoiles et accompagnée de deux L en chef.

S LOTARD LE GRAIN

(Seel Lotart le Grain.)

Sentence au sujet d'arrérages. — 9 octobre 1420.

HOMME DE FIEF À LEERS.

2663 ESPINOIS (NOËL),

1591.

Sceau rond, de 22 mill. — Arch. du Nord; Chambre des comptes.

Un lion assis tenant une branche d'épine, accompagné d'une étoile à sénestre.

seel · noel · espinoit

(Seel Noël Espinoit.)

Dénombrement. — 8 mai 1591.

HOMMES DU CHÂTELAIN DE LENS.

2664 BOISSARD (JEAN),

Homme du châtelain de Lens. — 1316.

Sceau rond, de 18 mill. — Arch. du Nord; abbaye de Loos.

Écu écartelé portant au 1 une hache, aux 2, 3 et 4 un plain.

S' IEHAN BOISSART

(Seel Jehan Boissart.)

Acquisition d'un fief à Chocques. — 18 juillet 1316.

2665 GROS (ROBERT LE),

Homme du châtelain de Lens. — 1316.

Sceau rond, de 18 mill. — Arch. du Nord; abbaye de Loos.

Une quintefeuille accompagnée de quatre quintefeuilles plus petites.

S' ROBERT LE GROS

(Seel Robert le Gros.)

Voyez le n° 2664.

2666 PAON (JEAN),

Homme du châtelain de Lens. — 1316.

Sceau rond, de 19 mill. — Arch. du Nord; abbaye de Loos.

Écu portant un paon.

* S' IEHAN PAON

(Seel Johan Paon.)

Voyez le n° 2664.

JUGES RENTIERS DU FIEF DE LA MOTTE PRÈS LESQUIN.

2667 BERNARD (PIERRE),

Juge du fief de la Motte près Lesquin. — 1390.

Sceau rond, de 19 mill. — Arch. du Nord; abbiette de Lille.

Écu au bélier passant à sénestre.

* S' PIERON BERNART

(Seel Pieron Bernart.)

Acquisition d'une terre près Lesquin. — 6 mars 1390.

2668 VERDIÈRE (ALARD),

Juge du fief de la Motte près Lesquin. — 1390.

Sceau rond, de 18 mill. — Arch. du Nord; abbiette de Lille.

Écu portant un oiseau accompagné d'une étoile.

✶ S' ALARD VREDIERE

(Seel Alard Vredière.)

Voyez le n° 2667.

2669   VERDIÈRE (NICAISE),

Juge du fief de la Motte près Lesquin. — 1390.

Sceau rond, de 20 mill. — Arch. du Nord; abbiette de Lille.

Écu portant une aigle, au bâton brochant.

S' NIRHISE VREDIERE

(Seel Nikolao Vredière.)

Voyez le n° 2667.

2670   WALLERS (JEAN DE),

Juge du fief de la Motte près Lesquin. — 1390.

Sceau rond, de 20 mill. — Arch. du Nord; abbiette de Lille.

Une étoile.

✶ S' IE... DE WARLER

(Seel Johan de Warler.)

Voyez le n° 2667.

HOMME DE L'ABBAYE DE LIESSIES.

2671   CLERC (PIERRE LE).

1479.

Sceau rond, de 24 mill. — Arch. du Nord; abbaye de Liessies.

Écu à la bande chargée d'une branche et accompagnée d'un lion en chef et d'une rose en pointe, supporté par un homme d'armes qui se termine en poisson.

s · pierart · le · clercq

(Seel Pierart le Clercq.)

Retrait par proximité de fiefs situés à Ath. — 10 septembre 1479

HOMMES DE LA SALLE DE LILLE.

2672   ATTICHES (JEAN D').

Homme de la salle de Lille. — 1440.

Sceau rond, de 23 mill. — Hôpital Saint-Julien à Lille.

Écu à la bande échiquetée de deux traits et accompagnée d'une merlette en chef, dans un quadrilobe.

s iehan d'attiches

(Seel Johan d'Attiches.)

Partage entre héritiers. — 3 décembre 1440.

2673   ATTICHES (MARTIN D').

Homme de la salle de Lille. — 1469.

Sceau rond, de 25 mill. — Arch. du Nord; chapitre de Lille.

Écu à la bande échiquetée de deux traits, soutenu par un ange.

s ma..... ..ttiches

(Seel Martin d'Attiches.)

Amortissement de rentes à Ascq et à Annappes. — 10 avril 1429.

2674   BARRE (BARTHÉLEMY DE LA).

Homme de la salle de Lille. — 1391.

Sceau rond, de 20 mill. — Arch. du Nord; Chambre des comptes.

Écu bandé de vair et de . . . de huit pièces sous un chef.

✶ S' BIETREMIV DE LE BARE

(Seel Bietremiu de le Bare.)

Cession d'une rente sur le fief du Breucq faite par Gérard de Marbais au profit de sa fille et de son gendre. — 30 juillet 1391.

2675   BEAUFFREMEZ (BERTRAND DE).

Homme de la salle de Lille. — 1501.

Sceau rond, de 30 mill. — Arch. du Nord; Chambre des comptes.

Écu à l'écusson en abîme accompagné d'une merlette au canton sénestre, penché, timbré d'un heaume cimé d'une tête de cheval bridé.

s bertrau de bauffremes

(Seel Bertran de Baufframes.)

Acquisition du fief de la sergentise de Lille par Jean de Beauffremes, écuyer. — 10 août 1501.

2676   BEAUMONT (COLARD DE).

Homme de la salle de Lille. — 1390.

Sceau rond, de 18 mill. — Arch. du Nord; abbaye de Flines.

Écu portant un râteau, au lambel.

✶ S' COLARS DE BE.MONT

(Seel Colars de Belmont?)

Acquisition d'un fief à Ennevelin. — 20 mars 1390.

2677   BÉGHIN (GÉRARD LE).

Homme de la salle de Lille. — 1409.

Sceau rond, de 22 mill. — Arch. du Nord; Chambre des comptes.

Écu au chevron accompagné de trois têtes de lion arrachées, soutenu par un homme sauvage, supporté par deux lions, dans un trilobe.

seel · grard · le · beghin

(Seel Grard le Beghin.)

Transport de rentes à Annappes et à Flers. — 28 novembre 1409.

2678 BLAVOUT (JACQUES).

Homme de la salle de Lille. — 13o4.

Sceau rond, de 20 mill. — Arch. du Nord; abbaye de Marquette.

Écu semé de trèfles à la bande vivrée.

..IAREMON BLA.OV.

(Seel Jakemon Blavout.)

Restitution à l'abbaye de Marquette par le bailli de Lille d'un prisonnier coupable de meurtre sur une religieuse de cette abbaye. — 9 mars 13o1.

2679 BONNIEL (JACQUES).

Homme de la salle de Lille. — 14o4.

Sceau rond, de 22 mill. — Arch. du Nord; abbiette de Lille.

Écu portant une tête d'homme de face accompagnée de trois roses, soutenu par un ange, supporté par deux lions, dans un trilobe.

s tabemart bonniel

(Seel Jakemart Bonniel.)

Accord au sujet d'une sous-rente à Quesnoy. — 11 mars 14o4.

2680 BONNIEL (ROBERT).

Homme de la salle de Lille. — 1313.

Sceau rond, de 17 mill. — Arch. du Nord; abbaye de Flines.

Écu portant un objet rectangulaire et fretté (un livre?) en abîme, au lambel sur le tout.

⁂ S' ROBIERT BOVNYEL

(Seel Robiert Bounyel.)

Acquisition d'un fief à la Capelle-en-Pévèle et à Avelin. — 1er mars 1313.

2681 BORGNE (BAUDOUIN LE),

Homme de la salle de Lille. — 1191.

Sceau rond, de 22 mill. — Arch. du Nord; Chambre des comptes.

Écu à l'aigle, dans une rose.

.. BALDON LE BORGNE ..AGC..

(Seel Baldon le Borgue ....)

CONTRE-SCEAU: Intaille représentant une tête d'homme de profil. — Légende fruste.

Voyez le n° 458.

2682 BORGNE (BAUDOUIN LE).

Homme de la salle de Lille. — 1312.

Sceau rond, de 23 mill. — Arch. du Nord; Chambre des comptes.

Écu à l'aigle, dans un trilobe.

⁂ SAI..S BAVDON LE BORGNE

(Saisus Baudon le Borgue.)

Voyez le n° 1694.

2683 BORGNE (PHILIPPE LE),

Homme de la salle de Lille. — 13o1.

Sceau rond, de 20 mill. — Arch. du Nord; abbaye de Marquette.

Écu à trois aigles éployées.

S' PhELIPPON .. BO...G

(Seel Phelippon le Borgue.)

Sentence confirmative des droits de l'abbaye de Marquette sur la rivière de la Deule. — Juin 13o1.

2684 BORGNE (PIERRE LE).

Homme de la salle de Lille. — 1361.

Sceau rond, de 22 mill. — Arch. du Nord; abbiette de Lille.

Écu à trois aigles éployées, penché, timbré d'un heaume couronné.

S' PIERON LE BORGNE

(Seel Pieron le Borgue.)

Acquisition d'un fief à Hellesmes. — 1er août 1361.

2685 BOUTEVILLAIN (ALEXANDRE).

Homme de la salle de Lille. — 1344.

Sceau rond, de 21 mill. — Arch. du Nord; abbiette de Lille.

Écu chevronné de six pièces? au franc canton chargé d'une étoile, dans un quadrilobe.

..SANDRT BOVTEVIL...

(Seel Sandrart Boutevilain.)

Amortissement d'un manoir à Lille. — 8 mars 1344.

2686 BOUTEVILLAIN (BAUDOUIN).

Homme de la salle de Lille. — 1339.

Sceau rond, de 20 mill. — Arch. du Nord; abbiette de Lille.

Écu chevronné de six pièces chargé d'une rose au canton dextre, dans un pentagone.

...DAR. .OVTEVILAI.

(Baudart Boutevilain.)

Sentence contre Jacquemon de la Hamerie, coupable d'homicide. — 1er octobre 1339.

2687 BRAME (JEAN),

Dit le Mamers, homme de la salle de Lille. — 1376.

Sceau rond, de 23 mill. — Arch. du Nord; chapitre de Lille.

Écu portant un demi-fer de moulin? accosté de deux étoiles, dans un quadrilobe.

SEEL IEHAN BRAME

(Seel Jehan Brame.)

Eschichement d'un fief à Annappes. — 30 avril 1376.

2688 BUSQUIEL (GILLES DU),

Homme de la salle de Lille. — 1376.

Sceau rond, de 21 mill. — Arch. du Nord; chapitre de Lille.

Écu bandé de six pièces au lambel de trois pendants chargés de . . . . , dans un quadrilobe.

S' · GILLES · DOV · BVSRI..

(Seel Gilles dou Buskiel.)

Voyez le n° 2687.

2689 CANARD (JEAN),

Homme de la salle de Lille. — 1403.

Sceau rond, de 24 mill. — Arch. du Nord; chapitre de Lille.

Écu à la croix ancrée, écartelé d'un écusson au lion dans un orle de croisettes, penché, timbré d'un heaume couronné et cimé d'une tête de cheval bridé, supporté par deux hommes sauvages.

s iehan b...rf

(Seel Jehan Kauart.)

Record de l'achat de deux fiefs situés à Ascq et à Annappes. — 5 janvier 1403.

2690 CARDON (COLARD),

Homme de la salle de Lille. — 1313.

Sceau hexagone, de 23 mill. — Arch. du Nord; abbaye de Flines.

Une croix.

✱ S' COLART KARDON

(Seel Colart Kardou.)

Voyez le n° 2680.

2691 CASTEL (GÉRARD DU),

Homme de la salle de Lille. — 1341.

Sceau rond, de 19 mill. — Arch. du Nord; abbaye de Marquette.

Écu à trois croissants, dans un losange.

S' GRART · DOV · CASSIEL

(Seel Grart dou Castiel.)

Voyez le n° 2678.

2692 CAUVET (PIERRE).

Homme de la salle de Lille. — 1459.

Sceau rond, de 22 mill. — Arch. du Nord; chapitre de Lille.

Écu portant trois oiseaux, soutenu par une aigle.

s pierre cannet

(Seel Pierre Canvet.)

Échange de la terre de Quesnoy. — 19 août 1459.

2693 CLERC (JACQUES LE).

Homme de la salle de Lille. — 1403.

Sceau rond, de 24 mill. — Arch. du Nord; chapitre de Lille.

Écu portant un arbre au sautoir brochant flanqué de deux branches, soutenu par un homme sauvage, supporté par deux lions, dans un trilobe.

✱ le · seel · iaque · le · clerc

(Le seel Jaque le Clerc.)

Voyez le n° 2689.

2694 CONCIT? (JEAN DE LE).

Homme de la salle de Lille. — 1341.

Sceau rond, de 20 mill. — Arch. du Nord; abbaye de Marquette.

Une tête d'homme de face munie de deux ailes, dans un quadrilobe.

✱ S' IEHAN DE LE CONCIT

(Seel Jehan de le Concit.)

Voyez le n° 2678.

2695 DENIS (BLIOT).

Homme de la salle de Lille. — 1391.

Sceau rond, de 25 mill. — Arch. du Nord; Chambre des comptes.

Écu au lion couronné au filet en bande brochant, penché, timbré d'un heaume couronné, supporté par deux griffons.

s · bliot · denis

(Seel Bliot Denis.)

Acquisition d'une rente sur l'espier de Lille. — 28 septembre 1391.

2696 DENIS (JEAN),

Homme de la salle de Lille. — 1516.

Sceau rond, de 28 mill. — Arch. communales de Lille.

Écu au lion, penché, timbré d'un heaume cimé d'un lion issant, supporté par un lion.

s · iehan · denis

(Seel Jehan Denis.)

Acquisition par la ville de Lille d'une maison et d'un het situés place Saint-Pierre. — 17 mars 1516.

2697 ESCOBECQUES (JEAN D').

Homme de la salle de Lille. — 1459.

Sceau rond, de 23 mill. — Arch. du Nord; chapitre de Lille.

Écu portant trois feuilles, penché, timbré d'un heaume cimé d'une feuille, supporté par deux lions.

s iehan descaubiebe

(Seel Jehan d'Escaubiehe.)

Voyez le n° 2692.

2698   ESTEULES (JEAN D'),

Homme de la salle de Lille. — 1402.

Sceau rond, de 22 mill. — Arch. du Nord; chapitre de Lille.

Écu portant trois râteaux au lambel, penché, timbré d'un heaume couronné, supporté par deux léopards.

SE.. .CHAN DESTEVL..

(Seel Johan d'Esteules.)

Voyez le n° 2689.

2699   FERLIN (M' GÉRARD DE),

Chanoine? de . . . , homme de la salle de Lille. — 1307.

Sceau rond, de 25 mill. — Arch. du Nord; abbaye de Marquette.

Saint Paul à mi-corps, dans un trilobe.

✳ S' MAGRI · G · D' · FEIR · CHN..... PAVLI · ROD

(Sigillum magistri G. de Ferlin, canonici? Sancti Pauli Rod....)

Sentence au sujet de prés et de rentes à Mareq. — 9 février 1307. — Nota. Gérard de Ferlin était doyen du chapitre de Lille vers 1341.

2700   FOURLIGNIÉ (JEAN),

Homme de la salle de Lille. — 1391.

Sceau rond, de 22 mill. — Arch. du Nord; Chambre des comptes.

Écu à la croix ancrée, dans un quadrilobe.

ICHAN FOVRLIGNIET

(Jehan Fourligniet.)

Voyez le n° 2695.

2701   FRÉMAULT (LOTARD),

Homme de la salle de Lille. — 1409.

Sceau rond, de 25 mill. — Arch. du Nord; chapitre de Lille.

Écu à trois fermaux accompagnés d'un écusson chargé d'une fasce en cœur, penché, timbré d'un heaume cimé d'une tête de cerf, supporté par deux lions.

s lotart frumant

(Seel Lotart Frumaut.)

Voyez le n° 2673.

2702   FROMELLES (HARPIN DE),

Homme de la salle de Lille. — 1339.

Sceau rond, de 24 mill. — Arch. du Nord; abbaye de Lille.

Écu plain au chef échiqueté, à la bordure engrêlée.

✳ S' HARPIN DE FOVRMIELES

(Seel Harpin de Fourmieles.)

Voyez le n° 2686.

2703   GOMMER (HUGUES),

Homme de la salle de Lille. — 1316.

Sceau rond, de 19 mill. — Arch. du Nord; chapitre de Lille.

Écu billeté à la fasce chargée de trois coquilles, dans une rose.

✳ SHIEL HVON GOVMER

(Seel Huon Goumer.)

Voyez le n° 1793.

2704   GOMMER (JACQUES),

Homme de la salle de Lille. — 1341.

Sceau rond, de 22 mill. — Hôpital de la Trinité à Lille.

Écu billeté à la fasce chargée de trois coquilles, brisé d'une merlette au canton dextre, dans une rose.

✳ S' IAREMON GOVMER

(Seel Jakemon Goumer.)

Quittance. — Avril 1342.

2705   GUEGNIES (GOSSUIN DE).

Homme de la salle de Lille. — 1376.

Sceau rond, de 20 mill. — Arch. du Nord; chapitre de Lille.

Une sorte de charpente triangulaire, dans un quadrilobe.

.....DE GHVIGNIES

(Seel Gossuin de Ghaignies.)

Voyez le n° 2687.

2706   GUEGNIES (JEAN DE),

Homme de la salle de Lille. — 1399.

Sceau rond, de 22 mill. — Arch. du Nord; chapitre de Lille.

Écu écartelé plain, penché, timbré d'un heaume cimé d'une tête d'aigle, supporté par deux lions.

seel · iehan · de · gnignies ·

(Seel Jehan de Guignies.)

Acquisition des deux sixièmes du dîmage de Mareq-en-Barœul et de Wasquehal. — 6 septembre 1399.

2707   GUEGNIES (ROGER DE).

Homme de la salle de Lille. — 1376.

Sceau rond, de 19 mill. — Arch. du Nord; chapitre de Lille.

Écu écartelé plain à la bordure, dans une rose.

✳ S' ROGHIER DE GHVYGVRIES

(Seel Roghier de Ghaygunies.)

Voyez le n° 2687.

2708   HANGOUARD (BARTHÉLEMY),

Homme de la salle de Lille. — 1344.

Sceau rond, de 20 mill. — Arch. du Nord; abbiette de Lille.

Écu portant une aigle à tête humaine.

✠ S' BARTOLOMEI.....

(Sigillum Bartolomei .....)

Voyez le n° 2685.

2709   HANGOUARD (GUILLAUME),

Homme de la salle de Lille. — 1516.

Sceau rond, de 27 mill. — Arch. communales de Lille.

Écu à l'aigle, penché, timbré d'un heaume, supporté par deux lions.

.. guilleume haugou...

(Seel Guilleume Hangouart.)

Voyez le n° 2696.

2710   HANGOUARD (JACQUES).

Homme de la salle de Lille. — 1409.

Sceau rond, de 21 mill. — Arch. du Nord; Chambre des comptes.

Écu portant six aiglettes, soutenu par un homme sauvage, supporté par deux lions, dans un trilobe.

S' IAQVE HANGOVART

(Seel Jaque Hangouart.)

Voyez le n° 2677.

2711   HARNES (GUILLAUME DE).

Homme de la salle de Lille. — 1376.

Sceau rond, de 22 mill. — Arch. du Nord; chapitre de Lille.

Écu portant une fleur de lys accostée d'un oiseau et d'un râteau, dans un trilobe.

S' WILLAVME DE HARNES

(Seel Willaume de Harnes.)

Voyez le n° 2687.

2712   HARNES (JACQUES DE).

Homme de la salle de Lille. — 1399.

Sceau rond, de 24 mill. — Arch. du Nord; chapitre de Lille.

Écu au râteau, écartelé de trois fermaux, supporté par deux aigles.

s la....... rues

(Seel Jaque de Harnes.)

Voyez le n° 2706.

2713   HELLUYT (JACQUES).

Homme de la salle de Lille. — 1345.

Sceau rond, de 18 mill. — Arch. du Nord; abbiette de Lille.

Un château.

S' IAKEMART hELEW..

(Seel Jakemart Helewit.)

Voyez le n° 2685.

2714   HONART (JEAN),

Le jeune, homme de la salle de Lille. — 1491.

Sceau rond, de 25 mill. — Arch. du Nord; chapitre de Lille.

Écu au lion accompagné de deux étoiles, supporté par un griffon.

.. iehan honart

(Seel Jehan Honart.)

Sentence établissant que les chapelains de Lille ne doivent pas de relief pour la dîme de Marcq-en-Barœul. — 7 septembre 1491.

2715   HONART (JEAN).

Homme de la salle de Lille. — 1491.

Sceau rond, de 25 mill. — Arch. du Nord; chapitre de Lille.

Écu au lion accompagné d'une étoile à dextre, supporté par un griffon.

s · iehan · ho.. rt

(Seel Jehan Honart.)

Voyez le n° 2714.

2716   HUETE (MICHEL DE LE).

Homme de la salle de Lille. — 1313.

Sceau rond, de 19 mill. — Arch du Nord; abbaye de Flines.

Écu portant une croix échiquetée, au lambel de cinq pendants.

✠ S' MIKIEL DE LE hVETE

(Seel Mikiel de le Huete.)

Voyez le n° 2680.

2717   JORIS (M' PIERRE).

Homme de la salle de Lille. — 1399.

Sceau rond, de 25 mill. — Arch. du Nord; chapitre de Lille.

Écu à la fasce denchée, soutenu par une femme sauvage, dans un ovale.

s magistri .... petri ioris

(Sigillum magistri .... Petri Joris.)

Voyez le n° 2706.

2718 LANSTAIS (JACQUES DE).

Homme de la salle de Lille. — 1399.

Sceau rond, de 22 mill. — Arch. du Nord; chapitre de Lille.

Écu portant une tête d'homme de profil, soutenu par un ange, dans un trilobe.

S' IAKEMON DE LANSTAIS

(Seel Jakemon de Lanstais.)

Voyez le n° 2706.

2719 LOMME (HUGUES DE),

Homme de la salle de Lille. — 1300.

Sceau rond, de 24 mill. — Hôpital Comtesse à Lille.

Écu portant deux écussons en chef, à la bande engrêlée brochant.

✠ S' HVON DE LOMME

(Seel Huon de Lomme.)

Acquisition de droits sur le moulin de le Sauch. — Septembre 1300.

2720 MAHIEU (JEAN LE),

Homme de la salle de Lille. — 1516.

Sceau rond, de 29 mill. — Arch. communales de Lille.

Écu à la fasce chargée d'un croissant et accompagnée de trois étoiles, supporté par une licorne.

S : Jehan le mahieu

(Seel Jehan le Mahieu.)

Voyez le n° 2696.

2721 MAISNIL (GÉRARD DU),

Homme de la salle de Lille. — 1301.

Sceau rond, de 26 mill. — Arch. du Nord; abbaye de Marquette.

Écu portant cinq fleurs de lys, au franc canton plain.

.....T · DE · HOVPELINES

(Seel Grart de Houpelines.)

Voyez le n° 2683.

2722 MARTIN (M' ROBERT),

Homme de la salle de Lille. — 1399.

Sceau rond, de 26 mill. — Arch. du Nord; chapitre de Lille.

Écu au sautoir cantonné d'un sanglier en chef et d'une étoile en pointe, soutenu par un homme sauvage, supporté par deux lions, dans un trilobe.

seel · robert · martin

(Seel Robert Martin.)

Voyez le n° 2706.

2723 MONNOYER (JEAN LE),

Homme de la salle de Lille. — 1349.

Sceau rond, de 25 mill. — Arch. du Nord; chapitre de Lille.

Écu semé de besants au lion, penché, timbré d'un heaume cimé d'une tête de héron, supporté par deux lions.

.....HAN LE M.....ER

(Seel Jehan le Monnoyer.)

Voyez le n° 2673.

2724 MOREAU (PIERRE),

Homme de la salle de Lille. — 1290.

Sceau rond, de 22 mill. — Arch. du Nord; abbaye de Flines.

Écu plain sous un chef chargé de deux lions passants affrontés.

✠ S' PIERES · MORIAVS

(Seel Pieres Moriaus.)

Voyez le n° 2676.

2725 NEVEU (ANTOINE LE),

Homme de la salle de Lille. — 1376.

Sceau rond, de 23 mill. — Arch. du Nord; chapitre de Lille.

Écu fretté au franc canton chargé d'un lion, dans une rose.

.....E LE NEVEVE

(Seel Anthoine le Neveut.)

Voyez le n° 2687.

2726 NEVEU (GUILLAUME LE),

Homme de la salle de Lille. — 1349.

Sceau rond, de 20 mill. — Arch. du Nord; abbiette de Lille.

Écu fretté au franc canton chargé d'une aigle éployée, dans un quadrilobe.

S' WILLELMI · NEPOTIS

(Sigillum Willelmi Nepotis.)

Acquisition de rentes à Lille. — 8 avril 1349.

2727 NIEPPE (GHISLAIN DE LA),

Homme de la salle de Lille. — 1294.

Sceau rond, de 20 mill. — Arch. du Nord; abbaye de Loos.

Écu à l'orle de billettes, chargé d'un écusson en abîme, au lambel sur le tout.

S' GHISELIN DE LE NIEPE

(Seel Ghislin de le Niepe.)

Voyez le n° 597.

2728 ORCHIES (JACQUES D').
Homme de la salle de Lille. — 1291.
Sceau rond, de 20 mill. — Arch. du Nord; Chambre des comptes.

Écu semé de croix recroisetées au pied fiché, à trois croissants.

✸ S' IAREMON DORChIES
(Seel Jakemon d'Orchies.)

Voyez le n° 2674.

2729 ORCHIES (JACQUES D'),
Homme de la salle de Lille. — 1301.
Sceau rond, de 22 mill. — Arch. du Nord; abbaye de Marquette.

Écu aux armes du précédent.

✸ S' IAREMON DORChIES
(Seel Jakemon d'Orchies.)

Voyez le n° 2683.

2730 PACY (M' JEAN DE).
Homme de la salle de Lille. — 1403.
Sceau rond, de 28 mill. — Arch. du Nord; chapitre de Lille.

Écu au sautoir chargé d'une quintefeuille en cœur et cantonné de quatre lions, celui du chef passant, soutenu par un personnage nimbé, supporté par deux aigles à tête humaine.

..... iehan d p..y
(.... Jehan de Pacy.)

Voyez le n° 2689.

2731 PER (GHISLAIN LE).
Homme de la salle de Lille. — 1286.
Sceau rond, de 21 mill. — Hôpital Comtesse à Lille.

Écu à trois râteaux.

✸ S' GhISELIN LE PER
(Seel Ghiselin le Per.)

Sentence réglant la portion d'eau qui doit appartenir aux moulins d'Esquermes et de Canteleu. — 29 juillet 1280.

2732 PEZIÈRE (BAUDOUIN).
Homme de la salle de Lille. — 1301.
Sceau en écu, de 27 mill. — Arch. du Nord; abbaye de Marquette.

Écu d'hermines, à la croix.

S' BAVDES PEZIERE
(Seel Baudes Pezière.)

Voyez le n° 2683.

2733 PIGON (JEAN).
Homme de la salle de Lille. — 1315.
Sceau rond, de 20 mill. — Arch. du Nord; abbaye de Flines.

Écu au sautoir cantonné de quatre quintefeuilles.

✸ S' IChAN PIGON
(Seel Jehan Pigon.)

Voyez le n° 2680.

2734 PONT (PHILIPPE DU).
Homme de la salle de Lille. — 1293.
Sceau rond, de 23 mill. — Arch. du Nord; abbaye de Loos.

Écu à trois fasces accompagnées de trois oiseaux, deux en chef et un en pointe.

✸ S' PhEL...ES DV PONT
(Seel Phelippes du Pont.)

Voyez le n° 597.

2735 PONT (PIERRE DU).
Homme de la salle de Lille. — 1313.
Sceau rond, de 20 mill. — Arch. du Nord; abbaye de Flines.

Écu portant trois lions, à la bande brochant.

✸ S' ....OR : DOV : PONT
(Seel Pieron dou Pont.)

Voyez le n° 2680.

2736 PONT-ROHARD (PHILIPPE DE).
Homme de la salle de Lille. — 1291.
Sceau rond, de 21 mill. — Arch. du Nord; Chambre des comptes.

Écu d'hermines, à la bande chargée de trois alérions, au lambel sur le tout.

.. PhELIPPE · DE · PONTROh...
(Seel Phelippe de Pontrohart.)

Voyez le n° 2674.

2737 PONT-ROHARD (PIERRE DE).
Homme de la salle de Lille. — 1313.
Sceau rond, de 20 mill. — Arch. du Nord; Chambre des comptes.

Écu d'hermines, à la bande chargée de trois alérions.

...IERON DE POHREWARE
(Seel Pieron de Pontrenart.)

Voyez le n° 1694.

2738   PORTE (JEAN DE LA),

Homme de la salle de Lille. — 1549.

Sceau rond, de 32 mill. — Hôpital des Guinerots à Lille.

Écu à la bande accompagnée de six tourteaux? en orle, timbré d'un heaume cimé d'une porte.

S · IEHAN · DE · LA · PORTE

(Seel Jehan de la Porte.)

Sentence au sujet d'arrérages. — 14 novembre 1549.

2739   PRÉVÔT (JACQUES LE),

Homme de la salle de Lille. — 1347.

Sceau rond, de 21 mill. — Arch. du Nord; abbiette de Lille.

Écu au lion, dans un quadrilobe.

.. IAKEMES LE PRO....

(Seel Jakemes le Prevost.)

Record du retrait d'un pré. — 6 mai 1347.

2740   PRUDHOMME (ANTOINE LE),

Homme de la salle de Lille. — 1411.

Sceau rond. de 28 mill. — Arch. du Nord; abbiette de Lille.

Écu à l'aigle brisée d'une coquille à l'aile droite, penché, timbré d'un heaume cimé d'une tête d'aigle, supporté par deux lions.

s antoine .. preudome

(Seel Antoine le Preudome.)

Acquisition de terres à Ennevelin. — 25 janvier 1411.

2741   QUAROUBLE? (MARTIN DE),

Homme de la salle de Lille. — 1494.

Sceau rond, de 23 mill. — Arch. du Nord; abbaye de Marquette.

Écu à la fleur de lys.

s · martin · du · courouble

(Seel Martin du Courouble.)

Acquisition d'une rente sur des fiefs à Bondues. — 26 février 1494.

2742   RAIMER (HELLIN),

Homme de la salle de Lille. — 1307.

Sceau rond, de 24 mill. — Arch. du Nord; abbaye de Marquette.

Écu semé de billettes, au chevron accompagné d'une rose au canton dextre.

✻ S' hELLIN · RAIMER

(Seel Hellin Raimer.)

Voyez le n° 2699.

2743   RAIMER (HELLIN),

Homme de la salle de Lille. — 1316.

Sceau rond, de 19 mill. — Arch. du Nord; chapitre de Lille.

Écu semé de billettes, au chevron chargé d'une rose à sa pointe, dans un trilobe.

✻ S' hELLIN RAIMER

(Seel Hellin Raimer.)

Voyez le n° 1793.

2744   RASIÈRES (ROBERT AS),

Homme de la salle de Lille. — 1291.

Sceau rond, de 22 mill. — Arch. du Nord; Chambre des comptes.

Écu d'hermines, au chevron.

✻ S' ROBERT A RASIERES

(Seel Robert à Rasières.)

Voyez le n° 2674.

2745   RELY (PIERRE DE),

Homme de la salle de Lille. — 1349.

Sceau rond, de 21 mill. — Arch. du Nord; abbiette de Lille.

Écu à la croix ancrée accompagnée d'une merlette au canton dextre, dans un trilobe.

S' PIERON · DE · RELY

(Seel Pieron de Rely.)

Voyez le n° 2726.

2746   RICQUE (ANDRIEU LE),

Homme de la salle de Lille. — 1404.

Sceau rond, de 20 mill. — Arch. du Nord; abbiette de Lille.

Écu échiqueté sous un chef chargé d'un léopard, soutenu par un ange, supporté par deux léopards, dans un trilobe.

✻ seel and......rique

(Seel Andrieu le Rique.)

Voyez le n° 2679.

2747   RIVART (JEAN),

De Marquette, homme de la salle de Lille. — 1388.

Sceau rond, de 29 mill. — Hôpital Comtesse à Lille.

Écu portant trois étoiles.

✻ S' IEhAN RIVAR DE MAReT

(Seel Jehan Rivar de Markett.)

Voyez le n° 2731.

2748   ROLAND (JACQUES),

Homme de le salle de Lille. — 1818.

Sceau rond, de 28 mill. — Arch. du Nord; abbaye de Marquette.

Écu au lion couronné, à la bordure engrêlée.

✶ S' IAKE..N R..LANS

(Seel Jakemon Rollant.)

Sentence confirmative des priviléges de l'abbaye de Marquette et particulièrement de l'exemption de taille à Coutiches. — 18 septembre 1318.

2749   SALLE (JEAN DE LA),

Homme de la salle de Lille. — 1291.

Sceau ovale, de 26 mill. — Arch. du Nord; Chambre des comptes.

Intaille représentant une tête d'homme de profil à droite.

✶ S' IEhAN · DE · LE · SALE

(Seel Jehan de le Sale.)

Voyez le n° 458.

2750   TEMPLEMARS (JEAN DE),

Homme de la salle de Lille. — 1376.

Sceau rond, de 19 mill. — Arch. du Nord; chapitre de Lille.

Écu portant trois tourteaux, penché, timbré d'un heaume cimé de ramures de cerf et garni d'un volet aux armes.

S' · IEhAN .. TEMPLEMARCh

(Seel Jehan de Templemarch.)

Voyez le n° 2687.

2751   TENREMONDE (HENRI DE),

Homme de la salle de Lille. — 1429.

Sceau rond, de 29 mill. — Arch. du Nord; chapitre de Lille.

Écu papeloné, penché, timbré d'un heaume cimé d'un dragon couronné, supporté par deux griffons.

seel · heurp · de · tenremonde

(Seel Henry de Tenremonde.)

Voyez le n° 2692.

2752   THUMESNIL (JACQUES DE),

Homme de la salle de Lille. — 1309.

Sceau rond, de 22 mill. — Arch. du Nord; abbaye de Loos.

Écu à la bande de cinq losanges accompagnée d'une aiglette en chef, dans une étoile.

✶ S' IAKEMŌ DE TVMEÑL

(Seel Jakemon de Tumesnil.)

Traité au sujet d'une rente due aux hoirs de Jean du Carnin. — Novembre 1309.

2753   TOILIER (GILLES LE),

Homme de la salle de Lille. — 1399.

Sceau rond, de 26 mill. — Arch. du Nord; chapitre de Lille.

Écu à la croix, écartelé de trois aigles, soutenu par une femme sauvage, supporté par deux lions, dans un trilobe.

seel · gilles · le · toillier

(Seel Gilles le Toillier.)

Voyez le n° 2706.

2754   VIGNE (JEAN DE LA).

Homme de la salle de Lille. — 1294.

Sceau rond, de 23 mill. — Arch. du Nord; abbaye de Loos.

Écu portant trois croissants, au lambel de cinq pendants.

✶ S' IEhAN DE LE VING..

(Seel Jehan de le Viugne.)

Voyez le n° 597.

2755   VILLE (JEAN DE LA),

Le jeune, homme de la salle de Lille. — 1288.

Sceau en écu, de 17 mill. — Hôpital Comtesse à Lille.

Écu à la croix ancrée.

✶ S' IEhAN DE LE VILE LI IOVENE

(Seel Jehan de le Vile li Jovene.)

Abandon de droits sur une terre. — Mai 1288.

2756   VILLE (JEAN DE LA),

Le père, homme de la salle de Lille. — 1291.

Sceau hexagone, de 21 mill. — Arch. du Nord; Chambre des comptes.

Écu à la croix ancrée.

.. IEhAN DE LE VILE LE PE ..

(Seel Jehan de le Vile le père.)

Voyez le n° 2674.

2757   VILLE (JEAN DE LA),

Le fils, homme de la salle de Lille. — 1290.

Sceau en écu, de 19 mill. — Arch. du Nord; abbaye de Flines.

Écu portant une croix ancrée, au bâton brochant.

✶ S' IEhAN FIL IEhAN DE LE VILE

(Seel Jehan fil Jehan de le Vile.)

Voyez le n° 2676.

2758 VRETET (ALARD).

Homme de la salle de Lille. — 1301.

Sceau rond, de 18 mill. — Arch. du Nord; abbaye de Marquette.

Écu losangé, au chef plain.

✠ S' ALART VRETET

(Seel Alart Vretet.)

Voyez le n° 2683.

2759 VRETET (JEAN).

Homme de la salle de Lille. — 1309.

Sceau rond, de 20 mill. — Arch. du Nord; abbaye de Loos.

Écu losangé, à la bordure.

✠ S' IEHAN VERTET

(Seel Jehan Vertet.)

Voyez le n° 2752.

2760 WARENGHIEN (JACQUES DE),

Homme de la salle de Lille. — 1311.

Sceau rond, de 20 mill. — Arch. du Nord; Chambre des comptes.

Écu billeté au lion chargé à l'épaule d'un écusson?, dans un losange gothique.

S' IAKEMON DE WARENGHIEN

(Seel Jakemon de Warenghien.)

Voyez le n° 1694.

2761 WICART (GÉRARD),

Homme de la salle de Lille. — 1309.

Sceau hexagone, de 18 mill. — Arch. du Nord; abbaye de Loos.

Écu plain, au chef chargé de trois mâcles.

✠ S' GR... WISCART

(Seel Grart Wiscart.)

Voyez le n° 2752.

ROYAUME DES ESTIMAUX DE LA SALLE DE LILLE. — ROIS, ÉCHEVINS, HOMMES DE FIEF.

2762 HAYE (PIERRE DE LA).

Chevalier, roi des Estimaux. — 1324.

Sceau rond, de 26 mill. — Arch. du Nord; abbaye de Marquette.

Écu à l'écusson en abîme accompagné de deux quinte-feuilles en chef.

.....HAYE · CH..

(....... de la Haye. chevalier.)

Acquisition d'une rente à Emmevelin et à Avelin. — 19 janvier 1324.

2763 HAYE (JEAN DE LA),

Écuyer, roi des Estimaux. — 1343.

Sceau rond, de 19 mill. — Arch. du Nord; chapitre de Lille.

Écu aux armes du précédent.

S' IEHAN : DE LE HAIE

(Seel Jehan de le Haie.)

Acquisition d'une terre. — 16 janvier 1343.

2764 CARNIN (HUGUES DE),

Lieutenant de Jean de la Haye, roi des Estimaux. — 1348.

Sceau rond, de 20 mill. — Arch. du Nord; chapitre de Lille.

Écu portant deux râteaux au franc canton chargé d'un lion, dans un quadrilobe.

SEEL HVON DE CARNIN

(Seel Huon de Carnin.)

Fondation d'un obit. — 1er mai 1348.

2765 AUBERCHICOURT (BAUDOUIN D').

Sire d'Estalmbourg, chevalier, échevin des Estimaux. — 1343.

Sceau rond, de 24 mill. — Arch. du Nord; chapitre de Lille.

Écu au chef d'hermines et à la bordure engrêlée, dans un quadrilobe.

✠ S' .AVDVIN ... BECICOV.. CSLR

(Seel Bauduin ...becicourt, chevalier.)

Voyez le n° 2763.

2766 HAYE (JEAN DE LA),

Chevalier, échevin des Estimaux. — 1290.

Sceau rond, de 31 mill. — Arch. du Nord; abbaye de Marquette.

Écu plain, au chef chargé de deux écussons portant chacun un écusson en abîme.

✠ S' IEHAN DE LE HAIE CHEVALIER

(Seel Jehan de le Haie, chevalier.)

Acquisition de rentes à Wambrechies. — 6 juillet 1290.

2767 HERBOMEZ (BAUDOUIN DE).

Chevalier, échevin des Estimaux. — 1324.

Sceau rond, de 24 mill. — Arch. du Nord; abbaye de Flines.

Écu à la fasce accompagnée en chef et à dextre d'un écusson fascé de six pièces, dans un quadrilobe.

... BAVDV.. .E HERBAVMES CHEVALIER

(Seel Bauduin de Herbaumes, chevalier.)

Acquisition de rentes. — 19 janvier 1324.

2768 HINGETTES (PIERRE DE),

Seigneur des Aubeaux, chevalier, échevin des Estimaux. — 1364.

Sceau rond, de 19 mill. — Arch. du Nord; abbaye de Marquette.

Écu portant un chevron au lambel sur le tout, dans un quadrilobe.

S · PIERRE · DE · HINGETES

(Seel Pierre de Hingetes.)

Acquisition de rentes à Wambrechies. — 6 avril 1364.

2769 LIGNY (ROBERT, SEIGNEUR DE),

Chevalier, échevin des Estimaux. — 1304.

Sceau rond, de 34 mill. — Arch. du Nord; abbaye de Marquette.

Écu portant un écusson en abîme au sautoir sur le tout, dans une rose à six feuilles.

✱ S' ROBIERT ..NGNEVR DE LINGNI CHEVALIER

(Seel Robiert, seigneur de Lingni, chevalier.)

Voyez le n° 2762.

2770 PRÉVÔT (JACQUES LE),

Seigneur de Cappinghem, chevalier, échevin des Estimaux. — 1367.

Sceau rond, de 22 mill. — Arch. du Nord; abbaye de Marquette

Écu au lion, penché, timbré d'un heaume couronné et cimé de deux têtes de dragon.

S · IAKEMON · LE · PREWOSS

(Seel Jakemon le Prévost.)

Acquisition de biens à Houplines et à Noyelles. — 1er juillet 1367.

2771 SAINT-VENANT (JEAN DE),

Seigneur d'Élimont, échevin des Estimaux. — 1377.

Sceau rond, de 27 mill. — Arch. du Nord; chapitre de Lille.

Écu portant un écusson en abîme au lambel sur le tout, penché, timbré d'un heaume couronné, supporté par deux griffons.

IEHAN DE ..... VE...

(Seel Jehan de Saint Venant .....)

Acquisition des dîmes de Marcq et de Wasquehal. — 2 juillet 1377.

2772 WAREWANE (ROBERT DE LA),

Chevalier, échevin des Estimaux. — 1353.

Sceau rond, de 20 mill. — Arch. du Nord; chapitre de Lille.

Écu à la bande de cinq losanges, dans un trilobe.

.....DE LE WAREVA.....

(..... de le Warevane .....)

Voyez le n° 2763.

2773 COQUET (ARNOUL),

Homme du royaume des Estimaux. — 1453.

Sceau rond, de 28 mill. — Hôpital Comtesse à Lille.

Écu au tonneau accompagné de trois étoiles.

✱ seel ernoul coquet

(Seel Ernoul Coquet.)

Acquisition de la brasserie de le Sauch à Lille. — 8 avril 1453.

2774 ÉCLUSE (JEAN DE L'),

Homme d'un fief tenu du royaume des Estimaux. — 1380.

Sceau rond, de 25 mill. — Arch. du Nord; abblette de Lille.

Écu à trois croissants accompagnés d'un oiseau en abîme, dans un trilobe.

SEEL · IEHAN · DE · LESCLVE

(Seel Jehan de l'Escluc.)

Acquisition d'une terre à Gamans. — 30 mars 1380.

2775 GARNIER (ANTOINE),

Homme du royaume des Estimaux. — 1524.

Sceau rond, de 25 mill. — Hôpital Comtesse à Lille.

Écu portant une ancre accostée de deux coquilles en chef, supporté par un lion.

s anthoune garu...

(Seel Anthoune Garnier.)

Acquisition d'une maison sur la place du Rivage à Lille. — 10 septembre 1524.

2776 PETIT (JACQUES),

Homme du royaume des Estimaux. — 1442.

Sceau rond, de 20 mill. — Hôpital Comtesse à Lille.

Une gerbe accostée de deux branches.

feel · iaqnemart · petit

(Seel Jaquemart Petit.)

Acquisition du sixième de la brasserie de le Sauch à Lille. — 19 décembre 1442.

2777 PONT-ROHARD (PIERRE DE),

Franc alleutier du royaume des Estimaux. — 1344.

Sceau rond, de 18 mill. — Hôpital des Grimarets à Lille.

Écu d'hermines, à la bande chargée de trois alérions, dans un trilobe.

S' PIERON DE POR DE PORR.....

(Seel Pieron de Pon de Ponrewart?)

Acquisition de terres par Lotard Canard, bourgeois de Lille, sergent d'armes du Roi, fondateur de l'hôpital des Grimarets. — 8 janvier 1344.

**2778	RHIN (PIERRE DU),**

Homme du royaume des Estimaux. — 1824.

Sceau ogival, de 26 mill. — Hôpital Comtesse à Lille.

Écu à l'oiseau essorant.

... PIERES OV RIN

(Seel Pieres du Rin.)

Voyez le n° 2775.

**2779	RIQUIER (JEAN),**

Homme du royaume des Estimaux. — 1448.

Sceau rond, de 20 mill. — Hôpital Comtesse à Lille.

Écu à la croix ancrée accompagnée d'une étoile au canton dextre, dans un trilobe.

iehan ribier

(Jehan Rikier.)

Prise de possession par droit de *frareueté* de deux parts de la brasserie de le Sauch à Lille. — 30 janvier 1448.

**2780	SWARTEBROEK (JEAN VAN),**

Homme du royaume des Estimaux. — 1448.

Sceau rond, de 21 mill. — Hôpital Comtesse à Lille.

Écu portant une enceinte palissadée d'où sort une tête de mouton accompagnée d'un huchet au canton sénestre, soutenu par un ange.

s · ian · vã · Swartenbrouc

(Segel Jan van Swartenbrouc.)

Voyez le n° 2779.

**2781	THUMESNIL (THOMAS DE),**

Homme du royaume des Estimaux. — 1344.

Sceau rond, de 21 mill. — Hôpital des Grimarets à Lille.

Écu à la bande, dans un triangle.

S' THOMAS DE THVMENNIL

(Seel Thomas de Thumesnil.)

Voyez le n° 2777.

HOMMES DE LA CHÂTELLENIE DE LILLE.

**2782	BONVALET (MARTIN),**

Homme de la châtellenie de Lille. — 1324.

Sceau rond, de 17 mill. — Arch. du Nord; chapitre de Lille.

Écu plain, au franc canton chargé d'un oiseau.

S' MARTIN BONVALLET

(Seel Martin Bonvallet.)

Acquisition d'un bois. — 8 septembre 1324.

**2783	BORGNE (ANDRÉ LE),**

Homme de la châtellenie de Lille. — 1292.

Sceau en écu, de 24 mill. — Arch. du Nord; Chambre des comptes.

Une aigle éployée.

✿ S' ANDR...BORGN.S

(Seel André le Borgnes.)

Cession d'une terre au profit de Jean de Marbais par Gérard de Marbais, son frère. — Mai 1292.

**2784	BOS (BAUDOUIN DU),**

Juge du châtelain de Lille en sa pairie de Phalempin. — 1393.

Sceau rond, de 22 mill. — Arch. du Nord; chapitre de Lille.

Écu au chevron accompagné de trois chandeliers, soutenu par une aigle, supporté par deux lions, dans un trilobe.

S · BAVDEWIN · DOV · BOS

(Seel Baudewin dou Bos.)

Acquisition de biens à Lille. — 25 mai 1393.

**2785	BOS (JACQUES DU),**

Homme de la châtellenie de Lille. — 1489.

Sceau rond, de 27 mill. — Arch. communales de Lille.

Écu au lion, écartelé d'un chevronné de huit pièces à la barre brochant, penché, timbré d'un heaume cimé de deux tonneaux, supporté par un homme et une femme sauvages.

s : iaque : du : bos

(Seel Jaque du Bos.)

Acquisition d'une portion d'héritage à Lille. — 3 février 1489.

**2786	BOSKET (JEAN),**

De Haubourdin, homme de la châtellenie de Lille. — 1499.

Sceau rond, de 27 mill. — Arch. du Nord; chapitre de Lille.

Écu à l'orle de merlettes et à l'écusson plain en abîme.

✿ 'S' IEhAN · BOSKET

(Seel Jehan Bosket.)

Acquisition de la dîme de Sequedin. — Juillet 1499.

**2787	BOUBERCH (GILLES DE),**

Homme de la châtellenie de Lille. — 1387.

Sceau rond, de 20 mill. — Arch. du Nord; abbiette de Lille.

Écu portant deux branches en sautoir accompagnées d'une étoile en chef.

.. GILES D. BOV.....

(Seel Giles de Bouberch.)

Voyez le n° 1655.

2788 BOULENGER (JEAN LE),
Homme de la châtellenie de Lille. — 1324.
Sceau rond, de 19 mill. — Arch. du Nord; chapitre de Lille.
Écu portant trois huchets, dans une rose.

✶ S' IEHAN LE BOVLENGIER
(Seel Jehan le Boulengier.)

Voyez le n° 2782.

2789 BOURGHELLES (PIERRE DE),
Juge rentier du châtelain de Lille. — 1346.
Sceau rond, de 20 mill. — Hôpital Comtesse à Lille.
Écu à la fasce frettée accompagnée d'un oiseau au canton dextre.

S' PIERES · DE · BOVR......
(Seel Pieres de Bourghielle.)

Prise de possession d'un héritage par droit de proximité. — 26 février 1346.

2790 BOUTEILLER (NICOLAS LE),
Homme de la châtellenie de Lille. — 1299.
Sceau rond, de 21 mill. — Arch. du Nord; chapitre de Lille.
Deux oiseaux adossés, séparés par une branche.

S' COLARS LI BOVTILLIERS
(Seel Colars li Bentilliers.)

Voyez le n° 2786.

2791 BREUCQ (JEAN DU).
Juge rentier du châtelain de Lille à Verlinghem. — 1393.
Sceau rond, de 20 mill. — Hôpital Saint-Julien à Lille.
Écu plain au franc canton chargé de trois besants?, dans un trilobe.

S' IEHAN · DOV · BREVC
(Seel Jehan dou Breuc.)

Sentence confirmative d'une rente. — 23 novembre 1393.

2792 BROGNART (JEAN).
De Camphin, homme de la châtell-nie de Lille. — 1317.
Sceau rond, de 21 mill. — Arch. du Nord; abbaye de Saint-Aubert.
Une gerbe accostée d'un croissant et d'une étoile.

✶ S' IEHAN BROVGNART
(Seel Jehan Brougnart.)

Déclaration par laquelle Marie de Hérin reconnaît n'avoir aucun droit sur les marais de Hérin. — 27 septembre 1317.

2793 BRUN (GUILLAUME LE).
Homme de la châtellenie de Lille. — 1344.
Sceau rond, de 22 mill. — Arch. du Nord; chapitre de Lille.
Un écureuil assis et mangeant un fruit.

✶ S' · WILLAVME · LE · BRVN ·
(Seel Willaume le Brun.)

Voyez le n° 2782.

2794 CAIGNON (M' JEAN DU BOS DIT).
Juge du châtelain de Lille en sa pairie de Phalempin. — 1398.
Sceau rond, de 19 mill. — Arch. du Nord; chapitre de Lille.
Écu portant des ciseaux accompagnés de trois étoiles.

✶ S' IEHAN CAIGNON
(Seel Jehan Caignon.)

Acquisition d'une maison à Lille. — 3 novembre 1398.

2795 CAMBRAI (HUGUES DE).
Homme de la châtellenie de Lille. — 1317.
Sceau rond, de 27 mill. — Arch. du Nord; abbaye de Saint-Aubert.
Écu portant trois lions à la bande chargée ou engrêlée brochant, dans un quadrilobe.

SEEL HVON DV MAISNIL
(Seel Huon du Maisnil.)

Voyez le n° 2792.

2796 CASTEL (ROGER DU).
D'Emmerin, homme de la châtellenie de Lille. — 1324.
Sceau rond, de 24 mill. — Arch. du Nord; chapitre de Lille.
Écu portant un émanché de trois pointes mouvant du chef, chaque pointe chargée d'une étoile, dans un trilobe.

✶ S' ROGIER · DOV · CASTIEL · DAMERIN
(Seel Rogier dou Castiel d'Auwrin.)

Voyez le n° 2782.

2797 COUSTANT (PIERRE).
Juge rentier du châtelain de Lille. — 1375.
Sceau rond, de 20 mill. — Arch. du Nord; abbiette de Lille.
Un bœuf passant.

PIE.. COVSTANS
(Pierre Coustans.)

Acquisition d'une terre à Fretin. — 12 novembre 1375.

2798 ERMITE (SOHIER L').
Juge du châtelain de Lille en sa pairie de Phalempin. — 13..
Sceau rond, de 22 mill. — Arch. du Nord; Chambre des comptes.
Écu à trois croissants, dans un quadrilobe.

SOHIER LERMITE

(Sohier l'Ermite.)

Dénombrement d'un fief à Fromelles. — 11 mai 1430.

2799 FOUR (JEAN DU).

Homme de la châtellenie de Lille. — 1517.

Sceau rond, de 19 mill. — Arch. du Nord; abbaye de Saint-Aubert.

Un homme d'armes debout, tenant son épée.

S IEHAN DOV FO..

(Seel Jehan dou Four.)

Voyez le n° 2792.

2800 GLORIEUX (M° PIERRE).

Juge cotier du châtelain de Lille en sa pairie de la Motte. — 1317.

Sceau rond, de 22 mill. — Hôpital Comtesse à Lille.

Écu portant la Vierge debout avec l'enfant Jésus accostée de deux branches, timbré d'un oiseau.

S' PIERART GLORIEVS

(Seel Pierart Glorieus.)

Acquisition de sous-rentes par droit de *frareseté*. — 2 août 1417.

2801 GOMMER (JEAN).

Juge du châtelain de Lille en sa pairie de Phalempin. — 1507.

Sceau rond, de 32 mill. — Arch. communales de Lille.

Écu billeté à la fasce chargée de trois aiglettes, écartelé d'hermines au croissant, timbré d'un heaume cimé d'une tête de chèvre.

s iehan goumer

(Seel Jehan Goumer.)

Acquisition du fief de Damiette. — 6 octobre 1507.

2802 GOSE (JEAN).

Homme de la châtellenie de Lille. — 1499.

Sceau rond, de 20 mill. — Arch. du Nord; chapitre de Lille.

Écu au cerf passant à dextre.

S IEHANS GOSE

(Seel Jehans Gose.)

Voyez le n° 2786.

2803 GRANTSIRE (GILLES).

Juge rentier du châtelain de Lille. — 1375.

Sceau rond, de 17 mill. — Arch. du Nord; abbiette de Lille.

La lettre G.

S · GILLES · GRANSIRE

(Seel Gilles Gransire.)

Voyez le n° 2797.

2804 HAKART (JEAN).

Juge rentier du châtelain de Lille. — 1368.

Sceau rond, de 18 mill. — Hôpital Comtesse à Lille.

Un Agnus Dei.

IEHAN HACART

(Jehan Hacart.)

Acquisition d'une rente à Lille. — 5 novembre 1368.

2805 HANGOUARD (M° GUILLAUME).

Homme de la châtellenie de Lille. — 1514.

Sceau rond, de 33 mill. — Arch. communales de Lille.

Écu portant une aigle au lambel, penché, timbré d'un heaume, supporté par deux lions.

s · guillame · hangouart

(Seel Guillame Hangouart.)

Acquisition du fief de Damiette. — 10 mai 1514.

2806 HAUTE-WASTINE (GILLES DE LA).

Homme de la châtellenie de Lille. — 1292.

Sceau en écu, de 23 mill. — Arch. du Nord; Chambre des comptes.

Écu portant trois tourteaux?

S GILLON DE WOVSTINE

(Seel Gillon de Woustine.)

Voyez le n° 2783.

2807 HELLESMES (SIMON DE).

Homme de la châtellenie de Lille. — 1324.

Sceau rond, de 20 mill. — Arch. du Nord; chapitre de Lille.

Une force accostée de deux étoiles.

SIMON · DE · HELLEMES

(Seel Simon de Hellemes.)

Voyez le n° 2782.

2808 LANGLÉE (THOMAS DE).

Homme de la châtellenie de Lille. — 1292.

Sceau rond, de 23 mill. — Arch. du Nord; Chambre des comptes.

Écu au sautoir cantonné de quatre hermines.

... TO..S · DE · LANGLEE

(Seel Tomas de Langlée.)

Voyez le n° 2783.

2809 LAYENS (PIERRE DE).

Juge rentier de la châtellenie de Lille. — 1375.

Sceau rond, de 17 mill. — Arch. du Nord; abbiette de Lille.

Écu portant trois barres accompagnées d'une étoile au canton dextre.

... **PIERART DE LAIE** ..

(Seel Pierart du Laiens.)

Acquisition d'une terre à Frelin. — 11 septembre 1376.

2810   LIÉNART (ROBERT).

Juge rentier du châtelain de Lille à Verlinghem. — 1393.

Sceau rond, de 18 mill. — Hôpital Saint-Julien à Lille.

Écu portant trois trèfles.

S · ROBIERT · LIENART

(Seel Robiert Liénart.)

Voyez le n° 2791.

2811   LOCQUE (SIRE JEAN).

Juge rentier du châtelain de Lille. — 1368.

Sceau rond, de 22 mill. — Hôpital Comtesse à Lille.

Au centre d'une rose gothique, la lettre S (sire), et dans chacune des six feuilles, une des lettres suivantes :

❋ I LOKE

(Jean Loke.)

Rachat d'une rente. — 8 décembre 1368.

2812   MAIRE (M° GÉRARD LE).

Juge rentier du châtelain de Lille. — 1368.

Sceau rond, de 21 mill. — Hôpital Comtesse à Lille.

Écu à trois lions accompagnés d'une quintefeuille en abîme, dans un trilobe.

S' GERARDI · DOI · LE · MAIRE

(Sigillum Gerardi dicti le Maire.)

Voyez le n° 2811.

2813   MARISSAL (JEAN).

Homme de la châtellenie de Lille. — 1361.

Sceau rond, de 30 mill. — Arch. du Nord: Chambre des comptes.

Écu portant trois fers de cheval à la hache accostée de deux molettes en abîme, timbré d'un heaume cimé d'un cheval issant.

S IEHAN MARISAL

(Seel Jehan Marisal.)

Aveu d'un fief nommé la Cour de Pérenchies. — 19 février 1361.

2814   MARKANT (ROBERT).

Juge rentier du châtelain de Lille à Verlinghem. — 1393.

Sceau rond, de 26 mill. — Hôpital Saint-Julien à Lille.

Écu portant un écusson en abîme au lambel sur le tout, brisé d'une étoile en pointe, penché, timbré d'un heaume couronné et cimé d'une tête de bœuf, supporté par deux lions.

s robert mar · · · ·

(Seel Robert Markant.)

Voyez le n° 2791.

2815   MAS (COLARD).

Juge rentier du châtelain de Lille en sa pairie de la Motte. — 1347.

Sceau rond, de 22 mill. — Hôpital Comtesse à Lille.

Écu à la hache couronnée, dans un trilobe.

❋ S' COLART MAS

(Seel Colart Mas.)

Voyez le n° 2800.

2816   MOLINEL (ANTOINE DU).

Homme de la châtellenie de Lille. — 1344.

Sceau rond, de 20 mill. — Arch. du Nord; chapitre de Lille.

Écu portant un échiqueté, sous un chef chargé à dextre d'un écusson burelé.

... ANTONE DE MOLINIE

(Seel Antone du Molinel.)

Acquisition du bois de Belincamp à Moncheaux. — 18 octobre 1344.

2817   MORTIER (JEAN DU).

De Loos, homme de la châtellenie de Lille. — 1324.

Sceau rond, de 20 mill. — Arch. du Nord; chapitre de Lille.

Écu portant un écusson en abîme au lambel sur le tout, dans un trilobe.

S' IEHAN · DOV · MORTIER

(Seel Jehan dou Mortier.)

Voyez le n° 2784.

2818   OURSIER (HUGUES L').

Juge rentier de la châtellenie de Lille. — 1361.

Sceau en écu, de 20 mill. — Hôpital Comtesse à Lille.

Un ours passant, enchaîné.

S' hWART · LOVRSIER

(Seel Huvart l'Oursier.)

Prise de possession d'une maison par droit de *fraireuvte*. — 21 juin 1361.

2819   OURSIER (JACQUES L').

Juge rentier de la châtellenie de Lille. — 1376.

Sceau rond, de 19 mill. — Arch. du Nord; abbiette de Lille.

Un ours passant, emmuselé et enchaîné à un poteau.

S · IAREMART · LOVRSSIER

(Seel Jakemart l'Oursier.)

Voyez le n° 2809.

2820   PETILLON (JEAN),

Juge du châtelain de Lille en sa pairie de Phalempin.   1307.

Sceau rond, de 27 mill. — Arch. communales de Lille.

Écu portant deux têtes dans un encadrement ovale suspendu à une équerre, supporté par un homme sauvage.

s : ieban : . . . . lion

(Seel Johan Petillon.)

Voyez le n° 2801.

2821   PIAT (JACQUES LE).

Juge du châtelain de Lille en sa pairie de Phalempin. — 1432.

Sceau rond, de 25 mill. — Arch. du Nord; Chambre des comptes.

Une tête couronnée.

S' IAKEMES LE PIEAT

(Seel Jakemes le Pient.)

Aveu. — 15 juillet 1432.

2822   PREMESQUES (SALADIN DE).

Juge rentier du châtelain de Lille à Verlinghem. — 1393.

Sceau rond, de 23 mill. — Hôpital Saint-Julien à Lille.

Écu à la croix échiquetée cantonnée en chef et à dextre d'une croix.

. . . . . ALDIN . . . . . MERE

(Seel Salaldin de Premeke.)

Reconnaissance d'une rente due à l'hôpital Saint-Julien. — 14 octobre 1393.

2823   QUESNE (JEAN DU).

Homme de la châtellenie de Lille. — 1314.

Sceau rond, de 31 mill. — Arch. communales de Lille.

Écu au lion, écartelé de trois glands de chêne sous un chef, penché, timbré d'un heaume cimé d'une tête de cheval.

s ieban buquefne

(Seel Johan du Quesne.)

Voyez le n° 2805.

2824   RELY (NICOLAS DE),

Juge rentier du châtelain de Lille. — 1397.

Sceau rond, de 20 mill. — Arch. du Nord; abbiette de Lille.

Écu portant une croix ancrée au filet en bande brochant, dans un quadrilobe.

SEEL COLART DE RELY

(Seel Colart de Rely.)

Acquisition d'une terre à Fretin. — 28 juin 1397.

2825   ROBART (JEAN),

Juge cotier du châtelain de Lille en sa pairie de la Motte. — 1317.

Sceau rond, de 24 mill. — Hôpital Comtesse à Lille.

Un chapel de fleurs entre deux bars affrontés, dans un trilobe.

saiel · ieban · robart

(Saiel Jehan Robart.)

Voyez le n° 2800.

2826   STOREM (MICHEL),

Juge rentier du châtelain de Lille. — 1357.

Sceau rond, de 18 mill. — Hôpital Comtesse à Lille.

Buste de face muni d'un fermail.

. . . . . AIEL · STOREM ·

(Seel Mikiel Storem.)

Rachat d'une rente par droit de proximité. — 3 mars 1357.

2827   TENREMONDE (PIERRE DE).

Juge du châtelain de Lille en sa pairie de Phalempin. — 1307.

Sceau rond, de 29 mill. — Arch. communales de Lille.

Écu papelonné, penché, timbré d'un heaume cimé d'un griffon, supporté par un lion et un griffon.

s pierre de tenremonde

(Seel Pierre de Tenremonde.)

Voyez le n° 2801.

2828   TERTRE (JEAN DU),

Juge rentier du châtelain de Lille. — 1397.

Sceau rond, de 23 mill. — Arch. du Nord; abbiette de Lille.

Écu fascé de dix pièces au franc canton losangé, soutenu par un ange, supporté par deux lions, dans un trilobe.

seel ieb . . . . tertre

(Seel Jehan du Tertre.)

Voyez le n° 2824.

2829   THIEULAINE (GÉRARD),

Homme de la châtellenie de Lille. — 1389.

Sceau rond, de 28 mill. — Arch. communales de Lille.

Écu portant quatre fasces accompagnées d'une étoile

en chef à la bande chargée de trois alérions brochant, penché, timbré d'un heaume cimé d'une tête d'homme, supporté par deux lions.

s · grard · tienlaine

(Seel Grard Tienlaine.)

Voyez le n° 2785.

2830   TINQUES (BARTHÉLEMY DE).

Dit le Carlier, juge rentier du châtelain de Lille. — 1397.

Sceau rond, de 21 mill. — Arch. du Nord; abbiette de Lille.

Écu portant trois tanches accompagnées d'une étoile en chef.

s · befmien de teuq' dit le carlier

(Seel Betremieu de Teuques dit le Carlier.)

Voyez le n° 2824.

2831   VINCOURT (JACQUES DE LE),

Homme de la châtellenie de Lille. — 1344.

Sceau rond, de 21 mill. — Arch. du Nord; chapitre de Lille.

Écu portant trois bandes au lambel, dans un quadrilobe.

s · iaremon de le vi....rt

(Seel Jakemon de le Vincourt.)

Voyez le n° 2816.

2832   VIVIER (COLARD DU).

Homme de la châtellenie de Lille. — 1317.

Sceau rond, de 25 mill. — Arch. du Nord; abbaye de Saint-Aubert.

Écu portant trois râteaux accompagnés d'une étoile en abîme.

s' colart de vevers?

(Seel Colart de Vevers.)

Voyez le n° 2792.

2833   VRETET (ALARD),

Homme de la châtellenie de Lille. — 1292.

Sceau rond, de 17 mill. — Arch. du Nord; Chambre des comptes.

Écu losangé, au chef plain.

✠ s' alart wrete

(Seel Alart Vrete.)

Voyez le n° 2783.

2834   WAIMIEL (JEAN),

Juge rentier du châtelain de Lille en sa pairie de la Motte. — 1317.

Sceau rond, de 22 mill. — Hôpital Comtesse à Lille.

Écu portant trois lions, au filet en bande brochant.

.....an de dvrmort dit whim...

(Seel Jehan de Durmort dit Waimiel.)

Voyez le n° 2800.

2835   WIDECOQ (GILLES).

Le père, juge rentier du châtelain de Lille. — 1346.

Sceau rond, de 20 mill. — Hôpital Comtesse à Lille.

Écu portant des ciseaux.

✠ s' gillon widecod

(Seel Gillon Widekoc.)

Acquisition d'un héritage à Lille. — 18 janvier 1346.

2836   WIDECOQ (GILLES),

Le fils, juge rentier du châtelain de Lille. — 1346.

Sceau rond, de 23 mill. — Hôpital Comtesse à Lille.

Écu portant un oiseau, dans un trilobe.

s' gillion widecod

(Seel Gillion Widecoc.)

Voyez le n° 2835.

2837   WILLIN (JACQUES),

Juge rentier du châtelain de Lille en sa pairie de la Motte. — 1347.

Sceau rond, de 25 mill. — Hôpital Comtesse à Lille.

Écu fretté, penché, timbré d'un heaume cimé d'un vol, supporté par un homme sauvage.

Seel iaqu.. vvilhn

(Seel Jaques Willin.)

Voyez le n° 2800.

JUGES DE LA SEIGNEURIE DE JACQUES ET DE JEAN ARTUT À LILLE, À HELLESMES ET À LA MADELEINE.

2838   BLANCHARD (JEAN).

Juge de Jean Artut à Lille, etc. — 1407.

Sceau rond, de 22 mill. — Arch. du Nord; abbaye de Marquette.

Écu portant un chat assis, dans un quadrilobe.

s · iehan · blanrart

(Seel Jehan Blankart.)

Acquisition d'une rente à la Madeleine. — 3 février 1407.

2839   CASTEL (JEAN DU).

Homme de Jacques Artut à Lille, etc. — 1376.

Sceau rond, de 21 mill. — Arch. du Nord; abbiette de Lille.

Écu portant trois châteaux à la bande brochant, dans une rose.

S' ..... DV CHSTIEL

(Seel Jehan du Castiel.)

Acquisition d'un fief à Hellesmes. — 28 mai 1376.

2840   COUR (JEAN DE LA).

Juge cotier de Jacques Artut à Lille, etc. — 1364.

Sceau rond, de 18 mill. — Arch. du Nord; abbaye de Marquette.

Écu à la fasce accompagnée de deux étoiles, l'une en chef et l'autre en pointe, au bâton brochant.

IEHAN · DEL · COERT ·

(Jehan del Coert.)

Acquisition d'une rente à la Madeleine. — 5 février 1364.

2841   FLANDRE (COLARD DE).

Juge de Jean Artut à Lille, etc. — 1425.

Sceau rond, de 20 mill. — Hôpital Comtesse à Lille.

Écu portant un marteau de maçon accosté de deux étoiles.

❋ bollart · de · flandre

(Kollart de Flandre.)

Acquisition d'une maison à Lille. — 25 janvier 1425.

2842   FONTAINES (JACQUES DES).

Juge cotier de Jacques Artut à Lille, etc. — 1364.

Sceau rond, de 20 mill. — Arch. du Nord; abbaye de Marquette.

Une étoile à cinq branches chargée en cœur d'une autre petite étoile.

IAKEMON · DES · FONTAINES

(Jakemon des Fonteines.)

Voyez le n° 2840.

2843   FONTAINES (JACQUES DES).

Juge de Jean Artut à Lille, etc. — 1425.

Sceau rond, de 18 mill. — Hôpital Comtesse à Lille.

Écu portant une fontaine.

..... fontennes

(Seel ..... des Fonteinnes.)

Voyez le n° 2841.

2844   FONTAINES (PHILIPPE DES).

Juge rentier de Jean Artut à Lille, etc. — 1450.

Sceau rond, de 26 mill. — Hôpital Comtesse à Lille.

Écu portant une étoile à six branches chargée en cœur d'une autre petite étoile.

.. philippe · des · fontaines

(Seel Philippe des Fonteinnes.)

Acquisition d'une maison à Lille. — 15 septembre 1450.

2845   FONTAINES (PIERRE DES),

Juge de Jean Artut à Lille, etc. — 1425.

Sceau rond, de 20 mill. — Hôpital Comtesse à Lille.

Une fontaine accompagnée d'un chien, d'un arbre et d'une étoile.

SEEL · PIERART · DES · FONTAI...

(Seel Pierart des Fontaines.)

Voyez le n° 2841.

2846   FONTAINES (PIERRE DES),

Juge rentier de Jean Artut à Lille, etc. — 1450.

Sceau rond, de 20 mill. — Hôpital Comtesse à Lille.

Écu portant une fontaine avec un oiseau perché sur le bord.

s · pieres · des · fontaines

(Seel Pieres des Fontainnes.)

Voyez le n° 2844.

2847   GAND (PIERRE DE),

Juge de Jean Artut à Lille, etc. — 1425.

Sceau ... de 23 mill. — Hôpital Comtesse à Lille.

Écu portant deux étoiles en chef et un croissant en pointe.

S' ..RAS DE GANS

(Seel ..... de Gant.)

Voyez le n° 2841.

2848   HAYE (THOMAS DE LA).

Juge de Jean Artut à Lille, etc. — 1425.

Sceau rond, de 22 mill. — Hôpital Comtesse à Lille.

Une fleur de lys fleuronnée.

S tomas de le haue ?

(Seel Tomas de lo Haile.)

Voyez le n° 2841.

2849   LALLOUX (MAHIEU),

Juge rentier de Jacques Artut à Lille, etc. — 1371.

Sceau rond, de 18 mill. — Hôpital Comtesse à Lille.

Une fleur de lys.

❋ S MAHIEVS LALOVS

(Seel Mahieus Lalous.)

Acquisition d'une rente à Lille. — 14 octobre 1371.

2850 LANSIEL (PIERRE),

Juge de Jean Artut à Lille, etc. — 1405.

Sceau rond, de 21 mill. — Hôpital Comtesse à Lille.

Écu portant un oiseau accompagné de trois étoiles.

...PIERES LANSIEL

(Scel Pieres Lansiel.)

Voyez le n° 2841.

2851 MARKANT (ROBERT),

Juge de Jean Artut à Lille, etc. — 1407.

Sceau rond, de 27 mill. — Arch. du Nord; abbaye de Marquette.

Écu portant un écusson en abîme au lambel sur le tout, brisé d'une étoile en pointe, penché, timbré d'un heaume couronné et cimé d'une tête de bœuf, supporté par deux lions.

... rob.... markant

(Scel Robiart Markant.)

Voyez le n° 2838.

2852 PETITPAS (JEAN),

Juge de Jean Artut à Lille, etc. — 1405.

Sceau rond, de 20 mill. — Hôpital Comtesse à Lille.

Écu portant trois fasces accompagnées de deux étoiles en chef, au lambel.

SEEL · IEHAN · PETIPHS

(Scel Jehan Petipas.)

Voyez le n° 2841.

2853 TRUIE (OGIER A LA).

Juge de Jean Artut à Lille, etc. — 1407.

Sceau rond, de 21 mill. — Arch. du Nord; abbaye de Marquette.

Écu portant une coupe accostée de deux poissons, dans un trilobe.

S · OGIE · H · LE · ERVIE

(Scel Ogier à le Truie.)

Voyez le n° 2838.

2854 TRUIES (PIERRE AS).

Juge de Jean Artut à Lille, etc. — 1407.

Sceau rond, de 20 mill. — Arch. du Nord; abbaye de Marquette.

Écu portant une truie accompagnée d'une étoile en pointe.

✶ S PIERART AS ERVIES

(Scel Pierart as Truies.)

Voyez le n° 2838.

JUGES DE LA PAIRIE DE JEANNE LE BAILLE À LILLE.

2855 MAYOLLE (PIERRE),

Juge de Jeanne le Baille à Lille. — 1393.

Sceau rond, de 21 mill. — Arch. du Nord; abbiette de Lille.

Une doloire accompagnée de deux étoiles et d'une branche.

S · PIERART ...OLE

(Scel Pierart Maiole.)

Acquisition de rentes à Lille. — Janvier 1393.

2856 SÉNÉCHAL (JEAN LE).

Juge de Jeanne le Baille à Lille. — 1393.

Sceau rond, de 21 mill. — Arch. du Nord; abbiette de Lille.

Écu bandé de six pièces, au franc canton chargé d'un oiseau.

S · IEHAN · LE SENESCAL

(Scel Jehan le Sénescal.)

Voyez le n° 2855.

JUGES DE LA PAIRIE DE BAZENGHIEN À LILLE.

2857 MOTTE (GABRIEL DE LA).

Juge de la pairie de Bazenghien à Lille. — 1494.

Sceau rond, de 22 mill. — Hôpitaux de Lille: les Bonnes Filles.

Écu portant une équerre.

...abriel · de · le · mot..

(Scel Gabriel de le Motte.)

Acquisition de trois maisons à Lille. — 7 avril 1494.

2858 POTIER (JEAN).

Juge de la pairie de Bazenghien à Lille. — 1494.

Sceau rond, de 28 mill. — Hôpitaux de Lille: les Bonnes Filles.

Écu portant trois lions couronnés accompagnés de.... au canton dextre, penché, timbré d'un heaume cimé d'une buire, supporté par une femme sauvage et une sirène.

iehan potier

(Jehon Potier.)

Voyez le n° 2857.

JUGES DE LA PAIRIE DE BERLAIMONT À LILLE.

2859   CASSEL (COLARD DE).

Juge de la pairie de Berlaimont à Lille. — 1383.

Sceau rond, de 19 mill. — Arch. du Nord; Chambre des comptes.

Une hure accompagnée d'une poire et d'une branche, dans un trilobe.

S' COL... D' RASEL

(Seel Colart de Kasel.)

Acquisition au nom du comte de Flandre d'un héritage à Lille. — 5 avril 1383.

2860   GUEGNIES (ROGER DE),

Juge de la pairie de Berlaimont à Lille. — 1383.

Sceau rond, de 20 mill. — Arch. du Nord; Chambre des comptes.

Écu portant un écartelé plain à la bordure, dans une rose.

✠ S' ROGIIER DE GHVYGVNIES

(Seel Rogiier de Ghuygunies.)

Voyez le n° 2859.

2861   PRUDHOMME (HENRI LE),

Juge de la pairie de Berlaimont à Lille. — 1382.

Sceau rond, de 23 mill. — Arch. du Nord; Chambre des comptes.

Écu portant une aigle au bâton brochant, penché, timbré d'un heaume couronné.

HENRI LE PREVDŌE

(Henri le Preudome.)

Acquisition au nom du comte de Flandre d'un héritage à Lille. — 11 mars 1382.

JUGE DU FIEF BOINEBROQUE À LILLE.

2862   MORTAGNE (M' JEAN DE).

1455.

Sceau rond, de 24 mill. — Arch. du Nord; abbaye d'Anchin.

Écu à la croix chargée d'un croissant en cœur et d'une rose en chef et cantonnée de quatre étoiles, supporté par une aigle.

. . . . . mortaigne

(....... Mortaigne.)

Acquisition d'une maison rue Basse à Lille. — 16 janvier 1455.

JUGE DE LA PAIRIE DE MONSEIGNEUR DU BOS À LILLE.

2863   VOS (RENAUD).

1392.

Sceau rond, de 18 mill. — Arch. du Nord; abbiette de Lille.

Écu au rencontre de renard.

S RENAVT WAS

(Seel Renaut Was.)

Acquisition d'une rente. — 30 août 1392.

JUGES DE LA PAIRIE DE JEAN BOUDET À LILLE.

2864   BUILLON (LUSSART DE).

Juge de Jean Boudet à Lille. — 1392.

Sceau rond, de 19 mill. — Hôpital Comtesse à Lille.

Écu à la croix d'hermines cantonnée de deux étoiles en chef.

S' LVSSART · DE · BVILLON

(Seel Lussart de Buillon.)

Acquisition d'une rente sur un pré à la Tour de Fouant hors les portes de Lille. — 5 décembre 1392.

2865   PORÉE (JACQUES).

Dit du Boc, juge de Jean Boudet à Lille. — 1392.

Sceau rond, de 22 mill. — Hôpital Comtesse à Lille.

Écu à la doloire accompagnée de deux étoiles.

✠ S' IAKEMES PORÉE

(Seel Jakemes Porée.)

Voyez le n° 2864.

2866   REXPOEDE (GILLES DE).

Juge de Jean Boudet à Lille. — 1392.

Sceau rond, de 22 mill. — Hôpital Comtesse à Lille.

Écu portant une étoile à six rais.

S' .ILLES DE RESPOVLE

(Seel Gilles de Respoule.)

Voyez le n° 2864.

ÉCHEVINS DE LA SEIGNEURIE DU BREUCQ À LILLE.

2867   BARRE (BARTHÉLEMY DE LA).
Échevin de la seigneurie du Breucq à Lille. — 1394.
Sceau rond, de 23 mill. — Arch. du Nord; abbiette de Lille.

Écu portant trois bandes de vair au franc canton chargé d'une merlette, penché, timbré d'un heaume cimé d'une tête de bœuf?, supporté par deux griffons.

... BERTREMIEV D' LE BAR ..
(Seel Bertremieu de le Barre.)

Acquisition d'une rente place des Reigneaux à Lille. — 30 mai 1394.

2868   BLAQUERNE (JACQUES DE LE).
Échevin de la seigneurie du Breucq à Lille. — 1389.
Sceau rond, de 23 mill. — Arch. du Nord; abbiette de Lille.

Écu portant trois buires, dans un quadrilobe.

..... kemart de le blakern .
(Seel Jakemart de le Blakerne.)

Acquisition d'une rente en la rue de le Hamerie à Lille. — 21 juin 1389.

2869   CADUCE (JACQUES).
Échevin de la seigneurie du Breucq à Lille. — 1389.
Sceau rond, de 10 mill. — Arch. du Nord; abbiette de Lille.

Écu au lion accompagné d'un coq à sénestre.

IAKE...S KADVChE
(Jakemart Kaduche.)

Voyez le n° 2868.

2870   CAT (JORE LE).
Échevin de la seigneurie du Breucq à Lille. — 1421.
Sceau rond, de 20 mill. — Hôpital Comtesse à Lille.

Écu à la bordure engrêlée au sautoir incomplet la branche de sénestre remplacée en chef par une merlette, dans un trilobe.

S · eel · Iorart · le cat
(Seel Jorart le Cat.)

Acquisition de la motte du moulin de Huppignies à Fives. — 24 novembre 1421.

2871   CLENQUET (JORE).
Échevin de la seigneurie du Breucq à Lille. — 1404.
Sceau rond, de 21 mill. — Arch. du Nord; abbiette de Lille.

Écu au lion accompagné de deux étoiles en chef, dans un trilobe.

.....ART · CLENQV..
(Seel Jorart Clenquet.)

Acquisition d'une maison en la rue de le Hamerie à Lille. — 11 juillet 1404.

2872   COUR (JEAN DE LA).
Échevin de la seigneurie du Breucq à Lille. — 1396.
Sceau rond, de 19 mill. — Hôpital de la Trinité à Lille.

Écu écartelé au 1 d'une tour, au 2 et 3 d'un plain, au 4 d'une bande, dans une rose à six feuilles.

S' IE... DE LE ..VRT
(Seel Jehan de le Court.)

Transport d'une rente. — 10 août 1396.

2873   DESTAILLEURS (JACQUES).
Échevin de la seigneurie du Breucq à Lille. — 1389.
Sceau rond, de 22 mill. — Arch. du Nord; abbiette de Lille.

Écu au chevron accompagné de trois merlettes, dans un quadrilobe.

✠ S' IAKE... .ESTAILLEVRS
(Seel Jakemon Destailleurs.)

Acquisition d'une rente place des Reigneaux à Lille. — 15 mai 1389.

2874   FÈVRE (JEAN LE).
Dit de la Croix, échevin de la seigneurie du Breucq à Lille. — 1421.
Sceau rond, de 18 mill. — Hôpital Comtesse à Lille.

Écu au marteau accosté de deux étoiles.

S' · IEhAN · LE · FEVRE
(Seel Jehan le Fèvre.)

Voyez le n° 2870.

2875   HANGOUARD (BARTHÉLEMY).
Échevin de la seigneurie du Breucq à Lille. — 1410.
Sceau rond, de 22 mill. — Arch. du Nord; abbiette de Lille.

Écu à l'aigle, penché, timbré d'un heaume cimé d'une aigle entre deux cornes, supporté par deux hommes sauvages?

S' .....IEV hANG.....
(Seel Betremieu Hangouart.)

Retrait d'héritages. — 18 mai 1410.

2876   LANSTAIS (JEAN DE).
Échevin de la seigneurie du Breucq à Lille. — 1403.
Sceau rond, de 22 mill. — Arch. du Nord; abbiette de Lille.

Écu au croissant accompagné de trois roses, soutenu par un ange, supporté par deux lions, dans un trilobe.

S' IEHAN DE LANSTAIS

(Seel Johan de Lanstais.)

Acquisition d'une rente rue des Tainteniers à Lille. — 11 septembre 1403.

2877   LAYENS (PERCEVAL DE).

Échevin de la seigneurie du Breucq à Lille. — 1403.

Sceau rond, de 22 mill. — Arch. du Nord; abbiette de Lille.

Écu portant trois fasces accompagnées en chef de trois sextefeuilles séparées l'une de l'autre par un trait, dans un trilobe.

S · PERCHEVAL · DE · LAIENS

(Seel Percheval de Laiuns.)

Voyez le n° 2876.

2878   MARTIN (THOMAS).

Échevin de la seigneurie du Breucq à Lille. — 14..

Sceau rond, de 24 mill. — Arch. du Nord; abbiette de Lille.

Un monogramme, dans un trilobe.

✶ seel ..... martin

(Seel Thomas Martin.)

Voyez le n° 2875.

2879   MIGNOT (JEAN).

Échevin de la seigneurie du Breucq à Lille. 14..

Sceau rond, de 22 mill. — Arch. du Nord; abbiette de Lille.

Une roue.

S iehan mignot

(Seel Jehan Mignot.)

Acquisition d'une rente. 24 septembre 1404.

2880   NEVEU (PIERRE LE).

Échevin de la seigneurie du Breucq à Lille. — 14..

Sceau rond, de 21 mill. — Arch. du Nord; abbiette de Lille.

Écu fretté, penché, timbré d'un heaume cimé d'une tête de licorne, supporté par deux lions.

SEEL PIE... LE NEVEVT

(Seel Pierre le Neveut.)

Voyez le n° 2875.

2881   NOISET (JEAN).

Échevin de la seigneurie du Breucq à Lille. — 1396.

Sceau rond, de 20 mill. — Hôpital de la Trinité à Lille.

Écu au chevron accompagné d'une tour et de deux merlettes, soutenu par un homme sauvage, supporté par deux lions, dans un trilobe.

..... au nouet

(Seel Johan Nouet.)

Voyez le n° 2872.

2882   RACHES (JEAN DE).

Échevin de la seigneurie du Breucq à Lille. — 14..

Sceau rond, de 23 mill. — Hôpital Comtesse à Lille.

Écu portant une fasce, brisé d'une étoile en chef, au sautoir brochant sur le tout, penché, timbré d'un heaume cimé d'une tête de cheval, supporté par deux hommes sauvages.

S · urban · de · raffe ·

(Seel Jehan de Rasso.)

Voyez le n° 2870.

2883   RAVARI (MICHEL).

Échevin de la seigneurie du Breucq à Lille. — 14..

Sceau rond, de 21 mill. — Hôpital Comtesse à Lille.

Écu portant une buire et un calice, dans un trilobe.

S' MIRIEL RAVARY

(Seel Mikiel Ravary.)

Voyez le n° 2870.

2884   TOIT (JACQUES DU).

Échevin de la seigneurie du Breucq à Lille. — 14..

Sceau rond, de 21 mill. — Hôpital Comtesse à Lille.

Un moulin à vent.

Seel Jabemart don toit

(Seel Jakemart dou Toit.)

Voyez le n° 2870.

2885   VILLERS (JEAN DE).

Échevin de la seigneurie du Breucq à Lille. — 1391.

Sceau rond, de 21 mill. — Arch. du Nord; abbiette de Lille.

Écu à trois gerbes, soutenu par un ange, dans un encadrement ovale.

S' IEh..... ...LERS

(Seel Jehan de Villers.)

Acquisition d'une rente à Lille sur la maison dite «l'Ostel à le Couppe.» — 5 décembre 1391.

2886   VRETET (THOMAS).

Échevin de la seigneurie du Breucq à Lille. — 1394.

Sceau rond, de 20 mill. — Arch. du Nord; abbiette de Lille.

Écu losangé.

.. ᑕHVMAS VREᕼET

(Seel Thomas Vretet.)

Voyez le n° 2867.

2887   WARENGHIEN (THOMAS DE).

Échevin de la seigneurie du Breucq à Lille. — 1394.

Sceau rond, de 20 mill. — Arch. du Nord; abbiette de Lille.

Écu à trois léopards l'un sur l'autre et à la bordure, dans une rose.

ᕼV.AS .. ᕼRENᕼHIE.

(Thomas de Warenghien.)

Voyez le n° 2867.

JUGES DE LA PAIRIE DE TRISTRAN CANARD À LILLE.

2888   CAPELLE (JEAN DE LA).

Juge de Tristran Canard à Lille. — 136..

Sceau rond, de 20 mill. — Hôpital Comtesse à Lille.

Un globe crucifère sur une table.

✱ S' IEHAN DE LE ᕼAPELE

(Seel Jehan de le Capele.)

Acquisition de rentes sur le prayel de Rihout à Lille. — 18 mars 136..

2889   HAES (JACQUES DE).

Juge de Tristran Canard à Lille. — 136..

Sceau rond, de 18 mill. — Hôpital Comtesse à Lille.

Écu portant trois gants?, à la bande brochant.

IAᕼOMAERT · DE · hAES ·

(Jacomaert de Haes.)

Voyez le n° 2888.

2890   PORÉE (JACQUES).

Juge de Tristran Canard à Lille. — 136..

Sceau rond, de 22 mill. — Hôpital Comtesse à Lille.

Écu portant une aigle.

✱ S IAᕼᕼMAR6 PORᕼᕼ

(Seel Jakemart Porée.)

Voyez le n° 2888.

2891   VERDRI (JEAN).

Juge de Tristran Canard à Lille. — 136..

Sceau rond, de 20 mill. — Hôpital Comtesse à Lille.

Écu au marteau de maçon couronné, dans un quadrilobe.

S IᕼhA. VERDRI

(Seel Jehan Verdri.)

Voyez le n° 2888.

JUGE DE LA PAIRIE D'AMAURI DE CARNIN À LILLE.

2892   PLAYET (JEAN LE).

Dit Boidin. — 1393.

Sceau rond, de 21 mill. — Hôpital Comtesse à Lille.

Écu au croissant surmonté d'une étoile.

Iᕼ... LE PLAIIET DIT BOIDIN

(Jehan le Plaiiet dit Boidin.)

Acquisition de rentes à Lille. — 21 mars 1393.

JUGES DE LA SEIGNEURIE DE CROIX À LILLE.

2893   COMTE (JEAN LE).

Juge de la seigneurie de Croix à Lille. — 1368.

Sceau rond, de 18 mill. — Arch. du Nord; abbiette de Lille.

Un croissant surmonté d'une étoile.

S' IᕼHAN LE ᕼONTE

(Seel Jehan le Conte.)

Acquisition d'un pré à Flers. — 3 février 1368.

2894   PROVOST (JEAN).

Juge de la seigneurie de Croix à Lille. — 1368.

Sceau rond, de 20 mill. — Arch. du Nord; abbiette de Lille.

Écu portant un sautoir surmonté de deux roues.

✱ S' IᕼHAN PROVVOSᕼ

(Seel Jehan Provost.)

Voyez le n° 2893.

2895   REXPOEDE (GILLES DE).

Juge de la seigneurie de Croix à Lille. — 1372.

Sceau rond, de 18 mill. — Arch. du Nord; chapitre de Lille.

Écu portant un oiseau, dans un trilobe.

S GILLES DE RESPOVILLE

(Seel Gilles de Respouile.)

Record d'une sentence au sujet d'une rente. — 15 décembre 1357.

2896   REXPOEDE (JACQUES DE),

Juge de la seigneurie de Croix à Lille. — 1357.

Sceau rond, de 20 mill. — Arch. du Nord; chapitre de Lille.

Écu à la bordure engrêlée au franc canton chargé d'un chevron renversé au-dessus de deux annelets, dans un quadrilobe.

✠ S' IAKEMON DE RESPOVILLE

(Seel Jakemon de Respouile.)

Voyez le n° 2895.

2897   VACQUERIE (GUILLAUME DE LE),

Juge de la seigneurie de Croix à Lille. — 1357.

Sceau rond, de 21 mill. — Arch. du Nord; chapitre de Lille.

Écu portant un échiqueté sous un chef chargé de trois annelets, dans un quadrilobe.

.....ME D LE VAKE...

(Seel Willaume de le Wakerie.)

Voyez le n° 2895.

JUGE DE LA PAIRIE DE GÉRARD DICLEBEQUE À LILLE.

2898   TOURMIGNIES (JEAN DE),

1451.

Sceau rond, de 25 mill. — Hôpital Comtesse à Lille.

Écu bandé de six pièces au franc canton chargé de trois marteaux, parti d'une fasce d'hermines au lambel, dans un trilobe.

S · IEHEN · DE · TOVRMEGNIES

(Seel Jehen de Tourmegnies.)

Retrait d'une rente par proximité. — 18 août 1451.

HOMMES DE LA TERRE DE LA DEMOISELLE D'ESPAIN
EN LA CHÂTELLENIE DE LILLE.

2899   FERRIÈRES (JEAN DE),

Homme de la demoiselle d'Espain. — 1343.

Sceau rond, de 23 mill. — Arch. du Nord; chapitre de Lille.

Écu portant un coq.

S · IEHAN · DE · F........

(Seel Jehan de Fiérières.)

Acquisition d'une rente à Wambrechies. — 15 juin 1343.

2900   NEUVILLE (PHILIPPE DE),

Homme de la demoiselle d'Espain. — 1343.

Sceau rond, de 21 mill. — Arch. du Nord; chapitre de Lille.

Écu à la fleur de lys.

...PHILIPES DE NEVVIL.

(Seel Philipes de Neuvile.)

Voyez le n° 2899.

JUGE DE LA PAIRIE DE JACQUES HALLET À LILLE.

2901   BARRE (JEAN DE LA),

1391.

Sceau rond, de 20 mill. — Arch. du Nord; abbiette de Lille.

Écu à trois bandes de vair, penché, timbré d'un heaume, sur champ fretté.

...EHAN DE .. BAR..

(Seel Jehan de le Barre.)

Acquisition d'une rente. — 7 décembre 1391.

JUGES TENANTS DU FIEF DE LANGLÉE À LILLE
ET À LAMBERSART.

2902   ANNAPPES (JEAN D'),

Juge du fief de Langlée à Lille. — 1349.

Sceau rond, de 17 mill. — Arch. du Nord; chapitre de Lille.

Deux mains en sautoir surmontées d'un cœur et accostées de deux étoiles.

S' I..AN DARA...

.(Seel Jehan d'Anapes.)

Acquisition d'une rente. — 26 septembre 1349.

2903   BIEL (PIERRE LE),

Juge du fief de Langlée à Lille. — 1370.

Sceau rond, de 21 mill. — Hôpital Comtesse à Lille.

Écu percé d'une ouverture en abîme.

SEI PIEROV L

(Sel Pieroun le Biel?)

Acquisition d'une rente. — 29 décembre 1370.

2904 BORGNET (JACQUES),
Juge du fief de Langlée à Lille. — 1412.
Sceau rond, de 21 mill. — Hôpital Comtesse à Lille.

Écu à l'arbalète accompagnée d'une étoile au canton dextre.

S · IHhG · BORGRGS
(Seel Jake Borgnet.)

Acquisition d'une maison. — 30 mai 1412.

2905 BOURGOGNE (PIERRE DE).
Juge du fief de Langlée à Lille. — 1412.
Sceau rond, de 20 mill. — Hôpital Comtesse à Lille.

Écu à la croix ancrée accompagnée de deux fleurs de lys en chef, dans un trilobe.

S · PIGRON · DG · BOVRGOIRGRG
(Seel Pieron de Bourgoingne.)

Voyez le n° 2904.

2906 BOURLIVET (MAHIEU).
Juge du fief de Langlée à Lille. — 1412.
Sceau rond, de 20 mill. — Hôpital Comtesse à Lille.

Une tunique accostée de quatre points.

S' MHhIGV · BOVRLIVGT
(Seel Mahieu Bourlivet.)

Voyez le n° 2904.

2907 CAIGNON (WAUTIER).
Juge du fief de Langlée à Lille. — 1406.
Sceau rond, de 20 mill. — Hôpital Comtesse à Lille.

Écu au croissant.

✱ WHTTIGR CHIGNON
(Wattier Caignon.)

Acquisition d'une maison. — 1er juillet 1406.

2908 CAMPS (HELLIN DES).
Juge du fief de Langlée à Lille. — 1369.
Sceau rond, de 20 mill. — Arch. du Nord; chapitre de Lille.

Un oiseau essorant.

✱ S' hGLLIN DGS CHNS
(Seel Hellin des Cans.)

Voyez le n° 2902.

2909 CANARD (JEAN),
Juge du fief de Langlée à Lille. — 1394.
Sceau rond, de 20 mill. — Arch. du Nord; abbiette de Lille.

Écu à la croix ancrée chargée de ... en cœur, pen-
ché, timbré d'un heaume couronné et cimé d'une tête de cheval, supporté par deux lions.

SGGL · IGhHN · ...HRT
(Seel Jehan Canart.)

Assignation d'une rente. — 30 mai 1394.

2910 CONDÉ (JACQUES DE).
Juge du fief de Langlée à Lille. — 1370.
Sceau rond, de 29 mill. — Hôpital Comtesse à Lille.

Écu portant une clef couronnée et accostée d'une fleur de lys à sénestre, dans un trilobe.

IHRGMON DG COND.T
(Jakemon de Condet.)

Voyez le n° 2903.

2911 CRETONS (BAUDOUIN DES).
Juge du fief de Langlée à Lille. — 1415.
Sceau rond, de 24 mill. — Hôpital Comtesse à Lille.

Écu d'hermines portant deux bandes au lambel, timbré d'une aigle, supporté par deux lions, dans un trilobe.

seel · bauduin · des · cretons
(Seel Bauduin des Cretons.)

Acquisition de biens. — 15 juillet 1415.

2912 HAYE (PIERRE DE LA).
Juge du fief de Langlée à Lille. — 1416.
Sceau rond, de 22 mill. — Hôpital Comtesse à Lille.

Écu portant une haie entourant un arbre et accompagnée de deux coquilles en chef.

S pierart de le haie
(Seel Pierart de le Haie.)

Record de la vente d'une maison. — 8 août 1416.

2913 LANGLÉE (ROBERT DE).
Juge du fief de Langlée à Lille. — 1412.
Sceau rond, de 22 mill. — Hôpital Comtesse à Lille.

Écu au sautoir cantonné en chef d'un écusson chargé d'un écusson en cœur, à la bordure, dans un ovale.

S' ROBGRT D' LHNGLGG
(Seel Robert de Langlée.)

Voyez le n° 2904.

2914 LUTIN (FRANÇOIS).
Juge du fief de Langlée à Lambersart. 1485
Sceau rond, de 20 mill. — Hôpital Saint-Sauveur à Lille.

Écu portant une navette.

s francois luttin

(Seel François Luttin.)

Acquisition de terres à Annappes. — 1485.

2915   POLLON (JEAN LE),

Dit Wastelier, juge du fief de Langlée à Lille. — 1415.

Sceau rond, de 24 mill. — Hôpital Comtesse à Lille.

Écu portant un papillon. — Légende détruite.

Voyez le n° 2911.

2916   QUESNOY (JEAN DE).

Juge du fief de Langlée à Lille. — 1409.

Sceau rond, de 24 mill. — Arch. du Nord; chapitre de Lille.

Écu portant un gland de chêne, dans un trilobe.

S' IE... DE CAISNOIT

(Seel Jehan du Caisnoit.)

Sentence confirmative de la possession d'un jardin. — 11 août 1409.

2917   REXPOEDE (GILLES DE),

Juge du fief de Langlée à Lille. — 1370.

Voyez le n° 2895.

2918   TOMIN (PIERRE).

Juge du fief de Langlée à Lille. — 1406.

Sceau rond, de 21 mill. — Hôpital Comtesse à Lille.

Écu portant des ciseaux.

S · pierart · tomin

(Seel Pierart Tomin.)

Voyez le n° 2907.

2919   WATIER (COLARD),

Juge du fief de Langlée à Lille. — 1415.

Sceau rond, de 22 mill. — Hôpital Comtesse à Lille.

Écu portant un oiseau sur des ondes et accompagné d'une étoile en chef, dans un trilobe.

* S' C......ATIER

(Seel Colart Watier.)

Voyez le n° 2911.

JUGE DE LA SEIGNEURIE DE GILBERT DE LANNOY
À LA MADELEINE PRÈS LILLE.

2920   TRUIES (ROBERT AS),

1401.

Sceau rond, de 19 mill. — Hôpital Comtesse à Lille.

Une truie passant à dextre.

S' ROBERT · AS · TRVIES

(Seel Robert as Truies.)

Acquisition d'un moulin à vent à Fives. — 10 juillet 1401.

JUGES DE LA PAIRIE DE LONGUEVAL À LILLE.

2921   HAYE (GILLES DE LA),

Juge de la pairie de Longueval à Lille. — 1407.

Sceau rond, de 21 mill. — Hôpital Comtesse à Lille.

Écu portant un 6 couronné, dans un trilobe.

S GILLES DE LE HAYE

(Seel Gilles de le Haye.)

Retrait d'une maison par droit de proximité. — 16 juin 1407.

2922   WILLON (BERTRAND),

Juge de la pairie de Longueval à Lille. — 1406.

Sceau rond, de 22 mill. — Arch. du Nord; abbistie de Lille.

Écu portant deux fleurs au franc canton chargé de trois bandes de vair au franc canton de . . ., dans un trilobe.

. . .el bieffremien willon

(Seel Bieffremien Willon.)

Acquisition d'une rente. — 17 juin 1406.

JUGE DE LA PAIRIE DE MATRINGHEM À LILLE.

2923   GARSETTE (JEAN).

1411.

Sceau rond, de 19 mill. — Arch. du Nord; chapitre de Lille.

Une roue surmontée d'une doloire.

* S IEHAN GARSETTE

(Seel Jehan Garsette.)

Acquisition d'une maison et d'un héritage. — 7 avril 1412.

JUGES DE LA SEIGNEURIE DE MEURISSE DE MONS, SOU-
DOYER DU CHÂTEAU DE LILLE, À LA MADELEINE PRÈS
LILLE ET À RONCHIN.

2924   PONT (PIERRE DU).

Juge de Meurisse de Mons à la Madeleine près Lille. — 1399.

Sceau rond, de 22 mill. — Arch. communales de Lille.

Écu portant un pont accompagné d'une étoile en abîme.

s pierre du pont

(Seel Pierre du Pont.)

Acquisition d'une briqueterie. — 28 août 1499.

2925   SALLE (RENAUD) DE LA).

Juge de Meurisse de Mons à la Madeleine près Lille. 1499.

Sceau rond, de 24 mill. — Arch. communales de Lille.

Écu portant une halte.

s : renaut? : de le : Salle

(Seel Renaut de le Salle.)

Voyez le n° 2924.

HOMMES DU FIEF DE LA MOTTE DE LAMBERSART A LILLE.

2926   FIÉVET (SIMON).

Homme du fief de la Motte de Lambersart à Lille. 1420.

Sceau rond, de 22 mill. — Arch. du Nord; chapitre de Lille.

Écu portant une couronne.

s · simon · fievet

(Seel Simon Fiévet.)

Assignation d'une rente sur une maison à Lille. — 28 janvier 1420.

2927   PRÉS (JEAN DES).

Homme du fief de la Motte de Lambersart à Lille. — 1445

Sceau rond, de 23 mill. — Arch. du Nord; Chambre des comptes.

Écu portant deux losanges en fasce au lambel, soutenu par un ange.

S iehan des pres

(Seel Jehan des Prés.)

Transport d'un fief à Mouveaux. — 6 décembre 1445.

JUGE DE LA PAIRIE DE ROBERT DE NÉDONCHEL A LILLE.

2928   FÈVRE (ANDRÉ LE).

1453.

Sceau rond, de 27 mill. — Arch. du Nord; chapitre de Lille.

Écu fascé de six pièces, penché, timbré d'un heaume, supporté par deux anges.

S · andrieu le fevre

(Seel Andrieu le Fevre.)

Acquisition d'une rente. — Novembre 1453.

JUGES DE LA PAIRIE D'ALIX DE QUESNOY A LILLE.

2929   ARTUT (JACQUES).

Juge de la pairie d'Alix de Quesnoy à Lille. 1366

Sceau rond, de 23 mill. — Hôpital Comtesse à Lille.

Écu portant trois couronnes l'une sur l'autre, dans un quadrilobe.

S' IAREMAR ARTVS

(Seel Jakemar Artus.)

Privilèges de l'hôpital Comtesse dans la perception de ses rentes. — 29 mai 1366.

2930   BARISEL (PIERRE).

Juge de la pairie d'Alix de Quesnoy à Lille. 1361

Sceau rond, de 19 mill. — Hôpital Comtesse à Lille.

Écu à la croix ancrée, vidée et accompagnée d'un croissant et d'une étoile en chef.

S' PIERRE BARISEL

(Seel Pierre Barisel.)

Voyez le n° 2929.

2931   OOSTHOVE (HENRI D').

Juge de la pairie d'Alix de Quesnoy à Lille. — 1361

Sceau rond, de 19 mill. — Hôpital Comtesse à Lille.

Écu portant un lion, au bâton brochant.

S' ..NRI · DOOSThOVES

(Seel Henri d'Oosthoves.)

Voyez le n° 2929.

JUGES DE LA PAIRIE DES SEIGNEURS DE RAINEVAL A LILLE.

2932   BÉGHIN (GILLES).

Juge de Péronne de Raineval à Lille. 1348

Sceau rond, de 17 mill. — Arch. du Nord; chapitre de Lille

Un personnage grotesque en forme de lion, à genoux.

S' GILLES BEGIENS

(Seel Gilles Begiens.)

Acquisition d'une rente. — 10 novembre 1348

2933   ESCAUDEMARE (LAURENT

Juge de Péronne de Raineval à Lille

Sceau rond, de 19 mill. — Arch. du Nord; chapitre de Lille

Écu portant un animal chimérique

✱ S' LEVRENS ESCAVDEMARE

(Seel Leurent Escaudemare.)

Voyez le n° 2932.

2934   HEUDIART (PHILIPPE),

Juge de Péronne de Raineval à Lille. — 1348.

Sceau rond, de 21 mill. — Arch. du Nord; chapitre de Lille.

Une serpe accostée de deux branches.

...FLIPPON hEVDIA..

(Seel Flippon Heudiart.)

Voyez le n° 2932.

2935   TÉROUANE (ADAM DE).

Juge du cire de Raineval à Lille. — 1354.

Sceau rond, de 17 mill. — Arch. du Nord; chapitre de Lille.

Écu à la fleur de lys.

✱ S' ADAM DE TERAWANE

(Seel Adam de Terawane.)

Acquisition d'une rente. — 18 juin 1350.

JUGE DE LA PAIRIE DE ROEUX À LILLE.

2936   DESPILLEFOUR (JEAN).

1479.

Sceau rond, de 28 mill. — Arch. du Nord; chapitre de Lille.

Écu portant trois chevrons à l'écusson en abîme chargé d'une croix, penché, timbré d'un heaume.

s · lehan · despillefour

(Seel Jehan Despillefour.)

Don d'une terre en la paroisse de Saint-André à Lille. — 30 septembre 1479.

ÉCHEVINS DE LA COUR DE ROUBAIX À LILLE.

2937   CANDELE (SIMON LE).

Échevin de la cour de Roubaix à Lille. — 1457.

Sceau rond, de 28 mill. — Arch. du Nord; abbiette de Lille.

Écu portant trois chaperons, soutenu par un ange.

s · sim.. le candele

(Seel Simon le Candele.)

Acquisition d'une rente rue de l'Abbiette à Lille. — 19 octobre 1457.

2938   FIVES (GUILLEBERT DE).

Échevin de la cour de Roubaix à Lille. — 1498.

Sceau rond, de 25 mill. — Arch. du Nord; abbiette de Lille.

Écu portant un plain sous un chef à l'étoile brochant sur le tout, penché, timbré d'un heaume cimé de deux cornes, supporté par deux lions.

s : ghillebert de five

(Seel Ghillebert de Five.)

Arrentement. — 14 décembre 1498.

2939   GOMMER (HUBERT).

Échevin de la cour de Roubaix à Lille. — 1446.

Sceau rond, de 25 mill. — Arch. du Nord; abbiette de Lille.

Écu semé de billettes à la fasce chargée de trois aiglettes, brisé d'une merlette en chef et à dextre, penché, timbré d'un heaume couronné et cimé d'une tête de griffon, supporté par deux griffons.

s · hubert goumer

(Seel Hubert Goumer.)

Acquisition d'une rente place des Reigneaux à Lille. — 19 novembre 1446.

2940   HASE (FRANÇOIS LE).

Échevin de la cour de Roubaix à Lille. — 1457.

Sceau rond, de 25 mill. — Arch. du Nord; abbiette de Lille.

Écu au lièvre assis broutant une feuille, suspendu à un arbre, supporté par deux lièvres. — Légende détruite.

Voyez le n° 2937.

2941   MORENGHE (JEAN DE).

Échevin de la cour de Roubaix à Lille. — 1428.

Sceau rond, de 22 mill. — Arch. du Nord; abbiette de Lille.

Écu portant un oiseau.

s · Iehan De morenghe

(Seel Jehan de Morenghe.)

Acquisition d'une rente. — 19 août 1428.

2942   RAVARI (M' BAUDOUIN).

Échevin de la cour de Roubaix à Lille. — 1457.

Sceau rond, de 28 mill. — Arch. du Nord; abbiette de Lille.

Écu portant un arbre au pied entouré d'une palissade, supporté par deux griffons.

s · ban......

(Seel Baud.....)

Voyez le n° 2937.

JUGES DE LA PAIRIE DE BAUDOUIN DE SOLRE À LILLE.

2943   CARLIER (NICOLAS LE),

Dit Bote, juge de Baudouin du Solre à Lille. — 135v.

Sceau rond, de 14 mill. — Hôpital Saint-Julien à Lille.

Huit branches de feuillage posées en rais d'escarboucle, dans une rose.

✻ S' NIKOLOR LE KARLIER DIS BOTE

(Seel Nikolau le Karlier, dit Bote.)

Dotation de Marie le Baille. — 9 mai 135v.

2944   WÉTIN (BARTHÉLEMY).

Juge de Baudouin de Solre à Lille. — 135v.

Sceau rond, de 22 mill. — Hôpital Saint-Julien à Lille.

Écu au rencontre de bœuf.

S' BIERTOVL WEITIR

(Seel Biertoul Wetin.)

Voyez le n° 2943.

JUGES DE LA PAIRIE DE VERLINGHEM À LILLE.

2945   CERF (JACQUES LE).

Juge de la pairie de Verlinghem à Lille. — 135o.

Sceau rond, de 20 mill. — Arch. du Nord; chapitre de Lille.

Un cerf courant à sénestre, dans un encadrement gothique.

S' IHREMART LE CHIER

(Seel Jakemort le Chief.)

Acquisition d'une rente. — 3 février 135o.

2946   COQUIEL (JACQUES).

Juge de la pairie de Verlinghem à Lille. — 135o.

Sceau rond, de 18 mill. — Arch. du Nord; chapitre de Lille.

Écu portant un coq.

... ЯКЕМЕS ROKIEL

(Seel Jakemes Kokiel.)

Voyez le n° 2945.

2947   HAVERLAND (PIERRE).

Juge de la pairie de Verlinghem à Lille. — 1443.

Sceau rond, de 19 mill. — Arch. du Nord; chapitre de Lille.

Écu portant des ciseaux.

seel piera.. baver....

(Seel Pierart Haverlant.)

Acquisition d'une maison et d'un jardin situés rue d'Angleterre à Lille. — 3 avril 1443.

2948   HAYE (JEAN DE LA),

Juge de la pairie de Verlinghem à Lille. — 1358.

Sceau rond, de 22 mill. — Hôpital des Grimaretz à Lille.

Écu portant une haie rangée en fasce et accompagnée d'une étoile en chef, dans un quadrilobe.

✻ S' IGhꞆ . . . . G hꝛIG

(Seel Johan de le Haie.)

Rachat d'une rente. — 4 avril 1358.

2949   HURET (JACQUES).

Juge de la pairie de Verlinghem à Lille. — 1358.

Sceau rond, de 18 mill. - Hôpital des Grimaretz à Lille.

Une tête d'homme, de profil à gauche. — Il ne reste de la légende que ....MOR hV... (Jakemon Huret).

Rachat d'une rente. — 15 avril 1358.

JUGES ET ÉCHEVINS DE LA SEIGNEURIE DU VERTBOIS À LILLE, A LA MADELEINE, A RONCHIN, ETC.

2950   BOSQUILLON (VIRGILE),

Juge de la seigneurie du Vertbois à Lille, etc. — 1472.

Sceau rond, de 23 mill. — Arch. du Nord; chapitre de Lille.

Écu à trois faucilles, soutenu par un ange.

seel vregile bofb.....

(Seel Vregile Bosk.....)

Fondation d'obits. — 9 avril 1472.

2951   CARETTE (JEAN).

Juge de la seigneurie du Vertbois à Lille, etc. — 1499.

Sceau rond, de 24 mill. — Arch. communales de Lille.

Écu portant une clef accostée d'une étoile à sénestre.

s : iehan : carette

(Seel Jehan Carette.)

Acquisition d'une briqueterie à la Madeleine. — 18 juin 1499.

2952   DOMMESSENT (JEAN).

Juge de la seigneurie du Vertbois à Lille, etc. — 1499.

Sceau rond, de 15 mill. — Arch. communales de Lille.

Écu à la fasce accompagnée de trois merlettes en chef, brisé d'une étoile, soutenu par un ange.

s : ꞮꞮꞮꞮꞮꞮꞮꞮꞮ

𝔰 : ꞮꞮꞮ : ꞮꞮꞮꞮꞮꞮꞮꞮꞮ

(Seel Jehan Doumesent.)

CONTRE-SCEAU : Un singe assis et tenant un fruit.

ꞮꞮꞮ

(V. Costant.)

Voyez le n° 2951.

2953   HOUPLINES (FRANÇOIS DE).

Juge de la seigneurie du Vertbois à Lille, etc. — 1472.

Sceau rond, de 22 mill. — Arch. du Nord; chapitre de Lille.

Écu portant une bêche et une fourche en sautoir.

ꞮꞮꞮ

(Seel François de Houplines.)

Voyez le n° 2950.

2954   MAGUEL (ROBERT),

Juge de la seigneurie du Vertbois à Lille, etc. — 1472.

Sceau rond, de 20 mill. — Arch. du Nord; chapitre de Lille.

Une piété (un pélican avec ses petits).

ꞮꞮꞮ maguel

(Seel Robert Maguel.)

Voyez le n° 2950.

2955   PICAVET (GILLES).

Juge de la seigneurie du Vertbois à Lille, etc. — 1499.

Sceau rond, de 28 mill. — Arch. communales de Lille.

Écu portant deux doloires, penché, timbré d'un heaume cimé d'une tête de . . . ., supporté par un homme sauvage.

𝔰 gilles picavet

(Seel Gilles Picavet.)

Voyez le n° 2951.

2956   PLOUICH (JEAN DU).

Échevin de la seigneurie du Vertbois à Lille, etc. — 1387.

Sceau rond, de 18 mill. — Hôpital Saint-Julien à Lille.

Une étoile.

𝔰 · ꞮꞮꞮꞮꞮ · DOV · PLOIS

(Seel Jehan des Plois.)

Lettres de relief. — 12 mars 1387.

2957   POULLÉ (JACQUES).

Échevin de la seigneurie du Vertbois à Lille, etc. — 1387

Sceau rond, de 22 mill. — Hôpital Saint-Julien à Lille.

Écu au chevron accompagné d'une étoile en pointe, dans un trilobe.

. . . . ꞮꞮꞮꞮ POV . . .

(Seel Jakemes Poullé.)

Voyez le n° 2956.

2958   QUELLERIE (JEAN DE LE).

Échevin de la seigneurie du Vertbois à Lille, etc. — 1387.

Sceau rond, de 18 mill. — Hôpital Saint-Julien à Lille.

Écu portant un oiseau accompagné d'une étoile.

✠ ꞮꞮꞮꞮꞮ · DE ꞮꞮ GOIꞮꞮꞮRIG

(Jehan de le Coillerie.)

Voyez le n° 2956.

2959   QUESNOY (WALERAN DU).

Juge de la seigneurie du Vertbois à Lille, etc. — 1449.

Sceau rond, de 23 mill. — Hôpital Saint-Julien à Lille.

Écu portant un gland de chêne.

seel · ꞮꞮꞮꞮꞮ . . . . ꞮꞮꞮꞮ

(Seel Walleran du Quesnoit?)

Acquisition de terres. — 1449.

JUGE DE LA PAIRIE DE LE VINCOURT A LILLE.

2960   THIBAUD (MICHEL).

1351.

Sceau rond, de 20 mill. — Hôpital Comtesse à Lille.

Une doloire.

𝔰 ꞮꞮꞮꞮ TꞮꞮAVT

(Seel Mikel Tebaut.)

Acquisition d'une rente au profit de la chapelle du cimetière des Saintes-Huiles. — 6 décembre 1351.

JUGES DE LA SEIGNEURIE DE JACQUES VRETET A LILLE.

2961   FRÉMAULT (LOTARD).

Juge de la seigneurie de Jacques Vretet à Lille. — 1380.

Sceau rond, de 22 mill. — Hôpital Comtesse à Lille.

Écu portant trois fermaux, dans un quadrilobe.

𝔰 ꞮꞮꞮꞮꞮ FRVꞮꞮꞮVꞮ

(Seel Lotart Frumaut.)

Acquisition d'un moulin à vent. — 17 septembre 1380.

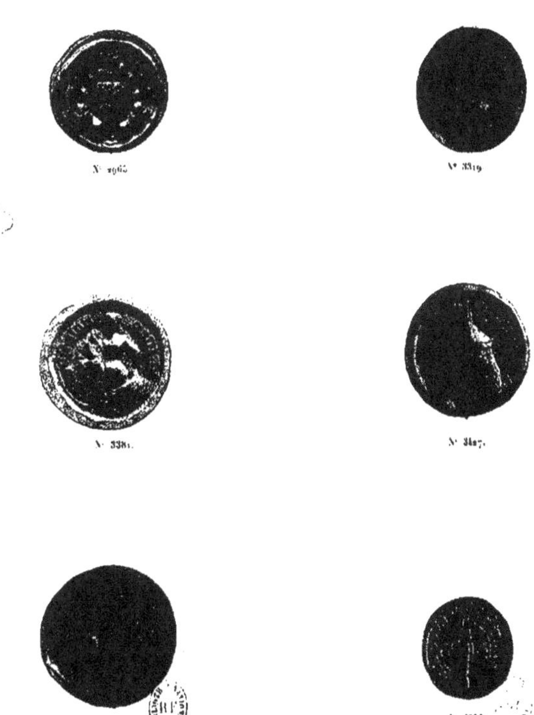

N° 1965. Florent de Bos. — N° 3319. Jean Daudi. — N° 3381. Colard Gossin
N° 3427. Guillaume de Joncourt. — N° 3491. Gouon Moussart. — N° 3653. Gilles Bouisart.

2962   RÉNIER (JEAN).

Juge de la seigneurie de Jacques l'enfant à Lille. — 1380.

Sceau rond, de 22 mill. — Hôpital Comtesse à Lille.

Écu portant trois tourteaux?, penché, timbré d'un heaume, supporté par deux hommes sauvages.

........RENIER

(Seel Jehan Renier.)

Voyez le n° 2961.

HOMMES DU CHAPITRE DE LILLE.

2963   AUBRI (RAOUL).

Jugeur du chapitre de Lille. — 1300.

Sceau ovale, de 22 mill. — Arch. du Nord; abbaye de Marquette.

Pierre gravée représentant un personnage grotesque (une tête ajustée à des membres inférieurs).

✠ EGO SECRETA TEGO

(Ego secreta tego.)

Acquisition d'une rente à Marquette. — 22 novembre 1300.

2964   BERSÉE (PIERRE DE).

Juge du chapitre de Lille à Moncheaux. — 1463.

Sceau rond, de 22 mill. — Arch. du Nord; chapitre de Lille.

Écu à la hamaide, devant un arbre.

s pierart de berse..

(Seel Pierart de Bersée.)

Bail d'une terre à Moncheaux. — 4 mars 1463.

2965   BOS (FLORENT DU).

Homme du chapitre de Lille. — 1422.

Sceau rond, de 24 mill. — Arch. du Nord; chapitre de Lille.

Écu au chevron accompagné de trois chandeliers, écartelé de trois chevrons, supporté par deux centaures.

s florent du bos

(Seel Florent du Bos.)

Acquisition de terres à Ronchin. — 10 juin 1422.

2966   BOURGEOIS (PIERRE LE).

Échevin de la mairie du chapitre de Lille à Deulémont. — 1454.

Sceau rond, de 18 mill. — Arch. du Nord; chapitre de Lille.

Écu à l'aigle contournée.

pierre · le · bourgois

(Pierre le Bourgois.)

Acquisition d'un manoir par Jean Chevrot, évêque de Tournay. — 3 juillet 1454.

2967   BRUNEL (JACQUES),

Juge rentier du chapitre de Lille. — 1399.

Sceau rond, de 22 mill. — Arch. du Nord; chapitre de Lille.

Écu portant une tête d'homme de face accompagnée de trois quintefeuilles?, soutenu par un ange, supporté par deux lions, dans un trilobe.

s iakemart bruniel

(Seel Jakemart Bruniel.)

Acquisition de terres à Annappes. — 6 août 1399.

2968   CASTEL (MICHEL DU).

Juge rentier du chapitre de Lille. — 1398.

Sceau rond, de 20 mill. — Arch. du Nord; chapitre de Lille.

Écu portant un château, au bâton en bande brochant.

S' MIKIEL DOV CASTEL

(Seel Mikiel dou Castel.)

Acquisition d'une terre près Camans.   3 mars 1398.

2969   CHOKET (JACQUES),

Homme du chapitre de Lille. — 1346.

Sceau rond, de 20 mill. — Arch. du Nord; chapitre de Lille.

Un houseau accosté d'une étoile et d'une fleur de lys.

✠ S' IAKEMON CHOKET

(Seel Jakemon Choket.)

Bail d'une terre près Lille. — 12 janvier 1346.

2970   CLAIS (JACQUES),

Juge rentier du chapitre de Lille. — 1330.

Sceau rond, de 17 mill. — Arch. du Nord; abbaye de Marquette.

Un soulier.

S' IAKEMON CLAIS

(Seel Jakemon Clais.)

Sentence confirmative d'une rente à Marquette. — 14 décembre 1330.

2971   CLÉMENT (JACQUES).

Dit de Croix, juge rentier du chapitre de Lille.   1350

Sceau rond, de 22 mill. — Arch. du Nord; chapitre de Lille.

Écu à l'aigle, dans un quadrilobe.

S' IAKEMON CLIMENT

(Seel Jakemon Climent.)

Transport d'une rente au terroir de Hem. — 18 juin 1300.

2972 CONDÉ (ÉTIENNE DE).

Jugeur du chapitre de Lille. — 1380.

Sceau rond, de 18 mill. — Arch. du Nord; abbaye de Marquette.

Écu à trois fleurs de lys accompagnées d'une croix en abîme.

...STIEVENE DE CONDEIT

(Seel Estievene de Condeit.)

Voyez le n° 2963.

2973 COUR (JACQUES DE LA).

Juge rentier du chapitre de Lille. — 1342.

Sceau rond, de 19 mill. — Arch. du Nord; abbaye de Marquette.

Écu à la bande accompagnée d'une étoile en chef, dans un trilobe.

S' IAKEMON DE LE COVRE

(Seel Jakemon de le Court.)

Acquisition d'une rente à Marquette. — Septembre 1342.

2974 COURT (GÉRARD LE).

Échevin de la mairie du chapitre de Lille à Deulémont. — 1454.

Sceau rond, de 23 mill. — Arch. du Nord; chapitre de Lille.

Écu à la bande accompagnée de six quintefeuilles en orle à la bordure engrêlée, dans un trilobe.

s .... d le court

(Seel Grard le Court.)

Voyez le n° 2966.

2975 DRUSSATE (MICHEL).

Échevin du chapitre de Lille au Franc de Lille. — 1283.

Sceau rond, de 22 mill. — Arch. du Nord; chapitre de Lille.

Une clef.

S MICHIV DRVSSATE

(Seel Michiu Drussate.)

Acquisition d'une rente à S'Heer-Willems-Cappelle près Furnes. — 5 octobre 1283.

2976 ÉPELT? (SIMON DES).

Juge rentier du chapitre de Lille. — 1377.

Sceau rond, de 21 mill. — Arch. du Nord; abbaye de Lille.

Écu portant six lionceaux au filet en bande brochant, dans un trilobe.

SI ON · DES · EPELT

(Simon des Épelt.)

Lettres de relief pour une terre à Noyelles. — 26 mars 1377.

2977 ESTRÉE (ALEXANDRE DE L').

Juge du chapitre de Lille à Moucheaux. — 1463.

Sceau rond, de 26 mill. — Arch. du Nord; chapitre de Lille.

Écu portant un oiseau accompagné de deux trèfles en chef.

Scel · Saudrart · de · lestree

(Seel Saudrart de l'Estrée.)

Voyez le n° 2964.

2978 FERLIN (JACQUES DE).

Juge rentier du chapitre de Lille. — 1354.

Sceau rond, de 20 mill. — Arch. du Nord; chapitre de Lille.

Écu au sautoir cantonné de quatre merlettes.

S' IAKEMON · DE · FIERLIN

(Seel Jakemon de Fierliu.)

Rachat d'une rente sur un manoir à Moucheaux. — 29 avril 1354.

2979 FÈVRE (GUILLEBERT LE).

Juge rentier du chapitre de Lille. — 1399.

Sceau rond, de 19 mill. — Arch. du Nord; chapitre de Lille.

Un marteau couronné, dans un trilobe.

S' GHILBERTI FABRI

(Sigillum Ghilberti Fabri.)

Acquisition d'une rente. — 22 juillet 1399.

2980 FORTRYE (JEAN DE LE).

Échevin du chapitre de Lille. — 1498.

Sceau rond, de 27 mill. — Arch. du Nord; chapitre de Lille.

Écu portant trois hures accompagnées d'une étoile en cœur, soutenu par un ange.

S · Iehan · de · le · fortrie

(Seel Jehan de le Fortrie.)

Sentence au sujet d'arrérages à Lomme. — 8 novembre 1498.

2981 FORTRYE (JEAN DE LE).

Échevin du chapitre de Lille. — 1529.

Sceau rond, de 30 mill. — Arch. du Nord; chapitre de Lille.

Écu portant trois hures, penché, timbré d'un heaume, supporté par deux lions.

s · Iehan · de le fortrie

(Seel Jehan de le Fortrie.)

Lettres de relief pour des biens à Fretin et à Annappes. — 1 mars 1529.

2982 FORTRYE (ROBERT DE LE).

Homme du chapitre de Lille. — 1699.

Sceau rond, de 28 mill. — Arch. du Nord; chapitre de Lille.

Écu portant trois hures accompagnées d'une étoile en cœur, penché, timbré d'un heaume, supporté par deux lions.

S robert de le fortrie

(Seel Robert de le Fortrie.)

Arrentement d'un héritage. — Lille, 14 février 1499.

2983 FROMELLES (JEAN HARPIN DE),

Juge rentier du chapitre de Lille. — 1330.

Sceau rond, de 21 mill. — Arch. du Nord; abbaye de Marquette.

Écu au chef échiqueté et à la bordure engrêlée, dans un trilobe.

S HARPIN DE FOVRMIELLES

(Seel Harpin de Fourmielles.)

Voyez le n° 2970.

2984 GIVENCHY (THOMAS DE).

Juge rentier du chapitre de Lille. — 1440.

Sceau rond, de 20 mill. — Arch. du Nord; chapitre de Lille.

Écu plain brisé d'une merlette en chef, au franc canton plain, supporté par une dame.

tomas de givengi

(Tomas de Givengi.)

Saisine du fief du Flosk à Hem donnée à Hugues de Lannoy. — 27 juillet 1440.

2985 HARNES (OLIVIER DE),

Juge rentier du chapitre de Lille. — 1440.

Sceau rond, de 27 mill. — Arch. du Nord; chapitre de Lille.

Écu portant un objet de métier? en forme de râteau accompagné de trois étoiles en chef, dans un trilobe.

S olivier de harnes

(Seel Olivier de Harnes.)

Voyez le n° 2984.

2986 HAYE (ROBERT DE LA).

Juge rentier du chapitre de Lille. — 1383.

Sceau rond, de 21 mill. — Arch. du Nord; chapitre de Lille.

Écu au sautoir accompagné d'une merlette en chef.

✱ ROBIERT DE LE HEIIE

(Robiert de le Haie.)

Acquisition de la terre du Flosk à Hem. — 8 avril 1383.

2987 LANGLÉE (ANTOINE DE).

Dit du Moliniel, juge rentier du chapitre de Lille. — 1348.

Sceau rond, de 21 mill. — Hôpital Saint-Julien à Lille.

Écu échiqueté, au chef chargé d'un écusson burelé? à dextre.

S ANTONE DE MOLINIEL

(Seel Antone de Moliniel.)

Arrentement d'une masure. — 16 novembre 1348.

2988 LANGLÉE (GAUVAIN DE).

Juge rentier du chapitre de Lille. — 1354.

Sceau rond, de 21 mill. — Arch. du Nord; chapitre de Lille.

Écu au sautoir denché chargé en cœur d'un écusson à l'écusson en abîme, dans un trilobe.

...AVWAIN DE LANGLEE

(Seel Gauvain de Langlée.)

Voyez le n° 2978.

2989 LASSUS (MICHEL DE).

Juge rentier du chapitre de Lille. — 1330.

Sceau rond, de 18 mill. — Arch. du Nord; abbaye de Marquette.

Écu portant une fasce accompagnée de trois râteaux, au filet en bande sur le tout.

✱ S MIRIEL DE LASV.

(Seel Mikiel de Lasus.)

Voyez le n° 2970.

2990 LOOS (GILLES DE).

Échevin de la mairie du chapitre de Lille à Deulémont. — 1352.

Sceau rond, de 24 mill. — Arch. du Nord; chapitre de Lille.

Une force accompagnée de deux branches d'arbre.

s gilles de ....

(Seel Gilles de Loos.)

Acquisition du manoir du Casteler. — 2 mai 1352.

2991 MAGRET (JEAN).

Juge rentier du chapitre de Lille. — 133..

Sceau rond, de 25 mill. — Arch. du Nord; abbaye de Marquette.

Écu au lion, dans une rose.

✱ .AIIEL IEHAR MAGREG

(Saiiel Jehan Magret.)

Voyez le n° 2970.

2992 MARCHAND (JEAN),

Homme du chapitre de Lille. — 1469.

Sceau rond, de 18 mill. — Arch. du Nord; abbiette de Lille.

Écu portant trois buires, soutenu par un homme sauvage, supporté par deux lions.

S IOHANNIS MERCATORIS

(Sigillum Johannis Mercatoris.)

Sentence au sujet d'arrérages. — 16 décembre 1469.

2993 MARTIN (JEAN).

Juge rentier du chapitre de Lille. — 1330.

Sceau rond, de 21 mill. — Arch. du Nord; abbaye de Marquette.

Écu à trois croissants surmontés chacun d'un marteau.

S' IEHAN MARTIN

(Seel Jehan Martin.)

Voyez le n° 2970.

2994 MOULIN (JEAN DU).

Le pelletier, juge rentier du chapitre de Lille. — 1340.

Sceau rond, de 21 mill. — Arch. du Nord; abbaye de Marquette.

Écu portant un moulin à vent.

✠ IEHAN DV MOLIN

(Jehan du Molin.)

Acquisition de menues rentes à Marquette. — 20 juillet 1340.

2995 PATRENÉE (JEAN).

Homme du chapitre de Lille. — 1379.

Sceau rond, de 23 mill. — Arch. du Nord; chapitre de Lille.

Écu à la bande componée, dans un quadrilobe.

S' IEHAN PATRENEE

(Seel Jehan Patrenée.)

Retrait d'un fief par le levage du gazon. — 15 mai 1379.

2996 PÉRENCHIES (PIERRE DE).

Homme du chapitre de Lille. — 1399.

Sceau rond, de 25 mill. — Arch. du Nord; chapitre de Lille.

Écu à l'écusson en abîme à la bande componée sur le tout, penché, timbré d'un heaume cimé d'une tête de cheval bridé et tenu par un personnage qui supporte le heaume; dans le champ, la lettre p.

S piere de pierenchies

(Seel Piere de Pierenchies.)

Voyez le n° 2965.

2997 PÉRENCHIES (ROBERT DE).

Juge rentier du chapitre de Lille. — 1440.

Sceau rond, de 22 mill. — Arch. du Nord; chapitre de Lille.

Écu aux armes du précédent, penché, timbré d'un heaume cimé d'une tête de licorne bridée, supporté par un lion et un griffou.

Robert de perenchies

(Robert de Pérenchies.)

Voyez le n° 2984.

2998 PETITPAS (JEAN).

Juge rentier du chapitre de Lille. — 1400.

Sceau rond, de 21 mill. — Arch. du Nord; chapitre de Lille.

Écu portant trois fasces, au lambel de trois pendants séparés chacun par une étoile.

SEEL IEHAN PETIPAS

(Seel Jehan Petipas.)

Bail d'une ruelle. — 19 avril 1400.

2999 PETITPAS (ROBERT).

Juge rentier du chapitre de Lille. — 1399.

Sceau rond, de 22 mill. — Arch. du Nord; chapitre de Lille.

Écu portant trois fasces accompagnées d'une étoile au canton dextre, dans un trilobe.

S' ROBIERT PETIPAS

(Seel Robiert Petipas.)

Voyez le n° 2979.

3000 PONCHEL (JEAN DU).

Juge rentier du chapitre de Lille. — 1341.

Sceau rond, de 16 mill. — Arch. du Nord; abbaye de Marquette.

Une arbalète.

✠ S' IEHAN DV PONCIEL

(Seel Jehan du Ponciel.)

Voyez le n° 2994.

3001 POTIER (PIERRE).

Juge rentier du chapitre de Lille. — 1420.

Sceau rond, de 20 mill. — Arch. du Nord; chapitre de Lille.

Écu portant une aiguière accostée d'une fleur à dextre.

seel · pieres · potiers

(Seel Pieres Potiers.)

CONTRE SCEAU : Une aiguière et une fleur.

S' PIERES · POTIERS

(Seel Pieres Potiers.)

Voyez le n° 2998.

3002   **QUESNE (JACQUES DU).**

Juge rentier du chapitre de Lille. — 1369.

Sceau rond, de 19 mill. — Arch. du Nord; chapitre de Lille.

Un chêne.

S' IAKEMON DOV KENNE

(Seel Jakemon dou Kenne.)

Voyez le n° 2971.

3003   **RAISSE (FRANÇOIS).**

Homme du chapitre de Lille. — 1519.

Sceau rond, de 28 mill. — Arch. du Nord; chapitre de Lille.

Écu à deux chevrons, dont l'un renversé, enlacés et accompagnés d'une étoile en abîme, supporté par un griffon.

franchois raif..

(Franchois Raisse.)

Sentence de bannissement contre Jacques Oudart, coupable d'homicide. — 4 mars 1519.

3004   **SCEPENE (RÉNIER DE).**

Échevin du chapitre de Lille au Franc de Lille. — 1461.

Sceau rond, de 21 mill. — Arch. du Nord; chapitre de Lille.

Écu d'hermines à la bande de trois losanges accompagnée d'un petit sautoir en chef.

s reiuier de fcepeu

(Segel Reinier de Scepen.)

Acquisition de biens près Dixmude. — 8 mai 1461.

3005   **SCROLINC (NICOLAS).**

Échevin du chapitre de Lille au Franc de Lille. — 1483.

Sceau rond, de 21 mill. — Arch. du Nord; chapitre de Lille.

Une croix latine accompagnée en chef d'une étoile et d'un croissant.

S' CLAIS SCROLINC

(Segel Clais Scroline.)

Acquisition d'une rente à Cassekinkerke au terroir de Furnes. — 5 octobre 1483.

3006   **SKELLOVART (JEAN).**

Échevin du chapitre de Lille au Franc de Lille. — 1483.

Sceau rond, de 18 mill. — Arch. du Nord; chapitre de Lille.

Une clef.

✶ IOLAN LE BOR.....O?

(Seel Johan le Bor.....)

Voyez le n° 2975.

3007   **SPINDEKIN (GILLES).**

Échevin du chapitre de Lille au Franc de Lille. — 1483.

Sceau rond, de 21 mill. — Arch. du Nord; chapitre de Lille.

Un panier.

✶ S' GILLIS SPINDER..

(Segel Gillis Spindekin.)

Voyez le n° 3005.

3008   **STIGHERIET (GUILLAUME).**

Échevin du chapitre de Lille au Franc de Lille. — 1483.

Sceau rond, de 26 mill. — Arch. du Nord; chapitre de Lille.

Un étrier.

S' WILLAVME LESTRIER

(Seel Willaume l'Estrier.)

Voyez le n° 3005.

3009   **STOREM (JEAN).**

Juge rentier du chapitre de Lille. — 1399.

Sceau rond, de 22 mill. — Arch. du Nord; chapitre de Lille.

Écu portant trois têtes humaines de face, dans un trilobe.

IEHAN SETORO.

(Jehan Setorum?)

Voyez le n° 2967.

3010   **TÉVELIN (GILLES).**

Homme du chapitre de Lille. — 1519.

Sceau rond, de 24 mill. — Arch. du Nord; chapitre de Lille.

Écu portant un ℔ couronné accosté de deux poires renversées et accompagné d'une étoile en pointe, supporté par un lévrier.

s gilles treulin

(Seel Gilles Tevelin.)

Voyez le n° 3003.

3011   **TÉVELIN (JEAN).**

Échevin de la mairie du chapitre de Lille à Deulemont. — 1515.

Sceau rond, de 24 mill. — Arch. du Nord; chapitre de Lille.

Une croix de Saint-André flanquée de deux étoiles. — Légende détruite.

Voyez le n° 2966.

3012 TIERMAN (BAUDOUIN),

Échevin du chapitre de Lille au Franc de Lille. — 1483.

Seau rond, de 19 mill. — Arch. du Nord; chapitre de Lille.

Écu à l'épée en pal.

✸ S' BOIDDIN BVZIN

(Segel Boiddin Busin.)

Voyez le n° 3005.

3013 TOUHARS? (JACQUES DE).

Homme du chapitre de Lille. — 1400.

Seau rond, de 21 mill. — Arch. du Nord; chapitre de Lille.

Écu portant un buste de femme de trois quarts et coiffée en nattes.

IAOVG DE SOVARS

(Jaque de Touart.)

Voyez le n° 2965.

3014 VOS (JACQUES DE).

Échevin du chapitre de Lille au Franc de Lille. — 1483.

Seau rond, de 25 mill. — Arch. du Nord; chapitre de Lille.

Écu au renard ravissant.

✸ S' IACOP · DE · VOS

(Segel Jacop de Vos.)

Voyez le n° 3005.

3015 WALLE (LAMMIN VAN DEN).

Échevin du chapitre de Lille au Franc de Lille. — 1483.

Seau rond, de 21 mill. — Arch. du Nord; chapitre de Lille.

Un Agnus Dei.

✸ S' LAMMIN VÃ DEN WALLE

(Segel Lammin van den Walle.)

Voyez le n° 2975.

JUGES DE LA PRÉVÔTÉ DU CHAPITRE DE LILLE.

3016 BOUCHER (JEAN LE).

Juge de la prévôté du chapitre de Lille. — 1419.

Seau rond, de 23 mill. — Arch. du Nord; chapitre de Lille.

Écu portant trois haches, dans un trilobe.

S iehan le bon.....

(Seel Jehan le Bouchier.)

Acquisition d'une rente hors la porte de la Barre à Lille. — 14 novembre 1419.

3017 NOYELLES (GÉRARD DE).

Juge de la prévôté du chapitre de Lille. — 1503.

Seau rond, de 27 mill. — Arch. communales de Lille.

Écu portant un arbre, penché, timbré d'un heaume cimé d'une tête de cerf, supporté par deux hommes sauvages.

grart de noielle

(Grart de Noïelle.)

Acquisition d'une maison à Lille. — 25 septembre 1503.

HOMMES DE L'ABBIETTE DE LILLE.

3018 AIGREMONT (ANSEL D'),

Témoin de l'abbiette de Lille. — 1389.

Seau rond, de 20 mill. — Arch. du Nord; abbiette de Lille.

Écu à la fasce d'hermines accompagnée d'un croissant au canton dextre.

✸ S ANSIEL DERGREMONT

(Seel Ansiel d'Ergremont.)

Acquisition d'une rente. — 28 mai 1389.

3019 ARTUT (ROBERT),

Juge rentier de l'abbiette de Lille à Hellesmes. — 1394.

Seau rond, de 18 mill. — Arch. du Nord; abbiette de Lille

Écu portant trois couronnes l'une sur l'autre et accompagnées d'un fermail au canton dextre.

✸ SEEL · ROBIERT · ARTVT ·

(Seel Robiert Artut.)

Acquisition d'une terre à Hellesmes. — 4 novembre 1394.

3020 BAKART (MICHEL DU).

Homme de l'abbiette de Lille. — 1339.

Seau rond, de 18 mill. — Arch. du Nord; abbiette de Lille.

Écu portant trois petits vases ou baquets?

S MIRIEL DV BAKART

(Seel Mikiel du Bakart.)

Sentence au sujet d'un meurtre commis en la juridiction de l'abbiette de Lille. — 10 octobre 1339.

3021 BARBIER (MAHIEU LE).

Juge rentier de l'abbiette de Lille. — 1375.

Seau rond, de 20 mill. — Arch. du Nord; abbiette de Lille.

Écu portant des balances accompagnées d'un point en abîme.

... MAHIV LE BARB ...

(Seel Mahieu le Barbier.)

Acquisition d'une rente sur «l'Ostel as Bollance» à Lille. — 18 mai 1374.

3022 — BOIR (HENRI LE),

Juge rentier de l'abbiette de Lille à Fromelles. — 1402.

Sceau rond, de 21 mill. — Arch. du Nord; abbiette de Lille.

Écu portant trois roses à la bordure denchée, dans une rosace gothique.

S' HENRI LE BOIR

(Seel Henri le Boir.)

Acquisition d'une terre à Fromelles. — 7 mars 1402.

3023 — BOITEL (JEAN),

Juge rentier de l'abbiette de Lille. — 1357.

Sceau rond, de 19 mill. — Arch. du Nord; abbiette de Lille.

Écu portant une tête d'homme à barbe de profil à gauche, dans un trilobe.

IEHAN BOITEL

(Jehan Boitel.)

Acquisition d'une terre. — 21 octobre 1357.

3024 — BONNIEL (ÉTIENNE),

Juge rentier de l'abbiette de Lille à Fromelles. — 1377.

Sceau rond, de 23 mill. — Arch. du Nord; abbiette de Lille.

Écu portant trois sextefeuilles, dans une étoile.

ESTEVENART BOVNIEL

(Estevenart Bouniel.)

Transport d'une rente. — 12 septembre 1377.

3025 — BORGNE (ANTOINE LE),

Juge rentier de l'abbiette de Lille à Hellesmes. — 1386.

Sceau rond, de 20 mill. — Arch. du Nord; abbiette de Lille.

Écu portant trois aigles, dans un quadrilobe.

S' ANTONNE LE BORGNE

(Seel Antonne le Borgne.)

Acquisition de terres. — 15 janvier 1386.

3026 — BOS (BAUDOUIN DU),

Juge rentier de l'abbiette de Lille. — 1390.

Sceau rond, de 22 mill. — Hôpital Comtesse à Lille.

Écu au chevron accompagné de trois chandeliers, dans un trilobe.

S' BAVDOVIN DOV BOS

(Seel Baudouin dou Bos.)

Acquisition de biens situés rue de Fives à Lille. — 8 février 1390.

3027 — BOS (GILLES DU),

Juge rentier de l'abbiette de Lille à Hellesmes. — 1354.

Sceau rond, de 20 mill. — Arch. du Nord; abbiette de Lille.

Un écureuil sur un arbre.

⚜ S' GILON DOV BOSC

(Seel Gilon dou Bosc.)

Acquisition de terres à Hellesmes. — 23 décembre 1354.

3028 — BOS (JACQUES DU),

Témoin de l'abbiette de Lille. — 1387.

Sceau rond, de 18 mill. — Arch. du Nord; abbiette de Lille.

Écu au chevron accompagné de trois chandeliers, dans un quadrilobe.

S' IAKEMON DOV BOS

(Seel Jakemon dou Bos.)

Acquisition d'un quartier de bois à Annappes. — 27 octobre 1387.

3029 — BOULATE (PIERRE),

Juge rentier de l'abbiette de Lille. — 1391.

Sceau rond, de 23 mill. — Arch. du Nord; abbiette de Lille.

Écu portant un oiseau.

S' PIERART BOVLLATE

(Seel Pierart Boullate.)

Acquisition d'une rente. — 30 octobre 1391.

3030 — BOURGOGNE (PIERRE DE),

Témoin de l'abbiette de Lille. — 1408.

Sceau rond, de 21 mill. — Arch. du Nord; abbiette de Lille.

Écu à la croix ancrée accompagnée de deux fleurs de lys en chef et d'une étoile en pointe, dans un trilobe.

S · PIERON · DE · BOVRGOINGNE

(Seel Pieron de Bourgoingne.)

Don d'une rente sur deux maisons à Lille. — 6 février 1408

3031 — BUSINE (JEAN),

Juge rentier de l'abbiette de Lille à Fromelles. — 1376.

Sceau rond, de 21 mill. — Arch. du Nord; abbiette de Lille.

Un soulier accosté de deux branches.

IE.A. BVISINE

(Jehan Buisine.)

Arrentement d'une terre. — 18 juin 1376.

3032   CARLIER (JACQUES LE).

Juge rentier de l'abbiette de Lille. — 1372.

Sceau rond, de 22 mill. — Hôpital Comtesse à Lille.

Écu portant un arbre.

IAKEMT LE KARELIER

(Jakemart le Karelier.)

Acquisition d'une rente sur un manoir rue de Fives à Lille. — 14 octobre 1372.

3033   CARLIER (JEAN LE).

Juge rentier de l'abbiette de Lille à Fromelles.   1366.

Sceau rond, de 24 mill. — Arch. du Nord; abbiette de Lille.

Écu portant un arbre accosté de deux étoiles.

....N LE KARELIER

(Jehan le Karelier.)

Acquisition d'une terre. — 22 novembre 1366.

3034   CARLIER (PIERRE LE).

Juge rentier de l'abbiette de Lille à Fromelles. — 1377.

Sceau rond, de 17 mill. — Arch. du Nord; abbiette de Lille.

Écu portant une étoile accompagnée de trois points.

S · PIERE · LE · CARRELIEI

(Seel Pierre le Carrelici.)

Voyez le n° 3024.

3035   CASIER (MARTIN).

Témoin de l'abbiette de Lille. — 1432.

Sceau rond, de 22 mill. — Arch. du Nord; abbiette de Lille.

Écu portant trois croissants accompagnés de six billettes en orle et d'une étoile en abîme, dans un quadrilobe.

s · martin . caſier

(Seel Martin Casier.)

Lettres de garantie au sujet d'une rente. — 15 mars 1432.

3036   CHABRET (GUILLAUME).

Juge rentier de l'abbiette de Lille à Hellemmes.   1348.

Sceau rond, de 18 mill. — Arch. du Nord; abbiette de Lille.

La tête du Christ de face et nimbée, dans un losange.

S · WILLE · CHABRET

(Seel Willaume Chabret.)

Retrait par proximité. — 11 septembre 1348.

3037   CORNILLOT (JACQUES).

Juge rentier de l'abbiette de Lille à Fromelles. — 1413.

Sceau rond, de 19 mill. — Arch. du Nord; abbiette de Lille.

Un oiseau (une corneille) accompagné de deux étoiles.

S · IAKEMART · CORNILOT

(Seel Jakemart Cornilot.)

Arrentement d'une terre. — 25 novembre 1413.

3038   COUR (JEAN DE LA).

Juge rentier de l'abbiette de Lille à Hellemmes.   1318.

Sceau rond, de 20 mill. — Arch. du Nord; abbiette de Lille.

Écu à la fasce accompagnée de deux étoiles, au bâton brochant.

.ER · DE · LE · COVRT

(Jehan de le Court.)

Voyez le n° 3036.

3039   COUR (JEAN DE LA).

Le fils, juge rentier de l'abbiette de Lille à Hellemmes.   1374.

Sceau rond, de 18 mill. — Arch. du Nord; abbiette de Lille.

Trois têtes d'homme accolées.

IEH.. .E LE COVRE

(Jehan de le Court.)

Acquisition de terres. — 14 avril 1374.

3040   COUR (PIERRE DE LA).

Juge rentier de l'abbiette de Lille à Hellemmes. — 1350.

Sceau rond, de 18 mill. — Arch. du Nord; abbiette de Lille.

Écu au lion.

✱ S PIERON · DE · LE · COVRT

(Seel Pieron de le Court.)

Acquisition d'une terre près Hellemmes. — 3 juin 1350.

3041   CRETON (GUILLAUME).

Juge rentier de l'abbiette de Lille à Fromelles.   1413.

Sceau rond, de 19 mill. — Arch. du Nord; abbiette de Lille.

Des ciseaux accostés de deux étoiles.

.. WILLAVME C.ETO .

(Seel Willaume Creton.)

Voyez le n° 3037.

3042   DOYS (SIMON).

Juge rentier de l'abbiette de Lille. — 1357.

Sceau rond, de 19 mill. — Arch. du Nord; abbiette de Lille.

Un Agnus Dei accompagné d'une S, dans un trilobe.

SEEL SIMO' DOIS

(Seel Simon Dois.)

Voyez le n° 3o93.

3043   ENGLOS (EUSTACHE D'),

Juge rentier de l'abbiette de Lille. - 137o.

Sceau rond, de 19 mill. — Hôpital Comtesse à Lille.

Écu à l'aigle.

S CASAR . ENGLOS

(Seel Tasart d'Englos.)

Voyez le n° 3o3u.

3044   FONTAINES (ROGER DES),

Juge rentier de l'abbiette de Lille. — 139o.

Sceau rond, de 19 mill. — Arch. du Nord; abbiette de Lille.

Un bélier surmonté d'une étoile.

✱ S' ROGIER DES FONTAINE

(Seel Rogier des Fontaine.)

Voyez le n° 3o96.

3045   FOUQUET (NICAISE),

Juge rentier de l'abbiette de Lille à Fromelles. - 1376.

Sceau rond, de 19 mill. — Arch. du Nord; abbiette de Lille.

Une fleur de lys fleuronnée.

✱ RICASE DE LE BOWE

(Nicase de le Bowe.)

Voyez le n° 3o31.

3046   FUELLARD (JEAN),

Juge rentier de l'abbiette de Lille à Fromelles. - 1377.

Sceau rond, de 18 mill. — Arch. du Nord; abbiette de Lille.

Une feuille.

IEHAN FVELARE

(Jehan Fuelare.)

Voyez le n° 3o24.

3047   GOMMER (JACQUES),

Juge rentier de l'abbiette de Lille à Hellesmes. - 1371.

Sceau rond, de 17 mill. — Arch. du Nord; abbiette de Lille.

Écu billeté à la fasce, dans un quadrilobe.

S' IAKEMON GOVMER

(Seel Jakemon Goumer.)

Acquisition d'une terre à Hellesmes. — 6 mars 1371.

3048   GOMMER (JEAN),

Juge rentier de l'abbiette de Lille. — 1371.

Sceau rond, de 26 mill. — Arch. du Nord; abbiette de Lille

Écu billeté à la fasce chargée de trois coquilles, penché, timbré d'un heaume cimé d'une tête de chèvre, dans un quadrilobe.

S . IEHAN ....ER

(Seel Jehan Goumer.)

Voyez le n° 3o47.

3049   GRAIN (HELLIN LE),

Témoin de l'abbiette de Lille. — 1357.

Sceau rond, de 28 mill. — Arch. du Nord; abbiette de Lille.

Écu portant un pot de fleurs accosté de deux étoiles, dans un trilobe.

HELLIN LE GRA..

(Hellin le Grain.)

Voyez le n° 3o35.

3050   HAYE (SIMON DE LA),

Témoin de l'abbiette de Lille à Fromelles - 1386

Sceau rond, de 19 mill. — Arch. du Nord; abbiette de Lille

Écu portant une étoile au canton dextre.

SIMON . DE . LE . HAY .

(Simon de le Haye.)

Acquisition d'une terre. — 24 juin 1386.

3051   HÉBUTERNE (JEAN D'),

Juge rentier de l'abbiette de Lille à Hellesmes. - 1386.

Sceau rond, de 23 mill. — Arch. du Nord; abbiette de Lille.

Écu à la bande accompagnée de six étoiles? en orle, dans un quadrilobe.

✱ S' IEHAN . DE . HELLEBVSTERNE

(Seel Jehan de Hellebusterne.)

Voyez le n° 3o25.

3052   JOLY (JACQUES),

Témoin de l'abbiette de Lille. — 1357.

Sceau rond, de 19 mill. — Arch. du Nord; abbiette de Lille

Écu au marteau accosté de deux étoiles.

✱ S' IAKEMART . IOLIT

(Seel Jakemart Jolit.)

Don d'une rente. — Mars 1387.

3053 LANSTAIS (Mᵉ JEAN DE),

Juge rentier de l'abbiette de Lille. — 1431.

Sceau rond, de 20 mill. — Arch. du Nord; abbiette de Lille.

Écu au croissant accompagné de trois quintefeuilles, soutenu par un ange, supporté par deux lions, dans un trilobe.

✠ S' IEHAN · DE LANS.AI.

(Seel Jehan de Lanstais.)

Bail d'une terre à Fretin. — 3 octobre 1431.

3054 LECQUE (MICHEL DE LE),

Juge rentier de l'abbiette de Lille. — 1374.

Sceau rond, de 20 mill. — Arch. du Nord; abbiette de Lille.

Écu à la fasce échiquetée et accompagnée d'un oiseau au canton dextre, dans un quadrilobe.

S' MIKIEL DE L. ... KE

(Seel Mikiel de le Lecke.)

Voyez le n° 3021.

3055 LOISIN (GUILLAUME),

Juge de l'abbietie de Lille à Hellesmes. — 1365.

Sceau rond, de 17 mill. — Arch. du Nord; abbietie de Lille.

Une tête de femme de face, coiffée d'un voile.

✠ S' WILAVME · LOSIN

(Seel Wilaume Losin.)

Record de l'achat d'une terre. — 2 février 1365.

3056 MAIRE (JEAN LE),

Juge rentier de l'abbietie de Lille à Hellesmes. — 1374.

Sceau hexagone, de 18 mill. — Arch. du Nord; abbiette de Lille.

Un arbre ayant une de ses branches terminée par une hache.

S' ...AN LE MAIRE

(Seel Jehan le Maire.)

Voyez le n° 3039.

3057 MAIRE (JEAN LE),

Juge rentier de l'abbiette de Lille. — 1374.

Sceau rond, de 19 mill. — Arch. du Nord; abbiette de Lille.

Un rencontre de cerf surmonté d'une tête d'homme de trois quarts, dans un trilobe.

S · IEHAN · LE · MAIRE

(Seel Jehan le Maire.)

Voyez le n° 3021.

3058 MAIRE (PIERRE LE),

Témoin de l'abbiette de Lille. — 1389.

Sceau rond, de 20 mill. — Arch. du Nord; abbiette de Lille.

Écu portant un arbre ayant une hache plantée dans le tronc, dans un quadrilobe.

S PIERE · LE · MAIRE

(Seel Piere le Maire.)

Acquisition d'une rente à Lille. — 30 juin 1389.

3059 MIGNOT (JEAN),

Témoin de l'abbiette de Lille. — 1408.

Sceau rond, de 20 mill. — Arch. du Nord; abbiette de Lille.

Écu portant une roue, dans un trilobe.

✠ SEEL IEHAN MIGNOT

(Seel Jehan Mignot.)

Voyez le n° 3030.

3060 MOREL (SIMON),

Homme de l'abbietie de Lille à Fromelles. — 1366.

Sceau rond, de 20 mill. — Arch. du Nord; abbiette de Lille.

Écu au franc canton chargé de . . . .

SIMON MORIEL

(Simon Moriel.)

Acquisition de terres. — 5 avril 1366.

3061 MOTTE (JEAN DE LA),

Dit Petillon, juge rentier de l'abbiette de Lille. — 1374.

Sceau rond, de 20 mill. — Arch. du Nord; abbiette de Lille.

Écu portant trois étoiles au lambel, dans un quadrilobe.

S · I.... PE ..LLON

(Seel Jehan Petillon.)

Voyez le n° 3021.

3062 OLIEUR (JEAN L'),

Juge rentier de l'abbiette de Lille à Hellesmes. — 1346.

Sceau rond, de 20 mill. — Arch. du Nord; abbiette de Lille.

Écu portant deux écussons chargés chacun d'un écusson en abîme au franc canton chargé d'une abeille?, soutenu par un homme sauvage, supporté par deux lions, dans un trilobe.

SAIEL · IEHAN · LOLIEVR

(Saiel Jehan l'Olieur.)

Voyez le n° 3025.

3063 PAVILLON (JACQUES),

Juge rentier de l'abbiette de Lille à Fromelles. — 1407.

Sceau rond, de 21 mill. — Arch. du Nord; abbiette de Lille.

Un papillon.

....JAKEME · PAVILLON

(Seel Jakeme Pavillon.)

Arrentement d'une terre. — 31 juillet 1407.

3064 PIERRE (GILLES DE LA).

Juge rentier de l'abbiette de Lille à Hellesmes. — 1352.

Sceau rond, de 19 mill. — Arch. du Nord; abbiette de Lille.

Sainte Catherine tenant sa roue, dans un ovale.

S' EGIDIVS DE PETRA

(Sigillum Egidius de Petra.)

Voyez le n° 3040.

3065 PLATEL (JEAN),

Juge rentier de l'abbiette de Lille. — 1356.

Sceau rond, de 17 mill. — Arch. du Nord; abbiette de Lille.

Une navette garnie de fil.

❉ IEHAN PLATEL

(Jehan Platel.)

Fondation d'un obit. — 18 janvier 1356.

3066 PLAYET (HENRI LE),

Homme de l'abbiette de Lille. — 1339.

Sceau rond, de 19 mill. — Arch. du Nord; abbiette de Lille.

Écu portant trois croissants, à la bande brochant.

S' HARI LE PLAIEI

(Seel Hari le Plaiel.)

Voyez le n° 3020.

3067 PLOUICH (GUILLAUME DU),

Juge rentier de l'abbiette de Lille à Hellesmes. — 1351.

Sceau rond, de 19 mill. — Arch. du Nord; abbiette de Lille.

Écu losangé, sous un chef au lion couronné à queue fourchée issant.

❉ S' WILLELMI DE PLOVYCIO?

(Sigillum Willelmi de Plouycio.)

Voyez le n° 3040.

3068 POIS (JEAN AS),

Juge rentier de l'abbiette de Lille. — 1390.

Sceau rond, de 22 mill. — Hôpital Comtesse à Lille.

Écu portant trois gerbes, penché, timbré d'un heaume, supporté par deux lions.

❉ seel · iehan · as · pois

(Seel Jehan as Pois.)

Voyez le n° 3026.

3069 PRÉS (EUSTACHE DES).

Dit Mallet, juge rentier de l'abbiette de Lille à Fromelles. — 1380.

Sceau rond, de 19 mill. — Arch. du Nord; abbiette de Lille.

Écu portant un écusson en abîme au lambel sur le tout, dans un quadrilobe.

S TASART MALET

(Seel Tasart Malet.)

Acquisition d'un pâturage. — 16 janvier 1380.

3070 PRÉVÔT (JACQUES LE).

Juge rentier de l'abbiette de Lille. — 1431.

Sceau rond, de 25 mill. — Arch. du Nord; abbiette de Lille.

Écu au lion, timbré d'un heaume cimé d'un lion passant.

seel · iaquemes · le · provo..

(Seel Jaquemes le Provost.)

Voyez le n° 3053.

3071 PRUDHOMME (PIERRE LE).

Juge rentier de l'abbiette de Lille à Hellesmes. — 1348.

Sceau rond, de 22 mill. — Arch. du Nord; abbiette de Lille.

Écu portant une aigle à la bande brochant, penché, timbré d'un heaume de face, accosté du monogramme P. R.

S' PIERE · LE PREVDOVME

(Seel Pieres le Preudoume.)

Voyez le n° 3036.

3072 RÉNIER (BARTHÉLEMY).

Juge rentier de l'abbiette de Lille. — 1431.

Sceau rond, de 24 mill. — Arch. du Nord; abbiette de Lille.

Écu au chevron accompagné de trois tourteaux, penché, timbré d'un heaume cimé d'une tête de cygne, supporté par deux lions.

s · betremieu · renier

(Seel Betremieu Renier.)

Voyez le n° 3053.

3073 ROQUET (DIGON).

Juge rentier de l'abbiette de Lille. — 1368.

Sceau rond, de 18 mill. — Arch. du Nord; abbiette de Lille.

Une hache chargée d'une étoile et accostée de deux branches.

DIGONS RORG.

(Digons Roket.)

Acquisition d'une rente à Aubers. — 5 avril 1368.

3074   ROQUET (ENGUERRAN),

Juge rentier de l'abbiette de Lille à Fromelles. — 1377.

Sceau rond, de 19 mill. — Arch. du Nord; abbiette de Lille.

La lettre **R** contournée, couronnée et accompagnée d'une étoile.

G..hERAR RORGT

(Engheran Roket.)

Voyez le n° 3094.

3075   ROY (JEAN LE),

Homme de l'abbiette de Lille à Fromelles. — 1366.

Sceau rond, de 23 mill. — Arch. du Nord; abbiette de Lille.

Écu portant un chaperon, sous un chef échiqueté.

S IGhAR LG ROI

(Seel Jehan le Roi.)

Voyez le n° 3060.

3076   RUELLE (PIERRE DE LA),

Juge routier de l'abbiette de Lille à Fromelles. — 1376.

Sceau rond, de 17 mill. — Arch. du Nord; abbiette de Lille.

Un Agnus Dei.

S' PIGRG DG LG RVGLG

(Seel Piere de le Ruelle.)

Voyez le n° 3031.

3077   SANTES (NICAISE DE),

Juge rentier de l'abbiette de Lille. — 1389.

Sceau rond, de 19 mill. — Arch. du Nord; abbiette de Lille.

Écu portant deux quintefeuilles en chef et une coquille en pointe.

S RICHISG DG SARTGS

(Seel Nicaise de Santes.)

Transport d'une rente sur une maison place des Patiniers à Lille. — 31 juillet 1389.

3078   SEC (THOMAS LE),

Témoin de l'abbiette de Lille à Hellesmes. — 1380.

Sceau rond, de 20 mill. — Arch. du Nord; abbiette de Lille.

Une hache accompagnée de feuillages.

✻ S' ThVMAS LG SGC

(Seel Thumas le Sec.)

Acquisition de biens à Hellesmes. — 18 avril 1380.

3079   TOMIN (PIERRE).

Témoin de l'abbiette de Lille. — 1406.

Sceau rond, de 20 mill. — Arch. du Nord; abbiette de Lille.

Écu portant des ciseaux.

S picrarf tomiu

(Seel Pierart Tomin.)

Reconnaissance d'une rente. — 17 juin 1406.

3080   VRETET (JACQUES),

Homme de l'abbiette de Lille à Hellesmes. — 1361.

Sceau rond, de 22 mill. — Arch. du Nord; abbiette de Lille.

Écu losangé au chef chargé de trois fermaux, penché, timbré d'un heaume couronné et cimé d'une tête d'éléphant.

✻ S' IHKGMOR VGRTGT

(Seel Jakemon Vertet.)

Acquisition d'un fief. — 1er août 1361.

3081   WEITIN (BERTOUL),

Juge rentier de l'abbiette de Lille. — 1367.

Sceau rond, de 20 mill. — Arch. du Nord; abbiette de Lille.

Écu au rencontre de bœuf.

... BIGRTO.. WGITIR

(Seel Biertoul Weitin.)

Acquisition d'une rente sur l'hôtel du Heaume à Lille. — 1er février 1357.

HOMMES DE L'HÔPITAL COMTESSE À LILLE.

3082   ARNOUL (LAURENT),

Homme de l'hôpital Comtesse à Yssendyke. — 1369.

Sceau rond, de 24 mill. — Hôpital Comtesse à Lille.

Un arbre accosté de deux étoiles.

S LAVWGR.....

(Segel Lauwercins Arnouds?)

Voyez le n° 1796.

3083   ENDE (GUILLAUME VAN DEN).

Homme de l'hôpital Comtesse à Yssendyke. — 1369.

Sceau rond, de 20 mill. — Hôpital Comtesse à Lille.

Écu portant une quintefeuille sous un chef chargé d'un oiseau, parti d'un arbre.

S · WILLGM · VAH · DGH · GHDG

(Segel Willem van den Ende.)

Voyez le n° 1796.

3084   EVELBARE (SIMON),

Homme de l'hôpital Comtesse à Vendyke. — 1369.

Sceau rond, de 22 mill. — Hôpital Comtesse à Lille.

Écu fascé de six pièces, au lambel de cinq pendants.

SEGHEL SYMOEN EVELB...N

(Seghel Symoen Evelbaren.)

Voyez le n° 1796.

3085   WILLEMAN (JEAN-JACQUES).

Homme de l'hôpital Comtesse à Kadsand. — 1458.

Sceau rond, de 23 mill. — Hôpital Comtesse à Lille.

Écu portant trois hérons.

s · tau · f · iacop · voilleman

(Segel Jan filius Jacop Willeman.)

Lettres de relief données à l'église de Waterdunes. — 7 août 1458.

3086   WILLEMAN (RENAUD-JACQUES).

Homme de l'hôpital Comtesse à Kadsand. — 1458.

Sceau rond, de 21 mill. — Hôpital Comtesse à Lille.

Écu portant un oiseau accompagné d'un croissant en chef, dans un quadrilobe oblong.

s ranot f iac voilman

(Segel Ranot filius Iacop Wilman.)

Voyez le n° 3085.

HOMMES DU FRANC-FIEF DE MARTIN TRIOLLE
À LINSELLES.

3087   ESPIERRES (PIERRE D').

Homme du fief de Martin Triolle à Linselles. — 1409.

Sceau rond, de 22 mill. — Arch. du Nord; chapitre de Lille.

Écu à la fleur de lys accompagnée de deux étoiles en chef.

✻ S · PIETRE · DES · SPIERES

(Seel Pietre d'Espierres.)

Acquisition d'une terre à Neuville-en-Férin. — 16 mai 1409.

3088   ESTEVENE (WAUTIER).

Homme du fief de Martin Triolle à Linselles. — 1409.

Sceau rond, de 22 mill. — Arch. du Nord; chapitre de Lille.

Un soulier accosté de deux branches.

✻ S' WATIER ESTEVE .

(Seel Watier Estevene.)

Voyez le n° 3087.

3089   SAFFE (ROBERT DE LE).

Homme du fief de Martin Triolle à Linselles. — 1409.

Sceau rond, de 18 mill. — Arch. du Nord; chapitre de Lille.

Une serpe accostée de deux étoiles.

S · ROBERT · DE LE · SAFFE

(Seel Robert de le Saffe.)

Voyez le n° 3087.

JUGES DU FIEF DE LE BARATRIE À LOMME.

3090   ANCOISNE (JEAN D').

Dit Pierchon, juge du fief de le Baratrie à Lomme. — 1507.

Sceau rond, de 24 mill. — Hôpital Saint-Julien à Lille.

Écu portant trois râteaux, sous un chef chargé d'un lion passant à dextre.

s : tau : dauequoisue : dit.....

(Seel Jan d'Ancquoisne dit .....)

Lettres de relief. — 16 novembre 1507.

3091   ANCOISNE (PASQUIER D').

Dit le Coq, juge du fief de le Baratrie à Lomme. — 1507.

Sceau rond, de 29 mill. — Hôpital Saint-Julien à Lille.

Écu au lion passant accompagné de trois râteaux en pointe et d'un trèfle en abîme.

... pasquier dauequoisu.....

(Seel Pasquier d'Ancquoisne .....)

Voyez le n° 3090.

JUGES DU FIEF DES FRÊNES À LOOS.

3092   BATTEUR (THOMAS LE).

Juge du fief des Frênes à Loos. — 1436.

Sceau rond, de 19 mill. — Arch. du Nord; abbaye de Loos.

Écu au chevron accompagné des lettres S, B en chef et d'une étoile en pointe, dans un trilobe.

s thumas le batenr

(Seel Thomas le Bateur.)

Acquisition de terres. — 11 mai 1436.

3093   WALCRENIÉ (JACQUES).

Juge du fief des Frênes à Loos. — 1436.

Sceau rond, de 19 mill. — Arch. du Nord; abbaye de Loos.

Écu portant un trèfle accompagné d'une étoile au canton dextre.

S · IAKEMART · WACRENIEE

(Seel Jakemart Wacreniée.)

Voyez le n° 3092.

HOMMES DE L'ABBAYE DE LOOS.

3094   BASSÉE (JEAN).

Échevin de l'abbaye de Loos aux francs alleux d'Annequin. — 1401.

Sceau rond, de 21 mill. — Hôpital Comtesse à Lille.

Un mouton accompagné d'une étoile.

SEEL : IEHAN · BASEE

(Seel Jehan Basée.)

Acquisition d'une terre à Wazemmes. — 4 mars 1401.

3095   BLONDEL (JEAN),

Juge de l'abbaye de Loos en la seigneurie de la Haye à Lomme. — 1486.

Sceau rond, de 24 mill. — Arch. du Nord; abbaye de Loos.

Écu portant un saint Jean nimbé tenant un agneau sur son bras.

s iehan blondiel

(Seel Jehan Blondiel.)

Acquisition d'une terre. — 17 septembre 1484.

3096   CARPENTIER (JEAN),

Échevin de l'abbaye de Loos aux francs alleux d'Annequin. — 1401.

Sceau rond, de 22 mill. — Hôpital Comtesse à Lille.

Une hache accostée d'une branche et d'une étoile.

✻ s · iehan · carpentier ·

(Seel Jehan Carpentier.)

Voyez le n° 3094.

3097   CLÉMENT (JEAN),

Échevin de l'abbaye de Loos aux francs alleux d'Annequin. — 1401.

Sceau rond, de 18 mill. — Hôpital Comtesse à Lille.

Un maillet accosté de deux étoiles.

✻ S IEHAN CLEMENC

(Seel Jehan Clémenc.)

Voyez le n° 3094.

3098   CROIX (THOMAS DE LA),

Échevin de l'abbaye de Loos aux francs alleux d'Annequin. — 1415.

Sceau rond, de 19 mill. — Hôpital Comtesse à Lille.

Écu à la croix perronnée.

...VMAS DE LE CROIS

(Seel Thomas de le Croix.)

Record au profit de Jean Caulier insensible (frappé d'idiotisme). — 30 septembre 1415.

3099   FONTAINES (JEAN DE),

Échevin de l'abbaye de Loos aux francs alleux d'Annequin. — 1415.

Sceau rond, de 19 mill. — Hôpital Comtesse à Lille.

Un marteau de maçon accosté de deux étoiles.

✻ IEh.. DE FONT...ES

(Jehan de Fontaines.)

Voyez le n° 3098.

3100   GARSETTE (ARNOUL),

Juge de l'abbaye de Loos en la seigneurie de la Haye à Lomme. — 1484.

Sceau rond, de 26 mill. — Arch. du Nord; abbaye de Loos.

Écu au chevron chargé d'un croissant et accompagné de trois trèfles, supporté par un homme sauvage.

s eruonl ... garfette

(Seel Ernoul .... Garsette.)

Voyez le n° 3095.

3101   HEM (PIERRE DU),

Échevin de l'abbaye de Loos aux francs alleux d'Annequin. — 1415.

Sceau rond, de 18 mill. — Hôpital Comtesse à Lille.

Un Agnus Dei.

✻ S' PIERE DOV hEM

(Seel Piere dou Hem.)

Voyez le n° 3098.

3102   HOUZEMAN (COLARD),

Échevin de l'abbaye de Loos aux francs alleux d'Annequin. — 1401.

Sceau rond, de 26 mill. — Hôpital Comtesse à Lille.

Écu au cygne accompagné de quatre étoiles, dans un trilobe.

colart houfeman

(Colart Houseman.)

Voyez le n° 3094.

3103   MARTIN (JEAN),

Échevin de l'abbaye de Loos aux francs alleux d'Annequin. — 1533.

Sceau rond, de 22 mill. — Arch. du Nord; abbaye de Loos.

Écu portant une bêche accostée de deux croissants.

✻ s · iehan · martin

(Seel Jehan Martin.)

Bail du passage sur les écluses de Planeques et de Questoy. — 12 janvier 1533.

HOMMES DE LA SEIGNEURIE DE LOUVIGNIES.

3104   ALOWE (LAMBERT),
Homme de la seigneurie de Louvignies. — 1311.
Sceau rond, de 18 mill. — Arch. du Nord; Chambre des comptes.
Un oiseau.

S' LAMBERS ALOWG
(Seel Lambert Alowe.)

Voyez le n° 1247.

3105   CLOQUETTES (WAUTIER AS),
Homme de la seigneurie de Louvignies. — 1311.
Sceau rond, de 23 mill. — Arch. du Nord; Chambre des comptes.
Écu portant une cloche, dans une rose.

S' WATIER AV CLOKETE
(Seel Watier au Clokete.)

Voyez le n° 1247.

JUGES DE LA SEIGNEURIE DE LAOULTRE À LYS.

3106   ALLOURS (ANTOINE DES),
Dit des Reviaux, juge de la seigneurie de Laoultre à Lys. — 1488.
Sceau rond, de 20 mill. — Arch. du Nord; couvent de Lannoy.
Écu portant une étoile.

S · antoune · des · reviaux?
(Seel Antonne des Reviaux.)

Acquisition d'une terre à Lannoy. — 25 février 1488.

3107   MATTON (ALEXANDRE),
Juge de la seigneurie de Laoultre à Lys. — 1565.
Sceau rond, de 25 mill. — Arch. du Nord; couvent de Lannoy.
Écu au sautoir alésé et flanqué de deux étoiles.

. . alixandre · matton
(Seel Alixandre Matton.)

Acceptation et continuation d'un bail. — Mai 1565.

3108   MATTON (NICOLAS),
Juge de la seigneurie de Laoultre à Lys. — 1565.
Sceau rond, de 25 mill. — Arch. du Nord; couvent de Lannoy.
Écu au sautoir alésé accompagné de . . . . en pointe.

s · nicollas · matton
(Seel Nicollas Matton.)

Voyez le n° 3107.

3109   MOTTE (MAHIEU DE LA),
Juge de la seigneurie de Laoultre à Lys. — 1501.
Sceau rond, de 22 mill. — Arch. du Nord; couvent de Lannoy.
Écu à la bande.

s mahien de le mote
(Seel Mahieu de le Mote.)

Acquisition d'une terre à Lys. — 21 mai 1501.

ÉCHEVINS DU MÉTIER DE MALDEGHEM.

3110   BONE (HENRI),
Échevin du métier de Maldeghem. — 1372.
Sceau rond, de 20 mill. — Hôpital Comtesse à Lille.
Un arbre, sur champ fretté.

. . . . . RRIG ·:· BO . .
(Segel Heinric Bone.)

Acquisition d'une rente. — 2 décembre 1372.

3111   CLAIS (JACQUES),
Échevin du métier de Maldeghem. — 1440.
Sceau rond, de 22 mill. — Hôpital Comtesse à Lille.
Écu au lévrier passant, dans un trilobe.

s · iacop · f' · gheraerts · f' claeis
(Segel Jacop, filius Gheraerts, filius Claeis.)

Acquisition d'une rente. — 26 janvier 1440.

3112   COLIN (THIERRI),
Échevin du métier de Maldeghem. — 1351.
Sceau rond, de 22 mill. — Hôpital Comtesse à Lille.
Écu à deux épées en sautoir la pointe en bas cantonnées de quatre coquilles, dans un trilobe.

. . . . . DGRICh COLIN
(Segel Diederich Colin.)

Acquisition d'une terre. — 20 mars 1351.

3113   COQ (GUILLAUME LE),
Échevin du métier de Maldeghem. — 1352.
Sceau rond, de 16 mill. — Hôpital Comtesse à Lille.
Un coq.

✠ S' WILLERMI LE ROK

(Sigillum Willermi le Kok.)

Acquisition d'une terre. — 27 novembre 1334.

3114 COQ (PHILIPPE DANIEL LE).

Échevin du métier de Maldeghem. — 1370.

Sceau rond, de 19 mill. — Hôpital Comtesse à Lille.

Écu au lion issant, coupé d'une étoile, dans un trilobe.

S' FILLIPS DE ROC

(Segel Fillips de Koc.)

Voyez le n° 3110.

3115 DONC (ALARD VAN DER),

Échevin du métier de Maldeghem. — 1370.

Sceau rond, de 21 mill. — Hôpital Comtesse à Lille.

Écu portant une croix ancrée vidée, au bâton brochant.

✠ ALLART ... ER · F · COLN

(Allart ..... filius Coln.)

Acquisition d'une terre. — 10 juillet 1370.

3116 PRAET (ANDRÉ VAN),

Échevin du métier de Maldeghem. — 1415.

Sceau rond, de 21 mill. — Hôpital Comtesse à Lille.

Un huchet enguiché, dans un quadrilobe.

S' · ANDRIES · VAN · PRAET

(Segel Andries van Praet.)

Bail à cens. — 17 mai 1415.

3117 RIELAND (WAUTIER),

Échevin du métier de Maldeghem. — 1370.

Sceau rond, de 21 mill. — Hôpital Comtesse à Lille.

Un gril, sur champ quadrillé.

S' · WOVTER · .....

(Segel Wouter .....)

Voyez le n° 3115.

3118 SCAPELIN (GILLES),

Échevin du métier de Maldeghem. — 1370.

Sceau rond, de 19 mill. — Hôpital Comtesse à Lille.

Un mouton.

S' Gillis · f · Gillis · Soisens ?

(Segel Gillis, filius Gillis Soisens.)

Voyez le n° 3110.

3119 SCAPELIN (HENRI),

Échevin du métier de Maldeghem. — 1332.

Sceau rond, de 19 mill. — Hôpital Comtesse à Lille.

Écu portant un Agnus Dei.

✠ S' · HEINRIC · SCAPELIN

(Segel Heinric Scapelin.)

Voyez le n° 3113.

3120 SMET (JEAN DE),

Échevin du métier de Maldeghem. — 1353.

Sceau rond, de 19 mill. — Hôpital Comtesse à Lille.

Écu portant un fer de cheval et un marteau en chef, et des tenailles en pointe.

✠ S' IOHIS FABRI .....GGI

(Sigillum Johannis Fabri, ...)

Acquisition d'une terre. — 17 juillet 1353.

3121 SNAEFS (GHEVAERT),

Échevin du métier de Maldeghem. — 1365.

Sceau rond, de 18 mill. — Hôpital Comtesse à Lille.

Écu à l'épée en pal accostée de deux étoiles, dans un trilobe.

S' · GHEVAERT · DE ...ER

(Segel Ghevaert de .....)

Acquisition d'une terre. — 22 novembre 1365.

3122 SPIERINC (JEAN),

Échevin du métier de Maldeghem. — 1372.

Sceau rond, de 18 mill. — Hôpital Comtesse à Lille.

Écu portant un chevron accompagné de trois éperlans au lombel sur le tout, dans un trilobe.

S' IAN IAN SONE SPIERINC

(Segel Jan, Jan Sone Spierinc.)

Voyez le n° 3110.

HOMME DE FIEF DE MALINCOURT.

3123 TANNEUR (JACQUES LE).

1498.

Sceau rond, de 24 mill. — Arch. du Nord; guillemins de Walincourt.

Un monogramme.

S · Iaques · le · tenneur

(Sreel Jaques le Tenneur.)

Renonciation à des droits sur une terre à la Hamaide par Jeanne Rossel, demoiselle d'Aubencheul. — 3 décembre 1498.

HOMMES DE L'ABBAYE DE MARCHIENNES.

3124   ANICHE (HUGUES MISTÉRIAU D').
Homme de l'abbaye de Marchiennes. — 1281.
Sceau rond, de 23 mill. — Arch. du Nord; abbaye de Marchiennes.
Écu portant une hamaide.

✳ S' hVES DAHIS
(Seel Hues d'Anis.)
Acquisition d'un fief à Fenain. — Septembre 1281.

3125   MOTTE (ROBERT DE LA),
Homme de l'abbaye de Marchiennes à Abscon. — 1289.
Sceau rond, de 20 mill. — Arch. du Nord; abbaye de Marquette.
Écu à trois quintefeuilles.

✳ S' ROBERT DE LE MOTE
(Seel Robert de le Mote.)
Acquisition d'un fief. — Février 1289.

JUGES RENTIERS DU FIEF DE BUVRECQUES
À MARCQ-EN-BARŒUL.

3126   ESCOHIER (LOTARD),
Juge du fief de Buvrecques à Marcq-en-Barœul. — 1449.
Sceau rond, de 21 mill. — Arch. du Nord; abbaye de Marquette.
Une étoile à six rais cantonnée de six points.

✳ lotar escohier
(Lotar Escohier.)
Acquisition d'une terre à Marcq-en-Barœul. — 1er avril 1449.

3127   WASTEL (JEAN),
Juge du fief de Buvrecques à Marcq-en-Barœul. — 1449.
Sceau rond, de 20 mill. — Arch. du Nord; abbaye de Marquette.
Écu rond, saillant en forme de gâteau (de wastel),
portant une croix cantonnée de quatre quintefeuilles.

feel · tehan · wastiel
(Seel Jehan Wastiel.)
Voyez le n° 3126.

ÉCHEVINS DU FIEF DU HEULLE À MARCQ-EN-BARŒUL.

3128   DESTAILLEURS (JEAN),
Échevin du fief du Heulle à Marcq-en-Barœul. — 1441.
Sceau rond, de 19 mill. — Arch. du Nord; abbaye de Marquette.
Écu portant une hache accompagnée d'une étoile.

✳ Seel tehan deftailleurs
(Seel Jehan Destailleurs.)
Acquisition du manoir de la Cauverie. — 19 juin 1441.

3129   FÈVRE (JEAN LE),
Échevin du fief du Heulle à Marcq-en-Barœul. — 1441.
Sceau rond, de 19 mill. — Arch. du Nord; abbaye de Marquette.
Un marteau, dans un trilobe.

✳ S IEhANS LE FEBERE?
(Seel Jehans le Febère.)
Voyez le n° 3128.

3430   HÉRENCQ (JEAN),
Échevin du fief du Heulle à Marcq-en-Barœul. — 1441.
Sceau rond, de 20 mill. — Arch. du Nord; abbaye de Marquette.
Un hareng.

✳ S · IEhAN hIERENC
(Seel Jehan Hiérenc.)
Voyez le n° 3128.

3431   PICAVET (GUILLAUME),
Dit Curelier, échevin du fief du Heulle à Marcq-en-Barœul. — 1441.
Sceau rond, de 20 mill. — Arch. du Nord; abbaye de Marquette.
Écu portant un rabot.

willames picavet
(Willames Picavet.)
Voyez le n° 3128.

ÉCHEVINS DE LA PRÉVÔTÉ DES QUESNES
À MARCQ-EN-BARŒUL.

3432   BEAUVOIS (JEAN DE),
Échevin de la prévôté des Quesnes à Marcq-en-Barœul. — 1399.
Sceau rond, de 19 mill. — Arch. du Nord; abbaye de Marquette.
Un croissant surmonté d'une étoile.

S · IEhAN · DE · BIAVVOIR
(Seel Jehan de Biauvoir.)
Acquisition d'une terre. — 28 juin 1399.

3433   BEAUVOIS (JEAN DE),
Échevin de la prévôté des Quesnes à Marcq-en-Barœul. — 1443.
Sceau rond, de 19 mill. — Arch. du Nord; chapitre de Lille.
Écu portant trois croissants accompagnés d'une étoile
en abîme, timbré d'un rameau.

44

(Johan de Biauvois.)

Fondation d'une chapellenie. — 1er mai 1443.

3134   BEAUVOIS (PIERRE DE),
Échevin de la prévôté des Quesnes à Marcq-en-Barœul. — 1547.
Sceau rond, de 22 mill. — Arch. du Nord; abbaye de Marquette.

Une étoile.

(Piere de Bauvoir.)

Acquisition d'une terre. — 17 mars 1547.

3135   BEAUVOIS (THOMAS DE),
Échevin de la prévôté des Quesnes à Marcq-en-Barœul. — 1515.
Sceau rond, de 22 mill. — Arch. du Nord; abbaye de Marquette.

Écu portant une bêche.

(Seel Tomas de Biauvois.)

Don d'une terre. — 14 septembre 1515.

3136   BRIENNE (JACQUES),
Échevin de la prévôté des Quesnes à Marcq-en-Barœul. — 1399.
Sceau rond, de 18 mill. — Arch. du Nord; abbaye de Marquette.

Les initiales I B surmontées d'une couronne.

(Jakemes Brienne.)

Voyez le n° 3132.

3137   CLERC (ARNOUL LE),
Échevin de la prévôté des Quesnes à Marcq-en-Barœul. — 1329.
Sceau rond, de 23 mill. — Arch. du Nord; abbaye de Marquette.

Écu portant un globe? accompagné de deux petits sautoirs en chef.

(Seel Ernoul le Clercq.)

Acquisition d'un jardin. — 8 mars 1329.

3138   MASUREL (THOMAS),
Échevin de la prévôté des Quesnes à Marcq-en-Barœul. — 1510.
Sceau rond, de 25 mill. — Hôpital Saint-Julien à Lille.

Écu portant des ciseaux.

(Seel Tomas Masuriel.)

Acquisition d'une terre. — 5 septembre 1510.

3139   MONTAGNE (JEAN DE LA),
Échevin de la prévôté des Quesnes à Marcq-en-Barœul. — 1418.
Sceau rond, de 18 mill. — Arch. du Nord; abbaye de Marquette.

Une plante chargée de trois fleurs.

(Johan de le Montaigne.)

Acquisition d'une terre. — 26 novembre 1418.

3140   PLAT (LOUIS LE),
Échevin de la prévôté des Quesnes à Marcq-en-Barœul. — 1510.
Sceau rond, de 22 mill. — Hôpital Saint-Julien à Lille.

Écu portant trois étoiles.

(Seel Louich le Plat.)

Voyez le n° 3138.

3141   PONCHEL (JEAN DU),
Échevin de la prévôté des Quesnes à Marcq-en-Barœul. — 1399.
Sceau rond, de 18 mill. — Arch. du Nord; abbaye de Marquette.

Écu portant un coq.

(Seel Jehan dou Ponciel.)

Voyez le n° 3132.

3142   QUIENS (MAHIEU DES),
Échevin de la prévôté des Quesnes à Marcq-en-Barœul. — 1547.
Sceau rond, de 23 mill. — Arch. du Nord; abbaye de Marquette.

Écu portant une bêche accostée de deux points.

(Seel Mahieu des Quien.)

Acquisition d'une terre. — 24 septembre 1547.

3143   QUIENS (PIAT DES),
Échevin de la prévôté des Quesnes à Marcq-en-Barœul. — 1547.
Sceau rond, de 23 mill. — Arch. du Nord; abbaye de Marquette.

Écu au chien passant.

(Seel Piat des Quien.)

Voyez le n° 3134.

3144   ROUSSEL (JACQUES),
Échevin de la prévôté des Quesnes à Marcq-en-Barœul. — 1418.
Sceau rond, de 19 mill. — Arch. du Nord; abbaye de Marquette.

Écu à la bande.

S · IAQVEMME · ROVSSIEL
(Seel Jaqueme Roussiel.)
Voyez le n° 3139.

3145 RUYELLE (JACQUES),
Échevin de la prévôté des Quesnes à Mureq-en-Baroeul. — 1443.
Sceau rond, de 12 mill. — Arch. du Nord; chapitre de Lille.
Une serpe accompagnée d'une branche.

s · iakemart ruielle
(Seel Jakemart Ruielle.)
Voyez le n° 3133.

3146 SALEMBIEN (GUILLEBERT).
Échevin de la prévôté des Quesnes à Marcq-en-Baroeul. — 1511.
Sceau rond, de 24 mill. — Arch. du Nord; abbaye de Marquette.
Écu portant une arbalète.

.. guillebert salen ....
(Seel Guillebert Salenbien.)
Acquisition d'une terre. — 7 février 1511.

3147 TÈZE (JEAN).
Échevin de la prévôté des Quesnes à Marcq-en-Baroeul. — 1415.
Sceau rond, de 20 mill. — Arch. du Nord; abbaye de Marquette.
Écu à la hache accostée de deux étoiles.

S' · iehan · taize ?
(Seel Jehan Taize.)
Acquisition d'une terre. — 1er juin 1415.

3148 TOIT (GILLES DU),
Échevin de la prévôté des Quesnes à Marcq-en-Baroeul. — 1399.
Sceau rond, de 19 mill. — Arch. du Nord; abbaye de Marquette.
Écu portant un sanglier.

SEEL GILLES DOV TOIT
(Seel Gilles dou Toit.)
Voyez le n° 3132.

3149 TOIT (PIERRE DU).
Échevin de la prévôté des Quesnes à Marcq-en-Baroeul. — 1347.
Sceau rond, de 22 mill. — Arch. du Nord; abbaye de Marquette.
Écu portant un arbre ou un épi?

S piere du thoie
(Seel Piere du Thoie.)
Voyez le n° 3134.

3150 VIENNE (GUILLAUME DE).
Échevin de la prévôté des Quesnes à Marcq-en-Baroeul. — 1357.
Sceau rond, de 20 mill. — Arch. du Nord; abbaye de Marquette.
Écu à la hache.

s · guillame de vienne
(Seel Guillame de Vienne.)
Voyez le n° 3142.

3151 WAGHE (MAHIEU LE).
Échevin de la prévôté des Quesnes à Marcq-en-Baroeul. — 1399.
Sceau rond, de 18 mill. — Arch. du Nord; abbaye de Marquette.
Une fleur de lys accompagnée de deux étoiles.

MAHIV : LE : VAGE :
(Mahiu le Vage.)
Voyez le n° 3132.

3152 WALET (COLARD).
Échevin de la prévôté des Quesnes à Marcq-en-Baroeul. — 1418.
Sceau rond, de 19 mill. — Arch. du Nord; abbaye de Marquette.
Un arbre au tronc passé dans une couronne.

✳ S COLART WALET
(Seel Colart Walet.)
Voyez le n° 3139.

HOMMES DE FIEF DE MARETZ.

3153 MORTAGNE (COLARD DE).
Homme de Maretz. — 1389.
Sceau rond, de 27 mill. — Arch. du Nord; évêché et chapitre de Cambrai.
Écu fretté au chef plain, dans un trilobe.

✳ S' CHOLART · DE · MORTAINGNE
(Seel Cholart de Mortaingne.)
Voyez le n° 1287.

3154 QUESNOY (GUILLAUME DU).
Homme de Maretz. — 1389.
Sceau rond, de 22 mill. — Arch. du Nord; évêché et chapitre
de Cambrai.
Écu au cœur couronné et percé de deux flèches.

✳ S' WILLIAV.. DOV KEINOIT
(Seel Williaume dou Keinoit.)
Voyez le n° 1287.

HOMMES DE L'ABBAYE DE MARQUETTE.

3455   BÉQUART (PIERRE),

Échevin de l'abbaye de Marquette à Marcq-en-Barœul. — 1418.

Sceau rond, de 19 mill. — Arch. du Nord; abbaye de Marquette.

Écu portant une bêche accostée de deux étoiles.

SEEL · PIERART · BEKART

(Seel Pierart Bekart.)

Acquisition d'une terre. — 6 février 1418.

3456   BIÉQUET (JEAN),

Juge de l'abbaye de Marquette à la Madeleine. — 1355.

Sceau rond, de 22 mill. — Arch. du Nord; abbaye de Loos.

Écu portant trois brochets en fasce l'un sur l'autre, dans une rose.

S' IEHAN BIEKET

(Seel Jehan Bieket.)

Acquisition de rentes à Wadringhem. — 4 mars 1365.

3457   CAMBRE (JEAN DE LE),

Échevin de l'abbaye de Marquette à Marcq-en-Barœul. — 1504.

Sceau rond, de 23 mill. — Arch. du Nord; abbaye de Marquette.

Écu portant un Agnus Dei.

s : iehan : de le : caubre :

(Seel Jehan de le Canbre.)

Rachat de la motte de la Tour. — 10 février 1504.

3458   CAMPS (JACQUES DES),

Échevin de l'abbaye de Marquette à Marcq-en-Barœul. — 1420.

Sceau rond, de 21 mill. — Arch. du Nord; abbaye de Marquette.

Écu au croissant.

s · iakemart · des · cans

(Seel Jakemart des Cans.)

Rachat d'une rente sur le moulin de Marcq. — 15 avril 1420.

3459   COQUIEL (MICHEL),

Échevin de l'abbaye de Marquette à Marcq-en-Barœul. — 1418.

Sceau rond, de 19 mill. — Arch. du Nord; abbaye de Marquette.

Écu portant un coq accompagné d'un marteau.

S MIKIEL KOKIEL

(Seel Mikiel Kokiel.)

Voyez le n° 3155.

3160   CRUUSSE

(GILBERT VAN DER),

Échevin de l'abbaye de Marquette au Gavre. — 1499.

Sceau rond, de 23 mill. — Arch. du Nord; abbaye de Marquette.

Écu au sautoir flanqué de deux étoiles et accompagné d'une rose en chef et en pointe.

S ghiselbrecht van der cruus?

(Segel Ghiselbrecht van der Crius.)

Retrait d'un fief. — 28 avril 1499.

3161   CUVELIER (GUILLAUME),

Juge de l'abbaye de Marquette à Lille. — 1433.

Sceau rond, de 22 mill. — Arch. du Nord; abbiette de Lille.

Écu portant trois ẟ accompagnés d'une étoile en abîme.

WILLAME CWELIERS

(Willame Cuveliers.)

Acquisition d'une rente. — 13 mai 1433.

3162   DUC (JACQUES LE),

Échevin de l'abbaye de Marquette à Marcq-en-Barœul. — 1420.

Sceau rond, de 21 mill. — Arch. du Nord; abbaye de Marquette.

Écu portant un coq accompagné d'un croissant.

⚜ IAQVEMART LE DVCh

(Jaquemart le Duch.)

Acquisition d'une rente sur le moulin de Marcq. — 17 juin 1420.

3163   ESQUERCHIN (JEAN D'),

Juge de l'abbaye de Marquette à Lille. — 1393.

Sceau rond, de 23 mill. — Arch. du Nord; abbiette de Lille.

Écu au croissant surmonté d'une étoile, dans un quadrilobe.

S IEHAN DESKERCIN

(Seel Jehan d'Eskercin.)

Acquisition d'une rente. — 4 février 1393.

3164   GÉNART (JEAN),

Échevin de l'abbaye de Marquette à Marcq-en-Barœul. — 1418.

Sceau rond, de 20 mill. — Arch. du Nord; abbaye de Marquette.

Un poisson sur des ondes, accompagné de deux étoiles.

SEEL · IEHAN · GENART

(Seel Jehan Génart.)

Voyez le n° 3155.

3165   HAYE (JEAN DE LA),

Homme de l'abbaye de Marquette à Wambrechies. — 1343.

Sceau rond, de 20 mill. — Arch. du Nord; abbaye de Marquette.

Écu à l'écusson en abîme accompagné de deux étoiles en chef.

S' IEHAN .... HAIE

(Seel Jehan de le Hoie.)

Bail d'une terre. — 16 novembre 1343.

3166   HEM (GUILLAUME DU),

Échevin de l'abbaye de Marquette à Marquette. — 1397.

Sceau rond, de 18 mill. — Arch. du Nord; abbaye de Marquette.

Écu à la hache accompagnée d'une étoile à sénestre et d'une quintefeuille en pointe.

S · WI..AVME · DOV HEM

(Seel Willaume dou Hem.)

Acquisition d'une dîme à Flers. — 20 mars 1397.

3167   HEM (GUILLAUME DU),

Dit Wadée, échevin de l'abbaye de Marquette à Marcq-en-Barœul. — 1403.

Sceau rond, de 21 mill. — Arch. du Nord; abbaye de Marquette.

La lettre **W** surmontée d'une étoile.

✱ S WILLAME DV HEM

(Seel Willame du Hem.)

Acquisition d'une rente. — 2 août 1403.

3168   LERNOUL (JEAN),

Dit Daniel, échevin de l'abbaye de Marquette à Marcq-en-Barœul. — 1504.

Sceau rond, de 20 mill. — Arch. du Nord; abbaye de Marquette.

Écu portant une fleur de lys.

s : iehan : lernoul :

(Seel Jehan Lernoul.)

Voyez le n° 3157.

3169   LOOS (MAHIEU DE).

Homme de l'abbaye de Marquette à Marquette. — 1408.

Sceau rond, de 21 mill. — Arch. du Nord; abbaye de Marquette.

Une hache accostée d'un lion et d'une fleur de lys.

✱ S' MAHIEV DE LOS

(Seel Mahieu du Los.)

Bail d'un héritage. — 2 janvier 1408.

3170   LOUSTOURGUE (PIERRE).

Juge de l'abbaye de Marquette à la Madeleine. — 1365.

Sceau rond, de 22 mill. — Arch. du Nord; abbaye de Loos.

Écu portant trois oiseaux, dans un losange.

S' PIERE LOVSTOVRGNE

(Seel Piere Loustourgue.)

Voyez le n° 3156.

3171   MARAIS (JEAN DU).

Dit Maloste, échevin de l'abbaye de Marquette à Quesnoy-sur-Deule. — 1413.

Sceau rond, de 21 mill. — Arch. du Nord; abbaye de Marquette.

La colombe tenant le rameau d'olivier et perchée sur la lettre **M**, dans un trilobe.

s iehan dou mares dit maloste fil pieron

(Seel Jehan dou Mares dit Maloste, fil Pieron.)

Arrentement d'une terre. — 10 juillet 1413.

3172   MASUREL (GUILLAUME).

Échevin de l'abbaye de Marquette à Marcq-en-Barœul. — 1470.

Sceau rond, de 22 mill. — Arch. du Nord; abbaye de Marquette.

Écu à la fleur de lys accostée d'un soleil et d'un croissant.

seel · vuillame · . . . uriel

(Seel Willame Masuriel.)

Voyez le n° 3162.

3173   MORTIER (CHARLES DU).

Juge de l'abbaye de Marquette à Ancoisnes près Houplin. — 1525.

Sceau rond, de 23 mill. — Arch. du Nord; abbaye de Marquette.

Écu portant une bêche.

s · charles · du · mortier

(Seel Charles du Mortier.)

Acquisition d'une terre à Houplin-lez-Seclin. — 17 juin 1543.

3174   NOIR (THOMAS LE).

Juge de l'abbaye de Marquette à Lille. — 1393.

Sceau rond, de 23 mill. — Arch. du Nord; abbietie de Lille.

Écu à la croix chargée de cinq coquilles.

✱ S · ThVMAS · LE · NOIR

(Seel Thumas le Noir.)

Voyez le n° 3163.

3175   PAINKEL (JEAN),

Échevin de l'abbaye de Marquette à Marcq-en-Barœul. — 1412.

Sceau rond, de 22 mill. — Arch. du Nord; abbaye de Marquette.

Écu à la fleur de lys accompagnée de deux étoiles.

S' · IEHAN · PAINKIEL

(Seel Jehan Painkiel.)

Voyez le n° 3158.

3176   **PATIN (JEAN),**

Juge de l'abbaye de Marquette à Lille. — 1393.

Sceau rond, de 18 mill. — Arch. du Nord; abbiette de Lille.

Écu à la bande chargée de .... en chef et accompagnée de deux étoiles.

SEEL · I.... · PATIN ·

(Seel Jehan Patin.)

Voyez le n° 3163.

3177   **PONT (LOUIS DU),**

Échevin de l'abbaye de Marquette. — 1466.

Sceau rond, de 23 mill. — Arch. du Nord; abbaye de Marquette.

Écu portant une doloire.

s · louys du ....

(Seel Louys du Pont.)

Retrait d'un fief. — 25 décembre 1466.

3178   **RELY (JACQUES DE),**

Juge de l'abbaye de Marquette à Lille. — 1358.

Sceau rond, de 21 mill. — Arch. du Nord; abbiette de Lille.

Écu à la croix recercelée chargée de cinq croissants, brisé d'une merlette au canton dextre, dans un trilobe.

S · IAROM.... GLI

(Seel Jakemon de Reli.)

Bail d'un héritage. — 10 janvier 1358.

3179   **ROULLERS (JEAN DE),**

Échevin de l'abbaye de Marquette à Marcq-en-Baroeul. — 1504.

Sceau rond, de 24 mill. — Arch. du Nord; abbaye de Marquette.

Une équerre accompagnée de deux croissants et de deux étoiles posés en sautoir.

s · iehan · de · roulers ·

(Seel Jehan de Roulers.)

Voyez le n° 3157.

3180   **RUMAUX (JEAN DES),**

Échevin de l'abbaye de Marquette à Marcq-en-Baroeul. — 1502.

Sceau rond, de 18 mill. — Arch. du Nord; abbaye de Marquette.

Un lion.

S' · IEH · DES RVOAVS

(Seel Jehan des Rumaux.)

Retrait d'un fief. — 4 mai 1...

3181   **RUMAUX (MAHIEU DES),**

Échevin de l'abbaye de Marquette à Marcq-en-Baroeul. — 1504.

Sceau rond, de 25 mill. — Arch. du Nord; abbaye de Marquette.

Écu à la hache.

s : mahieu : des : reumau :

(Seel Mahieu des Reumau.)

Voyez le n° 3157.

3182   **SALIN (JEAN),**

Échevin de l'abbaye de Marquette au Gorre. — 1499.

Sceau rond, de 25 mill. — Arch. du Nord; abbaye de Marquette.

Écu à l'aigle éployée accompagnée d'une rose? en chef. dans un trilobe.

S · ian · Calin

(Seel Jan Salin.)

Voyez le n° 3160.

HOMMES DE LA COUR DE MONS.

3183   **ABLEUS (GUI DES),**

Homme de la cour de Mons. — 1449.

Sceau rond, de 32 mill. — Arch. du Nord; abbaye d'Anchin.

Écu portant trois pals à la fasce brochant, penché, timbré d'un heaume, supporté par deux lions.

s · .uis des ableus

(Seel Guis des Ableus.)

Lettres de garantie au sujet d'une maison à Valenciennes. — 7 mars 1449.

3184   **AIX (JACQUES D'),**

Homme de la cour de Mons. — 1519.

Sceau rond, de 24 mill. — Arch. du Nord; abbaye d'Anchin.

Écu au trilobe accompagné de trois annelets, supporté par un ange.

s iaques .aix

(Seel Jaques d'Aix.)

Voyez le n° 1637.

3185   **ALEAUME (JEAN),**

Franc alleutier du Hainaut. — 1436.

Sceau rond, de 22 mill. — Arch. du Nord; hôpital Sainte-Élisabeth de Valenciennes.

Écu au lièvre rampant, supporté par un ange.

s re... aliaume

(Seel Jehan Aliaume.)

Acquisition d'un pré à Vicq, — Valenciennes, 30 mai 1436.

3486   ANGLAIS (COLARD L').

Homme de la cour de Mons. — 1457.

Sceau rond, de 25 mill. — Arch. du Nord; abbaye de Saint-Aubert.

Écu portant une tête d'homme de profil à gauche, soutenu par un homme sauvage.

s colart lengle3

(Seel Colart l'Engles.)

Sentence confirmative des franchises de l'abbaye de Saint-Aubert à Saulzoir, Haspres et Hordain. — 18 juillet 1457.

3487   ANNART (ALEXANDRE).

Homme de la cour de Mons. — 1545.

Sceau rond, de 27 mill. — Arch. communales de Valenciennes.

Écu à trois épées la pointe en bas surmontées chacune d'un cœur?, supporté par une licorne.

S ALIXANDRE ANNART

(Seel Alixandre Annart.)

Renouvellement par les franciscains de Valenciennes d'un bail de terres à Saint-Vaast. — 9 octobre 1545.

3488   ANNART (ALEXANDRE).

Homme de la cour de Mons. — 1592.

Sceau rond, de 30 mill. — Arch. du Nord; collégiale de Sainte-Croix.

Écu à trois épées la pointe en haut, soutenu par un lion couronné.

S ALEXANDRE ANNART

(Seel Alexandre Annart.)

Acensement de dîmes et de rentes à Marquette. — 2 juillet 1592.

3489   ANNART (ANTOINE).

Homme de la cour de Mons. — 1592.

Sceau rond, de 64 mill. — Arch. du Nord; collégiale de Sainte-Croix.

Écu à trois épées, deux en sautoir et une en pal, accompagnées de trois étoiles en chef, supporté par une licorne.

S ANTHONNE ANNART

(Seel Anthonne Annart.)

Voyez le n° 3488.

3490   ANTOINE (FUELLIEN).

Homme de la cour de Mons. — 1493.

Sceau rond, de 60 mill. — Arch. du Nord; collégiale de Saint-Géry.

Écu à la herse accompagnée d'une branche de feuillage et de la lettre o en chef, supporté par un griffon.

s · faellien · antone

(Seel Fuellien Antone.)

Bail de terres à Brugelette. — 3 mai 1493

3491   ANZIN (JEAN D'),

Dit Chauffecire ou Auweruile, homme de la cour de Mons. — 1334.

Sceau rond, de 20 mill. — Arch. du Nord; Chambre des comptes.

Une main écrivant.

✠ S' IEHAN · DANZAIN6

(Seel Jehan d'Auzaing.)

Sentence au sujet d'un fief à Boussoit. — 18 juillet 1334.

3492   ARDENOIS (JEAN L').

Homme de la cour de Mons. — 1416.

Sceau rond, de 22 mill. — Arch. du Nord; évêché et chapitre de Cambrai.

Écu au chef chargé de trois pals au filet en bande brochant sur le tout, dans un trilobe.

S' IEHAN .H.DEROIS

(Seel Jehan l'Ardenois.)

Acquisition d'un bois à Grand-Sart. — 2 juillet 1416.

3493   ASSCHE (ALEXANDRE DE L').

Homme de la cour de Mons. — 1419.

Sceau rond, de 25 mill. — Arch. du Nord; abbaye de Saint-Aubert.

Écu gironné d'hermines et de .... de huit pièces au filet en bande brochant, soutenu par un ange.

s · alexandre : de · le · assche

(Seel Alexandre de le Assche.)

Reconnaissance des droits de l'abbaye de Saint-Aubert sur la dîme d'un bois à Hérinnes. — Enghien, 11 juin 1419.

3494   ASSONNEVILLE (GILLES D').

Homme de la cour de Mons. — 1507.

Sceau rond, de 25 mill. — Arch. du Nord; évêché et chapitre de Cambrai.

Écu au chevron accompagné de deux épis en chef et d'une étoile en pointe, soutenu par un ange, dans un ovale.

s · gille dasonleville

(Seel Gille d'Asonleville.)

Sentence au sujet de dîmes près Quiévrechain. — Crespin, 24 octobre 1507.

3195   AUBRI (GUILLAUME).

Homme de la cour de Mons. — 1414.

Sceau rond, de 25 mill. — Arch. du Nord; abbaye de Saint-Aubert.

Écu à la hache posée en fasce et accompagnée de trois étoiles en chef et d'un chevron en pointe, dans une rose. — Il ne reste de la légende que . . . aume au . . . (Guillaume Aubri).

Bail de divers biens à Hérinnes. — 30 mai 1414.

3196   AULAY (JEAN),

Homme de la cour de Mons. — 1383.

Sceau rond, de 25 mill. — Arch. du Nord; évêché et chapitre de Cambrai.

Écu au chevron de vair accompagné de trois coquilles, soutenu par un ange, supporté par deux lions, dans un trilobe.

s ісһаn . . laу

(Seel Jehan Auloy.)

Sentence qui maintient le chapitre de Cambrai en possession des villes de Maretz et de Villers. — 30 novembre 1383.

3197   AUMÔNIER (JEAN L'),

Homme de la cour de Mons. — 1619.

Sceau rond, de 27 mill. — Arch. communales de Valenciennes; werps.

Écu à trois coquilles accompagnées d'une étoile en abîme, supporté par un lion.

S · IEHAN · LAVMOSNIER

(Seel Jehan l'Aumosnier.)

Bail de terres à Bouchain. — 17 janvier 1619.

3198   AUMÔNIER (MARTIN L'),

Homme de la cour de Mons. — 1445.

Sceau rond, de 26 mill. — Hôtel-Dieu de Valenciennes.

Écu portant un arbre, dans un trilobe.

s · martin laumonnier

(Seel Martin l'Aumonnier.)

Acquisition de terres à Kain, à Mourcourt et au Mont-Saint-Aubert. — 5 août 1445.

3199   AUNOY (GUILLAUME D'),

Homme de la cour de Mons. — 1426.

Sceau rond, de 25 mill. — Arch. du Nord; évêché et chapitre de Cambrai.

Écu chargé de rinceaux au franc canton bandé de six pièces, dans un trilobe.

s Wuillaume ð . . . . .

(Seel Willaume d'Ausnoi?)

Bail d'une maison à Jenlain. — 10 juillet 1426.

3200   AVION (COLARD D').

Homme de la cour de Mons. — 1419.

Sceau rond, de 25 mill. — Arch. du Nord; abbaye d'Anchin.

Écu portant une roue, penché, timbré d'un heaume cimé d'une tête d'homme, supporté par deux griffons.

feel · colart · davion

(Seel Colart d'Avion.)

Reconnaissance fournie à l'abbaye d'Anchin au sujet d'un moulin d'huile et d'écorce à Pecquencourt. — 11 avril 1419.

3201   BAILLI (THOMAS LE),

Homme de la cour de Mons. — 1397.

Sceau rond, de 25 mill. — Hôtel-Dieu de Valenciennes.

Écu échiqueté, écartelé d'un plain sous un chef.

s TVMAS . . . . ꙅ DIT LE BAILIGV

(Seel Tumas . . . . e dit le Bailieu.)

Acquisition de terres à Montigny. — Valenciennes, 23 novembre 1397.

3202   BARAT (JEAN),

Homme de la cour de Mons. — 1445.

Sceau rond, de 25 mill. — Arch. du Nord; évêché et chapitre de Cambrai.

Écu au chevron accompagné de trois annelets, timbré d'une branche fleurie, dans un quadrilobe.

s · ісһаn · barat

(Seel Jehan Barat.)

Bail de divers biens à Quarouble. — 29 décembre 1445.

3203   BARRET (JACQUES),

Homme de la cour de Mons. — 1397.

Sceau rond, de 23 mill. — Arch. du Nord; collégiale de Saint-Géry.

Écu chargé d'une porte de ville, écartelé de deux pals, penché, timbré d'un heaume à volet cimé d'une porte.

LE SEEL IAOVE BARRET

(Le seel Jaque Barret.)

Sentence confirmative de droits du terrage à Hordain. — 7 janvier 1397.

3204   BAUDET (JEAN),

Homme de la cour de Mons. — 1419.

Sceau rond, de 24 mill. — Arch. du Nord; collégiale de Saint-Géry.

Écu portant un âne passant surmonté d'une étoile à la bordure engrêlée, soutenu par un ange.

s : іcһаn : bandet

(Seel Jehan Baudet.)

Sentence confirmative de droits de dîme et de terrage à Iwuy. — 4 octobre 1419.

3205   BAVAY (ROLAND DE),

Homme de la cour de Mons. — 1562.

Sceau rond, de 25 mill. — Arch. du Nord; abbaye de Saint-Aubert.

Écu au lévrier courant à sénestre, supporté par un homme d'armes terminé en poisson.

s rolland de bavaix

(Seel Rolland de Bavaix.)

Bail d'un fief à Avesnes-le-Sec. — 21 août 1562.

____

3206   BEAUDEGNIES (HUSTIN DE),

Homme de la cour de Mons. — 1419.

Sceau rond, de 20 mill. — Arch. du Nord; collégiale de Saint-Géry.

Écu billeté à trois croissants, dans un trilobe.

s · bb . . . de brandigu . . . . . stin

(Seel W . . . . de Bloudignies dit Hustin.)

Voyez le n° 3204.

____

3207   BEAULIEU (JACQUES DE),

Homme de la cour de Mons. — 1362.

Sceau rond, de 24 mill. — Arch. du Nord; évêché et chapitre de Cambrai.

Écu plain au chef chargé d'une chimère, dans un quadrilobe.

✳ S · IAKEMARS .. BIAVLIEV

(Seel Jakemart de Biaulieu.)

Transport d'une rente sur la taille de Villers-Pol. — Valenciennes, 4 février 1362.

____

3208   BEAULIEU (JEAN DE),

Homme de la cour de Mons. — 1430.

Sceau rond, de 25 mill. — Arch. du Nord; hôpital Sainte-Élisabeth de Valenciennes.

Écu au chevron accompagné de trois grelots, soutenu par un ange.

s jehan de biaulien

(Seel Jehen de Biaulieu.)

Acquisition de terres à Villers-en-Cauchies. — 18 septembre 1430.

____

3209   BEAUMONT (JACQUES DE),

Homme de la cour de Mons. — 1390.

Sceau rond, de 20 mill. — Arch. du Nord; Chambre des comptes.

Écu au chevron chargé de trois sextefeuilles?, soutenu par une dame, supporté par deux lions, dans une rose.

s · iacemart · de · biaufmont

(Seel Jacemart de Biausmont.)

Guillaume de Namur se déshérite au profit du comte de Hainaut de la ville, château et terre de Walcourt, de l'avouerie de Silenrieux et de Fontenelle. — Namur, 18 octobre 1390.

3210   BÈGUE (GUILLAUME LE),

Homme de la cour de Mons. — 1535.

Sceau rond, de 28 mill. — Arch. du Nord; abbaye d'Anchin.

Écu au chevron accompagné de deux coquilles en chef et d'une gerbe en pointe, supporté par un griffon.

8 : GVILLAME : LE : BESGHE

(Seel Guillame le Besghe.)

Jugement par défaut contre des habitants de Bruille-sur-Écaillon qui refusoient de payer les dîmes. — 21 juin 1535.

____

3211   BELHOSTE (PIERRE),

Homme de la cour de Mons. — 1504.

Sceau rond, de 25 mill. — Arch. du Nord; abbaye de Liessies.

Écu à la hure, supporté par un homme sauvage.

seel pierart . . . . .

(Seel Pierart Belhoste.)

Bail de la maison et cense de Liessies. — 16 février 1504.

____

3212   BERMERAIN (PIERRE DE),

Homme de la cour de Mons. — 1380.

Sceau rond, de 20 mill. — Arch. du Nord; abbaye de Liessies.

Écu à trois rencontres de bœuf, dans un trilobe.

✳ S' PETRI · DE · BIERMERAING

(Sigillum Petri de Biermeraing.)

Sentence annulant l'arrentement d'une terre à Obigies. — 11 février 1380.

____

3213   BERNARD (THOMAS),

Homme de la cour de Mons. — 1518.

Sceau rond, de 27 mill. — Arch. du Nord; collégiale de Sainte-Croix.

Écu à la tête de chamois, supporté par une sirène.

. . . . MA BERNAR.

(Seel Thoma Bernart.)

Bail des droits de l'abbaye du Saint-Sépulcre à Brugelette. — 6 juillet 1518.

____

3214   BERNIER (FRANÇOIS),

Homme de la cour de Mons. — 1515.

Sceau rond, de 20 mill. — Arch. du Nord; Chambre des comptes.

Écu portant un oiseau accompagné de feuillages, soutenu par une dame.

s frankart biernier

(Seel Frankart Biernier.)

Sentence au sujet du refus d'une dîme. — 28 août 1515.

3215 BERNIER (JEAN),

Homme de la cour de Mons. — 1334.

Sceau rond, de 28 mill. — Arch. du Nord; Chambre des comptes.

Écu portant trois mâcles, penché, timbré d'un heaume cimé d'un personnage ailé, couronné, armé d'une javeline et issant d'une enceinte bretessée, sur champ fretté.

SEEL · IEHAN · BIERNIER

(Seel Jehan Biernier.)

Wolerau de Luxembourg prend en fief du comte de Hainaut les châteaux et terres de Bouchain, Renaut-Folie et Quesnoy. — Valenciennes, 6 février 1334.

3216 BÉROT (JACQUES),

Homme de la cour de Mons. — 1567.

Sceau rond, de 30 mill. — Arch. du Nord; évêché et chapitre de Cambrai.

Écu au chevron accompagné de trois étoiles, supporté par un lion.

SEEL IXCQVES BEROT

(Seel Jacques Berot.)

Bail d'une maison, grange et étables à Maretz. — 7 février 1567.

3217 BIÉQUET (BAUDOUIN),

Homme de la cour de Mons. — 1430.

Sceau rond, de 25 mill. — Arch. du Nord; abbaye de Saint-Aubert.

Écu portant un brochet en bande, dans un trilobe.

S BXVDEWIN · BIEKET

(Seel Baudewin Bieket.)

Accord au sujet de la dîme des laines et des agneaux à Avesnes-le-Sec. — 27 août 1430.

3218 BIÉVÈNE (GILLES DE),

Homme de la cour de Mons. — 1528.

Sceau rond, de 30 mill. — Arch. du Nord; abbaye de Saint-Aubert.

Écu au lion, supporté par un griffon.

seel gil . . . . bievene

(Seel Gille de Bievene.)

Sentence confirmative de droits sur des grosses dîmes à Iwuy. — 4 mai 1528.

3219 BINCHE (JEAN DE),

Homme de la cour de Mons. — 1409.

Sceau rond, de 25 mill. — Arch. du Nord; abbaye de Saint-Aubert.

Écu à la bande chargée de trois tourteaux, timbré de trois fleurs, dans un quadrilobe allongé.

seel · iehan · de · binch

(Seel Jehan de Binch.)

Voyez le n° 1254.

3220 BISET (JEAN),

Homme de la cour de Mons. — 1449.

Sceau rond, de 24 mill. — Arch. du Nord; abbaye d'Anchin.

Écu au chevron componé et accompagné de trois trèfles, supporté par une sirène.

s . . han bifet

(Seel Jehan Biset.)

Voyez le n° 3183.

3221 BIZEAU (JEAN),

Homme de la cour de Mons. — 1613.

Sceau rond, de 27 mill. — Arch. du Nord; chartreux de Valenciennes.

Écu à la roue accompagnée de deux étoiles en chef et d'un croissant en pointe, supporté par un personnage couronné, armé et tenant un livre.

S · IEXN · BISSEXV

(Seel Jean Bisseau.)

Bail du courtil Watrial. — Solesmes, 7 février 1613.

3222 BLAZ (ÉTIENNE LE),

Homme de la cour de Mons. — 1494.

Sceau rond, de 26 mill. — Arch. du Nord; évêché et chapitre de Cambrai.

Écu à la fasce accompagnée de deux étoiles en chef et d'une quintefeuille en pointe, soutenu par un ange.

s · eftienû · le · blaz

(Seel Estienne le Blaz.)

Acquisition d'une rente sur la taille de Villers-Pol. — 19 août 1494.

3223 BOIART (JEAN),

Homme de la cour de Mons. — 1454.

Sceau rond, de 28 mill. — Arch. du Nord; évêché et chapitre de Cambrai.

Écu à l'aigle accompagnée de quatre hermines, soutenu par un ange.

iehan boiart

(Jehan Boiart.)

Bail d'une maison, grange, etc. à Quaronble. — 8 mars 1454.

3224 BOIS (MELCHIOR DU),

Homme de la cour de Mons. — 1554.

Sceau rond, de 25 mill. — Arch. du Nord; abbaye des Prés.

Écu monogrammatique : deux fourches? en sautoir accompagnées des lettres M. D. B.

S · MELCIO · DV · BOIS

(Seel Melcio du Bois.)

Arrentement d'une maison à Guesnain. — 7 février 1554.

3225   BONAMI (PIERRE),

Homme de la cour de Mons. — 1466.

Sceau rond, de 25 mill. — Arch. du Nord; évêché et chapitre de Cambrai.

Écu portant trois trèfles accompagnés d'une étoile en abîme, dans un trilobe.

seel pierart . . . amit

(Seel Pierart Bonami.)

Renonciation à des prétentions sur une terre à Lessines. — 20 avril 1466.

3226   BONNET (NICOLAS),

Franc alleutier du Hainaut. — 1520.

Sceau rond, de 24 mill. — Arch. du Nord; évêché et chapitre de Cambrai.

Écu portant trois sextefeuilles, soutenu par un ange.

seel colart bonnet

(Seel Colart Bonnet.)

Acquisition de la ville, terre et seigneurie de Thumaide. — Quesnoy-le-Comte, 2 mars 1520.

3227   BOS (JACQUES DU),

Homme de la cour de Mons. — 1467.

Sceau rond, de 25 mill. — Arch. du Nord; abbaye de Liessies.

Écu à la hure accompagnée de trois trèfles, supporté par un homme sauvage.

s jaquemart du bos

(Seel Jaquemart du Bos.)

Bail de terres situées à Maffles. — 15 février 1467.

3228   BOS (LIONNET DU),

Homme de la cour de Mons. — 1444.

Sceau rond, de 25 mill. — Arch. du Nord; abbaye des Prés.

Écu portant un écureuil, soutenu par un ange.

Seel · lioné · dou · bos

(Seel Lioné dou Bos.)

Sentence au sujet d'un droit de relief injustement réclamé par le seigneur de Wavrechain. — 3 juillet 1424.

3229   BOS (VIVIEN DU),

Homme de la cour de Mons. — 1393.

Sceau rond, de 25 mill. — Arch. du Nord; chapitre de Saint-Amé.

Écu portant deux têtes d'homme de profil au franc canton chargé d'une roue, soutenu par un ange, dans un ovale.

s vivien dou bos

(Seel Vivien dou Bos.)

Confirmation de droits au dîmage de Fressain. — 2 juin 1393.

3230   BOSQUILLON (JEAN),

Homme de la cour de Mons. — 1515.

Sceau rond, de 28 mill. — Arch. du Nord; collégiale de Saint-Géry.

Écu portant une sirène.

s : iehan : boquilon

(Seel Johan Boquilon.)

Aveu d'un fief à Hem-Lenglet. — 14 mai 1515.

3231   BOUCQ (JEAN LE),

Homme de la cour de Mons. — 1532.

Sceau rond, de 30 mill. — Arch. du Nord; abbaye de Saint-Aubert.

Écu échiqueté à l'écusson en abîme, timbré d'un heaume cimé d'une tête de bouc.

SEEL · IEHAN · LE · BOVCQ

(Seel Jehan le Boucq.)

Sentence au sujet des menues dîmes d'Iwuy. — 15 avril 1532.

3232   BOUCQ (OLIVIER LE),

Homme de la cour de Mons. — 1565.

Sceau rond, de 28 mill. — Communiqué par M. Le Boucq de Ternas à Douai.

Écu portant trois ruches accompagnées de trois feuilles dentées, timbré d'un heaume cimé d'une tête de bouc.

S OLIVIER LE BOVCQ

Aveu d'un fief tenu de Sebourg. — 9 février 1565.

3233   BOUCQ (PIERRE LE),

Homme de la cour de Mons. — 1565.

Sceau rond, de 26 mill. — Communiqué par M. Le Boucq de Ternas à Douai.

Écu portant trois ruches accompagnées de trois feuilles de houx au lambel, timbré d'un heaume cimé d'une tête de bouc.

S PIERRE LE BOVCQ

Voyez le n° 3232.

3234   BOUCQ (PIERRE LE),

Homme de la cour de Mons. — 1574.

Sceau rond, de 28 mill. — Arch. du Nord; évêché et chapitre de Cambrai.

Écu portant trois ruches accompagnées de trois feuilles dentées au lambel, timbré d'un heaume cimé d'une tête de bouc.

S PIERRE LE BOVCQ

Accord au sujet d'une terre à Quarouble. — 12 juin 1574.

3235 BOUCQUENEAU (PHILIPPE).

Homme de la cour de Mons. — 1561.

Sceau rond, de 29 mill. — Arch. du Nord; abbaye de Liessies.

Écu au chevron sous un chef, supporté par un personnage nimbé tenant une croix processionnelle et un livre.

S PHELIPPE BOVCQVENEAV

Bail de la maison, des étables et du moulin de Cartignies. — 20 février 1561.

3236 BOULDRENGHIEN (BAUDOUIN DE).

Homme de la cour de Mons. — 1459.

Sceau rond, de 25 mill. — Arch. du Nord; évêché et chapitre de Cambrai.

Écu à la bannaide besantée, brisé d'une étoile entre la première et la seconde pièce, supporté par un lion.

baudeww . u de ba . . . . . u

(Baudewin de Baudrenghien.)

Bail d'un pré et d'une terre à Ogy. — 31 mars 1459.

3237 BOLDRENGHIEN (GUILLAUME DE).

Homme de la cour de Mons. — 1422.

Sceau rond, de 29 mill. — Arch. du Nord; évêché et chapitre de Cambrai.

Écu à la bannaide chargée de . . . . . , dans un trilobe.

s · vvillame · de · baudreghieu

(Seel Willame de Baudreghien.)

Conventions au sujet de la trésorerie que la ville de Lessines veut ajouter à son église. — Lessines, 29 juin 1422.

3238 BOULENGER (JEAN).

Homme de la cour de Mons. — 1517.

Sceau rond, de 26 mill. — Arch. du Nord; hôpital Sainte-Élizabeth de Valenciennes.

Écu portant deux étoiles accompagnées de . . . . . en pointe sous un chef chargé d'un dragon ailé, soutenu par un homme sauvage.

. . . . . au boulenghier

(Seel Jehan Boulenghier.)

Bail de divers biens situés à Vicq — 26 janvier 1517.

3239 BOULENGER (JEAN).

Homme de la cour de Mons. — 1545.

Sceau rond, de 28 mill. — Arch. communales de Valenciennes.

Écu portant trois étoiles sous un chef chargé d'un dragon ailé, timbré d'un heaume cimé d'un homme sauvage issant.

S IEHAN BOVLENGHIER

Voyez le n° 3187.

3240 BOURDON (ANSEL).

Homme de la cour de Mons. — 1428.

Sceau rond, de 26 mill. — Arch. du Nord; collégiale de Saint-Géry.

Écu portant trois bourdons en bande accompagnés d'une quintefeuille au canton sénestre, soutenu par une dame.

s : ancian : bourdon

(Seel Ancien Bourdon.)

Sentence confirmative de droits de terrage à Hordain. — 7 mars 1428.

3241 BOURDON (JEAN).

Homme de la cour de Mons. — 1479.

Sceau rond, de 24 mill. — Arch. du Nord; abbaye du Quesnoy.

Écu portant trois bourdons en bande accompagné d'une gerbe au canton sénestre, soutenu par un griffon.

s · iohanis · bourdon

(Sigillum Johannis Bourdon.)

Vidimus d'une charte de Gilles de Berlaimont par laquelle il fait don à l'abbaye du Quesnoy d'une rente à Bachant. — 9 mars 1479.

3242 BOURDON (JEAN),

Homme de la cour de Mons. — 1498.

Sceau rond, de 28 mill. — Arch. du Nord; abbaye de Saint-Aubert.

Écu portant trois bourdons en bande, soutenu par un ange.

s iohannis bourdon

(Sigillum Johannis Bourdon.)

Voyez le n° 3218.

3243 BOURGEOIS (CHARLES).

Homme de la cour de Mons. — 1500.

Sceau rond, de 25 mill. — Arch. du Nord; collégiale de Saint-Géry.

Écu au chevron accompagné de trois sautoirs, supporté par une dame.

seel charles bourgois

(Seel Charles Bourgois.)

Sentence confirmative de droits sur la dîme de Gibin. — 1500.

3244 BOURGEOIS (GUILLAUME).

Homme de la cour de Mons. — 1641.

Sceau rond, de 28 mill. — Arch. du Nord; abbaye de Fontenelles.

Écu au chevron accompagné de deux étoiles en chef et d'un cœur en pointe, supporté par un griffon.

S · GVILLAMME · BOVRGEOIS

Acquisition d'une rente à Preux-au-Sart. — 16 mars 1641.

3245   BOURGEOIS (LOUIS).

Homme de la cour de Mons. — 1644.

Sceau rond, de 28 mill. — Arch. du Nord; abbaye de Fontenelles.

Écu portant une croix latine sur une terrasse, dans un cartouche.

SEEL · LOUIS · BOVRGEOIS ·

Voyez le n° 3244.

3246   BOURGEOIS (SIMON).

Homme de la cour de Mons. — 1584.

Sceau rond, de 27 mill. — Arch. du Nord; collégiale de Saint-Géry.

Écu portant deux poissons en fasce l'un sur l'autre, soutenu par un lion.

S · SIMON · BOVRGEOIS ·

Bail de terres et de dîmes à Noirchain. — 10 février 1584.

3247   BOUTÉE (PIERRE).

Homme de la cour de Mons. — 1579.

Sceau rond, de 28 mill. — Arch. du Nord; abbaye de Liessies.

Écu portant deux boîtes suspendues à un anneau, supporté par un saint Pierre.

S · PIERRE · BOVTEE

Bail du moulin de Fourmies. — 13 mars 1579.

3248   BRASSART (THIERRI).

Homme de la cour de Mons. — 1408.

Sceau rond, de 28 mill. — Arch. du Nord; collégiale de Saint-Géry.

Écu portant trois cœurs au franc canton chargé d'une bannaide au lambel, soutenu par un ange.

s · thiery · brasart

(Seel Thiery Brasart.)

Voyez le n° 3240.

3249   BROECQUET (GEORGES DU).

Homme de la cour de Mons. — 1533.

Sceau rond, de 33 mill. — Arch. du Nord; abbaye du Saint-Sépulcre.

Écu à la bande chargée de trois sautoirs, timbré d'un heaume cimé d'un ours? issant, supporté par deux griffons.

S: GEORGE : DV : BRVECQVET

(Seel George du Bruecquet.)

Bail des dîmes de Brugelette. — 8 décembre 1533.

3250   BROECQUET (JEAN DU).

Homme de la cour de Mons. — 1379.

Sceau rond, de 24 mill. — Arch. communales d'Englefontaine.

Écu portant une bande chargée de sautoirs au lambel, dans un trilobe.

IЄhᴙR · DOV · .ᴙOᴙЄT

(Jehan dou Broket.)

Sentence au sujet du droit de rachat, par l'abbaye de Maroilles, des revenus de Vendégies-au-Bois, Beaurain, la Neuville, etc. — 10 octobre 1379.

3251   BROEK? (JEAN DU).

Homme de la cour de Mons. — 1457.

Sceau rond, de 26 mill. — Arch. du Nord; évêché et chapitre de Cambrai.

Écu au lion couronné à queue fourchée et passée en sautoir, brisé d'une quintefeuille au canton dextre, timbré d'un heaume cimé de deux jambes éperonnées.

. . . . . n dou b.necq

(Seel Jehan dou Bruecq.)

Bail de terres à Wodecq. — Lessines, 16 janvier 1457.

3252   BROGNART (GÉRARD).

Homme de la cour de Mons. — 1419.

Sceau rond, de 26 mill. — Arch. du Nord; collégiale de Saint-Géry.

Écu portant la lettre g accompagnée de trois étoiles, soutenu par un ange, dans un quadrilobe.

seel · gerart · brongnart?

(Seel Gérart Brongnart.)

Voyez le n° 3204.

3253   BROGNART (GÉRARD).

Le fils, homme de la cour de Mons. — 14..

Sceau rond, de 26 mill. — Arch. du Nord; évêché et chapitre de Cambrai.

Écu au chevron accompagné de deux têtes de lion arrachées en chef et de la lettre 6 retournée en pointe, supporté par une dame.

seel gerard brongnart

(Seel Gérard Brongnart.)

Sentence contre les dominicains de Beaumont à Valenciennes au sujet des dîmes d'Onnaing. — 23 février 1...

3254   BROLGNON (JEAN DU).

Homme de la cour de Mons. — 1469.

Sceau rond, de 26 mill. — Arch. du Nord; abbaye d'Aneuin.

Écu à l'oiseau essorant, supporté par un griffon.

feel · iehan · dou · brougnon

(Seel Jehan dou Brougnon.)

Réparation donnée à l'abbaye d'Anchin par les hommes d'Écaillon qui avaient dévasté ses bois et navré le sergent qui les gardait. — Pecquencourt, 23 juillet 1409.

3255 BRUGELETTE (NICOLAS DE),

Homme de la cour de Mons. — 1334.

Sceau rond, de 22 mill. — Arch. du Nord; Chambre des comptes.

Écu portant trois lions, dans une rose.

✠ S' NICOLAI : DE : BRVIGLETES

(Sigillum Nicolai de Brujeletes.)

Voyez le n° 3191.

3256 BRUN (ARNOUL LE),

Homme de la cour de Mons. — 1491.

Sceau rond, de 25 mill. — Arch. du Nord; Chambre des comptes.

Écu au sautoir accompagné en chef et en pointe de deux quintefeuilles et flanqué de deux étoiles, supporté par un lion.

s · ernoul · le · brun

(Seel Ernoul le Brun.)

Bail d'une maison et d'héritages à Gibecq. — 8 janvier 1491.

3257 BRUN (GASPARD LE),

Homme de la cour de Mons. — 1509.

Sceau rond, de 28 mill. — Arch. du Nord; abbaye de Marchiennes.

Écu portant une couronne sous un chef chargé de trois étoiles, soutenu par un ange.

seel iaspart le brun

(Seel Jaspart le Brun.)

Sentence confirmative d'un droit de terrage à Fenain. — 14 juin 1509.

3258 BRUNEAU (EUSTACHE),

Homme de la cour de Mons. — 1501.

Sceau rond, de 25 mill. — Arch. du Nord; collégiale de Saint-Géry.

Écu à la hure accompagnée d'une étoile et d'une coquille en chef, supporté par un ange.

seel uftaffe bruneau

(Seel Ustasse Bruneau.)

Bail de divers biens au terroir de Ghlin. — 15 avril 1501.

3259 BRUSLET (HENRI),

Homme de la cour de Mons. — 1607.

Sceau rond, de 25 mill. — Arch. du Nord; évêché et chapitre de Cambrai.

Écu portant trois quintefeuilles accompagnées d'une étoile en abîme, dans une rose.

S HENRI PIROU

(Seel Henri Pikot.)

Voyez le n° 3194.

3260 BUISSERET (ANTOINE),

Homme de la cour de Mons. — 1575.

Sceau rond, de 30 mill. — Arch. du Nord; abbaye de Flassion.

Écu portant un arbre, écartelé de deux mouchetures d'hermine, timbré d'un heaume cimé de fleurs.

S ANTHOI.. BVISSERET

Aveu de deux fiefs à Mont'gnies près Lens. — 3 juillet 1575.

3261 BUISSERET (GEORGES),

Homme de la cour de Mons. — 1594.

Sceau rond, de 28 mill. — Arch. du Nord; évêché et chapitre de Cambrai.

Écu portant un arbre accosté de deux étoiles, coupé d'un chevron accompagné de trois têtes d'homme de profil, timbré d'un heaume.

S GEORGE BVISSERET

Bail du dimage de Sebourg donné par le chapitre de Cambrai réfugié à Mons. — 6 septembre 1594.

3262 BUISSON (NOËL DU),

Homme de la cour de Mons. — 1462.

Sceau rond, de 22 mill. — Arch. du Nord; collégiale de Saint-Géry.

Écu portant un arbre accompagné d'arbustes, soutenu par un ange.

s · noel · du · buiffon

(Seel Noël du Buisson.)

Acquisition du fief du Bois-Hion situé entre Étrun et Hordain. — 17 octobre 1462.

3263 BULTET (LAURENT),

Homme de la cour de Mons. — 1516.

Sceau rond, de 27 mill. — Arch. du Nord; abbaye d'Anchin.

Écu au lion à la bordure besantée, supporté par un personnage debout en costume civil et armé d'une javeline.

Seel lenrent bultet

(Seel Laurent Bultet.)

Voyez le n° 1478.

3264 BUTEAU (JEAN),

Homme de la cour de Mons. — 1506.

Sceau rond, de 25 mill. — Arch. du Nord; collège d'Anchin.

Écu à l'oiseau essorant, brisé d'une rose au canton dextre, soutenu par un ange.

seel · zeban · buteau

(Seel Johan Buteau.)

Vidimus d'un acte de mariage. — 11 octobre 1506.

3265   CALLEMART (DREUX),

Homme de la cour de Mons. — 1531.

Sceau rond, de 27 mill. — Arch. du Nord; évêché et chapitre de Cambrai.

Écu portant deux quintefeuilles en chef et une tête d'homme de profil en pointe, timbré d'un heaume cimé d'un oiseau.

S · DRVON · CALLEMART

(Seel Druon Callemart.)

Sentence au sujet d'un cens dont l'abbaye du Saint-Sépulcre voulait déposséder le censier. — 23 novembre 1531.

3266   CAMBIER (FRANÇOIS),

Homme de la cour de Mons. — 1616.

Sceau rond, de 27 mill. — Arch. du Nord; évêché et chapitre de Cambrai.

Écu au chevron accompagné de deux trèfles en chef et d'un croissant en pointe, supporté par un griffon.

S · FRANCHOIS · CAMBIER

Transport d'une rente. — Au château de Vendégies, 30 avril 1616.

3267   CAMBIER (LOTARD LE),

Homme de la cour de Mons. — 1409.

Sceau rond, de 23 mill. — Arch. du Nord; abbaye de Saint-Aubert.

Écu portant trois roses à la bordure engrêlée, soutenu par une dame.

lottart le cambier

(Lottart le Combier.)

Voyez le n° 1254.

3268   CAMBRAI (THOMAS DE),

Homme de la cour de Mons. — 1431.

Sceau rond, de 24 mill. — Arch. du Nord; abbaye de Saint-Aubert.

Écu au cygne nageant et accompagné de deux étoiles en chef. — Légende détruite.

Acquisition d'une rente à Thun-l'Évêque. — 12 juillet 1431.

3269   CANDAVÈNE (GÉRARD),

Homme de la cour de Mons. — 1512.

Sceau rond, de 30 mill. — Arch. du Nord; Chambre des comptes.

Écu à la tête de more, timbré d'un heaume.

S GRART CAMPDANVAINE

(Seel Grart Campdanvaine.)

Bail d'un jardin à Lossignol en la forêt de Momalle. — 12 septembre 1512.

3270   CANDEILLON (PIERRE),

Homme de la cour de Mons. — 1456. ;

Sceau rond, de 26 mill. — Arch. du Nord; abbaye de Saint-Aubert.

Écu portant un dauphin à la bordure, penché, timbré d'un heaume cimé d'un dauphin.

· · · pierart candillon

(Seel Pierart Candillon.)

Sentence au sujet des dîmes des pâturages de Hérinnes. — 5 juillet 1456.

3271   CANEBUSTIN (JEAN),

Homme de la cour de Mons. — 1381.

Sceau rond, de 23 mill. — Arch. du Nord; chapitre de Saint-Géry de Valenciennes.

Écu au demi-sanglier passant à dextre, dans un quadrilobe.

S IGR DIT CH..... ĒĪ

(Seel Jehan dit Canebustin.)

Sentence au sujet d'arrérages. — 2 décembre 1381.

3272   CAPELLE (JEAN DE LA),

Homme de la cour de Mons. — 1454.

Sceau rond, de 28 mill. — Arch. du Nord; évêché et chapitre de Cambrai.

Écu à la fasce chargée de trois hermines et accompagnée d'un lion issant en chef, penché, timbré d'un heaume, supporté par un griffon.

· · · · · capelle

(Seel Jehan de le Cappelle.)

Compromis entre Jean du Necot, chanoine de Soignies, et Jean van Poele, écuyer. — 1er juillet 1454.

3273   CARDENAL (JEAN),

Homme de la cour de Mons. — 1379.

Sceau rond, de 24 mill. — Arch. communales d'Englefontaine.

Écu à la fasce chargée de trois coquilles et accompagnée de six croisettes recroisetées en orle, dans un hexagone.

✖ s.....an carben..

(Seel Jehan Cardenal.)

Voyez le n° 3250.

3274   CARPENTIER (JEAN),

Dit Madet, homme de la cour de Mons. — 1433.

Sceau rond, de 24 mill. — Arch. du Nord; évêché et chapitre de Cambrai.

Écu au sautoir chargé d'une coquille en cœur et cantonné de quatre merlettes, soutenu par un ange.

46

feel · iehan · carpétier

(Seel Jehan Carpentier.)

Transport d'une rente sur la taille de Villers-Pol. — Valenciennes, 7 mai 1433.

3275   CASTEL (GILLES DU),

Homme de la cour de Mons. — 1301.

Sceau en écu, de 30 mill. — Arch. du Nord; Chambre des comptes.

Écu portant trois râteaux ou trois cardes.

⚜ S' · GILLOVR · DV · CASTEL ·

(Seel Gilleon du Castel.)

Acquisition par le comte de Hainaut de la terre et seigneurie d'Englefontaine. — Valenciennes, 22 juillet 1301.

3276   CASTELET (HÉLUIN),

Homme de la cour de Mons. — 1340.

Sceau rond, de 26 mill. — Arch. du Nord; abbaye de Saint-Jean de Valenciennes.

Écu portant trois châteaux à la bordure engrêlée, dans un trilobe.

S' : hELVIN : CHSTELET

(Seel Héluin Castelet.)

Testament d'Adam de Préseau. — 2 décembre 1340.

3277   CATOIRE (BAUDOUIN DE LA),

Homme de la cour de Mons. — 1530.

Sceau rond, de 29 mill. — Arch. du Nord; abbaye d'Anchin.

Écu à la bande, parti d'une étoile, penché, timbré d'un heaume cimé d'une tête d'aigle, supporté par deux lions.

seel . . . . . le cattoire

(Seel Baudouin de le Cattoire.)

Sentence contre les habitants de Masny qui se refusaient à payer la dîme. — 19 septembre 1530.

3278   CAZET (SIMON),

Homme de la cour de Mons. — 1440.

Sceau rond, de 22 mill. — Arch. du Nord; évêché et chapitre de Cambrai.

Écu à la roue accompagnée de trois roses?, supporté par un homme sauvage.

S' · simon · cazet

(Seel Simon Cazet.)

Voyez le n° 3253.

3279   CHANTRAINE (PIERRE DE),

Homme de la cour de Mons. — 1506.

Sceau rond, de 27 mill. — Arch. du Nord; collégiale de Saint-Géry.

Écu portant une licorne passant, soutenu par un ange.

seel · piere · de · canteraine

(Seel Piere de Canteraine.)

Bail de prés et de marais à Bouchain. — Cambrai, 24 février 1606.

3280   CHÂTEAU (DANIEL DU),

Homme de la cour de Mons. — 1658.

Sceau rond, de 26 mill. — Arch. du Nord; évêché et chapitre de Cambrai.

Écu à trois châteaux, timbré d'un heaume.

..NIEL DV CHA...

Acquisition d'une terre à Quarouble. — 28 mai 1658.

3281   CIPLY (JEAN DE),

Homme de la cour de Mons. — 1358.

Sceau rond, de 26 mill. — Arch. du Nord; abbaye de Hasnon.

Écu d'hermines ou billeté portant trois épées en bande la pointe en bas à la bordure engrêlée, supporté par un homme sauvage, dans un ovale.

⚜ S' IEhAN DE .hIPL.

(Seel Jehan de Chiply.)

Sentence au sujet de la qualité de la monnaie à employer pour acquitter une rente due au sire d'Houffalise. — 31 décembre 1358.

3282   CLAUTIER (SIMON),

Homme de la cour de Mons. — 1526.

Sceau rond, de 27 mill. — Arch. du Nord; collège d'Anchin.

Écu portant trois clous accompagnés d'une sextefeuille en abîme, soutenu par un ange.

seel : simon : clautier :

(Seel Simon Cloutier.)

Quittance. — 7 août 1525.

3283   CLAUWET (GODEFROI),

Homme de la cour de Mons. — 1438.

Sceau rond, de 26 mill. — Arch. du Nord; collégiale de Saint-Géry.

Écu au lion au filet en bande brochant, supporté par une dame; dans le champ, deux g.

s godefroit clauet

(Seel Godefroit Clauet.)

Ordonnance sur l'empêchement fait par Raoul de Créqui, seigneur de Hordain, au terrageur de la collégiale de Saint-Géry. — 9 février 1438.

3284   COLARD (JEAN),

Homme de la cour de Mons. — 1483.

Sceau rond, de 26 mill. — Arch. du Nord; collégiale de Saint-Géry.

Écu portant un oiseau (un papegai), soutenu par un homme sauvage.

s jehan collart

(Seel Jehan Collart.)

Bail de divers biens à Ghlin. — 11 juin 1488.

3285   COMBLE (ANTOINE LE),

Homme de la cour de Mons. — 1697.

Sceau rond, de 30 mill. — Arch. du Nord; abbaye de Fontenelles.

Écu au chevron accompagné de deux fleurs en chef et d'un cheval gai en pointe.

SEEL · ANTHOINE · LE COMBLE

Bail d'une maison à Beauregard près Catillon. — 4 novembre 1697.

3286   COMTE (ADAM LE),

Homme de la cour de Mons. — 1470.

Sceau rond, de 25 mill. — Arch. du Nord; abbaye de Saint-Sépulcre.

Écu au chevron chargé d'une étoile et accompagné de trois quintefeuilles, supporté par une licorne.

S adam le comte

(Seel Adam le Comte.)

Bail d'une terre à Angres. — 23 juin 1470.

3287   COMTE (ENGUERRAN LE),

Homme de la cour de Mons. — 1461.

Sceau rond, de 24 mill. — Arch. du Nord; collégiale de Saint-Géry.

Écu à l'oiseau sur une branche, supporté par un homme sauvage.

S engherant le Comte

(Seel Engherant le Comte.)

Bail de divers revenus à Noirchain. — 27 avril 1461.

3288   COMTE (JEAN LE),

Homme de la cour de Mons. — 1452.

Sceau rond, de 24 mill. — Arch. du Nord; évêché et chapitre de Cambrai.

Écu au chevron accompagné de trois quintefeuilles, supporté par une aigle.

S · jehan · le comte

(Seel Jehan le Comte.)

Partage des biens d'Aimeri Grobert, bourgeois de Valenciennes. — 20 octobre 1452.

3289   CORBAULT (JEAN),

Homme de la cour de Mons. — 1550.

Sceau rond, de 25 mill. — Arch. du Nord; collégiale de Saint-Géry.

Écu portant un estor en bande, penché, timbré d'un heaume cimé d'un corbeau.

s jehan corbavlt

(Seel Jehan Corbault.)

Bail de rentes et de dîmes à Bouchain. — 19 juin 1550.

3290   CORBAULT (M' NICAISE),

Homme de la cour de Mons. — 1530.

Sceau rond, de 30 mill. — Arch. du Nord; abbaye d'Anchin.

Écu portant un estoc en bande, brisé d'une quintefeuille au canton sénestre, timbré d'un heaume cimé d'une tête de griffon.

…NICAISE CORBAVLT

(… Nicaise Corbault.)

Voyez le n° 3277.

3291   CORROY (JEAN DU),

Homme de la cour de Mons. — 1363.

Sceau rond, de 24 mill. — Arch. du Nord; Chambre des comptes.

Écu portant deux feuilles, au franc canton chargé de trois lions, au lambel de cinq pendants sur le tout.

S' jehan dov coroit

(Seel Jehan dou Coroit.)

Voyez le n° 1778.

3292   COUR (COLARD DE LA),

Homme de la cour de Mons. — 1363.

Sceau rond, de 22 mill. — Arch. du Nord; Chambre des comptes.

Écu portant trois coquilles accompagnées d'une merlette en abîme, dans un hexagone.

s : colart : de : le : cour

(Seel Colart de le Cour.)

Voyez le n° 1778.

3293   COUR (COLARD DE LA),

Homme de la cour de Mons. — 1363.

Sceau rond, de 24 mill. — Arch. du Nord; évêché et chapitre de Cambrai.

Écu portant trois coquilles accompagnées d'une merlette en abîme, soutenu par une dame, supporté par deux lions, dans un trilobe.

s colart d. .e court

(Seel Colart de le Court.)

Voyez le n° 3196.

3294   COUR (COLARD DE LA),

Homme de la cour de Mons. — 1403.

Sceau rond, de 22 mill. — Arch. du Nord; abbaye de Saint-Aubert.

Écu portant trois coquilles accompagnées d'un oiseau

en abîme, soutenu par une dame, supporté par deux lions, dans un trilobe.

s colart de le court

(Seel Colart de le Court.)

Sentence au sujet du refus d'une dîme. — 28 août 1494.

3295   COUR (PIERRE DE LA),

Homme de la cour de Mons. — 1530.

Sceau rond, de 28 mill. — Hôtel-Dieu de Valenciennes.

Écu portant un armet, soutenu par un lion.

s · piere · de · le · court

(Seel Piere de le Court.)

Sentence confirmative de droits de terrage à Villers-Pol. — 11 septembre 1530.

3296   COUVIER (JEAN),

Homme de la cour de Mons. — 1356.

Sceau rond, de 20 mill. — Arch. du Nord; Chambre des comptes.

Écu à la bande accompagnée de six billettes en orle.

✠ SEIEL : IEHAN : COVVE..

(Seiel Jehan Couvere.)

Paix à la suite d'un meurtre. — 28 mars 1356.

3297   CRASPERNIENT (JEAN),

Homme de la cour de Mons. — 1383.

Sceau rond, de 24 mill. — Arch. du Nord; évêché et chapitre de Cambrai.

Écu portant trois étoiles au bâton brochant, dans un trilobe.

IEHAN CRAS...NIENT

(Jehan Craspernient.)

Voyez le n° 3196.

3298   CRESPE (AUBERT LE),

Homme de la cour de Mons. — 1429.

Sceau rond, de 28 mill. — Arch. du Nord; évêché et chapitre de Cambrai.

Écu portant trois têtes d'homme de face, penché, timbré d'un heaume cimé de deux têtes d'homme.

s : obiert : le : crefpe :

(Seel Obiert le Crespe.)

Acquisition de maisons, d'étables et de bergeries à Ophain. — 19 février 1429.

3299   CROHIN (ARMAND),

Homme de la cour de Mons. — 1456.

Sceau rond, de 24 mill. — Arch. du Nord; évêché et chapitre de Cambrai.

Écu au chevron accompagné de trois objets de métier (trois forêts?), supporté par une aigle.

S armant crohin

(Seel Armant Crohin.)

Lettres de relief pour des terres tenues du seigneur de Monchaux. — 8 janvier 1456.

3300   CROHIN (PIERRE),

Homme de la cour de Mons. — 1440.

Sceau rond, de 30 mill. — Arch. du Nord; évêché et chapitre de Cambrai.

Écu au chevron chargé d'une étoile et accompagné de trois épis, supporté par une dame.

s · pierart.....

(Seel Pierart.....)

Voyez le n° 3253.

3301   CUESMES (JACQUES DE),

Homme de la cour de Mons. — 1494.

Sceau rond, de 23 mill. — Arch. du Nord; abbaye des Prés.

Écu portant deux poissons adossés, brisé de ..... en chef, soutenu par un ange, dans un ovale.

iakemart de buemes

(Jakemart de Kuemes.)

Sentence contre le seigneur de Marcq-en-Ostrevant, qui réclamait à l'abbaye des Prés le droit de relief de biens amortis. — 3 juillet 1494.

3302   CUVELIER (JEAN LE),

Homme de la cour de Mons. — 1464.

Sceau rond, de 25 mill. — Arch. du Nord; évêché et chapitre de Cambrai.

Écu au chevron chargé de trois fleurs différentes, supporté par un lion.

s iehan le cuvelier

(Seel Jehan le Cuvelier.)

Bail de biens situés à Quarouble. — 28 juillet 1464.

3303   DANGRIAUL (JEAN),

Homme de la cour de Mons. — 1397.

Sceau rond, de 27 mill. — Hôtel-Dieu de Valenciennes.

Écu plain au franc canton chargé de deux poissons en pal et à la bordure engrêlée, penché, timbré d'un heaume, dans un quadrilobe.

s' iehan daugr..l

(Seel Jehan Dangriel?)

Voyez le n° 3201.

3304   DAYMEZ (LAURENT),

Homme de la cour de Mons. — 1449.

Sceau rond, de 24 mill. — Arch. du Nord; évêché et chapitre de Cambrai.

Écu au chevron accompagné de trois fleurs (trois campanules), supporté par un ange.

s · leurent · daymez

(Seel Leurent Daymes.)

Transport d'une rente sur la taille de Villers-Pol. — 11 avril 1449.

3305   DENIS (JEAN),

Homme de la cour de Mons. — 1602.

Sceau rond, de 27 mill. — Arch. du Nord; abbaye de Saint-Jean de Valenciennes.

Écu au chevron chargé d'un croissant et accompagné de trois fers de flèche, supporté par un lion.

S IEHAN DENIS

Bail d'une maison, d'étables et de jardins, etc. à Sepmeries. — 14 juillet 1602.

3306   DERRIÈRE (BASTIEN DE LA),

Homme de la cour de Mons. — 1481.

Sceau rond, de 25 mill. — Arch. du Nord; abbaye du Quesnoy.

Écu au sautoir cantonné de quatre étoiles, supporté par une femme sauvage.

seel battyen de la derrere

(Seel Battyen de la Derrière.)

Don du fief de Landas à Gruson. — Valenciennes, 15 septembre 1481.

3307   DESCAMPS (JEAN),

Homme de la cour de Mons. — 1476.

Sceau rond, de 22 mill. — Arch. du Nord; abbaye du Saint-Sépulcre.

Écu au chevron accompagné de trois croissants, supporté par une dame.

S iehan descamps

(Seel Jehan Descamps.)

Bail de terres à Brugelette. — 22 juillet 1476.

3308   DESCAMPS (JEAN),

Homme de la cour de Mons. — 1516.

Sceau rond, de 28 mill. — Arch. du Nord; abbaye d'Anchin.

Écu au chevron accompagné de deux croissants en chef et d'une étoile en pointe, soutenu par une dame.

S IEHAN DESCAMPS

(Seel Jehan Descamps.)

Voyez le n° 1478.

3309   DESCAMPS (JEAN),

Homme de la cour de Mons. — 1510.

Sceau rond, de 27 mill. — Arch. du Nord; abbaye d'Anchin.

Écu portant une gerbe sous un chef chargé de trois étoiles, soutenu par une dame.

s iehan descamps

(Seel Jehan Descamps.)

Voyez le n° 1478.

3310   DESLERS (JACQUES),

Homme de la cour de Mons. — 1440.

Sceau rond, de 27 mill. — Arch. du Nord; évêché et chapitre de Cambrai.

Écu portant une tête d'éléphant sous un chef chargé de trois sextefeuilles, penché, timbré d'un heaume cimé d'un porc-épic, soutenu par une dame.

. . . . kemart deslers

(Seel Jakemart Deslers.)

Voyez le n° 3253.

3311   DESSUS LE MOUSTIER (COLARD).

Homme de la cour de Mons. — 1483.

Sceau rond, de 27 mill. — Arch. du Nord; collégiale de Saint-Géry.

Écu portant deux bandes la première chargée d'une étoile à la bordure denchée, soutenu par un ange.

s colart deffus le mouftier

(Seel Colart Dessus le Moustier.)

Bail de dîmes et de terrages à Pont-sur-Sambre et à Quartes. — 9 juin 1483.

3312   DICQUEMAN (BERTRAND).

Le fils, homme de la cour de Mons. — 1570.

Sceau rond, de 27 mill. — Arch. du Nord; abbaye de Hasnon.

Écu au chevron accompagné d'une grenade en pointe sous un chef chargé d'une étoile à dextre, supporté par un ange.

S BERTRAND DI..VEMA.

Aveu d'un fief à Montignies-lez-Lens. — 16 février 1570.

3313   DICQUEMAN (BERTRAND).

Le père, homme de la cour de Mons. — 1577.

Sceau rond, de 23 mill. — Arch. du Nord; abbaye de Hasnon.

Écu au chevron accompagné d'une grenade en pointe sous un chef plain, écartelé d'une bande crénelée.

SEEL · BERTRAND · DICQVEMAN

Aveu d'un fief à Montignies-lez-Lens. — 25 février 1577.

3314   DICQUEMAN (JEAN),

Homme de la cour de Mons. — 1505.

Sceau rond, de 26 mill. — Arch. du Nord; abbaye de Hasnon.

Écu au chevron accompagné d'une grenade en pointe sous un chef plain, écartelé d'une bande crénelée.

SEEL · IEHAN · DICQVEMAN

(Seel Iehan Dicqveman.)

Aveu d'un fief à Montignies-lez-Lens. — 9 janvier 1505.

3315   DOUR (GODEFROI DE),

Homme de la cour de Mons. — 1446.

Sceau rond, de 27 mill. — Arch. du Nord; évêché et chapitre de Cambrai.

Écu billeté au lion, penché, timbré d'un heaume couronné et cimé d'une tête de lion, dans un quadrilobe.

Seel · godefroit · de · dour

(Seel Godefroit de Dour.)

Voyez le n° 3199.

3316   DOUX (GUILLAUME LE),

Homme de la cour de Mons. — 1379.

Sceau rond, de 24 mill. — Arch. communales d'Englefontaine.

Écu plain au chef chargé de trois tourteaux?, dans un trilobe.

s wuillaume li douch

(Seel Willaume li Douch.)

Voyez le n° 3250.

3317   DOUX (JEAN LE),

Homme de la cour de Mons. — 1359.

Sceau rond, de 26 mill. — Arch. du Nord; évêché et chapitre de Cambrai.

Écu plain brisé d'une étoile en pointe au chef chargé de trois tourteaux?, dans une rose. — Légende détruite.

Acte de saisine. — 4 février 1359.

3318   DRUELIN (JEAN),

Homme de la cour de Mons. — 1479.

Sceau rond, de 20 mill. — Arch. du Nord; abbaye du Quesnoy.

Écu à l'homme sauvage, supporté par un Agnus Dei.

S jeh . . . . . . lin

(Seel Jehan Druelin.)

Voyez le n° 3241.

3319   DRUET (JEAN),

Homme de la cour de Mons. — 1479.

Sceau rond, de 26 mill. — Arch. du Nord; abbaye du Quesnoy.

Écu au chevron accompagné de deux étoiles en chef et d'un croissant en pointe, supporté par un homme d'armes finissant en poisson.

s jeha . drue .

(Seel Johan Druet.)

Voyez le n° 3241.

3320   DUC (JEAN LE),

Homme de la cour de Mons. — 1698.

Sceau rond, de 31 mill. — Arch. du Nord; abbaye de Saint-Aubert.

Écu au chevron accompagné d'un soleil en chef et d'une lune et d'une aigle en pointe, timbré d'un heaume cimé d'un soleil.

S · M · IEAN · LE · DVC

Bail de la dîme de *Wilghuit*. — 22 novembre 1698.

3321   ÉCLUSE (JEAN DE L'),

Homme de la cour de Mons. — 1408.

Sceau rond, de 24 mill. — Arch. du Nord; collégiale de Saint-Géry.

Écu à la bande chargée de trois étoiles, supporté par un dogue.

S · iehan · de · lescluse

(Seel Jehan de l'Escluse.)

Voyez le n° 3240.

3322   ELLIGNIES (ALEXANDRE D'),

Homme de la cour de Mons. — 1440.

Sceau rond, de 24 mill. — Arch. du Nord; évêché et chapitre de Cambrai.

Écu à la fasce chargée d'étoiles et accompagnée d'une clochette? entre deux étoiles en chef et de trois pals chargés de . . . . en pointe, dans un trilobe.

s saudrart delegnies

(Seel Sandrart d'Elegnies.)

Voyez le n° 3253.

3323   ÉLOUGES (ÉTIENNE D'),

Homme de la cour de Mons. — 1459.

Sceau rond, de 23 mill. — Arch. du Nord; évêché et chapitre de Cambrai.

Écu portant deux poissons en pal, soutenu par un ange.

S estevene de . lo . . . .

(Seel Estevene d'Elouges.)

Caution fournie pour un censeur du chapitre de Cambrai. — Ellignies, 11 décembre 1459.

3324 ENGUERRAN (GÉRARD),

Homme de la cour de Mons. — 1450.

Sceau rond, de 26 mill. — Arch. du Nord; abbaye d'Anchin.

Écu au chevron chargé d'une étoile et accompagné de trois têtes d'aigle arrachées, supporté par une dame.

S gera.....érant

(Scel Gérart Engherant?)

Lettres de garantie au sujet d'une somme prêtée par l'abbaye d'Anchin. — 19 avril 1450.

3325 ÉPINE (JEAN DE L'),

Homme de la cour de Mons. — 1478.

Sceau rond, de 24 mill. — Arch. du Nord; éveché et chapitre de Cambrai.

Écu portant deux branches (d'épine), soutenu par une dame.

S' iehan de lespine

(Scel Jehan de l'Espine.)

Bail des terres d'Ogy. — 3 octobre 1478.

3326 ESCAUT (ADRIEN D'),

Homme de la cour de Mons. — 1559.

Sceau rond, de 24 mill. — Arch. du Nord; collége d'Anchin.

Écu au chevron accompagné de trois étoiles, supporté par un homme sauvage.

S · ADRIEN DESCAVLT

Quittance de comptes de tutelle. — Péruwelz, 20 juin 1559.

3327 ESPIERRE (JEAN DE L'),

Homme de la cour de Mons. — 1519.

Sceau rond, de 28 mill. — Arch. du Nord; abbaye d'Anchin.

Écu portant une épée en pal cassée à la pointe, penché, timbré d'un heaume.

S · iehan · de · lespiere

(Scel Jehan de l'Espiere.)

Voyez le n° 1637.

3328 ESTAQUET (JEAN),

Homme de la cour de Mons. — 1536.

Sceau rond, de 28 mill. — Arch. du Nord; Chambre des comptes.

Écu à une ramure de cerf accompagnée d'une étoile en pointe, supporté par une aigle.

.....au estaquet

(Scel Jehan Estaquet.)

Rapport du fief de Lumes par le seigneur d'Apremont. — Décembre 1536.

3329 ESTRELIN (JEAN L'),

Homme de la cour de Mons. — 1534.

Sceau rond, de 26 mill. — Arch. du Nord; hôpital Sainte-Élisabeth de Valenciennes.

Écu au chevron chargé d'une quintefeuille et accompagné de trois trèfles, supporté par une femme sauvage.

S ....STRELIN

(Scel Jehan l'Estrelin.)

Acensement de pâturages à Vicq. — 11 septembre 1534.

3330 ÉWARS (GÉRARD D'),

Homme de la cour de Mons. — 1382.

Sceau rond, de 22 mill. — Arch. du Nord; Chambre des comptes.

Écu portant trois croix ancrées, dans un losange.

.....GRART DESVARS

(Scel Gérart d'Esvars.)

Cession de la ville et seigneurie de Viesly. — Cambrai, 5 février 1382.

3331 ÉWARS (JEAN D'),

Homme de la cour de Mons. — 1430.

Sceau rond, de 20 mill. — Arch. du Nord; abbaye de Saint-Aubert.

Écu portant trois croix ancrées, penché, timbré d'un heaume cimé d'une tête de cygne.

s · iehau · desvars

(Scel Jehan d'Esvars.)

Voyez le n° 3217.

3332 FAREAU (JEAN),

Homme de la cour de Mons. — 1556.

Sceau rond, de 26 mill. — Arch. du Nord; abbaye de Saint-Jean de Valenciennes.

Écu au chevron accompagné de deux étoiles? en chef et d'un trèfle en pointe, supporté par un centaure.

S IEHAN FARREAV

(Scel Jehan Farreau.)

Bail des dîmes de Bavay. — 17 septembre 1556.

3333 FARINART (PIERRE).

Homme de la cour de Mons. — 1546.

Sceau rond, de 20 mill. — Arch. du Nord; collégiale de Sainte-Croix.

Écu à l'aigle essorant sous un chef chargé de deux étoiles, timbré d'un heaume cimé d'une tête d'aigle.

s ; pierre : farinart

(Scel Pierre Farinart.)

Bail de la dîme de Brugelette. — 28 mai 1546.

3334   FAUCHE (THOMAS DE),

Homme de la cour de Mons. — 1498.

Sceau rond, de 24 mill. — Arch. du Nord; collégiale de Saint-Géry.

Écu à trois glands, brisé d'une quintefeuille en chef.

s thomas . . fauch

(Seel Thomas de Fauch.)

Bail de prés et de bois à Bouchain. — 22 janvier 1498.

3335   FAY (ADAM DU),

Homme de la cour de Mons. — 1542.

Sceau rond, de 20 mill. — Arch. du Nord; hôpital Sainte-Élisabeth de Valenciennes.

Écu au chevron accompagné de deux quintefeuilles en chef et d'une branche? en pointe.

s · adam · du · fay

(Seel Adam du Fay.)

Accensement d'un dîmage à Bettignies. — 10 juin 1542.

3336   FERTÉ (NICOLAS DE LA),

Homme de la cour de Mons. — 1598.

Sceau rond, de 26 mill. — Arch. du Nord; abbaye de Vicogne.

Écu portant un griffon, timbré d'un heaume.

NICOLAS DE LE FERTE

Bail de terres à Maresches. — Valenciennes, 7 novembre 1598.

3337   FÈVRE (HENRI LE),

Homme de la cour de Mons. — 1454.

Sceau rond, de 26 mill. — Arch. du Nord; chartreux de Valenciennes.

Écu portant trois étoiles sous un chef chargé d'un ondé, soutenu par une sirène.

S : heurp : le : fevre

(Seel Henry le Fèvre.)

Vente de terres près Valenciennes. — 12 février 1454.

3338   FIÉVET (JEAN),

Homme de la cour de Mons. — 1534.

Sceau rond, de 24 mill. — Arch. du Nord; abbaye de Saint-Jean de Valenciennes.

Écu au chevron accompagné de trois coquilles, soutenu par un ange.

IAN FIEFVIET

(Jan Fiefviet.)

Obligation d'Adrien de la Croix, conseiller de l'Empereur. — 6 avril 1534.

3339   FLANDRE (GÉRARD DE),

Homme de la cour de Mons. — 1494.

Sceau rond, de 20 mill. — Arch. du Nord; évêché et chapitre de Cambrai.

Écu à la hure accompagnée d'une sextefeuille en chef, supporté par un homme sauvage.

seel gerart . . flandre

(Seel Gérart de Flandre.)

Voyez le n° 3222.

3340   FONTAINE (DANIEL DE LA),

Homme de la cour de Mons. — 1543.

Sceau rond, de 27 mill. — Arch. du Nord; chartreux de Valenciennes.

Écu échiqueté, timbré d'un heaume cimé d'une tête de cheval.

seel · daniel · de · le · fontaine

(Seel Daniel de le Fontaine.)

Acquisition d'une terre chargée d'une rente au profit des petits malades de Valenciennes. — 16 janvier 1543.

3341   FONTAINE (JACQUES DE LA),

Homme de la cour de Mons. — 1468.

Sceau rond, de 28 mill. — Arch. du Nord; évêché et chapitre de Cambrai.

Écu échiqueté, écartelé d'. . . . . accompagné de trois croisettes, penché, timbré d'un heaume cimé d'une tête de cheval.

Seel iabe . . . . fontaine

(Seel Jake de la Fontaine.)

Bail du moulin d'Onnaing. — 10 décembre 1468.

3342   FONTAINE (JEAN DE LA),

Homme de la cour de Mons. — 1473.

Sceau rond, de 28 mill. — Arch. du Nord; chartreux de Valenciennes.

Écu à la fontaine, timbré d'une fleur, supporté par deux lions.

seel · j · de · la · fontaine

(Seel Jean de la Fontainne.)

Acquisition d'une rente. — 12 février 1473.

3343   FONTAINES (JEAN DES),

Homme de la cour de Mons. — 1462.

Sceau rond, de 26 mill. — Arch. du Nord; collégiale de Saint-Géry.

Écu au cerf ailé, supporté par une licorne. — Il ne reste de la légende que . . n des f . . . (Jehan des Fontaines).

Voyez le n° 3262.

3344   FOREST (JEAN DE),

Homme de la cour de Mons. — 1426.

Sceau rond, de 26 mill. — Arch. du Nord; évêché et chapitre de Cambrai.

Écu portant un arbre, brisé d'une étoile au canton dextre, soutenu par un homme sauvage, dans un ovale.

... eban · de · foriest

(Seel Jehan de Foriest.)

Quittances de 96 couronnes de France, montant d'une acquisition de terres à Onnaing. — 3o octobre 1426.

3345   FOSSÉ (JACQUES DU),

Homme de la cour de Mons. — 1554.

Sceau rond, de 28 mill. — Arch. du Nord; collégiale de Sainte-Croix.

Écu à la hure accompagnée de trois quintefeuilles, supporté par un griffon.

seel : iacques : du : foffet

(Seel Jacques du Fosset.)

Bail de dîmes et de terrages à Brugelette. — 17 juillet 1554.

3346   FOSSÉ (JEAN DU),

Homme de la cour de Mons. — 1495.

Sceau rond, de 26 mill. — Arch. du Nord; évêché et chapitre de Cambrai.

Écu portant un Agnus Dei, soutenu par un ange.

seel iehan du fosset

(Seel Jehan du Fosset.)

Complainte au sujet d'un sergent qui avait opéré une arrestation dans la seigneurie du chapitre de Cambrai. — 3 octobre 1495.

3347   FOUCAUT (GUILLAUME),

Homme de la cour de Mons. — 1397.

Sceau rond, de 22 mill. — Arch. du Nord; collégiale de Saint-Géry.

Écu à la fasce accompagnée de deux aiglettes en chef et d'un chevron et d'une étoile en pointe, dans un hexagone.

s · bbillaume · foukaut

(Seel Williaume Foukaut.)

Voyez le n° 3203.

3348   FOUCQUART (JACQUES),

Le père, homme de la cour de Mons. — 1554.

Sceau rond, de 28 mill. — Arch. du Nord; collégiale de Sainte-Croix.

Écu à la bande chargée de trois étoiles, supporté par une aigle.

seel · Jacques · foucbart

(Seel Jacques Fouckart.)

Voyez le n° 3345.

3349   FOUCQUART (JACQUES),

Le fils, homme de la cour de Mons. — 1554.

Sceau rond, de 3o mill. — Arch. du Nord; collégiale de Sainte-Croix.

Écu à la bande chargée de trois étoiles, écartelé d'un objet indistinct contre-écartelé d'une croix, supporté par une licorne.

s : iacques : foucbart

(Seel Jacques Fouckart.)

Voyez le n° 3345.

3350   FOUR (ANTOINE DU),

Homme de la cour de Mons. — 1458.

Sceau rond, de 26 mill. — Arch. du Nord; évêché et chapitre de Cambrai.

Écu au chevron accompagné de deux clochettes en chef et d'une quintefeuille en pointe, supporté par une dame.

S · autbone · du · four

(Seel Anthone du Four.)

Bail des menues dîmes de Hensies. — 22 mai 1458.

3351   FOUR (JEAN DU),

Homme de la cour de Mons. — 1458.

Sceau rond, de 26 mill. — Arch. du Nord; abbaye de Saint-Aubert.

Écu portant deux chevrons, l'un renversé, entrelacés et accompagnés d'une sextefeuille en pointe, supporté par une dame.

S iebau dou four

(Seel Jehan dou Four.)

Sentence au sujet du refus d'une dîme. — 6 juin 1458.

3352   FOURMENT (GUILLAUME),

Franc alleutier de Hainaut. — 1436.

Sceau rond, de 22 mill. — Arch. du Nord; hôpital Sainte-Élizabeth de Valenciennes.

Écu portant une gerbe accompagnée d'une étoile au canton dextre.

... WILLIAMME FOVRMEN.

(Seel Williamme Fourment.)

Acquisition d'un pré à Vicq. — 3o mai 1436.

3353   FOURNEAU (JEAN),

Homme de la cour de Mons. — 1495.

Sceau rond, de 28 mill. — Arch. du Nord; évêché et chapitre de Cambrai.

Écu au chevron accompagné de deux tourteaux? en chef et d'une serre en pointe, supporté par un homme d'armes finissant en poisson.

seel · tehau · fourneau
(Seel Jehan Fourneau.)

Voyez le n° 3346.

3354   FRANC (COLARD LE),
Homme de la cour de Mons. — 1493.
Sceau rond, de 26 mill. — Arch. du Nord; abbaye d'Anchin.

Écu portant quatre bandes au franc canton chargé d'un lion, soutenu par un ange.

se . : colart le . raucq
(Seel Colart le Francq.)

Sentence au sujet de la pêcherie de Pecquencourt. — 18 novembre 1493.

3355   FRANÇOIS (GÉRARD),
Homme de la cour de Mons. — 1466.
Sceau rond, de 26 mill. — Arch. du Nord; évêché et chapitre de Cambrai.

Écu au massacre de cerf, supporté par un griffon.

s gerart frauchois
(Seel Gérart Franchois.)

Voyez le n° 3225.

3356   FROICAPELLE (JEAN DE),
Homme de la cour de Mons. — 1393.
Sceau rond, de 23 mill. — Arch. du Nord; chapitre de Saint-Amé.

Écu portant trois chevrons à la bordure denchée, dans un trilobe.

s · tehau · de · froibappelle
(Seel Jehan de Froikappelle.)

Voyez le n° 3229.

3357   GALIEN (COLARD),
Homme de la cour de Mons. — 1458.
Sceau rond, de 24 mill. — Arch. du Nord; évêché et chapitre de Cambrai.

Écu portant deux clefs en sautoir, brisé d'un heaume en chef, soutenu par un lévrier.

s · colart · gallyeu
(Seel Colart Gallyen.)

Voyez le n° 3350.

3358   GALIEN (JEAN),
Homme de la cour de Mons. — 1418.
Sceau rond, de 25 mill. — Arch. du Nord; évêché et chapitre de Cambrai.

Écu portant deux clefs en sautoir, brisé d'une coquille en chef, dans un trilobe.

... tehau galieu
(Seel Jehan Galien.)

Condamnation de Jean Galland, coupable de forfaiture envers le chapitre de Cambrai, aux pèlerinages de Saint-Nicolas de Bar et de Saint-Jacques de Compostelle en Galice. — 20 septembre 1418.

3359   GALIEN (JEAN),
Homme de la cour de Mons. — 1461.
Sceau rond, de 25 mill. — Arch. du Nord; évêché et chapitre de Cambrai.

Écu portant deux clefs en sautoir, brisé d'un trèfle en chef, supporté par un homme sauvage.

s tehau gallyeu
(Seel Jehan Gallyen.)

Bail de dîmes à Hensies. — 25 mai 1461.

3360   GALIOT (JEAN),
Homme de la cour de Mons. — 1432.
Sceau rond, de 23 mill. — Arch. du Nord; évêché et chapitre de Cambrai.

Écu portant trois poissons en pal, soutenu par un ange.

· tehau · galiot
(Jehan Galiot.)

Sentence au sujet d'arrérages dus à l'abbaye de Saint-Denis à Solesmes. — 15 septembre 1432.

3361   GARDIN (CHRISTOPHE DU),
Homme de la cour de Mons. — 1453.
Sceau rond, de 22 mill. — Arch. du Nord; évêché et chapitre de Cambrai.

Écu portant un arbre, soutenu par un homme sauvage.

s · xpriftofe · dou · gardiu
(Seel Christofe dou Gardin.)

Bail des dîmages d'Everbecq. — 15 novembre 1453.

3362   GARDIN (COLARD DU),
Homme de la cour de Mons. — 1419.
Sceau rond, de 25 mill. — Arch. du Nord; évêché et chapitre de Cambrai.

Écu portant un arbre, dans un trilobe.

colart · dou · gardiu
(Colart dou Gardin.)

Voyez le n° 3304.

3363   GARDIN (JEAN DU),
Homme de la cour de Mons. — 1460.
Sceau rond, de 24 mill. — Arch. du Nord; évêché et chapitre de Cambrai.

Écu portant un arbre, penché, timbré d'un heaume.

. eel iehan dou .ard . .

(Seel Jehan dou Gardin.)

Quittance fournie à un censier. — 14 juin 1460.

———

3364   GARDIN (SIMON DU),

Homme de la cour de Mons. — 1802.

Sceau rond, de 29 mill. — Arch. du Nord; Chambre des comptes.

Écu portant un arbre.

✠ S' · SIMON · DOV · GARDIN

(Seel Simon dou Gardin.)

Acquisition par le comte de Hainaut d'un fief à Marly. — 5 avril 1302.

———

3365   GEMBLOUX (NICOLAS DE),

Homme de la cour de Mons. — 1397.

Sceau rond, de 24 mill. — Arch. du Nord; collégiale de Saint-Géry.

Écu portant trois merlettes, dans un trilobe.

...CHOLAS D . ..MBLVES

(Seel Nicholas de Gemblues.)

Voyez le n° 3203.

———

3366   GÉRARD (JEAN),

Homme de la cour de Mons. — 1562.

Sceau rond, de 28 mill. — Arch. du Nord; abbaye de Saint-Jean
de Valenciennes.

Écu portant un oiseau, écartelé d'un émanché de
quatre pointes mouvant du flanc sénestre, soutenu par
un lion.

S · IEHAN · GERARD

Voyez le n° 3305.

———

3367   GHELLET (JEAN),

Homme de la cour de Mons. — 1413.

Sceau rond, de 28 mill. — Arch. du Nord; collégiale de Saint-Géry.

Écu au fer de moulin, écartelé d'un croissant accompagné de cinq billettes, penché, timbré d'un heaume cimé
d'une tête de lion, supporté par deux lions. — Légende
détruite.

Sentence confirmative de droits de terrage à Herdain. — 23 octobre
1413.

———

3368   GHEUT (JEAN DE),

Franc alleutier de Hainaut. — 1515.

Sceau rond, de 22 mill. — Arch. du Nord; abbaye de Cantimpré.

Écu portant des ciseaux.

. . . tan de gh . . .

(Segel Jan de Gheut.)

Échange de terres à Kestergat. — 10 décembre 1515.

———

3369   GHODEMART (PIERRE),

Homme de la cour de Mons. — 1526.

Sceau rond, de 30 mill. — Arch. du Nord; collégiale de Saint-Géry.

Écu à l'aigle, coupé d'un plain, timbré d'un heaume
cimé d'une aigle.

seel pierre ghodemart

(Seel Pierre Ghodemart.)

Bail des menues dîmes et oblations à Nimy et à Maisières. — 18 octobre 1526.

———

3370   GHODIN (GILLES),

Homme de la cour de Mons. — 1547.

Sceau rond, de 29 mill. — Arch. du Nord; abbaye de Liessies.

Écu portant trois tours, brisé d'une étoile en chef,
soutenu par un homme sauvage.

S · gille ghodin

(Seel Gille Ghodin.)

Bail de la maison et cense de le Lauwe. — 1er février 1547.

———

3371   GHODIN (NICOLAS),

Homme de la cour de Mons. — 1530.

Sceau rond, de 26 mill. — Arch. du Nord; abbaye de Liessies.

Écu portant trois tours, soutenu par un ange.

s · nicolas · ghodin

(Seel Nicolas Ghodin.)

Dénombrement d'un fief à Ath. — 28 avril 1530.

———

3372   GHUSTE (JEAN DE LE),

Homme de la cour de Mons. — 1567.

Sceau rond, de 28 mill. — Arch. du Nord; abbaye d'Anchin.

Écu au chevron accompagné de deux quintefeuilles
sous un chef chargé de trois bandes, supporté par un
griffon.

S · IEHAN · DE · LE · GHVSTE

Lettres de garantie pour la possession d'un pré. — 29 juin 1567.

———

3373   GHUSTE (PIERRE DE LE),

Homme de la cour de Mons. — 1574.

Sceau rond, de 30 mill. — Arch. du Nord; Chambre des comptes.

Écu à la fasce accompagnée d'un vivré en chef et d'un

chevron accompagné de deux étoiles en pointe, timbré d'un heaume cimé d'une tête de griffon.

S · PIERRE · DE · LE · GHVSTE

Cautionnement d'un meunier prenant le fermage du moulin de Jenlain. — 2 février 1574.

3374   GIERMES (JEAN DE),

Homme de la cour de Mons. — 1404.

Sceau rond, de 26 mill. — Arch. du Nord; abbaye des Prés.

Écu portant trois coquilles au lambel, penché, timbré d'un heaume couronné et cimé d'une tête de loup, soutenu par un lion.

S · iehan · de · giermes

(Seel Jehan de Giermes.)

Voyez le n° 3228.

3375   GILLART (DANIEL),

Homme de la cour de Mons. — 1556.

Sceau rond, de 30 mill. — Arch. du Nord; évêché et chapitre de Cambrai.

Écu à la barre échiquetée de trois tires et accompagnée de deux étoiles, soutenu par un ange.

DANIEL GILLART

(Daniel Gillart.)

Révocation du mayeur et de deux échevins d'Onnaing et de Quarouble. — 9 janvier 1556.

3376   GIPPUT (JEAN),

Homme de la cour de Mons. — 1504.

Sceau rond, de 23 mill. — Arch. du Nord; abbaye de Liessies.

Écu portant deux clefs en sautoir et sur le tout un marteau en pal couronné, soutenu par un ange.

S iehan gippus

(Seel Jehan Gippus.)

Conversion de terres labourables en pâturages. — Cartignies, 1er août 1504.

3377   GLARGES (GILLES DE),

Homme de la cour de Mons. — 1509.

Sceau rond, de 26 mill. — Arch. du Nord; abbaye de Marchiennes.

Écu burelé, brisé d'une étoile à la troisième pièce, au franc canton chargé d'une tête de bélier, timbré d'un heaume cimé d'une tête de bélier.

SEEL · GILE · DE · GLARGES

(Seel Gile de Glarges.)

Sentence au sujet d'un droit de terrage à Fenain. — 19 avril 1509.

3378   GLARGES (GUILLAUME DE),

Homme de la cour de Mons. — 1504.

Sceau rond, de 26 mill. — Arch. du Nord; abbaye de Liessies.

Écu burelé au franc canton chargé d'une tête de chèvre, penché, timbré d'un heaume cimé d'une tête de chèvre.

s guillame de glarges

(Seel Guillame de Glarges.)

Voyez le n° 3211.

3379   GLARGES (GUILLAUME DE),

Homme de la cour de Mons. — 1569.

Sceau rond, de 29 mill. — Arch. du Nord; évêché et chapitre de Cambrai.

Écu portant cinq fasces au franc canton chargé d'une tête de bélier, timbré d'un heaume.

S : GVILLAMME : DE : GLARGE.

(Seel Guillamme de Glarges.)

Bail de terres à Flobecq et à Ogy. — Ath, 13 octobre 1569.

3380   GODAULT (CHRISTOPHE),

Homme de la cour de Mons. — 1478.

Sceau rond, de 28 mill. — Arch. du Nord; évêché et chapitre de Cambrai.

Écu à la fasce accompagnée de trois étoiles, supporté par un homme d'armes finissant en poisson.

xpistofle . . . . .

(Christofle Godault.)

Voyez le n° 3325.

3381   GOSSEAU (COLARD),

Homme de la cour de Mons. — 1468.

Sceau rond, de 27 mill. — Arch. du Nord; chartreux de Valenciennes.

Écu à trois fasces vivrées sous un chef chargé de trois trèfles, supporté par une femme sauvage.

S · colart · goffeau

(Seel Colart Gosseau.)

Acquisition d'une rente en la banlieue de Valenciennes. — 5 novembre 1468.

3382   GOSSEAU (JEAN),

Homme de la cour de Mons. — 1549.

Sceau rond, de 26 mill. — Arch. du Nord; collégiale de Saint-Géry.

Écu vairé ou papelonné? sous un chef chargé de trois trèfles, soutenu par un ange.

Seel ian . . . . eau

(Seel Jan Gosseau.)

Bail du bois et des prés Cordier à Bouchain. — 9 novembre 1549.

3383 GRAND (JEAN LE),

Homme de la cour de Mons. — 1576.

Sceau rond, de 29 mill. — Arch. du Nord; évêché et chapitre de Cambrai.

Écu à la bande accompagnée de deux roses, supporté par un homme sauvage.

SEEL IAN LE GRANT

Voyez le n° 3234.

3384 GREBERT (AIMERI),

Homme de la cour de Mons. — 1463.

Sceau rond, de 30 mill. — Arch. du Nord; chartreux de Valenciennes.

Écu semé d'étoiles au lion au lambel sur le tout, penché, timbré d'un heaume cimé d'un dragon, supporté par deux anges.

S aimery grebiert

(Seel Aimery Grebiert.)

Acquisition d'une terre à Avesnes-le-Sec. — 12 mars 1463.

3385 GREBERT (ÉTIENNE),

Homme de la cour de Mons. — 1433.

Sceau rond, de 26 mill. — Arch. du Nord; évêché et chapitre de Cambrai.

Écu semé d'étoiles au lion au bâton brochant, penché, timbré d'un heaume cimé d'un dragon, supporté par deux anges.

s ſtephani grebiert

(Sigillum Stephani Grebiert.)

Voyez le n° 3274.

3386 GREBERT (JACQUES),

Homme de la cour de Mons. — 1429.

Sceau rond, de 29 mill. — Arch. du Nord; évêché et chapitre de Cambrai.

Écu semé d'étoiles au lion, penché, timbré d'un heaume cimé d'un dragon, supporté par deux anges.

s · iakemart · grebiert

(Seel Jakemart Grebiert.)

Voyez le n° 3304.

3387 GREDIN (GILLES),

Homme de la cour de Mons. — 1458.

Sceau rond, de 26 mill. — Arch. du Nord; abbaye de Saint-Aubert.

Écu portant un chien passant devant un arbre accosté de deux annelets?, soutenu par une dame.

Seel Gille Gredin

(Seel Gille Gredin.)

Voyez le n° 3351.

3388 GRÉGOIRE (JACQUES).

Homme de la cour de Mons. — 1563.

Sceau rond, de 30 mill. — Arch. du Nord; Chambre des comptes.

Écu à trois coquilles, supporté par un griffon.

S · IACQVES · GR. . . IRE

Bail des dîmes de Bettrechies. — 10 mai 1563.

3389 HAILLET (JACQUES),

Homme de la cour de Mons. — 1461.

Sceau rond, de 26 mill. — Arch. du Nord; évêché et chapitre de Cambrai.

Écu à trois coquilles, dans un quadrilobe.

iakemart haillet

(Jakemart Haillet.)

Voyez le n° 3359.

3390 HAMEL (AUMANT DU).

Homme de la cour de Mons. — 1333.

Sceau rond, de 28 mill. — Arch. du Nord; Chambre des comptes.

Écu à la croix denchée.

✱ S' AVMANT DOV HAMIEL

(Seel Aumant dou Hamiel.)

Voyez le n° 893.

3391 HANNART (GASPARD),

Homme de la cour de Mons. — 1520.

Sceau rond, de 27 mill. — Arch. du Nord; collégiale de Saint-Géry.

Écu au chevron accompagné d'une étoile et d'un croissant en chef et d'une quintefeuille en pointe, supporté par un ange.

seel · jaspart · hannart

(Seel Jaspart Hannart.)

Sentence au sujet de la dîme de Ghlin. — 26 novembre 1520.

3392 HANNART (HUGUES).

Homme de la cour de Mons. — 1536.

Sceau rond, de 29 mill. — Arch. du Nord; collégiale de Saint-Géry.

Écu au chevron chargé d'un annelet et accompagné d'une étoile et d'un croissant en chef et d'une quintefeuille en pointe, supporté par un griffon.

seel hughe hannart

(Seel Hughe Hannart.)

Sentence au sujet des grosses dîmes de Quartes et Pont-sur-Sambre. — 8 mai 1536.

3393   HANNEKART (JACQUES),

Homme de la cour de Mons. — 1413.

Sceau rond, de 23 mill. — Arch. du Nord, collégiale de Saint-Géry.

Écu portant un Agnus Dei, écartelé d'un lion au chevron brochant, soutenu par une sirène.

s tabemart hannekart

(Seel Jakemart Hannekart.)

Voyez le n° 3367.

3394   HANNEKART (JACQUES),

Homme de la cour de Mons. — 1419.

Sceau rond, de 17 mill. — Arch. du Nord; évêché et chapitre de Cambrai.

Écu aux armes du précédent, supporté par un ange.

tabemart hannekart

(Jakemart Hannekart.)

Voyez le n° 3298.

3395   HANNEKINE (PIERRE),

Homme de la cour de Mons. — 1506.

Sceau rond, de 17 mill. — Arch. du Nord; hôpital Sainte-Élisabeth de Valenciennes.

Écu au chevron accompagné de trois sautoirs, supporté par une dame.

pierre hannekine

(Pierre Hannekine.)

Lettres de garantie au sujet d'une rente à Aubri. — 7 septembre 1506.

3396   HANOCQUE (PIERRE),

Dit le Panetier, homme de la cour de Mons. — 1469.

Sceau rond, de 24 mill. — Arch. du Nord; évêché et chapitre de Cambrai.

Écu portant un lacs de cordelière, dans un trilobe.

Seel pirart hanock

(Seel Pirart Hanock.)

Acquisition d'une terre à Ogy. — 2 mai 1462.

3397   HARCHIES (ARNOUL DE).

Homme de la cour de Mons. — 1522.

Sceau rond, de 20 mill. — Arch. du Nord; abbaye d'Anchin.

Écu à quatre bandes, supporté par une dame.

S · ARNOVL · DE · HARCHIES

(Seel Arnoul de Harchies.)

Sentence contre les habitants de Brueil qui refusaient d'acquitter la dîme. — 20 janvier 1522.

3398   HASPRES (COLARD DE),

Homme de la cour de Mons. — 1494.

Sceau rond, de 20 mill. — Arch. du Nord; abbaye de Saint-Aubert.

Écu à la tête de cygne arrachée sous un chef chargé de trois coquilles, penché, timbré d'un heaume cimé d'une tête de cygne, supporté par une dame.

s : colart : de : haspre

(Seel Colart de Haspre.)

Voyez le n° 3294.

3399   HAYE (BAUDRI DE LA),

Homme de la cour de Mons. — 1386.

Sceau rond, de 24 mill. — Arch. du Nord; évêché et chapitre de Cambrai.

Écu à la bande accompagnée d'un écusson en chef au lambel sur le tout, dans un trilobe.

✱ S BAVDR. DE .G hAIG

(Seel Baudri de le Hais.)

Sentence au sujet de fiefs à Maretz. — 26 novembre 1386.

3400   HAYE (GILLES DE LA),

Homme de la cour de Mons. — 1413.

Sceau rond, de 29 mill. — Arch. du Nord; chartreux de Valenciennes.

Écu au chevron accompagné de trois quintefeuilles, supporté par une dame tenant un lévrier.

S GILLES DE LE HAYE

Voyez le n° 3221.

3401   HAZARD (PIERRE),

Homme de la cour de Mons. — 1408.

Sceau rond, de 25 mill. — Arch. du Nord; collégiale de Saint-Géry.

Écu portant une croix à double traverse accompagnée de trois coquilles, dans un trilobe.

· · · · pierart hazart

(Seel Pierart Hazart.)

Voyez le n° 3240.

3402   HECQUET (JEAN),

Homme de la cour de Mons. — 1457.

Sceau rond, de 29 mill. — Arch. du Nord; abbaye de Saint-Aubert.

Écu à la fasce chargée d'un croissant et accompagnée de trois étoiles en chef, soutenu par un ange.

seel iehan hecket

(Seel Jehan Hecket.)

Voyez le n° 3186.

3403   **HELLIN (PIERRE),**

Homme de la cour de Mons. — 1409.

Sceau rond, de 25 mill. — Arch. du Nord; évêché et chapitre de Cambrai.

Écu au chevron accompagné de trois glands de chêne, soutenu par un homme sauvage, dans un ovale.

s · pierart · hellin

(Seel Pierart Hellin.)

Voyez le n° 3298.

3404   **HÉNIN (ENGUERRAN DE),**

Homme de la cour de Mons. — 1494.

Sceau rond, de 26 mill. — Arch. du Nord; abbaye d'Anchin.

Écu à trois croissants accompagnés d'un oiseau en abîme.

S' ENGERRAN DE HENIN

(Seel Engerran de Hénin.)

Acquisition au profit de la ville de Pecquencourt d'une terre située à Abscon. — Douai, 26 octobre 1494.

3405   **HÉNIN (JEAN DE),**

Homme de la cour de Mons. — 1440.

Sceau rond, de 25 mill. — Arch. du Nord; évêché et chapitre de Cambrai.

Écu plain au franc canton chargé d'une croix denchée, penché, timbré d'un heaume couronné.

s iehan d' haynin

(Seel Jehan de Haynin.)

Voyez le n° 3253.

3406   **HÉRART (JEAN),**

Homme de la cour de Mons. — 1547.

Sceau rond, de 27 mill. — Arch. du Nord; évêché et chapitre de Cambrai.

Écu à trois croissants, écartelé d'une hure, soutenu par un ange.

S · GEHAN · ERART

Bail d'une maison à Montignies-sur-Roc. — 1547.

3407   **HÉRUT (COLARD LE),**

Dit du Parc, homme de la cour de Mons. — 1419.

Sceau rond, de 28 mill. — Arch. du Nord; collégiale de Saint-Géry.

Écu portant trois étoiles au lambel, soutenu par un homme sauvage, dans un ovale.

s colart le herut dit don parcq

(Seel Colart le Hérut dit dou Parcq.)

Voyez le n° 3204.

3408   **HÉRUT (COLARD LE),**

Dit du Parc, homme de la cour de Mons. — 1418.

Sceau rond, de 28 mill. — Arch. du Nord; collégiale de Saint-Géry.

Écu portant trois étoiles, penché, timbré d'un heaume cimé d'une tête d'homme, soutenu par un lion.

S colart le herut

(Seel Colart le Hérut.)

Voyez le n° 3240.

3409   **HIRAULT (JEAN LE),**

Homme de la cour de Mons. — 1422.

Sceau rond, de 27 mill. — Arch. du Nord; évêché et chapitre de Cambrai.

Écu portant trois têtes de cheval bridées, dans un trilobe.

. . . . . han le hira . .

(Seel Jehan le Hiraux?)

Bail du moulin d'Onnaing. — 20 septembre 1422.

3410   **HOCEDI (COLARD),**

Homme de la cour de Mons. — 1426.

Sceau rond, de 23 mill. — Arch. du Nord; évêché et chapitre de Cambrai.

Écu au croissant accompagné de six roses en orle, supporté par une aigle.

seel · colart · hocedy

(Seel Colart Hocedy.)

Voyez le n° 3344.

3411   **HOMBROECQ (PIERRE DE),**

Homme de la cour de Mons. — 1469.

Sceau rond, de 26 mill. — Arch. du Nord; abbaye d'Anchin.

Écu à la bande accompagnée d'une clef en chef et d'une quintefeuille en pointe, supporté par une dame.

s · p . . . . de · hombruec ·

(Seel Piere de Hombruec.)

Voyez le n° 1350.

3412   **HONORÉ (ANTOINE L'),**

Homme de la cour de Mons. — 1564.

Sceau rond, de 34 mill. — Arch. du Nord; collégiale de Saint-Géry.

Écu portant trois étoiles au lambel, timbré d'un heaume.

S ANTHONNE LHONNOVRE

Bail de bois situés à Bouchain. — 5 avril 1564.

3413 HOTTON (JEAN),

Homme de la cour de Mons. — 1569.

Sceau rond, de 31 mill. — Arch. du Nord; collégiale de Sainte-Croix.

Écu parti : au 1, de deux chardons? en sautoir, écartelé de trois étoiles; au 2, de trois quadrupèdes indistincts l'un sur l'autre, coupé de trois fleurs de lys.

SEEL • IEHAN • HOTTON

(Seel Jehan Hotton.)

Bail de la dîme de Brugelette. — 1er mars 1569.

3414 HUBAUMEL (JEAN DE),

Homme de la cour de Mons. — 1363.

Sceau rond, de 26 mill. — Arch. du Nord; Chambre des comptes.

Écu à la fasce crénelée et accompagnée de trois maillets en chef et d'un oiseau en pointe, dans un trilobe.

S • IEHAN • DE • HVBH...IS

(Seel Jehan de Hubaumeis?)

Voyez le n° 1778.

3415 HUBAUT (JEAN),

Homme de la cour de Mons. — 1369.

Sceau rond, de 23 mill. — Arch. du Nord; évêché et chapitre de Cambrai.

Écu portant deux poissons en pal.

S' • EHAN HVBAV •

(Seel Jehan Hubaut.)

Voyez le n° 3317.

3416 HUPPART (ÉTIENNE),

Homme de la cour de Mons. — 1398.

Sceau rond, de 22 mill. — Arch. du Nord; chapitre de Saint-Amé.

Écu au chevron accompagné de trois merlettes, supporté par un homme sauvage, dans un ovale. — Il ne reste de la légende que esttievene (Esstievene).

Voyez le n° 3229.

3417 HUPPART (ÉTIENNE),

Homme de la cour de Mons. — 1397.

Sceau rond, de 24 mill. — Hôtel-Dieu de Valenciennes.

Écu à la croix ancrée chargée en cœur de la lettre s, supporté par deux lions.

stievene : hupart

(Stievene Hupart.)

Voyez le n° 3201.

3418 HURET (JACQUES),

Homme de la cour de Mons. — 1342.

Sceau rond, de 21 mill. — Hôtel-Dieu de Valenciennes.

Un ours passant devant un arbre.

S' IAKEMON HVRET

(Seel Jakemon Huret.)

Acquisition d'une terre à Montigny. — Herchies, 26 juillet 1342.

3419 HUSTIN (JACQUES),

Homme de la cour de Mons. — 1561.

Sceau rond, de 28 mill. — Arch. du Nord; abbaye du Câteau.

Écu au chevron accompagné de trois gerbes, supporté par deux personnages.

SEEL • IACQVES • HVSTIN

(Seel Jacques Hustin.)

Bail d'une terre à Orsinval. — 28 septembre 1561.

3420 HUTIN (MICHEL),

Homme de la cour de Mons. — 1554.

Sceau rond, de 28 mill. — Arch. du Nord; évêché et chapitre de Cambrai.

Écu à l'épée en pal tenue par une main et accostée de deux croissants en chef, supporté par un homme sauvage.

SEEL • MICHEL • hVTIN

(Seel Michel Hutin.)

Bail de prés à Onnaing. — 13 mars 1554.

3421 HYON (JEAN SARRASIN DE),

Homme de la cour de Mons. — 1383.

Sceau rond, de 23 mill. — Arch. du Nord; évêché et chapitre de Cambrai.

Écu portant trois coquilles au bâton brochant, dans une étoile.

S' IEHAN SARRSIN DE hI..

(Seel Jehan Sarasin de Hion.)

Voyez le n° 3196.

3422 JACOT (JACQUES),

Homme de la cour de Mons. — 1440.

Sceau rond, de 22 mill. — Arch. du Nord; hôpital Sainte-Élisabeth de Valenciennes.

Écu au chevron chargé de trois croissants et accompagné de trois glands de chêne, soutenu par un ange.

S Iaqmart Iacot

(Seel Jaqmart Jacot.)

Acquisition d'une terre à Saulzoir. — 18 février 1440.

3423   JANVIER (PIERRE),

Homme de la cour de Mons. — 1397.

Sceau rond, de 26 mill. — Arch. du Nord; collégiale de Saint-Géry.

Écu à la bande chargée du mot **BARAT** (Barat), supporté par deux aigles. — Il ne reste de la légende que s · pie . . . (Seel Pierre).

Voyez le n° 3203.

3424   JENNART (CLÉMENT),

Homme de la cour de Mons. — 1584.

Sceau rond, de 26 mill. — Arch. du Nord; collégiale de Saint-Géry.

Écu à la herse, supporté par un griffon.

S · CLEMENS · IENNART

(Seel Clémens Jennart.)

Voyez le n° 3246.

3425   JOIE (GOBERT),

Homme de la cour de Mons. — 1419.

Sceau rond, de 20 mill. — Arch. du Nord; collégiale de Saint-Géry.

Écu à la bande chargée de trois croisettes recroisetées, soutenu par un ange, dans un quadrilobe.

s . gobiert . . . .

(Seel Gobiert Joye.)

Voyez le n° 3204.

3426   JOIE (GUILLAUME DE LA),

Homme de la cour de Mons. — 1390.

Sceau rond, de 23 mill. — Arch. du Nord; Chambre des comptes.

Écu à la bande accompagnée de trois coupes, une en chef et deux en pointe, dans un quadrilobe.

s · Wuillaume · de · le · ioie

(Seel Willaume de le Joie.)

Voyez le n° 3209.

3427   JONCQUOIT (GUILLAUME DU).

Dit de Valenciennes, homme de la cour de Mons. — 1452.

Sceau rond, de 28 mill. — Arch. du Nord; évêché et chapitre de Cambrai.

Écu au chevron accompagné de trois épées en pal, supporté par une dame, sous une tente conique assurée par des cordages et accostée de deux fleurs.

S · guillelmp · du · ionquoit

(Sigillum Guillelmy du Jonquoit.)

Voyez le n° 3288.

3428   LABBIE OU L'ABBIE

(GUILLAUME DE),

Homme de la cour de Mons. — 1402.

Sceau rond, de 28 mill. — Arch. du Nord; évêché et chapitre de Cambrai.

Écu cotiçé à l'ombre d'un lion et à la bordure denchée au franc canton chargé de treize losanges, 3, 3, 3, 3 et 1, au lambel?, supporté par une aigle.

s Wuillaume . . . abbie

(Seel Willaume de Labbie.)

Bail d'une terre à Ogy. — 2 mai 1402.

3429   LALLOUX (LÉONARD).

Homme de la cour de Mons. — 1533.

Sceau rond, de 30 mill. — Arch. du Nord; collégiale de Saint-Géry.

Écu portant un cœur, soutenu par un griffon.

. . . . . nart lalous

(Seel Léonart Lalous.)

Bail d'une terre à Noirchain. — 16 février 1533.

3430   LAMBESCOT (GUILLAUME).

Homme de la cour de Mons. — 1356.

Sceau rond, de 23 mill. — Arch. du Nord; abbaye de Maroilles.

Écu portant une aigle, au bâton brochant.

✱ S WILLAVME : LAMBESCOT

(Seel Willaume Lambescot.)

Sentence au sujet de la justice dans les villes de Maroilles, Taisuières, Noyelles et Marbaix. — 1356.

3431   LAMBESCOT (JEAN).

Homme de la cour de Mons. — 1356.

Sceau rond, de 20 mill. — Arch. du Nord; abbaye de Maroilles.

Écu portant une aigle, à la bande brochant.

S' IEHAN · LAMBESCOT

(Seel Jehan Lambescot.)

Voyez le n° 3430.

3432   LANDAS (BAUDOUIN DE).

Censier du comte de Hainaut. — 1317.

Sceau rond, de 22 mill. — Arch. du Nord; hôpital Sainte-Élisabeth de Valenciennes.

Une tête de femme de face, dans une rose.

✱ S BAVDVVIN DE L . . . AS

(Seel Baudwin de Landas.)

Acquisition d'une terre à Sebourg. — 17 décembre 1317.

3433 LANDRES (GAUTIER DE),

Homme de la cour de Mons. — 1536.

Sceau rond, de 27 mill. — Hôtel-Dieu de Valenciennes.

Écu portant une balance, soutenu par une licorne.

S · GAVLTIER · DE · LANDRES

(Seel Gaultier de Landres.)

Acquisition d'une rente à Iwuy. — 17 juin 1536.

3434 LANDRES (HENRI DE),

Homme de la cour de Mons. — 1536.

Sceau rond, de 27 mill. — Hôtel-Dieu de Valenciennes.

Écu portant une balance, soutenu par un ange.

. . henri de landres

(Seel Henri de Landres.)

Voyez le n° 3433.

3435 LANWIN (NICOLAS),

Homme de la cour de Mons. — 1554.

Sceau rond, de 28 mill. — Arch. du Nord; Chambre des comptes.

Écu portant des ciseaux, soutenu par une femme sauvage.

N . . . LLAS LANWIN

(Nicollas Lanwin.)

Partage de la succession de Nicolas de Quarouble, seigneur de Lagay. — 6 mai 1554.

3436 LAURENT (JACQUES).

Homme de la cour de Mons. — 1443.

Sceau rond, de 24 mill. — Arch. du Nord; évêché et chapitre de Cambrai.

Écu au chevron accompagné de trois quintefeuilles.

Seel Jakemart lenrent

(Seel Jakemart Laurent.)

Bail des dîmes de Hensies. — 21 septembre 1443.

3437 LAURENT (JACQUES).

Homme de la cour de Mons. — 1454.

Sceau rond, de 23 mill. — Arch. du Nord; évêché et chapitre de Cambrai.

Écu au chevron accompagné de trois quintefeuilles.

Seel · Jakemart · leurent

(Seel Jakemart Laurent.)

Voyez le n° 3223.

3438 LAURENT (JEAN),

Homme de la cour de Mons. — 1565.

Sceau rond, de 30 mill. — Arch. du Nord; abbaye de Hasnon.

Écu à la fasce chargée d'un vivré et accompagnée de deux lions passant en chef et d'une aigle éployée en pointe, supporté par deux lions.

SEEL · IEH . . LEVRENT

(Seel Johan Laurent.)

Voyez le n° 3314.

3439 LAURENT (NICOLAS),

Homme de la cour de Mons. — 1586.

Sceau rond, de 29 mill. — Arch. du Nord; abbaye de Hasnon.

Écu à la fasce chargée d'un vivré et accompagnée de deux lions passant en chef et d'une aigle éployée en pointe, écartelé d'une bande crénelée, supporté par un griffon.

S · NICOLAS · LEVRENT ·

(Seel Nicolas Levrent.)

Aveu de deux fiefs à Montignies-lez-Lens. — 17 février 1586.

3440 LESTECQUE (WIBERT),

Homme de la cour de Mons. — 1457.

Sceau rond, de 27 mill. — Arch. du Nord; abbaye de Saint-Aubert.

Écu au chevron accompagné de trois serres, sous une tente.

s · wibert · lestebe

(Seel Wibert Lestake.)

Voyez le n° 3186.

3441 LEURIN (ÉVRARD),

Homme de la cour de Mons. — 1414.

Sceau rond, de 23 mill. — Arch. du Nord; Chambre des comptes.

Écu à deux chevrons accompagnés de trois étoiles, dans un trilobe.

evrart · leurin

(Évrart Leurin.)

Bail des dîmes et rentes de Rombies. — 9 février 1414.

3442 LEVAL (GODEFROI DE),

Homme de la cour de Mons. — 1384.

Sceau rond, de 30 mill. — Arch. du Nord; Chambre des comptes.

Écu portant deux poissons en pal, au bâton engrêlé brochant.

GOVFROY · DE · LE VAL

(Goufroy de Leval.)

Gérard de Rasoncamp reconnaît n'avoir aucun droit sur un chemin à Mauble. — 15 juin 1384.

**3443		LEVAL (PHILIPPE DE),**

Homme de la cour de Mons. — 1483.

Sceau rond, de 28 mill. — Arch. du Nord; collégiale de Saint-Géry.

Écu portant trois coquilles, écartelé d'une croix, penché, timbré d'un heaume cimé d'une tête de cygne.

S · philippe · de leval

(Seel Philippe de Leval.)

Voyez le n° 3284.

**3444		LIÉNART (JACQUES),**

Homme de la cour de Mons. — 1626.

Sceau rond, de 26 mill. — Arch. du Nord; abbaye de Fontenelles.

Écu au chevron accompagné de trois coquilles.

IXCQVES · LIENXRT

(Jacques Liénart.)

Acquisition d'une terre à Wargnies-le-Petit. — 14 décembre 1626.

**3445		LIES (RENNEKIN DE),**

Homme de la cour de Mons. — 1416.

Sceau rond, de 22 mill. — Arch. du Nord; évêché et chapitre de Cambrai.

Écu portant deux lions en chef, deux annelets en flanc et un lion passant à sénestre en pointe.

s regn . . . e . van . nes

(Segel Reyneken van Lyes.)

Voyez le n° 3192.

**3446		LIÈVRE (JEAN LE),**

Homme de la cour de Mons. — 1456.

Sceau rond, de 26 mill. — Arch. du Nord; hôpital Sainte-Élizabeth de Valenciennes.

Écu à trois têtes de lièvre, supporté par une dame accompagnée d'un chien.

s · 1 . . . n · le · lievre

(Seel Johan le Lièvre.)

Acquisition d'une maison à Aubri. — 14 juillet 1456.

**3447		LISON (QUENTIN),**

Homme de la cour de Mons. — 1467.

Sceau rond, de 23 mill. — Arch. du Nord; évêché et chapitre de Cambrai.

Écu portant trois étoiles, dans un trilobe.

seel quentin lison

(Seel Quentin Lison.)

Voyez le n° 3251.

**3448		LOBBES (JEAN FORTUI DE),**

Homme de la cour de Mons. — 1419.

Sceau rond, de 24 mill. — Arch. du Nord; abbaye de Saint-Aubert

Écu portant une couronne de fleurs, dans un trilobe.

s · 1e . . . fortui · de · lobb . .

(Seel Jehan Fortui de Lobbes.)

Voyez le n° 3193.

**3449		LOGE (GUILLAUME DE LA),**

Homme de la cour de Mons. — 1440.

Sceau rond, de 26 mill. — Arch. du Nord; évêché et chapitre de Cambrai

Écu au chevron accompagné de trois annelets, soutenu par un ange, supporté par deux lions, dans un trilobe.

s · vv . . . . . le · loge

(Seel Willaume de le Loge.)

Voyez le n° 3253.

**3450		LOGIER (GUILLAUME).**

Homme de la cour de Mons. — 1567.

Sceau rond, de 26 mill. — Arch. du Nord; abbaye de Saint-Jean de Valenciennes.

Écu au chevron accompagné de trois têtes d'oiseau.

SEEL GVILLXME LOGIER

(Seel Guillaume Logier.)

Bail de terres à Reumont, au Câteau, etc. — 29 août 1567.

**3451		LORMIER (SIMON LE).**

Homme de la cour de Mons. — 1469.

Sceau rond, de 26 mill. — Arch. du Nord; abbaye d'Auchin

Écu au chevron accompagné de trois mors de bride, supporté par une femme sauvage.

S simon le lormier

(Seel Simon lo Lormier.)

Voyez le n° 3254.

**3452		LOUVIGNIES (JEAN DE).**

Homme de la cour de Mons. — 1372.

Sceau rond, de 23 mill. — Arch. du Nord; Chambre des comptes

Écu au loup issant sous un chef chargé d'un loup passant, dans un quadrilobe.

S' IEHXN : DE : LOVVEGNI

(Seel Jehan de Louvegni.)

Aveu du fief de Beaudegnies; attestation de l'authenticité du sceau de Gérard le Borgne de Féchain. — 20 novembre 1372.

3453   MAÇON (JEAN),

Homme de la cour de Mons. — 1363.

Sceau rond, de 23 mill. — Arch. du Nord; Chambre des comptes.

Écu plain, parti de branchages, à l'anneau sur le tout, dans un hexagone.

S' IEHAN MACHON

(Seel Jehan Machon.)

Voyez le n° 1778.

3454   MAÇON (JEAN),

Homme de la cour de Mons. — 1467.

Sceau rond, de 26 mill. — Arch. du Nord; abbaye de Liessies.

Écu échiqueté au franc canton chargé de trois merlettes, supporté par une aigle.

seel · iehan · mach..

(Seel Jehan Machon.)

Voyez le n° 3227.

3455   MAING (ANTOINE DE),

Homme de la cour de Mons. — 1646.

Sceau rond, de 30 mill. — Arch. du Nord; abbaye du Quesnoy.

Écu à la main appaumée, supporté par un lion.

ANTOINE · DE · MAIN

Arrentement de terres au Quesnoy. — 21 juin 1646.

3456   MAING (CLAUDE DE),

Homme de la cour de Mons. — 1587.

Sceau rond, de 28 mill. — Hôpitaux de Douai; bourse commune.

Écu à la main appaumée, timbré d'un heaume.

S · CLAVDE · DE · MAING

Obligation de Gabry Wittrelect, soldat de la garnison de Locquignol. — 30 juin 1587.

3457   MAING (GASPARD DE),

Homme de la cour de Mons. — 1587.

Sceau rond, de 24 mill. — Hôpitaux de Douai; bourse commune.

Écu à la main appaumée, supporté par un griffon.

S · IASPART · DE · MAIN ·

Voyez le n° 3456.

3458   MAING (JACQUES DE),

Homme de la cour de Mons. — 1615.

Sceau rond, de 30 mill. — Arch. du Nord; abbaye du Quesnoy.

Un pèlerin tenant un bourdon et un rameau, muni d'une gibecière, accompagné de quatre étoiles.

S · IACQ.... DEMAIN

Vidimus des priviléges de l'abbaye du Quesnoy. — 17 octobre 1615.

3459   MAINSENT (ÉTIENNE),

Franc alleutier de Hainaut. — 1515.

Sceau rond, de 26 mill. — Arch. du Nord; évêché et chapitre de Cambrai.

Écu au lion, supporté par un ange.

seel eftievene mainfent

(Seel Estievene Mainsent.)

Fondation de messes par Jacques de Croy, évêque de Cambrai. — Bruxelles, 9 décembre 1515.

3460   MAINSENT (JEAN),

Homme de la cour de Mons. — 1550.

Sceau rond, de 29 mill. — Arch. du Nord; collégiale de Saint-Géry.

Écu au lion, supporté par un ange.

......AN MAINSENT

(Seel Jehan Mainsent.)

Voyez le n° 3289.

3461   MAIRE (GÉRARD LE),

Dit Person, homme de la cour de Mons. — 1454.

Sceau rond, de 28 mill. — Arch. du Nord; chartreux de Valenciennes.

Écu à trois trèfles, supporté par un homme sauvage.

S · grart · le · maire

(Seel Grart le Maire.)

Voyez le n° 3337.

3462   MALABAILLE (JEAN),

Homme de la cour de Mons. — 1598.

Sceau rond, de 30 mill. — Arch. du Nord; hôpital Sainte-Elizabeth de Valenciennes.

Écu plain sous un chef à trois pendants, timbré d'un heaume, supporté par deux lions.

S IEHAN MALABAILLE

Bail d'une terre à Onnaing près Verchain. — 22 décembre 1598.

3463   MANSART (ÉTIENNE),

Homme de la cour de Mons. — 1459.

Sceau rond, de 22 mill. — Arch. du Nord; évêché et chapitre de Cambrai.

Écu portant un oiseau, dans un trilobe.

seel eftievee manffar ·

(Seel Estievene Manssart.)

Bail d'un vivier à Villers-Pol. — 28 avril 1459.

3464   MARAIS (JEAN DU),

Homme de la cour de Mons. — 1300.

Sceau rond, de 20 mill. — Arch. du Nord; abbaye de Saint-Jean de Valenciennes.

Écu à trois jumelles, brisé d'une merlette au canton dextre.

S' IEHAN DV MARES

(Seel Jehon du Mares.)

Voyez le n° 3276.

———

3465   MARAIS (JEAN DU),

Homme de la cour de Mons. — 1407.

Sceau rond, de 22 mill. — Arch. du Nord; évêché et chapitre de Cambrai.

Écu à la bande à l'écusson en abîme sur le tout, supporté par un ange.

S · iehan · dou · mares

(Seel Jehan dou Mares.)

Voyez le n° 3194.

———

3466   MARCHAND (JACQUES),

Homme de la cour de Mons. — 1569.

Sceau rond, de 31 mill. — Arch. du Nord; évêché et chapitre de Cambrai.

Écu portant deux oiseaux, écartelé d'hermines, penché, timbré d'un heaume.

S IACQVES MARCHANT

Bail de terres à Villers-Pol. — 12 juin 1569.

———

3467   MARCHIENNES (ANSEL DE),

Homme de la cour de Mons. — 1440.

Sceau rond, de 24 mill. — Arch. du Nord; évêché et chapitre de Cambrai.

Écu au lion, écartelé d'une bande accompagnée de six oiseaux en orle, au lambel sur le tout, penché, timbré d'un heaume.

. . . . . k · marchienes

(Seel Ansel de Marchienes?)

Voyez le n° 3253.

———

3468   MARCHIENNES (GÉRARD DE),

Homme de la cour de Mons. — 1446.

Sceau rond, de 20 mill. — Arch. du Nord; abbaye de Saint-Aubert.

Écu au lion couronné, penché, timbré d'un heaume cimé d'une tête de lion, sur champ festonné.

S gerart k marchienes

(Seel Gérart de Marchienes.)

Sentence au sujet d'une dîme. — 28 août 1446.

3469   MARISSAL (MICHEL),

Homme de la cour de Mons, — 1580.

Sceau rond, de 26 mill. — Hospice de Valenciennes.

Écu au chevron accompagné de trois hanaps couverts?, supporté par un lion.

S MICHIEL MARISSAL

(Seel Michiel Morissal.)

Acquisition d'une rente à Valenciennes. — 7 juillet 1580.

———

3470   MARLIÈRE (JEAN),

Homme de la cour de Mons. — 1502.

Sceau rond, de 30 mill. — Arch. du Nord; collège d'Anchin.

Écu au chevron accompagné de deux quartefeuilles en chef et d'une quintefeuille en pointe, supporté par une aigle.

s . . han marliere

(Seel Jehan Marlière.)

Quittance. — 15 décembre 1502.

———

3471   MARQUETTE (JEAN DE),

Dit Despers, homme de la cour de Mons. — 1421.

Sceau rond, de 28 mill. — Arch. du Nord; Chambre des comptes.

Écu billeté au croissant à la bande sur le tout, penché, timbré d'un heaume cimé d'une tête de lévrier?, supporté par deux lions.

s : iehan : k : marbette

(Seel Jehan de Markette.)

Acquisition du comté de Namur par Philippe le Bon. — Valenciennes, 23 avril 1421.

———

3472   MARTIN (ANDRÉ),

Homme de la cour de Mons. — 1440.

Sceau rond, de 27 mill. — Arch. du Nord; évêché et chapitre de Cambrai.

Écu à la hure accompagnée de trois annelets, soutenu par un ange.

s andrieu martin

(Seel Andrieu Martin.)

Voyez le n° 3253.

———

3473   MARTROIS (ANTOINE DU),

Homme de la cour de Mons. — 1577.

Sceau rond, de 31 mill. — Arch. du Nord; abbaye de Vicogne.

Écu semé de croisettes au pied fiché à trois fleurs de lys, timbré d'un heaume couronné et cimé d'un cygne.

S ANTHOINE DV MARTROIS

Bail de terres à Masny. — 10 janvier 1577.

3474 MASELANT (COLARD).

Homme de la cour de Mons. — 1456.

Sceau rond, de 26 mill. — Arch. du Nord; abbaye de Saint-Aubert.

Écu portant trois quintefeuilles doubles? à la bordure engrêlée, soutenu par un lion.

s colart maſelant

(Seel Colart Maselant.)

Voyez le n° 3270.

3475 MASELANT (JEAN).

Homme de la cour de Mons. — 1454.

Sceau rond, de 26 mill. — Arch. du Nord; chartreux de Valenciennes.

Écu portant trois quintefeuilles doubles?, brisé d'un croissant en abîme, soutenu par une dame.

s · ıeþan · maſelant

(Seel Jehan Maselant.)

Voyez le n° 3337.

3476 MATHIEU (AMAND).

Homme de la cour de Mons. — 1489.

Sceau rond, de 23 mill. — Arch. du Nord; abbaye d'Anchin.

Écu à deux chevrons accompagnés de trois . . . , supporté par une dame.

s amanð maþıeu

(Seel Amand Mathieu.)

Sentence au sujet de terres à Pecquencourt. — 17 octobre 1489.

3477 MATHIEU (GABRIEL),

Homme de la cour de Mons. — 1483.

Sceau rond, de 26 mill. — Arch. du Nord; collégiale de Saint-Géry.

Écu portant une couronne, soutenu par un ange.

s · gabrıel · maþıeu

(Seel Gabriel Mathieu.)

Voyez le n° 3284.

3478 MATRUD (GILLES),

Homme de la cour de Mons. — 1548.

Sceau rond, de 29 mill. — Arch. du Nord; évêché et chapitre de Cambrai.

Écu à la fasce chevronnée, accompagnée de deux sautoirs en chef et d'une croix fleuronnée en pointe.

SEEL · GILLE · MATRVT

Bail d'une maison, grange et étables à Thumaide. — 13 juin 1548.

3479 MAUGUIER (PIERRE).

Homme de la cour de Mons. — 1400.

Sceau rond, de 26 mill. — Arch. du Nord; abbaye de Marchiennes.

Dame debout, tenant une plante fleurie et une gerbe.

s · pıerart · maugþıer

(Seel Pierart Maughier.)

Bail d'une maison, cour et cense à Erre. — 2 février 1466.

3480 MAULDE (ADRIEN DE).

Homme de la cour de Mons. — 1483.

Sceau rond, de 26 mill. — Arch. du Nord; collégiale de Saint-Géry.

Écu à trois fleurons, supporté par un griffon.

s aðrıe . . . mau . . .

(Seel Adrien de Maulde.)

Voyez le n° 3311.

3481 MAULDE (HUGUES DE).

Homme de la cour de Mons. — 1509.

Sceau rond, de 26 mill. — Arch. du Nord; abbaye de Marchiennes.

Écu au chevron chargé d'une quintefeuille et accompagné de deux étoiles en chef et d'un fleuron en pointe, supporté par un homme sauvage.

seel þue ðe maulðe

(Seel Hue de Maulde.)

Voyez le n° 3257.

3482 MAURAGE (JEAN DE).

Homme de la cour de Mons. — 1438.

Sceau rond, de 25 mill. — Arch. du Nord; collégiale de Saint-Géry.

Écu à la bande chargée de trois quintefeuilles, supporté par une dame.

s ıeþan ðe mauraıge

(Seel Jehan de Mauraige.)

Voyez le n° 3283.

3483 MEILS (ÉVRARD DES).

Homme de la cour de Mons. — 1428.

Sceau rond, de 22 mill. — Arch. du Nord; collégiale de Saint-Géry.

Écu portant trois roses, soutenu par une dame.

s þþrart ðes mels

(Seel Wrart des Mels.)

Voyez le n° 3240.

3484   MERCIER (JEAN LE),

Dit Bosquillon, homme de la cour de Mons. — 1483.

Sceau rond, de 25 mill. — Arch. du Nord; abbaye de Liessies.

Écu portant trois poires, brisé d'une étoile en chef, soutenu par une aigle.

ȿ · reȝan : le : mercbier

(Seel Jehan le Merchier.)

Renouvellement du bail de la grosse dîme de Ligne. — 8 janvier 1483.

3485   MESUREUR (CHARLES LE).

Homme de la cour de Mons. — 1574.

Sceau rond, de 26 mill. — Arch. du Nord; abbaye de Fontenelles.

Écu à la fasce vivrée et accompagnée de trois roses, timbré d'un heaume.

CHARLES LE MESVREVR

Bail de terres à Jeulain. — 27 octobre 1574.

3486   METZ-EN-COUTURE (MAHIEU DE),

Homme de la cour de Mons. — 1335.

Sceau rond, de 22 mill. — Arch. du Nord; Chambre des comptes.

Écu portant trois râteaux, à la bordure engrêlée.

✻ ȿ' MAhIV DE MAINȿENCOVTVRE

(Seel Mahiu de Mainsencouture.)

Acquisition par le comte de Hainaut d'une rente sur le vinage de Maubeuge. — 23 mai 1335.

3487   MIGNAL (JEAN DE),

Homme de la cour de Mons. — 1403.

Sceau rond, de 26 mill. — Arch. du Nord; abbaye de Maroilles.

Écu à la bande chargée de trois maillets, brisé d'une étoile au canton sénestre, supporté par deux dragons.

. . . . . an · de · mignal

(Seel Jehan de Mignal.)

Sentence contre le comte de Penthièvre au sujet de la justice d'un marais à Marbaix. — 6 mars 1403.

3488   MINE (JEAN DE LA),

Homme de la cour de Mons. — 1536.

Sceau rond, de 27 mill. — Hôtel-Dieu de Valenciennes.

Écu au lion à la bordure denchée, supporté par un lion.

ȿ : IEHAN DE LA MINE

(Seel Jehan de la Mine.)

Voyez le n° 3433.

3489   MOLIN (JEAN),

Homme de la cour de Mons. — 1545.

Sceau rond, de 26 mill. — Arch. du Nord; hôpital Sainte-Élisabeth de Valenciennes.

Écu portant une croix ancrée, cantonnée de quatre étoiles.

S · IAN · MOLIN

Acensement de terres à Estreux et à Sebourg. — 3 octobre 1545.

3490   MOLNIER (NICOLAS LE).

Homme de la cour de Mons. — 1594.

Sceau rond, de 30 mill. — Arch. du Nord; évêché et chapitre de Cambrai.

Écu au chevron chargé d'un croissant et accompagné de deux trèfles en chef et d'un lion en pointe, timbré d'un heaume cimé d'un lion issant.

S : NICOLAS ꞁ LE : MOLNIER

Voyez le n° 3261.

3491   MONISSART (GOBERT).

Homme de la cour de Mons. — 1535.

Sceau rond, de 30 mill. — Arch. du Nord; abbaye de Maroilles.

Écu à la tête de chien sous un chef chargé de trois besants?, supporté par deux enfants.

seel · gbobert · mouiȿȿart

(Seel Ghobert Monissart.)

Sentence contre Jean Doelin qui refusait la dîme des poires et des pommes. — 27 septembre 1535.

3492   MONISSART (LAURENT).

Homme de la cour de Mons. — 1541.

Sceau rond, de 32 mill. — Arch. du Nord; abbaye de Hasnon.

Écu aux armes du précédent et supporté comme lui.

seel : leure . . : mouiȿȿart

(Seel Leurent Monissart.)

Quittance de relief d'un fief à Montignies-lez-Lens. — 15 juillet 1542.

3493   MONTAY (WÉRI LE BÈGUE DE).

Homme de la cour de Mons. — 1331.

Sceau rond, de 23 mill. — Arch. du Nord; Chambre des comptes.

Écu échiqueté, dans un quadrilobe.

SEEL WERI DE M . . . AI

(Seel Weri de Montai)

Voyez le n° 3191.

3494 MONTIGNY

(ABRAHAM BRIDOUL DE).

Homme de la cour de Mons. — 1336.

Sceau rond, de 23 mill. — Arch. du Nord; abbaye de Marchiennes.

Écu burelé au franc canton plain, dans un trilobe.

.ЯBRA... D. MORTIG..

(Seel Abraham de Montigny.)

Acte de dessaisine d'un fief tenu du seigneur de Montigny. — 3 avril 1336.

3495 MONT-ROTI (JEAN DU).

Homme de la cour de Mons. — 1453.

Sceau rond, de 23 mill. — Arch. du Nord; évéché et chapitre de Cambrai.

Écu au chevron accompagné de deux .... en chef et d'une tête de chèvre en pointe, supporté par une dame.

S · ıeɧan · du · mon · rotı

(Seel Jehan du Mon Roti.)

Voyez le n° 3361.

3496 MOREAU (GUILLAUME),

Homme de la cour de Mons. — 1440.

Sceau rond, de 26 mill. — Arch. du Nord; évéché et chapitre de Cambrai.

Écu à trois merlettes, écartelé d'une aigle, supporté par une dame.

seel guıllame morıel

(Seel Guillame Moriel.)

Voyez le n° 3253.

3497 MOREAU (HUGUES).

Homme de la cour de Mons. — 1589.

Sceau rond, de 27 mill. — Arch. du Nord; évéché et chapitre de Cambrai.

Écu à trois quintefeuilles accompagnées d'une fleur de lys au pied coupé en abîme accostée de deux croissants, supporté par un griffon.

S · HAVG · MOREAV

Bail des bois d'Onnaing donné par le chapitre de Cambrai réfugié à Mons. — 7 novembre 1589.

3498 MOREAU (JEAN),

Homme de la cour de Mons. — 1487.

Sceau rond, de 22 mill. — Arch. du Nord; évéché et chapitre de Cambrai.

Écu portant un arbre accosté de ...., penché, timbré d'un heaume cimé d'un arbre.

S ıeɧan moreau

(Seel Johan Moreau.)

Sentence au sujet de la séquestration de certains membres du chapitre de Cambrai. — Valenciennes, 4 janvier 1487.

3499 MOREL (PIERRE),

Homme de la cour de Mons. — 1596.

Sceau rond, de 29 mill. — Arch. du Nord; abbaye de Hasnou.

Écu au chevron accompagné de deux grelots en chef et d'un lion en pointe.

DE · DIEV · MOREL · A · FRANCQVIE ·

Quittance du relief d'un fief à Awoingt. — 4 mai 1596.

3500 MORTIER (JACQUES DU),

Homme de la cour de Mons. — 1350.

Sceau rond, de 29 mill. — Arch. du Nord; Chambre des comptes.

Écu portant une bande à la bordure engrêlée, suspendu à un arbre, dans un ovale.

Sᵉ IҺQVE D. MORЄIGR

(Seel Jaque du Mortier.)

Paix à la suite d'un meurtre. — 28 mars 1350.

3501 MOTTE (JEAN DE LA),

Homme de la cour de Mons. — 1531.

Sceau rond, de 31 mill. — Arch. du Nord; évéché et chapitre de Cambrai.

Écu portant un oiseau, écartelé d'un plain, au lambel sur le tout, soutenu par un homme sauvage.

S IЄҺAN ƆЄ LЄ MOTTE

(Seel Jehan de le Motte.)

Voyez le n° 3265.

3502 MOTTE (JEAN DE LA),

Homme de la cour de Mons. — 1626.

Sceau rond, de 32 mill. — Arch. du Nord; abbaye de Fontenelles.

Écu portant un lièvre courant à dextre, soutenu par un saint Jean.

SEEL IEAN DE LE MOTTE 1626

Voyez le n° 3444.

3503 MOUSTIER (JACQUES DU),

Homme de la cour de Mons. — 1450.

Sceau rond, de 27 mill. — Arch. du Nord; abbaye d'Anchin.

Écu portant deux colonnettes? en sautoir accompagnées d'une aigle en pointe, dans un trilobe.

s ıabemarſ don monſtıer

(Seel Jakemart don Moustier.)

Voyez le n° 3324.

3504   MUCHET (JEAN),

Homme de la cour de Mons. — 1549.

Sceau rond, de 26 mill. -- Arch. du Nord; hôpital Sainte-Élizabeth
de Valenciennes.

Écu à un livre garni d'un fermoir et accompagné de
deux quintefeuilles en chef.

S • IEHAN • MVCHET

Voyez le n° 3335.

____

3505   MUIDAVÈNE (JEAN).

Homme de la cour de Mons. — 1404.

Sceau rond, de 27 mill. — Arch. du Nord; abbaye de Saint-Aubert.

Écu à trois épis d'avoine, supporté par deux aigles
séparées en pointe par un lion.

s • iehan • muidavaine

(Scel Jehan Muidavaine.)

Voyez le n° 3204.

____

3506   NAIRON (JEAN).

Homme de la cour de Mons. — 1419.

Sceau rond, de 25 mill. — Arch. du Nord; collégiale de Saint-Géry.

Écu au chevron accompagné de trois hures, supporté
par deux griffons.

s • iehan • nairon

(Scel Jehan Nairon.)

Voyez le n° 3204.

____

3507   NAUDIN (GABRIEL).

Homme de la cour de Mons. — 1516.

Sceau rond, de 27 mill. — Arch. du Nord; collégiale de Saint-Géry.

Écu portant un vol accompagné des lettres **G** et **N**.

scel de gabriel naudin

(Scel de Gabriel Naudin.)

Nomination de procureurs spéciaux pour traiter au sujet des dîmes
de Quartes. — 14 janvier 1546.

____

3508   NAVARRE (JEAN DE).

Homme de la cour de Mons. — 1557.

Sceau rond, de 26 mill. — Arch. du Nord; abbaye de Liessies.

Écu au chevron accompagné des armes de Navarre en
pointe, supporté par un saint Jean.

S IEHAN DE NAVARRE

(Scel Jehan de Navarre.)

Déclaration du relief d'un fief à Ath. — 9 août 1557.

3509   NECHELPUTTE (JEAN),

Franc alleutier de Hainaut. — 1578.

Sceau rond, de 30 mill. — Arch. du Nord; abbaye de Saint-Jean
de Valenciennes.

Écu à trois quintefeuilles, brisé d'une étoile en abîme,
supporté par un homme sauvage.

s • ian • nechelputte

(Scel Jan Nechelputte.)

Acquisition d'un héritage à Haute-Croix. — Enghien, 11 août 1578.

____

3510   NOIRCHAIN (NICAISE DE).

Homme de la cour de Mons. — 1425.

Sceau rond, de 26 mill. — Arch. du Nord; abbaye de Marchiennes.

Écu portant trois têtes de chien de face les deux du
chef séparées par une rose, penché, timbré d'un heaume.

s • nicaise • de • norchin

(Scel Nicaise de Norchin.)

Acquisition de terres tenues de la seigneurie de Badeguies. — 15 octobre 1425.

____

3511   NOUSART (JEAN),

Homme de la cour de Mons. — 1481.

Sceau rond, de 26 mill. — Arch. du Nord; abbaye de Liessies.

Écu au chevron accompagné de deux étoiles en chef
et d'un gland en pointe, supporté par une dame.

s • iehan • noufart

(Scel Jehan Nousart.)

Bail de terres à Muffles. — 17 mars 1481.

____

3512   OFFIGNIES (JEAN D').

Homme de la cour de Mons. — 1535.

Sceau rond, de 26 mill. — Arch. du Nord; abbaye de Maroilles.

Écu à la fleur de lys accompagnée de deux trèfles en
chef, supporté par une dame.

s • iehan • doffegnies

(Scel Jehan d'Offegnies.)

Voyez le n° 3491.

____

3513   OISY (GILLES D').

Homme de la cour de Mons. — 1559.

Sceau rond, de 26 mill. — Arch. communales de Valenciennes.

Écu à la barre chargée de deux quartefeuilles et accompagnée d'une tête de cerf entre deux quintefeuilles
en chef et d'un monogramme en pointe, supporté par un
cerf coiffé aux armes.

8 · GILLES · DOIS.

(Scel Gilles d'Oisy.)

Bail d'une terre à Frasnes près Condé. — 31 janvier 1539.

3514   PANINOT (JEAN),

Dit de Jenlain, homme de la cour de Mons. — 1441.

Sceau rond, de 24 mill. — Arch. du Nord; évêché et chapitre de Cambrai.

Écu au chevron accompagné de trois étoiles, soutenu par un ange.

iehan · paninot · dit · de · ienlaing

(Jehan Paninot dit de Jenlaing.)

Acquisition d'une rente à Onnoing. — 10 février 1441.

3515   PARC (JEAN DU),

Homme de la cour de Mons. — 1397.

Sceau rond, de 27 mill. — Arch. du Nord; collégiale de Saint-Géry.

Écu au chevron chargé d'étoiles et accompagné de trois têtes de léopard, supporté par deux chimères.

s iehan ..u parch

(Scel Jehan dou Parck.)

Voyez le n° 3203.

3516   PARC (PIERRE DU),

Homme de la cour de Mons. — 1416.

Sceau rond, de 24 mill. — Arch. du Nord; évêché et chapitre de Cambrai.

Écu au chevron chargé d'une étoile et accompagné de trois têtes de léopard, supporté par un ange, dans un quadrilobe.

s · pierart · dou · parch

(Scel Pierart dou Parck.)

Sommations au chapitre de Binche au sujet de la réparation de son église. — 11 juillet 1416.

3517   PASTOUR (THOMAS),

Homme de la cour de Mons. — 1433.

Sceau rond, de 26 mill. — Arch. du Nord; abbaye d'Anchin.

Écu portant trois épis, soutenu par une dame.

s · thomas · paftour

(Scel Thomas Pastour.)

Renouvellement de la coutume de Bruille en Ostrevant. — 17 janvier 1433.

3518   PELET (CHARLES).

Homme de la cour de Mons. — 1564.

Sceau rond, de 27 mill. — Arch. du Nord; abbaye de Saint-Aubert.

Écu au chevron chargé d'une fleur de lys et accompagné de trois mains, supporté par la Justice.

SEEL · CHARLES · PELET

(Scel Charles Pelet.)

Voyez le n° 3205.

3519   PELET (GUI),

Homme de la cour de Mons. — 1562.

Sceau rond, de 40 mill. — Arch. du Nord; abbaye de Saint-Aubert.

Écu au chevron accompagné de deux gerbes en chef et d'une clef? en pointe, timbré d'un heaume cimé d'une tête de chameau, supporté par deux lions.

8 . . . . . PELET

(Scel Gui Pelet.)

Voyez le n° 3205.

3520   PENIN (ÉLOI),

Homme de la cour de Mons. — 1615.

Sceau rond, de 31 mill. — Arch. du Nord; abbaye du Quesnoy.

Écu au chevron accompagné de deux étoiles en chef et d'une rose en pointe, supporté par un saint Éloi.

ELOY PENIN

Voyez le n° 3458.

3521   PETIT (HENRI),

Homme de la cour de Mons. — 1570.

Sceau rond, de 30 mill. — Arch. du Nord; Chambre des comptes.

Écu à la rose en abîme accompagnée de deux trèfles en chef et d'un gland en pointe, supporté par un personnage couronné et tenant d'une main une église et de l'autre son épée.

SEEL HENRI PE...

Bail des rentes de l'abbaye du Câteau à Audregnies. — 1er janvier 1572.

3522   PETIT (JEAN).

Homme de la cour de Mons. — 1577.

Sceau rond, de 29 mill. — Arch. du Nord; abbaye de Liessies.

Écu au huchet enguiché, supporté par un personnage tenant un vase à boire.

S · IEHAN · PETIT

Bail des terres dites les Martières à la Rouillies. — 24 avril 1577.

3523   PICKOIS (JEAN).

Dit le Maçon, homme de la cour de Mons. 1329.

Sceau rond, de 28 mill. — Arch. du Nord; évêché et chapitre de Cambrai.

Écu à deux chevrons dont l'un renversé enlacés et

accompagnés d'une merlette en chef et d'une étoile en pointe, dans un trilobe.

seel ıeħan pıboıs

(Seel Jehan Pikois.)

Voyez le n° 3304.

3524 PICOT (GUILLAUME),

Dit d'Aulnoy, homme de la cour de Mons. · 1406.

Sceau rond, de 26 mill. — Arch. du Nord; hôpital Sainte-Élisabeth du Valenciennes.

Écu chargé de rinceaux au franc canton bandé de six pièces, dans un trilobe.

s ƀuıllaume pıcot

(Seel Willaume Picot.)

Acquisition d'une terre à Saint-Vaast. — 6 mars 1426.

3525 PIÉRART (JEAN),

Homme de la cour de Mons. — 1536.

Sceau rond, de 34 mill. — Arch. du Nord; abbaye de Saint-Jean de Valenciennes.

Écu tranché ondé portant trois quintefeuilles de l'un en l'autre sous un chef chargé d'une aigle, timbré d'un heaume cimé d'une tête de licorne.

SEEL · IEHXN · . . . RXRT

(Seel Jehan Pierart.)

Bail de divers héritages à Valenciennes, Avesnes, Aulnoy, etc. — vu janvier 1536.

3526 PINCHON (JEAN),

Homme de la cour de Mons. — 1397.

Sceau rond, de 23 mill. — Arch. du Nord; collégiale de Saint-Géry.

Écu au chevron accompagné de trois roses?, timbré d'une aigle, supporté par deux lions, dans un trilobe.

s ıeħan pınchon

(Seel Jehan Pinchon.)

Voyez le n° 3203.

3527 PIRE (PIERRE DU),

Homme de la cour de Mons. — 1564.

Sceau rond, de 27 mill. — Arch. du Nord; Chambre des comptes.

Écu au mascaron, supporté par un personnage grotesque.

S · PIERE · DV · PIRRE

Arrentement d'un pré au tordoir de Lorgies. — 27 juillet 1564.

3528 PISSON (ANTOINE).

Homme de la cour de Mons. — 1615.

Sceau rond, de 29 mill. — Arch. du Nord; abbaye du Saint-Sépulcre.

Saint Antoine debout, appuyé sur son tau, tenant un livre.

S ANTHOINE PISSON

Bail de terres au Quesnoy. — 7 février 1615.

3529 PISSON (JUDE).

Homme de la cour de Mons. — 1587.

Sceau rond, de 29 mill. — Hôpitaux de Douai; bourse commune.

Écu au chevron accompagné de deux étoiles en chef et de . . . . . en pointe, timbré d'un heaume cimé d'un chapeau.

S IVDE PISSON

Obligation de François Carpentier, sergent à cheval de la forêt de Mormalle, etc. — Le Quesnoy, 30 juin 1587.

3530 PISSON (JUDE),

Homme de la cour de Mons. — 1615.

Sceau rond, de 27 mill. — Arch. du Nord; abbaye du Saint-Sépulcre.

Écu portant trois poissons entrelacés et accompagnés de deux roses en chef, à la bordure.

S · IVDE · PISSON

Voyez le n° 3528.

3531 PLANQUE (JEAN DE LE).

Homme de la cour de Mons. — 1390.

Sceau rond, de 23 mill. — Arch. du Nord; Chambre des comptes.

Écu à l'aigle éployée, supporté par deux lions, dans un trilobe.

s ıeħan del planke

(Seel Jehan del Planke.)

Voyez le n° 3209.

3532 PLANQUE (LOUIS DE LE),

Homme de la cour de Mons. — 1493.

Sceau rond, de 24 mill. — Arch. du Nord; abbaye de Liessies.

Écu à la fasce accompagnée d'un trèfle au canton sinestre, penché, timbré d'un buste de femme.

seel loys ƀe le plancq

(Seel Loys de le Plancq.)

Bail de terres à Ligne et à Villers-Saint-Amand. — 4 mars 1493.

3533   PLANQUES (WAUTIER DES).

Homme de la cour de Mons. — 1420.

Sceau rond, de 26 mill. — Arch. du Nord; évêché et chapitre
de Cambrai.

Écu à la fasce accompagnée de trois poissons, supporté par une sirène.

seel : voatier : de : plaubes

(Seel Watier de Planktes.)

Voyez le n° 3237.

———

3534   POCHON (ANDRÉ).

Homme de la cour de Mons. — 1476.

Sceau rond, de 25 mill. — Arch. du Nord; évêché et chapitre
de Cambrai.

Écu portant un pot, suspendu à un arbre.

s · andrieu · pochou

(Seel Andrien Pochon.)

Acquisition de terres à Ogy. — 30 novembre 1476.

———

3535   POILEKIÉVRE (JEAN).

Homme de la cour de Mons. — 1411.

Sceau rond, de 21 mill. — Arch. du Nord; évêché et chapitre
de Cambrai.

Écu à la chèvre passant, supporté par un ange, dans
un trilobe.

s · iehau ...... ievre

(Seel Johan Poilekievre.)

Bail d'une terre à Villers-Pol. — 15 juillet 1411.

———

3536   POIVRE (JACQUES LE).

Homme de la cour de Mons. — 1538.

Sceau rond, de 29 mill. — Hôtel-Dieu de Valenciennes.

Écu au sautoir chargé de cinq merlettes, timbré d'un
heaume couronné et cimé d'un oiseau.

S · IAQVES · LE · POIVRE

(Seel Jaques le Poivre.)

Acquisition de terres à Iwuy. — 16 octobre 1538.

———

3537   PONCHEL (JEAN DU).

Homme de la cour de Mons. — 143..

Sceau rond, de 25 mill. — Arch. du Nord; évêché et chapitre de Cambrai.

Écu à la hure percée d'un épieu, supporté par une
dame.

.... hau dou pouch ..

(Seel Johan dou Ponchel.)

Voyez le n° 3360.

3538   PONT (JEAN DU).

D'Oisy, homme de la cour de Mons. — 1391.

Sceau rond, de 22 mill. — Arch. du Nord; collégiale de Saint-Géry.

Écu billeté au griffon rampant, soutenu par un ange,
dans un ovale.

s · iehau · dou · pout · doisi

(Seel Johan dou Pont d'Oisi.)

Sentence réglant les droits aux apports faits à l'église de Quartes.
— 27 mars 1391.

———

3539   PONT-DE-PIERRE (ALARD DU).

Homme de la cour de Mons. — 1459.

Sceau rond, de 23 mill. — Arch. du Nord; évêché et chapitre de Cambrai.

Écu portant deux plançons en sautoir cantonnés d'une
étoile en chef, soutenu par un ange.

seel · alart · dou · pou de pierc

(Seel Alart dou Pon de Piere.)

Bail des oblations de l'église de Sebourg. — 9 février 1459.

———

3540   PONT-DE-PIERRE (JEAN DU).

Homme de la cour de Mons. — 1459.

Sceau rond, de 26 mill. — Arch. du Nord; évêché et chapitre de Cambrai.

Écu portant deux plançons en sautoir, soutenu par un
ange.

s · iehau · dou · pout de pierc

(Seel Johan dou Punt de Piere.)

Bail d'un vivier à Villers-Pol. — 28 avril 1459.

———

3541   PORTE (JEAN DE LA).

Homme de la cour de Mons. — 1393.

Sceau rond, de 30 mill. — Arch. du Nord; chapitre de Saint-Aune.

Écu à la bande chargée de trois clefs, dans un trilobe.

s iehau de le porte

(Seel Johan de le Porte.)

Voyez le n° 3229.

———

3542   PORTE (JEAN DE LA).

Dit Bridoul, homme de la cour de Mons. — 1414.

Sceau rond, de 27 mill. — Arch. du Nord; abbaye des Prés.

Écu à la bande chargée de trois clefs et accompagnée
d'une coquille en chef, penché, timbré d'un heaume
couronné, supporté par deux lions.

s iehau de le porte dit bridoul

(Seel Johan de le Porte dit Bridoul.)

Voyez le n° 3301.

3543   PORTE (JEAN DE LA).

Homme de la cour de Mons. — 1428.

Sceau rond, de 26 mill. — Arch. du Nord; collégiale de Saint-Géry.

Écu à la bande chargée de trois clefs, penché, timbré d'un heaume.

seel · iehan · de · le · porte

(Seel Jehan de le Porte.)

Sentence confirmative de droits de terrage à Hordain. — 7 mars 1428.

3544   POSTICH? (JEAN DU),

Homme de la cour de Mons. — 1456.

Sceau rond, de 26 mill. — Arch. du Nord; abbaye de Saint-Aubert.

Écu à trois massacres de cerf, penché, timbré d'un heaume cimé d'une tête de cerf, supporté par une dame.

s' iehan don postich

(Seel Jehan dou Postich.)

Voyez le n° 3270.

3545   POT (JACQUES LE),

Homme de la cour de Mons. — 1369.

Sceau rond, de 20 mill. — Arch. du Nord; Chambre des comptes.

Écu au chevron accompagné de trois pots, dans un trilobe.

.... IAKEMMR8 LE POT

(Seel Jakemart le Pot.)

Procès entre les échevins et le prévôt de Maubeuge au sujet du droit que prétendait avoir le prévôt de nommer trois personnes à l'office de la couleterie de la draperie. — Maubeuge, 2 février 1369.

3546   POULET (GILLES),

Homme de la cour de Mons. — 1429.

Sceau rond, de 24 mill. — Arch. du Nord; abbaye d'Anchin.

Écu portant un coq, soutenu par un ange. — Légende détruite.

Voyez le n° 3476.

3547   PRÉ (ROGER DU),

Homme de la cour de Mons. — 1516.

Sceau rond, de 30 mill. — Arch. du Nord; abbaye d'Anchin.

Écu à la biche couchée et accompagnée d'une étoile en chef, supporté par un cerf et une biche.

s · rogier ... pret

(Seel Rogier dou Pret.)

Voyez le n° 1478.

3548   PRÉVÔT (PIERRE),

Homme de la cour de Mons. — 1461.

Sceau rond, de 27 mill. — Arch. du Nord; évêché et chapitre de Cambrai.

Écu portant trois merlettes en chef et trois étoiles en pointe, soutenu par une dame.

seel piere prevost

(Seel Piere Prevost.)

Bail d'une maison à Jurbise. — 14 novembre 1461.

3549   PRÉVÔT (PIERRE LE),

Franc alleutier de Hainaut. — 1510.

Sceau rond, de 27 mill. — Arch. du Nord; évêché et chapitre de Cambrai.

Écu à la fasce vivrée accompagnée de deux T en chef à la barre sur le tout, suspendu à un arbre.

S · PIERRE · LE · PREVOBT

(Seel Pierre le Prévost.)

Voyez le n° 3226.

3550   PRISCHES (FRANÇOIS DE).

Homme de la cour de Mons. — 1490.

Sceau rond, de 25 mill. — Arch. du Nord; collégiale de Saint-Géry.

Écu portant trois jumelles à six annelets posés 3. 2 et 1 dans l'intervalle des jumelles sous un chef chargé de trois étoiles celle de sénestre dans un croissant, penché, supporté par une aigle.

s franchois de priches

(Seel Franchois de Priches.)

Bail de dîmes et de terrages à Pont-sur-Sambre. — 22 juillet 1490.

3551   PUCHE (ANDRÉ).

Homme de la cour de Mons. — 1429.

Sceau rond, de 24 mill. — Arch. du Nord; évêché et chapitre de Cambrai.

Écu au chevron chargé d'un annelet et accompagné de trois merlettes, soutenu par un ange, dans un ovale.

s · andrieu · puche

(Seel Andrieu Puche.)

Voyez le n° 3298.

3552   QUAREAU (ANTOINE).

Homme de la cour de Mons. — 1495.

Sceau rond, de 21 mill. — Arch. du Nord; évêché et chapitre de Cambrai.

Écu à trois sextefeuilles accompagnées d'une étoile en abîme, supporté par un homme sauvage.

. . . ntone quareau

(Seel Antone Quareau.)

Voyez le n° 3222.

3553   QUAROUBLE (GUILLAUME DE),

Homme de la cour de Mons. — 1459.

Sceau rond, de 27 mill. — Arch. du Nord; évêché et chapitre de Cambrai.

Écu au sautoir chargé d'un écusson à trois lions en cœur et d'une quintefeuille en chef et à dextre cantonné de quatre mâcles, penché, timbré d'un heaume couronné.

Seel · willem · de · courouble

(Seel Willem de Courouble.)

Bail d'un fief au terroir de Villers-Pol. — 28 avril 1459.

3554   QUAROUBLE (JEAN DE),

Homme de la cour de Mons. — 1336.

Sceau rond, de 27 mill. — Arch. du Nord; abbaye de Saint-Jean de Valenciennes.

Écu au sautoir cantonné de quatre mâcles, dans une rose.

✠ . SIEL : IEHN . .. QVAROVBE

(Saiel Jehan de Quaroube.)

Voyez le n° 1306.

3555   QUESNOY (JEAN DU),

Homme de la cour de Mons. — 1450.

Sceau rond, de 24 mill. — Arch. du Nord; abbaye de Liessies.

Écu portant un chêne accosté de deux fleurs de lys, dans un trilobe.

s : iehan : dou : caisnoit

(Seel Jehan dou Caisnoit.)

Bail de terres à Papignies. — 25 février 1450.

3556   QUESNOY (PIERRE),

Homme de la cour de Mons. — 1411.

Sceau rond, de 21 mill. — Arch. du Nord; évêché et chapitre de Cambrai.

Écu portant un chêne, dans un trilobe.

s · pierat · benoit

(Seel Pierat Renoit.)

Bail de la maison de Chantereine à Muretz. — 6 février 1411.

3557   QUIEN (JACQUES LE),

Homme de la cour de Mons. — 1456.

Sceau rond, de 28 mill. — Arch. du Nord; chartreux de Valenciennes.

Écu portant trois chiens courant à dextre au lambel, penché, timbré d'un heaume cimé d'une tête de licorne.

s · rabe · le · bien

(Seel Jake le Kien.)

Acquisition de terres à Marly. — 21 juin 1455.

3558   QUIENS (JEAN DES),

Homme de la cour de Mons. — 1462.

Sceau rond, de 24 mill. — Arch. du Nord; évêché et chapitre de Cambrai.

Écu à la fasce accompagnée d'un chien passant en chef et de deux arbres? en pointe, dans un trilobe.

seel ..... del bienf

(Seel Jehan des Kiens.)

Voyez le n° 3396.

3559   RACHES (JEAN DE),

Homme de la cour de Mons. — 1464.

Sceau rond, de 27 mill. — Arch. du Nord; abbaye des Prés.

Écu portant trois chevrons, soutenu par un ange.

S : IEHAN DE RASSCE

(Seel Jehan de Rasce.)

Voyez le n° 3294.

3560   RANWES (JEAN DE),

Homme de la cour de Mons. — 1418.

Sceau rond, de 25 mill. — Arch. du Nord; évêché et chapitre de Cambrai.

Écu à la fasce accompagnée de la lettre **R** en chef au franc canton chargé d'une croix, dans un trilobe.

s · iehan . . . anbbes

(Seel Johan de Ranwes.)

Jean Galland, après un emprisonnement de quatre ans pour forfaiture envers le chapitre de Cambrai, reconnaît devoir à ce chapitre la somme de 300ll. — 20 septembre 1418.

3561   RASOIR (NICOLAS),

Homme de la cour de Mons. — 1538.

Sceau rond, de 25 mill. — Hôtel-Dieu de Valenciennes.

Écu à trois flèches en bande la première chargée d'une étoile, penché, timbré d'un heaume cimé d'une sirène.

S nicollas rasoir

(Seel Nicollas Rasoir.)

Voyez le n° 3536.

3562			**REBZ (JEAN),**

Homme de la cour de Mons. — 1571.

Sceau rond, de 27 mill. — Arch. du Nord; abbaye de Vicogne.

Écu au chevron accompagné de trois sextefeuilles, supporté par une aigle éployée.

SEEL · IEHAN · REBZ

(Seel Jehan Rebz.)

Bail de terres à Beaudegnies. — 11 janvier 1571.

3563			**RENAUD (COLARD),**

Homme de la cour de Mons. — 1563.

Sceau rond, de 22 mill. — Arch. du Nord; Chambre des comptes.

Écu portant une aigle, à la bande brochant.

S' CHOLART : RENRVT

(Seel Cholart Renaut.)

Voyez le n° 1778.

3564			**RENIER (JEAN MAÎTRE).**

Homme de la cour de Mons. — 1454.

Sceau rond, de 23 mill. — Arch. du Nord; chartreux de Valenciennes.

Écu au renard ravissant et accompagné d'une étoile en chef, supporté par une aigle.

s · iehan · maiftre · reuier

(Seel Jehan Maistre Renier.)

Voyez le n° 3337.

3565			**REYNAX (JEAN),**

Homme de la cour de Mons. — 1557.

Sceau rond, de 30 mill. — Arch. du Nord; Chambre des comptes.

Écu portant un renard sous un chef à l'aigle issant, timbré d'un heaume cimé d'un bras armé.

S · IAN · REINAX

Réunion de la ville d'Avesnes au comté de Hainaut.	Bruxelles, 4 mai 1557.

3566			**RIFFLARD (COLARD),**

Homme de la cour de Mons. — 1494.

Sceau rond, de 28 mill. — Arch. du Nord; évêché et chapitre de Cambrai.

Écu au chevron accompagné de deux étoiles en chef et d'un croissant en pointe, supporté par un griffon.

seel · collart · rifflart

(Seel Collart Rifflart.)

Voyez le n° 3222.

3567			**RIMOT (MICHEL).**

Homme de la cour de Mons. — 1461.

Sceau rond, de 25 mill. — Arch. du Nord; évêché et chapitre de Cambrai.

Écu à deux lions issant affrontés et séparés par . . . coupé d'un plain, supporté par un saint Michel.

S · mikiel rimot

(Seel Mikiel Rimot.)

Voyez le n° 3548.

3568			**ROCOURT (LOUIS DE).**

Homme de la cour de Mons. — 1362.

Sceau rond, de 20 mill. — Arch. du Nord; évêché et chapitre de Cambrai.

Écu à la fasce chargée d'une étoile et accompagnée d'un vivré en chef.

S · LOWIS · D. ...OVRT

(Seel Lowis de Rocourt.)

Voyez le n° 3207.

3569			**ROCQUIGNIES (JEAN DE).**

Homme de la cour de Mons. — 1513.

Sceau rond, de 26 mill. — Arch. du Nord; Chambre des comptes.

Écu à trois losanges, brisé d'une étoile en chef, supporté par un homme sauvage.

s iehan d' rocquignies

(Seel Jehan de Rocquignies.)

Accord au sujet d'un terrage à Cartignies. — 21 décembre 1513.

3570			**ROLAND (JEAN).**

Homme de la cour de Mons. — 1450.

Sceau rond, de 25 mill. — Arch. du Nord; évêché et chapitre de Cambrai.

Écu portant un huchet enguiché, soutenu par un ange.

s' iehan rollant

(Seel Jehan Rollant.)

Voyez le n° 3253.

3571			**ROSEL (GUI).**

Homme de la cour de Mons. — 1372.

Sceau rond, de 30 mill. — Arch. du Nord; abbaye du Saint-Sépulcre.

Écu à trois chevrons, penché, timbré d'un heaume cimé d'une touffe, supporté par deux hommes sauvages.

S · guy · rofel

(Seel Guy Rosel.)

Vidimus d'un échange de fiefs entre Aubert, duc de Bavière, et l'abbaye du Saint-Sépulcre. — 3 janvier 1372.

3572 ROUE (JEAN GRIFFON DE LA).

Homme de la cour de Mons. — 1469.

Sceau rond, de 27 mill. — Arch. du Nord; abbaye de Crespin.

Écu au sautoir cantonné de deux serres en chef et en pointe et flanqué de deux roues, supporté par un homme sauvage.

s · reba . . . . . le la roe

(Seel Jehan Griffon de la Roe.)

Acquisition de terres près Valenciennes. — 20 janvier 1469.

3573 ROUSSEL (GILLES),

Dit Vincent, franc alleutier de Hainaut. — 1435.

Sceau rond, de 22 mill. — Arch. du Nord; hôpital Sainte-Élisabeth de Valenciennes.

Écu au fer de quarreau accompagné de trois étoiles.

S' GILLART ROVSIEL DIT VINCENT

(Seel Gillart Rousiel dit Vincent.)

Gillard de Quarouble lègue à son fils un pré au terroir de Vieq. — Valenciennes, 1er juillet 1435.

3574 ROY (AIMERI LE),

Homme de la cour de Mons. — 1472.

Sceau rond, de 26 mill. — Arch. du Nord; chartreux de Valenciennes.

Écu au faucon sur un poing, écartelé d'une gerbe, penché, timbré d'un heaume cimé d'une gerbe.

seel · aymeri · le · roy

(Seel Aymeri le Roy.)

Acquisition d'une rente près Valenciennes. — 4 avril 1472.

3575 ROY (JEAN LE),

Homme de la cour de Mons. — 1413.

Sceau rond, de 24 mill. — Arch. du Nord; Chambre des comptes.

Écu à trois tours, écartelé d'une fasce accompagnée de trois étoiles en chef, supporté par une dame.

s · rehan le roy

(Seel Jehan le Roy.)

Sentence au sujet des bois et des prés de Maroilles. — 4 décembre 1413.

3576 ROY (JEAN LE),

Homme de la cour de Mons. — 1418.

Sceau rond, de 26 mill. — Arch. du Nord; collégiale de Saint-Géry.

Écu portant trois hanaps?, soutenu par un ange.

S · rehan · le · roy

(Seel Johan le Roy.)

Voyez le n° 3240.

3577 ROYER (BERNARD).

Homme de la cour de Mons. — 1383.

Sceau rond, de 24 mill. — Arch. du Nord; Chambre des comptes.

Pierre gravée représentant une tête d'homme de face.

* S' BERNARDI ROGERII

(Sigillum Bernardi Rogerii.)

Voyez le n° 893.

3578 RUYELLE (JACQUES DE LA).

Homme de la cour de Mons. — 1397.

Sceau rond, de 23 mill. — Hôtel-Dieu de Valenciennes.

Écu portant trois bandes de losanges, dans un trilobe.

s · rakemart de le ruielle

(Seel Jakemart de le Ruielle.)

Voyez le n° 3201.

3579 SAINT-GHISLAIN (JEAN DE),

Homme de la cour de Mons. — 1414.

Sceau rond, de 32 mill. — Arch. du Nord; abbaye de Saint-Aubert.

Écu portant trois oiseaux accompagnés d'un annelet en abîme, soutenu par une dame.

s · rehan · de · saint · ghillain

(Seel Jehan de Saint Ghislain.)

Voyez le n° 3468.

3580 SALLÉ (BALTHASAR),

Franc alleutier de Hainaut. — 1515.

Sceau rond, de 26 mill. — Arch. du Nord; évêché et chapitre de Cambrai.

Écu à trois vases fermés, supporté par un homme sauvage.

s baltasart salle

(Seel Baltasart Sallé.)

Voyez le n° 3459.

3581 SART (NICAISE DU).

Homme de la cour de Mons. — 1310.

Sceau rond, de 23 mill. — Arch. du Nord; abbaye de Fontenelles.

Écu au chevron surmonté de trois oiseaux.

* .. NIKAISE DOV SART

(Seel Nikaise dou Sart.)

Sentence au sujet d'une terre à Gommegnies. — 30 mars 1310.

3582 SAUMON (JACQUES).

Homme de la cour de Mons. — 1450.

Sceau rond, de 27 mill. — Arch. du Nord; abbaye d'Auchin.

Écu au saumon en fasce, supporté par une dame.

S · ꝛaquemart · ſanmon

(Seel Jaquemart Soumon.)

Voyez le n° 3394.

3583   SÉJOURNET (FRANÇOIS).

Homme de la cour de Mons. — 1549.

Sceau rond, de 34 mill. — Arch. du Nord; abbaye de Liessies.

Écu portant trois fers de moulin.

seel · francbois · ſeɪourɳet

(Seel Franchois Séjournet.)

Bail des grosses dîmes de Ligne. — Ath, 23 mai 1549.

3584   SEUWART (JEAN).

Homme de la cour de Mons. — 1409.

Sceau rond, de 23 mill. — Arch. du Nord; abbaye de Saint-Aubert.

Écu à trois tourteaux? sous un chef, soutenu par une dame, supporté par deux lions, dans un trilobe.

seel · ꝛebau · seubbarꞇ

(Seel Jehan Seuwart.)

Voyez le n° 1254.

3585   SOMMAING (GUILLAUME DE).

Homme de la cour de Mons. — 1333.

Sceau rond, de 23 mill. — Arch. du Nord; Chambre des comptes.

Écu au lion portant à l'épaule un écusson à deux fasces, à la bordure engrêlée.

S' WIꞁꞁꬲ Dꬲ ꞁꬲ RꝐꬲVIꞁꞁꬲ

(Seel Willamne de le Kyéville.)

Voyez le n° 893.

3586   SOMMAING (JEAN DE).

Homme de la cour de Mons. — 1433.

Sceau rond, de 28 mill. — Arch. du Nord; évêché et chapitre de Cambrai.

Écu portant un lion à la bordure engrêlée, penché, timbré d'un heaume cimé d'une buire.

seel · ꝛebau · de ſoumaɩꞃg

(Seel Jehan de Soumaing.)

Voyez le n° 3274.

3587   SPINOIS (JEAN DU).

Dit du Ferquenois, homme de la cour de Mons. — 1509.

Sceau rond, de 27 mill. — Arch. du Nord; abbaye de Marchiennes.

Écu au cerf couché, supporté par une aigle.

s · ꝛeb · bu · Cpɩɳoɩſ · b' · bu · ꝼerquenoɩſ

(Seel Jehan du Spinoit dit du Ferquenoit.)

Voyez le n° 3377.

3588   SPINOIS (JEAN DU).

Dit du Ferquenois, franc alleutier de Hainaut. — 1520.

Sceau rond, de 28 mill. — Arch. du Nord; évêché et chapitre de Cambrai.

Écu au cerf couché et accompagné d'une étoile, supporté par une aigle.

S IꬲH̄ ƆV SPINOIT Ɔ ƆV ꝐEERÕNOIT

(Seel Jehan du Spinoit dit du Feekonnoit.)

Voyez le n° 3226.

3589   TAHON (NICOLAS).

Franc alleutier de Hainaut. — 1515.

Sceau rond, de 29 mill. — Arch. du Nord; évêché et chapitre de Cambrai.

Écu plain à la bordure engrêlée sous un chef chargé de trois taons, supporté par un ange.

seel colart tabon

(Seel Colart Tahon.)

Voyez le n° 3459.

3590   TAPPIN (CLAUDE).

Homme de la cour de Mons. — 1548.

Sceau rond, de 29 mill. — Arch. des Nord; évêché et chapitre de Cambrai.

Écu au chevron accompagné de trois étoiles, sous un chef au lion issant.

SEEꞁ CꞁꝐVƆE TꝐPIN

(Seel Claude Tapin.)

Voyez le n° 3478.

3591   TAPPIN (JACQUES).

Homme de la cour de Mons. — 1567.

Sceau rond, de 26 mill. — Arch. du Nord; évêché et chapitre de Cambrai.

Écu aux armes du précédent.

S · IꝐCQVES · TꝐPPIN

(Seel Jacques Tappin.)

Voyez le n° 3216.

3592   TAVERNE (MARC).

Homme de la cour de Mons. — 1534.

Sceau rond, de 26 mill. — Arch. du Nord; hôpital Sainte-Élisabeth de Valenciennes.

Écu au chevron accompagné de trois quintefeuilles, soutenu par un ange.

S · MARCQ · TAVERNE ·

(Seel Marcq Taverne.)

Voyez le n° 3329.

3593   TAYE (AOUSTIN LE),

Homme de la cour de Mons. — 1335.

Sceau rond, de 28 mill. — Arch. du Nord; Chambre des comptes.

Écu à la croix enhendée et chargée de cinq coquilles.

❀ S' AOVSTIN · LE · TAIE

(Seel Aoustin le Taie.)

Voyez le n° 3486.

3594   THIBAUPLANQUE (JEAN DE),

Homme de la cour de Mons. — 1437.

Sceau rond, de 20 mill. — Arch. du Nord; collégiale de Sainte-Croix.

Écu portant un oiseau surmonté d'une croisette, soutenu par un saint Jean, dans un quadrilobe.

s · ie..... tibauplanke

(Seel Jean de Tibauplanke.)

Bail des rentes et dîmages de la paroisse de Beveren. — 21 juillet 1437.

3595   THIÉRIBRUEK (JEAN),

Homme de la cour de Mons. — 1369.

Sceau rond, de 22 mill. — Arch. du Nord; évêché et chapitre de Cambrai.

Écu portant une hamaide accompagnée d'un lion issant au canton dextre.

...hn. s.....bruec.

(Seel Johan Thiéribrueck.)

Voyez le n° 3317.

3596   THONNELAIRE (CHARLES),

Homme de la cour de Mons. — 1617.

Sceau rond, de 31 mill. — Arch. du Nord; abbaye de Liessies.

Écu à la croix chargée d'un croissant en cœur, timbré d'un heaume cimé d'une fleur de lys.

S · CHARLES · THONNELAIRE

Quittance du relief d'un fief à Ath. — 11 juillet 1617.

3597   TIGIER (FRANÇOIS),

Homme de la cour de Mons. — 1509.

Sceau rond, de 26 mill. — Arch. du Nord; abbaye de Saint-Jean de Valenciennes.

Écu plein sous un chef à la bande chargée de trois lions accompagnée d'une quintefeuille en chef et parti d'un gironné de dix pièces, supporté par un ange.

franchois tigier

(Franchois Tigier.)

Bail de la maison de Bassecourt à Valenciennes. — 2 juillet 1509.

3598   TOTTEAU (HENRI),

Homme de la cour de Mons. — 1564.

Sceau rond, de 31 mill. — Arch. du Nord; collégiale de Saint-Géry.

Écu portant un puits?, soutenu par un griffon.

S · HENRI · TOTTEXV

(Seel Henri Totteau.)

Voyez le n° 3412.

3599   TOURNAY (BAUDOUIN DE),

Homme de la cour de Mons. — 1362.

Sceau rond, de 24 mill. — Arch. du Nord; collégiale de Saint-Géry.

Écu portant une croix à la bordure engrêlée, dans un trilobe.

S' BAVDVIN DE SOVRNHI

(Seel Bauduin de Tournai.)

Acquisition d'un fief à Villers-Pol. — 4 février 1362.

3600   TOURNAY (JACQUES DE),

Homme de la cour de Mons. — 1442.

Sceau rond, de 26 mill. — Arch. du Nord; collégiale de Saint-Géry.

Écu à trois lions, penché, timbré d'un heaume cimé d'une tête d'homme de trois quarts.

S · iaquemart · de · tournay

(Seel Jaquemart de Tournay.)

CONTRE-SCEAU : Intaille représentant un personnage debout devant un autel? — Sans légende.

Acquisition de dîmes et de terrages à Fressies. — Cambrai, 10 février 1442.

3601   TOURNAY (JACQUES DE),

Homme de la cour de Mons. — 1472.

Sceau rond, de 28 mill. — Arch. du Nord; abbaye du Saint-Sépulcre.

Écu à trois lions, écartelé d'une hamaide, timbré d'un heaume, supporté par une dame.

s · iaques · de · tournay

(Seel Jaques de Tournay.)

Voyez le n° 3574.

3602   TOURTEAU (HUGUES).

Homme de la cour de Mons. — 1596.

Sceau rond, de 29 mill. — Arch. du Nord; abbaye de Liessies.

Écu à la gerbe accostée d'une étoile à sénestre, supporté par un lion.

S • HUGUES • TOVRTEAU

Acquisition d'une rente à Landrecies. — 16 mai 1596.

3603   TRITH (JEAN DE).

Homme de la cour de Mons. — 1397.

Sceau rond, de 26 mill. — Hôtel-Dieu de Valenciennes.

Écu monogrammatique, supporté par un homme sauvage, dans un ovale.

s tehan de trit

(Seel Jehan de Trit.)

Voyez le n° 3201.

3604   TROISVILLES (JEAN DE),

Homme de la cour de Mons. — 1469.

Sceau rond, de 24 mill. — Arch. du Nord; abbaye d'Anchin.

Écu à trois étoiles, supporté par un homme sauvage.

seel • tehan • • • • •

(Seel Jehan de Troville?)

Voyez le n° 1350.

3605   VAILLANT (JACQUES).

Homme de la cour de Mons. — 1564.

Sceau rond, de 31 mill. — Arch. du Nord; Chambre des comptes.

Un personnage debout, revêtu d'une armure, portant sur l'épaule une épée à deux mains et soutenant un écu au casque antique de profil.

S IACQVES VAILLANT

(Seel Jacques Vaillant.)

Voyez le n° 3527.

3606   VALLÉE (PIERRE DE LA).

Homme de la cour de Mons. — 1336.

Sceau rond, de 22 mill. — Arch. du Nord; abbaye de Marchiennes.

Écu fascé de six pièces, chargé de six quintefeuilles et brisé d'un coq en chef.

S' PIERE DEL VALLEE

(Seel Piere del Vallée.)

Voyez le n° 3494.

3607   VILLAIN (JEAN).

Du Markiet, homme de la cour de Mons. — 1323.

Sceau rond, de 24 mill. — Arch. du Nord; Chambre des comptes.

Écu à la bande chargée d'une étoile et accompagnée d'un oiseau en chef.

✠ SEEL : IEHAN : VILAIN

(Seel Jehan Vilain.)

Sentence au sujet d'un fief à Houssoit. — 18 juillet 1334.

3608   VILLERS (MATHIEU DE),

Homme de la cour de Mons. — 1407.

Sceau rond, de 24 mill. — Arch. du Nord; collégiale de Saint-Géry.

Écu portant un écusson en abîme accompagné de neuf billettes en orle au lambel, penché, timbré d'un heaume cimé d'une tête de bœuf.

Seel mathieu de villers

(Seel Mathieu de Villers.)

Voyez le n° 3262.

3609   VIVIEN (JEAN).

Homme de la cour de Mons. — 1409.

Sceau rond, de 26 mill. — Arch. du Nord; abbaye de Saint-Aubert.

Écu au chevron d'hermines accompagné de trois grelots, dans un trilobe.

✠ LE • SEEL • IEHAN • VIVIEN

(Le seel Jehan Vivien.)

Voyez le n° 1254.

3610   VOILIER (GÉRARD).

Homme de la cour de Mons. — 1414.

Sceau rond, de 25 mill. — Arch. du Nord; abbaye de Saint-Aubert.

Écu portant un verre à boire, soutenu par un homme sauvage.

s • gerart • voilier

(Seel Gérart Voilier.)

Voyez le n° 3494.

3611   VREDIEL (AIMERI).

Homme de la cour de Mons. — 1420.

Sceau rond, de 30 mill. — Arch. du Nord, hôpital Sainte-Élisabeth de Valenciennes.

Écu au croissant accompagné de six coquilles en orle, dans un quadrilobe orné des figures emblématiques des quatre évangélistes.

s' aimeri . . . diel

(Seel Aimeri Vrediel.)

Voyez le n° 3208.

3612   **VREDIEL (JEAN),**

Homme de la cour de Mons. — 1453.

Sceau rond, de 26 mill. — Arch. du Nord; évêché et chapitre de Cambrai.

Écu aux armes du précédent, timbré comme lui, dans un ovale.

feel · iehan · vrediel

(Seel Johan Vrediel.)

Voyez le n° 3274.

—————

3613   **VREDIEL (JEAN),**

Franc alleutier de Hainaut. — 1435.

Sceau rond, de 28 mill. — Arch. du Nord; hôpital Sainte-Élizabeth de Valenciennes.

Écu au croissant accompagné de six coquilles en orle, penché, timbré d'un heaume couronné et cimé d'une aigrette.

seel · iehan · verdiel

(Seel Johan Verdiel.)

Voyez le n° 3573.

—————

3614   **WAILLY (JEAN DE),**

Homme de la cour de Mons. — 1445.

Sceau rond, de 26 mill. — Hôtel-Dieu de Valenciennes.

Écu à deux poissons adossés, timbré d'un heaume cimé d'une main, supporté par une dame.

seel · iehan · d · Wailly

(Seel Johan de Woilly.)

Reconnaissance des droits de Guillaume de Hangest au sujet d'une terre à Marly. — 1 avril 1445.

—————

3615   **WAITTE (JEAN LE),**

Franc alleutier de Hainaut. — 1459.

Sceau rond, de 15 mill. — Arch. du Nord; évêché et chapitre de Cambrai.

Écu portant un croissant et une merlette en chef et une étoile en pointe, dans un trilobe.

seel iehan le . . . . . .

(Seel Johan le Waitte.)

Acquisition d'une terre à Ogy. — Lessines, 16 janvier 1459.

—————

3616   **WANDART (JACQUES),**

Homme de la cour de Mons. — 1500.

Sceau rond, de 25 mill. — Arch. du Nord; collégiale de Saint-Géry.

Écu portant quatre tourteaux? 3 et 1 sous un chef denché, soutenu par un ange.

seel iaques Wandart

(Seel Jaques Wandart.)

Voyez le n° 3243.

—————

3617   **WANDART (SERVAIS),**

Homme de la cour de Mons. — 1466.

Sceau rond, de 26 mill. — Arch. du Nord; abbaye du Câteau.

Écu portant quatre tourteaux? 3 et 1 sous un chef denché, soutenu par un ange.

. . . . . vais Wandart

(Seel Servais Wandart.)

Aveu de terres à Ruesnes, — 23 mars 1466.

—————

3618   **WARGNIES (MATHIEU DE),**

Homme de la cour de Mons. — 1495.

Sceau rond, de 28 mill. — Arch. du Nord; évêché et chapitre de Cambrai.

Écu au sautoir et à la bordure denchée, supporté par un ange.

seel · mathieu · . . . . . gny

(Seel Mathieu de Wargny.)

Voyez le n° 3346.

HOMME DU CHÂTEAU DE MONTAIGLE.

—————

3619   **GOREUX (GÉRARD DE)**

1501.

Sceau rond, de 28 mill. — Arch. du Nord; Chambre des comptes.

Écu vairé à l'écusson en abîme portant une bande chargée de trois . . . . ., penché, timbré d'un heaume cimé de deux cornes.

S · gerart d gorex

(Seel Gérart de Gorex.)

Octroi de la justice de Brimaigne. — Namur, 7 août 1501.

HOMME DE L'ABBAYE DU MONT-SAINT-ELOY.

—————

3620   **FENART (JEAN),**

Juge rentier du fief de Hantay près la Bassée. — 1486.

Sceau rond, de 21 mill. — Arch. du Nord; chapitre de Lille.

Écu à la hache.

iehan fenart

(Johan Fenart.)

Acquisition de terres. — 22 juillet 1486.

HOMMES DE LA COUR DE MORTAGNE

3621 CLERMAY (JEAN DE),

Homme de la cour de Mortagne. — 1416.

Sceau rond, de 25 mill. — Arch. du Nord; abbaye de Château-l'Abbaye.

Écu à la bande de cinq fusées accompagnée d'une coquille en chef au lambel sur le tout, penché, timbré d'un heaume cimé d'une tête de griffon, supporté par deux griffons.

s · iehan · de · clermes

(Seel Jehan de Clermes.)

Sentence contre le receveur de Mortagne au sujet d'une rente près le Sart de Mont. — 17 février 1416.

3622 GAMBES (ALARD AUX),

Homme de la cour de Mortagne. — 1416.

Sceau rond, de 26 mill. — Arch. du Nord; abbaye de Château-l'Abbaye.

Écu à l'émanché de cinq pièces, brisé d'une quintefeuille en chef, penché, timbré d'un heaume cimé d'une tête de griffon, supporté par deux griffons.

s · alard · agambes

(Seel Alard à Gambes.)

Voyez le nº 3621.

3623 HANOUSE (JACQUES),

Homme de la cour de Mortagne. — 1416.

Sceau rond, de 23 mill. — Arch. du Nord; abbaye de Château-l'Abbaye.

Écu à l'émanché de deux pièces, brisé d'un croissant en chef, dans un trilobe.

s · iaquemart · hanouze

(Seel Jaquemart Hanouze.)

Voyez le nº 3621.

3624 HAUDION (SOHIER DE),

Homme de la cour de Mortagne. — 1288.

Sceau rond, de 24 mill. — Arch. du Nord; Chambre des comptes.

Écu portant une bande, à la bordure.

✱ S' SOHIER DE HAVDYON

(Seel Sohier de Haudyon.)

Assignation du douaire de demoiselle Pentecôte, fille du seigneur de Durbuy. — Janvier 1288.

JUGE DE LA SEIGNEURIE DE MOUVEAUX.

3625 ESPIERRE (CORNEILLE DE L'),

1521.

Sceau rond, de 28 mill. — Arch. du Nord; chapitre de Lille.

Écu au chevron accompagné de trois étoiles, supporté par un chien.

cornille de lespiere

(Cornille de l'Espiere.)

Acquisition d'une maison à Lille. — 7 avril 1521.

HOMMES DU COMTÉ ET CHÂTEAU DE NAMUR.

3626 BADUELLE (JEAN),

Homme du comté de Namur. — 1421.

Sceau rond, de 24 mill. — Arch. du Nord; Chambre des comptes.

Écu portant un étrier et une force en chef et une force en pointe, dans un trilobe.

S IOHANES BAVDOELE

(Sigillum Johanes Baudoele.)

Cession du comté de Namur et de la prévôté de Poilvache. — 8 juin 1421.

3627 COLLE (BERTRAND),

Homme du comté de Namur. — 1421.

Sceau rond, de 26 mill. — Arch. du Nord; Chambre des comptes.

Écu portant trois faucilles accompagnées d'un écusson en abîme, penché, timbré d'un heaume cimé d'une gerbe entre deux faucilles.

sigillum . . . fran. . . . .

(Sigillum Bertrandi Colle.)

Voyez le nº 3626.

3628 COMOGNE? (HEYNEMAN DE),

Homme du comté de Namur. — 1364.

Sceau rond, de 17 mill. — Arch. du Nord; Chambre des comptes.

Écu portant trois forces, au lambel.

S' HEENMAN DE KEM. . . ?

(Seigel Heenman de Kem. . . . .)

Jean de Looz, seigneur d'Agimont, abandonne à des lombards de Namur le fief d'Engheaces et le vinage de Givet. — 9 janvier 1364.

3629　FLEURUS (NOËL DE).

Homme du comté de Namur. — 1481.

Sceau rond, de 25 mill. — Arch. du Nord; Chambre des comptes.

Écu portant deux faucilles au franc canton chargé d'une fasce accompagnée d'un lion issant, dans un trilobe.

s' noel de flerus

(Seel Noël de Flerus.)

Voyez le n° 3626.

3630　GROUL (ANTOINE).

Homme du comté de Namur. — 1524.

Sceau rond, de 24 mill. — Arch. du Nord; Chambre des comptes.

Écu au chevron accompagné de deux croissants en chef et d'une étoile en pointe, penché, timbré d'un heaume cimé d'une tête de cheval.

s · anthone · groul

(Seel Anthone Groul.)

Prise de possession du vinage de Givet par Philippe de la Marck, comte de Rochefort. — 22 octobre 1524.

3631　HOUTAING (ARNOUL DE).

Homme du comté de Namur. — 1481.

Sceau rond, de 22 mill. — Arch. du Nord; Chambre des comptes.

Écu vairé portant trois pals.

✳ .. Iernoul de Houtain

(Seel Iernoul de Houtain.)

Voyez le n° 3626.

3632　LOVIGNY (JEAN DE).

Homme du comté de Namur. — 1481.

Sceau rond, de 24 mill. — Arch. du Nord; Chambre des comptes.

Écu portant deux faucilles au franc canton chargé d'une bande, supporté par deux griffons.

s : iohans de loveni

(Seel Johans de Loveni.)

Voyez le n° 3626.

3633　PONT (JEAN DU),

Homme du comté de Namur. — 136.

Sceau rond, de 20 mill. — Arch. du Nord; Chambre des comptes.

Écu portant trois loups? ravissants, dans un losange.

s' iehan dov pont

(Seel Jehan dou Pont.)

Voyez le n° 3628.

3634　RIFFLARD (NICOLAS).

Homme du comté de Namur. — 1557.

Sceau rond, de 32 mill. — Arch. du Nord; Chambre des comptes.

Écu portant trois aigles, coupé d'une rose, timbré d'un heaume cimé d'un homme d'armes finissant en poisson.

S · NICOLAS · RIFFLART

Transport et cession des vinages de Givet et de Vireux. — Namur, 12 mars 1557.

3635　SEILLES (GUILLAUME DE).

Homme du comté de Namur. — 1359.

Sceau rond, de 22 mill. — Arch. du Nord; Chambre des comptes.

Écu à la bande chargée d'un écusson portant un fretté sous un chef et accompagnée de six merlettes en orle, penché, timbré d'un heaume cimé d'un annelet.

s' william de seil

(Seel William de Seil.)

Paix entre Jean de Loer, sire d'Agimont, et François et Antoine Turck qu'il avait détenus prisonniers à Givet. — 2 décembre 1359.

3636　WARISOULX (GUILLAUME DE).

Homme du comté de Namur. — 1481.

Sceau rond, de 21 mill. — Arch. du Nord; Chambre des comptes.

Écu à l'émanché de trois pièces mouvant du chef, écartelé de trois quintefeuilles, dans un trilobe.

s willame de warisoule

(Seel Willame de Warisoule.)

Voyez le n° 3626.

3637　WARISOULX (JEAN DE).

Homme du comté de Namur. — 1481.

Sceau rond, de 29 mill. — Arch. du Nord; Chambre des comptes.

Écu à l'émanché de trois pointes mouvant du chef, penché, timbré d'un heaume cimé d'une tête d'aigle, dans un quadrilobe.

s · iehan · de · wari...ls

(Seel Jehan de Warisoule.)

Voyez le n° 3626.

HOMMES DE NEER-LINTER ET DE PIÉTREBAIS.

3638　ARNOUL (JEAN),

Homme de Neer-Linter. — 1416.

Sceau rond, de 21 mill. — Arch. du Nord; évêché et chapitre de Cambrai.

Écu à la fleur de lys partie de ciseaux, coupé d'un gril, dans un trilobe.

s · rehis · arnolbi

(Sigillum Johannis Arnoldi.)

Acquisition d'un bois à Grand-Sart. — 2 juillet 1416.

3639 BOULERS (GILLES DE),

Homme de Neer-Linter et de Piétrebais. — 1407.

Sceau rond, de 23 mill. — Arch. du Nord; évêché et chapitre de Cambrai.

Écu portant un écusson en abîme à la bande sur le tout, dans un trilobe.

S · GILLES .. ...LGIR

(Seel Gilles de Boulelr.)

Acquisition d'un bois près le bois de Bierquit. — Grez, 3 novembre 1407.

3640 FÉRO (JACQUES DE),

Homme de Neer-Linter et de Piétrebais. — 1407.

Sceau rond, de 26 mill. — Arch. du Nord; évêché et chapitre de Cambrai.

Écu à la fasce accompagnée d'un lion issant chargé à l'épaule d'un écusson à l'écusson en abîme et à la bande brochant.

✱ S' ...OPVS · DE · FERRO

(Sigillum Jacopus de Ferro.)

Voyez le n° 3639.

3641 GOUDE (ARNOUL),

Homme de Neer-Linter et de Piétrebais. — 1407.

Sceau rond, de 26 mill. — Arch. du Nord; évêché et chapitre de Cambrai.

Écu portant trois fleurs de lys, écartelé de trois maillets, à une sextefeuille en abîme sur le tout.

SIGILLVM CERTV ARNVI DG.....?

(Sigillum certum ou secretum Arnul de .....)

Voyez le n° 3639.

HOMMES DE LA COUR DE NIEPPE.

3642 BIEST (JEAN DU),

Dit Gadifer, homme de la cour de Nieppe. — 1381.

Sceau rond, de 21 mill. — Arch. du Nord; Chambre des comptes.

Écu au franc canton, dans un trilobe.

S.....R DER BIEST

(Segel Jan van der Biest.)

Acquisition de biens à Morbecque. — 9 novembre 1381.

3643 JUMELLE (GUILLAUME DE LA),

Homme de la cour de Nieppe. — 1381.

Sceau rond, de 20 mill. — Arch. du Nord; Chambre des comptes.

Écu à la bande accompagnée d'un oiseau en chef.

WILLAMES DEL LE IVMELE

(Willames del lo Jumele.)

Voyez le n° 3642.

3644 MORTREUL (GAUTIER),

Homme de la cour de Nieppe. — 1322.

Sceau rond, de 19 mill. — Arch. du Nord; Chambre des comptes.

Écu portant trois croissants,

✱ S' WAVTIER · MORTREVL

(Seel Wautier Mortreul.)

Voyez le n° 1218.

HOMMES DE FIEF DE L'ABBESSE ET DAME DE NIVELLES.

3645 BAYÉ (COLARD),

Homme de l'abbesse et dame de Nivelles. — 1430.

Sceau rond, de 23 mill. — Arch. du Nord; évêché et chapitre de Cambrai.

Écu à la bande accompagnée de six tourteaux? en orle, dans un trilobe.

✱ colart baye

(Colart Bayé.)

Ratification de l'acquisition de deux fiefs à Ophain. — Juin 1430.

3646 MÉRODE (JACQUES DE),

Homme de l'abbesse et dame de Nivelles. — 1430.

Sceau rond, de 24 mill. — Arch. du Nord; évêché et chapitre de Cambrai.

Écu semé de besants?, au filet en bande brochant.

iacob vā merode

(Jacob van Mérode.)

Voyez le n° 3645.

3647 QUAREMIEL (COLARD),

Homme de l'abbesse et dame de Nivelles. — 143..

Sceau rond, de 21 mill. — Arch. du Nord; évêché et chapitre de Cambrai.

Écu au sautoir cantonné de quatre oiseaux, soutenu par un ange.

s · colart · quarmiaul

(Seel Colart Quarmiaul.)

Voyez le n° 3645.

3648 ROUILLIES (COLARD DE LA),

Homme de l'abbesse et dame de Nivelles. — 1430.

Sceau rond, de 25 mill. — Arch. du Nord; évêché et chapitre de Cambrai.

Écu portant trois tourteaux? accompagnés d'un deusson en abîme à la bande chargée de trois..... et accompagnée de trois oiseaux en chef, penché, timbré d'un heaume cimé d'un tonneau entre deux cruches, soutenu par une dame.

s · colart · del · roullie

(Seel Colart del Roullie.)

Voyez le n° 3645.

3649   SCAVÉE (GÉRARD),

Homme de l'abbesse et dame de Nivelles. — 1430.

Sceau rond, de 26 mill. — Arch. du Nord; évêché et chapitre de Cambrai.

Écu au huchet enguiché accompagné de deux..... en chef et d'une étoile en pointe, supporté par un homme sauvage.

gerart · fcaver

(Gérart Scavée.)

Voyez le n° 3645.

3650   VIVIER (JEAN DU).

Homme de l'abbesse et dame de Nivelles. — 1430.

Sceau rond, de 23 mill. — Arch. du Nord; évêché et chapitre de Cambrai.

Écu au sautoir, soutenu par un ange.

s · iohannis · don · vivier

(Sigillum Johannis dou Vivier.)

Voyez le n° 3645.

HOMME DE LA SEIGNEURIE D'OHAIN.

3651   LEURAMONT (COLARD DE).

1375.

Sceau rond, de 21 mill. — Arch. du Nord; évêché et chapitre de Cambrai.

Écu à la fleur de lys accompagnée d'une étoile au canton dextre.

GOLART DE LEVRAMONT

(Colart de Leuramont.)

Acquisition d'un fief tenu du seigneur d'Ohain. — 14 août 1375.

HOMMES DU CHÂTEAU D'OISY.

3652   BASSEMAIN (GILLES).

Homme du château d'Oisy. — 1470.

Sceau rond, de 26 mill. — Arch. du Nord; abbaye de Saint-Aubert.

Écu à la main appaumée, penché, timbré d'un heaume cimé d'une tête de griffon.

seel gilles . . . . .

(Seel Gilles Bassemoin.)

Échange de terres entre le curé de Bourlon et l'abbaye de Saint-Aubert. — 25 mars 1470.

3653   BILLOVART (GILLES),

Homme du château d'Oisy. — 1408.

Sceau rond, de 23 mill. — Arch. du Nord; abbaye de Cantimpré.

Un étui suspendu dans le champ et accosté de la lettre G et d'un encensoir.

GILLOS BILLOVVARS

(Gillot Billowart.)

Sentence confirmative d'un fief à Sauchy-Cauchy. — 7 novembre 1408.

3654   BOURLON (JEAN DE),

Homme du château d'Oisy. — 1360.

Sceau rond, de 40 mill. — Arch. du Nord; abbaye de Saint-Aubert.

Écu au rais d'escarboucle fleuronné.

✱ S' IEHAN · DE · BOVRLOVN

(Seel Jehan de Bourloun.)

Acquisition d'un fief à Limont. — 18 juillet 1360.

3655   FÈVRE (GILLES LE),

Homme du château d'Oisy. — 1408.

Sceau rond, de 21 mill. — Arch. du Nord; abbaye de Cantimpré.

Écu à la bande accompagnée de deux aigles, dans un trilobe.

S · GILLES LE FEWRE

(Seel Gilles le Fèvre.)

Voyez le n° 3653.

3656   GAND (MAHIEU DE),

Homme du château d'Oisy. — 1331.

Sceau rond, de 21 mill. — Arch. communales de Douai.

Écu au lion brisé d'une bande dans un trécheur fleuronné, dans un trilobe.

S' MAHIEV DE GART

(Seel Mahieu de Gant.)

Acquisition de rentes et de droits à Lambres au profit des hôpitaux de Douai. — Juillet 1331.

3657   HACHE (JACQUES DE LA),

Homme du château d'Oisy. 1485.

Sceau rond, de 27 mill. — Arch. du Nord; évêché et chapitre de Cambrai.

Écu à la hache, penché, timbré d'un heaume cimé d'une tête de cygne.

S · iaques de la hache

(Seel Jaques de la Hache.)

Acquisition des dîmes de Sains, Marquion, Bourlon, etc. — 22 mars 1484.

3658 HORDAIN (ADAM DE),

Homme du château d'Oisy. — 1331.

Sceau rond, de 22 mill. — Arch. communales de Douai.

Écu au lion à la bande engrêlée brochant, sur champ fretté.

✱ S' AD.. DE HORDAING

(Seel Adam de Hordaing.)

Voyez le n° 3656.

3659 PINGRET (NICOLAS),

Homme du château d'Oisy. — 1484.

Sceau rond, de 30 mill. — Arch. du Nord; évêché et chapitre de Cambrai.

Écu portant une quintefeuille en abîme accompagnée de trois trèfles, penché, timbré d'un heaume cimé d'un lion couché dans des rinceaux.

Seel · nicolas · pingret ·

(Seel Nicolas Pingret.)

Voyez le n° 3657.

3660 SAINS (JEAN DE),

Homme du château d'Oisy. — 1331.

Sceau rond, de 29 mill. — Arch. communales de Douai.

Écu à la fasce au bâton brochant, dans un trilobe.

✱ SAIEL · IEHAN · GLAD ....

(Saiel Jehan Glad.....)

Voyez le n° 3656.

3661 WINGLE (GUILLAUME DE).

Homme du château d'Oisy. — 1408.

Sceau rond, de 24 mill. — Arch. du Nord; abbaye de Cantimpré.

Écu à l'écusson en abîme et à la bande engrêlée sur le tout, penché, timbré d'un heaume cimé d'une tête de bœuf, supporté par deux hommes sauvages.

S.....me de Wingles

(Seel Willaume de Wingles.)

Voyez le n° 3653.

3662 WINGLE (JEAN DE).

Homme du château d'Oisy. — 1484.

Sceau rond, de 28 mill. — Arch. du Nord; évêché et chapitre de Cambrai.

Écu à l'écusson en abîme et à la bordure engrêlée? à la bande engrêlée sur le tout, penché, timbré d'un heaume cimé d'une tête de bœuf, supporté par deux hommes sauvages.

Seel · Jehan · de · Wingles

(Seel Jehan de Wingles.)

Voyez le n° 3657.

HOMME DE FIEF D'OP-HAIN.

3663 STIVOY (GEORGES).

1487.

Sceau rond, de 26 mill. — Arch. du Nord; évêché et chapitre de Cambrai.

Écu à la gerbe accostée de deux étoiles, supporté par un griffon.

seel iorge Stivoy

(Seel Jorge Stivoy.)

Acquisition d'une rente. — Nivelles, 10 novembre 1487.

HOMME DU CHÂTEAU D'ORCHIES.

3664 POTERIE (JACQUES DE LA).

1367.

Sceau rond, de 21 mill. — Arch du Nord; abbaye de Flines.

Écu portant une cruche.

✱ S' IAKEMES DE LE POTERIE

(Seel Jakemes de le Poterie.)

Acquisition de terres à Nomain. — 8 septembre 1367.

HOMME DE LA SEIGNEURIE DE LAYENS À PAILLENCOURT.

3665 PONCHART (DANIEL).

1577.

Sceau rond, de 30 mill. — Arch. du Nord; évêché et chapitre de Cambrai.

Écu au chevron accompagné de trois étoiles, supporté par un ange.

SEEL : DANIEL : PONCHART

(Seel Daniel Ponchart.)

Acquisition d'un fief situé entre Sancourt et Blécourt. — Cambrai, 1er octobre 1577.

HOMME DU ROI A PÉRONNE.

3666 MARQUAIS (JEAN DE),

1483.

Sceau rond, de 25 mill. — Arch. du Nord; abbaye de Vaucelles.

Écu fretté, semé de fleurs de lys, au franc canton.

�֍ S' IOhAM · DE · MARCAIS

(Seel Jehan de Marcais.)

Paix entre le chapitre de Saint-Quentin, l'abbaye de Vaucelles et Thierri de Beveren au sujet de la justice de Villers-Faucon. — 13 décembre 1483.

JUGES D'UN FIEF À PÉRONNE-EN-MÉLANTOIS.

3667 ANDRIEU (COLARD L'),

Juge d'un fief à Péronne-en-Mélantois. — 1409.

Sceau rond, de 20 mill. — Arch. du Nord; abbiette de Lille.

Écu portant des ciseaux accompagnés d'une étoile en chef.

seel · collart · landrieu

(Seel Collart l'Andrieu.)

Acquisition de terres. — 18 février 1409.

3668 THIÉBAUT (BERTOUL),

Juge d'un fief à Péronne-en-Mélantois. — 1409.

Sceau rond, de 20 mill. — Arch. du Nord; abbiette de Lille.

Écu portant un B couronné.

SEEL · BERTOVL · THIEBAVT

(Seel Bertoul Thiébaut.)

Voyez le n° 3667.

ÉCHEVINS DE LA PRÉVÔTÉ DE L'ABBAYE DE PETEGHEM-LEZ-AUDENARDE.

3669 BARIZEELE (ANDRÉ VAN),

Échevin de la prévôté de l'abbaye de Peteghem. — 1491.

Sceau rond, de 21 mill. — Arch. du Nord; chartes flamandes.

Écu portant trois tourteaux ou trois besants accompagnés d'une étoile en abîme, dans un trilobe.

andries van barisele

(Andries van Barisele.)

L'abbesse de Peteghem vend aux religieux de Walincourt des biens situés à Oyeke. — 27 mai 1494.

3670 SMET (LOUIS DE),

Échevin de la prévôté de l'abbaye de Peteghem. — 1494.

Sceau rond, de 23 mill. — Arch. du Nord; chartes flamandes.

Écu portant trois objets indistincts accompagnés d'une étoile en abîme, dans un trilobe.

loys .. smed

(Loys de Smed.)

Voyez le n° 3669.

HOMMES DU PETIT-QUESNOY-LEZ-BAVAY.

3671 BRUNEAU (GASPARD),

Homme du Petit-Quesnoy. — 1501.

Sceau rond, de 25 mill. — Arch. du Nord; collége d'Anchin.

Écu à la tête d'homme de profil accompagnée de trois trèfles, supporté par un griffon.

seel · iaspar · brune ..

(Seel Iaspar Bruneau.)

Acquisition d'un fief. — 6 août 1501.

3672 COMTE (JEAN LE),

Homme du Petit-Quesnoy. — 1501.

Sceau rond, de 24 mill. — Arch. du Nord; collége d'Anchin.

Écu au chevron accompagné de deux fleurs à cinq pétales en chef et d'un trèfle en pointe.

seel iehan le conte

(Seel Jehan le Conte.)

Voyez le n° 3671.

3673 FLAMAND (PIERRE LE),

Homme du Petit-Quesnoy. — 1542.

Sceau rond, de 26 mill. — Arch. du Nord; collége d'Anchin.

Écu portant un Agnus Dei, soutenu par une femme sauvage.

s · piere · le · flameng

(Seel Piere le Flameng.)

Lettres de relief données à Jacques Baudouin, maître ès arts. — 16 mai 1542.

3674 REVELLART (ARNOUL),

Homme du Petit-Quesnoy. — 1501.

Sceau rond, de 25 mill. — Arch. du Nord; collége d'Anchin.

Écu portant un vase à boire, soutenu par un ange.

⚜ · ernoul · revelart

(Seel Ernoul Revelart.)

Voyez le n° 3671.

ÉCHEVIN DES BANS À PREMESQUES.

3675   LAQUE (WAUTIER DE LE).

1368.

Sceau rond, de 20 mill. — Hôpital Comtesse à Lille.

Écu à la bande de cinq fusées accompagnée d'une merlette en chef.

⚜ S' WATIER DE LE LAKE

(Seel Watier de le Lake.)

Acquisition d'une terre. — 26 juillet 1368.

HOMMES DU CHÂTEAU DE QUIÉVRAIN.

3676   ÉVÊQUE (NICAISE L'),

Homme du château de Quiévrain. — 1400.

Sceau rond, de 24 mill. — Arch. du Nord; Chambre des comptes.

Écu à trois lévriers courant l'un sur l'autre, dans un quadrilobe.

.. nicafe levefk ?

(Seel Nicase l'Éveske.)

Acquisition d'un fief à Quarouble. — Valenciennes, 18 décembre 1400.

3677   MANAGE (JEAN DU),

Homme du château de Quiévrain. — 1400.

Sceau rond, de 27 mill. — Arch. du Nord; Chambre des comptes.

Écu à la hure accompagnée de quatre étoiles? à la bordure denticulée, dans un trilobe.

⚜ le · seel .... n · don · manage

(Le seel Jehan don Manage.)

Voyez le n° 3676.

HOMME DE LA SEIGNEURIE DE RAIMBEAUCOURT.

3678   VILLERS (HUGUES DE).

1296.

Sceau rond, de 30 mill. — Arch. communales de Douai.

Personnage debout, couronnant un autre personnage à genoux devant lui; à sénestre, un arbre.

⚜ S' hVART · DE · VILERS

(Seel Huart de Vilers.)

Ratification d'une acquisition de biens. — À la Motte à Raimbeaucourt, avril 1296.

HOMMES DE LA SEIGNEURIE DE RECOURT.

3679   BEAUCAMP (PASQUIER DE),

Homme de la seigneurie de Recourt. — 1550.

Sceau rond, de 25 mill. — Hôpitaux de Douai; enfants trouvés.

Un fer de charrue.

8 PXQVE DE BIXVCXM

(Seel Pasque de Biauram.)

Acquisition d'une terre à Recourt. — 1550.

3680   CANTIN (GILLES DE),

Homme de la seigneurie de Recourt. — 1544.

Sceau rond, de 20 mill. — Hôpitaux de Douai; enfants trouvés.

Écu portant un vase couvert et garni d'une poignée.

8 · GILLE · DE · QVXNTIEN

(Seel Gille de Quantien.)

Acquisition d'une terre à Recourt. — 17 novembre 1544.

3681   MAUVILLE (ANDRÉ DE),

Homme de la seigneurie de Recourt. — 1544.

Sceau rond, de 23 mill. — Hôpitaux de Douai; enfants trouvés.

Écu à la fasce accompagnée de trois dés en chef et d'un croissant entre deux étoiles en pointe.

s andrieu de mauville

(Seel Andrieu de Mauville.)

Voyez le n° 3680.

HOMMES DE LA SEIGNEURIE ET FRANCHISE DE RENAIX.

3682   CAMBE (LOUIS DE LA).

Homme de fief de Renaix. — 1540.

Sceau rond, de 28 mill. — Arch. du Nord; évêché et chapitre de Cambrai.

Écu au lion, parti d'une quintefeuille accompagnée de trois tourteaux?, supporté par une dame.

s loys vâ der camere

(Segel Loys van der Camere.)

Approbation d'une fondation faite en l'église de Cambrai par Hugues de la Chapelle, trésorier du chapitre. — 7 mars 1540.

3683   HUISMAN (JEAN).

Homme de fief de Renaix. — 1540.

Sceau rond, de 28 mill. — Arch. du Nord; évêché et chapitre de Cambrai.

Écu parti, portant des objets de métier?, soutenu par un ange.

S · IAN · HVSMAN

(Segel Jan Husman.)

Voyez le n° 3682.

3684 LORMIER (CORNEILLE LE),

Homme de fief de Renaix. — 1540.

Sceau rond, de 26 mill. — Arch. du Nord; évêché et chapitre de Cambrai.

Écu à la bande chargée de trois roues, supporté par un ange.

S CORNELV.....MIER

(Seel Corneln le Lormier.)

Voyez le n° 3682.

HOMMES DE LA SEIGNEURIE DE ROISIN.

3685 ANGRE (BARTHÉLEMY D').

Homme de la seigneurie de Roisin. — 1322.

Sceau rond, de 24 mill. — Arch. du Nord; évêché et chapitre de Cambrai.

Écu à la croix chargée de cinq cœurs et accompagnée d'une merlette au canton dextre.

S': BARTHOLOMEI: DE: ANGRA:

(Sigillum Bartholomei de Angra.)

Acquisition d'un dîmage à Saint-Vaast-en-Bavaysis. — 9 juillet 1322.

3686 DOUR (JEAN DE),

Homme de la seigneurie de Roisin. — 1322.

Sceau rond, de 18 mill. — Arch. du Nord; évêché et chapitre de Cambrai.

Écu portant trois quintefeuilles?, au lambel.

S' IEHAN DE DOVR

(Seel Jehan de Dour.)

Voyez le n° 3685.

3687 ETH (GOBERT D'),

Homme de la seigneurie de Roisin. — 1322.

Sceau rond, de 23 mill. — Arch. du Nord; évêché et chapitre de Cambrai.

Écu portant trois oiseaux, au franc canton plain.

S' GOBIERS DES

(Seel Gobhert d'Et.)

Voyez le n° 3685.

3688 MESNIL (JEAN DU),

Homme de la seigneurie de Roisin. — 1322.

Sceau rond, de 21 mill. — Arch. du Nord; évêché et chapitre de Cambrai.

Écu à la bande chargée de trois étoiles et accompagnée de six merlettes en orle.

S' IEHAN · DV · MAINIL

(Seel Jehan du Mainil.)

Voyez le n° 3685.

3689 MESUREUR (JEAN LE),

Homme de la seigneurie de Roisin. — 1348.

Sceau rond, de 23 mill. — Arch. du Nord; abbaye de Saint-Jean de Valenciennes.

Écu portant trois roues ou trois besants?

S' IEh.....AVR.. LE MESVREVR

(Seel Jehan .... le Mesureur.)

Gérard de Roisin est mis en possession d'un fief rapporté par Gilles de Lauval. — Roisin, 2 février 1348.

3690 PLOUICH (POLIART DU),

Homme de la seigneurie de Roisin. — 1322.

Sceau rond, de 23 mill. — Arch. du Nord; évêché et chapitre de Cambrai.

Écu à la bande accompagnée de..... en chef, au lambel sur le tout.

S' POLIART DOV PLOVIC

(Seel Poliart dou Plouic.)

Voyez le n° 3685.

HOMME DU CHÂTEAU DE RUPELMONDE.

3691 PAU (GAUTIER LE),

1331.

Sceau rond, de 21 mill. — Arch. du Nord; Chambre des comptes.

Un paon.

S' WOVTRE DE ....

(Segel Woutre de Pauw?)

Prise de possession de l'Escaut par le châtelain de Rupelmonde, au nom du comte de Flandre. — 12 janvier 1331.

HOMMES DU CHÂTEAU DE SAINGHIN-EN-MÉLANTOIS.

3692 AMMAN (JEAN L'),

Homme du château de Sainghin-en-Mélantois. — 1409.

Sceau rond, de 16 mill. — Arch. du Nord; abbiette de Lille.

Écu portant les deux initiales **I. A.**

S · IEHAN · LAMANT

(Seel Jehan l'Amant.)

Acquisition d'une terre à Péronne-en-Mélantois. — 15 février 1409.

3693   ANDRIEU (JEAN L'),

Homme du château de Sainghin-en-Mélantois. — 1409.

Sceau rond, de 21 mill. — Arch. du Nord; abbiette de Lille.

Écu portant des ciseaux accompagnés d'un oiseau en chef et accostés de deux étoiles.

IEHAN · LANDRIEV

(Jehan l'Andrieu.)

Voyez le n° 3692.

3694   FLAMAND (AMAURI),

Homme du château de Sainghin-en-Mélantois. — 1409.

Sceau rond, de 19 mill. — Arch. du Nord; abbiette de Lille.

Une aigle.

SEEL · AMOVRI · FLAMENG

(Seel Amouri Flamenc.)

Voyez le n° 3692.

3695   HELLIN (JEAN DE),

Homme du château de Sainghin-en-Mélantois. — 1341.

Sceau rond, de 21 mill. — Arch. du Nord; abbaye de Marquette.

Un Agnus Dei.

✠ S' IEHAN DE HELIN

(Seel Jehan de Hélin.)

Acquisition d'une rente. — 5 octobre 1341.

3696   MUSEQUIN (JACQUES),

Homme du château de Sainghin-en-Mélantois. — 1396.

Sceau rond, de 22 mill. — Arch. du Nord; abbaye de Marquette.

Une roue.

✠ IAKEMES MVSEKIN FIEV PIÉ

(Jakemes Musekin fieu Pierre.)

Accord au sujet d'arrérages. — 15 octobre 1396.

3697   RELY (COLARD DE),

Homme du château de Sainghin-en-Mélantois. — 1351.

Sceau rond, de 19 mill. — Arch. du Nord; abbiette de Lille.

Écu à la croix recercelée, chargée de cinq coquilles? et accompagnée d'un oiseau au canton dextre.

✠ S' COLART · DE · RELI

(Seel Colart de Reli.)

Record de la donation d'une terre. — 14 juin 1351.

3698   SOUMIELLE (PIERRE),

Homme du château de Sainghin-en-Mélantois. — 1341.

Sceau rond, de 21 mill. — Arch. du Nord; abbaye de Marquette.

Deux têtes d'homme de profil et vis-à-vis, séparées par un arbre.

.....IERRE SOVMIELL.

(Seel Pierre Soumielle.)

Voyez le n° 3695.

3699   VERDIÈRE (JEAN),

Homme du château de Sainghin-en-Mélantois. — 1499.

Sceau rond, de 26 mill. — Arch. du Nord; abbaye de Marquette.

Écu portant des ciseaux accompagnés d'un oiseau en chef.

s · iehan . . . diere

(Seel Jehan Vredière.)

Sentence au sujet d'une rente. — 17 mars 1499.

HOMME DE LA SEIGNEURIE DE SAINS.

3700   CANDAVÈNE (JEAN).

1490.

Sceau rond, de 26 mill. — Arch. du Nord; évéché et chapitre de Cambrai.

Écu portant une tête d'homme de profil à gauche, penché, timbré d'un heaume cimé d'une tête de griffon.

S · ieh . . câdavarne

(Seel Jehan Candavaine.)

Acquisition d'un fief. — Au Casteler hors Cambrai, 22 décembre 1490.

HOMMES DE L'ABBAYE DE SAINT-DENIS.

3701   BOULENGUE (JACQUES),

Homme de l'abbaye de Saint-Denis à Solesmes. — 1385.

Sceau rond, de 22 mill. — Arch. du Nord; évéché et chapitre de Cambrai.

Un personnage debout de profil à droite, tenant une branche et accompagné d'une étoile au canton sénestre.

IAQVEMART · BOVLENGVE

(Jaquemart Boulengue.)

Acquisition d'un fief. — 23 octobre 1385.

3702   COPIN (JEAN).

Homme de l'abbaye de Saint-Denis à Saint-Pithon. — 1399.

Sceau rond, de 21 mill. — Arch. du Nord; Chambre des comptes.

Écu au lion.

s' · ieha. bopin

(Seel Jehan Kopin.)

Aveu d'un fief à Saint-Pithon près Solesmes. — 1er juin 1399.

HOMMES DU CHÂTEAU DE SAINT-OMER.

3703 BOULENGER (NICOLAS LE),

Homme du château de Saint-Omer. — 1500.

Sceau rond, de 27 mill. — Arch. du Nord; Chambre des comptes.

Écu à la fasce accompagnée de deux quintefeuilles en chef et d'un oiseau en pointe, penché, timbré d'un heaume.

s nicolas le boulenger ?

(Seel Nicolas le Boulenger.)

Acquisition d'une rente au profit de l'Archiduc. — 4 novembre 1510.

3704 COTART (JEAN),

Homme du château de Saint-Omer. — 1508.

Sceau rond, de 30 mill. — Arch. du Nord; Chambre des comptes.

Écu au lion, penché, timbré d'un heaume cimé d'une tête de lion.

S · Jehan cotart

(Seel Jehan Cotart.)

Acquisition d'un fief au profit de l'Archiduc. — 24 avril 1508.

3705 FAUQUEMBERGUE (JACQUES DE).

Homme du château de Saint-Omer. — 1510.

Sceau rond, de 27 mill. — Arch. du Nord; Chambre des comptes.

Écu portant trois oiseaux, écartelé d'un lion, penché, timbré d'un heaume cimé d'un arbre.

S · Jaques de fauqueberghe

(Seel Jaques de Fauquemberghe.)

Voyez le n° 3703.

HOMMES DU ROI À SAINT-QUENTIN.

3706 GOUY (JEAN DE),

Homme du Roi à Saint-Quentin. — 1337.

Sceau rond, de 22 mill. — Arch. du Nord; collégiale de Sainte-Croix.

Écu d'hermines au lion et à la bordure.

✼ S' IEhAN DG ...

(Seel Jehan de Goy.)

Procès entre la collégiale de Sainte-Croix et l'abbaye de Saint-Denis au sujet de la justice de Boussières. — Aux assises de Saint-Quentin, 27 janvier 1337.

3707 MOY (SIMON DE).

Homme du Roi à Saint-Quentin. — 1337.

Sceau rond, de 24 mill. — Arch. du Nord; collégiale de Sainte-Croix.

Écu fretté au franc canton et à la bordure componée, écartelé d'un fretté et d'un plain, dans un quadrilobe.

S' ..MON · DG · MOY

(Seel Simon de Moy.)

Voyez le n° 3706.

3708 SAVY (MAHIEU DE),

Homme du Roi à Saint-Quentin. — 1337.

Sceau rond, de 25 mill. — Arch. du Nord; collégiale de Sainte-Croix.

Écu à la bande de cinq fusées, dans une rose.

S' MA......MA...I DG SAVIACO G...

(Sigillum magistri Mathei de Saviaco, clerici?)

Voyez le n° 3706.

HOMMES DE FIEF DE SANCOURT.

3709 MARÉCHAL (HENRI),

Homme de Sancourt. — 1519.

Sceau rond, de 22 mill. — Arch. du Nord; Chambre des comptes.

Un soleil.

s · heurp · mar...al

(Seel Henry Mar...al.)

Acquisition d'un fief. — 11 janvier 1519.

3710 SAVY (JEAN DE),

Homme de Sancourt. — 1509.

Sceau rond, de 22 mill. — Arch. du Nord; collégiale de Saint-Géry.

Même type que le n° 2216.

S rehan de sauvvp

(Seel Jehan de Sauwy.)

Acquisition d'un fief. — 28 juillet 1509.

HOMME DE FIEF DE SANTHOVEN.

3711 WESEBEEC (JEAN VAN).

1440.

Sceau rond, de 28 mill. — Arch. du Nord; chartes flamandes.

Écu à trois fleurs de lys accompagnées de trois tourteaux? en chef, penché, timbré d'un heaume.

s · ian v . . welebebe

(Segel Jan van Wesebeke.)

Jean van Ede, gardien des livres aux fiefs de Brabant, est mis en possession de wastines à Santhoven. — 31 janvier 1440.

HOMME COTIER DU FIEF DE JEAN DE MANVILLE
A SAUDEMONT.

3712   LEUDON (JACQUES).

1496.

Sceau rond, de 22 mill. — Arch. du Nord; chapitre de Saint-Amé.

Écu au loup ravissant.

IA...MARE LVDON

(Jaquemart Ludon.)

Acquisition d'une terre. — 3 juin 1496.

HOMMES DE LA TERRE DE SEBOURG.

3713   BILLET (COLARD),

Homme de la terre de Sebourg. — 1466.

Sceau rond, de 26 mill. — Arch. du Nord; chartreux de Valenciennes.

Écu à la fasce accompagnée de trois merlettes, supporté par un homme sauvage.

s · colart · billet

(Seel Colart Billet.)

Acquisition d'un fief. — Sebourg, 26 janvier 1466.

3714   BOUCQ (FRANÇOIS LE),

Homme de la terre de Sebourg. — 1642.

Sceau rond, de 30 mill. — Communiqué par M. Le Boucq de Ternas à Douai.

Écu portant trois ruches, brisé d'une étoile en chef, timbré d'un heaume cimé d'une tête de bouc, supporté par deux dragons.

FRANCHOI LE BOVCQ

Lettres de relief. — 19 juillet 1642.

3715   BOUCQ (PIERRE LE),

Homme de la terre de Sebourg. — 1579.

Sceau rond, de 30 mill. — Communiqué par M. Le Boucq de Ternas à Douai.

Écu portant trois ruches 1 et 2 accompagnées de trois épis 2 et 1, timbré d'un heaume cimé d'une tête de bouc.

..... LE BOVCQ

Aveu d'un fief tenu de Sebourg. — 12 mars 1579.

3716   BOUCQ (Me PIERRE LE),

Licencié en lois, homme de la terre de Sebourg. — 1642.

Sceau rond, de 36 mill. — Communiqué par M. Le Boucq de Ternas à Douai.

Écu portant trois ruches, brisé d'un croissant en chef, timbré d'un heaume cimé d'une tête de bouc.

SEEL · PIERRE · LE · BOVCQ

Voyez le n° 3714.

JUGES COTIERS DE PIERRE DU CASTELET À SECLIN.

3717   PIPELART (COLARD),

Juge de Pierre du Castelet à Seclin. — 1348.

Sceau rond, de 18 mill. — Arch. du Nord; abbaye de Marquette.

Écu portant deux coquilles en fasce surmontées d'un oiseau.

✿ S · COLART · PIPELART

(Seel Colart Pipelart.)

Acquisition d'une terre à Seclin. — 22 novembre 1348.

3718   POIS (JEAN LE),

Juge de Pierre du Castelet à Seclin. — 1348.

Sceau rond, de 18 mill. — Arch. du Nord; abbaye de Marquette.

Écu portant trois cosses de pois?

S' IEHAN · LI · POIS ·

(Seel Jehan li Pois.)

Voyez le n° 3717.

3719   POUSSIN (JEAN),

Dit Roland, juge de Pierre du Castelet à Seclin. — 1348.

Sceau rond, de 19 mill. — Arch. du Nord; abbaye de Marquette.

Écu portant deux oiseaux, deux poussins, accompagnés d'une quintefeuille au canton dextre.

S' .CH.. POVCHIR

(Seel Jehan Pouchin.)

Voyez le n° 3717.

HOMMES DU CHAPITRE DE SAINT-PIAT DE SECLIN.

3720   AMAURI (JEAN L'),

Homme du chapitre de Seclin. — 1400.

Sceau rond, de 21 mill. — Arch. du Nord; chapitre de Seclin.

Un arbre accosté de deux étoiles.

S · IEHAN · LAMOVRI

(Seel Jehan l'Amouri.)

Acquisition d'une rente à Lille. — 28 décembre 1400.

3721 MALEFUISON (HENRI),

Homme du chapitre de Seclin. — 1400.

Sceau rond, de 19 mill. — Arch. du Nord; chapitre de Seclin.

Écu portant trois objets cylindriques couchés et accompagnés d'une étoile en abîme.

S' HENRI · MALLEFVSON

(Seel Henri Mallefuson.)

Voyez le n° 3720.

3722 SAILLY (MAHIEU DE),

Homme du chapitre de Seclin. — 1400.

Sceau rond, de 18 mill. — Arch. du Nord; chapitre de Seclin.

Écu portant la lettre M couronnée.

..MAHIEV DE SAILL.

(Seel Mahieu de Sailly.)

Voyez le n° 3720.

HOMMES DE FIEF DE TEMPLEMARS.

3723 BAUDART (JACQUES LE),

Homme de Templemars. — 1430.

Sceau rond, de 19 mill. — Arch. du Nord; abbaye de Marquette.

Une hache.

IAKEMART · LE · BAVDART

(Jakemart le Baudart.)

Sentence au sujet d'une sous-rente. — 15 juillet 1430.

3724 CANARD (ALARD),

Homme de Templemars. — 1334.

Sceau rond, de 20 mill. — Arch. du Nord; abbiette de Lille.

Écu à la croix recercelée.

...ALAR. CA..RT

(Seel Alart Canert.)

Abandon de droits sur une rente. — 8 juillet 1334.

3725 FÈVRE (JACQUES LE),

Homme de Templemars. — 1480.

Sceau rond, de 21 mill. — Arch. du Nord; chapitre de Lille.

Écu portant une demi-roue.

S · IAQUEMART · LE · FEVRE

(Seel Jaquemart le Fèvre.)

Acquisition d'une rente au profit des chapelains de Lille. — 1er mars 1480.

3726 FÈVRE (MAHIEU LE),

Homme de Templemars. — 1480.

Sceau rond, de 28 mill. — Arch. du Nord; chapitre de Lille.

Un marteau accosté de deux croisettes.

S · MAHIEU · LE · FE...

(Seel Mahieu le Fèvre.)

Voyez le n° 3725.

3727 FLAMAND (JEAN),

Homme de Templemars. — 1334.

Sceau rond, de 19 mill. — Arch. du Nord; abbiette de Lille.

Écu à la bande chargée de trois quintefeuilles.

✠ S' IEHAN FLAMENC

(Seel Jehan Flamenc.)

Voyez le n° 3724.

3728 FROIDMONT (JEAN DE),

Homme de Templemars. — 1430.

Sceau rond, de 21 mill. — Arch. du Nord; abbaye de Marquette.

Une tête de cerf.

IEHAN · DE · FROIMONT

(Jehan de Froimont.)

Voyez le n° 3723.

3729 MOINE (JEAN LE),

Homme de Templemars. — 1334.

Sceau rond, de 17 mill. — Arch. du Nord; abbiette de Lille.

Écu portant un échiqueté sous un chef, au bâton brochant sur le tout.

B' IEHAN LE MOINE

(Bulle Jehan le Moine.)

Voyez le n° 3724.

3730 SEUWIS (JEAN DE),

Homme de Templemars. — 1430.

Sceau rond, de 22 mill. — Arch. du Nord; abbaye de Marquette.

Une équerre accostée de deux étoiles.

IEHAN DE ZEVVIS

(Jehan de Zewis.)

Voyez le n° 3723.

ÉCHEVINS DE TEMPLEUVE.

3731   CARDON (JEAN),
Échevin de Templeuve. — 1375.
Sceau rond, de 21 mill. — Arch. du Nord; abbaye de Flines.

Écu portant un chardon.

✤ S' · IEHAN · C..DON ·
(Seel Jehan Cardon.)

Acquisition d'une rente. — 31 mars 1375.

3732   WAUQUIER (GÉRARD),
Dit le Fèvre, échevin de Templeuve. — 1375.
Sceau rond, de 19 mill. — Arch. du Nord; abbaye de Flines.

Un marteau surmonté d'un fer de cheval. — Il ne reste de la légende que FEVER (fever).

Voyez le n° 3731.

HOMMES DE LA SEIGNEURIE DE TEMPLEUVE-EN-DOSSEMER.

3733   ESTREPONT (JEAN),
Homme de Templeuve-en-Dossemer. — 1480.
Sceau rond, de 28 mill. — Arch. du Nord; abbaye du Quesnoy.

Un soleil.

s · iehan · etriepont
(Seel Jehan Etriepont.)

Gilles de le Walle, huissier de salle de l'archiduc d'Autriche, est mis en possession d'un fief à Gruson. — 16 octobre 1480.

3734   TAILLEUR (JEAN LE),
Homme de Templeuve-en-Dossemer. — 1480.
Sceau rond, de 23 mill. — Arch. du Nord; abbaye du Quesnoy.

Écu à la bande de fusées, écartelé de cinq fleurs de lys en sautoir, à l'écusson sur le tout, penché, timbré d'un heaume couronné, supporté par une dame.

S · Jehan · le · tailleur
(Seel Jehan le Tailleur.)

Voyez le n° 3733.

HOMMES DE LA COUR DE TERMONDE.

3735   BAILLEUL (HECTOR DE),
Homme de la cour de Termonde. — 1454.
Sceau rond, de 24 mill. — Arch. du Nord; chartes flamandes.

Écu à trois chevrons accompagnés de deux étoiles en chef, supporté par un homme sauvage.

s · actor · van · belle ·
(Segel Actor van Belle.)

Acquisition du fief d'Audeghem par le chapitre de Cambrai. — 29 mars 1454.

3736   BOELE (CORNEILLE),
Homme de la cour de Termonde. — 1454.
Sceau rond, de 27 mill. — Arch. du Nord; chartes flamandes.

Écu portant deux maillets au franc canton chargé d'une étoile, écartelé de deux fasces accompagnées de neuf hermines posées 4, 3 et 2.

s · cornelis · boele
(Segel Cornelis Boele.)

Voyez le n° 3735.

3737   BOELE (JEAN),
Homme de la cour de Termonde. — 1454.
Sceau rond, de 26 mill. — Arch. du Nord; chartes flamandes.

Écu portant deux maillets au franc canton chargé d'une étoile, dans un trilobe.

. . . . . ian boele
(Segel Jan Boele.)

Voyez le n° 3735.

3738   ESSCHERIC (PIERRE),
Homme de la cour de Termonde.—1454.
Sceau rond, de 27 mill. — Arch. du Nord; chartes flamandes.

Écu à trois maillets en chef accompagnés d'une étoile en abîme, supporté par une aigle.

s · pieter · esscheric
(Segel Pieter Esscheric.)

Voyez le n° 3735.

3739   GRUE (HELLIN LA),
Homme de la cour de Termonde. — 1334.
Sceau rond, de 21 mill. — Arch. du Nord; Chambre des comptes.

Écu à la grue accompagnée de trois châteaux.

✤ S' hELLIEN LE GRVE
(Seel Hellien le Grue.)

Hommage au comte de Flandre par Marie de Flandre, héritière de Termonde. — Termonde, 1er avril 1334.

3740   GYSEGHEM (GHISLAIN VAN),
Homme de la cour de Termonde. — 1508.
Sceau rond, de 25 mill. — Arch. du Nord; chartes flamandes.

Écu portant trois têtes d'oiseau accompagnées d'un petit sautoir en abîme, soutenu par un ange.

s ghelein van ghiseghe

(Segel Ghelein van Ghiseghem.)

Acquisition d'un fief à Saint-Gilles-lez-Termonde. — 18 octobre 1508.

3741   MIRABEL (LÉON DE),

Homme de la cour de Termonde. — 1334.

Sceau rond, de 19 mill. — Arch. du Nord ; Chambre des comptes.

Écu au lion, dans un trilobe.

✠ SI' · LIONIS · DE MIRABELLO

(Sigillum Lionis de Mirabello.)

Voyez le n° 3739.

3742   NIEWELANT (DANIEL).

Homme de la cour de Termonde. — 1454.

Sceau rond, de 45 mill. — Arch. du Nord ; chartes flamandes.

Écu portant en cœur un heaume à lambrequins accompagné de trois étoiles, soutenu par un griffon.

daneel niculant

(Daneel Niculant.)

Voyez le n° 3735.

3743   SCOORMAN (MAHIEL),

Homme de la cour de Termonde.—1454.

Sceau rond, de 23 mill. — Arch. du Nord ; chartes flamandes.

Écu au crampon passé dans un anneau, dans un encadrement gothique.

maihiel fcoorman

(Mathiel Scoorman.)

Voyez le n° 3735.

3744   SPANOGHE (ROMAIN).

Homme de la cour de Termonde. — 1508.

Sceau rond, de 26 mill. — Arch. du Nord ; chartes flamandes.

Écu au rencontre de bœuf surmonté d'un poisson, supporté par un griffon.

sigillu · roem · fpanoghe

(Sigillum Roem Spanoghe.)

Voyez le n° 3740.

HOMMES DE LA SEIGNEURIE DE THUN-SAINT-MARTIN.

3745   BOHAIN (NICAISE DE).

Homme de Thun-Saint-Martin. — 1449.

Sceau rond, de 21 mill. — Arch. du Nord ; évêché et chapitre de Cambrai.

Écu à la bande ?, supporté par une dame. — Légende fruste.

Acquisition de deux fiefs. — Cambrai, 21 décembre 1449.

3746   FUSELIER (GÉRARD LE),

Homme de Thun-Saint-Martin. — 1449.

Sceau rond, de 21 mill. — Arch. du Nord ; évêché et chapitre de Cambrai.

Écu à la bande de quatre fusées accompagnée de deux étoiles, supporté par deux aigles.

s · grarf · le · fufelier

(Scel Grart le Fuselier.)

Confirmation d'une rente. — Cambrai, 7 mai 1449.

3747   LILLE (RENAUD DE),

Homme de Thun-Saint-Martin. — 1449.

Sceau rond, de 21 mill. — Arch. du Nord ; évêché et chapitre de Cambrai.

Écu à la fleur de lys.

RENAVS DE LILE

(Renaut de Lile.)

Voyez le n° 3745.

3748   MEURIN (JACQUES),

Homme de Thun-Saint-Martin. — 1449.

Sceau rond, de 21 mill. — Arch. du Nord ; évêché et chapitre de Cambrai.

Un oiseau.

S IAKEMART MVERIN

(Scel Jakemart Muerin.)

Voyez le n° 3745.

ÉCHEVIN DE LA SEIGNEURIE DU QUESNOY À TOUFFLERS.

3749   MALEGUEULE (JACQUES).

1500.

Sceau rond, de 23 mill. — Arch. du Nord ; couvent de Launoy.

Écu portant une tête de monstre ou de loup la gueule ouverte.

s · iaques · mallegeule

(Scel Jaques Mallegeule.)

Acquisition d'une terre. — 22 mars 1500.

ÉCHEVINS DE LA SEIGNEURIE DE TOURCOING.

3750   CASTEL (JEAN DU).

Échevin de Tourcoing. — 1447.

Sceau rond, de 21 mill. — Arch. du Nord ; abbaye de Marquette.

Écu au château accompagné d'une merlette en pointe, dans un trilobe.

S · IEHAN · DOV · CASTIEL

(Seel Jehan dou Castiel.)

Amortissement. — 6 juillet 1447.

3751 MAÎTRE (ARNOUL LE),

Échevin de Tourcoing. — 1447.

Sceau rond, de 22 mill. — Arch. du Nord; abbaye de Marquette.

Écu portant un marteau, dans un trilobe.

. . . le maitre

(Seel Ernoul le Maître.)

Voyez le n° 3750.

3752 NOLLET (JEAN),

Échevin de Tourcoing. — 1439.

Sceau rond, de 20 mill. — Arch. du Nord; abbaye de Marquette.

Écu portant trois roses à la doloire en abîme surmontée d'un croissant et sénestrée d'une étoile.

Seel iehan nollet

(Seel Johan Nollet.)

Acquisition de biens. — 2 juillet 1439.

3753 NOLLET (JEAN),

Échevin de Tourcoing. — 1447.

Sceau rond, de 24 mill. — Arch. du Nord; abbaye de Marquette.

Écu portant une doloire accompagnée de trois étoiles, soutenu par un ange.

Seel iehan nolet

(Seel Johan Nolet.)

Voyez le n° 3750.

3754 PHALEMPIN (PIERRE DE),

Échevin de Tourcoing. — 1439.

Sceau rond, de 20 mill. — Arch. du Nord; abbaye de Marquette.

Écu portant les initiales **p. f.** surmontées d'une couronne.

s pierart de falempin,

(Seel Pierart de Falempin.)

Voyez le n° 3752.

HOMMES DE L'ÉVÊQUE DE TOURNAY.

3755 CAILLAN (ROBERT),

Homme de l'évêque de Tournay. — 1288.

Sceau rond, de 22 mill. — Arch. du Nord; Chambre des comptes.

Une fleur de lys fleuronnée.

S' ROBIERT CAILLAN

(Seel Robiert Caillan.)

Assignation du douaire de demoiselle Pentecôte, fille du seigneur de Durbuy, par Guillaume de Mortagne, son futur mari. — Janvier 1288.

3756 FAUSTROIT (PIERRE DE),

Homme de l'évêque de Tournay. — 1288.

Sceau en écu, de 24 mill. — Arch. du Nord; Chambre des comptes.

Écu au chevron accompagné d'une merlette au canton dextre.

✠ S' PETRI DE FASTROIT

(Sigillum Petri de Fastroit.)

Voyez le n° 3755.

3757 HAGHEBART (JEAN),

Homme de l'évêque de Tournay. — 1288.

Sceau rond, de 22 mill. — Arch. du Nord; Chambre des comptes.

Une quintefeuille double.

S' IEHAN HAGHEBART

(Seel Jehan Haghebart.)

Voyez le n° 3755.

3758 MAISIÈRES (DENIS DES),

Échevin de l'évêque de Tournay à Wazemmes et à Esquermes. — 1333.

Sceau rond, de 19 mill. — Hôpital Saint-Julien à Lille.

Écu au croissant surmonté de deux étoiles.

s · denis · des · masieres

(Seel Denis des Masières.)

Acquisition de terres. — 30 octobre 1333.

JUGES DU CHAPITRE DE NOTRE-DAME DE TOURNAY.

3759 CARLIER (BARTHÉLEMY),

Juge du chapitre de Tournay à Merq-en-Barœul. — 1373.

Sceau rond, de 21 mill. — Arch. du Nord; chapitre de Lille.

Des ciseaux.

Seel bietremieu carlier

(Seel Bietremieu Carlier.)

Acquisition d'une rente. — 16 janvier 1375.

3760 FIVES (BARTHÉLEMY DE),

Juge du chapitre de Tournay en la châtellenie de Lille. — 1373.

Sceau rond, de 21 mill. — Hôpital Saint-Julien à Lille.

Écu coupé, à l'étoile sur le tout, dans un trilobe.

S' BIERTREMIEV DE FIVE

(Seel Biertremieu de Five.)

Acquisition de terres à Thumesnil. — 29 août 1400.

3761   RENIER (PHILIPPE),

Juge du chapitre de Tournay en la châtellenie de Lille. — 1400.

Sceau rond, de 21 mill.—Hôpital Saint-Julien à Lille.

Écu au chevron accompagné de trois besants?, dans un trilobe.

S' PHILIPPE RENIER

(Seel Philippe Renier.)

Voyez le n° 3760.

JUGE DE L'ABBAYE DE SAINT-MARTIN DE TOURNAY.

3762   LESMERAUT (JEAN),

1455.

Sceau rond, de 20 mill. — Arch. du Nord ; chapitre de Saint-Amé.

La lettre **M**.

Seel · iehan · leumeraut

(Seel Jehan Leumeraut.)

Amortissement d'une terre à Annœulin-en-Carambaut. — 10 août 1455.

HOMMES DE LA SEIGNEURIE DE TRÉHAUCOURT.

3763   ANTOINE (JACQUES L'),

Homme de la seigneurie de Tréhaucourt. — 1390.

Sceau rond, de 20 mill. — Arch. du Nord ; chapitre de Saint-Amé.

Dans une niche gothique, la Vierge debout, avec l'enfant Jésus, ayant à ses pieds un priant.

⚜ S' IACOBI ARTORII

(Sigillum Jacobi Antonii.)

Acquisition d'une terre. — 24 janvier 1390.

3764   BERTOUL (JEAN LE),

Homme de la seigneurie de Tréhaucourt. — 1390.

Sceau rond, de 20 mill. — Arch. du Nord ; chapitre de Saint-Amé.

Une hache.

ION LE DARPEDOIES

(Johan le Darpedoies.)

Voyez le n° 3763.

3765   PARIS (ANDRÉ DE),

Homme de la seigneurie de Tréhaucourt. — 1390.

Sceau rond, de 21 mill. — Arch. du Nord ; chapitre de Saint-Amé.

Une hache accostée d'une étoile.

ANDRIEVS DE PARIS

(Andrieus de Paris.)

Voyez le n° 3763.

3766   PARIS (JEAN DE),

Homme de la seigneurie de Tréhaucourt. — 1390.

Sceau rond, de 20 mill. — Arch. du Nord ; chapitre de Saint-Amé.

Un oiseau parmi des branches.

S IEHAN DE PARIS

(Seel Jehan de Paris.)

Voyez le n° 3763.

HOMMES DU COMTE DE FLANDRE À VALENCIENNES.

3767   CHAUFFECIRE (BERNARD),

Homme du comte de Flandre à Valenciennes. — 1439.

Sceau rond, de 23 mill. — Arch. du Nord ; Chambre des comptes.

Écu portant trois chandeliers accompagnés d'une étoile en chef.

seel · biernart · caufechyre

(Seel Biernart Caufechyre.)

Quittance fournie à la duchesse de Bavière par les exécuteurs testamentaires de Gilles le Fèvre, marchand de chevaux. — Valenciennes, 30 octobre 1439.

3768   MAURET (GUILLAUME),

Homme du comte de Flandre à Valenciennes. — 1439.

Sceau rond, de 26 mill. — Arch. du Nord ; Chambre des comptes.

Écu à la bande componée, au lambel sur le tout.

s · willaume · mauret

(Seel Willaume Mauret.)

Voyez le n° 3767.

HOMME COTIER DE LA SEIGNEURIE DE VELAINES.

3769   TELLIER (JEAN LE),

1453.

Sceau rond, de 23 mill. — Arch. du Nord ; abbaye du Saint-Sépulcre.

Écu à la navette.

Seel iehan le telier

Seel iehan le telier

(Seel Jehan le Tellier.)

Record de la vente d'un fief. — 4 août 1453.

HOMME DE LA SEIGNEURIE DE VÉLU.

3770   PINGRET (JEAN).

1485.

Sceau rond, de 30 mill. — Arch. du Nord; abbaye de Vaucelles.

Écu à la quintefeuille en abîme accompagnée de trois trèfles au lambel, penché, timbré d'un heaume.

ieannet pingret

(Jeannet Pingret.)

Acquisition du fief d'Érard par la collégiale de Sainte-Croix. — 31 août 1485.

JUGES DU FIEF DE BARTHÉLEMY DE COURTRAI À VERLINGHEM.

3771   HAISES (JEAN AS),

Juge du fief de Barthélemy de Courtrai à Verlinghem. — 1374.
Sceau rond, de 17 mill. — Béguinage de Lille.

Une sextefeuille ou une rose.

S' IEHAN · A HAISES

(Seel Johan à Haises.)

Acquisition d'une terre. — 6 juillet 1374.

3772   HOCHEPIED (PIERRE),

Juge du fief de Barthélemy de Courtrai à Verlinghem. — 1374.
Sceau rond, de 17 mill. — Béguinage de Lille.

Un faucon.

S · PIERARS · HAVCHEPIES

(Seel Pierart Hauchepiet.)

Voyez le n° 3771.

3773   NEVEU (JEAN LE),

Le Tanneur, juge du fief de Barthélemy de Courtrai à Verlinghem. — 1361.
Sceau rond, de 19 mill. — Béguinage de Lille.

Écu fretté au chef chargé d'un lion issant, dans un trilobe.

...EHAN LE REVEVS DIS .E TAN...

(Seel Johan le Nevent dit le Tanenr.)

Acquisition de terres. — 1er septembre 1361.

HOMMES DE FIEF DU SIRE D'ÉCLAIBES À VIESLY.

3774   CARDET (PIERRE),

Homme de la seigneurie de Viesly. — 1369.
Sceau rond, de 23 mill. — Arch. du Nord; Chambre des comptes.

Écu échiqueté au chef d'hermines chargé d'une fleur de lys issant, dans un trilobe.

SEEL : PI.... CARDET

(Seel Pierre Cardet?)

Rachat d'un fief tenu de Viesly. — 1369.

3775   CARLIER (HUGUES LE),

Homme de la seigneurie de Viesly. — 1369.
Sceau rond, de 27 mill. — Arch. du Nord; Chambre des comptes.

Un chien tenant une proie, dans une touffe.

S' hVHAERT .....ERC

(Segel Huhoert ... .)

Voyez le n° 3774.

3776   SART (NICAISE DU),

Homme de la seigneurie de Viesly. — 1369.
Sceau rond, de 19 mill. — Arch. du Nord; Chambre des comptes.

Écu portant trois tourteaux?

RICHISE · DOV · SART

(Nichise dou Sart.)

Voyez le n° 3774.

3777   SOLESMES (LUPPART DE),

Homme de la seigneurie de Viesly. — 1369.
Sceau rond, de 19 mill. — Arch. du Nord; Chambre des comptes.

Écu portant trois croissants au lambel, dans un quadrilobe. Il ne reste de la légende que .E SOLESMES (de Solesmes).

Voyez le n° 3774.

HOMMES DE LA SEIGNEURIE DE VILLE.

3778   BARAT (GUILLAUME),

De la Haye, homme de la seigneurie de Ville. — 1303.
Sceau en écu, de 24 mill. — Arch. du Nord; abbaye de Saint-Jean de Valenciennes.

Écu à la bande.

✠ S' WILLHVME BARHT

(Seel Willaume Barat.)

Donation d'un fief tenu de la seigneurie de Ville. — Septembre 1303.

3779 TOURELLE (JEAN DE LA),

Homme de la seigneurie de Ville. — 1303.

Sceau rond, de 27 mill. — Arch. du Nord; abbaye de Saint-Jean de Valenciennes.

Écu fascé de vair et de trois pièces portant six fermaux posés 3, 2 et 1.

✠ S' IEHAN DE LE TOVRELE

(Seel Jehan de lo Tourele.)

Voyez le n° 3778.

HOMMES DE LA SEIGNEURIE DE HERLAIR A VILVORDE.

3780 BECKER (GUILLAUME DE),

Homme de la seigneurie de Herlair à Vilvorde. — 1470.

Sceau rond, de 22 mill. — Arch. du Nord; chartes flamandes.

Écu à la croix, parti d'une plante fleurie, dans un trilobe.

Willé be beckere

(Willem de Beckere.)

Acquisition d'une terre à Transbekeborreken. — 21 mai 1470.

3781 BERINGHEN (WAUTIER VAN),

Homme de la seigneurie de Herlair à Vilvorde. — 1470.

Sceau rond, de 22 mill. — Arch. du Nord; chartes flamandes.

Écu portant trois oiseaux, écartelé de trois mâcles au lambel, à l'écusson chargé de deux bandes sur le tout, penché, timbré d'un heaume.

s' wouter van be...ghen

(Segel Wouter van Beringhen.)

Voyez le n° 3780.

3782 OGIBEEN (JEAN),

Homme de la seigneurie de Herlair à Vilvorde. — 1470.

Sceau rond, de 23 mill. — Arch. du Nord; chartes flamandes.

Écu au cygne marchant surmonté d'une étoile, dans un quadrilobe.

s' ian ogibeen

(Segel Jan Ogibeen.)

Voyez le n° 3780.

HOMME DE LA COUR DE VOORMEZEELE.

3783 VROEDE (PIERRE DE).

1421.

Sceau rond, de 23 mill. — Arch. du Nord; Chambre des comptes.

Écu au lion passant accompagné d'une étoile en pointe à la bordure besantée, supporté par une aigle.

s · pieter · de · vroede

(Segel Pieter de Vroede.)

Acquisition du fief de la Moussonnerie situé à Annappes et tenu de Woormezeele. — 27 mai 1421.

HOMMES DE FIEF DE WAHAGNIES.

3784 BIBART (MAHIEU),

Homme de Wahagnies. — 1395.

Sceau rond, de 21 mill. — Arch. du Nord; abbiette de Lille.

Écu au croissant en abîme accompagné de trois fleurs de lys, soutenu par un homme sauvage, dans un quadrilobe.

SEEL · MAHIEV · BIBART

(Seel Mahieu Bibart.)

Acquisition d'un fief à Seclin. — 26 décembre 1395.

3785 COMINES (JEAN DE),

Homme de Wahagnies. — 1429.

Sceau rond, de 20 mill. — Arch. du Nord; chapitre de Lille.

Écu portant un Agnus Dei.

S : IEHAN : DE : COMINES

(Seel Jehan de Comines.)

Acquisition d'une part de dîme à Moncheaux. — 8 juin 1429.

3786 HAS (PIERRE DE),

Homme de Wahagnies. — 1429.

Sceau rond, de 45 mill. — Arch. du Nord; chapitre de Lille.

Écu à la bande chargée de .... et accompagnée de deux ....., supporté par une dame.

s · piere de has

(Seel Pierre de Has.)

Voyez le n° 3785.

3787 HUVESQ (ROLAND DE),

Homme de Wahagnies. — 1449.

Sceau rond, de 21 mill. — Arch. du Nord; chapitre de Lille.

Écu à la tête d'homme de profil à gauche, soutenu par un homme sauvage, supporté par deux lions, dans un trilobe.

✳ seel rolant de huvefcq

(Seel Rolant de Huveseq.)

Voyez le n° 3785.

HOMMES DE LA SEIGNEURIE DE WALHAIN.

3788 AGIMONT (HENRI, BÂTARD D'),

Homme de Walhain. — 1380.

Sceau rond, de 21 mill. — Arch. du Nord; évêché et chapitre de Cambrai.

Écu fascé de dix pièces, à la bande chargée d'une coquille brochant.

S' HENRION BASTR DAGIMON

(Seel Henrion, bastar d'Agimon.)

Reconnaissance des droits du chapitre de Cambrai sur la terre et seigneurie de Limal. — 22 février 1380.

3789 LIBERSART (RASSE DE),

Homme de Walhain. — 1380.

Sceau rond, de 21 mill. — Arch. du Nord; évêché et chapitre de Cambrai.

Écu portant un écusson en abîme accompagné de trois oiseaux? en chef, à la barre engrêlée sur le tout.

...RASIN DE LIBIERSART

(Seel Rasin de Libiersart.)

Voyez le n° 3788.

3790 LONNOIS (BAUDOUIN DE).

Homme de Walhain. — 1377.

Sceau rond, de 19 mill. — Arch. du Nord; évêché et chapitre de Cambrai.

Écu portant deux lions, au franc canton chargé d'une étoile.

S BAD.. DE LONOES

(Seel Ba... de Lonoat.)

Ratification de l'acquisition d'un fief à Limal. — 1er avril 1377.

3791 MARTEL (DANIEL DU).

Homme de Walhain. — 1380.

Sceau rond, de 21 mill. — Arch. du Nord; évêché et chapitre de Cambrai.

Écu portant un écusson en abîme accompagné de six hermines? en orle.

S DANNAVL DE LE MARSCL

(Seel Danuaul de le Martel.)

Voyez le n° 3788.

HOMMES DE LA SEIGNEURIE DE WALINCOURT.

3792 CORDELOIX (ADAM),

Homme de Walincourt. — 1449.

Sceau rond, de 22 mill. — Arch. du Nord; abbaye de Saint-Aubert.

Écu portant une navette et un autre outil? en pal, soutenu par une religieuse, dans un ovale.

S · ADAM · CORDELOIS

(Seel Adam Cordeloix.)

Fondation de deux messes par Jean de Noyers, écuyer. — 13 mai 1449.

3793 CORDELOIX (GÉRARD).

Homme de Walincourt. — 1460.

Sceau rond, de 26 mill. — Arch. du Nord; abbaye de Saint-Aubert.

Écu à trois lions, penché, timbré d'un heaume cimé d'un cygne. — Légende fruste.

Record de la fondation de deux messes par Jean de Noyers, écuyer. — Walincourt, 3 juillet 1460.

3794 CORDIER (COLARD LE).

Homme de Walincourt. — 1460.

Sceau rond, de 21 mill. — Arch. du Nord; abbaye de Saint-Aubert.

Une manivelle accompagnée d'un point.

S COLH.. LE CORDIE

(Seel Colart le Cordie)

Voyez le n° 3793.

3795 CORNU (JEAN).

Homme de Walincourt. — 1339.

Sceau rond, de 23 mill. — Arch. du Nord; guillemins de Walincourt

Écu à la tête de cerf.

SXIEL IEHAN CORNV

(Saiel Jehan Cornu.)

Aveu d'un fief. — 23 juin 1339.

3796 FOUR (CHARLES DU).

Homme de Walincourt. — 13..

Sceau rond, de 18 mill. — Arch. du Nord; abbaye de Saint-Aubert

Écu au fer de moulin surmonté d'une étoile.

S · charle · du · four

(Seel Charle du Four.)

Voyez le n° 3793.

3797   SENLIS (JEAN DE),

Homme de Walincourt. — 1460.

Sceau rond, de 18 mill. — Arch. du Nord; abbaye de Saint-Aubert.

Une fleur accompagnée de feuillages.

s ian de Ceulis

(Seel Jan de Senlis.)

Voyez le n° 3793.

3798   WÉRI (BERTRAND LE),

Homme de Walincourt. — 1460.

Sceau rond, de 21 mill. — Arch. du Nord; abbaye de Saint-Aubert.

Une arbalète.

....ERTER.N DE WER.

(Seel Bertran le Wéri.)

Voyez le n° 3793.

HOMME DE FIEF DE WALLERS.

3799   GAVRELLE (AUBERT DE),

1469.

Sceau rond, de 25 mill. — Arch. du Nord; Chambre des comptes.

Écu au croissant accompagné d'une étoile en chef et des lettres g et a en pointe, soutenu par un ange.

seel · aubiert · de · gavenelles

(Seel Aubiert de Garerielles.)

Acquisition d'un fief à Hornaing. — Valenciennes, 11 juillet 1469.

HOMME DE LA TERRE DU ROQUIER À WAMBAIX.

3800   PUIELOIS (RENAUD),

1453.

Sceau rond, de 21 mill. — Arch. du Nord; collégiale de Saint-Géry.

Un arc armé de sa flèche.

S' RENAVS PVIELOIS

(Seel Renaut Puielois.)

Aveu d'un fief tenu du Roquier. — 21 janvier 1453.

JUGES DU FIEF MARCOT À WAMBRECHIES.

3801   OSTE (JEAN L'),

Juge du fief Marcot à Wambrechies. — 1404.

Sceau rond, de 20 mill. — Arch. du Nord; abbaye de Marquette.

La lettre I couronnée et accostée de deux étoiles.

⚜ iehan lofte

(Jehan l'Oste.)

Sentence au sujet d'arrérages. — 29 février 1404.

3802   SAFFE (JEAN DE LE),

Dit Cordewanier, juge du fief Marcot à Wambrechies. — 1404.

Sceau rond, de 18 mill. — Arch. du Nord; abbaye de Marquette.

Une serpe surmontant une branche.

S · IEHAN DE LE SAFE

(Seel Jehan de le Safe.)

Voyez le n° 3801.

3803   SYS (GUILLAUME),

Juge du fief Marcot à Wambrechies. — 1404.

Sceau rond, de 20 mill. — Arch. du Nord; abbaye de Marquette.

Écu portant six étoiles 3, 2 et 1.

SEEL · WILLAVME · SIS

(Seel Willaume Sis.)

Voyez le n° 3801.

3804   WICART (JACQUES),

Dit du Ponchel, juge du fief Marcot à Wambrechies. — 1404.

Sceau rond, de 21 mill. — Arch. du Nord; abbaye de Marquette.

Écu à la fleur de lys.

⚜ S' IAKEMES · WIKART

(Seel Jakemes Wikart.)

Voyez le n° 3801.

3805   WICART (JEAN),

Dit du Ponchel, juge du fief Marcot à Wambrechies. — 1404.

Sceau rond, de 18 mill. — Arch. du Nord; abbaye de Marquette.

Écu portant deux étoiles, parti d'une fleur de lys fleuronnée.

⚜ S' IEHAN WIKART

(Seel Jehan Wikart.)

Voyez le n° 3801.

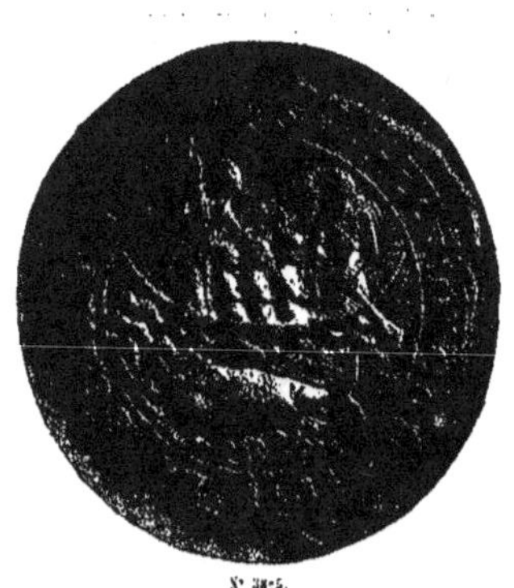

N° 3875.

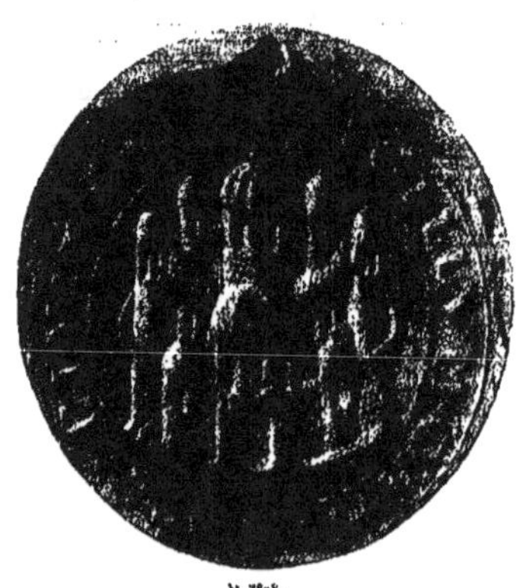

N° 3898.

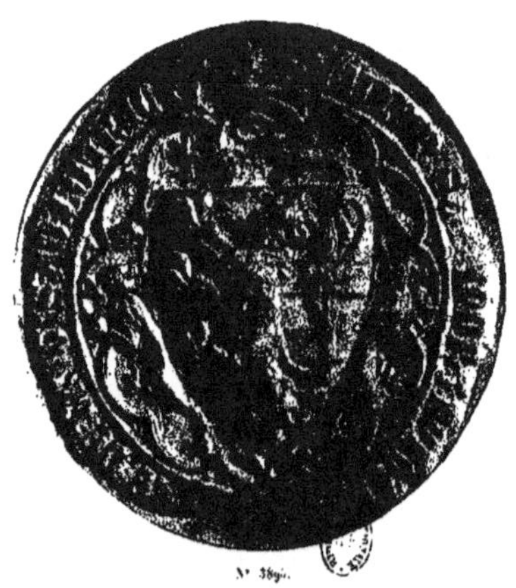

N° 3896.

N° 3875. Biarritz. — N° 3895. Bruges. — N° 3898. Cambrai.

HOMME DU CHÂTEAU DE WARNÊTON.

3806 FOUBERT (JACQUES).

1362.

Sceau rond, de 20 mill. — Arch. du Nord; Chambre des comptes.

Écu à la bande accompagnée de six quintefeuilles en orle, dans un trilobe.

S' IAREMART · FOBE..

(Seel Jakemart Fobert.)

Rachat par la dame de Cassel de la seigneurie de Croix-à-Vent. — 17 juillet 1362.

ÉCHEVIN DE LA SEIGNEURIE DE WARTEMBECQUE.

3807 GHESQUIÈRE (JACQUES).

1387.

Sceau rond, de 23 mill. — Arch. du Nord; abbiette de Lille.

Écu plain, au franc canton chargé d'une étoile.

✶ S' · IAREM · GIESRIE..

(Seel Jakem Glesklère.)

Acquisition d'une terre à Deulémont. — 21 décembre 1387.

JUGES DE LA SEIGNEURIE DE WASQUEHAL.

3808 CAUDRELIER (PIERRE LE),

Juge de la seigneurie de Wasquehal. — 1365.

Sceau rond, de 17 mill. — Arch. du Nord; abbaye de Marquette.

Un marteau.

S' PIGRE LE CAVDHIRGI

(Seel Pierre le Caudhirei.)

Bail d'une terre située à la Madeleine. — 28 janvier 1365.

3809 COGET (LUQUET),

Juge de la seigneurie de Wasquehal. — 1490.

Sceau rond, de 22 mill. — Arch. du Nord; chapitre de Lille.

Un croissant.

✶ luquet : coget

(Luquet Coget.)

Acquisition d'un pré à Wasquehal. — 2 février 1490.

3810 MEZ (JACQUES DU).

Juge de la seigneurie de Wasquehal. — 1485.

Sceau rond, de 22 mill. — Arch. du Nord; chapitre de Lille.

Écu portant trois grelots.

iaquemart du mes

(Jaquemart du Mez.)

Acquisition d'un pré à Wasquehal. — 8 février 1485.

3811 RAISSE (JEAN DE),

Juge de la seigneurie de Wasquehal. — 1490.

Sceau rond, de 20 mill. — Arch. du Nord; chapitre de Lille.

Une étoile à six rais.

✶ iehan de raife

(Jehan de Raise.)

Voyez le n° 3809.

3812 SOLIER (LOUIS DU).

Juge de la seigneurie de Wasquehal. — 1490.

Sceau rond, de 20 mill. — Arch. du Nord; chapitre de Lille.

Un croissant surmonté d'un point.

S · loi · du folie

(Seel Loi du Solié.)

Voyez le n° 3809.

HOMMES DE FIEF DE JEAN DES WASTINES.
SIRE D'ESTRÉES.

3813 CAUDLANT (GÉRARD).

Homme de fief de Jean des Wastines. — 1317.

Sceau rond, de 21 mill. — Arch. du Nord; chapitre de Lille.

Une quintefeuille.

GHERART CAVDLART

(Ghérart Caudlant.)

Amortissement d'un bois à Monchaux? — 16 septembre 1317. Nota. Il s'agit peut-être ici de Watines et de Monchaux près Lille.

3814 MEZ (JEAN DU).

Homme de fief de Jean des Wastines. — 1317.

Sceau rond, de 22 mill. — Arch. du Nord; chapitre de Lille.

Écu à l'émanché de trois pièces mouvant du flanc dextre.

✶ S' IGHAN ...GI

(Seel Jehan .....)

Voyez le n° 3813.

3815 TRÉHOUT (GÉRARD DE).

Homme de fief de Jean des Wastines. — 1317.

Sceau rond, de 17 mill. — Arch. du Nord; chapitre de Lille.

Écu à la bande et à la bordure.

✠ GRGRE DE GREL...

(Greut de Tréhout?)

Voyez le n° 3813.

JUGE DE LA SEIGNEURIE DES MASURES À WATRELOZ.

3816   FÈVRE (GUILLEBERT LE).

Dit du Pire. — 1401.

Seau rond, de 24 mill. — Arch. du Nord; Chambre des comptes.

Écu portant un croissant au lambel enfermant les initiales G. R., dans un quadrilobe.

...BERT LE FÈVRE

(Seel Robert le Fèvre.)

Incorporation du fief de la Tannerie au fief des Masures. — Lille, 5 mai 1401.

HOMMES DE LA SEIGNEURIE DE WATTIGNIES.

3817   BOE (NICAISE DE LE).

Homme de la seigneurie de Wattignies. — 1401.

Seau rond, de 20 mill. — Arch. du Nord; chapitre de Lille.

Écu portant deux annelets, taillé d'un fretté.

✠ S ..CHIS. DE LE BOVE

(Seel Nicaise de le Boue.)

Acquisition d'une part de la dîme de Wattignies au profit de Jean de Thoisy, évêque de Tournay. — 11 juillet 1401.

3818   CLENQUEMEURE (ÉLOI DE).

Dit Tristran, homme de la seigneurie de Wattignies. — 1428.

Seau rond, de 23 mill. — Arch. du Nord; chapitre de Lille.

Écu portant trois maillets au lambel, dans un trilobe.

...loi de clenquemeure

(Seel Éloi de Clenquemeure.)

Acquisition de la dîme de Wattignies par Gui Guilbelaut, gouverneur de la dépense du duc de Bourgogne. — 23 mars 1428.

3819   CRESPEL (JEAN).

Homme de la seigneurie de Wattignies. — 1401.

Seau rond, de 22 mill. — Arch. du Nord; chapitre de Lille.

Écu à l'oiseau essorant accompagné d'un besant? à sénestre.

..ieh.. crespiel

(Seel Jehan Crespiel.)

Voyez le n° 3817.

3820   SEUWIS (JEAN DE),

Dit de la Ruelle, homme de la seigneurie de Wattignies. — 1401.

Seau rond, de 23 mill. — Arch. du Nord; chapitre de Lille.

Écu portant un vase à boire d'où sortent deux têtes de cygne, dans un trilobe.

iehan · le · sewwy · · dit · p...

(Jehan de Sewys dit P....)

Voyez le n° 3817.

FRANC ALLEUTIER DE WAVRIN.

3821   NEVEU (ANTOINE LE).

1356.

Seau rond, de 20 mill. — Hôpital des Grimarets à Lille.

Écu fretté au franc canton chargé d'un lion, dans une rose.

✠ S' ANTONE LE ..VEVT

(Seel Antone le Neveut.)

Don d'une terre au ôtage de Santes. — 11 janvier 1356.

JUGES RENTIERS À WAZEMMES.

3822   BONNES (JEAN DE),

Juge du fief de Jeanne de Laustais à Wazemmes. — 1479.

Seau rond, de 22 mill. — Hôpital Comtesse à Lille.

Écu portant un écusson en abîme à la bande chargée de trois besants? sur le tout, suspendu à un arbre.

s · iehan de bonnes

(Seel Jehan de Bonnes.)

Acquisition d'un héritage près la porte des Malades à Wazemmes. — 22 avril 1479.

3823   BORGNE (VICTOR LE).

Juge du fief de Jeanne de Laustais à Wazemmes. — 1479.

Seau rond, de 20 mill. — Hôpital Comtesse à Lille.

Écu à trois aigles accompagnées d'une quintefeuille en abîme, dans un losange.

seel · voictor · le · borgne

(Seel Wictor le Borgne.)

Voyez le n° 3822.

3824   LOBÉ (JEAN),

Brasseur, juge du fief de Jeanne de Laustais à Wazemmes. — 1479.

Seau rond, de 24 mill. — Hôpital Comtesse à Lille.

Écu portant une fourche? à dextre et une étoile à sénestre.

s · ıeһán · lobbe · braſeur

(Seel Jehan Lobbe, braseur.)

Voyez le n° 3822.

————

3825   SAINT-JEAN (JEAN DE),

Juge de la justice de la dame de Wallincourt à Wazemmes. — 1346.

Sceau rond, de 17 mill. — Arch. du Nord; chapitre de Lille.

Un Agnus Dei.

S' IE... .. SG. IEҺЯ'

(Seel Jehan de Sen Jehan.)

Acquisition de biens à Wazemmes. — 15 juin 1348.

ÉCHEVINS DE WERVICQ.

— · —

3826   BOGAERDEN (JEAN VAN DEN),

Échevin de Wervicq. — 1398.

Sceau rond, de 23 mill. — Arch. du Nord; abbiette de Lille.

Écu à la fasce accompagnée de deux quintefeuilles en chef et d'un chevron accompagné d'un croissant en pointe, dans un quadrilobe.

S IЯN VЯN D.. BOGGҺERD

(Segel Jan van den Boeguerd.)

Sentence confirmative de la possession d'une rente. — 5 mars 1398.

————

3827   GHEERBODE (FRANÇOIS),

Échevin de Wervicq. — 1398.

Sceau rond, de 22 mill. — Arch. du Nord; abbiette de Lille.

Écu à la fasce vivrée accompagnée de trois têtes d'aigle, brisé d'un croissant en chef, soutenu par un ange, dans un encadrement oblong.

s · fraufıſcı gһerboŧe

(Sigillum Fratsisci Gherbode.)

Voyez le n° 3826.

————

3828   HEMSRODE (TRISTRAN VAN),

Échevin de Wervicq. — 1398.

Sceau rond, de 22 mill. — Arch. du Nord; abbiette de Lille.

Écu au chevron chargé de trois annelets et accompagné d'une étoile en pointe, à la bordure engrêlée.

S' ŦRISŦRЯҪ VЯN ҺEIҪSRODG

(Segel Tristram van Heimsrode.)

Voyez le n° 3826.

3829   KOKERE (WAUTIER DE),

Échevin de Wervicq. — 1398.

Sceau rond, de 23 mill. — Arch. du Nord; abbiette de Lille.

Écu portant trois marmites, dans un trilobe.

.....TGR .. GORGR.

(Segel Wouter de Cokere.)

Voyez le n° 3826.

HOMMES DE LA SEIGNEURIE DE WESTHOVE.

————

3830   FAGHELE (JACQUES),

Homme de la seigneurie de Westhove. — 1457.

Sceau rond, de 21 mill. — Arch. du Nord; chapitre de Lille.

Écu au croissant surmonté d'une étoile.

S' ıacop · fagһele

(Segel Jacop Faghele.)

Acquisition de la dîme de Neuve-Église. — 4 décembre 1457.

————

3831   KERSCHIETERE (DANIEL DE),

Homme de la seigneurie de Westhove. — 1457.

Sceau rond, de 24 mill. — Arch. du Nord; chapitre de Lille.

Écu portant des ciseaux.

s ḋaneel de beſſcıetere

(Segel Daneel de Kerscietere.)

Voyez le n° 3830.

————

3832   KERSCHIETERE (FRANÇOIS DE),

Homme de la seigneurie de Westhove. — 1469.

Sceau rond, de 23 mill. — Arch. du Nord; chapitre de Lille.

Des ciseaux garnis d'un lien.

s fraufois de berccıetere

(Segel Fransois de Kerscietere.)

Amortissement d'une dîme à Neuve-Église. — 5 septembre 1469.

————

3833   MEESTERE (JACQUES DE),

Homme de la seigneurie de Westhove. — 1457.

Sceau rond, de 22 mill. — Arch. du Nord; chapitre de Lille.

Écu portant une ancre accostée de deux étoiles et accompagnée d'une autre étoile au canton dextre.

s ıacop de mester

(Segel Jacop de Mester.)

Voyez le n° 3830.

3834 RIQUASSES (PIERRE),

Homme de la seigneurie de Westhove. — 1409.

Sceau rond, de 25 mill. — Arch. du Nord; chapitre de Lille.

Écu portant une boucle.

s · pieter · ricbasses

(Segel Pieter Riekasses.)

Voyez le n° 3832.

HOMMES DE LA SALLE D'YPRES.

———

3835 BOSQUILLON (PIERRE),

Homme de la salle d'Ypres. — 1544.

Sceau rond, de 25 mill. — Arch. du Nord; Chambre des comptes.

Écu portant une serpe.

.. pietter · boquillou

(Segel Pietter Boquillon.)

Avec d'un fief à Verlinghem. — 20 août 1544.

3836 LICHTERVELDE (ROGER VAN),

Homme de la salle d'Ypres. — 1421.

Sceau rond, de 25 mill. — Arch. du Nord; Chambre des comptes.

Écu plain au chef d'hermines, écartelé de deux bandes, penché, timbré d'un heaume; dans le champ, les lettres m. r.

s' roegae.. vā licbterveld

(Segel Roegaert van Lichterveld.)

Le duc de Bourgogne acquiert du comte de Namur la ville et le métier de Bailleul. — 8 juin 1421.

3837 SCATTIN (GEORGES),

Homme de la salle d'Ypres. — 1421.

Sceau rond, de 25 mill. — Arch. du Nord; Chambre des comptes.

Écu à la croix cantonnée de vingt besants? disposés en quatre sautoirs et à la bordure, suspendu à un arbre, dans une rose.

.. .ris fc......

(Segel Joris Scattins?)

Voyez le n° 3836.

VIIe SÉRIE. — VILLES.

———

VILLES, COMMUNES, ÉCHEVINAGES, MAIRIES, ETC.

———

3838 LA (ÉCHEVINAGE D'),

à Lœuw-Saint-Pierre. — 1406.

Sceau rond, de 51 mill. — Arch. du Nord; chartes flamandes.

Écu au sautoir cantonné d'une croix en pointe.

✽ S' · SCABINORVM · DE · LEWIS · DNĪ · DE · AA

(Sigillum scabinorum de Lewis, domini de Aa.)

Acquisition par le chapitre de Cambrai de terres et bruyères à Lœuw-Saint-Pierre. — 31 mai 1406.

———

3839 ABBEVILLE.

Sceau aux causes. — 1409.

Sceau rond, de 55 mill. — Arch. du Nord; Chambre des comptes.

Type équestre dans une rose gothique; le bouclier et la housse portant trois bandes à la bordure qui est de Ponthieu, sous un chef de France; dans le champ, deux fleurs de lys.

SIGILLVM : CO.MVNIE : ABBATIS..... AD : CAVS..

(Sigillum communie Abbatisville ad causas.)

Contre-sceau : Écu aux armes de la face, dans une rose.

✽ SIGILLV̄ SECRETI VILLE ABBATISVILLE

(Sigillum secreti ville Abbatisville.)

Publication d'un traité de libre navigation entre les ports d'Abbeville et de Winchelsey. — 15 avril 1409.

———

3840 AIX-LA-CHAPELLE.

Sceau aux causes. — 1421.

Sceau rond, d'environ 72 mill. — Arch. du Nord; Chambre des comptes.

La Vierge, avec l'enfant Jésus, assise sur un trône à degrés, et à ses pieds Charlemagne à genoux lui présentant la cathédrale d'Aix-la-Chapelle; derrière l'Empereur, un chêne. — Légende détruite.

Le duc de Bourgogne rembourse à des bourgeois d'Aix-la-Chapelle 2,300 florins qu'ils avaient prêtés à Jean Gobelet, son monnayeur à Faulquemont. — 7 juin 1402.

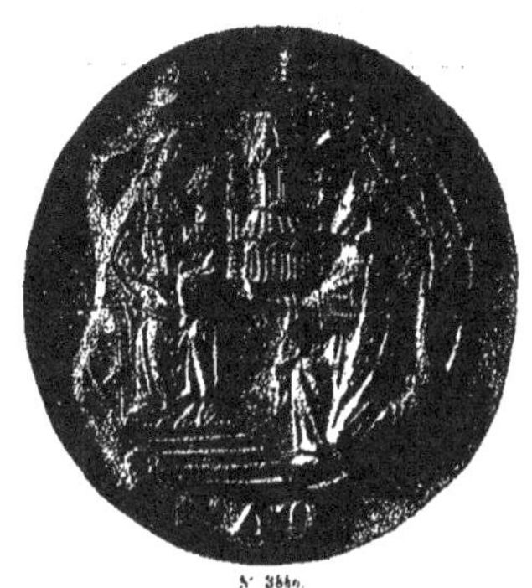

N° 3840.

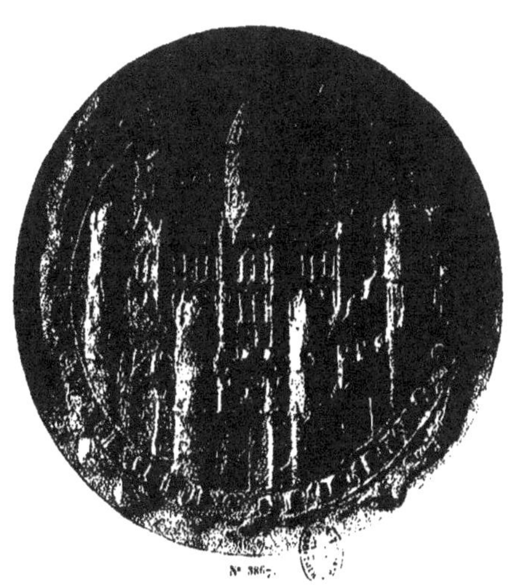

N° 3867.

N° 3840. Aix-la-Chapelle.   N° 3867. Bayonne.

3841 ALOST.

1293.

Sceau rond, de 65 mill. — Arch. du Nord; Chambre des comptes.

Homme d'armes debout, vêtu d'un haubert et d'une cotte, coiffé d'un chapeau de fer, la main gauche à son épée et tenant de la droite une bannière à l'épée en pal. Dans le champ, trois annelets? rangés en trèfle et répétés quatre fois.

SIGILLVM : SCABINORVM : ET : BVRGENSIVM : DE : ALOST

(Sigillum scabinorum et burgensium de Alost.)

Contre-sceau : Écu à l'épée en bande.

✶ **CLAVIS : SIGILLI : DE : ALOST**

(Clavis sigilli de Alost.)

Promesse de rembourser au comte de Flandre 960ll qu'il a emprun-tées pour la ville d'Alost aux Crespin d'Arras. — 21 novembre 1293.

3842 ALOST.

Sceau aux causes. — 1407.

Sceau rond, de 52 mill. — Arch. du Nord; Chambre des comptes.

Homme d'armes debout, la main gauche à son épée, et tenant de la droite une bannière à l'épée en pal, ac-compagné à sénestre d'un écu au lion; champ festonné. — Légende détruite.

Publication de trêves marchandes entre la France et l'Angleterre. — 16 mai 1407.

3843 ALSEMBERG (ÉCHEVINAGE D').

1404.

Sceau rond, de 44 mill. — Arch. du Nord; chartes flamandes.

Un château flanqué de deux tours.

S' SCABINORVM DE ALSE.BERGHE

(Sigillum scabinorum de Alsenberghe.)

Acquisition d'une maison à Huyssinghem. — 17 octobre 1404.

3844 AMSTERDAM.

1357.

Sceau rond, de 54 mill. — Arch. du Nord; Chambre des comptes.

Un vaisseau portant suspendu à sa hune un écu au lion.

...PIDI · DE · AMESTELREDAMM

(Sigillum oppidi de Amestelredamm.)

Voyez le n° 604.

3845 ANCRE.

1277.

Sceau rond, de 65 mill. — Arch. du Nord; Chambre des comptes.

Type équestre; l'épée large et courte à quillons re-courbés, le bouclier portant un burelé.

✶ **SIGILL INCRENSIS 9MVNIE**

(Sigillum Incrensis communie.)

Contre-sceau : Écu burelé.

✶ **SECRETVM INCRENSSIS**

(Secretum Incrensis.)

Caution fournie à Béatrix, dame de Courtrai, pour 1,400ll prêtées par elle au comte de Saint-Pol. — Avril 1277.

3846 ANGERS.

1482.

Sceau rond, de 48 mill. — Arch. du Nord; Chambre des comptes.

Écu au chef chargé de deux fleurs de lys à la clef bro-chant sur le tout, dans un quadrilobe.

seel de la .....et de lescheuinage dangiers

(Seel de la ..... et de l'eschevinage d'Angiers.)

Contre-sceau : Écu aux armes de la face.

Coutreseel de la mairie dangiers

(Contreseel de la mairie d'Angiers.)

Ratification du traité d'Arras. — 30 décembre 1482.

3847 ANVERS.

Sceau aux causes. — 1468.

Sceau rond, de 61 mill. — Arch. du Nord; chartes flamandes.

Une porte de ville surmontée d'une tour crénelée cou-ronnée de deux tourelles en poivrière et de trois ban-nières : celle du milieu portant un château et les deux autres portant chacune une main. Sur le second plan, une enceinte soutenue par des tours. Dans le champ : à dextre, un écu à l'aigle éployée surmonté d'une ban-nière portant une main; à sénestre, un écu au lion écar-telé d'un lion à la queue fourchée passée en sautoir, sur-monté d'une bannière portant aussi une main.

✶ **SIGILL......DI · ANTWERPIENSIS · AD · CAVSAS**

(Sigillum oppidi? Antwerpiensis ad causas.)

Fondation d'un obit. — 27 avril 1468.

3848 ANVERS.

Sceau aux lettres. — XIIIe siècle.

Sceau rond, de 33 mill. — Collection de M. Preux à Douai.

Une tour terminée en un dôme accosté de deux mains, devant une enceinte fortifiée soutenue par deux tourelles, le dessus de la porte sculpté aux armes. Dans le champ : à dextre, un écu au lion écartelé d'un lion à queue fourchée passée en sautoir; à sénestre, un écu à l'aigle éployée.

SIGILL · CIVIT · ANTVERPIENSIS · AD ·
EPISTOLAS ·

Matrice originale.

3849   ARDRES.

Sceau aux causes. — 1407.

Sceau rond, de 40 mill. — Arch. du Nord; Chambre des comptes.

Une aigle éployée. — Légende détruite.

Publication de trèves marchandes entre la Flandre et l'Angleterre. — 4 mai 1407.

3850   ARMENTIÈRES.

Sceau aux causes. — 1414, 1539.

Sceau rond, de 72 mill. — Arch. du Nord; Chambre des comptes.

Une fleur de lys accompagnée de deux écus burelés au lion brochant et brisés d'un lambel en chef, et d'un croissant et d'une étoile en pointe; sur champ fretté.

S' DE LE VILLE DARMENTIERES

(Seel de le ville d'Armentières.)

1ᵉʳ Contre-sceau : Une fleur de lys accompagnée d'une étoile et d'un croissant en chef, et d'un croissant et d'une étoile en pointe.

✠ CONTRA SIGILLVM

(Contra sigillum.)

Lettres d'accord du duc de Bourgogne au sujet des droits de justice à Armentières. — 6 juin 1414.

2ᵉ Contre-sceau : Type semblable au précédent, mais plus petit.

✠ CONTRA SIGILLVM

(Contra sigillum.)

Transport de gages au profit d'Alexis Fascon, archer de corps de l'Empereur. — 7 août 1539.

3851   ARRAS
(SOUS LE NOM DE FRANCHISE).

1489.

Sceau rond, de 61 mill. — Arch. du Nord; Chambre des comptes.

Personnage debout, décollé, nimbé, tenant sa tête dans ses deux mains, sur champ semé de France.

**.. Grant : Seel : des maire et escheuins de . . . . .
cite de Franchi . .**

(Le grant seel des maire et escherins de la ville et cité de Franchise.)

Contre-sceau : La lettre R entre deux B couronnées, sur champ semé de France.

Le seel aux causes des maire et escheuins de Franchise

(Le seel aux causes des maire et eschevins de Franchise.)

Ratification du traité d'Arras. — 13 janvier 1489.

3852   ARRAS (LA CITÉ D').

xv* siècle.

Petit sceau rond, de 18 mill. — Collection de M. Preux à Douai.

La Vierge debout, avec l'enfant Jésus; près de sa tête, à dextre, un rat.

CITE

(Cité.)

Matrice originale.

3853   ARRAS.

1754.

Cachet rond, de 21 mill. — Arch. communales de Valenciennes.

Une fleur de lys accompagnée de deux rats en chef et de deux roses en pointe.

ARRAS

Remboursement de rente aux trinitaires d'Arras. — 14 juin 1754.

3854   ATH.

1428.

Sceau rond, de 65 mill. — Arch. du Nord; Chambre des comptes.

Écu à l'aigle éployée chargée en cœur d'un écusson au lion passant, soutenu par une croix épiscopale perronnée, supporté par deux lions.

. . . . . fis . . patria hannou . .

(. . . . . Athensis in patria Hannonie?)

Ratification du traité par lequel la comtesse Jacque de Bavière céda à Philippe le Bon les comtés de Hainaut et de Hollande et lui en remet toutes les forteresses. — Mons, 15 septembre 1428.

3855   ATH.

1621.

Sceau rond, de 35 mill. — Arch. du Nord; Chambre des comptes.

Type semblable au précédent, avec cette différence que l'écusson en cœur porte un lion rampant.

seel : de : lescheuinaige : de : la : ville : dath

(Seel de l'eschevinaige de la ville d'Ath.)

Acquisition d'un héritage à Ath. — 5 juin 1621.

3856   ATTICHES (ÉCHEVINAGE D').

xvi* siècle.

Sceau rond, de 30 mill. — Collection de M. Preux à Douai.

Écu à la bande.

S : ECHҲL : DE : LҲ : VILLE : DE : ҲTTICHE :

(Seel échevinal de la ville de Attiche.)

Cire originale détachée.

3857   **AUDENARDE.**

1339.

Sceau rond, de 72 mill. — Arch. du Nord; Chambre des comptes.

Écu fascé de six pièces au lion brochant, suspendu à une branche fleurie, accompagné, dans le champ en haut, de deux petits lions affrontés passant, et, plus bas, de deux dragons.

**S'. SCABINOR' · ET · BVRGENS'
ALDENARDENSIVM**

(Sigillum scabinorum et burgensium Aldenardensium.)

Contre-sceau : Un cep de vigne chargé d'un raisin.

✸ CLAVIS : SIGILLI : DE : ALDENARDO :

(Clavis sigilli de Aldenardo.)

Voyez le n° 484.

3858   **AUDENARDE.**

1494.

Sceau rond, de 40 mill. — Arch. du Nord; chartes flamandes.

Réduction du type précédent.

S' SCABINOR' ET BVRGEN.....

(Sigillum scabinorum et burgensium Aldenardensium.)

Lettres de garantie fournies au couvent de Walincourt pour l'acquisition des dîmes d'Oycke. — 4 octobre 1494.

3859   **AVESNELLES-SAINT-DENIS**

(ÉCHEVINAGE D'),

1688.

Sceau rond, de 32 mill. — Arch. du Nord; abbaye de Liessies.

Écu écartelé au 1 et 4 de trois fasces, au 2 et 3 d'une croix cantonnée à l'écusson en cœur, à un écusson illisible sur le tout, timbré d'une couronne.

SEL · ECHEVINAL · DAVENEL · 1679?

Acquisition au profit de la pitance de l'abbaye de Liessies. — Avesnes, 10 mai 1688.

3860   **AVESNES.**

1407.

Sceau rond, d'environ 80 mill. — Arch. du Nord; Chambre des comptes.

Type équestre; le mayeur tête nue, en costume civil, tenant un bâton.

✸ SIG.....GSNIS

(Sigillum ..... de Avesnis.)

Contre-sceau : Écu à trois bandes.

✸ CONTRA SIGILLE

(Contra sigillum.)

Voyez le n° 425.

3861   **AVESNES.**

XVIᵉ siècle.

Sceau rond, de 68 mill. — Collection de M. Preux à Douai.

Type équestre; le mayeur en costume civil, coiffé d'un chapel, tenant un bâton; au-dessus de sa tête, un écu bandé de six pièces.

Sigillum maioris et iuratorum de advesnis

(Sigillum majoris et juratorum de Advesnis.)

Épreuve communiquée.

3862   **AXEL.**

Sceau aux causes. — 1407.

Sceau rond, de 34 mill. — Arch. du Nord; Chambre des comptes.

Deux clefs en pal unies par un chevron, accompagnées de deux coquilles.

✸ SECRET' SCABINOR' DE AXELE

(Secretum scabinorum de Axele.)

Publication de trèves marchandes entre la Flandre et l'Angleterre. — 12 mai 1407.

3863   **BAILLEUL.**

1384.

Sceau rond, de 32 mill. — Arch. du Nord; Chambre des comptes.

Écu à la croix de vair, timbré d'un lion, supporté par deux lions, dans un encadrement à six lobes.

S' AVOCATI SCABINORVM VILLE.....

(Sigillum avocati scabinorum ville .....)

Soumission de la ville de Bailleul. — 5 mai 1384.

3864   **BAVAY.**

1407.

Sceau rond, de 37 mill. — Arch. du Nord; Chambre des comptes.

Écu au lion portant sur l'épaule un écusson effacé, dans un trilobe.

SEIEL ·.· DE : LE : VILE : DE : BAVAI

(Seiel de le vile de Bavai.)

Voyez le n° 425.

3865   **BAVAY.**

1608.

Sceau rond, de 35 mill. — Hôtellerie de Valenciennes.

Écu au lion portant sur l'épaule un écusson à l'aigle éployée?

.....HEVINAL · DE · LA · VILLE · DE .

(Seel échevinal de la ville de Bavay.)

Donation d'une rente. — 14 juillet 1608.

3866 BAVELINGHEN (ÉCHEVINAGE DE).

xviii* siècle.

Cachet ovale, de 32 mill. — Communiqué par M. Colson à Noyon.

Écu portant une tour, timbré d'un heaume, dans un cartouche.

JUSTICE DE LA BARONIE DE BAVELINGHEN

Matrice originale.

3867 BAYONNE.

1351.

Sceau rond, à oreillettes, de 94 mill. — Arch. du Nord;
Chambre des comptes.

Une porte de ville, devant une enceinte fortifiée enfermant l'église cathédrale de Notre-Dame; dans le champ,
SÕA MRIA (Sancta Maria).

SIGILLUM COMUNIE CIUITATIS BAION.....

(Sigillum comunie civitatis Baionensis.)

REVERS : Un léopard couronné, devant trois chênes.

..REDICTUS QVI UERIT IN ROMINE
DOMINI

(Benedictus qui venit in nomine Domini.)

Trèves de trois ans consenties avec les villes de Bruges, de Gand, d'Ypres, de l'Écluse, etc. — Bayonne, 7 décembre 1351.

3868 BAZAS.

xiii* siècle.

Sceau ovale, de 35 mill. — Collection de M. Preux à Douai.

Écu portant la décollation de saint Jean-Baptiste devant sa prison.

SIGILLVM · CIVITATIS · BASATI ·

Matrice originale.

3869 BEAUMONT.

xii* siècle.

Sceau rond, de 62 mill. — Collection de M. Gentil à Lille.

Sept têtes d'homme posées 2, 3, 2, sur trois rangées verticales, celles de la rangée du milieu vues de face, les autres de profil.

✸ SIGILLVM · MAIORIS · ET · IVRATORVM....

(Sigillum majoris et juratorum'.....)

CONTRE-SCEAU : Un buste de face, accosté de deux étoiles.

✸ SECRETVM MAIORIS DE BELMONT

(Secretum majoris de Belmont.)

Cire originale détachée.

3870 BEAUMONT.

1457.

Sceau rond, de 60 mill. — Arch. du Nord; Chambre des comptes.

Une porte de ville, devant une enceinte fortifiée enfermant un groupe de monuments.

✸ S. CASTRI BEL...ONTENSIS

(Sigillum castri Bellimontensis.)

Voyez le n° 425.

3871 BEERSEL-LEZ-BRUXELLES

(ÉCHEVINAGE DE).

1621.

Sceau rond, de 48 mill. — Arch. du Nord; chartes flamandes.

Écu au lion, écartelé d'une croix engrêlée, suspendu à un chêne, dans un quadrilobe.

s · ſcab.....in · rode · in · doirpe · in ·
berſele · in · linkenbeke.....

(Sigillum scabinorum ..... in Rode, in Doirpe, in Bersele,
in Linkenbeke ....)

Déclaration des biens du chapitre de Cambrai à Beersel. — 4 novembre 1621.

3872 BERGUES.

1309.

Sceau rond, de 62 mill. — Arch. du Nord; Chambre des comptes.

Saint Pierre assis, nimbé, tenant de la main droite un fleuron, et de la gauche deux clefs avec un livre ouvert où on lit S PETRVS (Sanctus Petrus).

SIGILLVM · BVRGENSIVM · DE · BERGIS

(Sigillum burgensium de Bergis.)

CONTRE-SCEAU : Une fleur de lys.

SECRETV · SCABINOM · DE · B'GIS

(Secretum scabinorum de Bergis.)

Lettres de garantie au sujet d'un emprunt dont le comte de Flandre s'était rendu caution. — 24 octobre 1309.

3873 BERLINGEN.

1431.

Sceau rond, de 27 mill. — Arch. du Nord; Chambre des comptes.

Un ours passant, devant un arbre. — Il ne reste de la légende que ſigillum.... (Sigillum).

Voyez le n° 985.

3874 BÉTHUNE.

1170.

Sceau rond, de 45 mill. — Arch. du Nord; abbaye de Loos.

Écu à cinq bandes ou cinq jumelles en bande.

...ILLVM : SCABINORVM : DE : BETVNIA

(Sigillum scabinorum de Betunia.)

Contre-sceau : Intaille représentant un dragon.

✳ S. SCABINIS · DE · BETVHP

(Secretum scabinis de Betunia.)

Exemption de taille accordée à l'abbaye de Loos à Béthune. — Octobre 1470.

3875   BIARITZ.

1361.

Sceau rond, à oreillettes, de 60 mill. — Arch. du Nord;
Chambre des comptes.

Une pêche à la baleine.

✳ SIGILLVM : CONSILII : DE : BEIARRIZ :

(Sigillum consilii de Beiarriz.)

Revers : Saint Martin partageant son manteau.

✳ SIGILLVM : CONSILII : DE : BEIARRIZ :

(Sigillum consilii de Beiarriz.)

Voyez le n° 3867.

3876   BIERGHES (L'ALLEU DE).

1497.

Sceau rond, de 36 mill. — Arch. du Nord; évêché et chapitre de Cambrai.

Saint Martin partageant son manteau, sur champ semé d'étoiles.

✳ S' · VILICI · ET · SCABINOR · DE · BIERCH

(Sigillum villici et scabinorum de Bierch.)

Record de la cession d'un cens. — 29 août 1497.

3877   BIERVLIET.

Sceau aux causes. — 1407.

Sceau rond, de 33 mill. — Arch. du Nord; Chambre des comptes.

Écu écartelé portant à chaque quartier cinq tourteaux ou cinq besants rangés en sautoir, parti d'un lion, timbré d'une aigle.

SIGIL ..... DE BIERVLIET

(Sigillum ..... de Biervliet.)

Publication de trêves marchandes entre la Flandre et l'Angleterre. — 11 mai 1407.

3878   BILSEN.

1431.

Sceau rond, de 43 mill. — Arch. du Nord; Chambre des comptes.

Écu portant un cavalier, coupé d'un arbre, parti d'un fascé de dix pièces, dans une rose.

✳ SIG ..... SCV LIBER ..... NSIS?

Voyez le n° 985.

3879   BINCHE.

1300.

Sceau rond, de 55 mill. — Arch. du Nord; Chambre des comptes.

Une porte de ville, crénelée, ouverte.

✳ SIGILL · BVRGI · BINCII · IN · ḰANOIA

(Sigillum burgi Bincii in Hanonia.)

Contre-sceau : Un étendard au lion accompagné à sénestre d'une porte de ville ou d'un château. — Sans légende.

Voyez le n° 203.

3880   BINCHE.

1407.

Sceau rond, de 57 mill. — Arch. du Nord; Chambre des comptes.

Une enceinte fortifiée, soutenue par quatre tours, enfermant une église surmontée d'une cigogne; à dextre, un écu aux quatre lions de Hainaut; à sénestre, l'écu au lion de Binche; champ festonné.

✳ SIGILL .. VRGI : BINCHII .. ḰANONIA

(Sigillum burgi Binchii in Hanonia.)

Contre-sceau : Un étendard au lion accompagné à sénestre d'un château.

✳ : S' : SECRETI : BINCHII

(Sigillum secreti Binchii.)

Voyez le n° 425.

3881   BINCHE.

1448.

Sceau rond, de 46 mill. — Arch. du Nord; évêché et chapitre de Cambrai.

Une porte de ville crénelée et flanquée de deux tours; sur le second plan, une église; dans le champ à droite, un étendard au lion de Binche. — Légende détruite.

Réparation de l'église de Binche. — 1er avril 1448.

3882   BISSCHOPHOEF EN BRABANT

(MAIRIE DE)

1463.

Sceau rond, de 35 mill. — Arch. du Nord; chartes flamandes.

La Vierge à mi-corps, avec l'enfant Jésus, dans un croissant, au-dessus d'un écu portant trois lions.

S · legis · eccïe · cameracenſis · pro · biſſcophoeven ·

(Sigillum legis ecclesie Cameracensis pro Bisscophoeven.)

Bail de terres, bois et marais sis à Hoothem et à Loo. — 9 janvier 1463.

3883   BODEGHEM-SAINT-MARTIN

(ÉCHEVINAGE DE).

1561.

Sceau rond, de 44 mill. — Arch. du Nord; chartes flamandes.

Saint Martin partageant son manteau.

✠ SIGILL · SCHABI....M · DE · BODENGHEM

(Sigillum schabinorum de Bodenghom.)

Acquisition du manoir de Droegenbroeck. — 7 décembre 1561.

3884   BOIS-LE-DUC.

1339.

Sceau rond, de 75 mill. — Arch. du Nord; Chambre des comptes.

Un arbre accosté de deux autres arbres plus petits.

✠ SIGILLVM ....ƏRSIVM · D.....VSCꞭO ·

(Sigillum burgensium de ..... Buscho.)

CONTRE-SCEAU : Écu au lion, dans une rose.

✠ COꞤƏRA · S' · OPIDI · DƏ · BVSCꞭO

(Contra sigillum opidi de Buscho.)

Voyez le n° 484.

3885   BOUCHAIN.

Sceau aux causes. — XVIe siècle.

Sceau rond, de 65 mill. — Collection de M. Preux à Douai.

Un château flanqué de tourelles.

:· SEEL : AVX : CAVSES : DE : LA : FRANCHE :
VILLE : DE : BOVCHAIN :·

Épreuve de matrice.

3886   BOULOGNE-SUR-MER.

Sceau aux causes. — 1407.

Sceau rond, de 67 mill. — Arch. du Nord; Chambre des comptes.

Un chevalier au pennon et au bouclier chargés d'une croix, avec son cheval de bataille, dans un vaisseau voguant sur la mer et remorqué par un cygne; à dextre, le soleil et la lune; à sénestre, une main céleste bénissant; champ festonné.

.....IS : BOꞝOꞤIƏ : ꞨD : CꞞVSꞨS

(..... Bolonie ad causas.)

CONTRE-SCEAU : Écu portant un cygne, dans un quadrilobe orné.

✠ SIGIꞝꞝVꞟ .....BOꞝOꞤIƏ

(Sigillum secreti? Bolonie.)

Publication de trèves marchandes entre la Flandre et l'Angleterre. — 10 mai 1407

3887   BOULOGNE-SUR-MER.

Sceau dit le sceau Martin. — 1482.

Sceau rond, de 68 mill. — Arch. du Nord; Chambre des comptes.

Le mayeur à cheval, en costume civil, galopant, sur champ fretté et festonné.

.....IS : et : .....IS : boloure

(Sigillum majoris et communitatis Bolonie?)

CONTRE-SCEAU : Une fleur à six pétales.

✠ nobiſcum deus

(Nobiscum Deus.)

Ratification du traité d'Arras. — 4 janvier 1482.

3888   BOURBOURG.

1651.

Contre-sceau rond, de 36 mill. — Arch. du Nord; Chambre des comptes.

Écu portant trois tierces sous un chef chargé d'un lion, soutenu par un ange.

✠ ſecretũ ſcabinoꝝ....

(Sigillum secretum scabinorum .....)

Délibération sur l'emplacement à accorder à l'abbesse de l'abbaye lez Bourbourg, qui désirait transporter son abbaye dans la ville. — 20 septembre 1651.

3889   BOURBOURG.

1670.

Sceau rond, de 54 mill. — Arch. communales de Bourbourg.

Écu portant trois fasces sous un chef chargé d'un lion passant, parti d'une croix ancrée coupée d'une merlette coupée elle-même d'une croix, soutenu par un saint Jean-Baptiste, embrassé par deux palmes en sautoir.

SIGILLVM · VRBIS · ET · TERITORY · BROVCK ·
BOVRGANI ·

CONTRE-SCEAU : Écu aux armes de la face.

SIGILLVM · AD · CAVSAS · VRBIS · ET ·
TERITORY ·

Titre d'une rente due par la ville à l'hôpital Saint-Nicolas. — 11 décembre 1670.

3890   BOUVIGNES.

1561.

Sceau rond, de 56 mill. — Arch. du Nord; Chambre des comptes.

Écu au lion couronné, dans une rose.

✠ ſigillum : ſcabinorum : et : iuratorum :
bovig.....

(Sigillum scabinorum et juratorum Bovignensium.)

Voyez le n° 732.

3891   **BREST.**

1764.

Cachet ovale, de 24 mill. — Arch. communales de Valenciennes.

Écu de France, parti d'hermines.

SCEAV DE LA VILLE DE BREST

Passe-port. — 8 février 1764.

3892   **BRIÉLE? (ÉCHEVINAGE DU),**

À GAND.

1231.

Sceau rond, de 71 mill. — Arch. du Nord; Chambre des comptes.

Une fleur de lys de fantaisie, fleuronnée.

✸ S': SCABINOꝛ : DE : BRELO : CASTELLANI : GAND'

(Sigillum scabinorum de Brelo castellani Gandensis.)

Vente des manoirs de *Wal*, de *Vorhof* et de la terre de *Bongardant*, faite à Alexandre de Gand par Hugues, châtelain de Gand. — 25 juin 1231.

3893   **BRUGES.**

Sceau aux contrats. — 1407.

Sceau rond, de 87 mill. — Arch. du Nord; Chambre des comptes.

Écu fascé de huit pièces au lion couronné brochant, supporté par deux mains, accompagné de trois lions, sur champ festonné.

✸ SIGILLVM : SCABINOR : ẜ : BVRGENSIVM : VILLE : DE : BRVGIS : AD : CÔTRACTV.

(Sigillum scabinorum et burgensium ville de Brugis ad contractus.)

CONTRE-SCEAU : Écu aux armes de la face.

✸ CONTRA · S' · VILLE · DE · BRVGIS · AD · CONTRACTVS

(Contra sigillum ville de Brugis ad contractus.)

La ville de Bruges offre au comte de Flandre la septième partie de son revenu en remplacement de l'impôt annuel dont il l'avait frappée. — 24 mai 1407.

3894   **BRUGES.**

Sceau aux causes. — 1407.

Sceau rond, de 75 mill. — Arch. du Nord; Chambre des comptes.

Écu fascé de huit pièces au lion couronné brochant, soutenu par un ange, posé en pointe sur un homme nu terrassé, supporté par deux lions.

✸ Sigillum : scabinorum : ẜ : burgensium : ville : brug....s : ad : caufas

(Sigillum scabinorum et burgensium ville Brugensis ad causas.)

CONTRE-SCEAU : Écu aux armes de la face, soutenu par un ange.

✸ s : secreti : scabinorum : ville : brugensis :

(Sigillum secreti scabinorum ville Brugensis.)

Vidimus d'un acte par lequel l'empereur Sigismond reconnaît devoir à Jean, duc de Bavière, 22,000 florins du Rhin. — 26 août 1427.

3895   **BRUXELLES.**

1339.

Sceau rond, de 76 mill. — Arch. du Nord; Chambre des comptes.

Saint Michel debout, nimbé, tenant un sceptre fleuronné à la main droite et portant dans la gauche un monde. — Légende détruite; dans le champ, S' MICHA-HEL (Sanctus Michahel).

Voyez le n° 484.

3896   **BRUXELLES.**

Sceau aux causes. — 1471.

Sceau rond, de 58 mill. — Arch. du Nord; chartes flamandes.

Saint Michel terrassant le dragon, portant de la main gauche un écu au lion écartelé d'un lion à queue fourchée passée en sautoir, dans un quadrilobe.

. . . . . um · opidi · br . . . llensis · ad · caufas ·

(Sigillum opidi Bruxellensis ad causas.)

Vidimus d'une cession de terres à Ruysbroeck. — 13 septembre 1471.

3897   **CAMBRAI.**

1185.

Sceau rond, de 69 mill. — Arch. du Nord; abbaye de Saint-Aubert.

Une ville dans une enceinte murée et flanquée de tours.

✸ SIGILLVM CAMERA.. ..VITATIS

(Sigillum Camerace civitatis.)

Accord entre Roger, évêque de Cambrai, et la ville. — 1185.

3898   **CAMBRAI.**

1107.

Sceau rond, de 70 mill. — Arch. du Nord; évêché et chapitre de Cambrai.

Une ville dans une enceinte murée et flanquée de tours.

✸ SIGILLVM · CAM..AC. CIVITATIS

(Sigillum Camerace civitatis.)

CONTRE-SCEAU : Une aigle éployée.

✸ CLAVIS CAMERACE CIVITATIS

(Clavis Camerace civitatis.)

Loi de commune donnée par Godefroi, évêque de Cambrai. — Novembre 1227.

3899   CAMBRAI.

Sceau aux causes. — 1389.

Sceau rond, de 42 mill. — Arch. du Nord; évéché et chapitre de Cambrai.

Une aigle éployée, couronnée, tenant dans ses serres un écu chargé de trois lions et accompagné de flammes.

S⁝ SCABINAT⁝ CIUITATIS CAMERACEN AD CAUS⁝

(Sigillum scabinatus civitatis Cameracensis ad causas.)

Bail à rente. — 2 janvier 1389.

3900   CAMBRON (ÉCHEVINAGE DE).

1609.

Sceau rond, de 48 mill. — Arch. du Nord; abbaye d'Anchin.

Personnage debout, prêchant, tenant un monde crucifère. A dextre, un écu fretté, écartelé d'une fasce accompagnée d'une merlette en chef, à l'écusson sur le tout, timbré d'une crosse; à sénestre, un écu semé de fleurs de lys au cerf marchant, qui est Anchin, timbré d'une crosse.

seel : du : ferme : de : la : seigneurie : dauchin : a : cambron

(Seel du ferme de la seigneurie d'Anchin à Cambron.)

Dénombrement de la seigneurie de Cambron. — 23 février 1609.

3901   CASSEL.

1378.

Sceau rond, de 74 mill. — Arch. du Nord; Chambre des comptes.

Une porte de ville à deux étages crénelés, flanquée de deux tourelles, sur champ de rinceaux.

✠ SIGILLVM : SCABINORVM : . . . . . ETENSIS

(Sigillum scabinorum . . . . . Casletensis.)

Établissement de la draperie dans la ville et le métier de Cassel par la comtesse de Bar. — Cassel, 7 septembre 1378.

3902   CASSEL.

Sceau aux causes. — XVIe siècle.

Sceau rond, de 60 mill. — Musée de Cassel.

Écu au bras mouvant de sénestre tenant deux clefs, supporté par un lion et un lévrier, timbré d'un lévrier.

SIGILLVM · CIVITATIS · CASSELETENSIS · AD CAVSAS ·

Matrice originale.

3903   CASSEL.

XVIe siècle.

Contre-sceau rond, de 40 mill. — Musée de Cassel.

Écu à l'épée en pal accostée de deux clefs, dans un cartouche.

✠ CONTRASIGIL · CIVIT᷄ ET COMMVNITATIS · CASLETEN

Matrice originale.

3904   CASSEL (AMBACHT DE).

Sceau aux causes. — XVIe siècle.

Sceau rond, de 44 mill. — Musée de Cassel.

Écu à l'orle de onze églises et à l'écusson en abîme chargé d'une épée en pal accostée de deux clefs, dans un cartouche.

✠ SIGILLVM ꞉ AD · CAVSAS ꞉ VNDECIM ꞉ PAROCHIAR ꞉ CASLE

Matrice originale.

3905   CHIÈVRES.

1486.

Sceau rond, de 45 mill. — Hôpital Saint-Sauveur à Lille.

Écu portant trois lions couronnés, les deux du chef adossés, sur champ de palmes festonné.

. . . . . um : ville : fa . . . . . vitat . . . chiru .

(Sigillum ville . . . . . civitatis de Chièrve.)

Contre-sceau : Écu aux armes de la face, dans un trilobe.

seel : de : chierve

(Seel de Chièrve.)

Acquisition d'une dîme à Ascq. — 9 février 1486.

3906   CONDÉ.

1583.

Sceau rond, de 48 mill. — Musée de Valenciennes.

Écu en targe, portant une fasce; dans le champ, 1583.

SEEL · PERPETVEL · DE · LA · VILLE · DE · CONDET ·

Surmoulage.

3907   CONDÉ.

Sceau aux causes. — XVIe siècle.

Sceau rond, de 36 mill. — Musée de Valenciennes.

Écu en targe, portant une fasce.

SEEL · AVX · CAVSES · DE · LA · VILLE · DE · CONDET

Surmoulage.

3908   CONDÉ.

Sceau aux causes. — 1645.

Sceau rond, de 35 mill. — Arch. du Nord; Saint-Jacques-au-Bois.

Écu en targe, portant une fasce, sur champ de feuillages.

SIGILLVM · AD · CAVSAS · VILLE · CONDATENSIS

Reconnaissance d'une rente due par la ville de Condé aux Bénédictines anglaises de Cambrai. — 8 juillet 1645.

3909   CONDÉ.
1669.

Sceau rond, de 36 mill. — Arch. communales de Valenciennes.

Écu en targe, portant une fasce; dans le champ, une date effacée. — Légende fruste.

Acquittement de droits de relief. — 18 février 1669.

3910   COURRIÈRES (ÉCHEVINAGE DE).
xviii° siècle.

Cachet ovale, de 30 mill. — Collection de M. Preux à Douai.

Écu chargé d'un écusson à l'aigle, timbré d'une couronne, accosté de deux hommes sauvages tenant chacun une bannière.

SCEL DE LA BARONNIE DE COURRIERE

Matrice originale.

3911   COURTRAI.
1368.

Sceau rond, de 77 mill. — Arch. du Nord; Chambre des comptes.

Saint Martin partageant son manteau, sur champ fretté.

S' PREPOSITORV. ...HBIR.... CVRTRHCGNSI..

(Sigillum prepositorum et scabinorum Curtracensium.)

1ᵉʳ Contre-sceau : Écu portant un chevron à la bordure engrêlée, supporté par deux hommes sauvages, dans un quadrilobe.

✳ SIGILLUM · VILLE · CVRTRHCGNSIS · HD CHVSHS

(Sigillum ville Curtracensis ad causas.)

2ᵉ Contre-sceau : Écu aux armes du 1ᵉʳ, dans un trilobe.

SIGILLV · VILLE · COVRTRHCGNS' · HD · CHVSHS

(Sigillum ville Courtracensis ad causas.)

Ordonnance du comte de Flandre au sujet d'un débat entre la ville de Courtrai et le prieur de l'hôpital Notre-Dame. — Courtrai, 25 octobre 1368.

3912   COUVIN.
1431.

Sceau rond, de 46 mill. — Arch. du Nord; Chambre des comptes.

Une porte de ville accostée de deux croix recroisetées au pied fiché, dans une rose.

86......VIRC

(Secretum ..... de Couvin.)

Voyez le n° 985.

3913   CROTOY (LE).
Sceau aux causes. — 1407.

Sceau rond, de 44 mill. — Arch. du Nord; Chambre des comptes.

Personnage debout, vu de face, en costume civil, armé d'une épée, sous une arcade gothique appuyée sur deux lions.

S' · MHIORI. ...BIRORV .. M.....TOI HD CHS

(Sigillum majoris et scabinorum de ..... Crotoi ad causas.)

Contre-sceau : Écu portant trois bandes à la bordure, dans une rose.

✳ CONTRH SIGILLV DE CROTOI

(Contra sigillum de Crotoi.)

Publication de trèves marchandes entre la Flandre et l'Angleterre. — 15 mai 1407.

3914   DAMME.
1382.

Sceau rond, de 36 mill. — Arch. du Nord; Chambre des comptes.

Un chien sur un monticule, sur champ festonné.

✳ : SIGILE : COMVNITATIS : VILLE : DE : DAM

(Sigillum comunitatis ville de Dam.)

Soumission des villes rebelles; Damme, Ghistelles, Monikerrede, la Mue, Oostburg, Oudenburg, remettent leurs franchises et leurs priviléges entre les mains du comte de Flandre. — 23 décembre 1382.

3915   DAMME.
Sceau aux causes. — 1407.

Sceau rond, de 84 mill. — Arch. du Nord; Chambre des comptes.

Écu à la fasce chargée d'un chien et accompagnée de trois fleurs de lys en chef, supporté par deux personnages, dans un vaisseau voguant, sur champ de fleurs. — Légende détruite.

Contre-sceau : Un chien sur un terrain ondé, accompagné d'une fleur de lys en chef, sur champ festonné.

SIGILLVM VILLE DE DAM HD CHVSHS

(Sigillum ville de Dam ad causas.)

Publication de trèves marchandes entre la Flandre et l'Angleterre. — 9 mai 1407.

3916   DELFT.
Sceau aux causes. — 1357.

Sceau rond, de 46 mill. — Arch. du Nord; Chambre des comptes.

Un canal creusé dans le champ du sceau et accosté de deux lions affrontés.

✠ S' CO.....PIDANORV DE DEL. AD CAUSAS

(Sigillum co..... opidanorum de Delf ad causas.)

Voyez le n° 604.

3917   DESVRES.

Sceau aux causes. — 1407.

Sceau rond, de 36 mill. — Arch. du Nord; Chambre des comptes.

Écu au gonfanon.

✠ LI SIAVS AS CAVSES DE LE VILE DE DEVREÑ

(Li siaus as causes de le vile de Devrene.)

Publication de trêves marchandes entre la Flandre et l'Angleterre. — 9 mai 1407.

3918   DIMONT.

1534.

Sceau rond, de 34 mill. — Arch. du Nord; collégiale d'Avesnes.

Écu en losange, parti : au 1, d'un écartelé illisible parti d'un contre-écartelé de trois fleurs de lys et d'un plain à l'écusson sur le tout; au 2, d'un bandé de six pièces; timbré d'une couronne. — Légende fruste.

Arrentement d'une terre. — 4 mars 1534.

3919   DINANT.

1451.

Sceau rond, de 73 mill. — Arch. du Nord; Chambre des comptes.

Saint Pierre debout, mitré, crossé, tenant des deux mains un écu au lion couronné naissant, sous une arcade gothique. Dans le champ, sur deux lignes transversales : s pefrus (Sanctus Petrus).

.....fis · ville · dionenfis ·

(Sigillum communitatis ville Dionensis.)

CONTRE-SCEAU : Une porte de ville; au-dessous de la herse, un écu au lion naissant.

✠ non crede sine me

(Non crede sine me.)

Voyez le n° 985.

3920   DOMPIERRE.

1704.

Sceau rond, de 35 mill. — Arch. du Nord; abbaye du Câteau.

Écu au chevron accompagné de trois....., timbré d'une couronne, supporté par deux hommes sauvages. — Légende effacée.

Vente d'une terre à Landrecies. — Dompierre, 5 mars 1704.

3921   DORDRECHT.

1302.

Sceau rond, de 90 mill. — Arch. du Nord; Chambre des comptes.

Dans une enceinte murée et crénelée, un donjon carré et crénelé.

✠ SIGILLVM : OPIDANORVM : IN : DVRDRACHT

(Sigillum opidanorum in Durdrehet.)

CONTRE-SCEAU : Écu au lion.

✠ CLAVIS :·: SECRETI :·: SIGILLI

(Clavis secreti sigilli.)

Voyez le n° 203.

3922   DORDRECHT.

1419.

Sceau rond, de 71 mill. — Arch. du Nord; Chambre des comptes.

Une porte de ville flanquée de deux tours, devant un donjon carré et crénelé défendu par une enceinte fortifiée, sur champ de rinceaux. — Légende détruite.

Voyez le n° 608.

3923   DOUAI.

1207.

Sceau rond, de 63 mill. — Arch. du Nord; chapitre de Saint-Amé.

Le mayeur à cheval, en costume guerrier du douzième siècle, suivi d'échevins à pied, écrasant un dragon.

✠ SIGILLVM DVACENSIS COMMVNIE

(Sigillum Duacensis communie.)

Don d'une rente sur la maison Robert du Moulin près le pont de bois à Douai. — 12 mai 1207.

3924   DOUAI.

Sceau aux causes. — 1381, 1422.

Sceau rond, de 67 mill. — Arch. du Nord; abbaye du Saint-Sépulcre et chapitre de Saint-Amé.

Une porte de ville flanquée de deux tours, accompagnée de trois arbres.

...CABINOR 'OVAC.....AD...ET NON AD 9ERAL...

(Sigillum scabinorum Duacensium ad causas et non ad contrahetus?)

1er CONTRE-SCEAU : Une porte de ville chargée d'un écusson au lion, accostée de deux pièces de monnaie? et surmontée d'une branche.

✠ SECRETVM SCABINORVM DVACENSIVM

(Secretum scabinorum Duacensium.)

Attestation de l'authenticité des sceaux du bailli et des hommes du château de Douai. — 15 janvier 1381.

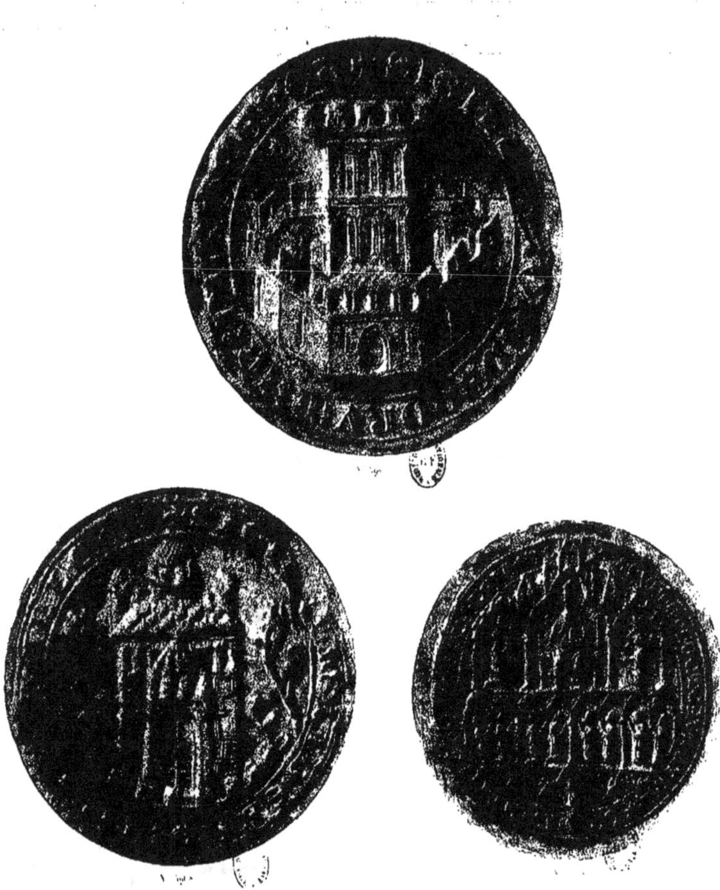

2° Contre-sceau : Une fleur de lys accostée de deux pièces de monnaie?, dans un quadrilobe.

✠ CONTRE · SEEL · AS · COVVENENCES :

(Contre seel as covenences.)

Donation à Jean Pappegay, doyen de Saint-Amé, d'une terre sise près la porte d'Équerchin. — 28 juin 1422.

3925   DOUAI.
1672.

Sceau rond, de 60 mill. — Arch. du Nord ; abbaye de Saint-Aubert.

Sceau équestre ; retour au premier type n° 3923. — Même légende.

Acquisition d'une rente sur la ville de Douai. — 1472.

3926   DOUAI.
Sceau pour les grains. — XVI° siècle.

Sceau rond, de 28 mill. — Arch. communales de Douai.

Une porte de ville flanquée de deux tours.

ↄ · touchant · les · grains

(Douai, touchant les grains.)

Matrice originale.

3927   DOUAI.
1731.

Sceau rond, de 45 mill. — Arch. communales de Douai.

Une porte de ville flanquée de deux tours ; au-dessus de l'huis, un lion.

SIGILLUM URBIS DUACENÆ 1732

Matrice originale.

3928   DOUAI.
1767.

Sceau rond, de 33 mill. — Arch. communales de Douai.

Type semblable au précédent.

SIGILLUM · URBIS · DUACENÆ · 1767

Matrice originale.

3929   DOUAI.
XVII° siècle.

Sceau rond, de 37 mill. — Arch. communales de Douai.

Une porte de ville flanquée de deux tourelles.

SIGILLUM · CIVITATIS · DVACENSIS

Matrice originale, cancellée.

3930   DOUAI.
XVIII° siècle.

Sceau rond, de 27 mill. — Arch. communales de Douai.

Une porte de ville flanquée de deux tours.

SIGILLVM · SECRET · VRBIS · DVACEN.

Matrice originale, cancellée.

3931   DOUAI.
XVIII° siècle.

Sceau rond, de 28 mill. — Arch. communales de Douai.

Une porte de ville flanquée de deux tours.

SIGILLVM · VRBIS · DVACENSIS

Matrice originale, cancellée.

3932   DOUAI.
XVIII° siècle.

Sceau rond, de 29 mill. — Arch. communales de Douai.

Une porte de ville flanquée de deux tours.

SIGILLVM · VRBIS · DVACENSIS

Matrice originale, cancellée.

3933   DOUAI.
XVIII° siècle.

Sceau rond, de 30 mill. — Arch. communales de Douai.

Une porte de ville flanquée de deux tours.

SYGILLUM VRBIS DVACENSIS

Matrice originale, cancellée.

3934   DOUAI.
XVIII° siècle.

Sceau rond, de 28 mill. — Arch. communales de Douai.

Une porte de ville flanquée de deux tours.

SIGILLVM VRBIS DVACENSIS

Matrice originale, cancellée.

3935   DOUAI.
XVIII° siècle.

Sceau ovale, de 17 mill. — Collection de M. Faucheux, à Douai.

Une porte de ville flanquée de deux tours, dans un cartouche. — Sans légende.

Matrice originale.

3936   DOUVRES ET LES CINQ PORTS.
XVII° siècle.

Sceau rond, de 55 mill. — Collection de M. Preux, à Douai.

Une forteresse où flotte le drapeau anglais à dextre, un vaisseau à trois mâts voguant à sénestre.

MAG · SIGIL · CASTR · DOVER · ET · CVRIARVM ·
CANCELL · ET · ADMIR · QVINQ · PORT

Surmoulage.

3937   **DUFFEL (ÉCHEVINAGE DE),**

1436.

Sceau rond, de 32 mill. — Arch. du Nord; chartes flamandes.

Écu portant trois pals au franc canton d'hermines, accosté de deux arbres.

✠ S' · SCABINORVM · DÑI · h · DE · DVFFLE · IH · DVFFLE

(Sigillum scabinorum domini H. de Duffle in Duffle.)

Acquisition d'héritages. — 6 septembre 1436.

3938   **DUNKERQUE.**

Sceau aux causes. — 1333.

Sceau rond, de 42 mill. — Arch. du Nord; Chambre des comptes.

Saint Éloi assis sur un trône à têtes d'animaux, tenant un marteau et un livre, accosté de deux poissons.

✠ S'. SCABINOꝚ DE DVNR'RE AD CAVSAS NON AD ꝰBRACБ9

(Sigillum scabinorum de Dunkerke ad causas non ad contractus.)

Contre-sceau : Écu au lion.

✠ ꝰBRAS' SIGILLI AD CAVSAS

(Contrasigillum sigilli ad causas.)

Fondation de l'obit de Robert de Flandre, seigneur de Cassel. — 17 février 1333.

3939   **DUNKERQUE.**

Sceau aux causes. — 1407.

Sceau rond, de 58 mill. — Arch. du Nord; Chambre des comptes.

Saint Éloi debout, sous une arcade gothique surmontée d'une toiture. A dextre, un écu au lion à la bordure engrêlée; à sénestre, un écu au poisson en bande sous un chef chargé d'un lion; ces deux écus soutenus chacun par un dragon, sur champ festonné.

SIG' · SCABINORVꝘ · VILLE · DE · DVNRERRA · AD · CAVSAS

(Sigillum scabinorum ville de Dunkerka ad causas.)

Contre-sceau : Écu au lion.

CONTRA · SIGILLVꝘ

(Contra sigillum.)

Publication de trêves marchandes entre la Flandre et l'Angleterre. — 6 mai 1407.

3940   **DUNWICH.**

XIIIᵉ siècle.

Sceau en losange, de 78 mill. — Collection de M. Preux à Douai.

Un vaisseau monté par trois personnages, voguant sur une mer où des poissons se jouent; à droite du mât, le soleil, et à sa gauche, la lune.

SIGILL : BVRGI : DE DONEWIX

(Sigillum burgi de Donewix.)

Surmoulage.

3941   **ÉCLUSE (L').**

Sceau aux obligations. — 1399.

Sceau rond, de 78 mill. — Arch. du Nord; Chambre des comptes.

Écu semé de croisettes à deux fasces ondées, supporté par deux lions, surmonté d'un dragon, sur champ festonné.

✠ : SIGILLVM : SCABINORVM : AC : CŌBVRGENSIꝪ : VILLE : DE : SLVSA : AD : CONTRACTVS :

(Sigillum scabinorum ac comburgensium ville de Slusa ad contractus.)

Contre-sceau : Écu aux armes et aux supports de la face.

S' · SECRETVM · SCABINOR' · VILLE · DE · SLVSA

(Sigillum secretum scabinorum ville de Slusa.)

Reconnaissance d'une rente due au comte de Flandre en compensation des terres d'Upscote et de Cleyhem, cédées pour les fortifications de la ville de l'Écluse. — 16 mars 1399.

3942   **ÉCLUSE (L').**

Sceau aux causes. — 1459.

Sceau rond, de 66 mill. — Arch. du Nord; Chambre des comptes.

La Vierge assise devant des flots, couronnée, une fleur de lys à la main droite, tenant l'enfant Jésus, accostée de deux écus à deux fasces ondées, sur champ festonné et orné de rinceaux.

. . . . NON . . . . . TRAC . . .

(. . . . . ad causas non ad contractus.)

Contre-sceau : Écu à deux fasces ondées, sur champ festonné.

✠ CONTRA · S' · SCABINORVM · VILLE · DE · SLVSA · AD · CAVSAS

(Contra sigillum scabinorum ville de Slusa ad causas.)

Ratification d'une ordonnance du duc de Bourgogne au sujet des cervoises étrangères vendues à l'Écluse. — 3 octobre 1459.

3943   **ÉCLUSE (L').**

Sceau aux obligations. — 1451.

Sceau rond, de 78 mill. — Arch. du Nord; Chambre des comptes.

Écu à deux fasces ondées, surmonté d'un dragon, supporté par deux lions, sur champ festonné.

✠ Sigillum · scabinorum · ac · com.....lle ·
de · Clula · ad · contractus

(Sigillum scabinorum ac comburgensium ville de Sluse ad contractus.)

Contre-sceau : Écu aux armes et aux supports de la
face.

✠ contra · sigillum · ville · de · Clula · ad ·
contractus

(Contra sigillum ville de Sluse ad contractus.)

Reconnaissance d'une rente due au duc de Bourgogne. — 19 août
1451.

3944   **ENGHIEN.**

1404.

Sceau rond, de 63 mill. — Arch. du Nord; Chambre des comptes.

Écu gironné d'un semé de croisettes et de ..... de
dix pièces, supporté par deux lions, accompagné de rinceaux.

✠ SIGILLVM SCABI.....

(Sigillum scabinorum ....)

Contre-sceau : Une fleur à cinq pétales, double.

✠ SECRETV SCABINORV

(Secretum scabinorum.)

Vidimus d'une charte par laquelle Robert de Nevers donne en mariage à Yolande, sa fille, une rente sur le tonlieu et les moulins de
Termonde. — 14 février 1404.

3945   **ÉTAPLES.**

Sceau aux causes. — 1409.

Sceau rond, de 44 mill. — Arch. du Nord; Chambre des comptes.

Saint Michel terrassant le dragon, tenant de la main
gauche un écu au gonfanon.

S' MAIO.....AD CAVSAS

(Sigillum majoris .... ad causas.)

Contre-sceau : Écu au gonfanon, coupé de trois coquilles.

✠ SECRETVM CAVSARVM

(Secretum causarum.)

Publication de trêves marchandes entre la Flandre, la France et
l'Angleterre. — 18 février 1409.

3946   **EYKE. AUJOURD'HUI MAESEYCK.**

Sceau aux causes. — 1431.

Sceau rond, de 38 mill. — Arch. du Nord; Chambre des comptes.

Écu à la roue, parti de quatre fasces, surmonté d'une
croix, entre les branches d'un arbre, sur champ festonné.

✠ S' OPIDI.....SIS SVDER.....CAVSAS

(Sigillum opidi .... ad causas.)

Voyez le n° 985.

3947   **FAYTZ (LES).**

1636.

Sceau rond, de 32 mill. — Arch. du Nord; collégiale d'Avesnes.

Écu ovale, à trois fasces, timbré d'une couronne, entouré du collier de la Toison d'or.

.....VILLE FAYT CHATEAV

Acquisition au profit de la chapelle de Saint-Jean à Avesnes. —
23 janvier 1636.

3948   **FOSSES.**

Sceau aux causes. — 1431.

Sceau rond, de 45 mill. — Arch. du Nord· Chambre des comptes.

Écu au lion accompagné en pointe d'un mineur tra-
vaillant de sa pioche.

✠ S' VIL.....ENSIS .....AS

(Sigillum ville Fossensis ad causas.)

Voyez le n° 985.

3949   **FOUENCAMPS (ÉCHEVINAGE DE).**

XV° siècle.

Sceau ogival, de 23 mill. — Communiqué par M. Liégeard à Paris.

Deux clefs en sautoir, flanquées de deux étoiles, accompagnées en chef d'une branche.

FOENCAMPS

(Foencamps.)

Matrice originale.

3950   **FRAMERIES (ÉCHEVINAGE DE).**

1610.

Sceau rond, de 33 mill. — Arch. du Nord: Chambre des comptes

Écu à l'aigle éployée, soutenu par une abbesse crossée.

S' ESCHÃL DE .... DE FRAMERIES

(Seel eschevinal de la ville de Frameries.)

Acquisition d'une rente. — 13 mars 1610.

3951   **FROIDMONT.**

XVIII° siècle.

Cachet ovale, de 39 mill. — Collection de M. Gentil à Lille.

Une Liberté.

MUNICIPALITE DU CANTON DE FROIDMONT

Matrice originale.

3952 FROYENNES.

xviii* siècle.

Cachet ovale, de 20 mill. — Collection de M. Gentil à Lille.

Une Liberté.

MAIRIE DE FROYENNE • ARRᵗ DE TOURNAY . DEPARTᵗ DE JEMMAPPE

Matrice originale.

— — —

3953 FURNES.

Sceau aux causes. — 1407.

Sceau rond, de 50 mill. — Arch. du Nord; Chambre des comptes.

Une fleur de lys de fantaisie, accostée d'un lion et d'une rotte.

✠ SIGILLV.....G EVRNG.....CAVSAS :

(Sigillum ville Furnensis ad causas.)

Contre-sceau : Une fleur de lys comme à la face.

✠ CONTRA • S' • AD • CAVSAS :

(Contra sigillum ad causas.)

Publication de trèves marchandes entre la Flandre et l'Angleterre. — 6 mai 1407.

— — —

3954 GAND.

1276.

Sceau rond, de 91 mill. — Arch. du Nord; Chambre des comptes.

Sous un portique gothique, saint Jean, assis dans l'arcade du milieu, montrant l'Agnus Dei; dans deux arcades latérales, deux anges thuriféraires agenouillés; champ fretté et festonné.

✠ SIGILLVM.....BVRGENSIVM : DG : GAND...

(Sigillum .... burgensium de Gandavo.)

Contre-sceau : Un Agnus Dei, sur champ fretté.

✠ SGCRGTVM : MGVM : MICꝏI :

(Secretum meum michi.)

La ville de Gand reconnaît devoir à Marguerite, comtesse de Flandre, 7,000 livres qu'elle lui a prêtées en son «grant besoing et «néchessité.» — 9 octobre 1276.

— — —

3955 GAND.

Sceau aux causes. — 1408.

Sceau rond, de 89 mill. — Arch. du Nord; Chambre des comptes.

Écu au lion couronné, soutenu par une aigle, supporté par deux dames, dans un quadrilobe.

SIGILLVM .....DGNSIS • AD • CAVSAS

(Sigillum ville Gandensis ad causas.)

Publication de trèves marchandes entre la Flandre et l'Angleterre. — 19 juin 1408.

3956 GAND.

Sceau aux causes. — 1433.

Sceau rond, de 71 mill. — Arch. du Nord; Chambre des comptes.

Écu au lion couronné, soutenu par une dame, supporté par deux aigles, accosté de deux aigles éployées et de deux fleurs de lys.

Sigillum • scabinovum • et • civium • ville • gandensis • ad • caufas •

(Sigillum scabinorum et civium ville Gandensis ad causas.)

Contre-sceau : Écu au lion couronné, soutenu par une dame.

contra • sigillum • scabinorum • gandensi •

(Contra sigillum scabinorum Gandensium.)

Sentence des échevins de Gand annulant, dans un jugement rendu par les échevins du Franc de Lille, ce qui regarde la confiscation, parce que l'accusé est bourgeois de Gand. — 30 novembre 1433.

— — —

3957 GEERTRUIDENBERG OU MONT-SAINTE-GERTRUDE.

1357.

Sceau rond, de 34 mill. — Arch. du Nord; Chambre des comptes.

Dans une niche gothique entre deux rameaux fleuris, sainte Gertrude debout, nimbée, coiffée d'un voile, tenant un bâton fleuronné à la main droite, et dans la gauche un livre. — Légende détruite.

Voyez le n° 604.

— — —

3958 GHISTELLES.

1389.

Sceau rond, de 35 mill. — Arch. du Nord; Chambre des comptes.

Un lion accompagné à sénestre d'un écu au chevron d'hermines, sur champ de hachures.

..GILLVM : VILLG : DG : GHISTGL..

(Sigillum ville de Ghistelle.)

Voyez le n° 3914.

— — —

3959 GIVET.

1539.

Sceau rond, de 50 mill. — Arch. du Nord; Chambre des comptes.

Une porte de ville flanquée de deux tours, accostée de deux écus burelés au lambel.

✠ SIGILLVM • IVRATI • DG • GIVITO

(Sigillum jurati de Givito.)

Contre-sceau : Écu burelé, au lambel.

✠ CONTRA · SIGILLVM

(Contra sigillum.)

Record d'une sentence au sujet de l'usage des bois du Hart. — 13 septembre 1552.

3960 GOMMEGNIES ET FRASNOY

(ÉCHEVINAGES DE).

1541.

Sceau rond, de 32 mill. — Arch. du Nord; abbaye d'Auchin.

Écu portant deux objets en forme de deux V, dont l'un renversé, enlacés, au lambel, timbré d'un heaume couronné et cimé d'un trèfle.

S DES ECEVINS DE GONMENEI

Arrentement de terres et de prés à Frasnoy. — 27 mai 1541.

3961 GOMMEGNIES (ÉCHEVINAGE DE).

1623.

Sceau rond, de 39 mill. — Arch. du Nord; jésuites de Cambrai.

Écu à la fasce de cinq fusées, timbré d'une couronne, dans un cartouche.

SEEL · DE · GHOM.......

Acquisition d'une rente. — 29 mars 1623.

3962 GRAMMONT.

1339.

Sceau rond, de 75 mill. — Arch. du Nord; Chambre des comptes.

Écu au lion, timbré d'une montagne sommée d'une croix, accosté de deux arbres.

S COMMVNITATIS GERALDIMO....

(Sigillum communitatis Geraldimontis.)

Contre-sceau : Une montagne sommée d'une croix et accostée d'une aigle éployée et d'un lion.

S SECRETI

(Sigillum secreti.)

Voyez le n° 484.

3963 GRAVELINES.

Sceau aux causes. — 1406.

Sceau rond, de 60 mill. — Arch. du Nord; Chambre des comptes.

Dans un bateau, saint Willibrod mitré, crossé, bénissant, ayant à sa dextre un rameur, et à sénestre un personnage tenant une croix processionelle, sur champ de fleurs.

✠ SIGILLVM ....E · DE · GRAVELINGHES · AD · CAVSAS

(Sigillum ville de Gravelinghes ad causes.)

Sauf-conduit accordé par le comte de Sommerset aux commissaires du comte de Flandre pour venir à Calais traiter de trêves marchandes. — 8 août 1406.

3964 GRAVELINES.

Sceau aux causes. — 1460.

Contre-sceau rond, de 30 mill. — Arch. du Nord; Chambre des comptes.

Écu au lion.

✠ contra : figillum : ad : caufas

(Contra sigillum ad causes.)

Acquisition par le duc de Bourgogne d'une maison à Gravelines. — 19 avril 1460.

3965 GREZ.

1437.

Sceau rond, de 60 mill. — Arch. du Nord; évêché et chapitre de Cambrai.

Type équestre; le mayeur à cheval, en costume chevaleresque du XIII° siècle, armé d'une lance au gonfanon.

✠ S · VILLICI : ET : SCABI.....A .ENG9

(Sigillum villici et scabinorum ....?)

Acquisition de terres. — 1" novembre 1437.

3966 HAL.

1407.

Sceau rond, de 64 mill. — Arch. du Nord; Chambre des comptes.

Une Sainte debout, sous une arcade gothique, tenant à chaque main un écu chargé de quatre lions.

SIGILL.. SCABINOR.. DE HAL

(Sigillum scabinorum de Hal.)

Voyez le n° 425.

3967 HARCHIES (ÉCHEVINAGE DE).

1607.

Sceau rond, de 37 mill. — Arch. communales de Valenciennes; verte.

Écu portant cinq bandes, écartelé d'un échiqueté.

.....EVINAL DE LA VILLE DE HARCHI..

(Seel échevinal de la ville de Harchies.)

Promesse par Charlotte, dame de Sepmeries, de léguer des biens aux jésuites de Valenciennes. — 15 juillet 1607.

3968 HARLEM.

1311.

Sceau rond, de 78 mill. — Arch. du Nord; Chambre des comptes.

Une porte de ville ou un château, dans une enceinte crénelée et accompagnée de deux arbres.

✠ SIGILL.M : LIBERI : OPPIDI : DE : HARLEM :

(Sigillum liberi oppidi de Harlem.)

Contre-sceau : Une épée en pal accostée de deux étoiles.

⊛ S' · OPIDI · DE · ḢARLEM

(Secretum opidi de Harlem.)

Voyez le n° 203.

3969   HARLEM.

1418.

Seeau rond, de 68 mill. — Arch. du Nord; Chambre des comptes.

Sous une arcade gothique ornée de draperies soutenues de chaque côté par un ange, une épée en pal surmontée d'une croix et accostée de quatre étoiles. — Légende détruite.

Les villes de Harlem, Delft, Leyde, Amsterdam, etc. se déclarent solidairement débitrices d'une rente. — 27 mai 1418.

3970   HASNON (ÉCHEVINAGE DE).

1589.

Seeau rond, de 43 mill. — Communiqué par M. Ratel à Valenciennes.

Écu à la bande accompagnée de deux épées la pointe en bas, coupé d'une clef, supporté par deux religieux : celui de dextre armé d'une épée et tenant un calice, celui de sénestre tenant un hanap et une buire. Dans le champ, la date 1589.

⊛ SEEL · ECHIVINALLE · DE · LA · VILLE · DE · HASNON ·

Matrice originale.

3971   HASNON (ÉCHEVINAGE DE).

1589.

Seeau rond, de 40 mill. — Musée de Valenciennes.

Écu aux armes et aux supports du précédent; dans le champ, même date 1589.

⊛ SCEL · ESCHEVINAL · DE · LA · VILLE · DE · HASNON ·

Surmoulage.

3972   HASSELT.

1431.

Seeau rond, de 55 mill. — Arch. du Nord; Chambre des comptes.

Dans une niche gothique, un personnage nimbé, debout, élevant les mains. A dextre, un écu fascé de dix pièces; à sénestre, un écu chargé d'un arbre. Le champ semé de fleurs.

. . . . . opedi . . . . lis

(Sigillum opedi . . . . . .)

Voyez le n° 985.

3973   HAUTE-CROIX (ÉCHEVINAGE DE).

1589.

Seeau rond, de 44 mill. — Arch. du Nord; abbaye de Saint-Jean de Valenciennes.

Écu au gironné d'un semé de croisettes et de . . . . de dix pièces, surmonté de la Vierge à mi-corps avec l'enfant Jésus, accompagnée à la partie sénestre, la seule qui subsiste, d'une croix perronnée. — Légende détruite.

Acquisition au profit de Jacques Pletineger, sire de Ripain, mayeur héréditaire de Haute-Croix. — Bruxelles, en terre empruntée, 19 décembre 1589.

3974   HAUTMONT ET BOUSSIÈRES

(ÉCHEVINAGES DE)

1612.

Seeau rond, de 35 mill. — Arch. du Nord; abbaye d'Hautmont.

Saint Pierre debout, avec ses clefs, soutenant un écu à trois chevrons.

s · de · la · loi · dotmont · et · bouffiers

(Seel de la loi d'Otmont et Boussières.)

Acquisition d'une rente. — 30 avril 1612.

3975   HERCK.

1431.

Seeau rond, de 46 mill. — Arch. du Nord; Chambre des comptes.

Écu portant cinq fasces sous un chef chargé d'une représentation légendaire entre deux roses (peut-être la fuite en Égypte), sur champ de fleurs.

sigillu . . . . . e : muilßer . . . . .

(Sigillum . . . . . . Muistherck . . . . . .)

Voyez le n° 985.

3976   HÉRINNES.

1596.

Seeau rond, de 38 mill. — Arch. du Nord; abbaye de Saint-Aubert.

Un personnage assis de profil à gauche, les jambes croisées, tenant une baguette, accompagné d'une lune? et d'une étoile.

⊛ . . . . . ORVM : DE · ḢERINES

(Sigillum scabinorum de Herines.)

L'abbaye de Saint-Aubert acquiert un pré à Hérines, «afin qu'aultrui «ne l'achète et ne vienne le gêner.» — 13 novembre 1596.

3977   HESDIN.

1431.

Seeau rond, de 57 mill. — Arch. du Nord; Chambre des comptes.

Type équestre; le mayeur, tête nue, en costume civil, tenant une branche à la main.

✱ S· MAIORIS · GT · SCABINORVM · ♄ · SDINII

(Sigillum majoris et scabinorum Hisdinii.)

CONTRE-SCEAU : Une fleur de lys cantonnée de quatre étoiles.

✱ 9S' · MAIORIS · ? · SCABINOR' · ♄ISDIÑ

(Contresigillum majoris et scabinorum Hisdinii.)

Ratification du traité d'Arras. — 2 janvier 1482.

3978   HESDIN.

xviii° siècle.

Cachet ovale, de 30 mill. — Communiqué par M. Colson à Noyon.

Écu parti, portant deux étoiles, dans un cartouche.

VILLE D'HESDIN

Matrice originale.

3979   HESTRE (ÉCHEVINAGE DE LA).

1573.

Sceau rond, de 27 mill. — Arch. du Nord; abbaye de Saint-Jean de Valenciennes.

Écu fascé de douze pièces, timbré d'un heaume.

S ⁑ ESCHEVINAL ⁑ DE ⁑ HEELSTRE ?

Acquisition d'une rente. — 11 mai 1573.

3980   HULST.

Sceau aux causes. — 1407.

Contre-sceau rond, de 40 mill. — Arch. de Nord; Chambre des comptes.

Une fleur de lys de fantaisie avec deux oiseaux perchés.

✱ SECRETVM SCABINORV̄ DE ♄VLST

(Secretum scabinorum de Hulst.)

Publication de trêves marchandes entre la France et l'Angleterre. — 12 mai 1407.

3981   IMBRECHIES (ÉCHEVINAGE D').

xvii° siècle.

Sceau rond, de 38 mill. — Musée Benezech à Valenciennes.

Écu portant dix losanges 3, 3, 3 et 1, la première chargée d'un lion, timbré d'une couronne, entouré du collier de la Toison d'or.

· seel · eschevinage · de · imberchi ·

(Seel eschevinaige de Imberchi.)

Matrice originale.

3982   INCOURT.

1417.

Sceau rond, de 53 mill. — Arch. du Nord; évêché et chapitre de Cambrai.

Un lion contourné à queue tréflée, accompagné à sénestre d'une clef.

✱ S...LLV. SCABINOR.....NCIV..

(Sigillum scabinorum ville de Ainciurt?)

Acquisition de terres. — 31 octobre 1417.

3983   LA BASSÉE.

Sceau aux causes. — 1460.

Sceau rond, de 33 mill. — Arch. du Nord; abbaye du Saint-Sépulcre.

La moitié sénestre d'une fleur de lys, sur champ semé de fleurs et festonné.

S' AS CAVSES DE LE VILLE DE LE BASSEE

(Seel as causes de le ville de le Bassée.)

CONTRE-SCEAU : Comme à la face.

contra figillum de bassea

(Contra sigillum de Bassee.)

Réédification de l'église de la Bassée. — 8 octobre 1460.

3984   LA BASSÉE.

Sceau aux causes. — 1484.

Sceau rond, de 55 mill. — Arch. du Nord; abbaye du Saint-Sépulcre.

Écu chargé de branches fleuries, portant à sénestre la moitié d'une fleur de lys.

..gillum · fcabinorum · b..... · caufaru ·

(Sigillum scabinorum..... causarum.)

CONTRE-SCEAU : Écu aux armes de la face.

contra · figillum · baffer ·

(Contra sigillum Bassee.)

Accord pour le dîmage de Violaines. — 5 novembre 1484.

3985   LA GORGUE.

Sceau aux causes. — 1540.

Sceau rond, de 55 mill. — Arch. du Nord; Chambre des comptes.

Écu semé de coquilles, sous un chef au lion issant.

Sigillum : fcabinorum : de : gorga : ad : caufas :

(Sigillum scabinorum de Gorga ad causas.)

CONTRE-SCEAU : Écu aux armes de la face.

côtra sigillū figilli fcabōr de gorga ad cāf

(Contra sigillum sigilli scabinorum de Gorga ad causas.)

Quittance des gages de défunt Jacques Caudron, archer de corps de l'Empereur. — 14 janvier 1540.

3986   LA RAMAIDE.

1751.

Sceau rond, de 41 mill. — Arch. du Nord; officialité de Cambrai.

Écu chevronné parti de deux fasces bretessées contre-bretessées, écartelé d'un lion contourné parti d'un lion, à l'écusson au lion écartelé d'un soleil sur le tout, timbré d'une couronne, entouré du collier de la Toison d'or.

SEEL • ESCHEVINAL.....

Constitution d'une rente. — 30 septembre 1751.

3987   LANDRECIES.

Sceau aux causes. — 1598.

Sceau rond, de 53 mill. — Arch. du Nord; Chambre des comptes.

Écu aux armes de l'archiduchesse Isabelle.

✳ SEEL : ESCHEVINAL : DE . .VILLE : DE : LANDRECHIES

La ville de Landrecies renonce à l'emplacement occupé par la boucherie en faveur de l'abbé de Maroilles, qui s'engage à la réédifier ailleurs. — 13 octobre 1598.

3988   LANNOY.

Sceau aux causes. — 1548.

Sceau rond, de 38 mill. — Arch. du Nord; chapitre de Lille.

Écu portant trois têtes de chien.

✳ Sig.....ille · de · lannoy

(Sigillum ville de Lannoy.)

Fondation d'un obit en l'église de Lys. — 12 août 1548.

3989   LÉAU.

1339.

Sceau rond, de 65 mill. — Arch. du Nord; Chambre des comptes.

Un lion contourné. — Légende détruite.

Contre-sceau : Un lion contourné.

✳ S' SECRETA · DE · LEWS?

(Sigilla secreta de Lews.)

Voyez le n° 484.

3990   LE CÂTEAU.

Sceau aux causes. — 1306.

Sceau rond, de 38 mill. — Arch. du Nord; abbaye du Câteau.

Une porte de ville suivie d'une enceinte crénelée; à dextre, un écu à l'aigle éployée; à sénestre, un écu portant trois lions.

S' AS C....S DOV CASTIEL EN CAMBRESIS

(Seel as causes dou Castiel en Cambrésis.)

Fondation de chapellenies en l'église de Saint-Martin du Câteau. - - Novembre 1306.

3991   LE CÂTEAU.

1381.

Sceau rond. de 33 mill. — Arch. du Nord; Chambre des comptes.

Un château flanqué de deux tours, portant un écu à trois lions, dans une rose ornée d'aigles éployées.

...DOV CAS.... EN ....RES..

(Seel dou Castiel en Cambrésis.)

La ville du Câteau se met sous la garde et protection du duc Aubert de Bavière, gouverneur de Hainaut. — Au Câteau, 12 juin 1381.

3992   LE CÂTEAU.

Sceau aux causes. — 1570.

Sceau rond, de 35 mill. — Arch. du Nord; abbaye du Câteau.

Une porte de ville flanquée de deux tours et suivie d'une enceinte fortifiée, accostée d'un écu à l'aigle éployée et d'un écu portant trois lions; dans le champ, la date 1556.

....CAVSE · DE · LA · VILL. .. CASTEL · Ē · CA.....

(Seel aux cause de la ville du Castel en Cambrésis.)

Copie d'une sentence au sujet d'un terrage. — 21 août 1570.

3993   LE CÂTEAU.

Sceau aux causes. — 1756.

Cachet ovale, de 23 mill. — Arch. communales de Valenciennes.

Écu portant un château, timbré d'une couronne, dans un cartouche. — Sans légende.

Remboursement d'une rente due à Saint-Lazare du Câteau. — 31 décembre 1756.

3994   LEEUW-SAINT-PIERRE.

1406.

Sceau rond, de 58 mill. — Arch. du Nord; chartes flamandes.

Un lion accompagné à dextre d'une clef.

✳ S. SCABINORV DE LEW.....PETRI

(Sigillum scabinorum de Lewe Sancti Petri.)

Acquisition par le chapitre de Cambrai de divers biens à Beyaerden. — 8 mai 1406.

3995   LEEUW-SAINT-PIERRE.

1467.

Sceau rond, de 58 mill. — Arch. du Nord; chartes flamandes.

Un lion tenant une clef, sur champ festonné.

.....scabinorum · de · le.... sancti · petri

(Sigillum scabinorum de Le.... Sancti Petri.)

Acquisition d'une dîme par le chapitre de Cambrai. — 24 juillet 1467.

3996   LESSINES.

1283.

Sceau rond, de 67 mill. — Arch. du Nord; Chambre des comptes.

Sous une arcade gothique soutenue par deux tourelles et sur laquelle sont perchés deux oiseaux, saint Pierre assis, tenant ses clefs et bénissant.

✱ SIGILL: VILLE : ET : SCABINORVO): DE : LESSINIS :

(Sigillum ville et scabinorum de Lessinis.)

La ville de Lessines reconnaît pour son souverain seigneur Gui, comte de Flandre, et ses successeurs. — Octobre 1283.

3997 LESSINES.

Sceau aux causes. — 1597.

Sceau rond, de 61 mill. — Arch. du Nord; évêché et chapitre de Cambrai.

Saint Pierre debout, soutenant un écu à trois fasces à la clef brochant sur le tout.

✱ SEELE · XVX · CAVSE · D. ... FRANCE · VILLE · DE · LESSIN..

(Seele aux cause de le france ville de Lessines.)

Accord au sujet de la taille foraine de Lessines. — 22 mars 1597.

3998 LEYDE.

1302.

Sceau rond, de 08 mill. — Arch. du Nord; Chambre des comptes.

Sous une triple arcade gothique, saint Pierre dans une chaière, accompagné de deux anges thuriféraires à genoux; au-dessous, les huit jurés de la ville priant, et plus bas encore, un personnage seul, l'écoutète sans doute, agenouillé aussi.

S' · SCVLTETI · OCTO · IVRATOR' · ? : COMVNITATIS · OPIDANOʒ · I · LEYDEN

(Sigillum sculteti, octo juratorum et comunitatis opidanorum in Leyden.)

Voyez le n° 203.

3999 LEYDE.

1411.

Sceau rond, de 57 mill. — Arch. du Nord; Chambre des comptes.

Dans une niche d'architecture gothique supportée par deux lions, saint Pierre à mi-corps, nimbé et coiffé de la tiare, tenant une clef et une croix processionnelle; au bas, un écu portant deux clefs en sautoir.

sig....m : cotidianum......

(Sigillum cotidianum.........)

Voyez le n° 608.

4000 LILLE.

1530.

Sceau rond, de 65 mill. — Arch. du Nord; chapitre de Lille.

Une fleur de lys accompagnée d'un lion en chef et à dextre.

✱ SIGILL: SCABINORVM : ILLENTIVM

(Sigillum scabinorum Illentium.)

Contre-sceau : Une fleur de lys.

✱ ET IVRATORVN

(Et juratorun.)

Traité pour la construction d'un mur commun au cloître et à la ville. — Février 1230.

4001 LILLE.

Sceau aux causes. — XIVe siècle.

Sceau rond, de 54 mill. — Musée de Lille.

Une fleur de lys surmontée de deux lions passant affrontés et soutenant une petite fleur de lys.

✱ S' SCABINOR · 2 · COÏTATIS : INSVLEN AD CAVSAS TÄTVM·

(Sigillum scabinorum et communitatis Insulensis ad causas tantum.)

Contre-sceau : Une fleur de lys.

✱ CONTRASIGILL SCABINOR INSVLEN AD CAVSAS

(Contrasigillum scabinorum Insulensium ad causas.)

Surmoulage.

4002 LILLE.

Sceau aux causes. — 1408.

Sceau rond, de 60 mill. — Arch. communales de Lille.

Une fleur de lys surmontée de deux lions passant affrontés et soutenant une petite fleur de lys.

✱ S' SCABINOR ET COMMVNITATIS INSVLEN AD CAVSAS TANTVM

(Sigillum scabinorum et communitatis Insulensis ad causas tantum.)

Désistement dans la contestation d'un legs. — 7 mars 1408.

4003 LILLE.

Sceau aux connaissances. — 1519.

Sceau rond, de 32 mill. — Arch. du Nord; chapitre de Lille.

Une fleur de lys accompagnée de deux lions affrontés en chef.

S' DES ESKEVINS DE LILLE DES CONESS..

(Seel des eskevins de Lille des conessances.)

Contre-sceau : Une fleur de lys. — Légende fruste:

Dotation de la chapelle de Saint-Jérôme. — 26 novembre 1519.

4004 LILLE.

Sceau aux connaissances. — XVIe siècle.

Sceau rond, de 37 mill. — Collection de M. Gentil à Lille.

Une fleur de lys accompagnée de deux lions affrontés en chef.

S · DES · ESCHEVINS · DE · LILLE · DES
CONGNOISA*

Matrice originale.

4005   **LILLE.**

Sceau aux causes. — xiiie siècle.

Sceau rond, de 65 mill. — Arch. du Nord; Chambre des comptes.

Une fleur de lys surmontée de deux lions affrontés et soutenant une petite fleur de lys.

❀ S · SCABINORVM · .. COMMVNITATIS ·
INSVLEN · AD · CAVSAS · TANTVM

Sceau détaché.

4006   **LILLE.**

1644.

Sceau rond, de 56 mill. — Arch. du Nord; chapitre de Lille.

Retour à l'ancien type. — Voyez le n° 4000.

Acquisition d'une rente au profit des vicaires du chapitre de Lille. — 18 avril 1644.

4007   **LOMBARTZYDE.**

Sceau aux causes. — 1407.

Frag[t] de sceau rond, de 55 mill. — Arch. du Nord; Chambre des comptes.

Saint Martin à cheval, donnant la moitié de son manteau, accompagné d'une étoile à dextre et en chef. — Légende détruite.

Publication de trèves marchandes entre la Flandre et l'Angleterre. — 7 mai 1407.

4008   **LOUVAIN.**

1339.

Sceau rond, de 92 mill. — Arch. du Nord; Chambre des comptes.

Une porte de ville flanquée de deux tours, ou peut-être l'hôtel de ville de Louvain, sur champ festonné. — Légende détruite.

Voyez le n° 484.

4009   **LOUVAIN.**

Sceau aux causes. — 1752.

Sceau rond, de 45 mill. — Arch. communales de Valenciennes.

Un personnage debout, soutenant un écu à la tierce supporté par deux lions?, devant un château.

S · PARVVM · OPPIDI · LOVANIENSIS · AD ·
CAVSAS

Remboursement d'une rente. — 20 avril 1752.

4010   **LUCHEUX.**

1277.

Sceau rond, de 60 mill. — Arch. du Nord; Chambre des comptes.

Un brochet.

❀ SIGILL..MAIORIS · ET · CABINOROM · DE ·
LVCEV

(Sigillum majoris et cabinorom de Luceu.)

Contre-sceau : Un oiseau chimérique.

❀ LI BOVLE EST DE LVCEV

(Li boule est de Luceu.)

Voyez le n° 3846.

4011   **MACHELEN-SAINTE-GERTRUDE**

(ÉCHEVINAGE DE).

Sceau aux causes. — 1777.

Sceau rond, de 44 mill. — Arch. du Nord; chartes flamandes.

Écu à la bande accompagnée de six besants ou six tourteaux en orle, timbré d'une couronne, supporté par deux griffons.

SIGILLVM AD CAVSAS BARONATVS S[t]
GERTRVDIS MACHELEN 1718

Échange de terres près Vilvorde. — 4 novembre 1777.

4012   **MACON.**

1619.

Sceau rond, de 30 mill. — Arch. du Nord; Chambre des comptes.

Écu à trois fasces, écartelé de trois doloires.

❀ S · ESCHEVINAL · DE · MACCON

Legs d'une rente sur des moulins à Macon. — 22 mars 1619.

4013   **MAINVAULT (ÉCHEVINAGE DE).**

1689.

Sceau rond, de 32 mill. — Hospices de Valenciennes.

Écu au chevronné parti de deux fasces bretessées contrebretessées, écartelé d'un lion contourné parti d'un lion, à l'écusson au lion écartelé d'un soleil sur le tout, timbré d'une couronne, entouré du collier de la Toison d'or.

SEEL · ESCHEVINAL · DE · MAIWAVLT · 1689 ·

Acquisition de terres et de prés. — 27 novembre 1689.

4014   **MALINES.**

Sceau aux causes. — 1408.

Sceau rond, de 63 mill. — Arch. du Nord; Chambre des comptes.

Fragment où il ne reste qu'un écu à trois pals timbré

d'une crosse et supporté par deux hommes d'armes, sur champ fretté, dans une rose.

✳ SIGILLVM..... MARLI.... ✳VSAS

(Sigillum ...... Marlin .... ad causas.)

Publication de trêves marchandes entre la Flandre et l'Angleterre. — 28 juin 1408.

4015   MARCHIENNES.

1589.

Sceau rond, de 41 mill. — Arch. du Nord; abbaye de Marchiennes.

Écu au rais d'escarboucle fleuronné, soutenu par un cygne nageant; dans le champ, MAR (Marchianæ).

✳ SIGILLVM • SENATVS • MARCHIANĒSIS

Contre-sceau : Écu aux armes de la face; dans le champ, S. R. (Sancta Rictrudis).

✳ CONTRA • SIGILLVM • MARCHIANĒNSE

L'abbaye de Marchiennes acquiert du seigneur de Villiers-le-Leu un héritage et une maison. — 14 octobre 1589.

4016   MARCHIENNES.

1756.

Sceau rond, de 38 mill. — Arch. du Nord; abbaye de Marchiennes.

Écu au rais d'escarboucle fleuronné, soutenu par un cygne nageant.

SIGILLVM • SENATVS • MARCHIANENSIS

Arrentement de la terre de Grobain à Wandignies. — 25 octobre 1756.

4017   MARCHIPONT (ÉCHEVINAGE DE).

xvii° siècle.

Sceau rond, de 31 mill. — Collection de M. Preux à Douai.

Écu portant un lion à la bordure d'hermines, timbré d'un heaume cimé d'une aigle ou d'un phénix?

S • ESCHEVINAL DE MORCHIPŌT

Surmoulage.

4018   MARPENT (ÉCHEVINAGE DE).

xvi° siècle.

Sceau rond, de 37 mill. — Collection de M. Preux à Douai.

Écu portant dix losanges 3, 3, 3 et 1, devant la Vierge debout, nimbée, couronnée, tenant l'enfant Jésus.

• SEEL • ESCHEVINAL • DE • MARPEN •

Surmoulage.

4019   MAUBEUGE.

1293.

Sceau rond, de 67 mill. — Arch. du Nord ; Chambre des comptes.

Un arbre chargé de fruits.

✳ CEST : LI : SAIVS : DE : LE : FRARE : VILE : DE : CRAVBVEGE

(C'est li saiaus de le franke vile de Maubuege.)

Conditions imposées par Jean d'Avesnes, comte de Hainaut, à la ville de Maubeuge après sa rébellion. — 22 décembre 1293.

4020   MAUBEUGE.

13e s.

Sceau rond, de 68 mill. — Arch. du Nord; Chambre des comptes.

Les quatre lions de Hainaut à la crosse en bande brochant accompagnée de deux aigles, dans une rose.

✳ : CEST : LI : SAIAVS : DE : LE : FRARRE : VILE : DE : MAVBVEGE :   •

(C'est li saiaus de le franke ville de Maubuege.)

Contre-sceau : Une tête d'homme de profil à gauche, tenant à la bouche une branche avec un oiseau perché.

✳ CLLAVIS • S' • MELBODIEMSIS

(Cllavis sigilli Melbodiensis.)

Voyez le n° 203.

4021   MAUBEUGE.

Sceau aux causes. — xvii° siècle.

Sceau rond, de 45 mill. — Collection de M. Preux à Douai.

Écu aux quatre lions de Hainaut, à la crosse en bande brochant et accompagnée d'une aigle en chef.

SIGILLVM AD CAVSAS VILLE MALBODIENSIS

Cire originale détachée.

4022   MAUBEUGE.

1757.

Sceau rond, de 42 mill. — Arch. du Nord; officialité de Cambrai.

Écu aux armes du n° précédent. — Légende détruite.

Assignation d'une rente. — 23 mars 1757.

4023   MECQUIGNIES.

xvii° siècle.

Sceau rond, de 34 mill. — Musée de Douai.

Écu à l'aigle éployée.

SEEL • ESCHEVINAL • DE • LA • VILLE • DE • MECQVENIES •

Matrice originale.

4024   MEERBEKE PRÈS NINOVE (ÉCHEVINAGE DE).

1585.

Sceau ogival, de 44 mill. — Arch. du Nord; séminaire d'Henin.

Un calice accompagné du soleil, de la lune et d'étoiles; au-dessus, une main céleste bénissant.

56

S · SCABINORVM · DE · MEERBECKE ·

Émission par l'abbaye de Nivove de rentes destinées à payer la rançon de l'abbé et des religieux faits prisonniers à la dernière surprise d'Alost. — 2 novembre 1585.

4025   MENIN.
Fin du xviiie siècle.

Cachet ovale, de 30 mill. — Collection de M. Gentil à Lille.

Une Liberté.

MUNICIPALITÉ DE LA COMM DE MENIN
Matrice originale.

4026   MERCHTEN.
1469.

Sceau rond, de 40 mill. — Arch. du Nord; collégiale de Saint-Géry.

Écu au lion.

.. SCABINORVM DE MERCHTEN FORENTIV.
(Sigillum scabinorum de Merchten forentium.)

Donation à la Maison-Dieu d'Hafflighem. — 28 juin 1469.

4027   MERVILLE.
Sceau aux causes. — 1496.

Sceau rond, de 31 mill. — Arch. du Nord; chapitre de Saint-Amé.

Deux personnages nimbés, en buste (saint Amé et saint Maurant); au-dessous d'eux, un écu à la fasce accompagnée de trois fleurs de lys, sur champ de feuillages. — Sans légende.

CONTRE-SCEAU : Intaille fruste.

contra sigillum minoris ville
(Contra sigillum Minoris Ville.)

Acquisition d'une rente. — Merville, 16 juillet 1496.

4028   MERVILLE.
Sceau aux causes. — 1511.

Sceau rond, de 45 mill. — Arch. du Nord; chapitre de Saint-Amé.

Même représentation qu'au sceau précédent; seulement l'écu porte deux fleurs de lys coupées d'une troisième.

Sigillum · ad · canfas · ville · minorifville
(Sigillum ad causas ville Minorisville.)

CONTRE-SCEAU : Personnage nimbé, coiffé de la tiare, en buste, accompagné à dextre d'une clef.

contra sigillum minorifville
(Contra sigillum Minorisville.)

Condamnation au sujet d'arrérages dus au chapitre de Saint-Amé. — 1er juillet 1511.

4029   MERVILLE.
Sceau aux causes. — xviie siècle.

Sceau rond, de 45 mill. — Communiqué par M. Detournay à Estaires.

Même représentation qu'au sceau précédent.

SIGILLVM · AD · CAVSAS · VILLE · MINORISVILLE
Matrice originale.

4030   MERVILLE.
xviie siècle.

Contre-sceau rond, de 26 mill. — Collection de M. Preux à Douai.

Personnage nimbé, coiffé de la tiare, en buste, accompagné à dextre d'une clef.

CONTRA · SIGILLVM · MINORISVILE ·
Matrice originale.

4031   MESLIN OU MELIN?
(ÉCHEVINAGE DE).
xiiie siècle.

Sceau rond, de 42 mill. — Collection de M. Preux à Douai.

Une colombe tenant le rameau d'olivier, accompagnée d'une étoile.

✠ SIG' 9MVNE SCABINORVO) DE MELEIN
(Sigillum commune scabinorum de Melein.)

Cire originale détachée.

4032   MIDDELBURG.
1290.

Sceau rond, de 61 mill. — Arch. du Nord; Chambre des comptes.

Une porte de ville surmontée d'une tour au haut de laquelle un personnage en chaperon appuyé sur une lance sonne de l'oliphant, continuée par une enceinte fortifiée et soutenue par deux tourelles.

SIGILLUM OPIDANOR DE MIDDELBG
(Sigillum opidanorum de Middelburg.)

La ville de Middelburg, assiégée par Robert de Nevers, promet de se rendre si elle n'est prochainement secourue par Florent, comte de Hollande. — 19 mai 1290.

4033   MIDDELBURG.
1303.

Sceau rond, de 70 mill. — Arch. du Nord; Chambre des comptes.

Le type précédent, plus détaillé; des têtes paraissent aux lucarnes des tourelles et entre les créneaux de la porte; le champ est orné de fleurs.

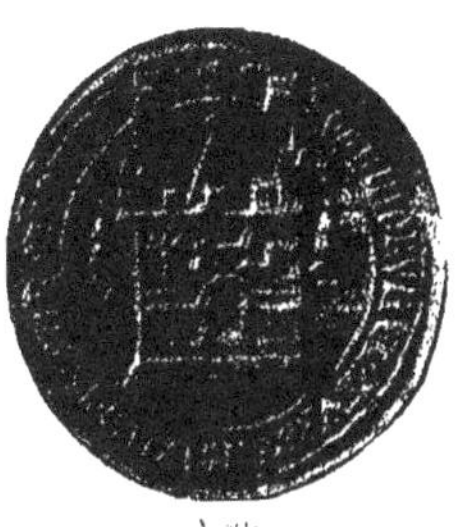

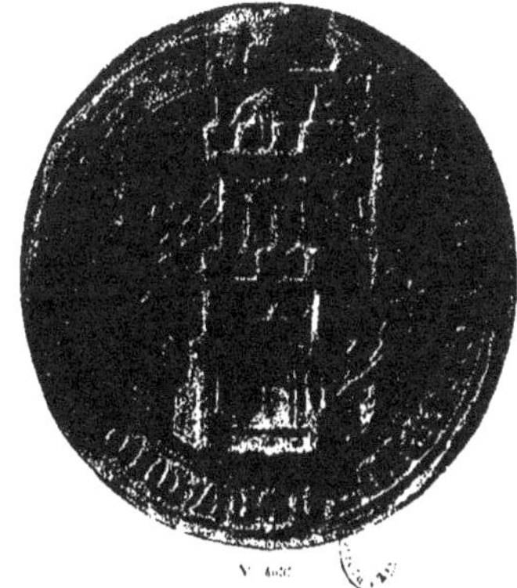

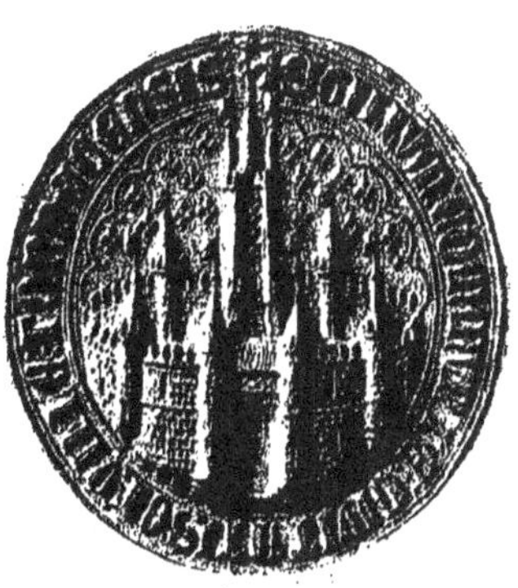

N° 3636 MIDDELBURG.   N° 4063. TERMONDE   N° 4064 TERMONDE

SIGILLVM : OPIDANOR⁹ : MIDDELBVRG

(Sigillum opidanorum Middelburgensium.)

CONTRE-SCEAU : Une porte de ville surmontée d'une tour, devant une aigle.

✱ S'. OPPIDI : DE : MIDDELBORCh : CONTRA :

(Sigillum oppidi de Middelborch contr.)

Voyez le n° 203.

4034   MONS.

Sceau aux causes. — 1460.

Sceau rond, de 70 mill. — Arch. du Nord; Chambre des comptes.

Une porte de ville flanquée de deux tourelles, accostée de deux monuments symétriques; à dextre, un écu portant trois chevrons; à sénestre, l'écu de Hainaut.

... LLVM : AD : CAVSAS : VILLE : MONSENSIS .. hAÑO...

(Sigillum ad causas ville Montensis in Hannonia.)

Voyez le n° 3964.

4035   MONS.

1572-1744.

Sceau rond, de 54 mill. — Arch. du Nord; officialité de Cambrai.

Une porte de ville flanquée de deux tours et accostée de deux autres; au-dessus de l'huis au deuxième étage, l'écu de Hainaut; dans le champ, la date 1572.

✱ MAGISTRATVS OPPIDI MONTEÑ IN hAÑONIA

(Sigillum magistratus oppidi Montensis in Hannonia.)

Constitution d'une rente. — 16 janvier 1744.

4036   MONS.

1757.

Sceau rond, de 36 mill. — Arch. communales de Valenciennes.

Une porte de ville flanquée de deux tours et accostée de deux monuments symétriques; à dextre, un écu portant trois chevrons; à sénestre, l'écu de Hainaut; au-dessus de l'huis, MŌS (Mons). — Sans légende.

Remboursement d'une rente. — 31 octobre 1757.

4037 MONTIGNY (ÉCHEVINAGE DE).

xviii° siècle.

Sceau rond, de 36 mill. — Arch. communales de Douai.

Écu en losange fascé de vair et de (gueules) de six pièces, parti de (gueules), coupé de dix losanges posées 3, 3, 3 et 1, timbré d'une couronne, embrassé par deux branches de laurier en sautoir.

SEL · DE · LESCHEVINAGE · DE · MONTIGNIES ·

Matrice originale.

4038   MONTREUIL-SUR-HAYNE.

1608.

Sceau rond, de 38 mill. — Arch. communales de Valenciennes; werps.

Écu à la bande, écartelé d'une fasce, timbré d'une couronne.

S ESCHEVINAL DE LA VIL, D' MŌSTRVE.....

(Seel eschevinal de la ville de Monstruel sur Hayne?)

Donation d'une pâture. — 14 juin 1608.

4039   MONTREUIL-SUR-HAYNE.

xviii° siècle.

Sceau rond, de 37 mill. — Collection de M. Preux à Douai.

Type semblable au précédent.

SEEL · DE · LA · VILLE · DE · MONTROEL ·

Surmoulage.

4040   MORLANWELZ.

1546.

Sceau rond, de 30 mill. — Arch. du Nord; Chambre des comptes.

Écu portant les quatre lions de Hainaut; dans le champ, la date 1546.

SEEL ESCEVINAVL....ORLANVVEIS

Réparation des églises ordonnée par la reine Marie, gouvernante des Pays-Bas. — 13 septembre 1546.

4041   MORTAGNE.

1416.

Sceau rond, de 68 mill. — Arch. du Nord; abbaye de Château-l'Abbaye.

Une porte de ville flanquée de deux tourelles.

✱ SIGILLVM VILLE DE NARITANIA

(Sigillum ville de Naritania.)

CONTRE-SCEAU : Une fleur de lys.

✱ CVSTOS SIGILLI

(Custos sigilli.)

Vidimus d'un acte d'Arnoul de Mortagne en 1254, établissant qu'Alard de Rumes est homme lige de l'abbaye de Saint-Martin de Tournay à Templeuve. — 20 décembre 1416.

4042   MORTAGNE.

Sceau aux causes. — 1567.

Sceau rond, de 57 mill. — Arch. du Nord; abbaye de Château-l'Abbaye.

Une porte de ville à la toiture couronnée de fleurs de lys, flanquée de deux tourelles.

......ᛌᴅ CᴀVᴇᴀᴇ

Contre-sceau : Une fleur de lys.

✸ CVSTOS · SIGILLI

Sentence au sujet d'une rente sise à la Maladrie à Mortagne. — 13 juin 1567.

4043   **MUE (LA)**

OU SAINTE-ANNE-TER-MUIDEN.

Sceau aux causes. — 1409.

Sceau rond, de 32 mill. — Arch. du Nord; Chambre des comptes.

Écu au lion, dans une rose à six feuilles.

s : ſecreti : ſcabinorum : ville : de : mude

(Sigillum secreti scabinorum ville de Mude.)

Publication de trèves marchandes entre la Flandre et l'Angleterre. — 13 avril 1409.

4044   **NAMUR.**

1264.

Sceau rond, de 70 mill. — Arch. du Nord; Chambre des comptes.

Dans une enceinte fortifiée et soutenue par des tours, une église surmontée d'une bannière au lion.

✸ MAIORIS · ET · SCABINORVM · ᴚAMVRᴄIᴇNTIVM

(Sigillum majoris et scabinorum Namurcientium.)

Contre-sceau : Écu au lion, à la bande brochant.

✸ SECRETVM MEVM MICHI

(Secretum meum michi.)

Stipulations au sujet de la possibilité du retour du comté de Namur au comte de Luxembourg. — 21 mai 1264.

4045   **NAMUR.**

1411.

Sceau rond, de 70 mill. — Arch. du Nord; Chambre des comptes.

Type semblable au précédent; seulement la bannière porte un lion couronné. — Même légende.

Contre-sceau : Écu au lion couronné, dans un trilobe.

✸ SECRETVM · MEVM · MICHI · DEO · GRᴀ̄S

(Secretum meum michi. Deo gratias.)

Voyez le n° 722.

4046   **NIEUPORT.**

Sceau aux causes. — 1407.

Sceau rond, de 50 mill. — Arch. du Nord; Chambre des comptes.

Un vaisseau avec un homme au gouvernail, voguant à gauche, accompagné d'une étoile et d'un croissant.

...CᴀBINORVᴍ ......CᴀVᴇᴀS

(Sigillum scabinorum .... ad causas.)

Contre-sceau : Le signe des poissons, dans une rose.

✸ contra : s : ville noviportus

(Contra sigillum ville Noviportus.)

Publication de trèves marchandes entre la France et l'Angleterre. — 7 mai 1407.

4047   **NOIRCHAIN (ÉCHEVINAGNE DE).**

xvi° siècle.

Sceau rond, de 34 mill. — Communiqué par M. Hazard à Douai.

Écu à deux bandes, parti d'une fasce chargée d'un trèfle et accompagnée de dix macles en chef et sept en pointe.

S : DES · ESCHEVINS · DE · LᴀX · VILLE · DE · NOIRCHIN :

(Seel des echevins de la ville de Noirchin.)

Matrice originale.

4048   **NOTTINGHAM.**

Sceau aux connaissances. — xiv° siècle.

Sceau rond, de 46 mill. — Collection de M. Preux à Douai.

Un buste de roi, vu de face, accosté de deux châteaux, au-dessus d'un lion passant.

S' EDW' REG' ANGᴇ AD REᴄOGᴎ' DEBITOR APVD ᴎOTINGᴙA

(Sigillum Edwardi, regis Anglie, ad recognitiones debitorum apud Notingham.)

Surmoulage.

4049   **OOSTBURG.**

1382.

Sceau rond, de 29 mill. — Arch. du Nord; Chambre des comptes.

Un château à trois tours, au-dessus d'une épée posée en fasce.

✸ S' S...ETI......Oᴚ VILLᴇ D' OᴇSTBᴏ̄

(Sigillum secreti scabinorum ville de Oestborch.)

Voyez le n° 3914.

4050   **OOSTBURG.**

Sceau aux causes. — 1407.

Sceau rond, de 30 mill. — Arch. du Nord; Chambre des comptes.

La représentation précédente, sur champ fretté.

s' ſecreti ſcabinoꝛ ville boeſburcb

(Sigillum secreti scabinorum ville d'Oestburch.)

Publication de trèves marchandes entre la Flandre et l'Angleterre. — 10 mai 1407.

4051   OSTENDE.

Sceau aux contrats. — 1593.

Sceau rond, de 65 mill. — Arch. du Nord; Chambre des comptes.

Saint Pierre debout, nimbé, tenant ses clefs et une église.

...ABINORVM · DE · OEST.....

(Sigillum scabinorum de Oestende ....)

Contre-sceau : Un bras tenant deux clefs, mouvant de sénestre.

✳ CONS SCABIŌR DE OESTĒDE TESŤ PĒ

(Contresigillum scabinorum de Oestende, teste Petro.)

Droits sur les tonneaux de harengs. — 30 novembre 1593.

4052   OSTENDE.

1767.

Contre-sceau rond, de 39 mill. — Arch. communales de Valenciennes.

Écu au chevron accompagné de trois clefs.

✳ CONTRA · S · CIVITATIS.....

Remboursement de rentes. — 7 mai 1767.

4053   OUDENBURG.

158.

Sceau rond, de 55 mill. — Arch. du Nord; Chambre des comptes.

Un château à trois tours avec une bannière flottant à chaque tour latérale, sur champ fretté.

✳ SIGILLVM · OPIDARORVM · OVDENBORGĒ

(Sigillum opidanorum Oudenborgensium.)

Voyez le n° 3914.

4054 OXELAERE (ÉCHEVINAGE D').

xviii° siècle.

Sceau rond, de 49 mill. — Musée de Cassel.

Écu échiqueté, timbré d'un heaume cimé d'un homme sauvage, supporté par deux hommes sauvages.

SEIGNEVRIE DOXELAERE

Matrice originale.

4055   PECQUENCOURT.

1634.

Sceau rond, de 30 mill. — Arch. du Nord; abbaye d'Anchin.

Écu semé de fleurs de lys, au cerf passant.

S · DE · LA · VILLE · DE · PESQVENCOVRT ·

Rachat de relief à merci. — 21 mai 1634.

4056   PÉRONNE.

148.

Sceau rond, de 70 mill. — Arch. du Nord; Chambre des comptes.

Type équestre; le mayeur en costume de guerre, suivi d'échevins à pied; dans le champ, l'écu de France.

...MAIORIS · ET · CO..VN.....

(Sigillum majoris et commun........)

Contre-sceau : Une fleur de lys.

✳ CVSTOS SIGILLI

(Custos sigilli.)

Ratification du traité d'Arras. — 5 janvier 1482.

4057   PÉRONNE.

Sceau aux causes. — 148.

Sceau rond, de 60 mill. — Arch. du Nord; Chambre des comptes.

Une fleur de lys fleuronnée. — Légende détruite.

Contre-sceau : Une fleur de lys fleuronnée.

✳ CONTRA : SIG'ILLVM :

(Contra sigillum.)

Voyez le n° 4056.

4058   POIX.

Sceau aux causes. — xv° siècle.

Sceau rond, de 35 mill. — Communiqué par M. Dancoisne, à Héuin-Liétard.

Une fleur de lys, dans un quadrilobe.

✳ SEEL AS CAUSES DE LA VILLE DE POIS ✳

(Seel as causes de la ville de Pois.)

Matrice originale.

4059 PREUX-AU-SART (ÉCHEVINAGE DE).

1693.

Sceau rond, de 40 mill. — Arch. du Nord; abbaye de Fontenelles.

Écu portant cinq fusées en fasce à la bordure, timbré d'une couronne, dans un cartouche.

SEEL · PREVX · AV · SART ·

Acquisition d'une rente. — 20 février 1693.

4060 PREUX-AU-SART (ÉCHEVINAGE DE).

1694.

Sceau rond, de 28 mill. — Arch. du Nord; abbaye de Fontenelles.

Écu à l'éléphant, écartelé d'un chicot en bande.

✳ SEEL · DE · PREVS · AV · SARS ·

Acquisition d'une rente. — 23 mars 1694.

4061   QUARTES (ÉCHEVINAGE DE).

xvi° siècle.

Sceau rond, de 36 mill. — Collection de M. Preux à Douai.

Écu à trois clefs, écartelé de trois fleurs de lys à la bande chargée de trois lionceaux brochant, devant la Vierge avec l'enfant Jésus; dans le champ, la date 1561.

S : ESCHEVINALS : DE : LA VILLE : DE : QVARTES

(Scel eschevinals de la ville de Quartes.)

Cire originale détachée.

4062   QUESNOY (LE).

Sceau aux causes. — 1555.

Sceau rond, de 62 mill. — Arch. du Nord; Chambre des comptes.

Cinq chênes; celui du milieu portant l'écu de Hainaut.

SIGILLVM : DE : AYMVNDI : QVERCHETO : AD : CAV...

(Sigillum de Aymundi Quercheto ad causas.)

La ville du Quesnoy s'engage à servir annuellement à l'Empereur des rentes sur les héritages appliqués à ses fortifications. — 6 juin 1555.

4063   QUESNOY (LE).

1754.

Sceau rond, de 36 mill. — Arch. communales de Valenciennes.

Type semblable au précédent.

SIGILLVM · DE · AYMVNDI · QVERCETI ·

Remboursement de rentes. — 3 mai 1754.

4064   QUESNOY (LE).

xviii° siècle.

Sceau rond, de 34 mill. — Collection de M. Gentil, à Lille.

Deux écus accolés, timbrés d'un bonnet d'électeur : le premier écu écartelé au 1 de trois fasces contre-écartelées d'un papelonné, au 2 de trois fleurs de lys contre-écartelées d'un plain à l'écusson sur le tout, au 3 d'un fretté contre-écartelé d'un lion, au 4 de trois fasces contre-écartelées de trois doloires, et sur le tout trois fasces; le deuxième écu fascé de six pièces.

SCEL DV Mᵗ DV QVESNOY ·

Matrice originale.

4065   RAMOUSIES.

1535.

Sceau rond, de 31 mill. — Arch. du Nord; abbaye de Liessies.

Écu en losange timbré d'une couronne, parti au 1 de trois fasces écartelé de trois doloires à l'écusson sur le tout, parti de trois hermines ou trois coquilles écartelées d'un plain à l'écusson sur le tout; au 2 d'un bandé de six pièces. — Légende fruste.

Échange de terres. — 24 octobre 1535.

4066   RIDDEBOURG?

1361.

Sceau rond, de 48 mill. — Arch. du Nord; Chambre des comptes.

Une porte de ville accostée de deux croix fichées surmontées chacune d'une étoile.

✱ S' · PREPOSITI · DE · RI........ḣ

(Sigillum prepositi de Riddebourch.)

Contre-sceau : Une porte de ville. — Sans légende.

Voyez le n° 513.

4067   ROBERMET ET DOULIEU

(ÉCHEVINAGE DE).

xiii° siècle.

Sceau rond, de 52 mill. — Musée de Lille.

Écu au chevron accompagné de trois roses sous un chef chargé de trois étoiles, écartelé d'un plain sous un chef, timbré d'un heaume, supporté par deux lions, dans un cartouche.

SCEL · DE · LA · SEIGNEURIE · DU · ROBERMET · Z · DOULIEU ·

Surmoulage.

4068   ROCHELLE (LA).

1482.

Sceau rond, de 67 mill. — Arch. du Nord; Chambre des comptes.

Type équestre; le mayeur à cheval, accompagné d'un écu au vaisseau voguant sous un chef de France, sur champ de rinceaux.

S..... DE LA ROCHELLE

(Scel .... de la Rochelle.)

Contre-sceau : Écu aux armes de la face.

✱ LE CÕTRE S DE LA VILLE Z COMVẼ DE LA ROHẼ

(Le contre scel de la ville et commune de la Rochelle.)

Ratification du traité d'Arras. — 26 décembre 1482.

4069   ROTTERDAM.

Sceau aux causes. — 1357.

Sceau rond, de 45 mill. — Arch. du Nord; Chambre des comptes.

Un canal muni d'un pont et creusé dans le champ du sceau qui est fretté.

..... **RORVM · IR · ROGGERDAM · AD · CAV**...

(Sigillum scabinorum in Rotterdam ad causas.)

Voyez le n° 604.

4070 ROUSIES (ÉCHEVINAGE DE).

1666.

Sceau rond, de 28 mill. — Arch. du Nord; Chambre des comptes.

Écu à trois fasces, écartelé de trois doloires. — Légende fruste.

Acquisition du pré de la Vaqueresse par les sœurs grises de Maubeuge. — 15 juillet 1666.

4071 RUPELMONDE.

1516.

Sceau rond, de 66 mill. — Arch. du Nord; Chambre des comptes.

Une porte de ville flanquée de deux tours, surmontée d'une épée posée en fasce, sur champ fretté.

..... **LLVM · VILLE · BVRGENGI . . DE · RVPELMONDE**

(Sigillum ville burgensium de Rupelmonde.)

Permission de construire un moulin donnée par le Roi catholique. — 18 mars 1516.

4072 RUYSBROECK-LEZ-BRUXELLES (ÉCHEVINAGE DE).

1470.

Sceau rond, de 48 mill. — Arch. du Nord; chartes flamandes.

Écu portant trois ....., écartelé de trois maillets, soutenu par un ange.

Sigillum : [cabinorum : de : rufbroeck :

(Sigillum scabinorum de Rusbroeck.)

Cession au profit du chapitre de Cambrai de terres tenues de la seigneurie de Taye. — 17 mars 1470.

4073 SAINT-AMAND-EN-PÉVÈLE.

1765.

Cachet ovale, de 21 mill. — Arch. communales de Valenciennes.

Une épée accostée de deux fleurs de lys, dans un quadrilobe.

❋ **S PRAPOSITVRA SANTI AMADI IN PLA**

Remboursement d'une rente. — 22 janvier 1765.

4074 SAINT-BAVON-LEZ-GAND (ÉCHEVINAGE DE).

1520.

Sceau rond, de 60 mill. — Arch. du Nord; chartes flamandes.

La tête de saint Bavon, vue de face, accostée de deux crosses et de deux étoiles.

..... **ABIMORVM : SAN**......

(Sigillum scabinorum Sancti Bavonis ....)

Contre-sceau : Écu portant une crosse?

❋ **S' SECRETVM**

(Sigillum secretum.)

Acquisition par le chapitre de Cambrai de terres sises à Oostacker. — 12 novembre 1520.

4075 SAINT-DIZIER.

Sceau aux causes. — 1528.

Sceau rond, de 54 mill. — Arch. du Nord; Chambre des comptes.

Un château à trois tours crénelées.

❋ **S' · SCABIRORVM · SCI · DESIDERII · AD · CAVSAS**

(Sigillum scabinorum Sancti Desiderii ad causas.)

Contre-sceau : Un château à trois tours.

❋ **SECRETVM S' DISIDERII**

(Secretum Sancti Disiderii.)

Acquisition de biens à Villers au profit de l'abbaye de Notre-Dame-des-Nonnains. — 21 octobre 1528.

4076 SAINT-OMER.

Sceau aux connaissances. — 1399.

Sceau rond, de 48 mill. — Arch. du Nord; Chambre des comptes.

Saint Omer crossé, mitré, portant une église, accompagné de deux roses.

..... **ILE DE S' OMER AS CONISANCL**.

(Seel de la ville de Saint Omer as conisanches.)

Contre-sceau : Une croix patriarcale.

❋ **CONTRE SEEL**

(Contre seel.)

Promesse par Guillaume de Messem de rembourser au duc de Bourgogne la rançon de son fils, fait prisonnier lors de l'expédition du comte de Nevers en Grèce. — 24 août 1399.

4077 SAINT-POL.

1277.

Sceau rond, de 80 mill. — Arch. du Nord; Chambre des comptes.

Type équestre; le mayeur, tête nue, en costume civil, une baguette à la main.

SIGILL.. .... ET IVRATORVM SANCTI PAVLI

(Sigillum majoris? et juratorum Sancti Pauli.)

Contre-sceau : Dans une enceinte murée, la tête de saint Paul, de face.

✸ SIGILVM SANCTVS PAVLVS DE TERNO

(Sigillum Sanctus Paulus de Terno.)

Voyez le n° 3845.

4078   SAINT-QUENTIN.

Sceau aux causes. — 1480.

Sceau rond, de 5a mill. — Arch. du Nord; Chambre des comptes.

Le mayeur à cheval, suivi de deux échevins, sur champ semé de fleurs de lys, dans une rose.

✸ S' MAIOR : E : IVRATOR : VILLE : SCI : QUINTINI : AD : CAS

(Sigillum majoris et juratorum ville Sancti Quintini ad causas.)

CONTRE-SCEAU : Saint Quentin en buste, un clou enfoncé dans chaque épaule.

✸ CONTRA SIGILLVM

(Contra sigillum.)

Ratification du traité d'Arras. — 5 janvier 1482.

4079   SAINT-VAAST-LEZ-BAVAY.

1560.

Sceau rond, de 36 mill. — Arch. du Nord; Chambre des comptes.

Écu à l'aigle éployée portant en cœur un écusson parti d'une fasce et d'un bandé de six pièces à la bordure.

SEEL : DES : ESCHEVINS : DE : SAINCT : VAST

(Seel des eschevins de Sainct Vast.)

Garanties fournies au comte de Hainaut au sujet d'un moulin qu'il a laissé construire à la Tour-au-Bois. — 11 septembre 1560.

4080   SAINT-VALERI-SUR-MER.

Sceau aux causes. — 1409.

Sceau rond, de 40 mill. — Arch. du Nord; Chambre des comptes.

Écu d'Artois, parti de Melun.

seel : as : can.....e : de : sa.....llerp

(Seel as causes de la ville de Saint Wallery.)

CONTRE-SCEAU : Écu échiqueté.

côtre · seel · de · saif · bballeri ·

(Contre scel de Saint Walleri.)

Publication de trèves marchandes entre la Flandre et l'Angleterre. — 15 avril 1409.

4081   SCHIEDAM.

1357.

Sceau rond, de 67 mill. — Arch. du Nord; Chambre des comptes.

Fragment représentant une ville accompagnée dans le champ, à droite, d'un écusson au lion brisé d'une bande. — Il ne reste de la légende que SIGILLEV... G...

Voyez le n° 604.

4082   SCHOONHOVEN.

1491.

Sceau rond, de 34 mill. — Arch. du Nord; chartes flamandes.

Écu écartelé de quatre lions. — Légende détruite.

Lettres de garantie fournies par cette ville à des bourgeois qui l'avaient cautionnée pour la construction de ses digues. — 5 août 1494.

4083   SOLRE-LE-CHÂTEAU.

1606.

Sceau rond, de 4a mill. — Arch. du Nord; couvent de Solre-le-Château.

Deux écus réunis par une cordelière dans l'anse de laquelle est la lettre S : le premier portant trois lions à l'écusson en cœur chargé de ..... à la bordure; le deuxième portant trois lions brisés d'un annelet en abîme.

.....LLE · DE · LA · VILLE · DE · SOLRE · LE · CHXTEXV

(Seel .... de la ville de Solre le Château.)

Arrentement d'un jardin situé à Bourgogne. — 10 avril 1606.

4084   SOLRE-LE-CHÂTEAU.

1679.

Sceau rond, de 39 mill. — Arch. du Nord; couvent de Solre-le-Château.

Écu à trois fasces, écartelé de trois doloires, à l'écusson sur le tout écartelé de neuf losanges et d'un lion, timbré d'une couronne, entouré du collier de la Toison d'or.

SIGILLVM · COMITATVS · DE · SOLRE

Acquisition d'un jardin sis à la Gobette. — 28 juin 1679.

4085   SOLRE-LE-CHÂTEAU.

xvii° siècle.

Sceau rond, de 28 mill. — Collection de M. Preux à Douai.

Écu à trois fasces, écartelé de trois doloires, à l'écusson sur le tout écartelé d'un frotté et d'un lion, timbré d'une couronne, entouré du collier de la Toison d'or.

S · ESCH · DE LA VILLE DE SOLRIHES

Matrice originale.

4086   SOTTEGHEM.

Sceau aux causes. — 1570.

Sceau rond, de 54 mill. — Arch. du Nord; évêché et chapitre de Cambrai.

Homme d'armes debout, brandissant une épée, portant un bouclier et une cotte armoriés du gironné de dix pièces d'Enghien, accompagné à dextre d'un dragon surmonté d'un G et à sénestre d'un objet indistinct.

✱ S' DER LAN & SCEPENER VAR SOTTENGHEN

(Seghel der lan et scepener van Sottenghen.)

Reprise d'un bail. — 28 novembre 1570.

4087 SOTTEGHEM.

Sceau aux causes. — 1571.

Sceau rond, de 61 mill. — Arch. du Nord; évêché et chapitre de Cambrai.

Écu au gironné d'Enghien.

..........DE · SOTTENGH..

(........... de Sottengh...)

Reprise à ferme des dîmes de Wiendicke et Baeleghem. 26 juin 1571.

4088 SOUTHAMPTON.

1495.

Sceau rond, de 82 mill. — Arch. du Nord; Chambre des comptes.

Un vaisseau voguant; sur la dunette, deux personnages tenant chacun un porte-voix et s'adressant à un troisième placé à l'avant; dans le champ, le soleil et la lune.

SIGILLVM · COMVNITATIS · SVTHAMTO.....

(Sigillum comunitatis Suthamtonensis.)

Revers : Sous un portique à trois arcades, la Vierge debout, avec l'enfant Jésus, accompagnée de deux anges thuriféraires.

SACRA · VIRGO · DEI · TV · MISERERE · NOBIS ·

(Sacra Virgo Dei tu miserere nobis.)

Ratification du traité conclu le 24 février entre Henri VII, roi d'Angleterre, et Philippe, archiduc d'Autriche. — 23 mars 1495.

4089 TAISNIÈRES-SUR-HON.

1570.

Sceau rond, de 39 mill. · Communiqué par M. Ratel à Valenciennes.

Saint Pierre assis, coiffé de la tiare, tenant une clef et un livre; à ses pieds, un écu à deux clefs en sautoir.

S · S' PIER · DE · LOBES · P · LESCH · DE · HON · ET · TAISNIER ·

Surmoulage.

4090 TAISNIÈRES-SUR-HON.

1679.

Sceau rond, de 37 mill. · Arch. du Nord; Chambre des comptes.

Type semblable au précédent.

S... S' · PIE" · DE · LOBES · P · LESCH · DE · HON · ET · TAISNIER ·

Acquisition au profit des sœurs grises de Maubeuge. — 1er février 1679.

4091 TERMONDE.

1299.

Sceau rond, de 84 mill. — Arch. du Nord; Chambre des comptes.

Un château crénelé, ouvert de trois fenêtres en plein cintre, flanqué au premier étage de deux petites poivrières supportées par une console. — Légende détruite.

Contre-sceau : Écu à la fasce.

✱ SECRETVM SCABINORVM TENREMONDENTIV̄

(Secretum scabinorum Tenremondentium.)

Certificat du payement d'une somme due à Gérard de Schonen par Robert de Flandre, seigneur de Béthune et de Termonde. — Mars 1299.

4092 TERMONDE.

1416.

Sceau rond, de 84 mill. — Arch. du Nord; Chambre des comptes.

Variété de la représentation précédente : à dextre, un écu aux armes de Jean sans Peur; à sénestre, un écu à la fasce.

.....BINORVM ⁝ ET ⁝ BVRGENSIVM ⁝ DE ⁝ TENREMO...

(Sigillum scabinorum et burgentium de Tenremonde.)

Contre-sceau : Écu à la fasce.

✱ SECRETVM SCABINORVM TENREMONDENTIV̄

(Secretum scabinorum Tenremondentium.)

Lettres du duc de Bourgogne autorisant la ville de Termonde à augmenter l'impôt sur les denrées et les boissons. — 12 décembre 1416.

4093 TERMONDE.

Sceau aux causes. 1416

Sceau rond, de 69 mill. · Arch. du Nord; Chambre des comptes.

Variété des représentations précédentes se complétant par une toiture accompagnée de deux bannières à la fasce flottant aux encoignures; champ fretté.

✱ S' SCABINORVM ET BVRGENCIVM DE TENREMONDA

(Sigillum scabinorum et burgencium de Tenremonda.)

Voyez le n° 4092.

4094 — TÉROUANE.

1482.

Sceau rond, de 40 mill. — Arch. du Nord; Chambre des comptes.

Écu portant trois mitres, timbré d'une crosse, dans un quadrilobe. — Légende déprimée.

Contre-sceau : Écu à la fleur de lys, timbré d'une crosse.

contra sigilum

(Contra sigilum.)

Ratification du traité d'Arras. — 6 février 1482.

4095 — THIONVILLE.

1361.

Sceau rond, de 68 mill. — Arch. du Nord; Chambre des comptes.

Un château ou une porte de ville à trois tourelles.

✶ : S' : IVSTICI.....NISVILLA :

(Sigillum justicie ..... de Thionsivilla.)

Voyez le n° 513.

4096 — THUMAIDE.

Fin du XVIIIe siècle.

Cachet ovale, de 10 mill. — Collection de M. Gentil à Lille.

Une Liberté.

MAIRIE DV VILLAGE DE THVMAIDE SOVS PRÉFECTVRE DE TOVRNAY DÉPARTEMENT DE JEMMAPPES

Matrice originale.

4097 — TIRLEMONT.

1339.

Sceau rond, de 82 mill. — Arch. du Nord; Chambre des comptes.

Un Agnus Dei.

.....M : OPIDI.....NSIS

(Sigillum opidi Tiensis?)

Contre-sceau : Écu à la fasce frettée. — Légende fruste.

Voyez le n° 484.

4098 — TONGRES.

1431.

Sceau rond, de 66 mill. — Arch. du Nord; Chambre des comptes.

Dans une enceinte crénelée et soutenue par trois tours, un château représenté en plan, derrière une porte de ville sommée d'une tour à deux étages.

✶ ...M.....DIO....VO...GAVIA · DE....G....?

Voyez le n° 985.

4099 — TOURCOING.

Sceau aux causes. — 1631.

Sceau rond, de 44 mill. — Arch. du Nord; église et hôpital de Tourcoing.

Écu à la croix chargée de cinq besants ou cinq tourteaux.

S · AVX · CAVSES · DE · TORCOING

Établissement d'un cloître dans l'hôpital de Tourcoing. — 14 mars 1631.

4100 — TOURNAY.

Sceau aux causes. — 1404.

Sceau rond, de 68 mill. — Arch. du Nord; Chambre des comptes.

Un château, sur champ festonné et bordé de fleurs de lys.

.....SHS : C.....IS : TORNACENSIS

(Sigillum ad causas civitatis Tornacensis.)

Contre-sceau : Une fleur de lys, sur champ portant une inscription fruste.

✶ CONT S' AD CAS CIVITATIS TORNACEN

(Contra sigillum ad causas civitatis Tornacensis.)

Lettres du duc de Bourgogne autorisant les gens de Tournay à circuler dans ses états de Flandre et d'Artois. — 5 août 1404.

4101 — TOURNAY.

1428.

Sceau rond, de 73 mill. — Arch. du Nord; Chambre des comptes.

Une ville dans une enceinte fortifiée et percée d'une porte flanquée de deux tourelles, sur champ festonné et semé de fleurs de lys.

✶ SIGILLVM : COMMVNIE : CIVITATIS : ET : VILLE : TORNACENSIS :

(Sigillum communie, civitatis et ville Tornacensis.)

Contre-sceau : Une porte de ville flanquée de deux tourelles, sur champ festonné et semé de fleurs de lys.

✶ CONTRA · SIGILLVM · COMMVNIE · DE · TORNACHO

(Contra sigillum communie de Tornacho.)

Traité de commerce entre les habitants du Tournaysis et les sujets du duc de Bourgogne. — 20 juin 1428.

4102 — TOURNAY.

1756.

Cachet rond, de 37 mill. — Arch. communales de Valenciennes.

Une porte de ville.

C · DE · LA · VILLE · ET · CITE · DE · TOVRNAY ·

Remboursement de rentes à l'hôpital Montifaut. — 23 mars 1756.

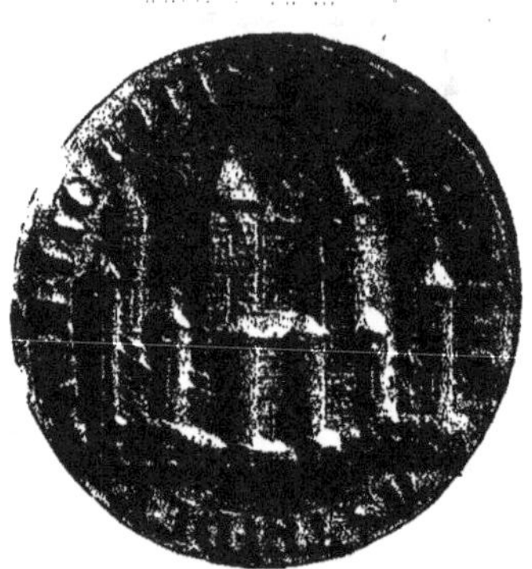

N° 4108.

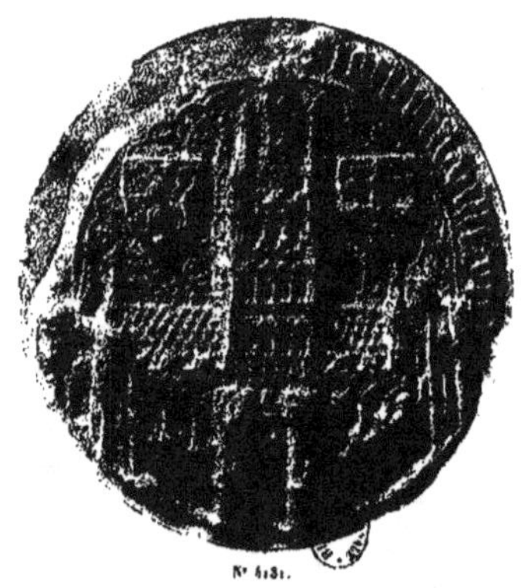

N° 4131.

N° 4108. Valenciennes. — N° 4131. Ypres.

4103　　TOURNAY.

1759.

Cachet rond, de 36 mill. — Arch. communales de Valenciennes.

Une porte de ville.

C · DE · LESCHEVINAIGE · DE · LA · VILLE · DE · TOVRNAY ·

Remboursement de rentes aux dominicains de Tournay. — 9 novembre 1759.

4104　　TOURNAY

(DISTRICT DE SAINT-BRICE, À).

1757.

Cachet rond, de 36 mill. — Arch. communales de Valenciennes.

Une porte de ville accostée des lettres S. B. (Saint Brice).

C · DES · ESCHEVINAIGES · DE · S' BRIXE · ET · DV · BRVILLE · EN · LA · VILLE · DE · TOVRNAY ·

Remboursement de rentes à l'hôpital Montifaut. — 4 juillet 1757.

4105　　TOURNEHEM.

Sceau aux causes. — 1407.

Sceau rond, de 66 mill. — Arch. du Nord; Chambre des comptes.

Une porte de ville à galerie crénelée au premier étage. — Il ne reste plus de la légende que ......NEHEM (Tournehem).

Publication de trêves marchandes entre la Flandre et l'Angleterre. — 6 mai 1407.

4106　　TRÉLON.

1634.

Sceau rond, de 38 mill. — Arch. du Nord; Chambre des comptes.

Écu portant quatre pals à la bordure engrêlée, écartelé de quatre fasces au lion brochant?, au gironné de dix pièces sur le tout.

✳ SEEL · ESCHEVINAL · DE · TRELON

Acquisition d'une rente. — 12 mai 1634.

4107　　VALENCIENNES.

1197.

Sceau rond, de 64 mill. — Arch. du Nord; abbaye de Vaucelles.

Un château.

✳ SIGILLVO) VALENCENEÑ CASTRI

(Sigillum Valencenensis castri.)

Droit de libre circulation «per omnes vias et calcetas nostras» accordé à l'abbaye de Vaucelles. — Novembre 1197.

4108　　VALENCIENNES.

1296.

Sceau rond, de 78 mill. — Arch. du Nord; Chambre des comptes.

Une ville dans une enceinte soutenue par des tours; en haut, une bannière au lion entre un soleil et un croissant.

✳ SIGILLVM · CASTRI · DE · VALENCENIS

(Sigillum castri de Valencenis.)

CONTRE-SCEAU : Un château dans une enceinte crénelée.

✳ CLAVIS · SIGILLI

(Clavis sigilli.)

Serment de fidélité de la ville de Valenciennes au comte de Flandre. — 26 mars 1296.

4109　　VALENCIENNES.

Sceau aux causes. — 1458.

Sceau rond, de 63 mill. — Arch. du Nord; évêché et chapitre de Cambrai.

Un lion accosté de deux fleurs de lys. dans une rose.

.....I : SCAVS : DES : CAV..... LE : VILE : DE : VALENC.....

(C'est li seaus des causes de le vile de Valenciennes.)

Autorisation donnée par le duc de Bourgogne aux gouverneurs de l'hôpital de Valenciennes pour traiter au nom dudit hôpital. — 4 janvier 1458.

4110　　VALENCIENNES.

Sceau aux causes. — 1644.

Sceau rond, de 60 mill. — Arch. du Nord; jésuites de Lille.

Type semblable au précédent.

CEST · LI · SCAVS · DES · CAVSES · DE · LE · VILE · DE · VALENCHS ·

(C'est li seaus des causes de le vile de Valenchiennes.)

Don en faveur des jésuites. — 24 décembre 1644.

4111　　VALENCIENNES.

Sceau aux causes. — 1773.

Cachet ovale, de 37 mill. — Musée de Valenciennes.

Un lion accosté de deux fleurs de lys.

SIGILLVM · VRBIS · VALENCENENSIS

Surmoulage.

4112　　VALENCIENNES.

XVIII' siècle.

Cachet ovale, de 26 mill. — Communiqué par M. Ratel à Valenciennes.

Un lion accosté de deux fleurs de lys.

SIGIL · PARVUM URBIS VALENCENENSIS

Matrice originale.

4113   VERDUN.

1444,

Sceau rond, de 75 mill. — Arch. du Nord; Chambre des comptes.

Une ville, dans une enceinte fortifiée.

✴ VIRDVNVOɔ : CIVITAS

(Virdunum civitas.)

Contre-sceau : Une tour.

✴ SECRETVM ✴

(Secretum.)

Remise faite à la ville de Verdun par le duc de Bourgogne de 580 florins qui lui étaient dus pour la garde de cette ville. — 5 mai 1444.

4114   VÉRE EN ZÉLANDE.

Sceau aux causes. — 1567.

Sceau rond, de 62 mill. — Arch. du Nord; Chambre des comptes.

Dans une enceinte fortifiée soutenue par des tourelles, un écu à la fasce, au-dessus d'un vaisseau voguant.

Sig.....ille : verr...

(Sigillum .... ville Verr...)

Attestation relative à l'entérinement des lettres de légitimation de Jérôme de Boullant. — 26 novembre 1567.

4115   VIEUX-MESNIL.

1617.

Sceau rond, de 33 mill. — Arch. du Nord; abbaye d'Hautmont.

Saint Martin partageant son manteau.

S · ESCHEVINAL . DV · VIEN · MAISNIL · 1583

Acquisition d'une rente au profit de la chapelle de Notre-Dame de Montagu en l'abbaye d'Hautmont. — 30 août 1617.

4116   VILLE ET POMMEREUL

(ÉCHEVINAGE DE).

1538,

Sceau rond, de 32 mill. — Arch. du Nord; collége d'Anchin.

Écu en losange à l'écartelé d'un lion et d'un soleil, parti d'un fascé de vair et de .... de six pièces brisé d'un écusson bandé à la seconde pièce.

LES ESCHEVINS DE ..... ET · PVME....

(Les eschevins de Ville et Pumeroel.)

Acte de partage. — 19 novembre 1538.

4117   VILLE ET POMMEREUL

(ÉCHEVINAGE DE).

1567.

Sceau rond, de 33 mill. — Arch. du Nord; collége d'Anchin.

Écu portant dix losanges 3, 3, 3 et 1, la première

chargée d'un lion, timbré d'une couronne, entouré du collier de la Toison d'or. — Il ne reste de la légende que . . es · esch . . . (des eschevins).

Prise de possession d'un héritage par droit de proximité. — 9 décembre 1567.

4118   WABEN.

xvᵉ siècle.

Sceau rond, de 46 mill. — Collection de M. Pivot à Douai.

Personnage à cheval, en costume civil, le front ceint d'une couronne, portant un écu à trois bandes et à la bordure.

SEL · DE · LA · VILLE · ET · COMVNAVTE · DE · WABENT · SVR · LA · MER

Matrice originale.

4119   WAILLY.

1281.

Sceau rond, de 70 mill. — Arch. du Nord; Chambre des comptes.

Le mayeur à cheval, tenant un bâton, suivi de gens armés à pied.

✴ SIGILLV · MAIORIS · CVMꝛꝛVNIE · DE · VAISLI ·

(Sigillum majoris communie de Vaisli.)

Contre-sceau : Une aigle.

✴ Sᵗ DE · VEILLIACO ·

(Secretum de Veilliaco.)

Accord avec le comte de Soissons au sujet des mortemains et formariages. — Mai 1281.

4120   WALCOURT.

1441.

Sceau rond, de 50 mill. — Arch. du Nord; Chambre des comptes.

Une église accompagnée à sénestre d'une porte de ville surmontée d'un écu au lion couronné brisé d'un filet en bande, sur champ semé d'étoiles.

.. EAV · DE · LE · VILL . .. WALLE.....

(Sceau de le ville de Wallecourt.)

Voyez le nᵒ 722.

4121   WARGNIES-LE-PETIT

(ÉCHEVINAGE DE).

1616.

Sceau rond, de 28 mill. — Arch. du Nord; abbaye de Fontenelles.

Écu à la fasce accompagnée d'un vivré en chef.

S · ESCHEVINAL · DE · PETY · WARGNY ·

(Seel eschevinal de Pety Wargny.)

Acquisition d'une terre. — 14 décembre 1646.

4122 WARNÉTON.

1226.

Sceau rond, de 65 mill. — Arch. du Nord; Chambre des comptes.

Un château portant un écusson cotice à deux fasces brochant, défendu par une enceinte crénelée.

✱ SIGILL SCABINORVM CASTELLI DE WARNESTVN SVP LISA

(Sigillum scabinorum castelli de Warnostun supra Lisam.)

Lettres de garantie données à l'avoué d'Arras au sujet de 30ll payées pour la ville de Warnéton. — 16 mai 1226.

4123 WARNÉTON.

Sceau aux causes. — 1391.

Sceau rond, de 36 mill. — Arch. du Nord; Chambre des comptes.

Un château flanqué de deux tourelles, portant un écusson à la fasce.

✱ S' SCABINORV CASTELL.....DE W....STON SVP.....

(Sigillum scabinorum castelli .... de Warneston supra Lisam.)

Vidimus d'une charte par laquelle Henri d'Antoing accepte de la dame de Cassel la seigneurie du pont d'Estaires en récompense de la prise de Henri de Bar. — 28 septembre 1391.

4124 WASMES.

1575.

Sceau rond, de 36 mill. — Arch. du Nord; abbaye du Saint-Sépulcre.

Un personnage debout, nimbé, tenant une crosse et un livre; à ses pieds et à dextre, un écu en losange portant une croix et timbré d'une crosse; dans le champ, la date 1575.

.....D DE GHISLEN.. A WASMES?

Acte de partage. — 25 août 1575.

4125 WIHÉRIES (ÉCHEVINAGE DE).

XVIIe siècle.

Sceau rond, de 38 mill. — Collection de M. Preux à Douai.

Écu à la bande, écartelé de trois lions, timbré d'un heaume cimé d'un écusson à la bande.

S · ESCHEVINAL · DE · WIHERY · BARONIE · DE · BARBANC'

Matrice originale.

4126 WILLIES.

1653.

Sceau rond, de 33 mill. — Arch. du Nord; abbaye de Liessies.

Écu portant deux fasces bretessées contrebretessées, au franc canton chargé de trois pals de vair sous un chef.

SEEL · ESCHEVINALE · DE · WILLIES

(Seel eschevinale de Willies.)

Échange d'héritages. — Willies, 25 avril 1653.

4127 WOLUWE-SAINT-ÉTIENNE.

1535.

Sceau rond, de 87 mill. — Arch. du Nord; chartes flamandes.

Saint Étienne sous une arcade gothique; à dextre, un écu au chevron accompagné de trois....; à sénestre, un écu à cinq coquilles posées en croix; champ festonné.

S : SCABINORVM : DE : WO..WE : SCTI : STEPh...

(Sigillum scabinorum de Woluwe Sancti Stephani.)

Exemption de dîmes à perpétuité accordée par le chapitre de Cambrai à la ville de Woluwe-Saint-Étienne, à la condition d'entretenir son église et de construire un nouveau chœur. — 14 janvier 1535.

4128 YPRES.

XIIIe siècle.

Sceau rond, de 72 mill. — Communiqué par M. Böhm à Ypres.

Une croix à double traverse chargée de deux croisettes, guillochée, sur une terrasse, accostée d'un soleil et d'un croissant.

✱ SIGILL SCABINORVM ET BVRGENSIVM DE YPRA

(Sigillum scabinorum et burgensium de Ypra.)

CONTRE-SCEAU : Une croix chargée d'une croisette.

✱ SECRETVM YPRENSE ·

(Secretum Yprense.)

Cire originale détachée.

4129 YPRES.

Sceau aux causes. — 1346.

Sceau rond, de 73 mill. — Arch. du Nord; Chambre des comptes.

Une croix à double traverse au pied paté, sur une terrasse, accostée à son pied de deux lions affrontés, et entre ses branches d'un croissant et d'un soleil.

✱ S' SCABINORVM : ET : BVRGENSIVM : DE : IPRA : AD : CAVSAS

(Sigillum scabinorum et burgensium de Ipra ad causas.)

CONTRE-SCEAU : Un lion.

✱ CLAVIS S' YPRENSIS

(Clavis sigilli Yprensis.)

L'échevinage déclare avoir remis au chapelain du comte de Flandre tous les effets et joyaux que le Comte avait laissés à Ypres. — 31 janvier 1326.

4130   YPRES.

Sceau aux causes. — 1372.

Sceau rond, de 72 mill. — Arch. du Nord; Chambre des comptes.

L'hôtel de ville d'Ypres au beffroi accosté à dextre d'un écu au lion et à sénestre d'un écu à la croix patriarcale coupé d'une croix de vair, sur champ de rinceaux et festonné.

> . . . . . . et : burgenfiũ : ville : d . . . . .
> ad : ca . . .

(Sigillum scabinorum et burgensium ville de Ypra ad causas.)

CONTRE-SCEAU : Écu à la croix patriarcale, coupé d'une croix de vair, dans un trilobe.

> clavis sigilli yprensis

(Clavis sigilli Yprensis.)

Copie de la promesse faite par Marguerite, duchesse de Bourgogne, de ne jamais laisser séparer du comté de Flandre les villes de Lille, Douai et Orchies. — 7 octobre 1372.

4131   YPRES.

Sceau aux causes. — 1409.

Sceau rond, de 74 mill. — Arch. du Nord; Chambre des comptes.

L'hôtel de ville d'Ypres; type semblable au précédent, mais d'une architecture plus riche et plus imposante.

> sigillum ville yp . . . . .

(Sigillum ville Yprensis. . . . .)

CONTRE-SCEAU : Écu aux armes, dans une rose.

> ✠ secretum · sigilli · ad · caufas

(Secretum sigilli ad causas.)

Publication de trêves marchandes entre la Flandre et l'Angleterre. — 16 avril 1409.

4132   YPRES.

11° siècle.

Sceau rond, de 74 mill. — Communiqué par M. Böhm à Ypres.

Une croix à double traverse accostée au pied de deux briquets de la Toison d'or, sur champ festonné.

> ✠ SIGILLVM : SCABINORVM · ET · CIVIVM · OPPIDI · YPRENSIS ·

(Sigillum scabinorum et civium oppidi Yprensis.)

CONTRE-SCEAU : Un lion.

> ✠ SIGNETVM · VILLE · YPRENSIS

(Signetum ville Yprensis.)

Cire originale détachée.

4133   YPRES.

11° siècle.

Sceau rond, de 74 mill. — Communiqué par M. Böhm à Ypres.

Une croix à double traverse accostée au pied de deux fleurs de lys, sur champ festonné.

> · · gillum : fcabinorum · et · burgenfiũ : ville : de : ypra

(Sigillum scabinorum et burgensium ville de Ypra.)

CONTRE-SCEAU : Un lion.

> ✠ : Secretum : ville : yprenfis :

(Secretum ville Yprensis.)

Cire originale détachée.

4134   YPRES.

Sceau aux causes. — 1758.

Cachet rond, de 35 mill. — Arch. communales de Valenciennes.

Écu à la croix à double traverse, coupé d'une croix de vair, dans un cartouche.

> SIGILL CIVITATIS YPRENSIS AD CAVSAS

Remboursement d'une rente aux carmélites d'Ypres. — 18 avril 1758.

4135   ZEGHERS-CAPPEL ET BOLLEZEELE

(AMBACHT DE).

xvii° siècle.

Sceau rond, de 42 mill. — Communiqué par M. Wackernie à Cassel.

Écu au lion, dans une rose.

> SIGILLVM · CVR · DE · SEGHERSCAPPLE ·
> BOLLEZELE ·

Matrice originale.

4136   ZIERIKZÉE.

13..

Sceau rond, de 77 mill. — Arch. du Nord; Chambre des comptes.

Écu au lion, sur champ de rinceaux et festonné.

> ✠ : SIGILLVM : COMVNITATIS : OPIDANORVM :
> DE : ZIRIXE :

(Sigillum comunitatis opidanorum de Zirixe.)

CONTRE-SCEAU : Représentation réduite de la face.

> ✠ SECRETVM : COMVNITATIS : OPIDANOR :
> DE : ZYRIXE

(Secretum comunitatis opidanorum de Zyrixe.)

Voyez le n° 203.

4137   ZIERIKZÉE.

Sceau aux causes. — 1469.

Sceau rond, de 62 mill. — Arch. du Nord ; Chambre des comptes.

Écu au lion, supporté par deux griffons.

✠ Sigillũ : opidi : ʒyerixeũ : ad : caufas : et
. . . . . taxat

(Sigillum opidi Zyerixensis ad causes et . . . . . taxat.)

Consentement de la ville de Zierikzée au renouvellement de sa loi. — 20 novembre 1469.

4138   ZURICH.

1516.

Contre-sceau rond, de 45 mill. — Arch. du Nord ; Chambre des comptes.

Sous trois arcades gothiques, trois personnages debout nimbés.

✠ : SECRETVM : CIVIVM : THVRICENSIVM :

(Secretum civium Thuricensium.)

Quittance par suite d'un traité entre les cantons suisses et l'empereur Maximilien. — 26 novembre 1516.

MAIRES ET MAYEURS.

4139   FÈVRE (JEAN LE),

Lieutenant du maire d'Annappes. — 1399.

Sceau rond, de 18 mill. — Arch. du Nord ; chapitre de Lille.

Écu au marteau accompagné de deux coquilles en chef et de deux étoiles en pointe.

✠ S' IEHAN LE FEVRE

(Seel Jehan le Fèvre.)

Acquisition d'une terre à Flers. — 2 août 1399.

4140   FÈVRE (JEAN LE).

Lieutenant du maire d'Annappes. — 1404.

Sceau rond, de 20 mill. — Arch. du Nord ; abbiette de Lille.

Écu semblable au précédent, dans un trilobe.

SEEL IEHAN LE FEVRE ·

(Seel Jehan le Fèvre.)

Acquisition d'un bois à Ascq. — 2 août 1404.

4141   LE MAIRE DE BICOURT?

XVI° siècle.

Sceau rond, de 26 mill. — Collection de M. Preux à Douai.

Écu à la hache.

s pour le maire de bicourt

(Seel pour le maire de Bicourt.)

Matrice originale.

4142   FORCEVILLE (JEAN DE).

Mayeur du fief de Cattinghem. — 1437.

Sceau rond, de 20 mill. — Arch. du Nord ; abbaye de Marquette.

Écu portant deux chevrons accompagnés de deux roses en chef, devant un arbre.

. . han de forc . . . . . .

(Jehan de Forceville.)

Sentence au sujet d'arrérages à Erquinghem-sur-la-Lys. — 6 mars 1437.

4143   CHIRCHO (JEAN).

Lieutenant du mayeur d'Étaples. — 1419.

Signet hexagone, de 12 mill. — Arch. du Nord ; Chambre des comptes.

Écu portant deux fasces à la barre brochant et à la bordure accompagnées des lettres… I et O. — Sans légende.

Prolongation de trêves marchandes entre la Flandre et l'Angleterre. — Calais, 12 janvier 1419.

4144   FRESSIES (JACQUES DE).

Mayeur de Fressies. — 1321.

Sceau rond, de 27 mill. — Arch. du Nord ; collégiale de Saint-Géry.

Écu à la croix engrêlée, au franc canton sénestre.

✠ S' IAREMON DE FRESIES

(Seel Jakemon de Fresies.)

Acquisition de l'avouerie de Busigny. — 7 mai 1321.

4145   HEPSCAP (BALTHASAR).

Mayeur du fief d'Herlair. — 1470.

Sceau rond, de 26 mill. — Arch. du Nord ; chartes flamandes.

Écu écartelé, portant au 1 un mouton, au 2 et 3 un peigne, au 4 une fasce au lion issant brochant, penché, timbré d'un heaume cimé de deux cornes.

s baltasars hepscaep

(Segel Baltasars Hepscaep.)

Acquisition de terres situées à Transbekeborreken à Vilvorde. — 21 mai 1470.

4146   GUILLAUME.

Maire d'Huysse?, chevalier. — 1313.

Sceau rond, de 37 mill. — Arch. du Nord ; Chambre des comptes.

Écu écartelé, portant au 1 une étoile, au 2, 3 et 4 un plain, accosté de deux fleurs de lys.

✠ S' · WILLELMI · MILITIS · MAIORIS · DE · VSSA

(Sigillum Willelmi . militis . majoris de Ussa.)

CONTRE-SCEAU : Écu écartelé plain.

✱ S' WILL · LI · MAIRES DVISSES

(Seel Willaume li maires d'Uisses.)

Voyez le n° 461.

4147 CARBONNEL (COLARD),

Maire de Marets. — 1305.

Sceau rond, de 33 mill. — Arch. du Nord; abbaye du Câteau.

Écu portant trois fleurs de lys, au lambel.

S' ..... VNEL MAIEVR HERITALE DE MARES :

(Seel Colart Carbunel, maieur héritale de Mares.)

Accord au sujet des droitures de Marets. — 5 mai 1305.

4148 HÉROWARD (COLARD),

Mayeur de Mœuvres. — 1321.

Sceau rond, de 21 mill. — Arch. du Nord; collégiale de Saint-Géry.

Écu échiqueté à la bordure engrêlée, dans un trilobe.

✱ S' COLART DE ...LOIT

(Seel Colart de ...loit.)

Voyez le n° 4144.

4149 PANETIER (JEAN LE),

Mayeur de Mons. — 1356.

Sceau rond, de 21 mill. — Arch. du Nord; Chambre des comptes.

Écu portant trois pains ou trois tourteaux rangés en fasce.

✱ S' IEHAN LI PENNETIERS

(Seel Jehan li Pennetiers.)

Paix après un meurtre. — Mons, 28 mars 1356.

4150 LOUVIGNIES (THOMAS DE),

Mayeur de Namur. — 1421.

Sceau rond, de 30 mill. — Arch. du Nord; Chambre des comptes.

Écu semé de gerbes à trois faucilles brochant au franc canton chargé de deux croissants en chef et d'un besant? en pointe, penché, timbré d'un heaume semé de gerbes et cimé d'une tête humaine, dans une rose, sur champ fretté.

sigillum .o.... lovignis

(Sigillum Tome de Lovignis.)

Voyez le n° 594.

4151 AMMAN (THIERRI L'),

Maire de Beuteke, à présent Arneke. — 1298.

Sceau rond, de 20 mill. — Arch. du Nord; Chambre des comptes.

Écu au sautoir cantonné d'une étoile en chef.

✱ S' TIRI · LAMMAN

(Seel Tiri l'Amman.)

Acquisition d'une rente sur le tonlieu de Cassel. — 7 février 1298.

4152 BORGNE (JEAN LE),

Mayeur de Saint-Sépulcre. — 1388.

Sceau rond, de 21 mill. — Arch. du Nord; collégiale de Sainte-Croix.

Un heaume couronné, timbré d'une tête de griffon, dans un encadrement gothique.

IEHAN LE BORGNE

(Jehan le Borgne.)

Acquisition d'un fief à Villers-en-Cauchie. — Valenciennes, 19 mai 1388.

4153 MAKET (DIÉRIN),

Maire de Tournay. — 1341.

Sceau rond, de 21 mill. — Arch. communales de Douai.

Écu portant six tours posées 3, 2 et 1, dans un trilobe.

✱ SEEL · DIERIN · MAKET

(Seel Dièrin Maket.)

Sentence au sujet d'une collision entre les habitants de Douai et ceux de Tournay qui revenaient de l'ost. — 9 mai 1341.

ESWARDEUR.

4154 MOULE (JEAN),

Eswardeur de Tournay. — 1341.

Sceau rond, de 22 mill. — Arch. communales de Douai.

Écu portant trois moules, dans un trilobe.

✱ : SEEL : IEHAN : MOVLE

(Seel Jehan Moule.)

Voyez le n° 4153.

ÉCHEVINS, KEURIERS, PROCUREURS, CLERCS DE VILLES, ETC.

ÉCHEVIN D'ALOST.

4155 AIGREMONT (JEAN D'),

1167.

Sceau rond, de 27 mill. — Arch. du Nord; chartes flamandes.

Écu à deux poissons adossés, penché, timbré d'un heaume.

s · ıan · van · eegbermonde

(Segel Jan van Eegbermonde.)

Acquisition d'héritages à Lede. — 25 janvier 1467.

ÉCHEVINS D'ANVERS.

4156   BACHELEER (JEAN),

Échevin d'Anvers. — 1418.

Sceau rond, de 23 mill. — Arch. du Nord; chartes flamandes.

Écu portant cinq roses? en croix au franc canton chargé d'une fasce accompagnée de . . . . , sur champ de rinceaux.

s : iobıs : dcı : bacheleer

(Sigillum Johannis dicti Bacheleer.)

Acquisition d'une rente à Berchem-lez-Anvers. — 18 mars 1418.

4157   BLOCSCOEMAKER (PIERRE),

Échevin d'Anvers. — 1436.

Sceau rond, de 26 mill. — Arch. du Nord; chartes flamandes.

Écu portant un arbre, soutenu par un ours.

s · peter · blocfcoemaker

(Segel Peter Blocscoemaker.)

Acquisition d'héritages à Duffel. — 14 septembre 1436.

4158   BROEKE (GUILLAUME VAN DEN),

Échevin d'Anvers. — 1436.

Sceau rond, de 26 mill. — Arch. du Nord; chartes flamandes.

Écu portant trois étoiles, penché, timbré d'un heaume cimé d'une tête de loup.

s · woillem · vanden · broeke

(Segel Willem van den Broeke.)

Acquisition d'une rente à Loenhout. — 10 décembre 1436.

4159   CLARENSONE (QUENTIN),

Échevin d'Anvers. — 1400.

Sceau rond, de 26 mill. — Arch. du Nord; chartes flamandes.

Écu portant trois étoiles à l'écusson en abîme chargé d'un oiseau, dans un encadrement gothique.

segbel · quınfı. · clarensone

(Seghel Quintin Clarensone.)

Transport d'une rente à Berchem-lez-Anvers. — 8 mai 1400.

4160   COELGHEENE (JEAN),

Échevin d'Anvers. — 1464.

Sceau rond, de 25 mill. — Arch. du Nord; chartes flamandes.

Écu à la fasce accompagnée de deux sautoirs en chef et d'une tête de lion en pointe, soutenu par un griffon.

s ıan coelgbeene

(Segel Jan Coelgheene.)

Acquisition d'une rente à Anvers. — 8 mai 1464.

4161   COTHEN (JEAN VAN),

Échevin d'Anvers. - 1448.

Sceau rond, de 28 mill. — Arch. du Nord; chartes flamandes.

Écu au chevron alaisé accompagné d'un sautoir en pointe, écartelé de trois pals à l'écusson au lion? en abîme brochant, penché, timbré d'un heaume cimé d'une tête de bélier.

s · ıan · van · cofheu ·

(Segel Jan van Cothen.)

Acquisition d'une rente à Berchem-lez-Anvers. — 2 mars 1448.

4162   DOERNE (GUILLAUME VAN),

Échevin d'Anvers. — 1470.

Sceau rond, de 27 mill. — Arch. du Nord; chartes flamandes.

Écu portant trois chevrons au franc canton chargé de deux épées en sautoir la pointe en bas, penché, timbré d'un heaume cimé d'un écusson aux armes dans un vol, supporté par deux dames.

s · woillems : van : doerne :

(Segel Willems van Doerne.)

Acquisition de terres près Boelar-Molenberch. — 1ᵉʳ septembre 1470.

4163   DOUWE (GUILLAUME),

Échevin d'Anvers. — 1448.

Sceau rond, de 18 mill. — Arch. du Nord; chartes flamandes.

Écu portant trois quartefeuilles, penché, timbré d'un heaume cimé d'une tête de coq, supporté par une dame.

s · woillem · douwe

(Segel Willem Douwe.)

Partage d'une succession. — 9 août 1448.

4164   DRAKE (GUILLAUME),

Échevin d'Anvers. — 1460.

Sceau rond, de 24 mill. — Arch. du Nord; chartes flamandes.

Écu au dragon, penché, timbré d'un heaume cimé d'une tête de dragon, supporté par deux dames.

s woilbelmı dıcfı drake

(Sigillum Wilhelmi dicti Drake.)

Bail de la corse de la Wastine à Berchem-lez-Anvers. — 8 avril 1460.

4165   ELST (MATHIEU VAN DER),

Échevin d'Anvers. — 1436.

Sceau rond, de 25 mill. — Arch. du Nord; chartes flamandes.

Écu portant un arbre (un aune), écartelé de trois chevrons, penché, timbré d'un heaume cimé aux armes, supporté par deux dames.

..... eus vander elst

(Segel Matheeus van der Elst.)

Voyez le n° 4157.

4166   HERDE (NICOLAS DE),

Échevin d'Anvers. — 1449.

Sceau rond, de 24 mill. — Arch. du Nord; chartes flamandes.

Écu portant deux quintefeuilles au franc canton chevronné, soutenu par un ange.

S claus de herde

(Segel Claus de Herde.)

Acquisition d'une rente sur la cense de la Wastine à Berchem-lez-Anvers. — 15 décembre 1449.

4167   HEYDEN (GUILLAUME VAN DER),

Échevin d'Anvers. — 1464.

Sceau rond, de 26 mill. — Arch. du Nord; chartes flamandes.

Écu portant deux étoiles au franc canton chargé d'un lion, penché, timbré d'un heaume cimé.

S · willem vand' heide

(Segel Willem van der Heiden.)

Voyez le n° 4160.

4168   KREKENS (MICHEL),

Échevin d'Anvers. — 1449.

Sceau rond, de 22 mill. — Arch. du Nord; chartes flamandes.

Écu portant deux oiseaux (deux corneilles?) au franc canton à la bande chargée de croissants et d'étoiles alternés, soutenu par une aigle.

s michel breken

(Segel Michiel Kreken.)

Voyez le n° 4166.

4169   LARE (JEAN VAN DEN),

Échevin d'Anvers. — 1403.

Sceau rond, de 24 mill. — Arch. du Nord; chartes flamandes.

Écu au sautoir, coupé d'un vairé, parti d'un plain au lambel, penché, timbré d'un heaume cimé de deux cornes.

✠ SIGI........RIS · DE · LARE

(Sigillum Johannis de Lacu.)

Constitution d'une rente à Berchem-lez-Anvers. — 24 octobre 1403.

4170   MALINES (JEAN DE),

Échevin d'Anvers. — 1448.

Sceau rond, de 27 mill. — Arch. du Nord; chartes flamandes.

Écu portant trois pals au franc canton chargé de trois fleurs de lys, penché, timbré d'un heaume cimé d'une tête de griffon, supporté par deux griffons.

s · tans · van · mechelen ·

(Segel Jans van Mechelen.)

Voyez le n° 4163.

4171   MOELNER (GUILLAUME DE),

Échevin d'Anvers. — 1400.

Sceau rond, de 24 mill. — Arch. du Nord; chartes flamandes.

Écu à la fusée accompagnée de trois fers de moulin, dans un trilobe.

S' · WILLELMI · DICTI.....

(Sigillum Willelmi dicti.....)

Voyez le n° 4159.

4172   MOELNER (GUILLAUME DE),

Échevin d'Anvers. — 1448.

Sceau rond, de 24 mill. — Arch. du Nord; chartes flamandes.

Écu portant trois fers de moulin, penché, timbré d'un heaume cimé de deux serres, supporté par une aigle.

S · willem de mollenere

(Segel Willem de Mollenere.)

Acquisition d'une rente à Berchem-lez-Anvers. — 20 février 1448.

4173   RANST (JEAN VAN),

Échevin d'Anvers. — 1443.

Sceau rond, de 24 mill. — Arch. du Nord; chartes flamandes.

Écu portant trois pals au filet en bande brochant, à l'écusson en abîme chargé d'un oiseau essorant brochant sur le tout, penché, timbré d'un heaume cimé d'une tête de bélier.

s · tan · van · ranst

(Segel Jan van Ranst.)

Bail des biens de l'abbaye de Saint-Aubert à Hérenthout. — 21 septembre 1443.

4174   RANST (WAUTIER VAN),

Échevin d'Anvers. — 1438.

Sceau rond, de 26 mill. — Arch. du Nord; chartes flamandes.

Type semblable au précédent, timbré et cimé comme lui, l'écu brisé d'une étoile au canton dextre du chef.

s · wouter · van · rauft ·

(Segel Wouter van Raust.)

Acquisition d'une rente à Loenhout. — 17 octobre 1438.

4175   REYNER (PIERRE),

Échevin d'Anvers. — 1448.

Sceau rond, de 22 mill. — Arch. du Nord; chartes flamandes.

Écu écartelé, portant au 1 et 4 un émanché de trois pointes mouvant du chef, au 2 une tour, au 3 une quintefeuille, dans un trilobe.

s · peter · reinnie ?

(Segel Peter Reinnie.)

Voyez le n° 4161.

4176   RYT (JEAN VAN DER),

Échevin d'Anvers. — 1436.

Sceau rond, de 21 mill. — Arch. du Nord; chartes flamandes.

Écu à la fasce bretessée contrebretessée au franc canton chargé de trois pals, supporté par un homme sauvage.

s : ian : vander : rnt

(Segel Jan van der Riit.)

Voyez le n° 4158.

4177   RYTHOVEN (JEAN VAN),

Échevin d'Anvers. — 1436.

Sceau rond, de 23 mill. — Arch. du Nord; chartes flamandes.

Écu à trois tierces sous un chef au lion issant, supporté par une aigle.

s · ians · van · rithoven :·

(Segel Jans van Riithoven.)

Acquisition d'une rente à Loenhout. — 17 décembre 1436.

4178   RYTHOVEN (NICOLAS VAN),

Échevin d'Anvers. — 1393.

Sceau rond, de 22 mill. — Arch. du Nord; chartes flamandes.

Écu portant trois tierces sous un chef au lion issant, dans un trilobe.

s : nicolay : de : riithove :

(Sigillum Nicolay de Riithove.)

Acte de partage. — 6 décembre 1393.

4179   SCHOYTE (JEAN),

Échevin d'Anvers. — 1456.

Sceau rond, de 24 mill. — Arch. du Nord; chartes flamandes.

Écu à la fasce bretessée contrebretessée, brisé d'une étoile au canton dextre, soutenu par un ange.

* s · ian · fchoefte ·

(Segel Jan Schoelte.)

Bail de la dîme de Casterlé. — 1er décembre 1456.

4180   TICHELT (GUILLAUME VAN),

Échevin d'Anvers. — 1471.

Sceau rond, de 24 mill. — Arch. du Nord; évêché et chapitre de Cambrai.

Écu portant trois étoiles, penché, timbré d'un heaume cimé d'une tête de chameau.

s : willem : van : tichelt

(Segel Willem van Tichelt.)

Donation d'une terre sise à Deurne. — 24 août 1471.

4181   VOIRT (PIERRE VAN DER),

Échevin d'Anvers. — 1471.

Sceau rond, de 26 mill. — Arch. du Nord; évêché et chapitre de Cambrai.

Écu à la fasce accompagnée de deux fers de moulin en chef et d'un lion en pointe, penché, supporté par une dame.

s · petri · de · voirta

(Sigillum Petri de Voirta.)

Voyez le n° 4180.

4182   WERVE (GUILLAUME VAN DEN),

Échevin d'Anvers. — 1443.

Sceau rond, de 27 mill. — Arch. du Nord; chartes flamandes.

Écu chevronné de six pièces au franc canton chargé d'un lion naissant, penché, timbré d'un heaume cimé d'une hure de sanglier.

s willem van d' werve

(Segel Willem van den Werve.)

Voyez le n° 4173.

4183   WERVE (HENRI VAN DEN),

Échevin d'Anvers. — 1457.

Sceau rond, de 29 mill. — Arch. du Nord; chartes flamandes.

Écu au sanglier, écartelé de trois chevrons, à l'écusson sur le tout chargé d'un W ?, penché, timbré d'un heaume cimé d'une hure de sanglier.

s · heinrie · vanden · werve

(Segel Heinrie van den Werve.)

Cession d'une rente sur des héritages à Nylen. — 17 janvier 1457.

4184   ZENNEN (GHELDOLPHE VAN DER),

Échevin d'Anvers. — 1418.

Sceau rond, de 24 mill. — Arch. du Nord; chartes flamandes.

Écu portant deux tours au franc canton chargé de . . .

penché, timbré d'un heaume couronné et cimé d'une tête
de chien, sur champ de rinceaux.

S · GHELDOLF · VÃ · DER · ZENNEN

(Segel Gheldolf van der Zennen.)

Voyez le n° 4156.

ÉCHEVINS D'AXEL.

4185 AXEL (JEAN D'),

Échevin d'Axel. — 1368.

Sceau rond, de 23 mill. — Arch. du Nord; Chambre des comptes.

Écu portant un plain sous un chef chargé d'un rencontre de bœuf, dans un encadrement gothique.

SEGHEL IHNS VAN HAXELE

(Seghel Jans van Acxule.)

Acquisition d'une rente. — 10 .... 1368.

4186 BAELGEMARE (GUILLAUME).

Échevin d'Axel. — 1378.

Sceau rond, de 26 mill. — Arch. du Nord; Chambre des comptes.

Écu à la fleur de lys, dans un encadrement gothique.

S' · WILLEM · BELGEMARE

(Segel Willem Belgemare.)

Acquisition d'une terre. — 25 mars 1378.

4187 EVERBOUT (JACQUES).

Échevin d'Axel. — 1368.

Sceau rond, de 24 mill. — Arch. du Nord; Chambre des comptes.

Écu à la fasce chargée de trois croisettes et accompagnée d'un sanglier en chef et d'une étoile en pointe, dans
une étoile.

IHCOP · EVERBOVE

(Jacop Everbout.)

Voyez le n° 4185.

4188 MULAERD (GILLES).

Échevin d'Axel. — 1368.

Sceau rond, de 24 mill. — Arch. du Nord; Chambre des comptes.

Écu d'hermines au chef chargé de trois lionceaux au
lambel, dans un encadrement gothique.

S' GILLIIS MVLAERT

(Segel Gillis Mulaert.)

Acquisition d'une rente. — 16 mai 1368.

4189 SMET (PIERRE DE).

Échevin d'Axel. — 1378.

Sceau rond, de 22 mill. — Arch. du Nord; Chambre des comptes.

Écu au marteau couronné, dans un trilobe.

S' : PIETER : DE : SMET ·

(Segel Pieter de Smet.)

Voyez le n° 4186.

4190 STRAEL (PIERRE).

Échevin d'Axel. — 1368.

Sceau rond, de 21 mill. — Arch. du Nord; Chambre des comptes.

Écu portant trois flèches en bande la pointe en bas,
dans un trilobe.

S' PETRI · STRAELS

(Sigillum Petri Straels.)

Voyez le n° 4185.

4191 VOGHELARE (GOSSUIN).

Échevin d'Axel. — 1377.

Sceau rond, de 19 mill. — Arch. du Nord; Chambre des comptes.

Écu à la fasce accompagnée d'un oiseau en chef et
d'une étoile en pointe, dans un trilobe.

GOSIN DE VOGHELARE

(Gosin de Voghelare.)

Acquisition d'une rente. — 28 octobre 1377.

4192 WOUTERMAN (PIERRE).

Échevin d'Axel. — 1362.

Sceau rond, de 21 mill. — Arch. du Nord; Chambre des comptes.

Écu au cheval naissant coupé et accompagné d'une
branche, dans un quadrilobe.

S' PIETER WOVTERMAN

(Segel Pieter Wouterman.)

Bail à cens. — 31 mai 1362.

4193 YEMAN (PIERRE).

Échevin d'Axel. — 1377.

Sceau rond, de 20 mill. — Arch. du Nord; Chambre des comptes.

Un personnage debout, vu de face, les bras écartés.

S' PIETER HYEMAN

(Segel Pieter Hyeman.)

Voyez le n° 4191.

ÉCHEVINS DU MÉTIER D'AXEL.

4194   ALAERT (BAUDOUIN),

Échevin du métier d'Axel. — 1367.

Sceau rond, de 21 mill. — Arch. du Nord; Chambre des comptes.

Écu portant un oiseau, timbré d'une croisette.

✱ S' BOVDIN ALHERT

(Segel Boudin Alaert.)

Acquisition d'une terre. — 1er décembre 1367.

4195   HEELWASE (WAUTIER VAN DER),

Échevin du métier d'Axel. — 1367.

Sceau rond, de 21 mill. — Arch. du Nord; Chambre des comptes.

Écu à la fasce chargée de trois sautoirs et accompagnée d'un fermail en pointe, dans un encadrement gothique.

S · WOVTRE · VAN · DER · HEELWASEN

(Segel Woutre van der Heelwasen.)

Voyez le n° 4194.

4196   VAENKIN (PIERRE),

Échevin du métier d'Axel. — 1367.

Sceau rond, de 22 mill. — Arch. du Nord; Chambre des comptes.

Écu à la croix cantonnée de quatre étoiles, dans un trilobe.

S · PIETER · VAENKIN

(Segel Pieter Vaenkin.)

Voyez le n° 4194.

ÉCHEVIN ET KEURIER DE BERGUES.

4197   TETEGHEM (JEAN DE).

1338.

Sceau rond, de 19 mill. — Arch. du Nord; Chambre des comptes.

Écu échiqueté, à la bande.

✱ S' IANS VAN TETINGHEM

(Segel Jans van Tetinghem.)

Reconnaissance de 20ll dues à la dame de Cassel. — 14 septembre 1338.

ÉCHEVINS ET KEURIERS DE BOURBOURG.

4198   LESCOT (JEAN),

Échevin et keurier de Bourbourg. — 1396.

Sceau rond, de 24 mill. — Arch. du Nord; Chambre des comptes.

Écu portant un moine debout de profil à gauche appuyé sur un bâton.

✱ S' IEHAN LESCOT

(Seel Jehan Lescot.)

Acquisition d'une rente sur le vicomté de Craywick. — Avril 1396.

4199   SAINT-NICOLAS (BAUDOUIN DE).

Chevalier, échevin et keurier de Bourbourg. — 1396.

Sceau rond, de 29 mill. — Arch. du Nord; Chambre des comptes.

Écu portant trois quintefeuilles, au lambel de cinq pendants.

✱ S' BAVDEWIN DE S' NICOLAI CHL

(Seel Baudewin de Saint Nicolai, chevalier.)

Voyez le n° 4198.

4200   SALEMON (JEAN),

Échevin et keurier de Bourbourg. — 1396.

Sceau rond, de 33 mill. — Arch. du Nord; Chambre des comptes.

Écu à la bande accompagnée de deux sextefeuilles.

✱ S' IEHAN SALEMON

(S el Jehan Salemon.)

Voyez le n° 4198.

4201   SCREVEL (WULVERIC).

Échevin et keurier de Bourbourg. — 1396.

Sceau rond, de 22 mill. — Arch. du Nord; Chambre des comptes.

Écu portant un loup accompagné en chef de deux losanges.

✱ S' WOLFVERICC SCREWEL

(Segel Wolfverice Screwel.)

Voyez le n° 4198.

ÉCHEVINS, CLERCS ET PROCUREURS DE LA VILLE DE BRUGES.

4202   BALKARD (JEAN),

Clerc et procureur de la ville de Bruges. — 1316.

Sceau rond, de 21 mill. — Arch. du Nord; Chambre des comptes.

Écu rond à deux fasces accompagnées de sept étoiles.

✱ S..... IOHIS BALKARD CLICI

(Sigillum Johannis Balkard, clerici.)

Traité de paix entre la France et la Flandre. — 1er septembre 1316.

4203   HOEFT (JEAN),

Échevin de Bruges. — 1319.

Sceau rond, de 20 mill. — Arch. du Nord; Chambre des comptes.

Écu portant trois têtes humaines de face, dans une étoile.

S' IOHIS CAPVT

(Sigillum Johannis Caput.)

Serment de fidélité juré au comte de Flandre nonobstant bourgeoisie, franchise et privilèges. — 15 juin 1329.

4204   PROVEZIN (PIERRE),

Le jeune, échevin de Bruges. — 1316.

Sceau rond, de 21 mill. — Arch. du Nord; Chambre des comptes.

Écu à deux fasces ondées.

✠ : S' · PETRI · PROVISIN · F : PETRI :

(Sigillum Petri Provisin, filii Petri.)

Voyez le n° 4202.

4205   SOMERGHEM (GUILLAUME DE),

Échevin de Bruges. — 1316.

Sceau rond, de 22 mill. — Arch. du Nord; Chambre des comptes.

Un gant, dans un trilobe.

✠ S' WILELMI VĀ XOMERGHEM

(Segel Wilelmi van Xomerghem.)

Voyez le n° 4202.

ÉCHEVINS DU FRANC DE BRUGES.

4206   BERGHE (GEORGES VAN DEN),

Échevin du Franc de Bruges. — 1502.

Sceau rond, de 26 mill. — Hôpital Comtesse à Lille.

Écu au sautoir chargé de cinq annelets, brisé d'une étoile en chef, timbré d'un heaume couronné, supporté par deux lions.

. . ioris vā dru berg . .

(Segel Joris van den Berghe.)

Bail de terres situées à Vulpen dans le métier d'Oostbourg. — 1er juillet 1502.

4207   BROKERA (BAUDOUIN),

Chevalier, échevin du Franc de Bruges. — 1370.

Sceau rond, de 31 mill. — Arch. du Nord; abbaye de Marquette.

Écu échiqueté, au franc canton plain.

✠ S' BALDEWINI BROCKERE MILITIS

(Sigillum Baldewini Brockere, militis.)

Mutation de rente dans le métier de Zuyenkerke. — 19 septembre 1370.

4208   BRUNE (JEAN DE),

Échevin du Franc de Bruges. — 1410.

Sceau rond, de 28 mill. — Arch. du Nord; Chambre des comptes.

Écu au chevron chargé de trois étoiles? au franc can-

ton de...., penché, timbré d'un heaume cimé d'un oiseau, supporté par deux personnages à bonnet pointu.

s.....us de ..nue

(Segel Jans de Brune.)

Exemption de confiscation accordée par le comte de Flandre au bourgmestre et aux échevins du Franc de Bruges. — 22 novembre 1410.

4209   CLEYHEM (JEAN VAN),

Échevin du Franc de Bruges. — 1370.

Sceau rond, de 33 mill. — Arch. du Nord; abbaye de Marquette.

Écu au sautoir.

S' · IOHANNIS · DE · CLEIHEM

(Sigillum Johannis de Cleihem.)

Voyez le n° 4207.

4210   CORENLOSE (JEAN DE),

Échevin du Franc de Bruges. — 1410.

Sceau rond, de 22 mill. — Arch. du Nord; Chambre des comptes.

Écu portant un gant en bande, à la bordure, brisé d'une étoile en chef, penché, timbré d'un heaume.

.....DE : CORENLO..

(Seel Jehan de Corenlose.)

Voyez le n° 4208.

4211   EESSEN (MONTFRANT VAN),

Échevin du Franc de Bruges. — 1410.

Sceau rond, de 30 mill. — Arch. du Nord; Chambre des comptes. •

Écu au chevron, penché, timbré d'un heaume cimé, accosté des lettres M, dans un encadrement oblong.

.....van eesene ruddere ?

(Segel ..... van Eesene, ruddere.)

Voyez le n° 4208.

4212   FAILLE (ALEAUME),

Échevin du Franc de Bruges. — 1502.

Sceau rond, de 23 mill. — Hôpital Comtesse à Lille.

Écu au chevron chargé de trois étoiles et accompagné de trois oiseaux perchés sur une sorte de boule, penché, timbré d'un heaume au tortil cimé d'une dame en buste.

S · aliame · faille ·

(Segel Aliame Faille.)

Voyez le n° 4206.

4213   FIERMS (NICOLAS),

Échevin du Franc de Bruges. — 1475.

Sceau rond, de 28 mill. — Hôpital Comtesse à Lille.

Écu d'hermines? à deux bannières en sautoir, écartelé

d'un billeté? au lion, penché, timbré d'un heaume cimé d'un proboscide.

clacis fierus

(Clovis Fierins.)

Bail de terres au métier d'Oostburg. — 20 janvier 1474.

1214 GAND (JEAN DE),

Échevin du Franc de Bruges. — 1410.

Sceau rond, de 24 mill. — Arch. du Nord; Chambre des comptes.

Écu au chevron, dans un quadrilobe. — Légende fruste.

Voyez le n° 4208.

4215 HAEFSKERKE (GHISLAIN VAN),

Échevin du Franc de Bruges. — 1502.

Sceau rond, de 29 mill. — Hôpital Comtesse à Lille.

Écu en targe au chevron chargé de trois quintefeuilles, timbré d'un heaume cimé d'un vol. — Légende détruite.

Voyez le n° 4206.

4216 KNIBBE (WINNOC),

Échevin du Franc de Bruges. — 1474.

Sceau rond, de 26 mill. — Hôpital Comtesse à Lille.

Écu au léopard, penché, timbré d'un heaume cimé d'une tête de lion.

s · vvinnoc · knibbe

(Segel Winnoc Knibbe.)

· Voyez le n° 4913.

4217 MEETKERKE (JACQUES VAN),

Échevin du Franc de Bruges. — 1493.

Sceau rond, de 26 mill. — Hôpital Comtesse à Lille.

Écu à deux épées en sautoir la pointe en bas, penché, timbré d'un heaume cimé d'une tête de licorne.

s · iacop · van · meetkerke

(Segel Jacop van Meetkerke.)

Bail de terres dans l'île de Vulpen. — 25 janvier 1493.

4218 MOERKERKE (WULFARD VAN),

Échevin du Franc de Bruges. — 1410.

Sceau rond, de 23 mill. — Arch. du Nord; Chambre des comptes.

Écu au sautoir chargé de cinq coquilles?, brisé d'une étoile en chef, supporté par deux lions, soutenu par un ange.

vulfart van moc....ke

(Vulfart van Moerkerke.)

Voyez le n° 4208.

4219 OEGERLANDE (DANKAERD VAN).

Échevin du Franc de Bruges. — 1410.

Sceau rond, de 26 mill. — Arch. du Nord; Chambre des comptes.

Écu à deux épées en sautoir la pointe en bas, penché, timbré d'un heaume cimé d'un dragon, supporté par deux dames.

s dan. .ert van oegerlant

(Segel Dankaert van Oegerlande.)

Voyez le n° 4208.

4220 OOSTCAMP (JEAN VAN),

Échevin du Franc de Bruges. — 1410.

Sceau rond, de 23 mill. — Arch. du Nord; Chambre des comptes.

Écu à la bande accompagnée de six merlettes en orle, penché, timbré d'un heaume cimé d'un oiseau entre deux cornes, sur champ festonné.

s · ian van oerscamp

(Segel Jan van Oerscamp.)

Voyez le n° 4208.

4221 OUSSIN (ÉTIENNE).

Échevin du Franc de Bruges. — 1410.

Sceau rond, de 22 mill. — Arch. du Nord; Chambre des comptes.

Écu effacé où l'on voit encore trois étoiles en fasce accompagnées d'un croissant en chef, dans un quadrilobe.

. . . fevin : ousin

(Segel Stevin Ousin.)

Voyez le n° 4208.

4222 PLUMCOOPRE (JEAN DE).

Échevin du Franc de Bruges. — 1502.

Sceau rond, de 25 mill. — Hôpital Comtesse à Lille.

Écu au chevron accompagné de trois plumes, soutenu par un griffon.

s · iohis de plvmcoper

(Sigillum Johannis de Plumcoper.)

Voyez le n° 4206.

4223 SPARPINGHE (BAUDOUIN VAN).

Échevin du Franc de Bruges. — 1470.

Sceau rond, de 28 mill. — Arch. du Nord; abbaye de Marquette.

Une sorte de crosse accostée d'un croissant et d'une étoile.

✤ s' bovdene · van · sparpinge

(Segel Boudene van Sparpinge.)

Voyez le n° 4207.

4224 STEENLANDE (HELLIN VAN),

Chevalier, échevin du Franc de Bruges. — 1410.

Sceau rond, de 25 mill. — Arch. du Nord; Chambre des comptes.

Écu à la fasce frettée accompagnée au canton dextre du chef d'un écusson au chef d'hermines et au canton sénestre d'une étoile, penché, timbré d'un heaume cimé d'une tête de chèvre, supporté par deux griffons.

ꙅ · bellin · van · . . . eeland · rudde . .

(Segel Hellin van Steeland, ruddere.)

Voyez le n° 4208.

—————

4225 WALDE (JEAN DE),

Chevalier, échevin du Franc de Bruges. — 1410.

Sceau rond, de 28 mill. — Arch. du Nord; Chambre des comptes.

Écu à la croix chargée en cœur d'un écusson à deux épées? en sautoir et à la fasce brochant, accompagnée de douze merlettes en orle, penché, timbré d'un heaume couronné et cimé d'une tête de cerf.

ꙅ · whis · de · walde · myles

(Sigillum Johannis de Walde, myles.)

Voyez le n° 4208.

—————

4226 ZEURINC (JEAN),

Échevin du Franc de Bruges. — 1410.

Sceau rond, de 23 mill. — Arch. du Nord; Chambre des comptes.

Écu au sautoir accompagné d'une étoile en chef et d'un chien en pointe, dans un quadrilobe.

ꙅig · ian · surinc

(Sigel Jan Surine.)

Voyez le n° 4208.

—————

ÉCHEVINS ET CONSEILLERS DE BRUXELLES.

—————

4227 BLISTERWICH (JEAN DE),

Échevin de Bruxelles. — 1456.

Sceau rond, de 25 mill. — Arch. du Nord; évêché et chapitre de Cambrai.

Écu au chef émanché et brisé d'un losange, penché, timbré d'un heaume couronné.

. . . . . va blitterswye

(Segel Jan van Blitterswye.)

Transport de biens situés à Plancenoit. — 29 mai 1456.

—————

4228 BRABANT (AMBROISE DE),

Conseiller de Bruxelles. — 1489.

Sceau rond, de 20 mill. — Arch. du Nord; abbaye du Saint-Sépulcre.

Écu portant les lettres gothiques **a** et **b** formant chiffre.

ꙅ · ambrofus · van · brabant

(Segel Ambrosus van Brabant.)

Rente consentie au profit de l'abbaye du Saint-Sépulcre. — 8 octobre 1489.

—————

4229 BUYSEGHEM (GILBERT DE),

Échevin de Bruxelles. — 1399.

Sceau rond, de 24 mill. — Arch. du Nord; évêché et chapitre de Cambrai.

Écu à l'aigle éployée, dans un pentagone.

ꙅ · ghisleberh · de · buseghem

(Sigillum Ghisleberti de Buseghem.)

Acquisition d'un jardin à Neer-Pede. — 3 avril 1399.

—————

4230 CLIEVER (GILLES DE),

Échevin de Bruxelles. — 1406.

Sceau rond, de 26 mill. — Arch. du Nord; évêché et chapitre de Cambrai.

Écu au lion chargé d'un écusson à l'épaule, penché, timbré d'un heaume cimé d'une tête de lévrier, supporté par deux griffons.

. . . gielus · de · clievere

(Segel Giellis de Clievere.)

Acquisition de terres à Gaesbeek. — 2 juin 1406.

—————

4231 CLUETINC (HENRI),

Échevin de Bruxelles. — 1471.

Sceau rond, de 26 mill. — Arch. du Nord; chartes flamandes.

Écu portant trois fleurs de lys au pied nourri, timbré d'un heaume couronné et cimé d'une tête d'aigle?

ꙅ : heur . . cluetinc

(Segel Henric Cluetine.)

Bail de terres sises à Vilvorde. — 19 avril 1471.

—————

4232 CLUETINC (RENIER),

Échevin de Bruxelles. — 1351.

Sceau rond, de 24 mill. — Arch. du Nord; évêché et chapitre de Cambrai.

Écu à trois fleurs de lys, penché, timbré d'un heaume couronné et cimé d'un bonnet, sur champ de rinceaux.

✠ SIGIL RENERI DICTI CLUETINC

(Sigillum Reneri dicti Cluetine.)

Reconnaissance d'un cens à Soltenberg. — 2 juillet 1351.

—————

4233 COENINC (GÉRARD DE),

Échevin de Bruxelles. — 1377.

Sceau rond, de 26 mill. — Arch. du Nord; évêché et chapitre de Cambrai.

Écu portant neuf billettes 3, 3, 2 et 1, brisé d'une

coquille au canton dextre, timbré d'un heaume, supporté par deux sauvages, dans un encadrement gothique.

✠ S' GERADI DICTI REX

(Sigillum Geradi dicti Rex.)

Cession de la justice de Limal. — 6 avril 1377.

4234   DONCKERE (OLIVIER DE),

Échevin de Bruxelles. — 1489.

Sceau rond, de 26 mill. — Arch. du Nord; abbaye du Saint-Sépulcre.

Écu écartelé au 1 d'un sautoir engrêlé cantonné de quatre étoiles, au 2 d'un lion, au 3 d'un sautoir engrêlé, au 4 d'un plain sous un chef échiqueté, penché, timbré d'un heaume.

s olivier de . . . . kere

(Segel Olivier de Donckere.)

Voyez le n° 4228.

4235   DUERNE (SIMON DE),

Conseiller de Bruxelles. — 1489.

Sceau rond, de 21 mill. — Arch. du Nord; abbaye du Saint-Sépulcre.

Écu au bouc sautant sur un arbuste, supporté par un ange.

S simon vä doerne

(Segel Siimon van Doerne.)

Voyez le n° 4228.

4236   EGGLOY (WALTER),

Chevalier, échevin de Bruxelles. — 1404.

Sceau rond, de 25 mill. — Arch. du Nord; évêché et chapitre de Cambrai.

Écu à deux fleurs de lys au franc canton chargé de trois tours et d'un petit maillet, penché, timbré d'un heaume cimé d'une tête d'oiseau, supporté par un griffon et un lion.

s : walteri : dci : egloy : milis

(Sigillum Walteri dicti Egloy, militis.)

Acquisition d'un bois à Huyssinghen. — 20 octobre 1404.

4237   EST (JEAN VAN),

Dit Carpent, conseiller de Bruxelles. — 1489.

Sceau rond, de 25 mill. — Arch. du Nord; abbaye du Saint-Sépulcre.

Écu écartelé au 1 de trois chevrons, au 2 de trois bourses, au 3 de deux pals, au 4 de trois roses, à l'écusson sur le tout, penché, soutenu par un ange.

segel : ian : van : eest

(Segel Jan van Eest.)

Voyez le n° 4228.

4238   EVERGHEM (GUILLAUME VAN),

De Koekelberg, échevin de Bruxelles. — 1489.

Sceau rond, de 26 mill. — Arch. du Nord; évêché et chapitre de Cambrai.

Écu au lion, penché, timbré d'un heaume cimé d'une tête de licorne, supporté par un homme sauvage.

s willem vä everghe dci de coekkelber'

(Segel Willem van Everghem dicti de Coekkelberg.)

Acquisition des fiefs de la Haute et Basse Motuerie à Ophain. — 11 mars 1489.

4239   EYKE (ARNOUL VAN),

Van den Bossche, le jeune, échevin de Bruxelles. — 1431.

Sceau rond, de 24 mill. — Arch. du Nord; collégiale de Saint-Géry.

Écu au sautoir componé, écartelé d'une fasce au lion naissant brochant, penché, timbré d'un heaume cimé d'une tête de coq.

s · aert · vä · eyke · dichi · vä · den · bossche

(Segel Aert van Eyke dicti van den Bossche.)

Acquisition d'un pré à Merchtem. — 5 février 1431.

4240   FROIDMOND (HUGUES DE),

Échevin de Bruxelles. — 1378.

Sceau rond, de 21 mill. — Arch. du Nord; évêché et chapitre de Cambrai.

Écu portant deux tours au franc canton chargé d'un lion, dans un trilobe.

✠ S' HVGHE VAN COVDENBERGHE

(Segel Hughe van Coudenberghe.)

Acquisition d'une rente sur la ville de Bruxelles. — 2 août 1378.

4241   FROIDMONT (JEAN DE),

Échevin de Bruxelles. — 1416.

Sceau rond, de 20 mill. — Arch. du Nord; évêché et chapitre de Cambrai.

Écu à trois tours, supporté par deux personnages en costume du temps, soutenu par un ange, dans un trilobe.

s · iohannys · de · frigido · monte

(Sigillum Johannys de Frigido Monte.)

Acquisition d'un bois à Huyssinghen. — 4 septembre 1416.

4242   FROIDMONT (JEAN DE),

Chevalier, échevin de Bruxelles. — 1400.

Sceau rond, de 29 mill. — Arch. du Nord; évêché et chapitre de Cambrai.

Écu portant deux tours au franc canton chargé d'un lion, penché, timbré d'un heaume cimé d'une tour, dans un quadrilobe.

... iohis de frigido ...

(Sigillum Johannis do Frigido Monte.)

Bail de la dîme de Plancenoit. — 17 mai 1440.

4243 FROIDMONT (JEAN DE),

Dit Rolibuc, échevin de Bruxelles. — 1401.

Sceau rond, de 24 mill. — Arch. du Nord; évêché et chapitre de Cambrai.

Écu portant une fasce au lion issant brochant, penché, timbré d'un heaume cimé d'une tête d'homme, supporté par deux griffons.

s iohis rolibuc

(Sigillum Johannis Rolibue.)

Bail d'héritages sis à Cobbeghem. — 7 novembre 1401.

4244 HAMME (GILLES DE),

Échevin de Bruxelles. — 1390.

Sceau rond, de 24 mill. — Arch. du Nord; évêché et chapitre de Cambrai.

Écu portant cinq losanges en bande au franc canton sénestre chargé d'une fasce accompagnée de . . . ., dans un encadrement gothique.

S' GILLIS . . . . .

(Segel Gillis . . . . . .)

Acquisition de biens à Lathuy. — 16 mai 1390.

4245 HEETVELDE (GAUTIER VAN DEN),

Chevalier, échevin de Bruxelles. — 1397.

Sceau rond, de 26 mill. — Arch. du Nord; abbaye du Saint-Sépulcre.

Écu à la bande chargée de trois maillets, penché, timbré d'un heaume cimé d'une tête d'homme barbu, dans un encadrement oblong.

S' WALTERI DE HE . . . . LDE

(Sigillum Walteri do Heetvelde.)

Acquisition d'une terre à Dilbeek. — 31 octobre 1397.

4246 HEETVELDE (PIERRE VAN DEN),

Chevalier, échevin de Bruxelles. — 1471.

Sceau rond, de 28 mill. — Arch. du Nord; chartes flamandes.

Écu à la bande chargée de trois maillets et accompagnée en chef d'un écusson au lion, penché, timbré d'un heaume cimé d'une tête d'homme.

s . . . . . den heetvel . .

(Seghel Peeter van den Heetvelde.)

Voyez le n° 4231.

4247 HEETVELDE (SWEDERUS VAN DEN),

Échevin de Bruxelles. — 1399.

Sceau rond, de 26 mill. — Arch. du Nord; abbaye du Saint-Sépulcre.

Écu à la bande chargée de trois maillets et accompa-guée en chef d'un écusson au lion, penché, timbré d'un heaume cimé d'une tête de roi, dans un encadrement gothique.

S' SWEDERII DCI DE HEETVELDE

(Sigillum Swederil dicti de Heetvelde.)

Voyez le n° 4229.

4248 HERZELE (GUILLAUME DE),

Échevin de Bruxelles. — 1449.

Sceau rond, de 24 mill. — Arch. du Nord; collégiale de Saint-Géry.

Écu à la bande engrêlée, écartelé d'une fasce au lion issant brochant, penché, timbré d'un heaume cimé d'une aigle entre deux cornes, supporté par un homme sauvage.

s · wilhelmi · filii . . ep . . . . de · herfele

(Sigillum Wilhelmi, filii . . . . . de Herzele.)

Bail d'un pré à Merchtem. — 9 mars 1449.

4249 HOUWERT (JACQUES DE),

Échevin de Bruxelles. — 1489.

Sceau rond, de 28 mill. — Arch. du Nord; abbaye du Saint-Sépulcre.

Écu au lion issant, brisé d'un écusson chargé d'un émanché en abîme, à une champagne, penché, timbré d'un heaume cimé d'une tête d'homme coiffée d'un bonnet.

s iacobi de houwert

(Sigillum Jacobi de Houwert.)

Voyez le n° 4228.

4250 LÉON (JEAN),

Échevin de Bruxelles. — 1391.

Sceau rond, de 21 mill. — Arch. du Nord; évêché et chapitre de Cambrai.

Écu à trois lions couronnés, penché, timbré d'un heaume cimé d'une tête d'homme à barbe, sur champ fretté, dans un quadrilobe.

S' : IOHANNIS ·: LEONIS :·

(Sigillum Johannis Leonis.)

Acquisition d'un courtil à Cricourt. — 10 septembre 1390.

4251 LIMELETTES (COSTE DE),

Chevalier, échevin de Bruxelles. — 1489.

Sceau rond, de 19 mill. — Arch. du Nord; abbaye du Saint-Sépulcre.

Écu portant trois coqs, penché, timbré d'un heaume cimé de deux semelles chargées chacune d'un coq, supporté par une dame.

seel · coust · de · limellette

(Seel Coust de Limellette.)

Voyez le n° 4228.

4252 MEEREN (JEAN VAN DER),

Chevalier, échevin de Bruxelles. — 1464.

Sceau rond, de 27 mill. — Arch. du Nord; évêché et chapitre de Cambrai.

Écu au chef chargé de trois pals celui du milieu brisé d'un annelet, penché, timbré d'un heaume cimé d'une hure de sanglier, supporté par deux dames.

..... der meren ridd ..

(Segel Jan van der Meren, ridder.)

Acquisition de biens à Lathuy. — 12 juin 1454.

4253 MENNEN (JEAN),

Échevin de Bruxelles. — 1351.

Sceau rond, de 26 mill. — Arch. du Nord; évêché et chapitre de Cambrai.

Écu plain au chef échiqueté chargé d'un lambel, penché, timbré d'un heaume couronné et cimé, sur champ de rinceaux.

SIGIL IOHANNIS DICTI MENNEN

(Sigillum Johannis dicti Mennen.)

Voyez le n° 4232.

4254 MOL (THIERRI),

Échevin de Bruxelles. — 1401.

Sceau rond, de 27 mill. — Arch. du Nord; évêché et chapitre de Cambrai.

Écu billeté à cinq losanges en croix, penché, timbré d'un heaume cimé d'une tête d'homme barbu, dans un quadrilobe.

✳ S · THEODERICI · DCI · MOL

(Sigillum Theoderici dicti Mol.)

Acquisition d'un cens à Sollenberg. — 18 février 1401.

4255 MONS (GUILLAUME DE),

Échevin de Bruxelles. — 1420.

Sceau rond, de 27 mill. — Arch. du Nord; collégiale de Saint-Géry.

Écu à cinq coquilles en croix au franc canton chargé d'un écusson en abîme et à la bande sur le tout, penché, timbré d'un heaume cimé d'un paon, supporté par un homme sauvage couché.

..... mi .. mons

(Sigillum Willelmi de Mons?)

Bail de la dîme de Morbraine. — 17 mai 1420.

4256 NOOT (HECTOR VAN DER),

Échevin de Bruxelles. — 1489.

Sceau rond, de 26 mill. — Arch. du Nord; abbaye du Saint-Sépulcre.

Écu à cinq coquilles en croix, brisé d'un maillet au canton dextre, penché, timbré d'un heaume cimé d'une tête d'homme barbu.

segel · hector · väd . . . oot

(Segel Hector van der Noot.)

Voyez le n° 4228.

4257 NOOT (JEAN VAN DER),

Échevin de Bruxelles. — 1455.

Sceau rond, de 26 mill. — Arch. du Nord; collégiale de Saint-Géry.

Écu portant trois fleurs de lys au pied nourri à l'écusson en abîme chargé de trois fleurs de lys au pied nourri, penché, timbré d'un heaume cimé d'une tête d'homme, supporté par un homme sauvage.

s · ian · vá · der · noet

(Segel Jan van der Noet.)

Acquisition de terres à Merchten. — 7 juillet 1455.

4258 NOOT (LAURENT VAN DER),

Échevin de Bruxelles. — 1456.

Sceau rond, de 27 mill. — Arch. du Nord; évêché et chapitre de Cambrai.

Écu aux armes de Jean van der Noot, écartelé de trois pals, penché, timbré d'un heaume cimé d'une tête d'homme, supporté par un homme sauvage.

s · l . . . vereys · vander · noot

(Segel Louwereys van der Noot.)

Bail de la dîme de Hannonsort. — 4 novembre 1456.

4259 NOOT (WALTIER VAN DER),

Échevin de Bruxelles. — 1450.

Sceau rond, de 26 mill. — Arch. du Nord; évêché et chapitre de Cambrai.

Écu à cinq coquilles en croix, penché, timbré d'un heaume cimé d'une tête d'homme barbu, supporté par une femme sauvage.

s · wouter · väder · noot ·

(Segel Wouter van der Noot.)

Cession de droits à Cricourt. — 19 décembre 1450.

4260 OPHEM (SOHIER D'),

Échevin de Bruxelles. — 1456.

Sceau rond, de 25 mill. — Arch. du Nord; évêché et chapitre de Cambrai.

Écu portant trois maillets au lambel, penché, timbré d'un heaume cimé d'une tête d'homme barbu, supporté par une dame.

s : segher : vä : ophem

(Segel Segher van Ophem.)

Voyez le n° 4227.

4261   PAPE (FRANÇOIS DE),

Échevin de Bruxelles. — 1406.

Sceau rond, de 23 mill. — Arch. du Nord; évêché et chapitre de Cambrai.

Écu à l'émanché de cinq pointes mouvant du flanc dextre, écartelé de trois cœurs, penché, timbré d'un heaume cimé d'un cœur, supporté par deux hommes sauvages.

s · francouis · dci · de · pape

(Sigillum Francenuis dicti de Pape.)

Acquisition d'un cens à Sollenberg. — 29 avril 1406.

4262   PAPE (PHILIPPE DE),

Échevin de Bruxelles. — 1471.

Sceau rond, de 26 mill. — Arch. du Nord; évêché et chapitre de Cambrai.

Écu à l'émanché de quatre pointes mouvant du flanc sénestre, écartelé de trois cœurs, à l'écusson chargé de trois maillets sur le tout, penché, timbré d'un heaume cimé d'un cœur.

s : philips : de : pape

(Segel Philips de Pape.)

Acquisition de terres à Petit-Bigard et à Leeuw-Saint-Pierre. — 30 août 1471.

4263   PIED (ARNOUL DU),

Échevin de Bruxelles. — 1390.

Sceau rond, de 26 mill. — Arch. du Nord; évêché et chapitre de Cambrai.

Écu au sautoir chargé d'un cœur, écartelé d'une fasce au lion issant brochant, penché, timbré d'un heaume cimé d'une tête de dame, dans un quadrilobe.

SIG · ARNOLDI · DCI · DE · PEDE

(Sigillum Arnoldi dicti de Pede.)

Voyez le n° 4250.

4264   PIPENPOY (PIERRE),

Échevin de Bruxelles. — 1433.

Sceau rond, de 26 mill. — Arch. du Nord; évêché et chapitre de Cambrai.

Écu portant trois fleurs de lys au pied nourri, penché, timbré d'un heaume cimé, supporté par un dragon.

s · peter · pipenpoy ·

(Segel Peter Pipenpoy.)

Acquisition de biens à Ophain. — 27 avril 1433.

4265   PLAETMAN (GILLES CASSARD),

Échevin de Bruxelles. — 1367.

Sceau rond, de 26 mill. — Arch. du Nord; évêché et chapitre de Cambrai.

Écu portant trois fleurs de lys au lambel, dans un encadrement gothique.

.. GG.... CASSARD DCI P....M..

(Sigillum Egidii Cassard dicti Plateman.)

Acquisition d'une rente à Dilbeek. — 8 mars 1367.

4266   PLAETMAN (GUILLAUME CASSARD),

Échevin de Bruxelles. — 1401.

Sceau rond, de 22 mill. — Arch. du Nord; évêché et chapitre de Cambrai.

Écu portant trois fleurs de lys au lambel chaque pendant chargé de ....., dans un trilobe.

S WILM C...ARD DCI PLATEMAN

(Sigillum Willelmi Cassard dicti Plateman.)

Voyez le n° 4254.

4267   POELE (ÉVRARD JACQUES VAN DEN),

Échevin de Bruxelles. — 1448.

Sceau rond, de 23 mill. — Arch. du Nord; collégiale de Saint-Géry.

Écu au chevron chargé de trois quintefeuilles et accompagné de trois fleurs de lys au pied nourri, penché, timbré d'un heaume cimé d'une fleur de lys, supporté par une dame.

s evardi ttiacops dci vande poele

(Sigillum Everardi te Jacops dicti van den Poele.)

Acquisition d'une terre à Merchtem. — 11 mai 1648.

4268   POELE

(FRANÇOIS JACQUES VAN DEN),

Échevin de Bruxelles. — 1419.

Sceau rond, de 24 mill. — Arch. du Nord; évêché et chapitre de Cambrai.

Écu aux armes du précédent, soutenu par un ange. — Il ne reste de la légende que **. acops** (Jacops).

Voyez le n° 4238.

4269   TAYE (JEAN),

Échevin de Bruxelles. — 1471.

Sceau rond, de 25 mill. — Arch. du Nord; évêché et chapitre de Cambrai.

Écu portant trois tours, écartelé de trois cœurs, penché, timbré d'un heaume cimé d'une tour, soutenu par un dragon.

s : iohannis : taye

(Sigillum Johannis Taye.)

Voyez le n° 4262.

4270   T'SERCLAES (ÉVRARD),

Chevalier, échevin de Bruxelles. — 1404.

Sceau rond, de 28 mill. — Arch. du Nord; Chambre des comptes.

Écu au lion couronné, penché, timbré d'un heaume cimé d'une tête d'aigle, dans un encadrement oblong.

a · ev . . . . . . tserclaes

(Sigillum Everardi dicti Tserclaes.)

Cession de pâturages et d'une maison à Cobbeghem. — 16 novembre 1404.

4271   T'SERCLAES (JEAN),

Fils d'Évrard T'serclaes, échevin de Bruxelles. — 1436.

Sceau rond, de 26 mill. — Arch. du Nord; évêché et chapitre de Cambrai.

Écu au lion couronné chargé d'un écusson à l'épaule au lambel, penché, timbré d'un heaume cimé d'une tête d'aigle, supporté par une dame.

S · iohanis . . . . .

(Sigillum Johannis . . . . .)

Quittance. — 22 mai 1436.

4272   WACHELGEM (JEAN VAN),

Échevin de Bruxelles. — 1489.

Sceau rond, de 26 mill. — Arch. du Nord; abbaye du Saint-Sépulcre.

Écu au sautoir engrêlé, brisé en chef d'un écusson à la bande de fusées accompagnée en chef d'une étoile, penché, timbré d'un heaume.

S · iau · vā · Wachelgem

(Segel Jan van Wachelgem.)

Voyez le n° 4228.

4273   WEERT (GILLES DE).

Échevin de Bruxelles. — 1431.

Sceau rond, de 27 mill. — Arch. du Nord; collégiale de Saint-Géry.

Écu à l'émanché de cinq pointes mouvant du flanc dextre, penché, timbré d'un heaume cimé d'un émanché, supporté par un homme sauvage.

s · gielis · de · Wert

(Segel Gielis de Wert.)

Voyez le n° 4239.

4274   WINKEL (GILLES VAN DEN),

Échevin de Bruxelles. — 1454.

Sceau rond, de 22 mill. — Arch. du Nord; évêché et chapitre de Cambrai.

Écu portant deux cornes, écartelé d'un émanché de cinq pointes mouvant du flanc dextre, penché, timbré d'un heaume cimé de deux cornes.

giel . . . . . dē · Winkel

(Gielis van den Winkel.)

Voyez le n° 4269.

4275   ZEEBROECK (JEAN DE),

Échevin de Bruxelles. — 1456.

Sceau rond, de 28 mill. — Arch. du Nord; évêché et chapitre de Cambrai.

Écu portant une fasce au sautoir brochant, écartelé de trois quintefeuilles, penché, timbré d'un heaume couronné et cimé d'une touffe.

. . . . n zeebroeck

(Segel Jan van Zeebroeck?)

Voyez le n° 4258.

4276   ZUAEF (NICOLAS),

Chevalier, échevin de Bruxelles. — 1377.

Sceau rond, de 23 mill. — Arch. du Nord; évêché et chapitre de Cambrai.

Écu au lion, écartelé d'une fasce au sautoir brochant, penché, timbré d'un heaume cimé d'une tête de roi, dans un encadrement oblong.

s · nicholai : dc̄i : zvaef : milit̄

(Sigillum Nicholai dicti Zuaef, militis.)

Voyez le n° 4233.

4277   ZUAEF (NICOLAS).

Chevalier, échevin de Bruxelles. — 1404.

Sceau rond, de 26 mill. — Arch. du Nord; évêché et chapitre de Cambrai.

Écu portant une fasce au sautoir brochant, écartelé d'un lion, penché, timbré d'un heaume cimé de deux proboscides, dans un encadrement festonné.

s · nicholai · dc̄ · suaef · milisi·

(Sigillum Nicholai dicti Suaef, militis.)

Voyez le n° 364.

ÉCHEVINS DE CAMBRAI.

4278   CAMBRAI

(LES QUATRE-HOMMES DE LA CITÉ DE).

1322.

Sceau rond, de 26 mill. — Arch. du Nord; abbaye de Cantimpré.

Une aigle éployée partie d'un semé de trèfles à trois lions, dans un cordon de fleurons. — Sans légende.

Rachat d'une taille. — Cambrai, 15 juin 1322.

4279   CHAUVIN (MICHEL).

Échevin de Cambrai. — 1661.

Sceau rond, de 32 mill. — Arch. du Nord; collégiale de Saint-Géry.

Écu chargé d'un monogramme.

SEEL · DE · MICHEL · CHAVWIN 1617

Dénombrement d'un fief à Hem-Lenglet. — 4 juillet 1661.

ÉCHEVINS DE CAPRYCKE.

4280   ALARD (EUSTACHE),

Échevin de Caprycke. — 1347.

Sceau rond, de 20 mill. — Hôpital Comtesse à Lille.

Une force.

✳ S' S....N ALARD

(Segel Stasin Alard.)

Acquisition d'une rente. — 9 décembre 1347.

4281   BEKE (ENGUERRAN VAN DER),

Échevin de Caprycke. — 1432.

Sceau rond, de 21 mill. — Hôpital Comtesse à Lille.

Écu portant un ange, dans un trilobe.

s · ugh.....der · beke

(Segel Ingh.... der Beke.)

Acquisition d'une rente. — 10 novembre 1432.

4282   BEKE (ENGUERRAN VAN DER),

Échevin de Caprycke. — 1504.

Sceau rond, de 24 mill. — Hôpital Comtesse à Lille.

Écu à la tierce ondée, timbré d'un heaume; dans le champ, la lettre I.

s · ingbelrã vã der bebe

(Segel Inghelran van der Beke.)

Bail à cens. — 12 janvier 1504.

4283   BEKE (JEAN VAN DER).

Échevin de Caprycke. — 1349.

Sceau rond, de 22 mill. — Hôpital Comtesse à Lille.

Écu à une sextefeuille.

✳ S' · IA. VANDER BEKE

(Segel Jan van der Beke.)

Acquisition d'une terre. — 1ᵉʳ novembre 1349.

4284   BOIDINS (HENRI).

Sone, échevin de Caprycke. — 1356.

Sceau rond, de 20 mill. — Hôpital Comtesse à Lille.

Une hache accompagnée d'une étoile.

S' h ..RIC BOVDINS SONE

(Segel Heinric Boudins sone.)

Acquisition d'une rente. — 1ᵉʳ novembre 1356.

4285   BUZERE (HUGUES DE),

Échevin de Caprycke. — 1337.

Sceau rond, de 32 mill. — Hôpital Comtesse à Lille.

Écu portant trois huchets enguichés au lambel et à la bordure engrêlée, dans un quadrilobe.

... hVGhe · De · BVSeRe

(Segel Hughe de Busere.)

Acquisition d'une rente. — 30 janvier 1337.

4286   CONINC (MATHIEU DE),

Échevin de Caprycke. — 1348.

Sceau rond, de 17 mill. — Hôpital Comtesse à Lille.

Un roitelet.

✳ S' · MAttEVS · De · ..nninc

(Segel Matteus de Coninc?)

Acquisition d'une rente. — 28 septembre 1348.

4287   DANEEL (WAUTIER),

Coppins sone, échevin de Caprycke. — 1347.

Sceau rond, de 17 mill. — Hôpital Comtesse à Lille.

Écu portant un huchet accompagné à sénestre d'une fleur de lys, dans un quadrilobe.

S WOVTER K DANELS

(Segel Wouter filius Danels.)

Voyez le nº 4280.

4288   DANKAERD (JEAN),

Échevin de Caprycke. — 1313.

Sceau rond, de 19 mill. — Hôpital Comtesse à Lille.

Une croix ancrée.

✳ S' · IAN · DANCAERD

(Segel Jan Dancaerd.)

Don d'une rente. — 4 novembre 1313.

4289   DANKAERD (JEAN),

Échevin de Caprycke. — 1333.

Sceau rond, de 18 mill. — Hôpital Comtesse à Lille.

Un oiseau sous une branche.

S' IAN DANKAER.

(Segel Jan Dankaerd.)

Acquisition d'une rente. — 11 novembre 1333.

4290   DIEVEL (WAUTIER DEN),

Échevin de Caprycke. — 1313.

Sceau rond, de 17 mill. — Hôpital Comtesse à Lille.

Un chaperon.

✸ S' WOVTER DE DIEVEL

(Segel Wouter de Dievel.)

Voyez le n° 4288.

4291 ENDE (BAUDOUIN VAN DEN),

Échevin de Capryeke. — 1481.

Sceau rond, de 22 mill. — Hôpital Comtesse à Lille.

Écu portant trois chaperons accompagnés d'un petit chien? en abîme.

S bondin van den hende

(Segel Boudin van den Hende.)

Acquisition d'une rente. — 24 décembre 1481.

4292 EVERBOUT (PIERRE),

Échevin de Capryeke. — 1444.

Sceau rond, de 20 mill. — Hôpital Comtesse à Lille.

Écu plain au chef chargé d'une étoile à sénestre, à la bande brochant.

S · petri · everbout

(Sigillum Petri Everbout.)

Acquisition d'une terre. — 1er juillet 1442.

4293 GARS (HENRI),

Échevin de Capryeke. — 1407.

Sceau rond, de 20 mill. — Hôpital Comtesse à Lille.

Écu portant un lièvre.

S' heinric ghers

(Segel Heinric Ghers.)

Bail à cens. — 10 septembre 1407.

4294 HANE (WAUTIER DE),

Échevin de Capryeke. — 1372.

Sceau rond, de 20 mill. — Hôpital Comtesse à Lille.

Un coq accompagné d'une étoile.

✸ S' WOVTER .. hANE

(Segel Wouter de Hane.)

Échange de rentes. — 10 mars 1372.

4295 HEYNDERIX (EUSTACHE).

Fils de Simon Heynderix, échevin de Capryeke. — 1457.

Sceau rond, de 24 mill. — Hôpital Comtesse à Lille.

Écu portant un monogramme.

S : Stasin : f : Simoen : heinderix :

(Segel Stasin filius Simoen Heinderix.)

Acquisition d'une terre. — 27 juin 1457.

4296 HUGHES (JEAN),

Sone, échevin de Capryeke. — 1356.

Sceau rond, de 17 mill. — Hôpital Comtesse à Lille.

Écu au château accompagné d'un écureuil à sénestre.

✸ S' IAN F hVGheS

(Segel Jan filius Hughes.)

Voyez le n° 4284.

4297 HUGHES (LAURENT),

Échevin de Capryeke. — 1457.

Sceau rond, de 23 mill. — Hôpital Comtesse à Lille.

Écu portant un oiseau accompagné d'une étoile au canton sénestre, dans un encadrement gothique.

S · lauwereyus · huighe

(Segel Lauwereyus Huighe.)

Voyez le n° 4295.

4298 HULENDONC (WAUTIER VAN).

Échevin de Capryeke. — 1333.

Sceau rond, de 20 mill. — Hôpital Comtesse à Lille.

Une chouette.

S' WALTERI h....DONC

(Sigillum Walteri Hulendonc.)

Voyez le n° 4289.

4299 JOORIS (JEAN).

Échevin de Capryeke. — 1544.

Sceau rond, de 18 mill. — Hôpital Comtesse à Lille.

Écu portant une truelle.

S Jan joris

(Segel Jan Joris.)

Travaux d'endiguement dans l'île de Wulpen: quittance. 12 juin 1544.

4300 KNUT (JEAN DE).

Échevin de Capryeke. — 1313.

Sceau rond, de 18 mill. — Hôpital Comtesse à Lille.

Un oiseau (une linotte).

S' · IAN · DE · .. VT

(Segel Jan de Knut.)

Voyez le n° 4288.

4301 KNUT (THOMAS DE).

Échevin de Capryeke. — 1445.

Sceau rond, de 21 mill. — Hôpital Comtesse à Lille.

Écu portant trois coquilles au filet en bande brochant, dans un encadrement gothique.

s : tomaes · de ·cnunt

(Segel Tomaes do Cnaut.)

Acquisition d'une terre. — 12 février 1440.

4302 LAMPAERT (CORNEILLE),

Échevin de Caprycke. — 1438.

Sceau rond, de 20 mill. — Hôpital Comtesse à Lille.

Écu portant un Agnus Dei.

s · cornelis · lampaert

(Segel Cornelis Lampaert.)

Acquisition d'une terre. — 28 juin 1438.

4303 LAMPAERT (CORNEILLE),

Échevin de Caprycke. — 1448.

Sceau rond, de 21 mill. — Hôpital Comtesse à Lille.

Écu portant un Agnus Dei.

s : cornelis : lampaert :

(Segel Cornelis Lampaert.)

Acquisition d'une terre. — 20 janvier 1448.

4304 MOENC (JEAN DE).

Échevin de Caprycke. — 1404.

Sceau rond, de 21 mill. — Hôpital Comtesse à Lille.

Écu portant un moine debout, dans une rose.

s' IAN .. moenc

(Segel Jan de Moene.)

Bail à cens. — 20 juin 1404.

4305 OUDROGGHE (PIERRE),

Échevin de Caprycke. — 1349.

Sceau rond, de 20 mill. — Hôpital Comtesse à Lille.

Une marguerite.

s' PIETER OVDEROGGHE

(Segel Pieter Ouderogghe.)

Acquisition de terres. — 30 novembre 1349.

4306 PAEU (SIMON DE).

Échevin de Caprycke. — 1404.

Sceau rond, de 20 mill. — Hôpital Comtesse à Lille.

Écu au paon accompagné de trois étoiles, dans un quadrilobe.

s SIMOEN DE PAEV

(Segel Simoen de Paeu.)

Voyez le n° 4304.

4307 PAPE (GUILLAUME DE),

Échevin de Caprycke. — 1438.

Sceau rond, de 24 mill. — Hôpital Comtesse à Lille.

Écu au papegai accompagné d'une étoile, dans un triangle festonné.

s voillem de pape . . . . . aus

(Segel Willem de Pape . . . . .)

Voyez le n° 4302.

4308 PLASCH (GILLES),

Échevin de Caprycke. — 1407.

Sceau rond, de 20 mill. — Hôpital Comtesse à Lille.

Écu au cygne nageant sur des ondes, dans un trilobe.

s' · GILLIS · PLASCh

(Segel Gillis Plasch.)

Voyez le n° 4293.

4309 PLASCH (JEAN).

Fils d'Alaert, échevin de Caprycke. — 1448.

Sceau rond, de 20 mill. — Hôpital Comtesse à Lille.

Écu à la hache.

s : ian : plasch : ala . . . s : one

(Segel Jan Plasch, Alaerts sone.)

Voyez le n° 4303.

4310 RIVEEL (ALARD),

Échevin de Caprycke. — 1349.

Sceau rond, de 18 mill. — Hôpital Comtesse à Lille.

Écu portant trois coquilles, à la bande brochant.

✿ s' · ALAERT · RIVEEL

(Segel Alaert Riveel.)

Acquisition d'une rente. — 25 octobre 1349.

4311 RIVEEL (GUILLAUME).

Échevin de Caprycke. — 1442.

Sceau rond, de 21 mill. — Hôpital Comtesse à Lille.

Écu à trois coquilles, dans un trilobe.

sigilla · voillem · riveel

(Sigillum Willem Riveel.)

Voyez le n° 4292.

4312 ROEGIERS (GILBERT).

Échevin de Caprycke. — 1500.

Sceau rond, de 24 mill. — Hôpital Comtesse à Lille.

Écu au chevron accompagné de trois trèfles.

S GHISELBRECHT ROG.... F....ERS

(Segel Ghiselbrecht Rogiers, filius Rogiers?)

Voyez le n° 4299.

4313 RUEDE (WAUTIER DE).

Échevin de Capryeke. — 1337.

Sceau rond, de 18 mill. — Hôpital Comtesse à Lille.

Un chien passant.

✱ **S' WOUTER DE RVEDE**

(Segel Wouter de Ruede.)

Voyez le n° 4285.

4314 SALMOEN (HUGUES).

Échevin de Capryeke. — 1336.

Sceau rond, de 17 mill. — Hôpital Comtesse à Lille.

Écu fascé de six pièces, au filet en bande brochant.

✱ **S' HVGHE SALMOEN**

(Segel Hughe Salmoen.)

Acquisition d'une rente. — 3 décembre 1336.

4315 TEMERMAN (GUILLAUME DE).

Échevin de Capryeke. — 1361.

Sceau rond, de 19 mill. — Hôpital Comtesse à Lille.

Une fleur de lys fleuronnée.

✱ **S' WILLE DE TIMERMAN**

(Segel Willem de Timerman.)

Acquisition d'une rente. — 18 décembre 1361.

4316 TEMERMAN (HENRI DE).

Échevin de Capryeke. — 1337.

Sceau rond, de 21 mill. — Hôpital Comtesse à Lille.

Une hache.

.....**RIC DE TEMMMA.**

(Segel Heinric de Temmerman.)

Voyez le n° 4285.

4317 VOORT (JACQUES).

Échevin de Capryeke. — 1448.

Sceau rond, de 18 mill. — Hôpital Comtesse à Lille.

Écu portant trois étoiles.

s · iacop · voort

(Segel Jacop Voort.)

Voyez le n° 4303.

4318 VROEMOUD (ARNOUL).

Échevin de Capryeke. — 1348.

Sceau hexagone, de 18 mill. — Hôpital Comtesse à Lille.

Une aigle éployée.

.....**ROVT VROMMOVT**

(Segel Arnout Vrommout.)

Voyez le n° 4286.

4319 VROEMOUD (NICOLAS).

Échevin de Capryeke. — 1372.

Sceau rond, de 18 mill. — Hôpital Comtesse à Lille.

Écu à l'aigle éployée, dans un trilobe.

S' · CLAIS · VROMOND

(Segel Clais Vromond.)

Voyez le n° 4294.

4320 WEEDEN (GUILLAUME VAN DER).

Échevin de Capryeke. — 1358.

Sceau rond, de 22 mill. — Hôpital Comtesse à Lille.

Écu au marteau accompagné de deux huchets en chef, dans un trilobe.

S' · WILLEM · VĀN · D' · WEEDEN ·

(Segel Willem van der Weeden.)

Acquisition d'une rente. — 15 mars 1358.

4321 WEEDEN (GUILLAUME VAN DER).

Échevin de Capryeke. — 1372.

Sceau rond, de 21 mill. — Hôpital Comtesse à Lille.

Même représentation qu'au n° précédent.

S' · WILLEM · VAN · D' · WEEDE

(Segel Willem van der Weede.)

Voyez le n° 4294.

4322 WEYTS (JACQUES).

Sone, échevin de Capryeke. — 1457.

Sceau rond, de 20 mill. — Hôpital Comtesse à Lille.

Une étoile.

s · iacob · vveits · sone

(Segel Jacob Weits sone.)

Voyez le n° 4295.

4323 WEYTSSINS (JACQUES).

Échevin de Capryeke. — 1373.

Sceau rond, de 21 mill. — Hôpital Comtesse à Lille.

Écu à la hache accompagnée d'une étoile, soutenu par un griffon.

s : iacop : voitfius

(Segel Jacop Woitsins.)

Bail à cens. — 26 juillet 1523.

4324 WINT (SIMON DE).
Échevin de Capricke. — 1489.
Sceau rond, de 20 mill. — Hôpital Comtesse à Lille.

Écu au lévrier passant.

S' SYMOEN · DE · WINT

(Segel Symoen de Wint.)

Voyez le n° 4281.

4325 WITHOGHE (ARNOUL).
Échevin de Capricke. — 1446.
Sceau rond, de 28 mill. — Hôpital Comtesse à Lille.

Un objet de métier? accompagné d'une étoile en pointe, dans un encadrement gothique.

s · aer.....ghe ·

(Segel Aernoud Withoghe.)

Acquisition d'une terre. — 4 mai 1446.

4326 WITHOGHE (PIERRE).
Échevin de Caprycke. — 1457.
Sceau rond, de 23 mill. — Hôpital Comtesse à Lille.

Un objet de métier? accosté de deux étoiles, dans un trilobe.

s · pieter · w..toghe

(Segel Pieter Witloghe.)

Voyez le n° 4295.

4327 ZOETAERT (MATHIEU).
Échevin de Caprycke. — 1441.
Sceau rond, de 23 mill. — Hôpital Comtesse à Lille.

Un âne? accompagné de trois croisettes.

s : matens : zoetaert : arens : f :

(Seghel Mateus Zoetaert. Arens filius.)

Voyez le n° 4291.

ÉCHEVIN DE CASSEL.

4328 QUAETSTRATE (JEAN VAN DEN).
1411.
Sceau rond, de 24 mill. — Arch. du Nord; Chambre des comptes.

Écu à la croix ancrée, soutenu par un lion, dans un encadrement oblong.

s · ian · van · den · quaestraet

(Segel Jan van den Quaestraet.)

Bail de l'espier de Cassel, — 26 janvier 1411.

ÉCHEVINS DE COURTRAI.

4329 BOETELIN (SIMON).
Échevin de Courtrai. — 1295.
Sceau rond, de 18 mill. — Arch. du Nord; Chambre des comptes.

Écu au chevron chargé de ..... et accompagné de trois merlettes.

❋ S' S.... BOTELIN

(Segel Simon Botelin.)

Déclaration constatant que les actes relatifs aux affaires de Flandre n'ont pas été rendus au comte de Flandre par le comte de Hainaut au jour convenu. — 11 juin 1295.

4330 BROUCKE (GUILLAUME VAN DEN).
Échevin de Courtrai. — 1475.
Sceau rond, de 27 mill. — Arch. du Nord; Chambre des comptes.

Écu à trois croissants, soutenu par une dame, sur champ de feuillages.

w.....vade broube

(Willem van den Brouke.)

Acquisition d'une maison située rue de Lille, à Courtrai, au profit du métier des foulons. — 6 mars 1475.

4331 CAMELIN (ROGER).
Échevin de Courtrai. — 1469.
Sceau rond, de 23 mill. — Arch. du Nord; Chambre des comptes.

Écu portant trois râteaux, brisé d'une étoile en abîme, supporté par deux griffons.

Rugger · camelin

(Rugger Camelin.)

Acquisition d'une rente. — 30 octobre 1469.

4332 COPPENHOLLE (FRANÇOIS DE).
Échevin de Courtrai. — 1369.
Sceau rond, de 23 mill. — Arch. du Nord; Chambre des comptes.

Écu à la fasce sous un chef au lion issant, dans un quadrilobe.

S' FRAN...VAN COPPENOLE

(Segel Fran... van Coppenole.)

Différend soumis au jugement du comte de Flandre. — 4 septembre 1369.

4333 DOUVRIN (GHELDOLPHE VAN).

Échevin de Courtrai. — 1476.

Sceau rond, de 26 mill. — Arch. du Nord; Chambre des comptes.

Écu portant un plain sous un chef au lion passant, penché, timbré d'un heaume cimé d'un buste de femme?, supporté par deux lions.

s · ghildolf · vã · douuri

(Segel Ghildolf van Douvrin.)

Voyez le n° 4330.

4334 EEKE (NICOLAS VAN DER).

Échevin de Courtrai. — 1475.

Sceau rond, de 23 mill. — Arch. du Nord; Chambre des comptes

Écu au gland de chêne, dans un trilobe.

s · clais · vã · der · eeke

(Segel Clais van der Eeke.)

Voyez le n° 4330.

4335 GAVRE (JEAN DE).

Échevin de Courtrai. — 1475.

Sceau rond, de 26 mill. — Arch. du Nord; Chambre des comptes.

Écu au sautoir accompagné d'un croissant en chef et en pointe et d'une étoile à chaque flanc, soutenu par un ange.

s · ian · vand . . · gavere

(Segel Jan van den Gavere.)

Voyez le n° 4330.

4336 MORSLEDE (JEAN VAN).

Échevin de Courtrai. — 1487.

Sceau rond, de 27 mill. — Arch. du Nord; Chambre des comptes

Écu à deux bandes, brisé d'une étoile en chef, penché, timbré d'un heaume cimé d'un oiseau.

s · ian · van · morf . . . .

(Segel Jan van Morslede.)

Acquisition d'une rente. — 29 octobre 1487.

4337 POERTERE (GILBERT DE).

Échevin de Courtrai. — 1469.

Sceau rond, de 20 mill. — Arch. du Nord; Chambre des comptes

Écu à la tour, dans un trilobe.

S · GHIZEL . . . DE POERTERE

(Segel Ghizel... de Poertere.)

Voyez le n° 4330.

4338 SCARDEAU (GOSSUIN DE).

Échevin de Courtrai. — 1495.

Sceau rond, de 20 mill. — Arch. du Nord; Chambre des comptes

Une colombe tenant un rameau d'olivier.

✻ S' GHOSVIN DE . OERDAV

(Segel Ghosuin de Scerdau.)

Voyez le n° 4329.

4339 TOHIARE (JEAN DE).

Échevin de Courtrai. — 1487.

Sceau rond, de 26 mill. — Arch. du Nord; Chambre des comptes

Écu à trois chevrons échiquetés, penché, timbré d'un heaume couronné, supporté par deux griffons.

s · ian · de · tohiare

(Segel Jan de Tohiare.)

Voyez le n° 4336.

4340 VEEL (ROBERT DE).

Échevin de Courtrai. — 1487.

Sceau rond, de 24 mill. — Arch. du Nord; Chambre des comptes

Écu portant un fruit? entre deux coquilles sous un chef au lion passant, soutenu par un ange.

S · robert · de · vieel

(Segel Robert de Vieel.)

Voyez le n° 4336.

ÉCHEVINS DE DAMME.

4341 BATINE (LAMBERT).

Échevin de Damme. — 1270.

Sceau rond, de 25 mill. — Arch. du Nord; abbaye de Vaucelles

Une aigle essorant.

S' · LÃBERTI · B . . . . .

(Sigillum Lamberti Batine.)

Reconnaissance de 300 livres dues à Guillaume de Gand, religieux de Vaucelles. 6 décembre 1270.

4342 BIEST (LAMBERT VAN DER).

Échevin de Damme. — 1305.

Sceau rond, de 18 mill — Arch. du Nord; abbaye de Vaucelles

Une église accompagnée à dextre d'une force et d'une étoile.

S' . . . SIN VAN DER BIEST

(Segel .... van der Biest.)

Bail d'une maison. — 5 septembre 1305.

4343   COZERE (JEAN).

Échevin de Damme. — 1273.

Sceau rond, de 27 mill. — Arch. du Nord; abbaye de Vaucelles.

Écu à trois chaperons, supporté par deux petits oiseaux, dans un quadrilobe.

✠ S.....OZERE

(Sigillum Johannis Cozere.)

Acquisition d'une maison. — Janvier 1273.

4344   ERKEMBOUD (AMISIUS).

Échevin de Damme. — 1273.

Sceau rond, de 26 mill. — Arch. du Nord; abbaye de Vaucelles.

Écu au sautoir cantonné de quatre coquilles.

.....MhIS ER...BVVT

(Segel Amhis Erkembout.)

Voyez le n° 4343.

4345   RAM (JEAN LE).

Échevin de Damme. — 1317.

Sceau rond, de 22 mill. — Arch. du Nord; abbaye de Vaucelles.

Un bélier, dans une rose. — Légende détruite.

Bail de la maison de Cranenburgh. — 17 mars 1317.

4346   SYSSEELE (SEGARD VAN).

Échevin de Damme. — 1286.

Sceau en écu, de 22 mill. — Arch. du Nord; abbaye de Vaucelles.

Écu portant trois quintefeuilles, au lambel.

✠ S. SEGART · VÃ · ZICELE

(Segel Segart van Zicele.)

Don de la maison de Cranenburgh. — 22 juillet 1286.

4347   WITTA (GUILLAUME).

Échevin de Damme. — 1270.

Sceau rond, de 23 mill. — Arch. du Nord; abbaye de Vaucelles.

Écu au sautoir, accosté de deux étriers.

..WILELMI · WIT..

(Sigillum Wilelmi Witta.)

Voyez le n° 4341.

ÉCHEVINS DE DOUAI.

4348   BARRÉ (PIERRE).

Échevin de Douai. — 1475.

Sceau rond, de 28 mill. — Arch. du Nord; chapitre de Saint-Amé

Écu à la bande chargée de ..... écartelé d'une tour, penché, soutenu par une dame.

.....barre

(Seel Pierre Barré.)

Serment des esgars commis par l'échevinage de Douai à la surveillance de la vente des marchandises dans les maisons tenues du chapitre de Saint-Amé. — 15 août 1475.

4349   BOINEBROQUE (JEAN).

Échevin de Douai. — 1341.

Sceau rond, de 22 mill. — Arch. communales de Douai.

Écu semé de bruches, au lion.

....BOINEBROQVE

(Seel Jehan Boinebroque.)

Voyez le n° 4153.

4350   BOUDET (ROBERT).

Échevin de Douai. — 1474.

Sceau rond, de 23 mill. — Arch. du Nord; chapitre de Saint-Amé

Écu à trois lions.

Seel robert boudet

(Seel Robert Boudet.)

Serment des esgars, comme au n° 4348. — 30 juin 1474.

4351   FÈVRE (VINCENT LE),

Échevin de Douai. — 1474.

Sceau rond, de 21 mill. — Arch. du Nord; chapitre de Saint-Amé.

Écu au croissant surmonté d'une étoile,

s vinchant le fevre

(Seel Vinchant le Fèvre.)

Voyez le n° 4350.

4352   HAUCOURT (GILLES DE).

Échevin de Douai. — 1485.

Sceau rond, de 29 mill. — Arch. du Nord; chapitre de Saint-Amé

Écu à la croix ancrée chargée en cœur d'un écusson, penché, timbré d'un heaume cimé d'un oiseau, supporté par un homme sauvage et par un lion.

s · gilles · de · haucourt

(Seel Gilles de Haucourt.)

Serment des esgars, comme au n° 4348. — 28 octobre 1485.

4353   SAINGLER (ANTOINE).

Échevin de Douai. — 1484

Sceau rond, de 26 mill. — Arch. du Nord; chapitre de Saint-Amé.

Écu au sanglier, soutenu par un personnage à barbe coiffé d'un bonnet.

s · antoine · sangler

(Seel Antoine Swingler.)

Serment des esgars. — 5 mars 1484.

4354 TERLINCQ (ANDRÉ).

Échevin de Douai. — 1475.

Sceau rond, de 22 mill. — Arch. du Nord; chapitre de Saint-Ame.

Écu portant trois roses, brisé d'une étoile en abîme, penché, timbré d'un heaume.

s · andr... terlincq

(Seel Andrieu Terlineq.)

Voyez le n° 4348.

ÉCHEVINS DE DUNKERQUE.

4355 BOSSCHE (JACQUES VAN DEN).

Dit Morel, échevin de Dunkerque. — 1405.

Sceau rond, de 21 mill. — Arch. du Nord; Chambre des comptes.

Écu au poisson en fasce accompagné de trois roses, dans un trilobe.

s iacop vanden bussche

(Segel Jacop van den Bussche.)

Quittance des gages de huit soldoyers du château de Dunkerque. — 15 mars 1405.

4356 SPOREWARE (LAURENT).

Échevin de Dunkerque. — 1405.

Sceau rond, de 23 mill. — Arch. du Nord; Chambre des comptes.

Écu portant un oiseau accompagné de trois étoiles, dans un trilobe.

s · lanwers · sporewware

(Segel Lanwers Sporeware.)

Voyez le n° 4355.

ÉCHEVINS DE L'ÉCLUSE.

4357 ANDRIES (GILLES).

Échevin de l'Écluse. — 1421.

Sceau rond, de 21 mill. — Arch. du Nord; Chambre des comptes.

Écu au sautoir sous un chef chargé de trois têtes de loup?, soutenu par une aigle.

sigillu · gillis · andries

(Sigillum Gillis Andries.)

Acquisition par le duc de Bourgogne de deux maisons à l'Écluse. 27 octobre 1421.

4358 BAST (HENRI).

Échevin de l'Écluse. — 1395.

Sceau rond, de 22 mill. — Arch. du Nord; Chambre des comptes.

Écu au sautoir cantonné de quatre étoiles, soutenu par un griffon.

s : henric : bast :

(Segel Heinric Bast.)

Acquisition d'une maison. — 7 janvier 1395.

4359 BELLAERD (JEAN).

Échevin de l'Écluse. — 1407.

Sceau rond, de 22 mill. — Arch. du Nord; Chambre des comptes.

Écu portant trois cloches, soutenu par une aigle?

...ian ... bellaerd

(Segel Jan ... Bellaerd.)

Bail d'une maison. — 5 avril 1407.

4360 BEYDINS (JEAN).

Sone, échevin de l'Écluse. — 1401.

Sceau rond, de 22 mill. — Arch. du Nord; Chambre des comptes.

Écu à la fasce accompagnée de deux étoiles et d'une coquille en chef et d'un oiseau en pointe, soutenu par une aigle.

s : ian : beid.....

(Segel Jan Beidins sone.)

Voyez le n° 4357.

4361 BLONDE (GUILLAUME DE).

Échevin de l'Écluse. — 1353.

Sceau rond, de 21 mill. — Arch. du Nord; Chambre des comptes.

Écu à la bande accompagnée de deux oiseaux, dans un quadrilobe.

s · willem · de · blonde

(Segel Willem de Blonde.)

Constitution d'une rente dans la keure de l'Écluse. — 25 mai 1353.

4362 BOURGOGNE (GUILLAUME DE).

Échevin de l'Écluse. — 1405.

Sceau rond, de 25 mill. — Arch. du Nord; Chambre des comptes.

Écu portant trois fasces au franc canton chargé d'un lion, dans un trilobe.

willem van borg engen

(Willem van Borgengen.)

Adjudication, au profit du duc de Bourgogne, de fiefs situés aux polders de Hobe et du Morel à la Mue. — 14 août 1405.

4363   CLAIS (MATHIEU).

Échevin de l'Écluse. · 1375.

Sceau rond, de 24 mill. — Arch. du Nord; Chambre des comptes.

Écu portant trois merlettes, dans un encadrement gothique.

...AT.IS CLAGIS SVE.....

(Segel Mat... Clais .....)

Assignation d'une rente. — 21 février 1375.

4364   GOLLE (GUILLAUME).

Échevin de l'Écluse. — 1386.

Sceau rond, de 21 mill. — Arch. du Nord; Chambre des comptes.

Écu portant deux losanges en chef et un tourteau ou un besant en pointe, dans un trilobe.

..WILLEM .HO..G

(Segel Willem Golle.)

Acquisition, au profit du duc de Bourgogne, de maisons et terrains sis à l'Écluse. — 10 décembre 1386.

4365   GROTE (JEAN DE).

Échevin de l'Écluse. — 1363.

Sceau rond, de 21 mill. — Arch. du Nord; Chambre des comptes.

Écu à la croix chargée de cinq étoiles et cantonnée de douze merlettes, dans un quadrilobe.

IAN · DE · GROTE · ...LEMS · F

(Jan de Grote, Willems fllius.)

Voyez le n° 4361.

4366   GRUUTPOT (JACQUES).

Échevin de l'Écluse. — 1406.

Sceau rond, de 22 mill. — Arch. du Nord; Chambre des comptes.

Écu à la croix cantonnée de deux pots et de deux coquilles, soutenu par un ange.

s : iacob : gruutpot :

(Segel Jacob Gruutpot.)

Voyez le n° 4362.

4367   HUGHES (JEAN).

Échevin de l'Écluse. — 1377.

Sceau rond, de 22 mill. — Arch. du Nord; Chambre des comptes.

Écu portant une buire accompagnée d'un croissant en pointe, dans un encadrement gothique.

S' · IAN · HVGHES · F · W.....

(Segel Jan Hughes, fllius W.....)

Donation d'une maison. — 1er mars 1377.

4368   MARE (ARNOUL VAN DEN).

Échevin de l'Écluse. — 1386.

Sceau rond, de 22 mill. — Arch. du Nord; Chambre des comptes.

Écu au rencontre de bœuf, penché, timbré d'un heaume cimé d'une tête de bœuf, dans un quadrilobe.

s · arnulphi · de · mare

(Sigillum Arnulphi de Mare.)

Voyez le n° 4364.

4369   MISAEN (JACQUES VAN).

Échevin de l'Écluse. — 1449.

Sceau rond, de 25 mill. — Arch. du Nord; Chambre des comptes.

Écu portant une bande au lambel de cinq pendants, soutenu par une dame.

s : iacobi : de : mysano :

(Sigillum Jacobi de Mysano.)

Acquisition d'une maison au profit du duc de Bourgogne. — 4 juillet 1449.

4370   MOREGHEM (JEAN VAN),

Échevin de l'Écluse. — 1406.

Sceau rond, de 21 mill. — Arch. du Nord; Chambre des comptes.

Écu au sautoir chargé de cinq coquilles et accompagné d'une quintefeuille en chef, dans un quadrilobe.

s · ian · van · moreghem

(Segel Jan van Moregheem.)

Voyez le n° 4362.

4371   OTTIER (JACQUES).

Échevin de l'Écluse. — 1406.

Sceau rond, de 23 mill. — Arch. du Nord; Chambre des comptes.

Écu à trois merlettes en fasce accompagnées en chef d'un croissant entre deux étoiles, dans un trilobe.

s · iacop · outier

(Segel Jacop Outier.)

Voyez le n° 4362.

4372   RATGHEER (WAUTIER).

Échevin de l'Écluse. — 1375.

Sceau rond, de 22 mill. — Arch. du Nord; Chambre des comptes.

Écu à la croix chargée d'un croissant en cœur et cantonnée en chef et à sénestre d'un oiseau, dans un trilobe.

.....RATG.GER

(Segel Wouter Ratgheer.)

Voyez le n° 4363.

4373 SUEREEL (BAUDOUIN),
Échevin de l'Écluse. — 1353.
Sceau rond, de 20 mill. — Arch. du Nord; Chambre des comptes.

Écu portant une croix grecque en abîme au sautoir formé de deux bâtons fleuronnés et sortant du champ brochant, timbré d'une croix, dans un quadrilobe.

S' · BOVDIR · SOER...
(Segel Boudin Soereel.)

Voyez le n° 4361.

4374 ZOETE (PIERRE),
Échevin de l'Écluse. — 1377.
Sceau rond, de 22 mill. — Arch. du Nord; Chambre des comptes.

Écu à trois fleurs de lys, dans un trilobe.

✠ SIG.. PIE... SOE..
(Sigal Pieter Soete.)

Voyez le n° 4367.

4375 ZUWOUT (JOSSE),
Échevin de l'Écluse. — 1449.
Sceau rond, de 22 mill. — Arch. du Nord; Chambre des comptes.

Écu au cerf passant dans une forêt, soutenu par une aigle.

S · IOOS · ȝUEWOUT
(Segel Joos Zuewout.)

Voyez le n° 4369.

ÉCHEVINS D'EECLOO.

4376 BOYS (GUILLAUME),
Échevin d'Eecloo. — 1367.
Sceau rond, de 22 mill. — Hôpital Comtesse à Lille.

Écu portant trois glands de chêne accompagnés d'une merlette en abîme à la bordure engrêlée, dans un encadrement gothique.

S' WILL.M BOISI..R.
(Segel Willem Bois....)

Acquisition d'une rente. — 19 mars 1367.

4377 BRANT (JEAN),
Échevin d'Eecloo. — 1371.
Sceau rond, de 18 mill. — Hôpital Comtesse à Lille.

Une flamme.

✠ S' IAR BRART F WILLEM
(Segel Jan Brant, filius Willem.)

Échange de cens et de rentes. — 1371.

4378 BUL (JEAN DE),
Échevin d'Eecloo. — 1367.
Sceau rond, de 21 mill. — Hôpital Comtesse à Lille.

Écu à trois rencontres de bœuf, dans un trilobe.

S' : IAR : DE : BVL :
(Segel Jan de Bul.)

Voyez le n° 4376.

4379 EVERDEY (GILLES),
Échevin d'Eecloo. — 1433.
Sceau rond, de 24 mill. — Hôpital Comtesse à Lille.

Écu au tronc d'arbre? fourchu accosté de deux étoiles, dans un trilobe.

.....everdey
(Segel Gillis Everdey.)

Acquisition d'une rente. — 28 janvier 1433.

4380 LIPPIN (BAUDOUIN),
Échevin d'Eecloo. — 1371.
Sceau rond, de 19 mill. — Hôpital Comtesse à Lille.

Écu portant un objet inconnu accompagné de deux merlettes en chef et d'une croisette en pointe, dans un trilobe.

.....BOVDIR LIPPIR
(..... Boudin Lippin.)

Voyez le n° 4377.

4381 MAES (JEAN),
Échevin d'Eecloo. — 1349.
Sceau rond, de 18 mill. — Hôpital Comtesse à Lille.

Écu d'hermines à la fasce, brisé d'un point au canton dextre, dans une étoile.

S IAR MAES
(Segel Jan Maes.)

Acquisition d'une rente. — 8 octobre 1349.

4382 MALEN (JEAN VAN),
Échevin d'Eecloo. — 1366.
Sceau rond, de 21 mill. — Hôpital Comtesse à Lille.

Écu au sautoir cantonné d'un oiseau en chef, dans un trilobe.

S' IAR VȜ MALE' F IAR
(Segel Jan van Malen, filius Jan.)

Acquisition d'une terre dans la keure d'Eecloo. — 17 juin 1...

4383　NIEWENHOVE (WAUTIER VAN DEN),

Échevin d'Eecloo. — 1332.

Sceau rond, de 20 mill. — Hôpital Comtesse à Lille.

Une sorte de gril ou de raquette accompagné de deux étoiles.

S' WOVT · VĀDĒ NIEWĒhOVE

(Segel Vouter van den Niewenhove.)

Acquisition d'une rente. — 29 janvier 1332.

4384　　　RIVEEL (ALARD).

Échevin d'Eecloo. — 1371.

Sceau rond, de 20 mill. — Hôpital Comtesse à Lille.

Écu portant trois coquilles à la bande brochant, à la bordure engrêlée.

SIG....Ⅿ · ALAERD · RIVEEL ·

(Sigillum Alaerd Riveel.)

Voyez le n° 4377.

4385　　　RIVEEL (GUILLAUME).

Échevin d'Eecloo. — 1366.

Sceau rond, de 20 mill. — Hôpital Comtesse à Lille.

Écu portant trois coquilles à la bande brochant, dans un trilobe.

S' · WILL.. ..VEEL

(Segel Willem Riveel.)

Acquisition d'une rente dans la keure d'Eecloo. — 15 novembre 1366.

4386　　　SMET (JACQUES DE).

Échevin d'Eecloo. — 1430.

Sceau rond, de 26 mill. — Hôpital Comtesse à Lille.

Écu portant un marteau accosté de deux étoiles, dans un quadrilobe.

s · iacop · de · ſmet

(Segel Jacop de Smet.)

Acquisition d'une terre. — 1ᵉʳ février 1430.

4387　　　WITTE (ARNOUL DE).

Échevin d'Eecloo. — 1366.

Sceau rond, de 21 mill. — Hôpital Comtesse à Lille.

Une sextefeuille, dans une rose.

S' hARRENT DE WITTE

(Segel Harrent de Witte.)

Voyez le n° 4382.

4388　WULFSCOET (BAUDOUIN VAN),

Échevin d'Eecloo. — 1366.

Sceau rond, de 20 mill. — Hôpital Comtesse à Lille.

Écu au chevron accompagné de trois loups, dans un quadrilobe.

S' BOVDEN VAN WVLFSCOOT

(Segel Bouden van Wulfscoet.)

Voyez le n° 4382.

ÉCHEVINS DE GAND.

4389　　　ALIN. (SIMON).

Conseiller de Gand. — 1293.

Sceau rond, de 19 mill. — Arch. du Nord; Chambre des comptes.

Écu à la bande accompagnée de six billettes.

✱ S' SIM.. ALIN

(Seel Simon Alin.)

Accord avec le comte de Flandre au sujet de certains droits et usages. — 9 février 1293.

4390　　　BAUDOUIN (ALEXANDRE).

Conseiller de Gand. — 1293.

Sceau rond, de 28 mill. — Arch. du Nord; Chambre des comptes.

Écu d'hermines, au croissant.

...LEXANORI FILP GALO... (sic)

(Sigillum Alexandri, filii Balduini.)

Voyez le n° 4389.

4391　　COUR (BAUDOUIN DE LA).

Conseiller de Gand. — 1293.

Sceau rond, de 28 mill. — Arch. du Nord; Chambre des comptes.

Écu portant trois fleurs de lys, au lambel.

S' BAVDVIN DE LE COVR

(Seel Baudnin de le Cour.)

Voyez le n° 4389.

4392　　　DONZE (JEAN DE).

Échevin de Gand. — 1316.

Sceau rond, de 20 mill. — Arch. du Nord; Chambre des comptes.

Écu à la tête d'homme de profil, dans une étoile.

✱ S' · IOhANNIS · DE · DVRZA

(Sigillum Johannis de Dunza.)

Voyez le n° 612.

4393 GARDIN (JEAN DU).

Conseiller de Gand. — 1293.

Sceau rond, de 24 mill. — Arch. du Nord; Chambre des comptes.

Écu portant un croissant au lambel de cinq pendants, dans un quadrilobe.

✻ S' · IOhANNIS · DE · POMERIO

(Sigillum Johannis de Pomerio.)

Voyez le n° 4389.

4394 IDIER (GODEFROI).

Conseiller de Gand. — 1293.

Sceau rond, de 21 mill. — Arch. du Nord; Chambre des comptes.

Un château à deux tours, dans un trilobe.

✻ S' · GO..FRIDI · FILII · IDERI

(Sigillum Godefridi, filii Ideri.)

Voyez le n° 4389.

4395 MIRWART (WASSELIN DU).

Conseiller de Gand. — 1293.

Sceau rond, de 21 mill. — Arch. du Nord; Chambre des comptes.

Écu à trois jumelles, dans un quadrilobe.

✻ S' · WASSELINI · DE · SPECVLO

(Sigillum Wasselini de Speculo.)

Voyez le n° 4389.

4396 PITEKIN (HENRI).

Conseiller de Gand. — 1316.

Sceau rond, de 19 mill. — Arch. du Nord; Chambre des comptes.

Écu à trois annelets.

✻ S' · hEINRIC · PITKIN

(Segel Heinrie Pitkin.)

Voyez le n° 619.

4397 PUTH (SIMON DU).

Conseiller de Gand. — 1293.

Sceau rond, de 23 mill. — Arch. du Nord; Chambre des comptes.

Écu à trois annelets.

✻ S' SIMONIS DE PVTEO DE GANDAVO

(Sigillum Simonis de Puteo de Gandavo.)

Voyez le n° 4389.

4398 RINVISCH (HENRI).

Conseiller de Gand. — 1293.

Sceau hexagone, de 30 mill. — Arch. du Nord; Chambre des comptes.

Écu portant trois poissons en bande.

S' hENRICI RINVISCh

(Sigillum Henrici Rinvisch.)

Voyez le n° 4389.

4399 RINVISCH (PHILIPPE).

Conseiller de Gand. — 1293.

Sceau rond, de 23 mill. — Arch. du Nord; Chambre des comptes.

Écu portant trois poissons en bande.

✻ S' · PhILIPPI · DICTI · RINVIS

(Sigillum Philippi dicti Rinvis.)

Voyez le n° 4389.

4400 SAINT-BAVON (MATHIEU DE).

Conseiller de Gand. — 1293.

Sceau rond, de 18 mill. — Arch. du Nord; Chambre des comptes.

Écu à la fasce échiquetée, au lambel de cinq pendants.

✻ S' MATEI DE SÃO BAVO..

(Sigillum Matei de Sancto Bavone.)

Voyez le n° 4389.

4401 VAL (PHILIPPE DU).

Conseiller de Gand. — 1293.

Sceau en écu, de 21 mill. — Arch. du Nord; Chambre des comptes.

Écu portant un vol.

✻ S' PhELIPE DOV VAL

(Seel Phelipe dou Val.)

Voyez le n° 4389.

4402 WILLEBART (JEAN).

Conseiller de Gand. — 1293.

Sceau rond, de 12 mill. — Arch. du Nord; Chambre des comptes.

Écu d'hermines, à trois bandes.

✻ S' · IOhIS · WILLEBART

(Sigillum Johannis Willebart.)

Voyez le n° 4389.

4403 ZUINARDE (BAUDOUIN DE).

Conseiller de Gand. — 1293.

Sceau rond, de 24 mill. — Arch. du Nord; Chambre des comptes.

Écu à quatre fasces.

✻ S' BALDVINI DE ZVINARDE

(Sigillum Balduini de Zuinarde.)

Voyez le n° 4389.

X DE LA FLANDRE.

ÉCHEVINS DE HEYNE PRÈS CAPRYCKE.

—

4404 CLEENPITTRE (WAUTIER DE),

Échevin de Heyne. — 1361.

Sceau hexagone, de 20 mill. — Hôpital Comtesse à Lille.

Un Agnus Dei.

✠ S' WOVTER DE CLEENPITTRE

(Segel Wouter de Cleenpittre.)

Acquisition d'une rente. — 14 avril 1361.

—

4405 HANE (JEAN DE),

Échevin de Heyne. — 1361.

Sceau rond, de 17 mill. — Hôpital Comtesse à Lille.

Un coq.

✠ S' · IAN · DE · HANE

(Segel Jan de Hane.)

Voyez le n° 4404.

—

4406 MOENC (HUGUES DE),

Échevin de Heyne. — 1361.

Sceau rond, de 18 mill. — Hôpital Comtesse à Lille.

Un monogramme.

✠ S' HVGHE DE MOENC

(Segel Hughe de Moenc.)

Voyez le n° 4404.

—

ÉCHEVIN D'HERENTHALS.

—

4407 HAVELOIS (HENRI).

1361.

Sceau rond, de 24 mill. — Arch. du Nord; chartes flamandes.

Un Agnus Dei, dans un trilobe.

s · heinric · hauelocs

(Segel Heinric Havelocs.)

Renonciation par Wautier Zoouwen à ses droits sur la terre d'Houtem à Vilvorde. — 16 avril 1461.

—

ÉCHEVINS DE LANG-AARDENBURG.

—

4408 CLOBBAERT (NICOLAS).

Échevin de Lang-Aardenburg. — 1365.

Sceau rond, de 20 mill. — Hôpital Comtesse à Lille.

Un bœuf.

..CL...,CLOBBAERT

(Segel Claeis Clobbaert.)

Acquisition et arrentement de terres dans la keure de Lang-Aardenburg. — 11 mai 1365.

—

4409 EVERDEY (JEAN),

Échevin de Lang-Aardenburg. — 1365.

Sceau rond, de 18 mill. — Hôpital Comtesse à Lille.

Un maillet.

✠ S' IAN EVERDY

(Segel Jan Everdy.)

Voyez le n° 4408.

—

ÉCHEVINS DE LEMBEKE-LEZ-EECLOO.

—

4410 SMET (GILLES DE),

Clerc, échevin de la keure de Lembeke. — 1313.

Sceau rond, de 22 mill. — Hôpital Comtesse à Lille.

Écu portant deux marteaux en chef et des tenailles en pointe.

✠ S' .GIDII FABRI CLICI

(Sigillum Egidii Fabri, clerici.)

Voyez le n° 4288.

—

4411 STOUTIN (JEAN),

Échevin de la keure de Lembeke. — 1313.

Sceau rond, de 23 mill. — Hôpital Comtesse à Lille.

Une sextefeuille.

S' IAN S.....IN

(Segel Jan S..... in.)

Voyez le n° 4288.

—

ÉCHEVINS DE LESSINES.

—

4412 CAMBIER (JACQUES LE),

Échevin de Lessines. — 1371.

Sceau rond, de 24 mill. — Arch. du Nord; évêché et chapitre de Cambrai.

Écu à la bande accompagnée de trois coquilles, une en chef et deux en pointe, dans un trilobe.

Seel.....le cambier

(Seel ..... le Cambier.)

Acquisition d'un conreil. — 18 décembre 1371.

4413 PLANQUES (JEAN DES).

Échevin de Lessines. — 1471.

Sceau rond, de 25 mill. — Arch. du Nord; évêché et chapitre de Cambrai.

Écu à la fasce accompagnée de trois . . . . , brisé d'une étoile en chef, penché, timbré d'un heaume cimé d'une aigle.

Seel jehan desp . . . . . .

(Seel Jehan des Planques.)

Voyez le n° 4412.

4414 PONT (JEAN DU).

Échevin de Lessines. — 1466.

Sceau rond, de 24 mill. — Arch. du Nord; évêché et chapitre de Cambrai.

Écu à la bande accompagnée de . . . . , penché, timbré d'un heaume cimé d'une tête de lion?

seel · jehan · dou · pont ·

(Seel Jehan dou Pont.)

Réparation de l'église de Lessines. — 22 octobre 1466.

4415 RIVIÈRE (PIERRE DE LA),

Échevin de Lessines. — 1466.

Sceau rond, de 22 mill. — Arch. du Nord; évêché et chapitre de Cambrai.

Écu à trois bandes, dans un trilobe.

s · pie . . . . d · le · riviere

(Seel Pierart de la Rivière.)

Voyez le n° 4414.

ÉCHEVINS, JURÉS ET HUIT-HOMMES, PROCUREURS
ET CLERCS DE LA VILLE DE LILLE.

4416 BOUVRIE (JEAN DE LE),

Échevin de Lille. — 1445.

Sceau rond, de 25 mill. — Arch. communales de Lille.

Écu à trois oiseaux accompagnés d'une coquille en abîme, penché, timbré d'un heaume cimé d'une tête humaine.

✶ Seel jehan de le bouverie

(Seel Jehan de le Bouverie.)

Réformation du nombre des provendiers des hôpitaux Saint-Nicolas, Saint-Nicaise et de la Trinité. — 18 décembre 1445.

4417 BUS (GILLES DU).

Échevin de Lille. — 1445.

Sceau rond, de 27 mill. — Arch. communales de Lille.

Écu billeté à trois croissants, penché, timbré d'un heaume cimé d'une tête de licorne.

Seel gille du bus

(Seel Gille du Bus.)

Voyez le n° 4416.

4418 CHÂTEL (Mᵉ JEAN DU).

Échevin de Lille. — 1445.

Sceau rond, de 24 mill. — Arch. communales de Lille.

Écu au château, écartelé de trois lions, penché, timbré d'un heaume cimé d'une tête de griffon?, supporté par un homme sauvage.

seel jehan du chastel

(Seel Jehan du Chastel.)

Voyez le n° 4416.

4419 COURCELLES (JACQUES DE).

Huit-homme de Lille. — 1445.

Sceau rond, de 24 mill. — Arch. communales de Lille.

Écu au sautoir cantonné d'une merlette en chef et d'un trèfle? au flanc dextre, soutenu par un ange.

Seel jaque de courcielles

(Seel Jaque de Courcielles.)

Voyez le n° 4416.

4420 ESCRIPVAIN (JACQUES L').

Conseiller de Lille. — 1445.

Sceau rond, de 22 mill. — Arch. communales de Lille.

Écu à la croix fleuronnée accompagnée de deux croissants en chef, dans un trilobe.

S IAKES LESCRIVENT

(Seel Jakes l'Escrivent.)

Voyez le n° 4416.

4421 ESCUTIER (GÉRARD L').

Échevin de Lille. — 1445.

Sceau rond, de 25 mill. — Arch. communales de Lille.

Écu à trois huchets enguichés, penché, timbré d'un heaume couronné et cimé d'une tête de cheval?, supporté par deux griffons.

s grard lescutier

(Seel Gerard l'Escutier.)

Voyez le n° 4416.

4422 HENNERON (JEAN).

Clerc de la ville de Lille. — 1445.

Sceau rond, de 25 mill. — Arch. communales de Lille.

Écu portant trois trèfles au lambel, soutenu par une aigle.

Seel Jehan Haneron

(Seel Jehan Haneron.)

Voyez le n° 4416.

4423   MAÎTRE (GÉRARD LE),

Huit-homme de Lille. — 1445.

Sceau rond, de 23 mill. — Arch. communales de Lille.

Écu au plain sous un chef chargé d'un lion passant, penché, timbré d'un heaume cimé d'un lion issant, supporté par deux lions.

S grard le meſtre

(Seel Grard le Mestre.)

Voyez le n° 4416.

4424   MARCHAND (ROBERT).

Huit-homme de Lille. — 1445.

Sceau rond, de 23 mill. — Arch. communales de Lille.

Écu portant un écusson en abîme, au lambel de trois pendants, chaque pendant chargé d'une coquille sur le tout.

S Robiert markant

(Seel Robiert Markant.)

Voyez le n° 4416.

4425   MEURIN (BAUDOUIN),

Clerc et procureur de la ville de Lille. — 1445.

Sceau rond, de 23 mill. — Arch. communales de Lille.

Écu portant trois fruits (trois mûres), soutenu par un griffon.

bauduin meurin

(Bauduin Meurin.)

Voyez le n° 4416.

4426   RENIER (BARTHÉLEMY).

Conseiller de Lille. — 1445.

Sceau rond, de 23 mill. — Arch. communales de Lille.

Écu au chevron accompagné de trois tourteaux ou trois besants, penché, timbré d'un heaume cimé d'une tête de grue tenant une proie, supporté par deux lions.

S betremieu renier

(Seel Betremieu Renier.)

Voyez le n° 4416.

4427   ROT (PIERRE DU).

Échevin de Lille. — 1445.

Sceau rond, de 21 mill. — Arch. communales de Lille.

Écu portant une gerbe.

pierre durof

(Pierre du Rot.)

Voyez le n° 4416.

4428   VILLERS (GÉRARD DE),

Échevin de Lille. — 1445.

Sceau rond, de 24 mill. — Arch. communales de Lille.

Écu à trois lions couronnés, suspendu à un croissant orné de feuillages.

grard de villerſ

(Grard de Villers.)

Voyez le n° 4416.

4429   WALLE (ARNOUL DE LE).

Échevin de Lille. — 1445.

Sceau rond, de 24 mill. — Arch. communales de Lille.

Écu fretté sous un chef chargé de trois étoiles, penché, timbré d'un heaume cimé d'une aiglette, supporté par deux lions.

S · ernoul · de · le · wale ·

(Seel Ernoul de le Wale.)

Voyez le n° 4416.

4430   WARIN (JEAN).

Huit-homme de Lille. — 1445.

Sceau rond, de 25 mill. — Arch. communales de Lille.

Écu à la fasce accompagnée de trois merlettes, parti de trois aiglettes éployées, soutenu par un ange.

s · jehan Warin

(Seel Jehan Warin.)

Voyez le n° 4416.

ÉCHEVINS DE LOUVAIN.

......

4431   ABSOLOENS (HENRI).

Échevin de Louvain. — 1404.

Sceau rond, de 28 mill. — Arch. du Nord; chartes flamandes.

Écu au chevron accompagné de trois oiseaux.

S : hEINRICI : ABSOLOENS : SCABINI : LOVANIEN

(Sigillum Heinrici Absoloens, scabini Lovaniensis.)

Confirmation de la vente du bois de Rerquit. — 11 octobre 1404.

4432 ABSOLOENS (JOSSE).

Échevin de Louvain. — 1454.

Sceau rond, de 26 mill. — Arch. du Nord; évêché et chapitre de Cambrai.

Écu portant deux fleurs de lys au franc canton, écartelé d'une fasce accompagnée de trois merlettes.

.. IVDOCI : ABSOLOE.. : SCABINI : LOVAR̄

(Sigillum Judoci Absoloens, scabini Lovaniensis.)

Acquisition d'une rente à Cricourt. — 26 juin 1454.

4433 BERGHE (GODEFROI VAN DEN),

Échevin de Louvain. — 1404.

Sceau rond, de 27 mill. — Arch. du Nord; chartes flamandes.

Écu à trois pals, sous un chef au lion à queue fourchée issant,

S' : GODEFRIDI : DE : MONTE : SCABI.. :
LO.....

(Sigillum Godefridi de Monte, scabini Lovaniensis.)

Voyez le n° 4431.

4434 BLANC (QUENTIN LE),

D'Overloe, échevin de Louvain. — 1398.

Sceau rond, de 26 mill. — Arch. du Nord; évêché et chapitre de Cambrai.

Écu au chef chargé de trois maillets.

... VITINI · ALBVS ...GRLOG · SCAB' · L..

(Sigillum Quintini Albus d'Overloe, scabini Lovaniensis.)

Vente du bois de Berquit près Grumines. — 9 septembre 1398.

4435 BONE (ARNOUL),

Échevin de Louvain. — 1433.

Sceau rond, de 26 mill. — Arch. du Nord; évêché et chapitre de Cambrai.

Écu au sautoir engrêlé cantonné en chef d'un petit arbret

...RNOLDI BONE ..ABINI L.....

(Sigillum Arnoldi Bone, scabini Lovaniensis.)

Acquisition d'un pré à Boortmeerbeek. — 3 septembre 1433.

4436 BORCHOVEN (HENRI DE),

Échevin de Louvain. — 1417.

Sceau rond, de 27 mill. — Arch. du Nord; évêché et chapitre de Cambrai.

Écu portant trois macles, écartelé de trois maillets.

S' · hEINRICI · DE · BORChOVE · SCABINI · LOVANI

(Sigillum Heinrici de Borchove, scabini Lovani.)

Vente d'une portion du bois de Berquit. — 3 juillet 1417.

4437 BOXHOREN (GODEFROI).

Échevin de Louvain. — 1404.

Sceau rond, de 27 mill. — Arch. du Nord; évêché et chapitre de Cambrai.

Écu au sautoir cantonné d'une losange en chef et de trois tourteaux ou trois besants aux flancs et en pointe.

.... DEFRIDI BO...ES SCABINI LOVANIER...

(Sigillum Godefridi Bo....., scabini Lovaniensis.)

Acquisition du bois de Berquit près Grumines. — 12 août 1404.

4438 HAENEWYK (GÉRARD DE).

Échevin de Louvain. — 1407.

Sceau rond, de 26 mill. — Arch. du Nord; évêché et chapitre de Cambrai.

Écu à deux pals, écartelé d'une fasce accompagnée d'un lion passant en chef et à dextre.

✳ S' : GERARDI : DE : hAENWIIC : SCABI :
LOVAR̄

(Sigillum Gerardi de Haenwiic, scabini Lovaniensis.)

Acquisition d'un bois en la paroisse de Grune. — 8 novembre 1407.

4439 HUFFELE (JEAN DE).

Échevin de Louvain. — 1403.

Sceau rond, de 26 mill. — Arch. du Nord; abbaye du Saint-Sépulcre.

Écu portant un sautoir, au franc canton chargé de trois....

..OHIS DE hVFFELE SCABINI .OVA...

(Sigillum Johannis de Huffele, scabini Lovaniensis.)

Acquisition de biens à Redingen. — 28 juillet 1403.

4440 KERSMAKER (GODEFROI),

Échevin de Louvain. — 1403.

Sceau rond, de 28 mill. — Arch. du Nord; abbaye du Saint-Sépulcre.

Écu au sautoir denché chargé en cœur d'un écusson portant trois chevrons.

...DEFRIDI KERS.....

(Sigillum Godefridi Keersmaker .....

Voyez le n° 4439.

4441 LINDEN (JEAN VAN DER).

Échevin de Louvain. — 1417.

Sceau rond, de 28 mill. — Arch. du Nord; évêché et chapitre de Cambrai.

Écu portant une macle, sous un chef chargé de trois maillets.

✳ S' : IOHIS : VANDER : LINDE : SCAB̄ : LOVA

(Sigillum Johannis van der Linde, scabini Lovaniensis.)

Voyez le n° 4436.

4442　LYEMINGEN (JACQUES DE).

Échevin de Louvain. — 1495.

Sceau rond, de 29 mill. — Arch. du Nord; évêché et chapitre
de Cambrai.

Écu portant trois pals, sous un chef au lambel.

... iacobi ꝛ lie ..... ſcab .....

(Sigillum Jacobi de Liemingen, scabini Lovaniensis.)

Bail à cens. — 27 mars 1495.

4443　MAES (JEAN),

Échevin de Louvain. — 1409.

Sceau rond, de 28 mill. — Arch. du Nord; abbaye du Saint-Sépulcre.

Écu portant trois losanges, au lambel.

..... ANN ..... SCABINI LOV ...

(Sigillum Johannis Maes, scabini Lovaniensis.)

Vente de vignes à Cobbeghem. — 6 août 1409.

4444　MARCEL (JEAN),

Échevin de Louvain. — 1454.

Sceau rond, de 26 mill. — Arch. du Nord; évêché et chapitre
de Cambrai.

Écu à trois bandes chargées de glands de chêne.

... oħis : marcels : ſcabini : louañ ·

(Sigillum Johannis Morcels, scabini Lovaniensis.)

Voyez le n° 4432.

4445　MEERSBERGHE (LOUIS DE),

Échevin de Louvain. — 1454.

Sceau rond, de 20 mill. — Arch. du Nord; évêché et chapitre
de Cambrai.

Écu au lion naissant, sous un chef chargé d'une rose
entre deux hermines?

s lndouici ꝛ meerſber ..... oŷ

(Sigillum Ludovici de Meersberghe, scabini Lovaniensis.)

Acquisition de biens à Laetriie. — 8 juin 1454.

4446　MULK (HENRI DE),

Échevin de Louvain. — 1417.

Sceau rond, de 27 mill. — Arch. du Nord; évêché et chapitre
de Cambrai.

Écu à la bande chargée d'une fleur de lys et de deux
merlettes.

... RI .. DE : MVL ... BĪ : L .....

(Sigillum Henrici de Mulk, scabini Lovaniensis.)

Acquisition de biens à Bierghes, Incourt et Longueville. — 2 novembre 1417.

4447　NAEN (GUILLAUME),

Échevin de Louvain. — 1435.

Sceau rond, de 28 mill. — Arch. du Nord; évêché et chapitre de Cambrai.

Écu semé d'étoiles, au franc canton chargé de trois
fleurs de lys. — Légende détruite.

Acquisition d'un fief à Dilbeek et à Berchsem. — 20 mars 1435.

4448　NAEN (HENRI),

Échevin de Louvain. — 1404.

Sceau rond, de 28 mill. — Arch. du Nord; évêché et chapitre de Cambrai.

Écu semé d'étoiles, au franc canton semé de fleurs de
lys.

S' · HENRICI · NAEN · SCABINI · LOVA ..

(Sigillum Henrici Naen, scabini Lovaniensis.)

Voyez le n° 4437.

4449　NEER-LINTER (HENRI DE),

Échevin de Louvain. — 1444.

Sceau rond, de 26 mill. — Arch. du Nord; évêché et chapitre de Cambrai.

Écu plain, au chef chargé d'un lion passant.

... HENRICI : DE : LINTR ... OP : SCAB̄ : LO ...

(Sigillum Henrici de Lintr ... op, scabini Lovaniensis.)

Acquisition d'une rente à Cobbeghem. — 23 juin 1444.

4450　OPPENDORP (JEAN D'),

Échevin de Louvain. — 1494.

Sceau rond, de 27 mill. — Arch. du Nord; évêché et chapitre de Cambrai.

Écu à trois pals, sous un chef chargé d'un sautoir engrêlé.

S' : IOHIS : DE : OPP ... ORP : SC ....

(Sigillum Johannis de Oppendorp, scabini Lovaniensis.)

Bail de terres à Laetriie. — 3 octobre 1494.

4451　PONT (JEAN DU),

Échevin de Louvain. — 1398.

Sceau rond, de 27 mill. — Arch. du Nord; évêché et chapitre de Cambrai.

Écu portant trois fleurs de lys au pied coupé, au bâton brochant.

✳ S : IOHANNIS : DE : PONTE : SCABINI :
LOVANIEN̄

(Sigillum Johannis de Ponte, scabini Lovaniensis.)

Voyez le n° 4434.

4452　PRYKERE (JEAN),

Échevin de Louvain. — 1455.

Sceau rond, de 25 mill. — Arch. du Nord; évêché et chapitre de Cambrai.

Écu au chef chargé de trois étoiles.

✠ S⸳ IOHS : PRI⸳GRG : SC....I : LOṼ

(Sigillum Johannis Prikero, scabini Lovaniensis.)

Voyez le n° 4432.

4453   PYNNOC (LOUIS),

Échevin de Louvain. — 1398.

Sceau rond, de 27 mill. — Arch. du Nord; évêché et chapitre de Cambrai.

Écu au sautoir denché.

.. LVDOVIGI : PINNOC : SCABINI : LOVA ..

(Sigillum Ludovici Pinnoc, scabini Lovaniensis.)

Voyez le n° 4434.

4454   RIKE (GILLES).

Échevin de Louvain. — 1404.

Sceau rond, de 27 mill. — Arch. du Nord; évêché et chapitre de Cambrai.

Écu à trois pals sous un chef, écartelé d'une fasce au lion issant brochant.

S : GGIDII · RIKE · SCABINI · LOVARIENS ..

(Sigillum Egidii Rike, scabini Lovaniensis.)

Voyez le n° 4437.

4455   RIKE (LOUIS),

Échevin de Louvain. — 1403.

Sceau rond, de 26 mill. — Arch. du Nord; abbaye du Saint-Sépulcre.

Écu aux armes du numéro précédent.

.... SCABINI : LOVARIG ...

(Sigillum Ludovici Rike, scabini Lovaniensis.)

Voyez le n° 4439.

4456   ROELANTS (LOUIS),

Échevin de Louvain. — 1454.

Sceau rond, de 26 mill. — Arch. du Nord; évêché et chapitre de Cambrai.

Écu au sautoir denché.

... LVDOVIGI : ROELANTS : SCABI : L ....

(Sigillum Ludovici Roelants, scabini Lovaniensis.)

Cession de biens à Laetuiie. — 8 juin 1454.

4457   TYMPLE (JEAN VAN DEN).

Échevin de Louvain. — 1417.

Sceau rond, de 27 mill. — Arch. du Nord; évêché et chapitre de Cambrai.

Écu au lion, à la bande chargée? brochant.

✠ S : IOHIS ..... IMPLE : SCABI : LOVARI

(Sigillum Johannis van den Timple, scabini Lovani.)

Acquisition de biens situés à Bierghes. — 4 novembre 1417.

4458   VYNC (ARNOULJ).

Échevin de Louvain. — 1454.

Sceau rond, de 28 mill. — Arch. du Nord; évêché et chapitre de Cambrai.

Écu au chevron chargé de trois merlettes? et accompagné de deux étoiles en chef.

... ROLDI : VYNKG : SCABINI : LOVA ...

(Sigillum Arnoldi Vynke, scabini Lovaniensis.)

Voyez le n° 4445.

4459   WITTEMAN (GAUTIER).

Échevin de Louvain. — 1433.

Sceau rond, de 26 mill. — Arch. du Nord; évêché et chapitre de Cambrai.

Écu au chef chargé de trois maillets.

... ALTGRI : WI ..... SCAB : LOVA ..

(Sigillum Walteri Witteman, scabini Lovaniensis.)

Voyez le n° 4435.

4460   WYTVLIET (JEAN DE).

Échevin de Louvain. — 1441.

Sceau rond, de 20 mill. — Arch. du Nord; évêché et chapitre de Cambrai.

Écu au lion, au bâton brochant.

... OHS : D ..... IGT : SCAB : LO ...

(Sigillum Johannis de Witvliet, scabini Lovaniensis.)

Voyez le n° 4449.

4461   ZAS (GAUTIER).

Échevin de Louvain. — 1403.

Sceau rond, de 28 mill. — Arch. du Nord; abbaye du Saint-Sépulcre.

Écu au chien passant.

... WALGG .. AS ... BINI LOVA ...

(Sigillum Walteri Zas, scabini Lovaniensis.)

Voyez le n° 4439.

ÉCHEVIN ET AMMAN DE METZ.

4462   MÉTRY (THIBAUD DE).

1358.

Sceau rond, de 18 mill. — Arch. du Nord: Chambre des comptes.

Écu à deux fasces, penché, timbré d'un heaume cimé de deux cornes, sur champ fretté.

MGS ... GIBA DE MGTRY

(Messire Tibaut de Métry.)

Thibaud de Métry reconnaît tenir du duc de Luxembourg, avec faculté de rachat, la ville de Blahueville. — Yvoy, 3 septembre 1358.

ÉCHEVINS DE NIEUPORT.

4463   LAUWART (HENRI),

Échevin de Nieuport. — 1395.

Sceau rond, de 26 mill. — Arch. du Nord; Chambre des comptes.

Écu d'hermines à trois losanges en bande, chaque losange chargée d'une coquille, soutenu par un griffon.

s : henrici : de : lauwart

(Sigillum Henrici de Lauwert.)

Expulsion du gouverneur du château du bois de Nieppe. — 3 septembre 1395.

4464   QUATOT (ANSEL),

Échevin de Nieuport. — 1395.

Sceau rond, de 24 mill. — Arch. du Nord; Chambre des comptes.

Écu portant trois lions, soutenu par une dame, supporté par deux cerfs, dans un trilobe.

s : ancel : quatoc

(Seel Ancel Quatoc.)

Voyez le n° 4463.

ÉCHEVINS DE NINOVE.

4465 COMPOSTELLE (GÉRARD VAN),

Échevin de Ninove. — 1511.

Sceau rond, de 25 mill. — Arch. du Nord; chartes flamandes.

Écu portant un huchet, parti d'une tête de bélier.

s · ghert · vã · compeſtelle

(Segel Ghert van Compestelle.)

Acquisition d'un pré. — 1ᵉʳ septembre 1511.

4466   FAQUES (JEAN VAN),

Échevin de Ninove. — 1511.

Sceau rond, de 27 mill. — Arch. du Nord; chartes flamandes.

Écu au lion couronné, penché, timbré d'un heaume cimé d'un lion.

s ian van .aquoeys

(Segel Jon van Faquoeys.)

Voyez le n° 4465.

4467   GOESSENS (GEORGES),

Échevin de Ninove. — 1511.

Sceau rond, de 23 mill. — Arch. du Nord; chartes flamandes.

Écu portant un monogramme.

s : torus : goeſens

(Segel Joriis Goesens.)

Voyez le n° 4465.

4468   OISY (RASSE VAN),

Échevin de Ninove. — 1511.

Sceau rond, de 26 mill. — Arch. du Nord; chartes flamandes.

Écu portant un croissant au bâton brochant, timbré d'un heaume, supporté par deux lions.

s raſe van oſu ?

(Segel Rase van Osii.)

Voyez le n° 4465.

JURÉ DE LA PAIX DU QUESNOY.

4469   PISSON (JEAN),

1534.

Sceau rond, de 27 mill. — Arch. du Nord; abbaye de Vaucelles.

Écu au chevron accompagné de trois poissons, soutenu par une licorne.

S IEhXN PISSON

(Seel Jehan Pisson.)

Aveu d'un fief à Villereau. — 12 août 1534.

ÉCHEVINS DE SCHOONHOVEN.

4470   CLAIS (THIERRI),

Échevin de Schoonhoven. — 1441.

Sceau rond, de 24 mill. — Arch. du Nord; chartes flamandes.

Écu portant trois feuilles en forme de cœur accompagnées d'un D en abîme, dans un trilobe.

s' · dirc · clais · Coeur

(Segel Dirc Clais soene.)

Acquisition d'une rente. — 29 mai 1441.

4471   NES (WYER VAN),

Échevin de Schoonhoven. — 1441.

Sceau rond, de 29 mill. — Arch. du Nord; chartes flamandes

Écu portant deux losanges au franc canton chargé de trois croisettes, suspendu à un arbre.

Sil' · wyer · van · nes

(Sigel Wyer van Nes.)

Don d'une rente. — 7 mars 1411.

4472 PIETERS (FRÉDÉRIC),
Échevin de Schoonhoven. 1409.
Sceau rond, de 21 mill. — Arch. du Nord; chartes flamandes.

Écu à deux fasces bretessées contrebretessées au bâton brochant, dans un trilobe.

ꞩ frederic peters soen

(Segel Frederic Peters soen.)

Constitution d'une rente. — 9 novembre 1409.

4473 VEYMBRECHTS (ARRUT).
Échevin de Schoonhoven. — 1406.
Sceau rond, de 20 mill. — Arch. du Nord; chartes flamandes.

Écu à trois fasces, dans un trilobe.

ꞩ · aerut · feymbrechts · soene

(Segel Aerut Feymbrechts soen.)

Donation mutuelle entre conjoints. — 6 novembre 1406.

4474 WOUTERS (VRANC),
Échevin de Schoonhoven. — 1432.
Sceau rond, de 22 mill. — Arch. du Nord; chartes flamandes.

Écu portant trois cœurs accompagnés d'une croisette en abîme, dans un quadrilobe.

ꞩ vranc wouter soen

(Segel Vranc Wouter soen.)

Don de biens sis dans la Twystraete. — 14 juin 1432.

ÉCHEVINS DE VILVORDE.

4475 BERINGHEN (WAUTIER VAN).
Échevin de Vilvorde. — 1470.
Sceau rond, de 24 mill. — Arch. du Nord; évêché et chapitre de Cambrai.

Écu écartelé, portant au 1 trois coqs, au 2 trois mâcles, au 3 des fusées, au 4 ..... à l'écusson bandé de six pièces sur le tout, penché et timbré d'un heaume.

ꞩ wouter van beringhen

(Segel Wouter van Beringhen.)

Acquisition d'une terre à Duvelsdal. — 11 mai 1470.

4476 MELSBROECK (MICHEL DE).
Échevin de Vilvorde. — 1399.
Sceau rond, de 23 mill. — Arch. du Nord; évêché et chapitre de Cambrai.

Écu au chef chargé de cinq pals reliés par une traverse et brisé d'une étoile au canton dextre, dans un pen-tagone.

ꞩ : MICHIEL : VAN : MELSBRUC

(Segel Mieghel van Melsbruc.)

Acquisition d'une terre à Duvelsdal. — 10 décembre 1399.

ÉCHEVINS DE WATERVLIET ET DE SA NOUVELLE KEURE.

4477 BAETSAERD (JEAN).
Échevin de la nouvelle Keure de Watervliet. — 1347.
Sceau rond, de 17 mill. — Hôpital Comtesse à Lille.

Une aigle.

✠ ꞩ IAN BAEDSEART

(Segel Jan Baedseart.)

Bail à rente. — 11 novembre 1347.

4478 BAETSAERD (JEAN).
Échevin de Watervliet. — 1361.
Sceau rond, de 19 mill. — Hôpital Comtesse à Lille.

Écu portant une ramure de cerf, brisé d'une étoile au canton dextre.

ꞩ : IAN : BAETSAERD : BOVDENS : F :

(Segel Jan Baetsaerd, Boudens filius.)

Acquisition d'une rente. — 14 décembre 1362.

4479 BARWOUD (WAUTIER).
Échevin de la nouvelle Keure de Watervliet. — 1367.
Sceau rond, de 17 mill. — Hôpital Comtesse à Lille.

Écu au chien? passant.

✠ ꞩ WOVTER BAROVT

(Segel Wouter Barout.)

Acquisition d'une rente. — 18 octobre 1367.

4480 BRUNE (PIERRE DE).
Échevin de la nouvelle Keure de Watervliet. — 1350.
Sceau rond, de 16 mill. — Hôpital Comtesse à Lille.

Une étoile.

ꞩ PIETE BOVDENS .....

(Segel Piete Boudens .....)

Acquisition d'une rente. — 6 février 1350.

4481 BUSE (PIERRE).
Échevin de la nouvelle Keure de Watervliet. 1365.
Sceau rond, de 18 mill. — Hôpital Comtesse à Lille.

Écu portant deux épées en sautoir, la pointe en bas.

✠ S' PIETER BVS

(Segel Pieter Bus.)

Reconnaissance d'une rente. — 13 décembre 1365.

4482　　CLOET (ALVERIC).

Échevin de la nouvelle keure de Watervliet. 1346.

Sceau rond, de 18 mill. — Hôpital Comtesse à Lille.

Un oiseau sur une terrasse.

S' ALVERIC KLOET

(Segel Alveric Kloet.)

Bail à rente. — 7 mai 1346.

4483　　EVERBOUT (ALARD),

Échevin de la nouvelle keure de Watervliet. 1365.

Sceau rond, de 23 mill. — Hôpital Comtesse à Lille.

Écu portant une moucheture d'hermine.

S' · ALAERT · EVERBOVT ·

(Segel Alaert Everbout.)

Acquisition d'une rente. — 17 mai 1365.

4484　　EVERBOUT (JEAN).

Échevin de la nouvelle keure de Watervliet. — 1360.

Sceau rond, de 18 mill. — Hôpital Comtesse à Lille.

Une fasce accostée de deux étoiles.

S' IAN EVERBOVT

(Segel Jan Everbout.)

Voyez le n° 4480.

4485　　EVERBOUT (JEAN), .

Corembitere, échevin de la nouvelle keure de Watervliet. 1367.

Sceau rond, de 21 mill. — Hôpital Comtesse à Lille.

Un animal fantastique à tête humaine.

✠ S' IAN HEVERBOVT

(Segel Jan Heverbout.)

Acquisition d'une rente. — 16 octobre 1367.

4486　　GALINC (GUILLAUME).

Échevin de la nouvelle keure de Watervliet. — 1365.

Sceau rond, de 21 mill. — Hôpital Comtesse à Lille.

Écu à la bande chargée d'une coquille, dans un trilobe.

S' WILLEM GALIN

(Segel Willem Galin.)

Voyez le n° 4483.

4487　　MARIE (JEAN).

Échevin de la nouvelle keure de Watervliet. — 1365.

Sceau rond, de 17 mill. — Hôpital Comtesse à Lille.

Un oiseau.

✠ S' IAN F MARIE

(Segel Jan, filius Marie.)

Voyez le n° 4481.

4488　　VOS (GOUD).

Échevin de la nouvelle keure de Watervliet. — 1360.

Sceau rond, de 17 mill. — Hôpital Comtesse à Lille.

Des tenailles.

✠ S' GOVD VOS

(Segel Goud Vos.)

Acquisition d'une rente. — 16 juillet 1360.

4489　　VOS (LAURENT DE).

Échevin de la nouvelle keure de Watervliet. —, 1360.

Sceau rond, de 16 mill. — Hôpital Comtesse à Lille.

Écu à la bande accompagnée de trois étoiles.

✠ S' LAWEREIS DE VOS

(Segel Lauvereis de Vos.)

Voyez le n° 4488.

4490　WEDERSCOET (GUILLAUME).

Échevin de la nouvelle keure de Watervliet. — 1359.

Sceau rond, de 16 mill. — Hôpital Comtesse à Lille.

Écu portant une molette ou une étoile.

✠ S' · WILLEM WEDERSCOT

(Segel Willem Wederscot.)

Acquisition d'une terre. — 5 novembre 1359.

4491　　WILLART (ARNOUL).

Échevin de la nouvelle keure de Watervliet. — 1365.

Sceau rond, de 16 mill. — Hôpital Comtesse à Lille.

Un oiseau.

✠ S' ARNOVD WILLART

(Segel Arnoud Willart.)

Voyez le n° 4481.

4492　　WOLBOUT (HUGUES),

Échevin de la nouvelle keure de Watervliet. 1365.

Sceau rond, de 21 mill. — Hôpital Comtesse à Lille.

Écu à trois mouchetures d'hermines posées en fasce l'une sur l'autre.

Sᵉ HVGHE WOLBOVE WOVTE SONE

(Segel Hughe Wolbout, Wouters sone.)

Voyez le n° 4481.

4493 WOUTERS (GÉRARD).

Échevin de la nouvelle Leure de Watervliet. — 1365.

Sceau rond, de 17 mill. — Hôpital Comtesse à Lille.

Écu portant deux roues en chef et une étoile en pointe.

Sᵉ GHERARD F WOVTER

(Segel Gherard, filius Wouter.)

Acquisition d'une rente. — 22 mai 1365.

BOURGEOIS, COMMUN, HABITANTS.

BOURGEOIS D'ANVERS.

4494 TANNERIE (JOSSE DE LA).

1396.

Sceau rond, de 24 mill. — Arch. du Nord; Chambre des comptes.

Écu à la fasce chargée de trois fermaux et accompagnée de deux étoiles en chef et d'une coquille en pointe, suspendu à un arbre, supporté par deux lions.

s · indoci · de · le · lanerie

(Sigillum Judoci de le Tanerie.)

Caution fournie au duc de Bourgogne pour Jean Cabelet, maître de sa monnaie à Faulquemont. — Anvers, 6 septembre 1396.

BOURGEOIS D'ARRAS.

4495 HAUVEL (LAURENT).

Bourgeois d'Arras. — 1315.

Sceau rond, de 16 mill. — Arch. du Nord; abbaye d'Anchin.

Écu semé de fleurs de lys au lambel, suspendu à une perche.

S LEVREN WAGON

(Seel Leuren Wagon.)

Restitution d'une terre au dîmage de Fauquières. — 17 mars 1315.

4496 MAIRE (VAAST LE).

Bourgeois d'Arras. — 1607.

Sceau ovale, de 23 mill. — Arch. du Nord; Chambre des comptes.

Pierre gravée représentant un Mercure?

❋ Sᵉ VAAST · LE · MAIIEVR

(Seel Waast le Maïeur.)

Quittance à valoir sur 1,200ᵘ dues par le comte de Flandre. — 17 juin 1467.

HABITANTS DE BOURBOURG.

4497 GARDIN (JEAN DU).

De Bourbourg. — 1316.

Sceau rond, de 21 mill. — Arch. du Nord; Chambre des comptes.

Une aigle chargée en cœur d'un écu à la bande à la fasce de cinq fusées brochant.

Sᵉ IEHAN DV GARDIN

(Seel Jehan du Gardin.)

Traité de paix entre la France et la Flandre. — 1ᵉʳ septembre 1316.

4498 HAUWE (GHISLAIN).

De Bourbourg. — 1296.

Sceau rond, de 17 mill. — Arch. du Nord; Chambre des comptes.

Écu portant un huchet enguiché.

❋ Sᵉ GHIS HOWE

(Segel Ghis Howe.)

Transport d'une rente sur la vicomté de Craywick. — Avril 1296.

COMMUN DE BRUGES.

4499 POTERIE (CHRÉTIEN).

1316.

Sceau rond, de 20 mill. — Arch. du Nord; Chambre des comptes.

Écu portant trois pots.

❋ Sᵉ CRESTIAEN POTTERIE

(Segel Crestiaen Potterie.)

Voyez le n° 4497.

BOURGEOIS DE CAMBRAI.

4500 BEAUVOIS (JEAN DE).

Bourgeois de Cambrai. — 1500.

Sceau rond, de 28 mill. — Arch. du Nord; abbaye de Saint-Aubert.

Écu à trois trèfles, supporté par un homme sauvage.

S · IXN · DE · BEAWOIS

(Seel Jan de Beauvois.)

Aveu — 7 juillet 1500.

4501 BOUCAUT (JEAN DE),

Bourgeois de Cambrai. — 1455.

Sceau rond, de 23 mill. — Arch. du Nord; collégiale de Saint-Géry.

Écu portant trois têtes de bouc accompagnées d'une quintefeuille en abîme, soutenu par un ange.

s · iehan · de · bou. . . .

(Seel Jehan de Boucaut.)

Aveu d'un fief à Mœuvres. — 28 janvier 1455.

4502 BOURCAUT (BOUSSARD DE),

Bourgeois de Cambrai. — 1504.

Sceau rond, de 26 mill. — Arch. du Nord; Chambre des comptes.

Écu portant trois pals au franc canton chargé d'un croissant tourné, soutenu par un ange.

s · bouffart · de · bourchaut

(Seel Boussart de Bourchaut.)

Aveu de fiefs tenus de la seigneurie de la Feuillie à Cambrai. — 4 mai 1504.

4503 BRIQUET (PIERRE),

Bourgeois de Cambrai. — 1474.

Sceau rond, de 23 mill. — Arch. du Nord; abbaye du Saint-Sépulcre.

Écu au briquet accosté de deux étoiles, soutenu par un ange.

S · pierre · briquet

(Seel Pierre Briquet.)

Aveu d'un fief sis à Graincourt. — 10 juin 1474.

4504 BRULE (JEAN),

Bourgeois de Cambrai. — 1500.

Sceau rond, de 23 mill. — Arch. du Nord; collégiale de Saint-Géry.

Écu au monogramme gothique ı · be.

seel. . . . . brule

(Seel Jehan Brule.)

Aveu d'un fief tenu du Roquier. — 15 septembre 1500.

4505 BUIRETTE (MARTIN),

Bourgeois de Cambrai. — 1448.

Sceau rond, de 22 mill. — Arch. du Nord; collégiale de Saint-Géry.

Écu portant une buire.

S · mart. . buirette

(Seel Martin Buirette.)

Aveu d'un fief à Fontaine-Notre-Dame. — 28 janvier 1448.

4506 BULLECOURT (THOMAS DE),

Bourgeois de Cambrai. — 1431.

Sceau rond, de 25 mill. — Arch. du Nord; abbaye du Saint-Sépulcre.

Écu à la fasce accompagnée de trois marteaux, supporté par une aigle.

s · thomas . . . . bullecourt

(Seel Thomas de Bullecourt.)

Aveu d'un fief sis à Cauroir. — 1er mars 1431.

4507 BUZELIN (NICOLAS),

Bourgeois de Cambrai. — 1586.

Sceau rond, de 36 mill. — Arch. du Nord; collégiale de Saint-Géry.

Écu portant un coq, écartelé d'une hamaide, timbré d'un heaume cimé d'un oiseau.

S · NICOLAS · bVZELIN

(Seel Nicolas Buzelin.)

Aveu d'un fief à Ramillies. — 31 décembre 1586.

4508 COLLE (MAHIEU),

Bourgeois de Cambrai. — 1503.

Sceau rond, de 24 mill. — Arch. du Nord; collégiale de Saint-Géry.

Écu à l'arbre accosté de deux quintefeuilles, suspendu à un anneau dans le champ.

seel · mahieu · colle

(Seel Mahieu Colle.)

Aveu d'un fief à Cagnoncle. — 22 février 1503.

4509 COQUERIE (PIERRE DE LE),

Bourgeois de Cambrai. — 1504.

Sceau rond, de 26 mill. — Arch. du Nord; Chambre des comptes.

Écu portant un coq, soutenu par un homme sauvage.

s. . . . . le coquerie

(Seel Pierre de le Coquerie.)

Aveu d'un fief tenu de la seigneurie de la Feuillie. — 24 février 1504.

4510 FOSSE (GUILLAUME DE LA),

Bourgeois de Cambrai. — 1460.

Sceau rond, de 22 mill. — Arch. du Nord; abbaye du Saint-Sépulcre.

Écu portant un arbre accosté de deux étoiles, dans un trilobe.

villame de le foffe

(Villame de le Fosse.)

Aveu. — 17 octobre 1460.

4511 FRANCQUEVILLE (JACQUES DE),

Marchand et bourgeois de Cambrai. — 1634.

Sceau rond, de 33 mill. — Arch. du Nord; abbaye du Saint-Sépulcre.

Écu portant une table? accompagnée d'une étoile en pointe, dans un cartouche.

S · DE · IACQVES · DE · FRANCQVEVILLE

Aveu d'un fief dans la banlieue de Cambrai. — 3o mai 1634.

4512 GARBET (ADRIEN),

Bourgeois de Cambrai. — 1540.

Sceau rond, de 23 mill. — Arch. du Nord; collégiale de Saint-Géry.

Écu portant une gerbe.

XDRIEN GXRbET

(Adrien Garbet.)

Aveu d'un fief à Fontaine-Notre-Dame. — 1540.

4513 GARBET (JACQUES),

Bourgeois de Cambrai. — 1458.

Sceau rond, de 20 mill. — Arch. du Nord; collégiale de Saint-Géry.

Écu à la gerbe.

Seel iaquemart garbet

(Seel Jaquemart Garbet.)

Aveu d'un fief à Fontaine-Notre-Dame. — 12 septembre 1458.

4514 HASPRES (NICAISE D'),

Bourgeois de Cambrai. — 1492.

Sceau rond, de 20 mill. — Arch. du Nord; collégiale de Sainte-Croix.

Une étoile à seize rais.

S · nicaig · de · hap...

(Seel Nicaig de Haspres.)

Aveu d'un fief à Boussières. — 7 janvier 1492.

4515 HÉNIN (JEAN DE),

Marchand de Cambrai. — 1571.

Sceau rond, de 3o mill. — Arch. du Nord; abbaye du Saint-Sépulcre.

Écu à la hure surmontée d'un croissant, parti d'une croix engrêlée.

S IEHXN OE HENNIN

(Seel Johan de Hennin.)

Aveu d'un fief dans la banlieue de Cambrai. — Avril 1571.

4516 LANDAS (GUILLAUME DE),

Bourgeois de Cambrai. — 1546.

Sceau rond, de 23 mill. — Arch. du Nord; collégiale de Saint-Géry.

Écu à trois étoiles.

S · Gillaume · de · landa

(Seel Gillaume de Landa.)

Aveu d'un fief sis à Wambaix. — 28 février 1596.

4517 LOPPÉ (MICHEL),

Seigneur de Chantemerle, bourgeois de Cambrai. — 1531.

Sceau rond, de 39 mill. — Arch. du Nord; collégiale de Saint-Géry.

Écu au chevron accompagné de deux coquilles en chef et d'un griffon en pointe, timbré d'un heaume cimé d'un pélican avec ses petits, supporté par un lion.

SEEL MICHIEL LOPE

(Seel Michiel Lopé.)

Aveu d'un fief tenu de Chantemerle. — 10 janvier 1530.

4518 LOPPÉ (URSMAR),

Bourgeois de Cambrai. — 1539.

Sceau rond, de 3o mill. — Arch. du Nord; abbaye du Saint-Sépulcre.

Écu au chevron chargé d'un soleil et accompagné de deux coquilles en chef et d'un griffon en pointe, supporté par un lion.

S VRSEME LOPE

(Seel Urseme Lopé.)

Aveu d'un fief hors la porte Saint-Ladre à Cambrai. — 26 février 1539.

4519 LOUVERVAL (ENGILBERT DE),

Bourgeois de Cambrai. — 1519.

Sceau rond, de 3o mill. — Arch. du Nord; abbaye du Saint-Sépulcre.

Écu portant cinq fusées en bande au lambel, timbré d'un heaume couronné et cimé d'un sanglier.

s : englebert...onverval

(Seel Englebert de Louverval.)

Aveu d'un fief dans la banlieue de Cambrai. — 10 janvier 1519.

4520 MAHIEU (COLARD LE),

Bourgeois de Cambrai. — 1480.

Sceau rond, de 15 mill. — Arch. du Nord; évêché et chapitre de Cambrai.

Un sanglier passant à dextre surmonté des lettres C · M. (Colard Mahieu). — Sans légende.

Aveu de deux fiefs à Paillencourt. — 18 février 1480.

4521 MAHIEU (THIERRI),

Bourgeois de Cambrai. — 1461.

Sceau rond, de 25 mill. — Arch. du Nord; évêché et chapitre de Cambrai.

Écu portant deux roses en chef et un oiseau en pointe, supporté par une dame tenant un œillet.

seel : thieri · mahieu ·

(Seel Thiéri Mahieu.)

Aveu d'un fief à Cambrai et à Thun-l'Évêque. — 24 mai 1463.

4522 QUELLERIE (ADRIEN DE),

Bourgeois de Cambrai. — 1607.

Sceau rond, de 30 mill. — Arch. du Nord; évêché et chapitre de Cambrai.

Écu au chevron chargé d'une rose et accompagné de trois étoiles, soutenu par un ange.

S a . . . de quellerie

(Seel A....., de Quellerie.)

Aveu de trois fiefs à Carnières. — 17 septembre 1607.

4523 ROBAINE (GILLES),

Bourgeois de Cambrai. — 1480.

Sceau rond, de 20 mill. — Arch. du Nord; collégiale de Saint-Géry.

Écu portant deux outils (ressemblant à deux pinceaux ou à deux goupillons) mis en sautoir et accompagnés d'un point en chef et d'une fleur en pointe.

s gilles robaine

(Seel Gilles Robaine.)

Aveu d'un fief à Proville. — 23 mai 1486.

4524 ROCOURT (JEAN),

Bourgeois de Cambrai. — 1530 à 1539.

Sceau rond, de 28 mill. — Arch. du Nord; collégiale de Saint-Géry.

Écu portant trois besants? accompagnés d'un croissant denché surmonté d'une croix en chef et d'un oiseau en pointe, timbré d'un heaume cimé d'une tête d'oiseau, supporté par une femme et un homme sauvages.

s ian rocourt

(Seel Jon Rocourt.)

Aveu d'un fief à Mœuvres. — 30 décembre 153..

4525 ROSEL (BERTRAND).

Bourgeois de Cambrai. — 1514.

Sceau rond, de 31 mill. — Arch. du Nord; collégiale de Saint-Géry.

Écu portant une rose, penché, timbré d'un heaume, soutenu par un lion.

s bertran rosel

(Seel Bertran Rosel.)

Aveu d'un fief à Cagnoncle. — 27 juillet 1514.

4526 SART (ARTUS DE).

Bourgeois de Cambrai. — 1610.

Sceau rond, de 34 mill. — Arch. du Nord; collégiale de Saint-Géry.

Écu parti, portant au 1 un lion accompagné de deux étoiles en chef, au 2 un coupé d'un personnage debout? et d'une croix patée parti d'un barré de six pièces, dans un cartouche.

. . EL · DE · ARTVS · DE · SART

Aveu d'un fief à Ramillies. — 14 août 1640.

4527 SAULZOIR (BERTRAND DE),

Bourgeois de Cambrai. — 1450.

Sceau rond, de 26 mill. — Arch. du Nord; évêché et chapitre de Cambrai

Écu portant un marteau au chevron chargé de deux étoiles et d'un croissant brochant, soutenu par un homme sauvage.

s · bertran : de · fauzoy

(Seel Bertran de Sauzoy.)

Sentence au sujet de droits de terrage à Doignies, Boursies et Hermicourt. — Cambrai, 1er février 1450.

4528 SELLIER (ARNOUL LE).

Bourgeois de Cambrai. — 1504.

Sceau rond, de 26 mill. — Arch. du Nord; Chambre des comptes.

Écu portant une selle, soutenu par un ange.

S · ernoul · le · fellier ·

(Seel Ernoul le Sellier.)

Aveu d'un fief à Graincourt. — 10 octobre 1504.

4529 WALINCOURT (JACQUES DE).

Bourgeois de Cambrai. — 1575.

Sceau rond, de 30 mill. — Arch. du Nord; collégiale de Saint-Géry.

Écu portant un mortier garni de deux pilons et accompagné d'une coquille en chef, dans un cartouche.

S · IAQVE · DE · WARLENCOVRT ·

Aveu d'un fief à Flesquières. — 28 mars 1575.

4530 WINGLE (JEAN DE),

Bourgeois de Cambrai. — 1484.

Sceau rond, de 31 mill. — Arch. du Nord; collégiale de Saint-Géry.

Écu portant un écusson en abîme à la bande engrêlée brochant, penché, timbré d'un heaume couronné, cimé d'une tête de bœuf, supporté par deux hommes sauvages.

seel : iehan : de : bbingles :

(Seel Jehan de Wingles.)

Aveu de la mairie de Hem-Lenglet. — 12 mars 1484.

BOURGEOIS DU CÂTEAU.

4531   NOIRMIN (JEAN),

Bourgeois du Câteau. — 1698.

Sceau rond, de 34 mill. — Arch. du Nord; évêché et chapitre de Cambrai.

Écu à la gerbe accompagnée de trois étoiles.

SEEL · DE · IEAN · NOIRMIN ·

Dénombrement. — 3o juillet 1698.

4532   PORÉE (JEAN),

Bourgeois du Câteau. — 1365.

Sceau rond, de 19 mill. — Arch. du Nord; abbaye du Câteau.

Écu portant une tête nimbée, dans un trilobe.

S' IEHAN POREE

(Seel Jehan Porée.)

Acquisition de l'avouerie de Besny. — 12 janvier 1365.

BOURGEOIS DE COURTRAI.

4533   CLÉMENT (ROGER),

Bourgeois de Courtrai. — 1296.

Sceau rond, de 18 mill. — Arch. du Nord; Chambre des comptes.

Écu au chevron et à la bordure.

❋ S' ROGGAR CLEMENT

(Segel Roegar Clement.)

Voyez le n° 4329.

4534   ISEGHEM (NICAISE D').

Bourgeois de Courtrai. — 1295.

Sceau en écu, de 22 mill. — Arch. du Nord; Chambre des comptes.

Écu chevronné d'hermines et de . . . ., de huit pièces.

❋ S' .ICA... DE ISENGHEM

(Seel Nicaise de Iseughem ?)

Voyez le n° 4329.

4535   MASIERS (HENRI).

Bourgeois de Courtrai. — 1295.

Sceau rond, de 20 mill. — Arch. du Nord; Chambre des comptes.

Un pélican avec ses petits.

❋ S' HENRICI MASIERS

(Sigillum Henrici Masiers.)

Voyez le n° 4329.

4536   MOSKERE (ROGER DE).

Bourgeois de Courtrai. — 1295.

Sceau rond, de 18 mill. — Arch. du Nord; Chambre des comptes.

Écu chevronné de six pièces.

❋ S' ROGIER · DE · MOSRRE

(Seel Rogier de Moskre.)

Voyez le n° 4329.

4537   TOURCOING (SARRE DE).

Bourgeois de Courtrai. — 1295.

Sceau rond, de 18 mill. — Arch. du Nord; Chambre des comptes.

Écu portant six quintefeuilles.

❋ S' SARRE · DE · TORCOING

(Seel Sarre de Torcoing.)

Voyez le n° 4329.

4538   ZWEVEGHEM (GOSSUIN DE).

Bourgeois de Courtrai. — 1295.

Sceau rond, de 29 mill. — Arch. du Nord; Chambre des comptes.

Écu chevronné de huit pièces.

❋ S' GOSIN DE ZWEVENGHEM

(Seel Gosin de Zweveghem.)

Voyez le n° 4329.

BOURGEOIS DE DOUAI.

4539   GOUY (HEUVIN DE).

Bourgeois de Douai. — 1360.

Sceau rond, de 21 mill. — Arch. du Nord; chapitre de Saint-Amé.

Écu fascé vivré de huit pièces dont quatre chargées de quintefeuilles, au bâton sur le tout.

.GEL ...VIH DE GOY

(Seel Heuvin de Goy.)

Sentence au sujet de la justice et seigneurie d'un . . . porte d'Esquerchin. — 5 février 1360.

4540   PILATE (JEAN).

Du Castel, bourgeois de Douai.   1362

Sceau rond, de 19 mill. — Arch. communales de Douai.

Écu à trois châteaux, soutenu par un homme sauvage, supporté par deux lions, dans une étoile.

❋ S' IEHAN PILATE

(Seel Johan Pilate.)

Droits du chapitre de Saint-Amé sur les forages des vins et le tonlieu des marchandises pendant la fête de saint Amé. — 3o mars 1361.

4541   PIQUETTE (ANDRÉ),

Bourgeois de Douai. — 1360.

Sceau rond, de 21 mill. — Arch. communales de Douai.

Écu au fretté semé de quintefeuilles, brisé d'un lambel de quatre pendants, dans un trilobe.

S .. ANDRIEV PIK....

(Seel Andrieu Pikette.)

Voyez le n° 4539.

HABITANT DE FACHES.

4542   TOQUET (ARNOUL).

1467.

Sceau rond, de 24 mill. — Arch. du Nord; chapitre de Saint-Amé.

Écu au tonneau mis en fasce et accompagné de trois étoiles. — Légende détruite.

Aveu de terres à Faches. — 7 mai 1457.

BOURGEOIS DE GAND.

4543   AMMAN (GHELNOET L').

Bourgeois de Gand. — 1316.

Sceau rond, de 18 mill. — Arch. du Nord; Chambre des comptes.

Écu au château, brisé d'une bande.

✠ S' GHELNOET · DAMMAN

(Segel Ghelnoet d'Amman.)

Traité de paix entre la France et la Flandre. — 1er septembre 1316.

4544   COUR (GUILLAUME DE LA),

Bourgeois de Gand. — 1380.

Sceau rond, de 25 mill. — Arch. du Nord; Chambre des comptes.

Écu à trois fleurs de lys.

.. WILLAME DE LE COVR

(Seel Willame de le Cour.)

Quittance du fief de bourse du comte de Luxembourg. — 31 mars 1380.

4545   JOVENE (HUGUES LE).

Bourgeois de Gand. — 1308.

Sceau rond, de 21 mill. — Arch. du Nord; Chambre des comptes.

Écu fascé de huit pièces à cinq losanges en bande brochant, dans un trilobe.

✠ S' HVGHE : DE : IONGHE

(Segel Hughe de Jonghe.)

Hugues le Joven, recevant le fief de Tornewerkerke tenu du comte de Flandre, jure qu'il ne se prévaudra jamais de ses droits de bourgeoisie. — Gand, 4 août 1308.

4546   MAÇON (JACQUES LE).

Bourgeois de Gand. — 1316.

Sceau rond, de 24 mill. — Arch. du Nord; Chambre des comptes.

Intaille représentant une tête de guerrier de profil à gauche coiffée d'une peau de lion.

S' IACOBI ..MVT.....

(Sigillum Jacobi........)

Voyez le n° 4543.

4547   MASCH (JACQUES),

Bourgeois de Gand. — 1316.

Sceau rond, de 23 mill. — Arch. du Nord; Chambre des comptes.

Écu portant trois jumelles, au lambel.

✠ S' IACOP · IAN · MACHS · IONE

(Segel Jacop Jan Machs jone.)

Voyez le n° 4543.

4548   SCIVEEL (PHILIPPE),

Bourgeois de Gand. — 1316.

Sceau rond, de 20 mill. — Arch. du Nord; Chambre des comptes.

Écu portant deux poissons en bande, au franc canton chargé d'une aigle.

... PHILIPPI DCI SCHIVAEL

(Sigillum Philippi dicti Sebivael.)

Voyez le n° 4543.

COMMUN DE GRAMMONT.

4549   ALAERT (LOUIS),

Du commun de Grammont. — 1380.

Sceau rond, de 17 mill. — Arch. du Nord; Chambre des comptes.

Un soulier.

S · LOVIS AELLAERS

(Segel Louis Aelbert.)

Soumission de la ville de Grammont. — 25 janvier et février 1380.

4550   BAERBIER (JEAN DE).

Du commun de Grammont. — 1380.

Sceau rond, de 20 mill. — Arch. du Nord; Chambre des comptes.

Une manivelle.

s · ißn · de · barbier

(Segel Jan de Barbier.)

Voyez le n° 4549.

4551 BERCKOUTENEN (JEAN VAN DER),

Du commun de Grammont. — 1380.

Sceau rond, de 20 mill. — Arch. du Nord; Chambre des comptes.

Écu portant une barre, à la bordure denchée et au lambel au canton dextre.

s : ian ... der : bercouten

(Segel Jan van der Bercouten.)

Voyez le n° 4549.

4552 BLAWERE (ADRIEN DE).

Du commun de Grammont. — 1380.

Sceau rond, de 21 mill. — Arch. du Nord; Chambre des comptes.

Écu à la fasce accompagnée de trois besants?, dans un trilobe.

s : adriaen : de : blavere

(Segel Adriaen de Blavere.)

Voyez le n° 4549.

4553 BODE (RASSE DE).

Du commun de Grammont. — 1380.

Sceau rond, de 23 mill. — Arch. du Nord; Chambre des comptes.

Écu semé d'étoiles portant trois épées en bande la pointe en bas, à la bordure engrêlée.

s' rase de bode

(Segel Rase de Bode.)

Voyez le n° 4549.

4554 BOETERDALE (JEAN).

Du commun de Grammont. — 1380.

Sceau rond, de 20 mill. — Arch. du Nord; Chambre des comptes.

Écu au chevronné de six pièces sous un chef chargé d'un vivré.

⁂ s · i · boveedrale

(Segel Jan Boutedrale.)

Voyez le n° 4549.

4555 BORRE (ADRIEN VAN DEN).

Du commun de Grammont. — 1380.

Sceau rond, de 20 mill. — Arch. du Nord; Chambre des comptes.

Écu plain, au chef chargé de trois coquilles.

s · adriaen · van · den · borre

(Segel Adriaen van den Borre.)

Voyez le n° 4549.

4556 BORRE (LOUIS VAN DEN).

Du commun de Grammont. — 1380.

Sceau rond, de 25 mill. — Arch. du Nord; Chambre des comptes.

Écu plain au chef chargé de trois merlettes, dans un trilobe.

.....s van der bore

(Segel L.... van den Bore.)

Voyez le n° 4549.

4557 BOSSCAERT (HENRI).

Du commun de Grammont. — 1380.

Sceau rond, de 21 mill. — Arch. du Nord; Chambre des comptes.

Écu à cinq points équipollés accompagnés d'un oiseau en chef, dans un trilobe.

s : heurici : bosbart

(Sigillum Henrici Bosbart.)

Voyez le n° 4549.

4558 BOSSCAERT (NICOLAS).

Du commun de Grammont. — 1380.

Sceau rond, de 26 mill. — Arch. du Nord; Chambre des comptes.

Écu à trois lions couronnés, dans une losange.

s · nicolai bossaart

(Sigillum Nicolai Bosseart.)

Voyez le n° 4549.

4559 BRAKELAERE (JEAN DE).

Du commun de Grammont. — 1380.

Sceau rond, de 20 mill. — Arch. du Nord; Chambre des comptes.

Écu portant une poire? accostée de deux étoiles.

s ian de brabelare

(Segel Jan de Brakelare.)

Voyez le n° 4549.

4560 BROEDER (GILLES DE).

Du commun de Grammont. — 1380.

Sceau rond, de 21 mill. — Arch. du Nord; Chambre des comptes.

Écu à trois coquilles accompagnées d'une étoile en abîme.

s' : gillis : de : broeder :

(Segel Gillis de Broeder.)

Voyez le n° 4549.

4561   BULLEGHEM (ADRIEN VAN),

Du commun de Grammont. — 1380.

Sceau rond, de 22 mill. — Arch. du Nord; Chambre des comptes.

Écu d'hermines au sautoir chargé en cœur de . . . . . dans un encadrement gothique.

S' ADRIAEN VAN BVLLEGEM

(Segel Adriaen van Bullegem.)

Voyez le n° 4549.

4562   BULLEGHEM (JEAN VAN),

Du commun de Grammont. — 1380.

Sceau rond, de 22 mill. — Arch. du Nord; Chambre des comptes.

Écu à la hamaide.

S' : IAN : : VAN : BVLLEGHEM

(Segel Jan van Bulleghem.)

Voyez le n° 4549.

4563   BULLEGHEM (RASSE VAN),

Du commun de Grammont. — 1380.

Sceau rond, de 22 mill. — Arch. du Nord; Chambre des comptes.

Écu d'hermines au sautoir, dans un trilobe.

S · RAESSE · VAN · BVLLEGHEM

(Segel Raesse van Bulleghem.)

Voyez le n° 4549.

4564   CRANE (SIMON DE),

Du commun de Grammont. — 1380.

Sceau rond, de 21 mill. — Arch. du Nord; Chambre des comptes.

Écu écartelé au 1 d'un oiseau, au 2, 3 et 4 d'un plain, dans un hexagone.

... SIMOEN DE CRANE

(Segel Simoen de Crane.)

Voyez le n° 4549.

4565   DALE (WAUTIER VAN DER),

Du commun de Grammont. — 1380.

Sceau rond, de 20 mill. — Arch. du Nord; Chambre des comptes.

Écu au pelleron chargé de deux pains, dans un trilobe.

S' WOVTER VAN DE . . . .

(Segel Wouter van der Dale.)

Voyez le n° 4549.

4566   GAFFELKIN (JEAN),

Ser Gheerts, du commun de Grammont. — 1380.

Sceau rond, de 21 mill. — Arch. du Nord; Chambre des comptes.

Écu coupé, au sautoir brochant.

S . . . . GAFFELBEN

(Segel Jan Gaffelken.)

Voyez le n° 4549.

4567   GAFFELKIN (WAUTIER),

Du commun de Grammont. — 1380.

Sceau rond, de 19 mill. — Arch. du Nord; Chambre des comptes.

Écu coupé au sautoir engrêlé brochant, dans un trilobe.

S' .OVTER GAFFELKIN

(Segel Wouter Gaffelkin.)

Voyez le n° 4549.

4568   GAVERE (JEAN VAN),

Du commun de Grammont. — 1380.

Sceau rond, de 19 mill. — Arch. du Nord; Chambre des comptes.

Une sextefeuille.

✱ S' IAN VAN GAVERE

(Segel Jan van Gavere.)

Voyez le n° 4549.

4569   GHEYLINCH (JEAN),

Du commun de Grammont. — 1380.

Sceau rond, de 20 mill. — Arch. du Nord; Chambre des comptes.

Écu portant trois chevrons à la bordure engrêlée, penché, timbré d'un heaume cimé d'un pot de fleurs, dans un bilobe.

S' ✱ IAN GAILINC

(Segel Jan Gailine.)

Voyez le n° 4549.

4570   GRACHT (HENRI VAN DER),

Du commun de Grammont. — 1380.

Sceau rond, de 22 mill. — Arch. du Nord; Chambre des comptes.

Écu portant un écusson en abîme accompagné de trois merlettes en chef, à la bordure engrêlée.

✱ S' hEINRIKVS . . . .

(Segel Heinrikus . . . . .)

Voyez le n° 4549.

4571   GRACHT (JEAN VAN DER),

Du commun de Grammont. — 1380.

Sceau rond, de 22 mill. — Arch. du Nord; Chambre des comptes.

Écu à l'écusson en abîme accompagné de trois merlettes en chef au lambel de cinq pendants, dans un trilobe.

s' IGHAN DER G..EET

(Segel Jehan der G...eet.)

Voyez le n° 4549.

4572 HAEC (SIMON),

Du commun de Grammont. — 1380.

Sceau rond, de 20 mill. — Arch. du Nord; Chambre des comptes.

Écu d'hermines au lion couronné, dans une losange.

✻ s' SIMOEN · HAEC

(Segel Simoen Haec.)

Voyez le n° 4549.

4573 HAGHEMUTERE (JEAN DE),

Du commun de Grammont. — 1380.

Sceau rond, de 22 mill. — Arch. du Nord; Chambre des comptes.

Écu à la bordure engrêlée et au lambel de cinq pendants, penché, timbré d'un heaume cimé aux armes, dans un bilobe.

✻ s' IAN DE HAMVETER

(Segel Jan de Hamueter.)

Voyez le n° 4549.

4574 HERGOETS (JEAN),

Du commun de Grammont. — 1380.

Sceau rond, de 19 mill. — Arch. du Nord; Chambre des comptes.

Écu à la fasce chargée d'une quintefeuille, dans un trilobe.

s · ian · hergoet

(Segel Jan Hergoet.)

Voyez le n° 4549.

4575 INDE (GUILLAUME VAN DEN),

Du commun de Grammont. — 1380.

Sceau rond, de 18 mill. — Arch. du Nord; Chambre des comptes.

Écu portant des outils, dans un hexagone.

s' WILHI INDEMAN:

(Sigillum Willelmi Indeman.)

Voyez le n° 4549.

4576 INGHELS (PIERRE).

Du commun de Grammont. — 1380.

Sceau rond, de 20 mill. — Arch. du Nord; Chambre des comptes.

Écu portant un trèfle ou un arbre accompagné de deux étoiles en chef.

s · pieter · ingbels · baecber

(Segel Pieter Ingbels, baecker.)

Voyez le n° 4549.

4577 KOCKIIN (MICHEL).

Du commun de Grammont. — 1380.

Sceau rond, de 21 mill. — Arch. du Nord; Chambre des comptes.

Écu portant un arbre.

s' michiel cockiin

(Segel Michiel Cocklin.)

Voyez le n° 4549.

4578 LAMMERSVELDE (GODEVART VAN),

Du commun de Grammont. — 1380.

Sceau rond, de 18 mill. — Arch. du Nord; Chambre des comptes.

Écu d'hermines au lion couronné, brisé d'un lambel, dans un hexagone.

s' GODEWAERT VAN LAMMERSVELDE

(Segel Godewaert van Lammersvelde.)

Voyez le n° 4549.

4579 MARKANT (JEAN),

Du commun de Grammont. — 1380

Sceau rond, de 21 mill. — Arch. du Nord; Chambre des comptes.

Écu portant un oiseau et une fleur, dans un trilobe.

s : ian : marbant

(Segel Jan Markant.)

Voyez le n° 4549.

4580 MEESTERE (HENRI DE),

Du commun de Grammont. — 1380.

Sceau rond, de 22 mill. — Arch. du Nord; Chambre des comptes.

Écu au sautoir chargé de cinq étoiles, dans un quadrilobe.

s · heineris · magistri

(Segel Heineris Magistri.)

Voyez le n° 4549.

4581 MEYER (ZEGHERE DE).

Du commun de Grammont. — 1380.

Sceau rond, de 20 mill. — Arch. du Nord; Chambre des comptes.

Écu portant trois tourteaux?

s · ...her : de : meyer

(Segel Zegher de Meyer.)

Voyez le n° 4549.

4582 MIDDELHOVEN (MAES VAN),

Du commun de Grammont. — 1380.

Sceau rond, de 18 mill. — Arch. du Nord; Chambre des comptes.

Écu portant trois tourteaux? accompagnés d'une étoile en abîme, au lambel de cinq pendants.

S' MAES · VAN · MIDDELHOVEN

(Segel Maes van Middelhoven.)

Voyez le n° 4549.

4583 MILLOT (ISAAC),

Du commun de Grammont. — 1380.

Sceau rond, de 22 mill. — Arch. du Nord; Chambre des comptes.

Écu à la bande échiquetée de deux tires accompagnée de deux étoiles, dans un trilobe à trois roses.

S · ICAAT · MILOT

(Segel Isaat Milot.)

Voyez le n° 4549.

4584 MINDSBRUGGHEN (WAUTIER VAN DER),

Du commun de Grammont. — 1380.

Sceau rond, de 24 mill. — Arch. du Nord; Chambre des comptes.

Un W couronné.

WOUTER VAN D' MIINSBRVGGHE

(Wouter van der Miinsbrugghe.)

Voyez le n° 4549.

4585 MUELEN (FRANÇOIS VAN DER),

Du commun de Grammont. — 1380.

Sceau rond, de 23 mill. — Arch. du Nord; Chambre des comptes.

Écu portant cinq losanges en croix au franc canton chargé d'un fer de moulin, dans un quadrilobe.

.. FRANSE VAN DER .. VOGHEN

(Segel Franse van der Brugghen.)

Voyez le n° 4549.

4586 NATTEMAKERE (GUILLAUME DE),

Du commun de Grammont. — 1380.

Sceau rond, de 18 mill. — Arch. du Nord; Chambre des comptes.

Écu à la fleur de lys.

WILLE DE NAT MAKRE

(Wille de Nattmakre.)

Voyez le n° 4549.

4587 NEETEN (NICOLAS),

Du commun de Grammont. — 1380.

Sceau rond, de 20 mill. — Arch. du Nord; Chambre des comptes.

Écu portant trois glands accompagnés d'une merlette en chef, soutenu par un homme sauvage, supporté par deux lions, dans un trilobe.

S · NICHOLAY · NEETEN

(Segel Nicholay Neeten.)

Voyez le n° 4549.

4588 NOEKERSTOCKE (MATHIEU VAN DEN),

Du commun de Grammont. — 1380.

Sceau rond, de 24 mill. — Arch. du Nord; Chambre des comptes.

Écu à la fasce accompagnée de trois tourteaux?, dans un trilobe.

S' · MATTHEUS · VAN · DEN · NOBERSTOCKE ·

(Segel Mattheus van den Nokerstocke.)

Voyez le n° 4549.

4589 NOEYAERT (JEAN),

Du commun de Grammont. — 1380.

Sceau rond, de 22 mill. — Arch. du Nord; Chambre des comptes.

Écu portant un arbre, dans un trilobe.

S · IAN · NOEYAERT

(Segel Jan Noeyaert.)

Voyez le n° 4549.

4590 PADDEPOEL (GÉRARD),

Du commun de Grammont. — 1380.

Sceau rond, de 21 mill. — Arch. du Nord; Chambre des comptes.

Écu portant trois billettes? couchées et accompagnées d'un point en abîme.

S' GHERARD PADDEPOEL

(Segel Gherard Paddepoel.)

Voyez le n° 4549.

4591 PELIC (JEAN DE),

Du commun de Grammont. — 1380.

Sceau rond, de 20 mill. — Arch. du Nord; Chambre des comptes.

Écu à trois quintefeuilles, dans un trilobe.

S' IAN DE PELIC

(Segel Jan de Pelic.)

Voyez le n° 4549.

4592   PELIC (SIMON DE),

Du commun de Grammont. — 1380.

Sceau rond, de 22 mill. — Arch. du Nord; Chambre des comptes.

Écu à trois quintefeuilles, dans un trilobe.

S SIMOEN .. PELEC

(Segel Simoen de Pelce.)

Voyez le n° 4549.

4593   PINTE (GÉRARD),

Du commun de Grammont. — 1380.

Sceau rond, de 22 mill. — Arch. du Nord; Chambre des comptes.

Écu au sautoir chargé de deux besants? en chef et de trois étoiles, une en cœur et les deux autres en pointe, dans un trilobe.

s · gherart · pinte :

(Segel Gherart Pinte.)

Voyez le n° 4549.

4594   PIPERZELE (CLERBOUT VAN),

Du commun de Grammont. — 1380.

Sceau rond, de 22 mill. — Arch. du Nord; Chambre des comptes.

Écu écartelé au 1 et 2 d'une étoile, au 3 et 4 d'un plain à la bordure engrêlée.

.. CLERBOVT VÃ PIPERSE ..

(Segel Clerbout van Piperzele.)

Voyez le n° 4549.

4595   PLANKE (JEAN VAN DEN),

Du commun de Grammont. — 1380.

Sceau rond, de 21 mill. — Arch. du Nord; Chambre des comptes.

Écu à trois huchets enguichés.

✻ S' IHAN ... DEN PLANKE

(Segel Jhan van den Planke.)

Voyez le n° 4549.

4596   PREYT (CORNEILLE DE),

Du commun de Grammont. — 1380.

Sceau rond, de 21 mill. — Arch. du Nord; Chambre des comptes.

Écu au franc canton chargé d'une sextefeuille, dans un trilobe.

S CORNELIS DE PREIT

(Segel Cornelis de Preit.)

Voyez le n° 4549.

4597   RAES (COEL),

Du commun de Grammont. — 1380.

Sceau rond, de 18 mill. — Arch. du Nord; Chambre des comptes.

Un outil de foulon, une carde? accostée de deux trèfles.

S · COEL · RAEZ

(Segel Coel Raez.)

Voyez le n° 4549.

4598   ROELANTS (PHILIPPE),

Du commun de Grammont. — 1380.

Sceau rond, de 19 mill. — Arch. du Nord; Chambre des comptes.

Écu au lévrier courant à dextre, dans un trilobe.

S PHILIPS · ROELANS

(Segel Philips Roelant.)

Voyez le n° 4549.

4599   RUWE (ADRIEN DE),

Du commun de Grammont. — 1380.

Sceau rond, de 20 mill. — Arch. du Nord; Chambre des comptes.

Écu portant trois chameaux?, soutenu par une dame, supporté par deux hommes sauvages, dans un trilobe.

.. ADRIH' DE RVE

(Segel Adriaen de Rue.)

Voyez le n° 4549.

4600   RUWE (SIMON DE),

Du commun de Grammont. — 1380.

Sceau rond, de 24 mill. — Arch. du Nord; Chambre des comptes.

Écu portant trois chameaux, soutenu par une dame, supporté par deux hommes sauvages, dans un trilobe.

s · simoen · de · rubbe

(Segel Simoen de Ruwe.)

Voyez le n° 4549.

4601   SCAVENBERGHE (GEORGES? VAN),

Du commun de Grammont. — 1380.

Sceau rond, de 23 mill. — Arch. du Nord; Chambre des comptes.

Écu portant trois oiseaux, au bâton en bande brochant.

GO..... VANBERGVE

(Go.... van Scavenberghe ?)

Voyez le n° 4549.

4602   SCHENDELBEEKE (GÉRARD VAN),

Du commun de Grammont. — 1380.

Sceau rond, de 20 mill. — Arch. du Nord; Chambre des comptes.

Écu semé d'étoiles au lambel de cinq pendants, dans une rose.

S · GHER.... VAN · SCHENDELBEKE

(Segel Gheraert van Schendelbeke.)

Voyez le n° 4549.

4603   SCOUDEHARINC (JEAN),

Du commun de Grammont. — 1380.

Sceau rond, de 21 mill. — Arch. du Nord; Chambre des comptes.

Écu plain sous un chef, parti d'un billeté écartelé d'un plain, dans un trilobe.

S' IAN · SCOVDHRINCh ·

(Segel Jan Scouderinch.)

Voyez le n° 4549.

4604   SCUEREN (SIMON VAN DER),

Du commun de Grammont. — 1380.

Sceau rond, de 22 mill. — Arch. du Nord; Chambre des comptes.

Écu portant une ancre.

S : simoen : van : der : Scueren

(Segel Simoen van der Scueren.)

Voyez le n° 4549.

4605   SOYMANS (PIERRE),

Du commun de Grammont. — 1380.

Sceau rond, de 22 mill. — Arch. du Nord; Chambre des comptes.

Écu portant un homme sauvage tenant un rameau à chaque main.

S · PIETER · XVMAN

(Segel Pieter Xuman.)

Voyez le n° 4549.

4606   STECKAERD (JACQUES),

Du commun de Grammont. — 1380.

Sceau rond, de 17 mill. — Arch. du Nord; Chambre des comptes.

Un cheval passant à dextre, devant un arbre.

IACOP STECKAERD

(Jacop Steckaerd.)

Voyez le n° 4549.

4607   STEKERE (JACQUES).

Du commun de Grammont. — 1380.

Sceau rond, de 18 mill. — Arch. du Nord; Chambre des comptes.

Un monogramme.

IACOP · STEKER

(Jacop Steker.)

Voyez le n° 4549.

4608   STEENBEEKE (GUILLAUME VAN),

Du commun de Grammont. — 1380.

Sceau rond, de 24 mill. — Arch. du Nord; Chambre des comptes.

Écu portant trois roses accompagnées d'une étoile en abîme, penché, timbré d'un heaume cimé d'une rose, supporté par deux lions, dans un quadrilobe oblong.

s' Willem · van · steebeke

(Segel Willem van Steenbeke.)

Voyez le n° 4549.

4609   STEENPUTTE (WAUTIER),

Du commun de Grammont. — 1380.

Sceau rond, de 18 mill. — Arch. du Nord; Chambre des comptes.

Écu billeté à trois besants? au lambel, dans une losange.

S' WOVTER · STEENPVTTE

(Segel Wouter Stenputte.)

Voyez le n° 4549.

4610   TSCOENCKE (JEAN),

Du commun de Grammont. — 1380.

Sceau rond, de 21 mill. — Arch. du Nord; Chambre des comptes.

Écu portant trois fasces à la bordure engrêlée, dans un trilobe.

S' IAN · TSCOENKE

(Segel Jan Tscoenke.)

Voyez le n° 4549.

4611   VAECH (JEAN DE).

Du commun de Grammont. — 1380.

Sceau rond, de 20 mill. — Arch. du Nord; Chambre des comptes.

Écu plain, parti d'une croix.

S : ian : de : vaech

(Segel Jan de Vaech.)

Voyez le n° 4549.

4612   VIANE (ADRIEN VAN).

Du commun de Grammont. — 1380.

Sceau rond, de 20 mill. — Arch. du Nord; Chambre des comptes.

Écu au chef chargé de deux annelets et à la bordure engrêlée, dans un trilobe.

S : ADRIAN : VAN : VIANG

(Segel Adrian van Vianc.)

Voyez le n° 4549.

4613 VRANXS (GÉRARD),

Du commun de Grammont. — 1380.

Sceau rond, de 21 mill. — Arch. du Nord; Chambre des comptes.

Écu portant un arbre sommé d'un oiseau.

S · gert · vranxs

(Segel Gert Vranxs.)

Voyez le n° 4549.

4614 VRANXS (JEAN),

Du commun de Grammont. — 1380.

Sceau rond, de 21 mill. — Arch. du Nord; Chambre des comptes.

Écu à l'arbre accosté de deux oiseaux, dans un hexagone.

S IAN VRANXS

(Segel Jan Vranxs.)

Voyez le n° 4549.

4615 VRANXS (LIÉVIN).

Du commun de Grammont. — 1380.

Sceau rond, de 21 mill. — Arch. du Nord; Chambre des comptes.

Écu portant un arbre sommé d'un oiseau.

S · lievin vranxs

(Segel Lievin Vranxs.)

Voyez le n° 4549.

4616 VRECHEM (HENRI VAN).

Du commun de Grammont. — 1380.

Sceau rond, de 20 mill. — Arch. du Nord; Chambre des comptes.

Écu portant trois baudes à la bordure besantée, dans un trilobe.

S · heinric ... . vrechen

(Segel Heinric van Vrechen.)

Voyez le n° 4549.

4617 WAEYTOP (GOSSUIN),

Du commun de Grammont. — 1380.

Sceau rond, de 20 mill. — Arch. du Nord; Chambre des comptes.

Écu à la fasce accompagnée de trois demi-pals en pointe, dans un trilobe.

S · gocin waetop

(Segel Gocin Waetop.)

Voyez le n° 4549.

4618 WALSCHE (ADAM),

Du commun de Grammont. — 1380.

Sceau rond, de 20 mill. — Arch. du Nord; Chambre des comptes.

Écu à trois lions, soutenu par un homme sauvage, dans un quadrilobe.

S · adaems f walsche

(Segel Adaems, filius Walsche.)

Voyez le n° 4549.

4619 ZOETIIN (JEAN),

Du commun de Grammont. — 1380.

Sceau rond, de 20 mill. — Arch. du Nord; Chambre des comptes.

Écu portant une plante fleurie, dans un trilobe.

S : ian : foetins :

(Segel Jan Soetins.)

Voyez le n° 4549.

BOURGEOIS DE HUY.

4620 HOYON (BERTHELOT DE).

1486.

Sceau rond, de 20 mill. — Arch. du Nord; Chambre des comptes.

Écu burelé, à la bande brochant.

✳ S' BERTOLOMEI DE HORION

(Sigillum Bertolomei de Horjou.)

Donation de la ville de Ruremonde faite à Marguerite de Flandre par Renaud, comte de Gueldre, son futur mari. — Anhée près Namur, 1er juillet 1486.

HABITANT DE LESTREM.

4621 BÉRAUT (LAURENT DU).

1406.

Sceau rond, de 21 mill. — Arch. du Nord; Chambre des comptes.

Écu portant un râteau.

S' LEVRENCh DV BERHVT

(Seel Leurench du Béraut.)

Cession d'un pré où doit passer une rivière allant à la Lys. — Sans date.

BOURGEOIS ET HABITANTS DE LILLE.

4622 AMENDEUR (JEAN Ier).

Bourgeois de Lille. 1425.

Sceau rond, de 18 mill. — Arch. du Nord; abbiette de Lille.

Une hache accostée d'une étoile et d'une branche.

S' IEHAN · LAMERDE..

(Seel Jehan l'Amerdeur.)

Reconnaissance d'une rente. — 18 mars 1405.

4623 ANGUILLE (CATHERINE).

Veuve de Jean Magret, bourgeois de Lille. — 1340.

Sceau rond, de 20 mill. — Hôpital de la Trinité à Lille.

La tête du Christ de face, nimbée d'un nimbe crucifère, dans un losange.

... CATELINE ...E M.....

(Seel Cateline ....)

Quittance. — Lille, 29 avril 1340.

4624 ARTUT (JEAN),

Bourgeois de Lille. — 1414.

Sceau rond, de 23 mill. — Arch. du Nord; abbaye de Marquette.

Écu à trois couronnes l'une sur l'autre, penché, timbré d'un heaume cimé d'une tête de griffon, supporté
par deux lions.

SEEL IEHAN ARTVT

(Seel Jehan Artut.)

Acquisition d'un fief à Bondues. — 8 août 1414.

4625 BEAUCARNÉ (JACQUES),

Dit le Noir, bourgeois de Lille. — 1442.

Sceau rond, de 26 mill. — Arch. du Nord; abbaye de Marquette.

Écu à la croix cantonnée de quatre arbres, supporté
par un lion.

iaqnes b.....Dit le ho..

(Jacques Beaucarné dit le Noir.)

Transport d'une rente. — 19 janvier 1442.

4626 BIDAU (JEAN),

Le Quatit, de Lille. — 1355.

Sceau rond, de 21 mill. — Arch. du Nord; abbaye de Marchiennes.

Écu au sautoir cantonné d'un écusson burelé en chef.

LE SEEL BIDAV

(Le seel Bidau.)

Renonciation de Hugues, sire de Runes, à ses prétentions sur un
marais près Hornaing. — 1er septembre 1355.

4627 BLANC (EULART LE).

De Lille. — 1390.

Sceau rond, de 21 mill. — Arch. du Nord; chapitre de Lille.

Écu au faucon liant un oiseau, dans un trilobe.

SEEL · EVLMART · LE · BLANC

(Seel Eulart le Blanc.)

Reconnaissance de 764ll dues au prévôt de Wolten par Robert de
Cappele, bailli de Furnes. — 19 novembre 1390.

4628 BLANQUART (ANDRÉ),

Bourgeois de Lille. — 1485.

Sceau rond, de 22 mill. — Arch. du Nord; abbaye de Loos.

Écu au pelleron chargé de trois pains.

s aubrien blancquart

(Seel Andrien Blancquart.)

Cession de droits sur une terre à Lomme. — 16 avril 1485.

4629 BLAQUERNE (JACQUES DE LE).

De Lille. — 1375.

Sceau rond, de 22 mill. — Hôpital Saint-Julien à Lille.

Écu à trois têtes de léopard, dans une losange.

S' IA....ON DE LE .LA..ERNE

(Seel Jaquemon de le Blaquerne?)

Acquisition d'une terre à la Madeleine. — 24 novembre 1375.

4630 BORGNE (JEAN LE),

Clerc, bourgeois de Lille. — 1256.

Sceau ogival, de 37 mill. — Arch. du Nord; chapitre de Lille.

La colombe portant le rameau d'olivier.

S · IEhÃ · LI · BORNES · LI · CLERS

(Seel Jehan li Bornes, li clers.)

Fondation d'une chapellenie. — 12 mai 1256.

4631 BORGNE (PASQUIER LE).

Bourgeois de Lille. — 1391.

Sceau hexagone, de 21 mill. — Arch. du Nord; Chambre des comptes.

Écu portant trois aigles.

✶ S' PASRIER .E BORGHE

(Seel Paskier le Borgne.)

Conditions auxquelles Baudouin le Borgne doit garder avec lui sa
fille et son gendre. — Novembre 1391.

4632 BOS (JEAN DU).

Bourgeois de Lille. — 1400.

Sceau rond, de 22 mill. — Arch. du Nord; abbaye de Saint-Jean de
Valenciennes.

Écu portant un arbre, penché, timbré d'un heaume
cimé d'une aiguière, dans un ovale.

s · iehan · don · bos

(Seel Jehan don Bos.)

Testament de Jacques Barret. — 2 juin 1400.

4633   CAMBE (JEAN DE LA),

Dit Gantois, de Lille. — 1462.

Sceau rond, de 23 mill. — Hôpital Comtesse à Lille.

Écu au chevron, penché, timbré d'un heaume, supporté par deux lions.

s · iehan · gantois

(Seel Jehan Gantois.)

Bail d'une terre. — 8 juillet 1462.

4634   CASSEL (JEAN DE),

Bourgeois? de Lille. — 1396.

Sceau rond, de 21 mill. — Hôpital Sainte-Marthe à Lille.

Écu au lion, dans une rose.

✶ SEEL IEHAN DE CAS...

(Seel Jehan de Cassel.)

Vente d'une terre hors la porte Saint-Sauveur à Lille. — 6 juin 1396.

4635   CASTEL (GÉRARD DU),

Bourgeois de Lille. — 1386.

Sceau rond, de 18 mill. — Hôpital Comtesse à Lille.

Un château à trois tours.

✶ S' GERAR... CHASTEL

(Seel Gérart du Chastel.)

Acquisition d'une terre près la cour de la Braderie à Lille. — 16 février 1386.

4636   CHURLE (PASQUIER LE),

Bourgeois de Lille. — 1405.

Sceau rond, de 21 mill. — Hôpital Comtesse à Lille.

Écu au lion.

s pasbier le curle

(Seel Paskier le Curle.)

Acquisition d'une maison rue de Fives à Lille. — 13 mars 1405.

4637   COPIN (HUBERT),

Bourgeois de Lille. — 1443.

Sceau rond, de 22 mill. — Hôpital Saint-Sauveur à Lille.

Écu à la fasce accompagnée d'une étoile en chef et d'une étoile en pointe au franc canton sénestre chargé d'un chevron, soutenu par un homme sauvage, supporté par deux lions, dans un trilobe.

seel hubert coppin

(Seel Hubert Coppin.)

Acte de partage. — 27 février 1443.

4638   COUR (PIERRE DE LA),

De Lille. — 1375.

Sceau rond, de 19 mill. — Hôpital Saint-Julien à Lille.

Écu à la bande, écartelé de . . . . , dans une étoile.

S' PIERON DE LE COVRT

(Seel Pieron de le Court.)

Voyez le n° 4629.

4639   COURTRAI (JEAN DE),

Bourgeois de Lille. — 1281.

Sceau en écu, de 23 mill. — Arch. communales de Lille.

Une aigle éployée.

✶ S' IEHAN DE CORTRAI

(Seel Jehan de Cortrai.)

Traité pour la construction d'un chemin allant de Lille à Canteleu. — Octobre 1281. — *Nota.* Jean de Courtrai était prévôt de *Lille* en 1277.

4640   DAMINOIS (JEAN DE),

Bourgeois de Lille. — 1392.

Sceau rond, de 22 mill. — Hôpital de la Trinité à Lille.

Écu à la croix ancrée au bâton sur le tout, suspendu à un arbre, supporté par deux lions.

s · iehan · de · daminois

(Seel Jehan de Daminois.)

Obligation de rente. — 21 août 1392.

4641   DOUR (GILLES BRODOUL DE),

Bourgeois? de Lille. — 1355.

Sceau rond, de 20 mill. — Arch. du Nord; abbaye de Marchiennes.

Écu portant trois merlettes en chef, dans un trilobe.

S' GILLION · DE · DOVS

(Seel Gillion de Dous.)

Voyez le n° 4626.

4642   ESCOBECQUES (JEAN D'),

Bourgeois de Lille. — 1413.

Sceau rond, de 20 mill. — Hôpital Comtesse à Lille.

Écu portant trois feuilles, dans un trilobe.

S' IEHAN DES... BIERG

(Seel Jehan d'Escaubierg.)

Rachat d'une rente. — 14 mars 1413.

4643   ESCUTIER (JEAN L'),

Bourgeois de Lille. — 1375.

Sceau rond, de 23 mill. — Hôpital Saint-Julien à Lille.

Écu à trois huchets enguichés, brisé d'un oiseau au canton dextre, dans une rose.

* SIGILLVM .....IS ECCVSTIER
(Sigillum Johannis l'Ecustier.)
Voyez le n° 4629.

4644 FAUQUET (JEAN DE),
Bourgeois de Lille. — 1600.
Sceau rond, de 23 mill. — Arch. du Nord; abbaye de Saint-Jean de Valenciennes.

Écu portant trois chevrons 2 et 1, dans un trilobe.

S' IEh.. DE FAVKES
(Seel Johan de Faukes.)
Voyez le n° 4632.

4645 FIÉVET (JEAN),
De Bergues, bourgeois de Lille. — 1356.
Sceau rond, de 21 mill. — Arch. du Nord; abbaye de Marchiennes.

Écu portant un trèfle au lambel accompagné de deux trèfles plus petits en pointe.

S' IEhAN FIEVET
(Seel Johan Fiévet.)
Voyez le n° 4626.

4646 FOURLIGNIÉ (JACQUES),
Bourgeois de Lille. — 1428.
Sceau rond, de 23 mill. — Hôpital Saint-Julien à Lille.

Écu à la croix recercelée, penché, timbré d'un heaume cimé d'un paon rouant.

Ceel Iakeme fo.....
(Seel Jakeme Fourlignié.)
Payement d'ouvrages de charpenterie. — 12 juin 1428.

4647 FRÉMAULT (JACQUES),
Bourgeois de Lille. — 1372.
Sceau rond, de 17 mill. — Hôpital Saint-Julien à Lille.

Écu portant trois fermaux, penché, timbré d'un heaume cimé d'une tête de cerf, sur champ fretté.

S' IAKEMON FRVMAVT
(Seel Jakemon Frumaut.)
Acquisition d'une rente sur le moulin du prévôt de Saint-Pierre de Lille. — 20 décembre 1372.

4648 FRÉMAULT (JEAN).
Fils de Lotard Frémault, bourgeois de Lille. — 1443.
Sceau rond, de 26 mill. — Arch. du Nord; abbaye de Marquette.

Écu portant trois fermaux accompagnés d'un écusson chargé d'une fasce? en abîme, penché, timbré d'un heaume cimé d'une tête de cerf, supporté par deux griffons.

seel Iehan frumaut
(Seel Jehan Frumaut.)
Voyez le n° 4625.

4649 FRÉMAULT (LOTARD),
Le jeune, bourgeois de Lille. — 1423.
Sceau rond, de 22 mill. — Arch. du Nord; abbiette de Lille.

Écu portant trois fermaux accompagnés de .... en chef et en abîme, penché, timbré d'un heaume cimé d'une tête de cerf, supporté par deux griffons.

s · lot... fruma..
(Seel Lotard Frumaut.)
Confirmation de la donation d'un fief à Seclin. — 20 mai 1423.

4650 GOSEL (JEAN),
De Lille. — 1406.
Sceau rond, de 20 mill. — Arch. du Nord; abbiette de Lille.

Une hache accompagnée d'une étoile.

S' IEh.. GOSEL
(Seel Johan Gosel.)
Reconnaissance d'une rente. — 17 juin 1406.

4651 GRENU (JEAN),
De Lille. — 1381.
Sceau rond, de 19 mill. — Hôpital Comtesse à Lille.

Écu portant trois étoiles accompagnées d'un 6 en abîme.

...GhAN · GhVRN.S
(Seel Johan Ghernus.)
Vente d'un moulin à vent hors la porte des Reigneaux à Lille. — 6 octobre 1381.

4652 HANGOUARD (JEAN).
Bourgeois de Lille. — 1396.
Sceau rond, de 19 mill. — Hôpital Comtesse à Lille.

Écu à trois aiglettes, brisé d'une étoile en chef.

* S' IEhAN hANGOVARS
(Seel Johan Hangouars.)
Don d'une rente. — 24 juillet 1396.

4653 HANOTEL (JACQUES).
Bourgeois de Lille. — 1445.
Sceau rond, de 24 mill. — Arch. communales de Lille.

Écu à la croix ancrée, dans un trilobe.

S · iaqueme · hauotiel

(Seel Jaqueme Hanotiel.)

Voyez le n° 4446.

4654　　HAYE (JEAN DE LA),

Bourgeois de Lille. — 1348.

Sceau rond, de 20 mill. — Hôpital Saint-Julien à Lille.

Écu portant une haie en fasce accompagnée d'une étoile au canton dextre, dans un quadrilobe.

✠ S' Ieh.. DE LE hAI.

(Seel Johan de le Haie.)

Sentence confirmative d'une rente à Verlinghem. — 31 mai 1348.

4655　　HÉRENCQ (JEAN),

Bourgeois de Lille. — 1435.

Sceau rond, de 20 mill. — Hôpital Comtesse à Lille.

Écu portant trois poissons (trois harengs) en fasce l'un sur l'autre, dans un trilobe.

s · iohannis · herenc

(Sigillum Johannis Herenc.)

Accord au sujet de la réparation de deux maisons contiguës. — 4 décembre 1435.

4656　　HERSENT (JEAN),

Bourgeois de Lille. — 1442.

Sceau rond, de 26 mill. — Arch. du Nord; chapitre de Lille.

Écu à trois hures accompagnées d'une croisette en chef, penché, timbré d'un heaume cimé d'une hure, supporté par un ange.

s.. I iehan hersent

(Seel Jehan Hersent.)

Amortissement de terres tenues de la seigneurie des Quesnes. — Lille, 15 février 1442.

4657　　JOSEPH (PIERRE),

De Lille. — 1435.

Sceau rond, de 20 mill. — Hôpital Comtesse à Lille.

Écu au chevron accompagné de trois quintefeuilles.

SEEL · PIERART · IOSET

(Seel Pierart Joset.)

Voyez le n° 4655.

4658　　LANGLÉE (JEAN DE).

Bourgeois de Lille. — 1469.

Sceau rond, de 25 mill. — Hôpital Comtesse à Lille.

Écu au sautoir cantonné en chef d'un écusson chargé d'un écusson en abîme, penché, timbré d'un heaume, supporté par deux lions.

s · iehan · de · langlee

(Seel Jehan de Langlée.)

Vente d'une maison devant le rivage à Lille. — 28 décembre 1469.

4659　　LATTRE (WAUTIER DE),

Bourgeois de Lille. — 1460.

Sceau rond, de 20 mill. — Hôpital Saint-Sauveur à Lille.

Une croix à double traverse accompagnée d'une fleur de lys à sénestre.

S' VAVTIER · DE · LATR.

(Seel Vautier de Latre.)

Sentence confirmative d'une rente à Esquermes. — 12 avril 1466.

4660　　LOIR (JEAN LE),

Dit de Marcq, de Lille. — 1396.

Sceau rond, de 20 mill. — Arch. du Nord; abbiette de Lille.

Un petit quadrupède (un loir?) accosté de deux étoiles.

IEhAN LE LO.. DIT .E MARKE

(Johan le Loir dit de Marke.)

Acquisition de terres à Lesquin, à Hellesmes, etc. — 2 juin 1396.

4661　　MAIRE (JACQUES LE),

Bourgeois de Lille. — 1389.

Sceau rond, de 18 mill. — Arch. du Nord; abbiette de Lille.

Écu au massacre de cerf surmonté d'une étoile.

S' IAKEMART LE MERE

(Seel Jakemart le Mere.)

Acquisition d'une rente. — 31 juillet 1389.

4662　　MAYOLLE (JEAN),

De Lille. — 1426.

Sceau rond, de 23 mill. — Hôpital Comtesse à Lille.

Écu au râteau accosté de deux étoiles, soutenu par un homme sauvage, supporté par deux lions, dans un trilobe.

s · iehan · maiolle

(Seel Jehan Maiolle.)

Accord au sujet de la réparation de deux maisons contiguës. — 21 octobre 1426.

4663　　MIGNOT (JEAN),

Bourgeois de Lille. — 1396.

Sceau rond, de 19 mill. — Hôpital Sainte-Marthe à Lille.

Une roue.

IEHAN MIGNOT

(Jehan Mignot.)

Voyez le n° 4634.

4664   MULIER (FRANÇOIS),

De Lille. — 1503.

Sceau rond, de 23 mill. — Hôpital Comtesse à Lille.

Écu à l'âne bridé passant.

s · francoif · mulier

(Seel François Mulier.)

Bail de la cense du Mes. — 12 mars 1503.

4665   NEVEU (BAUDOUIN LE),

Dit de Langlée, bourgeois de Lille. — 1394.

Sceau rond, de 20 mill. — Hôpital Comtesse à Lille.

Écu fretté, brisé d'une étoile au canton dextre, dans un trilobe.

BAVDEWIR LE R. VEV

(Baudewin le Neveu.)

Ratification d'une sentence au sujet de rentes à Lambersart, à Lille, à Verlinghem, etc. — 19 décembre 1394.

4666   NEVEU (JEAN LE),

Bourgeois de Lille. — 1266.

Sceau en écu, de 27 mill. — Hôpital Comtesse à Lille.

Écu au lion.

✳ : S' : IEḤAN .E NEVEVT :

(Seel Johan le Neveut.)

Sentence au sujet d'une maison à Lille. — Octobre 1266.

4667   NEVEU (TRISTRAN LE),

De Lille. — 1401.

Sceau rond, de 23 mill. — Arch. du Nord; abbiette de Lille.

Écu fretté au chef chargé d'un lion issant, dans un trilobe.

SEEL · TRISTRAM · LE · NEVEV,

(Seel Tristram le Neveut.)

Don d'une rente à Lille. — 10 mars 1401.

4668   OPATIN (M° JEAN),

Bourgeois de Lille. — 1445.

Sceau rond, de 17 mill. — Hôpital Comtesse à Lille.

Écu à la bande chargée d'une quintefeuille en chef et accostée de deux étoiles.

SEEL · IEḤAN · OPATIN

(Seel Jehan Opatin.)

Voyez le n° 4636.

4669   ORCHIES (LOUIS D'),

Bourgeois de Lille. — 1449.

Sceau rond, de 22 mill. — Hôpital Saint-Julien à Lille.

Écu portant une rose accompagnée de trois étoiles.

· lois . . . . . ies

(Lois d'Orchies.)

Payement d'une fourniture de fer. — 1er juillet 1449.

4670   PETITPAS (ROBERT),

Bourgeois de Lille. — XIe siècle.

Sceau rond, de 20 mill. — Collection de M. Preux à Douai.

Écu à trois fasces accompagnées de . . . . en chef, dans un trilobe.

S · ROBIERT ...IPAS

(Seel Robiert Petipas.)

Sceau original, détaché.

4671   POELE (JACQUES VAN DEN),

De Lille. — 1498.

Sceau rond, de 24 mill. — Arch. du Nord; chapitre de Lille.

Écu au chevron accompagné de trois lévriers, supporté par un homme sauvage.

s · iacop · van · den · poele

(Segel Jacop van den Poele.)

Quittance d'une rente servie par le chapitre de Lille. — 17 novembre 1498.

4672   POELE (JEAN VAN DEN),

De Lille. — 1496.

Sceau rond, de 35 mill. — Arch. du Nord; chapitre de Lille.

Écu au chevron accompagné de trois lévriers, supporté par un homme sauvage.

s : iohannus de lacn . . . . . poele

(Sigillum Johannis de Laen van den Poele.)

Quittance d'une rente. — 1er décembre 1496.

4673   POLLIÉ (JACQUES),

Bourgeois de Lille. — 1396.

Sceau rond, de 20 mill. — Hôpital Comtesse à Lille.

Un Agnus Dei.

✳ S' IAREMES POL...

(Seel Jakemes Pollié.)

Don d'une rente. — 4 février 1396.

4674 PORTE (GUILLAUME DE LA),

De Wazemmes-les-Lille. — 1487.

Sceau rond, de 28 mill. — Hôpital Comtesse à Lille.

Un évêque mitré, crossé, bénissant.

s : Woillame : de : le : porte

(Seel Willame de le Porte.)

Bail du moulin et manoir de la Sauch à Wazemmes. — 28 février 1487.

4675 POUTRAIN (JEAN),

Bourgeois de Lille. — 1389.

Sceau rond, de 22 mill. — Arch. du Nord; abbiette de Lille.

Écu au cheval passant surmonté d'une étoile, dans un bilobe.

S IEHAN IOLIS DIS POWTRAIN

(Seel Jehan Jolit dit Powtrain.)

Transport d'une rente. — 30 juin 1389.

4676 PRÉVÔT (MAHIEU LE),

De Lille. — 1390.

Sceau rond, de 25 mill. — Arch. du Nord; chapitre de Saint-Amé.

Écu portant une fasce à la barre brochant, dans un trilobe. — Légende fruste.

Sentence au sujet des dîmes de Fressain. — Cambrai, en l'église de Notre-Dame, dessous les cloches, 1ᵉʳ février 1390.

4677 RASIÈRES (GÉRARD AS),

Bourgeois de Lille. — 1375.

Sceau rond, de 19 mill. — Hôpital Saint-Julien à Lille.

Écu d'hermines au chevron, dans une rose.

.....AN S RASIERES

(Seel'Grart à Rasières.)

Acquisition d'une terre à la Madeleine. — 12 novembre 1375.

4678 RELY (COLARD DE),

Bourgeois de Lille. — 1358.

Sceau rond, de 18 mill. — Hôpital Comtesse à Lille.

Écu à la croix recercelée chargée de cinq coquilles, brisé d'une merlette au canton dextre, sur champ festonné.

✶ S' COLART · DE · RELI

(Seel Colart de Reli.)

Rachat d'une rente par droit de proximité. — 18 juin 1358.

4679 RELY (JACQUES DE),

Bourgeois de Lille. — 1358.

Sceau rond, de 19 mill. — Hôpital Comtesse à Lille.

Écu à la croix recercelée chargée de cinq crois-sants, brisé d'une merlette au canton dextre, dans un trilobe.

S · IAKEMON · DE · RELI

(Seel Jakemon de Reli.)

Voyez le n° 4678.

4680 RIDEL (JEAN),

De Lille. — 1388.

Sceau rond, de 22 mill. — Arch. du Nord; abbiette de Lille.

Un homme sauvage tenant un fruit et un rameau.

✶ I BOVLES CON DIS RIDEL

(J. Boulet con dit Ridel.)

Transport d'une rente sur une maison à Lille. — 16 octobre 1388.

4681 ROBOES (JEAN),

De Lille. — 1388.

Sceau rond, de 22 mill. — Arch. du Nord; abbiette de Lille.

Écu portant une rose.

✶ S · IEHAN · ROBIEVh

(Seel Jehan Robieuh.)

Voyez le n° 4680.

4682 RUFFAULT (JEAN),

De Lille. — 1425.

Sceau rond, de 22 mill. — Hôpital Comtesse à Lille.

Écu portant un coq à tête de chèvre, soutenu par un ange, supporté par deux lions.

✶ SEEL · IEHAN · RVFFAVT

(Seel Jehan Ruffaut.)

Voyez le n° 4636.

4683 SAINT-GHISLAIN (JACQUES DE),

Bourgeois de Lille. — 1381.

Sceau rond, de 23 mill. — Hôpital Comtesse à Lille.

Un lion assis portant à son cou un écu plain sous un chef au lion, dans une rose.

✶ S IAQVE DE S GhILAIN

(Seel Jaque de Saint Ghilain.)

Voyez le n° 4651.

4684 SAINT-GHISLAIN (JACQUES DE),

Bourgeois de Lille. — 1396.

Sceau rond, de 22 mill. — Hôpital Sainte-Marthe à Lille.

Écu au chef chargé d'un lion à dextre, au double

trécheur fleuronné sur le tout, soutenu par un saint Jacques, supporté par deux lions, dans un trilobe.

s ꞇaquemon ꝺe saruf . . . . .
(Seel Jaquemon de Saint Ghillain?)
Voyez le n° 4634.

4685   SAUCH (GEORGES DE LE),
Bourgeois de Lille. — 1425.
Sceau rond, de 24 mill. — Arch. du Nord; chapitre de Lille.

Écu à la croix ancrée, brisé d'une étoile au canton dextre, dans un quadrilobe.

s · ꞁo..es · macꝃou
(Seel Jorges Machon.)
Acquisition d'une rente. — 15 avril 1425.

4686   SECLIN (MICHEL DE),
Bourgeois de Lille. — 1333.
Sceau rond, de 20 mill. — Hôpital de la Trinité à Lille.

Écu à trois lions,

mikil ꝺe seclin
(Mikil de Seclin.)
Caution fournie à Harpin de Fromelles. — 20 février 1333.

4687   STORRE (JEAN),
Bourgeois de Lille. — 1417.
Sceau rond, de 19 mill. — Hôpital Saint-Nicolas à Lille.

Un lion assis.

iehan · sestorre
(Jehan Setorre.)
Acquisition de terres à Wazemmes. — 23 mai 1417.

4688   TENREMONDE (GUILLAUME DE),
Bourgeois de Lille. — 1426.
Sceau rond, de 22 mill. — Hôpital Comtesse à Lille.

Écu papelonné au lambel, penché, timbré d'un heaume, supporté par deux griffons.

s · ꝃillame ꝺe tenremonꝺe
(Seel Willame de Tenremonde.)
Accord au sujet de rentes. — 14 août 1426.

4689   THIEFFRIES (WAUTIER DE),
Bourgeois de Lille? — 1388.
Sceau rond, de 19 mill. — Arch. du Nord; abbiette de Lille.

Écu bandé de six pièces au franc canton d'hermines, dans un quadrilobe.

s' WATIER DE TIEFERIES
(Seel Watier de Tieferies.)
Voyez le n° 4680.

4690   THIEULAINE (GÉRARD).
Seigneur de la Beraterie à Lomme, bourgeois de Lille. — 1507.
Sceau rond, de 32 mill. — Hôpital Saint-Julien à Lille.

Écu fascé à la bande chargée de trois aiglettes, écartelé de trois quintefeuilles, penché, timbré d'un heaume.

s · grarꝺ . . . . .
(Seel Grard Thieulaine.)
Lettres de relief. — 16 novembre 1507.

4691   THOVART (JEAN DE),
Bourgeois de Lille. — 1418.
Sceau rond, de 21 mill. — Hôpital Saint-Julien à Lille.

Écu au buste de femme accompagné d'un croissant au canton dextre, dans un trilobe.

seel · iehan · ꝺe · touꝟart
(Seel Jehan de Touvart.)
Payement d'ouvrages de charpenterie. — 13 avril 1418.

4692   TOILIER (JEAN LE),
Dit de la Fontaine, seigneur du fief de ce nom, bourgeois de Lille. — 1363.
Sceau rond, de 27 mill. — Béguinage de Lille.

Écu à la croix chargée d'une merlette en cœur, penché, timbré d'un heaume couronné et cimé de deux rameaux, dans un quadrilobe.

s · iehan · le · toilier
(Seel Jehan le Toilier.)
Lettres de relief. — 8 octobre 1363.

4693   TOURNEMINE (BERTRAND).
Bourgeois de Lille. — 1406.
Sceau rond, de 19 mill. — Arch. du Nord; abbiette de Lille.

Écu portant un trèfle, dans un quadrilobe.

s BIERTRAM TOVRNEMINE
(Seel Biertran Tournemine.)
Don d'une rente à Lille. — 22 septembre 1406.

4694   TOURNEMINE (PHILIPPE).
Bourgeois de Lille. — 1565.
Sceau rond, de 31 mill. — Arch. du Nord; abbaye de Marchiennes.

Écu à trois fleurs de lys sous un chef . . . . . écartelé

d'un fretté, timbré d'un heaume cimé d'une tête de licorne.

S · PHELIPPES TOVRNEMINE

(Seel Phelippes Tournemine.)

Aveu d'un fief à Runchin. — 18 décembre 1505.

4695   VINIER (JEAN LE),

De Lille. — 1479.

Sceau rond, de 21 mill. — Hôpital Comtesse à Lille.

Écu au cep de vigne dans un vase.

S Jehan le vinguier

(Seel Jehan le Vinguier.)

Vente d'un héritage à Wazemmes. — 31 décembre 1479.

4696   VRETET (JACQUES),

Bourgeois de Lille. — 1380.

Sceau rond, de 21 mill. — Hôpital Comtesse à Lille.

Écu losangé au chef chargé de trois fermaux, penché, timbré d'un heaume couronné et cimé d'une tête de chien tenant une banderole?

✳ S' IAKEMON VERTET

(Seel Jakemon Vertet.)

Acquisition d'un moulin à vent. — 17 septembre 1380.

4697   VRETET (THOMAS),

Bourgeois de Lille. — 1399.

Sceau rond, de 28 mill. — Hôpital Saint-Julien à Lille.

Écu losangé, penché, timbré d'un heaume cimé d'une tête de héron, supporté par deux griffons.

s · thumas · vretet

(Seel Thomas Vretet.)

Quittance du relief d'une terre à Lesquin. — 3 octobre 1399.

4698   WILLART (PIERRE),

De Lille. — 1431.

Sceau rond, de 21 mill. — Hôpital Comtesse à Lille.

Écu au lion passant devant un arbre, dans un trilobe.

SEEL PIERE WILLART

(Seel Piere Willart.)

Voyez le n° 4655.

BOURGEOIS DE MALINES.

4699   HEYDEN (HENRI VAN-DER).

1384.

Sceau rond, de 21 mill. — Arch. du Nord; Chambre des comptes.

Écu portant dix sautoirs 4, 3, 2 et 1, penché, timbré d'un heaume cimé d'un chien, supporté par deux aigles.

. . . . . ben . . . . vã der heiden

(Segel Henric van der Heiden.)

Caution fournie au comte de Flandre pour le maître de sa monnaie à Malines. — 20 mai 1384.

BOURGEOIS DE METZ.

4700   BOULAY (GARCILIET),

De Metz. — 1338.

Sceau en écu, de 20 mill. — Arch. du Nord; Chambre des comptes.

Écu à l'aigle, parti d'une croix recercelée au bâton brochant.

✳ S' GARCILIET · BOVLAI

(Seel Garciliet Boulai.)

Hommage au comte de Luxembourg pour une rente à Montcourt. — Luxembourg, 11 juillet 1338.

4701   HEUCH (THIBAUD DE),

Bourgeois de Metz. — 1315.

Sceau rond, de 19 mill. — Arch. du Nord; Chambre des comptes.

Écu à la tour crénelée.

✳ S' THIEBAVT DE HEV

(Seel Thiébaut de Heu.)

Paix au sujet de la maison de Volmerange incendiée par les gens du comte de Luxembourg. — 25 mars 1315.

BOURGEOIS DE MONS.

4702   BERMERAIN (PIERRE DE),

Dit le Clerc. — 1386.

Sceau rond, de 20 mill. — Arch. du Nord; abbaye de Crespin.

Écu à trois rencontres de bœuf, dans un trilobe.

✳ S' PETRI DE BERMERAING

(Sigillum Petri de Bermeraing.)

Bail d'une maison à Mons. — 25 avril 1386.

BOURGEOIS ET HABITANTS DE VALENCIENNES.

4703   BRACQ (MATHIEU DE),

Marchand à Valenciennes. — 1574.

Sceau rond, de 17 mill. — Arch. du Nord; évêché et chapitre de Cambrai.

Écu monogrammatique, supporté par un chien.

SE.. MXTH.....BRXCQ.

(Seel Mathies de Bracq.)

Aveu d'un fief à Maresches. — 12 janvier 1574.

4704   CRESTE (JACQUES),

De Valenciennes. — 1452.

Sceau rond, de 25 mill. — Arch. du Nord; évêché et chapitre de Cambrai.

Écu portant trois heaumes cimés d'une aigrette au lambel, penché, timbré d'un heaume cimé de deux houseaux, supporté par deux lions.

s · iakemart · crefte

(Seel Jakemart Creste.)

Aimeri Grebert, bourgeois de Valenciennes, et Marie du Gardin, sa femme, partagent leurs biens entre leurs enfants. — Valenciennes, 20 octobre 1452.

4705   FAVRIEL (JEAN),

Bourgeois de Valenciennes. — 1437.

Sceau rond, de 20 mill. — Arch. du Nord; hôpital Sainte-Élizabeth de Valenciennes.

Écu au chevron chargé de trois annelets et accompagné de trois marteaux, dans un trilobe.

feel iehan favriel

(Seel Jehan Favriel.)

Acquisition d'un pré à Vicq. — 19 mars 1437.

4706   GREBERT (AIMERI).

Bourgeois de Valenciennes. — 1452.

Sceau rond, de 30 mill. — Arch. du Nord; évêché et chapitre de Cambrai.

Écu semé d'étoiles au lion, brisé d'un lambel, penché, timbré d'un heaume cimé d'un dragon, supporté par deux anges.

s aimery grebiert

(Seel Aimery Greblert.)

Voyez le n° 4704.

4707   GREBERT

(MARIE DU GARDIN, FEMME D'AIMERI).

1452.

Sceau rond, de 26 mill. — Arch. du Nord; évêché et chapitre de Cambrai.

Écu semé d'étoiles au lion, brisé d'un lambel, parti d'un arbre, soutenu par un ange.

s · marie dou gardin

(Seel Marie dou Gardin.)

Voyez le n° 4704.

4708   GREBERT (JACQUES),

Frère d'Aimeri Grebert, bourgeois de Valenciennes. — 1452.

Sceau rond, de 29 mill. — Arch. du Nord; évêché et chapitre de Cambrai.

Écu semé d'étoiles au lion, penché, timbré d'un heaume cimé d'un dragon, supporté par deux anges.

s · iake · grebiert

(Seel Jake Grebiert.)

Voyez le n° 4704.

4709   GREBERT (JEAN),

Frère d'Aimeri Grebert, bourgeois de Valenciennes. — 1452.

Sceau rond, de 26 mill. — Arch. du Nord; évêché et chapitre de Cambrai.

Écu semé d'étoiles au lion chargé? à l'épaule, penché, timbré d'un heaume cimé d'un dragon, supporté par deux anges.

s · iehan grebiert

(Seel Jehan Grebiert.)

Voyez le n° 4704.

4710   MORTAGNE (COLARD DE).

Bourgeois de Valenciennes. — 1353.

Sceau rond, de 22 mill. — Arch. du Nord; chapitre de Saint-Géry de Valenciennes.

Écu fretté, semé de roses.

s' COLART DE MORTANGNE

(Seel Colart de Mortangne.)

Fondation d'une vicairie. — 15 février 1353.

4711   MOTTE (GUILLAUME DE LA).

Bourgeois de Valenciennes. — 1419.

Sceau rond, de 25 mill. — Arch. du Nord; hôpital Sainte-Élizabeth de Valenciennes.

Écu au croissant dans un double trécheur fleuronné, penché, timbré d'un heaume couronné et cimé d'une touffe, dans un ovale.

s · Woillaume de le motte

(Seel Willeaume de le Motte.)

Acquisition de terres à Saint-Vaast. — 25 septembre 1419.

4712   PARTIT (ROBERT).

Bourgeois de Valenciennes. — 1379.

Sceau rond, de 23 mill. — Arch. du Nord; hôpital Sainte-Élizabeth de Valenciennes.

Écu au lion, écartelé d'un vairé, au lambel sur le tout, dans un trilobe.

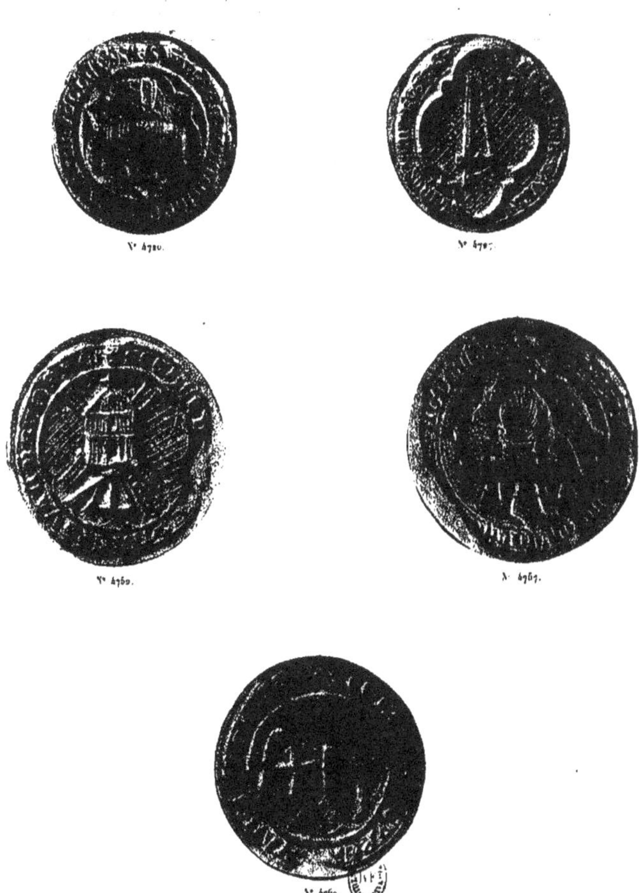

N° 4730. Les Affineurs de vin, de Bruges. — N° 4737. Les Batteurs de laine, de Bruges. — N° 4752. Les Meuniers, de Bruges. N° 4757. Les Poissonniers, de Bruges. — N° 4769. Les Tonneliers, de Bruges.

.....IERS PARSIS

(Seel Robbert Partil.)

Acquisition de terres à Solesmes et à Beaurain. — 30 novembre 1379.

4713 SAUCH (JEAN DE LE),

Bourgeois de Valenciennes. — 1334.

Sceau rond, de 26 mill. — Arch. du Nord; Chambre des comptes.

Écu à l'aigle éployée, dans une rose.

✠ SEIEL : IEHAN : DE : LE : SAV.

(Seel Jehon de le Sauch.)

Sentence de la cour de Mons au sujet d'un fief à Boussoit. — 18 juillet 1334.

4714 VIGNE (AMAURI DE LA),

Bourgeois de Valenciennes. — 1336.

Sceau rond, de 26 mill. — Arch. du Nord; abbaye de Saint-Jean de Valenciennes.

Écu portant trois mâcles au lambel, dans une rose.

SEEL : AMAVRI : DE : LE : VINGNE

(Seel Amauri de le Vingne.)

Voyez le n° 1306.

HABITANTS D'YPRES.

4715 ANGUILLE (PIERRE),

D'Ypres. — 1316.

Sceau rond, de 19 mill. — Arch. du Nord; Chambre des comptes.

Écu au besant surmonté d'une croix accostée de deux anguilles.

✠ S' PIERON · ANGVILLE

(Seel Pieron Anguille.)

Traité de paix entre la France et la Flandre. — 1er septembre 1316.

4716 BARDON (JEAN).

D'Ypres. — 1316.

Sceau rond, de 24 mill. — Arch. du Nord; Chambre des comptes.

Écu portant trois doloires, dans un quadrilobe.

✠ SA..L I.hAR .A..OR

(Saiel Jehan Bardon.)

Voyez le n° 4715.

4717 BELLE (LAMBERT),

D'Ypres. — 1316.

Sceau rond, de 21 mill. — Arch. du Nord; Chambre des comptes.

Écu portant six clochettes au bâton brochant, dans une rose.

S' LAMBERT BELE

(Seel Lambert Bele.)

Voyez le n° 4716.

4718 HANOWAS (CHRÉTIEN),

D'Ypres. — 1316.

Sceau rond, de 17 mill. — Arch. du Nord; Chambre des comptes.

Un coq surmonté d'une fleur de lys.

✠ S XPIANI · HANOWAS

(Sigillum Christiani Hanowas.)

Voyez le n° 4715.

CORPORATIONS, MÉTIERS, PROFESSIONS.

CORPORATIONS.

4719 BRUGES (LES ADOBEURS DE).

1407.

Sceau rond, de 45 mill. — Arch. du Nord; Chambre des comptes.

Écu fascé de huit pièces, à la bande chargée de trois cerfs? courant dans des feuillages brochant, dans un trilobe.

DIT ES ...... ERES : SE..EL ....EH hOVE IN BRVG...

(Dit es der dobberes seghel van den hove in Brugghe.)

Offres faites par la ville de Bruges au sujet de l'impôt annuel dont le comte de Flandre l'avait frappée. — 24 mai 1407.

4720 BRUGES

(LES AFFOIREURS DE VIN DE).

1407.

Sceau rond, de 45 mill. — Arch. du Nord; Chambre des comptes.

Un tonneau surmonté d'un écu fascé de huit pièces au lion couronné, au-dessus d'un vilebrequin. sur champ de feuillages, dans un trilobe.

✠ S' VAN · DEN · WIIHAMBO..TE · VAN · BRVGGhE

(Seghel van den wiinamboehte van Brugghe.)

Voyez le n° 4719.

4721 BRUGES (LES AIGNELIERS DE).

1407.

Sceau rond, d'environ 43 mill. — Arch. du Nord; Chambre des comptes.

Fragment d'écu où il ne reste plus qu'un agneau sur trois qu'il portait.

...INWERKERS ....

(Seghel der lamminwerkers van Brugghe.)

Voyez le n° 4719.

4722 BRUGES

(LES OUVRIERS D'AMBRE OU FAISEURS DE CHAPELETS DE).

1407.

Sceau ogival, de 66 mill. — Arch. du Nord; Chambre des comptes.

Une religieuse tenant de la main droite un chapelet.

...hEL D...ATER.....MAKERS IN BRVG...

(Seghel der paternostermakers in Brugghe.)

Contre-sceau : Écu portant trois chapelets, dans un quadrilobe.

S' CLENE DER PATERNOSTERMAKERS IN BRVG

(Seghel clene der paternostermakers in Brugghe.)

Voyez le n° 4719.

4723 BRUGES

(LES ARMOYEURS OU FOURBISSEURS DE).

1407.

Sceau rond, de 45 mill. — Arch. du Nord; Chambre des comptes.

Écu à trois épées en bande la pointe en bas, dans un trilobe.

S · DER · SVER..CHERS VÃ BRVGGhE EN DIERE A.....

(Seghel der swervaghers van Brugghe en diere ambore.)

Voyez le n° 4719.

4724 BRUGES (LES ARTILLEURS DE).

1407.

Sceau rond, de 40 mill. — Arch. du Nord; Chambre des comptes.

Écu au chevron denché, fleuronné, chargé de deux flèches, accompagné en pointe d'une arbalète entre deux haches, sur champ festonné.

.....KERS · VAN · BRVGGh.

(Seghel van den boghemakers van Brugghe.)

Voyez le n° 4719.

4725 BRUGES (LES BARBIERS DE).

1407.

Sceau rond, de 34 mill. — Arch. du Nord; Chambre des comptes.

Écu portant deux ciseaux en chef et un rasoir en pointe, dans un trilobe.

⚜ DER · BAERMAKERS · SEGHEL · VAN · BRVGGhE

(Der baermakers seghel van Brugghe.)

Voyez le n° 4719.

4726 BRUGES (LES BATELIERS DE).

1407.

Sceau rond, de 45 mill. — Arch. du Nord; Chambre des comptes.

Un vaisseau voguant, sur champ fretté, dans un quadrilobe.

...hEL · DER · SCIPLIEDER · VAN · .....

(Seghel der sciplieden van Brugghe.)

Voyez le n° 4719.

4727 BRUGES

(LES BATTEURS DE LAINE DE).

1407.

Sceau rond, de 48 mill. — Arch. du Nord; Chambre des comptes.

Un arçon (archet à battre la laine), sur champ fretté, dans un quadrilobe.

SEGEL : DER : WVLLESLARES : VAN : BRVGGhE

(Segel der wulleslares van Brugghe.)

Voyez le n° 4719.

4728 BRUGES (LES BOUCHERS DE).

1407.

Sceau rond, de 60 mill. — Arch. du Nord; Chambre des comptes.

Un bœuf, sur champ de feuillages, dans une rose.

S' VAN · DEN · VLEESCHA...ChTE · VAN · BR..GhE

(Seghel van den vleeschamhochte van Brugghe.)

Contre-sceau : Un porc, sur champ fretté.

⚜ S' VAN · DEN · VLEESChAMBOChTE · VÃ · BRVGGhE

(Seghel van den vleeschamhochte van Brugghe.)

Voyez le n° 4719.

4729 BRUGES (LES BOULANGERS DE).

1407.

Sceau rond, de 38 mill. — Arch. du Nord; Chambre des comptes.

Écu chargé de trois pellerons en bande chargés chacun de trois pains, dans un trilobe.

⚜ SEGhEL · VAN · DER · AMBAChTE · VAN · DEN · BAKERS · VAN · BRVGGhE

(Seghel van der ambachte van den bakers van Brugghe.)

Voyez le n° 4719.

4730   **BRUGES**

(LES BOURSIERS ET CORROYEURS DE CUIR BLANC DE).

1407.

Sceau rond, de 32 mill. — Arch. du Nord; Chambre des comptes.

Un cerf accompagné de trois bourses, sur champ d'a-
rabesques.

**SEGHEL : DER : BVERSEMAKERS : VAN :
BRVGGHE :**

(Seghel der boersemakers van Brugghe.)

Voyez le n° 4719.

———

4731   BRUGES (LES CEINTURIERS DE).

1407.

Sceau rond, de 35 mill. — Arch. du Nord; Chambre des comptes.

Les deux bouts d'une ceinture avec son fermail, accompagnés d'une boucle, sur champ fretté.

**✶ DITS : DIG · ZEGHEL · VÃ · DER · RIEMAKER ·
VÃ · BRVGh**

(Dits die seghel van der riemaker van Brugghe.)

Voyez le n° 4719.

———

4732   BRUGES (LES CHANDELIERS DE).

1407.

Sceau rond, de 37 mill. — Arch. du Nord; Chambre des comptes.

Écu portant cinq chandelles suspendues en forme de
lambel, surmontées de deux écussons, celui de dextre au
lion, celui de sénestre fascé au lion brochant, dans un
quadrilobe.

**✶ S' VAN · DEN · KERSGHIETERSÃBOChT ·
VÃ · BRVG'**

(Seghel van den kersghietersambochte van Brugghe.)

Voyez le n° 4719.

———

4733   BRUGES (LES CHAPELIERS DE).

1407.

Sceau rond, de 32 mill. — Arch. du Nord; Chambre des comptes.

Il ne reste plus de ce type, qui représentait un chapeau, que la légende.

..... DER ÞOEDEMA ... VÃ B ...

(Seghel der hoedmakers van Brugghe.)

Voyez le n° 4719.

———

4734   BRUGES (LES CHARPENTIERS DE).

1407.

Sceau rond, de 30 mill. — Arch. du Nord; Chambre des comptes.

Écu portant une hache et une équerre, dans un quadrilobe.

✶ S' SAMBOCh.. VAN DEN TIMERMANS

(Seghel sambochts van den timermans.)

Voyez le n° 4719.

———

4735   BRUGES (LES CHARRONS DE).

1407.

Sceau rond, de 42 mill. — Arch. du Nord; Chambre des comptes.

Une hache accompagnée d'une roue, sur champ fretté.

**✶ SEGHEL DER WIGhWERKERS VAN
BRVGGHE**

(Seghel der wielwerkers van Brugghe.)

Voyez le n° 4719.

———

4736   BRUGES (LES CHAUSSETIERS DE).

1407.

Sceau rond, de 29 mill. — Arch. du Nord; Chambre des comptes.

Une chausse chargée d'une rose, sur champ fretté,
dans un quadrilobe.

✶ S' DER KOVSSGEPERS VAN BRVGGHE

(Seghel der kousscepers van Brugghe.)

Voyez le n° 4719.

———

4737   BRUGES (LES CORDIERS DE).

1407.

Sceau rond, de 48 mill. — Arch. du Nord; Chambre des comptes.

Écu au chevron d'architecture gothique chargé de trois
manivelles et accompagné de trois autres, sur champ festonné.

**✶ SEGHEL : VAN : DEN : LINE.AKERS : VAN :
BRVGGHE**

(Seghel van den linemakers van Brugghe.)

Voyez le n° 4719.

———

4738   BRUGES (LES CORDONNIERS DE).

1407.

Sceau rond, de 50 mill. — Arch. du Nord; Chambre des comptes.

Une botte accostée de deux souliers, sur champ fretté
et festonné.

**✶ SEGHEL : DER : CORDEWANIERS : VAN :
BRVGGHE**

(Seghel der cordewaniers van Brugghe.)

Voyez le n° 4719.

———

4739   **BRUGES**

(LES CORROYEURS DE CUIR NOIR DE).

1407.

Sceau rond, de 42 mill. — Arch. du Nord; Chambre des comptes.

Un cerf, sur champ de feuillages, dans une rose.

..DER .....WERS VÃ BRVGGHE

(Seghel der ..... wers van Brugghe.)

Voyez le n° 4719.

4740   BRUGES

(LES COURTEPOINTIERS DE).

1407.

Sceau rond, de 28 mill. — Arch. du Nord; Chambre des comptes.

Un lion surmonté d'une rose et accosté de deux ciseaux, dans un trilobe.

✳ S' DER : CVLESTICKERS : VAN : BRVGGHE

(Seghel der culestickers van Brugghe.)

Voyez le n° 4719.

4741   BRUGES (LES COURTIERS DE).

1407.

Sceau rond, de 68 mill. — Arch. du Nord; Chambre des comptes.

Écu palé de six pièces, supporté par deux hommes sauvages, dans une rose.

SIGIL.......RARVM.....RSI.

(Sigillum ..... prosetenarum ville Brugensis.)

Contre-sceau : L'écu de la face, dans une rose.

✳ SECRETVM PROSETENARVM VILLE DE BRVGIS

(Secretum prosetenarum ville de Brugis.)

Voyez le n° 4719.

4742   BRUGES

(LES COUVREURS DE PAILLE DE).

1407.

Sceau rond, de 22 mill. — Arch. du Nord; Chambre des comptes.

Un marteau, sur champ fretté.

✳ S' STRODECKERS IN BRVGGH.

(Seghel strodeckers in Brugghe.)

Voyez le n° 4719.

4743   BRUGES

(LES COUVREURS DE TUILE DE).

1407.

Sceau rond, de 32 mill. — Arch. du Nord; Chambre des comptes.

Écu portant deux marteaux en chef et une truelle en pointe, dans un trilobe.

✳ SEGHEL D' TEG...DECKERS VAN BRVGGHE

(Seghel der tegheldeckers van Brugghe.)

Voyez le n° 4719.

4744   BRUGES

(LES DÉCHARGEURS DE VIN DE).

1407.

Sceau rond, de 27 mill. — Arch. du Nord; Chambre des comptes.

Deux madriers réunis par deux traverses (un poulain), accostés de deux écus fascés au lion, sur champ fretté.

✳ S' DER WIINSCRVD..S VAN BRVGGHE

(Seghel der wiinscruders van Brughe.)

Voyez le n° 4719.

4745   BRUGES (LES FÈVRES DE).

1407.

Sceau rond, de 36 mill. — Arch. du Nord; Chambre des comptes.

Dans une niche gothique, saint Éloi tenant un marteau, accosté de deux écus frustes : celui de dextre paraissant porter des tenailles? en pal, celui de sénestre un chevron.

S' CVM...AT.....ATIS SC...IR...IS

(Sigillum communitatis fraternitatis Sancti Eligii in Brugis?)

Voyez le n° 4719.

4746   BRUGES (LES FOULONS DE).

1407.

Sceau rond, de 02 mill. — Arch. du Nord; Chambre des comptes.

Un lévrier accompagné d'une carde et d'un oiseau, sur champ fretté et festonné.

..GHEL · VAN · DER · VVLAMBOGHTE · IN · BRVGGHE

(Seghel van der vulamboghte in Brugghe.)

Contre-sceau : La représentation de la face.

✳ SEGHEL VAN DE VVLAMBOGHTE IN BVRGGHE

(Seghel van der vulamboghte in Burgghe.)

Voyez le n° 4719.

4747   BRUGES (LES FRUITIERS DE).

1407.

Sceau rond, de 31 mill. — Arch. du Nord; Chambre des comptes.

Écu portant un arbre fruitier, dans un trilobe.

S' DER ERVTENIERS VAN BRVGGHE

(Seghel der fruteniers van Brugghe.)

Voyez le n° 4719.

4748   BRUGES

(LES GAÎNIERS ET TABLETIERS DE).

1407.

Sceau rond, de 42 mill. — Arch. du Nord; Chambre des comptes.

Écu au chevron chargé de trois bourses? et accompagné de trois gaînes et de trois poches, dans un trilobe.

✠ S' DER SCEDEMAKERS EN TAFELMAKERS IN BRVGẼ

(Seghel der scedemakers en tafelmakers in Brugghe.)

Contre-sceau : L'écu et la légende de la face.

Voyez le n° 4719.

4749 BRUGES (LES GANTIERS DE).

1407.

Sceau rond, de 4a mill. — Arch. du Nord; Chambre des comptes.

Écu portant trois gants, dans un quadrilobe.

✠ DIT · ES · DER · AHSCOGHWERKERS · ZEGHEL · VÃ · BRVGẼ

(Dit es der anscoenwerkers zeghel van Brugghe.)

Voyez le n° 4719.

4750 BRUGES (LES HUCHIERS DE).

1407.

Sceau rond, de 37 mill. — Arch. du Nord; Chambre des comptes.

Un coffret surmonté d'une équerre, dans une rose.

...DER · SCRINEWERKERS · VAN · BRVGh.

(Seghel der scrineworkers van Brughe.)

Voyez le n° 4719.

4751 BRUGES (LES MAÇONS DE).

1407.

Sceau rond, de 35 mill. — Arch. du Nord; Chambre des comptes.

Écu au chevron d'architecture gothique chargé des outils du métier, marteau, équerre, truelle, et accompagné en chef de deux écussons fascés au lion, dans une rose.

S' VÃ DE MACHENAERS AMBOChTE VAN BRVG...

(Seghel van der machenaers ambochte van Brugghe.)

Voyez le n° 4719.

4752 BRUGES (LES MEUNIERS DE).

1407.

Sceau rond, de 48 mill. — Arch. du Nord; Chambre des comptes.

Un moulin à vent, sur champ fretté.

✠ SEGhEL · D....ELNAERS VAN BRVGGhE

(Seghel der muelnaers van Brugghe.)

Voyez le n° 4719.

4753 BRUGES (LES ORFÉVRES DE).

1407.

Sceau ogival, de 6a mill. — Arch. du Nord; Chambre des comptes.

Saint Éloi tenant un marteau, dans une niche gothique.

DIT ES DE ZEGhEL.....SMEDE VÃ BRVGẼ

(Dit es de zeghel van den selversmede van Brugghe.)

Contre-sceau : Une tête d'évêque (saint Éloi) accostée de deux hanaps.

✠ CÕT S' D' SELVERSMEDE VÃ BRVG'

(Contra seghel der selversmede van Brugghe.)

Voyez le n° 4719.

4754   BRUGES

(LES PEINTRES ET LES SELLIERS DE).

1407.

Sceau rond, de 45 mill. — Arch. du Nord; Chambre des comptes.

La Vierge debout, avec l'enfant Jésus, accostée de deux selles, dans un quadrilobe.

✠ S' DER BEELDEMAKERS EN DER SADELAERS VAN BRVGGhE

(Segel der beeldemakers eu der sadelaers van Brugghe.)

Voyez le n° 4719.

4755   BRUGES

(LES PLÂTRIERS, PLAFONNEURS OU PLACQUEURS DE).

1407.

Sceau rond, de 4i mill. — Arch. du Nord; Chambre des comptes.

Une hachette accompagnée d'une truelle, sur champ fretté et festonné.

✠ S' · DER · PLAESTERAERS · VAN · BRVGGhE

(Seghel der plaesteraers van Brugghe.)

Contre-sceau : Une hachette, sur champ d'arabesques.

S' · DER · PLASTERARS · VÃ' · BRVGGhE

(Seghel der plasterars van Brugghe.)

Voyez le n° 4719.

4756 BRUGES (LES PLOMBIERS DE).

1407.

Sceau rond, de 44 mill. — Arch. du Nord; Chambre des comptes.

Écu portant deux fers à souder posés en sautoir et cantonnés de quatre étoiles, sur champ fretté.

✠ S' VÃ : DE : LO...hIGTERS : AMBOChTE VAN : BRVGGhE

(Seghel van der lootghieters ambochte van Brugghe.)

Voyez le n° 4719.

4757   BRUGES (LES POISSONNIERS DE).

1407.

Sceau rond, de 63 mill. — Arch. du Nord; Chambre des comptes.

Un poissonnier debout devant une table, découpant un poisson, accompagné de deux poissons et de deux roses, sur champ semé de petites fleurs.

..hEL : UAN : DER : UISCh : COPER. ...
..U66hE :

(Seghel van der visch copers van Brugghe.)

CONTRE-SCEAU : Un poisson surmonté d'un couteau, sur champ de petites fleurs.

SECRET · S' · DER · VISCh · COPERS · VAN · BRV66hE

(Secret seghel der visch copers van Brugghe.)

Voyez le n° 4719.

4758   BRUGES (LES POTIERS D'ÉTAIN DE).

1407.

Sceau rond, de 46 mill. — Arch. du Nord; Chambre des comptes.

Une buire, sur champ fretté.

✱ S' DER TENIN STOEPMAKERS VAN BRV66hE

(Seghel der tenin stoepmakers van Brugghe.)

Voyez le n° 4719.

4759   BRUGES
(LES POTIERS DE TERRE DE).

1407.

Sceau rond, de 25 mill. — Arch. du Nord; Chambre des comptes.

Une cruche.

✱ .....hERBING : PO.....RS : I : BRV66

(Segel ..... potmakers in Brugghe.)

Voyez le n° 4719.

4760   BRUGES (LES SAUVAGINIERS DE).

1407.

Sceau rond, de 24 mill. — Arch. du Nord; Chambre des comptes.

Un cerf devant un arbre, et au-dessous, un lapin.

S' VAN · DER · WILTWERKERS · IN · BRV66

(Seghel van der wiltwerkers in Brugghe.)

CONTRE-SCEAU : Un cerf. — Sans légende.

Voyez le n° 4719.

4761   BRUGES (LES SCIEURS DE).

1407.

Sceau rond, de 36 mill. — Arch. du Nord; Chambre des comptes.

Une scie accostée d'une hache et d'un merlin, dans une rose.

DER SAChERS ZE...L VAN BRV66hE

(Der saghers zeghel van Brugghe.)

Voyez le n° 4719.

4762   BRUGES (LES TAILLEURS DE).

1407.

Sceau rond, de 43 mill. — Arch. du Nord; Chambre des comptes.

Écu portant trois ciseaux, dans un trilobe.

✱ SEChEL DER SChEPPERS VAN BRV66hE

(Seghel der scheppers van Brugghe.)

CONTRE-SCEAU : Représentation réduite de la face.

✱ SEChEL DER SChEPPERS VAN BRV66hE

(Seghel der scheppers van Brugghe.)

Voyez le n° 4719.

4763   BRUGES (LES TANNEURS DE).

1407.

Sceau rond, de 50 mill. — Arch. du Nord; Chambre des comptes.

Écu fascé de huit pièces au bâton brochant, dans une rose.

✱ S' DER · hVDEVETTERS · VAN · BRV66hE

(Seghel der hudevetters van Brugghe.)

Voyez le n° 4719.

4764   BRUGES (LES TAPISSIERS DE).

1407.

Sceau rond, de 35 mill. — Arch. du Nord; Chambre des comptes.

Écu portant trois roses, dans un trilobe.

S' DER · LISEGLA....EVERS · VAN · BRV66

(Seghel der liseclederwevers van Brugge.)

Voyez le n° 4719.

4765   BRUGES (LES TEINTURIERS DE).

1407.

Sceau rond, de 60 mill. — Arch. du Nord; Chambre des comptes.

Écu portant une aigle, dans un trilobe.

✱ S' VAN DEN VAERWERS AMBOChTE ·VAN BRV66hE

(Seghel van den vaerwers ambochte van Brugghe.)

CONTRE-SCEAU : La représentation de la face.

✱ CONT S' VÃ DĒ VAERWERS AMBOChTE VÃ BRV66 ✱

(Contra seghel van den vaerwers ambochte van Brugghe.)

Voyez le n° 4719.

4766 BRUGES (LES TELIERS DE).

1407.

Sceau rond, de 27 mill. — Arch. du Nord; Chambre des comptes.

Une navette, dans une rose.

✠ S' VAN DĒ TIRGWEVERS? AMBOCHTE VAN BRVGGHE

(Seghel van den likewevers ambochte van Brugghe.)

Voyez le n° 4719.

———

4767 BRUGES (LES TISSERANDS DE).

1407.

Sceau rond, de 55 mill. — Arch. du Nord; Chambre des comptes.

Un lion couronné, accompagné de trois navettes, sur champ de petites fleurs.

....VE ...OCHTE : IN : BRVGGHE :

(Seghel van der weve ambochte in Brugghe.)

Contre-sceau : La représentation de la face.

SECRET S' VAN DĒ WEVEAMBOCHTE IN BRVGGHE

(Secret seghel van der weve ambochte in Brugghe.)

Voyez le n° 4719.

———

4768 BRUGES (LES TONDEURS DE).

1407.

Sceau rond, de 48 mill. — Arch. du Nord; Chambre des comptes.

Écu portant une force accostée de deux lions affrontés, dans une rose.

✠ S' VAN · DEN · SCERRE .. BOCHTE · VAN · BRVGGHE

(Seghel van den scerre ambochte van Brugghe.)

Contre-sceau : Une force accostée de deux lions.

✠ S' WERDVR BRVGENSIS

(Seghel Wardur Brugensis.)

Voyez le n° 4719.

———

4769 BRUGES

(LES TONNELIERS OU CUVELIERS DE).

1407.

Sceau rond, de 45 mill. — Arch. du Nord; Chambre des comptes.

Un compas et une doloire, sur champ fretté.

SEGHEL · DER · CVPERS · VAN · BRVGGHE

(Seghel der cupers van Brugghe.)

Voyez le n° 4719.

4770 BRUGES (LES TOURNEURS DE).

1407.

Sceau rond, de 81 mill. — Arch. du Nord; Chambre des comptes.

Écu portant un arbre ayant une hache plantée dans son tronc, dans une rose.

✠ S' DER ¦ DRAIERS ¦ VAN ¦ BRVGGHE

(Seghel der draiers van Brugghe.)

Voyez le n° 4719.

———

4771 BRUGES (LES VIEUPILTIERS DE).

1407.

Sceau rond, de 43 mill. — Arch. du Nord; Chambre des comptes.

Trois objets en fourrure?, dans un quadrilobe.

✠ S' VAN DE .....RAWERRE.....GGHE

(Seghel van den houtgrawerkers ambochte van Brugghe.)

Voyez le n° 4719.

———

4772 BRUGES

(LES VIEUWARIERS OU FRIPIERS DE).

1407.

Sceau rond, de 54 mill. — Arch. du Nord; Chambre des comptes.

Un chevalet? accompagné à dextre d'un écu au lion et à sénestre d'un écu fascé au lion couronné, dans une rose.

✠ S' VAN ¦ DEN ¦ ARBOG... DER ¦ HOVDE .....GHE

(Seghel van den ambochte der houde cletcops in Brugghe.)

Voyez le n° 4719.

———

4773 COURTRAI (LES FOULONS DE).

1371.

Sceau rond, de 18 mill. — Arch. du Nord; Chambre des comptes.

Écu au chevron accompagné de trois cardes à la bordure engrêlée, dans une rose.

.GGH.. .R : VOL.....

(Seghel der vol .....)

Conditions auxquelles un bourgeois de Courtrai peut être franc dans le métier de foulon. — 1er décembre 1372.

———

4774 DAL OU DALHEIM?

(LES BOUCHERS DE).

1653.

Sceau rond, de 42 mill. — Collection de M. Perux à Dal .

Saint Sébastien attaché à un arbre et percé de flèches, accosté d'une hache et d'une tête de bœuf.

S : SEBAS : PATRON : D : E : METZLER : ZVNFT :
E : S : IM : DAL : 1652

Surmoulage.

4775   TRÈVES (LES RELIEURS DE).

1777.

Sceau rond, de 36 mill. — Collection de M. Preux à Douai.

Un ange debout, tenant une presse à relier et un livre.

SIGIL DER BUCH BENDER IN TRIER AN 1777

Surmoulage.

MÉTIERS ET PROFESSIONS.

4776   MELLO (JEAN DE),

Armoyeur. — 1389.

Sceau rond, de 22 mill. — Arch. du Nord; abbiette de Lille.

Écu portant un heaume.

✸ S' IHAN · DE · MELLO

(Seel Jhan de Mello.)

Transport d'une rente sur une maison à Lille. — 31 juillet 1389.

4777   LOOS (JEAN DE),

Barbier. — 1330.

Sceau rond, de 17 mill. — Arch. du Nord; abbaye de Marquette.

Écu portant des ciseaux.

✸ S' IEHAN DE LOS

(Seel Jehan de Los.)

Sentence confirmative d'une rente à Marquette. — 14 décembre 1330.

4778   AUGOT (JEAN),

Bennelier. — 1432.

Sceau rond, de 19 mill. — Hôpital Saint-Julien à Lille.

Écu à la fasce accompagnée de trois étoiles.

IEHAN OGOT

(Jehan Ogot.)

Transport de sable; quittance de gages. — 17 mai 1432.

4779   MOREL (JEAN).

Bennelier. — 1484.

Sceau rond, de 22 mill. — Arch. du Nord; Chambre des comptes.

Un char (un bennel).

rehan m . . . el

(Jehan Morielt)

Transport de sable; quittance de gages. — 25 août 1484.

4780   ÉLIART (THIERRI),

Boucher. — 1375.

Sceau rond, de 21 mill. — Hôpital Saint-Julien à Lille.

Un mouton.

✸ S . . . RI ELIAR.

(Seel Tiéri Éliart.)

Acquisition d'une terre à la Madeleine. — 12 novembre 1375.

4781   HALLE (JEAN DE LE),

Boucher. — 1407.

Sceau rond, de 22 mill. — Arch. du Nord; abbaye de Marquette.

Écu portant trois rencontres de bœuf, soutenu par un saint Jean, supporté par deux lions, dans un trilobe.

seel rehau de le halle

(Seel Jehan de le Halle.)

Acquisition d'une rente à la Madeleine. — 3 février 1407.

4782   LOBEL (JEAN DE),

Boucher. — 1474.

Sceau rond, de 20 mill. — Arch. du Nord; abbaye de Marquette.

Un arbre accosté de deux étoiles.

S rehau de lobiel

(Seel Jehan de Lobiel.)

Acquisition d'une rente à Ennetières. — 24 février 1474.

4783   JOSEPH (GUILLAUME),

Brasseur. — 1449.

Sceau rond, de 18 mill. — Hôpital Comtesse à Lille.

Écu au chevron accompagné de deux étoiles en chef et d'une fleur en pointe.

seel Duillam iozeph

(Seel William Joseph.)

Conditions auxquelles Guillaume Joseph laisse établir un ruyol dans sa maison. — 12 janvier 1449.

4784   LOUTTREMAN (JEAN-BAPTISTE),

Bourgeois de Cambrai, brasseur. — 1608.

Sceau rond, de 28 mill. — Arch. du Nord; évêché et chapitre de Cambrai.

Écu portant une loutre sous des arbres, dans un cartouche.

S · I · BAPTISTE · . . . . TREMAN

Aveu d'un fief à Humilly. — 19 mai 1608.

4785   FASSE (CATHERINE),

Veuve de Jean Nere, marchande de briques. — 1440.

Sceau rond, de 21 mill. — Hôpital Saint-Julien à Lille.

Écu portant un cerf accompagné d'un trèfle, dans un trilobe. — Légende détruite.

Fourniture de briques; quittance. — 30 juin 1440.

4786   REMI (AMAURI),

Cauchieur. — 1439.

Sceau rond, de 23 mill. — Hôpital Saint-Julien à Lille.

Écu portant une hie.

..... REMY

(..... Remy.)

Pavage de la cour de l'hôpital Saint-Julien. — 17 mai 1439.

4787   FRÊNES (PASQUIER DES),

Caudrelier. — 1564.

Sceau rond, de 26 mill. — Arch. du Nord; Chambre des comptes.

Écu au marteau accompagné de deux . . . .

✠ PASQVIER DES FRENNES

(Pasquier des Frennes.)

Aveu d'un fief sis à Leers et à Néchin. — 11 avril 1564.

4788   ABBÉ (HELLIN L'),

Charpentier à Lille. — 1408.

Sceau rond, de 22 mill. — Arch. du Nord; abbiette de Lille.

Écu à la crosse en bande.

s hellin labbe

(Seel Hellin l'Abbé.)

Transport d'une rente. — 6 février 1408.

4789   BAZIGNY (GAUTIER DE),

Maître charpentier du château de Lille. — 1387.

Sceau rond, de 19 mill. — Arch. du Nord; Chambre des comptes.

Une équerre accompagnée d'une fleur de lys.

.. W. VTIER DE BAZIGN.

(Seel Wautier de Bazigny.)

Visite de plusieurs héritages susceptibles de supporter un accroissement de rente. — 28 février 1387.

4790   CASTEL (PIERRE DU),

Charpentier à Lille. — 1408.

Sceau rond, de 21 mill. — Hôpital Saint-Julien à Lille.

Écu portant un outil? — Il ne reste de la légende que .. rart . . . (Piérart).

Ouvrages de charpenterie; quittance. — 13 avril 1408.

4791   CORNILLE (JACQUES),

Charpentier. — 1408.

Sceau rond, de 28 mill. — Hôpital Saint-Julien à Lille.

Écu portant une corneille.

S' IAQVEMART CO..ILL.

(Seel Jaquemart Cornille.)

Ouvrages de charpenterie; quittance. — 12 juin 1428.

4792   GOURANT (JEAN),

Charpentier à Busigny. — 1484.

Sceau rond, de 23 mill. — Arch. du Nord; collégiale de Saint-Géry.

Une étoile à seize rais.

s urban gouran

(Seel Jehan Gouran.)

Aveu d'un fief à Busigny. — 20 juin 1484.

4793   JOISNE (ROBERT LE),

Charpentier à Lille. — 1440.

Sceau rond, de 33 mill. — Hôpital Saint-Julien à Lille.

Écu portant une coquille accompagnée de deux étoiles en chef, soutenu par un ange. — Légende détruite.

Ouvrages de charpenterie; quittance. — 23 juin 1440.

4794   JOVENE (PIERRE LE),

Charpentier. — 1387.

Sceau rond, de 19 mill. — Arch. du Nord; abbiette de Lille.

Une hache accompagnée d'une étoile.

S PIERART LE IOVENE

(Seel Piérart le Jovene.)

Don d'une rente sur une maison à Lille. — 22 mars 1387.

4795   MIETE (JEAN),

Maître charpentier de la ville de Lille. — 1387.

Sceau rond, de 21 mill. — Arch. du Nord; Chambre des comptes.

Écu à la hache. — Il ne reste de la légende que ..IEh... (Jehan).

Voyez le n° 4789.

4796   MORDAQUE (JACQUES),

Charpentier à Lille. — 1456.

Sceau rond, de 21 mill. — Hôpital Saint-Julien à Lille.

Écu portant un arbre accosté de deux fleurs de lys et de deux coquilles, soutenu par un ange.

s ia.·....mordac

(Seel Jaquemart Mordac.)

Ouvrages de charpenterie; quittance. — 28 octobre 1446.

1797 MOTTE (JEAN DE LA).

Charpentier. — XV° siècle.

Sceau rond, de 20 mill. — Communiqué par M. de Chauvenet à Saint-Quentin.

Une hache accompagnée de quatre étoiles.

S IEHAN DE LE MOS CARPRU'

(Seel Johan de le Mote, carpentier.)

Matrice originale.

1798 RENARD (JEAN),

Charpentier. — 1434.

Sceau rond, de 17 mill. — Hôpital Saint-Julien à Lille.

Écu portant un renard.

iehan ...art

(Jehan Renart.)

Fourniture de bois. — 27 juin 1434.

1799 VILLETTE (PIERRE).

Charpentier. — 1434.

Sceau rond, de 21 mill. — Hôpital Saint-Julien à Lille.

Écu portant trois fleurs.

p...art ..llette

(Pierart Villette.)

Ouvrages de charpenterie; quittance. — 6 juin 1434.

1800 WASTEL (VICTOR).

Chauffournier. — 1440.

Sceau rond, de 33 mill. — Hôpital Saint-Julien à Lille.

Écu portant un besant? en abîme accompagné de fleurs? en orle. — Légende détruite.

Fourniture de chaux. — Juillet 1440.

1801 JACQUES, LE CHAUSSETIER.

XV° siècle.

Sceau ogival, de 28 mill. — Communiqué par M. Danacone à Hénin-Liétard.

Une chausse.

S' IACOB' LE CHAVSET

(Sigillum Jacobi le chaussetier?)

Matrice originale.

1802 DREUX, LE SCOEMAKRE.

(Le cordonnier). — XVI° siècle.

Sceau rond, de 24 mill. — Collection de M. Preux à Douai.

Une forme entre deux étoiles.

s · de · drue · de · scoemakre

(Seel de Drue de Scoemakre.)

Matrice originale.

1803 LANGLOIS (RANDOLPHE).

Cordonnier. — XV° siècle.

Sceau ogival, de 40 mill. — Communiqué par M. Peroche à Abbeville.

Une tête d'homme de profil à droite; au-dessus, une main bénissante; au-dessous, un soulier; sur champ d'arabesques.

S' RANDOLF LENGLEIS CORDVANIER D'...

(Seel Randolf Lengleis, corduanier d.....)

Matrice originale.

1804 MAIRE (MAHIEU LE),

Bourgeois de Cambrai, cordonnier. — 1423.

Sceau rond, de 20 mill. — Arch. du Nord; collégiale de Saint-Géry.

Écu portant la lettre M couronnée.

S' MAHIEV · LE · MAIRE

(Seel Mahieu le Maire.)

Aveu d'un fief à Rumilly. — 8 avril 1423.

1805 MARLIÈRE (MICHEL DE LA).

Croisier. — 1420.

Sceau rond, de 21 mill. — Arch. du Nord; chapitre de Lille.

Un héron pêchant.

S MIKIEL DE LE MARLIERE

(Seel Mikiel de le Marlière.)

Assignation d'une rente. — 28 janvier 1420.

1806 SAUVAGE (JACQUES LE),

Croisier. — 1453.

Sceau rond, de 22 mill. — Arch. du Nord; chapitre de Lille.

Écu à la hure accompagnée de deux coquilles, soutenu par un ange.

seel iaque.....

(Seel Jaque.....)

Acquisition d'une maison avec jardin à Lille. — 3 avril 1453.

1807 BRIQUET (PIERRE).

Bourgeois de Cambrai, drapier. — 1456.

Sceau rond, de 20 mill. — Arch. du Nord; évêché et chapitre de Cambrai.

Écu portant un outil de drapier? accosté de deux roses.

S... pierre : briquet

(Seel Pierre Briquet.)

Aveu d'un fief à Cottenières. — 24 novembre 1458.

4808 CAUWET (LÉON),

Drapier de Mons. — 1572.

Sceau rond, de 28 mill. — Arch. du Nord; abbaye de Hasnon.

Un pape (saint Léon) soutenant un écu au monogramme de Cauwet.

S LEON CAVWET

Aveu d'un fief à Montignies-lez-Lens. — 24 avril 1572.

4809 PUIS (MATHIEU DU),

Bourgeois de Cambrai, drapier. — 1575.

Sceau rond, de 28 mill. — Arch. du Nord; collégiale de Saint-Géry.

Écu en cartouche portant un puits garni de la poulie, de la corde et du seau.

MATHIEV DV PVIS

Aveu d'un fief en la banlieue de Cambrai. — 28 mai 1575.

4810 FRANCQUEVILLE (MARTIN DE),

Échoppier de Cambrai. — 1545.

Sceau rond, de 27 mill. — Arch. du Nord; abbaye du Saint-Sépulcre.

Écu en cartouche portant un mortier avec deux pilons.

S MARTIN . . FRANCQVEVIL

(Seel Martin de Francqueville.)

Aveu d'un fief à Quiévy. — 27 juin 1545.

4811 RICHE (BOINEGRASCE),

Épicier. — 1349.

Sceau rond, de 21 mill. — Arch. du Nord; évêché et chapitre de Cambrai.

Écu portant trois porcs, dans un trilobe.

✠ SIGILE BONAGR.....CI

(Sigillum Bonagr.....)

Acquisition d'un fief à Maretz. — 7 juillet 1349.

4812 GARDIN (JEAN DU),

Escrinier. — 1431.

Sceau rond, de 21 mill. — Hôpital Saint-Julien à Lille.

Écu portant un chêne, dans un trilobe.

...han du gardin

(Seel Jehan du Gardin.)

Ouvrages du métier d'escrinier; quittance. — 7 septembre 1431.

4813 CAT (GILLES LE).

Fèvre à Lille. — 1460.

Sceau rond, de 20 mill. — Hôpital Saint-Julien à Lille.

Écu au marteau accosté de deux étoiles.

.. GILLE.....

(Seel Gille .....)

Fourniture et mise en œuvre de ferrure. — 29 février 1460.

4814 ESQUERMES (JEAN D').

Fèvre. — 1449.

Sceau rond, de 19 mill. — Hôpital Saint-Julien à Lille.

Écu au marteau surmonté d'une couronne et accosté de quatre étoiles, dans un trilobe.

.GHM DES..GRM..

(Jehan d'Esquermes?)

Fourniture de clous et de fer. — 1er juillet 1449.

4815 PIÉTON (WAUTIER DU).

Fèvre. — 1369.

Sceau rond, de 20 mill. — Arch. du Nord; chapitre de Lille.

Écu portant un fer de cheval, dans un trilobe.

W..TIGR DV PIGTON

(Wautier du Piéton.)

Acquisition d'une terre à Marquette. — 30 septembre 1369.

4816 LANNOY (JEAN DE).

Fournier à Lille. — 1393.

Sceau rond, de 20 mill. — Arch. du Nord; abbuette de Lille.

Un four accosté de deux étoiles.

S · IGHAN · DG · LANNOIT

(Seel Jehan de Lannoit.)

Acquisition de rentes. — 3 janvier 1393.

4817 THIERRI (JACQUES),

Fournier. — 1383.

Sceau rond, de 21 mill. — Arch. du Nord; Chambre des comptes.

Écu portant un pelleron en pal chargé d'un I.

S' IAREMON THIGRY

(Seel Jakemon Thièry.)

Acquisition d'un héritage à Lille. — 25 avril 1383.

4818 CACHERAT (MAILLIN).

Marchand de grès. — 1430.

Sceau rond, de 20 mill. — Hôpital Saint-Julien à Lille.

Écu portant un rat mis en barre.

maillin : cache . . .

(Maillin Cacheret.)

Fourniture de grès. — 30 avril 1432.

4819 BOULLART (JEAN),

Huchier. — 1459.

Sceau rond, de 20 mill. — Hôpital Saint-Julien à Lille.

Une fleur de lys. — Il ne reste de la légende que

. . . lar (Boullar).

Quittance à valoir sur le montant d'une croix d'ogive et voussure pour une chapelle au cimetière Saint-Étienne à Lille. — 10 novembre 1459.

4820 BOULENGER (JEAN),

Laboureur. — 1566.

Sceau rond, de 24 mill. — Arch. du Nord; abbaye de Marchiennes.

Un sautoir?

S · IEXN · BOVLENGIER

(Seel Jean Boulengier.)

Dénombrement d'un fief à Neuve-Chapelle. — 31 octobre 1565.

4821 CATTEL (MARTIN),

Laboureur. — 1668.

Sceau ovale, de 25 mill. — Arch. du Nord; collégiale de Saint-Géry.

Écu au chevron chargé de trois roses et accompagné de trois oiseaux, timbré d'un heaume cimé d'un oiseau. — Sans légende.

Aveu d'un fief à Busigny. — 20 juin 1668.

4822 TRIGAULT (DAVID),

Laboureur à Carnières. — 1640.

Sceau rond, de 28 mill. — Arch. du Nord; collégiale de Saint-Géry.

Une croix patée.

SEL DE DAVID TRGAV

Aveu d'un fief à Fressies. — 19 janvier 1640.

4823 LATTRE (JEAN DE),

Marchand de laine à Lille. — 1389.

Sceau rond, de 19 mill. — Arch. du Nord; abbiette de Lille.

Écu au mouton accompagné d'une étoile, dans un trilobe.

seel · iehan · delatre ·

(Seel Jehan de Latre.)

Acquisition d'une rente. — 31 juillet 1389.

4824 ASSONNEVILLE (FRANÇOIS D'),

Marchand de laine. — 1428.

Sceau rond, de 18 mill. — Hôpital Saint-Julien à Lille.

Écu à la fasce accompagnée de trois étoiles.

fraucois · dasouville ·

(François d'Asouville.)

Quittance. — 10 juillet 1428.

4825 REZ (JEAN DE),

Lombard à Paris. — 1342.

Sceau rond, de 20 mill. — Arch. du Nord; Chambre des comptes.

Une aigle.

AQVILA IOHANNIS

(Aquila Johannis.)

Récépissé de trois couronnes d'or garnies de pierreries, appartenant au comte de Flandre et engagées par Rasse le Forier d'Arras. — 15 août 1342.

4826 ZESTEMENT (LAMBERT),

Lormier. — XVe siècle.

Sceau rond, de 21 mill. — Communiqué par M. de Chauvenet à Saint-Quentin.

Écu portant un étrier.

LAMBERT ZESTEMENT LORMIER

(Lambert Zestement, lormier.)

Matrice originale.

4827 FÈVRE (JEAN LE),

Maître maçon de la ville de Lille. — 1387.

Sceau rond, de 17 mill. — Arch. du Nord; Chambre des comptes.

Écu au croissant surmonté de deux étoiles, dans un trilobe.

IEHAN LE FEVRE

(Jehan le Fèvre.)

Voyez le n° 4789.

4828 ROY (JEAN LE),

Maître maçon du château de Lille. — 1428.

Sceau rond, de 20 mill. — Hôpital Saint-Julien à Lille.

Écu au lion, dans un trilobe.

s iehau le roi

(Seel Jehan le Roi.)

Ouvrages de maçonnerie; quittance. — 19 juillet 1428.

4829 ROY (JEAN LE),

Maître maçon du château de Lille. — 1451.

Sceau rond, de 19 mill. — Hôpital Saint-Julien à Lille.

Écu au lion, penché, soutenu par un ange.

s · ıeban · le · roy.

(Seel Jehan le Roy.)

Quittance. — 4 juin 1441.

4830   VOX (GILLES DE),

Maître maçon du château de Lille. — 1387.

Sceau rond, de 19 mill. — Arch. du Nord; Chambre des comptes.

Écu au maillet accosté de deux étoiles.

.. ſeheLe · GILLIS · DE · VO.

(Seghele Gillis de Vox.)

Voyez le n° 4789.

4831   VILLOCQUE (ROBERT),

Maçon. — 1432.

Sceau rond, de 20 mill. — Hôpital Saint-Julien à Lille.

Écu à la fasce accompagnée d'un croissant entre deux étoiles en chef et d'une étoile en pointe.

...obıert villoke

(Seel Robiert Villoke.)

Pavage de la cour de l'hôpital Saint-Julien. — 30 avril 1432.

4832   MESSINES (GILLES DE),

Maréchal. — 1387.

Sceau rond, de 21 mill. — Arch. du Nord; Chambre des comptes.

Écu au fer de cheval accompagné de trois clous.

...ON MARESC.....

(Seel Gillon, mareseal ..... ?)

Quittance de gages fournie au gavenier du Cambrésis. — 20 avril 1387.

4833   MUYSSART (JACQUES),

Docteur en médecine. — 1500.

Sceau rond, de 27 mill. — Arch. du Nord; Chambre des comptes.

Écu portant un livre en abîme accompagné de trois coquilles, soutenu par un ange.

s ıacqucs mu.....

(Seel Jacques Muyssart.)

Aveu d'un fief tenu du château de Ploucih et cour de Phalempin. — 15 septembre 1500.

4834   BRUILLE (JEAN DE),

Mercier. — 1430.

Sceau rond, de 24 mill. — Arch. du Nord; abbaye d'Anchin.

Écu à la bande accompagnée de.... en chef, parti d'un semé de roses à trois fasces vivrées, soutenu par un ange, supporté par deux hommes sauvages, dans un trilobe.

---

seel · ıeban · de · bruille

(Seel Jehan de Bruille.)

Retrait de fiefs sis à Bonnières. — 26 octobre 1430.

4835   LACHIER (CATHERINE),

Mercière. — 1419.

Sceau rond, de 21 mill. — Hôpital Saint-Julien à Lille.

Écu portant en cœur une étoile accompagnée de trois autres étoiles plus petites, dans un trilobe.

S kaſbe....lachıer

(Seel Katherine Lachier.)

Fourniture de clouterie. — 16 juillet 1419.

4836   PLANTIN (JEAN),

Méconnier à Lille. — 1432.

Sceau rond, de 21 mill. — Hôpital Saint-Julien à Lille.

Écu à la hache.

✠ S' IEHAN PLANTIN

(Seel Jehan Plantin.)

Fourniture de bois. — 31 mai 1432.

4837   FORT (SAUSSE DE),

Dit Arçou, mesanger à cheval du bailli de Hainaut. — 14..

Sceau rond, de 26 mill. — Arch. du Nord; Chambre des comptes.

Écu portant une tête d'homme de profil à gauche.

s .....e de fort dıt arcou

(Seel Sausse de Fort dit Arçou.)

Quittance de gages. — 1er mars 1492.

4838   ADAM, L'ORFÉVRE.

1297.

Sceau ovale, de 21 mill. — Arch. du Nord; Chambre des comptes.

Intaille représentant un personnage à cheval terrassant un dragon.

✠ SIGILLVM ADE AVRIFABRI

(Sigillum Ade, aurifabri.)

Restitution au roi d'Angleterre des joyaux et de la vaisselle d'or et d'argent empruntés par le comte de Flandre. — 2 janvier 1297.

4839   ÉTAMPES (THOMAS D'),

Orfévre à Arras. — 1397.

Sceau rond, de 21 mill. — Arch. du Nord; Chambre des comptes.

Écu portant trois jumelles au lambel, dans un trilobe.

S' TVMAS · DESTAMPES

(Seel Tumas d'Estampes.)

Quittance «pour une salière d'argent dorée à façon de soufeil, etc.» fournie à la comtesse de Flandre. — 4 janvier 1397.

4840   NIMAYE (CORNEILLE DE),

Orfèvre. — 1538.

Sceau rond, de 24 mill. — Arch. du Nord; collégiale de Saint-Géry.

Écu au soleil accompagné de trois croissants, suspendu à une branche.

S · corneille · de · nimaie

(Seel Cornille de Nimaie.)

Aveu d'un fief sis au Roquier. — 1er juillet 1538.

4841   PILLOT (MARTIN),

Peintre à Annœullin. — 1460.

Sceau rond, de 22 mill. — Béguinage de Lille.

Écu portant la lettre M couronnée.

seel martin pillot

(Seel Martin Pillot.)

Quittance de 23ʰ «pour avoir point à or et à autres couleurs fines «cinq ymaiges estans en la chapelle dudit beghinaige.» — 9 juin 1450.

4842   PALEUC (JEAN),

Pelletier. — 1399.

Sceau rond, de 20 mill. — Arch. du Nord; chapitre de Lille.

Écu à trois croissants accompagnés d'une petite croix en abime. — Légende fruste.

Acquisition d'une terre. — 1399.

4843   POIS (P. DE),

Pelletier. — 11ᵉ siècle.

Sceau rond, de 19 mill. — Collection de M. Preux à Douai.

Un écureuil assis.

S · P · DE POIS PELETIER

(Seel P. de Pois, pelletier.)

Matrice originale.

4844   BOY (GILLES),

Plombier à Lille. — 1430.

Sceau rond, de 19 mill. — Hôpital Saint-Julien à Lille.

Écu portant trois outils du métier? accompagnés d'un croissant en chef, soutenu par un ange.

· · gilles · · ·

(Seel Gilles · · ·)

Fourniture de plomb. — 12 juillet 1430.

4845   RAVARI (BLIOT),

Potier de terre. — 1380.

Sceau rond, de 20 mill. — Arch. du Nord; abbiette de Lille.

Un arbre accosté d'un bélier et d'un pot.

SEEL ... OM. RVARI DI BLIO

(Seel Thomas? Ravari di Blio.)

Acquisition de biens à Hellesmes. — 18 avril 1380.

4846   RAVARI (COLARD),

Potier de terre. — 1434.

Sceau rond, de 22 mill. — Arch. du Nord; abbiette de Lille.

Écu portant un arbre, soutenu par un ange.

s colart ravari

(Seel Colart Ravari.)

Acquisition d'une rente à Lille. — 13 décembre 1434.

4847   RAVARI (JACQUES),

Potier de terre. — 1395.

Sceau rond, de 21 mill. — Arch. du Nord; abbiette de Lille.

Écu portant un arbre accosté d'un pot, dans un trilobe.

✱ S · I · RAVARIS

(Seel J. Ravaris.)

Acquisition de rentes à Lille. — 25 août 1395.

4848   RAVARI (JACQUES),

Potier de terre. — 1405.

Sceau rond, de 19 mill. — Arch. du Nord; abbiette de Lille.

Écu portant une buire accompagnée d'une étoile au canton dextre, dans un trilobe.

S IAKEMART RAVARY

(Seel Jakemart Ravary.)

Reconnaissance d'une rente. — 18 mars 1405.

4849   RAVARI (JACQUES),

Potier de terre. — 1420.

Sceau rond, de 18 mill. — Arch. du Nord; abbiette de Lille.

Écu portant un arbuste, dans un losange.

SEEL .AKE RAVARI

(Seel Jake Ravari.)

Retrait de fiefs à Wattignies. — 26 février 1420.

4850   RAVARI (JEAN),

Potier de terre. — 1405.

Sceau rond, de 19 mill. — Arch. du Nord; abbiette de Lille.

Écu portant une buire, dans un trilobe.

s jehan ravari

(Seel Jehan Ravari.)

Don d'une rente à Lille. — 22 septembre 1606.

4851 RAVARI (JEAN),

L'aîné, potier de terre. — 1414.

Sceau rond, de 18 mill. — Arch. du Nord; abbaye de Marquette.

Écu portant une buire, dans un trilobe.

. . . jehan ravari

(Seel Jehan Ravari.)

Acquisition d'un fief à Bondues. — 8 août 1414.

4852 PIETRE (JACQUES).

Tonneur. — 1444.

Sceau rond, de 21 mill. — Hôpital Saint-Julien à Lille.

Écu portant un arbre accosté de deux étoiles.

s · jaquemart · pietre

(Seel Jaquemart Pietre.)

Vente d'un moulin à vent situé hors la porte du Molinel à Lille. — 8 juillet 1444.

4853 LANGLÉE (BAUDOUIN DE),

Tavernier. — 1409.

Sceau rond, de 23 mill. — Arch. du Nord; chapitre de Lille.

Écu portant trois fermaux, penché, timbré d'un heaume cimé d'un fermail, supporté par deux dames.

s · bauduin · de · langlee

(Seel Bauduin de Langlée.)

Acquisition d'une terre à Thumesnil. — 2 décembre 1409.

4854 MOREL (JEAN).

Teinturier de garance. — 1521.

Sceau rond, de 25 mill. — Arch. du Nord; abbaye de Loos.

Écu portant un cheval passant, soutenu par une femme sauvage.

s jehan moreau

(Seel Johan Moreau.)

Accord au sujet d'une terre à Sequedin. — 8 novembre 1521.

4855 PANEQUIN (JORE),

Tuilier. — 1434.

Sceau rond, de 19 mill. — Hôpital Saint-Julien à Lille.

Une fleur.

jo . . rt · peuebin

(Jorart Peuekin.)

Fourniture de tuiles. — 31 mai 1434.

4856 ZÉLANDE (JEAN),

Tuilier. — 1427.

Sceau rond, de 21 mill. — Hôpital Saint-Julien à Lille.

Une rose.

jehan jela . .

(Johan Zelende.)

Fourniture de tuiles. — 28 septembre 1427.

4857 POIS (JEAN AS).

Verrier. — 1417.

Sceau rond, de 23 mill. — Arch. du Nord; Chambre des comptes.

Écu à trois gerbes, soutenu par une dame.

. . jeha . as . . . .

(Seel Jehan as Pois?)

Quittance de 17ª «pour la grant verrire assise en le capielle du béghinage de Lille.» — 16 octobre 1417.

FIN DU PREMIER VOLUME.